Dornbusch/Wolff
KSchG
Kommentar zum Kündigungsschutzgesetz und zu den wesentlichen Nebengesetzen

Reihe Arbeitsrechtliche Kompaktkommentare
Herausgegeben von Hans-Jürgen Dörner,
Vizepräsident des Bundesarbeitsgerichts

KSchG

Kommentar zum Kündigungsschutzgesetz und zu den wesentlichen Nebengesetzen

Herausgegeben von

Dr. Gregor Dornbusch
Rechtsanwalt und Fachanwalt für Arbeitsrecht in Frankfurt/Main

Dr. Alexander Wolff, LL.M. Eur.
Rechtsanwalt und Fachanwalt für Arbeitsrecht in Berlin

Bearbeitet von

Yvonne Gräfin von Bassewitz, Rechtsanwältin, Fachanwältin für Arbeitsrecht in Frankfurt/Main, **Dr. Ulrike Conradi**, Rechtsanwältin, Fachanwältin für Arbeitsrecht in Berlin, **Dr. Gregor Dornbusch**, Rechtsanwalt, Fachanwalt für Arbeitsrecht in Frankfurt/Main, **Nina Günther**, Rechtsanwältin in München, **Dr. Annegret Haves**, LL.M., Rechtsanwältin, Fachanwältin für Arbeitsrecht in Düsseldorf, **Günther Heckelmann**, Rechtsanwalt, Fachanwalt für Arbeitsrecht in Frankfurt/Main, **Dr. Arnd Hermann**, Rechtsanwalt in Frankfurt/Main, **Dr. Markus Kappenhagen**, Rechtsanwalt, Fachanwalt für Arbeitsrecht in Düsseldorf, **Petra Hess,** LL.M., Rechtsanwältin in Frankfurt/Main, **Jacqueline Piran**, Rechtsanwältin, Fachanwältin für Arbeitsrecht in Berlin, **Dr. Christian Reichel**, Rechtsanwalt, Fachanwalt für Arbeitsrecht in Frankfurt/Main, **Dr. Andre Sayatz**, Rechtsanwalt, Fachanwalt für Arbeitsrecht in Berlin, **Dr. Steffen Scheuer**, Rechtsanwalt in München, **Dr. Antonia Seitz**, Rechtsanwältin in München, **Josefine Stark**, Rechtsanwältin in Frankfurt/Main, **Dr. Bernhard Trappehl**, Rechtsanwalt, Fachanwalt für Arbeitsrecht in München, **Annette Volk**, Rechtsanwältin in Frankfurt/Main, **Dr. Alexander Wolff**, LL.M. Eur., Rechtsanwalt, Fachanwalt für Arbeitsrecht in Berlin, **Dr. Ulrich Ziegler**, Rechtsanwalt, Fachanwalt für Arbeitsrecht in Frankfurt/Main, **Dr. Mark Zimmer**, Rechtsanwalt, Fachanwalt für Arbeitsrecht in Düsseldorf

Luchterhand

Bibliografische Information Der Deutschen Bibliothek
Die Deutsche Bibliothek verzeichnet diese Publikation in der Deutschen Nationalbibliografie; detaillierte bibliografische Daten sind im Internet über **http://dnb.ddb.de** abrufbar.

Zitiervorschlag: Dornbusch/Wolff, § ... Rz ...
ISBN: 3-472-05859-5

www.luchterhand-fachverlag.de

Alle Rechte vorbehalten.
© 2004 Wolters Kluwer Deutschland GmbH, München.
Luchterhand – eine Marke von Wolters Kluwer Deutschland. Das Werk einschließlich aller seiner Teile ist urheberrechtlich geschützt. Jede Verwertung außerhalb der engen Grenzen des Urheberrechtsgesetzes ist ohne Zustimmung des Verlages unzulässig und strafbar. Das gilt insbesondere für Vervielfältigungen, Übersetzungen, Mikroverfilmungen und die Einspeicherung und Verarbeitung in elektronischen Systemen.
Satz: Fanslau Communication/EDV, Düsseldorf
Umschlag: Ruers, futurweiss kommunikationen, Wiesbaden
Druck und Binden: betz-druck, Darmstadt
Printed in Germany, Juni 2004

∞ Gedruckt auf säurefreiem, alterungsbeständigem und chlorfreiem Papier

Vorwort

Mit dem zum 1.1.2004 in Kraft getretenen »Gesetz zu Reformen am Arbeitsmarkt« ist ein Teil der von der Bundesregierung propagierten Agenda 2010 umgesetzt worden. Die kündigungsrechtlichen Neuerungen waren von einer breiten öffentlichen Diskussion begleitet. Im Ergebnis sind die Gestaltungsspielräume für Arbeitgeber vergrößert worden. So hat der Gesetzgeber beispielsweise Altbewährtes, wie die Namensliste beim Interessenausgleich, wieder eingeführt. Daneben enthält das Reformwerk aber auch zahlreiche Neuregelungen, die ihren Praxistest erst noch bestehen müssen. In jedem Fall bringt das neue KSchG erhebliche Änderungen für die Praxis mit sich, und man darf gespannt sein, wie die Rechtsprechung auf die sich bereits jetzt abzeichnenden Ungereimtheiten reagieren wird.

Die Autoren des vorliegenden Werkes sind allesamt erfahrene Rechtsanwälte, die seit Jahren in der arbeitsrechtlichen Beratung von Unternehmen tätig sind. Aus dieser Perspektive soll die vorliegende Kommentierung dazu beitragen, den Umgang mit dem KSchG besser handhabbar zu machen. Sie richtet sich daher vornehmlich an Personalverantwortliche und Rechtsanwälte, die die Arbeitgeberseite betreuen. Um den Gebrauchswert für die tägliche Personalarbeit zu erhöhen, enthält das Werk zahlreiche Tipps, Muster und Formulierungsbeispiele. Zudem konzentriert sich die Darstellung auf die für die Praxis relevante Rechtsprechung des Bundesarbeitsgerichts und greift nur dort auf die Rechtsprechung der Instanzgerichte und die Diskussion in der Literatur zurück, wo dies zur Lösung der praktischen Probleme erforderlich ist.

Unser besonderer Dank gilt unseren Kolleginnen und Kollegen der Practice Group Arbeitsrecht, die unser Vorhaben, einen verlässlichen Ratgeber für die kündigungsschutzrechtliche Praxis vorzulegen, durch zügige Bearbeitung ihrer Manuskripte mit großem Einsatz und neben ihren anwaltlichen Aufgaben unterstützt haben. Schließlich sind wir Frau Rechtsanwältin Gabriele Mastmann für die Überprüfung eines großen Teils des Fußnotenapparats und ihre wertvollen Anmerkungen sowie Frau Manuela Idahl für die Betreuung der Manuskripte zu großem Dank verpflichtet. Für Anregungen und Kritik sind wir jederzeit empfänglich und dankbar. Diese richten Sie bitte an:

Vorwort

Gregor.Dornbusch@Bakernet.com oder Alexander.Wolff@Bakernet.com bzw. per Post an Baker & McKenzie, Bethmannstraße 50-54, 60311 Frankfurt am Main.

Frankfurt am Main/Berlin, im Mai 2004 　　　　　Gregor Dornbusch

　　　　　　　　　　　　　　　　　　　　　　　Alexander Wolff

Inhaltsverzeichnis

	Seite
Vorwort	V
Inhaltsverzeichnis	VII
Literaturverzeichnis	XI
Abkürzungsverzeichnis	XIII
Gesetzestext KSchG	1
Kommentierung KSchG	17

Kündigungsschutzgesetz (KSchG)

Erster Abschnitt
Allgemeiner Kündigungsschutz

§ 1	Sozial ungerechtfertigte Kündigungen	17
§ 1a	KSchG Abfindungsanspruch bei betriebsbedingter Kündigung	234
§ 2	KSchG Änderungskündigung	248
§ 3	Kündigungseinspruch	304
§ 4	Anrufung des Arbeitsgerichtes	308
§ 5	Zulassung verspäteter Klagen	337
§ 6	Verlängerte Anrufungsfrist	358
§ 7	Wirksamwerden der Kündigung	365
§ 8	Wiederherstellung der früheren Arbeitsbedingungen	369
§ 9	Auflösung des Arbeitsverhältnisses durch Urteil des Gerichts; Abfindung des Arbeitnehmers	373
§ 10	Höhe der Abfindung	390
§ 11	Anrechnung auf entgangenen Zwischenverdienst	406
§ 12	Neues Arbeitsverhältnis des Arbeitnehmers, Auflösung des alten Arbeitsverhältnisses	416
§ 13	Außerordentliche, sittenwidrige und sonstige Kündigungen	424
§ 14	Angestellte in leitender Stellung	444

Zweiter Abschnitt
Kündigungsschutz im Rahmen der Betriebsverfassung

§ 15	Unzulässigkeit der Kündigung	472
§ 16	KSchG Neues Arbeitsverhältnis; Auflösung des alten Arbeitsverhältnisses	539

Dritter Abschnitt
Kündigungsschutz im Rahmen der Betriebsverfassung

§ 17	Anzeigepflicht	541
§ 18	Entlassungssperre	583
§ 19	Zulässigkeit von Kurzarbeit	596
§ 20	Entscheidungen der Agentur für Arbeit	606
§ 21	Entscheidungen der Zentrale der Bundesagentur für Arbeit	609
§ 22	Ausnahmebetriebe	610

Vierter Abschnitt
Schlussbestimmungen

§ 23	Geltungsbereich	612
§ 24	Anwendung des Gesetzes auf Betriebe der Schifffahrt und des Luftverkehrs	624
§ 25	Kündigung in Arbeitskämpfen	628

Sonderkündigungsschutz bei Betriebsübergang 629

Sonderkündigungsschutz von Beauftragten, Amtsträgern und sonstigen personenbezogenen Statusinhabern außerhalb des KSchG 648

Sonderkündigungsschutz von schwerbehinderten Menschen . . 679

Sonderkündigungsschutz nach § 9 MuSchG 720

Sonderkündigungsschutz nach § 18 BErzGG 733

Mitbestimmung des Betriebsrats 745

Anhang

Gesetze zum Sonderkündigungsschutz von Beauftragten,
Amtsträgern und sonstigen personenbezogenen Statusinhabern
außerhalb des Kündigungsschutzgesetzes – Auszüge – 777

Stichwortverzeichnis 797

Literaturverzeichnis

(Spezielle Literatur befindet sich vor den jeweiligen Kommentierungen.)

Ascheid/Preis/Schmidt, Großkommentar zum Kündigungsrecht, 2000 (zit.: APS/ Bearbeiter)
Bader/Bram/Dörner/Wenzel, Kommentar zum Kündigungsschutzgesetz und zu den §§ 620-628 BGB, Loseblattausgabe, Stand: 2003
Baumbach/Lauterbach/Albers/Hartmann, Kommentar zur ZPO, 61. Aufl. 2003
Becker / Etzel / Bader / Fischermeier / Friedrich / Lipke / Pfeiffer / Rost / Spilger / Vogt / Weigand / Wolff, Gemeinschaftskommentar zum Kündigungsschutzgesetz und zu sonstigen kündigungsrechtlichen Vorschriften, 6. Aufl. 2002 (zit.: KR/Bearbeiter)
Berscheid/ Kunz/ Brand, Praxis des Arbeitsrechts, 2. Aufl. 2003
Däubler/Kittner/Klebe, Betriebsverfassungsgesetz mit Wahlordnung, Kommentar, 8. Aufl. 2002 (zit.: DKK/Bearbeiter)
Dieterich/Hanau/Schaub, Erfurter Kommentar zum Arbeitsrecht, 3. Aufl. 2003 (zit.: ErfK/Bearbeiter)
Dorndorf/Weller/Hauck/Kriebel/Höland, Heidelberger Kommentar zum Kündigungsschutzgesetz, 4. Aufl. 2001 (zit.: HK/Bearbeiter)
Fabricius/Kraft/Wiese/Kreutz/Oetker/Raab/Weber, Gemeinschaftskommentar zum Betriebsverfassungsgesetz, Band I und II, 7. Aufl. 2002 (zit.: GK-BetrVG/Bearbeiter)
Fitting/Kaiser/Heither/Engels/Schmidt, Betriebsverfassungsgesetz mit Wahlordnung, Kommentar, 21. Aufl. 2002 (zit.: Fitting)
Germelmann/Matthes/Prütting, Arbeitsgerichtsgesetz, Kommentar, 4. Aufl. 2002
Hess/Schlochauer/Worzalla/Glock, Kommentar zum Betriebsverfassungsgesetz, 6. Aufl. 2003 (zit.: HSWG/Bearbeiter)
V. Hoyningen-Huene/Linck, Kündigungsschutzgesetz, Kommentar, 13. Aufl. 2002;
Jaeger/Röder/Heckelmann, Praxishandbuch Betriebsverfassungsrecht, 2003
Kittner/Däubler/Zwanziger, Kündigungsschutzrecht, Kommentar, 5. Aufl. 2001 (zit.: KDZ/Bearbeiter)
Löwisch, Kommentar zum Kündigungsschutzgesetz, 8. Aufl. 2000
Palandt, Kommentar zum Bürgerlichen Gesetzbuch, 62. Aufl. 2003
Richardi, Betriebsverfassungsgesetz mit Wahlordnung, Kommentar, 8. Aufl. 2002
Richardi/Wlotzke, Münchener Handbuch zum Arbeitsrecht, 2. Aufl. 2000 (zit.: MünchArbR/Bearbeiter)
Schaub, Arbeitsrechts-Handbuch, 10. Aufl. 2002
Sievers, TzBfG, Kommentar, 2003
Stahlhacke/Preis/Vossen, Kündigung und Kündigungsschutz im Arbeitsverhältnis, Handbuch, 8. Aufl. 2002
Stege/Weinspach/Schiefer, Betriebsverfassungsgesetz, Kommentar, 9. Aufl. 2002
Tschöpe, Anwalts-Handbuch Arbeitsrecht, 3. Aufl. 2003
Zöller, Zivilprozessordnung, Kommentar, 24. Aufl. 2004

Abkürzungsverzeichnis

aA	anderer Ansicht
a. a. O.	am angegebenen Ort
AbgG	Abgeordnetengesetz
abl.	ablehnend
ABl.	Amtsblatt
Abs.	Absatz
Abschn.	Abschnitt
abw.	abweichend
aE	am Ende
aF	alte Fassung
AFG	Arbeitsförderungsgesetz
AG	Aktiengesellschaft, Amtsgericht
AGB	Allgemeine Geschäftsbedingungen
AiB	Arbeitsrecht im Betrieb (Zeitschrift)
AktG	Aktiengesetz
allg.	allgemein(e)
Alt.	Alternative
aM	anderer Meinung
amtl.	amtlich
Anh.	Anhang
Anl.	Anlage
Anm.	Anmerkung
AO	Abgabenordnung
AP	Arbeitsrechtliche Praxis (Entscheidungssammlung)
APS	Ascheid/ Preis/ Schmidt, Großkommentar zum Kündigungsrecht
AR-Blattei	Arbeitsrecht-Blattei (Loseblattausgabe)
ArbG	Arbeitsgericht
ArbGG	Arbeitsgerichtsgesetz
ArbN	Arbeitnehmer
ArbPlSchG	Arbeitsplatzschutzgesetz
ArbRB	Der Arbeits-Rechts-Berater (Zeitschrift)
ArbSichG	Arbeitssicherstellungsgesetz
ArbZG	Arbeitszeitgesetz
arg.	argumentum
ARS	Arbeitsrechtssammlung, Entscheidungen des Reichsarbeitsgerichts, der Landesarbeitsgerichte und Arbeitsgerichte (früher Bensheimer Sammlung)

Abkürzungsverzeichnis

ARSt	Arbeitsrecht in Stichworten (Arbeitsrechtliche Entscheidungssammlung)
Art.	Artikel
ASiG	Arbeitssicherheitsgesetz
Aufl.	Auflage
AÜG	Arbeitnehmerüberlassungsgesetz
AuR	Arbeit und Recht (Zeitschrift)
BA	Bundesagentur für Arbeit
BABl.	Bundesarbeitsblatt (Zeitschrift)
BAG	Bundesarbeitsgericht
BAGE	Amtliche Sammlung der Entscheidungen des Bundesarbeitsgerichts
BAnz.	Bundesanzeiger
BArbBl.	Bundesarbeitsblatt
BAT	Bundes-Angestelltentarifvertrag
BB	Betriebs-Berater (Zeitschrift)
BBG	Bundesbeamtengesetz
BBiG	Berufsbildungsgesetz
Bd.	Band
BDA	Bundesverband Deutscher Arbeitgeberverbände
BDI	Bundesverband der Deutschen Industrie
BDSG	Bundesdatenschutzgesetz
Begr.	Begründung
Beil.	Beilage
Bek.	Bekanntmachung
Bem.	Bemerkung
ber.	berichtigt
BErzGG	Gesetz zum Erziehungsgeld und der Elternzeit
BeschFG	Beschäftigungsförderungsgesetz
bes.	besonders
Beschl.	Beschluss
betr.	betrifft
BetrAVG	Gesetz zur Verbesserung der betrieblichen Altersversorgung
BetrVG	Betriebsverfassungsgesetz
BewG	Bewertungsgesetz
BfA	Bundesversicherungsanstalt für Angestellte
BFH	Bundesfinanzhof
BFHE	Amtliche Sammlung der Entscheidungen des Bundesfinanzhofs
BGB	Bürgerliches Gesetzbuch

BGBl.	Bundesgesetzblatt
BGH	Bundesgerichtshof
BGHZ	Amtliche Sammlung der Entscheidungen des Bundesgerichtshofs in Zivilsachen
BImschG	Bundesimmissionsschutzgesetz
Bl.	Blatt
BPersVG	Bundespersonalvertretungsgesetz
BRAGO	Bundesgebührenordnung für Rechtsanwälte
BRAK-Mitt.	«BRAK-Mitteilungen« (früher Mitteilungen der Bundesrechtsanwaltskammer)
BR-Drucks.	Bundesrats-Drucksache
BSG	Bundessozialgericht
BSGE	Amtliche Sammlung der Entscheidungen des Bundessozialgerichts
BSHG	Bundessozialhilfegesetz
Bsp.	Beispiel
BStBl.	Bundessteuerblatt
BT-Drucks.	Drucksache des Deutschen Bundestages
BT-Prot.	Bundestagsprotokolle
Buchst.	Buchstabe
BUrlG	Bundesurlaubsgesetz
BUKG	Bundesumzugskostengesetz
BuW	Betrieb und Wirtschaft (Zeitschrift)
BVerfG	Bundesverfassungsgericht
BVerfGE	Amtliche Sammlung der Entscheidungen des Bundesarbeitsgerichts
BVerwG	Bundesverwaltungsgericht
BVwVfG	Verwaltungsverfahrensgesetz des Bundes
bzgl.	bezüglich
BZRG	Bundeszentralregistergesetz
bzw.	beziehungsweise
ca.	circa
CR	Computer und Recht (Zeitschrift)
DArbRdGgw	Das Arbeitsrecht der Gegenwart
DAV	Deutscher Anwaltsverein
DB	Der Betrieb (Zeitschrift)
ders.	derselbe
DGB	Deutscher Gewerkschaftsbund
dgl.	desgleichen
dh	das heißt

Abkürzungsverzeichnis

dies.	dieselben
Diss.	Dissertation
DKK	Däubler/Kittner/Klebe, Kommentar zum Betriebsverfassungsgesetz
Dok.	Dokument
DÖV	Die Öffentliche Verwaltung (Zeitschrift)
DStZ	Deutsche Steuerzeitung
Drucks.	Drucksache
DStZ	Deutsche Steuer-Zeitung
DVBl.	Deutsches Verwaltungsblatt (Zeitschrift)
DVO	Durchführungsverordnung
DZWiR	Deutsche Zeitschrift für Wirtschaftsrecht
EBRG	Europäisches Betriebsratsgesetz
EFZG	Entgeltfortzahlungsgesetz
EG	Europäische Gemeinschaft
eG	eingetragene Genossenschaft
EGBGB	Einführungsgesetz zum Bürgerlichen Gesetzbuch
Einf.	Einführung
EinfG	Einführungsgesetz
EinigungsV	Einigungsvertrag
einschl.	einschließlich
ErfK	Erfurter Kommentar zum Arbeitsrecht
Erg.	Ergänzung
Erl.	Erlass, Erläuterungen
EStG	Einkommensteuergesetz
etc.	et cetera
EU	Europäische Union
EuGH	Europäischer Gerichtshof
e. V.	eingetragener Verein
evtl.	eventuell
EWiR	Entscheidungen zum Wirtschaftsrecht (Zeitschrift)
EzA	Entscheidungssammlung zum Arbeitsrecht (Loseblattausgabe)
EzBAT	Entscheidungssammlung zum Bundesangestelltentarifvertrag (Loseblattausgabe)
f.	folgende
FA	Fachanwalt Arbeitsrecht (Zeitschrift)
FAZ	Frankfurter Allgemeine Zeitung
ff.	fortfolgende
FFG	Frauenförderungsgesetz

FG	Finanzgericht
FGG	Gesetz über die freiwillige Gerichtsbarkeit
FN	Fußnote
FS	Festschrift
GBl.	Gesetzblatt
GbR	Gesellschaft bürgerlichen Rechts
GenTSV	Gentechnik-Sicherheitsverordnung
gem.	gemäß
GenG	Genossenschaftsgesetz
GG	Grundgesetz
ggf.	gegebenenfalls
GK-BetrVG	Gemeinschaftskommentar zum Betriebsverfassungsgesetz
GKG	Gerichtskostengesetz
GmbH	Gesellschaft mit beschränkter Haftung
GmbHG	Gesetz betreffend die Gesellschaft mit beschränkter Haftung
GmbHR	GmbH-Rundschau (Zeitschrift)
grds.	grundsätzlich
GS	Großer Senat
GVG	Gerichtsverfassungsgesetz
HAG	Heimarbeitsgesetz
HandwO	Handwerksordnung
HGB	Handelsgesetzbuch
HK	Heidelberger Kommentar zum Kündigungsschutzgesetz
hL	herrschende Lehre
hM	herrschende Meinung
Hrsg.	Herausgeber
HSWG	Hess/Schlochauer/Worzalla/Glock, Kommentar zum BetrVG
idF	in der Fassung
idR	in der Regel
iE	im Einzelnen
ieS	im engeren Sinne
IHK	Industrie- und Handelskammer
insbes.	insbesondere
InsO	Insolvenzordnung
iS	im Sinne
iSd	im Sinne des/der

Abkürzungsverzeichnis

iSv	im Sinne von
iVm	in Verbindung mit
Kap.	Kapitel
KDZ	Kittner/ Däubler/ Zwanziger, Kommentar zum Kündigungsschutzrecht
KG	Kommanditgesellschaft
KGaA	Kommanditgesellschaft auf Aktien
KR	Gemeinschaftskommentar zum Kündigungsschutzgesetz und zu sonstigen kündigungsschutzrechtlichen Vorschriften
krit.	Kritisch
KrW-/ AbfG	Kreislaufwirtschafts- und Abfallgesetz
KSchG	Kündigungsschutzgesetz
LAG	Landesarbeitsgericht
LAGE	Entscheidungssammlung (Landesarbeitsgerichte)
LErzGG	Landeserziehungsgeldgesetz
LG	Landgericht
lit.	Litera, Buchstabe(n)
LPVG	Landespersonalvertretungsgesetz
LSG	Landessozialgericht
MAVO	Mitarbeitervertretungsordnung
max.	maximal
MitbestG	Mitbestimmungsgesetz
MDR	Monatsschrift für Deutsches Recht (Zeitschrift)
Min.Bl.	Ministerialblatt
Mio.	Million
MitbestG	Mitbestimmungsgesetz
MPG	Medizinproduktegesetz
Mrd.	Milliarde
MTV	Manteltarifvertrag
MünchArbR	Münchener Handbuch zum Arbeitsrecht
MuSchG	Mutterschutzgesetz
mwN	mit weiteren Nachweisen
NachwG	Nachweisgesetz
nF	neue Fassung
NJW	Neue Juristische Wochenschrift (Zeitschrift)
NJW-RR	NJW Rechtsprechungs-Report
Nr.	Nummer

nv	nicht veröffentlicht
NVwZ	Neue Zeitschrift für Verwaltungsrecht
NZA	Neue Zeitschrift für Arbeitsrecht (Zeitschrift)
NZS	Neue Zeitschrift für Sozialrecht (Zeitschrift)
o. ä.	oder ähnliches
og	oben genannten
oHG	offene Handelsgesellschaft
OLG	Oberlandesgericht
PersVG	Personalvertretungsgesetz
Prot.	Protokoll
RAG	Reichsarbeitsgericht
rd.	rund
RdA	Recht der Arbeit (Zeitschrift)
RegBl.	Regierungsblatt
RegE	Regierungsentwurf
RG	Reichsgericht
RL	Richtlinie(n)
RöV	Röntgenverordnung
Rpfleger	Rechtspfleger (Zeitschrift)
Rspr.	Rechtsprechung
Rz	Randziffer
RzK	Rechtsprechung zum Kündigungsrecht (Entscheidungssammlung)
s.	siehe
S.	Seite
s. a.	siehe auch
SD	Schnelldienst
SeemG	Seemannsgesetz
SG	Sozialgericht
SGB III	Sozialgesetzbuch, III. Buch: Arbeitsförderung
SGB IX	Sozialgesetzbuch, IX. Buch: Rehabilitation und Teilhabe behinderter Menschen
SGB X	Sozialgesetzbuch, X. Buch: Verwaltungsverfahren
SGG	Sozialgerichtsgesetz
s. o.	siehe oben
sog.	so genannt(~e, ~er, ~es)
SprAuG	Sprecherausschussgesetz
StGB	Strafgesetzbuch

Abkürzungsverzeichnis

StPO	Strafprozeßordnung
str.	streitig
StrlSchV	Strahlenschutzverordnung
st.Rspr.	ständige Rechtsprechung
teilw.	teilweise
TierSchG	Tierschutzgesetz
TOA	Tarifordnung A für Angestellte im öffentlichen Dienst
TV	Tarifvertrag
TVG	Tarifvertragsgesetz
TzBfG	Gesetz über Teilzeitarbeit und befristete Arbeitsverträge (Teilzeit- und Befristungsgesetz)
u.	und
u.a.	und andere, unter anderem
UmwG	Umwandlungsgesetz
UmwStG	Umwandlungssteuergesetz
unstr.	unstritig
uv	unveröffentlicht
Urt.	Urteil
usw.	und so weiter
uU	unter Umständen
UWG	Gesetz gegen den unlauteren Wettbewerb
v.	von, vom
VAG	Versicherungsaufsichtsgesetz
Verf.	Verfassung
VerglO	Vergleichsordnung
VersR	Versicherungsrecht (Zeitschrift)
VG	Verwaltungsgericht
VGH	Verwaltungsgerichtshof
vgl.	vergleiche
VglO	Vergleichsordnung
vH	vom Hundert
VStG	Vermögensteuergesetz
VO	Verordnung
VOBl.	Verordnungsblatt
Voraufl.	Vorauflage
Vorbem.	Vorbemerkung
VVaG	Versicherungsverein auf Gegenseitigkeit
VVG	Versicherungsvertragsgesetz
VwGO	Verwaltungsgerichtsordnung

VwVfG	Verwaltungsverfahrensgesetz
VwZG	Verwaltungszustellungsgesetz
WHG	Wasserhaushaltsgesetz
WM	Zeitschrift für Wirtschafts- und Bankrecht, Wertpapiermitteilungen
WO	Wahlordnung
WP	Wirtschaftsprüfer
ZAP	Zeitschrift für die Anwaltspraxis
zB	zum Beispiel
ZfA	Zeitschrift für Arbeitsrecht
Ziff.	Ziffer
ZIP	Zeitschrift für Wirtschaftsrecht und Insolvenzpraxis
zit.	zitiert
ZPO	Zivilprozessordnung
zT	zum Teil
ZTR	Zeitschrift für Tarifrecht
zust.	zustimmend
zutr.	zutreffend
ZVG	Zwangsversteigerungsgesetz
zZ	zurzeit

Kündigungsschutzgesetz (KSchG)

In der Fassung der Bekanntmachung vom
25. August 1969 (BGBl. I S. 1317),

zuletzt geändert durch das Gesetz über den
Arbeitsmarktzugang im Rahmen der EU-Erweiterung
vom 23. April 2004 (BGBl. I S. 602).

Erster Abschnitt
Allgemeiner Kündigungsschutz

§ 1 Sozial ungerechtfertigte Kündigungen

(1) Die Kündigung des Arbeitsverhältnisses gegenüber einem Arbeitnehmer, dessen Arbeitsverhältnis in demselben Betrieb oder Unternehmen ohne Unterbrechung länger als sechs Monate bestanden hat, ist rechtsunwirksam, wenn sie sozial ungerechtfertigt ist.

(2) Sozial ungerechtfertigt ist die Kündigung, wenn sie nicht durch Gründe, die in der Person oder in dem Verhalten des Arbeitnehmers liegen, oder durch dringende betriebliche Erfordernisse, die einer Weiterbeschäftigung des Arbeitnehmers in diesem Betrieb entgegenstehen, bedingt ist. Die Kündigung ist auch sozial ungerechtfertigt, wenn

1. in Betrieben des privaten Rechts

   a) die Kündigung gegen eine Richtlinie nach § 95 des Betriebsverfassungsgesetzes verstößt,

   b) der Arbeitnehmer an einem anderen Arbeitsplatz in demselben Betrieb oder in einem anderen Betrieb des Unternehmens weiterbeschäftigt werden kann

   und der Betriebsrat oder eine andere nach dem Betriebsverfassungsgesetz insoweit zuständige Vertretung der Arbeitnehmer aus einem dieser Gründe der Kündigung innerhalb der Frist des § 102 Abs. 2 Satz 1 des Betriebsverfassungsgesetzes schriftlich widersprochen hat,

2. in Betrieben und Verwaltungen des öffentlichen Rechts

   a) die Kündigung gegen eine Richtlinie über die personelle Auswahl bei Kündigungen verstößt,

b) der Arbeitnehmer an einem anderen Arbeitsplatz in derselben Dienststelle oder in einer anderen Dienststelle desselben Verwaltungszweiges an demselben Dienstort einschließlich seines Einzugsgebietes weiterbeschäftigt werden kann

und die zuständige Personalvertretung aus einem dieser Gründe fristgerecht gegen die Kündigung Einwendungen erhoben hat, es sei denn, dass die Stufenvertretung in der Verhandlung mit der übergeordneten Dienststelle die Einwendungen nicht aufrechterhalten hat.

Satz 2 gilt entsprechend, wenn die Weiterbeschäftigung des Arbeitnehmers nach zumutbaren Umschulungs- oder Fortbildungsmaßnahmen oder eine Weiterbeschäftigung des Arbeitnehmers unter geänderten Arbeitsbedingungen möglich ist und der Arbeitnehmer sein Einverständnis hiermit erklärt hat. Der Arbeitgeber hat die Tatsachen zu beweisen, die die Kündigung bedingen.

(3) Ist einem Arbeitnehmer aus dringenden betrieblichen Erfordernissen im Sinne des Absatzes 2 gekündigt worden, so ist die Kündigung trotzdem sozial ungerechtfertigt, wenn der Arbeitgeber bei der Auswahl des Arbeitnehmers die Dauer der Betriebszugehörigkeit, das Lebensalter, die Unterhaltspflichten und die Schwerbehinderung des Arbeitnehmers nicht oder nicht ausreichend berücksichtigt hat; auf Verlangen des Arbeitnehmers hat der Arbeitgeber dem Arbeitnehmer die Gründe anzugeben, die zu der getroffenen sozialen Auswahl geführt haben. In die soziale Auswahl nach Satz 1 sind Arbeitnehmer nicht einzubeziehen, deren Weiterbeschäftigung, insbesondere wegen ihrer Kenntnisse, Fähigkeiten und Leistungen oder zur Sicherung einer ausgewogenen Personalstruktur des Betriebes, im berechtigten betrieblichen Interesse liegt. Der Arbeitnehmer hat die Tatsachen zu beweisen, die die Kündigung als sozial ungerechtfertigt im Sinne des Satzes 1 erscheinen lassen.

(4) Ist in einem Tarifvertrag, in einer Betriebsvereinbarung nach § 95 des Betriebsverfassungsgesetzes oder in einer entsprechenden Richtlinie nach den Personalvertretungsgesetzen festgelegt, wie die sozialen Gesichtspunkte nach Absatz 3 Satz 1 im Verhältnis zueinander zu bewerten sind, so kann die Bewertung nur auf grobe Fehlerhaftigkeit überprüft werden.

(5) Sind bei einer Kündigung auf Grund einer Betriebsänderung nach § 111 des Betriebsverfassungsgesetzes die Arbeitnehmer, denen gekündigt werden soll, in einem Interessenausgleich zwischen Arbeitgeber und Betriebsrat namentlich bezeichnet, so wird vermutet, dass die

Kündigung durch dringende betriebliche Erfordernisse im Sinne des Absatzes 2 bedingt ist. Die soziale Auswahl der Arbeitnehmer kann nur auf grobe Fehlerhaftigkeit überprüft werden. Die Sätze 1 und 2 gelten nicht, soweit sich die Sachlage nach Zustandekommen des Interessenausgleichs wesentlich geändert hat. Der Interessenausgleich nach Satz 1 ersetzt die Stellungnahme des Betriebsrates nach § 17 Abs. 3 Satz 2.

§ 1a Abfindungsanspruch bei betriebsbedingter Kündigung

(1) Kündigt der Arbeitgeber wegen dringender betrieblicher Erfordernisse nach § 1 Abs. 2 Satz 1 und erhebt der Arbeitnehmer bis zum Ablauf der Frist des § 4 Satz 1 keine Klage auf Feststellung, dass das Arbeitsverhältnis durch die Kündigung nicht aufgelöst ist, hat der Arbeitnehmer mit dem Ablauf der Kündigungsfrist Anspruch auf eine Abfindung. Der Anspruch setzt den Hinweis des Arbeitgebers in der Kündigungserklärung voraus, dass die Kündigung auf dringende betriebliche Erfordernisse gestützt ist und der Arbeitnehmer bei Verstreichenlassen der Klagefrist die Abfindung beanspruchen kann.

(2) Die Höhe der Abfindung beträgt 0,5 Monatsverdienste für jedes Jahr des Bestehens des Arbeitsverhältnisses. § 10 Abs. 3 gilt entsprechend. Bei der Ermittlung der Dauer des Arbeitsverhältnisses ist ein Zeitraum von mehr als sechs Monaten auf ein volles Jahr aufzurunden.

§ 2 Änderungskündigung

Kündigt der Arbeitgeber das Arbeitsverhältnis und bietet er dem Arbeitnehmer im Zusammenhang mit der Kündigung die Fortsetzung des Arbeitsverhältnisses zu geänderten Arbeitsbedingungen an, so kann der Arbeitnehmer dieses Angebot unter dem Vorbehalt annehmen, dass die Änderung der Arbeitsbedingungen nicht sozial ungerechtfertigt ist (§ 1 Abs. 2 Satz 1 bis 3, Abs. 3 Satz 1 und 2). Diesen Vorbehalt muss der Arbeitnehmer dem Arbeitgeber innerhalb der Kündigungsfrist, spätestens jedoch innerhalb von drei Wochen nach Zugang der Kündigung erklären.

§ 3 Kündigungseinspruch

Hält der Arbeitnehmer eine Kündigung für sozial ungerechtfertigt, so kann er binnen einer Woche nach der Kündigung Einspruch beim Betriebsrat einlegen. Erachtet der Betriebsrat den Einspruch für begründet, so hat er zu versuchen, eine Verständigung mit dem Arbeitgeber herbeizuführen. Er hat seine Stellungnahme zu dem Einspruch dem Arbeitnehmer und dem Arbeitgeber auf Verlangen schriftlich mitzuteilen.

§ 4 Anrufung des Arbeitsgerichtes

Will ein Arbeitnehmer geltend machen, dass eine Kündigung sozial ungerechtfertigt oder aus anderen Gründen rechtsunwirksam ist, so muss er innerhalb von drei Wochen nach Zugang der schriftlichen Kündigung Klage beim Arbeitsgericht auf Feststellung erheben, dass das Arbeitsverhältnis durch die Kündigung nicht aufgelöst ist. Im Falle des § 2 ist die Klage auf Feststellung zu erheben, dass die Änderung der Arbeitsbedingungen sozial ungerechtfertigt oder aus anderen Gründen rechtsunwirksam ist. Hat der Arbeitnehmer Einspruch beim Betriebsrat eingelegt (§ 3), so soll er der Klage die Stellungnahme des Betriebsrates beifügen. Soweit die Kündigung der Zustimmung einer Behörde bedarf, läuft die Frist zur Anrufung des Arbeitsgerichtes erst von der Bekanntgabe der Entscheidung der Behörde an den Arbeitnehmer ab.

§ 5 Zulassung verspäteter Klagen

(1) War ein Arbeitnehmer nach erfolgter Kündigung trotz Aufwendung aller ihm nach Lage der Umstände zuzumutenden Sorgfalt verhindert, die Klage innerhalb von drei Wochen nach Zugang der schriftlichen Kündigung zu erheben, so ist auf seinen Antrag die Klage nachträglich zuzulassen. Gleiches gilt, wenn eine Frau von ihrer Schwangerschaft aus einem von ihr nicht zu vertretenden Grund erst nach Ablauf der Frist des § 4 Satz 1 Kenntnis erlangt hat.

(2) Mit dem Antrag ist die Klageerhebung zu verbinden; ist die Klage bereits eingereicht, so ist auf sie im Antrag Bezug zu nehmen. Der Antrag muss ferner die Angabe der die nachträgliche Zulassung begründenden Tatsachen und der Mittel für deren Glaubhaftmachung enthalten.

(3) Der Antrag ist nur innerhalb von zwei Wochen nach Behebung des Hindernisses zulässig. Nach Ablauf von sechs Monaten, vom Ende der versäumten Frist an gerechnet, kann der Antrag nicht mehr gestellt werden.

(4) Über den Antrag entscheidet die Kammer durch Beschluss, der ohne mündliche Verhandlung ergehen kann. Gegen diesen ist die sofortige Beschwerde zulässig.

§ 6 Verlängerte Anrufungsfrist

Hat ein Arbeitnehmer innerhalb von drei Wochen nach Zugang der schriftlichen Kündigung im Klagewege geltend gemacht, dass eine rechtswirksame Kündigung nicht vorliege, so kann er sich in diesem Verfahren bis zum Schluss der mündlichen Verhandlung erster Instanz zur Begründung der Unwirksamkeit der Kündigung auch auf innerhalb der Klagefrist nicht geltend gemachte Gründe berufen. Das Arbeitsgericht soll ihn hierauf hinweisen.

§ 7 Wirksamwerden der Kündigung

Wird die Rechtsunwirksamkeit einer Kündigung nicht rechtzeitig geltend gemacht (§ 4 Satz 1, §§ 5 und 6), so gilt die Kündigung als von Anfang an rechtswirksam; ein vom Arbeitnehmer nach § 2 erklärter Vorbehalt erlischt.

§ 8 Wiederherstellung der früheren Arbeitsbedingungen

Stellt das Gericht im Falle des § 2 fest, dass die Änderung der Arbeitsbedingungen sozial ungerechtfertigt ist, so gilt die Änderungskündigung als von Anfang an rechtsunwirksam.

§ 9 Auflösung des Arbeitsverhältnisses durch Urteil des Gerichts; Abfindung des Arbeitnehmers

(1) Stellt das Gericht fest, dass das Arbeitsverhältnis durch die Kündigung nicht aufgelöst ist, ist jedoch dem Arbeitnehmer die Fortsetzung des Arbeitsverhältnisses nicht zuzumuten, so hat das Gericht auf Antrag des Arbeitnehmers das Arbeitsverhältnis aufzulösen und den Arbeitgeber zur Zahlung einer angemessenen Abfindung zu verurteilen. Die gleiche Entscheidung hat das Gericht auf Antrag des Arbeitgebers zu treffen, wenn Gründe vorliegen, die eine den Betriebszwecken dienliche weitere Zusammenarbeit zwischen Arbeitgeber und Arbeitnehmer nicht erwarten lassen. Arbeitnehmer und Arbeitgeber können den Antrag auf Auflösung des Arbeitsverhältnisses bis zum Schluss der letzten mündlichen Verhandlung in der Berufungsinstanz stellen.

(2) Das Gericht hat für die Auflösung des Arbeitsverhältnisses den Zeitpunkt festzusetzen, an dem es bei sozial gerechtfertigter Kündigung geendet hätte.

§ 10 Höhe der Abfindung

(1) Als Abfindung ist ein Betrag bis zu zwölf Monatsverdiensten festzusetzen.

(2) Hat der Arbeitnehmer das fünfzigste Lebensjahr vollendet und hat das Arbeitsverhältnis mindestens fünfzehn Jahre bestanden, so ist ein Betrag bis zu fünfzehn Monatsverdiensten, hat der Arbeitnehmer das fünfundfünfzigste Lebensjahr vollendet und hat das Arbeitsverhältnis mindestens zwanzig Jahre bestanden, so ist ein Betrag bis zu achtzehn Monatsverdiensten festzusetzen. Dies gilt nicht, wenn der Arbeitnehmer in dem Zeitpunkt, den das Gericht nach § 9 Abs. 2 für die Auflösung des Arbeitsverhältnisses festsetzt, das in der Vorschrift des Sechsten Buches Sozialgesetzbuch über die Regelaltersrente bezeichnete Lebensalter erreicht hat.

(3) Als Monatsverdienst gilt, was dem Arbeitnehmer bei der für ihn maßgebenden regelmäßigen Arbeitszeit in dem Monat, in dem das Arbeitsverhältnis endet (§ 9 Abs. 2), an Geld und Sachbezügen zusteht.

§ 11 Anrechnung auf entgangenen Zwischenverdienst

Besteht nach der Entscheidung des Gerichts das Arbeitsverhältnis fort, so muss sich der Arbeitnehmer auf das Arbeitsentgelt, das ihm der Arbeitgeber für die Zeit nach der Entlassung schuldet, anrechnen lassen,

1. was er durch anderweitige Arbeit verdient hat,
2. was er hätte verdienen können, wenn er es nicht böswillig unterlassen hätte, eine ihm zumutbare Arbeit anzunehmen,
3. was ihm an öffentlich-rechtlichen Leistungen infolge Arbeitslosigkeit aus der Sozialversicherung, der Arbeitslosenversicherung, der Arbeitslosenhilfe oder der Sozialhilfe für die Zwischenzeit gezahlt worden ist. Diese Beiträge hat der Arbeitgeber der Stelle zu erstatten, die sie geleistet hat.

§ 12 Neues Arbeitsverhältnis des Arbeitnehmers; Auflösung des alten Arbeitsverhältnisses

Besteht nach der Entscheidung des Gerichts das Arbeitsverhältnis fort, ist jedoch der Arbeitnehmer inzwischen ein neues Arbeitsverhältnis eingegangen, so kann er binnen einer Woche nach der Rechtskraft des Urteils durch Erklärung gegenüber dem alten Arbeitgeber die Fortsetzung des Arbeitsverhältnisses bei diesem verweigern. Die

Frist wird auch durch eine vor ihrem Ablauf zur Post gegebene schriftliche Erklärung gewahrt. Mit dem Zugang der Erklärung erlischt das Arbeitsverhältnis. Macht der Arbeitnehmer von seinem Verweigerungsrecht Gebrauch, so ist ihm entgangener Verdienst nur für die Zeit zwischen der Entlassung und dem Tage des Eintritts in das neue Arbeitsverhältnis zu gewähren. § 11 findet entsprechende Anwendung.

§ 13 Außerordentliche, sittenwidrige und sonstige Kündigungen

(1) Die Vorschriften über das Recht zur außerordentlichen Kündigung eines Arbeitsverhältnisses werden durch das vorliegende Gesetz nicht berührt. Die Rechtsunwirksamkeit einer außerordentlichen Kündigung kann jedoch nur nach Maßgabe des § 4 Satz 1 und der §§ 5 bis 7 geltend gemacht werden. Stellt das Gericht fest, dass die außerordentliche Kündigung unbegründet ist, ist jedoch dem Arbeitnehmer die Fortsetzung des Arbeitsverhältnisses nicht zuzumuten, so hat auf seinen Antrag das Gericht das Arbeitsverhältnis aufzulösen und den Arbeitgeber zur Zahlung einer angemessenen Abfindung zu verurteilen. Das Gericht hat für die Auflösung des Arbeitsverhältnisses den Zeitpunkt festzulegen, zu dem die außerordentliche Kündigung ausgesprochen wurde. Die Vorschriften der §§ 10 bis 12 gelten entsprechend.

(2) Verstößt eine Kündigung gegen die guten Sitten, so finden die Vorschriften des § 9 Abs. 1 Satz 1 und Abs. 2 und der §§ 10 bis 12 entsprechende Anwendung.

(3) Im Übrigen finden die Vorschriften dieses Abschnitts mit Ausnahme der §§ 4 bis 7 auf eine Kündigung, die bereits aus anderen als den in § 1 Abs. 2 und 3 bezeichneten Gründen rechtsunwirksam ist, keine Anwendung.

§ 14 Angestellte in leitender Stellung

(1) Die Vorschriften dieses Abschnitts gelten nicht

1. in Betrieben einer juristischen Person für die Mitglieder des Organs, das zur gesetzlichen Vertretung der juristischen Person berufen ist,

2. in Betrieben einer Personengesamtheit für die durch Gesetz, Satzung oder Gesellschaftsvertrag zur Vertretung der Personengesamtheit berufenen Personen.

(2) Auf Geschäftsführer, Betriebsleiter und ähnliche leitende Angestellte, soweit diese zur selbständigen Einstellung oder Entlassung von

Arbeitnehmern berechtigt sind, finden die Vorschriften dieses Abschnitts mit Ausnahme des § 3 Anwendung. § 9 Abs. 1 Satz 2 findet mit der Maßgabe Anwendung, dass der Antrag des Arbeitgebers auf Auflösung des Arbeitsverhältnisses keiner Begründung bedarf.

Zweiter Abschnitt
Kündigungsschutz im Rahmen der Betriebsverfassung

§ 15 Unzulässigkeit der Kündigung

(1) Die Kündigung eines Mitglieds eines Betriebsrats, einer Jugend- und Auszubildendenvertretung, einer Bordvertretung oder eines Seebetriebsrats ist unzulässig, es sei denn, dass Tatsachen vorliegen, die den Arbeitgeber zur Kündigung aus wichtigem Grund ohne Einhaltung einer Kündigungsfrist berechtigen, und dass die nach § 103 des Betriebsverfassungsgesetzes erforderliche Zustimmung vorliegt oder durch gerichtliche Entscheidung ersetzt ist. Nach Beendigung der Amtszeit ist die Kündigung eines Mitglieds eines Betriebsrats, einer Jugend- und Auszubildendenvertretung oder eines Seebetriebsrats innerhalb eines Jahres, die Kündigung eines Mitglieds einer Bordvertretung innerhalb von sechs Monaten, jeweils vom Zeitpunkt der Beendigung der Amtszeit an gerechnet, unzulässig, es sei denn, dass Tatsachen vorliegen, die den Arbeitgeber zur Kündigung aus wichtigem Grund ohne Einhaltung einer Kündigungsfrist berechtigen; dies gilt nicht, wenn die Beendigung der Mitgliedschaft auf einer gerichtlichen Entscheidung beruht.

(2) Die Kündigung eines Mitglieds einer Personalvertretung, einer Jugend- und Auszubildendenvertretung oder einer Jugendvertretung ist unzulässig, es sei denn, dass Tatsachen vorliegen, die den Arbeitgeber zur Kündigung aus wichtigem Grund ohne Einhaltung einer Kündigungsfrist berechtigen, und dass die nach dem Personalvertretungsrecht erforderliche Zustimmung vorliegt oder durch gerichtliche Entscheidung ersetzt ist. Nach Beendigung der Amtszeit der in Satz 1 genannten Personen ist ihre Kündigung innerhalb eines Jahres, vom Zeitpunkt der Beendigung der Amtszeit an gerechnet, unzulässig, es sei denn, dass Tatsachen vorliegen, die den Arbeitgeber zur Kündigung aus wichtigem Grund ohne Einhaltung einer Kündigungsfrist berechtigen; dies gilt nicht, wenn die Beendigung der Mitgliedschaft auf einer gerichtlichen Entscheidung beruht.

(3) Die Kündigung eines Mitglieds eines Wahlvorstands ist vom Zeitpunkt seiner Bestellung an, die Kündigung eines Wahlbewerbers vom

Zeitpunkt der Aufstellung des Wahlvorschlags an, jeweils bis zur Bekanntgabe des Wahlergebnisses unzulässig, es sei denn, dass Tatsachen vorliegen, die den Arbeitgeber zur Kündigung aus wichtigem Grund ohne Einhaltung einer Kündigungsfrist berechtigen, und dass die nach § 103 des Betriebsverfassungsgesetzes oder nach dem Personalvertretungsrecht erforderliche Zustimmung vorliegt oder durch eine gerichtliche Entscheidung ersetzt ist. Innerhalb von sechs Monaten nach Bekanntgabe des Wahlergebnisses ist die Kündigung unzulässig, es sei denn, dass Tatsachen vorliegen, die den Arbeitgeber zur Kündigung aus wichtigem Grund ohne Einhaltung einer Kündigungsfrist berechtigen; dies gilt nicht für Mitglieder des Wahlvorstands, wenn dieser durch gerichtliche Entscheidung durch einen anderen Wahlvorstand ersetzt worden ist.

(3 a) Die Kündigung eines Arbeitnehmers, der zu einer Betriebs-, Wahl- oder Bordversammlung nach § 17 Abs. 3, § 17 a Nr. 3 Satz 2, § 115 Abs. 2 Nr. 8 Satz 1 des Betriebsverfassungsgesetzes einlädt oder die Bestellung eines Wahlvorstands nach § 16 Abs. 2 Satz 1, § 17 Abs. 4, § 17 a Nr. 4, § 63 Abs. 3, § 115 Abs. 2 Nr. 8 Satz 2 oder § 116 Abs. 2 Nr. 7 Satz 5 des Betriebsverfassungsgesetzes beantragt, ist vom Zeitpunkt der Einladung oder Antragstellung an bis zur Bekanntgabe des Wahlergebnisses unzulässig, es sei denn, dass Tatsachen vorliegen, die den Arbeitgeber zur Kündigung aus wichtigem Grund ohne Einhaltung einer Kündigungsfrist berechtigen; der Kündigungsschutz gilt für die ersten drei in der Einladung oder Antragstellung aufgeführten Arbeitnehmer. Wird ein Betriebsrat, eine Jugend- und Auszubildendenvertretung, eine Bordvertretung oder ein Seebetriebsrat nicht gewählt, besteht der Kündigungsschutz nach Satz 1 vom Zeitpunkt der Einladung oder Antragstellung an drei Monate.

(4) Wird der Betrieb stillgelegt, so ist die Kündigung der in den Absätzen 1 bis 3 genannten Personen frühestens zum Zeitpunkt der Stillegung zulässig, es sei denn, dass ihre Kündigung zu einem früheren Zeitpunkt durch zwingende betriebliche Erfordernisse bedingt ist.

(5) Wird eine der in den Absätzen 1 bis 3 genannten Personen in einer Betriebsabteilung beschäftigt, die stillgelegt wird, so ist sie in eine andere Betriebsabteilung zu übernehmen. Ist dies aus betrieblichen Gründen nicht möglich, so findet auf ihre Kündigung die Vorschrift des Absatzes 4 über die Kündigung bei Stillegung des Betriebs sinngemäß Anwendung.

§ 16 Neues Arbeitsverhältnis; Auflösung des alten Arbeitsverhältnisses

Stellt das Gericht die Unwirksamkeit der Kündigung einer der in § 15 Abs. 1 bis 3 a genannten Personen fest, so kann diese Person, falls sie inzwischen ein neues Arbeitsverhältnis eingegangen ist, binnen einer Woche nach Rechtskraft des Urteils durch Erklärung gegenüber dem alten Arbeitgeber die Weiterbeschäftigung bei diesem verweigern. Im übrigen finden die Vorschriften des § 11 und § 12 Satz 2 bis 4 entsprechende Anwendung.

Dritter Abschnitt
Anzeigepflichtige Entlassungen

§ 17 Anzeigepflicht

(1) Der Arbeitgeber ist verpflichtet, der Agentur für Arbeit Anzeige zu erstatten, bevor er

1. in Betrieben mit in der Regel mehr als 20 und weniger als 60 Arbeitnehmern mehr als 5 Arbeitnehmer,

2. in Betrieben mit in der Regel mindestens 60 und weniger als 500 Arbeitnehmern 10 vom Hundert der im Betrieb regelmäßig beschäftigten Arbeitnehmer oder aber mehr als 25 Arbeitnehmer,

3. in Betrieben mit in der Regel mindestens 500 Arbeitnehmern mindestens 30 Arbeitnehmer

innerhalb von 30 Kalendertagen entlässt. Den Entlassungen stehen andere Beendigungen des Arbeitsverhältnisses gleich, die vom Arbeitgeber veranlasst werden.

(2) Beabsichtigt der Arbeitgeber, nach Absatz 1 anzeigepflichtige Entlassungen vorzunehmen, hat er dem Betriebsrat rechtzeitig die zweckdienlichen Auskünfte zu erteilen und ihn schriftlich insbesondere zu unterrichten über

1. die Gründe für die geplanten Entlassungen,

2. die Zahl und die Berufsgruppen der zu entlassenden Arbeitnehmer,

3. die Zahl und die Berufsgruppen der in der Regel beschäftigten Arbeitnehmer,

4. den Zeitraum, in dem die Entlassungen vorgenommen werden sollen,

5. die vorgesehenen Kriterien für die Auswahl der zu entlassenden Arbeitnehmer,

6. die für die Berechnung etwaiger Abfindungen vorgesehenen Kriterien.

Arbeitgeber und Betriebsrat haben insbesondere die Möglichkeiten zu beraten, Entlassungen zu vermeiden oder einzuschränken und ihre Folgen zu mildern.

(3) Der Arbeitgeber hat gleichzeitig der Agentur für Arbeit eine Abschrift der Mitteilung an den Betriebsrat zuzuleiten; sie muß zumindest die in Absatz 2 Satz 1 Nr. 1 bis 5 vorgeschriebenen Angaben enthalten. Die Anzeige nach Absatz 1 ist schriftlich unter Beifügung der Stellungnahme des Betriebsrates zu den Entlassungen zu erstatten. Liegt eine Stellungnahme des Betriebsrates nicht vor, so ist die Anzeige wirksam, wenn der Arbeitgeber glaubhaft macht, dass er den Betriebsrat mindestens zwei Wochen vor Erstattung der Anzeige nach Absatz 2 Satz 1 unterrichtet hat, und er den Stand der Beratungen darlegt. Die Anzeige muß Angaben über den Namen des Arbeitgebers, den Sitz und die Art des Betriebes enthalten, ferner die Gründe für die geplanten Entlassungen, die Zahl und die Berufsgruppen der zu entlassenden und der in der Regel beschäftigten Arbeitnehmer, den Zeitraum, in dem die Entlassungen vorgenommen werden sollen und die vorgesehenen Kriterien für die Auswahl der zu entlassenden Arbeitnehmer. In der Anzeige sollen ferner im Einvernehmen mit dem Betriebsrat für die Arbeitsvermittlung Angaben über Geschlecht, Alter, Beruf und Staatsangehörigkeit der zu entlassenden Arbeitnehmer gemacht werden. Der Arbeitgeber hat dem Betriebsrat eine Abschrift der Anzeige zuzuleiten. Der Betriebsrat kann gegenüber dem Arbeitsamt weitere Stellungnahmen abgeben. Er hat dem Arbeitgeber eine Abschrift der Stellungnahme zuzuleiten.

(3a) Die Auskunfts-, Beratungs- und Anzeigepflichten nach den Absätzen 1 bis 3 gelten auch dann, wenn die Entscheidung über die Entlassungen von einem den Arbeitgeber beherrschenden Unternehmen getroffen wurde. Der Arbeitgeber kann sich nicht darauf berufen, dass das für die Entlassungen verantwortliche Unternehmen die notwendigen Auskünfte nicht übermittelt hat.

(4) Das Recht zur fristlosen Entlassung bleibt unberührt. Fristlose Entlassungen werden bei Berechnung der Mindestzahl der Entlassungen nach Absatz 1 nicht mitgerechnet.

(5) Als Arbeitnehmer im Sinne dieser Vorschrift gelten nicht

1. in Betrieben einer juristischen Person die Mitglieder des Organs, das zur gesetzlichen Vertretung der juristischen Person berufen ist,
2. in Betrieben einer Personengesamtheit die durch Gesetz, Satzung oder Gesellschaftsvertrag zur Vertretung der Personengesamtheit berufenen Personen,
3. Geschäftsführer, Betriebsleiter und ähnliche leitende Personen, soweit diese zur selbständigen Einstellung oder Entlassung von Arbeitnehmern berechtigt sind.

§ 18 Entlassungssperre

(1) Entlassungen, die nach § 17 anzuzeigen sind, werden vor Ablauf eines Monats nach Eingang der Anzeige bei der Agentur für Arbeit nur mit deren Zustimmung wirksam; die Zustimmung kann auch rückwirkend bis zum Tage der Antragstellung erteilt werden.

(2) Die Agentur für Arbeit kann im Einzelfall bestimmen, dass die Entlassungen nicht vor Ablauf von längstens zwei Monaten nach Eingang der Anzeige wirksam werden.

(3) *(Aufgehoben)*

(4) Soweit die Entlassungen nicht innerhalb von 90 Tagen nach dem Zeitpunkt, zu dem sie nach den Absätzen 1 und 2 zulässig sind, durchgeführt werden, bedarf es unter den Voraussetzungen des § 17 Abs. 1 einer erneuten Anzeige.

§ 19 Zulässigkeit von Kurzarbeit

(1) Ist der Arbeitgeber nicht in der Lage, die Arbeitnehmer bis zu dem in § 18 Abs. 1 und 2 bezeichneten Zeitpunkt voll zu beschäftigen, so kann die Bundesagentur für Arbeit zulassen, dass der Arbeitgeber für die Zwischenzeit Kurzarbeit einführt.

(2) Der Arbeitgeber ist im Falle der Kurzarbeit berechtigt, Lohn oder Gehalt der mit verkürzter Arbeitszeit beschäftigten Arbeitnehmer entsprechend zu kürzen; die Kürzung des Arbeitsentgelts wird jedoch erst von dem Zeitpunkt an wirksam, an dem das Arbeitsverhältnis nach den allgemeinen gesetzlichen oder den vereinbarten Bestimmungen enden würde.

(3) Tarifvertragliche Bestimmungen über die Einführung, das Ausmaß und die Bezahlung von Kurzarbeit werden durch die Absätze 1 und 2 nicht berührt.

§ 20 Entscheidungen des Arbeitsamtes

(1) Die Entscheidungen der Agentur für Arbeit nach § 18 Abs. 1 und 2 trifft deren Geschäftsführung oder ein Ausschuss (Entscheidungsträger). Die Geschäftsführung darf nur dann entscheiden, wenn die Zahl der Entlassungen weniger als 50 beträgt.

(2) Der Ausschuss setzt sich aus dem oder der Vorsitzenden der Geschäftsführung der Agentur für Arbeit oder einem von ihm oder ihr beauftragten Angehörigen der Agentur für Arbeit als Vorsitzenden und je zwei Vertretern der Arbeitnehmer, der Arbeitgeber und der öffentlichen Körperschaften zusammen, die von dem Verwaltungsausschuss des Arbeitsamtes benannt werden. Er trifft seine Entscheidungen mit Stimmenmehrheit.

(3) Der Entscheidungsträger hat vor seiner Entscheidung den Arbeitgeber und den Betriebsrat anzuhören. Dem Entscheidungsträger sind, insbesondere vom Arbeitgeber und Betriebsrat, die von ihm für die Beurteilung des Falles erforderlich gehaltenen Auskünfte zu erteilen.

(4) Der Entscheidungsträger hat sowohl das Interesse des Arbeitgebers als auch das der zu entlassenden Arbeitnehmer, das öffentliche Interesse und die Lage des gesamten Arbeitsmarktes unter besonderer Beachtung des Wirtschaftszweiges, dem der Betrieb angehört, zu berücksichtigen.

§ 21 Entscheidung der Hauptstelle der Bundesanstalt für Arbeit

Für Betriebe, die zum Geschäftsbereich des Bundesministers für Verkehr oder des Bundesministers für Post und Telekommunikation gehören, trifft, wenn mehr als 500 Arbeitnehmer entlassen werden sollen, ein gemäß § 20 Abs. 1 bei der Zentrale der Bundesagentur für Arbeit zu bildender Ausschuss die Entscheidungen nach § 18 Abs. 1 und 2. Der zuständige Bundesminister kann zwei Vertreter mit beratender Stimme in den Ausschuss entsenden. Die Anzeigen nach § 17 sind in diesem Falle an die Zentrale der Bundesagentur für Arbeit zu erstatten. Im übrigen gilt § 20 Abs. 1 bis 3 entsprechend.

§ 22 Ausnahmebetriebe

(1) Auf Saisonbetriebe und Kampagne-Betriebe finden die Vorschriften dieses Abschnitts bei Entlassungen, die durch diese Eigenart der Betriebe bedingt sind, keine Anwendung.

(2) Keine Saisonbetriebe oder Kampagne-Betriebe sind Betriebe des Baugewerbes, in denen die ganzjährige Beschäftigung nach dem Dritten Buch Sozialgesetzbuch gefördert wird. Das Bundesministerium für Wirtschaft und Arbeit wird ermächtigt, durch Rechtsverordnung Vorschriften zu erlassen, welche Betriebe als Saisonbetriebe oder Kampagne-Betriebe im Sinne des Absatzes 1 gelten.

§ 22 a

(Aufgehoben)

Vierter Abschnitt
Schlussbestimmungen

§ 23 Geltungsbereich

(1) Die Vorschriften des Ersten und Zweiten Abschnitts gelten für Betriebe und Verwaltungen des privaten und des öffentlichen Rechts, vorbehaltlich der Vorschriften des § 24 für die Seeschiffahrts-, Binnenschiffahrts- und Luftverkehrsbetriebe. Die Vorschriften des ersten Abschnitts gelten mit Ausnahme der §§ 4 bis 7 und des § 13 Abs. 1 Satz 1 und 2 nicht für Betriebe und Verwaltungen, in denen in der Regel fünf oder weniger Arbeitnehmer ausschließlich der zu ihrer Berufsbildung Beschäftigten beschäftigt werden. In Betrieben und Verwaltungen, in denen in der Regel zehn oder weniger Arbeitnehmer ausschließlich der zu ihrer Berufsbildung Beschäftigten beschäftigt werden, gelten die Vorschriften des Ersten Abschnitts mit Ausnahme der §§ 4 bis 7 und des § 13 Abs. 1 Satz 1 und 2 nicht für Arbeitnehmer, deren Arbeitsverhältnis nach dem 31. Dezember 2003 begonnen hat; diese Arbeitnehmer sind bei der Feststellung der Zahl der beschäftigten Arbeitnehmer nach Satz 2 bis zur Beschäftigung von in der Regel zehn Arbeitnehmern nicht zu berücksichtigen. Bei der Feststellung der Zahl der beschäftigten Arbeitnehmer nach den Sätzen 2 und 3 sind teilzeitbeschäftigte Arbeitnehmer mit einer regelmäßigen wöchentlichen Arbeitszeit von nicht mehr als 20 Stunden mit 0,5 und nicht mehr als 30 Stunden mit 0,75 zu berücksichtigen.

(2) Die Vorschriften des Dritten Abschnitts gelten für Betriebe und Verwaltungen des privaten Rechts sowie für Betriebe, die von einer öffentlichen Verwaltung geführt werden, soweit sie wirtschaftliche Zwecke verfolgen. Sie gelten nicht für Seeschiffe und ihre Besatzung.

§ 24 Anwendung des Gesetzes auf Betriebe der Schiffahrt und des Luftverkehrs

(1) Die Vorschriften des Ersten und Zweiten Abschnitts finden nach Maßgabe der Absätze 2 bis 5 auf Arbeitsverhältnisse der Besatzung von Seeschiffen, Binnenschiffen und Luftfahrzeugen Anwendung. Als Betrieb im Sinne dieses Gesetzes gilt jeweils die Gesamtheit der Seeschiffe oder der Binnenschiffe eines Schiffahrtsbetriebs oder der Luftfahrzeuge eines Luftverkehrsbetriebs.

(2) Dauert die erste Reise eines Besatzungsmitglieds im Dienste einer Reederei oder eines Luftverkehrsbetriebs länger als sechs Monate, so verlängert sich die Sechsmonatsfrist des § 1 Abs. 1 bis drei Tage nach Beendigung dieser Reise.

(3) Die Klage nach § 4 ist binnen drei Wochen, nachdem das Besatzungsmitglied zum Sitz des Betriebes zurückgekehrt ist, zu erheben, spätestens jedoch binnen sechs Wochen nach Zugang der Kündigung. Wird die Kündigung während der Fahrt des Schiffes oder des Luftfahrzeuges ausgesprochen, so beginnt die sechswöchige Frist nicht vor dem Tage, an dem das Schiff oder das Luftfahrzeug einen deutschen Hafen oder Liegeplatz erreicht. An die Stelle der Dreiwochenfrist in § 6 treten die hier in den Sätzen 1 und 2 bestimmten Fristen.

(4) Für Klagen der Kapitäne und der Besatzungsmitglieder im Sinne der §§ 2 und 3 des Seemannsgesetzes nach § 4 dieses Gesetzes tritt an die Stelle des Arbeitsgerichts das Gericht, das für Streitigkeiten aus dem Arbeitsverhältnis dieser Personen zuständig ist. Soweit in Vorschriften des Seemannsgesetzes für die Streitigkeiten aus dem Arbeitsverhältnis Zuständigkeiten des Seemannsamtes begründet sind, finden die Vorschriften auf Streitigkeiten über Ansprüche aus diesem Gesetz keine Anwendung.

(5) Der Kündigungsschutz des Ersten Abschnitts gilt, abweichend von § 14, auch für den Kapitän und die übrigen als leitende Angestellte im Sinne des § 14 anzusehenden Angehörigen der Besatzung.

§ 25 Kündigung in Arbeitskämpfen

Die Vorschriften dieses Gesetzes finden keine Anwendung auf Kündigungen und Entlassungen, die lediglich als Maßnahmen in wirtschaftlichen Kämpfen zwischen Arbeitgebern und Arbeitnehmern vorgenommen werden.

§ 25 a Berlin-Klausel

(Gegenstandslos)

§ 26 Inkrafttreten

Dieses Gesetz tritt am Tage nach seiner Verkündung in Kraft.

Kündigungsschutzgesetz (KSchG)

In der Fassung der Bekanntmachung vom
25. August 1969 (BGBl. I S. 1317),

zuletzt geändert durch das Gesetz über den
Arbeitsmarktzugang im Rahmen der EU-Erweiterung
vom 23. April 2004 (BGBl. I S. 602).

Erster Abschnitt
Allgemeiner Kündigungsschutz

§ 1 Sozial ungerechtfertigte Kündigungen

(1) Die Kündigung des Arbeitsverhältnisses gegenüber einem Arbeitnehmer, dessen Arbeitsverhältnis in demselben Betrieb oder Unternehmen ohne Unterbrechung länger als sechs Monate bestanden hat, ist rechtsunwirksam, wenn sie sozial ungerechtfertigt ist.

(2) ¹Sozial ungerechtfertigt ist die Kündigung, wenn sie nicht durch Gründe, die in der Person oder dem Verhalten des Arbeitnehmers liegen, oder durch dringende betriebliche Erfordernisse, die einer Weiterbeschäftigung des Arbeitnehmers in diesem Betrieb entgegenstehen, bedingt ist. ²Die Kündigung ist auch sozial ungerechtfertigt, wenn

1. in Betrieben des privaten Rechts

    a) die Kündigung gegen eine Richtlinie nach § 95 des Betriebsverfassungsgesetzes verstößt,

    b) der Arbeitnehmer an einem anderen Arbeitsplatz in demselben Betrieb oder in einem anderen Betrieb des Unternehmens weiterbeschäftigt werden kann

    und der Betriebsrat oder eine andere nach dem Betriebsverfassungsgesetz insoweit zuständige Vertretung der Arbeitnehmer aus einem dieser Gründe der Kündigung innerhalb der Frist des § 102 Absatz 2 Satz 1 des Betriebsverfassungsgesetzes schriftlich widersprochen hat,

2. in Betrieben und Verwaltungen des öffentlichen Rechts

    a) die Kündigung gegen eine Richtlinie über die personelle Auswahl bei Kündigungen verstößt,

§ 1 Sozial ungerechtfertigte Kündigungen

b) der Arbeitnehmer an einem anderen Arbeitsplatz in derselben Dienststelle oder in einer anderen Dienststelle desselben Verwaltungszweiges an demselben Dienstort einschließlich seines Einzugsgebietes weiterbeschäftigt werden kann

und die zuständige Personalvertretung aus einem dieser Gründe fristgerecht gegen die Kündigung Einwendungen erhoben hat, es sei denn, dass die Stufenvertretung in der Verhandlung mit der übergeordneten Dienststelle die Einwendungen nicht aufrechterhalten hat.

[3]Satz 2 gilt entsprechend, wenn die Weiterbeschäftigung des Arbeitnehmers nach zumutbaren Umschulungs- und Fortbildungsmaßnahmen oder eine Weiterbeschäftigung des Arbeitnehmers unter geänderten Arbeitsbedingungen möglich ist und der Arbeitnehmer sein Einverständnis hiermit erklärt hat. [4]Der Arbeitgeber hat die Tatsachen zu beweisen, die die Kündigung bedingen.

(3) [1]Ist einem Arbeitnehmer aus dringenden betrieblichen Erfordernissen im Sinne des Absatzes 2 gekündigt worden, so ist die Kündigung trotzdem sozial ungerechtfertigt, wenn der Arbeitgeber bei der Auswahl des Arbeitnehmers die Dauer der Betriebszugehörigkeit, das Lebensalter, die Unterhaltspflichten und die Schwerbehinderung des Arbeitnehmers nicht oder nicht ausreichend berücksichtigt hat; auf Verlangen des Arbeitnehmers hat der Arbeitgeber dem Arbeitnehmer die Gründe anzugeben, die zu der getroffenen sozialen Auswahl geführt haben. [2]In die soziale Auswahl nach Satz 1 sind Arbeitnehmer nicht einzubeziehen, deren Weiterbeschäftigung, insbesondere wegen ihrer Kenntnisse, Fähigkeiten und Leistungen oder zur Sicherung einer ausgewogenen Personalstruktur des Betriebes, im berechtigten betrieblichen Interesse liegt. [3]Der Arbeitnehmer hat die Tatsachen zu beweisen, die die Kündigung als sozial ungerechtfertigt im Sinne des Satzes 1 erscheinen lassen.

(4) Ist in einem Tarifvertrag, in einer Betriebsvereinbarung nach § 95 des Betriebsverfassungsgesetzes oder in einer entsprechenden Richtlinie nach den Personalvertretungsgesetzen festgelegt, wie die sozialen Gesichtspunkte nach Absatz 3 Satz 1 im Verhältnis zueinander zu bewerten sind, so kann die Bewertung nur auf grobe Fehlerhaftigkeit überprüft werden.

(5) [1]Sind bei einer Kündigung auf Grund einer Betriebsänderung nach § 111 des Betriebsverfassungsgesetzes die Arbeitnehmer, denen

gekündigt werden soll, in einem Interessenausgleich zwischen Arbeitgeber und Betriebsrat namentlich bezeichnet, so wird vermutet, dass die Kündigung durch dringende betriebliche Erfordernisse im Sinne des Absatzes 2 bedingt ist. ²Die soziale Auswahl der Arbeitnehmer kann nur auf grobe Fehlerhaftigkeit überprüft werden. ³Die Sätze 1 und 2 gelten nicht, soweit sich die Sachlage nach Zustandekommen des Interessenausgleichs wesentlich geändert hat. ⁴Der Interessenausgleich nach Satz 1 ersetzt die Stellungnahme nach § 17 Absatz 3 Satz 2.

Literatur

Teil 1 Voraussetzungen des Kündigungsschutzes
Mayer, Kommentar zu LAG Hamm vom 8.7.2003, BB 2003, 2237; *Meinel*, Agenda 2010 – Regierungsentwurf zu Reformen am Arbeitsmarkt, DB 2003, 1438; *Wolff*, Kommentar zu BAG vom 7.3.2002, BB 2002, 2072; *Zimmer*, Kündigungen im Management: § 623 BGB gilt nicht für GmbH-Geschäftsführer und AG-Vorstände, BB 2003, 1175.

Teil 2 Personenbedingte Kündigung
Berkowsky, Die personen- und verhaltensbedingte Kündigung, 3. Aufl. 1997; *Lepke*, Kündigung bei Krankheit – Handbuch für die betriebliche, anwaltliche und gerichtliche Praxis, 10. Aufl. 2000; *Lingemann*, Umorganisation zur Vermeidung einer krankheitsbedingten Kündigung, BB 1998, 1106.

Teil 3 Verhaltensbedingte Kündigung
Beckschulte/Henkel, Der Einfluss des Internets auf das Arbeitsrecht, DB 2001, 1491; *Berkowsky*, Die verhaltensbedingte Kündigung – Teil 1 und 2, NZA-RR 2001, 1 ff., 57 ff.; *Berkowsky*, Die personen- und verhaltensbedingte Kündigung, 2. Aufl. 1995; *Ernst*, Der Arbeitnehmer, die E-Mail und das Internet, NZA 2002, 585; *Grosjean*, Überwachung von Arbeitnehmern – Befugnisse des Arbeitgebers und mögliche Beweisverwertungsverbote, DB 2003, 2650; *Hoß*, Die verhaltensbedingte Kündigung, MDR 1998, 869; *Hromadka*, Das allgemeine Weisungsrecht, DB 1995, 2601; *Hunold*, Unzureichende Arbeitsleistung als Abmahn- und Kündigungsgrund, BB 2003, 2345; *Lepke*, Pflichtverletzung des Arbeitnehmers bei Krankheit als Kündigungsgrund, NZA 1995, 1084; *Leuchten/Zimmer*, Kündigung wegen subjektiver Eignungsmängel, BB 1999, 1973; *Lingemann/Göpfert*, Der Einsatz von Detektiven im Arbeitsrecht, DB 1997, 374; *Maschmann*, Möglichkeiten und Grenzen von »Ehrlichkeitskontrollen«, Detektiv-Kurier 2001, 4; *Tschöpe*, Verhaltensbedingte Kündigung – Eine systematische Darstellung im Lichte der BAG Rechtsprechung, BB 2002, 778; *Weißgerber*, Das Einsehen kennwortgeschützter Privatdaten des Arbeitnehmers durch den Arbeitgeber, NZA 2003, 1005; *Zimmer*, Mitarbeiterbeteiligung für kleine und mittlere Unternehmen, FA 2001, 38.

Teil 4 Betriebsbedingte Kündigung
Bader, Neuregelungen im Bereich des Kündigungsschutzgesetzes, NZA 1996, 1125; *Beckschulze*, Der Wiedereinstellungsanspruch nach betriebsbedingter

§ 1 Sozial ungerechtfertigte Kündigungen

Kündigung, DB 1998, 417; *Bittner,* Der kündigungsrechtliche Dauerbrenner: Unternehmerfreiheit ohne Ende?, DB 1999, 1214; *Busch,* Maßgeblicher Beurteilungszeitpunkt für die Möglichkeit der Weiterbeschäftigung bei betriebsbedingten Kündigungen, NZA 2000, 754; *Fiebig,* Konzernbezogener Kündigungsschutz nach der Rechtsprechung des BAG, DB 1993, 582; *Gaul/Bonanni/Naumann,* Betriebsübergang: Neues zur betriebsbedingten Kündigung aufgrund Erwerberkonzepts, DB 2003, 1902; *Helle,* Konzernbedingte Kündigungsschranken bei Abhängigkeit und Beherrschung durch Kapitalgesellschaften, 1988; *von Hoyningen-Huene,* Betriebsbedingte Kündigungen in der Wirtschaftskrise, NZA 1994, 1009; *Hümmerich/Spriolke,* Die betriebsbedingte Kündigung im Wandel – Neue Wege zum rechtssicheren Personalabbau, NZA 1998, 797; *Kappenhagen,* Anmerkungen zu BAG 20.03.2003 – 8 AZR 97/02, in BB 2003, 2180; *Kappenhagen,* Die neue »alte« Namensliste nach § 1 Abs. 5 KSchG, FA 2004, 37; *Kittner,* Das neue Recht der Sozialauswahl bei der betriebsbedingten Kündigungen und die Ausdehnung der Kleinbetriebsklausel, AuR 1997, 182; *Kukat,* Betriebsbedingte Kündigung und konzernbezogener Kündigungsschutz in der Rechtsprechung des Bundesarbeitsgerichts, BB 2000, 1242; *Löwisch,* Die Verknüpfung von Kündigungsschutz und Betriebsverfassung nach dem BetrVG 1972, DB 1975, 349; *Löwisch,* Die Kündigungsrechtlichen Vorschläge der »Agenda 2010«, NZA 2003, 689; *Oetker,* Der Wiedereinstellungsanspruch des Arbeitnehmers bei nachträglichem Wegfall des Kündigungsgrundes, ZIP 2000, 643; *Preis,* Die betriebsbedingte Kündigung, in *Gagel/Weiss* (Hrsg.), Handbuch für Arbeits- und Sozialrecht (Loseblatt); *Raab,* Der Wiedereinstellungsanspruch des Arbeitnehmers bei Wegfall des Kündigungsgrundes, RdA 2000, 147; *Schiefer,* Problemschwerpunkte des Arbeitsrechtlichen Beschäftigungsförderungsgesetzes – Kündigungsschutz – Interessenausgleich – Befristeter Arbeitsvertrag, DArbRdGgw Bd. 34 (1996), 95; *Schrader,* Die geänderte Rechtsprechung des BAG zur Unternehmerentscheidung, NZA 2000, 401; *Thüsing/Stelljes,* Fragen zum Entwurf eines Gesetzes zu Reformen am Arbeitsmarkt, BB 2003, 1673; *Wlotzke,* Einschränkungen des Kündigungsschutzes durch Anhebung der Schwellenzahl und Veränderungen bei der Sozialauswahl, BB 1997, 414; *Zimmer,* Sozialauswahl und Klagefrist ab 2004, FA 2004, 34.

Inhalt

		Rz
Teil 1	**Voraussetzungen des Kündigungsschutzes**	1–54
	A. Ordentliche Arbeitgeberkündigung	1–17
	I. Begriff der Kündigung	2– 4
	1. Einseitige empfangsbedürftige Willenserklärung	2
	2. Anfechtung/Nichtigkeit	3
	3. Rücknahme/Widerruf	4
	II. Ordentliche Kündigung	5
	III. Abgrenzung zu anderen Kündigungsarten	6– 9
	1. Änderungskündigung	6
	2. Teilkündigung	7
	3. Außerordentliche Kündigung, Ausschluss der ordentlichen Kündigung	8– 9

§ 1 Sozial ungerechtfertigte Kündigungen

IV.	Abgrenzung zu anderen Beendigungsmöglichkeiten	10– 11
	1. Nichtigkeit/Anfechtung	10
	2. Aufhebungsvertrag	11
V.	Form der Kündigung	12– 16
	1. Schriftform	13
	2. Angabe von Kündigungsgründen	14– 15
	3. Hinweis auf § 37 b SGB III	16
VI.	Berechtigung zur Kündigung	17
B.	**Persönlicher Anwendungsbereich**	18– 29
I.	Geschützter Personenkreis	18– 23
	1. Arbeitnehmer	18– 21
	2. Leiharbeitnehmer	22
	3. Familienangehörige	23
II.	Nicht geschützte Personen	24– 29
	1. Selbständige	24
	2. Arbeitnehmerähnliche Personen	25
	3. Gesellschafter	26
	4. Organmitglieder	27
	5. Beamte, Richter, Soldaten, Wehr- und Zivildienstleistende	28
	6. Auszubildende, Volontäre	29
C.	**Wartezeit**	30– 53
I.	Sinn und Zweck	30– 53
II.	Wartezeitvereinbarungen	31– 34
III.	Beginn der Wartezeit	35– 38
IV.	Unterbrechungen der Wartezeit	39– 46
	1. Zusammenrechnung	40– 43
	2. Relevante Unterbrechungen	44– 46
V.	Unternehmensbezug	47– 50
VI.	Vollendung der Wartezeit	51– 53
D.	**Darlegungs- und Beweislast**	54

Teil 2 Personenbedingte Kündigung 55–139

A.	**Begriff**	55– 58
B.	**Voraussetzungen**	59– 75
I.	Abgrenzung zur verhaltensbedingten Kündigung	59– 60
II.	Abmahnung	61
III.	Prüfung der Sozialwidrigkeit in drei Stufen	62– 74
	1. Fehlende Eignung und negative Zukunftsprognose	63
	2. Konkrete betriebliche Beeinträchtigungen und fehlende Weiterbeschäftigungsmöglichkeit	64– 72
	3. Interessenabwägung	73– 74
IV.	Darlegungs- und Beweislast	75
C.	**Einzelne personenbedingte Kündigungsgründe**	76–139
I.	Krankheit	77–111
	1. Häufige Kurzerkrankungen	81– 95
	2. Langzeiterkrankung	96–103
	3. Krankheitsbedingte dauernde Leistungsunfähigkeit	104–108

	4. Krankheitsbedingte Leistungsminderung	109–111
II.	Alkohol– und Drogensucht	112–117
III.	Aids	118–119
IV.	Eignung	120–130
	1. Fehlen objektiver Voraussetzungen	122–123
	2. Fehlen subjektiver Voraussetzungen	124–127
	3. Leistungsdefizit	128–130
V.	Sonstige personenbedingte Gründe	131–139

Teil 3 Verhaltensbedingte Kündigung 140–346

A. Grundsätze 140–170

- I. Einführung 140–141
- II. Abgrenzung zwischen personen– und verhaltensbedingter Kündigung 142
- III. Prüfung verhaltensbedingter Kündigungsgründe 143–152
- IV. Abmahnung 153–169
  1. Funktion der Abmahnung 154
  2. Inhalt der Abmahnung 155–159
  3. Erfordernis einer Abmahnung 160–162
  4. Berechtigung zur Abmahnung 163
  5. Form der Abmahnung 164
  6. Zeitpunkt der Abmahnung 165
  7. Entfernung der Abmahnung aus der Personalakte 166–168
  8. Gleichartiger Wiederholungsfall 169
- V. Checkliste ordentliche verhaltensbedingte Kündigung 170

B. Kündigungsgründe von A – Z 171–274

- Abkehrwille 172–175
- Abwerbung 176
- Alkohol 177–181
- Arbeitskampf → Streik 182
- Arbeitspapiere, Nichtvorlage 183
- Arbeitsverweigerung 184–197
- Arbeitszeit, Manipulation der Stechuhr 198
- Ausländerfeindliche Äußerungen 199–200
- Beleidigungen 201
- Bestechlichkeit, Bestechung → Schmiergeld 202
- Betriebsgeheimnisse 203
- Betrug → Vermögensdelikte, Spesen 204
- Bummelei → Schlecht– und Minderleistung 205
- Computer → EDV–Missbrauch → Internet– und E–Mail–Nutzung 206
- Diebstahl → Vermögensdelikte 207
- Dienst nach Vorschrift → Schlecht– und Minderleistung 208
- E–Mail → Internet– und E–Mail–Nutzung 209
- EDV–Missbrauch 210
- Geheimnisse → Betriebsgeheimnisse 211
- Internet– und E–Mail–Nutzung 212–216

Sozial ungerechtfertigte Kündigungen § 1

- Konkurrenz → Wettbewerb 217
- Korruption → Schmiergeld 218
- Krankheit, Androhung einer Arbeitsunfähigkeit 219
- Krankheit, Verstoß gegen Anzeigepflicht 220–221
- Krankheit, Verletzung der Nachweispflicht 222
- Krankheit, genesungsförderndes Verhalten 223
- Krankheit, Verweigerung ärztlicher Untersuchung 224
- Krankheit, Vortäuschen einer Arbeitsunfähigkeit 225
- Kritik am Arbeitgeber → Beleidigungen → Strafanzeigen 226
- Lohnpfändungen 227
- Minderleistung → Schlecht- oder Minderleistung 228
- Nebentätigkeit 229–230
- Pornographie → Sexuelle Belästigung → Internet- und E-Mail-Nutzung 231
- Privattelefonate 232–235
- Schlecht- oder Minderleistung 236–245
- Schmiergeld 246
- Sexuelle Belästigung 247–250
- Spesen 251
- Stechuhr → Arbeitszeit, Manipulation der Stechuhr 252
- Strafanzeigen gegen den Arbeitgeber 253
- Streik 254
- Tätlichkeiten 255
- Telefonmissbrauch → Privattelefonate 256
- Trunkenheit → Alkohol 257
- Überstunden, Verweigerung 258–259
- Üble Nachrede → Beleidigungen 260
- Unpünktlichkeit 261
- Unterschlagung → Vermögensdelikte 262
- Untreue → Vermögensdelikte 263
- Urlaub, eigenmächtiger Urlaubsantritt 264–267
- Urlaub, eigenmächtige Verlängerung 268
- Urkundenfälschung, Falschbeurkundung 269
- Verkehrsdelikte 270
- Verleumdung → Beleidigungen 271
- Vermögensdelikte 272
- Verspätungen → Unpünktlichkeit 273
- Wettbewerb 274

C. **Besonderheiten der außerordentlichen verhaltensbedingten Kündigung** 275–294
  I. Zweistufige Prüfung der Arbeitsgerichte 275–276
  II. Besonderheiten der Betriebsratsanhörung bei außerordentlicher Kündigung 277–279
  III. Zweiwochenfrist des § 626 Abs. 2 BGB 280–282
  IV. Besonderheiten bei der verhaltensbedingten Kündigung von Belegschaftsvertretern 283–289
  V. Besonderheiten bei der außerordentlichen verhaltensbedingten Kündigung von schwerbehinderten Arbeitnehmern 290–293

§ 1   Sozial ungerechtfertigte Kündigungen

	VI. Checkliste außerordentliche verhaltensbedingte Kündigung	294
D.	**Verdachtskündigung**	295–310
	I. Voraussetzungen der Verdachtskündigung	297
	II. Dringender Verdacht	298
	III. Anhörung des Arbeitnehmers	299–304
	IV. Zweiwochenfrist des § 626 Abs. 2 BGB	305
	V. Anhörung des Betriebsrats	306–308
	VI. Später bekannt gewordene Umstände	309–310
E.	**Darlegungs– und Beweislast im Kündigungsschutzprozess**	311
F.	**Prozesstaktik**	312–332
	I. Auflösungsantrag	313–315
	II. Widerklage	316–317
	III. Nachschieben von Kündigungsgründen	318–326
	IV. Vergleich	327–329
	V. Strafanzeige	330–332
G.	**Beweissicherung**	333–343
	I. Einsatz eines Privatdetektivs	335–339
	II. Mithören von Telefongesprächen	340
	III. Videoüberwachung	341–343
H.	**Wirtschaftskriminalität – Kleiner Leitfaden für Arbeitgeber**	344–346
	I. Umfang und Auswirkungen der Wirtschaftskriminalität	344–346
	II. Tipps zur Vermeidung von Wirtschaftskriminalität	346
	III. Wege zur Aufdeckung von Wirtschaftskriminalität	346
	IV. Reaktionen auf Wirtschaftskriminalität	346
Teil 4	**Betriebsbedingte Kündigung**	347–559
A.	**Einführung**	347–350
B.	**Dringende betriebliche Erfordernisse**	351–392
	I. Erfordernisse	352–370
	1. Außerbetriebliche Gründe	352–356
	2. Innerbetriebliche Gründe	357–363
	3. Grenzen und gerichtliche Überprüfbarkeit der Unternehmerentscheidung	364–370
	II. Betriebsbezogenheit der Erfordernisse	371–373
	III. Dringlichkeit der betrieblichen Erfordernisse	374–382
	IV. Betriebsbezogenheit der Prüfung	383–386
	V. Darlegungs– und Beweislast	387–392
C.	**Adäquate anderweitige Beschäftigungsmöglichkeit**	393–423
	I. Freier anderer Arbeitsplatz	396–400
	II. Gleichwertigkeit des anderen Arbeitsplatzes	401–410
	III. Freier Arbeitsplatz nach zumutbarer Fortbildung oder Umschulung	411–415
	IV. Freier Arbeitsplatz zu geänderten Bedingungen	416–421
	V. Darlegungs– und Beweislast	422–423
D.	**Interessenabwägung**	424–426

E.	**Widerspruch des Betriebsrats**	427–435
	I. Bedeutung des Widerspruchs	428
	II. Mögliche Widerspruchsgründe	429–430
	III. Verstoß gegen eine Auswahlrichtlinie	431–434
	IV. Anderweitige Beschäftigung	435
F.	**Zeitpunkt der Beurteilung der Sozialwidrigkeit einer betriebsbedingten Kündigung**	436–438
G.	**Wiedereinstellungsanspruch**	439–449
H.	**Beispielsfälle für betriebsbedingte Kündigungsgründe**	450–479
	I. Außerbetriebliche Gründe	450–456
	1. Arbeitsmangel	450–451
	2. Auftragsrückgang	452–453
	3. Wegfall von Drittmitteln	454
	4. Gewinneinbruch	455
	5. Insolvenz	456
	II. Innerbetriebliche Gründe	457–479
	1. Abbau und Änderung von Arbeitsplätzen	457–460
	2. Betriebseinschränkung	461–462
	3. Wechsel des Betriebsinhabers	463–466
	4. Betriebsstilllegung	467–473
	5. Rationalisierungsmaßnahmen	474–478
	6. Wechsel des Vorgesetzten	479
I.	**Soziale Auswahl**	480–558
	I. Einzubeziehender Personenkreis	483–502
	1. Arbeitnehmer mit Bestandsschutz	484–485
	2. Ausschluss einer arbeitgeberseitigen ordentlichen Kündigung kraft Gesetzes	486–487
	3. Ausschluss einer arbeitgeberseitigen ordentlichen Kündigung aufgrund Tarifvertrages	488–490
	4. Arbeitsvertraglich ordentlich unkündbare Arbeitnehmer	491–494
	5. Notwendigkeit einer behördlichen Zustimmung zur Kündigung	495–497
	6. Befristet beschäftigte Arbeitnehmer	498
	7. Vorläufig weiterbeschäftigte Arbeitnehmer	499
	8. Teilzeitbeschäftigte	500–501
	9. Ruhendes Arbeitsverhältnis	502
	II. Betriebsbezogenheit der Sozialauswahl und betriebliche Vergleichbarkeit	503–521
	1. Betriebsbezogenheit der Sozialauswahl	503–513
	2. Betriebliche Vergleichbarkeit	514–521
	a) Vergleichbarkeit	514–518
	b) Horizontale Vergleichbarkeit	519
	c) Vollzeit- und Teilzeitkräfte	520–521
	III. Auswahlgesichtspunkte nach § 1 Abs. 3 Satz 1 KSchG	522–538
	1. Dauer der Betriebszugehörigkeit	523–524

§ 1 Sozial ungerechtfertigte Kündigungen

    2. Lebensalter   525
    3. Unterhaltspflichten   526–528
    4. Schwerbehinderung   529
    5. Weitere soziale Gesichtspunkte   530–531
    6. Ermittlung der sozialen Grunddaten   532–534
    7. Gewichtung der Kriterien   535–538
  IV. Berechtigte betriebliche Interessen gemäß § 1 Abs. 3 Satz 2 KSchG   539–543
  V. Auskunftsanspruch des Arbeitnehmers   544–546
  VI. Darlegungs- und Beweislast   547–549
  VII. Interessenausgleich bei Betriebsänderung gemäß § 1 Abs. 5 KSchG   550–558
 J. **Prüfungsschema für betriebsbedingte Kündigung**   559

Teil 1   Voraussetzungen des Kündigungsschutzes

A.   Ordentliche Arbeitgeberkündigung

1 Das KSchG ist **nur** bei **ordentlichen Kündigungen** anwendbar, die vom **Arbeitgeber** ausgesprochen werden. Kündigt der Arbeitnehmer selbst, kann er sich später nicht mit der Begründung auf das KSchG berufen, durch seine Kündigung sei der allgemeine Kündigungsschutz vereitelt worden.[1]

I.   Begriff der Kündigung

1.   Einseitige empfangsbedürftige Willenserklärung

2 Die Kündigung ist eine **einseitige, empfangsbedürftige Willenserklärung**, durch die das Arbeitsverhältnis für die Zukunft aufgelöst werden soll. Die Kündigung ist somit ein typisches **Gestaltungsrecht**.[2] Stellt der Arbeitnehmer seine Arbeit zu einem bestimmten Zeitpunkt ein und erklärt der Arbeitgeber daraufhin, er betrachte das Arbeitsverhältnis aus diesem Grunde als beendet, stellt dies keine Kündigung des Arbeitsverhältnisses dar, da der einseitige Gestaltungswille des Arbeitgebers in der Erklärung nicht zum Ausdruck kommt.[3] Aus dem gleichen Grunde ist die Anzeige des Arbeitgebers, dass ein befristet abgeschlossener Arbeitsvertrag nicht verlängert wird, keine Kündigung.[4] Als einseitiges Rechtsgeschäft ist die Kündigung grundsätzlich **bedingungsfeindlich**. Wird sie mit einer unzulässigen Bedingung ver-

---

[1] *LAG Hamm*, BB 1983, 61.
[2] KR/*Etzel* § 1 KSchG Rz 151; ErfK/*Ascheid* § 1 KSchG Rz 28.
[3] *LAG Nürnberg* 8. 2. 1994, NZA 1995, 174.
[4] *BAG* 26. 4. 1979, EzA § 620 BGB Nr. 34; *BAG* 15. 3. 1978, EzA § 620 BGB Nr. 39.

bunden, führt dies zur Unwirksamkeit der Kündigung.[5] Ausnahmsweise kann eine Kündigung mit einer Bedingung wirksam verbunden werden, wenn der Bedingungseintritt allein vom Arbeitnehmer abhängt.[6] Eine weitere Ausnahme von der Bedingungsfeindlichkeit hat der Gesetzgeber explizit für den Fall der Änderungskündigung in § 2 KSchG geregelt.[7]

2. Anfechtung/Nichtigkeit

Als Willenserklärung unterliegt die Kündigung den **allgemeinen** **Regeln des BGB**. Sie kann folglich bei Vorliegen der entsprechenden Voraussetzungen angefochten werden. Eine Kündigung kann darüber hinaus auch aus anderen Gründen nichtig sein, zB wegen Geschäftsunfähigkeit (§ 105 BGB), einem dem Empfänger gegenüber erklärten Vorbehalt (§ 116 BGB) oder wegen eines Verstoßes gegen ein gesetzliches Verbot (§ 134 BGB). Letzteres ist beispielsweise der Fall, wenn ein in zulässigerweise seine Rechte ausübender Arbeitnehmer durch eine Kündigung nach § 612 a BGB gemaßregelt wird.[8]

3

3. Rücknahme/Widerruf

Die Kündigung wird mit ihrem Zugang wirksam, § 130 BGB. Danach kann sie **nicht** mehr einseitig durch »Rücknahme« oder »Widerruf« rückgängig gemacht werden.[9]

4

▶ Praxistipp:

Die in der Praxis häufig anzutreffende »Rücknahme« einer Kündigung erzeugt daher keinerlei Rechtswirkungen, es sei denn, der Arbeitnehmer ist mit der Rücknahme der Kündigung einverstanden. Es empfiehlt sich, eine entsprechende Einverständniserklärung des Arbeitnehmers zu dokumentieren.

II. Ordentliche Kündigung

Eine ordentliche Kündigung liegt nur dann vor, wenn das Arbeitsverhältnis nach Ablauf der gesetzlichen, tariflichen oder vertraglich ver-

5

---

5 *BAG* 15. 3. 2001, EzA § 620 BGB Kündigung Nr. 2.
6 *LAG Baden-Württemberg* 28. 4. 1966, BB 1966, 908.
7 Siehe § 2 Rz 4 ff.
8 *BAG* 2. 4. 1987, AP § 612 a BGB Nr. 1.
9 ErfK / *Ascheid* § 1 KSchG Rz 43.

einbarten Kündigungsfrist sein Ende findet. Dies trifft auch zu, wenn die Kündigungsfrist aus besonderen Gründen, zB nach § 113 InsO, verkürzt ist.[10] Ferner ist eine ordentliche Kündigung gegeben, wenn aufgrund tarifvertraglicher Regelungen ein Arbeitsverhältnis mit sofortiger Wirkung einseitig beendet werden kann, ohne dass dafür ein wichtiger Grund im Sinne von § 626 BGB vorliegen muss, sog. entfristete Kündigung.[11]

III. Abgrenzung zu anderen Kündigungsarten

1. Änderungskündigung

6 Eine ordentliche Kündigung ist auch die ordentliche Änderungskündigung. Mit ihr wird das Arbeitsverhältnis ebenfalls zu einem bestimmten Zeitpunkt gekündigt. Allerdings wird zuvor oder zugleich ein Angebot unterbreitet, im Zeitpunkt der Beendigung des gekündigten Vertrages einen neuen Vertrag mit geänderten Bedingungen abzuschließen. Für die Änderungskündigung gelten die Sonderregelungen des § 2 KSchG.[12]

2. Teilkündigung

7 Eine Teilkündigung zielt darauf, bestimmte Vertragsbestandteile des Arbeitsverhältnisses zu beenden, den Vertrag im Übrigen aber bestehen zu lassen. Teilkündigungen sind grundsätzlich unzulässig.[13] In der Regel stellen sie jedoch Änderungskündigungen dar, die an den Voraussetzungen von § 2 KSchG zu messen sind.[14]

3. Außerordentliche Kündigung, Ausschluss der ordentlichen Kündigung

8 Das KSchG ist grundsätzlich nicht auf außerordentliche Kündigungen aus wichtigem Grund nach § 626 BGB anwendbar.[15] Das Recht zur ordentlichen Kündigung kann jedoch kollektivrechtlich (zB Betriebsvereinbarung über Rationalisierungsschutz, Tarifvertrag mit besonde-

---

10 *BAG* 16. 9. 1982, AP § 22 KO Nr. 4.
11 *BAG* 4. 6. 1987, AP § 1 KSchG Soziale Auswahl Nr. 16; *v. Hoyningen-Huene/ Linck* § 1 Rz 100; ErfK/*Ascheid* § 1 KSchG Rz 27.
12 Vgl. dazu § 2 Rz 4.
13 *BAG* 7. 10. 1982, EzA § 315 BGB Nr. 28; KR/*Etzel* § 1 KSchG Rz 168; vgl. § 2 Rz 56.
14 Siehe dazu § 2 KSchG Rz 56.
15 Vgl. § 13 KSchG Rz 1.

rem Alterskündigungsschutz) oder einzelvertraglich ausgeschlossen sein. In diesen Fällen kann nach der Rechtsprechung des BAG eine sog. **außerordentliche Kündigung mit sozialer Auslauffrist** in Betracht kommen.[16] In der Regel wird die soziale Auslauffrist der geltenden Kündigungsfrist entsprechen. Dennoch ist die außerordentliche Kündigung mit sozialer Auslauffrist an den Voraussetzungen des § 626 BGB zu messen und **nicht** an § 1 KSchG.

Der Arbeitgeber muss eindeutig zum Ausdruck bringen, dass er eine 9 außerordentliche Kündigung mit sozialer Auslauffrist ausspricht.[17] Geht dies aus der Kündigung nicht hervor und ist die ordentliche Kündigung wirksam ausgeschlossen worden, führt dies unweigerlich zur Unwirksamkeit der erklärten Kündigung. Auch eine **Umdeutung** in eine zulässige, außerordentliche Kündigung mit sozialer Auslauffrist kommt nicht in Betracht.[18] Haben die Parteien einen befristeten Arbeitsvertrag geschlossen, kommt grundsätzlich nur eine außerordentliche Kündigung des Vertragsverhältnisses in Betracht, es sei denn, die ordentliche Kündigung ist ausdrücklich oder stillschweigend vereinbart worden (§ 15 Abs. 3 TzBfG).[19]

IV. Abgrenzung zu anderen Beendigungsmöglichkeiten

1. Nichtigkeit/Anfechtung

Die gesetzlichen Kündigungsbeschränkungen von § 1 KSchG kom- 10 men nicht zur Anwendung, wenn **von vornherein kein wirksamer Arbeitsvertrag** bestanden hat. Beruft sich der Arbeitgeber auf die Nichtigkeit oder erklärt er die Anfechtung, führt dies ungeachtet der fehlerhaften vertraglichen Grundlage allerdings nur zur **Beseitigung des Arbeitsverhältnisses für die Zukunft**, wenn das Arbeitsverhältnis zwischenzeitlich **in Vollzug gesetzt worden** ist.[20] Die Anfechtung des Arbeitsverhältnisses nach § 123 BGB stellt regelmäßig auch einen Grund für die außerordentliche Kündigung des Arbeitsverhältnisses dar. War das Arbeitsverhältnis in Vollzug gesetzt worden, unterscheiden sich Anfechtung und Kündigung in ihren Rechtswirkungen nicht. Einigkeit besteht, dass im Unterschied zur Kündigung vor einer

---

16 Vgl. *BAG* 5. 2. 1998.
17 *BAG* 13. 1. 1982, EzA § 626 BGB nF Nr. 81; KR/*Etzel* § 1 KSchG Rz 166.
18 *BAG* 3. 11. 1982, EzA § 15 KSchG nF Nr. 28; *LAG Baden-Württemberg* 31. 3. 1960, BB 1960, 742.
19 ErfK/*Ascheid* § 1 KSchG Rz 72; KR/*Etzel* § 1 KSchG Rz 155; *Sievers* TzBfG § 15 Rz. 29.
20 Vgl. *v. Hoyningen-Huene/Linck* § 1 Rz 101 mwN.

Anfechtung der **Betriebsrat** nach § 102 BetrVG **nicht angehört** zu werden braucht.[21] Das BAG hat bislang noch nicht entschieden, ob ein Arbeitnehmer gegenüber einer **Anfechtung** binnen **drei Wochen analog** § 4 KSchG die Unwirksamkeit der Anfechtung gerichtlich geltend machen muss.[22] Wegen der identischen Wirkung von Anfechtung und außerordentlicher Kündigung bei vollzogenem Arbeitsverhältnis ist dies jedoch zu fordern.[23]

2. Aufhebungsvertrag

11 Die **Berufung auf den Kündigungsschutz** nach § 1 KSchG ist **ausgeschlossen**, wenn die Arbeitsvertragsparteien einen Aufhebungsvertrag bzw. nach Ausspruch einer Kündigung einen sog. Abwicklungsvertrag geschlossen haben. Dies gilt **auch**, wenn in dem Aufhebungs- bzw. Abwicklungsvertrag **nicht explizit festgehalten** ist, dass der Arbeitnehmer auf die Erhebung einer **Kündigungsschutzklage verzichtet**.[24]

V. Form der Kündigung

12 Eine Kündigung kann **grundsätzlich zu jeder Zeit und an jedem Ort** erklärt werden.[25] Insbesondere können Kündigungen grundsätzlich auch an Sonn- und Feiertagen sowie während des Urlaubs des Arbeitnehmers oder in Zeiten seiner Arbeitsunfähigkeit ausgesprochen werden.[26]

1. Schriftform

13 Eine Kündigung bedarf zu ihrer Wirksamkeit nach § 623 BGB der **Schriftform**. Eine mündlich erklärte Kündigung ist daher in jedem Fall unwirksam.[27] Desgleichen ist eine Kündigung in elektronischer Form, zB per E-mail, oder per Telefax unwirksam. Das Kündigungsschreiben muss dem Arbeitnehmer vielmehr im Original mit der Originalunterschrift des Arbeitgebers oder seines Vertretungsberechtigten zugehen.

---

21 Vgl. § 102 BetrVG Rz 12.
22 *BAG* 14. 12. 1979, AP § 119 BGB Nr. 4.
23 **AA** *v. Hoyningen-Huene/Linck* § 1 Rz 104.
24 *LAG Düsseldorf* 19. 10. 1999, LAGE § 4 KSchG Verzicht Nr. 5.
25 *BAG* 14. 11. 1984, AP § 626 BGB Nr. 88 (Heiliger Abend).
26 Ausnahmen bilden sog. ungehörige Kündigungen, dazu *Stahlhacke/Preis/Vossen* Rz 311 ff.
27 Zur Schriftform, vgl. *Zimmer* BB 2003, 1175.

Sozial ungerechtfertigte Kündigungen §1

2. Angabe von Kündigungsgründen

Bei einer ordentlichen Kündigung braucht der **Arbeitgeber** in seiner Erklärung **nicht anzugeben**, auf **welche Gründe** er die Kündigung stützt, sofern nicht in Kollektivvereinbarungen oder einzelvertraglich ausdrücklich etwas anderes geregelt ist.[28] Erklärt der Arbeitgeber im Kündigungsschreiben oder mündlich dennoch, worauf er die Kündigung stützt, ist er an diese Erklärung im Prozess nicht gebunden. Er kann daher auch weitere oder andere Tatsachen vortragen, die seine Kündigung rechtfertigen sollen.[29] Anders ist dies freilich, wenn der Arbeitgeber zuvor einen Betriebs- oder Personalrat über seine Kündigungsabsicht informieren musste. Nach der Rechtsprechung des BAG ist der Arbeitgeber nämlich im Rahmen des Anhörungsverfahrens nach §102 BetrVG an die dem Betriebsrat gegenüber offenbarten Kündigungsgründe gebunden und kann keine weiteren Kündigungsgründe nachschieben, weil der Betriebsrat dazu nicht Stellung nehmen konnte.[30]

Kündigt der Arbeitgeber, obwohl der **Betriebsrat** nach §102 Abs.3 BetrVG der Kündigung **widersprochen** hat, ist der Arbeitgeber verpflichtet, dem Arbeitnehmer mit dem Kündigungsschreiben eine **Abschrift der Stellungnahme des Betriebsrats** zuzuleiten. Verstößt der Arbeitgeber gegen diese Pflicht, macht er sich ggf. schadensersatzpflichtig, wenn der Arbeitnehmer in Unkenntnis des Widerspruchs keinen Weiterbeschäftigungsanspruch nach §102 Abs.5 BetrVG geltend macht.[31] Das Fehlen der Abschrift macht die Kündigung allerdings nicht formal unwirksam.

3. Hinweis auf §37 b SGB III

Um einen raschen Vermittlungserfolg Arbeitsuchender zu ermöglichen, sieht §37 b SGB III seit dem 1.7.2003 vor, dass **gekündigte Arbeitnehmer verpflichtet** sind, sich **unverzüglich** nach Kenntnis des Beendigungszeitpunkts ihres Arbeitsverhältnisses persönlich bei der **Agentur für Arbeit arbeitsuchend zu melden**. Darauf hat der **Arbeitgeber hinzuweisen**. Unterlässt der Arbeitgeber dies, setzt er sich uU Schadensersatzforderungen des Arbeitnehmers aus, da dieser bei verspäteter Arbeitslosmeldung mitunter Kürzungen des Arbeitslosengeldes hinzunehmen hat.

---

28 *BAG* 27.2.1958, AP §1 KSchG Betriebsbedingte Kündigung Nr.1; ErfK/*Ascheid* §1 KSchG Rz 30.
29 ErfK/*Ascheid* §1 KSchG Rz 32.
30 Vgl. §102 BetrVG Rz 40.
31 Vgl. §102 BetrVG Rz 43.

> **Praxistipp:**
> Die Kündigungserklärung sollte daher regelmäßig auch einen ausdrücklichen Hinweis auf die Verpflichtung des Arbeitnehmers zur Meldung bei der Agentur für Arbeit enthalten.

VI. Berechtigung zur Kündigung

17 Die Kündigung muss vom Berechtigten, dh vom Arbeitgeber ausgesprochen werden. Dieser hat das erforderliche Kündigungsschreiben zu unterzeichnen. Bei juristischen Personen sind dies die für sie handelnden Organe, dh **Geschäftsführer** bzw. **Vorstand**. Der Arbeitgeber kann sich jedoch auch Bevollmächtigter bedienen, die Kündigung zu erklären. Allerdings ist dabei § 174 BGB zu beachten. Wird die Kündigung von einem Bevollmächtigten erklärt und weist der Gekündigte die Kündigung **unverzüglich zurück**, weil keine **Vollmachtsurkunde im Original** beigefügt worden ist, ist das Rechtsgeschäft **unheilbar unwirksam**. Eine Genehmigung nach § 180 Satz 2 BGB scheidet aus,[32] und eine erneute Kündigung ist erforderlich. Dies gilt nicht, wenn der Arbeitgeber den Arbeitnehmer **von der Bevollmächtigung in Kenntnis gesetzt** hat, § 174 Satz 2 BGB. Ausreichend ist dafür beispielsweise die Übertragung personalrechtlicher Befugnisse einschließlich des Rechts zur Kündigung in einem bekannt gemachten Geschäftsverteilungsplan oder Rundschreiben an die Mitarbeiter.[33] Danach ist im Regelfall der **Personalleiter** auch ohne Vorlage einer Vollmachtsurkunde berechtigt, wirksam eine Kündigung zu erklären.[34] **Prokuristen** können eine Kündigung unterschreiben, wenn die Prokura im Handelsregister eingetragen und bekannt gemacht worden ist, selbst wenn der die Prokura andeutende Zusatz fehlt.[35]

B. Persönlicher Anwendungsbereich

I. Geschützter Personenkreis

1. Arbeitnehmer

18 Nach § 1 Abs. 1 KSchG greift der Kündigungsschutz nur ein, wenn die Kündigung gegenüber einem **Arbeitnehmer** ausgesprochen wird. Eine

---

32 *V. Hoyningen-Huene/Linck* § 1 Rz 98 c.
33 *BAG* 18. 10. 2000, AP § 626 BGB Krankheit Nr. 9; *BAG* 20. 8. 1997, NZA 1997, 1343.
34 *BAG* 29. 10. 1992, DB 1993, 541.
35 *BAG* 11. 7. 1991, NZA 1992, 449; weiterführend ErfK/*Müller-Glöge* § 620 BGB Rz 25 ff.

Sozial ungerechtfertigte Kündigungen §1

Definition des Arbeitnehmerbegriffs enthält das KSchG indes nicht. Arbeitnehmer ist nach überwiegender Ansicht, wer aufgrund eines privatrechtlichen Vertrages oder eines gleichgestellten Rechtsverhältnisses im Dienst eines anderen zur abhängigen und weisungsgebundenen Arbeit verpflichtet ist.[36]

Für die Anwendbarkeit des KSchG spielt es keine Rolle, ob ein Arbeitnehmer nur **nebenberuflich beschäftigt** ist oder seine Tätigkeit lediglich in einem geringen Umfang aushilfsweise ausübt.[37] Kündigungsschutz genießen daher auch **Teilzeitarbeitnehmer**.[38] Sind Teilzeitarbeitnehmer mehrfachbeschäftigt, ist in jedem Arbeitsverhältnis gesondert zu prüfen, ob die Voraussetzungen des KSchG erfüllt sind.[39] Ebenfalls unter den allgemeinen Kündigungsschutz fallen Arbeitnehmer, die im Rahmen eines Jobsharing-Arbeitsverhältnisses tätig sind oder Arbeit auf Abruf nach § 12 TzBfG leisten.[40] 19

Leitende Angestellte sind ebenfalls Arbeitnehmer, für sie gelten jedoch Sonderregelungen gemäß § 14 KSchG.[41] 20

Kündigungsschutz nach dem KSchG genießen ebenso **Arbeiter und Angestellte des öffentlichen Dienstes**. Dies gilt insbesondere auch für die sog. Dienstordnungsangestellten, deren Rechtsbeziehungen zum Arbeitgeber sich im Wesentlichen nach beamtenrechtlichen Bestimmungen richten.[42] 21

2. Leiharbeitnehmer

Bei Leiharbeitsverhältnissen ist zu unterscheiden. Ist der Verleiher im Besitz einer erforderlichen Erlaubnis nach § 1 Abs. 1 AÜG, besteht ein **Arbeitsverhältnis mit dem Verleiher**. Liegen die übrigen Voraussetzungen des KSchG vor, kann sich der Leiharbeitnehmer unabhängig vom zeitlichen Umfang seines Einsatzes beim Entleiher auf den allgemeinen Kündigungsschutz gegenüber dem Verleiher berufen. **Fehlt die erforderliche Erlaubnis** zur Arbeitnehmerüberlassung jedoch, besteht nach § 9 Nr. 1 AÜG kein Arbeitsverhältnis mit dem Verleiher. Es gilt dann gemäß § 10 Abs. 1 AÜG ein **Arbeitsverhältnis mit dem Ent-** 22

---

36 Mehr dazu *v. Hoyningen-Huene/Linck* § 1 Rz 24 ff.
37 *BAG* 16. 3. 1972, AP § 611 BGB Lehrer, Dozenten Nr. 10.
38 *BAG* 13. 3. 1987, AP § 1 KSchG Betriebsbedingte Kündigung Nr. 37.
39 *BAG* 9. 6. 1983, BB 1984, 143.
40 *V. Hoyningen-Huene/Linck* § 1 Rz 41, im Einzelnen *Sievers* TzBfG §§ 12, 13.
41 Siehe im Einzelnen § 14 Rz 37 ff.
42 *BAG* 21.9.193, AP § 611 BG Dienstordnungsangestellte Nr. 68; *v. Hoyningen-Huene/Linck* § 1 Rz 47.

leiher, so dass der Leiharbeitnehmer sich in diesem Fall – sofern die übrigen Voraussetzungen gegeben sind – auf den allgemeinen Kündigungsschutz gegenüber dem Entleiher stützen kann.

3. Familienangehörige

23 Familienangehörige, die im Betrieb eines Verwandten aufgrund familiärer Bindungen mitarbeiten, genießen keinen Kündigungsschutz. Verwandtschaftliche Beziehungen schließen jedoch nicht aus, dass unter Verwandten ein Arbeitsvertrag geschlossen wird. So kann ein Ehegatte durchaus auf der Grundlage eines Arbeitsvertrages tätig werden.[43]

II. Nicht geschützte Personen

1. Selbständige

24 Selbständige fallen nicht in den Anwendungsbereich des KSchG. Hierzu gehören insbesondere **Handelsvertreter**, auch wenn sie mitunter prozessrechtlich nach § 5 Abs. 3 ArbGG der Arbeitsgerichtsbarkeit unterfallen.[44] Ebenso wenig können sich Heimarbeiter und Hausgewerbetreibende im Sinne von § 1 Abs. 1 HAG auf das KSchG berufen. Sie sind zwar wirtschaftlich, indes nicht persönlich abhängig. Für sie gelten die Sondervorschriften in § 29 HAG.[45]

2. Arbeitnehmerähnliche Personen

25 Arbeitnehmerähnliche Personen sind wie Heimarbeiter zwar wirtschaftlich, nicht jedoch persönlich abhängig. Bei Streitigkeiten mit arbeitnehmerähnlichen Personen sind die Arbeitsgerichte zuständig. Das KSchG ist jedoch nicht auf sie anwendbar.[46] Dies gilt insbesondere für **freie Mitarbeiter** im Rundfunk- und Pressebereich. Ebenso sind auch **Franchisenehmer** grundsätzlich keine Arbeitnehmer.[47] Es ist jedoch stets im Einzelfall anhand der geläufigen Abgrenzungskriterien zu prüfen, ob aufgrund der tatsächlichen Vertragsdurchführung nicht doch eine Arbeitnehmereigenschaft zu bejahen ist.

---

43 Vgl. *BAG* 9. 2. 1995, EzA § 1 KSchG Personenbezogene Kündigung Nr. 12; siehe auch *BAG* 20. 7. 1993, AP § 1 BetrAVG Unverfallbarkeit Nr. 4.
44 *V. Hoyningen-Huene/Linck* § 1 Rz 44; ErfK */Ascheid* § 1 KSchG Rz 48.
45 *LAG Düsseldorf*, DB 1979, 120; *v. Hoyningen-Huene/Linck* § 1 Rz 45 mwN.
46 ErfK */Ascheid* § 1 KSchG Rz 50.
47 *Von Hoyningen-Huene/Linck* § 1 Rz 36; Vgl. auch *BGH* 4. 11. 1998, EzA § 5 ArbGG 1979 Nr. 29 (»Eismann«).

3. Gesellschafter

Gesellschafter und Personen, die aufgrund körperschaftlicher Verpflichtung Arbeit leisten, wie beispielsweise Mitglieder einer Genossenschaft oder eines Vereins, unterfallen nicht dem Kündigungsschutz des KSchG. Die **Arbeitsleistung** wird in diesen Fällen regelmäßig nicht auf der Grundlage eines Arbeitsvertrages, sondern **wegen der freien Mitgliedschaft** erbracht.[48] Dies schließt indes nicht aus, dass eine Person ungeachtet ihres Mitgliedschaftsverhältnisses in einem Arbeitsverhältnis mit dieser Vereinigung oder Körperschaft steht. Bei **Personengesellschaften** werden nicht selten Kommanditisten aufgrund eines Arbeitsvertrages für die KG tätig.[49] Es ist auch nicht ausgeschlossen, dass ein Gesellschafter einer GmbH für die Gesellschaft auf Grundlage eines Arbeitsvertrages tätig wird.[50] Regelmäßig wird die Grundlage der Tätigkeit jedoch ein Dienstvertrag sein und sich der Gesellschafter als bestelltes Organ (Geschäftsführer) und nicht als Arbeitnehmer betätigen.

4. Organmitglieder

Organmitglieder, die zur gesetzlichen Vertretung juristischer Personen berufen und entsprechend bestellt sind, sind vom Kündigungsschutz ausgeschlossen.[51]

5. Beamte, Richter, Soldaten, Wehr- und Zivildienstleistende

Beamte, Richter und Soldaten stehen in einem öffentlich-rechtlichen Dienstverhältnis, welches sich von einem Arbeitsverhältnis unterscheidet. Sie unterstehen daher nicht dem KSchG. Gleiches gilt für Wehrdienst- und Zivildienstleistende.[52]

6. Auszubildende, Volontäre

Auszubildende sind zwar **an sich Arbeitnehmer**. Für sie gelten jedoch nicht die Regelungen des KSchG, sondern die besonderen kündigungs-

---

48 *BAG* 16. 2. 1983, AP § 2 AngKSchG Nr. 8; KR/*Etzel* § 1 KSchG Rz 87; ErfK/*Ascheid* § 1 KSchG Rz 54.
49 *BAG* 8. 1. 1970, AP § 528 ZPO Nr. 14; *BAG* 28. 11. 1990, EzA § 611 BGB Arbeitnehmerbegriff Nr. 37.
50 *BAG* 9. 3. 1990, AP § 35 GmbHG Nr. 6; *LAG Hamm*, DB 1986, 391; s. auch *BAG* 28. 4. 1994, AP § 626 BGB Nr. 116.
51 Vgl. § 14 KSchG; s. auch § 14 Rz 31.
52 ErfK/*Ascheid* § 1 KSchG Rz 52; KR/*Etzel* § 1 KSchG Rz 81.

schutzrechtlichen Bestimmungen in §§ 13 bis 16 BBiG. Diese Regelungen gelten über die Verweisung in § 19 BBiG ebenfalls für Volontäre, die eingestellt worden sind, um berufliche Kenntnisse, Fertigkeiten oder Erfahrungen zu erwerben. Auszubildende und Volontäre sind mithin besonders geschützt und können sich nicht zusätzlich auf das KSchG berufen. Dies schließt indes nicht aus, dass berufliche Qualifikationen im Rahmen eines Arbeitsverhältnisses vermittelt werden. In diesem Fall kann auch das KSchG zur Anwendung gelangen.[53]

C. Wartezeit

I. Sinn und Zweck

30 Der allgemeine Kündigungsschutz greift ein, sobald das Arbeitsverhältnis des Arbeitnehmers in demselben Betrieb oder Unternehmen, **ohne Unterbrechung länger als sechs Monate bestanden** hat. Die Regelung ist als eine Art gesetzliche Probezeit anzusehen, während derer sich der Arbeitgeber ohne besondere Voraussetzungen einseitig vom Arbeitnehmer trennen können soll.[54] Da das Gesetz jedoch nicht mehr auf die Dauer der tatsächlichen Beschäftigung, sondern auf den **rechtlichen Bestand** des Arbeitsverhältnisses abstellt, ist der Erprobungszweck in den Hintergrund getreten.[55]

II. Wartezeitvereinbarungen

31 Der **zwingende Charakter** der sechsmonatigen Wartezeit **verbietet Verlängerungen** zum Nachteil des Arbeitnehmers.[56] Dies gilt auch für kollektivrechtliche Regelungen.[57]

32 Hingegen sind vertragliche Vereinbarungen über eine **Verkürzung** oder den **Ausschluss der Wartezeit** sowohl individualvertraglich als auch kollektivvertraglich **zulässig.**[58] Sieht beispielsweise ein Sozialplan unter bestimmten Voraussetzungen einen Wiedereinstellungsanspruch vor, so kann darin der Ausschluss der gesetzlichen Wartezeit für den Fall einer späteren Wiedereinstellung gesehen werden.[59]

---

53 *V. Hoyningen-Huene/Linck* § 1 KSchG Rz 53.
54 APS/*Dörner* § 1 KSchG Rz 22.
55 *BAG* 15. 8. 1984, EzA § 1 KSchG Nr. 40; KR/*Etzel* § 1 KSchG Rz 98.
56 *BAG* 15. 8. 1984, a. a. O.
57 APS/*Dörner* § 1 KSchG Rz 26; *v. Hoyningen-Huene/Linck* § 1 Rz 66.
58 *BAG* 28. 2. 1990, AP § 1 KSchG Wartezeit Nr. 8; APS/*Dörner* § 1 KSchG Rz 23.
59 Zitat KR/*Etzel* § 1 KSchG Rz 97 unter Bezugnahme auf *BAG* 5. 7. 1984 – 2 AZR 246/83 – nv.

Sozial ungerechtfertigte Kündigungen §1

Das BAG hat eine **stillschweigende Vereinbarung** der Vertragsparteien über den **Ausschluss der Wartezeit** für den Fall angenommen, dass ein Arbeitnehmer das Angebot zum **Abschluss eines Arbeitsvertrages aus ungekündigter Stelle** annahm und dem neuen Arbeitgeber gegenüber erklärte, er lege wert auf eine Dauerstellung.[60] Allein die **Zusage einer Dauer- oder Lebensstellung** wird man jedoch noch **nicht** als **stillschweigende Vereinbarung** über einen **vorzeitig einsetzenden Kündigungsschutz** auslegen können. Vielmehr müssen besondere Umstände hinzutreten, die eine solche Auslegung gestatten.[61] Dazu reicht es nicht aus, dass der Arbeitnehmer aus einem unbefristeten Arbeitsverhältnis mit bestehendem allgemeinen Kündigungsschutz wechselt. Etwas anderes mag jedoch gelten, wenn ein Arbeitnehmer aus einem einzelvertraglich oder kollektivrechtlich ordentlich **unkündbaren** Arbeitsverhältnis ausscheidet und dies Gegenstand der Gespräche mit dem neuen Arbeitgeber war. 33

Der allgemeine Kündigungsschutz nach Ablauf der sechsmonatigen Wartezeit greift auch dann ein, wenn die Parteien in zulässiger Weise eine Probezeit von mehr als sechs Monaten vereinbart haben.[62] Umgekehrt setzt bei einer Probezeit von weniger als sechs Monaten der allgemeine Kündigungsschutz erst nach Ablauf von sechs Monaten ein, es sei denn, die Parteien haben vereinbart, dass nicht nur die Probezeit, sondern auch die Wartezeit verkürzt werden sollte.[63] 34

▶ **Praxistipp:**

Nach der Rechtsprechung des BAG kann eine vom Arbeitgeber häufig gewünschte Verlängerung der Probezeit nur erreicht werden, indem vor Ablauf der Probezeit ein Aufhebungsvertrag geschlossen wird, der ein späteres Ende des Arbeitsverhältnisses, längstens bis zum Ablauf der einschlägigen Kündigungsfrist, vorsieht. Dem Arbeitnehmer kann dann in Aussicht gestellt werden, bei Bewährung innerhalb des Weiterbeschäftigungszeitraumes, in ein neues Arbeitsverhältnis ohne Probezeit übernommen zu werden.[64]

---

60 *BAG* 8. 6. 1972, AP § 1 KSchG Nr. 1.
61 APS/*Dörner* § 1 KSchG Rz 24; *v. Hoyningen-Huene/Linck* § 1 Rz 67.
62 Vgl. *LAG Frankfurt* 13. 3. 1986, NZA 1987, 384.
63 Vgl. *ArbG Frankfurt* 21. 3. 2001, EzA Schnelldienst 2001, Heft 13, 9.
64 *BAG* 7. 3. 2002, EzA § 611 BGB Aufhebungsvertrag Nr. 40, dazu *Wolff*, BB 2002, 2072.

III. Beginn der Wartezeit

35 Die Wartezeit beginnt mit der Begründung des Arbeitsverhältnisses. Dies ist nicht zwingend der Zeitpunkt des Vertragsschlusses. Entscheidend kommt es auf den Zeitpunkt des **vereinbarten Dienstantritts** an. Der Beginn der Wartezeit wird nicht dadurch verzögert, dass der tatsächliche Arbeitsbeginn durch Umstände, die der Arbeitnehmer nicht zu vertreten hat, verzögert wird.[65]

▶ **Beispiel:**
Die Arbeitsvertragsparteien schließen am 15. 11. 2002 einen Arbeitsvertrag. Beginn der tatsächlichen Arbeitsaufnahme soll der 2. 1. 2003 sein. Aufgrund einer Kurzerkrankung nimmt der Arbeitnehmer jedoch erst am 8. 1. 2003 die Arbeit tatsächlich auf. Wartezeitbeginn ist der 2. 1. 2003.

36 War der Arbeitnehmer unmittelbar vor Beginn des Arbeitsverhältnisses als **Leiharbeitnehmer** oder im Rahmen eines **Dienstvertrages**, beispielsweise als freier Mitarbeiter oder Geschäftsführer in dem Unternehmen tätig, so werden die **Beschäftigungszeiten nicht auf die Wartezeit angerechnet**. Nach dem klaren Wortlaut sind allein Beschäftigungszeiten im Rahmen eines Arbeitsverhältnisses relevant.[66]

37 Bei der Berechnung der Wartezeit sind indes Zeiten der beruflichen Ausbildung, insbesondere Lehrzeiten, mit zu berücksichtigen. Dies folgt aus den §§ 2, 3 Abs. 2 BBiG, wonach auf das Berufsausbildungsverhältnis die für den Arbeitsvertrag geltenden Rechtsvorschriften Anwendung finden.[67] Ein zuvor abgeleistetes berufliches Praktikum ist hingegen nur anzurechnen, wenn es im Rahmen eines Arbeitsverhältnisses abgeleistet worden ist.[68]

38 Hat ein Arbeitnehmer während der Wartezeit jedoch **überhaupt keine Arbeitsleistung** erbracht, ist die Berufung auf die Erfüllung der Wartezeit in der Regel **rechtsmissbräuchlich**.[69] Dies folgt daraus, dass die Wartezeit zumindest auch der Erprobung des Arbeitnehmers dient.

---

65 KR/*Etzel* § 1 KSchG Rz 99; ErfK/*Ascheid* § 1 KSchG Rz 70.
66 *V. Hoyningen-Huene/Linck* § 1 KSchG Rz 77 b; APS/*Dörner* § 1 KSchG Rz 36.
67 KR/*Etzel* § 1 KSchG Rz 107; ausführlich *v. Hoyningen-Huene/Linck* § 1 KSchG Rz 78 b.
68 *BAG* 18. 11. 1999, EzA § 1 KSchG Nr. 52.
69 KR/*Etzel* § 1 KSchG Rz 115; ErfK/*Ascheid* § 1 KSchG Rz 71.

IV. Unterbrechungen der Wartezeit

Nach dem klaren Wortlaut von § 1 Abs. 1 KSchG ist die Wartezeit nur dann erfüllt, wenn das Arbeitsverhältnis ununterbrochen für die Dauer von sechs Monaten Bestand hatte.

1. Zusammenrechnung

Die Arbeitsvertragsparteien können frei **vereinbaren**, dass **Zeiten aus einem früheren Arbeitsverhältnis** auf die Wartezeit **angerechnet** werden.[70] Bei Teilzeitbeschäftigten läuft die Wartezeit unabhängig vom tatsächlichen Einsatz pro Woche nach sechs Monaten ab. Dies gilt auch bei Job-Sharing und Bedarfsarbeitsverhältnissen.[71] Wird ein Vollarbeitsverhältnis später in ein Teilzeitarbeitsverhältnis umgewandelt, bilden die rechtlichen Beziehungen eine Einheit.[72] Zeiten eines vorangegangenen Vollarbeitsverhältnisses sind daher auch nach der Umwandlung in ein Teilzeitarbeitsverhältnis auf die gesetzliche Wartezeit anzurechnen und umgekehrt.[73]

Eine Unterbrechung der Wartezeit ist nicht gegeben, wenn sich der Arbeitsvertragsinhalt infolge einer **Änderungskündigung** modifiziert oder wenn der Arbeitnehmer im Rahmen des Direktionsrechts in einen anderen Betrieb des Unternehmens versetzt wird und dort eine andere als die ursprüngliche Arbeit leistet.[74] **Tatsächliche Unterbrechungen** des Arbeitsverhältnisses, beispielsweise durch Streik, Aussperrung, unbezahlte Freistellungen, Urlaub oder Krankheit, beeinträchtigen den Lauf der Wartezeit grundsätzlich nicht.[75] Ebenso sind Unterbrechungen der Wartezeit infolge Wehr- oder Zivildiensts unschädlich.[76] Bei Eigenkündigung einer Arbeitnehmerin während der Schwangerschaft ist die Sonderregelung in § 10 Abs. 2 Satz 1 MuSchG zu berücksichtigen, wonach bei Wiedereinstellung innerhalb eines Jahres nach der Entbindung das Arbeitsverhältnis als nicht unterbrochen anzusehen ist.

War der Arbeitnehmer zunächst in einem befristeten Arbeitsverhältnis tätig, so ist die Vertragszeit auf die Wartezeit anzurechnen, wenn er unmittelbar danach im Rahmen eines unbefristeten Arbeitsverhältnis-

---

70 ErfK /*Ascheid* § 1 KSchG Rz 73.
71 APS/*Dörner* § 1 KSchG Rz 35.
72 BAG 31. 10. 1975, DB 1976, 488.
73 KR /*Etzel* § 1 KSchG Rz 115.
74 ErfK /*Ascheid* § 1 KSchG Rz 78; KR /*Etzel* § 1 KSchG Rz 116.
75 *V. Hoyningen-Huene/Linck* § 1 Rz 80; ErfK /*Ascheid* § 1 KSchG Rz 82.
76 §§ 62, 10, 16 a ArbPlSchG; § 6 EignÜG; § 78 ZGG; § 9 ZSchG; § 59 Abs. 1 Bundesgrenzschutzgesetz.

ses weiterbeschäftigt wird.[77] Gleiches gilt für den umgekehrten Fall, dass im Anschluss an ein unbefristetes Arbeitsverhältnis die Beschäftigung im Rahmen eines befristeten Arbeitsverhältnisses fortgesetzt wird.[78]

43 Eine Zusammenrechnung kommt nicht in Frage, wenn der Arbeitnehmer zuvor beim Arbeitgeber nicht in einem Arbeitsverhältnis stand, er beispielsweise ein betriebliches Praktikum oder eine Qualifizierungsmaßnahme nach dem SBG III absolvierte.[79] Das Gleiche gilt, wenn der Arbeitnehmer zuvor als Leiharbeitnehmer im Unternehmen seines späteren Arbeitgebers tätig war, es sei denn, ein Arbeitsverhältnis war bereits zuvor aufgrund von § 10 Abs. 1 AÜG fingiert worden.[80]

2. Relevante Unterbrechungen

44 **Rechtliche Unterbrechungen** des Bestands des Arbeitsverhältnisses sind **grundsätzlich schädlich für den Lauf der Wartezeit**. Die Zeiten aus einem vorherigen Arbeitsverhältnis werden in einem solchen Fall in der Regel nicht angerechnet. Eine **Ausnahme** gilt nach der Rechtsprechung des BAG dann, wenn das vorhergehende Arbeitsverhältnis mit dem neuen Arbeitsverhältnis **in einem engen sachlichen Zusammenhang** steht. Dabei kommt es insbesondere auf **Anlass und Dauer der Unterbrechung sowie auf die Art der Weiterbeschäftigung** an.[81] Allerdings kommt eine Anrechnung auf die Wartezeit nur bei kurzfristigen Unterbrechungen von wenigen Tagen oder Wochen zum Tragen. Eine Anrechnung hat das BAG bei einer Unterbrechung von 5 Wochen,[82] 7 Wochen,[83] 2 Monaten,[84] 2 2/3 Monaten[85] und 4 Monaten[86] unter Berücksichtigung der jeweiligen Umstände des Einzelfalls verneint.

45 Eine **feste zeitliche Grenze** für die Feststellung eines engen sachlichen Zusammenhangs mit einem früheren Arbeitsverhältnis besteht nach der Rechtsprechung des BAG **nicht**.[87] Zur Konkretisierung der zeitli-

---

77 *BAG* 12. 2. 1981, EzA § 611 BGB Probearbeitsverhältnis Nr. 5.
78 *LAG Berlin* 8. 7. 1991, LAGE § 1 KSchG Nr. 9.
79 *BAG* 18. 11. 1999, BB 2000, 673; *LAG Hamm* 8. 7. 2003, BB 2003, 2237 m. zust. Anm. *Mayer.*
80 *BAG* 8. 12. 1988, BB 1989, 912.
81 *BAG* 20. 8. 1998, EzA § 1 KSchG Nr. 50.
82 *BAG* 4. 4. 1990, RzK I 4 d Nr. 15.
83 *BAG* 22. 5. 2003 – 2 AZR 622/03 –.
84 *BAG* 10. 5. 1998, NZA 1990, 221.
85 *BAG* 11. 11. 1982, NJW 1983, 1443.
86 *BAG* 18. 1. 1979, DB 1979, 1754.
87 *BAG* 22. 5. 2003 – 2 AZR 426/03 –.

Sozial ungerechtfertigte Kündigungen §1

chen Grenze kann auch nicht auf § 1 Abs. 1 Satz 3 BeschFG 1985 (vier Monate) oder § 14 Abs. 3 TzBfG (sechs Monate) zurückgegriffen werden, da beide Regelungen gänzlich andere Sachverhalte im Blick haben.[88] Das **BAG** hat in einer neueren Entscheidung für den Regelfall einen **Unterbrechungszeitraum von mehr als drei Wochen als schädlich angesehen**.[89] Allerdings hat es in einer früheren Entscheidung bei einer Unterbrechung von sechs Wochen eine Anrechnung bejaht.[90] Auch das LAG Frankfurt hat bei einer fünfwöchigen Unterbrechung der Arbeitsverhältnisse noch einen engen sachlichen Zusammenhang angenommen.[91]

▶ Praxistipp:
Für die Praxis erscheint es sinnvoll, sich an der kürzesten gesetzlichen Kündigungsfrist von vier Wochen zu orientieren.[92]

Bei der konkreten Berechnung ist zu beachten, dass die Zeit der Unterbrechung auf die Wartezeit nicht anzurechnen ist.[93] **46**

V. Unternehmensbezug

Die Berechnung der Wartezeit erfolgt **unternehmensbezogen**. Das Arbeitsverhältnis muss somit fortdauernd in demselben Unternehmen sechs Monate bestanden haben. Unter einem Unternehmen ist die organisatorische Einheit zu verstehen, die bestimmt wird durch den wirtschaftlichen oder ideellen Zweck, dem ein Betrieb oder mehrere vorhandene Betriebe desselben Unternehmens dienen.[94] Da ein Unternehmen aus mehreren Betrieben bestehen kann, werden die Zeiten in einem Betrieb auf die Wartezeit angerechnet, wenn ein Arbeitnehmer in einen anderen Betrieb des gleichen Unternehmens versetzt wird.[95] **47**

Im Falle des **Betriebsübergangs** nach § 613 a BGB sowie bei einer **Gesamtrechtsnachfolge** wird die bei dem früheren Arbeitgeber **48**

---

88 ErfK /*Ascheid* § 1 KSchG Rz 80; *v. Hoyningen-Huene/Linck* § 1 Rz 85 mwN.
89 *BAG* 9. 8. 2000, RzK I 4 d Nr. 24.
90 *BAG* 20. 8. 1998, EzA § 1 KSchG Nr. 49 – betraf das Arbeitsverhältnis eines Lehrers, welches durch die großen Schulferien unterbrochen war.
91 *LAG Frankfurt*, NJW 1982, 134.
92 So auch ErfK /*Ascheid* § 1 KSchG Rz 81.
93 *LAG Hamm* 2. 12. 1996, LAGE § 1 KSchG Nr. 10; *LAG Baden-Württemberg* 17. 2. 1988, LAGE § 1 KSchG Nr. 7; KR /*Etzel* § 1 KSchG Rz 110; **aA** APS/*Dörner* § 1 KSchG Rz 41.
94 *V. Hoyningen-Huene/Linck* § 1 Rz 71 mwN.
95 APS/*Dörner* § 1 KSchG Rz 43.

zurückgelegte Dauer des Arbeitsverhältnisses auf die Wartezeit angerechnet. Entscheidend ist insoweit nicht die Identität des Arbeitgebers, sondern die fortbestehende Dauer des Arbeitsverhältnisses.[96]

49 Nach § 323 Abs. 1 UmwG verschlechtert sich die kündigungsrechtliche Stellung eines Arbeitnehmers bei einer **Spaltung oder Teilübertragung** für die Dauer von zwei Jahren nicht. Dieser Regelung ist der allgemeine Grundgedanke zu entnehmen, dass in Fällen der Umwandlung Dienstzeiten vor der Organisationsänderung auf die Wartezeit angerechnet werden.[97]

50 **Vordienstzeiten** in einem anderen **Unternehmen desselben Konzerns** werden grundsätzlich nicht angerechnet, da das KSchG nicht konzernbezogen ausgestaltet ist. Eine Anrechnung findet jedoch ohne ausdrückliche Vereinbarung in dem Fall statt, dass ein Arbeitnehmer beim herrschenden Unternehmen eines Konzerns angestellt wird und der Einsatz in anderen Konzernunternehmen vereinbart worden ist. Seine Tätigkeit in anderen Konzernunternehmen führt dann nicht zu einer Unterbrechung der Wartezeit, sondern zur Anrechnung.[98] In sonstigen Fällen kann sich aus der **Versetzungsvereinbarung** im Wege der Auslegung ergeben, dass eine Anrechnung vorheriger Dienstzeiten bei einem Konzernunternehmen auf die Wartezeit erfolgen sollte.

▶ **Beispiel:**

Zwei Monate nach Beginn des Arbeitsverhältnisses bei einer konzernabhängigen Gesellschaft wird ein Arbeitnehmer in ein anderes Unternehmen des Konzerns versetzt und erhält einen neuen Arbeitsvertrag. Nach fünf weiteren Monaten beabsichtigt der neue Arbeitgeber die Kündigung. Hat der Arbeitnehmer bei beiden Unternehmen im Wesentlichen dieselbe Tätigkeit ohne Unterbrechung ausgeübt, wird man davon ausgehen können, dass die vor der Versetzung zurückgelegten Dienstzeiten in dem anderen Unternehmen anzurechnen sind.

---

96 *V. Hoyningen-Huene/Linck* § 1 Rz 75 f.; ErfK /*Ascheid* § 1 KSchG Rz 89; KR/*Etzel*, § 1 KSchG Rz 120.
97 APS/*Dörner* § 1 KSchG Rz 44; ErfK /*Ascheid* § 1 KSchG Rz 90 mwN. Häufig ist in diesen Fällen ohnehin von einer Anrechnung auszugehen, da mit der Organisationsänderung ein Betriebsübergang einhergeht.
98 KR/*Etzel* § 1 KSchG Rz 118; APS/*Dörner* § 1 KSchG Rz 45.

Sozial ungerechtfertigte Kündigungen §1

VI. Vollendung der Wartezeit

Das Ende der Wartezeit ergibt sich aus § 188 Abs. 2 BGB. Da jedoch gemäß § 187 Satz 2 BGB der erste Tag der Frist mitzählt, endet die sechsmonatige Wartezeit mit dem Ablauf desjenigen Tages des letzten Monats, welcher dem Tag vorhergeht, der durch seine Benennung oder seine Zahl dem Anfangstag der Frist entspricht. 51

▶ **Beispiel:**
Die Arbeitsaufnahme wurde für den 1. 1. 2002 vereinbart. Die Wartezeit endete dann mit Ablauf des 30. 6. 2002.

Maßgeblich für die Rechtzeitigkeit einer Kündigung vor Ablauf der Wartezeit ist der **Zugang der Kündigungserklärung**. Unerheblich ist hingegen, wenn die Kündigungsfrist erst nach Ablauf der Wartezeit abläuft.[99] 52

▶ **Beispiel:**
Vereinbarter Arbeitsbeginn war der 15. 12. 2002. Arbeitsvertraglich galt eine Probezeit von sechs Monaten mit gesetzlicher Kündigungsfrist. Ging dem Arbeitnehmer die Kündigung am 14. 6. 2003 zu, so endete das Arbeitsverhältnis zwar erst mit Ablauf des 28. 6. 2003. Allerdings bestand noch kein Kündigungsschutz, da bei Zugang der Kündigung die Wartezeit noch nicht abgelaufen war.

Kündigt ein Arbeitgeber **wenige Tage oder gar Stunden vor dem Ablauf der Wartezeit,** soll er sich nach der Rechtsprechung des BAG aufgrund von § 162 BGB so behandeln lassen, als wäre die gesetzliche Wartezeit bereits abgelaufen.[100] Diese Rechtsprechung ist zu recht auf Kritik gestoßen. Allein die Ausübung eines Rechts kurz vor Ablauf einer im Interesse der Rechtssicherheit eingeräumten Frist kann nicht als treuwidrige Vereitelung des Eintritts des Kündigungsschutzes angesehen werden.[101] Dies schließt nicht aus, dass eine Kündigung während der Wartezeit aus anderen Gründen gegen Treu und Glauben verstößt. Eine Kündigung, die kurz vor Ablauf der Wartezeit erklärt wird, um den gesetzlichen Kündigungsschutz zu verhindern, ist aber nicht per se treuwidrig.[102] Ein Arbeitgeber muss im Rahmen der ihm eingeräumten Kündigungsfreiheit autonom entscheiden dürfen, ob er bei- 53

---
99 *BAG* 20. 7. 1977, NJW 1978, 69; KR/*Etzel* § 1 KSchG Rz 112.
100 *BAG* 28. 9. 1978, NJW 1979, 2421; *BAG* 18. 8. 1982, DB 1983, 289.
101 Zu Recht APS/*Dörner* § 1 KSchG Rz 32; KR/*Etzel* § 1 KSchG Rz 103.
102 Vgl. LAG *Schleswig-Holstein* 14. 4. 1998, NZA-RR 1999, 191.

spielsweise aufgrund der gezeigten Arbeitsleistungen das Arbeitsverhältnis fortsetzen möchte oder zur Vermeidung eines aus seiner Sicht sich abzeichnenden Rechtsstreits mit dem Arbeitnehmer das Arbeitsverhältnis noch kurz vor Ablauf der Wartezeit kündigt.[103] Treuwidrigkeit kann erst bei Hinzutreten weiterer Umstände angenommen werden, etwa wenn der Arbeitgeber dem Arbeitnehmer erst kurz vorher versprochen hat, ihn über dem Ablauf der Wartezeit hinaus weiterzubeschäftigen. Ohne solche Umstände bleibt es dagegen bei der Entscheidungsfreiheit des Arbeitgebers, das Arbeitsverhältnis vor Beendigung der Wartezeit zu kündigen.

D. Darlegungs- und Beweislast

54 Den **Arbeitnehmer** trifft die Darlegungs- und Beweislast dafür, dass die Voraussetzungen des allgemeinen Kündigungsschutzes gegeben sind. Er hat danach zu beweisen, dass zwischen den Vertragsparteien ein **Arbeitsverhältnis** bestand und im Zeitpunkt des Zugangs der Kündigung die **sechsmonatige Wartezeit** abgelaufen war.[104] Demgegenüber muss der **Arbeitgeber** darlegen und ggf. beweisen, dass die Wartezeit aufgrund einer **rechtlich relevanten Unterbrechung** nicht erfüllt worden ist.[105] Den **Arbeitnehmer** trifft dann wiederum die Darlegungs- und Beweislast, dass ungeachtet der Unterbrechung ein **enger sachlicher Zusammenhang** zwischen beiden Arbeitsverhältnissen besteht oder eine ausdrückliche bzw. stillschweigende Anrechnungsvereinbarung zustande gekommen ist.[106]

Teil 2   Personenbedingte Kündigung

A. Begriff

55 Nach dem Wortlaut des Gesetzes kann eine Kündigung durch Gründe gerechtfertigt werden, die in der Person des Arbeitnehmers liegen, sogenannte personenbedingte Kündigung. Voraussetzung für eine personenbedingte Kündigung ist, dass der Arbeitnehmer aufgrund seiner **persönlichen Fähigkeiten und Eigenschaften nicht mehr in der Lage ist, künftig seine arbeitsvertraglichen Verpflichtungen ganz oder teilweise zu erfüllen.**[107] Der Kündigungsgrund liegt somit in der

---

103 So auch APS/*Dörner* § 1 KSchG Rz 33.
104 KR/*Etzel* § 1 KSchG Rz 129; ErfK/*Ascheid* § 1 KSchG Rz 103.
105 *BAG* 6. 3. 1989, EzA § 1 KSchG Nr. 45.
106 APS/*Dörner* § 1 KSchG Rz 51; KR/*Etzel* § 1 KSchG Rz 130.
107 *BAG* 20. 5. 1988, EzA § 1 KSchG Personenbedingte Kündigung Nr. 3.

Sphäre des Arbeitnehmers, ohne dass jedoch ein Verschulden des Arbeitnehmers vorausgesetzt wird.

Bei einer personenbedingten Kündigung ist eine **negative Zukunftsprognose** erforderlich, da die personenbedingte Kündigung nur dann sozial gerechtfertigt ist, wenn der Arbeitgeber in der Zukunft mit unzumutbaren Belastungen des Arbeitsverhältnisses rechnen muss. Die Kündigung aus personenbedingten Gründen stellt dagegen **keine Sanktion** für vergangene Störungen des Arbeitsverhältnisses dar. Die bisherigen und nach der Prognose zu erwartenden Auswirkungen der personenbedingten Gründe müssen zu einer erheblichen Beeinträchtigung der betrieblichen Interessen des Arbeitgebers führen, die durch Störungen im Betriebsablauf oder beträchtliche wirtschaftliche Belastungen hervorgerufen werden können.[108] 56

Eine **Weiterbeschäftigungsmöglichkeit** auf einem anderen **freien Arbeitsplatz**, bei dem sich die personenbedingten Mängel nicht mehr oder nur unbedeutend auswirken, ist durch den Arbeitgeber zu prüfen und muss für eine sozial gerechtfertigte personenbedingte Kündigung verneint werden. 57

Zu guter Letzt ist eine Kündigung aus personenbedingten Gründen nur dann sozial gerechtfertigt, wenn die Unzulänglichkeiten des Arbeitnehmers so gewichtig sind, dass hierdurch betriebliche oder wirtschaftliche Interessen des Arbeitgebers derart beeinträchtigt sind, dass die Fortsetzung des Arbeitsverhältnisses für den Arbeitgeber nicht mehr billigenswert und angemessen und damit unzumutbar ist. Aus diesem Grund ist – insbesondere bei einer vorübergehenden Verhinderung des Arbeitnehmers – zu prüfen, ob sich die Kündigung durch **Überbrückungsmaßnahmen** vermeiden lässt.[109] 58

B. Voraussetzungen

I. Abgrenzung zur verhaltensbedingten Kündigung

Die Anerkennung des personenbedingten Kündigungsgrundes bezweckt, einer in der Person des Arbeitnehmers begründeten Leistungsstörung angemessen begegnen zu können. 59

Eine Kündigung, die durch in der Person des Arbeitnehmers liegende Gründe bedingt ist (§ 1 Abs. 2 KSchG), ist von einer verhaltensbeding- 60

---

108 *BAG* 20. 1. 2000, EzA § KSchG Krankheit Nr. 47.
109 *BAG* 20. 5. 1988, EzA § 1 KSchG Personenbedingte Kündigung Nr. 3.

ten Kündigung abzugrenzen. Die Abgrenzung zwischen verhaltens- und personenbedingten Kündigungsgründen ist schwierig, da auch das Verhalten des Arbeitnehmers in seiner Person begründet liegt. Gebräuchliches Abgrenzungskriterium ist der Wille des Arbeitnehmers. Eine personenbedingte Kündigung liegt dabei dann vor, wenn die Ursache der kündigungsrechtlich relevanten Leistungsstörung vom Arbeitnehmer nicht gesteuert werden kann. Eine verhaltensbedingte Kündigung liegt dagegen dann vor, wenn der Grund der Äquivalenzstörung dem Verhalten des Arbeitnehmers zugerechnet werden kann, weil er sich willensgesteuert anders hätte verhalten können.[110]

II. Abmahnung

61 Grundsätzlich ist der Ausspruch einer Abmahnung vor einer personenbedingten Kündigung nicht erforderlich, da der Arbeitnehmer die personenbedingten Kündigungsgründe nicht willentlich ändern kann und die Warnfunktion der Abmahnung daher sinnlos wäre. Nach der Rechtsprechung kann etwas anderes in Betracht kommen, wenn der Arbeitnehmer in der Lage ist, die fehlende Fähigkeit und Eignung zur ordnungsgemäßen Erbringung der Arbeitsleistung (wieder) herzustellen.[111] Eine Abmahnung ist deshalb insbesondere bei sog. Mischtatbeständen erforderlich, bei denen schwer festzustellen ist, ob die auf dem selben Sachverhalt beruhende Störung des Arbeitsverhältnisses überwiegend durch verhaltensbedingte oder personenbedingte Gründe verursacht wird.[112]

▶ **Praxistipp:**
Bei Zweifeln, ob es sich um eine willensgesteuerte Störung des Arbeitsverhältnisses handelt, ist einem Arbeitgeber anzuraten, vorsichtshalber eine Abmahnung auszusprechen.

III. Prüfung der Sozialwidrigkeit in drei Stufen

62 Die personenbedingte Kündigung wird von der Rechtsprechung in **drei Stufen** überprüft:

---

110 MünchArbR/*Berkowsky* § 136 Rz 3; *v. Hoyningen-Huene/Linck* § 1 KSchG Rz 185a; **aA** *BAG* 4.6.1997, EzA § 626 BGB Nr. 168.
111 *BAG* 4.6.1997, EzA § 626 BGB Nr. 168; **aA** *v. Hoyningen-Huene/Linck* § 1 KSchG Rz 185a; APS/*Dörner* § 1 KSchG Rz 120, 131.
112 Siehe dazu *v. Hoyningen-Huene/Linck* § 1 KSchG Rz 185a, 174.

Personenbedingte Kündigung § 1

1. Fehlende Eignung und negative Zukunftsprognose

Zunächst muss eine begründete Prognose dafür vorliegen, dass es dem Arbeitnehmer, aus in seiner Person liegenden und auch nicht in absehbarer Zeit zu beseitigenden Gründen nicht möglich sein wird, auf Dauer oder zumindest für einen längeren Zeitraum die von ihm vertraglich geschuldete Arbeitsleistung zu erbringen. Ein **Verschulden** des Arbeitnehmers an der Leistungsunfähigkeit aufgrund personenbedingter Gründe ist gerade **nicht erforderlich**.[113] Trifft den Arbeitnehmer jedoch ein Verschulden, zB im Fall der selbstverschuldeten Arbeitsunfähigkeit, so kann dies im Rahmen der Interessenabwägung Bedeutung erlangen. Eine personenbedingte Kündigung ist nur dann sozial gerechtfertigt, wenn der Arbeitgeber in Zukunft mit unzumutbaren Belastungen des Arbeitsverhältnisses rechnen muss; die Kündigung ist **keine Sanktion** für vergangene Störungen des Arbeitsverhältnisses. 63

2. Konkrete betriebliche Beeinträchtigungen und fehlende Weiterbeschäftigungsmöglichkeit

Der Leistungsmangel auf Seiten des Arbeitnehmers muss in einem zweiten Schritt zu einer **konkreten Störung des Arbeitsverhältnisses** führen. Die zu erwartenden Fehlzeiten müssen dabei die betrieblichen Interessen erheblich beeinträchtigen. Die Beeinträchtigung der betrieblichen Interessen des Arbeitgebers kann auf mangelnder Arbeitsfähigkeit, mangelnder persönlichen Eignung oder Mängeln in der fachlichen Eignung beruhen. Aufgrund dieser Umstände muss die sichere Wahrscheinlichkeit bestehen, dass das Arbeitsverhältnis als Austauschverhältnis von Arbeitsleistung gegen Vergütung zukünftig erheblich gestört werden wird.[114] 64

Erhebliche Beeinträchtigungen können dabei konkrete Störungen des Betriebsablaufs oder wirtschaftliche Belastungen sein. Konkrete Störungen des Betriebsablaufs können sich durch erhebliche Produktionsausfälle, Überstunden der übrigen Arbeitnehmer zur Vermeidung von Produktionsausfällen, Probleme bei der Maschinensteuerung oder der Personalführung ergeben. Es ist jedoch zu beachten, dass erhebliche Fehlzeiten nur dann vorliegen, wenn das durch vorhersehbare Fehlzeiten (Urlaub, Fortbildung, Krankheit, Betriebsratstätigkeit) verursachte Maß signifikant überschritten wird.[115] Eine ungewöhnlich hohe wirt- 65

---

113 MünchArbR/*Berkowsky* § 136 Rz 1.
114 *V. Hoyningen-Huene/Linck* § 1 KSchG Rz 177.
115 MünchArbR/*Berkowsky* § 136 Rz 28.

schaftliche Belastung des Arbeitgebers kann zB durch die Entgeltfortzahlungskosten oder durch Lohn für eine nicht mehr im Verhältnis stehende geminderte Arbeitsleistung verursacht werden. Der Arbeitgeber muss zudem prüfen, ob ihm Maßnahmen zur Überbrückung der minderwertigen Leistung oder der Fehlzeiten zumutbar sind.

66 Der Arbeitgeber muss prüfen, ob eine Weiterbeschäftigungsmöglichkeit für den Arbeitnehmer auf einem **freien Arbeitsplatz** besteht, bei dem sich die Mängel nicht mehr oder nur unbedeutend auswirken.[116] Als frei sind solche Arbeitsplätze anzusehen, die zum Zeitpunkt des Kündigungszugangs unbesetzt sind oder mit hinreichender Sicherheit bis zum Ablauf der Kündigungsfrist frei werden.[117] Der Arbeitgeber hat weiterhin zu überlegen, ob eine Weiterbeschäftigung des Arbeitnehmers nach Umschulungs- oder Fortbildungsmaßnahmen in Betracht kommt. In diesem Fall muss zum Zeitpunkt der Beendigung der Umschulungsmaßnahme ein freier Arbeitsplatz bestehen.[118]

67 Die konkrete Störung des Arbeitsverhältnisses darf nicht dadurch beseitigt werden können, dass der Arbeitnehmer im Rahmen des Direktionsrechts umgesetzt bzw. versetzt und auf diese Weise auf einem anderen Arbeitsplatz weiterbeschäftigt werden kann. Nach der Rechtsprechung des BAG[119] ist der Arbeitgeber ggf. sogar verpflichtet, einen sogenannten »**Ringtausch**« vorzunehmen, dh durch Um- oder Versetzung eines **dritten (unbeteiligten) Arbeitnehmers** einen vertragsgemäßen und leidensgerechten Arbeitsplatz zugunsten des kündigungsbedrohten Arbeitnehmers freizumachen. Dies ist jedoch nur möglich, wenn ein entsprechend geeigneter Arbeitsplatz im Betrieb oder Unternehmen des Arbeitgebers existiert, dessen derzeitiger Inhaber kraft Direktionsrechts des Arbeitgebers auf einen sonstigen freien Arbeitsplatz umgesetzt werden kann. In diesem Fall sind entsprechende Organisationsmaßnahmen, die zur Weiterbeschäftigungsmöglichkeit für den kündigungsbedrohten Arbeitnehmer führen, durchzuführen.[120]

---

116 *BAG* 10. 3. 1977, EzA § 1 KSchG Krankheit Nr. 4, AP § 1 KSchG 1969 Krankheit Nr. 4; *BAG* 20. 5. 1998, EzA § 1 KSchG, Personenbedingte Kündigung Nr. 3.
117 *BAG* 29. 3. 1990, EzA § 1 KSchG Betriebsbedingte Kündigung Nr. 66.
118 *BAG* 7. 2. 1991, EzA § 1 KSchG Personenbedingte Kündigung Nr. 9.
119 *BAG* 29. 1. 1997, EzA § 1 KSchG Krankheit Nr. 42.
120 *BAG* 29. 1. 1997, EzA § 1 KSchG Krankheit Nr. 42; **aA** *v. Hoyningen-Huene/ Linck* § 1 KSchG Rz 178b mwN, zumindest, wenn die Umsetzung allein den Interessen des erkrankten Arbeitnehmers entspricht.

Personenbedingte Kündigung § 1

Kommt der Arbeitgeber zu dem Ergebnis, dass er den Arbeitnehmer vertragsgemäß auf einem anderen Arbeitsplatz einsetzen und derart seine arbeitsvertragliche Einsatzbereitschaft wieder hergestellt werden kann, so geht die Weiterbeschäftigungsmöglichkeit einer personenbedingten Kündigung vor. Wenn ein Arbeitnehmer, zB wegen einer Allergie, auf seinem bisherigen Arbeitsplatz nicht mehr weiterbeschäftigt werden kann, jedoch die Möglichkeit der vertragsgemäßen Beschäftigung auf einem anderen geeigneten aber besetzten Arbeitsplatz besteht, ist der Arbeitgeber verpflichtet, zu prüfen, ob der andere nicht allergische Arbeitnehmer auf den Arbeitsplatz des erkrankten Arbeitnehmer im Wege des Direktionsrechts versetzt werden kann. Der Arbeitgeber muss sein Direktionsrecht in diesem Fall im Rahmen billigen Ermessens ausüben. Dies bedeutet, dass nicht erhebliche sachliche Gründe aus der Sicht des dritten Arbeitnehmers dagegen sprechen dürfen, auf den Arbeitsplatz des erkrankten Arbeitnehmers umgesetzt zu werden. Auch aus Sicht des Arbeitgebers ist erheblich, wenn sachliche (betriebsbezogene) Gründe dafür sprechen, den anderen Arbeitnehmer auf seinen bisherigen konkreten Arbeitsplatz zu belassen.

68

In Fällen, in denen die Umsetzung der personellen Organisationsmaßnahme der **Zustimmung des Betriebsrats** zu einer Versetzung bedarf, **muss** der **Arbeitgeber** die Zustimmung des Betriebsrats nach § 99 Abs. 1 BetrVG **beantragen**. Wenn der Betriebsrat die Zustimmung zur Versetzung verweigert, ist der Arbeitgeber allerdings **nicht verpflichtet**, das **Zustimmungsersetzungsverfahren** vor dem Arbeitsgericht nach § 99 Abs. 4 BetrVG durchzuführen. Eine Weiterbeschäftigung des erkrankten Arbeitnehmers auf einem anderen Arbeitsplatz ist in diesem Fall aus Rechtsgründen nicht möglich.[121]

69

Problematisch ist die Rechtsprechung des BAG insoweit, als auf den Arbeitgeber durch die Versetzung eines zunächst nicht betroffenen Arbeitnehmers möglicherweise ein Rechtstreit mit dem versetzten Arbeitnehmer entsteht. Zu einer rechtlichen Auseinandersetzung kann die Versetzung zB dann führen, wenn unklar ist, ob eine Versetzung noch allein Kraft Direktionsrecht möglich ist, oder ob eine Änderungskündigung erforderlich gewesen wäre. Zugleich könnte sich der versetzte Arbeitnehmer möglicherweise auf eine mit einem Dritten durchzuführende Sozialauswahl berufen, bei der er schutzwürdiger gewesen wäre. Zudem ist auch nach der Rechtsprechung des BAG noch unklar, wie viele Versetzungen der Arbeitgeber zur Vermeidung der Kündigung durchführen muss. In Anbetracht der sich aus diesen Ver-

70

---

[121] *BAG* 29. 1. 1997, EzA § 1 KSchG Krankheit Nr. 42.

setzungen möglicherweise ergebenden Rechtstreitigkeiten ist jedoch davon auszugehen, dass mehr als eine Versetzung eines an sich unbeteiligten Arbeitnehmers für den Arbeitgeber nicht mehr zumutbar ist.[122]

71 Die **Freikündigung eines Arbeitsplatzes** für den durch die personenbedingte Kündigung bedrohten Arbeitnehmer ist nach der Rechtsprechung des BAG **nicht erforderlich**.[123] Zu Recht stellt das BAG fest, dass ansonsten in die vertraglich begründete Rechtsposition eines unbeteiligten Arbeitnehmers eingegriffen würde, ohne dass dieser hierfür persönlich einen Grund gesetzt hat. Bei einer personenbedingten Kündigung steht der zu kündigende Arbeitnehmer aufgrund der kündigungsrelevanten fehlenden Eignung fest, so dass eine Auswahlentscheidung zur personellen Konkretisierung des zu kündigenden Arbeitnehmers nicht erforderlich ist.

72 Verfügt der Arbeitgeber nicht über vergleichbare Arbeitsplätze, so käme möglicherweise eine personenbedingte **Änderungskündigung** in Betracht, um den Arbeitgeber auf einem freien und geeigneten aber **geringerwertigen Arbeitsplatz** weiter zu beschäftigen; einen **Anspruch auf Beförderung** auf einen höherwertigen Arbeitsplatz hat der von der personenbedingten Kündigung bedrohte Arbeitnehmer **nicht**.[124]

3. Interessenabwägung

73 Bei Vorliegen des personenbedingten Kündigungsgrundes muss schließlich eine umfassende Interessenabwägung[125] zwischen den gegenläufigen Interessen von Arbeitnehmer und Arbeitgeber zu dem Ergebnis kommen, dass die Belastungen vom Arbeitgeber billigerweise nicht mehr hinzunehmen sind.[126] Betriebliche oder wirtschaftliche Interessen des Arbeitgebers müssen derartig beeinträchtigt sein, dass die Fortsetzung des Arbeitsverhältnisses für den Arbeitgeber nicht mehr billigenswert und angemessen und deshalb unzumutbar ist.

---

122 So auch *v. Hoyningen-Huene/Linck* § 1 KSchG Rz 178c; *Lingemann* BB 1998, 1106, 1107.
123 *BAG* 29. 1. 1997, EzA § 1 KSchG Krankheit Nr. 42.
124 *BAG* 29. 3. 1990, EzA § 1 KSchG Betriebsbedingte Kündigung Nr. 66.
125 Die Interessenabwägung gehört nicht zum Kündigungsgrund. Die Feststellung erheblicher betrieblicher Beeinträchtigungen aus Gründen, die in der Person des Arbeitnehmers liegen, ist somit vor der Interessenabwägung erforderlich.
126 *BAG* 16. 2. 1989, EzA § 1 KSchG Krankheit Nr. 25.

Abwägungsgesichtspunkte auf Seiten des Arbeitgebers sind die vom Arbeitnehmer ausgehenden betrieblichen und wirtschaftlichen Beeinträchtigungen. Insoweit können krankheitsbedingte Fehlzeiten in der Vergangenheit ebenso berücksichtigt werden, wie Ursachen für die Leistungsunfähigkeit, die aus der Sphäre des Arbeitnehmers stammen. Seitens des Arbeitnehmers sind alle Umstände zu berücksichtigen, die mit dem Arbeitsverhältnis in Zusammenhang stehen. Neben dem Alter des Arbeitnehmers kommt insbesondere der Betriebszugehörigkeit Bedeutung zu. Weiterhin ist die Ursache für die fehlende Eignung zu berücksichtigen, insbesondere, wenn das Nachlassen der Leistungsfähigkeit altersbedingt oder auf betriebliche Ursachen zurückzuführen ist. Bestehende Unterhaltspflichten des Arbeitnehmers, eine eventuelle Schwerbehinderung und die Aussichten des Arbeitnehmers auf dem Arbeitsmarkt sind ebenso abzuwägen.[127]

IV. Darlegungs- und Beweislast

Gemäß § 1 Abs. 2 Satz 4 KSchG trägt der Arbeitgeber die Darlegungs- und Beweislast für die personenbedingten Kündigungsgründe. Der Arbeitgeber muss im Einzelnen die Tatsachen darlegen und ggf. beweisen, aus denen die fehlende Eignung bzw. Fähigkeit des Arbeitnehmers zur Erbringung einer ordnungsgemäßen Arbeitsleistung folgt. Trägt der Arbeitnehmer im Prozess vor, eine Abmahnung wäre erforderlich gewesen, da er die fehlenden Fähigkeiten in angemessener Zeit hätte erwerben können, obliegt es dem Arbeitgeber darzulegen und zu beweisen, dass der Arbeitnehmer die erforderlichen Fähigkeiten nicht besitzt und auch nicht in angemessener Zeit erwerben kann. Der pauschale Vortrag des Arbeitgebers, der Arbeitnehmer sei fachlich ungeeignet, reicht allerdings nicht aus.[128]

C. Einzelne personenbedingte Kündigungsgründe

Ein Katalog feststehender personenbedingter Kündigungsgründe besteht nicht. Grundsätzlich gibt es im System des Kündigungsschutzgesetzes keine absoluten Kündigungsgründe, die eine Kündigung quasi automatisch sozial rechtfertigen. Allerdings haben sich einige typische Fallkonstellationen in der Rechtsprechung ergeben, die personenbedingte Kündigungen sozial rechtfertigen können. Über die Frage der

---

127 KR/*Etzel* § 1 KSchG Rz 275 f; *v. Hoyningen-Huene/Linck* § 1 KSchG Rz 183 f; ErfK/*Ascheid* § 1 KSchG Rz 183 ff.
128 KR/*Etzel* § 1 KSchG Rz 278.

Rechtsmäßigkeit einer Kündigung entscheiden jedoch stets die im konkreten Fall vorliegenden Umstände.

I. Krankheit

77 Personenbedingte Kündigungsgründe können die unterschiedlichsten Ursachen haben. Der in der Praxis am häufigsten auftretende Fall ist der einer sogenannten **krankheitsbedingten Kündigung**. Unter Krankheit ist jeder **regelwidrige Körper- und Geisteszustand** zu verstehen, der eine Heilbehandlung erforderlich macht.[129] Somit richtet sich sowohl die Kündigung wegen **körperlicher Leiden** als auch wegen **seelischer Erkrankungen** nach den Grundsätzen der krankheitsbedingten Kündigung. Eine außerordentliche personenbedingte Kündigung wegen Krankheit kommt nach der Rechtsprechung nur ausnahmsweise bei tariflich unkündbaren Arbeitnehmern oder in besonders schwerwiegenden Fällen bei Betriebsratsmitgliedern in Betracht. Allerdings ist in diesen Fällen grundsätzlich eine der ordentlichen Kündigungsfrist entsprechende Auslauffrist einzuhalten.[130]

78 Auch die personenbedingte Kündigung wegen Krankheit des Arbeitnehmers ist nicht durch die Krankheit an sich sozial gerechtfertigt. Tatsächlich handelt es sich bei der krankheitsbedingten Kündigung um eine Kündigung wegen der krankheitsbedingt verursachten **Fehlzeiten**.[131] Die Krankheit ist nur die Ursache für Fehlzeiten des Arbeitnehmers, die wiederum zu einer erheblichen Störung des Betriebs führen. Gegebenenfalls kann auch die Prognose, inwieweit der Arbeitgeber zukünftig mit Fehlzeiten des Arbeitnehmers zu rechnen hat, durch die Krankheit des Arbeitnehmers begründet werden.

79 Soweit die Krankheit des Arbeitnehmers nicht zu Fehlzeiten führt, sondern dazu, dass in Folge der Erkrankung die Leistungsfähigkeit des Arbeitnehmers nicht mehr gewährleistet ist, handelt es sich zwar ebenfalls um eine personenbedingte Kündigung. Diese gründet jedoch auf der Leistungsminderung und nicht auf den Fehlzeiten.[132]

80 Nach der Rechtsprechung sind bei einer personenbedingten Kündigung wegen Krankheit vier Fallgruppen zu unterscheiden:

---

129 *BAG* 25.6.1981, EzA § 616 BGB Nr. 20; ErfK/*Ascheid* § 1 KSchG Rz 192.
130 *BAG* 9.7.1998, EzA § 626 BGB Krankheit Nr. 1.
131 MünchArbR/*Berkowsky* § 136 Rz 12.
132 Siehe unten Rz 128 ff.

Personenbedingte Kündigung §1

- Kündigung wegen häufiger Kurzerkrankungen,
- Kündigung wegen Langzeiterkrankung,
- Kündigung wegen dauernder Leistungsunfähigkeit,
- Kündigung wegen krankheitsbedingter Leistungsminderung.

1. Häufige Kurzerkrankungen

Häufige Kurzerkrankungen des Arbeitnehmers können zu einer sozial gerechtfertigten personenbedingten Kündigung führen, wenn   81

- die bisherigen Fehlzeiten eine negative Zukunftsprognose insoweit rechtfertigen, dass die Gesundheit des Arbeitnehmers nachdrücklich beeinträchtigt ist und auch in Zukunft mit Fehlzeiten ähnlichen Ausmaßes (dh mehr als 30 Tage jährlich) gerechnet werden muss,

- die Fehlzeiten zu unzumutbaren Betriebsbeeinträchtigungen oder wirtschaftlichen Belastungen des Arbeitgebers geführt haben und diese Auswirkungen auch für die Zukunft zu erwarten sind,

- die Interessenabwägung im konkreten Einzelfall ergibt, dass das Beendigungsinteresse des Arbeitgebers Vorrang vor dem Interesse des Arbeitnehmers am Erhalt des Arbeitsplatzes hat.

Bisherige Krankheitszeiten spielen für diese Prognose bei häufigen Kurzerkrankungen eine mittelbare Rolle und können nach der Rechtsprechung des BAG eine negative Zukunftsprognose begründen. Denn der wiederholte und häufige Ausfall eines Arbeitnehmers infolge Krankheit in der Vergangenheit kann die Prognose begründen, dass auch in Zukunft mit weiteren nicht unwesentlichen krankheitsbedingten Fehlzeiten gerechnet werden muss. Für die negative Prognose können deshalb solche Fehlzeiten nicht berücksichtigt werden, bei denen keine Wiederholungsgefahr besteht. Dies gilt beispielsweise für Erkrankungen, die eine einmalige Ursache hatten und ausgeheilt sind (zB Autounfall). Grundsätzlich sind Fehlzeiten in der Vergangenheit, die insgesamt **sechs Wochen im Jahr nicht überschreiten**, kündigungsrechtlich nicht relevant und deshalb als (alleinige) Indizien für eine negative zukünftige Gesundheitsprognose nicht geeignet.[133] Nach einer Entscheidung des LAG Hamm müssen die Fehlzeiten 30 Tage jährlich und oder eine Krankheitsquote von 15% der Jahresarbeitszeit überschreiten.[134] Ältere Urteile   82

---

133 ErfK/*Ascheid* § 1 KSchG Rz 233.
134 *LAG Hamm* 8. 5. 1996, NZA-RR 1997, 48 (49).

stellen sogar noch größere Ansprüche an die Krankheitsquote, und sehen eine negative Zukunftsprognose erst ab einer Quote von ca. 25% als erfüllt an (LAG Düsseldorf[135]: 30% über 10 Jahre, 40%; LAG Hamm[136]: 25% über 4 Jahre, 30% über 2 Jahre).

83 Soweit bei häufigen Kurzerkrankungen Fehlzeiten in der Vergangenheit für die Begründung der negativen Zukunftsprognose genutzt werden, kann der Arbeitnehmer diese Prognose dadurch entkräften, dass er darlegt, dass diese durch Ursachen, deren Wiederholung nach der Lebenserfahrung auszuschließen ist, verursacht wurden. Dies kann zum Beispiel für Unfallfolgen, akute Operationen (zB Blinddarm) oder ausgeheilte Krankheiten gelten. Um die Prognoseentscheidung für die Zukunft treffen zu können, sollte sich der **Arbeitgeber deshalb beim Arbeitnehmer** vor Ausspruch der Kündigung **erkundigen, welche Krankheiten seinen Fehlzeiten zugrunde lagen**. Nur so hat der Arbeitgeber die Möglichkeit festzustellen, ob eine Prognose für die Zukunft getroffen werden kann. Zwar ist der Arbeitnehmer außerhalb des Kündigungsschutzprozesses nicht verpflichtet, sich einer amts- oder betriebsärztlichen Untersuchung zu unterziehen oder dem Arbeitgeber Auskünfte über die Krankheit zu geben. Der Arbeitgeber kann allerdings bei Zweifeln an der Arbeitsunfähigkeit des – gesetzlich krankenversicherten – Arbeitnehmers nach § 275 Abs. 1 Nr. 3b SGB V eine Untersuchung durch den medizinischen Dienst der Krankenkassen verlangen.

84 In einem Kündigungsschutzprozess obliegt die Beurteilung der künftigen Gesundheitsentwicklung einem **medizinischen Sachverständigengutachten**, sofern nicht bereits aufgrund der Natur oder der Entstehung der zurückliegenden Erkrankungen ein Indiz der bisherigen Fehlzeiten für die negative Gesundheitsprognose entfällt.[137]

85 Die negative Prognose kann nicht durch Umstände korrigiert werden, die erst nach Ausspruch der Kündigung auftreten. **Maßgeblicher Zeitpunkt für die Prognose** ist somit der **Zugang der Kündigung** beim Arbeitnehmer.[138] Da Streitgegenstand des Kündigungsschutzprozesses eine zu einem bestimmten Zeitpunkt ausgesprochene Kündigung ist, kann nur geprüft werden, ob zu diesem Zeitpunkt die begründete

---

135 *LAG Düsseldorf* 19. 3. 1980, DB 1980, 1078; *LAG Düsseldorf* 21. 10. 1982, DB 1983, 723 – in diesem Fall war allerdings keine besondere Darlegung über betriebliche Auswirkungen der Fehlzeiten mehr erforderlich.
136 *LAG Hamm* 15. 12. 1981, DB 1982, 283; *LAG Hamm* 17. 2. 1981, DB 1981, 1193.
137 *BAG* 6. 9. 1989, EzA § 1 KSchG Krankheit Nr. 28.
138 So nun auch der 2. Senat, *BAG* 29. 4. 1999, EzA § 1 KSchG Krankheit Nr. 46, unter Aufgabe seiner früheren Rechtsprechung.

Personenbedingte Kündigung §1

ernste Besorgnis bestand, dass es zukünftig zu erheblichen weiteren Erkrankungen kommen werde. Der Ausgang des Kündigungsschutzprozesses kann auch nicht davon abhängig sein, wie die tatsächliche Entwicklung des Krankheitsverlaufs nach Zugang der Kündigung sich während der nicht vorhersehbaren Prozessdauer entwickelt.[139] Nach der Rechtsprechung des BAG kommt bei einer positiven Gesundheitsprognose nach Zugang der Kündigung allerdings gegebenenfalls ein Wiedereinstellungsanspruch des Arbeitnehmers in Betracht.[140] Maßnahmen des Arbeitnehmers zur Verbesserung seines Gesundheitszustandes (zB die Bereitschaft zu einer Operation bzw. stationären Behandlung oder eine Änderung der Lebensführung), die dieser erst nach Zugang der Kündigung einleitet, sind für die Gesundheitsprognose unbeachtlich.[141]

Dem **Arbeitgeber** obliegt im Kündigungsschutzprozess die **Darlegungs- und Beweislast** für die negative Gesundheitsprognose. Insoweit, als dem Arbeitgeber über die Art der Erkrankung des Arbeitnehmers keine Informationen vorliegen, erfüllt er seine Darlegungspflicht zunächst dadurch, dass er die **Fehlzeiten aus der Vergangenheit aufführt und behauptet, hieraus ergebe sich die Gefahr weiterer Erkrankungen für die Zukunft**.[142] Die Angabe der Fehlzeiten muss die Dauer und Häufigkeit der einzelnen Krankheitsperioden enthalten; die alleinige Angabe der Gesamtfehltage ist nicht ausreichend. Nach der Rechtsprechung des BAG können bereits Kurzerkrankungen, die sich über einen Zeitraum von rund 15 Monaten seit Beginn des Anstellungsverhältnisses erstrecken, im Einzelfall eine hinreichende Indizwirkung für eine negative Gesundheitsprognose gegeben.[143] Der Arbeitgeber muss weiterhin darlegen, dass die Fehlzeiten in der Vergangenheit eine **steigende oder zumindest gleich bleibend hohe Tendenz** haben und mit einer gewissen Häufigkeit aufgetreten sind.[144] 86

Hat der Arbeitgeber die zurückliegenden krankheitsbedingten Fehlzeiten derart dargelegt, obliegt es dem **Arbeitnehmer**, die Fehlzeitprognose zu entkräften. Nach der neueren Rechtsprechung genügt es, wenn der Arbeitnehmer die Behauptung des Arbeitgebers bestreitet 87

---

139 ErfK/*Ascheid* § 1 KSchG Rz 198; *v. Hoyningen-Huene/Linck* § 1 KSchG Rz 226, KR/*Etzel* § 1 KSchG Rz 325; APS/*Dörner* § 1 KSchG Rz 200f; **aA** HK/*Weller/Dorndorf* § 1 KSchG Rz 389.
140 *BAG* 17. 6. 1999, EzA § 1 KSchG Wiedereinstellungsanspruch Nr. 4.
141 *BAG* 9. 4. 1987, EzA § 1 KSchG Krankheit Nr. 18.
142 *BAG* 23. 9. 1992, EzA § 1 KSchG Krankheit Nr. 37.
143 *BAG* 19. 5. 1993, RzK I 5g Nr. 54.
144 *BAG* 6. 9. 1989, EzA § 1 KSchG Krankheit Nr. 28.

und die ihn **behandelnden Ärzte von der Schweigepflicht entbindet**.[145] Das BAG begründet seine Rechtsprechung damit, dass der Arbeitnehmer in der Praxis nicht in der Lage sei, den Krankheitsbefund und die vermutliche Entwicklung hinreichend genau zu schildern.[146] Weigert sich der Arbeitnehmer, seine Ärzte von der Schweigepflicht zu entbinden und trägt er auch sonst nichts Substantielles vor, was für eine baldige Genesung spricht, so gilt der Vortrag des Arbeitgebers gemäß § 138 Abs. 3 ZPO als zugestanden.[147] Eine **Weigerung** des Arbeitnehmers, seine Ärzte von der Schweigepflicht zu entbinden, sei als **Beweisvereitelung** anzusehen.[148]

88 Erhebliche Fehlzeiten sowie eine Fehlzeitenprognose für die Zukunft rechtfertigen eine Kündigung jedoch nur dann, wenn zudem **erhebliche betriebliche Beeinträchtigungen** drohen. Die Prognose von Produktionsausfällen, Überstunden der übrigen Arbeitnehmer zur Vermeidung von Produktionsausfällen oder von Problemen der Maschinensteuerung oder der Personalführung sind nach der Rechtsprechung dann erheblich, wenn sie das durch vorhersehbare Fehlzeiten verursachte Maß signifikant überschreiten. Durch Urlaub, Krankheit im üblichen Umfang, Fortbildung oder Betriebsratstätigkeit verursachte vorhersehbare Fehlzeiten sind vom Arbeitgeber zwangsläufig in der Betriebsorganisation zu berücksichtigen.[149]

89 Zu beachten ist, dass Störungen im Produktionsablauf nur dann erheblich sind, wenn sie nicht durch **zumutbare Überbrückungsmaßnahmen** ausgeglichen werden können.[150] Als Überbrückungsmaßnahmen kommen zB die Einstellung einer Aushilfskraft, Überstunden der anderen Arbeitnehmer oder der Einsatz einer Personalreserve in Betracht. Der Funktion des von einer personenbedingten Kündigung bedrohten Arbeitnehmers kommt dabei für die Frage der Erheblichkeit der Beeinträchtigung und der Zumutbarkeit von Überbrückungsmaßnahmen Bedeutung zu. Beispielsweise ist der Grad der Spezialisierung oder die Ersetzbarkeit für eine ungelernte Hilfskraft anders zu bewerten als für einen technischen Leiter.

---

145 *BAG* 23. 9. 1992, EzA § 1 KSchG Krankheit Nr. 37; *BAG* 23. 6. 1983, EzA § 1 KSchG Krankheit Nr. 12.
146 *BAG* 23. 9. 1992, EzA § 1 KSchG Krankheit Nr. 37; **aA** *v. Hoyningen-Huene/Linck* § 1 KSchG Rz 228b; APS/*Dörner* § 1 KSchG Rz 211.
147 *BAG* 6. 9. 1989, EzA § 1 KSchG Krankheit Nr. 28.
148 *V. Hoyningen-Huene/Linck* § 1 KSchG Rz 229.
149 MünchArbR/*Berkowsky* § 136 Rz 29.
150 *BAG* 10. 5. 1990, EzA § 1 KSchG Krankheit Nr. 31.

Personenbedingte Kündigung § 1

Zugunsten des Arbeitgebers kann berücksichtigt werden, dass er bereits eine **Personalreserve** vorhält. Zwar ist der Arbeitgeber nicht zum Vorhalt einer Personalreserve verpflichtet. Tut er dies jedoch, werden regelmäßig keine weiteren zusätzlichen Überbrückungsmaßnahmen verlangt, da er bereits eine erhebliche betriebliche Kostenbelastung durch die Personalreserve in Kauf genommen hat.[151]

90

Die **Höhe der Entgeltfortzahlungskosten** für den erkrankten Arbeitnehmer kann nach der Rechtsprechung erhebliche wirtschaftliche Belastungen bedingen.[152] Die Prüfung, ob eine ungewöhnlich hohe wirtschaftliche Belastung des Arbeitgebers durch die Entgeltfortzahlungskosten besteht, stellt auf die Kosten des Arbeitsverhältnisses des gekündigten Arbeitnehmers ab. Ob die finanziellen Belastungen dem Arbeitgeber noch zumutbar sind, hängt im Einzelfall von der Dauer des ungestörten Bestandes des Arbeitsverhältnisses, der Ursache der Erkrankung (zB durch Betriebsunfall) und davon ab, ob die Fehlzeiten des gekündigten Arbeitnehmers deutlich höher sind als die anderer vergleichbarer Arbeitnehmer.[153] Nach der Rechtsprechung des BAG sind Entgeltfortzahlungskosten, die zukünftig jährlich über einen Zeitraum von 6 Wochen hinausgehen werden, grundsätzlich erheblich.[154] Zu berücksichtigen sind in diesem Zusammenhang auch die Kosten, die durch die Vakanz des Arbeitsplatzes zusätzlich verursacht werden, und über die gesetzliche Entgeltfortzahlung hinaus entstehen. In Betracht kommen hier zusätzliche Aufwendungen, zB durch Einstellung einer Ersatzkraft oder durch erhebliche Überstunden der sonstigen Belegschaft. Auch die **überobligatorische Belastung der anderen Arbeitnehmer** (zB durch Sonderschichten) ist zu berücksichtigen.

91

▶ Praxistipp:

Im Rahmen des **Anhörungsverfahrens nach § 102 Abs. 1 BetrVG** muss der Arbeitgeber den Betriebsrat bei krankheitsbedingten Kündigungen die konkreten Ausfallzeiten der einzelnen vergangenen Jahre mitteilen, damit sich der Betriebsrat über die Häufigkeit der Erkrankungen in einem Jahr ein Bild machen kann. Es genügt insoweit nicht, wenn der Arbeitgeber bei häufigen Kurzzeiterkrankungen die Fehlzeiten addiert und die Gesamtinformation an den

---

151 *BAG* 10. 5. 1990, EzA § 1 KSchG Krankheit Nr. 31.
152 *BAG* 16. 2. 1989, EzA § 1 KSchG Krankheit Nr. 25.
153 *BAG* 10. 5. 1990, EzA § 1 KSchG Krankheit Nr. 31.
154 *BAG* 29. 7. 1993, EzA § 1 KSchG Krankheit Nr. 40.

> Betriebsrat weiterleitet. Der Arbeitgeber ist zudem verpflichtet, den Betriebsrat über die durch die Fehlzeiten verursachten betrieblichen Beeinträchtigungen und/oder Entgeltfortzahlungskosten zu unterrichten.[155]

92 Liegt sowohl eine negative Gesundheitsprognose als auch eine erhebliche betriebliche oder wirtschaftliche Beeinträchtigung des Arbeitgebers durch die prognostizierten Fehlzeiten vor, so ist ein Kündigungsgrund in der Person des Arbeitnehmers grundsätzlich gegeben. Auf einer dritten Stufe ist schließlich noch im Rahmen der **Interessenabwägung** zu prüfen, ob die betrieblichen Beeinträchtigungen aufgrund der **Besonderheiten des Einzelfalls** vom Arbeitgeber noch hinzunehmen sind, oder ob sie bereits ein solches Ausmaß erreicht haben, dass sie dem Arbeitgeber nicht mehr zuzumuten sind.[156] Auf Seiten des Arbeitgebers sind dabei neben den betrieblichen Beeinträchtigungen in der Höhe der Entgeltfortzahlungskosten auch sonstige vom Arbeitnehmer ausgehende betriebliche Beeinträchtigungen zu berücksichtigen. Die Tatsache, dass ein Arbeitgeber eine Personalreserve vorhält, um kalkulierbare Fehlzeiten abzudecken, ist zugunsten des Arbeitgebers zu berücksichtigen.[157]

93 Auf Seiten des Arbeitnehmers sind neben seinem Lebensalter und der Betriebszugehörigkeit insbesondere zur berücksichtigen, ob die Erkrankungen auf betriebliche Ursachen zurückzuführen sind (zB unverschuldeter Arbeitsunfall).[158] Ein Indiz für betriebliche Ursachen kann dabei in einer ähnlich hohen Ausfallquote von vergleichbaren Arbeitnehmern gesehen werden.[159]

94 Die Interessenabwägung richtet sich ferner danach, wie lange das Arbeitsverhältnis zwischen den Parteien ungestört bestanden hat. Betriebliche Belastungen sind dem Arbeitgeber dann eher zuzumuten, wenn der ungestörte Bestand des Arbeitsverhältnisses in der Vergangenheit bereits lange angedauert hat. Beruht die Erkrankung ganz oder wesentlich auf einem Arbeitsunfall oder auf sonstigen betrieblichen Belastungen, so muss dies im Rahmen der Interessenabwägung zugunsten des Arbeitnehmers berücksichtigt werden.

---

155 *BAG* 24. 11. 1983, EzA § 1 KSchG Krankheit Nr. 19.
156 *BAG* 29. 7. 1993, EzA § 1 KSchG Krankheit Nr. 40.
157 *BAG* 10. 5. 1990, EzA § 1 KSchG Krankheit Nr. 31.
158 *BAG* 5. 7. 1990, EzA § 1 KSchG Krankheit Nr. 32.
159 *BAG* 10. 5. 1990, EzA § 1 KSchG Krankheit Nr. 31.

Personenbedingte Kündigung §1

Nach der Rechtsprechung des BAG führt die Kenntnis des Arbeitgebers von einer chronischen Erkrankung des Arbeitnehmers bereits bei dessen Einstellung dazu, dass der Arbeitgeber in diesem Fall längere Fehlzeiten hinnehmen muss, als bei anderen Arbeitnehmern.[160] Diese Rechtsprechung überzeugt jedoch nicht, da die bewusste Einstellung chronisch Erkrankter durch den Arbeitgeber nicht zu dessen »Bestrafung« durch höhere Anforderungen an zu erduldende Fehlzeiten sanktioniert werden darf.[161] Andernfalls bestünde die Gefahr, dass ältere oder chronisch kranke Arbeitnehmer gar nicht erst eingestellt werden und aus dem individuellen Kündigungsschutz eine kollektive Einstellungsschranke für chronisch kranke Arbeitnehmer würde.[162] 95

▶ **Praxistipp:**
Der Arbeitgeber sollte nachfolgende Checkliste vor Ausspruch einer personenbedingten Kündigung wegen häufiger Kurzerkrankungen durchgehen:
1. Erstrecken sich die Fehlzeiten über einen Zeitraum, der lang genug ist, um eine Beurteilung vornehmen zu können, mindestens jedoch über zwei Jahre?
2. Übersteigen die Fehlzeiten des Arbeitnehmers den Durchschnitt der Fehlzeiten im Betrieb/in der Abteilung? Überschreiten sie eine Gesamtdauer von 30 Tagen jährlich?
3. Ist die Art der Erkrankung bekannt? Wenn ja, ist aus der Art der Erkrankung zu schließen, dass auch in Zukunft mit Wiederholungserkrankungen zu rechnen ist?
4. Hat der Arbeitgeber dem Arbeitnehmer die Gelegenheit gegeben, die negative Prognose zu entkräften?
5. Ist eine Versetzung des Arbeitnehmers auf einen anderen Arbeitsplatz mit geringeren gesundheitlichen Belastungen möglich?
6. Haben die bisherigen Fehlzeiten zu Störungen im betrieblichen Arbeitsablauf geführt und ist dies auch für die Zukunft zu erwarten? Welche Störungen sind aufgetreten? Hätten die Störungen durch eine Versetzung vermieden werden können?
7. Sind durch die Erkrankung des Arbeitnehmers außerordentlich hohe wirtschaftliche Belastungen des Arbeitgebers entstanden?

---
160 *BAG* 10. 6. 1969, EzA § 1 KSchG Nr.13.
161 *V. Hoyningen-Huene/Linck* § 1 KSchG Rz 239; *Lepke* Rz 118.
162 *Lepke* Rz 118.

Lagen die Lohnfortzahlungskosten über der 6-Wochen-Vergütung?
8. Haben im Rahmen der Interessenabwägung die Interessen des Arbeitgebers an einer Beendigung des Arbeitsverhältnisses Vorrang vor den Interessen des Arbeitnehmers an einer Fortsetzung? Hat der Arbeitnehmer die Arbeitsunfähigkeit mitverursacht?
9. Besteht Sonderkündigungsschutz?

2. Langzeiterkrankung

96 Eine Kündigung wegen lang andauernder Erkrankung ist sozial gerechtfertigt, wenn der Arbeitnehmer zum Zeitpunkt des Kündigungszugangs arbeitsunfähig ist und damit zu rechnen ist, dass er auch weiterhin **auf nicht absehbare Zeit** arbeitsunfähig sein wird. Im Zeitpunkt der Kündigung müssen objektive Anhaltspunkte dafür vorliegen, dass mit einer Wiederherstellung der Arbeitsfähigkeit des Arbeitnehmers in absehbarer Zeit nicht zu rechnen ist.

97 Wie lange der Arbeitnehmer bereits in der Vergangenheit arbeitsunfähig erkrankt war, ist ohne Bedeutung.[163] Eine negative Zukunftsprognose kann auch bereits dann begründet sein, wenn der Arbeitnehmer zwar erst kurze Zeit erkrankt ist, die konkreten Umstände aber die Prognose einer langandauernden Erkrankung rechtfertigen. Dies ist jedoch stets eine Frage des Einzelfalls. Die in der Literatur[164] und auch vom LAG Köln[165] vertretene Auffassung, dass erst nach Ablauf der Sechs-Wochen-Frist eine Kündigung wegen lang andauernder Krankheit in Betracht käme, überzeugt nicht. Die Kündigung wegen lang andauernder Krankheit ist auf die in Zukunft zu erwartenden betrieblichen und wirtschaftlichen Belastungen des Arbeitgebers gestützt, nicht jedoch auf die in der Vergangenheit aufgetretenen Belastungen. Entscheidend ist deshalb, ob mit einer Wiederherstellung des Arbeitnehmers in absehbarer Zeit gerechnet werden kann.[166]

98 In Fällen einer Kündigung wegen lang andauernder Krankheit ist zu verlangen, dass die **Wiederherstellung** der Gesundheit und der Arbeitsfähigkeit des Arbeitnehmers zum Zeitpunkt des Ausspruchs der Kündigung noch **nicht abgesehen werden kann**. Diese für die

---

163 *V. Hoyningen-Huene/Linck* § 1 KSchG Rz 243.
164 ErfK/*Ascheid* § 1 KSchG Rz 214.
165 *LAG Köln* 25. 8. 1995, LAGE § 4 KSchG Nr. 30.
166 *BAG* 29. 4. 1999, EzA § 1 KSchG Krankheit Nr. 46.

Personenbedingte Kündigung § 1

negative Zukunftsprognose erforderliche zeitliche Ungewissheit hat das BAG jüngst präzisiert. Anzusetzen ist danach ein Zeitraum von 24 Monaten. Während dieser Zeit sei dem Arbeitgeber die Einstellung einer Ersatzkraft mit einem befristeten Arbeitsverhältnis zumutbar.[167]

Der Arbeitnehmer kann eine negative Zukunftsprognose dadurch entkräften, dass er im Prozess darlegt, aufgrund welcher Umstände mit seiner alsbaldigen Genesung und der Wiederherstellung seiner Arbeitsfähigkeit zu rechnen ist. **99**

Kündigt der Arbeitgeber vor dem Antritt einer dem Arbeitnehmer **bewilligten Kur oder Heilbehandlung,** so wird diese Kündigung im Allgemeinen sozialwidrig sein. Grundsätzlich wird vom Arbeitgeber verlangt werden müssen, mit dem Ausspruch einer Kündigung so lange zu warten, bis feststeht, ob sich der Gesundheitszustand des Arbeitnehmers nach dem Abschluss eines solchen Heilverfahrens maßgeblich gebessert hat. Bis zur Durchführung der konkreten Heilmaßnahme erscheint die Befürchtung nicht gerechtfertigt, der Arbeitnehmer werde auch in Zukunft für nicht absehbare Zeit seinem Arbeitsplatz fernbleiben.[168] **100**

Die zu erwartende Arbeitsunfähigkeit muss zu erheblichen betrieblichen Belastungen des Arbeitgebers führen. Eine Kündigung wegen lang andauernder Krankheit wird selten zu erheblichen wirtschaftlichen Belastungen führen, da die Entgeltfortzahlungspflicht nach sechs Wochen endet. Die Beeinträchtigung ist vielmehr darin zu sehen, dass das **vertragliche Austauschverhältnis auf nicht absehbare Zeit gestört** und damit **sinnentleert** ist. Die Erheblichkeit der betrieblichen Beeinträchtigungen, zB dadurch, dass unklar ist, wann der erkrankte Arbeitnehmer an seinen Arbeitsplatz zurückkehrt,[169] bemisst sich in erster Linie nach der voraussichtlichen Dauer der Arbeitsunfähigkeit und der Ungewissheit des Heilungsverlaufs. Zudem ist auch die **Position** des erkrankten Arbeitnehmers beachtlich, da Fachkräfte oder Mitarbeiter in leitender Position idR schwerer zu ersetzen sind als beispielsweise Hilfskräfte.[170] **101**

Nach Feststellung der negativen Gesundheitsprognose und der Erheblichkeit der betrieblichen Beeinträchtigungen, ist auch im Fall der lang andauernden Erkrankung eine Interessenabwägung vorzunehmen. Zu **102**

---

167 *BAG* 29.4.1999, EzA § 1 KSchG Krankheit Nr. 46; **aA** *v. Hoyningen-Huene/Linck* § 1 KSchG Rz 245a ff.
168 KR/*Etzel* § 1 KSchG Rz 383; *Lepke* Rz 106.
169 *BAG* 21.5.1992, EzA § 1 KSchG Krankheit Nr. 38.
170 *V. Hoyningen-Huene/Linck* § 1 KSchG Rz 249.

berücksichtigende Gesichtspunkte entsprechen dabei denen bei der Kündigung wegen häufiger Kurzzeiterkrankungen.[171]

103 Hinsichtlich der Darlegungs- und Beweislast gelten im Wesentlichen die gleichen Grundsätze wie bei der Kündigung wegen häufiger Kurzerkrankungen.

▶ **Praxistipp:**
Der Arbeitgeber sollte dringend das Gespräch mit dem Arbeitnehmer suchen und erfragen, wann mit einer Gesundung des Arbeitnehmers zu rechnen ist. Danach sollte er prüfen, ob Überbrückungsmaßnahmen, zB die Einstellung einer Ersatzkraft mit einem befristeten Arbeitsvertrag, in Betracht kommen.

3. Krankheitsbedingte dauernde Leistungsunfähigkeit

104 In Fällen, in denen in den nächsten 24 Monaten nicht abgesehen werden kann, ob der Arbeitnehmer gesundheitlich überhaupt wieder hergestellt werden wird[172], oder wenn die Erkrankung so schwerwiegend ist, dass die Arbeit in Zukunft ohnehin nicht mehr aufgenommen werden kann, handelt es sich um einen Fall einer Kündigung wegen krankheitsbedingter dauernder Leistungsunfähigkeit.

105 Auch die krankheitsbedingte Kündigung wegen dauernder Unfähigkeit des Arbeitnehmers, die vertraglich geschuldete Arbeitsleistung zu erbringen, ist im Hinblick auf ihre soziale Rechtfertigung in drei Stufen zu prüfen: Zunächst ist eine negative Prognose über die Leistungsfähigkeit des Arbeitnehmers erforderlich. Die negative Prognose ergibt sich daraus, wenn zum Zeitpunkt des Kündigungszugangs vorhergesehen werden kann, dass der Arbeitnehmer in Zukunft die geschuldete Arbeitsleistung nicht mehr erbringen können wird.[173]

106 Die Leistungsunfähigkeit muss ferner zu erheblichen betrieblichen Beeinträchtigungen oder wirtschaftlichen Belastungen für den Arbeitgeber führen. Erhebliche betriebliche Beeinträchtigungen des Arbeitgebers liegen in diesem Fall in der Störung des Arbeitsverhältnisses als Austauschverhältnis von Leistung und Gegenleistung.[174] Das Arbeits-

---
171 Siehe oben Rz 81 ff.
172 *BAG* 29. 4. 1999, EzA § 1 KSchG Krankheit Nr. 46.
173 *BAG* 28. 2. 1990, EzA § 1 KSchG Personenbedingte Kündigung Nr. 5; *BAG* 29. 4. 1999, EzA § 1 KSchG Krankheit Nr. 46.
174 *BAG* 28. 2. 1990, EzA § 1 KSchG Personenbedingte Kündigung Nr. 5; *BAG* 29. 4. 1999, EzA § 1 KSchG Krankheit Nr. 46.

verhältnis ist in diesen Fällen regelmäßig sinnentleert und besteht nur noch als leere Hülle.

Zuletzt ist auch hier eine Interessenabwägung zwischen den Interessen von Arbeitnehmer und Arbeitgeber durchzuführen. Die Interessenabwägung ist dadurch vereinfacht, dass bei dauernder Arbeitsunfähigkeit kein schützenswertes Interesse des Arbeitnehmers am Fortbestand des Arbeitsverhältnisses besteht. Etwas anderes gilt nur in dem theoretischen Fall, dass die Arbeitsleistung des Arbeitnehmers für den Arbeitgeber überhaupt keinen Wert hätte und deshalb durch die dauernde Arbeitsunfähigkeit keine Beeinträchtigung entstünde.[175]

107

Geht aus einem ärztlichen Attest hervor, dass bei einer Weiterbeschäftigung zu den bestehenden Arbeitsbedingungen eine Verschlechterung des Gesundheitszustandes des Arbeitnehmers zu befürchten ist, hat der Arbeitgeber vor einer Kündigung zu prüfen, ob der Arbeitsplatz mit zumutbarem Aufwand umgestaltet werden kann oder eine Versetzung des Arbeitnehmers auf einen anderen Arbeitsplatz in Betracht kommt. Allerdings hat das BAG sich gegen die Rechtmäßigkeit einer krankheitsbedingten **Kündigung des Arbeitgebers aus Fürsorgegründen** entschieden.[176]

108

4. Krankheitsbedingte Leistungsminderung

Eine personenbedingte Kündigung kann auch dann begründet sein, wenn der Arbeitnehmer infolge seiner Krankheit nicht arbeitsunfähig ist, jedoch auf Dauer nur noch in begrenztem Umfang eingesetzt werden kann. Die Einschränkung der Leistungsfähigkeit muss erheblich sein. Schwierigkeiten bereitet in diesem Zusammenhang, dass sich die mangelnde Eignung des Arbeitnehmers grundsätzlich nach seinem individuellen Leistungsvermögen richtet. Der Arbeitnehmer schuldet dem Arbeitgeber eine Arbeitsleistung »mittlerer Art und Güte« (§ 243 Abs. 1 BGB). Zur Erfüllung dieser Pflicht kann der Arbeitgeber vom Arbeitnehmer den vollen Einsatz seiner körperlichen und geistigen Kräfte verlangen. Bei Leistungsdefiziten ist die Arbeitsleistung des Arbeitnehmers in Bezug zu der eines durchschnittlich leistungsfähigen Kollegen zu setzen.

109

---

175 *BAG* 3. 12. 1998, EzA § 1 KSchG Krankheit Nr. 45.
176 *BAG* 12. 7. 1995, EzA § 626 BGB nF Nr. 156.

§ 1 Sozial ungerechtfertigte Kündigungen

110 Das BAG hat entschieden, dass bei eingeschränkter Leistungsfähigkeit des Arbeitnehmers erhebliche betriebliche Beeinträchtigungen dadurch entstehen, dass der Arbeitnehmer im Leistungslohn nicht mehr eingesetzt werden kann und der Zahlung des vollen Zeitlohns keine nach betriebswirtschaftlichen und arbeitswissenschaftlichen Grundsätzen ausgerichtete adäquate Arbeitsleistung gegenüber steht.[177] Zwar genügt für die Annahme einer erheblichen Beeinträchtigung nicht jede Minderleistung, das BAG hat jedoch eine dauerhafte Minderleistung von 2/3 der Normalleistung eines durchschnittlichen Arbeitnehmers als erhebliche Beeinträchtigung bewertet.[178]

▶ **Praxistipp:**

In der Praxis dürfte es zumeist schwierig sein, eine »Normalleistung« zu definieren, so dass eine dauerhafte Minderleistung sehr vorsichtig zu bewerten ist.

111 Im Rahmen der Interessenabwägung ist insbesondere die Ursache der Krankheit, die Dauer der Betriebszugehörigkeit, der bisherige Verlauf des Arbeitsverhältnisses und das Lebensalter des Arbeitnehmers zu berücksichtigen. Zudem ist auch von Bedeutung, welche Anstrengungen der Arbeitgeber unternommen hat, um den Arbeitnehmer seiner körperlichen Konstitution entsprechend einzusetzen.

II. Alkohol- und Drogensucht

112 Auf eine Kündigung wegen Alkohol- oder Drogenabhängigkeit eines Arbeitnehmer sind die Grundsätze für eine personenbedingte Kündigung wegen Krankheit anzuwenden, wenn der Alkohol- oder Drogenabhängigkeit ein medizinischer Krankheitswert zukommt und ein Stadium der Abhängigkeit erreicht ist, in dem der Arbeitnehmer die Selbstkontrolle verloren hat.[179]

113 Auch hier sind neben den Fehlzeiten in der Vergangenheit betriebliche Auswirkungen sowie die Prognose künftiger Fehlzeiten erforderlich. Die Rechtsprechung stellt bei Alkoholabhängigkeit insbesondere nach wiederholten Rückfällen geringere Anforderungen an die Fehlzeitenprognose als bei (sonstigen) krankheitsbedingten Kündigungen. Die Prognose wird zudem davon bestimmt, in welchem Stadium der Sucht

---

177 *BAG* 26. 9. 1991, EzA § 1 KSchG Personenbedingte Kündigung Nr. 10.
178 *BAG* 26. 9. 1991, EzA § 1 KSchG Personenbedingte Kündigung Nr. 10.
179 *BAG* 9. 4. 1987, EzA § 1 KSchG Krankheit Nr. 18; *BAG* 13. 12. 1990, EzA § 1 KSchG Krankheit Nr. 33.

Personenbedingte Kündigung §1

sich der Arbeitnehmer befindet, welche Auswirkungen evtl. frühere Therapien hatten, ob der Arbeitnehmer vor Ausspruch der Kündigung sich seiner Suchtkrankheit bewusst und therapiebereit war, und welche Erfolgsaussichten der Therapie aus medizinischer Sicht zukommen.

Das BAG verlangt idR, dass der Arbeitgeber dem betroffenen Arbeitnehmer vor einer Kündigung die Gelegenheit einräumt, eine Entziehungskur durchzuführen.[180] Nach der Literatur hat der Arbeitgeber den Erfolg einer Entziehungskur abzuwarten.[181] Verheimlicht ein Arbeitnehmer allerdings seine Sucht und offenbart diese nicht gegenüber dem Arbeitgeber in Gesprächen über die Fehlzeiten, so lässt dies darauf schließen, dass der Arbeitnehmer nicht therapiebereit ist.[182] Im Fall eines nicht therapiebereiten Arbeitnehmers, ist eine negative Gesundheitsprognose gegeben, da das BAG in diesem Fall davon ausgeht, dass der Arbeitnehmer in absehbarer Zeit nicht von seiner Alkoholabhängigkeit geheilt werden wird.[183] 114

Die erheblichen betrieblichen Beeinträchtigungen ergeben sich bei einer Kündigung wegen Alkohol oder Drogensucht zumeist aus Gründen der Selbstgefährdung des Arbeitnehmers und der Gefährdung anderer Personen, durch die die Einsatzfähigkeit des Arbeitnehmers erheblich eingeschränkt ist.[184] 115

Im Rahmen der vorzunehmenden Interessenabwägung ist zumindest in dem Fall, dass der Arbeitnehmer von illegalen Drogen abhängig ist, anzunehmen, dass der Arbeitnehmer die Drogensucht verschuldet hat. Allerdings ist auch zu berücksichtigen, dass gerade Alkohol- und Drogenabhängige im besonderen Maße auf ein intaktes soziales Umfeld angewiesen sind, um die Chance zu haben, sich von der Sucht zu befreien. 116

Im Fall eines Rückfalls nach einer erfolgreichen Entziehungskur spricht übereinstimmend mit dem ArbG Hamburg und **entgegen der Rechtsprechung des BAG**[185] **nicht stets ein Erfahrungssatz für ein Verschulden** des Arbeitnehmers; der Rückfall in die Sucht kann verschiedenste (auch innerbetriebliche) Ursachen haben.[186] In **Einzelfällen** 117

---

180 *BAG* 17. 6. 1999, EzA § 1 KSchG Wiedereinstellungsanspruch Nr. 4.
181 ErfK /*Ascheid* § 1 KSchG Rz 247; *v. Hoynigen-Huene/Linck* § 1 KSchG Rz 192a.
182 *BAG* 17. 6. 1999, EzA § 1 KSchG Wiedereinstellungsanspruch Nr. 4.
183 *BAG* 9. 4. 1987, EzA § 1 KSchG Krankheit Nr. 18.
184 *BAG* 13. 12. 1990, EZA § 1 KSchG Krankheit Nr. 33; *BAG* 16. 9. 1999, EzA § 626 BGB Unkündbarkeit Nr. 6.
185 *BAG* 7. 12. 1989, RzK I 7c Nr. 7.
186 *ArbG Hamburg* 10. 1. 1994, RzK I 5 g Nr. 57; ebenso KR /*Etzel* § 1 KSchG Rz 285, *Berkowsky* § 11 Rz 8; **aA** *Lepke* Rz 243.

kann deshalb auch bei einem Rückfall eine Verpflichtung des Arbeitgebers in Betracht kommen, dem Arbeitnehmer vor Ausspruch einer Kündigung eine Entziehungskur zu ermöglichen.[187]

▶ **Praxistipp:**

Sollte der Arbeitgeber eine Alkohol- oder Drogenabhängigkeit als Ursache der Fehlzeiten des Arbeitnehmers vermuten, sollte er den Arbeitnehmer darauf ansprechen und einem therapiebereiten Arbeitnehmer vor Ausspruch einer personenbedingten Kündigung die Möglichkeit einer Entziehungskur einräumen. Streitet der Arbeitnehmer eine Abhängigkeit ab, ist er nach der Rechtsprechung nicht therapiebereit.

III. Aids

118 Die Kündigung aidserkrankter Arbeitnehmer richtet sich ebenfalls nach den Grundsätzen der krankheitsbedingten Kündigung. Allein die Tatsache, dass ein Arbeitnehmer HIV-infiziert ist, rechtfertigt grundsätzlich noch keine Kündigung.[188] Allerdings darf in diesem Fall der Mitarbeiter nicht auf einem Arbeitsplatz eingesetzt werden, bei dem die Gefahr der Infektion anderer besteht, sondern muss gegebenenfalls auf einen Arbeitsplatz versetzt werden, bei dem die Gefahr der Infektion ausgeschlossen ist. Nach Ausbruch der Krankheit kommt eine personenbedingte Kündigung entsprechend den Umständen des Einzelfalls nach den Grundsätzen für lang andauernde Krankheiten oder häufige Kurzerkrankungen in Betracht.

119 Verlangen Teile der Belegschaft aufgrund der HIV-Infektion vom Arbeitgeber die Kündigung des erkrankten Arbeitnehmers, kommt eine sog. Druckkündigung in Betracht. Allerdings muss sich der Arbeitgeber zuvor schützend vor den Arbeitnehmer gestellt und mit allen möglichen und zumutbaren Mitteln versucht haben, die Drucksituation zu beseitigen.[189]

IV. Eignung

120 Eine Kündigung wegen mangelnder körperlicher oder geistiger Eignung des Arbeitnehmers kommt dann in Betracht, wenn der Arbeit-

---
187 *Berkowsky* § 11 Rz 8.
188 *V. Hoyningen-Huene/Linck* § 1 KSchG Rz 187; ErfK/*Ascheid* § 1 KSchG Rz 245.
189 *V. Hoyningen-Huene/Linck* § 1 KSchG Rz 189; MünchArbR/*Berkowsky* § 136 Rz 196.

nehmer aus in seiner Person liegenden Gründen nicht geeignet ist, die vertraglich geschuldete Arbeitsleistung zu erbringen. Die mangelnde Eignung des Arbeitnehmers für einen Arbeitsplatz ergibt sich dabei aus einem Vergleich zwischen dem vom Arbeitgeber bestimmten Anforderungsprofil an diesen Arbeitsplatz und dem Leistungsprofil des Arbeitnehmers.

Eine mangelnde Eignung kann dann vorliegen, wenn entweder objektive Voraussetzungen für die geschuldete Tätigkeit oder subjektive Eigenschaften des Arbeitnehmers fehlen, die für die vertragsgemäße Erfüllung des Anforderungsprofils vorhanden sein müssen. 121

1. Fehlen objektiver Voraussetzungen

Objektive Voraussetzungen für die geschuldete Tätigkeit fehlen zB dann, wenn ausländische Arbeitnehmer die erforderliche **Arbeitserlaubnis** nicht haben, und deshalb einem Beschäftigungsverbot nach § 284 SGB III unterliegen, welches als rechtliches Beschäftigungshindernis eine personenbedingte Kündigung rechtfertigen kann. Auch in diesen Fällen muss der Arbeitgeber jedoch berücksichtigen, ob mit der Erteilung einer Arbeitserlaubnis in absehbarer Zeit zu rechnen ist und der Arbeitsplatz ohne erhebliche betriebliche Beeinträchtigungen solange freigehalten werden kann.[190] 122

Objektive Voraussetzungen fehlen ebenfalls, wenn einem Arbeitnehmer eine für die Tätigkeit notwendige behördliche **Berufsausübungserlaubnis** fehlt. Dies kann der Fall sein, wenn einem Wachmann notwendige polizeiliche Befugnisse entzogen werden[191] oder ein als Kraftfahrer beschäftigter Arbeitnehmer seine **Fahrerlaubnis** verliert[192]. In Einzelfällen kann der Entzug der Fahrerlaubnis nach der Rechtsprechung sogar als ultima ratio eine außerordentliche Kündigung rechtfertigen, wenn mildere Mittel (Abmahnung, Versetzung, Änderungskündigung, ordentliche Kündigung) dem Arbeitgeber nicht zumutbar sind.[193] Allerdings hat der Arbeitgeber in diesen Fällen stets zu prüfen, ob bis zur Wiedererlangung der Fahrerlaubnis ein Einsatz des Arbeitnehmers auf einem anderen Arbeitsplatz möglich ist, auf dem sich die durch den Verlust der Fahrerlaubnis eingetretene Störung nicht auswirkt.[194] 123

---

190 *BAG* 7.2.1990, EzA § 1 KSchG Personenbedingte Kündigung Nr. 8.
191 *BAG* 18.3.1981, AP § 611 BGB Arbeitsleistung Nr. 2.
192 *BAG* 25.4.1996, EzA § 1 KSchG Personenbedingte Kündigung Nr. 14.
193 *BAG* 30.5.1978, AP § 626 BGB Nr. 70.
194 *BAG* 30.5.1978, AP § 626 BGB Nr. 70.

2. Fehlen subjektiver Voraussetzungen

124 Als subjektive Eignungsmängel sind dagegen Umstände zu verstehen, die unmittelbar in der Person des Arbeitnehmers begründet sind. Subjektive Umstände können in der geminderten Leistungsfähigkeit des Arbeitnehmers liegen, zB wenn ihm **Eigenschaften fehlen**, die für die von ihm vertraglich geschuldete Aufgabe von bestimmender Bedeutung sind. Das BAG hatte über den Fall eines Konzertmeisters zu entscheiden, der die für diese Stellung erforderlichen Führungseigenschaften nicht besaß und entschied, dass fehlende erforderliche Führungseigenschaften grundsätzlich einen personenbedingten Kündigungsgrund darstellen können.[195] Auch nicht behebbare **veranlagungsbedingte Mängel** einer Hornistin im Ansatz des Musikinstruments können ohne vorherige Abmahnung zur personenbedingten Kündigung berechtigen.[196]

125 Die mangelnde Eignung des Arbeitnehmers für eine Position kann sich auch aus **außerdienstlichen Straftaten** ergeben.[197] Dies kann zB für Lehrer oder Erzieher gelten, die Sittlichkeits- oder Sexualdelikte begangen haben oder für Personen, die Bargeld des Arbeitgebers verwalten und außerbetrieblich Vermögensdelikte begehen. In diesen Fällen liegen Charaktermängel vor, die es unzumutbar erscheinen lassen, diese Arbeitnehmer weiter zu beschäftigen.

126 **Mangelnde Sprachkenntnisse** können eine personenbedingte Kündigung rechtfertigen, wenn die Sprachkenntnisse Gegenstand der vertraglich vereinbarten Arbeitsleistung sind und der Arbeitnehmer nicht in der Lage ist, sich die erforderlichen Kenntnisse anzueignen.[198] Dies kann sowohl in Fällen mangelnder Deutschkenntnisse ausländischer Arbeitnehmer als auch in Fällen mangelnder Fremdsprachenkenntnisse, die für eine Position erforderlich sind, gelten.

127 Sonderfälle der fehlenden Eignung eines Arbeitnehmers können sich aus der ehemaligen Tätigkeit für die **Stasi**[199] und aus einer **Scientologie-Mitgliedschaft**[200] ergeben, wenn die vereinbarte Tätigkeit eine besondere Integrität des Arbeitnehmers voraussetzt, wie dies beispielsweise bei Mitarbeitern in Vertrauensstellungen oder auch bei Lehrern und Psychologen anzunehmen ist.

---

195 *BAG* 29.7.1976, AP § 1 KSchG Verhaltensbedingte Kündigung Nr. 9.
196 *LAG Brandenburg* 21.3.1994, BB 1994, 2282.
197 *BAG* 26.3.1992, EzA § 626 BGB Verdacht strafbarer Handlungen Nr. 4.
198 *Hessisches LAG* 19.7.1999, LAGE § 1 KSchG Betriebsbedingte Kündigung.
199 *BAG* 28.4.1994, AP Nr. 13 zu Art. 20 Einigungsvertrag.
200 *LAG Berlin* 11.6.1997, LAGE § 626 Abs. 1 BGB Nr. 112.

3. Leistungsdefizit

Kündigungen, die auf ein graduelles Leistungsdefizit gestützt werden, müssen aus einem Vergleich der Leistung des zu kündigenden Mitarbeiters und der Leistung vergleichbarer Mitarbeiter gewonnen werden. Hierbei ist besonders schwierig festzustellen, welche durchschnittliche Leistung der Arbeitgeber erwarten durfte. Weder kann der Arbeitgeber einen Vergleich nur mit den leistungsstärksten Arbeitnehmern vornehmen, noch ist sichergestellt, dass die Leistungserfolge durchschnittlicher Arbeitnehmer tatsächlich »durchschnittlich« sind. In einer Gruppe von außergewöhnlich leistungsstarken Arbeitnehmern wird stets jemand der leistungsschwächste sein, auch wenn dieser in einer anderen Vergleichsgruppe bereits überdurchschnittliche Leistungen erbringen würde. Insoweit obliegt es dem Arbeitgeber, exakt Daten und Fakten zu ermitteln, aus denen sich der Grad des Leistungsdefizits des zu kündigenden Arbeitnehmers ergibt. In einer neueren Entscheidung hat das BAG festgestellt, dass eine über einen längeren Zeitraum um 50-60 % unter dem Durchschnitt vergleichbarer Arbeitnehmer liegende Arbeitsleistung eine personenbedingte Kündigung rechtfertigen kann, wenn ein milderes Mittel zur Wiederherstellung des Vertragsgleichgewichts nicht vorliegt.[201] 128

Natürlicher, altersbedingter Abbau der Leistungsfähigkeit ist vom Arbeitgeber in normalem Umfang hinzunehmen. Erst dann, wenn der Arbeitnehmer dem Anforderungsprofil insgesamt nicht mehr gerecht zu werden vermag, kann eine personenbedingte Kündigung in Betracht kommen. Insbesondere bei leistungsgeminderten Arbeitnehmern ist stets zu prüfen, ob sie auf einem anderen, ihrem Leistungsprofil angemesseneren Arbeitsplatz weiterbeschäftigt werden können. Soweit dies durch Versetzung nicht möglich ist, muss der Arbeitgeber eine entsprechende personenbedingte Änderungskündigung aussprechen. In Fällen, in denen sich der Arbeitsplatz des Arbeitnehmers so entwickelt, dass das Anforderungsprofil zunehmend erweiterte Fachkenntnisse erfordert, muss der Arbeitgeber dem Arbeitnehmer Gelegenheit geben, sich die entsprechenden Kenntnisse anzueignen. 129

Bei der Interessenabwägung sind zugunsten des Arbeitnehmers Umstände zu berücksichtigen, aufgrund derer dem Arbeitgeber eine gesteigerte Fürsorgepflicht zukommt. Dies ist beispielsweise der Fall, wenn das auf einer Erkrankung des Arbeitnehmers beruhende Leistungsdefizit erst durch ein Verschulden des Arbeitgebers herbeigeführt 130

---

201 *BAG* 11. 12. 2003 – 2 AZR 667/02 – EzA Schnelldienst 26/2003.

oder wesentlich mitverursacht worden ist oder die das Leistungsdefizit verursachende Erkrankung in einem unmittelbaren Zusammenhang mit der bisher im Betrieb ausgeübten Tätigkeit steht.[202] Auch die Tatsache, dass der Arbeitnehmer einen Betriebs- oder Arbeitsunfall erlitten hat, erhöht idR die Fürsorgepflicht des Arbeitgebers gegenüber dem Arbeitnehmer. Die gebotene Interessenabwägung muss zudem die Dauer der Betriebszugehörigkeit des Arbeitnehmers und sein Lebensalter berücksichtigen. Auf Seiten des Arbeitgebers finden vor allen Dingen die Betriebsgröße und der Umfang der Störung des Betriebsablaufs Berücksichtigung.

▶ **Praxistipp:**

Im Fall fehlender Eignung sollte aufgrund der bestehenden Rechtsprechung stets geprüft werden, ob ggf. eine Abmahnung auszusprechen ist. Dies gilt insbesondere in den Fällen, in denen der Arbeitgeber nicht eindeutig erkennen kann, ob das Leistungsdefizit des Arbeitnehmers von diesem steuerbar ist, dh ob der Arbeitnehmer möglicherweise die Leistung nicht erbringen will, obwohl er dazu in der Lage wäre und eine Abgrenzung zwischen einer verhaltensbedingten und einer personenbedingten Kündigung Schwierigkeiten bereitet.

V. Sonstige personenbedingte Gründe

131 **Wehrdienst ausländischer Arbeitnehmer** kann einen personenbedingten Kündigungsgrund rechtfertigen, wenn der Arbeitnehmer seinen vollen Wehrdienst zu leisten hat und deshalb seine arbeitsvertraglichen Pflichten nicht erfüllen kann. Dies gilt jedenfalls für Ausländer, die nicht Angehörige eines Mitgliedsstaates der EU sind und nicht dem Geltungsbereich des ArbeitsplatzschutzG unterliegen.[203] Nach der Rechtsprechung liegt ein Kündigungsgrund allerdings nur dann vor, wenn der Arbeitnehmer den vollen Wehrdienst ableistet und nicht von der Möglichkeit eines verkürzten Wehrdienstes Gebrauch macht.[204] Auch hier müssen jedoch durch die Ableistung des Wehrdienstes erhebliche Beeinträchtigungen betrieblicher Interessen gegeben sein, die nicht durch zumutbare Überbrückungsmaßnahmen verhindert werden können.[205]

---

202 *Lepke* Rz 138.
203 *V. Hoyningen-Huene* § 1 KSchG Rz 268.
204 *BAG* 20. 5. 1988, EzA § 1 KSchG Personenbedingte Kündigung Nr. 3.
205 *BAG* 20. 5. 1988, EzA § 1 KSchG Personenbedingte Kündigung Nr. 3.

Personenbedingte Kündigung §1

Straf- und Untersuchungshaft eines Arbeitnehmers können ebenfalls eine personenbedingte Kündigung rechtfertigen, wenn erhebliche betriebliche Beeinträchtigungen die Folge sind. Bei der Interessenabwägung wegen Verbüßung einer Haftstrafe ist zu berücksichtigen, dass der Arbeitnehmer die Strafhaft durch schuldhaftes Verhalten selbst verursacht hat.[206] Die gleichen Grundsätze gelten für die Arbeitsverhinderung wegen Verbüßung von Untersuchungshaft.[207]

132

Das **Alter** des Arbeitnehmers allein stellt keinen in der Person des Arbeitnehmers liegenden Kündigungsgrund dar.[208] Dies ergibt sich auch aus § 41 Satz 1 SGB VI, wonach der Rentenanspruch eines Arbeitnehmers keinen Kündigungsgrund bedingen kann. Eine Kündigung kommt insoweit allein aus betrieblichen Gründen in Betracht, zB um einen vernünftigen Altersaufbau der Belegschaft zu gewährleisten.

133

Eine personenbedingte **Druckkündigung** ist in Fällen denkbar, in denen beispielsweise ein autoritärer Führungsstil und mangelnde Fähigkeit zur Menschenführung dazu geführt hat, dass Dritte unter Androhung von erheblichen Nachteilen für den Arbeitgeber nachhaltig die Entlassung des Arbeitnehmers fordern. Das BAG entschied dies im Fall der Änderungskündigung einer ordentlich unkündbaren Kindergartenleiterin, nachdem bereits ein erheblicher Teil der ihr unterstellten Arbeitnehmer wegen ihres Führungsstils gekündigt hatte und weitere Kündigungen drohten.[209]

134

Für **Arbeitnehmer kirchlicher Einrichtung** können **Ehescheidung**, **Ehebruch** oder die **wiederholte Heirat** zu personenbedingten Kündigungen führen, wenn dies gegen fundamentale Grundsätze der kirchlichen Glaubens- und Sittenlehre verstoßen.[210] Welche kirchlichen Grundverpflichtungen als Gegenstand des Arbeitsverhältnisses bedeutsam sein können, richtet sich dabei nach den von der verfassten Kirche anerkannten Maßstäben. Insoweit hat das BAG anerkannt, dass die Eheschließung einer katholischen Kindergartenleiterin[211] oder Lehrerin[212] mit einem geschiedenen Mann einen personenbedingten Kündigungsgrund ebenso begründet wie die standesamtliche Wiederver-

135

---

206 *BAG* 9.3.1995, AP § 626 BGB Nr. 123.
207 *BAG* 22.9.1994, AP § 1 KSchG 1969 Nr. 25.
208 *BAG* 28.9.1961, AP § 1 KSchG Personenbedingte Kündigung Nr. 1.
209 *BAG* 31.1.1996, AP § 626 BGB Druckkündigung Nr. 13.
210 *BAG* 14.10.1980, EzA § 1 KSchG Tendenzbetrieb Nr. 10; *BAG* 25.4.1978, EzA § 1 KSchG Tendenzbetrieb Nr. 4; *BAG* 24.4.1997, EzA § 611 BGB Kirchliche Arbeitnehmer Nr. 43.
211 *BAG* 25.4.1978, EzA § 1 KSchG Tendenzbetrieb Nr. 4.
212 *BAG* 31.10.1984, EzA Art. 140 GG Nr. 14.

§ 1 Sozial ungerechtfertigte Kündigungen

heiratung einer von der katholischen Caritas beschäftigten und geschiedenen Schreibkraft[213]. Auch der Ehebruch eines Leiters einer Kirchengemeinde der Mormonenkirche rechtfertigt eine außerordentliche personenbedingte Kündigung.[214] Gleiches kann auch für Arbeitnehmer der katholischen Kirche gelten.[215] Auch der **Kirchenaustritt** kann einen personenbedingten Kündigungsgrund darstellen.[216]

136 In Fällen, in denen ein Arbeitnehmer sich aufgrund einer **Gewissensentscheidung** außerstande fühlt, ihm zugewiesene Arbeit zu verrichten, kommt eine personenbedingte Kündigung in Betracht, wenn eine andere Beschäftigungsmöglichkeit für den Arbeitnehmer nicht besteht.[217] Die Gewissensentscheidung des Arbeitnehmers ist nach Auffassung des BAG dabei nicht an objektiven Kriterien zu messen und als richtig oder falsch zu bewerten, da das BAG in Übereinstimmung mit der Rechtsprechung des BVerfG von einem subjektiven Gewissenbegriff ausgeht.[218] Gewissensentscheidungen kommen zB im Bereich der Genforschung in Betracht, in denen sich ein Arbeitnehmer aufgrund einer persönlichen Gewissensentscheidung nicht in der Lage sieht, die von ihm verlangte Arbeitsleistung zu erbringen.

137 **Sicherheitsbedenken** des Arbeitgebers, die durch konkrete Tatsachen gerechtfertigt sind, können eine personenbedingte Kündigung in Einzelfällen begründen. Als personenbedingter Kündigungsgrund kommt der Verdacht des Verrats von Betriebsgeheimnissen durch Arbeitnehmer, die enge verwandtschaftliche oder persönliche Beziehungen zu Inhabern von Konkurrenzunternehmen haben[219] oder durch erhebliche finanzielle Belastungen einer Schreibkraft im Verteidigungsministerium[220] in Betracht.

138 Die Übernahme eines **Ehrenamtes** auf politischer oder privater Ebene oder Funktionen im **gewerkschaftlichen Bereich** rechtfertigen eine personenbedingte Kündigung dagegen nicht.[221]

---

213 *BAG* 14. 10. 1980, EzA § 1 KSchG Tendenzbetrieb Nr. 10
214 *BAG* 24. 4. 1997, EzA § 611 BGB Kirchliche Arbeitnehmer Nr. 43.
215 *BAG* 16. 9. 1999, EzA § 611 BGB Kirchliche Arbeitnehmer Nr. 45.
216 *BAG* 12. 12. 1984, EzA § 1 KSchG Tendenzbetrieb Nr. 17.
217 *BAG* 24. 5. 1989, EzA § 1 KSchG Personenbedingte Kündigung Nr. 6.
218 BVerfGE 48,127 (173).
219 *LAG Stuttgart* 19. 12. 1952, BB 1953, 236; *LAG Baden Württemberg* 31. 1. 1967, DB 1968, 359; *LAG Hamburg* 27. 3. 1969, BB 1970, 1096.
220 *LAG Köln* 9. 5. 1996, RzK I 5h Nr. 37.
221 MünchArbR/*Berkowsky* § 136 Rz 146 f.

Verhaltensbedingte Kündigung § 1

In der Literatur umstritten ist, ob eine **Verdachtskündigung** als personenbedingte Kündigung[222] wegen der durch den Verdacht begründeten Zerstörung des Vertrauensverhältnisses zwischen Arbeitgeber und Arbeitnehmer oder als verhaltensbedingte Kündigung[223], gestützt auf dem Arbeitnehmer zuzurechnende Umstände (Verhaltensweisen) zu bewerten ist. Das BAG hat eine Einordnung der Verdachtskündigung in das System der Kündigungsgründe bisher nicht abschließend vorgenommen. Insoweit ist anzuraten, im Einzelfall zu differenzieren, ob der Arbeitnehmer einen weitergehenden Verdacht durch ein schuldhaftes Verhalten hervorgerufen hat oder ob der Kündigungsgrund schwerpunktmäßig im Verlust der Vertrauenswürdigkeit der Person des Arbeitnehmers liegt.[224]

139

Teil 3 Verhaltensbedingte Kündigung

A. Grundsätze

I. Einführung

Neben personen- oder betriebsbedingten Gründen kann auch ein **Fehlverhalten** des Arbeitnehmers eine Kündigung rechtfertigen. **Sinn und Zweck** einer verhaltensbedingten Kündigung ist jedoch nicht, dieses Fehlverhalten zu sanktionieren bzw. den Arbeitnehmer zu bestrafen. Die Kündigung soll vielmehr die Gefahr von weiteren, zukünftigen Vertragsverletzungen ausschließen. Sie ist daher nur wirksam, wenn sich das Fehlverhalten des Arbeitnehmers auch künftig belastend auf das Arbeitsverhältnis auswirkt bzw. wenn eine Wiederholungsgefahr besteht (»Prognoseprinzip«).

140

▶ **Beispiel:**

Bestiehlt der Arbeitnehmer seinen Arbeitgeber, wirkt sich sein Verhalten wegen des zerstörten Arbeitgebervertrauens auch künftig belastend auf das Arbeitsverhältnis aus. Erscheint der Arbeitnehmer häufig unpünktlich zur Arbeit und lässt sich mehrfache Abmahnungen nicht zur Warnung dienen, wirkt sich sein Verhalten wegen der Gefahr wiederholter Unpünktlichkeiten auch künftig belastend auf das Arbeitsverhältnis aus. In beiden Fällen kommt eine verhaltensbedingte Kündigung in Betracht.

---

222 MünchArbR/*Berkowsky* § 136 Rz 159; *v. Hoyningen-Huene/Linck* § 1 KSchG Rz 261.
223 KR/*Etzel* § 1 KSchG Rz 55.
224 KR/*Fischermeier* § 626 BGB Rz 211. Zur Verdachtskündigung siehe Rz 295 ff.

141 Wichtig ist jedoch gerade bei der verhaltensbedingten Kündigung die **Beachtung formaler Voraussetzungen.** Besonders bei der Betriebsratsanhörung unterlaufen dem Arbeitgeber oftmals Fehler, die zur Unwirksamkeit der Kündigung führen. Auch die Anhörung des Arbeitnehmers im Falle einer Verdachtskündigung ist häufig eine Fehlerquelle. Ferner ist aller Regel eine vorherige Abmahnung des Arbeitnehmers wegen eines ähnlichen Verhaltens erforderlich. Diese Formalia sind ein leichtes Angriffsziel für den Arbeitnehmer wie auch für das Gericht.

II. Abgrenzung zwischen personen- und verhaltensbedingter Kündigung

142 In der betrieblichen Praxis wird häufig nicht klar unterschieden zwischen personen- und verhaltensbedingter Kündigung. Diese Unterscheidung ist jedoch wichtig, weil der Arbeitgeber den Arbeitnehmer vor Ausspruch der **personenbedingten Kündigung grundsätzlich**[225] **nicht abmahnen** muss. Das wesentliche Abgrenzungskriterium zwischen den beiden Kündigungsarten ist, ob der Kündigungsgrund auf einem »**steuerbaren Verhalten**« des Arbeitnehmers basiert oder nicht. Kurz: Ein personenbedingter Kündigungsgrund liegt vor, wenn der Arbeitnehmer will, aber nicht kann; ein verhaltensbedingter Grund ist demgegenüber gegeben, wenn der Arbeitnehmer kann, aber nicht will.[226]

▶ **Beispiel:**

Trotz eines betrieblichen Alkoholverbots trinkt ein Arbeitnehmer während der Arbeitszeit und wird hierbei von seinem Vorgesetzten erwischt. Vor einer Kündigung wegen dieses Verhaltens muss der Arbeitgeber den Arbeitnehmer zunächst abmahnen. Erst wenn der Arbeitnehmer trotz Abmahnung nochmals während seiner Arbeitszeit trinkt, kann der Arbeitgeber eine Kündigung aussprechen (verhaltensbedingter Kündigungsgrund).

Anders liegt folgender Fall: Ein alkoholkranker Arbeitnehmer trinkt suchtbedingt während der Arbeitszeit und wird hierbei von seinem Vorgesetzten erwischt. Der Arbeitgeber kann – soweit die strengen

---

225 Ausnahmsweise kann jedoch auch bei einer Kündigung mangels subjektiver Eignung eine Abmahnung notwendig sein (vgl. *BAG* 29.7.1976, BB 1976, 156*).* Näher *Leuchten/Zimmer*, BB 1999, 1973. Auch bei einem objektiven Eignungsmangel (Entzug der Fahrerlaubnis nach außerdienstlicher Trunkenheitsfahrt eines Berufskraftfahrers) kann uU eine Abmahnung erforderlich sein (vgl. *BAG* 4.6.1997, AP § 626 BGB Nr. 137).
226 *V. Hoyningen-Huene/Linck* § 1 KSchG Rz 185b.

Voraussetzungen für eine Kündigung wegen Alkoholismus vorliegen[227] – aus personenbedingten Gründen kündigen. Da das Verhalten des Arbeitnehmers nicht steuerbar ist, muss der Arbeitgeber nicht zuvor abmahnen (personenbedingter Kündigungsgrund).

III. Prüfung verhaltensbedingter Kündigungsgründe

Die Wirksamkeit einer verhaltensbedingten Kündigung ist in **drei Stufen** zu prüfen: 143

- Erste Stufe: Liegt eine Verletzung arbeitsvertraglicher Pflichten vor?
- Zweite Stufe: Ist die Störung auch in Zukunft zu befürchten?
- Dritte Stufe: Sprechen die überwiegenden Interessen des Arbeitgebers für eine Kündigung?

Erste Stufe: Verletzung arbeitsvertraglicher Pflichten

In Betracht kommt die Verletzung von **Haupt- und Nebenpflichten** 144 aus dem Arbeitsvertrag. Eine Verletzung von Hauptleistungspflichten kann etwa vorliegen, wenn der Arbeitnehmer Arbeitsanweisungen missachtet oder wenn er seine Aufgaben nur schlecht oder langsam erfüllt. Eine Verletzung von Nebenpflichten aus dem Arbeitsverhältnis liegt zB vor, wenn der Arbeitnehmer nicht unverzüglich seine Arbeitsunfähigkeit anzeigt oder wenn er Arbeitskollegen beleidigt.

Das vertragswidrige Verhalten muss der Arbeitnehmer auch **zu vertreten** 145 haben. Erforderlich ist hierbei nicht, dass er schuldhaft (dh vorsätzlich oder fahrlässig) gehandelt hat. Ausreichend ist vielmehr, dass das Verhalten des Arbeitnehmers durch ihn **steuerbar** war.[228] In aller Regel führt jedoch nur schuldhaftes Verhalten des Arbeitnehmers zu einer Rechtfertigung der Kündigung.

Ein **außerdienstliches Verhalten** (zB politische Betätigung, Verstöße 146 im Straßenverkehr) kann nur ausnahmsweise eine verhaltensbedingte Kündigung rechtfertigen. Zwischen dem **dienstlichen und dem privaten Lebensbereich ist nämlich klar zu trennen.** Den Arbeitnehmer trifft – außerhalb der Kirchen und des öffentlichen Dienstes –[229]

---

227 Siehe hierzu Rz 112 ff.
228 *BAG* 21.1.1999, AP § 626 BGB Nr. 151.
229 Gem. § 8 Abs. 1 Satz 1 BAT ist der Angestellte verpflichtet, sich so zu verhalten, wie es von Angehörigen des öffentlichen Dienstes erwartet wird. Er muss daher bei seinem außerdienstlichen Verhalten auch ungeschriebene Anstandsgesetze beachten (vgl. *v. Hoyningen-Huene/Linck* § 1 KSchG Rz 323a mwN).

grundsätzlich keine arbeitsvertragliche Pflicht zu einem ordentlichen gesitteten Lebenswandel.[230] Außereheliche Schwangerschaften, Partnerbeziehungen oder Veröffentlichungen softpornographischer Fotos[231] rechtfertigen in der Privatwirtschaft keine Kündigung. Nur wenn ein Vorgang aus dem Privatbereich das **Arbeitsverhältnis konkret berührt**, kann eine verhaltensbedingte Kündigung gerechtfertigt sein.[232]

> ▶ **Beispiel:**
> Ein LKW-Fahrer ist verpflichtet, außerhalb des Dienstes keinen Alkohol zu sich zu nehmen, falls dies dazu führt, dass er seinen Dienst mit Restalkohol antritt.

147 Außerdienstliches Verhalten kann ausnahmsweise die **Eignung des Arbeitnehmers** für die geschuldete Tätigkeit entfallen lassen (zB Vermögensdelikte von Kassierern oder Geldboten, Sexualdelikte von Erziehern). Bei einem solchen Wegfall der Eignung aufgrund außerdienstlichen Verhaltens liegt jedoch **kein verhaltensbedingter,** sondern ein personenbedingter Kündigungsgrund vor.[233]

Zweite Stufe: Störung ist auch in Zukunft zu befürchten

148 Es müssen objektive Anhaltspunkte dafür vorliegen, dass der Arbeitnehmer sein pflichtwidriges Verhalten in der Zukunft wiederholt. Nur bei einer solchen »**negativen Zukunftsprognose**« ist die verhaltensbedingte Kündigung sozial gerechtfertigt. In der Praxis ergibt sich die negative Prognose regelmäßig aus der Tatsache, dass der Arbeitnehmer trotz **Abmahnung** sein Verhalten fortsetzt. Daneben kann sich aber auch aus der Beharrlichkeit der begangenen Pflichtverletzung und der Höhe des Verschuldens eine solche Prognose ableiten.[234]

149 Ein Kündigungsgrund besteht mangels negativer Prognose nicht, wenn der Arbeitnehmer **auf einem anderen Arbeitsplatz weiterbeschäftigt** werden kann und Anhaltspunkte dafür bestehen, dass der Arbeitnehmer nach der Versetzung seine Pflichtverletzung nicht fort-

---

230 Vgl. *LAG Berlin* 3.11.1964, DB 1965, 1291; *LAG Baden-Württemberg* 3.4.1967, BB 1967, 757.
231 *ArbG Passau* 11.12.1997, NZA 1998, 427.
232 *BAG* 24.9.1987, AP § 1 KSchG Verhaltensbedingte Kündigung Nr. 19; *BAG* 26.5.1977, AP § 611 BGB Nr. 5.
233 Vgl. oben Rz 142 (Abgrenzung verhaltensbedingte- und personenbedingte Kündigung).
234 *LAG Hamm* 30.5.1996, NZA 1997, 1056.

Verhaltensbedingte Kündigung §1

setzen wird (zB der Arbeitnehmer streitet sich regelmäßig mit einem bestimmten Arbeitskollegen aus seiner Abteilung).[235]

Dritte Stufe: Interessenabwägung

Auf der dritten Stufe sind schließlich die Interessen des Arbeitnehmers an der Erhaltung seines Arbeitsplatzes und die Interessen des Arbeitgebers an der Auflösung des Arbeitsverhältnisses gegeneinander abzuwägen.[236] 150

Auf Seiten des Arbeitnehmers sind folgende Punkte zu berücksichtigen:[237] 151

- Sozialdaten: Dauer der Betriebszugehörigkeit, Alter, Unterhaltspflichten,
- Grad des Verschuldens,
- Früheres Verhalten,
- Mitverschulden des Arbeitgebers,
- Chancen auf dem Arbeitsmarkt,
- Besondere soziale Schutzwürdigkeit (Krankheit oder Schwerbehinderung),
- Art, Schwere und Häufigkeit der Pflichtverletzung.

Auf Seiten des Arbeitgebers sind folgende Punkte zu berücksichtigen:[238] 152

- Störung des Betriebsablaufs,
- Wiederholungsgefahr,
- Vermögensschaden,
- Schädigung des öffentlichen Ansehens des Arbeitgebers (zB Ansehen bei Kunden),
- Schutz der Belegschaft vor weiteren Verstößen,
- Gefahr für Arbeits- oder Betriebsdisziplin.

---

235 Vgl. *Tschöpe*, BB 2002, 778, 781.
236 *BAG* 22. 7. 1982, BB 1982, 834; *BAG* 22. 10. 1964, AP § 1 KSchG Verhaltensbedingte Kündigung Nr. 4.
237 KR/*Etzel* § 1 KSchG, Rz 411; *Hoß*, MDR 1998, 869, 871.
238 KR/*Etzel* § 1 KSchG, Rz 411; *Hoß*, MDR 1998, 869, 871.

IV. Abmahnung

153 Eine verhaltensbedingte Kündigung ist in aller Regel nur wirksam, wenn der Arbeitnehmer zuvor vergeblich abgemahnt wurde.

1. Funktion der Abmahnung

154 Die Abmahnung hat eine **Hinweis- und eine Warnfunktion**. Sie soll den Arbeitnehmer deutlich darauf hinweisen, dass der Arbeitgeber eine konkrete Pflichtverletzung nicht toleriert. Gleichzeitig soll sie ihn warnen, dass im Wiederholungsfalle der Inhalt oder der Bestand des Arbeitsverhältnisses gefährdet sind.[239] In der Praxis wird gerade dieser Warnhinweis in der Abmahnung häufig übersehen.

2. Inhalt der Abmahnung

155 Damit die Abmahnung in einem späteren Kündigungsschutzprozess verwertet werden kann, muss sie bestimmten inhaltlichen Anforderungen genügen. Hier werden in der Praxis oftmals Fehler gemacht, die zur Unwirksamkeit (und Unverwertbarkeit) der Abmahnung führen.

156 • Die Pflichtverletzung muss in der Abmahnung **genau bezeichnet** werden. Der Arbeitnehmer darf nicht im Unklaren darüber bleiben, was ihm vorgeworfen wird. Daher gilt: Schilderung des Vorfalls so genau wie möglich, mit Datum und ggf. Uhrzeit. **Wertende Schlagworte** wie »schlechte Leistung«, »mangelnder Einsatzwillen« oder »Störung des Betriebsfriedens« reichen nicht aus.

157 • Der Arbeitnehmer muss **eindringlich gewarnt** werden, dass der Bestand seines Arbeitsverhältnisses bei künftigen gleichartigen Pflichtverletzungen gefährdet ist.[240] Mit welchen Worten der Arbeitgeber die Warnung zum Ausdruck bringt, ist nicht entscheidend.[241] Ihm ist jedoch zu empfehlen, dem Arbeitnehmer unmissverständlich **mit einer Kündigung zu drohen**, falls er auch zukünftig gegen seine Pflichten verstößt.

▶ **Beispiel 1:**

(Unwirksame, weil zu pauschale Abmahnung): »Sie waren in der Vergangenheit häufig unpünktlich.«, »Ihre Arbeitsweise war un-

---

239 *BAG* 30. 5. 1996, BB 1996, 1892.
240 *BAG* 10. 11. 1988, NJW 1989, 2493.
241 *BAG* 15. 7. 1992, NZA 1993, 320.

sorgfältig«, »Ihre Leistungen bleiben hinter unseren Erwartungen zurück.«

▶ **Beispiel 2:**

(Wirksame Abmahnung): »Sie haben am 7. November 2003 um 16.10 Uhr Ihren Arbeitsplatz verlassen, obwohl Ihre Arbeitszeit bis 17.00 Uhr lief und Ihr Vorgesetzter, Herr Müller, Sie hierauf nochmals mündlich hingewiesen hat. Mit diesem Verhalten haben Sie Ihre arbeitsvertraglichen Pflichten grob verletzt. Wir mahnen Sie daher ab und weisen Sie darauf hin, dass wir uns bei einem erneuten Vertragsverstoß gezwungen sehen, Sie zu versetzen, eine Änderungskündigung auszusprechen oder das Beschäftigungsverhältnis – auch fristlos – zu kündigen.

Datum, Unterschrift Arbeitgeber

Ich bestätige, dass ich die Abmahnung erhalten habe.

Datum, Unterschrift Arbeitnehmer«

In dem Abmahnungsschreiben sollten nicht **mehrere verschiedene Pflichtverletzungen** zusammengefasst werden. Wenn nur eine der abgemahnten Pflichtverletzungen nicht zutreffen oder nicht nachweisbar sein sollte, wäre die Abmahnung insgesamt ungerechtfertigt und das gesamte Abmahnungsschreiben muss ggf. aus der Personalakte entfernt werden (»ein faules Ei verdirbt den Brei«).[242] Unterschiedliche Vertragsverstöße sollten daher möglichst in einer gesonderten Abmahnung gerügt werden. Zwar scheuen Arbeitgeber in der Praxis oft den damit verbundenen Aufwand und bezweifeln die Wirkung einer gesonderten Abmahnung. Zu beachten ist jedoch, dass gerade gesonderte Abmahnungen mehrerer Pflichtverstöße den gewünschten psychologischen Effekt haben können.

158

Dem Arbeitgeber ist auch davon abzuraten, **zahlreiche Abmahnungen wegen gleichartiger Pflichtverstöße** auszusprechen und den Abmahnungen dann keine weiteren Konsequenzen folgen zu lassen. Eine solche Vielzahl von Abmahnungen schwächen die Rüge- und Warnfunktion der einzelnen Abmahnung. Der Arbeitnehmer nimmt die Abmahnung nicht mehr ernst. In Fällen mehrfacher Abmahnung sollte der Arbeitgeber in der letzten Abmahnung daher besonders eindringlich

159

---

242 *BAG* 13. 3. 1991, NJW 1991, 2510.

darauf hinweisen, dass er das Verhalten nicht hinnimmt und im Wiederholungsfall nun tatsächlich eine Kündigung droht.[243]

3. Erfordernis einer Abmahnung

160 Eine Abmahnung ist immer dann erforderlich, wenn ein **steuerbares Verhalten** des Arbeitnehmers vorliegt und eine Wiederherstellung des Vertrauens des Arbeitgebers in den Arbeitnehmer erwartet werden kann.[244] Eine Abmahnung ist nur dann **entbehrlich**, wenn dem Arbeitnehmer wegen der Schwere seiner Pflichtverletzung bewusst sein musste, dass er durch das Verhalten seinen Arbeitsplatz aufs Spiel setzt.[245]

▶ **Beispiel:**
Ein Kfz-Mechaniker arbeitet, während er arbeitsunfähig krankgeschrieben ist, in einer anderen Kfz-Werkstatt.

161 Bei gegen das Unternehmen gerichteten Vermögensdelikten wie **Diebstahl oder Unterschlagung** ist eine Abmahnung ebenfalls in aller Regel entbehrlich, weil jedem Arbeitnehmer die Rechtswidrigkeit dieses Verhaltens einleuchtet.[246]

162 Eine Abmahnung ist auch entbehrlich, wenn der Arbeitnehmer die Pflichtwidrigkeit seines Verhaltens zwar kannte, er dieses jedoch trotzdem **hartnäckig** und **uneinsichtig** fortsetzt.[247]

▶ **Beispiel:**
Ein Sachbearbeiter weigert sich hartnäckig und über Wochen, an den regelmäßigen Besprechungen seiner Arbeitsgruppe teilzunehmen.

▶ **Praxistipp:**
Bei diesen Fällen einer hartnäckigen Weigerung ist jedoch Vorsicht geboten. Der Arbeitnehmer sollte im Zweifel vor einer Kündigung abgemahnt werden, damit die Hartnäckigkeit seines Verhaltens klar dokumentiert ist.

---

243 *BAG* 15. 11. 2001, NZA 2002, 968.
244 *BAG* 4. 6. 1997, BB 1998, 109.
245 *BAG* 10. 2. 1999, DB 1999, 1121; *BAG* 1. 3. 1999, BB 1999, 1166.
246 *BAG* 11. 12. 2003; *BAG* 10. 2. 1999, EzA § 15 KSchG, Nr. 447.
247 *BAG* 18. 5. 1994, NZA 1995, 65.

Verhaltensbedingte Kündigung §1

4. Berechtigung zur Abmahnung

Abmahnungsberechtigt sind zunächst die Personen, die gegenüber dem Arbeitnehmer eine Kündigung aussprechen könnten. Darüber hinaus ist abmahnungsberechtigt jeder, der **dem Betroffenen gegenüber weisungsbefugt** ist.[248] Dies ist zB der **Dienstvorgesetzte** des Arbeitnehmers. Eine Abmahnung kann auch der vom Arbeitgeber hierzu bevollmächtigte **Rechtsanwalt** aussprechen.[249]

▶ Praxistipp:
Die Pflichtverletzung, die der Abmahnung zugrunde liegt, kann später nicht mehr als Kündigungsgrund verwendet werden. Dieser Sachverhalt ist nach Ausspruch der Abmahnung **für eine Kündigung verbraucht**. Der Arbeitgeber kann das abgemahnte Fehlverhalten nur noch unterstützend, nämlich im Zusammenhang mit neuem, gleichartigem Fehlverhalten zur Rechtfertigung einer Kündigung heranziehen.[250] Deshalb sollten die abmahnungsberechtigten Personen (zB Fachvorgesetzte) angehalten werden, vor Ausspruch der Abmahnung die kündigungsberechtigten Personen des Betriebes (zB Personalleiter) zu informieren. Nur so ist sichergestellt, dass ein Sachverhalt, der ggf. schon eine Kündigung rechtfertigt, nicht durch eine übereilte Abmahnung verbraucht wird.

5. Form der Abmahnung

Eine Abmahnung kann sowohl mündlich als auch schriftlich ausgesprochen werden. Wegen der Beweisprobleme ist **von einer mündlichen Abmahnung jedoch abzuraten**. Idealerweise sollte der Arbeitgeber die Abmahnung schriftlich abfassen und dem Arbeitnehmer unter Zeugen mündlich erläutern. Der Arbeitnehmer sollte ferner aufgefordert werden, den Empfang der schriftlichen Abmahnung schriftlich zu bestätigen.[251]

6. Zeitpunkt der Abmahnung

Die Abmahnung muss nicht in einer bestimmten Frist ausgesprochen werden.[252] Das Recht, eine Abmahnung auszusprechen, kann jedoch

---
248 *BAG* 18. 1. 1980, DB 1980, 1351; *LAG Hamm* 13. 4. 1983, DB 1983, 1930.
249 *BAG* 15. 7. 1992, DB 1993, 438.
250 *BAG* 20. 1. 1994, NZA 1994, 548; *LAG Frankfurt a. M.* 26. 4. 1999, NZA-RR 1999, 637, 638.
251 Vgl. Bsp. oben unter Rz 157.
252 *BAG* 15. 1. 1986, DB 1986, 1075.

verwirken. Dies ist der Fall, wenn sich der Arbeitnehmer nach seinem Pflichtverstoß für einen längeren Zeitraum wieder vertragstreu verhalten hat und der Arbeitgeber erkennen lässt, dass er die Angelegenheit »begraben« hat.[253] Wenn der Arbeitgeber zB den Arbeitnehmer **nach der Abmahnung befördert**, muss der Arbeitnehmer regelmäßig nicht mehr erwarten, dass er noch gekündigt wird.

7. Entfernung der Abmahnung aus der Personalakte

166 Der Arbeitnehmer hat einen Anspruch darauf, dass der Arbeitgeber eine ungerechtfertigte Abmahnung (aus der Personalakte) beseitigt. Ein solches Entfernungsverlangen ist in den folgenden Fällen begründet:

- Abmahnung beruht auf falschen oder vor Gericht nicht beweisbaren Tatsachen,
- Abmahnung ist unverhältnismäßig (Bagatellverstoß),
- Abmahnungsrecht ist bereits verwirkt,
- Arbeitgeber überschreitet Grenzen seines Rügerechts durch ehrverletzende oder unsachliche Werturteile,
- Arbeitgeber hat kein schutzwürdiges Interesse mehr, die Abmahnung in der Personalakte zu belassen.

167 In der Praxis enden Klagen auf Entfernung einer Abmahnung oftmals in einem **Vergleich**. Arbeitgeber und Arbeitnehmer einigen sich häufig, dass die Abmahnung nicht endgültig, aber zumindest für eine befristete Dauer in der Personalakte verbleibt. Nach Ablauf dieses Zeitraums kann die Abmahnung nicht mehr für eine verhaltensbedingte Kündigung herangezogen werden.

168 Im Hinblick auf einen evtl. anschließenden Kündigungsrechtsstreit ist zu beachten, dass der Arbeitnehmer durch den Vergleich noch nicht anerkannt hat, dass die Abmahnung begründet ist. Er kann ihre Wirksamkeit in einem späteren Verfahren immer noch bestreiten.[254]

8. Gleichartiger Wiederholungsfall

169 Der Arbeitgeber kann eine verhaltensbedingte Kündigung erst dann aussprechen, wenn der Arbeitnehmer trotz Abmahnung sein vertrags-

---

253 *BAG* 13. 10. 1988, NZA 1989, 716.
254 *LAG Hamm* 5. 2. 1990, NZA 1990, 540.

Verhaltensbedingte Kündigung § 1

widriges Verhalten fortsetzt. Hierbei muss der nächste Pflichtverstoß des Arbeitnehmers **nicht unbedingt identisch, sondern nur gleichartig** sein. Die abgemahnte und die neue Pflichtverletzung müssen gleichermaßen »auf einer Ebene liegen« und dem gleichen »Pflichtentypus« zugeordnet werden können.[255]

▶ **Beispiel:**

Unpünktlichkeit und vorzeitiges Verlassen des Arbeitsplatzes sind gleichartige Verstöße gegen die arbeitsvertragliche Pflicht, die vorgegebene Arbeitszeit einzuhalten.[256] Anders liegt es jedoch, wenn der Arbeitnehmer wegen Unpünktlichkeit abgemahnt wurde und später ausschweifend Privattelefonate führt. Im Rahmen der Kündigung wegen der Privattelefonate kann die vorhergehende Abmahnung nicht verwertet werden. Die beiden Pflichtverletzungen können nicht dem gleichen Pflichtentypen zugeordnet werden.

V. Checkliste ordentliche verhaltensbedingte Kündigung

▶ 1. Genießt der Arbeitnehmer **Kündigungsschutz?** 170
- mindestens sechs Monate Betriebszugehörigkeit
- Betrieb mit regelmäßig mehr als zehn Vollzeitarbeitnehmern
- Leitende Angestellte (erleichterte Beendigung des Arbeitsverhältnisses)

2. Falls Kündigungsschutz besteht, Prüfung in **drei Stufen**:
- Verletzung arbeitsvertraglicher Pflichten?
- Störung auch in Zukunft zu befürchten?
- Überwiegende Interessen des Arbeitgebers?

3. Vorherige **Abmahnung** in aller Regel erforderlich.

4. **Besonderer Kündigungsschutz** (Schwangere, Elternzeit, Schwerbehinderte und Gleichgestellte, Betriebsratsmitglieder, Azubis, bestimmte Betriebsbeauftragte, zB § 58 II BImSchG); hier meist behördliche oder Zustimmung des Betriebsrats notwendig.

5. Falls ein **Betriebsrat** existiert, ist dieser **anzuhören** (mindestens eine Woche vor Ausspruch einer ordentlichen Kündigung). Zustimmung des Betriebsrats nicht erforderlich. Sobald eine abschließende Stellungnahme des Betriebsrats vorliegt, ist Kündigung möglich; im übrigen eine Woche nach Zugang der Anhörung.

---

255 Vgl. *LAG Frankfurt a. M.* 7. 7. 1997, NZA 1998, 822.
256 *BAG* 17. 3. 1988, NZA 1989, 261.

§ 1   Sozial ungerechtfertigte Kündigungen

6. **Kündigungsfrist** (vertraglich oder gesetzlich – es gilt die längere).
7. Bei **befristetem** Arbeitsvertrag: Ist Recht zur ordentlichen Kündigung vereinbart?
8. Vor **Verdachtskündigung**: Anhörung des Arbeitnehmers.
9. **Schriftform** notwendig (§ 623 BGB); **Unterschrift** grundsätzlich durch gesetzlichen Vertreter. Ggf. auch Begründung beifügen, wenn Arbeits- oder Tarifvertrag dies verlangt.
10. Bei **Freistellung** beachten: »Freistellung unter Anrechnung Ihres Resturlaubs«.
11. **Rechtzeitigen Zugang** der Kündigung sicherstellen und belegen.

B.   Kündigungsgründe von A – Z

171 Die Gerichte haben zur verhaltensbedingten Kündigung eine umfassende Rechtsprechung entwickelt. Dies macht es dem Praktiker oft schwer, die Erfolgsaussichten einer Kündigung abzuschätzen. Die folgende Übersicht soll eine Orientierung für die Bewertung des Einzelfalles liefern.

- Abkehrwille

172 Nicht selten erfährt der Arbeitgeber, dass ein Arbeitnehmer sein Ausscheiden aus dem Betrieb vorbereitet, dh er bewirbt sich bei anderen Unternehmen oder versucht, sich selbstständig zu machen. Ein solcher Abkehrwille ist **für sich genommen kein verhaltensbedingter Kündigungsgrund**. Das Grundgesetz schützt vielmehr die Berufsfreiheit des Arbeitnehmers (Art. 12 GG), dh seine Freiheit, sich eine andere selbstständige oder unselbstständige Tätigkeit zu suchen.

173 Eine verhaltensbedingte Kündigung kommt jedoch in Betracht, wenn der Arbeitnehmer bei seinen Vorbereitungen versucht, zB **Kunden oder Arbeitskollegen abzuwerben**, wenn er bereits für ein **Konkurrenzunternehmen** tätig wird oder wenn er **Betriebs- oder Geschäftsgeheimnisse** an Dritte verrät.[257] Der abkehrwillige Arbeitnehmer hat bis zur Beendigung des Arbeitsverhältnisses alles zu unterlassen, was den Arbeitgeber schädigen könnte.[258]

174 Der Verdacht des Arbeitgebers, dass ein Arbeitnehmer nicht nur sein Ausscheiden vorbereitet, sondern ihn hierbei auch bewusst schädigt,

---

257 Der Verrat von Betriebs- und Geschäftsgeheimnissen ist gem. § 17 UWG eine Straftat.
258 *BAG* 26. 1. 1995, EzA § 626 BGB Nr. 155.

muss sich jedoch auf konkrete Anhaltspunkte stützen (zB Mitteilungen von Kollegen, Kunden).[259] Spontane Absichtserklärungen und Unmutsäußerungen des Arbeitnehmers gegenüber Arbeitskollegen reichen noch nicht aus, auch wenn dies gegenüber dem Arbeitgeber illoyal wirkt.

Falls der abkehrwillige Arbeitnehmer einen **Arbeitsplatz hat, der objektiv nur schwer wiederzubesetzen ist**, kann der Arbeitgeber in Ausnahmefällen den abkehrwilligen Arbeitnehmer aus betriebsbedingten Gründen kündigen, wenn er eine Ersatzkraft an der Hand hat. Vor Ausspruch einer solchen Kündigung muss der Arbeitgeber jedoch den Arbeitnehmer anhören und sich vergewissern, dass dieser tatsächlich die ernste Absicht hat, das Unternehmen zu verlassen.[260] 175

- Abwerbung

Eine Abwerbung von Arbeitskollegen kann eine verhaltensbedingte Kündigung rechtfertigen. Entscheidend ist hierbei jedoch, wie der Arbeitnehmer vorgeht. Unterhält er sich lediglich mit Arbeitskollegen über berufliche Aussichten oder vereinbart er mit Kollegen, gemeinsam den Arbeitgeber zu wechseln oder sich selbstständig zu machen, ist eine Kündigung nicht möglich. Dem Arbeitnehmer ist es aufgrund seiner nach Art. 12 GG geschützten Berufsfreiheit gestattet, seine berufliche Zukunft zu planen und hierbei ggf. auch Arbeitskollegen einzubeziehen. Versucht ein Arbeitnehmer jedoch **ernsthaft und eindringlich, Arbeitskollegen** für sein eigenes Geschäft oder einen anderen Arbeitgeber **abzuwerben**, verletzt er seine Treuepflichten gegenüber dem Arbeitgeber. Der Arbeitgeber kann eine Abmahnung aussprechen und im Wiederholungsfall kündigen. Wenn der Arbeitnehmer seine Arbeitskollegen dazu verleitet, ihren **Arbeitsvertrag zu verletzen** (zB vor Ablauf ihrer Kündigungsfrist auszuscheiden) oder **Geschäftsgeheimnisse zu verraten**, so kann der Arbeitnehmer auch ohne Abmahnung ggf. fristlos gekündigt werden.[261] 176

- Alkohol

Nimmt der Arbeitnehmer während der Arbeitszeit Alkohol zu sich, kommt entweder eine **verhaltens- oder eine personenbedingte Kündigung** in Betracht. Ist der Arbeitnehmer **alkoholabhängig**, kann der 177

---

259 Vgl. näher Rz 298 (Verdachtskündigung).
260 *BAG* 22. 10. 1964, AP Nr. 16 zu § 1 KSchG; *LAG Frankfurt a. M.* 11. 4. 1985, BB 1986, 65; KR/*Etzel* § 1 KSchG, Nr. 416.
261 Vgl. *BGH* 11. 3. 1977, AP § 89 HGB Nr. 7, LAGE § 626 BGB Nr. 64; KR/*Etzel* § 1 KSchG Rz 418.

Arbeitgeber das Arbeitsverhältnis nur beenden, wenn die strengen Voraussetzungen der personenbedingten Kündigung vorliegen.[262] Eine verhaltensbedingte Kündigung ist nur möglich, wenn der Arbeitnehmer **nicht alkoholsüchtig** ist und sein Verhalten steuern konnte.[263]

▶ Praxistipp:

Der Arbeitgeber sollte vor Ausspruch der Kündigung durch Anhörung des Arbeitnehmers und seines Vorgesetzten versuchen festzustellen, ob dieser evtl. alkoholabhängig ist. Ohne zu wissen, ob eine Alkoholabhängigkeit besteht, kann der Arbeitgeber die Erfolgsaussichten einer Kündigung nicht beurteilen. Außerdem berufen sich Arbeitnehmer bei alkoholbedingtem Fehlverhalten im späteren Kündigungsrechtsstreit oftmals auf eine Alkoholabhängigkeit. Dieses Risiko kann der Arbeitgeber durch eine Anhörung des Arbeitnehmers zwar nicht ausschließen, aber evtl. reduzieren.

178 Verstößt ein Arbeitnehmer gegen ein betriebliches oder einzelvertragliches **Alkoholverbot**[264], kann der Arbeitgeber nach vorheriger Abmahnung kündigen (wieder vorausgesetzt, dass der Arbeitnehmer nicht alkoholabhängig ist). Auch wenn kein ausdrückliches Alkoholverbot besteht, kommt nach Abmahnung eine Kündigung in Betracht, denn der Arbeitnehmer hat die vertragliche Nebenpflicht, seine Arbeitsfähigkeit nicht durch Alkoholkonsum zu beeinträchtigen.[265]

179 Eine **Abmahnung** ist dann entbehrlich, wenn der Alkoholgenuss aufgrund der konkreten Tätigkeit des Arbeitnehmers einen besonders groben Verstoß darstellt. Dies gilt etwa bei Berufskraftfahrern, Omnibusfahrern, Chirurgen oder Kranführern, dh allg. bei solchen Arbeitnehmern, deren Alkoholgenuss andere Personen im besonderen Maße gefährdet.[266] Bei diesen Arbeitnehmern kann schon ein einmaliger Verstoß zu einer Kündigung führen.[267]

---

262 Vgl. näher Rz 112 f.
263 Vgl. bereits oben Rz 142 (Abgrenzung personen- und verhaltensbedingte Kündigung).
264 Bei der Einführung eines Alkoholverbots muss der Arbeitgeber das Mitbestimmungsrecht des Betriebsrats gem. § 87 Abs. 1 Ziff. 1 BetrVG beachten.
265 *V. Hoyningen-Huene/Linck* § 1 KSchG Rz 309a.
266 Vgl. *BAG* 23. 9. 1986, NZA 1987, 250; *BAG* 26. 1. 1995, NZA 1985, 517; *LAG Sachsen* 26. 5. 2000, NZA-RR 2001, 472; KR/*Etzel* § 1 KSchG Rz 425.
267 *LAG Nürnberg* 17. 12. 2002, NZA-RR 2003, 301; *BAG* 23. 9. 1986, AP § 75 BPersVG Nr. 20; *LAG Hamm* 23. 8. 1990, LAGE § 626 BGB Nr. 52.

Alkoholgenuss außerhalb der Dienstzeit berechtigt regelmäßig nicht   180
zur Kündigung. Anderes gilt nur, wenn der Arbeitnehmer betrunken zur Arbeit erscheint. Eine Kündigung kommt ebenfalls in Betracht, wenn das Trinkverhalten außerhalb der Dienstzeit die persönliche Eignung für den Beruf in Frage stellt. Ein Kfz-Sachverständiger, der stark alkoholisiert auf einer Privatfahrt einen Unfall verursacht, Fahrerflucht begeht und dem die Fahrerlaubnis entzogen wird, ist nach einer Entscheidung des LAG Köln nicht mehr geeignet für seinen Beruf und kann gekündigt werden.[268] Ein Berufskraftfahrer kann uU aus personenbedingten Gründen ordentlich gekündigt werden, wenn ihm wegen Trunkenheit auf einer Privatfahrt die Fahrerlaubnis entzogen wird.[269]

Eine besondere Schwierigkeit bei alkoholbedingten Kündigungen   181
besteht für den Arbeitgeber darin, die **Alkoholisierung des Arbeitnehmers darzulegen und zu beweisen**.[270] Der Nachweis kann durch eine Messung mit einem **Alkomat** oder durch eine **Blutprobe** erbracht werden. Der Arbeitnehmer ist wegen des verfassungsmäßig geschützten Grundrechts auf körperliche Integrität zwar nicht verpflichtet, sich eines solchen Alkoholtests zu unterziehen.[271] Seine Weigerung kann jedoch später im Rahmen der Interessenabwägung zu seinen Lasten gewertet werden.[272] Ohne besonderen Anhaltspunkt ist der Arbeitnehmer auch nicht verpflichtet, sich im laufenden Arbeitsverhältnis **routinemäßigen Blutuntersuchungen** zu unterziehen, um festzustellen, ob er alkohol- oder drogenabhängig ist.[273] Andererseits muss der Arbeitgeber dem Arbeitnehmer ermöglichen, sich mit Hilfe eines Alkoholtests zu entlasten, falls die betrieblichen Möglichkeiten (Werksarzt, Alkomat) hierzu vorhanden sind.[274] Hat der Arbeitgeber die erforderliche technische Ausrüstung für einen Alkoholtest nicht, muss er den Beweis der Alkoholisierung durch **Indizien** (Alkoholfahne, Ausfaller-

---

268 *LAG Köln* 25. 8. 1988, LAGE § 626 BGB Nr. 34; vgl. *Stahlhacke/Preis/Vossen* Rz 684.
269 *BAG* 22. 8. 1963, AP § 626 BGB Nr. 51; *BAG* 30. 5. 1978, EzA § 626 BGB nF Nr. 66; *LAG Schleswig-Holstein* 16. 6. 1986, NZA 1987, 669.
270 *BAG* 26. 1. 1995, EzA § 1 KSchG Verhaltensbedingte Kündigung Nr. 46.
271 Allg. M., *BAG* 12. 8. 1999, EzA § 1 KSchG Verhaltensbedingte Kündigung Nr. 55; *BAG* 26. 1. 1995, EzA § 1 KSchG Verhaltensbedingte Kündigung Nr. 46; Bader/Bram/Dörner/Wenzel-*Bram* § 1 Rz 200.
272 Vgl. *LAG Hamm* 11. 11. 1996, LAGE § 1 KSchG Verhaltensbedingte Kündigung Nr. 56; KR/*Etzel* § 1 KSchG Rz 448; *v. Hoyningen-Huene/Linck* § 1 KSchG Rz 310b.
273 *BAG* 12. 8. 1999, EzA § 1 KSchG Verhaltensbedingte Kündigung Nr. 50.
274 *BAG* 26. 1. 1995, AP § 1 KSchG Verhaltensbedingte Kündigung Nr. 34; *Bader/Bram/Dörner/Wenzel* § 1 KSchG Rz 312.

scheinungen wie schwankender Gang, lallende Sprache, gerötete Augen, aggressives Verhalten) oder durch Zeugen führen. Diese Beweisführung ist in der Praxis oftmals schwierig, da die Beobachtung von Arbeitskollegen und Vorgesetzten auf subjektiven Eindrücken beruhen. Außerdem ist der Arbeitnehmer oftmals nicht dermaßen betrunken, dass eindeutig auf seine Alkoholisierung geschlossen werden kann.

182
- Arbeitskampf → Streik
- Arbeitspapiere, Nichtvorlage

183 Legt ein Arbeitnehmer seine Arbeitspapiere (Lohnsteuerkarte, Sozialversicherungsausweis bzw. -heft) nicht vor, so kann dies nach vorheriger (allerdings wiederholter!) Abmahnung eine verhaltensbedingte Kündigung rechtfertigen.[275] Diese Papiere sind Voraussetzung dafür, dass der Arbeitgeber seine Pflichten zur Abführung der Lohnsteuer und der Sozialabgaben ordnungsgemäß erfüllt.

- Arbeitsverweigerung

184 Weigert sich der Arbeitnehmer, Arbeiten auszuführen, die zu seinen arbeitsvertraglich geschuldeten Aufgaben gehören, kann der Arbeitgeber nach Abmahnung eine verhaltensbedingte Kündigung aussprechen.[276]

185 Hauptstreitpunkt in der Praxis ist hierbei, ob der **Arbeitnehmer überhaupt verpflichtet war die verlangten Arbeiten durchzuführen.** Häufig argumentieren Arbeitnehmer, dass die einseitige Zuweisung der Aufgaben vom Arbeitsvertrag nicht gedeckt war und zunächst eine einvernehmliche Änderung des Arbeitsvertrages oder eine Änderungskündigung erforderlich gewesen wäre. Vielfach berufen sich Arbeitnehmer auch auf Leistungsverweigerungsrechte (zB Lohnrückstände oder Kindererziehung). Beide möglichen Einwände – **Überschreiten des Direktionsrechts und Leistungsverweigerungsrechte** – sollten vor Ausspruch der Kündigung daher eingehend geprüft werden.

186 Der Arbeitgeber **überschreitet sein Direktionsrecht,** wenn seine Anweisungen im Hinblick auf Zeit, Ort und Inhalt der Arbeit

- gegen **arbeitsvertragliche Regelungen** oder höherrangiges Recht (Betriebsvereinbarung, Tarifvertrag und Gesetz) verstoßen oder
- die Grenzen billigen Ermessens[277] nicht einhalten.

---
275 *LAG Düsseldorf* 23. 2. 1961, BB 1961, 677.
276 *BAG* 24. 5. 1989, AP § 611 BGB Direktionsrecht Nr. 12.
277 Vgl. § 315 BGB.

Verhaltensbedingte Kündigung § 1

Die erste und oftmals **wichtigste Grenze des Weisungsrechts** ist hierbei der individuelle Arbeitsvertrag. Nach dessen Regelungen bestimmt sich in aller Regel, ob der Arbeitnehmer die verlangten Arbeiten zu Recht verweigern und der Arbeitgeber daher nicht verhaltensbedingt kündigen konnte.

Je spezifischer die Arbeitsaufgabe im Arbeitsvertrag umschrieben ist, desto geringer – aber auch klarer – ist der Spielraum des Direktionsrechts. 187

▶ **Beispiel:**

Ein als »Kranführer« eingestellter Arbeitnehmer kann nicht wegen Arbeitsverweigerung gekündigt werden, wenn er sich weigert, Gabelstaplerarbeiten durchzuführen. Hingegen gehört die Reinigung seines Arbeitsplatzes üblicherweise durchaus zu seinen Aufgaben.

Ist die Tätigkeit des Arbeitnehmers – wie in der Praxis üblich – nur allg. bezeichnet (zB kaufmännischer Angestellter, Maurer, Schlosser) so kann dem Arbeitnehmer grds. jede Tätigkeit zugewiesen werden, die diesem Berufsbild entspricht und keine unterwertige Tätigkeit ist. Im Zweifelsfall muss der Arbeitgeber vor Zuweisung einer Tätigkeit den Arbeitsvertrag zunächst auslegen und sich fragen, ob die verlangte Aufgabe zum Berufsbild gehört.[278] 188

▶ **Beispiel:**

Ein als Schlosser beschäftigter Arbeitnehmer kann nicht wegen Arbeitsverweigerung gekündigt werden, wenn er sich weigert, die komplette Produktionshalle zu reinigen.

Ferner besteht eine Verpflichtung des Arbeitnehmers, **Krankheits- oder Urlaubsvertretung** für andere Kollegen zu übernehmen (sog. Zusammenhangstätigkeiten).[279] Bei einer beharrlichen Weigerung des Arbeitnehmers, diese Pflicht zu erfüllen, kommt nach Abmahnung eine verhaltensbedingte Kündigung in Betracht. 189

Eine **Konkretisierung der Arbeitspflicht** auf eine bestimmte Tätigkeit kann ebenfalls eine Kündigung wegen Arbeitsverweigerung aus- 190

---

278 Hierbei können die Tätigkeitsmerkmale eines anzuwendenden Tarifvertrags herangezogen werden oder aber die »Blätter zur Berufskunde« (vgl. *Bader/Bram/Dörner/Wenzel* § 1 KSchG Rz 168).
279 *Hromadka* DB 1995, 2602.

schließen. Hat der Arbeitnehmer über einen langen Zeitraum die gleiche Tätigkeit uU an einem bestimmten Ort ausgeübt, hat sich seine Arbeitspflicht auf diese bestimmte Tätigkeit uU »verdichtet«. Er kann dann eine Zuweisung einer anderen Tätigkeit, eines anderen Arbeitsortes oder einer anderen Arbeitszeit verweigern. Eine Konkretisierung setzt jedoch eine – zumindest stillschweigende – Einigung zwischen Arbeitgeber und Arbeitnehmer voraus. Beide müssen irgendwann darin übereingestimmt haben, dass der Arbeitnehmer nur noch zur Ausübung einer bestimmten Tätigkeit (an einem bestimmten Ort, in einer bestimmten Art und Weise) verpflichtet ist. Ein erster Anhaltspunkt für eine solche stillschweigende Einigung ist eine **langjährige Tätigkeit** auf einer bestimmten Position. Hinzukommen müssen jedoch noch besondere Umstände, aus denen sich ergibt, dass der Arbeitnehmer nicht in anderer Weise eingesetzt werden soll.[280]

▶ Beispiel:

Einer laut Arbeitsvertrag als Erzieherin eingestellten Arbeitnehmerin, die langjährig als Lehrkraft eingesetzt wurde, können nicht mehr die Aufgaben einer Erzieherin zugewiesen werden.[281]

▶ Praxistipp:

Das Risiko einer Konkretisierung der Arbeitsaufgaben kann der Arbeitgeber mindern, indem er mit dem Arbeitnehmer eine Schriftformklausel für Vertragsänderungen vereinbart. Diese könnte etwa lauten: »Alle Ergänzungen und Änderungen dieses Vertrages bedürfen für ihre Rechtswirksamkeit der Schriftform. Dies gilt auch für die Aufhebung dieser Schriftform.«

191 Die Zuweisung der Arbeitsaufgabe muss in allen Fällen »**billigem Ermessen**« entsprechen. Dies gilt auch, wenn der Arbeitsvertrag das Recht des Arbeitgebers vorsieht, den Arbeitnehmer an einen anderen Ort zu versetzen oder ihm andere Aufgaben zuzuweisen (**Versetzungsklauseln / Änderungsvorbehalte**). Der Arbeitgeber muss bei einer Zuweisung zB eines neuen Arbeitsortes die Umstände des Falls abwägen und die Interessen des Arbeitnehmers angemessen berücksichtigen.[282] Eine verhaltensbedingte Kündigung wegen Arbeitsverweigerung scheidet aus, wenn sich die Anweisungen des Arbeitgebers außerhalb der Grenze billigen Ermessens bewegt.

---

280 *BAG* 7. 12. 2000, NZA 2001, 780, 781.
281 *LAG Frankfurt a. M.* 4. 12. 1986, BB 1987, 1465.
282 *BAG* 23. 6. 1993, EzA § 611 BGB Direktionsrecht Nr. 13; *BAG* 29. 8. 1991, EzA § 611 BGB Direktionsrecht Nr. 6.

Verhaltensbedingte Kündigung §1

Der Arbeitgeber darf dem Arbeitnehmer auch keine Aufgaben zuweisen, die zu einer **dauerhaften Absenkung des qualitativen Niveaus der Arbeitsleistung** (sog. Sozialbild) führt. Das Sozialbild hängt zB wesentlich von der Anzahl der unterstellten Mitarbeiter und den konkreten Entscheidungsbefugnissen des Arbeitsnehmers ab. Daher kann eine **Führungskraft** mit mehreren unterstellten Mitarbeitern nicht einseitig auf eine Position ohne jegliche Personalkompetenz versetzt werden. Dies erfordert eine Änderungskündigung. Falls der Arbeitnehmer sich weigert, die ihm zugewiesene Position wahrzunehmen, scheidet eine verhaltensbedingte Kündigung aus.[283]   192

Eine verhaltensbedingte Kündigung ist ebenfalls nicht zulässig, wenn der Arbeitnehmer seine **Leistung verweigern** durfte. Dem Arbeitnehmer steht zB ein Leistungsverweigerungsrecht zu, wenn der Arbeitgeber seine **Vergütung nicht zahlt**. Der Lohnrückstand muss jedoch erheblich sein, wobei 1 1/2 Monatsgehälter ausreichen.[284] Der Arbeitnehmer ist ferner berechtigt seine Arbeitsleistung zu verweigern, wenn seine **Gesundheit am Arbeitsplatz gefährdet** wird. So kann der Arbeitnehmer bei asbestbelastetem Arbeitsplatz das Recht haben, die Arbeit zu verweigern.[285] Gesundheitsgefahren, die mit dem Arbeitsplatz typischerweise zusammenhängen, muss der Arbeitnehmer jedoch hinnehmen (zB Thrombosegefahren bei Stewardessen). Auch bei **Gewissenskonflikten** des Arbeitnehmers besteht uU ein Leistungsverweigerungsrecht. Ein Drucker kann zB nicht verpflichtet werden, Prospekte oder Werbebriefe mit angeblich nationalsozialistischem Inhalt zu drucken.[286] Ein Chemiker kann wegen seiner Weigerung, an der Entwicklung eines Medikaments für militärische Zwecke mitzuarbeiten, nicht gekündigt werden.[287] In diesen Fällen kommt jedoch eine personen- oder betriebsbedingte Kündigung in Betracht, wenn der Arbeitnehmer nicht anderweitig einsetzbar ist.[288]   193

Ein wichtiger Fall einer berechtigten Arbeitsverweigerung ist, wenn der Arbeitgeber das **Mitbestimmungsrecht des Betriebsrats** nicht beachtet. Bei einer nach §99 BetrVG mitbestimmungspflichtigen **Versetzung** muss ein Arbeitnehmer seine Arbeitsleistung an seinem neuen Arbeitsplatz nicht erbringen, solange der Betriebsrat der Versetzung   194

---

283 *LAG Hamm* 13.12.1990, LAGE §611 Direktionsrecht Nr.8; *LAG Berlin* 2.2.1998, NZA-RR 1998, 437.
284 *BAG* 25.10.1984, AP Nr. 3 zu §273 BGB.
285 *BAG* 19.2.1997, EzA §273 BGB Nr. 7.
286 *BAG* 20.12.1984, EzA §1 KSchG Verhaltensbedingte Kündigung Nr. 16.
287 *BAG* 24.5.1989, EzA §611 BGB Direktionsrecht Nr. 3.
288 Vgl. KR/*Etzel* §1 KSchG Rz 435.

nicht zugestimmt hat oder seine Zustimmung nicht gerichtlich ersetzt wurde.[289] Die fehlende Zustimmung des Betriebsrats zur **Einstellung** berechtigt den Arbeitnehmer demgegenüber nur dann dazu seine Leistung zu verweigern, wenn sich der Betriebsrat auf die Verletzung des Mitbestimmungsrechts auch tatsächlich beruft und vom Arbeitgeber verlangt die Einstellung aufzuheben.[290]

195 Bei **Erkrankung eines Kindes** hat ein (krankengeldberechtigter) Arbeitnehmer einen gesetzlichen Anspruch darauf, von der Arbeit freigestellt zu werden (§ 45 Abs. 3 Satz 1 SGB V). Verweigert der Arbeitgeber diese Freistellung, darf der Arbeitnehmer auch eigenmächtig der Arbeit fernbleiben.[291]

196 Nimmt der Arbeitnehmer irrtümlicherweise an, er sei berechtigt, die Arbeit zu verweigern, so kann ihm trotzdem gekündigt werden. **Grundsätzlich trägt der Arbeitnehmer das Irrtumsrisiko.**[292] Ein Rechtsirrtum des Arbeitnehmers ist allerdings bei der Interessenabwägung (3. Prüfungsstufe)[293] zu berücksichtigen. Wenn der Arbeitnehmer sich nach Kräften bemüht hat zu klären, ob seine Arbeitsverweigerung rechtmäßig ist oder nicht, wird eine verhaltensbedingte Kündigung ausscheiden.[294]

197 Eine **außerordentliche Kündigung wegen Arbeitsverweigerung** kommt in Betracht, wenn sich der Arbeitnehmer **beharrlich weigert**, seine Arbeitspflichten zu erfüllen. Die beharrliche Arbeitsverweigerung setzt jedoch voraus, dass der Arbeitnehmer die ihm übertragene Arbeit bewusst und nachhaltig nicht leisten »will«.[295] Eine einmalige Arbeitsverweigerung reicht hierzu regelmäßig nicht aus. Erforderlich ist eine intensive Weigerung des Arbeitnehmers, die sich dadurch äußert, dass er sich wiederholt Anweisungen seiner Vorgesetzten widersetzt. Eine beharrliche Arbeitsverweigerung wurde zB bejaht bei **Kartenspielen während der Arbeitszeit**, das bereits mehrfach vergeblich abgemahnt wurde.[296]

---

289 *BAG* 30. 9. 1993, EzA § 99 BetrVG 1972 Nr. 118.
290 *BAG* 5. 4. 2001, EzA § 626 BGB Nr. 186; KR/*Etzel* § 1 KSchG Rz 435.
291 *LAG Köln* 20. 12. 1993, NZA 1995, 128.
292 APS/*Dörner* § 1 KSchG Rz 286. Der Arbeitnehmer ist daher gut beraten, wenn er zunächst unter Vorbehalt der Anweisung nachkommt und diese unverzüglich durch das ArbG nachprüfen lässt (vgl. *Hoß* MDR 1998, 869, 873).
293 Vgl. oben Rz 152 unter Punkt A. IV (Prüfungsschema).
294 APS/ *Dörner* § 1 KSchG Rz 286 mwN.
295 *Stahlhacke/Preis/Vossen* Rz 638.
296 *LAG Berlin* 18. 1. 1988, LAGE § 626 BGB Nr. 31 = DB 1988, 866.

Verhaltensbedingte Kündigung **§ 1**

- Arbeitszeit, Manipulation der Stechuhr

Die **Manipulation oder der Missbrauch von Stempeluhren** bzw. die **Veränderung von Zeitangaben auf einer Stempelkarte**, um hierdurch zusätzliche Zeiten bezahlt zu bekommen, ist ein schwerer Verstoß gegen arbeitsvertragliche Pflichten. Dieses Verhalten kann eine Kündigung, oftmals auch eine außerordentliche Kündigung, rechtfertigen.[297] Die Stempeluhr ist von jedem Arbeitnehmer **persönlich zu bedienen**, auch wenn dies im Arbeitsvertrag oder in einer Arbeitsordnung nicht besonders festgelegt ist. Nach einer Entscheidung des LAG Berlin[298] ist der Arbeitgeber daher zu einer fristlosen Kündigung beim Stempeln einer Stechkarte durch einen Dritten berechtigt, wenn der Arbeitnehmer den Arbeitsplatz bereits drei Stunden vor dem Abstempeln verlassen hat.[299] Das LAG Düsseldorf hat demgegenüber einen außerordentlichen Kündigungsgrund verneint, wenn der Arbeitnehmer sich weiter am Arbeitsplatz aufhält, jedoch seine Stempelkarte von einem Dritten abstempeln lässt.[300]

198

- Ausländerfeindliche Äußerungen

Angriffe auf ausländische Kollegen oder Vorgesetzte bzw. ausländerfeindliche Hetze können den Arbeitgeber zur verhaltensbedingten Kündigung berechtigen. Abhängig von dem konkreten Inhalt der Äußerungen und den Umständen des Einzelfalls kommt auch eine **außerordentliche Kündigung** in Betracht. In vielen Fällen hat die Rechtsprechung Kündigungen wegen ausländerfeindlichen Äußerungen auch **ohne vorherige Abmahnung** als wirksam angesehen.[301] Das Austeilen von Flugblättern, in denen Ausländer und Asylbewerber pauschal als »kriminelle Schmarotzer« dargestellt werden, rechtfertigt zB eine verhaltensbedingte Kündigung.[302] Auch Äußerungen wie »alle Ausländer und Türken müsste man verbrennen« sowie die Bezeichnung schwarzafrikanische Kollegen als »Verkohlte« rechtfertigt regelmäßig eine verhaltensbedingte Kündigung.[303] Nach den gleichen

199

---

297 Die Manipulation ist regelmäßig als (versuchter) Betrug iSd § 263 StGB zu werten.
298 *Stahlhacke/Preis/Vossen* Rz 713.
299 *LAG Berlin* 6. 6. 1988, LAGE § 1 KSchG Verhaltensbedingte Kündigung Nr. 18.
300 Vgl. *LAG Düsseldorf* 18. 4. 1967, DB 1967, 1096; *LAG Düsseldorf* 21. 9. 1976, DB 1977, 501.
301 Vgl. *BAG* 5. 11. 1992, ArbuR 1993, 127; *LAG Rheinland-Pfalz* 10. 6. 1997, BB 1998, 163.
302 *BAG* 14. 2. 1996, NZA 96, 873.
303 Vgl. *ArbG Siegburg* 4. 11. 1993, DB 1994, 1146; *ArbG Mannheim* 16. 1. 1995, BB 1995, 985; *ArbG Bremen* 29. 6. 1994, BB 1994, 1568; *ArbG Frankfurt/Oder* 28. 1. 1993, ArbuR 1993, 415; *LAG Hamm* 11. 11. 1994, NZA 1995, 994 L.

§ 1 Sozial ungerechtfertigte Kündigungen

Grundsätzen können auch **antisemitische Äußerungen von Arbeitnehmern** kündigungsrelevant werden (zB ein »Judenwitz« des Lehrers im Schulunterricht).[304]

200 Vor einer Kündigung wegen ausländerfeindlicher Äußerungen sollte der Arbeitgeber jedoch vorsichtshalber eine **Wertung** vornehmen, ob der betroffene Arbeitnehmer nicht doch zunächst abzumahnen ist. Dies hängt von dem Inhalt der Äußerung, dem Umgangston im Betrieb bzw. in der Abteilung, dem Anlass der Äußerung, der Betriebszugehörigkeit und der Dauer eines »beanstandungsfreien« Arbeitsverhältnisses ab. Falls in dem Betrieb eine größere Anzahl ausländischer Arbeitnehmer tätig ist, kann dies in die Abwägung mit einbezogen und gegen den Arbeitnehmer gewertet werden.

- Beleidigungen

201 Beleidigt der Arbeitnehmer seine **Arbeitskollegen** bzw. seinen Vorgesetzten, so kann ihm nach vorheriger Abmahnung aus verhaltensbedingten Gründen gekündigt werden. Wird durch eine wahrheitswidrige und beleidigende Äußerung der Betriebsfrieden nachhaltig gestört, so kann dies auch eine außerordentliche Kündigung rechtfertigen.[305] **Beschimpfungen des Geschäftsführers oder des Vorgesetzten** als »Betrüger«, »Gauner« und »Halsabschneider«[306] oder als »Schwein«[307] sind geeignet, einen verhaltensbedingten Kündigungsgrund abzugeben. Bezeichnet der Mitarbeiter seinen Vorgesetzten als »Arschloch«, ist nach Auffassung des LAG Rheinland-Pfalz[308] eine fristlose Kündigung gerechtfertigt, selbst wenn der Arbeitnehmer sich sofort entschuldigt. Die Erklärung eines Arbeitnehmers gegenüber einer Kundin, er werde dieser »eins auf's Maul hauen«, rechtfertigt eine außerordentliche Kündigung, es sei denn, die Kundin hat dieses **Verhalten provoziert**.[309] Die Beleidigung muss **nicht direkt gegenüber dem Betroffenen** erklärt werden. Erklärt eine Arbeitnehmerin gegenüber anderen Kollegen wahrheitswidrig, ihr Chef habe ein Verhältnis mit einer anderen Kollegin und musste sie aufgrund der Größe des Betriebes damit rechnen, dass die Äußerung den Betroffenen zu Ohren kommt, kann

---

304 *BAG* 5. 11. 1992, ArbuR 1993, 124.
305 Vgl. *BAG* 15. 12. 1977, EzA § 626 BGB Nr. 61; *BAG* 13. 10. 1977, EzA § 74 BetrVG.
306 Vgl. *BAG* 6. 2. 1997, RzK I 6a Nr. 146.
307 Vgl. *LAG Berlin* 14. 7. 1997, LAGE § 626 BGB Nr. 108.
308 *LAG Rheinland-Pfalz* 8. 12. 2000 (zitiert nach Juris).
309 *ArbG Nürnberg* 10. 10. 2000; vgl. *LAG Schleswig-Holstein* 5. 10. 1998, RzK I 6e Nr. 18 (zur Äußerung einer Verkäuferin zu einer Kundin »Nun werden Sie aber nicht so bissig«).

Verhaltensbedingte Kündigung §1

der Arbeitgeber ihr Arbeitsverhältnis fristlos kündigen.[310] Auch Beleidigungen gegenüber dem Arbeitgeber im Internet können eine Kündigung rechtfertigen.[311] Beleidigende Äußerungen sind allerdings dann kein Grund für eine verhaltensbedingte Kündigung, wenn sie im **Kollegenkreis** in der sicheren Erwartung erfolgen, sie würden nicht über den Kreis der Gesprächsteilnehmer hinausdringen.[312] Abzugrenzen sind solche Äußerungen ebenfalls von der berechtigten Kritik des Arbeitnehmers.

- Bestechlichkeit, Bestechung → Schmiergeld 202

- Betriebsgeheimnisse

Verrät der Arbeitnehmer Betriebs- und Geschäftsgeheimnisse seines Arbeitgebers, so kann ihm gekündigt werden (je nach den Umständen auch außerordentlich).[313] Den Arbeitnehmer trifft die vertragliche Nebenpflicht, Geschäfts- und Betriebsgeheimnisse zu wahren.[314] Betriebsratsmitglieder haben ferner eine besondere Geheimhaltungspflicht (§ 79 BetrVG). **Geschäfts- und Betriebsgeheimnisse** sind sämtliche Tatsachen, die in einem Zusammenhang mit einem Geschäftsbetrieb stehen, nur einem eng begrenzten Personenkreis bekannt und nicht offenkundig sind sowie nach dem Willen des Arbeitgebers und aufgrund eines berechtigten wirtschaftlichen Interesses geheim gehalten werden sollen.[315] Geschäftsgeheimnisse beziehen sich hierbei auf wirtschaftliche, Betriebsgeheimnisse eher auf technische Angelegenheiten.[316] Betriebsgeheimnisse sind zB technisches Know-how, Warenbezugsquellen, Absatzgebiete und Kunden- und Preislisten.[317] Die Verschwiegenheitspflicht besteht **bis zur rechtlichen Beendigung des Arbeitsverhältnisses**.[318] Verletzt der Arbeitnehmer daher seine Verschwiegenheitspflicht während der Kündigungsfrist, kann ihm der Arbeitgeber nochmals außerordentlich kündigen. 203

- Betrug → Vermögensdelikte, Spesen 204
- Bummelei → Schlecht- und Minderleistung 205
- Computer → EDV-Missbrauch → Internet- und E-Mail-Nutzung 206

---

310 *ArbG Frankfurt a. M.* 6. 3. 2001, NZA-RR, 301.
311 *LAG Berlin* 4. 11. 1998, NZA-RR 1999, 132.
312 *LAG Köln* 16. 1. 1998, MdR 1998, 1230.
313 KR/*Etzel* § 1 KSchG Rz 513; *v. Hoyningen-Huene/Linck* § 1 KSchG Rz 332.
314 Diese Pflicht ergibt sich auch aus § 823 Abs. 1, 2, § 826 BGB, §§ 17, 1 UWG.
315 *Schaub* § 54 Rz 2.
316 *Schaub* § 54 Rz 2 mwN.
317 *Schaub* a. a. O.
318 *BGH* 16. 11. 1954, AP § 60 HGB Nr. 1.

207 • Diebstahl → Vermögensdelikte

208 • Dienst nach Vorschrift → Schlecht- und Minderleistung

209 • E-Mail → Internet- und E-Mail-Nutzung

210 • EDV-Missbrauch

Greift der Arbeitnehmer auf Daten seines Arbeitgebers zu, die er nicht einsehen oder nutzen darf, ist – jedenfalls nach vorheriger Abmahnung – eine verhaltensbedingte Kündigung gerechtfertigt. Es kommt dabei nicht darauf an, ob die unbefugt abgerufenen Daten Betriebsgeheimnisse enthalten oder nicht bzw. ob der Arbeitnehmer mit Schädigungsabsicht handelte. Entscheidend ist, dass ihm untersagt war, auf die Daten zuzugreifen.[319] Ruft der Arbeitnehmer Daten ab, die **gegen Zugriff besonders gesichert** sind, zB indem er sich unbefugt das erforderliche Passwort verschafft, kann ihm im Regelfall auch ohne vorherige Abmahnung ordentlich gekündigt werden.[320] Dem Arbeitnehmer musste nämlich bewusst sein, dass er durch dieses Verhalten seinen Arbeitsplatz riskiert. Verwertet der Arbeitnehmer anschließend die Daten zum Schaden seines Arbeitgebers (zB Weitergabe von Betriebsgeheimnissen, Know-how) kann der Arbeitgeber grds. fristlos kündigen.

Auch eine **Löschung von Daten** (zB Kundenlisten) kann eine verhaltensbedingte Kündigung rechtfertigen. Dieses Verhalten ist auch strafrechtlich relevant (§§ 303a, 303b StGB).

Vervielfältigt der Arbeitnehmer **Computerprogramme**, die im Betrieb des Arbeitgebers eingesetzt wurden, um sie für private Zwecke zu verwerten, kann dies eine strafbare Handlung sein,[321] die grundsätzlich geeignet ist, eine außerordentliche Kündigung zu rechtfertigen. Dies gilt auch für Computerprogramme, die der Arbeitnehmer selbst entwickelt hat. Die Verwertungsrechte an diesen Computerprogrammen stehen ausschließlich dem Arbeitgeber zu (§ 69b UrhG).[322]

211 • Geheimnisse → Betriebsgeheimnisse

212 • Internet- und E-Mail-Nutzung

Nutzt der Arbeitnehmer das Internet bzw. das E-Mail-Programm des Arbeitgebers für private Zwecke, kann dies nach vorheriger Abmah-

---

319 Vgl. *Berkowsky* NZA-RR 2001, 1, 19.
320 *Berkowsky* NZA-RR 2001, 1, 20.
321 Gem. § 69a bis 69c UrhG dürfen Computerprogramme, die das Ergebnis der eigenen geistigen Schöpfung ihres Urhebers sind, nicht vervielfältigt, bearbeitet oder umgearbeitet und auch nicht verbreitet werden.
322 Vgl. *Berscheid/Kunz/Brand* Rz 1249.

Verhaltensbedingte Kündigung §1

nung eine Kündigung rechtfertigen. Die bisher ergangenen Gerichtsentscheidungen zu diesem Thema haben sich an die Rechtsprechung zu privaten Telefonaten angelehnt.[323] Bei der Prüfung der Erfolgsaussichten einer Kündigung, ist zunächst zu unterscheiden, ob dem Arbeitnehmer die **private Internet- und E-Mail-Nutzung vom Arbeitgeber gestattet oder aber untersagt** wurde.

Ist dem Arbeitnehmer die Internet- bzw. E-Mail-Nutzung ausdrücklich untersagt und surft der Arbeitnehmer trotzdem privat im Internet, kann der Arbeitgeber nach vorheriger Abmahnung kündigen.[324] 213

Hat der Arbeitgeber die private Nutzung genehmigt bzw. über einen längeren Zeitraum hinweg widerspruchslos geduldet, darf ein Arbeitnehmer trotzdem nicht in beliebigem Umfang im Internet surfen, Dateien herunterladen oder private E-Mails versenden. Die Nutzung muss vielmehr ein Ausmaß haben, von dem der Arbeitnehmer annehmen durfte, der Arbeitgeber sei damit einverstanden. Überschreitet der Arbeitnehmer das Ausmaß dieser Nutzung, so kann ihm nach Abmahnung gekündigt werden. Eine außerordentliche **Kündigung ohne Abmahnung** ist nur in Ausnahmefällen möglich. Das ArbG Düsseldorf[325] sah etwa eine außerordentliche Kündigung für wirksam an, wenn der Arbeitnehmer während der Arbeitszeit **Dateien mit pornographischem Inhalt** herunterlädt und hierdurch gegen eine ausdrückliche Vereinbarung zur Nutzung des Internets verstößt. Eine Abmahnung sei nicht erforderlich.[326] Das ArbG Wesel[327] hielt auch bei einer privaten **Nutzung des Internets im Umfang von 80 bis 100 Stunden** eine vorherige Abmahnung des Arbeitnehmers für erforderlich. 214

Bei Kündigungen wegen unerlaubter Internet- bzw. E-Mail-Nutzung ist es für den Arbeitgeber häufig schwierig, die **Internet-Nutzung darzulegen und zu beweisen**. Es besteht die Gefahr, dass die verfügbaren Beweismittel gegen den Arbeitnehmer wegen Verstoßes gegen das Persönlichkeitsrecht des Arbeitnehmers oder gegen datenschutzrechtliche Bestimmungen nicht gerichtlich verwertbar sind. Zu dieser Frage fehlt bisher eine Entscheidung des BAG. Auch die mit der unerlaubten Internetnutzung befassten Instanzgerichte haben diese Frage 215

---

323 *ArbG Hannover* 1.12.2000, NZA 2001, 1022; *ArbG Wesel* 21.3.2001, NZA 2001, 786; *ArbG Düsseldorf* 1.8.2001, NZA 2001, 1386; *ArbG Frankfurt a.M.* 2.1.2002, DB 2002, 1373.
324 *ArbG Wesel* 21.3.2001, NZA 2001, 786.
325 *ArbG Düsseldorf* 1.8.2001, NZA 2001, 1386.
326 Ähnlich *ArbG Hannover* 1.12.2000, NZA 2001, 1022.
327 *ArbG Wesel* 21.3.2001, NZA 2001, 786, 787.

bisher – wenn überhaupt – nur am Rande behandelt:[328] Das ArbG Frankfurt am Main erlaubte die Verwertung von Informationen, die der Arbeitgeber bei der **Überprüfung des persönlichen Laufwerks** des Arbeitnehmers und unter Umgehung des Kennwortschutzes erlangte. Die auf den Arbeitsmitteln des Arbeitgebers unzulässigerweise gespeicherten Daten (pornographische Bilder und Filme) gehörten nicht zur Privatsphäre des Arbeitnehmers und unterlägen daher nicht dem Persönlichkeitsschutz. Der Arbeitnehmer müsse mit einer Kenntnisnahme durch den Arbeitgeber rechnen.[329] Diese Entscheidung ist jedoch bisher nicht höchstrichterlich bestätigt und wird in der Literatur kritisiert.[330]

216 Bei der **Kontrolle von E-Mails** ist zwischen geschäftlichen und privaten E-Mails zu unterscheiden: Eine **Überwachung geschäftlicher E-Mails** ist in vollem Umfang zulässig (Verbindungsdaten sowie auch Inhaltsdaten).[331] Hier gilt nichts anderes als bei der Durchsicht von Geschäftsakten und Unterlagen. Die **Überwachung privater E-Mails** ist hingegen allenfalls im Hinblick auf die äußeren Verbindungsdaten gestattet. Dies gilt sowohl bei erlaubter als auch bei unerlaubter privater Nutzung.[332] Eine inhaltliche Kontrolle ist nur bei begründetem Verdacht von Straftaten oder schweren Vertragsverletzungen möglich.[333]

▶ Praxistipp:

Darf der Arbeitnehmer – wie regelmäßig der Fall – das E-Mail-Programm für private Zwecke nutzen, empfiehlt es sich für den Arbeitgeber, eine zweite E-Mail-Adresse einzurichten, über die der private E-Mail-Verkehr abgewickelt wird. Die E-Mails an die geschäftliche E-Mail-Adresse können dann vom Arbeitgeber eingesehen werden.[334]

Die Einführung von Systemen, mit denen der Arbeitgeber die Möglichkeit erhält auf die E-Mails seiner Mitarbeiter zuzugreifen, unterliegt der Mitbestimmung des Betriebsrats.[335] Ein Verstoß gegen das

---

328 Vgl. *Weißgerber* NZA 2003, 1005; *Grosjean* DB 2003, 2650.
329 *ArbG Frankfurt a. M.* 2. 1. 2002, NZA 2002, 1093, 1095.
330 *Weißgerber* NZA 2003, 1005.
331 *Beckschulte/Henkel* DB 2001, 1491, 1494; *Grosjean* DB 2003, 2650. Nach einer engeren Ansicht ist eine Kontrolle geschäftlicher E-Mails nur zulässig, wenn ein begründeter Verdacht gegen den Arbeitnehmer vorliegt (Verrat von Geschäftsgeheimnis, unautorisierte Nutzung oder Kopie von Software) vgl. *Ernst* NZA 2002, 585, 588.
332 *Beckschulte/Henkel* DB 2001, 1491, 1494.
333 Vgl. *Beckschulte/Henkel* DB 2001, 1491, 1494; *Grosjean* DB 2003, 2650.
334 *Beckschulte/Henkel* DB 2001, 1491, 1494.
335 § 87 Abs. 1 Nr. 6 BetrVG.

Verhaltensbedingte Kündigung §1

Mitbestimmungsrecht kann unter Umständen zu einem Beweisverwertungsverbot im Kündigungsrechtsstreit führen. Der Betriebsrat sollte daher bei der Einführung solcher Kontrollsysteme und der Kontrolle im Einzelfall stets beteiligt werden.

- Konkurrenz → Wettbewerb 217
- Korruption → Schmiergeld 218

- Krankheit, Androhung einer Arbeitsunfähigkeit

Droht der Arbeitnehmer seinem Arbeitgeber, dass er sich krankschreiben lasse, wenn ihm zB ein Urlaubsantrag nicht gewährt würde, rechtfertigt dieses Verhalten eine ordentliche Kündigung.[336] Hierin liegt ein Verstoß gegen die arbeitsvertragliche Rücksichtnahmepflicht, der geeignet ist, das Vertrauensverhältnis der Arbeitsvertragsparteien erheblich zu beeinträchtigen.[337] Im Übrigen ist das Verhalten auch strafrechtlich relevant, da es uU eine Nötigung (§ 240 StGB) darstellt. Eine Abmahnung vor Ausspruch der Kündigung wegen angedrohter Arbeitsunfähigkeit ist regelmäßig nicht erforderlich. Der Arbeitnehmer kann vernünftigerweise nicht davon ausgehen, dass der Arbeitgeber dieses Verhalten duldet.[338] 219

- Krankheit, Verstoß gegen Meldepflicht

Ein Arbeitnehmer ist gesetzlich verpflichtet, seinem Arbeitgeber unverzüglich anzuzeigen, dass er arbeitsunfähig ist. Auch die voraussichtliche Dauer seiner Arbeitsunfähigkeit muss er dem Arbeitgeber melden (siehe § 5 Abs. 1 Satz 1 EFZG). Diese Meldepflicht soll dem Arbeitgeber ermöglichen, sich auf das Fehlen des Arbeitnehmers einzurichten, ggf. Ersatzkräfte zu finden. Grds. hat der Arbeitnehmer den Arbeitgeber **vor Arbeitsbeginn** telefonisch über die Arbeitsunfähigkeit zu unterrichten. Geht der Arbeitnehmer zum Arzt, ist er verpflichtet, vorher dem Arbeitgeber seine Arbeitsunfähigkeit mitzuteilen. Wenn der Arbeitnehmer **erst nach dem Arztbesuch** den Arbeitgeber von seiner Arbeitsunfähigkeit unterrichtet, handelt er nicht mehr unverzüglich.[339] Eine Kündigung wegen Verstoßes gegen die Meldepflicht ist im Regelfall erst möglich, wenn der Arbeitnehmer trotz 220

---

336 *BAG* 5. 11. 1992, EzA § 626 BGB Nr. 143; *LAG Düsseldorf* 17. 12. 1980, DB 1981, 1094; *LAG Hamm* 23. 5. 1984, DB 1985, 49.
337 *V. Hoyningen-Huene/Linck* § 1 KSchG Rz 341.
338 *BAG* 5. 11. 1992, AP Nr. 2 zu § 626 BGB Krankheit.
339 *BAG* 31. 8. 1989, AP § 1 KSchG Verhaltensbedingte Kündigung Nr. 23.

mehrfacher Abmahnung (eine einzelne Abmahnung reicht generell nicht aus) seiner Meldepflicht nicht nachkommt.[340]

221 Die Meldepflicht des Arbeitnehmers besteht auch dann, wenn er **während seines Urlaubs im Ausland erkrankt**.[341] Er ist auch verpflichtet, im Krankheitsfall dem Arbeitgeber seine Urlaubsanschrift mitzuteilen (§ 5 EFZG). Kommt der Arbeitnehmer dieser Pflicht nicht nach, kann der Arbeitgeber die Lohnfortzahlung verweigern, bis der Arbeitnehmer seine Urlaubsanschrift mitteilt (§ 7 EFZG).

- Krankheit, Verletzung der Nachweispflicht

222 Ist ein Arbeitnehmer länger als drei Kalendertage arbeitsunfähig erkrankt, muss er spätestens am darauf folgenden Arbeitstag eine ärztliche Arbeitsunfähigkeitsbescheinigung vorlegen, vgl. § 5 Abs. 1 Satz 2 EFZG, sofern der Arbeitgeber nicht eine frühere Vorlage verlangt. Eine Verletzung dieser Pflicht kann nach mehrfacher Abmahnung eine verhaltensbedingte Kündigung rechtfertigen.[342] Eine Kündigung wird zB für rechtmäßig gehalten, wenn der Arbeitnehmer innerhalb von zwei Jahren mehrfach gegen seine Nachweispflicht verstößt.[343] In Fällen, in denen die Erkrankung länger dauert als in der ersten Bescheinigung vorausgesehen, muss der Arbeitnehmer eine Folgebescheinigung vorlegen. Auch die Verletzung dieser Pflicht kann eine Kündigung rechtfertigen.

- Krankheit, genesungsförderndes Verhalten

223 Ist der Arbeitnehmer arbeitsunfähig erkrankt, hat er **Nebentätigkeiten und sportliche Betätigungen** zu unterlassen, die seinen Heilungsprozess verzögern.[344] Kommt der Arbeitnehmer dieser Pflicht nicht nach, kann ihn der Arbeitgeber nach vorheriger Abmahnung verhaltensbedingt kündigen.[345] Eine fristlose Kündigung kommt in Betracht, wenn die Nebentätigkeit bzw. die sportliche Betätigungen darauf hinweisen, dass der Arbeitnehmer seiner Arbeitsunfähigkeit nur vortäuscht.[346]

---

340 *BAG* 23. 9. 1992, EzA § 1 KSchG Verhaltensbedingte Kündigung Nr. 44; *BAG* 16. 8. 1991, EzA § 1 KSchG Verhaltensbedingte Kündigung Nr. 41; *BAG* 31. 8. 1998, EzA § 1 KSchG Verhaltensbedingte Kündigung Nr. 7; *Lepke* NZA 1995, 1084.
341 *LAG Frankfurt a. M.* 22. 1. 1990, LAGE § 1 KSchG Verhaltensbedingte Kündigung Nr. 30.
342 *BAG* 15. 1. 1986, AP § 626 BGB Nr. 93.
343 *Hoss* MDR 1998, 869, 876.
344 *BAG* 26. 8. 1993, EzA § 626 BGB Nr. 148; *BAG* 13. 11. 1979, EzA § 1 KSchG Verhaltensbedingte Kündigung Nr. 6.
345 Vgl. *BAG Hamm* 8. 3. 2000, BB 2000, 1787; *LAG Köln* 7. 1. 1993, LAGE § 626 BGB Nr. 69.
346 Vgl. unten Rz 225 (Punkt Krankheit, Vortäuschen einer Arbeitsunfähigkeit).

Geringfügige Verstöße gegen ärztliche Anordnungen und Verhaltensregelungen, durch die der Heilungsprozess weder verzögert noch die Krankheit verschlimmert wird, reichen für eine Kündigung allerdings nicht aus. Erforderlich ist vielmehr ein Verhalten des Arbeitnehmers, das eine **Verlängerung der Krankheitszeit** verursachen kann. Der mehrstündige Besuch eines Spielkasinos mit einer längeren An- und Abfahrt im Pkw trotz Krankschreibung kann eine ordentliche Kündigung rechtfertigen.[347] Verstößt ein Arbeitnehmer gegen die ärztliche Weisung sich ruhig zu verhalten, indem er in seiner Freizeit am Wochenende als Linienrichter bei einem Fußballspiel tätig wird, riskiert er eine ordentliche Kündigung.[348] Wenn ein Arbeitnehmer während der Zeit ärztlich bescheinigter Arbeitsunfähigkeit in der Gaststätte des Ehepartners tätig wird und Bier ausschenkt, ist nach Auffassung des LAG Hamm ebenfalls eine verhaltensbedingte ordentliche Kündigung gerechtfertigt.[349]

- Krankheit, Verweigerung ärztlicher Untersuchung

Bei begründeten Zweifeln an der Arbeitsunfähigkeit des Arbeitnehmers kann der Arbeitgeber den sozialmedizinischen Dienst der gesetzlichen Krankenkassen einschalten und dort beantragen, den Arbeitnehmer zu einer Untersuchung vorzuladen. Weigert sich der Arbeitgeber dieser Vorladung Folge zu leisten, kann ihm der Arbeitgeber, jedoch nicht verhaltensbedingt kündigen. Der Arbeitnehmer ist **grundsätzlich nicht arbeitsvertraglich verpflichtet**, einer ärztlichen Untersuchung zuzustimmen.[350] Der Arbeitgeber hat in diesem Fall jedoch das Recht, die Lohnfortzahlung zunächst einzustellen.[351]

224

- Krankheit, Vortäuschen einer Arbeitsunfähigkeit

Täuscht ein Arbeitnehmer eine Krankheit vor und **erschleicht sich so eine ärztliche Arbeitsunfähigkeitsbescheinigung**, ist eine verhaltensbedingte Kündigung regelmäßig gerechtfertigt. Durch dieses Verhalten betrügt der Arbeitnehmer seinen Arbeitgeber, weil dieser aufgrund der Arbeitsunfähigkeitsbescheinigung Entgeltfortzahlung leistet.[352] Im **Prozess** muss der Arbeitgeber jedoch **darlegen und beweisen**, dass der Arbeitnehmer die Krankheit vorgetäuscht hat. Hierzu muss er

225

---

347 *LAG Hamm* 11. 5. 1982, DB 1983, 235.
348 *LAG Niedersachsen* 1. 9. 1983, BB 1984, 1233.
349 *LAG Hamm* 28. 5. 1998, LAGE § 1 KSchG Verhaltensbedingte Kündigung Nr. 69.
350 *BAG* 12. 8. 1999, EzA § 1 KSchG Verhaltensbedingte Kündigung Nr. 55.
351 *Bader/Bram/Dörner/Wenzel* § 1 KSchG Rz 229.
352 *BAG* 26. 8. 1993, AP § 626 BGB Nr. 112.

zunächst den Beweiswert der Arbeitsunfähigkeitsbescheinigung erschüttern, dh er muss die Umstände darlegen und notfalls beweisen, die gegen die Arbeitsunfähigkeit des Arbeitnehmers sprechen.[353] Anschließend ist der Arbeitnehmer aufgefordert, seinerseits darzulegen, welche Krankheit oder sonstige gesundheitliche Beeinträchtigungen ihn an der Arbeitsleistung gehindert haben. Erforderlichenfalls muss er seinen behandelnden Arzt von dessen gesetzlicher Schweigepflicht entbinden. Erst wenn der Arbeitnehmer dieser Darlegungslast nachgekommen ist und nicht eindeutig bewiesen werden konnte, ob der Arbeitnehmer arbeitsunfähig war oder nicht, trifft den Arbeitgeber wieder die Beweislast. Er muss dann anderweitig darlegen und beweisen, dass die Arbeitsunfähigkeit nur vorgetäuscht war.

226
- Kritik am Arbeitgeber → Beleidigungen → Strafanzeigen

- Lohnpfändungen

227 Ist ein Arbeitnehmer verschuldet und wird sein Lohn von Gläubigern gepfändet, berechtigt dies den Arbeitgeber grds. nicht zu einer Kündigung.[354] Nur ausnahmsweise, wenn über eine lange Zeitdauer hinweg ständig Lohnpfändungen erfolgen, die zu erheblichen Verwaltungsarbeiten und **Störungen im Arbeitsablauf der Lohnbuchhaltung oder der Rechtsabteilung** des Arbeitgebers führen, kann eine Kündigung gerechtfertigt sein.[355] Der Arbeitgeber muss den Arbeitnehmer vor einer Kündigung wegen Lohnpfändungen abmahnen.[356]

228
- Minderleistung → Schlecht- oder Minderleistung

- Nebentätigkeit

229 Vielfach sehen Arbeitsverträge vor, dass eine Nebentätigkeit des Arbeitnehmers nur mit der Zustimmung des Arbeitgebers erfolgen darf und der Arbeitnehmer diese Nebentätigkeit zuvor dem Arbeitgeber anzeigen muss. Verstößt der Arbeitnehmer gegen diese Verpflichtung zur Anzeige bzw. zur Einholung einer Zustimmung vor Aufnahme der Nebentätigkeit, so kann der Arbeitgeber ihm nach vorheriger Abmahnung aus verhaltensbedingten Gründen kündigen.[357]

---

353 *BAG* 26. 8. 1993, AP § 626 BGB Nr. 112.
354 *BAG* 15. 10. 1992, EzA § 1 KSchG Nr. 45; *BAG* 4. 11. 1981, EzA § 1 KSchG Nr. 9; KR/*Etzel* § 1 KSchG Rz 460.
355 *BAG* 4. 11. 1981, EzA § 1 KSchG Nr. 9.
356 *LAG Berlin* 10. 10. 1978, DB 1979, 605; ErfK/*Ascheid*, § 1 KSchG Rz 356.
357 *BAG* 15. 3. 1990, RzK I 5i Nr. 60; *LAG Frankfurt a. M.* 31. 7. 1980 ArbuR 1981, 219.

Verhaltensbedingte Kündigung §1

Zum Problem der Nebentätigkeit während der Arbeitsunfähigkeit des Arbeitnehmers siehe oben → Krankheit, genesungsförderndes Verhalten. 230

- Pornographie → Sexuelle Belästigung → Internet- und E-Mail Nutzung 231

- Privattelefonate

Führt der Arbeitnehmer eine Vielzahl von Privattelefonaten während der Arbeitszeit, kann dies nach vorheriger Abmahnung eine verhaltensbedingte Kündigung rechtfertigen. Zu unterscheiden ist zwischen den Fällen einer (zumindest stillschweigenden) Gestattung von Privattelefonaten und den Fällen eines ausdrücklichen Verbots solcher Telefonate. Ist dem Arbeitnehmer **ausdrücklich untersagt, Privattelefonate zu führen** und verstößt der Arbeitnehmer gegen dieses Verbot, muss ihn der Arbeitgeber zunächst abmahnen. Erst bei einer weiteren Zuwiderhandlung kann der Arbeitgeber kündigen. Ist es dem Arbeitnehmer ausdrücklich, durch schlüssiges Verhalten oder durch betriebliche Übung **gestattet, Privattelefonate zu führen**, kann ihn der Arbeitgeber abmahnen, wenn er »**ausschweifend**« telefoniert. Ignoriert der Arbeitnehmer die Warnung und telefoniert er weiter exzessiv, kann ihm gekündigt werden.[358] Eine **Abmahnung** ist folglich für beide Fälle – Verbot und Gestattung von Privattelefonaten – erforderlich. Nur in wenigen Fällen hat die Rechtsprechung das Abmahnungserfordernis verneint: In einem vom Arbeitsgericht Würzburg[359] entschiedenen Fall hatte der Arbeitgeber seine Arbeitnehmer angewiesen, vor Diensttelefonaten eine »0« und vor privaten Telefonaten eine »6« vorzuwählen. Der Kläger hatte diese Anweisung nach Überzeugung des Gerichts bewusst missachtet und auch bei seinen Privattelefonaten die Nr. »0« vorgewählt. Hierin sah das ArbG einen vorsätzlichen Betrug, der den Arbeitgeber zur fristlosen Kündigung berechtigte. Das LAG Sachsen-Anhalt[360] hat hierzu jedoch eine gegenteilige Ansicht vertreten und in einem sehr ähnlich gelagerten Fall eine Abmahnung gefordert. Entbehrlich sei eine Abmahnung allenfalls in Extremfällen, etwa wenn der Arbeitnehmer von seinem Diensttelefon kostenpflichtige 0190-Nummern anwählt. Hier kann er nicht mit einer Billigung durch den Arbeitgeber rechnen. 232

---

358 Vgl. *LAG Niedersachsen* 13. 1. 1998, BB 1998, 1112; *LAG Köln* 2. 7. 1998, LAGE § 1 KSchG Nr. 66; *LAG Nürnberg* 28. 5. 2002, NZA-RR 2003, 191 (141.3 Minuten in vier Monaten ist noch keine ausschweifende Nutzung); *ArbG Frankfurt a. M.* 14. 7. 1999, NZA-RR 2000, 135.
359 *ArbG Würzburg* 16. 12. 1997, BB 1998, 1318.
360 *LAG Sachsen-Anhalt* 23. 11. 1999, NZA-RR 2000, 476.

§ 1 Sozial ungerechtfertigte Kündigungen

233 **Dienstlich veranlasste Privattelefonate** (zB: »Ich mache Überstunden und komme später«) können weder zu einer Abmahnung noch zu einer Kündigung führen.

> ▶ **Praxistipp:**
>
> Die Erfolgsaussichten einer Kündigung wegen privater Telefonate sind umso besser, je klarer der Arbeitgeber das zulässige Maß der Privatnutzung regelt. Dies kann entweder im Arbeitsvertrag oder durch eine separate Telekommunikationsregelung geschehen. Falls private Telefonate nur in bestimmten Umfang gestattet werden sollen, sollte auf unbestimmte Ausdrücke wie »in begrenztem Umfang« oder »geringfügig« verzichtet und stattdessen das Telefonieren zB nur bis zu fünf Minuten am Tag oder nur in den Pausen gestattet werden.

234 Im Hinblick auf den **Nachweis unerlaubter Telefonnutzung** durch den Arbeitnehmer sind die **Grenzen der zulässigen Telefonüberwachung** zu beachten. Bei **Dienstgesprächen** ist die Erfassung der Telefondaten (Zahl, Zeitpunkt, Dauer, Gebühreneinheiten, Gebühren, Nummer des benutzten Apparates und Zielnummer) grundsätzlich zulässig.[361] Eine **vollständige Erfassung der Zielnummer** ist aufgrund des Persönlichkeitsrechts des Arbeitnehmers jedoch problematisch. Es empfiehlt sich daher, nur die Vorwahl- und einen Teil der Zielnummer zu erfassen.[362] Der Arbeitnehmer hat nämlich grundsätzlich auch ein Interesse an der Vertraulichkeit des Dienstgesprächs.[363] Bei **reinen Privatgesprächen** dürfen Zielnummern nur erfasst werden, wenn der Arbeitnehmer dies wünscht, etwa weil er die Telefonkosten überprüfen will oä.[364] Zu beachten ist ferner das **Mitbestimmungsrecht des Betriebsrats** bei der Einführung und Anwendung eines Telefondatenerfassungssystems.[365]

235 Die **Verletzung des Persönlichkeitsrechts** des Arbeitnehmers durch die vollständige Erfassung der Zielnummer sowie die **Verletzung des Mitbestimmungsrechts** verringern die Erfolgsaussichten einer Kündigung wegen privater Telefonate. Die rechtswidrige Recherche des Kündigungsgrundes wird zu Lasten des Arbeitnehmers in die **Interessen-**

---

361 Bei der Erfassung ist jedoch das Mitbestimmungsrecht des Betriebsrates gemäß § 87 Abs. 1 Nr. 6 BetrVG zu beachten.
362 MünchArbR/*Blomeyer* § 97 Rz 12.
363 Vgl. *BVerfG* 19. 12. 1991, NZA 1992, 307.
364 Vgl. *BAG* 27. 5. 1986, EZA 1986, 643; MünchArbR/*Blomeyer* § 97 Rz 13.
365 § 87 Abs. 1 Nr. 6 BetrVG.

Verhaltensbedingte Kündigung § 1

abwägung mit einbezogen. Sie führt jedoch nicht unbedingt zu einem Beweisverwertungsverbot.[366]

- Schlecht- oder Minderleistung

Erbringt der Arbeitnehmer nur unzureichende Arbeitsleistungen, kann dies nach vorheriger Abmahnung eine Kündigung rechtfertigen. Ob ein **personen- oder verhaltensbedingter Kündigungsgrund** vorliegt, hängt davon ab, ob der Arbeitnehmer die vertragsgemäße Leistung erbringen **könnte**, wenn er wollte (dann verhaltensbedingt), oder ob ihm dies nicht möglich wäre (dann personenbedingt). Es ist also zu unterscheiden, ob das Leistungsdefizit auf mangelnder Eignung oder auf mangelndem Leistungswillen beruht.[367] Diese Differenzierung ist wichtig für die Frage, ob der Arbeitgeber vor Ausspruch der Kündigung eine Abmahnung erteilen muss, denn dies ist generell nur für eine verhaltensbedingte Kündigung erforderlich.[368] 236

> ▶ **Praxistipp:**
> Ist zweifelhaft, ob der Arbeitnehmer seine Leistungsschwäche beheben kann oder nicht, sollte der Arbeitgeber sicherheitshalber vor der Kündigung versuchen, den Arbeitnehmer durch eine **Abmahnung** zu einer besseren Leistung anzuspornen. Nach dieser Abmahnung muss der Arbeitgeber dem Arbeitnehmer jedoch eine angemessene Zeit zur Verbesserung seiner Leistung gewähren. Die Länge dieser »**Bewährungsfrist**« hängt von der Art der Tätigkeit (einfache oder qualifizierte Tätigkeit) ab.[369]

Beruht die Schlechtleistung auf mangelndem Leistungswillen, ist eine Kündigung zunächst in solchen Fällen sozial gerechtfertigt, in denen der Arbeitnehmer **bewusst seine Arbeit zurückhält** oder **eklatant schlechte Leistungen** erbringt. Die pädagogische Leistung eines Lehrers, der im Schulunterricht menschenverachtende Witze erzählt, ist unzureichend und berechtigt ohne vorherige Abmahnung zu einer Kündigung.[370] Ein Vertriebsmitarbeiter, der sich gegenüber Kunden negativ über die Produkte seines Arbeitgebers äußert und dem Kun- 237

---

366 *LAG Niedersachsen* 13. 1. 1998, BB 1999, 112, 113.
367 *Berkowsky* NZA-RR, 2001, 1, 7.
368 Siehe bereits oben Rz 142 Punkt A. II.
369 Das *LAG Frankfurt a. M.* (26. 4. 1999, NZA-RR 1999, 637) hat bei einem Materialsachbearbeiter eine Frist von sechs Tagen; das *LAG Hamm* (15. 3. 1983, DB 1983, 1930) hat demgegenüber eine Frist von neun Tagen als nicht ausreichend erachtet.
370 *BAG* 5. 11. 1992 (zitiert nach Juris).

den den Kontakt zu einem Konkurrenzunternehmen vermittelt, erbringt ebenfalls eine mangelhafte Arbeitsleistung, die seinen Arbeitgeber zur Kündigung ohne Abmahnung berechtigt.[371] Auch der Arbeitnehmer, der seine normale Arbeitsleistung bewusst zurückhält (**Langsamarbeit oder Bummelei**), erbringt eine mangelhafte Arbeitsleistung, die seinen Arbeitgeber nach Abmahnung zur Kündigung berechtigt.[372] Wenn die Langsamarbeit oder Bummelei nach Abmahnung weiter fortgesetzt wird, handelt es sich dann um eine **beharrliche Arbeitsverweigerung**.[373]

238 In der Praxis vorherrschend sind jedoch die weniger eindeutigen Fälle, in denen ein Arbeitnehmer hinter den Leistungen seiner Teamkollegen zurückfällt oder eine Führungskraft die ihr unterstellten Mitarbeiter nicht motivieren kann. Eine Kündigung wegen solcher unzureichender Arbeitsleistung setzt voraus, dass der Arbeitgeber konkret darlegen kann, (i) dass der betreffende Arbeitnehmer im Vergleich unterdurchschnittliche Leistungen erbringt, (ii) obwohl er zu einer besseren Leistung in der Lage wäre.

239 Der Arbeitnehmer schuldet grundsätzlich nur eine durchschnittliche Leistung (eine Leistung »**mittlerer Art und Güte**«, § 243 Abs. 1 BGB). Kündigungsrelevant ist folglich nur die unterdurchschnittliche Leistung.

240 Der Arbeitgeber muss zunächst bestimmen, was die »durchschnittlich geforderte Arbeitsleistung« ist. Im Bereich **Leistungslohn** lässt sich meist eine arbeitswissenschaftlich ermittelte Normalleistung definieren.[374] Schwieriger wird es jedoch bei Mitarbeitern, insbesondere bei Angestellten, die nach **Zeitlohn** vergütet werden. In diesen Fällen muss der Arbeitgeber durch Vergleich mit anderen Mitarbeitern auf vergleichbaren Arbeitsplätzen die **durchschnittliche Leistung definieren**. Der Maßstab ist hierbei nicht unbedingt der bessere Teamkollege, der eine vergleichbare Tätigkeit hat, da dieser Teamkollege ggf. sehr gute und eben nicht mehr durchschnittliche Leistungen erbringt.[375] Allerdings kann die längerfristige, deutliche Unterschreitung der Durchschnittsleistung anderer Kollegen ein Hinweis darauf sein, dass der Arbeitnehmer weniger arbeitet als er könnte.[376] Auch kann ein

---

371 *Sächsisches LAG* 25. 6. 1996, LAGE § 626 BGB Nr. 102.
372 Vgl. *LAG Frankfurt a. M.* 16. 7. 1998, RzK I 5i Nr. 149.
373 Vgl. *Stahlhacke/Preis/Vossen* Rz. 659 f.
374 Vgl. *Hunold* BB 2003, 2345, 2347.
375 Vgl. *BAG* 22. 7. 1982, AP § 1 KSchG Verhaltensbedingte Kündigung Nr. 5.
376 *BAG* 11. 12. 2003 (zitiert nach juris).

Verhaltensbedingte Kündigung §1

Arbeitskollege, der ein »Normalleister« ist und eine vergleichbare Aufgabenstellung hat wie der betroffene Arbeitnehmer, als Vergleichsmaßstab herangezogen werden.[377]

Falls ein solcher vergleichbarer »Normalleister« nicht identifiziert werden kann, müssen abstrakt die Leistungen des Betroffenen und eines **fiktiven, durchschnittlichen Arbeitnehmers** verglichen werden. Je nach den Umständen kann auch die **frühere Durchschnittsleistung** des betroffenen Mitarbeiters zum Maßstab herangezogen werden.[378]

▶ **Praxistipp:**

Fair ausgehandelte Ziele, die mit vergleichbaren Arbeitnehmern über die gleichen Ziele getroffen wurden, können es ggf. erleichtern, eine unterdurchschnittliche Leistung des Arbeitnehmers darzulegen.

Feste Grundsätze für die weitere Voraussetzung einer Kündigung wegen Schlecht- oder Minderleistung, dh für die Frage, wann eine Leistung unterdurchschnittlich ist, gibt es nicht. Die einschlägigen Entscheidungen liefern jedoch zumindest eine Orientierungshilfe: Nach Auffassung des LAG Hamm [379] liegt bei einer **50%igen Minderleistung** eine schuldhafte Arbeitspflichtverletzung vor. In dem entschiedenen Fall fertigte ein **Arzt** nur halb so viele Gutachten an wie seine, als durchschnittlich eingestufte, Arbeitskollegin. Seine unstreitig sorgfältige Arbeitsweise konnte ihn nicht entlasten. Die Leistungen eines **Sozialarbeiters**, die um **80% hinter einer Vorgabe zurückbleiben**, die er selbst errechnet hat, kann nach Ansicht des LAG Köln eine verhaltensbedingte Kündigung rechtfertigen.[380] Das ArbG Celle sieht bereits eine **30%ige Minderleistung** als grundsätzlich kündigungsrelevant an.[381]

Das BAG hat im Hinblick auf die Kündigung eines Konzertmeisters, dem die erforderlichen **Führungsfähigkeiten** fehlten, entschieden, dass mangelnde Führungseigenschaften zur Kündigung berechtigen, wenn eine Besserung nicht zu erwarten sei. Voraussetzung sei jedoch, dass der Arbeitgeber den Konzertmeister auf die Führungsmängel hinweist und ihn zu einer Leistungssteigerung auffordert. Auch nach Ansicht des LAG Köln müsse vor der Kündigung eines leitenden

---

377 *Hunold* a. a. O.
378 *Hunold* a. a. O.
379 *LAG Hamm* 13. 4. 1983, BB 1983, 1858.
380 *LAG Köln* 25. 11. 1997, EzBAT § 58 BAT Nr. 46.
381 *ArbG Celle* 14. 5. 2001, NZA-RR 2001, 478 (in dem konkret entschiedenen Fall einer behaupteten Minderleistung einer Reinigungshilfe lehnte das Gericht einen verhaltensbedingten Kündigungsgrund jedoch ab).

Angestellten wegen Führungsmängeln zunächst eine **Abmahnung** erfolgen.[382] In diesen Fällen mangelnder Führungs- oder sozialer Kompetenzen kann sich die Rechtmäßigkeit einer Kündigung auch daraus ergeben, dass der Eignungsmangel die Leistung des Arbeitnehmers so beeinträchtigt, dass seine **Gesamtleistung unbrauchbar** wird. Die fehlenden sozialen Kompetenzen einer Führungskraft können das Arbeitsverhältnis nämlich derart beeinträchtigen, dass trotz guter fachlicher Arbeit die Gesamtleistung des Arbeitnehmers unbrauchbar wird.[383]

244 Bei **Vertriebs- oder Außendienstmitarbeitern** kann nicht allein aus dem Umstand, dass ihre Umsatzzahlen hinter denen vergleichbarer Kollegen zurückbleiben, auf eine mangelhafte Leistung geschlossen werden. Die unterschiedliche Kundenstruktur, regionale Wirtschaftsentwicklung und Bevölkerungsdichte der einzelnen Verkaufsbezirke können die Umsatzzahlen erheblich beeinflussen.[384] Der Arbeitgeber muss daher zusätzlich darlegen, dass, selbst wenn man die genannten wirtschaftlichen Faktoren mit einkalkuliert, der Mitarbeiter hinter den Leistungen vergleichbarer Kollegen erheblich zurückbleibt.

245 Sehr wichtig im Bereich der leistungsbedingten Kündigung ist die Beachtung des **Ultima-Ratio-Prinzips**. Hiernach ist eine Kündigung nur dann wirksam, wenn Maßnahmen wie Umschulungs- und Weiterbildungsmaßnahmen, eine Versetzung oder eine Änderungskündigung nicht möglich sind.

▶ **Praxistipp:**

Vor Ausspruch der Kündigung muss der Arbeitgeber prüfen, ob der Arbeitnehmer auch ggf. im Wege der Änderungskündigung auf einen anderen Arbeitsplatz versetzt werden kann. Auch Umschulungs- und Weiterbildungsmaßnahmen, die die schlechten Leistungen ggf. beheben können, müssen zunächst in Betracht gezogen werden.

● Schmiergeld

246 Die Annahme oder das Anbieten von Schmiergeldern ist an sich ein außerordentlicher Kündigungsgrund.[385] Durch dieses Verhalten wird das Vertrauen des Arbeitgebers in die Unbestechlichkeit, Zuverlässig-

---

382 *LAG Köln* 23. 5. 2002, NZA-RR 2003, 305.
383 *Leuchten/Zimmer* BB 1999, 1973, 1975.
384 *Hunold* a. a. O.; *LAG Frankfurt a. M.* 26. 4. 1989; *LAG Düsseldorf* BB 1991, 911.
385 *BAG* 15. 11. 2001, AP § 626 BGB Nr. 175; *BAG* 21. 6. 2001, EzA § 626 BGB Unkündbarkeit Nr. 7.

keit und Redlichkeit seines Arbeitnehmers zerstört. Bereits die **einmalige Annahme eines Schmiergeldes reicht aus**. Eine Abmahnung ist in der Regel nicht erforderlich.[386] Allenfalls bei geringen Beträgen und nach sehr langer unbeanstandeter Beschäftigungsdauer kann eine Abmahnung oder eine ordentliche Kündigung die gebotene Maßnahme sein.[387] Ein Versandleiter kann fristlos entlassen werden, wenn ihm ein Speditionsunternehmen, an dem er eine Beteiligung hält, eine feste **Provision** für erteilte Aufträge zahlt.[388] Auch die Annahme von Geldgeschenken durch einen **Bauleiter im öffentlichen Dienst**, der über die Vergabe von Aufträgen zu entscheiden hat, ist an sich ein wichtiger Grund zur fristlosen Kündigung.[389] Nach der Rechtsprechung des LAG Schleswig-Holstein ist die Kündigung eines Arbeitnehmers gerechtfertigt, der einen Werkzeuglieferanten seines Arbeitgebers veranlasst, an ihn privat Werkzeuge im Wert von DM 300,00 zu liefern.[390] Auch wenn der Arbeitgeber erst nach Jahren von der Schmiergeldannahme seines Arbeitnehmers erfährt, kann er noch außerordentlich kündigen. Voraussetzung ist jedoch, dass die Kündigung innerhalb von zwei Wochen nach Kenntnis des Sachverhaltes ausgesprochen wird, § 626 Abs. 2 BGB.

- Sexuelle Belästigung

Sexuelle Belästigungen am Arbeitsplatz können eine verhaltensbedingte Kündigung rechtfertigen. Eine sexuelle Belästigung ist jedes vorsätzliche, sexuell bestimmte Verhalten, das die Würde von Beschäftigten am Arbeitsplatz verletzt.[391] Hierzu gehören jede unter Strafe gestellte sexuelle Handlung sowie sexuell bestimmte körperliche Berührungen, Bemerkungen sexuellen Inhalts sowie das Zeigen und sichtbare Anbringen von pornografischen Darstellungen, die von dem Betroffenen erkennbar abgelehnt werden. Nach dem **Beschäftigtenschutzgesetz (BeschSchG)** vom 1.9.1994 muss der Arbeitgeber bei sexueller Belästigung seiner Arbeitnehmer angemessene arbeitsrechtliche Maßnahmen ergreifen, zB Abmahnung, Umsetzung, Versetzung oder Kündigung des Belästigers (§ 4 Abs. 1 Nr. 1 Satz 1 BeschSchG). 247

Vor der Kündigung wegen sexueller Belästigung ist eine **Abmahnung in aller Regel entbehrlich**, es sei denn, es handelt sich um einen sehr leichten Verstoß.[392] Legt ein **Ausbilder seinen Arm um die Schulter** 248

---

386 *BAG* 21.6.2001, NZA 2002, 232.
387 *Bader/Bram/Dörner/Wenzel* § 1 KSchG Rz 235.
388 *LAG Düsseldorf* 12.8.1980, EzA § 626 BGB Nr. 73.
389 *BAG* 15.11.2001, AP § 626 BGB Nr. 175.
390 *LAG Schleswig-Holstein* 6.5.1996, LAGE § 626 BGB Nr. 5.
391 § 2 Satz 1 BeschSchG.
392 *LAG Hamm* 22.10.1996, LAGE § 4 BSchG Nr. 1.

einer Auszubildenden, so stellt dieses Verhalten nach der Rechtsprechung des LAG Hamm zwar eine sexuelle Belästigung dar.[393] Eine Kündigung sei in diesem Fall jedoch unverhältnismäßig, eine Abmahnung reiche aus. Erst wenn der Vorgesetzte seine sexuellen Belästigungen über einen längeren Zeitraum fortsetze, obwohl die betroffene Mitarbeiterin dieses Verhalten offensichtlich missbillige, sei eine verhaltensbedingte Kündigung ohne Abmahnung gerechtfertigt.[394]

249 Ein großes Problem im Bereich der Kündigung wegen sexueller Belästigung ist der **Nachweis des Vorwurfs**. Zeugen sind meist nicht vorhanden. Die Verwertung einer **DNA-Analyse** ist im Arbeitsgerichtsprozess ohne Einwilligung des Betroffenen nicht zulässig. Nur bei schwerwiegenden sexuellen Übergriffen kann eine DNA-Analyse im Arbeitsgerichtsprozess ohne Einwilligung des Betroffenen verwertbar sein.[395]

250 Auch der umgekehrte Fall, nämlich die **wahrheitswidrige Behauptung einer sexuellen Belästigung** kann eine verhaltensbedingte Kündigung im Einzelfall rechtfertigen. Kündigt der Arbeitgeber wegen dieses Vorwurfs, trägt er im Prozess jedoch die Darlegung- und Beweislast dafür, dass die Behauptung des Arbeitnehmers, sexuell belästigt worden zu sein, falsch ist.[396]

- Spesen

251 Rechnet ein Arbeitgeber seine Spesen oder Reisekosten absichtlich falsch ab, wird dies als strafrechtlich relevanter **Betrug bzw. versuchter Betrug** zu Lasten des Arbeitgebers in aller Regel eine außerordentliche Kündigung rechtfertigen.[397] Unbeachtlich ist die Tatsache, dass es sich um einen einmaligen Fall und / oder nur um einen geringen Betrag handelt.[398] Eine **Abmahnung** ist regelmäßig nicht erforderlich, da der Arbeitnehmer nicht annehmen kann, dass der Arbeitgeber sein Verhalten billigt.[399] Etwas anderes gilt dann, wenn der Arbeitgeber in der Vergangenheit eine falsche Spesenrechnung bewusst akzeptiert hat. In diesem Fall muss er den Arbeitnehmer vor Ausspruch der Kündigung zunächst abmahnen.[400] Zu beachten ist eine Entscheidung des LAG Frankfurt, wonach eine Kündigung wegen Spesenbetrugs im Einzelfall

---

393 Vgl. *LAG Hamm* 13. 2. 1997, LAGE § 626 BGB Nr. 110.
394 Vgl. *LAG Hamm* 22. 10. 1996, BB 1997, 99.
395 *Bader/Bram/Dörner/Wenzel* § 1 KSchG Rz 235d.
396 *LAG Rheinland-Pfalz* 16. 2. 1996, LAGE § 1 KSchG Verhaltensbedingte Kündigung Nr. 54.
397 *BAG* 22. 11. 1962, EzA § 626 BGB Nr. 3.
398 *BAG* 2. 6. 1960, EzA § 626 BGB Nr. 3.
399 *LAG Niedersachsen* 11. 8. 1977, DB 1978, 749.
400 *LAG Schleswig-Holstein* 18. 10. 1963, BB 1964, 473.

unwirksam sein kann, wenn das Arbeitsverhältnis langjährig bestanden hat, der Arbeitnehmer den einmaligen Verstoß sofort zugegeben und wieder gutgemacht hat. Für die Praxis empfiehlt es sich, den Arbeitnehmer vor Ausspruch einer Kündigung anzuhören und mit dem Vorwurf zu konfrontieren.[401] Eine sofortige Kündigung gestützt auf die Tat sollte nur dann erfolgen, wenn der Verstoß durch Unterlagen oder Zeugen zweifelsfrei bewiesen werden kann.

- Stechuhr → Arbeitszeit, Manipulation der Stechuhr   252

- Strafanzeigen gegen den Arbeitgeber

Strafanzeigen gegen den Arbeitgeber können je nach den Umständen eine außerordentliche oder ordentliche verhaltensbedingte Kündigung rechtfertigen. Wenn der Arbeitnehmer vorsätzlich oder grob fahrlässig unter der Angabe falscher Tatsachen eine Strafanzeige gegen seinen Arbeitgeber erstattet, wenn die Anzeige den Tatbestand der **falschen Verdächtigung** (§ 164 StGB) erfüllt oder wenn die Strafanzeige in Schädigungsabsicht oder aus Rache erfolgt, kann der Arbeitgeber uU auch fristlos kündigen.[402] Handelt der Arbeitgeber hingegen tatsächlich gesetzwidrig, können Strafanzeigen, Dienstaufsichtsbeschwerden oder Anträge auf Einleitung eines behördlichen Verfahrens regelmäßig nicht zu einer verhaltensbedingten Kündigung führen. Der Arbeitnehmer kann jedoch vor Erstattung der Anzeige verpflichtet sein, zuvor den Arbeitgeber auf sein gesetzwidriges Verhalten hinzuweisen.[403] Außerdem darf der Arbeitnehmer sein Anzeigerecht nur nutzen, um berechtigte Interessen wahrzunehmen und nicht lediglich um den Arbeitgeber zielgerichtet zu schädigen. Falls letzteres die Intention des Arbeitnehmers ist und wenn er aus niederen Beweggründen handelt (zB wegen zerrütteter privater Beziehung zum Arbeitgeber), kann ihm aus verhaltensbedingten Gründen gekündigt werden.[404]   253

- Streik

Der Arbeitnehmer, der an einem **rechtmäßigen Streik** teilnimmt, verletzt seine arbeitsvertraglichen Pflichten nicht. Für die Dauer der Arbeitskampfmaßnahmen sind die gegenseitigen Rechte und Pflichten   254

---

401 Vgl. zur Anhörung des Arbeitnehmers bei der Verdachtskündigung Rz 299 Punkt E. II.
402 Vgl. *BAG* 3. 7. 2003; *LAG Frankfurt a. M.* 12. 2. 1987, LAGE § 626 BGB Nr. 28.
403 *ArbG Berlin* 29. 5. 1990, EzA § 1 KSchG Verhaltensbedingte Kündigung Nr. 31; *Stahlhacke/Preis/Vossen* Rz 692.
404 *BAG* 4. 7. 1991 (zitiert nach juris).

aus dem Arbeitsverhältnis **suspendiert**.[405] Eine Kündigung oder Abmahnung des Arbeitnehmers kommt nicht in Betracht. Anders zu beurteilen ist die Teilnahme an einer **rechtswidrigen Arbeitskampfmaßnahme**, dh an wilden (nicht gewerkschaftsgeführten) Streiks, politischen Streiks, Solidar- und Boykottmaßnahmen. Durch seine Teilnahme an diesen Arbeitskampfmaßnahmen verletzt der Arbeitnehmer seine arbeitsvertraglichen Verpflichtungen. Fordert der Arbeitgeber unter Androhung einer Kündigung zur Aufnahme der Arbeit auf und kommt der Arbeitnehmer dieser Aufforderung nicht nach, kann ihm der Arbeitgeber kündigen (uU auch außerordentlich).[406] Voraussetzung für eine Kündigung ist jedoch, dass der **Arbeitnehmer erkennen konnte**, dass die Streikmaßnahme rechtswidrig war.[407] Dies ist idR zu verneinen, wenn der Arbeitnehmer einem gewerkschaftlichen Streikaufruf folgt.[408]

- Tätlichkeiten

255 Greift ein Arbeitnehmer seinen Arbeitskollegen oder Vorgesetzten tätlich an, kann der Arbeitgeber ihm verhaltensbedingt kündigen. In der Regel kommt auch eine außerordentliche Kündigung in Betracht. Eine **Abmahnung** ist in diesen Fällen idR nicht erforderlich, dies gilt insbes. für unprovozierte Tätlichkeiten des Arbeitnehmers.[409] Schon ein **einmaliger tätlicher Angriff** auf einen Arbeitskollegen kann eine Kündigung rechtfertigen; der Arbeitgeber darf berücksichtigen, wie es sich auf das Verhalten der übrigen Arbeitnehmer auswirkt, wenn er von einer Kündigung absieht.[410]

256 - Telefonmissbrauch → Privattelefonate

257 - Trunkenheit → Alkohol

- Überstunden, Verweigerung

258 Lehnt ein Arbeitnehmer rechtmäßig angeordnete Überstunden ab, so ist der Arbeitgeber nach vorheriger Abmahnung berechtigt, eine verhaltensbedingte Kündigung auszusprechen.[411] Zu prüfen ist allerdings

---

405 *BAG* 28.1.1955, AP Art.9 GG Arbeitskampf Nr.1.
406 *BAG* 14.2.1978, EzA §626 BGB Nr.68; *BAG* 21.4.1971, EzA Art.9 GG Nr.6; *BAG* 21.10.1969, EzA §626 BGB Nr.2.
407 *BAG* 29.11.1983, EzA §626 BGB Nr.89.
408 *Bader/Bram/Dörner/Wenzel* §1 KSchG Rz 209.
409 *BAG* 12.7.1984, AP §102 BetrVG Nr.32; *LAG Hamm* 23.7.1994, LAGE §1 KSchG Verhaltensbedingte Kündigung Nr.43.
410 Vgl. *BAG* 24.10.1996; *v. Hoyningen-Huene/Linck* §1 KSchG Rz 357.
411 Vgl. *LAG Köln* 27.4.1999, RzK I 5i Nr.155; *LAG Frankfurt a.M.* 21.3.1986, LAGE §626 BGB Nr.25.

Verhaltensbedingte Kündigung § 1

stets, ob der **Arbeitnehmer verpflichtet war**, die Überstunden zu leisten. Eine solche Verpflichtung besteht nur, wenn der Arbeitsvertrag, eine Betriebsvereinbarung oder ein Tarifvertrag die Verpflichtung zu Überstunden bzw. Mehrarbeit ausdrücklich vorsieht. Außerdem muss die **Zustimmung des Betriebsrats** zur Anordnung der Überstunden vorliegen, es sei denn, es handelt sich nicht um einen »kollektiven Tatbestand«. Ein kollektiver Tatbestand ist bei einem absehbaren zusätzlichen Bedarf an Arbeitskräften jedoch grundsätzlich anzunehmen. Auf die Zahl der betroffenen Arbeitnehmer kommt es dabei nicht an.[412] Erfolgt die Anordnung der Überstunden ohne Zustimmung des Betriebsrats, rechtfertigt die Weigerung des Arbeitnehmers keine Kündigung. Gleiches gilt, wenn durch die Anordnung die Höchstarbeitszeiten gem. **Arbeitszeitgesetz** überschritten werden.

Schließlich muss die Anordnung von Überstunden auch **billigem Ermessen** entsprechen, dh dem Arbeitnehmer zumutbar sein.[413] Eine Anordnung von Überstunden für den laufenden Arbeitstag entspricht nur bei deutlich überwiegenden betrieblichen Interessen billigem Ermessen.[414] Teilzeitarbeitnehmern sind Überstunden idR unzumutbar, da sie zumeist familiäre Verpflichtungen haben. Auch Teilzeitarbeitnehmer müssen jedoch in betrieblichen Notsituationen Überstunden leisten; (gleiches gilt für Vollzeitarbeitnehmer).[415] 259

- Üble Nachrede → Beleidigungen 260

- Unpünktlichkeit

Kommt der Arbeitnehmer wiederholt zu spät zur Arbeit, ist dieses Verhalten nach vorheriger Abmahnung geeignet, eine ordentliche Kündigung zu rechtfertigen.[416] Nach der Rechtsprechung des BAG kann von einem einschlägig abgemahnten Arbeitnehmer erwartet werden, dass er sich besonders bemüht, Verspätungen zu vermeiden. Er muss die Fahrtüchtigkeit seines Kfz am Abend zuvor prüfen, ggf. für einen lauteren Wecker sorgen oder sich durch zuverlässige Dritte wecken lassen.[417] Falls es durch die Unpünktlichkeit des Arbeitnehmers zur Störung des Betriebsablaufs oder des Betriebsfriedens kommt, kann dies im Rahmen der Interessenabwägung mitberücksichtigt werden. Solche Störungen erhöhen daher uU die Erfolgsaussichten einer Kündigung. 261

---

412 *BAG* 11. 11. 1986, DB 87, 336.
413 KR/*Etzel* § 1 KSchG Rz 437.
414 *ArbG Frankfurt a. M.* 26. 11. 1998, NZA-RR 1999, 357.
415 KR/*Etzel* § 1 KSchG Rz 437.
416 *BAG* 27. 2. 1997, EzA § 1 KSchG Nr. 51; *BAG* 17. 1. 1991, EzA § 1 KSchG Nr. 37.
417 *BAG* 27. 2. 1997, EzA § 1 KSchG Nr. 51.

262 • Unterschlagung → Vermögensdelikte

263 • Untreue → Vermögensdelikte

• Urlaub, eigenmächtiger Urlaubsantritt

264 Nimmt der Arbeitnehmer Urlaub, obwohl sein Urlaubsantrag vom Arbeitgeber nicht genehmigt wurde, verletzt er in grober Weise seine arbeitsvertragliche Hauptpflicht zur Arbeitsleistung. Dieses Verhalten ist sogar geeignet, ein fristlose Kündigung zu rechtfertigen.[418] Die zweiwöchige Ausschlussfrist des § 626 Abs. 2 BGB beginnt in diesen Fällen frühestens mit dem Ende der unentschuldigten Fehlzeit, dh sobald der Arbeitnehmer wieder zur Arbeit erscheint.[419]

265 Ein **Recht zur Selbstbeurlaubung** gibt es grds. nicht. Das gilt auch dann, wenn der Arbeitgeber die Urlaubsgewährung an sich nicht ablehnen konnte, weil zB keine dringenden betrieblichen Belange vorlagen.[420] Wenn der Arbeitgeber den Urlaub verweigert, ist der Arbeitnehmer vielmehr gehalten, gerichtliche Hilfe in Anspruch nehmen. Er hat die Möglichkeit, gegen den Arbeitgeber eine einstweilige Verfügung auf Urlaubsgewährung zu beantragen. Diese gewährt das ArbG in aller Regel kurzfristig und auch ohne mündliche Verhandlung. Das ArbG verurteilt den Arbeitgeber ggf. zur Abgabe einer Willenserklärung (auf Urlaubsgewährung) gem. § 894 Abs. 1 ZPO. Die Willenserklärung gilt zwar erst als abgegeben, wenn die Rechtsmittelfrist abgelaufen ist und die Entscheidung rechtskräftig ist. Tritt der Arbeitnehmer seinen Urlaub dennoch vor Rechtskraft der Verfügung an, so stellt dies daher an sich eine unzulässige Selbstbeurlaubung dar. Der Arbeitgeber kann angesichts der gerichtlichen Entscheidung jedoch in aller Regel nicht wirksam kündigen.

266 Der Urlaub kann je nach betrieblichen Gepflogenheiten im Einzelfall auch **konkludent** genehmigt worden sein. Widerspricht der Arbeitgeber der Eintragung in Urlaubsplan oder -liste nicht innerhalb angemessener Frist, kann der Arbeitnehmer uU bereits davon ausgehen, dass sein Urlaub genehmigt ist.

267 Voraussetzung für eine Kündigung wegen eigenmächtigen Urlaubsantritts ist, dass dem Arbeitnehmer klar war, dass er mit der Selbstbeurlaubung seinen **Arbeitsplatz aufs Spiel setzt**. Der Arbeitgeber sollte

---

418 *BAG* 16. 3. 2000, EzA § 626 BGB Nr. 179; *BAG* 20. 1. 1994, EzA § 626 BGB Nr. 153; *LAG Köln* 11. 3. 2000, MDR 2001, 1247.
419 *BAG* 22. 1. 1998, AP § 626 BGB Ausschlussfrist Nr. 38.
420 *BAG* 20. 1. 1994, EzA § 626 BGB Nr. 153; **aA** *LAG Rheinland-Pfalz* 25. 1. 1991, LAGE § 7 BUrlG Nr. 27.

Verhaltensbedingte Kündigung § 1

dem Arbeitnehmer daher bei Ablehnung seines Urlaubsantrags einen klaren Hinweis auf die Folgen einer Selbstbeurlaubung geben oder ihm sogar eine sog. »**vorweggenommene Abmahnung**« aussprechen.[421]

▶ **Praxistipp:**

Klare Regelungen zum Urlaubsantrag (schriftlicher Antrag, schriftliche Genehmigung durch eindeutig bestimmbare Personen) vermeiden spätere Auseinandersetzung im Kündigungsrechtsstreit, ob ein Urlaubsantrag gewährt wurde oder nicht.

- Urlaub, eigenmächtige Verlängerung

Verlängert der Arbeitnehmer seinen genehmigten Urlaub eigenmächtig, kann ihm verhaltensbedingt gekündigt werden. Der Arbeitnehmer ist verpflichtet, eine Urlaubsverlängerung mit dem Arbeitgeber zuvor abzustimmen.[422] **Erkrankt der Arbeitnehmer im Urlaub** und erscheint er aus diesem Grund nicht zum vorhergesehenen Zeitpunkt zurück, kann ihm grds. nicht verhaltensbedingt gekündigt werden.[423] Wenn der Arbeitgeber indes beweisen kann, dass die Krankheit vorgetäuscht und die Urlaubsverlängerung erschlichen worden ist, ist eine verhaltensbedingte Kündigung gerechtfertigt. Zu beachten ist, dass einer im Ausland ausgestellten ärztlichen Arbeitsunfähigkeitsbescheinigung im Allgemeinen der gleiche Beweiswert zukommt wie einer in Deutschland ausgestellten Bescheinigung.[424] **268**

- Urkundenfälschung, Falschbeurkundung

Fälscht ein Arbeitnehmer Schecks, Rechnungen, Quittungen oder sonstige Urkunden seines Arbeitgebers, ist in aller Regel eine außerordentliche Kündigung gerechtfertigt. Beispielsweise kann ein Mechaniker, der wiederholt neue Werkzeugsätze bestellt und hierbei die Unterschrift seines Vorgesetzten fälscht, fristlos gekündigt werden.[425] Eine Abmahnung ist in diesen Fällen grds. nicht erforderlich, da dem Arbeitnehmer bewusst sein muss, dass er durch dieses Verhalten seinen Arbeitsplatz riskiert. **269**

---

421 *LAG Frankfurt a. M.* 22.12.1983, DB 1984, 786; **aA** *LAG Hamm* 25.6.1985, LAGE § 1 KSchG Verhaltensbedingte Kündigung Nr. 5.
422 Vgl. *BAG* 5.11.1992, AP § 626 BGB Nr. 2; *LAG Baden-Württemberg* 9.5.1974, BB 1974, 1300.
423 Vgl. aber zu den Pflichten des Arbeitnehmers bei Krankheit im Urlaub oben Rz 221.
424 *BAG* 19.2.1997, EzA § 3 EFZG Nr. 2.
425 *BAG* 29.1.1997, AP § 626 BGB Nr. 131.

§ 1 Sozial ungerechtfertigte Kündigungen

270 • Verkehrsdelikte

271 • Verleumdung → Beleidigungen

• Vermögensdelikte

272 Begeht der Arbeitnehmer im Arbeitsverhältnis eine Straftat, insbes. ein Vermögensdelikt (Betrug, Diebstahl, Unterschlagung), verletzt er seine vertraglichen Pflichten in grober Weise. Der Arbeitgeber kann in diesen Fällen regelmäßig eine **fristlose Kündigung ohne Abmahnung** aussprechen.[426] In der Praxis oft vorkommende Fälle sind der Verkauf oder der Verbrauch von betrieblichen Gegenständen, die im Eigentum des Arbeitgebers stehen (fertige Produkte, Rohstoffe, Ersatzteile etc.) oder die Unterschlagung von Geld. Diese Pflichtverstöße rechtfertigen nach der Rechtsprechung des BAG regelmäßig eine außerordentliche Kündigung[427] und damit erst recht eine ordentliche Kündigung. Auch der **Diebstahl geringwertiger Sachen**, die im Eigentum des Arbeitgebers stehen, kann eine Kündigung rechtfertigen.[428] Im berühmten »**Bienenstich**«-**Fall** hat das BAG die fristlose Kündigung einer Kuchenverkäuferin wegen einmaligen unberechtigten Verzehrs eines Stücks Kuchen im Wert von DM 1,00 für zulässig gehalten. Eine vorherige Abmahnung sei wegen der schwerwiegenden Vertrauensstörung nicht erforderlich.[429] Diese Rechtsprechung hat das BAG in neuester Zeit nochmals bekräftigt.[430] In dem entschiedenen Fall hatte der Arbeitnehmer 62 Miniflaschen Alkohol und zwei angebrochene Rollen Küchenpapier entwendet. Das BAG nahm einen wichtigen Grund zur außerordentlichen Kündigung an. Unabhängig vom Wert des Schadens missbrauche der Arbeitnehmer durch die Eigentumsverletzung das Vertrauen seines Arbeitgebers. Die geringe Schadenshöhe könne lediglich im Rahmen der Interessenabwägung berücksichtigt werden. Das LAG Köln hat demgegenüber den Diebstahl von drei Briefumschlägen im Wert von 0,03 € nicht als Kündigungsgrund anerkannt. Für die Praxis ist dem Arbeitgeber anzuraten, zunächst eine Interessenabwägung vornehmen, in der er Dauer der Betriebszugehörigkeit, Art und Schwere des Verstoßes berücksichtigt, bevor er auf eine Abmahnung verzichtet und direkt eine Kündigung ausspricht.[431]

---

426 *BAG* 17.5.1984, EzA § 626 BGB Nr. 90.
427 *BAG* 10.2.1999, AP § 15 KSchG, 1969 Nr. 42 (»ICE-Steward«).
428 *BAG* 17.5.1984, EzA § 626 BGB Nr. 90; *BAG* 20.9.1984, AP § 626 BGB Nr. 80; *LAG Düsseldorf* 6.11.1973, DB 1974, 928; *LAG Köln* 12.12.1989, LAGE § 1 KSchG Verhaltensbedingte Kündigung Nr. 25; *LAG Düsseldorf* 19.2.1992, LAGE § 626 BGB Nr. 66.
429 *BAG* 17.5.1984, EzA § 626 BGB Nr. 90.
430 *BAG* 11.12.2003; *BAG,* 12.8.1999, NJW 2000, 1969.
431 Vgl. *Stahlhacke/Preis/Vossen* Rz 740.

Verhaltensbedingte Kündigung § 1

▶ **Praxistipp: Ehrlichkeitstests**

Der Arbeitgeber kann – in engen Grenzen – die Ehrlichkeit und Zuverlässigkeit seiner Mitarbeiter testen. Zulässig ist es zB, Mitarbeiter bei »**alltäglichen Versuchungen**« auf die Probe zu stellen.[432] Der Arbeitgeber darf zB zuviel Wechselgeld in die Registrierkasse legen, um zu testen, ob die Kassiererin den überschüssigen Betrag ordnungsgemäß erfasst und verbucht.[433] Gleiches gilt für unregistrierte Lagerware, die dem Lagerarbeiter überlassen wird, nicht verbuchte Eintrittskarten oder Wertmarken, die Mitarbeiter an Postschaltern, Theaterkassen oder Zahlstellen dazu verführen können, sie für sich selbst oder für Dritte zu verwenden.[434] Der Test darf jedoch nicht dazu führen, dass der Arbeitgeber eine Straftat des Arbeitnehmers, die er unter normalen Umständen wahrscheinlich nicht begangen hätte, erst initiiert (zB ein Dritter überredet den Arbeitnehmer, ein wichtiges Geschäftsgeheimnis offen zu legen). Zu beachten sind bei diesen Tests auch die **Mitbestimmungsrechte des Betriebsrats**. Wird nicht nur das Leistungs- sondern auch das Ordnungsverhalten des Arbeitnehmers getestet oder werden technische Überwachungsanlagen (Video, Tonband, Foto) eingesetzt, so ist der Betriebsrat zwingend zu beteiligen.[435]

- Verspätungen → Unpünktlichkeit   273

- Wettbewerb

Während des Arbeitsverhältnisses unterliegt der Arbeitnehmer kraft Gesetzes einem **Wettbewerbsverbot**, § 60 HGB. Ihm ist es untersagt, ohne Einwilligung seines Arbeitgebers selbstständig oder unselbstständig für ein Konkurrenzunternehmen tätig zu werden. Verboten ist ihm auch, einem Arbeitskollegen bei einer konkurrierenden Tätigkeit zu helfen oder einen Wettbewerber des Arbeitgebers zu unterstützen.[436] Das Wettbewerbsverbot besteht bis zum Ablauf der Kündigungsfrist, dh der Arbeitnehmer darf auch nach Ausspruch einer Kündigung im Freistellungszeitraum keinen Wettbewerb betreiben.[437]   274

---

432 *Maschmann*, Detektiv Kurier 03/2001 S. 4.
433 *BAG* 18. 11. 1999, AP § 626 BGB Nr. 32.
434 *Maschmann*, a. a. O.
435 § 87 Nr. 1, Nr. 6 BetrVG, zu Beweis- und Verwertungsverboten bei der Kontrolle von Arbeitnehmern, siehe unten Rz 333 ff.
436 *BAG* 21. 11. 1996, EzA § 626 BGB Nr. 162.
437 *BAG* 25. 4. 1991, AP § 626 BGB Nr. 104.

C. Besonderheiten der außerordentlichen verhaltensbedingten Kündigung

I. Zweistufige Prüfung der Arbeitsgerichte

275 Eine außerordentliche Kündigung aus wichtigem Grund (§ 626 BGB) kommt im Bereich der verhaltensbedingten Kündigung besonders häufig in Betracht. Erforderlich ist hierbei stets ein besonders schweres Fehlverhalten des Arbeitnehmers. Dem Arbeitgeber muss es unzumutbar sein, das Arbeitsverhältnis bis zum Ablauf der ordentlichen Kündigungsfrist weiter fortzusetzen.

276 Die Arbeitsgerichte prüfen die Wirksamkeit einer außerordentlichen verhaltensbedingten Kündigung anhand eines **zweistufigen Schemas**:

- Erste Stufe: Ist die Vertragsverletzung »an sich« geeignet, eine außerordentliche Kündigung zu rechtfertigen?

- Zweite Stufe: Rechtfertigt eine umfassende Interessenabwägung die sofortige Beendigung des Arbeitsverhältnisses?

II. Besonderheiten der Betriebsratsanhörung bei außerordentlicher Kündigung[438]

277 Der Betriebsrat ist auch vor Ausspruch einer außerordentlichen Kündigung anzuhören.[439] Seine Frist zur Abgabe einer Stellungnahme ist jedoch auf **drei Tage** verkürzt. Stimmt der Betriebsrat zu oder gibt er innerhalb dieser Frist keine Stellungnahme ab, kann der Arbeitgeber die Kündigung aussprechen.

278 In den meisten Fällen empfiehlt es sich, eine außerordentliche verhaltensbedingte Kündigung gleichzeitig mit einer hilfsweisen ordentlichen Kündigung zu verbinden (»**Verbundkündigung**«). Der Arbeitgeber, der den Betriebsrat nur zu einer außerordentlichen Kündigung anhört, läuft sonst Gefahr, dass er den Betriebsrat später nochmals zu einer ordentlichen Kündigung anhören muss, falls sich herausstellt, dass die strengen Voraussetzungen für eine fristlose Kündigung nicht vorlagen. Nur wenn der Betriebsrat ausdrücklich und ohne Vorbehalt der außerordentlichen Kündigung zugestimmt hat, kann die außerordentliche Kündigung in eine ordentliche Kündigung umgedeutet werden.[440]

---

[438] Zu den Besonderheiten der Betriebsratsanhörung bei der Verdachtskündigung siehe Rz 299.
[439] § 102 Abs. 2 S.3 BetrVG.
[440] *BAG* 12. 7. 1984, DB 1985, 340.

Bei der Verbundkündigung sind die **unterschiedlichen Fristen** des Betriebsrats zu beachten: Drei Tage für die außerordentliche und eine Woche für die ordentliche Kündigung. Äußert sich der Betriebsrat bereits innerhalb der 3-Tages-Frist zu der außerordentlichen **und** zu der hilfsweisen ordentlichen Kündigung, können beide Kündigungen zusammen in einem Schreiben ausgesprochen werden. Andernfalls sollten die Kündigungen getrennt erklärt werden: Nach Ablauf von drei Tagen zunächst die außerordentliche und anschließend die ordentliche Kündigung. Dies gilt insbesondere in den Fällen, in denen die Zweiwochenfrist des § 626 Abs. 2 BGB abzulaufen droht. 279

III. Zweiwochenfrist des § 626 Abs. 2 BGB

Besonders wichtig beim Ausspruch einer fristlosen Kündigung ist die Einhaltung der Zweiwochenfrist des § 626 Abs. 2 BGB. Dem Arbeitnehmer muss die Kündigung innerhalb von zwei Wochen nach Kenntnis des Arbeitgebers von den Kündigungsgründen zugehen. Die Zweiwochenfrist läuft, sobald der Kündigungsberechtigte (Geschäftsführer, Prokurist, oftmals Personalleiter) **von den Kündigungsgründen sichere Kenntnis** erlangt hat. Vermutungen, verschuldete Unkenntnis, selbst grob fahrlässige Unkenntnis reichen nicht aus.[441] Ausnahmsweise muss sich der Arbeitgeber die Kenntnis eines anderen Mitarbeiters zurechnen lassen, wenn dessen Stellung im Betrieb erwarten lässt, dass er den Kündigungsberechtigten unterrichtet.[442] 280

Falls noch Zweifel in Bezug auf den Kündigungssachverhalt bestehen, muss der Arbeitgeber mit der gebotenen Eile **weitere Aufklärungsmaßnahmen** (zB Anhörung des Arbeitnehmers oder Kollegen) durchführen.[443] Für die Dauer der zügig durchgeführten Aufklärungsmaßnahmen läuft die Zweiwochenfrist nicht. Eine Regelfrist für die Dauer der weiteren Aufklärungen gibt es hierbei nicht. Eine dreimonatige Aufklärungsdauer ist jedoch im Regelfall zu lang.[444] 281

Auch die **Betriebsratsanhörung** muss innerhalb der Zweiwochenfrist erfolgen. Während der Anhörung läuft die Frist weiter. 282

---

441 Vgl. *BAG* 16.81990, NZA 1991, 141, 144.
442 *BAG* 18. 5. 1994, NZA 1994, 1086, 1087: Bei einer verspäteten Unterrichtung des Kündigungsberechtigten ist ferner erforderlich, dass die Verspätung auf einer schuldhaft fehlerhaften Organisation des Betriebes zurückzuführen ist.
443 *BGH* 28. 4. 1994, NJW 1994, 3117, 3118
444 *LAG Frankfurt* 12. 3. 1987, LAGE § 626 BGB Ausschlussfrist Nr.1.

IV. Besonderheiten bei der verhaltensbedingten Kündigung von Belegschaftsvertretern[445]

283 Eine verhaltensbedingte Kündigung von Belegschaftsvertretern[446] ist nur unter besonderen Voraussetzungen möglich:

- Eine Kündigung kann **nur aus wichtigem Grund** erfolgen (§ 15 KSchG).

- Der Betriebsrat muss der außerordentlichen Kündigung **zustimmen** (§ 103 Abs. 1 BetrVG).

284 Im Hinblick auf den wichtigen Grund gelten die gleichen Grundsätze, die für die Zulässigkeit einer fristlosen Kündigung von nicht besonders geschützten Arbeitnehmern gelten.[447] Der betroffene Arbeitnehmer muss durch sein Verhalten seine **arbeitsvertraglichen Pflichten** besonders schwerwiegend verletzt haben, so dass es dem Arbeitgeber unzumutbar ist, ihn bis zum Ablauf der ordentlichen Kündigungsfrist zu beschäftigen. Hierbei ist eine fiktive Kündigungsfrist des Arbeitnehmers zugrunde zu legen, dh diejenige Kündigungsfrist, mit der ihm ordentlich gekündigt werden könnte, wenn er nicht dem besonderen Kündigungsschutz unterläge.[448]

285 In folgenden Fällen hat die Rechtsprechung eine **außerordentliche Kündigung** eines Betriebsratsmitglieds wegen Verletzung arbeitsvertraglicher Pflichten zumindest grundsätzlich für zulässig erachtet: Beleidigung des Werksleiters durch ein Betriebsratsmitglied in einer Sitzung (KZ-Methoden)[449], unrichtige Spesenabrechnung eines Betriebsratsmitglieds[450], Manipulation bei der Zeiterfassung[451] oder mit Lohnabrechnungsunterlagen[452], Verkauf von dem Arbeitgeber gehörenden Schrott und Einzahlung des erzielten Erlöses in die Sozialkasse des Betriebsrats[453], Störung des Betriebsfriedens durch Werbeaktionen für Scientology[454], vorsätzliche Falschaussage gegen den Arbeitgeber vor Ge-

---

445 Vgl. hierzu detailliert § 15 KSchG Rz 1 ff.
446 Gemeint sind Mitglieder des Betriebsrats, der Jugend- und Auszubildendenvertretung, der Bordvertretung oder des Seebetriebsrats sowie Mitglieder des Wahlvorstandes oder Wahlbewerber.
447 APS/*Böck* § 15 KSchG Rz 126.
448 *BAG* 18. 2. 1993, AP Nr. 35 zu § 15 KSchG.
449 *BAG* 2. 4. 1987, AP Nr. § 626 BGB Nr. 96.
450 *BAG* 22. 8. 1974, AP Nr. § 103 BetrVG Nr. 1.
451 *BAG* 24. 4. 1975, AP Nr. § 103 BetrVG Nr. 3.
452 *ArbG Leipzig* 18. 11. 1994, AuA 1995, 390.
453 *BAG* 10. 2. 1999, AP § 15 KSchG Nr. 42.
454 *ArbG Ludwigshafen* 12. 5. 1993, DB 1994, 944.

richt[455] oder Bereitschaft, in einem Rechtsstreit vorsätzlich falsch auszusagen[456].

Möglicherweise verletzt der Belegschaftsvertreter durch sein Verhalten **sowohl arbeitsvertragliche als auch betriebsverfassungsrechtlichen Pflichten.** 286

▶ **Beispiel:**

Ein Jugendvertreter ruft zu einer rechtswidrigen Streikmaßnahme auf.[457] Ein Betriebsratsmitglied nimmt eine Arbeitsbefreiung nach § 37 Abs. 2 BetrVG in Anspruch, obwohl er weiß, dass die Voraussetzung für diese Arbeitsbefreiung nicht vorliegen.

In diesem Falle hat der Arbeitgeber die Wahl.[458] Er kann einen gerichtlichen Antrag auf Ausschluss des Mitglieds aus dem Betriebsrat stellen (§ 23 Abs. 1 BetrVG) oder er kann den betroffenen Arbeitnehmer außerordentlich kündigen, sofern das Verhalten eine Kündigung des Arbeitsverhältnisses aus wichtigem Grund rechtfertigt und der Betriebsrat gemäß § 103 BetrVG zugestimmt hat. Im Hinblick auf den wichtigen Grund gilt in diesen Fällen jedoch ein strengerer Maßstab als bei einem anderen Arbeitnehmer, der nicht den besonderen Kündigungsschutz genießt.[459] 287

▶ **Praxistipp:**

Kann nicht eindeutig festgestellt werden, ob das Betriebsratsmitglied ausschließlich eine betriebsverfassungsrechtliche oder evtl. auch eine arbeitsrechtliche Pflicht verletzt hat, sollte der Arbeitgeber zweigleisig vorgehen. Verweigert der Betriebsrat gem. § 103 Abs. 1 BetrVG seine Zustimmung zur Kündigung, sollte der Arbeitgeber beim ArbG beantragen, die Zustimmung zu ersetzen (§ 103 Abs. 2 Satz 1 BetrVG) und hilfsweise das Betriebsratsmitglied aus den Betriebsrat auszuschließen (§ 23 Abs. 1 BetrVG).

Verletzt das Belegschaftsmitglied durch sein Verhalten ausschließlich betriebsverfassungsrechtliche Pflichten, so kommt nur ein Ausschluss- 288

---

455 *LAG Berlin* 29. 8. 1988, NZA 1998, 280.
456 *BAG* 16. 10. 1986, AP § 626 BGB Nr. 95.
457 *BAG* 11. 12. 1975, AP § 15 KSchG 196 Nr. 1.
458 GK-BetrVG/*Oetker* § 23 BetrVG Rz 32; **aA** DKK/*Trittin* § 23 Rz 43 f. (nur Ausschlussverfahren).
459 *BAG* 8. 8. 1968, AP § 626 BGB Nr. 57.

verfahren gemäß § 23 BetrVG, nicht aber eine Kündigung des Arbeitsvertrages in Betracht.

289 Bei der Kündigung von Mitgliedern des Betriebsrats gelten **besonders strenge Grundsätze** im Hinblick auf die Einhaltung der **Zweiwochenfrist des § 626 Abs. 2 BGB** (sog. »**Fristenhetze**«[460]). Erlangt der Arbeitgeber Kenntnis vom außerordentlichen Kündigungsgrund, beginnt der Lauf der Zweiwochenfrist gem. § 626 BGB. Innerhalb dieser Frist muss der Arbeitgeber den Betriebsrat um Zustimmung gem. § 103 Abs. 1 BetrVG ersuchen. Dem Betriebsrat steht dann eine Frist von drei Tagen zur Entscheidung über die Erteilung der Zustimmung zu.[461] Gibt der Betriebsrat innerhalb der Dreitagesfrist keine Erklärung ab, so gilt seine Zustimmung als verweigert.[462] Die **Zustimmungsfiktion des § 102 Abs. 2 Satz 2 BetrVG gilt hier nicht**. Verweigert der Betriebsrat ausdrücklich seine Zustimmung oder äußert er sich nicht, muss der Arbeitgeber **innerhalb der Zweiwochenfrist des § 626 BGB** beim ArbG die Ersetzung der Zustimmung beantragen.[463] Stimmt der Betriebsrat hingegen innerhalb der Dreitagesfrist ausdrücklich der beabsichtigten Kündigung zu, kann der Arbeitgeber nunmehr die Kündigung aussprechen. Die Kündigung muss jedoch innerhalb der durch das Zustimmungsverfahren nicht gehemmten Frist des § 626 Abs. 2 BGB erfolgen.

V. Besonderheiten bei der außerordentlichen verhaltensbedingten Kündigung von schwerbehinderten Arbeitnehmern

290 Wie bei der ordentlichen Kündigung ist auch vor einer außerordentlichen Kündigung eines schwerbehinderten Arbeitnehmers die **vorherige Zustimmung des Integrationsamts** erforderlich (§ 91 SGB IX). Gegenüber der ordentlichen Kündigung gelten folgende Besonderheiten: Die Zustimmung zur Kündigung kann nur innerhalb von zwei Wochen nach Kenntnis des Kündigungssachverhalts beantragt werden. Insoweit tritt die in § 91 Abs. 2 SGB IX genannte Frist an die Stelle des § 626 Abs. 2 BGB[464]. Der Arbeitgeber muss also **binnen zwei Wochen** nach Kenntnis des wesentlichen Sachverhalts den **Antrag**

---

460 ErfK/*Ascheid* § 15 KSchG Rz 32.
461 Diese Dreitagesfrist ist im Gesetz nicht ausdrücklich genannt und ergibt sich aus einer entsprechenden Anwendung von § 102 Abs. 2 Satz 3 BetrVG (*Fitting* § 103 BetrVG, Rz 33; ErfK/*Hanau/Kania* § 103 BetrVG Rz 9).
462 *BAG* 18. 8. 1977, AP Nr. § 103 BetrVG Nr. 10; *Fitting* § 103 BetrVG Rz 33.
463 *BAG* 18. 8. 1977, AP Nr. § 103 BetrVG Nr. 10.
464 Zum Verhältnis der beiden Vorschriften s. *BAG* 15. 11. 2001, BB 2002, 2284.

Verhaltensbedingte Kündigung § 1

beim Integrationsamt gestellt haben. In der Praxis bietet sich ein synchrones Vorgehen nach folgender Art an: Sobald der Kündigungssachverhalt ausreichend ermittelt und der Kündigungsentschluss gefasst ist, stellt der Arbeitgeber gleichzeitig

- den Antrag zur Zustimmung beim Integrationsamt,
- die Anhörung an den Betriebsrat (ggf. gekoppelt mit Anhörung zur hilfsweise zu erklärenden ordentlichen Kündigung) und
- die Anhörung der Schwerbehindertenvertretung, so weit vorhanden.[465]

Die **Anhörung des Betriebsrats** kann auch **nach Erteilung der Zustimmung** durch das Integrationsamt erfolgen. Dies muss sogar dann geschehen, wenn sich der Kündigungssachverhalt inzwischen wesentlich verändert hat[466]. In allen anderen Fällen empfiehlt sich die Anhörung des Betriebsrats parallel zum Antrag an das Integrationsamt. Wenn das Integrationsamt der Kündigung eines schwerbehinderten Arbeitnehmers mit einer Kündigungsfrist von zB sechs Monaten zum Quartalsende am 29. September zustimmt und der Betriebsrat danach noch angehört werden muss, verschiebt sich der Kündigungstermin allein deshalb um drei Monate. Dies kann durch eine zeitgleiche Antragsstellung vermieden werden. 291

▶ **Praxistipp:**

Im Gegensatz zur ordentlichen Kündigung Schwerbehinderter ist bei einer außerordentlichen Kündigung keine schriftliche Zustimmung der Behörde erforderlich. Im Gegenteil erfolgt die Zustimmung in der Praxis oft auch mündlich. Da der Arbeitgeber nun unverzüglich kündigen muss, darf er anders als bei der ordentlichen Kündigung[467] nicht auf einen schriftlichen Bescheid der Behörde warten. Darüber hinaus gilt die Zustimmung als erteilt, wenn sie nicht innerhalb von zwei Wochen nach Eingang des Antrags beim Integrationsamt erteilt wurde (§ 91 Abs. 3 SGB XI). Der Arbeitgeber kann sich jedoch nicht schon dann auf diese Fiktion berufen, wenn er zwei Wochen nach seinem Antrag noch nichts von der Behörde erhalten hat. Entscheidend für den Ablauf der Zweiwochenfrist des

---

465 Die Anhörung der Schwerbehindertenvertretung ist allerdings keine weit Voraussetzung für die Wirksamkeit der Kündigung vgl. *Neumann/Pahlen* SGB IX § 95 Rz 9.
466 *BAG* 20. 1. 2000, NZA 2000, 768.
467 Vgl. § 88 SGB IX.

> §91 Abs. 2 SGB IX ist vielmehr, ob eine etwa anders lautende Entscheidung der Hauptfürsorgestelle in diesem Zeitraum den Machtbereich der Behörde verlassen hat. Der Arbeitgeber sollte somit in jedem Fall vor der Kündigung telefonisch beim Integrationsamt ermitteln, ob innerhalb der zwei Wochen bereits eine Entscheidung ergangen ist.

292 Sobald die Behörde ihre Zustimmung zur außerordentlichen Kündigung erteilt oder binnen zwei Wochen nicht erteilt hat, muss der Arbeitgeber die nun zulässige Kündigung **unverzüglich** erklären.

293 Möchte der Arbeitgeber **Kündigungsgründe nachschieben**, die bereits vor Ausspruch der Kündigung entstanden, aber erst später bekannt geworden sind, so muss er hierzu nur den Betriebsrat anhören, jedoch nicht noch einmal das Integrationsamt, denn dieses hat bereits zugestimmt. Wenn das Integrationsamt bereits aufgrund der ihm mitgeteilten Gründe der Kündigung zugestimmt hat, ist es nicht erforderlich, eine weitere Vorbehandlung nachgeschobener Kündigungsgründe durch die Behörde zu verlangen. Der Zweck des Zustimmungsverfahrens nach dem SGB IX, dem betroffenen Arbeitnehmer einen besonderen Schutz zu gewähren, kann nach der einmal behördlicherseits eröffneten Kündigungsmöglichkeit nicht mehr erreicht werden.[468]

VI. Checkliste außerordentliche verhaltensbedingte Kündigung

294 ▶ 1. **Wichtiger Grund** im Verhalten des Arbeitnehmers, zB Straftaten gegen Arbeitgeber oder Kollegen, beharrliche Arbeitsverweigerung oder Unpünktlichkeit; Störung des Betriebsfriedens und der betrieblichen Ordnung; Verrat von Betriebsgeheimnissen; Verletzung des Wettbewerbsverbots (gilt während der Laufzeit des Arbeitsvertrags für alle Arbeitnehmer); schwere Beleidigung; eigenmächtiger Urlaubsantritt; sexuelle Belästigung anderer Arbeitnehmer; rassistische und ausländerfeindliche Handlungen; Verstoß gegen Alkoholverbot; Trunkenheit bei Dienstfahrt.

2. **Interessenabwägung**: Unzumutbarkeit ordentlicher Kündigung.

3. **Kündigungserklärungsfrist**: zwei Wochen ab Kenntnis des Arbeitgebers vom Kündigungsgrund (uU Hemmung des Fristbe-

---

[468] KR/*Fischermeier* § 626 *BGB* Rz 186; bestätigt durch Zwischenverfügung des *LAG Düsseldorf* 9. 9. 2003 (zitiert nach juris).

Verhaltensbedingte Kündigung § 1

ginns wegen Aufklärung des Sachverhalts); Kündigung muss in dieser Frist **zugehen**.

4. Vorherige **Abmahnung:** In der Regel erforderlich (Ausnahme: vorsätzliche Schädigung).

5. Falls **Betriebsrat** existiert: Anhörung mindestens drei Tage vor Ausspruch der Kündigung (zweiwöchige Kündigungserklärungsfrist verlängert sich durch Anhörung nicht); bei **Verbundkündigung** verschiedene Fristen beachten.

6. Bei **nachvertraglichem Wettbewerbsverbot:** Lösung innerhalb eines Monats nach Kündigung wegen Vertragsverletzung des Arbeitnehmers möglich.

7. Vor **Verdachtskündigung:** Arbeitnehmer anhören.

8. **Frist:** Keine erforderlich (»soziale Auslauffrist« möglich, aber in der Regel nicht empfehlenswert).

9. **Unterschrift:** Grundsätzlich durch gesetzlichen Vertreter; möglich auch durch Vertreter, dessen Kündigungsvollmacht in den Betrieben öffentlich bekannt gemacht wurde.

10. **Zugang:** Sicherstellen und belegen.

D. Verdachtskündigung

In der Praxis hegt der Arbeitgeber häufig einen Verdacht gegen einen Arbeitnehmer, kann ihm die Vertragsverletzung jedoch nicht mit letzter Gewissheit nachweisen. Dieses Problem stellt sich dem Arbeitgeber oftmals bei Straftaten wie Diebstahl und Unterschlagung, aber auch bei anderen Pflichtverletzungen wie verbotenen Nebentätigkeiten, vorgetäuschten Krankheiten oder zB Manipulationen der Stempeluhr. In diesen Fällen ist der Arbeitgeber zuweilen gut beraten, eine Strafanzeige gegen seinen Arbeitnehmer zu stellen, um hierdurch Beweismittel zu erlangen. Er muss jedoch mit einer Kündigung nicht bis zum Abschluss des Ermittlungsverfahrens warten, sondern kann auch eine Kündigung aufgrund eines dringenden Tatverdachts aussprechen. Diese Möglichkeit hat der Arbeitgeber, weil nicht nur eine erwiesene Pflichtverletzung, sondern auch der schwere Verdacht einer solchen das **erforderliche Vertrauensverhältnis zwischen Arbeitgeber und Arbeitnehmer beseitigen** kann. Die Anforderungen der Rechtsprechung an eine Verdachtskündigung sind jedoch hoch und die **formalen Anforderungen sehr streng**. Dies liegt darin 295 begründet, dass die Verdachtskündigung ggf. auch einen Unschuldigen treffen kann.[469]

296 Eine sorgfältige **Beweissicherung** des Arbeitgebers ist gerade bei der Verdachtskündigung sehr wichtig. Der Arbeitgeber sollte daher noch mehr als bei einer Tatkündigung darauf achten, dass er ausführliche Protokolle über die Anhörung des Arbeitnehmers anlegt, Gedächtnisnotizen anfertigt oder von Zeugen anfertigen lässt und den **Betriebsrat** besonders umfangreich über die Kündigungsgründe informiert.

I. Voraussetzungen der Verdachtskündigung

297 Eine Verdachtskündigung ist dann gerechtfertigt, wenn

- ein durch Tatsachen belegter und begründeter Verdacht eines Fehlverhaltens des Arbeitnehmers vorliegt,
- dieses Fehlverhalten das Arbeitsverhältnis schwer belastet,
- der Arbeitgeber alle zumutbaren Maßnahmen ergriffen hat, um den Sachverhalt aufzuklären, insbesondere der Arbeitnehmer angehört wurde.

II. Dringender Verdacht

298 Der Arbeitnehmer muss mit großer Wahrscheinlichkeit die ihm vorgeworfenen Pflichtverletzung begangen haben.[470] Es müssen **nachweisbare Umstände** vorliegen, dass der Arbeitnehmer eine strafbare Handlung oder eine schwere Vertragsverletzung, die gegen Leben, Gesundheit, Eigentum, Besitz oder Vermögen des Arbeitgebers, weiterer Mitarbeiter oder Geschäftspartner des Arbeitgebers gerichtet ist, begangen hat oder begehen wird.[471] Das Ergebnis eines **parallelen Strafverfahrens** (zB Eröffnung des Hauptverfahrens oder Einstellung des Verfahrens) ist für das arbeitsgerichtliche Verfahren grundsätzlich nicht bindend. Auch wenn die Staatsanwaltschaft das Verfahren einstellt, weil dem Arbeitnehmer die Tat ihrer Ansicht nach nicht nachweisbar ist, kann der Arbeitgeber vor dem Arbeitsgericht noch einen dringenden Verdacht nachweisen.[472]

---

469 Vgl. *BAG* 4. 6. 1964, DB 64, 1229.
470 *BAG* 4. 6. 1964, DB 64, 1229.
471 Vgl. *Berkowsky* S. 218.
472 Vgl. *BAG* 5. 4. 2001, NZA 2001, 837.

III. Anhörung des Arbeitnehmers

Die Pflicht zur Aufklärung des Sachverhalts umfasst auch die Anhörung des verdächtigen Arbeitnehmers. Diese Pflicht sollte sehr ernst genommen werden; eine Verdachtskündigung ohne vorherige Anhörung des Arbeitnehmers ist **unheilbar unwirksam**.[473] Zu beachten ist ferner, dass der Arbeitnehmer **nicht nur vor dem Kündigungsausspruch, sondern auch vor der Anhörung des Betriebsrats** angehört werden muss. 299

▶ Praxistipp:
> Der Kündigungsberechtigte sollte möglichst die Anhörung des Arbeitnehmers persönlich durchführen. Falls eine andere Person den Arbeitnehmer anhört, sollte diese den Inhalt der Anhörung schriftlich zusammenfassen und an die Person weiterleiten, die über die Kündigung entscheidet. Ratsam ist, diese Weiterleitung des Gesprächsinhalts auch schriftlich zu dokumentieren.

Der Arbeitgeber sollte den Arbeitnehmer mit sämtlichen Umständen, die dem Arbeitgeber über den Verdacht bekannt sind und die er im Kündigungsschutzverfahren verwerten will, konfrontieren. **Pauschalbehauptungen** des Arbeitgebers reichen nicht aus. Er muss dem Arbeitnehmer so viele Informationen geben, dass dieser sich substantiiert auf den Vorwurf einlassen kann.[474] 300

Die Anhörung des Arbeitnehmers muss nicht zwingend persönlich und mündlich vorgenommen werden. Eine telefonische oder schriftliche Anhörung bietet sich dann an, wenn der Arbeitnehmer krankheits- oder urlaubsbedingt abwesend ist, der Arbeitgeber aber die Zweiwochenfrist für eine fristlose Kündigung wahren muss. 301

In der Praxis empfiehlt sich, wo immer möglich, eine **persönliche Befragung des Arbeitnehmers**, da bei einer schriftlichen Anhörung häufig Fragen offen bleiben. Ergibt die Einlassung des Arbeitnehmers im Rahmen der Anhörung Umstände, die den Verdacht ausräumen oder abschwächen, muss der Arbeitgeber diesen Umständen nachgehen und ihre Richtigkeit überprüfen. Ergeben sich dabei neue, belastende Umstände für den Arbeitnehmer, ist er **nochmals zu diesen Umständen zu hören**. 302

Die Beteiligten, der Verlauf und der Inhalt der Anhörung sollten unbedingt **detailliert protokolliert** werden. 303

---
473 *BAG* 11. 4. 1985, DB 86, 1726.
474 *BAG* 13. 9. 1995, DB 96, 96.

§ 1 Sozial ungerechtfertigte Kündigungen

304 Häufig kommt es vor, dass der Arbeitnehmer wegen (kurzfristig eingetretener) Krankheit zu den Vorwürfen **nicht angehört werden kann**. Der Arbeitgeber darf in diesem Fall nicht abwarten, bis der Arbeitnehmer wieder gesund ist. Er läuft ansonsten Gefahr, dass die Zweiwochenfrist für den Ausspruch einer fristlosen Kündigung trotz Krankheit des Arbeitnehmers weiterläuft. Diese Frist ist nur dann gehemmt, wenn der Arbeitnehmer die Anhörung während seiner Krankheit verweigert oder er so krank ist, dass er nicht angehört werden kann.[475] Hierüber sollte sich der Arbeitgeber vergewissern. Es empfiehlt sich ein Schreiben an den Arbeitnehmer, in dem ihm mitgeteilt wird, dass eine Anhörung geplant ist und er mitteilen solle, ob er trotz Krankheit hierzu zur Verfügung stehe.

▶ **Praxistipp:**
Bei der schriftlichen Anhörung sollte dem Arbeitnehmer eine Frist von höchstens einer Woche für die Stellungnahme gesetzt werden.

IV. Zweiwochenfrist des § 626 Abs. 2 BGB

305 Eine Verdachtskündigung wird häufig als fristlose Kündigung ausgesprochen, da vielfach Straftaten oder schwere Vertragsverletzungen den Anlass für die Kündigung geben. Für die außerordentliche Kündigung gilt, dass sie innerhalb von zwei Wochen ab Kenntniserlangung von den kündigungserheblichen Tatsachen ausgesprochen werden muss.[476] Die Zweiwochenfrist beginnt regelmäßig **mit Abschluss der Anhörung des Arbeitnehmers**.[477] Dies bedeutet jedoch nicht, dass der Arbeitgeber zunächst Zeit verstreichen lassen kann, bevor er den Arbeitnehmer anhört. Vielmehr muss er, sobald er einen Anfangsverdacht hegt, in zügigem Tempo Ermittlungen durchführen. Nach Abschluss dieser Ermittlungen darf der Arbeitgeber **höchstens noch eine Woche** bis zur Anhörung des Arbeitnehmers zuwarten.[478] Bei längerem Abwarten muss der Arbeitgeber konkrete Gründe vortragen, aus denen sich ergibt, dass die Anhörung nicht innerhalb der Wochenfrist möglich war.[479]

---

475 *LAG Frankfurt* DB 1980, 1079.
476 Vgl. oben Rz 275 ff.
477 *BAG* 6. 7. 1972, BB 1972, 1408.
478 *BAG* 6. 7. 1972, BB 1972, 1408.
479 *BAG* 15. 5. 1987, RzK I 6 g Nr. 12.

V. Anhörung des Betriebsrats

Nach Abschluss der Anhörung des Arbeitnehmers beginnt die Zweiwochenfrist, innerhalb derer der Arbeitgeber die Kündigung aussprechen muss.[480] Der Arbeitgeber muss den Betriebsrat nun unverzüglich zur beabsichtigten Kündigung anhören (§ 102 BetrVG). Der Betriebsrat muss sich innerhalb einer Frist von drei Tagen zu der beabsichtigten außerordentlichen Kündigung äußern. Diese Dreitagesfrist verlängert die Zweiwochenfrist nicht. **306**

Dem Betriebsrat sind unbedingt **alle Umstände**, so irrelevant sie zunächst auch erscheinen mögen, offen zu legen. Ihm sollten möglichst auch alle Unterlagen, aus denen sich der Verdacht ergibt, zur Verfügung gestellt werden. Er sollte ebenfalls über die Anhörung des Arbeitnehmers umfassend unterrichtet werden, ggf. durch Vorlage des Anhörungsprotokolls und mündlicher Erläuterung desselben. Der Arbeitgeber sollte sich immer deutlich machen, dass er im Kündigungsschutzprozess nur die Gründe verwerten kann, die er auch dem Betriebsrat mitgeteilt hat.[481]

Der Arbeitgeber muss dem Betriebsrat außerdem ausdrücklich mitteilen, dass er die **Kündigung auf die Tat und hilfsweise auf den Verdacht einer Pflichtverletzung stützen** will. Vergisst der Arbeitgeber diesen ausdrücklichen Hinweis auf den Verdacht, schneidet er sich den Weg für eine Rechtfertigung der Verdachtskündigung im späteren Kündigungsschutzprozess ab. Die Kündigung ist dann nur gerechtfertigt, wenn dem Arbeitnehmer die Tat nachgewiesen wird. **307**

Falls die Kündigung als **außerordentliche und hilfsweise ordentliche** Kündigung ausgesprochen wird (dies empfiehlt sich in aller Regel)[482], muss dies dem Betriebsrat ebenfalls mitgeteilt werden. **308**

VI. Später bekannt gewordene Umstände

Der Verdacht gegen den Arbeitnehmer kann im Laufe des Kündigungsschutzprozesses bis zum Schluss der letzten mündlichen Verhandlung in zweiter Instanz verstärkt oder ausgeräumt werden.[483] Bei der Verdachtskündigung gilt eine Ausnahme zum allgemeinen Grundsatz, dass sich die Rechtmäßigkeit einer Kündigung anhand der Um- **309**

---

480 *BAG* 6. 7. 1972, BB 1972, 1408.
481 *BAG* 8. 9. 1988, BB 1989, 1345.
482 Vgl. hierzu Rz 278 f.
483 *BAG* 24. 4. 1975, DB 75, 1610.

stände im Zeitpunkt des Zugangs der Kündigungserklärung beurteilt. Die Verdachtskündigung ist daher unwirksam, wenn der Arbeitnehmer sich **durch neue Tatsachen im Prozess entlasten** kann. Umgekehrt kann der Arbeitgeber auch noch im Prozess belastende Momente gegen den Arbeitnehmer heranziehen (zB neue Zeugen, neu aufgetauchte Unterlagen). Erforderlich ist jedoch, dass der Arbeitgeber den Arbeitnehmer und ggf. den Betriebsrat[484] zu den neuen Anhaltspunkten nochmals anhört.[485]

310 Stellt sich nach Ende eines für den Arbeitgeber erfolgreichen Kündigungsschutzprozesses heraus, dass der Arbeitnehmer zu Unrecht verdächtigt wurde, muss ihn der Arbeitgeber aufgrund seiner nachvertraglichen Fürsorgepflicht **weiterbeschäftigen.**[486]

E. Darlegungs- und Beweislast im Kündigungsschutzprozess

311 Der Arbeitgeber trägt im Prozess die Darlegungs- und Beweislast für das vertragswidrige Verhalten des Arbeitnehmers.[487] Er muss zum einen die Tatsachen, aus denen sich die Vertragsverletzung ergibt, konkret darlegen. Zum anderen ist der Arbeitgeber jedoch auch beweis- und darlegungspflichtig für das **Nichtvorliegen von Rechtfertigungsgründen.**[488] Grund hierfür ist, dass keine Vertragsverletzung vorliegt, wenn das Verhalten des Arbeitnehmers nach dem Vertrag oder den Umständen des Einzelfalls erlaubt war.[489] Dies bedeutet aber nicht, dass der Arbeitgeber im Kündigungsrechtsstreit von vorneherein alle denkbaren Rechtfertigungsgründe widerlegen muss. Seine Darlegungslast richtet sich vielmehr danach, wie sich der Arbeitnehmer auf die behaupteten Kündigungsgründe einlässt. Zunächst muss der Arbeitnehmer die Tatsachen, aus denen er die Rechtfertigung seines Verhaltens herleiten will, konkret und schlüssig darlegen. Anschließend ist der Arbeitgeber aufgefordert, die vorgetragenen Rechtfertigungsgründe zu entkräften.

---

484 Vgl. hierzu Rz 318 ff.
485 *BAG* 13. 9. 1995, DB 96, 96.
486 *BAG* 14. 12. 1956, DB 57, 192.
487 § 1 Abs. 2 Satz 4 KSchG.
488 *BAG* 26. 8. 1993, AP § 626 BGB Nr. 112 mit Anm. *Berning*; *BAG* 24. 11. 1983, AP § 626 BGB Nr. 76 mit Anm. *Baumgärtel*.
489 *V. Hoyningen-Huene/Linck* § 1 KSchG Rz 303 b.

Verhaltensbedingte Kündigung §1

▶ **Beispiel:**
Der Arbeitgeber begründet eine Kündigung mit einem eigenmächtigen Urlaubsantritt des Arbeitnehmers. Zur Rechtfertigung seines Verhaltens trägt der Arbeitnehmer vor, an einem bestimmten Tag sei ihm durch eine näher bezeichnete Person mündlich Urlaub gewährt worden. Der Arbeitgeber muss diesen Vortrag des Arbeitnehmers ggf. durch die Zeugenaussage der bezeichneten Person widerlegen.

F. Prozesstaktik

Will der Arbeitnehmer die verhaltensbedingte Kündigung gerichtlich überprüfen lassen, muss er innerhalb von drei Wochen nach Zugang der Kündigung eine Kündigungsschutzklage beim ArbG einreichen (§ 4 KSchG). Dem Arbeitgeber obliegt es nunmehr, dem Gericht die verhaltensbedingten Kündigungsgründe darzulegen und zu beweisen. Hierauf muss sich die Verteidigungsstrategie des Arbeitgebers jedoch nicht beschränken. Er kann den Prozessausgang im Einzelfall auch mit anderen, offensiveren Mitteln beeinflussen oder zumindest die Vergleichsbereitschaft des Arbeitnehmers erhöhen. 312

I. Auflösungsantrag

In begründeten Fällen kann der Arbeitgeber auf die Kündigungsschutzklage seinerseits mit einem Antrag auf Auflösung des Arbeitsverhältnisses reagieren.[490] Gem. § 9 Abs. 1 KSchG kann das Arbeitsgericht das Arbeitsverhältnis auf Antrag des Arbeitnehmers oder des Arbeitgebers auflösen und den Arbeitgeber zur Zahlung einer angemessenen Abfindung verurteilen. Dieser Antrag sollte vom Arbeitgeber **hilfsweise** für den Fall gestellt werden, dass die Kündigung vom Gericht nicht anerkannt wird. 313

Die **Anforderungen** an ein Auflösungsurteil im Sinne des § 9 Abs. 1 KSchG sind jedoch **sehr streng**. Erforderlich ist, dass die Kündigung zwar sozial nicht gerechtfertigt ist, jedoch Gründe vorliegen, die eine den Betriebszwecken dienliche weitere **Zusammenarbeit zwischen Arbeitgeber und Arbeitnehmer** nicht erwarten lassen. Als Gründe, die eine Zusammenarbeit nicht mehr erwarten lassen, kommt das persönliche Verhältnis zwischen Arbeitgeber und Arbeitnehmer, die Persönlichkeit des Arbeitnehmers, seine Leistung oder seine Eignung für die 314

---

490 Vgl. hierzu ausführlich § 9 Rz 1 ff.

315 Wichtig für die **verhaltensbedingte Kündigung** ist, dass der Arbeitgeber seinen Auflösungsantrag auch auf solche Gründe stützen kann, die zunächst für eine Rechtfertigung der verhaltensbedingten Kündigung nicht ausgereicht haben.[492] Hierbei muss der Arbeitgeber jedoch dezidiert vortragen, weshalb diese Kündigungsgründe einer den Betriebszwecken dienlichen weiteren Zusammenarbeit entgegenstehen und warum aufgrund der Kündigungsgründe das Arbeitsverhältnis zerrüttet sein soll. Ein schlichter Verweis auf die nicht ausreichenden Kündigungsgründe reicht nicht aus.

ihm gestellten Aufgaben, etwa als Vorgesetzter, und sein Verhältnis zu den übrigen Mitarbeitern in Betracht.[491]

▶ **Beispiel:**

LAG Niedersachsen 13. 1. 1998 (Leitentscheidung zur Kündigung wegen Privattelefonaten am Arbeitsplatz). Die Arbeitnehmerin war als Sekretärin tätig. Der Arbeitgeber kündigte ihr ohne vorherige Abmahnung mit der Begründung, dass sie eine Vielzahl privater Telefonate von ihrem Diensttelefon geführt habe. Das LAG hielt diese Kündigung mangels vorheriger Abmahnung zwar für unwirksam,[493] löste das Arbeitsverhältnis aber auf Antrag des Arbeitgebers gegen Zahlung einer Abfindung auf. Der Arbeitgeber hatte vorgetragen, dass das Verhältnis der Arbeitnehmerin zu ihrem Chef erheblich belastet sei, insbesondere da sie im Prozess versucht habe, die Privattelefonate zu leugnen bzw. zu bagatellisieren. Zu beachten sei ferner, dass die Arbeitnehmerin als Sekretärin in einer Vertrauensstellung tätig war.

II. Widerklage

316 Stehen dem Arbeitgeber gegen den Arbeitnehmer finanzielle Ansprüche zu, kann er auf die Kündigungsschutzklage mit einer Widerklage reagieren. Der durch die Widerklage geltend gemachte Anspruch muss hierbei mit der Kündigungsschutzklage in Zusammenhang stehen.[494] Daher kommen für die Widerklage zumeist Ansprüche auf Schadensersatz wegen arbeitsvertraglicher Pflichtverletzungen in Betracht.

---

491 KR/*Spilger* § 9 KSchG Rz 56.
492 *BAG* 16. 5. 1984, EzA § 9 KSchG Nr. 16; *BAG* 18. 4. 1984, nv; *BAG* 25. 1. 1979, nv.
493 Siehe oben Rz 232.
494 Vgl. *Thomas/Putzo* § 33 Rz 4.

# Verhaltensbedingte Kündigung § 1

▶ **Beispiel:**
Ein Bankangestellter wird wegen Schlechtleistung gekündigt. Er hatte im Namen der Bank Kreditverträge abgeschlossen, ohne vorab die Kreditwürdigkeit der Kunden zu überprüfen. Die Bank versuchte vergeblich, die Rückzahlung der Kredite durchzusetzen. Auf die Kündigungsschutzklage des Arbeitnehmers reagierte sie mit einer Widerklage auf Schadensersatz in Höhe der ausgefallenen Kredite.

Die Widerklage des Arbeitgebers im Kündigungsschutzprozess hat vielfach eine **psychologische Wirkung auf den Arbeitnehmer.** Dieser ist angesichts der angedrohten Ansprüche des Arbeitgebers eher bereit, sich zu akzeptablen Bedingungen zu einigen, sofern der Arbeitgeber gleichzeitig auf seine Ansprüche aus der Widerklage verzichtet. 317

III. Nachschieben von Kündigungsgründen

In vielen Fällen erfährt der Arbeitgeber erst im Kündigungsschutzprozess zusätzliche Tatsachen, die den Kündigungssachverhalt erläutern oder einen Grund für eine neue Kündigung bieten. Diese neuen Tatsachen sollte der Arbeitgeber – unter Beachtung etwaiger Mitbestimmungsrechte des Betriebsrats – in den Prozess einführen oder für eine neue – vorsorgliche – Kündigung nutzen. 318

Kündigungsgründe, die **erst nach Ausspruch der Kündigung entstehen**, können nur eine neue Kündigung rechtfertigen, nicht jedoch die bereits ausgesprochene Kündigung. 319

▶ **Beispiel:**
Der Arbeitgeber erfährt nach Ausspruch einer Kündigung wegen Diebstahlsverdachts, dass der Arbeitnehmer nach der Kündigung noch unerlaubt Kundenlisten kopiert und an ein Konkurrenzunternehmen weitergegeben hat.

Der Arbeitgeber sollte in diesem Fall eine **weitere, vorsorgliche Kündigung** aussprechen. Falls ein **Betriebsrat** besteht, muss dieser vor Kündigungsausspruch wiederum ordnungsgemäß beteiligt werden. Üblicherweise erhebt der Arbeitnehmer anschließend eine weitere Kündigungsschutzklage gegen die neue Kündigung. Das neue Kündigungsschutzverfahren kann mit dem Verfahren über die alte Kündigung verbunden werden. 320

§ 1 Sozial ungerechtfertigte Kündigungen

321 Kündigungsgründe, von denen der Arbeitgeber erst nach der Kündigung erfährt, die jedoch schon im Kündigungszeitpunkt vorlagen, kann er in den Arbeitsgerichtsprozess einführen.[495]

> ▶ **Beispiel:**
> Der Arbeitgeber erfährt nach Ausspruch einer Kündigung wegen Diebstahlsverdachts, dass der Arbeitnehmer **bereits vor** der Kündigung unerlaubt Kundenlisten kopiert und an ein Konkurrenzunternehmen weitergegeben hat.

322 Besteht in dem Betrieb ein **Betriebsrat,** muss der Arbeitgeber allerdings zunächst den Betriebsrat zu den neuen Gründen anhören. Dies gilt selbst dann, wenn der Betriebsrat zuvor der Kündigung zugestimmt hat.[496] Die Tatsachen können erst dann in den Prozess eingeführt werden, wenn der Arbeitgeber nochmals die Frist des § 102 Abs. 2 BetrVG bzw. die abschließende Stellungnahme des Betriebsrats abgewartet hat.[497]

323 Von den neu bekannt gewordenen Kündigungsgründen zu unterscheiden sind neue Tatsachen, die der bereits ausgesprochenen Kündigung größeres Gewicht verleihen oder die früheren Umstände aufhellen (»**unterstützende Tatsachen**«).

> ▶ **Beispiel:**
> Der Arbeitgeber nennt dem Arbeitnehmer als Kündigungsgrund, der Arbeitnehmer habe unentschuldigt an zwei Tagen gefehlt. Im Kündigungsschutzprozess ergänzt er, der Arbeitnehmer habe an sieben aufeinander folgenden Montagen gefehlt (=beharrliche Arbeitsverweigerung).[498]

324 Will der Arbeitgeber diese Tatsachen in den Prozess einführen, muss er nochmals den Betriebsrat anhören, es sei denn, es handelt sich um Umstände, die den Kündigungssachverhalt lediglich erläutern.

> ▶ **Beispiel:**
> Der Arbeitgeber nennt dem Arbeitnehmer als Kündigungsgrund, der Arbeitnehmer habe unentschuldigt an zwei Tagen gefehlt. Im Kündigungsschutzprozess ergänzt er den Vorwurf durch die genaue Angabe der Daten der Fehltage.[499]

---

495 Vgl. aber die Beschränkungen der §§ 61a, 67 ArbGG.
496 *BAG* 1. 4. 1981, DB 1981, 2128.
497 *BAG* 6. 2. 1997, DB 1997, 1284.
498 *BAG* 18. 12. 1980, AP § 102 BetrVG Nr. 22.
499 *BAG* 18. 12. 1980, AP § 102 BetrVG Nr. 22.

Praxistipp:
Die Konkretisierung und das Nachschieben von Kündigungsgründen sind in der Praxis oftmals schwer voneinander abzugrenzen. In Zweifelsfällen sollte der Arbeitgeber den Betriebsrat daher nochmals über die neuen Umstände unterrichten, bevor er sie in den Kündigungsschutzprozess einführt.

Besonderheiten bestehen bei einer **außerordentlichen, verhaltensbedingten Kündigung** wegen der zweiwöchigen Ausschlussfrist des § 626 Abs. 2 BGB: 325

Vor der außerordentlichen Kündigung entstandene Gründe, die dem Arbeitgeber erst **nach der Ausschlussfrist bekannt werden**, können im Kündigungsschutzprozess uneingeschränkt nachgeschoben werden. Der Arbeitnehmer soll keinen Vorteil daraus ziehen, dass er kündigungsrelevante Tatbestände erfolgreich verschleiert hat.[500] Auch beim Nachschieben außerordentlicher Kündigungsgründe muss der Arbeitgeber allerdings zunächst den **Betriebsrat** beteiligen. Erst nachdem die 3-Tages-Frist des § 102 Abs. 2 Satz 3 BetrVG verstrichen ist oder eine abschließende Stellungnahme des Betriebsrats vorliegt, kann der Arbeitgeber die neuen Tatsachen in den Kündigungsschutzprozess einführen.

Vor der außerordentlichen Kündigung entstandene Gründe, die dem Arbeitgeber **bereits länger als zwei Wochen vor der Kündigung bekannt** waren, kann er nicht mehr in den Kündigungsschutzprozess einführen. Diese Gründe sind aufgrund des Fristablaufs »verbraucht«.[501] In manchen Fällen kann es jedoch trotzdem sinnvoll sein, dem Gericht diese Gründe mitzuteilen, wenn sie mit dem eigentlichen Kündigungsgrund in einem engen sachlichen Zusammenhang stehen, um dem Gericht das gesamte Bild zu vermitteln. 326

IV. Vergleich

In der Praxis stellt sich nach einer Kündigungsschutzklage des Arbeitnehmers gegen eine verhaltensbedingte Kündigung häufig heraus, dass die Vorwürfe entweder nicht bestehen oder nicht beweisbar sind. In diesem Fall regen Arbeitsrichter häufig einen Vergleich an, wonach das Arbeitsverhältnis zu dem Zeitpunkt einer ordentlichen Kündigung mit oder ohne Abfindung endet. Um sozialrechtliche Nach- 327

---
500 *BAG* 4. 6. 1997, NZA 1997, 1158.
501 *BAG* 10. 4. 1975, DB 1975, 1656; *BAG* 10. 12. 1992, DB 1993, 889.

teile[502] zu vermeiden, deklarieren die Parteien die Gründe für die Kündigung häufig als »betriebsbedingt«.

328 Dieses Vorgehen ist dann illegal und kann auch strafrechtlich relevant sein, wenn es tatsächlich keine betriebsbedingten Gründe für die Kündigung gibt. Es ist nur dann möglich, wenn neben den verhaltensbedingten **auch betriebsbedingte Gründe** für die Kündigung vorlagen (was häufig vorkommt) und sich der Arbeitgeber bereits zuvor in dem Verfahren auch auf die betriebsbedingten Gründe berufen hat.

Ein entsprechender Vergleich könnte wie folgt aussehen:

»Nach Erörterung der Sach- und Rechtslage schließen die Parteien folgenden

Vergleich:

1. Die Parteien sind sich einig, dass das zwischen ihnen bestehende Arbeitsverhältnis durch die Kündigung vom .... mit Wirkung zum .... [Ablauf ordentliche Kündigungsfrist] aus betriebsbedingten Gründen beendet wurde. Bis zum Beendigungsdatum wird das Arbeitsverhältnis ordnungsgemäß abgerechnet. [Ggf. Angabe der relevanten Vergütungsbestandteile und dessen Höhe.]

2. Der Arbeitgeber hält aus heutiger Sicht an den im Zusammenhang mit der Kündigung erhobenen Vorwürfen nicht mehr fest.

3. Als Ausgleich für den Verlust des Arbeitsplatzes zahlt der Arbeitgeber an den Arbeitnehmer eine Abfindung gemäß § 3 Ziffer 9, § 34 EStG in Höhe von .... brutto.

4. Die Auszahlung der rückständigen Vergütung und die vorgenannte Abfindung erfolgt bis spätestens zwei Wochen nach Zugang einer Mitteilung des Arbeitsamtes an den Arbeitgeber über etwaige Anspruchsübergänge.

5. Der Arbeitgeber erteilt dem Arbeitnehmer ein wohlwollendes Zeugnis. Hierfür kann der Arbeitnehmer einen Entwurf übergeben, von dem der Arbeitgeber nur aus sachlichen Gründen abweichen wird.

6. [Etwaige sonstige Regelungen, insbesondere Ausgleichsklauseln]«

329 Falls das Arbeitsverhältnis durch einen solchen Vergleich erst nach **Vollendung des 55. Lebensjahres** des Arbeitnehmers beendet werden sollte, ist besondere Vorsicht geboten, weil die Beendigung grundsätz-

---

502 Vor allem eine Sperrzeit beim Bezug von Arbeitslosengeld.

lich zu einer **Erstattungspflicht** des Arbeitgebers für das Arbeitslosengeld des Arbeitnehmers führen kann.[503] In Fällen, in denen die verhaltensbedingte Kündigung vor Gericht belegbar war, bietet sich daher an, statt eines Vergleichs ein klageabweisendes Urteil des Arbeitsgerichts anzustreben. Falls die Parteien sich gleichwohl vergleichen und eine **Erstattungspflicht vermeiden** möchten, steht hierfür möglicherweise folgendes **Modell** zur Verfügung:[504]

Arbeitnehmer und Arbeitgeber schließen »für den Fall eines rechtskräftigen klageabweisenden Urteils des Arbeitsgerichts« in dem betreffenden Rechtsstreit einen Vergleich ab, wonach das Arbeitsverhältnis durch die vom Gericht gebilligte Kündigung zum Ablauf der Kündigungsfrist gegen eine bestimmte Abfindung beendet wird.

Vor Gericht begründet der Arbeitgeber die Kündigung; der Arbeitnehmer bestreitet diese Darlegungen nicht. Beide Parteien beantragen eine Alleinentscheidung des Vorsitzenden Richters im unmittelbaren Anschluss an die Güteverhandlung.[505] Wenn der Vorsitzende dann entsprechend dem Parteivortrag entscheidet, hat das Arbeitsverhältnis »durch sozial gerechtfertigte Kündigung« geendet, was eine Erstattungspflicht ausschließt.[506]

V. Strafanzeige

Bei verhaltensbedingten, insbesondere fristlosen Kündigungen stellt sich der Arbeitgeber häufig die Frage, ob er gegen den Arbeitnehmer Strafanzeige erheben soll. Diese Frage kann nicht pauschal beantwortet, sondern sollte von den **Umständen des Einzelfalles** abhängig gemacht werden. Bei bestimmten Taten muss der Arbeitgeber sich jedoch zügig entscheiden, weil eine dreimonatige Frist für die Antrag-

---

503 Zum 1. 1. 2004 wurde die Erstattungspflicht nach § 147a SGB III für nach den 26. 9. 2003 veranlasste Beendigungstatbestände verschärft. Nunmehr tritt die Erstattungspflicht bereits ab dem 57. statt bisher ab dem 58. Lebensjahr ein. Der maximale Erstattungszeitraum beträgt 32 statt bisher 24 Monate. Außerdem kann die Erstattungspflicht nur vermieden werden durch eine Beendigung des Arbeitsverhältnisses vor Vollendung des 55. statt bisher des 56. Lebensjahres; vgl. §§ 147a, 434j SGB III.
504 Dieses Modell wurde vorgestellt vom Vorsitzenden Richter am LAG in Düsseldorf, *Dietrich Boewer,* auf der 15. Jahresarbeitstagung Arbeitsrecht beim Arbeitsgericht des Deutschen Anwaltsinstituts am 15. 11. 2003 in Köln.
505 § 55 Abs. 3 ArbGG.
506 So ausdrücklich § 147a Abs. 1 Satz 2 Nr. 4 SGB III. Wie diese Vorschrift weiter festlegt, ist das Arbeitsamt an eine rechtskräftige Entscheidung des Arbeitsgerichts über die soziale Rechtfertigung einer Kündigung gebunden. Eine einheitliche Bewertung dieses Modells durch die Arbeitsverwaltung ist bisher allerdings nicht bekannt.

stellung besteht. Es handelt sich um so genannte **Antragsdelikte** wie zB Diebstahl, Betrug minderwertiger Sachen oder Computermissbrauch.

331 Eine Strafanzeige kann das **Verfahren verzögern**, weil die Staatsanwaltschaften den Vorgang häufig nicht allzu rasch bearbeiten. Außerdem führt der im Strafrecht geltende Grundsatz »in dubio pro reo« häufig zur **Einstellung des Verfahrens mangels Nachweisbarkeit**. In einem solchen Fall kann sich die Strafanzeige als **kontraproduktiv für das arbeitsgerichtliche Verfahren** erweisen.

332 Häufig genügt jedoch bereits die bloße Möglichkeit, eine Strafanzeige zu erheben, um den Arbeitnehmer zu einer für den Arbeitgeber günstigeren Vergleichsregelung zu bewegen. Hierbei ist zu beachten, dass der Arbeitgeber sich selbst nicht strafbar machen darf, indem er den Arbeitnehmer durch rechtswidrige Drohung mit einer Strafanzeige zu dem Vergleichsabschluss nötigt. Eine Strafbarkeit wegen Nötigung kommt jedoch nur in Betracht, wenn die **Drohung mit der Strafanzeige** rechtswidrig war. Auch außerhalb des Strafrechts besteht aber ein Risiko für den Arbeitgeber, denn der Arbeitnehmer kann ggf. berechtigt sein, die abgeschlossene Vereinbarung wegen Drohung anzufechten, § 123 BGB.

G. Beweissicherung

333 In der Praxis werden Kündigungsrechtsstreite wegen verhaltensbedingter Kündigungen weniger aufgrund Rechts- denn durch Beweisfragen entschieden. Dies liegt nicht zuletzt an der umfassenden Beweis- und Darlegungspflicht des Arbeitgebers. Er muss nicht nur das vertragswidrige Verhalten des Arbeitnehmers, sondern auch das Fehlen etwaiger Rechtfertigungsgründe konkret darlegen.[507] Für den Ausgang des Kündigungsrechtsstreits ist es daher wesentlich, dass im Vorfeld der Kündigung die **Beweise** für das vertragswidrige Verhalten möglichst vollständig **zusammengetragen und sorgfältig gesichert** wurden.

▶ Praxistipp:

Alle in Betracht kommenden Zeugen sollten aufgefordert werden, ihre Beobachtungen schriftlich festzuhalten (Erinnerungsstütze in einem späteren Kündigungsschutzprozess). Originaldokumente, die eine Vertragsverletzung belegen, sollten sicher verwahrt und nicht durch Markierungen oder Notizen verändert werden, um spätere forensische Untersuchungen des Originaldokuments nicht zu erschweren.

---

507 Vgl. hierzu bereits oben Rz 311.

Verhaltensbedingte Kündigung § 1

Bei der Sicherung der Beweise gegen den Arbeitnehmer sind ferner die **Grenzen des allgemeinen Persönlichkeitsrechts** des Arbeitnehmers und die einschlägigen **Mitbestimmungsrechte** des Betriebsrats zu beachten, damit die Beweise auch im späteren Kündigungsrechtsstreit **verwertbar** sind. 334

I. Einsatz eines Privatdetektivs

Der Einsatz eines Privatdetektivs ist in der Praxis ein gängiges Mittel, um Vertragsverletzungen oder Straftaten des Arbeitnehmers aufzuklären und nachzuweisen. Detekteien werden typischerweise damit beauftragt, eine vorgetäuschte Arbeitsunfähigkeit, Schmiergeldannahmen, Unterschlagungen, Verstöße gegen Alkoholverbote oder unerlaubte Nebentätigkeiten des Arbeitnehmers zu recherchieren. 335

Im Kündigungsrechtsstreit kann der Privatdetektiv als **Zeuge** vernommen werden. In aller Regel fertigt er jedoch auch einen **schriftlichen Bericht** ggf. mit **Fotos** und/oder **Tonbandaufnahmen** an, der dem Gericht vorgelegt werden kann. 336

Die Beschäftigung von Privatdetektiven kann eine **Anzahl von Mitbestimmungsrechten des Betriebsrats** auslösen. Ein Mitbestimmungsrecht besteht zunächst, falls der Detektiv das **Ordnungsverhalten** der Arbeitnehmer überwachen soll (zB Kontrolle eines Alkoholverbots im Betrieb).[508] Anders jedoch, wenn der Einsatz des Detektivs auf die **Überwachung des Arbeitsverhaltens** abzielt (zB Überprüfung, ob der Arbeitnehmer seine Arbeitsunfähigkeit vortäuscht). In diesem Fall besteht kein Mitbestimmungsrecht des Betriebsrats.[509] Setzt der Detektiv **Fotos** oder **Videokameras** ein, so besteht ebenfalls ein Mitbestimmungsrecht des Betriebsrats (§ 87 Abs. 1 Nr. 6 BetrVG). Ist der Detektiv über längere Zeit im Betrieb **fest angestellt** und ist der Arbeitgeber ihm gegenüber weisungsbefugt wie gegenüber der sonstigen Belegschaft, liegt eine **Einstellung** des Detektivs iSv § 99 BetrVG vor.[510] Der Betriebsrat muss in diesem Fall der Beschäftigung des Detektivs zustimmen. 337

Verstößt der Detektiv bei seinem Einsatz gegen das **allgemeine Persönlichkeitsrecht** des Arbeitnehmers, ist der Arbeitgeber in einem späteren Kündigungsrechtsstreit uU gehindert, diese Informationen zu verwerten. 338

---

508 *BAG* 10. 11. 1987, DB 1987, 2420.
509 *BAG* 26. 3. 1991, DB 1991, 1834: Überwachung eines TÜV-Prüfstellenmitarbeiters durch ein Detektivbüro.
510 Vgl. *Lingemann/Göpfert* DB 1997, 374, 375.

339 Das **Abhören von Arbeitnehmern durch den Privatdetektiv** ist nur in sehr engen Grenzen zulässig. Erforderlich ist, dass eine sinnvolle und Erfolg versprechende Beweismittelbeschaffung nicht anders möglich ist.[511] Auch **verdeckte Fotoaufnahmen und Videoaufzeichnungen**, die in die Privat- bzw. Intimsphäre des Arbeitnehmers eingreifen, verletzen das allgemeine Persönlichkeitsrecht und sind in einem späteren Rechtsstreit nicht verwertbar.[512] Soweit sich der Einsatz des Detektivs jedoch auf die Überwachung arbeitsvertraglich geschuldeten Arbeits- bzw. Ordnungsverhaltens beschränkt, sind Aufnahmen des Arbeitnehmers auch dann verwertbar, wenn sie den Arbeitnehmer bei Tätigkeiten auf dem Privatgrundstück des Arbeitnehmers zeigen (zB Hausbau oder Renovierungen).[513] Ein **hartnäckiges Nachstellen** durch den Detektiv, zB Auflauern bei privaten Verabredungen, kann die Grenze zum Zulässigen überschreiten. Die Folge dieses Detektiveinsatzes ist nicht nur ein Beweisverwertungsverbot, sondern auch eine Pflicht des Arbeitgebers, den Detektiveinsatz abzubrechen.[514]

▶ Praxistipp:

Bereits der Auftrag an den Detektiv sollte möglichst präzise die Rechtmäßigkeitsvoraussetzungen einer Kündigung enthalten (erforderlich ist zB der Nachweis einer Zueignungsabsicht bei einer Kündigung wegen Diebstahls). Der Detektiv sollte nach jedem Einsatz einen kurzen Zwischenbericht abgeben, damit der Auftrag ggf. korrigiert werden kann.

II. Mithören von Telefongesprächen

340 Durch das heimliche Abhören von Telefongesprächen des Arbeitnehmers am Arbeitsplatz kann der Arbeitgeber sich in aller Regel **keine Beweismittel** verschaffen, die er im nachfolgenden Kündigungsrechtsstreit verwerten kann. Dienstliche und private Gespräche sind vom Schutzbereich des allgemeinen Persönlichkeitsrechts umfasst (»Recht am eigenen Wort«).[515] Unerheblich ist hierbei, ob die Privatnutzung des Diensttelefons erlaubt oder unerlaubt erfolgt.[516] Das Kontrollinteresse des Arbeitgebers, so die einhellige Ansicht in der Literatur, könne einen

---

511 *LAG Berlin* 15. 2. 1988, DB 1988, 1024.
512 *Baumbach/Lauterbach/Albers/Hartmann* Übersicht zu § 371 Rz 11 mwN.
513 *Lingemann/Göpfert* DB 1997, 374, 376.
514 *Lingemann/Göpfert* a. a. O.
515 *BVerfG* 19. 12. 1991, DB 1992, 786; *BAG* 2. 6. 1982, AP § 284 ZPO Nr. 3.
516 *LAG Berlin* 19. 2. 1974, DB 1974, 1243; *LAG Köln* 19. 1. 1983, DB 1983, 1101.

derart weitgehenden Eingriff in die Privatsphäre des Arbeitnehmers selbst dann nicht rechtfertigen, wenn sich der Arbeitnehmer seinerseits weisungswidrig verhält.[517] Auch eine **offene Überwachung der Telefonate**, über die die Belegschaft vorher unterrichtet wurde, ist grundsätzlich nicht durch überwiegende Interessen des Arbeitsgebers zu rechtfertigen. Der Arbeitgeber kann auch nicht zu seinen Gunsten behaupten, dass er im Interesse rationeller Betriebsführung und Kostenersparnis Privatgespräche in Grenzen halten müsse.[518] Das **Mithören oder Mithören lassen eines Telefongesprächs** (zB durch Lautsprecher) ist daher nur zulässig, wenn der Arbeitnehmer hiervon **konkrete Kenntnis** hatte.[519] Es reicht nicht aus, dass der Arbeitnehmer nur die Möglichkeit des Mithörens kannte.[520] Unzulässig und auch strafrechtlich relevant[521] ist die Aufzeichnung von Telefongesprächen und das spätere Abspielen von Privat- und Dienstgesprächen im Betrieb.[522]

III. Videoüberwachung

Der Arbeitgeber kann sich **nur in engen Grenzen** Beweismittel gegen den Arbeitnehmer mittels offener oder verdeckter Videoüberwachung beschaffen. Das **allgemeine Persönlichkeitsrecht** schützt den Arbeitnehmer vor einer lückenlosen technischen Überwachung am Arbeitsplatz durch heimliche Videoaufnahmen. Der Arbeitnehmer, der davon ausgehen muss, dass der Arbeitgeber bei bestimmten Gelegenheiten zum Mittel der heimlichen Videoaufzeichnung greift, ist einem ständigen Überwachungsdruck ausgesetzt, dem er sich nicht entziehen kann.[523] 341

Ein Eingriff in das Persönlichkeitsrecht des Arbeitnehmers durch heimliche Videoüberwachung kann allerdings **aufgrund überwiegender schutzwürdiger Interessen des Arbeitgebers** gerechtfertigt sein. Im Einzelfall muss das Persönlichkeitsrecht des Arbeitgebers mit den Interessen des Arbeitgebers abgewogen und ermittelt werden, ob das allgemeine Persönlichkeitsrecht den Vorrang verdient.[524] Die heimliche 342

---

517 Vgl. *Weißgerber* NZA 2003, 1005, 1006.
518 *Wiese* ZfA 1971, 290 (zitiert nach *Weißgerber* a. a. O.).
519 *BAG* 29. 10. 1997, NZA 1998, 307.
520 *BVerfG* 19. 12. 1991 a. a. O.
521 § 201 Abs. 1 Nr. 1 und 2 StGB.
522 Vgl. *BGH* 13. 10. 1997, DB 1988 10, 11.
523 *BAG* 7. 10. 1987, EzA BGB § 611 Persönlichkeitsrecht Nr. 6; *LAG Hamm* 24. 7. 2001, NZA-RR 2002, 464; *LAG Baden-Württemberg* 6. 5. 1999, DB 1999, 1439.
524 *BVerfG* 9. 10. 2002, EzA § 611 BGB Nr. 15; *BVerfG* 19. 12. 1991, NJW 1992, 815.

Videoüberwachung eines Arbeitnehmers ist danach zulässig, wenn der **konkrete Verdacht einer strafbaren Handlung oder einer anderen schweren Pflichtverletzung** besteht, weniger einschneidende Mittel zur Aufklärung des Verdachts ausgeschöpft sind, die verdeckte Videoüberwachung praktisch das einzig verbleibende Mittel darstellt und insgesamt nicht unverhältnismäßig ist.[525]

▶ **Beispiel:**

In einem Getränkemarkt führen überdurchschnittliche hohe Kassendifferenzen zu einem konkreten Verdacht der Unterschlagung von Kassengeldern seitens der im Kassenbereich beschäftigten Mitarbeiter. Maßnahmen der Innenrevision waren erfolglos ebenso wie, Überprüfungen des Warenwirtschaftssystems. Weitere Arbeitsabläufe waren vergeblich auf Fehlerquellen untersucht worden. Eine Überwachung mit offen angebrachten Kameras hätte die verdächtigten Mitarbeiter von einer Fortsetzung ihres Verhaltens abgehalten. Die Einrichtung einer verdeckten Videoüberwachung war demnach zulässig, die Videoaufnahmen im anschließenden Kündigungsschutzprozess verwertbar.[526]

343 Noch unentschieden ist, wie sich die neu eingeführte **gesetzliche Pflicht**, Videoüberwachungen für öffentlich zugängliche Räume erkennbar zu machen, auswirken wird.[527] In den Fällen, in denen ein konkreter Verdacht einer strafbaren Handlung oder einer anderen schweren Verfehlung zu Lasten des Arbeitgebers besteht, ist eine heimliche Videoüberwachung durch die neue datenschutzrechtliche Bestimmung wohl nicht ausgeschlossen.[528]

H. Wirtschaftskriminalität – Kleiner Leitfaden für Arbeitgeber

I. Umfang und Auswirkungen der Wirtschaftskriminalität

344 Die Gefahr durch Wirtschaftskriminalität steigt zunehmend. Nach jüngsten Studien soll der Schaden allein der entdeckten Wirtschaftskriminalität im Jahr 2002 knapp € 7 Milliarden betragen haben. Andere Studien gehen unter Berücksichtigung der Dunkelziffer sogar von einem deutlich höheren Schaden aus. Danach soll der **jährliche Scha-**

---

525 *BAG* 27. 3. 2003, BB 2003, 2578.
526 Vgl. *BAG* 27. 3. 2003, BB 2003, 2578.
527 § 6 b Abs. 2 BDSG.
528 *Grosjean* DB 2003, 2650, 2651.

den durch Wirtschaftskriminalität in Deutschland rund **€ 150 Milliarden** betragen, wovon 84% durch **eigene Mitarbeiter** und 50% durch das Management verursacht werden.[529]

Die Erscheinungsformen der Wirtschaftskriminalität sind vielfältig. Im Vordergrund stehen Diebstahl/Unterschlagung sowie Betrug/Untreue. Zunehmend werden jedoch auch andere Taten beobachtet wie zB Falschbilanzierung, Urkundenfälschung (zB Schecks, Rechnungen und Quittungen), Bestechlichkeit, Verrat von Geheimnissen, Geldwäsche und die so genannte Computerkriminalität. Dieses »Cybercrime« wird von deutschen Unternehmensleitungen bisher noch deutlich unterschätzt,[530] obwohl gerade hierdurch die Gefahr besteht, innerhalb kürzester Zeit Geschäftsgeheimnisse offen zu legen und Kundenvertrauen zu zerstören. 345

Wenngleich für Prävention, Aufdeckung, Sanktionierung und Schadensregulierung in der Regel ein Team von spezialisierten Wirtschaftsprüfern, Anwälten und Detekteien optimal ist, sollen hier zumindest einige Aspekte aufgezählt werden. 346

II. Tipps zur Vermeidung von Wirtschaftskriminalität

- Effektives Kontrollsystem
- Funktionstrennung im Unternehmen
- Konsequentes Durchgreifen bei bekannt gewordenen Fällen
- Bekanntgabe im Unternehmen, dass konsequent gegen Wirtschaftskriminalität durchgegriffen wird
- IT-Richtlinie einrichten, durchsetzen und kontrollieren
- Dezentralisierung[531]

---

529 So KPMG unter Hinweis auf Schätzungen des Bundeskriminalamts; vgl. FAZ.NET vom 9.12.2003.
530 Vgl. die Studie »Wirtschaftskriminalität 2003« von PricewaterhouseCoopers (S. 9, 19)
531 Nach der Studie »Wirtschaftskriminalität 2003« von PricewaterhouseCoopers (S. 7) steigt mit der Größe des Unternehmens die Wahrscheinlichkeit, von Wirtschaftskriminalität betroffen zu sein. Dies liegt u. a. an der schwieriger zu kontrollierenden komplexen Ablauforganisation, der mangelnden Identifikation der Mitarbeiter und einem Kontrollverlust der Anteilseigner mit zunehmender Größe.

§ 1 Sozial ungerechtfertigte Kündigungen

- Konsequente Zugangskontrollen (physisch und virtuell)
- Mitarbeiterkapitalbeteiligung[532]
- Mehr Sorgfalt bei Auswahl und Einstellung der Mitarbeiter[533]
- Interne Beschaffungs- und Vergaberichtlinien
- Vertrauensschadensversicherung
- Verhaltenskodex[534]
- Berechtigungsplan (nicht alle Informationen für jeden Mitarbeiter zugänglich)

III. Wege zur Aufdeckung von Wirtschaftskriminalität

- Regelmäßige und unregelmäßige Prüfungen durch interne und externe Instanzen
- Ombudsleute und Telefon-Hotlines für (auch anonyme) Hinweise
- Managementwechsel als Anlass für Untersuchungen
- Zufallsfunde
- Verdeckte Stolpersteine
- Detektei, insbesondere bei Trennungskriminalität

---

[532] Eine wachsende Beteiligung der Mitarbeiter am Kapital der Gesellschaft kann deren Identifikation mit dem Unternehmen stärken und damit die Tendenz zu Schädigungen mindern; vgl. näher *Zimmer* FA 2001, 38.

[533] Dieses sogenannte »Pre-Employment Screening« kann auf verschiedene Weise erfolgen: Erkundungen in öffentlichen Datenbanken oder durch Dritte, Vorlage der wesentlichen Bewerbungsdokumente im Original (insbesondere Zeugnisse, Referenzen und Arbeits-/Aufenthaltserlaubnisse), Prüfung der Bewerbung auf Schlüssigkeit. Bei besonderen Vertragspositionen kann auch die Vorlage eines polizeilichen Führungszeugnisses (Auszug aus dem Bundeszentralregister) vom Arbeitnehmer vor der Einstellung verlangt werden.

[534] Viele Großunternehmen haben derartige »Codes of Conduct«. Jeder neue Mitarbeiter sollte ein Exemplar erhalten. Ferner sollte der Arbeitsvertrag hierauf Bezug nehmen. Auch wenn nicht alle Verstöße mit einer Abmahnung oder Kündigung sanktioniert werden können, so gibt der Verhaltenskodex doch einen wichtigen Maßstab für die konkreten Arbeitsvertragsverpflichtungen.

IV. Reaktionen auf Wirtschaftskriminalität

- Verhaltensbedingte Kündigung
- Rasche Freistellung des Mitarbeiters zur Beweissicherung
- Strafanzeige
- Schadensrückführung
- Unterlassungsverfügung
- Niederschlag im Zeugnis[535]
- Rückgewinnung von gelöschten und »gestohlenen« Daten durch IT-Spezialisten
- Untersuchung verdeckter Transaktionen[536]

Teil 4 Betriebsbedingte Kündigung

A. Einführung

Der Arbeitgeber kann einen Arbeitnehmer, der länger als sechs Monate bei ihm beschäftigt ist (§ 1 Abs. 1 KSchG), nicht nur bei Vorliegen personen- oder verhaltensbedingter Gründe[537], sondern auch dann kündigen, wenn **dringende betriebliche Erfordernisse** vorliegen, die einer Weiterbeschäftigung des Arbeitnehmers im Betrieb entgegenstehen, § 1 Abs. 2 Satz 1 3. Alternative KSchG. Bei dieser so genannten betriebsbedingten Kündigung liegen die **Gründe** häufig im Einflussbereich, jedenfalls aber **in der Sphäre des Arbeitgebers**, nicht in der Sphäre des Arbeitnehmers, wie dies bei der personen- und verhaltensbedingten Kündigung der Fall ist. Das Interesse des Arbeitnehmers am Bestandsschutz seines Arbeitsverhältnisses tritt in dieser Variante hinter das Bedürfnis des Arbeitgebers nach einem Personalabbau zurück. Daran zeigt sich, dass der Gesetzgeber kein nach § 823 Abs. 1 BGB absolut geschütztes Recht am

347

---

535 Zwar tendiert die Zeugnissprache zu Beschönigungen, jedoch muss der Arbeitgeber auch den Grundsatz der Zeugniswahrheit befolgen, denn der nächste Arbeitgeber könnte ihn auf Schadensersatz in Anspruch nehmen, wenn er den Arbeitnehmer im Vertrauen auf das blütenweiße Zeugnis einstellt und dieser beim neuen Arbeitgeber erneut kriminell wird.
536 Hierfür gibt es bei den großen WP-Gesellschaften spezialisierte Teams. Allerdings bietet es sich angesichts möglicher Interessenkollisionen an, hiermit eine andere WP-Gesellschaft zu beauftragen, als diejenige, die den Jahresabschluss des Unternehmens prüft.
537 § 1 Abs. 2 Satz 1, 1. und 2. Alt. KSchG; dazu siehe oben Rz 55 ff., 140 ff.

Arbeitsplatz kennt, sondern nur einen **relativen Bestandsschutz**,[538] denn die berechtigte betriebsbedingte Kündigung führt zu einem grundsätzlich entschädigungslosen[539] Verlust des Arbeitsplatzes, auch wenn der Arbeitnehmer selbst keinen Anlass zur Kündigung gegeben hat. Es reicht aus, wenn qualitative, quantitative oder strukturelle Anpassungsprozesse für den Betrieb aus Sicht des Arbeitgebers erforderlich sind, auf die der Arbeitnehmer selbst keinerlei Einfluss hat und deren Vorliegen ggf. nicht einmal der Arbeitgeber beeinflussen kann.

348 Der Gesetzgeber hat damit – durch alle Novellen des KSchG hindurch – an der Wertentscheidung festgehalten, dass im Widerstreit des Sozialstaatsprinzips nach Art. 20 Abs. 1, Art. 28 Abs. 1 GG einerseits, das auch den Schutz des Arbeitsplatzes gewährleisten soll, und des Grundrechts (auch) des Arbeitgebers auf Berufsfreiheit nach Art. 12 GG und dem Schutz seines Eigentums nach Art. 14 GG andererseits die Verfolgung unternehmerischer Ziele und damit letztlich auch die **Freiheit zum Ausspruch von Kündigungen** in Grenzen erhalten bleiben soll. Das KSchG als Ausprägung des Sozialstaatsprinzips und hier insbesondere die Regelungen zur betriebsbedingten Kündigung versuchen den angemessenen[540] Ausgleich der gegensätzlichen Interessen und schützen vor willkürlichen und grundlosen Kündigungen. Sie geben dem Arbeitnehmer aber keinen Anspruch auf Arbeitsplatzerhalt oder gar Schaffung eines Arbeitsplatzes.[541]

349 Grundvoraussetzung für eine betriebsbedingte Kündigung ist das Bestehen eines **Überhangs an Arbeitskräften** im Betrieb zum Zeitpunkt des Ablaufs der Kündigungsfrist.[542] Auch die betriebsbedingte Kündigung muss **sozial gerechtfertigt** sein, um wirksam zu sein. Entsprechend der gesetzlichen Struktur wird, wenn die Voraussetzung der Mindestbeschäftigungsdauer von sechs Monaten nach §1 Abs.1 KSchG gegeben ist, die soziale Rechtfertigung einer betriebsbedingten Kündigung grundsätzlich in **drei Stufen** geprüft. Für eine wirksame Kündigung sind alle drei kumulativ erforderlich.

1. Es müssen **dringende betriebliche Erfordernisse** vorliegen, die einer Weiterbeschäftigung im Betrieb entgegenstehen (§1 Abs. 2 Satz 1, 3. Alternative KSchG),

---

538 Vgl. *BAG* 30. 9. 1970, AP §70 BAT Nr. 2.
539 Zum neuen §1a KSchG, der eine Entschädigung vorsieht, vgl. unten §1a Rz 1 ff.
540 Vgl. *BVerfG* 21. 2. 1995, EzA Art. 20 Einigungsvertrag Nr. 44; *BVerfG*, 24. 4. 1991 EzA Art. 13 Einigungsvertrag Nr. 1.
541 *BAG* NJW 1964, 1921, 1922.
542 Vgl. *BAG* 30. 5. 1985, EzA §1 KSchG Betriebsbedingte Kündigung Nr. 36.

2. es darf keine **anderweitige adäquate Beschäftigungsmöglichkeit** im Betrieb oder in einem anderen Betrieb des Unternehmens vorhanden sein (§ 1 Abs. 2 Ziffern 1.b) und 2.b) KSchG), und

3. die **soziale Auswahl** muss korrekt durchgeführt worden sein. Es hätte also nicht einem anderen Arbeitnehmer anstelle des Betroffenen aufgrund geringerer sozialer Schutzbedürftigkeit gekündigt werden müssen (§ 1 Abs. 3 KSchG).

Diese drei Stufen sind durch umfängliche Rechtsprechung und Literatur vielfach ausdifferenziert. Grundsätzlich **ohne Relevanz** ist jedoch die – in der Praxis häufig angeführte – »Performance« des Arbeitnehmers. Bei der betriebsbedingten Kündigung geht es um den künftigen Wegfall eines oder mehrerer Arbeitsplätze, nicht um die Befähigung eines oder mehrerer Arbeitnehmer, ihren Arbeitsplatz vertragsgemäß auszufüllen oder dort zur Zufriedenheit des Unternehmers tätig zu sein.[543] 350

B. Dringende betriebliche Erfordernisse

Bei den »dringenden betrieblichen Erfordernissen« als erster Prüfungsstufe handelt es sich um einen **unbestimmten Rechtsbegriff**, bei dem der Gesetzgeber davon abgesehen hat, ihn im KSchG mit einer Legaldefinition zu unterlegen oder anderweitig zu konkretisieren. Wegen der Vielzahl möglicher Fallgestaltungen wird vielmehr zugelassen, sowohl innerbetriebliche als auch außerbetriebliche Faktoren als rechtfertigende Gründe für die betriebsbedingte Kündigung heranzuziehen,[544] die sich auf den Betrieb auswirken und überdies dringend sein müssen. 351

I. Erfordernisse

1. Außerbetriebliche Gründe

Der Unternehmer kann sich zur Rechtfertigung einer betriebsbedingten Kündigung zunächst auf außerbetriebliche Gründe berufen. Dies meint nicht allgemeine arbeitsmarkt-, beschäftigungs- oder sozialpolitische Faktoren. **Nicht** ausreichend sind daher Sachverhalte, die regel- 352

---

543 Nur umgekehrt kann die deutlich bessere »Performance« anderer vergleichbarer Mitarbeiter bei der Sozialauswahl (hier: bei der Bestimmung der Gruppe der vergleichbaren Arbeitnehmer) eine Rolle spielen, siehe Rz 539 ff.
544 Vgl. *BAG* 30. 5. 1985, EzA § 1 KSchG Betriebsbedingte Kündigung Nr. 36; *BAG* 7. 12. 1978, EzA § 1 KSchG Betriebsbedingte Kündigung Nr. 10.

mäßig unter dem Stichwort »**Austauschkündigung**« behandelt werden: Möchte der Arbeitgeber aus allgemeinen politischen Gründen gegenwärtig von ihm beschäftigte Arbeitnehmer gegen Arbeitslose austauschen, um diesen eine Beschäftigung zu geben, so stellt das ebenso wenig ein dringendes betriebliches Erfordernis dar wie der Wunsch des Arbeitgebers, durch eine Neubesetzung eines Arbeitsplatzes seine Pflichtplatzquote nach § 71 SGB IX für die Beschäftigung von Schwerbehinderten zu erfüllen. Der Wunsch, nebenberuflich Teilzeitbeschäftigte durch Arbeitslose in Vollzeit zu ersetzen, ist kein dringender betrieblicher Grund. Erforderlich sind vielmehr externe Gründe, die **konkrete Auswirkungen** auf den Betrieb des Unternehmers und auf die dort vorhandenen Arbeitsplätze haben.[545]

▶ Beispiele:

Auftragsmangel, Rohstoffverknappung, spürbarer Umsatzrückgang, Nachfrageeinbruch, Absatzschwierigkeiten, gesamtwirtschaftliche Rezession, branchenspezifische Strukturveränderung, Drittmittelkürzung oder -streichung, Auswirkungen währungspolitischer Veränderungen auf ein exportorientiertes Unternehmen, wesentliche Änderungen der gesetzlichen Rahmenbedingungen eines Unternehmens.

353 Solche externen Gründe müssen dann zu einem **Überhang an Arbeitskräften** führen, es muss also mittelbar oder unmittelbar das Bedürfnis zur Weiterbeschäftigung eines oder mehrerer Arbeitnehmer wegfallen.[546] Erforderlich ist eine **Kausalbeziehung** zwischen den externen Gründen und dem Wegfall des Beschäftigungsbedürfnisses.

354 Allerdings führt nicht jede solche Kausalität schon zu einer wirksamen betriebsbedingten Kündigung. Erforderlich ist vielmehr eine auf den außerbetrieblichen Gründen beruhende **Unternehmerentscheidung**, also eine Willensentscheidung des Arbeitgebers dahingehend, dass das Beschäftigungsbedürfnis tatsächlich entfällt. Es bleibt dem Arbeitgeber schließlich unbenommen, auf veränderte äußere Umstände nicht mit Kündigungen, sondern anders oder gar nicht zu reagieren; er ist beispielsweise nicht gezwungen, die Anzahl der Produktionsmitarbeiter stets der aktuellen Auftragslage anzupassen. Stattdessen kann er sich auch dafür entscheiden, einen Personalvorrat zu halten und auf Besserung der Lage zu hoffen.

---

545 Vgl. *BAG* 13. 3. 1987, EzA § 1 KSchG Betriebsgedingte Kündigung Nr. 44.
546 *BAG* 30. 5. 1985, EzA § 1 KSchG Betriebsbedingte Kündigung Nr. 36; *BAG* 13. 3. 1987, EzA § 1 KSchG Betriebsbedingte Kündigung Nr. 44.

Betriebsbedingte Kündigung §1

Beruft sich der Unternehmer jedoch auf die Kausalbeziehung zwischen außerbetrieblichem Grund und Wegfall des Beschäftigungsbedürfnisses für eine bestimmte Anzahl von Arbeitnehmern, so muss er sich daran festhalten und messen lassen. Er unterliegt der **Selbstbindung des Arbeitgebers**, und der kausale Zusammenhang ist dann gerichtlich überprüfbar.[547] 355

In der Praxis sind außerbetriebliche Gründe eher selten allein maßgebender Grund für eine betriebsbedingte Kündigung. Vielmehr wird der außerbetriebliche Grund häufig nur Anlass zu innerbetrieblichen Reorganisationsmaßnahmen geben, so dass es auf ihn primär nicht ankommt, sondern er vielmehr als Illustration und zur Erleichterung der Nachvollziehbarkeit der dann allein relevanten[548] internen Maßnahme dient. 356

2. Innerbetriebliche Gründe

Innerbetriebliche Gründe sind sämtliche betriebliche Maßnahmen organisatorischer, wirtschaftlicher oder technischer Art, die sich auf die Zahl der benötigten Arbeitsplätze auswirken. Der Arbeitgeber trifft eine **unternehmerische Entscheidung**, aufgrund derer ein Überhang an Arbeitskräften herbeigeführt wird und somit das Weiterbeschäftigungsbedürfnis für einen oder mehrere Arbeitnehmer nicht mehr besteht.[549] Er fällt eine Gestaltungsentscheidung hinsichtlich Inhalt, Arbeitsorganisation und Arbeitsablauf, mit der er den Bedarf an Arbeitskräften unmittelbar bestimmt. 357

▶ **Beispiele:**

Anschaffung neuer Maschinen mit geringerem Arbeitskräftebedarf; Einführung von Rationalisierungsmaßnahmen; Einführung neuer Fertigungsverfahren und Arbeitsmethoden; Einschränkung, Verlegung oder Stilllegung/Schließung des gesamten Betriebs oder von Betriebsteilen; Zusammenlegung von Betrieben zur Nutzung von Synergieeffekten; Änderung des Betriebszwecks; aber auch lediglich der Wunsch, Kosten zu sparen.[550]

---

547 Vgl. *BAG* 15. 6. 1989, EzA § 1 KSchG Betriebsbedingte Kündigung Nr. 63; *BAG* 11. 9. 1986, RzK I 5c Nr. 13.
548 Vgl. *BAG* 26. 1. 1984, RzK I 5c Nr. 7.
549 Vgl. *BAG* 26. 9. 1996, EzA § 1 KSchG Betriebsbedingte Kündigung Nr. 86; *BAG* 30. 5. 1985, EzA § 1 KSchG Betriebsbedingte Kündigung Nr. 36.
550 Zu letzterem vgl. etwa *LAG Köln* 31. 8. 1994, LAGE § 1 KSchG Betriebsbedingte Kündigung Nr. 26.

§ 1   Sozial ungerechtfertigte Kündigungen

358   Es steht grundsätzlich im **Ermessen des Unternehmers**, ob und welche Maßnahmen er ergreift, um auf seine Marktumgebung zu reagieren, Verluste zu vermeiden und den Gewinn zu erhöhen. Ihm steht die gesamte Palette unternehmerischer Entscheidungen zur Verfügung; er muss nicht den Abbau von Arbeitsplätzen beschließen. Ebenso gut kann er, wenn ihm dies betriebswirtschaftlich oder aus anderen Gründen sinnvoll erscheint und er den regelmäßig zu beteiligenden Betriebsrat entsprechend überzeugen kann, andere Anpassungsmaßnahmen ergreifen, etwa Überstunden abbauen, die betriebliche Arbeitszeit verkürzen, Kurzarbeit einführen, übertarifliche Zulagen und Gratifikationen reduzieren oder andere Änderungen bewirken, die keine Verringerung der Anzahl der Arbeitsplätze und damit auch keine betriebsbedingten Kündigungen zur Folge haben.

359   Regelmäßig sind innerbetriebliche Gründe **in der Praxis** die zur Rechtfertigung einer betriebsbedingten Kündigung vorgebrachten Hauptgründe. Die Grenzen verschwimmen allerdings gelegentlich; nicht selten ist die Unternehmerentscheidung eine Mischung aus Berufung auf außerbetriebliche Gründe und Bestimmung einer innerbetrieblichen Maßnahme, die in solch außerbetrieblichen Gründen ihren Anlass hat. Es hat sich in der praktischen Handhabung durchaus bewährt, im Kündigungsschutzprozess den innerbetrieblichen Grund dadurch nachvollziehbar und verständlich zu machen, dass außerbetriebliche Gründe mit angeführt werden. Allerdings ist darauf zu achten, dass – außer bei ganz eindeutigen und nachweisbaren außerbetrieblichen Gründen wie dem völligen Marktverfall – das Risiko der Selbstbindung des Unternehmers an solch außerbetriebliche Gründe vermieden und stattdessen eher Rückgriff auf innerbetriebliche Gründe genommen wird. Das Arbeitsgericht prüft in diesem Falle nicht die außerbetrieblichen Gründe, sondern nur, ob und für wie viele Arbeitnehmer durch die innerbetriebliche Maßnahme ein Beschäftigungsbedürfnis entfallen ist.[551]

360   Meist ist es zweckmäßig, zur Nachweisbarkeit der **Unternehmerentscheidung** im Kündigungsschutzprozess diese auch zu **dokumentieren**. Im typischen Fall einer GmbH, deren Geschäftsleitung eine Personalabbaumaßnahme beschließt, kann dies **beispielsweise** wie folgt aussehen:

---

551 *BAG* 26. 1. 1984, RzK I 5c Nr. 7; *BAG* 24. 10. 1979, EzA § 1 KSchG Betriebsbedingte Kündigung Nr. 13.

Betriebsbedingte Kündigung §1

Unternehmerentscheidung

Die [Gesellschaft], vertreten durch ihren alleinvertretungsberechtigten Geschäftsführer [Name] / durch ihre gesamtvertretungsberechtigten Geschäftsführer [Namen], beschließt hiermit wegen der nachhaltig schlechten Auftragslage und der deutlich geringer als erwartet und budgetiert erzielten Vertriebserfolge folgendes:

1. *Ab dem [Datum] sollen sich die Vertriebsaktivitäten der Gesellschaft auf den Erhalt bestehender Kundenkontakte beschränken. Aktivitäten zur Neuakquisition von Kunden sollen nicht mehr entfaltet werden.*

2. *Die Vertriebsaktivitäten der Gesellschaft in Deutschland sollen ab dem [Datum] statt durch [Anzahl] Mitarbeiter nur noch durch [Anzahl] Mitarbeiter ausgeübt werden.*

3. *Die Positionen [Position] und [Position] werden ab dem [Datum] zusammengelegt, vor allem deswegen, weil eine Analyse der Arbeitsbelastung für beide Positionen ergeben hat, dass diese jeweils nur zu [Anzahl] Prozent ausgelastet sind. Zudem beschließt die Gesellschaft, dass die verbleibende Position [Position] künftig ausschließlich in Frankfurt am Main statt in München angesiedelt sein wird, da alle anderen Mitarbeiter der Abteilung in Frankfurt am Main tätig sind.*

4. *Als Folge der Beschlüsse gemäß den vorstehenden Ziffern werden [Anzahl] Arbeitsplätze der Gesellschaft entfallen.*

5. *Der Mitarbeiter der Gesellschaft [Name] wird hiermit ermächtigt, alle notwendigen Maßnahmen zu ergreifen, um die hiermit beschlossene Umstrukturierung durchzuführen, insbesondere alle Kündigungen auszusprechen, die sich aus dem Wegfall der Arbeitsplätze wie nach vorstehender Ziffer 4 beschlossen ergeben, und mit den betroffenen Mitarbeitern ggf. Verhandlungen über eine einvernehmliche Lösung zu führen und entsprechende Vereinbarungen abzuschließen.*

[Ort, Datum, Unterschrift(en) des alleinvertretungsberechtigten Geschäftsführers / der gesamtvertretungsberechtigten Geschäftsführer der Gesellschaft]

Ein solches Dokument kann dann zum Beweis des Datums und Inhalts der unternehmerischen Entscheidung mit schriftsätzlichen Erläuterungen in den Prozess eingeführt werden. **361**

Das Beispiel enthält über die Unternehmerentscheidung hinaus auch eine **Bevollmächtigung** einer einzelnen Person, die erforderlichen Maßnahmen, insbesondere den Ausspruch der Kündigungen, aber auch Verhandlungen über Aufhebungs- oder Abwicklungsvereinba- **362** rungen, vorzunehmen. Das ist dann sinnvoll, wenn der oder die Vertretungsberechtigten der Gesellschaft in der Zeit nicht verfügbar sind, zu der die Kündigungen ausgesprochen werden sollen, weil sie sich etwa im Ausland aufhalten. Zu beachten ist allerdings, dass die Vollmacht im **Original**[552] **dem Original der Kündigungserklärung**[553] beizufügen ist. Nach § 174 Satz 1 BGB muss der Bevollmächtigte eine Vollmachtsurkunde vorlegen, es sei denn, der Vollmachtgeber hätte den Empfänger von der Bevollmächtigung vor Ausspruch der Kündigung in Kenntnis gesetzt, § 174 Satz 2 BGB. Wird die Kündigung ausdrücklich und unverzüglich wegen mangelnder Bevollmächtigung vom Empfänger zurückgewiesen – hierfür werden ihm regelmäßig einige Tage zuzugestehen sein[554] – so wäre sie schon deswegen unwirksam. Der Arbeitgeber müsste dann erneut kündigen. Je nach Fristenlage kann sich der Beendigungszeitpunkt für das Arbeitsverhältnis so deutlich nach hinten verschieben.

▶ **Praxistipp:**

Es ist bei Ausspruch der Kündigung stets darauf zu achten, dass nicht nur die Kündigungserklärung im Original, also mit Originalunterschrift des Vertretungsberechtigten, übergeben, sondern zugleich auch eine Bevollmächtigung im Original vorgelegt wird, wenn die Vertretungsberechtigung des Unterzeichners der Kündigung dem zu kündigenden Arbeitnehmer nicht zweifelsfrei bekannt ist. Sind mehrere Kündigungen geplant, so müssen dementsprechend auch mehrere Originalvollmachten ausgestellt werden, damit sie jeweils mit dem Original der Kündigungserklärung vorgelegt werden können.

363 Wenn dem Empfänger der Kündigungserklärung nicht die gesamte Unternehmerentscheidung bereits mit Ausspruch der Kündigung bekannt gegeben werden soll, so wäre die Vollmacht separat auszustellen. Eine Dokumentation in der schriftlichen Unternehmerentscheidung, welche Personen mit der Umsetzung der Maßnahme betraut sein sollen, ist dennoch sinnvoll.

---

552 Beglaubigte Abschrift reicht nicht, auch bei Kündigung durch einen Rechtsanwalt, vgl. *BGH* 4. 2. 1981, DB 1981, 1874; auch Faxkopie reicht nicht.
553 Dass mit Originalerklärung zu kündigen ist, verlangt die in § 623 BGB genannte Schriftform nach § 126 BGB.
554 Drei, mit dazwischen liegendem Wochenende auch fünf, Tage ab Zugang, vgl. *BAG* 30. 5. 1978, EzA § 174 BGB Nr. 2; *BAG* 11. 7. 1991, EzA § 174 BGB Nr. 9; *BAG* 20. 8. 1997, EzA § 174 BGB Nr. 12; je nach den Umständen des Einzelfalls ggf. auch länger, vgl. weitere Nachweise bei KR/*Friedrich* § 13 KSchG Rz 285. Nach *Hess. LAG* (12. 3. 2001, FA 2001, 207) ist eine Rüge fehlender Vollmacht binnen weniger Tage bis zu einer Woche nicht zu beanstanden.

3. Grenzen und gerichtliche Überprüfbarkeit der Unternehmerentscheidung

Das Gesetz bestimmt nicht, ob und inwieweit die unternehmerische Entscheidung, aufgrund derer Arbeitsplätze wegfallen, einer gerichtlichen Kontrolle unterworfen ist. Hier ist zwischen zwei unternehmerischen Entscheidungen zu unterscheiden: Zum einen ist der **Ausspruch einer Kündigung selbst**, sei sie betriebsbedingt oder aus anderen Gründen, im weitesten Sinne eine unternehmerische Entscheidung. Diese ist selbstverständlich umfassend gerichtlich daraufhin überprüfbar, ob ihr dringende betriebliche Erfordernisse zugrunde liegen.[555] Allerdings ist sie nur Konsequenz einer **vorhergehenden unternehmerischen Entscheidung**, nämlich der, Arbeitsplätze abzubauen.[556] Wäre dem anders, und gäbe es keine zugrunde liegende Entscheidung, wäre der Ausspruch der Kündigung als Unternehmerentscheidung im Zweifel willkürlich und damit nicht gerechtfertigt.

364

Fraglich ist daher, ob die grundlegende unternehmerische Entscheidung, mit weniger Arbeitnehmern auskommen zu wollen, gerichtlich überprüfbar ist. Bereits mit Einführung der ersten Fassung des KSchG im Jahr 1951 wurden beide Extreme vertreten, sowohl die volle Überprüfbarkeit als auch die Auffassung, dass die Unternehmerentscheidung einer Überprüfung durch die Gerichte überhaupt nicht zugänglich sei.[557] Nach mittlerweile herrschender Meinung in der höchstrichterlichen Rechtsprechung, der die Literatur weitgehend gefolgt ist, gilt der **Grundsatz der freien Unternehmerentscheidung**. Es gehört nicht zu den Aufgaben der Arbeitsgerichte, eine unternehmerische Entscheidung auf ihre Zweckmäßigkeit und Notwendigkeit hin zu prüfen. Vielmehr **beschränkt** sich die gerichtliche Prüfung auf das Vorliegen **offenbarer Unsachlichkeit, Unvernunft oder Willkür**.[558] Dieser Auffassung ist schon deswegen zu folgen, weil sie offensichtlich der Wertung des arbeitsrechtlichen Gesetzgebers entspricht: Bei Betriebsänderungen nach §§ 111 ff. BetrVG ist der mit dem Betriebsrat zu vereinbarende Interessenausgleich nicht erzwingbar; der Betriebsrat kann daher die Willensbildung des Unternehmers nicht mit Zwang herbeiführen, son-

365

---

555 Vgl. *BAG* 17. 6. 1999, EzA § 1 KSchG Betriebsbedingte Kündigung Nr. 102.
556 Vgl. *BAG* 20. 2. 1986, EzA § 1 KSchG Betriebsbedingte Kündigung Nr. 37.
557 Vgl. die Nachweise bei KR/*Etzel* § 1 KSchG Rz 521 f.
558 Vgl. *BAG* 26. 9. 1996, EzA § 1 KSchG Betriebsbedingte Kündigung Nr. 86; *BAG* 10. 11. 1994, EzA § 1 KSchG Betriebsbedingte Kündigung Nr. 77; *BAG* 17. 1. 1991, RzK I 5c Nr. 38; *BAG* 24. 10. 1979, EzA § 1 KSchG Betriebsbedingte Kündigung Nr. 13; *BAG* 7. 12. 1978, EzA § 1 KSchG Betriebsbedingte Kündigung Nr. 10 mwN; *BAG* 26. 6. 1975, EzA § 1 KSchG Betriebsbedingte Kündigung Nr. 1.

§ 1 Sozial ungerechtfertigte Kündigungen

dern sie bleibt frei. Zwar ist der Abschluss eines Sozialplans vom Betriebsrat über die Einigungsstelle erzwingbar, jedoch ist der Sozialplan allein auf den Ausgleich wirtschaftlicher Nachteile auf Seiten der Arbeitnehmer ausgerichtet, die durch die Unternehmerentscheidung entstehen. Auch hier bleibt die grundlegende Willensbildung allein in der Hand des Unternehmers, und es werden nur die Folgen der Unternehmerentscheidung geregelt.[559]

366 Eine Unternehmerentscheidung ist dann **offenbar unsachlich**, wenn sie lediglich der Umgehung von Gesetzen dient oder gesetzeswidrig ist oder zu Verstößen gegen Tarifvorschriften oder Verträge führt. **Beispielsweise** ist eine Betriebsstilllegung offenbar unsachlich, wenn der Unternehmer gleichzeitig einen neuen Betrieb mit identischem Betriebszweck, Ausstattung und Kundenstamm errichtet.[560] **Offenbare Unvernunft** liegt vor, wenn keinerlei wirtschaftlicher Sinn der Unternehmerentscheidung erkennbar ist. Bei **offenbarer Willkür** liegen der Unternehmerentscheidung keine sachlich zulässigen Erwägungen zugrunde, etwa wenn ein Betrieb allein deswegen stillgelegt werden soll, um eine anstehende Betriebsratswahl zu verhindern.[561]

367 Die Missbrauchskontrolle auf offenbare Unsachlichkeit, Unvernunft oder Willkür ist trotz zahlreicher, diese Kriterien nennender Entscheidungen des BAG[562] **bislang nicht praktisch** geworden. Zwar hatte das BAG schon früher auf die Möglichkeit eines missbräuchlichen Verhaltens des Arbeitgebers hingewiesen,[563] hat aber **erstmals** im Jahr 2002

---

559 Zu recht weist KR/*Etzel* (§ 1 KSchG, Rz 526 mwN) in diesem Zusammenhang darauf hin, dass ein Wertungswiderspruch zwischen KSchG und BetrVG besteht: Nach dem KSchG ist eine betriebsbedingte Kündigung grundsätzlich entschädigungslos, wenn sie denn sozial gerechtfertigt ist, wohingegen nach dem BetrVG bei einer Betriebsänderung ein finanzieller Ausgleich zwingend vorgeschrieben wird. Wird ein Personalabbau jedoch dergestalt vollzogen, dass keine Betriebsänderung vorliegt, so erhalten die betroffenen Arbeitnehmer grundsätzlich nichts. Nach Auffassung des *BAG* (22. 5. 1979, EzA § 111 BetrVG 1972 Nr. 7) verstößt dies nicht gegen den Gleichheitsgrundsatz des Art. 3 Abs. 1 GG. Durch den neuen § 1a KSchG hat der Gesetzgeber nun versucht, diesem Widerspruch entgegenzuwirken; er bleibt jedoch unaufgelöst.
560 *ArbG Berlin* 17. 2. 2000, AuR 2001, 72. Beispiel für Verstoß gegen eine tarifliche Regelung in *BAG* 17. 6. 1999, EzA § 1 KSchG Betriebsbedingte Kündigung Nr. 103.
561 Beispiel bei APS/*Kiel* § 1 KSchG Rz 470, das dürfte aber selten beweisbar sein.
562 Vgl. *BAG* 22. 11. 1973, AP § 1 KSchG Betriebsbedingte Kündigung Nr. 22; *BAG* 24. 10. 1979, AP § 1 KSchG 1969 Betriebsbedingte Kündigung Nr. 8; *BAG* 10. 11. 1994, EzA § 1 KSchG Betriebsbedingte Kündigung Nr. 77.
563 *BAG* 12. 11. 1998, EzA § 23 KSchG Nr. 20; *BAG* 28. 4. 1999, EzA § 23 KSchG Nr. 21.

Betriebsbedingte Kündigung § 1

tatsächlich einen Missbrauch durch den Unternehmer angenommen, indem es als **neue Kategorie** die **Umgehung des Kündigungsschutzrechts** einführte[564] und diese im entschiedenen Fall als erfüllt ansah. Danach sei es rechtsmissbräuchlich, ein unternehmerisches Konzept zur Kostenreduzierung zu wählen, das faktisch nicht zur Änderung in den betrieblichen Abläufen, jedoch – was in erster Linie vom Unternehmer beabsichtigt sei – bei allen Arbeitnehmer zum Verlust ihres Arbeitsplatzes führe, obwohl nach wie vor weitgehend unveränderter Beschäftigungsbedarf bestehe.[565] Die Kritik an diesem Urteil war deutlich und berechtigt, denn die neue Kategorie ist keine echte Neuerung, sondern vielmehr schlagwortartig und ohne klare Voraussetzungen.[566] Die Nutzung rechtlicher Gestaltungsspielräume erfordert stets eine Abwägung zwischen sich widersprechenden Gesetzeszielen – hier: Kündigungsschutz *versus* umsatzsteuerrechtliche Erfordernisse –, ohne dass sich daraus bereits ein Missbrauch ergäbe. Es besteht das Risiko, dass nach diesem Urteil des BAG die unternehmerische Entscheidung stärkerer gerichtlicher Prüfung unterliegt.[567]

▶ **Praxistipp:**

Wenn im Wege der Ausgliederung oder der Fremdvergabe von Aufträgen vor allem Personalkosten reduziert werden sollen, dann ist darauf zu achten, dass der Übernehmer der Aufgabe keine zu engen Verbindungen Auftraggeber hat und ihm hinreichende Freiheit zur Art und Weise der Erfüllung der Aufgaben eingeräumt wird. Ändert sich inhaltlich, organisatorisch und praktisch nichts oder kaum etwas, könnte diese Art der Reorganisation als Umgehung des Kündigungsschutzes angesehen werden.

Umgekehrt kommt es auf ein **Verschulden** des Arbeitgebers **nicht** an. 368
Ist die Entscheidung des Unternehmers nicht offenbar unsachlich, unvernünftig oder willkürlich, und umgeht sie nicht den Kündigungs-

---

564 *BAG* 26. 9. 2002, EzA § 1 KSchG Betriebsbedingte Kündigung Nr. 124.
565 Im entschiedenen Fall waren die Reinigungs- und Küchenaufgaben einer Rheumaklinik auf eine GmbH übertragen worden; die Aufgaben veränderten sich nicht. Die GmbH war aus umsatzsteuerlichen Gründen vollständig gemäß § 2 Abs. 2 Nr. 2 UStG in die Klinik eingegliedert, die Geschäftsleitung von Klinik und GmbH war personenidentisch und letztere in ihren Befugnissen deutlich beschränkt, bspw. mussten Geschäfte mit einem Wert über Euro 5.000 vorher von den Gesellschaftern genehmigt werden. Außerdem durfte die GmbH für Dritte nicht tätig werden.
566 Vgl. *Thüsing/Stelljes*, Anm. zu *BAG* 29. 9. 2002, EzA § 1 KSchG Betriebsbedingte Kündigung Nr. 124.
567 Ebenso *Thüsing/Stelljes*, a. a. O.

schutz in missbräuchlicher Weise, ist es gleichgültig, ob die betrieblichen Verhältnisse, die nach seinem Willen einen Abbau von Personal erfordern, durch den Arbeitgeber verschuldet oder ohne sein unmittelbares Zutun oder Unterlassen herbeigeführt wurden.[568] Offensichtlich ist dies bei außerbetrieblichen Gründen der Fall: Der Arbeitgeber hat regelmäßig keinen ausschlaggebenden Einfluss auf die Marktentwicklung und die sich daraus ergebenden Gewinnchancen, auf die Währungspolitik, die Vergabe von Drittmitteln oder gesetzliche Rahmenbedingungen, so dass es auf sein Verschulden nicht ankommen kann. Gleiches gilt aber auch für innerbetriebliche Gründe. Ob die geänderte Lage auf eigene Fehlentscheidungen des Arbeitgebers oder unterlassene Reaktionen auf Marktveränderungen zurückgeführt werden kann oder nicht, beispielsweise auf mangelhafte Organisation, fehlerhafte Kalkulationen, risikoreiche Finanzierung, betriebszweckfremde Spekulationsgeschäfte oder schlichtes Ignorieren von Handlungsbedarf in der Vergangenheit, ist irrelevant.

369 Von den Arbeitsgerichten überprüfbar ist hingegen, ob überhaupt eine unternehmerische Entscheidung **vorliegt**.[569] Wie dargelegt[570] ist es daher häufig sinnvoll, diese entsprechend zu dokumentieren, um im Kündigungsschutzprozess den Nachweis liefern zu können.

370 Gleichermaßen wird von den Gerichten geprüft, ob die Unternehmerentscheidung **tatsächlich durchgeführt** wird. Es ist nicht erforderlich, dass sie bereits vollständig umgesetzt ist, jedoch muss die Umsetzung bereits greifbare – und damit nachweisbare – **Formen** angenommen haben;[571] erste Planungen oder allein die reine Absicht, eine bestimmte Maßnahme umsetzen zu wollen, reichen nicht aus. Es müssen vielmehr erste Einzelentscheidungen getroffen worden sein. **Beispielsweise** muss die Information der Beteiligten jedenfalls begonnen, Angebote für die neue Maschine mit dem geringeren Personalbedarf oder für ein Computerprogramm für eine vereinfachte Auftragsbearbeitung müssen eingeholt oder zumindest angefordert worden sein.

---

568 Vgl. *LAG Köln* 25. 8. 1994, LAGE § 1 KSchG Betriebsbedingte Kündigung Nr. 27.
569 *BAG* 20. 3. 1986, EzA § 2 KSchG Nr. 6; *BAG* 20. 2. 1986, EzA § 1 KSchG Betriebsbedingte Kündigung Nr. 37.
570 Siehe Rz 360.
571 Vgl. *BAG* 4. 12. 1986, RzK I 5c Nr. 17.

II. Betriebsbezogenheit der Erfordernisse

Die dringenden Erfordernisse müssen zudem nach dem Wortlaut des KSchG »betrieblich« sein. Damit ist die **Kausalität** zwischen der Selbstbindung des Unternehmers an außerbetriebliche Faktoren oder der Unternehmerentscheidung aufgrund innerbetrieblicher Faktoren einerseits und dem Entfallen des Bedürfnisses nach Weiterbeschäftigung eines oder mehrerer Arbeitnehmer andererseits gemeint.[572] Diese Kausalität unterliegt der **vollen gerichtlichen Nachprüfbarkeit**. Das Arbeitsgericht kann zum einen prüfen, ob die behaupteten Faktoren überhaupt vorliegen, und zum anderen, ob diese sich dahingehend auswirken, dass tatsächlich kein Bedürfnis für eine Weiterbeschäftigung mehr besteht.[573] Eine betriebsbedingte Kündigung kann nur dann wirksam sein, wenn aufgrund von (beweisbaren) Tatsachen feststeht, dass wegen außer- oder innerbetrieblicher Gründe für einen oder mehrere Arbeitnehmer kein Beschäftigungsbedürfnis mehr besteht.[574]

371

Beruft sich der Arbeitgeber **beispielsweise** allein auf erheblichen Auftragsmangel und bindet sich mit diesem **außerbetrieblichen Grund** selbst, wird das Arbeitsgericht prüfen, ob ein solcher Auftragsmangel vorliegt und welche Auswirkungen er auf den Arbeitskräftebedarf im Betrieb hat. Beruft sich der Arbeitgeber auf einen **innerbetrieblichen Grund**, etwa eine Reorganisation der Vertriebsabteilung, prüft das Gericht, ob die Unternehmerentscheidung vorliegt und wie sich diese auf die Anzahl der erforderlichen Arbeitskräfte auswirkt.

372

Nicht erforderlich ist im Rahmen der Kausalitätsprüfung, dass ein **bestimmter** Arbeitsplatz wegfällt. Es reicht aus, wenn aufgrund der externen oder internen Faktoren ein Arbeitskräfteüberhang im Betrieb entsteht.[575] Erst auf der Ebene der Sozialauswahl ist dann zu prüfen, welchem der Arbeitnehmer gekündigt werden kann, welcher bestimmte Arbeitsplatz also wegfällt. Häufig ist allerdings bereits bei der Kausalitätsprüfung klar, welche Arbeitsplätze konkret betroffen sind. Wird **beispielsweise** die Lohnbuchhaltung im Wege des Outsourcing auf einen externen Anbieter verlagert, so steht bereits fest, dass davon konkret die Arbeitsplätze der Lohnbuchhalter im Betrieb betroffen sein werden. Erforderlich ist der auf den einzelnen Arbeitsplatz

373

---

572 *BAG* 7.3.1996, EzA § 1 KSchG Betriebsbedingte Kündigung Nr. 84.
573 *BAG* 7.12.1978, EzA § 1 KSchG Betriebsbedingte Kündigung Nr. 10; *BAG* 24.10.1979, EzA § 1 KSchG Betriebsbedingte Kündigung Nr. 13.
574 Vgl. *BAG* 30.5.1985, EzA § 1 KSchG Betriebsbedingte Kündigung Nr. 36.
575 *BAG* 13.3.1987, EzA § 1 KSchG Betriebsbedingte Kündigung Nr. 44.

bezogene Kausalnexus jedoch nicht; ersetzt der Unternehmer eine Maschine, an der bislang fünf untereinander austauschbare Arbeitnehmer tätig waren, durch ein neues Modell, das nur noch drei Arbeitnehmer zur Bedienung erfordert, so sind von der Maßnahme zwei Arbeitsplätze betroffen. Welche zwei Plätze dies sein werden, welche zwei Arbeitnehmer also betriebsbedingt gekündigt werden können, klärt sich erst bei der Sozialauswahl, nicht schon bei der Kausalitätsprüfung.

III. Dringlichkeit der betrieblichen Erfordernisse

374 Schließlich müssen die betrieblichen Erfordernisse auch dringlich sein. Das Merkmal der Dringlichkeit ist Ausdruck des das gesamte Kündigungsschutzrecht beherrschenden Grundsatzes der **Verhältnismäßigkeit**. Die betriebsbedingte Kündigung kommt nur als **ultima ratio** in Betracht, sofern nicht **mildere Mittel** oder Maßnahmen zur Verfügung stehen, die der Arbeitgeber zunächst ergreifen muss, um den Ausspruch von Kündigungen zu vermeiden.[576]

375 Dementsprechend ist eine Unternehmerentscheidung vom Arbeitsgericht daraufhin überprüfbar, ob durch sie betriebsbedingte Kündigungen unvermeidbar sind oder das geänderte Betriebskonzept des Unternehmers nicht auch durch andere, **weniger einschneidende Maßnahmen** verwirklicht werden kann.[577]

376 Als mildere Mittel kämen **beispielsweise** der Abbau von Überstunden, die Einführung oder Verlegung von Werksferien, die Kündigung von Arbeitnehmerüberlassungsverträgen mit beschäftigten Leiharbeitnehmern, die Verkürzung der Arbeitszeit, Arbeitsstreckung, Produktion auf Vorrat oder die Einführung von Kurzarbeit in Betracht.

377 Allerdings darf das Arbeitsgericht die unternehmerische Entscheidung **nicht** vollständig durch eigenen Sachverstand ersetzen und gleichsam als der bessere Unternehmer Maßnahmen vorschreiben, die der Arbeitgeber statt der ursprünglich von ihm gewollten zu ergreifen hat, denn schließlich übernimmt das Arbeitsgericht dafür auch keine Haftung.[578] Die gerichtliche Prüfung umfasst nicht die Beurteilung, ob die vom Unternehmer erwarteten Vorteile in einem angemessenen Verhältnis

---

[576] St. Rspr. des *BAG*, vgl. *BAG* 29. 11. 1990, RzK I 5a Nr. 4; *BAG* 20. 2. 1986, EzA § 1 KSchG Betriebsbedingte Kündigung Nr. 37; *BAG* 17. 10. 1980, EzA § 1 KSchG Betriebsbedingte Kündigung Nr. 15.
[577] Vgl. *BAG* 18. 1. 1990, EzA § 1 KSchG Betriebsbedingte Kündigung Nr. 65.
[578] So ausdrücklich *BAG* 17. 6. 1999, EzA § 1 KSchG Betriebsbedingte Kündigung Nr. 101 mwN.

Betriebsbedingte Kündigung §1

zu den sich auf Seiten der betroffenen Arbeitnehmer ergebenden Nachteilen stehen.[579] Prüfungspunkt des Arbeitsgerichts ist vielmehr allein, ob der betroffene Arbeitnehmer aufgrund der einmal getroffenen Unternehmerentscheidung unter Wahrung des Grundsatzes der Verhältnismäßigkeit nicht mehr vertragsgerecht beschäftigt werden kann. Entscheidend ist, ob unter Berücksichtigung der außer- und innerbetrieblichen Gründe keine alternativen organisatorischen, wirtschaftlichen oder technischen Maßnahmen zumutbar und durchführbar sind.[580]

Lautet die Unternehmerentscheidung dahingehend, dass bestimmte Arbeitsplätze mit **Leiharbeitnehmern** besetzt sein sollen, weil diese zwar vielleicht teurer sind, jedoch größere Flexibilität in ihren Einsatzmöglichkeiten bieten, so ist es **nicht** Aufgabe des Arbeitsgerichts, dem ein anderes Konzept entgegenzustellen und die betriebswirtschaftliche Sinnhaftigkeit der Verwendung von Leiharbeitnehmern zu prüfen. Sieht das Konzept des Arbeitgebers den Einsatz von Leiharbeitnehmern anstelle von eigenen Arbeitnehmern vor, so ist dies hinzunehmen, und die Möglichkeit der vertragsgemäßen Beschäftigung der eigenen Arbeitnehmer ist als nicht mehr gegeben anzusehen.[581] 378

Ebenso kann der Unternehmer **nicht** grundsätzlich verpflichtet werden, die **Arbeitszeit** seiner Beschäftigten **dauerhaft zu verkürzen**, um betriebsbedingte Kündigungen zu vermeiden.[582] Selbst wenn dies im Einzelfall tarifrechtlich zulässig wäre – häufig erlaubt der einschlägige Tarifvertrag solche Eingriffe in die Gestaltung der Arbeitszeit ohnehin nicht –, so würde damit aber in die geschützten Rechte der übrigen Arbeitnehmer eingegriffen, denn ihnen gegenüber wäre regelmäßig eine Änderungskündigung nach §2 KSchG erforderlich. Der Unternehmer kann daher nicht gerichtlich verpflichtet werden, Änderungskündigungen gegenüber anderen Arbeitnehmern anstelle der von ihm nach seiner Unternehmerentscheidung vorgesehenen Beendigungskündigungen auszusprechen.[583] Gleiches gilt auch umgekehrt: Es besteht kein Zwang zum Ausspruch einer geringeren Zahl von Beendigungskündigungen anstelle einer größeren Zahl von Änderungskün- 379

---

579 Vgl. *BAG* 30.4.1987, EzA §1 KSchG Betriebsbedingte Kündigung Nr. 47.
580 Vgl. *BAG* 17.10.1980, EzA §1 KSchG Betriebsbedingte Kündigung Nr. 15 mwN.
581 Vgl. *LAG Bremen* 30.1.1998, LAGE §1 KSchG Betriebsbedingte Kündigung Nr. 47.
582 Vgl. *LAG Hamm* 15.12.1982, ZIP 1983, 212; **aA** allerdings *ArbG Bocholt* 22.5.1982, DB 1982, 1938.
583 *BAG* 24.4.1997, EzA §1 KSchG Betriebsbedingte Kündigung Nr. 73; *BAG* 19.5.1993, EzA §2 KSchG Nr. 26.

digungen,[584] denn es ist grundsätzlich Sache des Unternehmers, wie er sein Konzept verwirklichen will, auch wenn durch die gewählte Art der Umsetzung mehr Arbeitnehmer betroffen sind als durch eine andere Art. Dem Arbeitsgericht steht eine Entscheidung über das unternehmerische Konzept aufgrund einer Bewertung und Abwägung der Auswirkungen des Konzepts nicht zu. Entsprechend ist der Arbeitgeber auch **nicht** verpflichtet, **Arbeitsstreckung** vorzunehmen, die noch vorhandene geringere Arbeitsmenge also auf mehr Arbeitnehmer zu verteilen.

380 Zwar gilt der Grundsatz des **Vorrangs der Änderungskündigung** gemäß § 2 KSchG gegenüber betriebsbedingten Beendigungskündigungen.[585] Im Rahmen der Stufenprüfung der Wirksamkeit einer betriebsbedingten Kündigung gehört dieser Prüfungspunkt systematisch allerdings nicht zur Dringlichkeit, auch wenn der Vorrang der Änderungskündigung Ausdruck des Verhältnismäßigkeitsprinzips ist, sondern zur **Prüfung des Vorhandenseins anderweitiger Beschäftigungsmöglichkeiten**.[586] Dort betrifft er die Frage, ob gegenüber dem betriebsbedingt gekündigten Arbeitnehmer statt einer Beendigungskündigung eine Änderungskündigung hätte ausgesprochen werden müssen.

381 Ob die **Einführung von Kurzarbeit** grundsätzlich Vorrang vor dem Ausspruch betriebsbedingter Beendigungskündigungen hat, ist umstritten. Außer Frage steht allerdings, dass die Voraussetzungen für Kurzarbeit überhaupt gegeben sein müssen, dass nämlich der **geringere Arbeitskräftebedarf** voraussichtlich lediglich **vorübergehend** ist. Ist der Bedarf aller Wahrscheinlichkeit nach dauerhaft geringer, so ist für die Prüfung einer Einführung von Kurzarbeit als Alternative kein Raum. Ist hingegen der geringere Bedarf an Arbeitskräften wahrscheinlich nicht dauerhaft, sondern nur relativ kurzfristig, so hatte das BAG ursprünglich die Auffassung vertreten, dass Teil einer umfassenden Interessenabwägung auch die Prüfung sein müsse, ob die Kündigungen durch Kurzarbeit hätten vermieden werden können.[587] Allerdings ist die Einführung von Kurzarbeit keine Entscheidung, die der Arbeitgeber allein treffen kann. Vielmehr handelt es sich um einen kollektiven Tatbestand nach § 87 Abs. 1 Nr. 3 BetrVG, und der Betriebsrat

---

584 Siehe *BAG* 19. 5. 1993, EzA § 1 KSchG Betriebsbedingte Kündigung Nr. 73; *LAG* Hamm 22. 3. 1996, LAGE § 2 KSchG Nr. 18.
585 Vgl. *BAG* 29. 11. 1990, RzK I 5a Nr. 4; *BAG* 27. 9. 1984, EzA § 2 KSchG Nr. 5.
586 Dazu sogleich unter Rz 393; ausführlich zur Änderungskündigung siehe § 2 KSchG.
587 *BAG* 25. 6. 1964, AP § 1 KSchG Betriebsbedingte Kündigung Nr. 13.

kann daher einseitig die Einführung von Kurzarbeit verlangen und ggf. auch über die Einigungsstelle durchsetzen.[588] Lehnt der Betriebsrat die Einführung von Kurzarbeit ab, so kann dies dem Arbeitgeber im Rahmen der Verhältnismäßigkeitsprüfung im Kündigungsschutzprozess nicht zum Nachteil gereichen. Gleiches gilt, wenn die Belegschaft des Betriebes sich gegen Kurzarbeit ausgesprochen hat.[589] Mittlerweile ist das BAG weitgehend von seiner ursprünglichen Auffassung abgerückt und prüft grundsätzlich nicht mehr die Frage, ob anstelle des Ausspruchs von Beendigungskündigungen auch Kurzarbeit hätte eingeführt werden können.[590] Einige Instanzgerichte vertreten allerdings zum Teil andere Auffassungen.[591]

▶ **Praxistipp:**
Der Unternehmer sollte vorsichtshalber die Möglichkeit der Einführung von Kurzarbeit prüfen, bevor er sich zu betriebsbedingten Änderungskündigungen entschließt. Häufig ist ohnehin nicht absehbar, von welcher Dauer der geringere Arbeitskräftebedarf sein wird; vielmehr wird sich regelmäßig erwarten lassen, dass der Arbeitsmangel von längerer Dauer sein wird, so dass sich das Problem der alternativen Einführung von Kurzarbeit entschärft.

Entsprechend sind die anderen möglichen milderen Mittel zu beurteilen. Ein **Abbau aufgelaufener Überstunden** mag abstrakt und rechnerisch in Betracht kommen und wird insbesondere von einigen Gewerkschaftsvertretern häufig als vorzugswürdige Möglichkeit ins Feld geführt. Jedoch konzentrieren sich Überstunden häufig auf bestimmte Unternehmensbereiche, während der Arbeitsmangel in anderen Bereichen Auswirkungen zeigt, so dass sich die Alternative schon organisatorisch nicht stellt. Die Einführung und Verlegung von **Werksferien** ist mitbestimmungspflichtig und insoweit nicht anders zu behandeln als die Einführung von Kurzarbeit. Werksferien können ohnehin nur Erleichterung für vergleichsweise kurze Zeiträume schaffen, so dass sie ebenfalls nur selten als milderes Mittel tatsächlich in Betracht kommen.

---

588 Siehe *BAG* 4. 3. 1986, EzA § 87 BetrVG 1972 Nr. 17.
589 Vgl. *BAG* 7. 2. 1985, EzA § 1 KSchG Soziale Auswahl Nr. 20.
590 Vgl. *BAG* 11. 9. 1986, EzA § 1 KSchG Betriebsbedingte Kündigung Nr. 54; *BAG* 4. 3. 1986, EzA § 87 BetrVG 1972 Nr. 17.
591 Vgl. *LAG Düsseldorf* 21. 6. 1983, DB 1984, 565; *LAG Hamm* 8. 3. 1983, DB 1984, 464. Nach *v. Hoyningen-Huene/Linck* § 1 KSchG Rz 386, und anderen soll jedenfalls eine Missbrauchskontrolle durchzuführen sein.

382 Die Regelung des § 2 Abs. 1 Nr. 2 SGB III, wonach der Arbeitgeber vorrangig durch betriebliche Maßnahmen die Inanspruchnahme von Leistungen der Arbeitsförderung und Entlassungen vermeiden soll, führt zu keinem anderen Ergebnis und schränkt den Arbeitgeber nicht ein. Das Bundesministerium für Arbeit und Soziales hat klargestellt, dass die Regelung nur eine Appellfunktion hat und nicht den durch arbeitsrechtliche Normen abschließend geregelten Bestandsschutz individueller Arbeitsverhältnisse erweitern soll.[592]

IV. Betriebsbezogenheit der Prüfung

383 Die Betriebsbedingtheit der Kündigung wird anhand der **Verhältnisse im Betrieb** des Unternehmers geprüft. Sie bezieht sich **nicht** auf das **Unternehmen** oder den **Konzern**.[593] Das KSchG und damit auch die betriebsbedingte Kündigung sind betriebsbezogen,[594] auch wenn sich die Frage der Wartezeit nach § 1 Abs. 1 KSchG auf die Unternehmenszugehörigkeit bezieht und bei der Suche nach anderweitigen Beschäftigungsmöglichkeiten auf das Unternehmen abzustellen ist.[595]

384 **Ausnahmsweise** wird ein Konzernbezug dann diskutiert, wenn – was eher selten der Fall ist – für den Fortfall der Beschäftigungsmöglichkeit allein konzerninterne Gründe wie etwa die Verlagerung der Betriebsfunktion auf ein anderes Konzernunternehmen ursächlich sind.[596] Hier wie bei der betriebsbezogenen Unternehmerentscheidung unterliegt das unternehmerische Ermessen aber allenfalls einer Kontrolle bezüglich **offenbarer Unsachlichkeit, Unvernunft oder Willkür bzw. missbräuchlicher Umgehung des Kündigungsschutzes**.[597]

385 Offen sind die **Folgen** eines solchen Missbrauchstatbestands. Es wird vertreten, dass der betroffene Arbeitnehmer eine Abordnung zum Konzernunternehmen verlangen könne, in dem die von ihm ausgeübte

---

592 Vgl. Stellungnahme des Parlamentarischen Staatssekretärs des Bundesministeriums für Arbeit und Soziales vom 6. 4. 1998, DB 1998, 1134.
593 *BAG* 27. 11. 1991, EzA § 1 KSchG Betriebsbedingte Kündigung Nr. 72; *BAG* 22. 5. 1986, EzA § 1 KSchG Soziale Auswahl Nr. 22; *BAG* 14. 10. 1982, EzA § 15 KSchG nF Nr. 29; *LAG* Hamm 29. 5. 1987, BB 1987, 1744.
594 Vgl. *BAG* 14. 10. 1982, EzA § 15 KSchG nF Nr. 29; *BAG* 22. 5. 1986, EzA § 1 KSchG Soziale Auswahl Nr. 22; siehe auch *BAG*, AP § 1 KSchG 1969 Konzern Nr. 2. Dies gilt auch für Dienststellen des öffentlichen Dienstes (siehe *BAG* 17. 5. 1984, EzA § 1 KSchG Betriebsbedingte Kündigung Nr. 32) sowie grundsätzlich ebenso für die Sozialauswahl.
595 Dazu siehe unten Rz 393 ff., 404 ff.
596 Vgl. KR/*Etzel* § 1 KSchG Rz 539 mwN.
597 Vgl. *BAG* 26. 9. 2002, EzA § 1 KSchG Betriebsbedingte Kündigung Nr. 124.

Tätigkeit nunmehr fortgeführt wird.[598] Das BAG hat die Frage nach wie vor offen gelassen.[599] Nach einer neueren Entscheidung könnte die Kündigung in einem solchen Fall allerdings unwirksam sein.[600] Klar ist jedenfalls, dass der Abschluss eines Arbeitsvertrages mit dem anderen Konzernunternehmen nicht verlangt werden kann, da sich dies weder aus dem Wortlaut noch aus dem Sinnzusammenhang des KSchG herleiten lässt.[601] Liegt allerdings ein eindeutiger Fall von Missbrauch vor, etwa bei Schließung des Betriebes und identischer Neuerrichtung unter einem im Konzern verbundenen anderen Unternehmen in Deutschland,[602] so könnte durchaus ein Anspruch auf **Abordnung** gewährt werden. Allerdings sind kaum praktische Fälle vorstellbar, die nicht einfacher und zielführender über die Regelungen zum Betriebsübergang, § 613 a BGB, gelöst werden können. Allenfalls dann, wenn kein Betriebsübergang oder Teilbetriebsübergang vorliegt – also regelmäßig nur ein oder wenige Arbeitnehmer betroffen sind – könnte bei Vorliegen eines Missbrauchs durch den Unternehmer eine Pflicht zur Abordnung in Betracht kommen.

In der Literatur wird eine **weitere Ausnahme** für den Fall diskutiert, 386
dass ein Konzern kündigungsschutzrechtlich als einheitliches Wirtschaftsunternehmen zu betrachten ist, was dann der Fall sein soll, wenn alle Anteile eines abhängigen Unternehmens bei einem herrschenden Konzernunternehmen liegen.[603] Dann soll sich die Weiterbeschäftigungspflicht auf den gesamten Konzern erstrecken. Dies findet im Gesetz allerdings keine Stütze. Ein Konzernbezug kann sich lediglich dann ergeben, wenn der Arbeitsvertrag des Arbeitnehmers selbst eine Bezugnahme auf den Konzern enthält. Dann kann aber nur eine Weiterbeschäftigung auf einem freien Arbeitsplatz in einem anderen Konzernunternehmen in Frage kommen.[604] In anderen Konstellationen

---

598 Vgl. KR/*Etzel* § 1 KSchG Rz 540.
599 Vgl. *BAG* 18. 10. 1976, EzA § 1 KSchG Betriebsbedingte Kündigung Nr. 5.
600 Vgl. *BAG* 26. 9. 2002, EzA § 1 KSchG Betriebsbedingte Kündigung Nr. 124; allerdings auch hier nur ein *obiter dictum*. Zudem hätte es sich im entschiedenen Fall angeboten, das Urteil auf diesen Gesichtspunkt zu stützen. Dass dies nicht geschah, lässt den vorsichtigen Schluss zu, dass das *BAG* einer konzernweiten Obliegenheit zur Weiterbeschäftigung so schnell wohl doch noch nicht näher zu treten gedenkt (ähnlich *Thüsing/Stelljes*, Anm. zu *BAG* 26. 9. 2002, EzA a. a. O.).
601 *LAG* Hamm 29. 5. 1987, BB 1987, 1744; **aA** Hess. *LAG* 6. 7. 2000, AuR 2001, 156.
602 Der Wirkungsbereich des KSchG beschränkt sich grundsätzlich auf die Bundesrepublik Deutschland; von wenigen Ausnahmen abgesehen findet kein Export deutschen Rechts in andere Staaten statt.
603 Vgl. KR/*Etzel* § 1 KSchG Rz 147 mwN.
604 Siehe dazu unten Rz 404 ff.

§ 1 Sozial ungerechtfertigte Kündigungen

ist jedoch entsprechend der gesetzlichen Wertung die Unabhängigkeit der Unternehmen zu wahren, auch wenn sie in einem Konzern verbunden sind.

V. Darlegungs- und Beweislast

387 Nach § 1 Abs. 2 Satz 1 KSchG ist der **Arbeitgeber** für die Kündigungstatsachen beweispflichtig. Das gilt auch für die betriebsbedingte Kündigung. Im Kündigungsschutzprozess muss der Arbeitgeber daher die **externen Faktoren** wie auch die **innerbetrieblichen Gründe** darlegen und beweisen. Schlagwortartige Formulierungen wie Umsatzrückgang, Auftragsmangel oder betriebliche Reorganisation reichen dafür nicht aus.[605] Vielmehr muss das Gericht aus dem Tatsachenvortrag des Arbeitgebers heraus erkennen können, ob und wie durch außerbetriebliche Ursachen oder innerbetriebliche Maßnahmen das Bedürfnis für die weitere Beschäftigung eines oder mehrerer Arbeitnehmer entfällt.[606]

388 Entscheidet der Arbeitgeber **beispielsweise**, seinen Personalbestand aus **Kostengründen zu reduzieren**, so muss er zum einen die Auswirkungen dieser **Leistungsverdichtung** auf den Betriebsablauf darlegen und beweisen. Zum anderen hat er ebenso darzulegen, dass es sich nicht nur um eine vorübergehende Maßnahme handelt.[607] Es wäre detailliert anzugeben, wie und von wem die verbleibende Arbeitsmenge bewältigt werden soll und rechtlich – vor allem im Hinblick auf die anwendbaren Regelungen zur höchstzulässigen Arbeitszeit – wie praktisch auch bewältigt werden kann. Vergleichbares gilt für eine Berufung des Arbeitgebers auf **externe Faktoren**.[608] Nur bei ausführlicher Darlegung ist das Arbeitsgericht in der Lage, die Kündigungstatsachen unter den unbestimmten Rechtsbegriff der betriebsbedingten Kündigung zu fassen.

---

605 *BAG* 20. 2. 1986, EzA § 1 KSchG Betriebsbedingte Kündigung Nr. 37; *BAG* 24. 10. 1979, EzA § 1 KSchG Betriebsbedingte Kündigung Nr. 13; *BAG* 7. 12. 1978, EzA § 1 KSchG Betriebsbedingte Kündigung Nr. 10.
606 *BAG* 30. 5. 1985, EzA § 1 KSchG Betriebsgedingte Kündigung Nr. 36; *BAG* 1. 7. 1976, EzA § 1 KSchG Betriebsbedingte Kündigung Nr. 4.
607 Vgl. *LAG Köln* 24. 8. 1999, AiB 2000, 694.
608 Siehe etwa *BAG* 30. 5. 1985, EzA § 1 KSchG Betriebsbedingte Kündigung Nr. 36, zur Berufung eines Bauunternehmers auf Auftragsrückgang und daher beabsichtigter Streichung von drei von zehn Maurerstellen. Das *BAG* verlangte eine genaue Darlegung der Beschäftigung der zehn Maurer mit den bisherigen Aufträgen, des Umfangs des Auftragsrückgangs und des sich daraus ergebenden Wegfalls eines Beschäftigungsbedürfnisses für drei Maurer.

Betriebsbedingte Kündigung § 1

389 Allerdings ist die grundlegende **Unternehmerentscheidung** der gerichtlichen Nachprüfung weitgehend entzogen. Daher muss der Arbeitgeber seine maßgeblichen Erwägungen nicht offen legen; Kalkulationen und Prognosen kann er grundsätzlich für sich behalten. Allerdings muss er die Unternehmerentscheidung selbst nachweisen, also darlegen und beweisen, **wann, von wem** und **mit welchem Inhalt** sie getroffen wurde.[609] Es ist jedoch Sache des Arbeitnehmers, darzulegen und ggf. zu beweisen, dass eine unternehmerische Maßnahme offensichtlich unsachlich, unvernünftig oder willkürlich ist,[610] denn für eine beschlossene und – zumindest im Ansatz – umgesetzte Unternehmerentscheidung besteht die Vermutung, dass sie aus sachlichen Gründen vorgenommen wurde.[611] Im Einzelfall mag der Arbeitnehmer sich bei seiner Behauptung eines Missbrauchs auf einen Anscheinsbeweis stützen können.[612]

390 **Je geringer** allerdings **der Umsetzungsgrad** der Unternehmerentscheidung zum Zeitpunkt des Ausspruchs der Kündigung ist, **desto größer** wird **die Darlegungslast** des Arbeitgebers zur Durchführbarkeit und Dauerhaftigkeit seiner Entscheidung.[613] Anderenfalls hat das Arbeitsgericht keine Möglichkeit, eine offenbare Unsachlichkeit, Unvernunft oder Willkür der Unternehmerentscheidung zu prüfen. Teile der Literatur machen dies daran fest, dass die Unternehmerentscheidung zeitlich nahe an den Ausspruch der Kündigungen heranrückt.[614] Das muss jedoch nicht sein; das Problem der beschränkten Überprüfbarkeit der Unternehmerentscheidung auf Willkür etc. lässt sich bereits mit dem bekannten Erfordernis der zumindest ansatzweisen Umsetzung der Unternehmerentscheidung lösen.

391 Werden die Angaben des Arbeitgebers über die **Betriebsbedingtheit** der Kündigung vom Arbeitnehmer bestritten, so ist über sie Beweis zu erheben.

392 Gleiches gilt für die Umstände, die die erforderliche **Dringlichkeit** einer betriebsbedingten Kündigung begründen. Hierzu wendet die Rechtsprechung die Grundsätze der **abgestuften Darlegungs- und Beweislast** an.[615] Für den Arbeitgeber reicht es zunächst zu behaupten,

---

609 Vgl. *BAG* 17. 6. 1999, EzA § 1 KSchG Betriebsbedingte Kündigung Nr. 102.
610 *BAG* 17. 10. 1980, EzA § 1 KSchG Betriebsbedingte Kündigung Nr. 15.
611 Vgl. *BAG* 30. 4. 1987, EzA § 1 KSchG Betriebsbedingte Kündigung Nr. 47.
612 Vgl. *BAG* 24. 10. 1979, EzA § 1 KSchG Betriebsbedingte Kündigung Nr. 13.
613 Vgl. in dieser Richtung *BAG* 17. 6. 1999, EzA § 1 KSchG Betriebsbedingte Kündigung Nr. 102.
614 Vgl. etwa *Schrader* NZA 2000, 404; ähnlich *Bittner* DB 1999, 1216; **aA** *Hümmerich/Spirolke* NZA 1998, 799.
615 Vgl. *BAG* 27. 9. 1984, EzA § 2 KSchG Nr. 5; *BAG* 24. 3. 1983, EzA § 1 KSchG Betriebsbedingte Kündigung Nr. 21.

dass die Kündigung nicht durch andere Maßnahmen vermieden werden konnte. Der Arbeitnehmer hat dann vorzutragen, mit welcher innerbetrieblichen Maßnahme seine Kündigung vermeidbar gewesen wäre. Erst dann hat der Arbeitgeber darzutun, dass und warum die Kündigung auch bei Ergreifung solcher anderen Maßnahmen, beispielsweise dem Abbau von Überstunden, einer Vorverlegung von Werksferien oder die Verhängung einer Einstellungssperre, unvermeidbar war, oder warum solche Maßnahmen nicht wirksam oder ausreichend gewesen wären.

C. Adäquate anderweitige Beschäftigungsmöglichkeit

393 Liegen dringende betriebliche Erfordernisse vor, so ist im nächsten Schritt zu prüfen, ob für den betriebsbedingt zu kündigenden Arbeitnehmer eine **zumutbare anderweitige Beschäftigungsmöglichkeit** vorhanden ist. Nach früherer Auffassung des BAG war dieser Prüfungspunkt Teil der Interessenabwägung;[616] nunmehr besteht weitgehendes Einvernehmen, dass das Erfordernis der Prüfung einer adäquaten anderweitigen Beschäftigungsmöglichkeit Ausfluss des Grundsatzes der Verhältnismäßigkeit ist. Grundlage sind § 1 Abs. 2 Ziffern 1.b) und 2.b) KSchG, zu denen das BAG klargestellt hat, dass die Prüfung auch dann vorzunehmen ist, wenn der Betriebsrat (bzw. die zuständige Personalvertretung) nicht aus diesem Grund der Kündigung widersprochen hat.[617] Gleiches gilt, wenn keine Arbeitnehmervertretung im Betrieb besteht, da ansonsten Arbeitnehmer in betriebsratslosen Betrieben schlechter gestellt wären als solche in Betrieben mit gewählter Arbeitnehmervertretung.

394 Die Versetzungsmöglichkeit ist nicht betriebsbezogen, sondern **unternehmensbezogen** zu prüfen.[618] Das ergibt sich aus dem Gesetzeswortlaut des § 1 Abs. 2 Ziffern 1.b) und 2.b) KSchG.[619] Eine betriebsbedingte

---

616 Vgl. *BAG* 13.9.1973, EzA § 102 BetrVG 1972 Nr. 7.
617 *BAG* 17.5.1984, EzA § 1 KSchG Betriebsbedingte Kündigung Nr. 32.
618 *BAG* 17.5.1984, EzA § 1 KSchG Betriebsbedingte Kündigung Nr. 32; im öffentlichen Dienst gilt die Weiterbeschäftigungspflicht über den Bereich der Dienststelle hinaus im jeweiligen Verwaltungszweig, allerdings auf den Dienstort und dessen Einzugsgebiet beschränkt; vgl. dazu *LAG Köln* 23.2.1996, LAGE § 1 KSchG Betriebsbedingte Kündigung Nr. 36; entsprechend § 3 Abs. 1 Nr. 1c BUKG umfasst das Einzugsgebiet einen Kreis von bis zu 30 km auf üblicherweise befahrener Strecke zum Dienstort.
619 Und ist nur konsequent, wenn man mit dem *BAG* und der herrschenden Literaturauffassung diese Regelung des KSchG im Rahmen der Verhältnismäßigkeitsprüfung auf alle Fälle anwendet, also auch auf solche, in denen der Betriebsrat nicht widersprochen hat oder in denen kein Betriebsrat vorhanden ist.

Betriebsbedingte Kündigung § 1

Kündigung kann demnach nur dann wirksam sein, wenn der Arbeitgeber dem Arbeitnehmer keinen anderen angemessenen Arbeitsplatz im **selben** oder einem **anderen Betrieb des Unternehmens** anbieten kann. Ist ein solcher Arbeitsplatz vorhanden, muss der Arbeitgeber diesen dem Arbeitnehmer zuweisen und kann keine wirksame Kündigung aussprechen.[620]

Ein anderer Arbeitsplatz ist anzubieten, wenn er **frei, gleichwertig** und die Besetzung mit dem Arbeitnehmer beiden Parteien des Arbeitsverhältnisses **zumutbar** ist. Die Möglichkeit der Weiterbeschäftigung kann nach § 1 Abs. 2 Satz 3 und 3 KSchG in **drei Ausprägungen** relevant werden: 395

a. Weiterbeschäftigung auf einem anderen gleichen oder vergleichbaren Arbeitsplatz zu unveränderten Arbeitsbedingungen,

b. Weiterbeschäftigung auf einem anderen Arbeitsplatz nach zumutbaren Fortbildungs- oder Umschulungsmaßnahmen, sowie

c. Weiterbeschäftigung auf einem anderen Arbeitsplatz unter geänderten Arbeitsbedingungen.

I. Freier anderer Arbeitsplatz

Stets muss der Arbeitsplatz jedoch **frei** sein. Der Arbeitsplatz im selben oder einem anderen Betrieb des Arbeitgebers ist frei, wenn er entweder zum Zeitpunkt des Zugangs der Kündigungserklärung unbesetzt ist oder mit hinreichender Sicherheit vorhergesehen werden kann, dass er **bis zum Ablauf der Kündigungsfrist** oder **in absehbarer Zeit danach** unbesetzt sein wird, sofern die Überbrückung dieses Zeitraums für den Arbeitgeber noch zumutbar ist.[621] Für die Zumutbarkeit des Überbrückungszeitraums hat die Rechtsprechung keine bestimmte Zeitdauer festgesetzt, jedoch ist davon auszugehen, dass ein Zeitraum, der für die Einarbeitung des Arbeitnehmers benötigt wird, als angemessen anzusehen ist.[622] Der Arbeitsplatz ist frei, wenn er **rechtlich frei** ist. Lediglich **faktische Unbesetztheit** wie etwa bei krankheitsbedingter Arbeitsunfähigkeit des gegenwärtigen Stelleninhabers oder vorübergehender Abwesenheit aufgrund Mutterschutzes oder Elternzeit **reichen nicht**. Rechtlich ist der Arbeitsplatz auch dann frei, wenn die dort 396

---

620 *BAG* 29. 3. 1990, EzA § 1 KSchG Soziale Auswahl Nr. 29.
621 *BAG* 15. 12. 1994, EzA § 1 KSchG Betriebsbedingte Kündigung Nr. 75.
622 Vgl. *LAG Köln* 7. 11. 1997, LAGE § 1 KSchG Betriebsbedingte Kündigung Nr. 50; *LAG Nürnberg* 15. 3. 1994, LAGE § 102 BetrVG 1972 Nr. 40.

zugewiesene Tätigkeit durch einen **Leiharbeitnehmer** ausgeführt wird, denn es besteht mit diesem kein Arbeitsverhältnis. Wenn andererseits das **Konzept** des Unternehmers vorsieht, in bestimmten Bereichen Leiharbeitnehmer zu beschäftigen, dann besteht wiederum kein freier Arbeitsplatz, der dem zu Kündigenden angeboten werden müsste.

▶ Praxistipp:

Bei der Beschäftigung von Leiharbeitnehmern ist es für den Arbeitgeber wichtig, im Kündigungsschutzprozess darlegen zu können, dass die Beschäftigung des Leiharbeitnehmers auf der vom gekündigten Arbeitnehmer beanspruchten Stelle auf einem nachvollziehbaren unternehmerischen Konzept beruht und die Stelle daher nicht frei ist.

397 Es besteht **keine Verpflichtung** des Arbeitgebers, einen **neuen Arbeitsplatz** zu schaffen, auf den der Arbeitnehmer versetzt werden könnte.[623] Der Arbeitgeber muss grundsätzlich auch keinen besetzten Arbeitsplatz für den zu kündigenden Arbeitnehmer freikündigen, um ihn dann auf dem solchermaßen geschaffenen freien Arbeitsplatz zu beschäftigen. Ob der Arbeitnehmer auf einem anderen gegenwärtig besetzten Arbeitsplatz beschäftigt, dem dort tätigen Arbeitnehmer also zuerst gekündigt werden muss, ist eine Frage der Sozialauswahl.[624]

398 Bestand allerdings ein freier Arbeitsplatz zum Zeitpunkt, zu dem absehbar war, dass der Arbeitsplatz des gekündigten Arbeitnehmers wegfallen wird, so kann die Berufung des Arbeitgebers auf das spätere Fehlen eines freien Arbeitsplatzes **rechtsmissbräuchlich** sein.[625] Der Arbeitgeber wird hier vor allem zeitlich sorgfältig planen müssen, um dem Missbrauchsvorwurf zu entgehen. Nach der Rechtsprechung ist ein Arbeitgeber diesem Vorwurf ausgesetzt, wenn er zunächst eine offensichtlich unwirksame Kündigung ausspricht (etwa bei Kündigung eines Schwerbehinderten bei fehlender Zustimmung des Integrationsamts, oder ohne vorherige Anhörung des Betriebsrats), dann einen freien Arbeitsplatz, der für den Arbeitnehmer in Frage gekommen wäre, anderweitig besetzt, nach rechtskräftiger Feststellung der Unwirksamkeit der ersten Kündigung eine erneute Kündigung ausspricht und sich dann auf das Fehlen eines freien Arbeitsplatzes beruft.[626]

---

623 Vgl. *BAG* 3. 2. 1977, EzA § 1 KSchG Betriebsbedingte Kündigung Nr. 7.
624 Dazu unten Rz 480 ff.
625 Vgl. *LAG Berlin* 29. 8. 1988, RzK I 5c Nr. 28; *Busch* NZA 2000, 755 f.
626 Vgl. *BAG* 21.9. 2000, EzA § 1 KSchG Betriebsbedingte Kündigung Nr. 106.

Betriebsbedingte Kündigung §1

In allen Fällen ist entscheidend, ob die **Möglichkeit einer anderweitigen Beschäftigung tatsächlich besteht**. Das Unterlassen der entsprechenden Prüfung durch den Arbeitgeber macht die betriebsbedingte Kündigung noch nicht unwirksam. Prüft er nicht, bestand aber tatsächlich keine Möglichkeit der Umsetzung, so ergibt sich daraus noch nicht die Sozialwidrigkeit der Kündigung.[627] Gab es zwar eine passende andere freie Stelle, war die Umsetzung des Arbeitnehmers aber nicht möglich, weil sie eine Versetzung nach § 99 BetrVG erfordert hätte, der der **Betriebsrat nicht zugestimmt** hat, so bestand die Umsetzungsmöglichkeit tatsächlich nicht. Der **Arbeitgeber** ist **nicht verpflichtet**, ein **Zustimmungsersetzungsverfahren durchzuführen**.[628] Nach einer älteren Entscheidung des BAG gilt dies auch, wenn lediglich die Möglichkeit der Zustimmungsverweigerung durch den Betriebsrat bestand; im entschiedenen Fall hatte der Betriebsrat der Versetzung zwar nicht widersprochen, der Arbeitgeber konnte im Kündigungsschutzprozess aber vortragen, dass ein Zustimmungsverweigerungsgrund nach § 99 BetrVG vorlag und der Betriebsrat daher die Zustimmung hätte verweigern können.[629] Damit war die Umsetzungsmöglichkeit tatsächlich nicht gegeben und die Kündigung nicht aus diesem Grund sozial ungerechtfertigt. 399

Bei einer größeren Zahl von betriebsbedingten Kündigungen kann es zu **Auswahlproblemen** kommen, wenn mehr Arbeitsplätze wegfallen sollen als anderweitige Beschäftigungsmöglichkeiten vorhanden sind. In diesem Fall sind die Arbeitnehmer, denen eine freie Stelle anzubieten ist, nach den Grundsätzen der Sozialauswahl[630] zu bestimmen.[631] 400

II. Gleichwertigkeit des anderen Arbeitsplatzes

Der Arbeitsplatz ist **gleichwertig** bzw. vergleichbar, wenn die **Fähigkeiten** des Arbeitnehmers für ihn ausreichen und der Arbeitgeber den Arbeitnehmer aufgrund seines arbeitsvertraglichen **Weisungsrechts** ohne Änderung des Arbeitsvertrages auf dieser Stelle beschäftigen 401

---

627 Vgl. *BAG* 3. 2. 1977, EzA § 1 KSchG Betriebsbedingte Kündigung Nr. 7. Die Prüfung des Bestehens einer anderweitigen Beschäftigungsmöglichkeit ist insoweit nur eine Obliegenheit des Arbeitgebers; er prüft im eigenen Interesse, ob eine solche Möglichkeit vorhanden ist, um eine Unwirksamkeit der betriebsbedingten Kündigung aus diesem Grund zu vermeiden.
628 Vgl. *BAG* 29. 1. 1997, EzA § 1 KSchG Krankheit Nr. 42.
629 Vgl. *BAG* 13. 9. 1973, EzA § 102 BetrVG 1972 Nr. 7.
630 Dazu siehe unten Rz 480 ff.
631 Vgl. *LAG Düsseldorf* 9. 7. 1993, LAGE § 1 KSchG Soziale Auswahl Nr. 12; ähnlich auch *LAG Hamm* 30. 6. 1989, RzK I 5d Nr. 27.

kann. Entscheidend sind damit zum einen das **Anforderungsprofil** der freien Stelle, zum anderen der Inhalt des Arbeitsvertrages und die Ausgestaltung einer ggf. vorhandenen **Versetzungsklausel**.[632]

402 Das **Anforderungsprofil** wird vom Arbeitgeber in freier Unternehmerentscheidung festgelegt.[633] Ob die **Fähigkeiten des Arbeitnehmers** für die freie Stelle mit den vom Arbeitgeber bestimmten Anforderungen tatsächlich **ausreichen**, ist eine Frage des Einzelfalls. Hier ist nicht nur die gegenwärtige Tätigkeit des Arbeitnehmers zu berücksichtigen, sondern seine gesamten Fähigkeiten und Leistungen, auch solche, die aus vergangener Tätigkeit oder Ausbildung erworben wurden. Je länger aber der Erwerb zurückliegt, desto geringeres Gewicht ist ihm beizumessen.

403 Bei der Prüfung des **Umfangs des Weisungsrechts** des Arbeitgebers zeigt sich die Zweischneidigkeit von Versetzungsklauseln in Arbeitsverträgen. Sind sie breit angelegt, vergrößern sie zwar während des bestehenden Arbeitsverhältnisses die einseitig durch den Arbeitgeber bestimmbare Einsatzmöglichkeit des Arbeitnehmers, führen aber im Falle der beabsichtigten betriebsbedingten Kündigung dazu, dass sich der Arbeitgeber an diesen größeren Einsatzmöglichkeiten festhalten lassen und auch in weiterem Umfang prüfen muss, ob er dem Arbeitnehmer eine freie Stelle anzubieten hat.[634]

404 Während die **typische Versetzungsklausel** sich nur auf zumutbare Einsatzmöglichkeiten im **Unternehmen** oder gar nur im **Betrieb** bezieht und damit allenfalls ein wenig mehr Spielraum eröffnet als die Rechtslage nach dem KSchG, erweitert eine **Konzernversetzungsklausel** die Prüfungspflicht des Arbeitgebers erheblich. Ist im Arbeitsvertrag vereinbart, dass der Arbeitnehmer bei einem anderen Konzernunternehmen eingesetzt werden kann und der Arbeitgeber sich vorbehält, den Arbeitnehmer jederzeit bei einem solchen Konzernunternehmen einzusetzen, muss beim Wegfall des bislang eingenommenen Arbeitsplatzes auch die Möglichkeit der Weiterbeschäftigung in einem anderen Konzernunternehmen geprüft werden.[635] Es muss sich aber um eine echte Konzernversetzungsklausel handeln. Lediglich eine Unterstellung unter die fachliche Weisung eines ande-

---

632 Vgl. *BAG* 29. 3. 1990, EzA § 1 KSchG Soziale Auswahl Nr. 29.
633 *BAG* 7. 11. 1996, EzA § 1 KSchG Betriebsbedingte Kündigung Nr. 88.
634 Das Problem stellt sich primär bei der Sozialauswahl, siehe Rz 480 ff. Reicht das Weisungsrecht nicht aus, muss der Arbeitgeber ggf. eine Änderungskündigung aussprechen, wozu er nach § 1 Abs. 2 Satz 3 KSchG dann auch verpflichtet ist.
635 *BAG* 21. 1. 1999, EzA § 1 KSchG Nr. 51.

ren Konzernunternehmens ohne Versetzung oder Abordnung dorthin reicht nicht.[636] Vielmehr muss der Arbeitgeber den Arbeitnehmer zum Konzernunternehmen aufgrund Weisungsrechts versetzen oder abordnen können.

Daraus ergibt sich auch die **Grenze der Prüfungs- und Zuweisungspflicht** des Arbeitgebers: Bei Vorliegen einer Konzernversetzungsklausel muss er zum einen prüfen, ob in einer Konzerngesellschaft ein freier Arbeitsplatz vorhanden ist. Zum anderen muss er auch feststellen, ob er diesen freien Arbeitsplatz dem Arbeitnehmer tatsächlich einseitig zuweisen kann. Er muss versuchen, dem Arbeitnehmer mit den ihm zur Verfügung stehenden tatsächlichen und rechtlichen Mitteln die freie Stelle bei dem Konzernunternehmen zu verschaffen. Reicht sein Einfluss auf das Konzernunternehmen weder rechtlich noch tatsächlich dafür aus, so läuft auch das **Konzernversetzungsrecht** ins Leere. Umgekehrt ist es aber zu beachten, wenn ein anderes Konzernunternehmen ausdrücklich die Übernahme des Arbeitnehmers zugesagt hat oder der Arbeitgeber – regelmäßig aufgrund eines Abhängigkeitsverhältnisses im Konzern – das verbundene Unternehmen zu einer Übernahme des Arbeitnehmers veranlassen kann.[637] 405

Besteht in diesen – in der Praxis gar nicht so seltenen – Fallkonstellationen eine Weiterbeschäftigungspflicht innerhalb des Konzerns, so stellt sich die Frage nach den **Rechtsfolgen**, wenn die Pflicht nicht erfüllt wird. Nach der hier vertretenen Auffassung wäre die dennoch ausgesprochene betriebsbedingte Kündigung schlicht unwirksam. Eines Rückgriffs auf vertragliche Schadenersatzansprüche, wie er zum Teil in der Literatur vertreten wird,[638] bedarf es nicht, zumal der Schaden praktisch kaum berechenbar ist.[639] 406

Unabhängig von einer Versetzungsklausel sind in einem **gemeinsamen Betrieb zweier Unternehmen** sämtliche Arbeitsplätze dieses Betriebes in die Beurteilung von Weiterbeschäftigungsmöglichkeiten 407

---

636 *BAG* 27. 11. 1991, EzA § 1 KSchG Betriebsbedingte Kündigung Nr. 72.
637 Vgl. etwa *BAG* 14. 10. 1982, EzA § 15 KSchG nF Nr. 29; dort hatte die Konzernobergesellschaft einem abhängigen Unternehmen zugesagt, im Falle einer Betriebsstilllegung des abhängigen Unternehmens dessen Arbeitnehmer – hier ein Betriebsratsmitglied – weiterzubeschäftigen.
638 siehe etwa *Helle* S. 169; APS/*Kiel* Rz 596; wie hier *Fiebig* DB 1993, 583 und *Weslau* Anm. zu LAGE § 1 KSchG Betriebsbedingte Kündigung Nr. 22.
639 *Kukat* BB 2000, 1244 und KR/*Etzel* § 1 KSchG Rz 541, beziffern den Schaden auf die Höhe der Vergütung, die der Arbeitnehmer bei dem Konzernunternehmen erhalten hätte. Das ist zeitlich aber regelmäßig nicht eingrenzbar und läuft in Ermangelung anderer Beendigungstatbestände auf eine Leibrente hinaus.

(wie auch in die Sozialauswahl) einzubeziehen.[640] Dies gilt für den gemeinsamen Betrieb von Konzernunternehmen wie auch für den gemeinsamen Betrieb ansonsten unverbundener Gesellschaften. Ausdrücklich ist das in § 322 UmwG für einen Betrieb, der von an einer Spaltung oder Teilübertragung beteiligten Rechtsträgern nach der Spaltung gemeinsam geführt wird, geregelt.

408 Eine Sonderregelung enthält § 323 Abs. 1 UmwG, wonach sich bei **Spaltung oder Teilübertragung** eines Unternehmens die kündigungsrechtliche Stellung der betroffenen Arbeitnehmer für einen Zeitraum von zwei Jahren nach Übergang der Arbeitsverhältnisse nicht verschlechtern darf. Bestünde im Betrieb ohne vorherige Spaltung oder Teilübertragung eine Weiterbeschäftigungsmöglichkeit, so ist die Kündigung – für zwei Jahre – ausgeschlossen.[641] Das kann unter Umständen dazu führen, dass die an der Spaltung bzw. Teilübertragung beteiligten Unternehmen insgesamt in die Prüfung, ob eine anderweitige Beschäftigung des Arbeitnehmers möglich ist, einzubeziehen sind.

409 Nach dem Grundsatz der Verhältnismäßigkeit soll das Arbeitsverhältnis aber nur in seinem **bisherigen Bestand und Inhalt** geschützt werden.[642] In Betracht kommen daher nur freie Arbeitsplätze auf **gleicher oder niedrigerer Ebene**, also mit gleichwertigen oder geringerwertigen Arbeitsbedingungen. Der Arbeitgeber ist **nicht verpflichtet**, den Arbeitnehmer **zu befördern**, ihm also zur Vermeidung einer Beendigungskündigung eine höherwertige freie Stelle anzubieten. Allerdings würde der Arbeitgeber seine Freiheit zur Ausgestaltung von Arbeitsplätzen missbrauchen, wenn er eine anderenfalls passende freie Stelle zwar im Wesentlichen inhaltlich unverändert ließe, sie jedoch angelegentlich der Kündigung auf höherer Ebene ansiedelte.[643] Auf den Titel oder die Vergütungshöhe kommt es daher nicht an, wenn der Inhalt der Stelle gleich bleibt.

410 Grundsätzlich zumutbar und damit anzubieten ist auch eine Stelle, für die eine **andere Arbeitszeit** als die gilt, die für den Arbeitnehmer bislang anzuwenden war.[644] Ebenso ist dem Arbeitnehmer ein entspre-

---

640 Vgl. *BAG* 5. 5. 1994, EzA § 1 KSchG soziale Auswahl Nr. 31; *BAG* 13. 6. 1985, EzA § 1 KSchG Nr. 41.
641 Vgl. ErfK/*Ascheid* § 323 UmwG Rz 5; ebenso KR/*Friedrich* §§ 322-324 UmwG Rz 41.
642 *BAG* 29. 3. 1990, EzA § 1 KSchG Soziale Auswahl Nr. 29.
643 Vgl. *BAG* 18. 10. 2000, RzK I 5c Nr. 128.
644 Teilzeit- anstelle einer Vollzeitstelle, oder umgekehrt, vgl. *LAG Berlin* 10. 9. 1996, LAGE § 2 KSchG Nr. 20; siehe auch *LAG Köln* 1. 2. 1995, LAGE § 1 KSchG Betriebsbedingte Kündigung Nr. 29.

III. Freier Arbeitsplatz nach zumutbarer Fortbildung oder Umschulung

Der Arbeitnehmer muss für die freie andere Stelle, sei es im selben Betrieb oder in einem anderen Betrieb des Unternehmens, geeignet sein. Das ist nicht nur dann der Fall, wenn er bereits die erforderliche Kenntnis, Vorbildung und Erfahrung für diese Stelle besitzt, sondern auch dann, wenn er diese erst nach **zumutbaren Fortbildungs- und Umschulungsmaßnahmen** erreichen kann.

411

Eine Legaldefinition für **Umschulungs- und Fortbildungsmaßnahmen** hält das KSchG nicht bereit. Hier kann sich jedoch auf die Regelungen der §§ 1, 46, 47 BBiG und des § 87 SGB III orientiert werden. Eine **Umschulung** beinhaltet danach die Vermittlung von Kenntnissen und Fertigkeiten für eine andere berufliche Tätigkeit als der bisherigen, und **Fortbildung** ist eine Weiterbildung, die den Arbeitnehmer in die Lage versetzt, den gestiegenen Anforderungen in seinem gegenwärtig ausgeübten Beruf gerecht werden zu können. Die Förderfähigkeit, öffentliche Trägerschaft oder eine förmliche Anerkennung durch öffentliche Stellen sind für die Eignung einer Maßnahme allerdings nicht erforderlich. Das folgt schon daraus, dass auch innerbetriebliche Maßnahmen ausreichen können, um das Ziel des Erwerbs der für die andere Stelle erforderlichen Kenntnisse und Fähigkeiten zu erwerben.

412

Allerdings muss mit hinreichender Sicherheit voraussehbar sein, dass **nach Fortbildung oder Umschulung** die **Kenntnisse und Fähigkeiten** auch in für die freie Stelle erforderlichem Umfang **tatsächlich vorhanden** sein werden;[646] anderenfalls muss die Qualifizierungsmaßnahme nicht vorgenommen werden. Ebenso ist erforderlich, dass die geeignete freie Stelle spätestens nach Abschluss der Qualifizierungsmaßnahme vorhanden sein wird.[647] Wie bei unmittelbar passenden anderen freien Stellen gibt es auch hier **keinen Anspruch** des Arbeitnehmers **auf Höherqualifizierung** zur Ausfüllung eines Arbeitsplatzes mit besseren Arbeitsbedingungen; ein Anspruch auf Umschulung zur Beförderung besteht nicht.[648]

413

---

645 Vgl. *BAG* 25. 4. 1996, EzA § 2 KSchG Nr. 25.
646 Vgl. *BAG* 19. 5. 1993, EzA § 1 KSchG Betriebsbedingte Kündigung Nr. 73.
647 Vgl. *BAG* 7. 2. 1991, EzA § 1 KSchG Personenbedingte Kündigung Nr. 9.
648 *V. Hoyningen-Huene* NZA 1994, 1012.

414 Dem **Arbeitgeber** muss die Fortbildungs- oder Umschulungsmaßnahme **zumutbar** sein, denn sie geht nach überwiegender Meinung **zu seinen Lasten**.[649] Hier nimmt die **Rechtsprechung** eine **Interessenabwägung** vor:[650] Die **Maßnahme** ist nicht zumutbar, wenn die Belastung des Arbeitgebers auch bei ausreichender Berücksichtigung der Interessen des Arbeitnehmers nach Treu und Glauben zu groß wäre. Das ist **beispielsweise** dann der Fall, wenn der zeitliche oder finanzielle **Aufwand** für die Maßnahme **unverhältnismäßig groß** wäre oder sie wegen des Alters oder des bisherigen Bildungsgrades des Arbeitnehmers voraussichtlich nicht erfolgreich sein wird. Ob dies gegeben ist, ist Frage des Einzelfalls. Allgemein anwendbare Kriterien hat die Rechtsprechung hierzu bislang nicht genannt. Hinsichtlich des Umfang und der Relation von Kosten und zeitlichem Aufwand wird man sich aber jedenfalls grob an der jeweils anwendbaren Kündigungsfrist und ggf. auch der Monatsvergütung des Arbeitnehmers und der üblichen Einarbeitungszeit orientieren können. Eine Zumutbarkeit ist häufig gegeben, wenn die Maßnahme im Betrieb des Arbeitgebers durchgeführt werden kann. Generell, aber insbesondere bei außerbetrieblichen Maßnahmen, sind die wirtschaftliche Leistungsfähigkeit des Arbeitgebers und die Kosten der Maßnahme ausschlaggebend. Mit der gebotenen Vorsicht mag man bei Kosten von zwei bis drei Monatsgehältern des betroffenen Arbeitnehmers noch von einer Zumutbarkeit ausgehen, was bei einer innerbetrieblichen Maßnahme einer durchschnittlichen Einarbeitungszeit entspräche. Demgemäß müsste die außerbetriebliche Maßnahme kürzer sein, weil sie zusätzliche Kosten verursacht. Bei hohen Gehältern kann durchaus schon bei einem oder zwei Monatsvergütungen die Unzumutbarkeitsgrenze erreicht sein.

▶ **Praxistipp:**

Der Arbeitgeber sollte sich insbesondere bei außerbetrieblichen Bildungsmaßnahmen im Vorfeld genau nach Dauer und Kosten erkundigen, um in jedem Einzelfall abwägen zu können, ob ihm dies noch zumutbar ist.

415 Eine ausdrückliche **Zustimmung** zur qualifizierenden Maßnahme muss der Arbeitnehmer nicht geben. Die Zumutbarkeit bestimmt sich nach objektiven Kriterien. Lehnt er allerdings bereits im Vorfeld ausdrücklich ab, so muss der Arbeitgeber regelmäßig diese Alternative auch nicht weiter verfolgen.

---

649 **AA** GK-BetrVG/*Raab* § 102 BetrVG Rz 130 mwN.
650 Vgl. *BAG* 29. 7. 1976, AP § 373 ZPO Nr. 1.

Betriebsbedingte Kündigung § 1

> ▶ **Praxistipp:**
>
> Nach Möglichkeit sollte der Arbeitgeber den Arbeitnehmer vor Ausspruch der Kündigung ausdrücklich nach seiner Bereitschaft zu Fortbildung oder Umschulung fragen und auf einer verbindlichen, möglichst schriftlichen oder jedenfalls unter Zeugen gegebenen Antwort bestehen, um ggf. dem späteren Einwand des Arbeitnehmers entgegentreten zu können, dass ihm solche Maßnahmen hätten angeboten werden müssen.

IV. Freier Arbeitsplatz zu geänderten Bedingungen

Ist auch unter Erwägung von Qualifizierungsmaßnahmen keine freie gleichwertige Stelle vorhanden, so bleibt zu prüfen, ob es eine **anderweitige Beschäftigungsmöglichkeit zu geänderten Bedingungen** gibt, die dem Arbeitnehmer anzubieten ist. Aus dem bereits erwähnten Vorrang der Änderungskündigung vor der Beendigungskündigung folgt die Verpflichtung des Arbeitgebers, festzustellen, ob es einen anderen freien Arbeitsplatz gibt, dessen Besetzung mit dem anderenfalls zu kündigenden Arbeitnehmer **beiden Parteien zumutbar** ist. 416

Die Frage, wann eine andere freie Stelle **zumutbar** ist, richtet sich grundsätzlich nach den für § 2 KSchG entwickelten Kriterien.[651] Auch hier kommt grundsätzlich **keine Beförderungsstelle** in Betracht, weil dies dem Bestandsschutzcharakter des KSchG widerspräche.[652] Als Änderungen kämen beispielsweise ein **geänderter Aufgabenbereich** oder eine **geänderte Arbeitszeit** in Frage,[653] aber auch ein **anderer Arbeitsort**. 417

Besteht eine zumutbare Weiterbeschäftigungsmöglichkeit, so ist der Arbeitgeber nach der Rechtsprechung des BAG **verpflichtet**, diese dem Arbeitnehmer mit einer **Annahmefrist** von zumindest **einer Woche** anzubieten[654] und ihm unmissverständlich zu erklären, dass er bei Ablehnung des Änderungsangebots betriebsbedingt gekündigt wird.[655] Es reicht ein eindeutiges Angebot; eine Änderungskündigung kommt (noch) nicht in Betracht. Das Angebot ist nur dann entbehrlich, wenn der Arbeitnehmer von vornherein vorbehaltlos eine 418

---

651 Siehe dazu § 2 KSchG.
652 *BAG* 29. 3. 1990, EzA § 1 KSchG Soziale Auswahl Nr. 29.
653 Vgl. *LAG Berlin* 16. 8. 1982, AuR 1983, 281.
654 *BAG* 27. 9. 1984, EzA § 2 KSchG Nr. 5; ebenso *LAG* Hamm 22. 6. 1998, LAGE § 1 KSchG Betriebsbedingte Kündigung Nr. 51.
655 *BAG* 29. 11. 1990, RzK I 5a Nr. 4.

weitere Tätigkeit zu anderen als seinen bisherigen Arbeitsbedingungen abgelehnt hat.[656]

419 War ein Angebot zu machen, und **lehnt** der Arbeitnehmer die geänderten Bedingungen vorbehaltlos **ab**, so kann der Arbeitgeber nunmehr sogleich die Beendigungskündigung aussprechen.[657] **Nimmt** der Arbeitnehmer hingegen das Angebot, zu geänderten Bedingungen weiterzuarbeiten, **an**, so bleibt kein Raum für den Ausspruch einer Kündigung. Wie bei der Änderungskündigung auch, kann der Arbeitnehmer jedoch die **Annahme** der geänderten Bedingungen **unter Vorbehalt** der gerichtlichen Nachprüfung erklären. In diesem Fall kann der Arbeitgeber nur eine Änderungskündigung aussprechen. Das verdoppelt offensichtlich den Aufwand des Arbeitgebers: Er wird dasselbe Angebot formal zweimal in zwei unterschiedlichen Arten machen, und im Zweifel zweimal dieselbe Antwort des Arbeitnehmers erhalten. In der Praxis kommt es dazu jedoch eher selten. Häufig wird schon beim ersten Angebot Klarheit herrschen. Ist aber doch einmal eine Änderungskündigung gleichsam nachzuschieben, weil der Arbeitnehmer keine eindeutige Entscheidung trifft, sondern einen Vorbehalt entsprechend § 2 KSchG erklärt, so bedeutet dies einen Zeitverlust und – wegen der fortlaufenden Vergütungspflicht des Arbeitgebers – einen je nach Länge der anwendbaren Kündigungsfrist unter Umständen erheblichen Nachteil zu Lasten des Arbeitgebers.

420 Die Rechtsprechung des BAG, wonach zunächst ein Angebot über geänderte Arbeitsbedingungen zu machen ist, bevor eine Änderungs- oder Beendigungskündigung ausgesprochen werden kann, wird in der Literatur deutlich **kritisiert**.[658] In der Tat findet sich im Gesetz keine Stütze für die Annahme, dass vor Kündigungsausspruch ein Änderungsangebot zu machen ist. Vielmehr werden die Interessen des Arbeitnehmers ausreichend gewahrt, wenn der Arbeitgeber nach dem Grundsatz des Vorrangs einer Änderungskündigung eine solche ausspricht und der Arbeitnehmer das Änderungsangebot gemäß § 2 KSchG unter Vorbehalt der sozialen Rechtfertigung annimmt. Gleichermaßen ist der Arbeitnehmer geschützt, wenn der Arbeitgeber ohne Änderungskündigung sogleich eine Beendigungskündigung ausspricht und der Arbeitnehmer im Prozess aufzeigt, dass er auch zu geänderten Bedingungen hätte weiterbeschäftigt werden können, denn dann wäre die Beendigungs-

---

656 Vgl. *BAG* 25. 2. 1988, RzK I 5c Nr. 26.
657 *BAG* 7. 12. 2000, EzA § 1 KSchG Betriebsbedingte Kündigung Nr. 108; *BAG* 29. 11. 1990, RzK I 5a Nr. 4.
658 Vgl. etwa *v. Hoyningen-Huene/Linck* § 1 KSchG Rz 147; APS/*Dörner* § 1 KSchG Rz 90; KR/*Etzel* § 1 KSchG Rz 228; siehe auch KR/*Rost* § 2 KSchG Rz 18 ff.

kündigung unwirksam. Für eine Verdoppelung des Aufwands, wie sie das BAG im Ergebnis fordert, besteht keine Veranlassung.

▶ **Praxistipp:**
Zwar wäre es zu begrüßen, wenn das BAG seine Rechtsprechung in diesem Punkt ändert. Bis dahin sollte aber vorsorglich ein Änderungsangebot vor Ausspruch einer Kündigung unterbreitet werden.

Nach § 1 Abs. 2 Satz 3 2. Alternative KSchG muss der Arbeitnehmer sein **Einverständnis** mit der Weiterbeschäftigung zu geänderten Bedingungen erklärt haben. Damit erklärt er zugleich, dass der andere Arbeitsplatz mit den neuen Bedingungen für ihn zumutbar ist. Ein Widerspruch des Betriebsrats ist daher nur dann beachtlich, wenn der Arbeitnehmer sein Einverständnis tatsächlich erklärt hat.[659]

V. Darlegungs- und Beweislast

Hinsichtlich der Darlegungs- und Beweislast im Kündigungsschutzprozess gelten die bei den dringenden betrieblichen Erfordernissen angeführten Grundsätze. Auch hier ist der **Arbeitgeber** grundsätzlich beweisbelastet. Er muss darlegen, dass eine anderweitige Beschäftigung im Betrieb oder in einem anderen Betrieb des Unternehmens nicht möglich oder ihm nicht zumutbar ist.[660] Nach den Grundsätzen der **abgestuften Darlegungs- und Beweislast** reicht es für den Arbeitgeber in einem ersten Schritt, zu behaupten, dass eine anderweitige Beschäftigung nicht möglich ist. Daraufhin muss der Arbeitnehmer konkret darlegen, dass und auf welchem Arbeitsplatz er hätte weiterbeschäftigt werden können. Dies obliegt ihm auch in einem Großunternehmen[661] sowie grundsätzlich auch bei Behauptung einer konzernweiten Weiterbeschäftigungsmöglichkeit.[662] Im letztgenannten Fall trifft den Arbeitgeber allerdings eine erhöhte Darlegungslast für das Fehlen einer Einsatzmöglichkeit in einem anderen Konzernunternehmen.[663] Erst wenn der Arbeitnehmer konkret genug dargelegt hat, muss der Arbeitgeber im Einzelnen darlegen, warum ein anderweiti-

---

659 Vgl. KR/*Etzel* § 102 BetrVG Rz 172; zum Widerspruch des Betriebsrats siehe unten Rz 427 ff.
660 Vgl. *BAG* 27. 9. 1984, EzA § 2 KSchG Nr. 5; *BAG* 3. 2. 1977, EzA § 1 KSchG Betriebsbedingte Kündigung Nr. 7.
661 Vgl. *BAG* 25. 2. 1988, RzK I 5c Nr. 26.
662 *BAG* 20. 1. 1994, EzA § 1 KSchG Betriebsbedingte Kündigung Nr. 74.
663 *BAG* 21. 1. 1999, EzA § 1 KSchG Betriebsbedingte Kündigung Nr. 51.

ger Einsatz nicht möglich ist. Hierfür genügt es aber, wenn der Arbeitgeber beweist, dass kein entsprechender anderer Arbeitsplatz frei ist.[664]

423 Erst wenn der Arbeitnehmer vorträgt, dass er auch zu geänderten Bedingungen – ggf. nach Umschulung oder Fortbildung – auf einem bestimmten Arbeitsplatz hätte weiterbeschäftigt werden können, muss der Arbeitgeber darauf mit entsprechend detailliertem Vorbringen eingehen, denn erst ein solcher Vortrag des Arbeitnehmers enthält regelmäßig auch sein – zumindest unter Vorbehalt erklärtes – Einverständnis mit geänderten Bedingungen.[665] Zuvor muss der Arbeitgeber nicht ohne weiteres annehmen, dass auch eine Weiterbeschäftigung zu anderen Bedingungen für den Arbeitnehmer in Frage kam. Bestand tatsächlich eine zumutbare Möglichkeit zur Weiterbeschäftigung zu geänderten Bedingungen, so hätte der Arbeitgeber dem Arbeitnehmer, wie oben dargelegt, diese ohnehin vor Ausspruch der Kündigung anbieten müssen. War dies nicht erforderlich, muss der Arbeitgeber ohne den Anlass eines konkreten Vortrages des Arbeitnehmers auch nicht vorsorglich in seinem gerichtlichen Vorbringen darauf eingehen. Tatsachen, die gegen die Zumutbarkeit einer Qualifizierungsmaßnahme sprechen, sind vom Arbeitgeber darzulegen und zu beweisen.

D. Interessenabwägung

424 Bei allen am KSchG zu messenden Kündigungen ist nach der Rechtsprechung grundsätzlich eine **einzelfallbezogene Interessenabwägung** erforderlich.[666] Diese führt mittlerweile aber **nur** noch bei **besonderen sozialen Härtefällen** zu einer Sozialwidrigkeit der betriebsbedingten Kündigung[667] und spielt in der jüngeren Praxis nur noch eine sehr untergeordnete Rolle. Eine Weiterbeschäftigung ist dem Arbeitgeber regelmäßig nur noch dann zumutbar, wenn der Arbeitnehmer aufgrund schwerwiegender persönlicher Umstände besonders schutzbedürftig ist.[668]

---

664 *BAG* 25.2.1988, RzK I 5c Nr. 26; *BAG* 22. 5. 1986, EzA § 1 KSchG Soziale Auswahl Nr. 22 mwN.
665 Vgl. dazu *BAG* 27. 9. 1984, EzA §2 KSchG Nr. 5.
666 Vgl. *BAG* 24. 10. 1979, EzA §1 KSchG Betriebsbedingte Kündigung Nr. 13; *BAG* 7. 2. 1985, EzA § 1 KSchG Soziale Auswahl Nr. 20.
667 Siehe beispielsweise *ArbG Passau* 17. 8. 1994, BB 1994, 2207, für einen über fünfzigjährigen Arbeitnehmer mit mehr als dreißig Jahren Betriebszugehörigkeit und umfangreichen Unterhaltsverpflichtungen, der nur noch verschwindend geringe Chancen auf dem Arbeitsmarkt hatte.
668 *BAG* 19. 12. 1991, RzK I 5c Nr. 41.

Betriebsbedingte Kündigung §1

Bis 1979 verlangte das BAG allerdings noch eine nach objektiven Maßstäben vorzunehmende Abwägung des Bestandsschutzinteresses des Arbeitnehmers gegenüber den betrieblichen Bedürfnissen des Arbeitgebers. Danach war die Interessenabwägung dann fehlerhaft, wenn die mit einer betriebsbedingten Kündigung zu erwartenden sozialen Nachteile auf Seiten des Arbeitnehmers nicht in einem angemessenen Verhältnis zu den zu erwartenden wirtschaftlichen Vorteilen des Arbeitgebers standen.[669] Zu recht wurde dagegen aber eingewandt, dass zum einen die Vorteile des Arbeitgebers nicht mit den Nachteilen auf Seiten des Arbeitnehmers vergleichbar sind, und zum anderen die einzelfallbezogene Prüfung doch wieder zu einer weitgehenden Überprüfung der an sich nicht zur Nachprüfung stehenden freien Unternehmerentscheidung führt. Mit Entscheidung vom 24. Oktober 1979[670] hat das BAG seine Auffassung geändert. Die Abwägung der Interessen bleibt zwar nach wie vor geboten, fällt aber angesichts der grundsätzlich bindenden Unternehmerentscheidung nur noch ausnahmsweise zugunsten des Arbeitnehmers aus.[671]

425

Von Instanzgerichten wie auch von der Literatur wird mit einigem Recht in Zweifel gezogen, dass eine Interessenabwägung bei betriebsbedingten Kündigungen überhaupt noch erforderlich sei.[672] Steht zum einen fest, dass dringende betriebliche Erfordernisse für die betriebsbedingte Kündigung bestehen, und ist zum anderen die Sozialauswahl fehlerfrei durchgeführt worden, so entfällt das Bedürfnis für eine nochmalige Abwägung der unterschiedlichen Interessen. Härtefälle lassen sich auch über die übrigen Kriterien und regelmäßig insbesondere über die Sozialauswahl[673] auffangen. Solange das BAG aber an einer zusätzlichen Interessenabwägung auch bei betriebsbedingten Kündigungen festhält, wird dies vom Arbeitgeber zu berücksichtigen sein; **in der Praxis** wird die Abwägung allerdings nur in **seltenen Fällen** etwas am im Übrigen erzielten Ergebnis der Prüfung der Wirksamkeit der Kündigung ändern.

426

---

669 Vgl. *BAG* 4. 2. 1960, AP Nr. 5 zu § 1 KSchG Betriebsbedingte Kündigung; *BAG* 3. 5. 1978, EzA § 1 KSchG Betriebsbedingte Kündigung Nr. 8.
670 EzA § 1 KSchG Betriebsbedingte Kündigung Nr. 13.
671 *BAG* 19. 12. 1991, RzK I 5c Nr. 41; *BAG* 30. 4. 1987, EzA § 1 KSchG Betriebsbedingte Kündigung Nr. 47; *BAG* 16. 1. 1987, EzA § 1 KSchG Betriebsbedingte Kündigung Nr. 48; *BAG* 7. 2. 1985, EzA § 1 KSchG Soziale Auswahl Nr. 20.
672 Vgl. die Nachweise bei KR/*Etzel*, § 1 KSchG Rz 549 aE.
673 Dazu unten Rz 480 ff.

E. Widerspruch des Betriebsrats

427 Der Betriebsrat kann (ebenso wie der Personalrat bzw. die jeweils nach dem BetrVG oder einem Personalvertretungsgesetz zuständige Arbeitnehmervertretung) der **ordentlichen** Kündigung **widersprechen**, § 1 Abs. 2 Satz 2 KSchG. Der Widerspruch muss **frist- und formgerecht** erhoben werden, also schriftlich unter Angabe der Gründe für den Widerspruch innerhalb der nach § 102 Abs. 2 Satz 1 BetrVG vorgesehenen Frist von einer Woche. Bei einer **außerordentlichen** Kündigung gilt eine Frist von drei Tagen, § 102 Abs. 2 Satz 3 BetrVG. Hier kann der Betriebsrat aber nur Bedenken äußern; die Widerspruchsgründe gelten nur für die ordentliche Kündigung.[674]

I. Bedeutung des Widerspruchs

428 Widerspricht der Betriebsrat mit einer der im Gesetz genannten Begründungen, so ist die Kündigung nach dem Gesetzeswortlaut sozial ungerechtfertigt. Nach bisheriger Auffassung handelt es sich dabei um **absolute Gründe der Sozialwidrigkeit**. Eine Interessenabwägung war bei Vorliegen eines dieser Gründe nicht mehr vorzunehmen,[675] weil sich die Sozialwidrigkeit unmittelbar aus dem (begründeten) Widerspruch des Betriebsrats ergeben sollte. Zugunsten des Arbeitnehmers ist diese Klassifizierung mittlerweile praktisch bedeutungslos. Der Arbeitnehmer kann sich nach der Rechtsprechung auch ohne Widerspruch des Betriebsrats auf jede Möglichkeit der Weiterbeschäftigung berufen, weil sich bereits aus dem Grundsatz der Verhältnismäßigkeit ergibt, dass das Bestehen einer solchen Weiterbeschäftigungsmöglichkeit einer Beendigungskündigung als milderes Mittel vorgeht.[676] Es wäre überdies nicht mit der Intention des KSchG vereinbar, nach Betrieben mit oder ohne Betriebsrat zu differenzieren und dem Arbeitnehmer bei bestehendem Betriebsrat das Risiko aufzubürden, dass dieser form- und fristgerecht widerspricht. Es kommt also für den Arbeitnehmer nicht darauf an, ob ein Betriebsrat seiner Kündigung widersprochen hat oder nicht.

---

674 Vgl. HSWG/*Schlochauer* § 102 BetrVG Rz 145 und 83 ff.
675 Vgl. *BAG* 6. 6. 1984, AP § 1 KSchG 1969 Betriebsbedingte Kündigung Nr. 16; *BAG* 13. 9. 1973, EzA § 102 BetrVG 1972 Nr. 7.
676 Vgl. *BAG* 17. 5. 1984, EzA § 1 KSchG Betriebsbedingte Kündigung Nr. 32; zum Grundsatz der Verhältnismäßigkeit auch *BAG* 29. 1. 1997, EzA § 1 KSchG Krankheit Nr. 42; *BAG* 27. 9. 1984, EzA § 2 KSchG Nr. 5.

II. Mögliche Widerspruchsgründe

Der Betriebsrat kann nach § 1 Abs. 2 Satz 2 und Satz 3 KSchG mit vier Begründungen widersprechen: **429**

1. Die Kündigung verstößt gegen eine Auswahlrichtlinie nach § 95 BetrVG (§ 1 Abs. 2 Satz 2 Nr. 1a KSchG[677]);

2. Der Arbeitnehmer kann auf einem anderen Arbeitsplatz im Betrieb oder in einem anderen Betrieb des Unternehmers weiterbeschäftigt werden (§ 1 Abs. 2 Satz 2 Nr. 1b KSchG[678]);

3. Der Arbeitnehmer kann nach zumutbaren Umschulungs- oder Fortbildungsmaßnahmen im Betrieb oder in einem anderen Betrieb des Unternehmers weiterbeschäftigt werden (§ 1 Abs. 2 Satz 3 1. Alternative KSchG);

4. Der Arbeitnehmer kann unter geänderten Arbeitsbedingungen im Betrieb oder in einem anderen Betrieb des Unternehmers weiterbeschäftigt werden, und er hat dazu sein Einverständnis erklärt (§ 1 Abs. 2 Satz 3 2. Alternative KSchG).

Inhaltlich entsprechen die Widerspruchsmöglichkeiten denen des § 102 Abs. 3 Nr. 2-5 BetrVG.[679] Lediglich ein Widerspruch des Betriebsrats wegen unzureichender Berücksichtigung sozialer Gesichtspunkte, wie ihn § 102 Abs. 3 Nr. 1 BetrVG vorsieht, ist im KSchG nicht genannt. Dieses regelt die Sozialauswahl in § 1 Abs. 3-5 KSchG. **430**

III. Verstoß gegen eine Auswahlrichtlinie

Gewisse Eigenständigkeit kommt dem Unwirksamkeitsgrund des **Verstoßes gegen einen Auswahlrichtlinie** (§ 1 Abs. 2 Satz 2 Nr. 1a KSchG) zu. Diese Eigenständigkeit beschränkt sich aber auf den Verstoß gegen die Richtlinie als solches. Es kommt nicht darauf an, ob der Betriebsrat deswegen der Kündigung widersprochen hat. Wenn es schon bei der Frage der Weiterbeschäftigungsmöglichkeit keine Rolle spielt, ob der Betriebsrat wegen des Bestehens einer solchen Möglichkeit der Kündigung widersprochen hat, darf dies auch bei einem Verstoß gegen eine Auswahlrichtlinie nicht relevant sein. Anderenfalls würde unter Verstoß gegen Art. 3 Abs. 1 GG sachfremd und willkürlich differen- **431**

---

677 Für den Personalrat gilt § 1 Abs. 2 Satz 2 Nr. 2a KSchG.
678 Siehe § 1 Abs. 2 Satz 2 Nr. 2b KSchG für den Personalrat.
679 Vgl. dazu die Ausführungen unter § 102 BetrVG sowie *Jaeger/Röder/Heckelmann/Jaeger*, Kap. 25 Rz 112 ff.; entsprechend auch § 79 Abs. 1 Nr. 2 bis 5 BPersVG.

§ 1 Sozial ungerechtfertigte Kündigungen

ziert.[680] Allerdings hat die Frage **in der Praxis** geringere Auswirkungen als erwartet werden könnte, denn die Fälle, in denen der Arbeitgeber eine Auswahlrichtlinie nach § 95 BetrVG erlassen hat, ohne dass im Betrieb ein Betriebsrat besteht (der einer solchen Richtlinie zustimmen müsste[681]), sind eher selten.

432 Kommt es damit auf den Widerspruch nicht an, beschränkt sich die Eigenständigkeit der Regelung des § 1 Abs. 2 Satz 2 Nr. 1a KSchG auf den selbständigen Grund für die Unwirksamkeit der Kündigung, nämlich den Verstoß gegen eine bestehende Auswahlrichtlinie. Hat der Arbeitgeber **tatsächlich** gegen die Richtlinie **verstoßen**, und beruft sich der Arbeitnehmer im Kündigungsschutzprozess darauf, ist die Kündigung unwirksam. Ein Widerspruch des Betriebsrats hat dann nur noch die praktische Auswirkung, dass er dem Arbeitnehmer die Argumentation erleichtert, weil er sich die Begründung des Betriebsrats zu Eigen machen kann.[682]

433 Bevor ein Verstoß gegen eine Auswahlrichtlinie festgestellt werden kann, ist zunächst zu prüfen, ob die **Richtlinie** überhaupt **beachtlich** ist. Dies ist dann der Fall, wenn sie der gesetzlichen Wertung des § 1 Abs. 3 und Abs. 4 KSchG entspricht, also die **Sozialdaten** Dauer der Betriebszugehörigkeit, Lebensalter, Unterhaltspflichten und Schwerbehinderung berücksichtigt und diese **nicht grob fehlerhaft zueinander in Verhältnis gesetzt** sind.[683] Hier könnten sich nach der Neuregelung des § 1 Abs. 3 bis 5 KSchG **Probleme** ergeben. Zwischen dem 01. 01. 1998 und 31. 12. 2003 waren lediglich allgemein »soziale Gesichtspunkte« in § 1 Abs. 3 KSchG genannt, die zu berücksichtigen seien. Allerdings beschränken sich zahlreiche Auswahlrichtlinien entsprechend der von der Rechtsprechung aufgestellten Grundsätze[684] auf die drei Hauptdaten Betriebszugehörigkeitsdauer, Lebensalter und Unterhaltspflichten und behandeln weitere soziale Aspekte nicht oder nur am Rande. Bis zu einer Anpassung der Richtlinien an die geänderte Rechtslage könnten daher insbesondere die Nichtbehandlung des Aspekts einer Schwerbehinderung oder die Einbeziehung weiterer sozialer Aspekte entgegen der Wertung des § 1 Abs. 3 KSchG in seiner neuen Fassung dazu führen, dass die entsprechende Auswahlrichtlinie nicht beachtlich ist, so dass es auf einen Verstoß gegen sie nicht ankommt.

---

680 Ebenso *Löwisch* DB 1975, 350; KR/*Etzel* § 1 KSchG Rz 198.
681 Vgl. dazu etwa *Jaeger/Röder/Heckelmann/Schuster*, Kap. 23 Rz 43 ff.
682 So zutreffend KR/*Etzel* § 1 KSchG Rz 199.
683 Vgl. *BAG* 11. 3. 1976, EzA § 95 BetrVG 1972 Nr. 1; *BAG* 20. 10. 1983, EzA § 1 KSchG Betriebsbedingte Kündigung Nr. 28.
684 Siehe unten Rz 535.

Der Arbeitgeber ist nach § 1 Abs. 2 Satz 4 KSchG **darlegungs- und** 434
beweispflichtig für die fehlerfreie Anwendung der Auswahlrichtlinien. Diese zählen insoweit zu den dort genannten »Tatsachen«. Allerdings muss sich der Arbeitnehmer im Kündigungsschutzprozess zunächst ausdrücklich und konkret auf eine fehlerhafte Anwendung der Richtlinien berufen, also angeben, welche Bestimmung der Richtlinien nicht oder fehlerhaft vom Arbeitgeber angewandt wurde. Erst dann muss der Arbeitgeber die Übereinstimmung mit den Auswahlkriterien, also die von ihm berücksichtigten Kriterien, die auswahlrelevanten Sozialdaten und den von ihm als maßgeblich erachteten Kreis der vergleichbaren Arbeitnehmer, darlegen. Liegt ein Widerspruch des Betriebsrats vor, kann der Arbeitnehmer sich darauf und den darin enthaltenen Vortrag berufen. Er hat sich dann konkret auf die fehlerhafte Anwendung der Auswahlrichtlinie zu berufen. Anschließend ist der Arbeitgeber aufgefordert, substantiiert vorzutragen und unter Beweis zu stellen, dass nicht gegen die Richtlinie verstoßen wurde.

IV. Anderweitige Beschäftigung

Die drei weiteren Widerspruchstatbestände (Möglichkeit der Weiterbe- 435
schäftigung auf einem anderen Arbeitsplatz zu unveränderten Bedingungen, nach zumutbaren Fortbildungs- oder Umschulungsmaßnahmen und zu geänderten Arbeitsbedingungen) sind bereits im Rahmen der Zumutbarkeitsprüfung behandelt worden.[685] Beruft sich der Betriebsrat auf eine Weiterbeschäftigungsmöglichkeit zu geänderten Bedingungen, muss er allerdings das Einverständnis des Arbeitnehmers mit solchen geänderten Bedingungen vorweisen können.[686]

F. Zeitpunkt der Beurteilung der Sozialwidrigkeit einer betriebsbedingten Kündigung

Grundsätzlich ist der Sachverhalt maßgebend, der zum **Zeitpunkt des** 436
Zugangs der Kündigungserklärung besteht.[687] Entscheidend ist dabei, dass der **Arbeitsplatz** nicht bereits bei Ausspruch der Kündigung weggefallen sein muss. Ausreichend ist es vielmehr, wenn das **Beschäftigungsbedürfnis zum Ende der anwendbaren Kündigungsfrist** aller

---

685 Siehe oben Rz 393 ff.
686 KR/*Etzel* § 102 BetrVG 169c und 172b, jeweils mwN; siehe auch den Wortlaut des § 102 Abs. 3 Ziffer 5 BetrVG.
687 *BAG* 30. 5. 1985, EzA § 1 KSchG Betriebsbedingte Kündigung Nr. 36; *BAG* 6. 6. 1984, AP § 1 KSchG 1969 Betriebsbedingte Kündigung Nr. 16; zum Zugang einer Willenserklärung unter Abwesenden vgl. § 130 BGB.

Voraussicht nach **nicht mehr** bestehen wird.[688] **Innerbetriebliche Maßnahmen** müssen somit zum Zeitpunkt des Zugangs der Kündigung bereits greifbare Formen angenommen haben,[689] wozu nach den Umständen des Einzelfalls aber auch schon das Vorliegen der Gründe für die innerbetriebliche Maßnahme, etwa fehlende finanzielle Mittel oder deutlicher Auftragsrückgang, genügen kann.[690] Der bloße Kündigungsentschluss reicht hingegen nicht aus.[691] Wenn greifbare Formen der Unternehmerentscheidung vorhanden sind, ist die betriebsbedingte Kündigung dann nicht sozialwidrig, wenn nach betriebswirtschaftlichen Erkenntnismethoden absehbar ist, dass bis zum Ablauf der Kündigungsfrist kein Bedürfnis für die Weiterbeschäftigung des betroffenen Arbeitnehmers mehr besteht.[692]

437 Arbeitsplätze, die zwar zum Zeitpunkt des Ausspruchs der Kündigung noch besetzt sind, jedoch während der Kündigungsfrist oder zeitnah danach frei werden, sind bei der Frage der **anderweitigen Beschäftigungsmöglichkeit** ebenfalls zu berücksichtigen.[693] Hierbei kommt es aber nicht auf den Kündigungszeitpunkt, sondern ggf. auch auf die Zeit danach an.[694]

438 Bei einer – grundsätzlich zulässigen – **betriebsbedingten außerordentlichen Kündigung** beginnt die Ausschlussfrist des § 626 Abs. 2 BGB regelmäßig erst dann, wenn ohne begründete Zweifel feststeht, dass der Arbeitnehmer nicht mehr auf seinem Arbeitsplatz beschäftigt werden kann.[695]

G. Wiedereinstellungsanspruch

439 Rechtssicherheit und Rechtsklarheit verlangen, dass grundsätzlich der Zeitpunkt des Zugangs der Kündigungserklärung maßgebend für die Beurteilung der Wirksamkeit der Kündigung ist. **Ändern** sich jedoch die **Umstände nachträglich**, so ist nach der Rechtsprechung – neben

---

688 *LAG Niedersachsen* 16. 3. 2001, EzA SD 2001, Heft 12, S. 13.
689 *BAG* 4. 12. 1986, RzK I 5c Nr. 17; *BAG* 24. 10. 1979, EzA § 1 KSchG Betriebsbedingte Kündigung Nr. 13; *LAG Düsseldorf* 13. 9. 1967, DB 1967, 1992.
690 Vgl. *BAG* 19. 6. 1991, EzA § 1 KSchG Betriebsbedingte Kündigung Nr. 70; siehe auch *BAG* 23. 3. 1984, ZIP 1984, 1524; *LAG Düsseldorf* 5. 7. 1960, DB 1960, 1103; *LAG Düsseldorf* 12. 4. 1976, BB 1976, 1226.
691 *LAG Düsseldorf* 4. 6. 1992, RzK I 5f Nr. 17.
692 *BAG* 19. 6. 1991, EzA § 1 KSchG Betriebsbedingte Kündigung Nr. 70; *BAG* 27.9. 1984, EzA § 613 a BGB Nr. 40; *LAG Hamm* 25. 2. 1977, DB 1977, 1055.
693 Siehe *BAG* 6. 6. 1984, AP § 1 KSchG 1969 Betriebsbedingte Kündigung Nr. 16.
694 Siehe aber Rz 396.
695 Vgl. *BAG* 25. 3. 1976, EzA § 626 BGB Änderungskündigung Nr. 1.

Betriebsbedingte Kündigung § 1

und unabhängig von ggf. tariflich bestehenden Wiedereinstellungsansprüchen[696] – ein Korrektiv in Form eines Wiedereinstellungsanspruchs erforderlich.[697] Dieser Anspruch kommt in Betracht, wenn bei Abstellen auf den Zugangszeitpunkt die Kündigung zwar wirksam war, eine nachträgliche Veränderung, nämlich der Wegfall des Kündigungsgrundes, jedoch die **Neubegründung des Arbeitsverhältnisses** gebietet. Der Anspruch dient dem Schutz des Arbeitnehmers aus Art. 12 Abs. 1 GG vor grundlosem Verlust seines Arbeitsplatzes.

Im Rahmen betriebsbedingter Kündigungen kann sich eine nachträgliche Veränderung der Umstände **beispielsweise** daraus ergeben, dass sich die Auftragslage entgegen den allgemeinen Erwartungen doch wieder deutlich bessert, der Arbeitgeber entscheidet, die innerbetriebliche Maßnahme rückgängig zu machen oder nicht in der ursprünglich beschlossenen Form umzusetzen. Es kann sich auch herausstellen, dass die zunächst geplante Betriebsstilllegung durch einen Betriebsübergang vermieden werden könnte,[698] weil sich schließlich doch noch ein Käufer für den Betrieb oder Betriebsteil gefunden hat. 440

Die **Rechtsgrundlage** für den Wiedereinstellungsanspruch ist nicht abschließend geklärt; in Betracht kommen die allgemeine, auch nachwirkende, Fürsorgepflicht des Arbeitgebers, das Verbot des rechtsmissbräuchlichen Verhaltens, das Verbot widersprüchlichen Verhaltens, ein Wegfall der Geschäftsgrundlage oder die Annahme einer verdeckten Regelungslücke im Gesetz.[699] Einigkeit besteht jedoch darüber, dass es überhaupt einen Wiedereinstellungsanspruch geben kann, auch wenn er sich nicht aus dem KSchG ergibt. 441

Voraussetzung des Wiedereinstellungsanspruchs ist zunächst die Anwendbarkeit des KSchG.[700] Ferner muss der Kündigungsgrund, der zur Wirksamkeit der Kündigung führte, später wegfallen. Die weiteren Grenzen und die grundsätzlich restriktive Handhabung eines Wieder- 442

---

696 Vgl. dazu *BAG* 23. 2. 2000, EzA § 4 TVG Wiedereinstellungsanspruch Nr. 1.
697 Vgl. *BAG* 28. 6. 2000, EzA § 1 KSchG Wiedereinstellungsanspruch Nr. 5; *BAG* 4. 12. 1997, EzA § 1 KSchG Wiedereinstellungsanspruch Nr. 3; *BAG* 27. 2. 1997, EzA § 1 KSchG Wiedereinstellungsanspruch Nr. 1.
698 Was dann zu einem Wiedereinstellungsanspruch gegenüber den Betriebserwerber führen kann, vgl. *BAG* 13. 11. 1997, EzA § 613 a BGB Nr. 14.
699 Vgl. zu alledem *Raab* RdA 2000, 147, und *Oetker* ZIP 2000, 643.
700 Es muss also zur Wirksamkeit der Kündigung überhaupt ein Kündigungsgrund erforderlich gewesen sein. Dies ist nicht der Fall während der ersten sechs Monate der Beschäftigung des Arbeitnehmers (§ 1 Abs. 1 KSchG) und in Kleinbetrieben (§ 23 KSchG; siehe jeweils dort). Dann kann der Arbeitnehmer auch bei nachträglich geänderten Umständen keine Wiedereinstellung verlangen.

einstellungsanspruchs ergeben sich aus der Tatsache, dass das Gesetz auf den Zeitpunkt des Zugangs der Kündigung abstellt und der Arbeitgeber zunächst darauf vertrauen darf, dass eine wirksame Kündigung wirksam bleibt.

443 Nach der Rechtsprechung des BAG setzt der Wiedereinstellungsanspruch voraus, dass sich **zwischen Ausspruch der Kündigung** und **Ablauf der Kündigungsfrist** eine **Beschäftigungsmöglichkeit** ergibt. Der Anspruch besteht hingegen nicht, wenn die anderweitige Beschäftigungsmöglichkeit erst nach Ablauf der Kündigungsfrist entsteht.[701] Das betrifft nicht nur den Fall, dass der bisherige Arbeitsplatz wieder zur Verfügung steht, sondern auch die weitergehenden Fälle des § 1 Abs. 2 Satz 2 Nr. 1 b und Satz 3 KSchG, nämlich die Beschäftigung nach zumutbarer Fortbildung oder Umschulung sowie die Beschäftigung auf einem anderen Arbeitsplatz zu geänderten Bedingungen. Das ist nur konsequent, wenn man mit der Rechtsprechung eine Prognose des Wegfalls der Beschäftigungsmöglichkeit vornimmt und deren Korrektur bei nachträglicher Änderung der Umstände für erforderlich und gerechtfertigt hält.[702] Die Prognose des Wegfalls der Beschäftigungsmöglichkeit muss allerdings tatsächlich widerlegt sein. Bloße Zweifel daran, dass der Arbeitsplatz wirklich nicht mehr vorhanden ist, reichen nicht.

444 Damit kommt ein Wiedereinstellungsanspruch grundsätzlich **nicht** in Betracht, wenn der Kündigungsgrund erst **nach Ablauf der Kündigungsfrist** des gekündigten Arbeitnehmers wegfällt.[703] Der Zweck des KSchG, den Bestand des Arbeitsverhältnisses bis zum Ablauf der Kündigungsfrist zu schützen, ist dann erfüllt. Das mag sich zwar auf einzelne Arbeitnehmer mit unterschiedlich langer Kündigungsfrist, die von derselben Personalmaßnahme des Arbeitgebers betroffen sind, unterschiedlich auswirken. Diese Folge ist jedoch hinzunehmen, denn das KSchG gewährt keinen Gruppenschutz, sondern ist auf Einzelpersonen bezogen. **Ausnahmsweise** können aber auch Ereignisse nach Ablauf der Kündigungsfrist einen Wiedereinstellungsanspruch begründen. So kann **beispielsweise** eine Umgehung des Wiedereinstellungsanspruchs vorliegen, wenn der Arbeitgeber beschließt, die innerbetriebliche Maßnahme doch nicht oder jedenfalls nicht wie vorgesehen umzusetzen, die Umsetzung dieses geänderten Entschlusses aber erst nach Ablauf der Kündigungsfrist zu beginnen.

---

701 Vgl. *BAG* 28. 6. 2000, EzA § 1 KSchG Wiedereinstellungsanspruch Nr. 5.
702 **AA** *Raab* RdA 2000, 154: auf Weiterbeschäftigung auf einem anderen freien Arbeitsplatz besteht grundsätzlich kein Anspruch.
703 Vgl. KR/*Etzel* § 1 KSchG Rz 733 mwN.

Betriebsbedingte Kündigung § 1

Gleichermaßen muss selbst dann ein Wiedereinstellungsanspruch gewährt werden, wenn er nur zu einer **Wiedereinstellung für einen befristeten Zeitraum** führt. Dies kann der Fall sein, wenn sich herausstellt, dass die Beschäftigungsmöglichkeit nicht zum ursprünglich vorgesehenen Zeitpunkt – spätestens zum Ende der Kündigungsfrist – wegfällt, sondern erst später. Voraussetzung ist dann aber, dass unter den geänderten Umständen mit hinreichender Wahrscheinlichkeit feststeht, dass und wann der Arbeitsplatz wegfällt. Anderenfalls wäre die Weiterbeschäftigung unbefristet zu gewähren. 445

Schließlich ist dem Arbeitgeber **Vertrauensschutz** zu gewähren. Hat er vor Wegfall des Kündigungsgrundes bzw. vor dem Zeitpunkt, zu dem dieser Wegfall bekannt wird, bereits anderweit über den Arbeitsplatz disponiert, so dass eine Wiedereinstellung unmöglich oder mit so erheblichen Schwierigkeiten verbunden ist, dass ihm eine Wiedereinstellung nicht zugemutet werden kann, entfällt ein entsprechender Anspruch des Arbeitnehmers.[704] Das ist der Fall, wenn der Arbeitgeber den Arbeitsplatz wieder besetzt hat.[705] Umgekehrt folgt daraus, dass der Wiedereinstellungsanspruch grundsätzlich besteht, wenn dem Arbeitgeber bei Disposition über den Arbeitsplatz der Wegfall des Kündigungsgrundes bekannt ist. Er würde anderenfalls den Wiedereinstellungsanspruch treuwidrig vereiteln.[706] Das Risiko, den gekündigten Arbeitnehmer wieder einstellen und gleichzeitig den neu eingestellten weiteren Arbeitnehmer wieder kündigen zu müssen, trägt der Arbeitgeber. 446

In der Praxis ist ein Wiedereinstellungsanspruch bei vorhergehender betriebsbedingter Kündigung seltener als bei personen- oder auch verhaltensbedingten Kündigungen. **Typischer Fall** ist die **witterungsbedingte Kündigung** im Baugewerbe, bei der aufgrund widriger Wetterumstände die Arbeitsmenge geringer wird. Bessert sich diese unvorhergesehen kurzfristig, kann ein Wiedereinstellungsanspruch in Betracht kommen. Gleichermaßen bestünde der Anspruch, wenn bereits bei Ausspruch der Kündigung absehbar ist, wann die Arbeitsmenge wieder so groß wird, dass ein Beschäftigungsbedarf für den gekündigten Arbeitnehmer besteht. Stehen dann allerdings weniger Arbeitsplätze zur Verfügung als Arbeitnehmer zuvor betriebsbedingt gekündigt wurden, so sind bei der Auswahl derer, die einen Wiedereinstellungs- 447

---

704 Vgl. *BAG* 27. 2. 1997, EzA § 1 KSchG Wiedereinstellungsanspruch Nr. 1; *LAG Hamburg* 26. 4. 1990, DB 1991, 1180.
705 Vgl. *BAG* 28. 6. 2000, EzA § 1 KSchG Wiedereinstellungsanspruch Nr. 5.
706 Vgl. *BAG* 28. 6. 2000, EzA § 1 KSchG Wiedereinstellungsanspruch Nr. 5.

§ 1   Sozial ungerechtfertigte Kündigungen

anspruch mit Erfolg geltend machen können, soziale Gesichtspunkte zu berücksichtigen.[707]

448 Die **Geltendmachung** des Wiedereinstellungsanspruchs hängt nicht davon ab, ob der Arbeitnehmer zuvor Kündigungsschutzklage gegen seine betriebsbedingte Kündigung erhoben hat, weil der Anspruch gerade die Wirksamkeit der vorhergehenden Kündigung voraussetzt.[708] Mangels gesetzlicher Ausgestaltung ist sie auch nicht an eine fest umrissene Frist gebunden. Es ist aber aus Gründen des Schutzes des Vertrauens des Arbeitgebers geboten, den zeitlichen Rahmen, innerhalb dessen der Arbeitnehmer einen Wiedereinstellungsanspruch geltend machen kann, relativ eng zu begrenzen und nicht allgemein auf die Grundsätze der Verwirkung zurückzugreifen.[709] Angemessen erscheint vielmehr, die Geltendmachung noch **während des Laufs der Kündigungsfrist** bzw. unverzüglich, also ohne schuldhaftes Zögern, nach Kenntniserlangung des Arbeitnehmers vom Wegfall des Kündigungsgrundes zu verlangen.[710] Zum Teil herrscht die Auffassung, dass Unverzüglichkeit noch innerhalb eines Zeitraums von **drei Wochen nach Kenntnisnahme** vorliegt.[711] Das erscheint angesichts der Klagefrist des § 4 KSchG – und der Erweiterung ihres Anwendungsbereichs auf weitgehend alle Kündigungsgründe zum 1. Januar 2004 – noch angemessen.[712] Da der Zeitpunkt der Kenntnisnahme des Arbeitnehmers im Ungewissen liegt, ist jedoch das zeitliche Risiko des Arbeitgebers auch in dieser Hinsicht einzugrenzen. Es muss daher auch ausreichen, dass der Arbeitnehmer Kenntnis hätte nehmen müssen oder zumutbar hätte von den geänderten Umständen Kenntnis nehmen können.

449 Teilweise wird vertreten, dass den Arbeitgeber eine **Hinweispflicht** gegenüber dem Arbeitnehmer auf die veränderten Umstände trifft.[713] Das BAG hat das Bestehen einer solchen Pflicht nach § 242 BGB von den

---

707 Vgl. *BAG* 28. 6. 2000, EzA § 1 KSchG Wiedereinstellungsanspruch Nr. 5, *BAG* 4. 12. 1997, EzA § 1 KSchG Wiedereinstellungsanspruch Nr. 3; nach *LAG Köln* 10. 1. 1989, LAGE § 611 BGB Einstellungsanspruch Nr. 1, ist hingegen eine Interessenabwägung vorzunehmen.
708 Vgl. APS/*Kiel* § 1 KSchG Rz 801.
709 So aber KR/*Etzel* § 1 KSchG Rz 742.
710 Vgl. für den Fall eines nachträglichen Betriebsübergangs *BAG* 12. 11. 1998, EzA § 613 a BGB Nr. 171.
711 Vgl. *LAG Hamm* 11. 5. 2000, BB 2000, 1630; *ArbG Frankfurt am Main*, NZA-RR 1999, 580; **aA** *Beckschulze* DB 1998, 418, der die Geltendmachung nur bis zum Ablauf der Kündigungsfrist für zulässig hält.
712 Vgl. auch APS/*Kiel* § 1 KSchG Rz 801.
713 Vgl. APS/*Kiel* § 1 KSchG Rz 798.

Umständen des Einzelfalls abhängig gemacht.[714] In Fällen der Vereitelungsabsicht des Arbeitgebers mag tatsächlich eine Hinweispflicht bzw. eine Obliegenheit bestehen, deren Nichtbeachtung sich zu seinem Nachteil auswirkt. Ansonsten ist es nicht gerechtfertigt, dem Arbeitgeber eine Pflicht zum Hinweis aufzuerlegen. Der Wiedereinstellungsanspruch ist ohnehin eine Entwicklung der Rechtsprechung ohne unmittelbare gesetzliche Grundlage. Ihn noch deutlicher auszuweiten hieße, den Arbeitgeber über Gebühr zu benachteiligen. Entsprechend ist der **Arbeitnehmer** nach den allgemeinen Regeln auch **darlegungs- und beweispflichtig** für die geänderten Umstände, die nach seiner Auffassung einen Wiedereinstellungsanspruch begründen.[715] Diese Regeln würden ad absurdum geführt, träfe den Arbeitgeber stets eine Hinweispflicht.

H. Beispielsfälle für betriebsbedingte Kündigungsgründe

I. Außerbetriebliche Gründe

1. Arbeitsmangel

Ein Arbeitsmangel kann als Grund für eine betriebsbedingte Kündigung herangezogen werden, wenn die außerbetriebliche Ursache greifbare Formen angenommen hat.[716] Wenn beispielsweise die Ausführung bestimmter Arbeiten für längere Zeit **witterungsbedingt** nicht möglich ist, kann eine darauf gestützte betriebsbedingte Kündigung jedenfalls dann gerechtfertigt sein, wenn nicht zum Zeitpunkt des Ausspruchs der Kündigung bereits absehbar ist, dass der Arbeitsplatz demnächst wieder zur Verfügung stehen wird oder, wenn dies absehbar wäre, dem Arbeitgeber nicht zugemutet werden kann, den Zeitraum zu überbrücken, bis zu dem der Arbeitsplatz wieder verfügbar ist.[717] Dies betrifft vor allem das Baugewerbe. Wird der Betrieb nach der witterungsbedingten Unterbrechung wieder aufgenommen, so hat der gekündigte Arbeitnehmer im Zweifel einen **Wiedereinstellungsanspruch**. Sind weniger Arbeitsplätze zu besetzen als zuvor, so ist die Wiedereinstellung nach den Grundsätzen der Sozialauswahl vorzunehmen.[718]

450

---

714 *BAG* 28. 6. 2000, EzA § 1 KSchG Wiedereinstellungsanspruch Nr. 5.
715 *Oetker* ZIP 2000, 653; *Preis* S. 356.
716 Gleiches gilt für Arbeitsmangel aufgrund innerbetrieblicher Ursachen; vgl. *BAG* 4. 12. 1986, RzK I 5c Nr. 17; *BAG* 24. 10. 1979, EzA § 1 KSchG Betriebsbedingte Kündigung Nr. 13; *LAG Düsseldorf* 13. 9. 1967, DB 1967, 1992.
717 Vgl. *BAG* 7. 3. 1996, EzA § 1 KSchG Betriebsbedingte Kündigung Nr. 84.
718 APS/*Kiel* § 1 KSchG Rz 556.

451 Auch während einer angeordneten **Kurzarbeit** kann aufgrund Arbeitsmangels betriebsbedingt gekündigt werden.[719] Da Kurzarbeit auf einem vorübergehenden Arbeitsmangel beruht (vgl. § 170 SGB III), muss ein dauerhafter Arbeitsmangel vorliegen, so dass für den gekündigten Arbeitnehmer das Beschäftigungsbedürfnis auf absehbare Zeit entfällt.[720] Die erforderliche Prognose muss an objektive Tatbestände anknüpfen.[721] Der Arbeitgeber muss zwar Maßnahmen der Arbeitsstreckung in Erwägung ziehen, um betriebsbedingte Kündigungen zu vermeiden. Er ist jedoch nicht gezwungen, eine dauerhafte Verkürzung der Arbeitszeit aller Arbeitnehmer einzuführen.[722]

2. Auftragsrückgang

452 Vermindern geringere Auftragseingänge den Umsatz, dann kann eine betriebsbedingte Kündigung durch diesen Rückgang nur gerechtfertigt werden, wenn durch ihn das Bedürfnis zur Weiterbeschäftigung eines oder mehrerer Arbeitnehmer entfällt,[723] also ein Überhang an Arbeitskräften entsteht.[724] Der Arbeitskräfteüberhang muss den gekündigten Arbeitnehmer nicht unbedingt unmittelbar betreffen.[725]

453 Beruft sich der Arbeitgeber auf einen Auftragsrückgang, so muss er konkret die Auftragsmenge zum Umfang der zur Verfügung stehenden Arbeitsleistung seiner vorhandenen Arbeitnehmer in Beziehung setzen.[726] Er hat mithin darzulegen, warum er wie viele Arbeitnehmer kündigen muss.[727] Im Gegensatz zu dieser Kausalität ist die Entscheidung selbst, Arbeitsplätze abzubauen, hingegen nur auf offenbare Willkür, Unvernunft oder Unsachlichkeit gerichtlich überprüfbar.[728]

---

719 Vgl. *BAG* 17.10.1980, EzA § 1 KSchG Betriebsbedingte Kündigung Nr. 16.
720 Vgl. *BAG* 26.6.1997, EzA § 1 KSchG Betriebsbedingte Kündigung Nr. 93.
721 Vgl. *LAG Düsseldorf* 3.6.1982, DB 1982, 1935.
722 Vgl. *LAG Hamm* 15.12.1982, BB 1983, 253; **aA** *ArbG Bocholt* 22.6.1982, DB 1982, 1938.
723 Vgl. *BAG* 15.6.1989, BB 1989, 2190; *BAG* 30.5.1985, EzA § 1 KSchG Betriebsbedingte Kündigung Nr. 36; *BAG* 24.10.1979, EzA § 1 KSchG Betriebsbedingte Kündigung Nr. 13; *BAG* 7.12.1978, EzA § 1 KSchG Betriebsbedingte Kündigung Nr. 10.
724 Vgl. *BAG* 30.5.1985, EzA § 1 KSchG Betriebsbedingte Kündigung Nr. 36.
725 Vgl. *BAG* 1.7.1976, EzA § 1 KSchG Betriebsbedingte Kündigung Nr. 4.
726 *LAG Berlin* 20.5.1997, LAGE § 1 KSchG Betriebsbedingte Kündigung Nr. 45.
727 Dazu siehe *LAG Niedersachsen* 16.2.2001, EzA SD 2001, Nr. 12, S. 13.
728 *LAG Köln* 9.8.1996, LAGE § 1 KSchG Betriebsbedingte Kündigung Nr. 41.

▶ **Praxistipp:**

Geht ein Großauftrag verloren und sollen deswegen Kündigungen ausgesprochen werden, muss der Arbeitgeber detailliert vortragen können, wie sich der Umsatzrückgang auf den Betrieb auswirkt. Es ist eine Vorher/Nachher-Betrachtung anzustellen. Der Rückgang ist zu spezifizieren, das Volumen zu bezeichnen, die Abteilungen und Positionen, die bislang mit dem Großauftrag befasst waren, sind im einzelnen zu benennen, und es ist eine Aufstellung über die Auswirkungen je betroffenem Arbeitsplatz zu machen. Pauschale Behauptungen reichen nicht. Vielmehr muss vom Arbeitsgericht nachvollzogen werden können, warum welche Positionen wegfallen.

3. Wegfall von Drittmitteln

Kürzt oder streicht der Drittmittelgeber die Zuwendungen, ist das an sich noch kein Grund für eine betriebsbedingte Kündigung.[729] Vielmehr muss der Drittmittelempfänger daraufhin entscheiden, ob er die geförderten Aufgaben fortführen oder einstellen will, es also zu einem **Wegfall von Beschäftigungsmöglichkeiten** kommt.[730] Diese Entscheidung ist nur auf offenbare Willkür, Unsachlichkeit oder Unvernunft überprüfbar.[731] Weiterbeschäftigungsmöglichkeiten der betroffenen Arbeitnehmer sind zu prüfen,[732] ebenso ist eine Sozialauswahl unter Einschluss der nicht von der Drittmittelkürzung betroffenen vergleichbaren Arbeitnehmer vorzunehmen.[733]

454

4. Gewinneinbruch

Mangelnde Rentabilität als solche ist noch kein hinreichender Grund für eine betriebsbedingte Kündigung. Vielmehr ist erforderlich, dass der Arbeitgeber daraufhin eine unternehmerische Entscheidung trifft, welche Maßnahme er ergreifen will, um den Gewinn wieder zu erhöhen. Der Entschluss, Lohnkosten zu senken, reicht daher noch nicht.[734] Es muss deutlich werden, wie aufgrund dieses Entschlusses Beschäftigungsmöglichkeiten entfallen, also ein Überhang an Arbeitskräften entsteht. Gleiches gilt, wenn der Unternehmer ohne vorherigen Einbruch des Gewinns sich entscheidet, die Rentabilität des Unterneh-

455

---

729 Vgl. *BAG* 20. 2. 1986, EzA § 1 KSchG Betriebsbedingte Kündigung Nr. 37.
730 *BAG* 30. 10. 1987, RzK I 5c Nr. 25; *BAG* 29. 11. 1985, RzK I 5c Nr. 11.
731 *BAG* 24. 8. 1989, RzK I 5c Nr. 32; *BAG* 30. 10. 1987, RzK I 5c Nr. 24.
732 *BAG* 21. 6. 1990, RzK I 5c Nr. 37.
733 *LAG Köln* 7. 4. 1995, LAGE § 1 KSchG Betriebsbedingte Kündigung Nr. 33.
734 Vgl. *BAG* 20. 3. 1986, EzA § 2 KSchG Nr. 6.

mens weiter zu erhöhen. Entschlüsse dieser Art sind nur auf offenbare Willkür, Unsachlichkeit oder Unvernunft überprüfbar; ein Missbrauch ist nicht allein deshalb anzunehmen, weil der Unternehmer seinen Gewinn steigern möchte.[735] Der Wille zur Gewinnerhöhung ist vielmehr vom Grundrecht der Berufsfreiheit des Unternehmers nach Art. 12 Abs. 1 GG gedeckt.

5. Insolvenz

456 Die Eröffnung eines Insolvenzverfahrens ist als solche noch **kein dringendes betriebliches Erfordernis**, das eine betriebsbedingte Kündigung rechtfertigt.[736] Solche dringenden betrieblichen Erfordernisse müssen vielmehr zusätzlich vorliegen.[737] Dem Insolvenzverwalter steht allerdings die Kündigungserleichterung des § 113 InsO mit einheitlicher dreimonatiger Kündigungsfrist zur Verfügung. Bei Ausspruch betriebsbedingter Kündigungen hat er die Grundsätze der Sozialauswahl nach § 1 Abs. 3 bis 5 KSchG zu beachten.[738]

II. Innerbetriebliche Gründe

1. Abbau und Änderung von Arbeitsplätzen

457 Dem Unternehmer ist es grundsätzlich unbenommen, selbst die **Anzahl und Ausgestaltung der Arbeitsplätze** festzulegen, mit denen er seinen unternehmerischen Zweck verfolgen will. Er kann daher auch entscheiden, künftig mit einem geringeren Personalbestand tätig sein zu wollen, so dass der Beschäftigungsbedarf für einen oder mehrere Arbeitnehmer entfällt.[739] Diese Entscheidung kann nur daraufhin überprüft werden, ob sie offenbar willkürlich, unsachlich oder unvernünftig ist.[740]

---

735 **AA** *ArbG Gelsenkirchen* 28. 10. 1997, EzA § 1 KSchG Betriebsbedingte Kündigung Nr. 100.
736 *BAG* 27. 11. 1986, RzK I 5f Nr. 6.
737 *BAG* 16. 9. 1982, EzA § 1 KSchG Betriebsbedingte Kündigung Nr. 18.
738 *BAG* 16. 9. 1982, EzA § 1 KSchG Betriebsbedingte Kündigung Nr. 18; **aA** *LAG Hamm* 21. 5. 1985, ZIP 1986, 246.
739 *BAG* 17. 6. 1999, EzA § 1 KSchG Betriebsbedingte Kündigung Nr. 101.
740 *BAG* 24. 4. 1997, EzA § 2 KSchG Nr. 26; *LAG Köln* 7. 11. 1997, LAGE § 1 KSchG Betriebsbedingte Kündigung Nr. 50; *LAG Bremen* 3. 5. 1996, LAGE § 1 KSchG Soziale Auswahl Nr. 16; zum Abbau von Arbeitsplätzen in einem Betrieb mit weniger als fünf Arbeitnehmern *LAG Berlin* 4. 4. 1997, LAGE § 1 KSchG Betriebsbedingte Kündigung Nr. 42; **aA** *LAG Düsseldorf* 18. 11. 1997, LAGE § 1 KSchG Betriebsbedingte Kündigung Nr. 46.

Betriebsbedingte Kündigung § 1

Mit der Entscheidung des Arbeitgebers geht zwangsläufig eine **Leistungsverdichtung** bei den verbleibenden Arbeitnehmern einher. Diese ist daraufhin überprüfbar, ob sie zu Tätigkeiten führt, die sich noch innerhalb der gesetzlichen Vorgaben befinden, insbesondere nicht zu einer zeitlichen Belastung führen, die vom Arbeitszeitgesetz nicht mehr gedeckt ist. Ein Arbeitnehmer schuldet im Rahmen der anwendbaren arbeitsvertraglichen, betrieblichen, tarifvertraglichen und gesetzlichen Regelungen diejenige Arbeitsleistung, die er bei angemessener Anspannung seiner individuellen Kräfte und Fähigkeiten erbringen kann.[741] Führt die Unternehmerentscheidung, mit weniger Personal auszukommen, dazu, dass von den verbleibenden Arbeitnehmern mehr verlangt werden muss als in diesem Rahmen zulässig, so ist die Unternehmerentscheidung offenbar unsachlich und kann eine betriebsbedingte Kündigung nicht rechtfertigen. 458

▶ **Praxistipp:**
Lautet die unternehmerische Entscheidung, künftig mit weniger Personal auskommen zu wollen und die Leistungen der verbleibenden Arbeitnehmer zu verdichten, so bedarf es neben der erforderlichen entsprechenden Organisationsentscheidung im Kündigungsschutzprozess eines konkreten Vortrags zur Verringerung der Arbeitsmenge im Rahmen der Darstellung des Unternehmerkonzepts sowie der Darlegung, dass die Verteilung der verbliebenen Arbeitsmenge möglich und zulässig ist.

Die **zeitliche Gestaltung** bestehender oder neuer Arbeitsplätze steht grundsätzlich ebenfalls im Ermessen des Arbeitgebers. Er kann entscheiden, ob auf einer bestimmten Stelle in Vollzeit oder in Teilzeit gearbeitet werden soll; er hat insoweit Organisationsfreiheit. Die Entscheidung ist allerdings auf ihre Plausibilität überprüfbar; ohne Gründe wäre sie willkürlich. Davon abzugrenzen ist allerdings der Anspruch des Arbeitnehmers auf Verringerung oder Erhöhung seiner Arbeitszeit nach § 8 TzBfG; insoweit ist die Entscheidungsfreiheit des Arbeitgebers eingeschränkt, als dass betriebliche Gründe für das Ablehnen eines Teilzeitgesuchs vorliegen müssen.[742] 459

Entsprechend ist die Kündigung eines Teilzeitbeschäftigten, weil der Arbeitgeber die Stelle in eine Vollzeitstelle umwandeln will, nur dann möglich, wenn dem Arbeitnehmer zuvor die Übernahme der Vollzeitstelle angeboten wurde, er dies ablehnt und es aus nachvollziehbaren 460

---

741 Vgl. *BAG* 17. 7. 1979, AP § 11 MuSchG 1968 Nr. 3.
742 Vgl. dazu etwa die Kommentierung von *Sievers* zu § 8 TzBfG .

technischen, organisatorischen oder wirtschaftlichen Gründen dem Arbeitgeber nicht möglich ist, mit Einstellung einer weiteren Teilzeitkraft seinem Wunsch nach Vollzeitabdeckung der Stelle nachzukommen. Für diese Gründe ist der Arbeitgeber darlegungs- und beweispflichtig.[743]

2. Betriebseinschränkung

461 Eine Betriebseinschränkung kann sich in zahlreichen Formen äußern, etwa als Schließung einer Abteilung, der Verlagerung von Aktivitäten auf Dritte im Wege des Outsourcing oder der Stilllegung von Maschinen oder Produktionslinien. Eine solche Einschränkung, die den gesamten Betrieb oder einen wesentlichen Teil des Betriebs betrifft, bringt regelmäßig erhebliche Nachteile für die Belegschaft oder erhebliche Teile davon mit sich und ist gemäß § 111 Satz 2 Nr. 1 oder gemäß § 112 a BetrVG mitbestimmungspflichtig, wenn sie die entsprechenden Schwellenwerte übersteigt.[744] Unabhängig davon kann sie eine betriebsbedingte Kündigung rechtfertigen, auch wenn sie sich auf den bloßen Abbau von Personal beschränkt, die Betriebsmittel also behalten werden.[745]

462 Hingegen stellt die interne Reorganisation durch Verlagerung von Tätigkeiten von einer Abteilung in eine andere Abteilung noch keine Betriebseinschränkung dar. Werden nach der Maßnahme im Wesentlichen die gleichen Tätigkeiten vorgenommen und bedarf es mehr oder minder derselben fachlichen Eignung der Arbeitnehmer, so besteht ein dringendes betriebliches Erfordernis zur Kündigung auch dann nicht, wenn die Stellen in der anderen Abteilung zu Beförderungsstellen angehoben wurden.[746]

3. Wechsel des Betriebsinhabers

463 Nach § 613 a Abs. 4 Satz 1 BGB sind Kündigungen **wegen eines Betriebsübergangs** unwirksam. Die Norm stellt ein eigenständiges Kündigungsverbot dar und hat nach Auffassung des BAG nicht nur klar-

---

743 Vgl. *LAG Rheinland-Pfalz* 10. 5. 1988, NZA 1989, 273; siehe auch *LAG Hamburg* 20. 11. 1996, LAGE § 2 KSchG Nr. 25.
744 Siehe § 17 Abs. 1 KSchG (bzw. in Großbetrieben mindestens fünf Prozent der Belegschaft, vgl. *BAG* 2. 8. 1983, EzA § 111 BetrVG 1972 Nr. 16) oder § 112 a Abs. 1 BetrVG.
745 Vgl. *BAG* 2. 8. 1983, EzA § 111 BetrVG 1972 Nr. 16; *BAG* 22. 1. 1980, EzA § 111 BetrVG 1972 Nr. 11; *BAG* 4. 12. 1979, EzA § 111 BetrVG 1972 Nr. 9.
746 Vgl. *BAG* 10. 11. 1994, EzA § 1 KSchG Betriebsbedingte Kündigung Nr. 77.

Betriebsbedingte Kündigung § 1

stellende Bedeutung,[747] so dass der Kündigungsschutz nach § 613 a Abs. 4 Satz 1 BGB und nach § 1 KSchG selbständig nebeneinander stehen. Arbeitnehmer mit weniger als sechs Monaten Betriebszugehörigkeit oder solche in Kleinbetrieben (vgl. § 23 KSchG) sind durch § 613 a BGB, nicht aber durch § 1 KSchG geschützt.

Für die Unwirksamkeit einer Kündigung nach § 613 a Abs. 4 Satz 1 BGB muss der Betriebsübergang der alleinige Beweggrund für die Kündigung sein.[748] Eine Kündigung aus anderen Gründen, auch aus dringenden betrieblichen Erfordernissen, ist zulässig, § 613 a Abs. 4 Satz 2 BGB. Sie ist dann an § 1 KSchG zu messen. Sämtliche außer- und innerbetrieblichen Gründe stehen dem Unternehmer für eine betriebsbedingte Kündigung zu Gebote. Ob sie eine Kündigung rechtfertigen können, ist nach den allgemeinen Grundsätzen zu prüfen. **464**

Grundsätzlich ist auch unschädlich, wenn die unternehmerische Entscheidung, derentwegen der Beschäftigungsbedarf sinkt, in einem **Zusammenhang mit dem Betriebsübergang** steht.[749] Problematisch sind allerdings die Fälle, in denen ein Personalabbau durch den Noch-Arbeitgeber im Interesse des künftigen Betriebserwerbers und neuen Arbeitgebers vorgenommen wird, sog. **Kündigung nach Erwerberkonzept**. Solche gleichsam fremdbestimmten Kündigungen sind grundsätzlich möglich.[750] Der Arbeitnehmer trägt dann regelmäßig vor, die Kündigung sei »wegen des Betriebsübergangs« ausgesprochen worden und daher nach § 613 a Abs. 4 Satz 1 BGB unwirksam. Schon in früheren Entscheidungen hatte das BAG keinen Verstoß gegen diese Vorschrift gesehen, wenn der Veräußerer die Kündigung aufgrund eines eigenen Sanierungskonzepts ausgesprochen hat, auch wenn dieses Konzept primär dem Ziel dienen sollte, die Verkaufschancen des Betriebes zu verbessern.[751] Kündigungen nach Erwerberkonzept sind ebenso zulässig, wenn der Veräußerer das Konzept des Erwerbers auch selbst als eigenes Konzept hätte durchführen können.[752] Zumindest für den Fall eines Erwerbs aus der Insolvenz ist aber die Kündigung nach Konzept des Erwerbers auch dann zulässig, wenn der Veräußerer das Konzept nicht hätte als eigenes umsetzen können.[753] Dieser Ansatz ist **465**

---

747 Vgl. *BAG* 5. 12. 1985, EzA § 613 a BGB Nr. 50; *BAG* 31. 1. 1985, EzA § 613 a BGB Nr. 42.
748 *BAG* 19. 5. 1988, EzA § 613 a BGB Nr. 82 mwN.
749 Vgl. *BAG* 26. 5. 1983, EzA § 613 a BGB Nr. 34.
750 Vgl. KR/*Etzel* § 1 KSchG Rz 577.
751 Vgl. *BAG* BB 1996, 2305.
752 Vgl. *BAG* BB 1983, 2116.
753 Vgl. *BAG* 20. 3. 2003, BB 2003 mit zust. Anm. *Kappenhagen*.

über den Insolvenzfall hinaus verallgemeinerbar; der Veräußerer zieht damit lediglich die Umsetzung des Konzepts zeitlich vor. Wird die Kündigung allerdings erst nach Betriebsübergang wirksam, kommt es für die Frage des freien Arbeitsplatzes wie auch bei der Sozialauswahl dann ebenso auf die Verhältnisse beim Erwerber an.[754]

466 **Nach Betriebsübergang** kann der Erwerber betriebsbedingte Kündigungen unter den allgemeinen gesetzlichen Voraussetzungen aussprechen. Auch er darf den Betriebsübergang als solchen aber nicht als einzigen Grund für die Kündigungen anführen, anderenfalls wären diese bereits wegen § 613 a Abs. 4 Satz 1 BGB unwirksam. Ansonsten unterliegen durch ihn ausgesprochene Kündigungen aber keinen Besonderheiten.

4. Betriebsstilllegung

467 Eine Betriebsstilllegung beurteilt sich nicht wesentlich anders als eine Betriebseinschränkung, ist sie doch nur deren Extremform. Daher ist sie regelmäßig mitbestimmungspflichtig, erfordert also einen Interessenausgleich und einen Sozialplan gemäß §§ 111 ff. BetrVG. Die unternehmerische Entscheidung als solche kann nur auf offenbare Willkür, Unvernunft oder Unsachlichkeit überprüft werden, nicht auf Notwendigkeit oder Zweckmäßigkeit.[755] Solange der Unternehmer den ernstlichen und endgültigen Willen zur Aufhebung der Betriebs- und Produktionsgemeinschaft hat,[756] kann dadurch eine betriebsbedingte Kündigung gerechtfertigt werden. Die Stilllegung stellt ein dringendes betriebliches Erfordernis dar.[757]

468 Eines **förmlichen Gesellschafter- oder Aufsichtsratsbeschlusses** zur Auflösung bedarf es bei juristischen Personen nicht;[758] auch gesellschaftsrechtliche Mängel eines Stilllegungsbeschlusses sind unschädlich.[759] Eine entsprechende Unternehmerentscheidung muss jedoch vorliegen und zum Zeitpunkt des Ausspruchs der Kündigungen muss ihre Umsetzung bereits greifbare Formen angenommen haben. Der Entschluss, keine neuen Aufträge anzunehmen, den Arbeitnehmern zum nächstmöglichen Zeitpunkt zu kündigen und zur Abwicklung

---

754 Vgl. *Gaul* DB 2003, 1902.
755 Vgl. *BAG* 22. 5. 1986, EzA § 1 KSchG Soziale Auswahl Nr. 22.
756 Vgl. *BAG* 18. 5. 1995, EzA § 613 a BGB Nr. 139; *BAG* 26. 2. 1987, EzA § 613 a BGB Nr. 57; *BAG* 27. 9. 1984, EzA § 613 a BGB Nr. 40.
757 *BAG* 27. 2. 1987, EzA § 1 KSchG Betriebsbedingte Kündigung Nr. 46.
758 *BAG* 11. 3. 1998, EzA Betriebsbedingte Kündigung Nr. 99.
759 Vgl. *BAG* 5. 4. 2001, EzA § 1 KSchG Betriebsbedingte Kündigung Nr. 110.

vorhandener Aufträge die Arbeitnehmer während ihrer jeweiligen Kündigungsfrist einzusetzen, reicht aus.[760] Werden hingegen noch Verhandlungen mit einem **möglichen Betriebserwerber** geführt, ist der Stilllegungsentschluss noch nicht endgültig, bereits ausgesprochene Kündigungen daher noch nicht durch dringende betriebliche Erfordernisse gerechtfertigt.[761] Wird hingegen mit der Umsetzung der Stilllegung begonnen, ergibt sich aber später doch noch die Möglichkeit einer Veräußerung, so liegt keine Umgehung des § 613 a BGB vor, und die betriebsbedingt ausgesprochenen Kündigungen bleiben wirksam.[762] Allerdings kann dann den Arbeitnehmern ein Wiedereinstellungsanspruch gegen den Betriebserwerber zustehen.[763] Die **Insolvenzeröffnung** steht einer Betriebsstilllegung nicht gleich.[764]

Die Unternehmerentscheidung zur Stilllegung kann unter den gleichen Voraussetzungen auch durch den **Pächter**[765] oder **Mieter**[766] gefällt werden. Ebenso gelten die genannten Erfordernisse auch bei Stilllegung einer **Niederlassung**, sofern nicht eine Weiterbeschäftigung in einer anderen Niederlassung bzw. in einem anderen Betrieb des Unternehmers in Betracht kommt.[767] **469**

Wie bereits angedeutet, kann die **Abgrenzung zu einem Betriebsübergang** nach § 613 a BGB schwierig sein.[768] Wird stillgelegt, so sind die ausgesprochenen Kündigungen nicht nach § 613 a Abs. 4 BGB unwirksam, sondern Kündigungen aus anderen Gründen, § 613 a Abs. 4 Satz 2 BGB.[769] Entscheidend ist die tatsächliche Sachlage, nicht die Qualifikation der Maßnahme durch den Arbeitgeber.[770] So kann eine als Betriebsstilllegung deklarierte Maßnahme nach Verkauf des Betriebs an einen Dritten sich durchaus als vorübergehende Unterbrechung darstellen und wäre dann kein dringendes betriebliches Erfordernis, das die ausgesprochenen Kündigungen rechtfertigt.[771] **470**

---

760 *BAG* 18. 1. 2001, EzA § 1 KSchG Betriebsbedingte Kündigung Nr. 109.
761 *BAG* 10. 10. 1996, EzA § 1 KSchG Betriebsbedingte Kündigung Nr. 87.
762 Vgl. *BAG* 7. 3. 1996, RzK I 5f Nr. 22; *BAG* 28. 4. 1988, EzA § 613 a BGB Nr. 80.
763 Siehe oben unter Rz 439 ff.
764 *BAG* 27. 11. 1986, RzK I 5f Nr. 6.
765 *BAG* 27. 4. 1995, EzA § 613 a BGB Nr. 126; *BAG* 21. 1. 1988, EzA § 613 a BGB Nr. 73; *BAG* 26. 2. 1987, EzA § 613 a BGB Nr. 57.
766 *BAG* 22. 5. 1997, RzK I 5f Nr. 25.
767 *BAG* 19. 12. 1991, RzK I 5c Nr. 41.
768 Dazu *BAG* 12. 2. 1987, EzA § 613 a BGB Nr. 64.
769 *BAG* 27. 9. 1984, EzA § 613 a BGB Nr. 49.
770 *BAG* 9. 2. 1989, RzK I 5e Nr. 12.
771 Vgl. *BAG* 27. 2. 1987, EzA § 1 KSchG Betriebsbedingte Kündigung Nr. 46; *BAG* 27. 9. 1984, EzA § 613 a BGB Nr. 49.

471 Grundsätzlich zulässig ist im Rahmen einer Betriebsveräußerung aber eine Kündigung nach Erwerberkonzept.[772]

472 Die kurzfristige Weiterbeschäftigung einiger Arbeitnehmer mit **Abwicklungsaufgaben** steht einer Stilllegung nicht entgegen.[773]

473 Die Stilllegung muss für längere Zeit geplant sein. Ein grundsätzlicher Entschluss zur Wiederaufnahme der unternehmerischen Tätigkeit in gleicher oder ähnlicher Form in der Zukunft ist zwar unschädlich, jedoch muss nachvollziehbar vom Arbeitgeber prognostiziert werden, dass die **Stilllegung für einen nicht unerheblichen Zeitraum** zu erwarten ist. Im Einzelfall mögen dafür bereits sechs Monate ausreichen,[774] eine feste Frist lässt sich aber nicht bestimmen.

5. Rationalisierungsmaßnahmen

474 Der Begriff, wenngleich im praktischen Gebrauch häufig schillernd, meint **technische oder organisatorische Veränderungen** im innerbetrieblichen Bereich **mit dem Ziel**, die **Rentabilität** und Ertragslage des Betriebs **zu verbessern**. Im Ergebnis sollen Kosten entweder absolut oder relativ – durch Verbesserung des Ergebnisses bei gleich bleibendem Aufwand – gespart werden. Grundsätzlich zulässige Rationalisierungsmaßnahmen sind etwa die Entscheidung, bestimmte Arbeiten künftig nur noch durch **freie Mitarbeiter** ausführen zu lassen und die Arbeitgeberstellung insoweit aufzugeben,[775] oder Aufgaben im Wege des **Outsourcing**[776] fremd zu vergeben.

475 Kritisch ist die Entscheidung, Arbeitsplätze abzubauen, um stattdessen **Leiharbeitnehmer** einzusetzen. Nach Auffassung des LAG Bremen[777] bestünde dann kein dringendes betriebliches Erfordernis, weil die Beschäftigungsmöglichkeit nicht entfällt. Der Unterschied zum Entschluss, künftig freie Mitarbeiter einzusetzen, besteht dann darin, dass letztere – sofern es sich um echte freie Mitarbeiter und nicht um Scheinselbständige handelt – dem Arbeitgeber nicht weisungsunterworfen sind, Leiharbeitnehmer hingegen schon. In dieser Allgemeinheit kann dem aber nicht gefolgt werden. Besteht das nachvollziehbare unterneh-

---

772 Siehe oben unter Rz 465.
773 *BAG* 14. 10. 1982, EzA § 15 KSchG nF Nr. 29.
774 Vgl. *BAG* 27. 4. 1995, EzA § 1 KSchG Betriebsbedingte Kündigung Nr. 83.
775 *BAG* 9. 5. 1996, EzA § 1 KSchG Betriebsbedingte Kündigung Nr. 85; *LAG Köln* 28. 6. 1996, LAGE § 1 KSchG Betriebsbedingte Kündigung Nr. 40.
776 Also ohne dass ein Betriebsübergang nach § 613 a BGB vorliegt.
777 *LAG Bremen* 30. 1. 1998, LAGE § 1 KSchG Betriebsbedingte Kündigung Nr. 47.

merisches Konzept darin, künftig in bestimmten Bereichen Leiharbeitnehmer einzusetzen, so ist der Entschluss einer gerichtlichen Überprüfung nur hinsichtlich offenbarer Willkür bzw. Missbrauchs zugänglich. Die Beschäftigungsmöglichkeit für einen Arbeitnehmer entfällt dann, auch wenn die Arbeit nach wie vor anfällt.

Die Anforderungen an das unternehmerische Konzept sind allerdings hoch; der bloße Entschluss, die formale Arbeitgeberstellung aufzugeben, reicht nicht, wenn der Arbeitgeber nach wie vor doch alle Weisungen erteilt.[778] Erforderlich ist dann vielmehr die Darlegung der konkreten Vorteile des Konzepts für den Unternehmer, künftig Leiharbeitnehmer die erforderlichen Arbeiten durchführen zu lassen. Behält der Unternehmer praktisch alle Merkmale eines Arbeitgebers bei und beschränkt sich die Beteiligung des Dritten auf die Auswahl und das zur Verfügung stellen von Personal, ist dieses Personal im Zweifel so weit in die Organisation des Unternehmers eingegliedert, dass Austauschkündigungen vorliegen können. Kann der Unternehmer keine nachvollziehbaren Gründe für die Ersetzung der Arbeitnehmer durch Leihkräfte vorbringen, wäre deren Kündigung unwirksam. Als Grund käme beispielsweise in Betracht, dass die Arbeitsplätze nur für einen beschränkten Zeitraum zur Verfügung stehen und daher nur mit Leihkräften besetzt werden können.[779] Ansonsten muss sich der Unternehmer vorhalten lassen, dass er statt einer Beendigungskündigung eine Änderungskündigung nach § 2 KSchG hätte aussprechen müssen.[780] **476**

Führt die Rationalisierungsmaßnahme zur Änderung von **Vollzeit- in Teilzeitstellen**, sind diese den betroffenen Arbeitnehmern anzubieten.[781] Erst bei Ablehnung durch den Arbeitnehmer ist eine betriebsbedingte Kündigung gerechtfertigt.[782] **477**

Bestehen – wie häufig – **tarifliche Rationalisierungsschutzabkommen**, die inhaltlich über den Schutz des KSchG hinausgehen, so sind diese wegen des **Günstigkeitsprinzips** zu beachten.[783] **478**

---

778 Vgl. *BAG* 26.9.1996, EzA § 1 KSchG Betriebsbedingte Kündigung Nr. 86.
779 Vgl. *BAG* 25.4.1996, EzA § 2 KSchG Nr. 25.
780 *BAG* 26.9.1996, EzA § 1 Betriebsbedingte Kündigung Nr. 86.
781 Vgl. *LAG Köln* 1.2.1995, LAGE § 1 KSchG Betriebsbedingte Kündigung Nr. 29; *LAG Düsseldorf* 6.5.1977, DB 1977, 1370.
782 Ebenso für eine Umwandlung eines Arbeitsplatzes eines gesundheitsgefährdeten Arbeitnehmers in einen solchen, der sein Leiden verschlimmert, *BAG* 6.11.1997, EzA § 1 KSchG Betriebsbedingte Kündigung Nr. 96.
783 Vgl. *BAG* 20.2.1986, AP § 4 TVG Rationalisierungsschutz Nr. 1; *BAG* 3.5.1978, EzA § 1 KSchG Betriebsbedingte Kündigung Nr. 8.

6. Wechsel des Vorgesetzten

479 Wechselt der Vorgesetzte, so ist dies kein dringender betrieblicher Grund für eine Kündigung des ihm unmittelbar unterstellten Arbeitnehmers. Ggf. kommt aber eine Änderungskündigung in Betracht.[784]

I. Soziale Auswahl

480 Eines der schwierigsten Probleme bei der betriebsbedingten Kündigung ist das der Sozialauswahl nach § 1 Abs. 3 bis 5 KSchG. Zwar ist seit dem 1. Januar 2004 der Katalog der zu berücksichtigenden Sozialdaten wieder gesetzlich festgelegt, und die Bestimmung des Kreises der in die Sozialauswahl einzubeziehenden Arbeitnehmer ist nun etwas leichter geworden.[785] Dennoch verbleiben große Unsicherheiten, nicht nur bei der Auswahl der in Betracht kommenden vergleichbaren Arbeitnehmer, sondern auch bei der Bewertung der zu berücksichtigenden Sozialdaten und der Darlegungs- und Beweislast. All dies führt zu erheblichen Unsicherheiten und zu einer kaum verringerten mangelnden Vorhersehbarkeit von Entscheidungen im Kündigungsschutzprozess.

481 Das Erfordernis einer sozialen Auswahl besteht lediglich im Fall der **betriebsbedingten Kündigung** sowie der betriebsbedingten Änderungskündigung.[786] Schließlich muss nur in diesen Fällen bestimmt werden, welcher Person zu kündigen ist. Dagegen sind die Gründe im Falle von personen- oder verhaltensbedingten Kündigungen bereits durch die Umstände in der betreffenden Eigenschaft der Person oder deren Verhalten konkretisiert. Da die Normen der Absätze 3 und 4 des § 1 KSchG zwingendes Recht darstellen, können sie zu ungunsten des Arbeitnehmers auch weder beschränkt noch gar völlig ausgeschlossen werden.[787]

482 Die Prüfung der Sozialauswahl war **bisher** nach hM regelmäßig in **drei Schritten** vorzunehmen. Zunächst sind die konkreten Arbeitnehmer zu bestimmen, zwischen denen die soziale Auswahl im engeren Sinne vorgenommen werden soll. Anschließend sind diese Arbeitnehmer in einer Rangfolge auf der Grundlage der zu beachtenden Sozialdaten zu ordnen. Zuletzt waren diejenigen Arbeitnehmer von der Sozialaus-

---

784 Vgl. dazu *LAG Baden-Württemberg* 29. 8. 1973, DB 1973, 2454.
785 Beides war bereits vom 1. 10. 1996 bis zum 31. 12. 1998 in ähnlicher Form der Fall, BGBl. I S. 1769.
786 *BAG* 18. 10. 1984, EzA § 1 KSchG Soziale Auswahl Nr. 18; zur Änderungskündigung siehe unter § 2 KSchG Rz 103 ff.
787 *BAG* 11. 3. 1976, AP § 95 BetrVG Nr. 1.

Betriebsbedingte Kündigung § 1

wahl auszunehmen, deren weitere Beschäftigung durch betriebstechnische, wirtschaftliche oder sonstige berechtigte betriebliche Belange bedingt war, § 1 Abs. 3 Satz 2 KSchG aF. Nach der **Neufassung** dieser Norm sind nunmehr Arbeitnehmer, deren Weiterbeschäftigung insbesondere wegen ihrer Kenntnisse, Fähigkeiten und Leistungen oder zur Sicherung einer ausgewogenen Personalstruktur des Betriebs im berechtigten betrieblichen Interesse liegt, **von vornherein** von der Sozialauswahl **auszunehmen**.[788]

I. Einzubeziehender Personenkreis

Die Sozialauswahl kann sich nur auf **vergleichbare Arbeitnehmer des Betriebs** beziehen. Im Einzelnen gilt folgendes: 483

1. Arbeitnehmer mit Bestandsschutz

Da § 1 Abs. 3 KSchG Ausdruck der Gewährung von Bestandsschutz für den betroffenen Arbeitnehmer ist, werden in die soziale Auswahl nur diejenigen Arbeitnehmer miteinbezogen, die bereits selbst den Bestandsschutz des KSchG genießen. Somit scheiden solche Arbeitnehmer von vornherein aus, die noch **nicht** die **sechsmonatige Wartezeit** des § 1 Abs. 1 KSchG zurückgelegt haben.[789] 484

Hintergrund hierfür ist, dass es diesen Arbeitnehmern im Fall ihrer eigenen Kündigung gerade nicht möglich ist, das Fehlen eines dringenden betrieblichen Erfordernisses geltend zu machen, womit letztlich auch die Berufung auf eine fehlerhafte Sozialauswahl unmöglich ist. Das BAG leitet aus dieser, vom Gesetzgeber vorgenommenen Wertung allerdings ab, dass diesen Arbeitnehmern stets **vor** denjenigen Arbeitnehmern zu kündigen sei, die unter den Schutz des KSchG fallen. Eine Ausnahme gilt lediglich für Fälle des § 1 Abs. 3 Satz 2 KSchG, wenn eine Weiterbeschäftigung wegen der besonderen Kenntnisse, Fähigkeiten oder Leistungen bzw. wegen der Sicherung einer ausgewogenen Personalstruktur im betrieblichen Interesse liegt.[790] Damit sind die erst kurzzeitig Beschäftigten schließlich doch wieder in die Sozialauswahl zumindest insoweit einzubeziehen, als 485

---

788 Siehe hierzu auch *Zimmer* FA 2004, 34, 35.
789 *BAG* 25. 4. 1985, EzA § 1 KSchG Betriebsbedingte Kündigung Nr. 35.
790 *BAG* 25. 4. 1985, EzA § 1 KSchG Betriebsbedingte Kündigung Nr. 35; **aA** *v. Hoyningen-Huene/Linck* § 1 Rz 460, die die Ansicht vertreten, dass grundsätzlich immer den Arbeitnehmern ohne allgemeinen Kündigungsschutz vor den Arbeitnehmern mit Kündigungsschutz zu kündigen sei, also keine Ausnahme im genannten Sinn bestehe.

ihnen im Zweifel stets zuerst zu kündigen ist, wenn sie nicht ausgenommen werden können.

2. Ausschluss einer arbeitgeberseitigen, ordentlichen Kündigung kraft Gesetzes

486 Arbeitnehmer, bei denen die **ordentliche Kündigung** des Arbeitsvertrags durch den Arbeitgeber **gesetzlich ausgeschlossen** ist, sind nicht in die Sozialauswahl einzubeziehen. Insoweit gehen die gesetzlichen Kündigungsverbote dem allgemeinen Kündigungsschutz des KSchG als spezialgesetzliche Regelungen vor.[791] Im Übrigen kommt auch hier wieder zum Ausdruck, dass in die Sozialauswahl nur solche Arbeitnehmer einzubeziehen sind, die ebenfalls aus dringenden betrieblichen Erfordernissen gekündigt werden können.[792]

487 Zu diesen Arbeitnehmern, bei denen die ordentliche Kündigung kraft Gesetzes ausgeschlossen ist, zählen insbesondere **Funktionsträger** im Sinne des BetrVG, zB **Betriebsratsmitglieder** (§ 15 Abs. 1 KSchG), aber auch **Wehrpflichtige** (§ 2 Abs. 1 ArbPlSchG), **Zivildienstleistende** (§ 78 Abs. 1 Nr. 1 ZDG) sowie **Auszubildende** nach Ablauf der Probezeit (§ 15 Abs. 2 BBiG).

3. Ausschluss einer arbeitgeberseitigen, ordentlichen Kündigung aufgrund Tarifvertrags

488 Weiterhin sind auch **tarifvertraglich ordentlich unkündbare Arbeitnehmer** nach Auffassung der Instanzgerichte und der hM nicht in die Sozialauswahl einzubeziehen.[793] Zwar wird hier ein gewisser Widerspruch zur Wertung des Gesetzgebers geschaffen, jedoch soll dieser dadurch gerechtfertigt sein, dass durch eine ebenfalls kollektiv wirkende Norm konkrete Arbeitnehmer einem besonderen Schutz gegen ordentliche Kündigungen unterfallen.

489 Eine Entscheidung des BAG steht hierzu allerdings noch aus. Urteile des BAG der letzten Jahre bestätigen lediglich, dass im Fall einer außerordentlichen, betriebsbedingten Kündigung die Sozialauswahl sowohl innerhalb der Gruppe der ordentlich unkündbaren Arbeitnehmer als auch zwischen den ordentlich kündbaren und den ordentlich unkünd-

---

791 *BAG* 8. 8. 1985, EzA § 1 KSchG Soziale Auswahl Nr. 21.
792 *LAG Köln* 29. 9. 1993, LAGE § 1 KSchG Soziale Auswahl Nr. 7.
793 *LAG Brandenburg* 29. 10. 1998, LAGE § 1 KSchG Soziale Auswahl Nr. 29; KR/ *Etzel* § 1 KSchG Rz 639 mwN.

baren Arbeitnehmer stattzufinden hat.[794] Mit diesen Urteilen wird somit die hier vorliegende Konstellation nicht behandelt.

Gegen die hM wird eingewandt, dass eine Einschränkung des gesetzlich statuierten Kündigungsschutzes durch tarifvertragliche Regelung mangels einer Tariföffnungsklausel nicht zulässig sei. Weiterhin bestehe die Gefahr, dass auf diesem Weg der gesetzliche Kündigungsschutz zwar nicht generell, jedoch in Einzelfällen, zu Lasten besonders schutzwürdiger Arbeitnehmer ausgehebelt werden könne.[795] Soweit argumentiert wird, dass eine solche tarifvertragliche Regelung gegen höherrangiges Recht verstoße und deshalb unwirksam sei, lässt sich dagegen jedoch einwenden, dass der Gesetzgeber den Tarifvertragsparteien die Möglichkeit eröffnet hat, einen spezifischen Kündigungsschutz innerhalb einer bestimmten Branche und Region zu statuieren. Wollte man nun die tariflich ordentlich unkündbaren Arbeitnehmer doch wieder in die Sozialauswahl einbeziehen, so würde die Autonomie der Tarifvertragsparteien verdrängt.[796] Diese Autonomie wird aber durch Art. 9 Abs. 3 GG geschützt, so dass dieser besondere Kündigungsschutz ebenso anerkannt werden muss, als wenn er durch eine spezialgesetzliche Vorschrift geschaffen wird.[797]

490

---

[794] *BAG* 5. 2. 1998, EzA § 626 BGB Unkündbarkeit Nr. 2; *BAG* 17. 9. 1998, EzA § 1 KSchG Soziale Auswahl Nr. 36.
[795] So insbesondere *v. Hoyningen-Huene/Linck* § 1 Rz 456 mit Hinweis auf § 4.4 MTV der Metallindustrie Nordwürttemberg/Nordbaden. Danach sind Arbeitnehmer, die das 53. Lebensjahr vollendet haben und eine Betriebszugehörigkeit von mindestens 3 Jahren aufweisen, nur noch aus wichtigem Grund kündbar. In entsprechenden Konstellationen – beispielsweise ein 52jähriger Arbeitnehmer mit einer Betriebszugehörigkeit von 30 Jahren und 4 unterhaltsberechtigten Kindern im Vergleich zu einem gerade 53jährigen Arbeitnehmer mit lediglich 3 Jahren Betriebszugehörigkeit – würden auf diese Weise Ergebnisse der Sozialauswahl erzielt, die dem vom Gesetzgeber intendierten Zweck des § 1 Abs. 3 KSchG klar zuwiderliefen.
[796] So auch APS/*Kiel* § 1 KSchG Rz 695.
[797] APS/*Kiel* § 1 KSchG Rz 696 ff. will darüber hinaus die Möglichkeit einer verfassungskonformen Auslegung – und damit unter Umständen auch Begrenzung – von Tarifnormen am Maßstab von Art. 12 GG durch die Arbeitsgerichte eröffnen. Insbesondere, wenn der Gleichheitssatz des Art. 3 Abs. 1 GG dadurch verletzt wird, dass die Tarifnorm gerade darauf abzielt, bestimmte Arbeitnehmer aus der Sozialauswahl auszunehmen, könnte ein Fall der partiellen Unwirksamkeit des Tarifvertrags vorliegen. Deshalb müsse der besondere tarifliche Kündigungsschutz ein angemessenes Verhältnis zwischen dem Lebensalter des Arbeitnehmers und der zu berücksichtigenden Dauer der Betriebszugehörigkeit schaffen.

4. Arbeitsvertraglich ordentlich unkündbare Arbeitnehmer

491 Umstritten ist weiterhin die Frage, ob Arbeitnehmer in die **Sozialauswahl** einzubeziehen sind, deren **ordentliche Kündigung** durch **einzelvertragliche Vereinbarung ausgeschlossen** ist.

492 Einer Ansicht zufolge sind Arbeitnehmer ungeachtet individuell zugesagter ordentlicher Unkündbarkeit stets in die Sozialauswahl **einzubeziehen**.[798] Als Argument wird angeführt, dass es sich bei einer solchen Vereinbarung um einen – regelmäßig unwirksamen – Vertrag zu Lasten Dritter handele. Schließlich bedeute diese für den einen Arbeitnehmer günstige Vereinbarung zugleich für den von der Kündigung Betroffenen eine Verschlechterung seines gesetzlich statuierten Kündigungsschutzes.

493 Demgegenüber wird vertreten, dass eine solche einzelvertragliche Vereinbarung grundsätzlich dazu führt, dass der besonders gesicherte Arbeitnehmer nicht in die Sozialauswahl einzubeziehen sei. Voraussetzung hierfür sei jedoch, dass die Vereinbarung der ordentlichen Unkündbarkeit auf **sachlichen Erwägungen** beruhe.[799] Dieser Rahmen sei in jedem Fall dann überschritten, wenn konkrete Anhaltspunkte dafür bestehen, dass die Vertragsparteien bei Vereinbarung der ordentlichen Unkündbarkeit die Absicht der Umgehung der gesetzlichen Regelung hatten.[800] Solche Anhaltspunkte sind insbesondere dann gegeben, wenn die Vereinbarung der ordentlichen Unkündbarkeit in unmittelbarem zeitlichen Zusammenhang mit geplanten Kündigungen stehen und es im Übrigen an einem sachlichen Grund mangelt.[801] Sachliche Gründe sollen **beispielsweise** darin bestehen, dass älteren Arbeitnehmern des Unternehmens mit längerer Betriebszugehörigkeit derartige Vereinbarungen angeboten werden oder die Vereinbarung eine Gegenleistung für den **Verzicht auf Gehaltserhöhungen** darstellt. Dagegen soll es dem Arbeitgeber verwehrt sein, sich bei der Sozialauswahl auf die einzelvertraglich vereinbarte ordentliche Unkündbarkeit eines Arbeitnehmers zu berufen, wenn bei Erteilung dieser Zusagen ohne sachlichen Grund zwischen vergleichbaren Arbeitnehmern differenziert wurde.[802]

494 Angesichts dessen, dass nicht nur im speziellen Fall der Zusage von individuellem Sonderkündigungsschutz die Situation im Rahmen der

---
798 *V. Hoyningen-Huene/Linck* § 1 Rz 459 mwN.
799 ErfK/*Ascheid* § 1 KSchG Rz 475; KR/*Etzel* § 1 KSchG Rz 639; APS/*Kiel* § 1 KSchG Rz 699, 700.
800 APS/*Kiel* § 1 KSchG Rz 700.
801 *Sächsisches LAG* 10.10.2001, LAGE § 1 KSchG Soziale Auswahl Nr. 638.
802 APS/*Kiel* § 1 KSchG Rz 700.

Sozialauswahl zu Lasten der übrigen Arbeitnehmer verändert wird, ist letztgenannter Ansicht zu folgen. Ähnliche Konstellation treten beispielsweise auf, wenn der Arbeitgeber in den Arbeitsverträgen unterschiedliche Versetzungsklauseln vereinbart.[803] Weit gefasste Klauseln dieser Art erweitern regelmäßig den Kreis der in die Sozialauswahl einzubeziehenden Arbeitnehmer, dagegen grenzen eng gefasste Klauseln diesen Kreis unter Umständen stark ein. Auch hier kann sich die individuelle Vereinbarung letztlich zu Lasten des allgemeinen Kündigungsschutzes anderer Arbeitnehmer auswirken.[804] Deshalb kann es auf individuelle Vereinbarungen über die ordentliche Unkündbarkeit nur dann nicht ankommen, wenn mit diesen eindeutig eine Umgehung der gesetzlichen Wertung beabsichtigt ist.

5. Notwendigkeit einer behördlichen Zustimmung zur Kündigung

Ist dagegen die ordentliche Kündigung nicht von vornherein ausgeschlossen, sondern lediglich zusätzlich von der vorherigen Zustimmung einer Behörde abhängig, sind nach hM diese Arbeitnehmer jedenfalls dann in die Sozialauswahl einzubeziehen, wenn die behördliche Zustimmung bis zum Ausspruch der Kündigungen vorliegt.[805] **495**

Die vorherige Zustimmung zur Kündigung ist beispielsweise notwendig in den Fällen der Kündigung von Frauen im **Mutterschutz** (§ 9 Abs. 3 MuSchG), bei **Schwerbehinderten** (§ 85 SGB IX) und Arbeitnehmer in **Elternzeit** (§ 18 Abs. 1 Satz 2 BErzGG). **496**

Allerdings steht die Entscheidung darüber, ob ein Antrag auf Erteilung der Zustimmung bei der zuständigen Behörde gestellt wird, im Ermessen des Arbeitgebers.[806] Deshalb kann sich der gekündigte Arbeitnehmer auch im Kündigungsschutzprozess **nicht** darauf berufen, dass es der **Arbeitgeber unterlassen** habe, diese Zustimmung zur betriebsbedingten Kündigung eines sozial weniger schutzwürdigen Arbeitnehmers, der jedoch besonderem Kündigungsschutz unterliegt, einzuholen. Ebenso wenig ist der Arbeitgeber verpflichtet, gegen eine ablehnende Entscheidung der Behörde Widerspruch einzulegen und ggf. Klage zu erheben. Dies würde den Rahmen der Obliegenheiten des Arbeitgebers im Rahmen der Sozialauswahl sprengen. **497**

---

803 Siehe dazu oben Rz 404.
804 So auch APS/*Kiel* § 1 KSchG Rz 701.
805 ErfK/*Ascheid* § 1 KSchG Rz 472; KR/*Etzel* § 1 KSchG Rz 638; APS/*Kiel* § 1 KSchG Rz 692; *v. Hoyningen-Huene/Linck* § 1 Rz 454.
806 Vgl. nur APS/*Kiel* § 1 KSchG Rz 692 mwN.

6. Befristet beschäftigte Arbeitnehmer

498 Befristet beschäftigte Arbeitnehmer fallen grundsätzlich nicht in die Sozialauswahl, da ihr Arbeitsverhältnis gem. § 15 Abs. 1 TzBfG erst mit dem **Ablauf** der vereinbarten **Befristungszeit** endet. Eine vorzeitige Beendigung ist dann nur durch eine außerordentliche Kündigung möglich.[807] **Anders** stellt sich die Situation jedoch dar, wenn der Arbeitsvertrag (oder eine anwendbare tarifvertragliche Regelung) neben der Befristung auch die Möglichkeit einer **vorzeitigen ordentlichen Kündigung** vorsieht (vgl. § 15 Abs. 3 TzBfG). Dann ist der befristet beschäftigte Arbeitnehmer ebenfalls in die soziale Auswahl einzubeziehen.

7. Vorläufig weiterbeschäftigte Arbeitnehmer

499 Auch Arbeitnehmer, die aufgrund des allgemeinen Weiterbeschäftigungsanspruchs oder des Anspruchs gem. § 102 Abs. 5 BetrVG vorläufig weiterbeschäftigt werden, sind in die Sozialauswahl einzubeziehen.[808] Da solche Arbeitnehmer nach wie vor bis zum rechtskräftigen Abschluss des Kündigungsschutzverfahrens gekündigt werden können, wäre es nicht gerechtfertigt, diese im Verhältnis zu vergleichbaren, jedoch bisher ungekündigten Arbeitnehmern besser zu stellen.[809]

8. Teilzeitbeschäftigte

500 Da die Sozialauswahl auf vergleichbare Arbeitnehmer und insoweit auf die arbeitsvertraglich geschuldete Tätigkeit bezogen werden muss, sind auch Teilzeitbeschäftigte grundsätzlich zum Kreis der einzubeziehenden Arbeitnehmer zu rechnen. Die Lage oder Dauer der Arbeitszeit haben regelmäßig keinen unmittelbaren Bezug zum Inhalt der geschuldeten Leistung.

501 Allerdings wird der Rahmen der sozialen Auswahl durch die Vorgaben der **Organisationsentscheidung** des Arbeitgebers abgesteckt. Nach Auffassung der Rechtsprechung steht es grundsätzlich in seinem Ermessen, auf der Grundlage sachlicher Kriterien die Arbeitsaufgaben auf Vollzeit- und Teilzeitarbeitsplätze zu verteilen.[810] Soweit die Orga-

---

807 *BAG* 19. 6. 1980, EzA § 620 BGB Nr. 47.
808 *BAG* 27. 2. 1985, EzA § 611 BGB Beschäftigungspflicht Nr. 9.
809 APS/*Kiel* § 1 KSchG Rz 690; *BAG* 27. 2. 1985, EzA § 611 BGB Beschäftigungspflicht Nr. 9.
810 *BAG* 3. 12. 1998, EzA § 1 KSchG Soziale Auswahl Nr. 37; *BAG* 12. 8. 1999, EzA § 1 KSchG Soziale Auswahl Nr. 41.

nisationsentscheidung vorsieht, dass bestimmte Arbeitsaufgaben ausschließlich mit Vollzeitkräften erfüllt werden sollen, können Teilzeitkräfte nicht in die Sozialauswahl einbezogen werden. Diese Organisationsentscheidung muss jedoch nachvollziehbar sein, dh es muss erkennbar sein, dass bestimmte Tätigkeiten durch Vollzeitkräfte und andere durch Mitarbeiter mit geringeren Stundenkontingenten ausgeführt werden sollen. Mangelt es hieran, so ist die soziale Auswahl unter Einbeziehung sowohl der Vollzeit- als auch der Teilzeitkräfte durchzuführen.[811] Hierbei darf die Tatsache der Teilzeittätigkeit gem. § 4 Abs. 1 TzBfG bei der Sozialauswahl nicht zum Nachteil des Arbeitnehmers berücksichtigt werden.[812]

9. Ruhendes Arbeitsverhältnis

Nach Auffassung des BAG hängt die Frage, ob auch Arbeitnehmer in ruhenden Arbeitsverhältnissen in die Sozialauswahl einbezogen werden können, davon ab, ob diese trotz des Ruhens ordentlich wirksam betriebsbedingt gekündigt werden könnten.[813] Das ist nur der Fall, wenn sie in dem zeitlichen Rahmen, innerhalb dessen betriebsbedingte Kündigungen ausgesprochen werden sollen, noch dem Zugriff des Arbeitgebers unterstehen. Diese Zugriffsmöglichkeit besteht beispielsweise dann **nicht** mehr, wenn ein Arbeitnehmer für einen mehr als wenige Monate übersteigenden Zeitraum mit bindender Wirkung an ein anderes Unternehmen **verliehen** wurde.[814] Gleiches gilt bei Arbeitnehmern, die über einen längeren Zeitraum von der Pflicht zur Arbeitsleistung **freigestellt** werden, zB in Form von unbezahltem Sonderurlaub, sowie für Arbeitnehmer in der **Freistellungsphase** einer Altersteilzeitvereinbarung im **Blockmodell**.[815] Die Einbeziehung solcher Arbeitnehmer in die Sozialauswahl wäre wenig sinnvoll, da es sich nicht um eine geeignete Maßnahme zur Reduzierung der vorhandenen

502

---

811 Im einzelnen hierzu unten Rz 520 f.
812 *BAG* 3.12.1998, EzA § 1 KSchG Soziale Auswahl Nr. 37; *Hess. LAG* 30.10.1996, LAGE § 1 KSchG Soziale Auswahl Nr. 23; *LAG Köln* 20.8.1993, NZA 1994, 317.
813 *BAG* 26.2.1987, EzA § 1 KSchG Soziale Auswahl Nr. 24.
814 Siehe dazu auch ErfK/*Ascheid* § 1 KSchG Rz 476.
815 Haben die Arbeitsvertragsparteien einen Altersteilzeitvertrag abgeschlossen, bietet § 8 Abs. 1 ATG keinen gesonderten Kündigungsschutz mehr. Deshalb sind diese Arbeitnehmer dann auf den allgemeinen Schutz des KSchG verwiesen. Insbesondere im Blockmodell, in dem die Arbeitnehmer während der Arbeitsphase Vorleistungen erbringen, wird dies häufig nicht für ausreichend erachtet. Deshalb sehen zahlreiche Altersteilzeitvereinbarungen einen vertraglichen Kündigungsschutz vor. Vgl. hierzu *Rittweger/Petri/Schweikert/Rittweger* § 8 ATG Rz 6.

aktiven Personalstärke handeln würde, die mit betriebsbedingten Kündigungen jedoch gerade bezweckt ist.

II. Betriebsbezogenheit der Sozialauswahl und betriebliche Vergleichbarkeit

1. Betriebsbezogenheit der Sozialauswahl

503 Im Gegensatz zum Wortlaut des § 1 Abs. 2 KSchG, der für die Frage einer Weiterbeschäftigung auf einem anderen Arbeitsplatz grundsätzlich auf das gesamte Unternehmen des Arbeitgebers Bezug nimmt, findet sich im Wortlaut des Gesetzes keine entsprechende Regelung für die Frage nach der Reichweite der sozialen Auswahl. Daraus hat die Rechtsprechung den Umkehrschluss gezogen, dass für den Bereich der Sozialauswahl von der **Betriebsbezogenheit** des allgemeinen, individuellen Kündigungsschutzes ausgegangen werden muss.[816]

504 Hierbei ist grundsätzlich vom **gesamten Betrieb** auszugehen, wobei es nicht darauf ankommen kann, welche Größe oder Struktur dieser aufweist. Eine Beschränkung der Sozialauswahl lediglich auf einen Betriebsteil oder eine Betriebsabteilung ist nicht zulässig.[817] Dies gilt selbst dann, wenn es sich im Einzelfall um einen weiter entfernten Betriebsteil handelt, der gem. § 4 Abs. 1 Nr. 1 BetrVG als selbständiger Betrieb im Sinne des Betriebsverfassungsrechts eingeordnet wird.[818] Der Betriebsbegriff des KSchG unterscheidet sich hier insoweit von dem des BetrVG, als er maßgeblich auf die Einheit einer Organisation, dagegen nicht auf eine räumliche Einheit abstellt.[819]

505 Arbeitnehmer **anderer Betriebe** des Unternehmens oder des Konzerns[820] sind **nicht** in die Sozialauswahl einzubeziehen. Eine Verpflich-

---

[816] *BAG* 25. 4. 1985, EzA § 1 KSchG Betriebsbedingte Kündigung Nr. 35; *BAG* 22. 5. 1986, EzA § 1 KSchG Soziale Auswahl Nr. 22; *BAG* 26. 2. 1987, EzA § 1 KSchG Soziale Auswahl Nr. 24.

[817] *BAG* 26. 2. 1987, EzA § 1 KSchG Soziale Auswahl Nr. 24; *BAG* 15. 6. 1989, EzA § 1 KSchG Soziale Auswahl Nr. 27; *BAG* 5. 5. 1994, EzA § 1 KSchG Soziale Auswahl Nr. 31; *BAG* 17. 9. 1998, EzA § 1 KSchG Soziale Auswahl Nr. 36.

[818] Eine Ausnahme hiervon kann nur dann gemacht werden, dh die Sozialauswahl ist lediglich auf die vergleichbaren Arbeitnehmer eines Betriebsteils beschränkt, wenn es aufgrund des individuellen Arbeitsvertrags kraft Weisungsrecht des Arbeitgebers nicht möglich ist, den Arbeitnehmer in andere Teile des Betriebs zu versetzen. In einem solchen Fall fehlt es an einer Vergleichbarkeit im Sinne des § 1 Abs. 3 KSchG. Vgl. *BAG* 17. 9. 1998, EzA § 1 KSchG Soziale Auswahl Nr. 36.

[819] Zum Betriebsbegriff des BetrVG vgl. *Jaeger/Röder/Heckelmann/Breitfeld* Kapitel 1 Rz 5 ff.

[820] Zum Konzern vgl. *v. Hoyningen-Huene/Linck* § 1 Rz 435.

tung des Arbeitgebers, einen sozial schwächeren Arbeitnehmer in einem anderen Betrieb des Unternehmens zu kündigen, um einen freien Arbeitsplatz für den sozial Schutzwürdigeren zu schaffen, besteht somit nicht.[821]

Anders stellt sich die Situation jedoch dar, wenn mehrere Unternehmen einen **gemeinsamen Betrieb** bilden. In einem solchen Fall sind sämtliche Arbeitnehmer des gemeinsamen Betriebs in die Sozialauswahl einzubeziehen. Irrelevant ist dabei, dass arbeitsvertragliche Bindungen zu unterschiedlichen Unternehmen bestehen. Die Rechtsprechung rechtfertigt eine solche unternehmensübergreifende Sozialauswahl mit dem **einheitlichen Leitungsapparat**, der von zwei oder mehreren Unternehmen bei einem Gemeinschaftsbetrieb gebildet wurde.[822] Da die Unternehmen insoweit die ursprünglich eigenen Kompetenzen im Personalbereich auf den Gemeinschaftsbetrieb übertragen haben, kann auch eine Ausdehnung des auswahlrelevanten Personenkreises vorgenommen werden. Sollten dagegen die Unternehmensträger vereinbaren, dass es im Falle betriebsbedingter Kündigungen auf die arbeitsvertragsrechtlichen Beziehungen zum jeweiligen Arbeitgeber ankäme, so könnte man letztlich nicht mehr von einem gemeinsamen Betrieb sprechen. **506**

Nach **Auflösung** des Gemeinschaftsbetriebs und der gemeinsamen Leitungsstruktur, erstreckt sich die Sozialauswahl lediglich noch auf den Betrieb, der im jeweiligen Unternehmen verbleibt. Eine **nachwirkende** Pflicht zu einer unternehmensübergreifenden Sozialauswahl besteht nach Auffassung des BAG **nicht**.[823] Eine Auflösung des Gemeinschaftsbetriebs, die lediglich deshalb vorgenommen wird, um die Sozialauswahl auf eine der Arbeitnehmergruppen beschränken zu können, ohne darüber hinaus auf sachlich nachvollziehbaren Gründen zu beruhen, wäre jedoch rechtsmissbräuchlich. **507**

Im Falle einer **Spaltung** oder **Teilübertragung** gem. §§ 123 ff., 174 ff. UmwG ist ebenfalls eine unternehmensübergreifende Sozialauswahl durchzuführen. Soweit die an der Spaltung oder Teilübertragung beteiligten Unternehmensträger einen Betrieb gemeinsam fortführen, gilt dieser gem. § 322 UmwG als Betrieb im Sinne des Kündigungsschutz- **508**

---

821 *BAG* 13. 6. 1985, EzA § 1 KSchG Nr. 41; *BAG* 22. 5. 1986, EzA § 1 KSchG Soziale Auswahl Nr. 22; *BAG* 21. 1. 1999, EzA § 1 KSchG Nr. 51; *BAG* 15. 12. 1994, EzA § 1 KSchG Betriebsbedingte Kündigung Nr. 76.
822 *BAG* 13. 6. 1985, EzA § 1 KSchG Nr. 41; *BAG* 5. 5. 1994, EzA § 1 KSchG Soziale Auswahl Nr. 31; *BAG* 13. 9. 1995, EzA § 1 KSchG Nr. 48.
823 *BAG* 13. 9. 1995, EzA § 1 KSchG Nr. 48.

rechts. Insoweit handelt es sich um einen Gemeinschaftsbetrieb mit den soeben beschriebenen Folgen für die Sozialauswahl.

509 Soweit es im Zusammenhang mit einem **Betriebsübergang** nach § 613a BGB zu betriebsbedingten Kündigungen kommt, ist für die Erstreckung der sozialen Auswahl der Zeitpunkt entscheidend, an dem die Kündigung ausgesprochen wird, dh dem Arbeitnehmer zugeht. Kündigt der **bisherige Arbeitgeber vor** der **Übertragung der faktischen Leitungsmacht** auf den neuen Arbeitgeber, beschränkt sich die Sozialauswahl auf die vergleichbaren Arbeitnehmer des Betriebs, der veräußert wird. Dies ergibt sich daraus, dass zwischen dem Veräußerer und den Arbeitnehmern des Erwerbers kein Arbeitsvertragsverhältnis besteht, die dem Veräußerer die Kündigung sozial schwächerer Arbeitnehmer des Erwerberbetriebs erlauben würde.

510 Dagegen sind die Arbeitnehmer des **aufnehmenden Betriebs** in die soziale Auswahl einzubeziehen, wenn zum Zeitpunkt des Zugangs der Kündigung bereits der Vertrag zur Übernahme geschlossen wurde und der Betriebsveräußerer das **Erwerberkonzept**[824] im Hinblick auf den künftigen Betrieb in die Tat umsetzt. Dann ist die Sozialauswahl auf **sämtliche** Arbeitnehmer des zukünftigen Betriebs zu erstrecken.[825]

511 Wird die Kündigung **nach** dem **Betriebsübergang** durch den Erwerber, dh den neuen Arbeitgeber ausgesprochen, hängt die Erstreckung des einzubeziehenden Personenkreises davon ab, ob der Veräußererbetrieb in einen beim Erwerber bestehenden Betrieb **eingegliedert** wurde **oder** aber **getrennt** von einem bereits vorhandenen als eigenständiger Betrieb fortgeführt wird. Während im erstgenannten Fall die Sozialauswahl auf sämtliche vergleichbaren Arbeitnehmer zu erstrecken ist, beschränkt sie sich bei getrennter Fortführung der Betriebe auf die übergegangenen Arbeitnehmer. Wollte man dagegen auch bei Zusammenführung der Betriebe ausschließlich die übergegangenen Arbeitnehmer in die soziale Auswahl einbeziehen, würde dies – neben der Missachtung des Betriebsbegriffs – auch eine unzulässige Schlechterstellung dieser Arbeitnehmer bedeuten.[826]

512 Wird lediglich ein Betriebsteil veräußert, und widerspricht ein Arbeitnehmer dem Übergang seines Arbeitsverhältnisses, kommt es für die Bestimmung des relevanten Personenkreises darauf an, ob der **Wider-**

---
824 Siehe dazu oben Rz 465.
825 Zur Kündigung des Betriebsveräußerers aufgrund Erwerberkonzepts, vgl. *BAG* 20. 3. 2003, EzA § 613a BGB Nr. 7; hierzu auch *Gaul/Bonanni/Naumann* DB 2003, 1902 ff.
826 Vgl. insoweit APS/*Kiel* § 1 KSchG Rz 669 mwN.

spruch auf einem objektiv vertretbaren Grund beruht.[827] Die Frage nach dem objektiv vertretbaren Grund trägt dem Umstand Rechnung, dass der Arbeitnehmer durch den Widerspruch den Übergang des Arbeitsverhältnisses auf den Betriebserwerber verhindert und somit in gewisser Weise selbst seine weitere Beschäftigungsmöglichkeit preisgibt. Dies kann bei der Prüfung der sozialen Schutzwürdigkeit vergleichbarer Arbeitnehmer nicht unberücksichtigt bleiben.[828] Somit kann es durchaus zu einer wirksamen betriebsbedingten Kündigung des widersprechenden Arbeitnehmers kommen, auch wenn im Restbetrieb sozial schwächere vergleichbare Arbeitnehmer beschäftigt sind.

Die Prüfung des objektiv vertretbaren Grundes muss auf der Grundlage einer **Gesamtwürdigung der Umstände** des konkreten Einzelfalles vorgenommen werden. Hierbei können auf Seiten des Arbeitgebers insbesondere die Leistungsfähigkeit des Betriebserwerbers sowie dessen weitere Planungen im Hinblick auf den übernommenen Betrieb berücksichtigt werden. Dagegen verlangt das BAG in Bezug auf den widersprechenden Arbeitnehmer, dass dessen Gründe umso gewichtiger sein müssen, je geringer die Abweichungen zwischen der sozialen Schutzbedürftigkeit der vergleichbaren Arbeitnehmer sind. Das BAG ist der Auffassung, dass ein widersprechender Arbeitnehmer nur dann einen nicht ganz erheblich weniger schutzwürdigen Mitarbeiter verdrängen kann, wenn der baldige Verlust des Arbeitsplatzes oder zumindest eine baldige wesentliche Verschlechterungen der Arbeitsbedingungen in näherer Zukunft absehbar ist.[829] Eine echte Wahlfreiheit des Arbeitnehmers kann also nur bestehen, wenn sie nicht zu Lasten eines – an sich unbeteiligten – Arbeitskollegen geht. Darin liegt keine Entwertung des Widerspruchsrechts. Vielmehr ist die rechtsgeschäftliche Abschlussfreiheit des Arbeitnehmers mit den berechtigten und schutzwürdigen Belangen der von dem Betriebsübergang nicht betroffenen Arbeitnehmern in dem Restbetrieb in Einklang zu bringen.[830] 513

2. Betriebliche Vergleichbarkeit

a) Vergleichbarkeit

Die in die Sozialauswahl einzubeziehenden Arbeitnehmer müssen vergleichbar sein. Eine Vergleichbarkeit kann nur dann bejaht werden, 514

---

827 *BAG* 7. 4. 1993, EzA § 1 KSchG Soziale Auswahl Nr. 30; *BAG* 21. 3. 1996, EzA § 102 BetrVG 1972 Nr. 91; *BAG* 18. 3. 1999, DB 1999, 1805.
828 Zum Meinungsstreit vgl. APS/*Kiel* § 1 KSchG Rz 670, 671.
829 *BAG* 18. 3. 1999, EzA § 1 KSchG Soziale Auswahl Nr. 40.
830 *BAG* 18. 3. 1999, EzA § 1 KSchG Soziale Auswahl Nr. 40.

§ 1 Sozial ungerechtfertigte Kündigungen

wenn die Arbeitnehmer **austauschbar** sind, da nur in diesem Fall eine weitere Beschäftigung nach dem Wegfall eines Arbeitsplatzes möglich ist. Diese Vergleichbarkeit richtet sich nach **arbeitsplatzbezogenen Merkmalen**. Sie werden durch den Inhalt des Arbeitsvertrags sowie die bisher ausgeübte Tätigkeit bestimmt.[831] Anders als bei der Prüfung des Vorhandenseins eines anderen vergleichbaren freien Arbeitsplatzes,[832] kann es deshalb nicht genügen, wenn zwar aufgrund der vorhandenen Fähigkeiten und Kenntnisse eine Beschäftigung mit den anderen Aufgaben möglich wäre, jedoch die Reichweite des Direktionsrechts eine einseitige Übertragung solcher Aufgaben nicht gestattet.

515 Allerdings ist eine **wechselseitige** Austauschbarkeit **nicht** erforderlich. Maßgeblich ist nur, dass der Arbeitnehmer, dessen Arbeitsplatz aus betriebsbedingten Gründen wegfällt, aufgrund seiner vorangegangenen Tätigkeit im Betrieb sowie seiner Qualifikation imstande ist, die gleichwertige Arbeit des anderen Arbeitnehmers auszuüben, selbst wenn es dafür einer kurzen **Einarbeitungszeit** bedarf. Die jeweils zumutbare Einarbeitungszeit hängt von den Umständen des konkreten Einzelfalles ab, wobei hier auch die Dauer der Betriebszugehörigkeit, das Lebensalter des Arbeitnehmers und die berufliche Vorbildung zu berücksichtigen sind. Das BAG geht regelmäßig davon aus, dass nur eine kurze Einarbeitungszeit zumutbar ist;[833] ein Zeitraum von **drei Monaten** wurde in einem Urteil bereits als **zu lang** bewertet.[834] **Anhaltspunkte** bieten hier diejenigen Zeiträume, die ein Arbeitnehmer im Fall einer **Versetzung**, Umsetzung oder Neueinstellung für die Einarbeitung benötigen würde.[835] Nicht ausschlaggebend ist der arbeitsplatzbezogene »Routinevorsprung«.[836] Die Rechtsprechung billigt dem Arbeitgeber einen Beurteilungsspielraum zu.[837]

516 Die Vergleichbarkeit bleibt im Übrigen **unbeeinflusst** von etwaigen **gesundheitlichen Leistungsmängeln** des Arbeitnehmers. Soweit sie erheblich sind, können sie – je nach Lage des Einzelfalles – eine personenbedingte Kündigung rechtfertigen. Sollte dies jedoch nicht der Fall

---

831 *BAG* 7. 2. 1985, EzA § 1 KSchG Soziale Auswahl Nr. 20; *BAG* 29. 3. 1990, EzA § 1 KSchG Soziale Auswahl Nr. 29; *BAG* 17. 9. 1998, EzA § 1 KSchG Soziale Auswahl Nr. 36.
832 Siehe dazu Rz 396 ff.
833 *BAG* 25. 4. 1985, EzA § 1 KSchG Betriebsbedingte Kündigung Nr. 35; *BAG* 15. 6. 1989, EzA § 1 KSchG Soziale Auswahl Nr. 27.
834 *BAG* 5. 5. 1994, EzA § 1 KSchG Soziale Auswahl Nr. 31.
835 *BAG* 5. 5. 1994, EzA § 1 KSchG Soziale Auswahl Nr. 31; *BAG* 15. 6. 1989, EzA § 1 KSchG Soziale Auswahl Nr. 27.
836 *BAG* 25. 4. 1985, EzA § 1 KSchG Betriebsbedingte Kündigung Nr. 35.
837 *BAG* 15. 6. 1989, EzA § 1 KSchG Soziale Auswahl Nr. 27.

sein, können sie im Rahmen einer betriebsbedingten Kündigung lediglich bei Prüfung der betrieblichen Interessen gem. § 1 Abs. 3 Satz 2 KSchG Berücksichtigung finden.

Vergleichbar sind diejenigen Arbeitnehmer, die durch Ausübung des **Direktionsrechts** des Arbeitgebers mit anderen Aufgaben beschäftigt werden können.[838] Unerheblich ist insoweit, ob das Direktionsrecht **durch § 315 BGB beschränkt** ist. Die Ausübung des Direktionsrechts hängt maßgeblich von der Gestaltung des Arbeitsvertrags zwischen den Parteien ab. Bei einer **weit gefassten Beschreibung der Tätigkeit** bzw. bei Vereinbarung einer weiten Versetzungsklausel, ermöglicht dies zwar dem Arbeitgeber einen flexiblen Einsatz der Arbeitskraft, jedoch erweitert sich dadurch auch der Kreis der in die Sozialauswahl einzubeziehenden Personen. Wird dagegen vereinbart, dass der Arbeitnehmer lediglich innerhalb eines Betriebsteils oder nur auf einem konkreten Arbeitsplatz eingesetzt werden kann, verengt sich der Kreis der Sozialauswahl ebenfalls. 517

▶ **Beispiel:**

> Eine Versetzungsklausel im Arbeitsvertrag eines Vertriebsmitarbeiters im Außendienst, der auch den Einsatz in anderen Regionen Deutschlands zulässt, führt dazu, dass im Falle einer betriebsbedingten Kündigung dieses Mitarbeiters auch sämtliche anderen Vertriebsmitarbeiter im Bundesgebiet in die Sozialauswahl einzubeziehen sind.

Von vergleichbaren Arbeitnehmern kann daher **nicht** gesprochen werden, wenn die anderweitige Beschäftigung nur im Wege einer einvernehmlichen **Vertragsänderung** oder einer **Änderungskündigung** auf den von der betriebsbedingten Kündigung betroffenen Arbeitnehmer übertragen werden kann.[839] Es besteht keine Verpflichtung des Arbeitgebers, einem sozial schutzwürdigeren Arbeitnehmer eine Fortführung der Tätigkeit zu veränderten Bedingungen anzubieten, wenn dieser veränderte Arbeitsplatz zu diesem Zeitpunkt noch mit einem sozial weniger schutzwürdigen Arbeitnehmer besetzt ist, dem daraufhin aufgrund der Sozialauswahl vorrangig gekündigt werden müsste.[840] 518

---

838 *BAG* 29. 3. 1990, EzA § 1 KSchG Soziale Auswahl Nr. 29; *BAG* 15. 6. 1989, EzA § 1 KSchG Soziale Auswahl Nr. 27.
839 *BAG* 29. 3. 1990, EzA § 1 KSchG Soziale Auswahl Nr. 29.
840 *BAG* 29. 3. 1990, EzA § 1 KSchG Soziale Auswahl Nr. 29.

§ 1 Sozial ungerechtfertigte Kündigungen

b) Horizontale Vergleichbarkeit

519 Weiterhin vollzieht sich der Vergleich lediglich auf **derselben Ebene der Betriebshierarchie**, sog. horizontale Vergleichbarkeit.[841] Die Bereitschaft des von der betriebsbedingten Kündigung betroffenen Arbeitnehmers, zu geänderten Arbeitsbedingungen weiterzuarbeiten, kann nicht berücksichtigt werden. Dies würde die Arbeitsplätze derjenigen Arbeitnehmer gefährden, die durch die unternehmerische Entscheidung nicht berührt waren. Somit scheidet eine vertikale Vergleichbarkeit aus.[842] Der Gesetzgeber beabsichtigte weder einen »Verdrängungswettbewerb nach unten« noch einen »Anspruch auf Beförderung« zu schaffen.

c) Vollzeit- und Teilzeitkräfte

520 Die Pflicht zur Sozialauswahl bezieht sich sowohl auf Vollzeit- wie auf Teilzeitkräfte, da sich die arbeitsvertragliche Anbindung auf den Arbeitsinhalt, nicht dagegen auf die Arbeitszeit bezieht. Hier muss jedoch ebenfalls eine Austauschbarkeit aufgrund des Direktionsrechts gegeben sein. Dies setzt voraus, dass der Arbeitgeber aufgrund des Direktionsrechts die Arbeitszeit an diejenige der vergleichbaren Arbeitnehmer anpassen kann. Eine Vergleichbarkeit ist deshalb zu verneinen, wenn, wie im Regelfall, erst durch eine einvernehmliche Vertragsänderung oder eine Änderungskündigung die Anpassung der Arbeitszeit vorgenommen werden kann.[843]

521 Soweit es auf dieser Grundlage an einer Vergleichbarkeit/Austauschbarkeit mangelt, muss der teilzeitbeschäftigte Arbeitnehmer jedenfalls dann in die Sozialauswahl einbezogen werden, wenn betriebsbedingte Kündigungen ausgesprochen werden, um eine Überkapazität von Arbeitsstunden abzubauen.[844] Wenn allerdings das Organisationskonzept des Arbeitgebers vorsieht, dass bestimmte Tätigkeitsbereiche lediglich mit Vollzeit- bzw. Teilzeitkräften besetzt werden, ist eine Differenzierung auch nach der Richtlinie 76/207 EWG zulässig.[845]

---

841 *BAG* 15. 6. 1989, EzA § 1 KSchG Soziale Auswahl Nr. 27; *BAG* 29. 3. 1990, EzA § 1 KSchG Soziale Auswahl Nr. 29; *BAG* 17. 9. 1998, EzA § 1 KSchG Soziale Auswahl Nr. 36.
842 *BAG* 29. 3. 1990, EzA § 1 KSchG Soziale Auswahl Nr. 29; *BAG* 4. 2. 1993, RzK I 5 d Nr. 31.
843 *BAG* 10. 11. 1983 – 2 AZR 317/82 – nv, zitiert nach KR/*Etzel* § 1 KSchG Rz 625.
844 *BAG* 3. 12. 1998, EzA § 1 KSchG Soziale Auswahl Nr. 37.
845 *EuGH* 26. 9. 2000 Rs. C-322/98 (Kachelmann), EzA § 1 KSchG Soziale Auswahl Nr. 45.

▶ **Beispiel:**
Die Entscheidung des Arbeitgebers, im Bereich der Beratung von Kunden ausschließlich Vollzeitkräfte einzusetzen, kann durch die persönliche Verbindung und Vertrauensstellung des Beraters und dessen jederzeitiger Erreichbarkeit zu Geschäftszeiten gerechtfertigt werden.

III. Auswahlgesichtspunkte nach § 1 Abs. 3 Satz 1 KSchG

Während die bisher geltende Rechtslage keine konkreten Auswahlgesichtspunkte nannte, sondern lediglich den unbestimmten Rechtsbegriff der »sozialen Gesichtspunkte« verwandte, werden durch die seit 1. Januar 2004 geltende Fassung des Gesetzes die künftig zu berücksichtigenden Faktoren zwingend festgeschrieben. Danach ist eine betriebsbedingte Kündigung dann sozial ungerechtfertigt, wenn bei der Sozialauswahl die **Dauer der Betriebszugehörigkeit**, das **Lebensalter** des Arbeitnehmers, die **Unterhaltspflichten** und die **Schwerbehinderung** nicht oder nicht ausreichend berücksichtigt wurden. Demnach ist künftig davon auszugehen, dass eine betriebsbedingte Kündigung bei Beachtung der genannten Sozialdaten und deren zutreffender Gewichtung nicht sozialwidrig ist, selbst wenn der Arbeitgeber andere Umstände nicht beachtet hat.[846]

522

1. Dauer der Betriebszugehörigkeit

Die Dauer der Betriebszugehörigkeit kennzeichnet sich durch den **rechtlich ununterbrochenen Bestand des Arbeitsverhältnisses zu demselben Arbeitgeber** bzw. zu dessen Rechtsvorgänger. Diesem Kriterium misst der Gesetzgeber deshalb maßgebliche Bedeutung bei, weil der Arbeitnehmer desto mehr **Vertrauen in den Fortbestand** des Arbeitsverhältnisses hat, je länger dieses Verhältnis andauert.[847] Dieses Vertrauen will der Gesetzgeber schützen. Insoweit besteht hier der Bezug zur Unternehmenstreue, wie er auch in der Verlängerung der Kündigungsfristen nach § 622 Abs. 2 BGB und in der Berechnung der Abfindungshöhe nach § 10 KSchG zum Ausdruck kommt.

523

Für die Berechnung der Betriebszugehörigkeit sind die gleichen Grundsätze maßgebend, wie sie auch der Berechnung der Wartezeit nach § 1 Abs. 1 KSchG zugrunde liegen. Somit können bei der Sozial-

524

---

846 *Zimmer* FA 2004, 34; *Löwisch* NZA 2003, 689, 691.
847 *BAG* 24. 3. 1983, EzA § 1 KSchG Betriebsbedingte Kündigung Nr. 21; *BAG* 18. 10. 1984, EzA § 1 KSchG Betriebsbedingte Kündigung Nr. 34.

auswahl auch frühere Beschäftigungszeiten einbezogen werden, soweit ein gewisser zeitlicher und innerer Zusammenhang besteht.[848] Darüber hinaus können zwischen den Arbeitsvertragsparteien Vereinbarungen getroffen werden, die eine Anrechnung von Beschäftigungszeiten bei anderen Arbeitgebern vorsehen. Zeiträume, in denen das **Arbeitsverhältnis ruht** – zB während der **Elternzeit** oder des Wehr- und Zivildienstes – müssen bei der Dauer der Betriebszugehörigkeit ebenfalls **angerechnet** werden, da auch in diesen Zeiträumen das Arbeitsverhältnis rechtlich fortbesteht. Gleichermaßen sind rein tatsächliche Unterbrechungen der Ausübung des Vertragsverhältnisses, wie durch Streik, Krankheit oder unbezahlten Urlaub, zu berücksichtigen.

2. Lebensalter

525 Das Lebensalter des Arbeitnehmers als Abwägungskriterium trägt dem Umstand Rechnung, dass mit **zunehmendem Lebensalter** auch die **Schutzwürdigkeit steigt**. Jüngeren Arbeitnehmern bereitet ein Wechsel des Arbeitsplatzes regelmäßig weniger Schwierigkeiten, da diese flexibler auf Veränderungen reagieren können. Deshalb ist es im Verhältnis dem jüngeren Arbeitnehmer eher zumutbar, auf dem Arbeitsmarkt eine neue Beschäftigung zu finden.[849] Allerdings betrachtet das BAG in jüngerer Zeit die Bedeutung des Auswahlkriteriums Lebensalter durchaus differenziert, da es regelmäßig auch die Bewertung der Chancen auf dem Arbeitsmarkt beinhaltet.[850] Je nach Einzelfallsituation muss ein Unterschied im Lebensalter nicht zwingend zugunsten des älteren Arbeitnehmers in Gewicht fallen. Schließlich dürften sich die Chancen auf dem Arbeitsmarkt bei einem Vergleich zwischen einem 25-jährigen und einem 35-jährigen Arbeitnehmer nicht erheblich unterscheiden,[851] wohingegen sich die Situation im Vergleich zwischen einem 40-jährigen und einem 50-jährigen regelmäßig anders darstellt. Somit lässt sich allein aus dem Auswahlgesichtspunkt Lebensalter nicht stets die Schlussfolgerung ziehen, dass ältere Arbeitnehmer in der Sozialauswahl vorrangig zu berücksichtigen sind. In der Praxis wird der Arbeitgeber somit die jeweilige »Zahlenkonstellation« im Einzelfall zu berücksichtigen haben.

---

848 *LAG Hamm* 29. 3. 1985, LAGE § 1 KSchG Soziale Auswahl Nr. 1; siehe oben Rz 44 f.
849 *BAG* 8. 8. 1985, EzA § 1 KSchG Betriebsbedingte Kündigung Nr. 21.
850 *BAG* 21. 1. 1999, EzA § 1 KSchG Soziale Auswahl Nr. 39.
851 Hierzu auch *BAG* 21. 1. 1999, EzA § 1 KSchG Soziale Auswahl Nr. 39.

3. Unterhaltspflichten

Als weiteres Auswahlkriterium sind tatsächlich bestehende Unterhaltsverpflichtungen bei der Sozialauswahl zu berücksichtigen. Der Gesetzgeber verfolgt mit diesem Kriterium das Ziel, die **wirtschaftliche und soziale Existenz** des Arbeitnehmers zu **schützen**. 526

Nicht entscheidend ist hierbei der Familienstand, sondern vielmehr die daraus resultierenden gesetzlichen Unterhaltspflichten.[852] Für diese Unterhaltspflichten kommt es darauf an, wie sie zum Zeitpunkt des Ausspruchs der Kündigung bestanden haben oder fest abzusehen sind. Maßgeblich sind die **Zahl der Unterhaltsberechtigten** sowie die **Höhe der Unterhaltsleistungen**, zu denen der Arbeitnehmer verpflichtet ist.[853] Entscheidend ist dagegen **nicht**, ob der Arbeitnehmer den bestehenden Pflichten **tatsächlich nachkommt**; ein gesetzwidriges Verhalten soll keine Auswirkungen auf die Sozialauswahl haben. Deshalb können sich die bei der Sozialauswahl zu berücksichtigenden Unterhaltspflichten nur ändern, wenn sie durch dritte Personen mit befreiender Wirkung für den Arbeitnehmer erfüllt werden. 527

▶ **Praxistipp:**
Bei den Unterhaltspflichten sind auch Entwicklungen zu berücksichtigen, die sich zum Zeitpunkt der Kündigung bereits mit entsprechender Sicherheit abzeichnen, soweit damit künftige soziale Belastungen verbunden sind, zB die Schwangerschaft der Ehefrau des von der betriebsbedingten Kündigung betroffenen Arbeitnehmers.

Auch das **Arbeitseinkommen von Ehegatten** ist insoweit zu berücksichtigen, als diese ihren Lebensunterhalt selbst bestreiten können. Dies verringert die Pflicht des von der Kündigung betroffenen Arbeitnehmers zu Unterhaltsleistungen und damit – im Hinblick auf diesen Auswahlgesichtspunkt – seine soziale Schutzbedürftigkeit.[854] Bisher war angesichts der mangelnden gesetzlichen Bestimmung der sozialen Auswahlgesichtspunkte umstritten, ob darüber hinaus als weiteres Kriterium der sog. »Doppelverdienst« der Ehegatten besondere Berücksichtigung finden müsse. Nach bisher hM sollte eine solche Situation nicht zur Verringerung der Schutzbedürftigkeit führen, da dadurch die Schutzpflichten aus Art. 6 Abs. 1 GG verletzt und eine mit- 528

---

852 *BAG* 18. 10. 1984, EzA § 1 KSchG Betriebsbedingte Kündigung Nr. 34.
853 *LAG Hamm* 21. 8. 1997, LAGE § 102 BetrVG 1972 Nr. 62.
854 *BAG* 8. 8. 1985, EzA § 1 KSchG Betriebsbedingte Kündigung Nr. 21.

telbare Diskriminierung von Frauen entstehen würde. Angesichts des statistisch niedrigeren Lohnniveaus von weiblichen Arbeitnehmern müssten diese sich häufiger entgegenhalten lassen, durch das höhere Einkommen des Ehemanns versorgt zu sein und deshalb auf ihr Gehalt und damit den Arbeitsplatz verzichten zu können.[855] Nach neuerer Rechtsprechung des BAG braucht der Arbeitgeber bei der Feststellung der Unterhaltspflichten den Doppelverdienst nicht zu berücksichtigen, er darf dies jedoch tun.[856] Der Doppelverdienst des Ehegatten kann in der Sozialauswahl daher nur insoweit Berücksichtigung finden, als er zu einer Verringerung der Unterhaltsleistungen gegenüber dem Ehegatten sowie ggf. gegenüber den gemeinsamen Kindern führt. Da es im Rahmen der Sozialauswahl auch auf die Höhe der Unterhaltspflichten ankommt, ist das tatsächlich erzielte Einkommen maßgeblich.

4. Schwerbehinderung

529 Eingang in die gesetzlich festgeschriebenen Auswahlkriterien hat nunmehr auch die Schwerbehinderung im Sinne von § 2 Abs. 2 SGB IX gefunden. Diese wurde bisher bereits in unbilligen Härtefällen als weiterer sozialer Gesichtspunkt von der Rechtsprechung berücksichtigt, was mit der verfassungskonformen Auslegung des § 1 Abs. 3 KSchG aF im Hinblick auf Art. 3 Abs. 3 Satz 2 GG begründet wurde.[857] Gemäß den Gesetzesmaterialien soll der bisherige soziale Schutz bei Schwerbehinderung erhalten bleiben.[858]

▶ Praxistipp:

Da der schwerbehinderte Arbeitnehmer erst gekündigt werden kann, wenn die Zustimmung des Integrationsamts vorliegt (§ 85 SGB IX), kann der Arbeitgeber bereits zu Beginn der Sozialauswahl den Kreis der einzubeziehenden Mitarbeiter eingrenzen, indem er keinen Antrag beim Integrationsamt stellt. Eine Verpflichtung zur Stellung eines Antrags lässt sich dem Gesetz nicht entnehmen.

5. Weitere soziale Gesichtspunkte

530 Nach der bis zum 31. 12. 2003 geltenden Rechtslage war umstritten, ob unter den unbestimmten Rechtsbegriff »soziale Gesichtspunkte« auch

---

855 Vgl. hierzu APS/*Kiel* § 1 KSchG Rz 723 mwN.
856 *BAG* 5. 12. 2002, EzA § 1 KSchG Soziale Auswahl Nr. 49; hierzu auch *Zimmer* FA 2004, 34, 35.
857 *BAG* 24. 4. 1983, AP § 1 KSchG 1969 Betriebsbedingte Kündigung Nr. 12.
858 BT-Drucks. 15/1587, S. 31.

weitere Kriterien, und wenn ja, welche, zu fassen seien. Dieser Unsicherheitsfaktor zu Lasten des Arbeitgebers im Rahmen der Sozialauswahl fand bis zuletzt keine eindeutige Lösung, da selbst die gefestigte Meinung, die eine Berücksichtigung von Aspekten mit konkretem Bezug zum Arbeitsplatz bzw. mit personalem Bezug[859] in unbilligen Härtefällen zuließ, noch einen nicht unerheblichen Spielraum für Interpretationen bot.[860]

Durch die Neufassung des Gesetzes ergibt sich nunmehr eindeutig, dass lediglich die Grunddaten Betriebszugehörigkeit, Lebensalter, Unterhaltspflichten und Schwerbehinderung zu beachten und in ein angemessenes Verhältnis zueinander zu setzen sind.[861] Wollte man noch weitere Kriterien berücksichtigen – etwa um eine **unbillige Härte** im konkreten Einzelfall zu vermeiden – so müsste es sich doch zumindest um solche Tatsachen handeln, die einen **unmittelbaren und spezifischen Zusammenhang** mit den vom Gesetzgeber festgeschriebenen **Grunddaten** aufweisen. Denkbar wäre hier **beispielsweise** im Rahmen des Auswahlkriteriums Unterhaltspflichten die Berücksichtigung von besonderen Kosten, die durch die Pflegebedürftigkeit naher Familienangehöriger entstehen. Allerdings sollte angesichts des Gesetzeswortlauts eine solche Einbeziehung nur in besonderen Ausnahmefällen vorgenommen werden.[862] Schließlich trägt der Arbeitgeber im Rahmen des Kündigungsschutzverfahrens das Risiko, dass er bei der Berücksichtigung anderer als der genannten Grunddaten im Prozess unterliegt, wenn die von ihm vorgenommene erweiterte Einbeziehung von Sozialdaten vom Gericht nicht anerkannt wird.[863] 531

6. Ermittlung der sozialen Grunddaten

Die Neufassung des Gesetzes legt dem **Arbeitgeber** die **Pflicht** auf, sich der genannten Grunddaten vor Ausspruch der betriebsbedingten Kündigung zu vergewissern, dh sich nach diesen Kriterien **zu erkundigen**. Er soll sich später nicht darauf berufen können, diese Grunddaten nicht gekannt zu haben. Während sich die Dauer der **Betriebszugehörigkeit** und wohl auch das **Lebensalter** regelmäßig ohne weitere Mit- 532

---

859 *BAG* 18. 1. 1990, EzA § 1 KSchG Soziale Auswahl Nr. 28.
860 Vgl. etwa APS/*Kiel* § 1 KSchG Rz 722 ff.; KR/*Etzel* § 1 KSchG Rz 654 ff.
861 So auch *Löwisch*, NZA 2003, 691.
862 Grundsätzlich ablehnend auch *Thüsing/Stelljes* BB 2003, 1673, 1674; *Löwisch* NZA 2003, 689, 691.
863 Hierzu bereits ErfK/*Ascheid* § 1 KSchG Rz 575.

§ 1 Sozial ungerechtfertigte Kündigungen

hilfe des Arbeitnehmers ermitteln lassen, ist der Arbeitgeber bei den Kriterien der Unterhaltspflichten und der Schwerbehinderung auf die Angaben des Arbeitnehmers angewiesen. Im Hinblick auf die **Unterhaltspflichten** können die Angaben auf der Lohnsteuerkarte nicht genügen, da diese lediglich darüber Auskunft geben, wie hoch die Zahl der unterhaltsberechtigten Personen ist. Da jedoch die tatsächlichen Belastungen maßgeblich sind, wird eine Befragung des Arbeitnehmers unausweichlich sein, wenn der Arbeitgeber keine anderen Informationsquellen, wie etwa die Personalakte, hat. Gleiches gilt auch für die **Schwerbehinderung**.

533 Der **Arbeitnehmer** ist bei einer solchen Befragung aufgrund der arbeitsvertraglichen Nebenpflichten **zur wahrheitsgemäßen Antwort verpflichtet**. Deshalb trifft den Arbeitgeber auch nicht die Pflicht, die Richtigkeit der vom Arbeitnehmer zur Verfügung gestellten Informationen zu überprüfen. Hierzu fehlt es ihm bereits an den rechtlichen Möglichkeiten und würde im Übrigen die ihm auferlegten Pflichten im Rahmen einer betriebsbedingten Kündigung zu weit spannen. Soweit der Arbeitnehmer **unzutreffende Angaben** macht und diese letztlich zu einer fehlerhaften Sozialauswahl und der Kündigung eines anderen – eigentlich sozial schutzwürdigeren – Arbeitnehmers führen, liegt regelmäßig ein Grund für eine verhaltensbedingte Kündigung vor.[864] Außerdem kann der Arbeitgeber als Schadensersatz die Kosten verlangen, die ihm durch den verlorenen Kündigungsschutzprozess sowie durch etwaige Annahmeverzugslohnansprüche des gekündigten Arbeitnehmers entstanden sind.[865]

534 Soweit der Arbeitnehmer bei der Befragung für ihn **günstige Umstände verschweigt**, kann er sich umgekehrt im Rahmen des Kündigungsschutzprozesses nicht mehr auf die verschwiegenen Auswahlkriterien berufen.[866]

---

[864] Der unberechtigt gekündigte Arbeitnehmer hat – aufgrund objektiv fehlerhafter Sozialauswahl – dann einen Anspruch auf Wiedereinstellung.
[865] Vgl. KR/*Etzel* § 1 KSchG Rz 665.
[866] Insoweit ist umstritten, ob es sich bei der nachträglichen Berufung des Arbeitnehmers auf verschwiegene Sozialdaten um eine unzulässige Rechtsausübung handelt – so v. *Hoyningen-Huene/Linck* § 1 Rz 465 – oder der Arbeitgeber unter der Berücksichtigung dessen, wovon er Kenntnis hatte, eine zutreffende Sozialauswahl vorgenommen hat – so ErfK/*Ascheid* § 1 KSchG Rz 505. Dieser Streit kann letztlich dahinstehen, da jedenfalls keine nachträgliche Berücksichtigung der verschwiegenen Daten erforderlich ist und somit die Sozialauswahl dadurch nicht rechtswidrig wird.

Betriebsbedingte Kündigung § 1

▶ **Praxistipp:**
Das Ergebnis der Befragung des Arbeitnehmers sollte schriftlich festgehalten und – nach Möglichkeit – vom Arbeitnehmer gegengezeichnet werden.

7. Gewichtung der Kriterien

Der Arbeitgeber hat die Grunddaten gegeneinander **abzuwägen**. Ein genereller Vorrang im Verhältnis zu den anderen kommt keinem der vier genannten Kriterien zu. Auch das BAG hat insoweit festgestellt, dass das jeweilige Gewicht der Sozialdaten nicht unverändert feststehen kann, sondern vielmehr abhängig ist von der wirtschaftlichen, arbeitsmarktpolitischen und industriellen Entwicklung.[867] Es fehlt also an einem verbindlichen Bewertungsmaßstab dafür, wie die einzelnen Sozialdaten zueinander ins Verhältnis zu setzen sind.[868]

535

Der Gesetzeswortlaut, auch in seiner neuen Fassung, gibt lediglich vor, dass die sozialen Gesichtspunkte »ausreichend« zu berücksichtigen seien. Somit wird dem **Arbeitgeber** ein **gewisser Beurteilungs- und Bewertungsspielraum** eröffnet.[869] Deshalb können aber auch in Grenzfällen mehrere Entscheidungen rechtmäßig sein.[870] Wollte man dagegen den Arbeitsgerichten die alleinige Entscheidung über die Gewichtung der Grunddaten überlassen, würde dies den Arbeitgeber dem Risiko der persönlichen und zwischen den Gerichten und Instanzen divergierenden Auffassungen einer angemessenen Gewichtung aussetzen. Dies wäre mit der unternehmerischen Freiheit nicht vereinbar. Der Arbeitgeber muss im Rahmen seines Beurteilungsspielraums die vier genannten Grunddaten vergleichbarer Arbeitnehmer in einem ausgewogenen Verhältnis berücksichtigen. Eine fehlerhafte Sozialauswahl liegt also vor, wenn der Arbeitgeber generell einem der Faktoren ein unangemessen höheres Gewicht als den übrigen beimisst. Dagegen ist die gleiche Bewertung der Faktoren nicht zu beanstanden.[871] Auch lediglich geringfügige Abweichungen bei den einzelnen Faktoren fallen nicht ins Gewicht. Bei der Gewichtung der Grunddaten müssen auch Entwicklungen Berücksichtigung finden, deren Eintritt sich zum Zeitpunkt der Kündigung bereits mit entsprechender Sicherheit ab-

536

---

867 *BAG* 24.3.1983, EzA § 1 KSchG Betriebsbedingte Kündigung Nr. 21.
868 *BAG* 18.10.1984, EzA § 1 KSchG Betriebsbedingte Kündigung Nr. 34.
869 *BAG* 15.6.1989, EzA § 1 KSchG Soziale Auswahl Nr. 27.
870 *BAG* 18.10.1984, EzA § 1 KSchG Betriebsbedingte Kündigung Nr. 34.
871 *BAG* 18.1.1990, EzA § 1 KSchG Betriebsbedingte Kündigung Nr. 65.

§ 1 Sozial ungerechtfertigte Kündigungen

zeichnet, soweit damit künftige soziale Belastungen verbunden sind.[872] Der dem Arbeitgeber vom Gesetz eingeräumte Wertungsspielraum führt nach der Rechtsprechung des BAG im Ergebnis dazu, dass **nur deutlich schutzwürdigere Arbeitnehmer mit Erfolg die Fehlerhaftigkeit der sozialen Auswahl rügen können**.[873]

537 Die Abwägung bereitet insbesondere bei **Massenentlassungen** besondere Probleme. Auch hier ist eine auf den Einzelfall bezogene Gesamtbetrachtung der sozialen Grunddaten erforderlich. Nach Auffassung des BAG führen deshalb auch Fehler in einer solchen Sozialauswahl dazu, dass sich unter Umständen eine Vielzahl von Arbeitnehmern darauf berufen kann, dass einer der ungekündigten Arbeitnehmer sozial weniger schutzwürdig ist als sie (**Dominoeffekt**).[874] Hier empfiehlt sich deshalb für den Arbeitgeber die Verwendung eines **Punkteschemas**, mit dem die Wertigkeit der zu berücksichtigenden Grunddaten festgelegt wird. Arbeitnehmer mit höheren Punktzahlen können dann als sozial schutzwürdiger als Arbeitnehmer mit niedrigeren Punktzahlen eingestuft werden. Allerdings ist ein solches Punkteschema nur im Hinblick auf eine **Vorauswahl** zulässig. Letztlich obliegt dem Arbeitgeber stets eine **einzelfallbezogene Abschlussprüfung**.[875] Somit kann ein Punkteschema nur ein Hilfsmittel sein, das jedoch den eigentlichen Abwägungsvorgang nicht ersetzen kann. Im Übrigen darf in die Punktetabelle kein Gesichtspunkt einfließen, der einer Sozialauswahl entgegenstehen könnte, wie beispielsweise Krankheitsdaten oder besondere Qualifikations- und Leistungsmerkmale, die im Rahmen von § 1 Abs. 3 Satz 2 KSchG zu berücksichtigen sind. Dies würde gegen die gesetzliche Ausgestaltung des Verfahrens anhand der Auswahlkriterien verstoßen. Dieses dient dazu, innerhalb einer vergleichbaren Gruppe von Arbeitnehmern die sozial Schutzwürdigsten zu bestimmen.[876]

538 Das BAG hat folgende **Punktetabelle** nicht beanstandet:[877]

---

872 Siehe dazu bereits oben Rz 527 zum Beispiel der Schwangerschaft der Ehefrau des von der betriebsbedingten Kündigung betroffenen Arbeitnehmers.
873 *BAG* 5. 12. 2002, EzA § 1 KSchG Soziale Auswahl Nr. 49; *BAG* 18. 1. 1990, EzA § 1 KSchG Soziale Auswahl Nr. 28.
874 *BAG* 18. 10. 1974, EzA § 1 KSchG Betriebsbedingte Kündigung Nr. 34.
875 *BAG* 18. 10. 1984, EzA § 1 KSchG Betriebsbedingte Kündigung Nr. 34; *BAG* 18. 1. 1990, EzA § 1 KSchG Betriebsbedingte Kündigung Nr. 65.
876 *BAG* 12. 10. 1979, EzA § 1 KSchG Betriebsbedingte Kündigung Nr. 12.
877 Vgl. *BAG* 18. 1. 1990, EzA § 1 KSchG Soziale Auswahl Nr. 28; das Punkteschema war in einem Interessenausgleich vereinbart worden. Zu weiteren Alternativen der Punktetabellen vgl. APS/*Kiel* § 1 KSchG Rz 730; KR/*Etzel* § 1 KSchG Rz 672.

- bis zu zehn **Dienstjahre** je Dienstjahr ein Punkt. Ab dem elften Dienstjahr je Dienstjahr zwei Punkte. Berücksichtigt werden nur Dienstjahre bis zum 55. Lebensjahr, maximal siebzig Punkte.
- für jedes volle **Lebensjahr** einen Punkt, maximal fünfundfünfzig Punkte.
- je unterhaltsberechtigtem **Kind** vier Punkte, **Verheiratetsein** acht Punkte.
- Grad der **Behinderung** bis 50 fünf Punkte, über 50 je Grad einen Punkt.

IV. Berechtigte betriebliche Interessen gem. § 1 Abs. 3 Satz 2 KSchG

539 Die Neufassung des KSchG sieht vor, dass solche Arbeitnehmer nicht in die Sozialauswahl nach Abs. 3 Satz 1 einzubeziehen sind, deren Weiterbeschäftigung insbesondere wegen ihrer **Kenntnisse, Fähigkeiten** und **Leistungen** oder zur **Sicherung einer ausgewogenen Personalstruktur** des Betriebs, im berechtigten betrieblichen Interesse liegt. Im Vergleich zur bisherigen Rechtslage stellt die neue Fassung des Wortlauts weniger strenge Anforderungen an die Situation. Dort wurden noch »berechtigte betriebliche Bedürfnisse« gefordert, während nunmehr bereits ein entsprechendes »Interesse« genügt. Noch immer muss dieses sich jedoch auf betriebliche Belange beziehen. Es genügen aber bereits reine **Nützlichkeitserwägungen**,[878] soweit sie sich aus den betrieblichen Interessen ableiten lassen. Dies ist zum **Beispiel** der Fall bei der Herausnahme von Leistungsträgern im Fall von Massenentlassungen, um etwaige Störungen im Betriebsablauf zu vermeiden.[879] Die Gründe für das betriebliche Interesse muss der Arbeitgeber im Streitfall nachweisen.

540 Nach wie vor bleibt § 1 Abs. 3 Satz 2 KSchG jedoch eine **Ausnahmevorschrift** im Rahmen der insgesamt vorzunehmenden sozialen Auswahl. Eine Pflicht des Arbeitgebers, hiervon tatsächlich Gebrauch zu machen, besteht auch jetzt nicht. Vielmehr verbleibt das Bejahen eines betrieblichen Interesses allein im Entscheidungsbereich des Arbeitgebers.[880]

---

878 Im Gegensatz dazu die bisherige Fassung des Gesetzes, vgl. *BAG* 24. 3. 1983, EzA § 1 KSchG Betriebsbedingte Kündigung Nr. 21.
879 *BAG* 5. 12. 2002, EzA § 1 KSchG Soziale Auswahl Nr. 52.
880 Hierzu bereits *Bader* NZA 1996, 1125, 1129; *Wlotzke* BB 1997, 414, 418.

541 Mit dem Begriff »**Kenntnisse**« sind Fakten gemeint, die der Arbeitnehmer im Rahmen seiner Berufsausbildung und Fortbildung sowie seiner vorangegangenen beruflichen Tätigkeit und seiner Lebensführung erlangt hat. »**Fähigkeiten**« sind vorhanden, wenn der Arbeitnehmer die vertraglich vereinbarten und andere betriebliche Aufgaben übernehmen kann, ungeachtet seiner Ausbildung und den derzeitigen Tätigkeiten. Von »Fähigkeiten« kann also insbesondere dann gesprochen werden, wenn der Arbeitnehmer seine Kenntnisse in die Praxis umzusetzen vermag. »**Leistungen**« kennzeichnen sich durch die Umsetzung von Kenntnissen und Fähigkeiten, die zu entsprechenden qualitativen oder quantitativen Ergebnissen führen.

542 Der Begriff der »Sicherung einer **ausgewogenen Personalstruktur**« bezeichnet das Ziel des Arbeitgebers, im Zusammenhang mit betriebsbedingten Kündigungen gerade eine **vorhandene** Personalstruktur zu erhalten. Die Personalstruktur kann sich dabei durch verschiedene Kriterien definieren, die nicht zwingend mit dem Begriff der Altersstruktur identisch sein müssen.[881] So kann etwa auch Ziel des Arbeitgebers sein, Arbeitnehmer mit bestimmten Fachkenntnissen, einem besonderen Ausbildungsstand oder besonderen Zusatzqualifikationen, wie etwa Sprachkenntnissen,[882] als Leistungsträger aus der Sozialauswahl herauszunehmen. Entsprechend dem Wortlaut ist es jedoch erforderlich, dass die jeweilige Personalstruktur bereits vorhanden ist, da man sonst nicht von deren »Sicherung« sprechen könnte.[883]

543 Der Wortlaut der Neufassung bringt durch die Verwendung des »insbesondere« zum Ausdruck, dass es sich hier **nicht** um eine **abschließende Aufzählung** der berechtigten betrieblichen Interessen handelt. Somit können grundsätzlich auch andere Kriterien einfließen, wie etwa eine **höhere Qualifikation**, die es dem Arbeitnehmer ermöglicht, auch nur zeitweise auftretende Aufgaben mühelos zu übernehmen, oder für das Unternehmen **wichtige Kundenkontakte**. Auch **krankheitsbedingte Fehlzeiten** können darunter fallen, wenn sie sich negativ auf die Leistungen auswirken. Sollen Leistungsträger aus der Sozialauswahl herausgenommen werden, so hat der Arbeitgeber das **betriebliche Interesse** daran **gegen die Interessen des sozial schwächeren Arbeit-**

---

[881] Zum Kriterium der Erhaltung einer ausgewogenen Altersstruktur nach bisheriger Rechtslage siehe *BAG* 23. 11. 2000, EzA § 1 KSchG Soziale Auswahl Nr. 46.
[882] *BAG* 20. 10. 1983, EzA § 1 KSchG Betriebsbedingte Kündigung Nr. 28.
[883] So auch *Bader* NZA 1996, 1125, 1129; *v. Hoyningen-Huene/Linck* DB 1997, 43; *Kittner* AuR 1997, 182, 189; ErfK/*Ascheid* § 1 KSchG Rz 579; **aA** *Schiefer* DArbRdGgw 34 (1997), 95, 99.

nehmers abzuwägen. Je schwerer dabei das soziale Interesse wiegt, umso gewichtiger müssen die Gründe für die Ausklammerung des Leistungsträgers sein.[884]

▶ **Beispiel:**
Beschäftigt der Arbeitgeber 10 Vertriebsmitarbeiter, von denen im Vergleich 3 Mitarbeiter mehr als den doppelten Umsatz generieren, so sprechen nach der Neufassung des Gesetzes gute Gründe dafür, diese 3 Mitarbeiter als Leistungsträger nicht in die Sozialauswahl einbeziehen zu müssen.

V. Auskunftsanspruch des Arbeitnehmers

Gem. § 1 Abs. 3 Satz 1, 2. Halbsatz KSchG hat der Arbeitgeber auf Verlangen des Arbeitnehmers diesem die Gründe für die **getroffene Sozialauswahl mitzuteilen**. Ein förmlicher Antrag des Arbeitnehmers wird dabei nicht vorausgesetzt. Es genügt vielmehr jegliche Äußerung des Arbeitnehmers, die erkennen lässt, dass er Kenntnis darüber begehrt, welche Gründe für den Arbeitgeber entscheidend waren.[885] Die Information muss die subjektiven Auswahlüberlegungen des Arbeitgebers enthalten, die er im Hinblick auf die Gewichtung der sozialen Grunddaten vorgenommen hat.[886] Nicht ausreichend ist deshalb die Mitteilung, dass für den Arbeitgeber die gesetzlichen Kriterien maßgebend waren, da der Arbeitnehmer aufgrund dieser Information nicht nachvollziehen kann, wie die Faktoren untereinander ins Verhältnis gesetzt wurden. Erst dies ermöglicht dem Arbeitnehmer im Kündigungsschutzprozess die namentliche Benennung der Arbeitnehmer, die seiner Meinung nach sozial weniger schutzwürdig und deshalb vorrangig zu kündigen gewesen wären.[887] Darüber hinaus muss die Auskunft des Arbeitgebers auch beinhalten, welche berechtigten betrieblichen Interessen im Sinne des § 1 Abs. 3 Satz 2 KSchG die Weiterbeschäftigung bestimmter Arbeitnehmer bedingen. Wollte man den Arbeitnehmer hierüber in Unkenntnis lassen, wäre es diesem kaum möglich, die Auswahlentscheidung des Arbeitgebers zu beurteilen und ggf. anzugreifen.[888] Eine **bestimmte Form** ist auch für die Aus-

544

---
884 *BAG* 12. 4. 2002, EzA § 1 KSchG Soziale Auswahl Nr. 48.
885 *BAG* 18. 10. 1984, EzA § 1 KSchG Betriebsbedingte Kündigung Nr. 34; *BAG* 21. 7. 1988, EzA § 1 KSchG Soziale Auswahl Nr. 26.
886 *BAG* 24. 3. 1983, EzA § 1 KSchG Betriebsbedingte Kündigung Nr. 21.
887 *BAG* 21. 7. 1988, EzA § 1 KSchG Soziale Auswahl Nr. 26.
888 KR/*Etzel* § 1 KSchG Rz 681.

kunft von Seiten des Arbeitgebers **nicht** vorgeschrieben. Eine mündliche Unterrichtung genügt.

▶ Praxistipp:

Aus Beweisgründen empfiehlt sich für den Arbeitgeber eine schriftliche Unterrichtung des Arbeitnehmers über die Gründe der Sozialauswahl.

545 Allerdings stellt die Beachtung der Auskunftspflicht **keine Voraussetzung** für die **Rechtmäßigkeit und Wirksamkeit** der betriebsbedingten Kündigung dar.[889] Für die Rechtmäßigkeit ist vielmehr **allein** die **objektive Rechtslage** maßgebend. Die Missachtung des Auskunftsanspruchs des Arbeitnehmers wirkt sich zunächst bei der **Darlegungs- und Beweislast** aus. Auf der Grundlage der abgestuften Darlegungs- und Beweislast[890] muss jede Partei im Kündigungsschutzprozess diejenige substantiiert vortragen, worüber sie im Rahmen ihres Kenntnisbereichs über Informationen verfügt. Soweit also der Arbeitgeber eine lediglich unvollständige Auskunft oder gar keine Auskunft gibt, so genügt der Arbeitnehmer seiner Darlegungslast im Prozess bereits dadurch, dass er pauschal die Rechtmäßigkeit der Sozialauswahl bestreitet.[891] Die Darlegungslast geht dann auf den Arbeitgeber über, worauf der Arbeitnehmer sodann konkret zu erwidern hat. Die Auskunftspflicht des Arbeitgebers dient letztlich also auch dem Bedürfnis des Arbeitnehmers, vor der Erhebung einer Kündigungsschutzklage die Risiken des Prozesses abzuwägen. Deshalb ist es anzuraten, trotz fehlender gesetzlicher Vorgaben zum Zeitraum, innerhalb dessen dem Auskunftsverlangen nachzukommen ist, die Mitteilung unverzüglich, jedenfalls jedoch zeitnah, vorzunehmen.[892]

▶ Praxistipp:

Eine möglichst umgehende Mitteilung an den Arbeitnehmer empfiehlt sich insbesondere dann, wenn aufgrund der Auskunft die Chance erhöht wird, dass ein Kündigungsschutzprozess vermieden werden kann.

546 Außerdem kann die Nichtbeachtung des Auskunftsanspruchs des Arbeitnehmers zu **Schadenersatzansprüchen** führen, soweit dieser

---

889 *LAG Hamm* 25. 2. 1977, DB 1977, 1055.
890 *BAG* 8. 8. 1985, EzA § 1 KSchG Soziale Auswahl Nr. 21.
891 *BAG* 21. 7. 1988, EzA § 1 KSchG Soziale Auswahl Nr. 26.
892 So KR/*Etzel* § 1 KSchG Rz 680; *v. Hoyningen-Huene/Linck* § 1 Rz 490.

aufgrund der mangelnden Informationen Dispositionen finanzieller Art getroffen hat, die sich im Nachhinein als fehlerhaft herausstellen. Als erstattungsfähiger Schaden sind auch die **Prozesskosten** für den angestrengten Kündigungsschutzprozess anzusehen.[893] Praktisch relevant wird dies jedoch nur bei tatsächlich eindeutiger Sachlage. Besteht eine solche nicht, wird dem Arbeitnehmer der Nachweis der Kausalität zwischen fehlender Auskunft und Schaden regelmäßig nicht gelingen. Ein klageabweisendes Urteil kann dafür allein nicht genügen.

VI. Darlegungs- und Beweislast

Gem. § 1 Abs. 3 Satz 3 KSchG hat der Arbeitnehmer die Tatsachen zu beweisen, die die Kündigung als sozial ungerechtfertigt erscheinen lassen. Der **Arbeitnehmer** ist somit für die **Fehlerhaftigkeit der Sozialauswahl beweispflichtig**. Dies soll nach der Rechtsprechung jedoch nur den Nachweis im Hinblick auf die mangelnde Berücksichtigung sozialer Gesichtspunkte betreffen. Soweit der **Arbeitgeber** dagegen geltend macht, dass **berechtigte betriebliche Interessen** im Sinne des § 1 Abs. 3 Satz 2 KSchG vorliegen, aufgrund derer er bestimmte Arbeitnehmer aus der Sozialauswahl herausgenommen hat, trägt er dafür die Darlegungs- und Beweislast.[894]   547

Für den Nachweis der Fehlerhaftigkeit der Sozialauswahl gilt ein **abgestuftes System der Darlegungs- und Beweislast**.[895] Zunächst muss der Arbeitnehmer vortragen, dass die Sozialauswahl fehlerhaft vorgenommen wurde, da ohne einen solchen Vortrag für den Arbeitgeber kein Anlass besteht, hierzu Stellung zu nehmen. Es genügt nicht, dass der Arbeitnehmer vorträgt, der Arbeitgeber habe keinerlei Sozialauswahl vorgenommen.[896]

Soweit es dem Arbeitnehmer mangels Kenntnis nicht möglich sein sollte, zur Sozialauswahl substantiiert Stellung zu nehmen, hat er den Arbeitgeber aufzufordern, ihm die Gründe mitzuteilen, die zu der getroffenen Entscheidung geführt haben. Dann geht die Darlegungslast auf den Arbeitgeber über.[897] Dieser hat sodann die angestellten   548

---

893 KR/*Etzel* § 1 KSchG Rz 682; *v. Hoyningen-Huene/Linck* § 1 Rz 490; dazu auch *BAG* 17. 8. 1972, AP § 626 BGB Nr. 65 im Hinblick auf die dem Arbeitgeber obliegende Mitteilungspflicht im Rahmen einer außerordentlichen Kündigung.
894 *BAG* 10. 2. 1999, EzA § 1 KSchG Soziale Auswahl Nr. 38.
895 *BAG* 23. 3. 1983, AP § 1 KSchG 1969 Betriebsbedingte Kündigung Nr. 12; *BAG* 24. 2. 2000, EzA § 102 BetrVG 1972 Nr. 104.
896 *BAG* 24. 2. 2000, EzA § 102 BetrVG 1972 Nr. 104.
897 *BAG* 24. 2. 2000, EzA § 102 BetrVG 1972 Nr. 104.

Überlegungen im Vorfeld der Kündigung darzutun, wobei die Rechtsprechung hier nicht verlangt, dass der Arbeitgeber die Sozialdaten sämtlicher objektiv vergleichbarer Arbeitnehmer vollständig auflistet. Vielmehr genügt der Arbeitgeber der Auskunftspflicht, wenn er diejenigen Arbeitnehmer benennt, die er im Rahmen seiner Entscheidung für vergleichbar erachtet hat.[898]

549 Sollte der Arbeitgeber auf das Ersuchen des Arbeitnehmers hin keine oder keine vollständige Auskunft geben, kann der Arbeitnehmer seiner Darlegungslast bei fehlender Kenntnis nicht genügen. Dann erachtet es die Rechtsprechung für ausreichend schlüssig, vorzutragen, dass sozial weniger schutzwürdige Arbeitnehmer vorhanden seien.[899] Kommt der Arbeitgeber jedoch dem Auskunftsverlangen des Arbeitnehmers nach, so geht die Darlegungslast wieder voll auf den Arbeitnehmer über. Dieser hat dann konkret darzutun, welcher der in die Sozialauswahl einbezogenen Arbeitnehmer im Vergleich zu ihm sozial weniger schutzwürdig ist.[900] Dem genügt der Arbeitnehmer, indem er eine Aufstellung der nach seiner Auffassung vergleichbaren Arbeitnehmer sowie deren Sozialdaten vorlegt. Die rechtliche Wertung im Hinblick auf die Richtigkeit der Sozialauswahl wird vom Arbeitsgericht vorgenommen.

VII. Interessenausgleich bei Betriebsänderung gem. § 1 Abs. 5 KSchG

550 Soweit betriebsbedingte Kündigungen im Zusammenhang mit einer Betriebsänderung im Sinne des § 111 BetrVG geplant werden und zwischen dem Arbeitgeber und dem Betriebsrat ein Interessenausgleich zustande kommt, wird die Sozialauswahl dann modifiziert, wenn die **Arbeitnehmer**, denen gegenüber eine **Kündigung** ausgesprochen werden soll, **namentlich bezeichnet** werden.[901] Nach § 1 Abs. 5 Satz 1 KSchG wird dann **vermutet**, dass die Kündigung der namentlich im Interessenausgleich bezeichneten Arbeitnehmer **durch dringende betriebliche Erfordernisse bedingt** ist. Nach Auffassung der Rechtsprechung zur Rechtslage vom 1. 10. 1996 bis 31. 12. 1998, die bereits eine solche Regelung enthielt, gilt die **Vermutungswirkung** auch für das **Fehlen** einer **anderweitigen Beschäftigungsmöglichkeit** im Betrieb.[902]

---

898 *BAG* 21. 12. 1983, EzA § 1 KSchG Betriebsbedingte Kündigung Nr. 29; *BAG* 15. 6. 1989, EzA § 1 KSchG Soziale Auswahl Nr. 27.
899 *BAG* 21. 7. 1988, EzA § 1 KSchG Soziale Auswahl Nr. 26.
900 *BAG* 15. 6. 1989, EzA § 1 KSchG Soziale Auswahl Nr. 27.
901 Zur Neuregelung vgl. *Kappenhagen* FA 2004, 37 ff.
902 *BAG* 7. 5. 1998, EzA § 1 KSchG Interessenausgleich Nr. 5.

Darüber hinaus muss jedoch auch berücksichtigt werden, dass diese Vermutungswirkung generell die Betriebsbedingtheit der Kündigung betrifft und somit auch die fehlende Möglichkeit einer anderweitigen Beschäftigung im Unternehmen, also auch in anderen Betrieben, umfasst.[903]

Die Neufassung stellt eine gesetzliche Vermutung auf, aufgrund derer davon ausgegangen werden kann, dass diejenigen Tatsachen vorliegen, die den Tatbestand des § 1 Abs. 2 KSchG erfüllen. Die Vermutungswirkung gilt sowohl für die Darlegungs- als auch die Beweislast, die ansonsten dem Arbeitgeber obliegen würde. Diese Tatsachenvermutung kann nur durch den **Beweis des Gegenteils** widerlegt werden, § 292 Abs. 1 ZPO. Soweit sich der **Arbeitnehmer** darauf beruft, dass der tatsächliche Sachverhalt von der durch die Namensliste aufgestellten Vermutung abweicht, trägt er hierfür die **volle Beweislast**.[904]

Dagegen ist vom Arbeitgeber darzulegen, dass eine Betriebsänderung im Sinne des § 111 BetrVG vorliegt. Die Aufnahme in die Namensliste hindert den Arbeitnehmer überdies nicht daran, im Kündigungsschutzprozess die Angabe der Gründe einzufordern, die zu der getroffenen Auswahl geführt haben.[905] Der Arbeitnehmer kann **weitere Unwirksamkeitsgründe** vortragen, etwa die Behauptung, dass die Betriebsvereinbarung zum Interessenausgleich allein vom Vorsitzenden des Betriebsrats ohne vorangegangenen Beschluss des Betriebsrats unterzeichnet wurde.[906] Dafür trägt der Arbeitnehmer die volle Beweislast.

Letztendlich kann sich der Arbeitgeber im Kündigungsschutzprozess zunächst allein auf den Interessenausgleich berufen. Weiterer Vortrag wird erst dann erforderlich sein, wenn der Arbeitnehmer solche Tatsachen vorträgt, die einen Schluss darauf zulassen, dass seine Aufnahme in die Namensliste zu Unrecht erfolgt ist.

---

903 Diese Auslegung wird – neben dem Wortlaut des § 1 Abs. 5 KSchG – vor allem auch unterstützt durch die Begründung des Regierungsentwurfs, BT-Drucks. 15/1509, S. 2. Danach bezweckt die Neufassung des Gesetzes, eine höhere Rechtssicherheit bei betriebsbedingten Kündigungen zu gewährleisten. Dies kann jedoch nur dann praktisch umgesetzt werden, wenn eine umfassende Vermutungswirkung, die auch die anderweitige Beschäftigung innerhalb des Unternehmens einbezieht, gilt. Vgl. hierzu insbesondere *Kappenhagen* FA 2004, 37, 38; *Thüsing/Stelljes* BB 2003, 1673, 1676 f.
904 *BAG* 7. 5. 1998, EzA § 1 KSchG Interessenausgleich Nr. 5.
905 *BAG* 10. 2. 1999, EzA § 1 KSchG Soziale Auswahl Nr. 38.
906 *BAG* 21. 2. 2002, EzA § 1 KSchG Interessenausgleich Nr. 10.

554 Die Vermutungswirkung tritt allerdings nur ein, wenn der Interessenausgleich nicht nur vom zuständigen Betriebsrat vereinbart wurde, sondern darüber hinaus auch die Anforderungen der Rechtsprechung an die Form gewahrt sind. Die **Namensliste**, die im Interessenausgleich festgelegt wird, muss eine **abschließende Aufzählung** der Arbeitnehmer enthalten, die von einer betriebsbedingten Kündigung betroffen sein sollen.[907] Soweit die Namensliste in einem vom Interessenausgleich getrennten Dokument geführt wird, genügt die beiderseitige Unterzeichnung dieser Liste durch die Betriebspartner sowie deren Inbezugnahme im Interessenausgleich.[908] Soweit eine solche getrennt erstellte Namensliste jedoch nicht unterschrieben ist, sollte sie mit dem Interessenausgleich, der wiederum auf die Liste Bezug nehmen sollte, zumindest körperlich verbunden werden, zB durch Zusammenheften.[909]

▶ Praxistipp:
Soweit die Namensliste nicht Bestandteil des Interessenausgleichs selbst ist, sollte sie sicherheitshalber stets durch Arbeitgeber und Betriebsrat gesondert unterzeichnet werden.

555 Neben der gesetzlichen Vermutung der Betriebsbedingtheit der Kündigung schränkt § 1 Abs. 5 Satz 2 KSchG die Überprüfbarkeit der **Sozialauswahl** ein. Diese soll lediglich auf **grobe Fehlerhaftigkeit** überprüft werden können. Hierbei ist ein objektiver Maßstab anzulegen, dh ein schuldhaftes Verhalten wird insoweit nicht vorausgesetzt. Die Rechtsprechung hält eine Sozialauswahl dann für grob fehlerhaft, wenn ganz **tragende Gesichtspunkte nicht in die Bewertung einbezogen** wurden, so dass die Bewertung letztendlich evident unzulässig ist und jede Ausgewogenheit vermissen lässt.[910] Die Überprüfbarkeit der Sozialauswahl bezieht sich nicht nur auf die **Gewichtung der Sozialdaten**, sondern auf die Sozialauswahl in ihrer Gesamtheit, also **auch auf die Bildung der Vergleichsgruppen** von Arbeitnehmern.[911]

---

907 *BAG* 6. 12. 2001, EzA § 1 KSchG Interessenausgleich Nr. 9.
908 *BAG* 21. 1. 2002, EzA § 1 KSchG Interessenausgleich Nr. 10.
909 *BAG* 7. 5. 1998, EzA § 1 KSchG Interessenausgleich Nr. 6; *BAG* 6. 12. 2001, EzA § 1 KSchG Interessenausgleich Nr. 9.
910 *BAG* 21. 1. 1999, EzA § 1 KSchG Soziale Auswahl Nr. 39; *BAG* 2. 12. 1999, EzA § 1 KSchG Soziale Auswahl Nr. 42.
911 *BAG* 7. 5. 1998, EzA § 1 KSchG Interessenausgleich Nr. 5. Die Rspr. hatte diese Frage früher offen gelassen für die Herausnahme der Leistungsträger; vgl. *BAG* 12. 4. 2002, AP § 1 KSchG 1969 Betriebsbedingte Kündigung Nr. 56.

Betriebsbedingte Kündigung § 1

Der Arbeitgeber ist jedoch nicht gehindert, Kündigungen, die das Ausmaß einer Betriebsänderung erreichen, auch ohne Namensliste auszusprechen. Dann findet jedoch das KSchG ohne weitere Einschränkung Anwendung, so dass in jedem Einzelfall die dringenden betrieblichen Erfordernisse vom Arbeitgeber darzulegen und zu beweisen sind. 556

▶ **Praxistipp:**

Dem Arbeitgeber ist zu raten, vom Instrument der Aufstellung einer Namensliste Gebrauch zu machen und mit dem Betriebsrat entsprechend zu verhandeln. Dabei kann der Arbeitgeber argumentieren, dass die Namensliste zur Schaffung klarer Verhältnisse beiträgt.

Umgekehrt kann der Arbeitgeber den Betriebsrat aber auch nicht zur Erstellung einer Namensliste zwingen, dh ein derart »qualifizierter« Interessenausgleich ist abhängig von der Zustimmung des Betriebsrats. Auch die Einigungsstelle kann eine Namensliste nicht durch Beschluss nach § 76 Abs. 3 BetrVG festlegen.[912] 557

Die Wirkungen des § 1 Abs. 5 KSchG, dh die gesetzliche Vermutung der Betriebsbedingtheit und die Beschränkung der Überprüfbarkeit der **sozialen Auswahl, gelten jedoch nicht, wenn sich die Sachlage nach Zustandekommen** des Interessenausgleichs **wesentlich geändert** hat, § 1 Abs. 5 Satz 3 KSchG. Der für die Änderung der Umstände maßgebliche Zeitpunkt ist der des Zugangs der Kündigungserklärung.[913] **Umstände dieser Art** sind **zB** das unvorhersehbare Ausscheiden anderer Arbeitnehmer oder eine Änderung der Planung des Arbeitgebers. Gleiches dürfte gelten, wenn der Interessenausgleich im Hinblick auf eine geplante Stilllegung des Betriebs vereinbart wurde, aber nach Zugang der Kündigungserklärungen unvorhergesehen ein Investor den Betrieb aufkauft und ein Betriebsübergang vorliegt.[914] 558

---

912 Hierzu *Kappenhagen*, FA 2004, 37.
913 *BAG* 21. 2. 2001, EzA § 1 KSchG Interessenausgleich Nr. 8.
914 Vgl. ErfK/*Ascheid* § 1 KSchG Rz 584. Nach richtiger Auffassung ändert sich jedoch die Situation dann nicht, dh es verbleibt bei der Vermutungswirkung, wenn zwar zunächst eine Betriebsänderung geplant war, der Arbeitgeber jedoch im Rahmen der Verhandlungen mit dem Betriebsrat Zugeständnisse macht, so dass letztlich keine Maßnahme mehr im Sinne des § 111 BetrVG vorliegt. Nach Auffassung von *Kappenhagen*, FA 2004, 37, 39 (Fn 26), würde dies denjenigen Arbeitgeber belohnen, der seine Personalabbaupläne unbeirrt »durchzieht«, während ein Arbeitgeber, der dem Betriebsrat hinsichtlich der Zahl der zu kündigenden Mitarbeiter entgegenkommt, nicht mehr durch die Namensliste privilegiert würde.

J. Prüfungsschema für betriebsbedingte Kündigung

559 Das nachfolgende Prüfungsschema kann nicht jeden Einzelfall erfassen und erhebt auch nicht den Anspruch auf Vollständigkeit. Es mag jedoch dazu dienen, bei einer ersten Durchsicht der Risiken eines konkreten Falls an die wesentlichen Punkte zu erinnern. Das ersetzt nicht die detaillierte Prüfung des Einzelfalls, erlaubt aber eine vorläufige Einschätzung und eine erste Lokalisierung der möglichen Problemfelder einer betriebsbedingten Kündigung.

1. Ist der Arbeitnehmer mindestens seit sechs Monaten bei dem Arbeitgeber beschäftigt?
2. Bestehen Kündigungshindernisse wie Schwerbehinderung, Mutterschutz, Elternzeit, Wehrdienst, Auszubildendenverhältnis, Betriebsratsmitgliedschaft oder Mitgliedschaft in anderen Arbeitnehmervertretungen, tarifliche oder vertragliche Unkündbarkeit?
3. Liegen dringende betriebliche Erfordernisse vor, die einer Weiterbeschäftigung im Betrieb entgegenstehen?
   a. Bestehen außerbetriebliche Gründe (Auftragseinbruch etc.) oder innerbetriebliche Gründe (Reorganisation, Kosteneinsparung etc.)?
   b. Wurde eine (schriftliche) Unternehmerentscheidung dazu getroffen?
   c. Führen die Gründe/die Unternehmerentscheidung zu einem Wegfall des Arbeitsplatzes im Betrieb?
   d. Ist der Wegfall des Arbeitsplatzes unvermeidbar oder gibt es mildere Mittel, die stattdessen im Betrieb angewandt werden könnten?
4. Besteht eine zumutbare anderweitige Beschäftigungsmöglichkeit für den betroffenen Arbeitnehmer?
   a. Gibt es einen freien Arbeitsplatz im selben Betrieb oder in einem anderen Betrieb des Arbeitgebers, oder wird ein solcher Arbeitsplatz in absehbarer Zeit frei werden?
   b. Ist ein solcher freier Arbeitsplatz gleichwertig, entspricht er also den Fähigkeiten und Kenntnissen des Arbeitnehmers, und kann der Arbeitgeber den Arbeitnehmer allein aufgrund des arbeitsvertraglichen Weisungsrechts auf den freien Arbeitsplatz versetzen?
   c. Gibt es einen freien Arbeitsplatz, den der Arbeitnehmer nach beiden Parteien zumutbaren Fortbildungs- oder Umschulungsmaßnahmen ausfüllen könnte?

Betriebsbedingte Kündigung §1

    d. Gibt es einen freien Arbeitsplatz, der eine Änderung der Arbeitsbedingungen erforderte, und ist der Arbeitnehmer mit den geänderten Bedingungen einverstanden?

    e. Wurde eine Konzernversetzungsklausel vereinbart, so dass nach einem freien Arbeitsplatz auch in verbundenen Unternehmen des Arbeitgebers gesucht werden muss?

5. Verstößt die Kündigung gegen eine anwendbare Auswahlrichtlinie nach § 95 BetrVG?

6. Wurde eine korrekte Sozialauswahl vorgenommen?
    a. Welche Mitarbeiter sind aufgrund der Position im Betrieb horizontal vergleichbar?
    b. Fallen Mitarbeiter wegen berechtigter betrieblicher Interessen des Unternehmers aufgrund ihrer besonderen Kenntnisse, Fähigkeiten oder Leistungen aus der Vergleichsgruppe heraus?
    c. Fallen Mitarbeiter wegen eines berechtigten betrieblichen Interesses des Unternehmers an der Sicherung einer ausgewogenen Personalstruktur aus der Vergleichsgruppe heraus?
    d. Ist der Arbeitnehmer im Vergleich mit anderen Mitarbeitern aus seiner Vergleichsgruppe nach Betriebszugehörigkeit, Lebensalter, Unterhaltsverpflichtungen und Schwerbehinderung sozial am wenigsten schutzwürdig?

7. Kann der Arbeitnehmer Wiedereinstellung verlangen, weil sich die Umstände geändert haben oder in naher Zukunft ändern werden?

§ 1 a KSchG Abfindungsanspruch bei betriebsbedingter Kündigung

(1) ¹Kündigt der Arbeitgeber wegen dringender betrieblicher Erfordernisse nach § 1 Abs. 2 Satz 1 und erhebt der Arbeitnehmer bis zum Ablauf der Frist des § 4 Satz 1 keine Klage auf Feststellung, dass das Arbeitsverhältnis durch die Kündigung nicht aufgelöst ist, hat der Arbeitnehmer mit dem Ablauf der Kündigungsfrist Anspruch auf eine Abfindung. ²Der Anspruch setzt den Hinweis des Arbeitgebers in der Kündigungserklärung voraus, dass die Kündigung auf dringende betriebliche Erfordernisse gestützt ist und der Arbeitnehmer bei Verstreichenlassen der Klagefrist die Abfindung beanspruchen kann.

(2) ¹Die Höhe der Abfindung beträgt 0,5 Monatsverdienste für jedes Jahr des Bestehens des Arbeitsverhältnisses. ²§ 10 Abs. 3 gilt entsprechend. ³Bei der Ermittlung der Dauer des Arbeitsverhältnisses ist ein Zeitraum von mehr als sechs Monaten auf ein volles Jahr aufzurunden.

Literatur

Bauer, J.-H./Hümmerich, Nichts Neues zu Aufhebungsvertrag und Sperrzeit oder: Alter Wein in neuen Schläuchen, NZA 2003, 1076; *Bauer, J.-H./Preis/Schunder,* Der Regierungsentwurf eines Gesetzes zu Reformen am Arbeitsmarkt vom 18. 6. 2003, NZA 2003, 704; *Giesen/Besgen,* Fallstricke des neuen gesetzlichen Abfindungsanspruchs, NJW 2004, 185; *Grobys,* Der gesetzliche Abfindungsanspruch in der betrieblichen Praxis, DB 2003, 2174; *Löwisch,* Neuregelung des Kündigungs- und Befristungsrechts durch das Gesetz zu Reformen am Arbeitsmarkt, BB 2004, 154; *Nägele,* Die Abfindungsoption nach § 1 a KSchG – praxisrelevant?, ArbRB 2004, 80; *Preis,* Die »Reform« des Kündigungsschutzrechts, DB 2004, 70; *Thüsing/Stelljes,* Fragen zum Entwurf eines Gesetzes zu Reformen am Arbeitsmarkt, BB 2003, 1673; *Willemsen/Annuß,* Kündigungsschutz nach der Reform, NJW 2004, 177; *Zerres/Rhotert,* Die Neuregelungen im allgemeinen Kündigungsschutzrecht, FA 2004, 2.

Inhalt

	Rz
A. Inhalt und Zweck der Regelung	1
B. Rechtsnatur des Abfindungsanspruchs	2– 3
C. Formale Voraussetzungen des gesetzlichen Abfindungsanspruchs	4–11
I. Kündigungserklärung	4– 7
1. Angabe des Kündigungsgrundes	4– 5
2. Hinweis auf Klagefrist und Abfindungsanspruch	6– 7
II. Reaktion des Arbeitnehmers	8

	III. Art der Kündigung	9–11
	1. Ordentliche Kündigung	9
	2. Außerordentliche Kündigung	10
	3. Änderungskündigung	11
D.	**Prozessuale Besonderheiten**	12–15
	I. Rücknahme der Kündigungsschutzklage	12
	II. Verspätet zugelassene Klagen	13–14
	III. Erhebung einer Leistungsklage	15
E.	**Verhältnis zu sonstigen Vereinbarungen über die Beendigung des Arbeitsverhältnisses**	16
F.	**Entstehung und Berechnung der Abfindung**	17–19
	I. Dauer des Arbeitsverhältnisses	17
	II. Berechnungsfaktoren	18
	III. Entstehung des Abfindungsanspruchs	19
G.	**Sozialrechtliche Implikationen**	20–21
H.	**Bewertung**	22

A. Inhalt und Zweck der Regelung

Mit der zum 1. 1. 2004[1] neu eingeführten **Abfindungsregelung bei betriebsbedingter Kündigung** (§ 1 a KSchG) will der Gesetzgeber den Arbeitsvertragsparteien eine »einfache, effiziente und kostengünstige vorgerichtliche Klärung der Beendigung des Arbeitsverhältnisses«[2] anbieten: Kündigt ein Arbeitgeber aus dringenden betrieblichen Gründen und erhebt der Arbeitnehmer daraufhin **nicht innerhalb der Drei-Wochenfrist** nach § 4 Satz 1 KSchG **Klage** auf Feststellung, dass das Arbeitsverhältnis durch die Kündigung nicht aufgelöst ist, hat der Arbeitnehmer mit dem **Ablauf der Kündigungsfrist** einen **Anspruch auf Abfindung**. Dieser Anspruch setzt nach dem Wortlaut von § 1 a Abs. 1 Satz 2 KSchG den Hinweis in der Kündigungserklärung voraus, dass die Kündigung auf dringende betriebliche Erfordernisse gestützt ist und der Arbeitnehmer bei Verstreichenlassen der Klagefrist die Abfindung beanspruchen kann. Die Höhe der Abfindung beträgt **0,5 Bruttomonatsverdienste** für jedes Jahr des Bestehens des Arbeitsverhältnisses (§ 1 a Abs. 2 Satz 1 KSchG). Für die konkrete Berechnung der Abfindungshöhe wird auf § 10 Abs. 3 KSchG verwiesen. Durch diese Regelung wird dem Arbeitnehmer bei einer mit den entsprechenden Hinweisen versehenen Kündigungserklärung eine **Wahlmöglichkeit** eingeräumt. Entweder erhebt er Kündigungsschutzklage und streitet für den Erhalt seines Arbeitsverhältnisses mit dem Risiko, bei wirksamer Kündigung keine Abfindung zu bekommen oder er begnügt sich

1

---

[1] BGBl. I, 3002.
[2] Begründung des Regierungsentwurfs, BT-Drucks. 15/1509, 15.

§ 1 a Abfindungsanspruch bei betriebsbedingter Kündigung

mit einer aus Sicht des Gesetzgebers **angemessenen Abfindung** für den Verlust des Arbeitsplatzes.[3] Nicht zuletzt soll durch die Regelung auch eine Entlastung der Arbeitsgerichtsbarkeit herbeigeführt werden. Die in § 1 a KSchG enthaltene Regelung schließt es jedoch nicht aus, **wie bisher Aufhebungsverträge** oder nach Ausspruch einer betriebsbedingten Kündigung einen **Abwicklungsvertrag** zu vereinbaren.[4]

B. Rechtsnatur des Abfindungsanspruchs

2 Dem in § 1 a KSchG geregelten Abfindungsanspruch liegt eine **rechtsgeschäftliche Vereinbarung** zwischen Arbeitnehmer und Arbeitgeber zugrunde.[5] Bei der Erklärung des Arbeitgebers, im Falle des Verstreichenlassens der Klagefrist nach § 4 Satz 1 KSchG eine Abfindung zu bezahlen, handelt es sich um ein rechtsgeschäftliches Angebot.[6] Dieses Angebot kann der Arbeitnehmer sowohl durch Verstreichenlassen der Kündigungsfrist als auch durch ausdrückliche Erklärung gegenüber dem Arbeitgeber annehmen. Äußert er sich nicht ausdrücklich, sondern verzichtet er lediglich auf die Erhebung der Kündigungsschutzklage, handelt es sich hierbei um eine Willenserklärung durch schlüssiges Verhalten.[7] Denn der Verzicht auf die Klageerhebung lässt in diesem Zusammenhang mittelbar den Schluss auf den Rechtsfolgewillen zu, die angebotene Abfindung in Anspruch nehmen zu wollen.[8] Auf den Zugang der Annahme des Angebots hat der Arbeitgeber durch seinen Hinweis in der Kündigungserklärung verzichtet (§ 151 Satz 1 BGB). Bei Übereinstimmung zwischen den Arbeitsvertragsparteien kommt eine **Abfindungsvereinbarung mit gesetzlich geregeltem Abfindungsanspruch** zustande.[9] Vergleichbar ist dies mit dem gesetzlichen Weiterbeschäftigungsanspruch nach § 102 Abs. 5 BetrVG, der auf dem ursprünglich geschlossenen, infolge der Kündigung allerdings auflösend bedingten Arbeitsverhältnis basiert.[10]

3 Die Vereinbarung nach § 1 a KSchG ist eine **qualifizierte Abfindungsvereinbarung**. Im Unterschied zum Abwicklungsvertrag nach voraus-

---

3 Begründung des Regierungsentwurfs, BT-Drucks. 15/1509, 15.
4 *Preis* DB 2004, 70, 71; *Giesen/Besgen* NJW 2004, 185, 187; *Zerres/Rhotert* FA 2004, 2, 5; *Grobys* DB 2003, 2174, 2176; *Nägele* ArbRB 2004, 80, 81.
5 *Preis* DB 2004, 70, 71; *Löwisch* NZA 2003, 689, 694; **aA** *Grobys* DB 2003, 2174; unklar *Willemsen/Annuß* NJW 2004, 177, 182.
6 *Giesen/Besgen* NJW 2004, 185.
7 *Preis* DB 2004, 70, 72; **aA** *Giesen/Besgen* NJW 2004, 185; *Grobys* DB 2003, 2174.
8 Vgl. *Palandt-Heinrichs*, Einf. v § 116 BGB Rz 6.
9 *Preis* DB 2004, 70, 72.
10 *BAG*, AP § 102 BetrVG 1972 Weiterbeschäftigung Nr. 7.

gegangener Kündigung wird jedoch **keine ausdrückliche Einigkeit** über die Wirksamkeit der Kündigung vereinbart. Mit ihrem Abschluss wird lediglich die **Fiktionswirkung des § 7 KSchG** herbeigeführt und im Gegenzug ein Abfindungsanspruch eingeräumt. Sie ist qualifiziert, da sie einen gesetzlich vorgegebenen Anspruchsinhalt aufweist, inhaltlich abweichende Vereinbarungen jedoch nicht ausschließt.[11] Auf die Willenserklärungen beider Parteien finden auch bei der qualifizierten Abfindungsvereinbarung die allgemeinen Grundsätze über die Auslegung und Anfechtung von Willenserklärungen Anwendung.[12]

C. Formale Voraussetzungen des gesetzlichen Abfindungsanspruchs

I. Kündigungserklärung

1. Angabe des Kündigungsgrundes

Nach dem Wortlaut von § 1 a Abs. 1 Satz 2 KSchG muss der Arbeitgeber die Kündigung in der Kündigungserklärung auf **dringende betriebliche Erfordernisse** iSv § 1 Abs. 2 Satz 1 KSchG stützen. Ob die vorgetragenen betrieblichen Gründe allerdings tatsächlich die Kündigung sozial gerechtfertigt hätten, spielt keine Rolle.[13] Denn die Regelung zielt ja gerade darauf ab, eine gerichtliche Auseinandersetzung über die Frage der sozialen Rechtfertigung zu vermeiden. Konsequenterweise ist es aus dem gleichen Grund auch unerheblich, ob der betriebliche und persönliche Anwendungsbereich des KSchG eröffnet ist.[14] Eine lediglich **mündliche Mitteilung**, dass die Kündigung betriebsbedingt ist, reicht wegen § 623 BGB **nicht** aus.[15] Eine Wiederholung des Gesetzestextes ist aber nicht erforderlich. Es genügt, wenn aus der schriftlichen Erklärung erkennbar hervorgeht, dass die Kündigung auf dringende betriebliche Gründe gestützt wird. Dies ist beispielsweise der Fall, wenn der Arbeitgeber Umstrukturierungsmaßnahmen oder eine Leistungsverdichtung als Begründung anführt. Weitere Detailangaben sind nicht nötig.[16]

---

11 Siehe unten Rz 16.
12 *Löwisch* BB 2004, 154, 157; *Preis* DB 2004, 70, 74.
13 *Preis* DB 2004, 70, 73; *Willemsen/Annuß* NJW 2004, 177, 182; *Giesen/Besgen* NJW 2004, 185, 186.
14 **AA** *Grobys* DB 2003, 2174; *Giesen/Besgen* NJW 2004, 185, 186.
15 *Grobys* DB 2003, 2174, 2176.
16 *Willemsen/Annuß* NJW 2004, 177, 182.

§ 1 a Abfindungsanspruch bei betriebsbedingter Kündigung

5 Der Wortlaut legt nahe, dass die Angabe des Kündigungsgrundes nur in der Kündigungserklärung enthalten sein kann. Es ist jedoch nicht einzusehen, weshalb sich der Arbeitgeber nicht noch später auf dringende betriebliche Gründe berufen können soll, um die Voraussetzungen für den gesetzlichen Abfindungsanspruch zu schaffen. Für eine solche gesonderte Erklärung, die ohnehin nur bis zum Ablauf der Klagefrist nach § 4 Satz 1 KSchG sinnvoll ist, ist ebenfalls die Schriftform erforderlich.

2. Hinweis auf Klagefrist und Abfindungsanspruch

6 Neben der Angabe des Kündigungsgrundes muss der Arbeitgeber den Arbeitnehmer **in der Kündigungserklärung** darauf **hinweisen**, dass er bei Verstreichenlassen der Klagefrist die **Abfindung beanspruchen kann**. Nach dem klaren Wortlaut ist es nicht notwendig, dass weiterführende Ausführungen über Beginn und Ablauf der Klagefrist gemacht werden. Es reicht aus, wenn der Arbeitgeber in dem Kündigungsschreiben klarstellt, dass die Abfindungszahlung davon abhängt, dass keine Kündigungsschutzklage erhoben wird.[17] Nach dem Gesetzeswortlaut sind auch **keine Aussagen** über die **Höhe der Abfindung erforderlich**. Dies erstaunt, dürfte doch gerade die Abfindungshöhe entscheidend dafür sein, wie sich der Arbeitnehmer entscheidet. Ohne Angaben zur Abfindungshöhe ist jedoch damit zu rechnen, dass der Arbeitnehmer zur Sicherung seiner Rechte zunächst Kündigungsschutzklage erhebt. Fehlt die Angabe der konkreten Abfindungshöhe, ist sie im Kontext mit den Erklärungen nach § 1 a Abs. 1 KSchG jedoch so auszulegen, dass der Arbeitgeber eine Abfindung in der gesetzlich vorgegebenen Höhe anbietet. Dem Formerfordernis entspricht im Zusammenhang mit der Angabe des Kündigungsgrundes und dem Hinweis auf das Verstreichenlassen der Klagefrist auch die konkrete Angabe von 0,5 Bruttomonatsgehältern pro Beschäftigungsjahr. Diese Formulierung ist dann als Angebot einer der Höhe nach gemäß § 1 a Abs. 2 KSchG zu berechnenden Abfindung auszulegen.

▶ **Praxistipp:**

Empfehlenswert ist es, in dem Kündigungsschreiben zumindest auf die gesetzliche Abfindung von 0,5 Bruttomonatsverdiensten für jedes Jahr des Bestehens des Arbeitsverhältnisses Bezug zu nehmen.

---

17 Siehe auch unten Rz 12 ff.

Der **Hinweis** auf die Klagefrist und die Abfindung kann auch noch **nachgeholt werden**, etwa dann, wenn der Arbeitgeber die Kündigung zunächst lediglich auf betriebsbedingte Gründe gestützt hatte. Allerdings ist für die nachholende Erklärung ebenfalls die Schriftform erforderlich. 7

II. Reaktion des Arbeitnehmers

Der Arbeitnehmer kann das Angebot zum Abschluss der Abfindungsvereinbarung **stillschweigend annehmen**, indem er die Drei-Wochen-Frist zur Erhebung der Kündigungsschutzklage schlicht verstreichen lässt. Eine ausdrückliche Annahme des Angebots sieht das Gesetz nicht vor; insoweit gilt § 623 BGB folglich nicht. Gleichwohl ist es dem Arbeitnehmer ungenommen, auch schon vor Ablauf der Klagefrist das Angebot des Arbeitgebers ausdrücklich anzunehmen. Eine solche wirksame Annahme ist jedoch wegen § 623 BGB nur schriftlich möglich. Möchte der Arbeitnehmer das Abfindungsangebot hingegen nicht annehmen, muss er rechtzeitig Kündigungsschutzklage erheben. Eine zusätzliche Erklärung gegenüber dem Arbeitgeber ist nicht erforderlich. 8

III. Art der Kündigung

1. Ordentliche Kündigung

§ 1 a Abs. 1 KSchG stellt ab auf Kündigungen wegen dringender betrieblicher Erfordernisse nach § 1 Abs. 2 Satz 1 KSchG. Daraus folgt, dass der gesetzliche Abfindungsanspruch in jedem Fall bei einer ordentlichen Arbeitgeberkündigung zum Entstehen gelangen kann. 9

2. Außerordentliche Kündigung

Nach der Rechtsprechung des BAG sind auch außerordentliche Kündigungen aus dringenden betrieblichen Gründen möglich, insbesondere, wenn das **Recht zur ordentlichen Kündigung tarif- oder einzelvertraglich ausgeschlossen** ist.[18] Aus der Gesetzesbegründung lässt sich nicht ableiten, dass derartige außerordentliche betriebsbedingte Kündigungen vom Anwendungsbereich des § 1 a KSchG ausgeschlossen sein sollen. Sinn und Zweck der Regelung, ein Standardverfahren für 10

---

18 Vgl. *BAG*, DB 1998, 1035; *BAG*, DB 2002, 1724.

§ 1 a Abfindungsanspruch bei betriebsbedingter Kündigung

einen fairen Interessenausgleich ohne Anrufung der Arbeitsgerichte zu schaffen, sprechen für eine entsprechende Anwendung der Regelung auch auf betrieblich begründete außerordentliche Kündigungen.[19]

3. Änderungskündigung

11 Auf dem ersten Blick scheint die Änderungskündigung aus dem Anwendungsbereich des § 1 a KSchG ausgeschlossen zu sein. Denn der gesetzliche Abfindungsanspruch setzt nach seinem Wortlaut in § 1 a Abs. 1 Satz 1 KSchG voraus, dass der Arbeitnehmer bis zum Ablauf der **Frist nach § 4 Satz 1 KSchG** keine Klage auf Feststellung erhebt, dass das Arbeitsverhältnis durch die Kündigung nicht aufgelöst ist. § 4 Satz 2 KSchG bleibt hingegen unerwähnt. Die Frage nach der Wirksamkeit der Beendigung des Arbeitsverhältnisses tritt nach Ausspruch einer Änderungskündigung jedoch dann ein, wenn der Arbeitnehmer das **Änderungsangebot vorbehaltlos ablehnt**. Will er sich in einem solchen Fall gegen die Kündigung zur Wehr setzen, muss er eine Kündigungsschutzklage nach § 4 Satz 1 KSchG erheben. Daher kann der Arbeitgeber die Erklärung einer Änderungskündigung für den Fall der vorbehaltlosen Ablehnung des Änderungsangebots ohne weiteres auch mit einem Abfindungsangebot nach § 1 a KSchG verbinden.

D. Prozessuale Besonderheiten

I. Rücknahme der Kündigungsschutzklage

12 Eine **Abfindungsvereinbarung** gemäß § 1 a KSchG kommt **nicht zustande**, wenn der Arbeitnehmer im Anschluss an ein formgerechtes Abfindungsangebot des Arbeitgebers **Kündigungsschutzklage erhoben** hat, diese jedoch **später wieder zurücknimmt**. Zwar bewirkt die Rücknahme der Klage nach § 46 Abs. 2 ArbGG iVm § 269 Abs. 3 Satz 1 ZPO, dass der Kündigungsrechtsstreit als nicht anhängig geworden anzusehen ist. Dem steht jedoch entgegen, dass der Arbeitnehmer zunächst tatsächlich eine Kündigungsschutzklage erhoben hat und die Klagefrist nach dem **Wortlaut** von § 1 a Abs. 1 KSchG eben nicht hat verstreichen lassen.[20] Neben dem Wortlautargument spricht auch die gesetzgeberische Intention der Regelung gegen das Entstehen eines Abfindungsanspruchs. Denn dadurch soll gerade honoriert werden,

---

19 Zu Recht *Grobys* BB 2003, 2174; *Willemsen/Annuß* NJW 2004, 177, 182.
20 *Preis* DB 2004, 70, 75, *Giesen/Besgen* NJW 2004, 185, 188; ähnlich *Willemsen/Annuß* NJW 2004, 177, 182.

dass eine gerichtliche Klärung nicht initiiert wird. Geschieht dies doch, kann ein Abfindungsanspruch auch aufgrund der durch die Klagerücknahme bewirkten Fiktion nicht entstehen.

II. Verspätet zugelassene Klagen

Es kann eine Situation entstehen, in der ein Arbeitgeber eine Abfindung nach § 1 a KSchG anbietet und der Arbeitnehmer **zunächst keine Kündigungsschutzklage** innerhalb der Drei-Wochenfrist erhebt, die Klage jedoch später auf Antrag des Arbeitnehmers **gemäß § 5 KSchG nachträglich zugelassen** wird.[21] Nach der Systematik des § 5 KSchG wird durch die verspätete Zulassung die Klagefrist nicht verlängert. Es wird jedoch die Fiktion der Wirksamkeit der Kündigung wieder beseitigt (§ 7 KSchG).[22] Es entspricht offensichtlich nicht der **Absicht des Gesetzgebers**, dass der verspätet zugelassene Arbeitnehmer die Abfindung in gesetzlicher Höhe behalten und durch Fortsetzung eines Kündigungsrechtsstreits versuchen kann, eine noch höhere Abfindungszahlung zu erzielen. Man wird daher § 1 a Abs. 1 KSchG in der Weise ergänzend auszulegen haben, dass das **Angebot des Arbeitgebers** auf die Abfindung unter der **auflösenden Bedingung** steht, dass ein Antrag auf nachträgliche Zulassung der Klage gemäß § 5 Abs. 1 KSchG nicht gestellt wird.[23] 13

Ein Arbeitgeber, der im guten Glauben auf das in § 1 a KSchG vorgesehene Standardverfahren bei unterbliebener Kündigungsschutzklage die Abfindung an den Arbeitnehmer bereits ausgezahlt hat, kann bei einem erfolgreichen Antrag auf Zulassung der verspäteten Klage die **Abfindung** ggf. nur nach **bereicherungsrechtlichen Grundsätzen zurückverlangen**.[24] 14

III. Erhebung einer Leistungsklage

Macht ein Arbeitnehmer innerhalb der 3-Wochen-Frist nach Zugang der Kündigung zunächst eine **Leistungsklage** anhängig, mit der er die **Weiterbeschäftigung oder Lohnzahlung über den Kündigungszeitpunkt hinaus** verlangt, stünde dies nach dem Wortlaut von § 1 a Abs. 1 Satz 2 KSchG der Entstehung des gesetzlichen Abfindungsanspruchs nicht entgegen. § 1 a KSchG setzt allein voraus, dass der Arbeitnehmer 15

---

21 Vgl. *Grobys* BB 2003, 2174.
22 KR/*Friedrich* § 5 Rz 154.
23 Ähnlich *Preis* DB 2004, 70, 74; *Grobys* BB 2003, 2174, 2175.
24 So auch *Grobys* BB 2003, 2174, 2175.

keine Feststellungsklage erhebt, mit der die Rechtswirksamkeit der Kündigung bestritten wird. Indes hat das Arbeitsgericht bei einer Klage auf Weiterbeschäftigung oder Lohnzahlung für die Zeit nach dem Kündigungszeitpunkt **inzident** die **Wirksamkeit der Kündigung** zu überprüfen. In dieser Situation ist es nicht gerechtfertigt, wenn der Arbeitnehmer die angebotene Abfindung beanspruchen und ungeachtet dessen die Wirksamkeit der Kündigung im Wege der Leistungsklage weiterhin in Frage stellen könnte. Nach der gesetzgeberischen Intention soll der Arbeitnehmer die Abfindung nämlich nur dann beanspruchen können, wenn die Frage nach der Rechtswirksamkeit der Kündigung außer Streit gestellt wird. Daher ist das **Abfindungsangebot des Arbeitgebers** in der Kündigungserklärung regelmäßig in der Weise **ergänzend auszulegen**, dass der Arbeitnehmer die Frist zur Erhebung der Kündigungsschutzklage verstreichen lässt und auch sonstwie die Rechtsunwirksamkeit der Kündigung nicht arbeitsgerichtlich geltend macht.[25]

▶ Praxistipp:

Um die beschriebenen Risiken von vornherein zu minimieren, sollte in dem Kündigungsschreiben in Ergänzung zum Gesetzeswortlaut formuliert werden, dass die **Abfindung davon abhängt**, dass **keine Kündigungsschutzklage erhoben** und die **Rechtswirksamkeit der Kündigung** auch in anderer Weise **arbeitsgerichtlich nicht bestritten** wird.[26]

▶ **Muster:**[27]   [Briefkopf des Arbeitgebers]   [Ort, Datum]

Sehr geehrte(r) Herr/Frau [Name],

hiermit kündigen wir Ihr Arbeitsverhältnis ordentlich aus betriebsbedingten Gründen zum nächstmöglichen Termin. Dies ist nach unserer Berechnung der [Datum].

Für den Fall, dass Sie die dreiwöchige Klagefrist nach § 4 Satz 1 KSchG verstreichen lassen, keine Kündigungsschutzklage erheben und die Wirksamkeit der Kündigung auch in anderer Weise arbeitsgerichtlich nicht bestreiten, steht Ihnen mit Ablauf der Kündigungsfrist eine Abfindung in Höhe von 0,5 Bruttomonatsgehältern pro Beschäftigungsjahr (§ 1 a Abs. 2 Satz 2 KSchG) zu. Vorsorglich wei-

---

25 Im Ergebnis ebenso *Preis* DB 2004, 70, 75; *Willemsen/Annuß* NJW 2004, 177, 183; *Grobys* BB 2003, 2174, 2176.
26 Das Formulierungsbeispiel bei *Giesen/Besgen* NJW 2004, 185, 186 beseitigt dagegen diese Risiken nicht.
27 Ergänzend siehe auch Formulierungsbeispiel bei § 13 Rz 6.

sen wir darauf hin, dass allein die Agentur für Arbeit kompetent ist, die Voraussetzungen für den Eintritt einer Sperrzeit zu prüfen.

Mit freundlichen Grüßen

[Arbeitgeber]

E. Verhältnis zu sonstigen Vereinbarungen über die Beendigung des Arbeitsverhältnisses

Die gesetzliche Regelung in § 1 a KSchG stellt lediglich ein Standardverfahren für die Beendigung des Arbeitsverhältnisses gegen Abfindung dar. Die nach Maßgabe der gesetzlichen Voraussetzungen in § 1 a KSchG zustande gekommene qualifizierte Abfindungsvereinbarung unterscheidet sich von anderen möglichen Abfindungsvereinbarungen dadurch, dass bestimmte gesetzliche Voraussetzungen erfüllt sein müssen und der Abfindungsanspruch gesetzlich determiniert ist. Dies ändert jedoch nichts am **privatautonomen Charakter der Abfindungsvereinbarung**. Daher steht es dem Arbeitgeber frei, ein § 1 a KSchG entsprechendes Abfindungsangebot auch bei **personen- oder verhaltensbedingten Kündigungen** zu unterbreiten. Ebenso kann der Arbeitgeber für den Fall des Verstreichenlassens der Klagefrist eine **geringere oder höhere** als die im Gesetz vorgesehene **Abfindung** anbieten.[28] Dem Gesetz kann nicht entnommen werden, dass der Arbeitgeber, wenn er sich des in § 1 a KSchG beschriebenen Verfahrens bedient, auf die darin vorgesehene Abfindungshöhe beschränkt sein soll. Gleichfalls ist der gesetzliche Abfindungsanspruch in § 1 a Abs. 2 KSchG auch **nicht als Mindestabfindungsanspruch** zu verstehen.[29] Will der Arbeitgeber hinter der gesetzlich vorgegebenen Abfindungshöhe zurückbleiben, muss er dies, um jegliche Zweifel auszuschließen, jedoch deutlich machen, etwa durch Angabe eines konkreten Abfindungsbetrages. Ein solches Angebot kann der Arbeitnehmer dann ebenfalls konkludent durch Verstreichenlassen der Klagefrist annehmen.[30] Daneben sind **Aufhebungsvereinbarungen** und **Abwicklungsvereinbarungen** nach ausgesprochener Kündigung ungeachtet der

16

---

28 *Preis* DB 2004, 70, 73.
29 Zu Recht *Willemsen/Annuß* NJW 2004, 177, 183; *Thüsing/Stelljes* BB 2003, 1673, 1677; *Grobys* DB 2003, 2174, 2176; *Nägele* ArbRB 2004, 80, 82; aA *Preis* DB 2004, 70, 73; *Meinel* DB 2003, 1438, 1439; *Giesen/Besgen* NJW 2004, 185, 186.
30 **AA** *Grobys* BB 2003, 2174, 2176, der bei von § 1 a KSchG abweichenden Abfindungsangeboten zwar den rechtsgeschäftlichen Charakter bejaht, ihn inkonsequenterweise bei Vorliegen sämtlicher Voraussetzungen von § 1 a KSchG aber verneint.

gesetzlichen Regelung in § 1 a KSchG weiterhin **uneingeschränkt zulässig**. Es steht dem Arbeitgeber daher nach wie vor frei, im Rahmen solcher Vereinbarungen geringere Abfindung anzubieten und zu vereinbaren.

F. Entstehung und Berechnung der Abfindung

I. Dauer des Arbeitsverhältnisses

17 Die Höhe der Abfindung ist zum Teil in § 1 a Abs. 2 KSchG selbst geregelt. Danach beträgt der gesetzliche Abfindungsanspruch **0,5 Monatsverdienste für jedes Jahr des Bestehens des Arbeitsverhältnisses**, wobei ein Zeitraum von mehr als sechs Monaten auf ein volles Jahr aufzurunden ist. Dies bedeutet zum einen, dass es auf die Dauer des Bestehens des Arbeitsverhältnisses in einem Kalenderjahr nicht ankommt. Zum anderen sind Zeiten des Arbeitsverhältnisses, die weniger als sechs Monate betragen, nicht zu berücksichtigen.

▶ Beispiel:

Das Arbeitsverhältnis dauerte vom 1. 6. 2004 bis zum 31. 7. 2005. Die gesetzliche Abfindung beträgt 0,5 Monatsverdienste, obwohl in beiden Kalenderjahren jeweils mehr als 6 Monate gearbeitet wurde und das Arbeitsverhältnis insgesamt 1 Jahr und 2 Monate bestand.

II. Berechnungsfaktoren

18 Hinsichtlich der zu berücksichtigenden Verdienstbestandteile verweist § 1 a Abs. 2 Satz 2 KSchG auf § 10 Abs. 3 KSchG. Danach gilt als Monatsverdienst, was dem Arbeitnehmer bei der für ihn maßgeblichen regelmäßigen Arbeitszeit in dem **Monat, in dem das Arbeitsverhältnis endet**, an Geld und Sachbezügen zusteht. Maßgeblich ist bei dieser Berechnung die **individuelle** und nicht die betriebsübliche **Arbeitszeit**.[31] Zu berücksichtigen sind alle Bestandteile des Arbeitsentgelts, die Entgeltcharakter aufweisen, wie beispielsweise Zulagen, Tantiemen, Gratifikationen, Urlaubsgelder und Sachbezüge.[32] Auszugehen ist vom jeweiligen Bruttoverdienst. Verdienstminderungen aufgrund von Krankheit oder Urlaub in dem Monat der Beendigung des Arbeitsverhältnisses bleiben außer Acht.[33]

---

31 KR/*Spilger* § 10 Rz 28.
32 ErfK/*Ascheid* § 10 KSchG Rz 3.
33 ErfK/*Ascheid* § 10 KSchG Rz 4.

III. Entstehen des Abfindungsanspruchs

Der Anspruch auf die Abfindung entsteht mit dem **Ablauf der Kündigungsfrist**. Er wird – sofern keine anderweitigen Vereinbarungen getroffen worden sind – auch zu diesem Zeitpunkt zur Zahlung fällig. Der Anspruch entsteht allerdings nicht, wenn das Arbeitsverhältnis vor Ablauf der Kündigungsfrist endet, etwa durch fristlose Kündigung oder durch Tod des Arbeitnehmers.[34]

19

G. Sozialrechtliche Implikationen

Der Gesetzgeber hat nicht speziell geregelt, ob ein Arbeitnehmer, der anlässlich eines auf § 1 a KSchG basierenden Abfindungsangebots auf eine Kündigungsschutzklage verzichtet hat, mit einer **Sperrzeit** nach § 144 Abs. 1 SGB III rechnen muss. Voraussetzung dafür ist nach der Rechtsprechung des BSG, dass der Arbeitnehmer sein Arbeitsverhältnis im Sinne eines **aktiven Mitwirkens** gelöst hat.[35] Schließen die Arbeitsvertragsparteien einen Aufhebungsvertrag, ist dies regelmäßig zu bejahen.[36] In Bezug auf einen Abwicklungsvertrag nach vorausgegangener Kündigung hat das BSG bereits 1995 klargestellt, dass es für die Verhängung einer Sperrzeit darauf ankommt, ob es Vorfeldabsprachen, etwa im Hinblick auf eine Abfindungszahlung gegeben hat, oder der Arbeitnehmer eine offensichtlich rechtsunwirksame Kündigung hinnimmt.[37] Diese Grundsätze sind auch bei Abfindungsvereinbarungen nach § 1 a KSchG anzuwenden, da die Situation insoweit der beim Abschluss eines Abwicklungsvertrages entspricht.[38]

20

▶ Praxistipp:

Aus Arbeitgebersicht stellt sich in diesem Zusammenhang die Frage, ob nicht auch im Kündigungsschreiben zur Vermeidung von Schadensersatzansprüchen darauf **hingewiesen** werden soll, dass allein die **Arbeitsverwaltung** kompetent ist, die **Voraussetzungen des Eintritts einer Sperrzeit** zu prüfen. Da das BAG[39] von einer Hinweispflicht des Arbeitgebers ausgeht, wenn dieser durch sein Verhalten einen besonderen Vertrauenstatbestand geschaffen hat,

---

34 *Giesen/Besgen* NJW 2004, 185, 186; *Nägele* ArbRB 2004, 80, 82.
35 Vgl. *BSG,* NZA 2003, 314.
36 Zum Ausnahmefall bei Nennung des Arbeitnehmers in einer Namensliste: *BSG*, NZA-RR 2003, 105.
37 *BSG*, NZA-RR 1997, 109.
38 *Bauer/Hümmerich* NZA 2003, 1076, 1079; *Preis* DB 2004, 70, 76; *Nägele* ArbRB 2004, 80, 82.
39 *BAG*, DB 1988, 2006; *BAG*, DB 1990, 2431.

> sollte in Zweifelsfällen ein entsprechender Hinweis in das Kündigungsschreiben aufgenommen werden. Denn der Arbeitnehmer soll nach dem Willen des Gesetzgebers von einem unkomplizierten und unbürokratischen Verfahren zur Beendigung seines Arbeitsverhältnisses ausgehen dürfen, wenn sich der Arbeitgeber des dazu bereitgestellten Standardverfahrens bedient.

21 Im Hinblick auf die **Erstattung von Arbeitslosengeld** bei der Entlassung älterer Arbeitnehmer nach § 147 a SGB III weisen Abfindungsvereinbarungen keinerlei Besonderheiten auf.[40] Nach § 147 a Abs. 1 Satz 2 Nr. 4 SGB III tritt die Erstattungspflicht des Arbeitgebers nicht ein, wenn das Arbeitsverhältnis durch sozialgerechtfertigte Kündigung beendet worden ist. Ausdrücklich findet die Fiktionswirkung von § 7 KSchG, die durch eine Abfindungsvereinbarung bewusst herbeigeführt wird, keine Anwendung. Die Arbeitsverwaltung hat daher auch bei Abschluss einer qualifizierten Abfindungsvereinbarung stets die soziale Rechtfertigung der Kündigung zu prüfen. Gegebenenfalls muss darüber im sozialgerichtlichen Verfahren entschieden werden.

H. Bewertung

22 Die gesetzliche Abfindungsregelung wird nur geringe Bedeutung erlangen.[41] Entgegen dem gesetzgeberischen Ansinnen, durch das Standardverfahren Kündigungsschutzprozesse zu vermeiden, könnte in der Praxis das genaue Gegenteil eintreten. Das Abfindungsangebot kann nämlich in der Weise gedeutet werden, dass sich der Arbeitgeber seiner betriebsbedingten Kündigungsgründe selbst nicht sicher ist, da er bei einer tatsächlich sozial gerechtfertigten Kündigung auch nach der Reform des KSchG nicht zur Zahlung einer Abfindung verpflichtet ist.[42] Insbesondere rechtsschutzversicherte Arbeitnehmer könnten sich daher eingeladen fühlen, durch Erhebung der Kündigungsschutzklage eine noch höhere Abfindungszahlung zu erzielen. Ein Arbeitgeber wird zudem erfahrungsgemäß hinter dem einmal unterbreiteten Abfindungsangebot im Kündigungsschutzprozess nur schwerlich zurückbleiben können. Gegenüber der Abfindungsvereinbarung erscheint daher nach wie vor der **Abschluss eines Abwicklungsvertrages vorzugswürdig**. Eine Reihe von regelmäßig klärungsbedürftigen Fragen, wie beispielsweise die Abgeltung ausstehenden Urlaubs und

---

40 *Willemsen/Annuß* NJW 2004, 177, 183.
41 *Bauer* hat die Regelung daher nicht ganz unzutreffend in *Bauer/Preis/Schunder* NZA 2003, 704, 705 als »Augenwischerei« bezeichnet.
42 Ähnlich *Zerres/Rhotert* FA 2004, 2, 5; *Nägele* ArbRB 2004, 80, 83.

erbrachter Überstunden oder die Verrechnung von Spesen bzw. geleisteten Vorschüssen lassen sich praktischerweise in einem Abwicklungsvertrag mitregeln. Das gleiche gilt für eine beiden Parteien Rechtssicherheit verschaffende Ausgleichsregelung. Mit dem vom Gesetzgeber angebotenen Standardverfahren lassen sich derartige Regelungen indes nicht erreichen. Die gesetzliche Regelung ist für die Praxis lediglich insoweit hilfreich, als der Gesetzgeber eine Einschätzung dessen gibt, was als Abfindung angemessen ist. Arbeitsrichter werden sich daher nicht nur im Rahmen der Festsetzung von Abfindungen bei Auflösungsanträgen nach §§ 9, 10 KSchG, sondern auch bei Vorschlägen im Prozess an der gesetzlich vorgesehenen Abfindungshöhe orientieren.

§ 2 KSchG Änderungskündigung

¹Kündigt der Arbeitgeber das Arbeitsverhältnis und bietet er dem Arbeitnehmer im Zusammenhang mit der Kündigung die Fortsetzung des Arbeitsverhältnisses zu geänderten Arbeitsbedingungen an, so kann der Arbeitnehmer dieses Angebot unter dem Vorbehalt annehmen, dass die Änderung der Arbeitsbedingungen nicht sozial ungerechtfertigt ist (§ 1 Abs. 2 Satz 1 bis 3, Abs. 3 Satz 1 und 2). ²Diesen Vorbehalt muss der Arbeitnehmer dem Arbeitgeber innerhalb der Kündigungsfrist, spätestens jedoch innerhalb von drei Wochen nach Zugang der Kündigung erklären.

Literatur
Hümmerich, Gestaltung von Arbeitsverträgen nach der Schuldrechtsreform, NZA 2003, 753; *Kappenhagen,* Die neue »alte« Namensliste nach § 1 Abs. 5 KSchG, FA 2004, 37; *Lingemann,* Allgemeine Geschäftsbedingungen und Arbeitsvertrag, NZA 2002, 181.

Inhalt

		Rz
A.	Einleitung	1– 3
B.	Begriff der Änderungskündigung	4–24
	I. Kündigung	5
	II. Änderungsangebot	6–14
	1. Zuweisung einer anderen Tätigkeit	8– 9
	2. Herabsetzung oder zeitliche Verlagerung der Arbeitszeit	10
	3. Änderung der Vergütung	11–13
	4. Änderung des Arbeitsortes	14
	III. Sachlicher und zeitlicher Zusammenhang zwischen Kündigung und Änderungsangebot	15–23
	1. Änderungsangebot und nachfolgende Kündigung	17–21
	2. Kündigung und nachfolgendes Änderungsangebot	22–23
	IV. Formen der Änderungskündigung	24
C.	Abgrenzungsfragen	25–57
	I. Direktionsrecht	25
	1. Begriff und Inhalt des Direktionsrechts	26–27
	2. Grenzen des Direktionsrechts	28–42
	a) Änderung der Tätigkeit	30–33
	b) Änderung des Arbeitsortes	34–36
	c) Änderung der Arbeitszeit	37–39
	d) Kürzung der Vergütung	40–42
	3. Konkretisierung des Direktionsrechts	43–45

Änderungskündigung § 2

4.	Erweiterung des Direktionsrechts durch Einzelvertrag/Umsetzungs- und Versetzungsklauseln	46– 47
5.	Widerrufsvorbehalt	48– 49
6.	Erweiterung des Direktionsrecht durch Tarifvertrag	50– 51
7.	Gerichtlicher Prüfungmaßstab bei Ausübung des Direktionsrechts	52– 54
8.	Gerichtliche Überprüfung	55
II.	Teilkündigung	56
III.	Verhältnis Änderungskündigung/Direktionsrecht	57
D.	**Beteiligung des Betriebsrates**	**58– 75**
I.	Beteilung wegen Kündigung nach § 102 BetrVG	60– 64
1.	Inhalt der Anhörung nach § 102 BetrVG	60– 62
2.	Reaktion des Betriebsrates und Folgen	63– 64
II.	Parallele Beteiligung nach §§ 99, 102 BetrVG	65– 72
1.	Inhalt des Mitbestimmungsrechts nach § 99 BetrVG	66– 67
2.	Umfassende Zustimmung durch den Betriebsrat zur Kündigung nach § 102 BetrVG und zur mitbestimmungspflichtigen Maßnahme nach § 99 BetrVG	68
3.	Widerspruch zur Kündigung gemäß § 102 BetrVG und Zustimmung zur mitbestimmungspflichtigen Maßnahme gemäß § 99 BetrVG	69
4.	Widerspruch zur mitbestimmungspflichtigen Maßnahme gemäß § 99 BetrVG	70– 72
III.	Parallele Beteiligung nach §§ 87, 102 BetrVG	73– 75
1.	Inhalt des Mitbestimmungsrechts nach § 87 BetrVG	74
2.	Reaktionen des Betriebsrats auf die mitbestimmungspflichtige Maßnahme bzw. Kündigung	75
E.	**Reaktionsmöglichkeiten des Arbeitnehmers**	**76– 91**
I.	Annahme unter Vorbehalt	77– 91
1.	Formfreiheit der Erklärung des Arbeitnehmers	79– 82
2.	Frist	83– 84
3.	Rechtsfolge der Annahme unter Vorbehalt	85
II.	Vorbehaltlose Annahme	86– 89
III.	Ablehnung des Angebots	90– 91
F.	**Gerichtliche Überprüfung der Sozialwidrigkeit der Änderungskündigung**	**92–126**
I.	Prüfungsgegenstand	92– 95
II.	Betriebsbedingte Änderungskündigung	96–124
1.	Unternehmerische Entscheidung, die zum Wegfall der bisherigen Arbeitsbedingungen bzw. des Arbeitsplatzes führt	99–100
2.	Verhältnismäßigkeitsgrundsatz	101–102
3.	Sozialauswahl	103–108
a)	Bestimmung des Personenkreises	104
b)	Gewichtung der Kriterien	105–107
c)	Kündigungsrichtlinien und Namensliste	108

		4.	Fallgruppen der betriebsbedingten Änderungskündigung	109–124
			a) Betriebsbedingte Änderungskündigung bei Sitzverlegung	110–113
			b) Betriebsbedingte Änderungskündigung zur Entgeltreduzierung	114–120
			c) Betriebsbedingte Änderungskündigung zur Änderung der Arbeitszeit	121–124
	III.		Personenbedingte Änderungskündigung	125
	IV.		Verhaltensbedingte Änderungskündigung	126
G.	**Kündigungsschutzprozess**			127–134
	I.		Annahme unter Vorbehalt	127–133
	II.		Ablehnung des Änderungsangebotes	134

A. Einleitung

1 Die gesetzlichen Regelungen zur Änderungskündigung finden sich in §§ 2, 4 Satz 2, § 7, 2. Halbsatz KSchG sowie in § 8 KSchG. § 2 KSchG regelt das Recht des Arbeitnehmers, eine vom Arbeitgeber im Wege der Kündigung beabsichtigte Änderung der Arbeitsbedingungen unter dem Vorbehalt anzunehmen, dass die Änderung sozial gerechtfertigt ist, § 4 betrifft den gesonderten Klageantrag der Änderungsschutzklage, die §§ 7 und 8 KSchG befassen sich mit den Folgen einer sozialwidrigen Änderungskündigung.

2 In der arbeitsrechtlichen Praxis wird die Änderungskündigung **zwischen** dem **Direktionsrecht** des Arbeitgebers und der **Beendigungskündigung** eingeordnet. Sie ist einerseits nur dann notwendig und zulässig, wenn der Arbeitgeber eine beabsichtigte Änderung des Arbeitsvertrages nicht mittels des Direktionsrechts durchsetzen kann. Sie ist andererseits geboten, wenn eine Beendigung des Arbeitsverhältnisses unverhältnismäßig wäre, weil der Arbeitgeber eine anderweitige zumutbare Beschäftigungsmöglichkeit für den Arbeitnehmer hat.

3 Vorrangiges Ziel von § 2 KSchG ist der **Schutz des Vertragsinhaltes**.[1] Der eine Änderungskündigung aussprechende Arbeitgeber verfolgt primär das Ziel einer Änderung der Arbeitsvertragsbedingungen und nicht einer Beendigung des Arbeitsverhältnisses. Zur letzteren kann es nur dann kommen, wenn der Arbeitnehmer seinerseits die Vertragsänderung nicht, auch nicht unter Vorbehalt, akzeptiert.

---

1 Vgl. nur *BAG* 7. 6. 1963, EzA § 626 BGB nF Nr. 29; weitere Nachweise bei APS/ *Künzl* § 2 KSchG Rz 3.

B. Begriff der Änderungskündigung

Die Änderungskündigung besteht aus zwei Elementen: der Kündigung des Arbeitsverhältnisses und dem Angebot, das Arbeitsverhältnis zu geänderten, idR dem Arbeitnehmer ungünstigeren, Konditionen fortzusetzen. Sie ist als ordentliche und als außerordentliche sowie als Arbeitgeber- und als Arbeitnehmerkündigung möglich. Letztere ist in der Praxis nicht relevant. 4

I. Kündigung

Das Element der Kündigungserklärung muss den allgemeinen Anforderungen an eine Kündigung entsprechen, insbesondere ist also das **Schriftformerfordernis** des § 623 BGB sowie die ordnungsgemäße Vertretungsbefugnis gemäß §§ 164 ff. BGB zu beachten.[2] Darüber hinaus muss der **unbedingte Wille** des Arbeitgebers zum Ausdruck kommen, das Arbeitsverhältnis insgesamt zu beenden, wenn der Arbeitnehmer das Änderungsangebot nicht annimmt.[3] 5

▶ Beispiel:

Ein als Änderungskündigung betiteltes Schreiben genügt den Anforderungen nicht, wenn nur eine Versetzung unter gleichzeitiger Vergütungsrückstufung angeordnet wird. Der Arbeitnehmer kann hierbei nicht erkennen, dass sein Arbeitsverhältnis als ganzes gekündigt werden soll.[4]

Kündigt der Arbeitgeber unter Vorlage eines Vertragsänderungsangebotes lediglich an, im Falle der Ablehnung des Angebotes sei die Änderungskündigung unvermeidlich, liegt darin noch nicht der Ausspruch einer Änderungskündigung.[5]

II. Änderungsangebot

Das **Änderungsangebot** muss **konkret** gefasst und **inhaltlich so bestimmt** sein, dass der Arbeitnehmer klar erkennen kann, in welcher Weise sich der Arbeitsvertrag ändert und wie sich dies auf seine 6

---

2 Vgl. § 1 Rz 12 ff.
3 Siehe auch § 1 Rz 2; Zur Abgrenzung zur unzulässigen Teilkündigung, bei der es lediglich um die Beendigung einzelner Vertragsbestandteile geht, unten Rz 56.
4 Vgl. *LAG Köln* 23. 4. 1999, MDR 1999, 1276.
5 *LAG Frankfurt* 9. 4. 1990, RzK I 7a Nr. 20.

§ 2 Änderungskündigung

zukünftige Betätigung auswirkt.[6] Der Arbeitnehmer soll in der Lage sein, das Angebot mit einem einfachen »Ja« anzunehmen.[7] An die notwendige inhaltliche Ausgestaltung des Änderungsangebotes sind je nach Gegenstand der Änderungskündigung und den betrieblichen Gegebenheiten unterschiedliche Anforderungen zu stellen. Es ist dem Arbeitgeber zu raten, den geänderten Arbeitsvertrag bzw. die einzelnen geänderten Passagen dem Kündigungsschreiben beizufügen. Für das Änderungsangebot gilt nach hM ebenfalls das Schriftformerfordernis des § 623 BGB.[8] Hierauf ist bei Beifügung eines Arbeitsvertrages oder einer Stellenbeschreibung besonders zu achten.

▶ **Praxistipp:**

Um formale Fehler beim Ausspruch der Änderungskündigung zu vermeiden, sollten die geänderten Arbeitsbedingungen in der Änderungskündigung selber vollständig und konkret aufgezahlt werden. Wird auf eine beigefügte Stellenbeschreibung, die ihrerseits wieder vollständig und konkret sein muss, verwiesen oder einem bereits abgeänderten Arbeitsvertrag, sollten diese Dokumentbestandteil werden. Die Stellenbeschreibung sollte mechanisch mit der Änderungskündigung selbst verbunden werden. Andernfalls sollten sie bereits vom Arbeitgeber gesondert unterzeichnet sein.[9]

7 Ferner ist darauf zu achten, dass die Änderungen der Arbeitsbedingungen erst **nach Ablauf der Kündigungsfrist** in Kraft treten. Nach neuerer Instanzrechtsprechung wurde eine Änderungskündigung bereits aus dem Grund für sozial ungerechtfertigt erklärt, weil der Arbeitgeber das Änderungsangebot unter Verkürzung der den Arbeitnehmern zustehenden Kündigungsfrist abgegeben hatte.[10]

▶ **Beispiel:**

Den Arbeitnehmern, denen eine Kündigungsfrist von drei bzw. fünf Monaten zustand, wurde ein Änderungsangebot unterbreitet, dass nach einem Monat in Kraft treten sollte. Bei Ablehnung sollte das Arbeitsverhältnis zum nächstmöglichen Termin gekündigt werden. Das LAG Köln hat hier ohne weitere Begründung schon aus diesem

---

6 Vgl. APS/*Künzl* § 2 KSchG Rz 17 mit weiteren Nachweisen zur Rechtsprechung.
7 Vgl. *LAG Berlin* 13. 1. 2000, LAGE § 2 KSchG Nr. 37.
8 *V. Hoyningen-Huene/Linck* § 2 KSchG Rz 12 a mit weiteren Literaturnachweisen.
9 Vgl. *BGH* 30. 6. 1999, NJW 1999, 2591.
10 *LAG Köln* 21. 6. 2002, NZA-RR 247.

Änderungskündigung § 2

Grund die Änderungskündigung für sozialwidrig erachtet. Von den Arbeitnehmern werde in rechtswidriger Weise verlangt, auf zwei Monate ihrer Kündigungsfrist zu verzichten – bzw. hinnehmen, dass die Änderungen eintreten sollen, während ihre Kündigungsfristen noch mehrere Monate liefen.[11]

1. Zuweisung einer anderen Tätigkeit

Soll eine andere Tätigkeit zugewiesen werden, deren Bezeichnung aus sich heraus verständlich ist, reicht die reine Benennung der neuen Tätigkeit aus. In der Regel dürften hier an das Änderungsangebot keine strikteren Anforderungen zu stellen sein als an das ursprüngliche Arbeitsvertragsangebot.[12] 8

Sind mit dem neuen Aufgabengebiet Tätigkeiten verbunden, die sich nicht ohne weiteres aus seiner Bezeichnung ergeben, ist anzuraten, **die neue Funktion detailliert zu beschreiben**. Falls vorhanden, kann der Änderungskündigung eine Stellenbeschreibung beigelegt werden. Diese sollte zur Wahrung des Schriftformerfordernisses fest mit dem Kündigungsschreiben verbunden sein. 9

▶ Praxistipp:

Je konkreter die neue Aufgabenbeschreibung gefasst ist, desto größer ist die Wahrscheinlichkeit, dass die Änderungskündigung formell wirksam ist. Andererseits ist Vorsicht bei zu detaillierter Beschreibung der neuen Tätigkeit geboten, da der Arbeitgeber sodann das ihm zustehende Direktionsrecht unter Umständen nicht mehr ausüben kann.

2. Herabsetzung oder zeitliche Verlagerung der Arbeitszeit

Wird eine Herabsetzung oder zeitliche Verlagerung der Arbeitszeit beabsichtigt, muss der Arbeitnehmer klar erkennen können, **zu welchen Zeiten** und **in welchem Umfang** er zukünftig tätig werden soll. 10

---

11 Vgl. *LAG Köln* 21. 6. 2002, a. a. O.; leider setzt sich das LAG in keinster Weise mit der Rechtsprechung des BAG auseinander, wonach die Kündigung bei falscher Kündigungsfrist im Zweifel zum nächsten zulässigen Termin wirkt, vgl. *BAG* 18. 4. 1985, EzA § 622 BGB nF Nr. 21. Eine entsprechende Anwendung dieser Grundsätze hätte zumindest in Erwägung gezogen werden müssen und ist letztendlich gut zu vertreten.
12 Diese Vorgehensweise hat den weiteren Vorteil, dass das dem Arbeitgeber zustehende Direktionsrecht für die Zukunft nicht eingeschränkt wird.

§ 2 Änderungskündigung

Sofern sich die Verlagerung oder Reduzierung der Arbeitszeit auf die **Vergütung** des Arbeitnehmers **auswirkt**, ist die zukünftige Höhe der Bruttovergütung genau zu bezeichnen. Dies kann auch durch Bezugnahme auf eine neue Tarifgruppe geschehen.[13]

3. Änderung der Vergütung

11 Will der Arbeitgeber durch Änderungskündigung das Gehalt reduzieren, zB Vergütungsbestandteile streichen, muss das Angebot ebenfalls unmissverständlich klar sein. Für eine Erhöhung der Vergütung bedarf es einer Änderungskündigung regelmäßig nicht, weil in der Praxis hierüber in aller Regel eine vertragliche Einigung, gegebenenfalls auch stillschweigend, erzielt wird.

▶ **Praxistipp:**

Besteht das Gehalt aus einer tariflichen Vergütung und übertariflichen Zulagen sind diese im Einzelnen aufzulisten.[14]

12 **Besondere Anforderungen** an das Änderungsangebot sind im Falle einer **Änderung von Provisionsvereinbarungen** zu stellen. Ist die Änderung nicht aus sich verständlich, dh ist der Arbeitnehmer nicht ohne weiteres in der Lage, den ihm zustehenden Provisionssatz und die daraus resultierende Gehaltsänderung zu errechnen, so sollte der Änderungskündigung ein Berechnungsbeispiel bzw. ein konkret auf den Arbeitnehmer zugeschnittenes Rechnungsmodell beigelegt werden.

13 Änderungskündigungen zu Gehaltsreduzierungen sind nach der **Rechtsprechung** nur unter sehr **eingeschränkten Voraussetzungen** zulässig.[15]

4. Änderung des Arbeitsortes

14 Bei einer Änderung des Arbeitsortes ist dieser genau zu bezeichnen. Sofern der Arbeitgeber beabsichtigt, dem Arbeitnehmer zusätzlich die Umzugskosten und/oder Reisekosten zu erstatten, stellen diese zusätzliche freiwillige Leistungen dar, deren konkrete Bezeichnung nicht notwendiger Bestandteil des Änderungsangebotes sind.

---

13 Vgl. den Sachverhalt *LAG Rheinland-Pfalz* 6. 2. 1987, LAGE § 2 KSchG Nr. 6, Leitsätze der Entscheidung in DB 1987, 1098.
14 Vgl. den Sachverhalt *LAG Hamm* 25. 6.1986, LAGE § 2 KSchG Nr. 4.
15 Dazu unten Rz 114.

III. Sachlicher und zeitlicher Zusammenhang zwischen Kündigung und Änderungsangebot

Das **Angebot** zur Änderung der Arbeitsbedingungen muss **im Zusammenhang mit der Kündigung** des Arbeitsverhältnisses gemacht werden. Es sollte erkennbar sein, dass die Fortsetzung des Arbeitsverhältnisses vorrangiges Ziel des Arbeitgebers ist.

Die Änderungskündigung kann als bedingte und unbedingte Kündigung ausgesprochen werden.

▶ **Beispiel:**

»Hiermit kündigen wir das Arbeitsverhältnis zum .... und bieten Ihnen gleichzeitig an, das Arbeitsverhältnis ab dem .... zu den folgenden Bedingungen fortzusetzen: ....« (Unbedingte Änderungskündigung)

Hiermit kündigen wir Ihr Arbeitsverhältnis zum .... unter der Bedingung, dass Sie unser Angebot zur Fortsetzung des Arbeitsverhältnisses mit den folgenden Bedingungen nicht bis zum .... annehmen: ....« (Bedingte Änderungskündigung)

1. Änderungsangebot und nachfolgende Kündigung

Da die Kündigung und das Änderungsangebot in einem sachlichen und rechtlichen Zusammenhang stehen, hat es das BAG zunächst als begriffsnotwendig angesehen, dass Kündigung und Angebot gleichzeitig zugehen.[16]

Die Literatur geht jedoch überwiegend davon aus, dass die **Kündigung** dem **Änderungsangebot nachfolgen** kann.[17] In diesem Zusammenhang hat das BAG folgende Grundsätze aufgestellt:[18]

Der Arbeitgeber hat vor Ausspruch einer Beendigungskündigung dem Arbeitnehmer eine geeignete und beiden Parteien zumutbare Beschäftigung auf einem freien Arbeitsplatz anzubieten. Fehlt es an einem solchen vor der Kündigung gemachten Angebot, ist aber davon auszugehen, dass der Arbeitnehmer dem Angebot zumindest unter Vorbehalt zugestimmt hätte, ist die Beendigungskündigung sozial

---

[16] *BAG* 10.12.1975, AP §§ 22, 23 BAT Nr. 90.
[17] Vgl. KR/*Rost* § 2 KSchG Rz 18 ff; *v. Hoyningen-Huene/Linck* § 2 KSchG Rz 12; APS/*Künzl* § 2 KSchG Rz 30.
[18] *BAG* 27.9.1984, EzA § 2 KSchG Nr. 5; BB 1985, 1130.

ungerechtfertigt. Macht der Arbeitgeber ein entsprechendes Angebot und lehnt der Arbeitnehmer dieses ab, kann der Arbeitgeber unmittelbar eine Beendigungskündigung aussprechen, wenn er im ursprünglichen Angebot unmissverständlich klargestellt hat, dass er bei Ablehnung des Angebotes eine Beendigungskündigung auszusprechen beabsichtigt. Hat der Arbeitnehmer hingegen ein entsprechendes Angebot des Arbeitgebers unter einem § 2 KSchG entsprechenden Vorbehalt angenommen oder fehlt der Hinweis auf die beabsichtige Beendigungskündigung im ursprünglichen Angebot, bleibt dem Arbeitgeber nur der Ausspruch einer Änderungskündigung. Eine Beendigungskündigung wäre wegen des »**Vorrangs der Änderungskündigung**« unwirksam.

20 Das BAG verlangt, dass der Arbeitgeber dem Arbeitnehmer in entsprechender Anwendung des § 102 Abs. 2 BetrVG eine **Frist** von **einer Woche** einräumt, damit dieser das Angebot des Arbeitgebers zur Änderung der Arbeitsbedingungen prüfen kann.[19] Erst nach Ablauf dieser Frist ist es dem Arbeitgeber erlaubt, die Kündigung auszusprechen.

▶ **Praxistipp:**

Um Zeitverzögerungen zu vermeiden, ist daher anzuraten, ein Änderungsangebot stets mit dem Hinweis zu verbinden, dass der Arbeitnehmer sich innerhalb von einer Woche äußern soll und bei Ablehnung des Angebotes eine Beendigungskündigung beabsichtigt ist. Fehlt der Hinweis, und der Arbeitgeber spricht im Folgenden eine Änderungskündigung aus, so hat der Arbeitnehmer nach der gesetzlichen Regelung des § 2 KSchG nochmals eine dreiwöchige Überlegungsfrist, ob er das Angebot annehmen möchte oder nicht. In diesem Fall besteht über weitere drei Wochen hinweg die Ungewissheit, ob das Arbeitsverhältnis nicht unter Umständen doch unter geänderten Bedingungen weitergeführt wird.

21 Es besteht im Übrigen aber **keine Pflicht** des Arbeitgebers, **vor Ausspruch** einer **Änderungskündigung** ein **Angebot** zur einvernehmlichen Änderung der Arbeitsbedingungen **abzugeben**.[20] Die oben aufgestellten Grundsätze des BAG gelten vielmehr nur für die Beendigungskündigung. Der Arbeitgeber kann auch sogleich eine Änderungskündigung aussprechen. Bei einem engen Zeitrahmen – zB zur Einhaltung

---

19 *BAG* 27. 9. 1984, a. a. O.
20 So die wohl hM vgl. hierzu APS/*Künzl* § 2 KSchG Rz 35, *v. Hoyningen-Huene*/*Linck* § 1 KSchG Rz 146; KR/*Rost* § 2 KSchG Rz 18 g mwN.

Änderungskündigung § 2

einer Kündigungsfrist – kann dies aus Arbeitgebersicht sogar unabdingbar sein.

2. Kündigung und nachfolgendes Änderungsangebot

Kündigt der Arbeitgeber zunächst unbedingt und folgt das Änderungsangebot der Kündigung während oder nach Ablauf der Kündigungsfrist nach, so liegt **keine Änderungskündigung** sondern weiterhin eine Beendigungskündigung vor.[21] Das Änderungsangebot wird jedoch als **alternative Weiterbeschäftigungsmöglichkeit** in den Kündigungsschutzprozess einfließen. Unter Umständen kann ein nachgeschobenes Änderungsangebot aber im Wege der Auslegung nach § 133 BGB als erstmaliger Ausspruch einer Änderungskündigung angesehen werden.[22]

22

▶ Praxistipp:

Erkennt der Arbeitgeber nach Ausspruch einer Beendigungskündigung, dass eine alternative Beschäftigungsmöglichkeit vorliegt, so ist anzuraten, eine Änderungskündigung auszusprechen und nicht lediglich ein Änderungsangebot zu machen. Andernfalls läuft er Gefahr, dass das Änderungsangebot nicht als Änderungskündigung ausgelegt wird, jedoch trotzdem für die Frage der fehlenden Weiterbeschäftigungsmöglichkeit in den Kündigungsschutzprozess einfließt. Gleichzeitig sollte der Arbeitgeber ausdrücklich von der ursprünglichen Kündigung Abstand nehmen und erklären, hieraus keine Rechte mehr herleiten zu wollen. Auch wenn dies den Arbeitnehmer nicht daran hindert, den ursprünglichen Kündigungsschutzprozess weiterzuführen, erledigt sich das Verfahren regelmäßig in der Praxis mit einer derartigen Erklärung des Arbeitgebers.

Das **Angebot** zur Änderung der Arbeitsbedingungen kann auch **die nur befristete Weiterbeschäftigung zu geänderten oder gleich bleibenden Bedingungen** zum Inhalt haben.[23] Die Änderungskündigung muss in einem solchen Fall zum einen gemäß § 1 KSchG **sozial gerecht-**

23

---

21 So die wohl hM, vgl. hierzu APS/*Künzl* § 2 KSchG Rz 25 mit einer Übersicht über den Streitstand.
22 Offengelassen für den Fall eines nach Ablauf der Kündigungsfrist zugehenden Änderungsangebots *LAG Rheinland-Pfalz* 6. 2. 1987, DB 1987, 1098, vgl. auch APS/*Künzl* § 2 KSchG Rz 29.
23 Vgl. *BAG* 25. 4. 1996, EzA § 2 KSchG Nr. 25 und die dieser Entscheidung folgende hM vgl. nur APS/*Künzl* § 2 KSchG Rz 20.

§ 2 Änderungskündigung

fertigt sein, zum anderen fließt in die Prüfung der sozialen Rechtfertigung die Vorfrage ein, ob die Befristung als solche durch **sachliche Gründe iSd TzBfG** gedeckt ist.[24] Letzteres kann der Arbeitnehmer nach der Gesetzesänderung zum 1. 1. 2004 nicht mehr nach Ablauf der Drei-Wochen Frist des § 4 Satz 2 KSchG geltend machen,[25] unabhängig davon, ob er die Änderungskündigung an sich angreift oder nicht.

IV. Formen der Änderungskündigung

Die Änderungskündigung ist in allen denkbaren Konstellationen, dh als ordentliche oder außerordentliche sowie als betriebs-, verhaltens- oder personenbedingte Kündigung möglich. Grundsätzlich kann auch der Arbeitnehmer eine Änderungskündigung gegenüber dem Arbeitgeber aussprechen, praktisch bedeutsam ist dies aber nicht. So kann der Arbeitnehmer, der eine Herabsetzung seiner Arbeitszeit wünscht, von den Möglichkeiten des § 8 TzBfG Gebrauch machen, ohne eine Änderungskündigung erklären zu müssen. Sprechen mehrere Arbeitnehmer gegenüber dem Arbeitgeber eine Änderungskündigung aus, so ist diese unter Umständen vom Arbeitskampf abzugrenzen.[26]

24 Für die **außerordentliche Änderungskündigung** besteht insbesondere dann ein praktisches Bedürfnis, wenn eine ordentliche Kündigung des Arbeitsverhältnisses vertraglich, gesetzlich oder tarifvertraglich ausgeschlossen ist. Ein wichtiger Grund iSd § 626 BGB liegt vor, wenn die Änderung der Arbeitsbedingungen für den Arbeitgeber unabweisbar notwendig ist.[27] Auf eine außerordentliche Änderungskündigung ist nach Ansicht des BAG § 2 KSchG anzuwenden.[28] Der Arbeitnehmer ist in diesem Fall verpflichtet, sich dem Arbeitgeber gegenüber unverzüglich, dh ohne schuldhaftes Zögern, zu dem Änderungsangebot zu erklären.[29]

---

24 *BAG* 25. 4. 1996, a. a. O.
25 Vgl. § 4 Rz 12 ff.; vor Gesetzesänderung konnte der Arbeitnehmer, unabhängig davon, ob er die Änderungskündigung angriff, die sachliche Rechtfertigung der Befristung auch nach Ablauf der Drei-Wochen-Frist gerichtlich geltend machen, vgl. *BAG* 8. 7. 1998, NZA 1999, 81.
26 Vgl. hierzu die ausführliche Kommentierung in APS/*Künzl* § 2 KSchG Rz 43; KR/*Weigand* § 25 Rz 30 jeweils mit weiteren Nachweisen.
27 *BAG* 21. 6. 1995, EzA § 15 KSchG nF Nr. 43.
28 *BAG* 19. 6.1986, EzA § 2 KSchG Nr. 7.
29 *BAG* 19. 6. 1986, a. a. O.; vgl. darüber hinaus die ausführliche Kommentierung zu dieser Problematik in KR/*Rost* § 2 KSchG Rz 30.

Änderungskündigung §2

C. Abgrenzungsfragen

I. Direktionsrecht

Der Arbeitgeber handelt unverhältnismäßig, wenn er eine Änderungs- 25
kündigung ausspricht, obwohl er die beabsichtigte Änderung der
Arbeitsbedingungen mittels einseitiger Leistungsbestimmung, dh
Direktions- oder Weisungsrecht durchsetzen könnte. Dies bedeutet
zwar nach neuerer Rechtsprechung des BAG nicht notwendig, dass
eine dennoch ausgesprochene Änderungskündigung unwirksam ist.[30]
Die Änderung der Arbeitsbedingungen im Wege des **Direktionsrechts**
birgt jedoch einige **Vorteile** für den **Arbeitgeber**. So steht das Arbeitsverhältnis an sich nicht in Frage. Weiterhin können die Arbeitsbedingungen ohne Einhaltung einer unter Umständen langen Kündigungsfrist geändert werden und der Betriebsrat ist nicht wegen einer Kündigung (§ 102 BetrVG) zu beteiligen, möglicherweise aber wegen einer
Versetzung oder Umgruppierung (§ 99 BetrVG).[31] Der Arbeitnehmer
kann zwar Feststellungsklage gegen die Änderung der Arbeitsbedingungen erheben, muss jedoch zumindest für die Dauer des Prozesses
die Änderung der Arbeitsbedingungen akzeptieren.

1. Begriff und Inhalt des Direktionsrechts

Das Direktionsrecht ist nach ständiger Rechtsprechung des BAG das 26
Recht des Arbeitgebers, die Einzelheiten der vom Arbeitnehmer
geschuldeten Arbeitsleistung näher zu bestimmen, soweit diese nicht
abschließend im Arbeitsvertrag, im einschlägigen Tarifvertrag oder
einer Betriebsvereinbarung geregelt sind.[32] Es gestattet dem Arbeitgeber, **Inhalt, Zeit und Ort** der Arbeitsleistung **zu konkretisieren** und ist
nunmehr ausdrücklich in § 106 GewO statuiert. Bei Ausübung des
Direktionsrechts dürfen die zwischen den Parteien vereinbarten,
wesentlichen vertraglichen Bestimmungen jedoch nicht verändert werden.[33] Dadurch würde das Gleichgewicht zwischen Leistung und Gegenleistung berührt. Dies kann nur durch eine Änderungskündigung
geschehen.

---

30 So *BAG* 26.1.1995, EzA § 2 KSchG Nr. 22, dagegen die überwiegend ablehnende Haltung in der Literatur, vgl. nur KR/*Rost* § 2 KSchG Rz 106 a mwN;
vgl. auch unter Rz 57.
31 Zur Beteiligung des Betriebsrates s. u. Rz 58.
32 *BAG* 23.6.1993, EzA § 611 Direktionsrecht Nr. 13; APS/*Künzl* § 2 KSchG Rz
49 ff.; KR/*Rost* § 2 KSchG Rz 37 ff.; jeweils mit weiteren Nachweisen aus
Rechtsprechung und Literatur.
33 *BAG* 23.6.1993, a. a. O.

§ 2 Änderungskündigung

▶ **Praxistipp:**

Ob eine Änderung mittels Direktionsrecht durchgesetzt werden kann, ist immer eine Frage der Einzelfallbetrachtung. Sofern der Arbeitgeber Formulararbeitsverträge verwendet und die betrieblichen Regelungen auf alle Arbeitnehmer gleichmäßig angewandt werden, kann zwar grundsätzlich davon ausgegangen werden, dass das Direktionsrecht bei allen Arbeitnehmern im gleichen Umfang besteht. Unter Umständen ist jedoch auch in einem solchen Fall bei dem einzelnen Arbeitnehmer das Direktionsrecht zB aufgrund Konkretisierung auf eine bestimmte Tätigkeit oder einen bestimmten Arbeitsort eingeschränkt.[34] Aus diesem Grund ist der Umfang der Direktionsrechtes stets für den Einzelfall nach den vertraglichen Vereinbarungen und den betrieblichen Gegebenheiten zu bestimmen.

27 Das Direktionsrecht steht dem Arbeitgeber relativ unproblematisch in allen **Fragen** der **betrieblichen Ordnung** zu, zB hinsichtlich der Einhaltung von Sicherheitsbestimmungen,[35] der Anweisung zur Bedienung von Maschinen,[36] der Einführung oder Durchsetzung von Alkohol- oder Rauchverboten,[37] der Durchführung von Kontrollen[38] und der Einführung einer Kleiderordnung.[39]

2. Grenzen des Direktionsrechts

28 Problematisch ist das Bestehen des Direktionsrechts jedoch, wenn **Arbeitspflichten** an sich geändert werden sollen. Dies gilt vor allem bei einer beabsichtigten Versetzung des Arbeitnehmers, also der Zuweisung eines anderen Arbeitsplatzes in örtlicher oder sachlicher Hinsicht, aber auch bei Änderung der Arbeitszeit. Hierzu finden sich idR Bestimmungen im Arbeitsvertrag, die das Direktionsrecht des Arbeitgebers einschränken. Es ist eine Frage der Auslegung (§§ 133, 157 BGB), ob der Arbeitsvertrag eine das Direktionsrecht ausschließende finale Regelung enthält. Als **Faustformel** gilt: Je allgemeiner eine bestimmte Arbeitspflicht im Arbeitsvertrag umschrieben ist, desto eher besteht die Möglichkeit, diese Arbeitspflicht im Wege des Direktionsrechts zu ändern. Je konkreter der Arbeitsvertrag in dieser

---

34 Zur Frage der Konkretisierung der Arbeitspflichten siehe unten Rz 43 ff.
35 *LAG Schleswig-Holstein* 26. 10. 1995, BB 1996, 222.
36 KR/*Rost* § 2 KSchG Rz 37.
37 *LAG Frankfurt* 6. 7. 1989, LAGE § 611 BGB Direktionsrecht Nr. 5.
38 KR/*Rost* § 2 KSchG Rz 37.
39 *LAG Hamm* 22. 10. 1991, DB 1992, 280.

Änderungskündigung § 2

Hinsicht gefasst ist, desto weniger Raum besteht für das Direktionsrecht des Arbeitgebers.

▶ **Beispiel:**

Einem explizit als Lohnbuchhalter eingestellten Arbeitnehmer können keine einfachen Angestelltentätigkeiten zugewiesen werden. Einem ganz allgemein als Arbeiter in der Produktion angestellten Arbeitnehmer kann hingegen grundsätzlich jede andere Tätigkeit zugewiesen werden, die nach dem Tätigkeitsbild und der im Betrieb geltenden Verkehrsauffassung gleichwertig ist.[40]

▶ **Praxistipp:**

Ein Arbeitsvertrag, der nur generell die Art und den Ort der Tätigkeit umschreibt, ist von Vorteil für den Arbeitgeber, da Änderungen unter Umständen mittels Direktionsrecht durchgesetzt werden können. Dem steht jedoch der Nachteil gegenüber, dass sich der Kreis der vergleichbaren Arbeitnehmer bei einer betriebsbedingten Kündigung hinsichtlich der Sozialauswahl erweitern kann.[41]

Eine **Ausnahme** von den strikten Voraussetzungen, unter denen eine Änderung der arbeitsvertraglichen Pflichten mittels des Direktionsrechts möglich ist, besteht bei **Notfällen**. Dann soll der Arbeitgeber auch ohne einen entsprechenden vertraglichen Vorbehalt dazu berechtigt sein, dem Arbeitnehmer zumutbare Arbeiten zuzuweisen, die vertraglich nicht geschuldet sind.[42] 29

▶ **Beispiel:**

Einen solchen Notfall hat das BAG etwa bei kurzfristiger, vorübergehender Vertretung eines erkrankten oder beurlaubten Arbeitnehmers angenommen, sofern diese Notsituation nicht durch vorausschauende Personalplanung vermieden werden konnte.[43]

a) Änderung der Tätigkeit

Auch bei nur generalisierender Umschreibung der Tätigkeit im Arbeitsvertrag dürfen dem Arbeitnehmer keine hierarchisch geringwertigen Tätigkeiten zugewiesen werden. Der Umfang der beiderseiti- 30

---

40 *BAG* 12.12.1984, EzA § 315 BGB Nr. 29.
41 Vgl. § 1 KSchG Rz 517.
42 *BAG* 8.10.1962, AP § 611 BGB Direktionsrecht Nr. 18.
43 *BAG* 8.10.1962, a. a. O.

gen **Hauptleistungspflichten** (Vergütungs- und Arbeitspflicht) unterliegt nicht dem allgemeinen Weisungsrecht des Arbeitgebers, da diese zum **Kernbereich des Arbeitsverhältnisses** gehören.[44] Das Verbot der Zuweisung geringwertiger Tätigkeit per Direktionsrecht gilt sogar dann, wenn die bisherige Vergütung fortgezahlt wird. Aber auch die Zuweisung einer hierarchisch gleichwertigen Tätigkeit in der gleichen Vergütungsgruppe ist nicht durch das Direktionsrecht gedeckt, wenn der Arbeitnehmer als Folge keine sog. Funktionszulagen (zB als Schichtmeister) mehr erhalten würde.[45] Anderes soll hingegen für den Wegfall von Schmutz-, Nacht- oder Gefahrenzulagen gelten.[46] Eine solche effektive Lohnminderung soll der Arbeitnehmer hinnehmen müssen.

31 Im **öffentlichen Dienst** sind die Voraussetzungen, unter denen eine Änderung der Tätigkeit mittels Direktionsrecht zulässig ist, weniger streng. So können den Arbeitnehmern und Angestellten im öffentlichen Dienst regelmäßig alle den Fähigkeiten und Kräften entsprechenden Arbeiten übertragen werden, die ihrer jeweiligen konkreten **Tarifgruppe** zuzuordnen sind.[47] Es kommt hierbei auch nicht darauf an, ob durch die Übertragung der neuen Tätigkeit der Bewährungsaufstieg ausgeschlossen wird.[48]

32 In den folgenden Fällen hat die Rechtsprechung eine Änderung der Tätigkeit mittels **Direktionsrecht** für **zulässig** erachtet:

– Eine nach dem einschlägigen Tarifvertrag widerruflich übertragene Vorarbeiterposition kann im Wege des Direktionsrechts widerrufen werden.[49]

– Einem als kaufmännischer Angestellter eingestellten und in eine bestimmte tarifliche Gehaltsgruppe eingereihten Arbeitnehmer kann der Arbeitgeber grundsätzlich jede kaufmännische Tätigkeit zuweisen, die der Wertigkeit der Tarifgruppe entspricht. Ihm kann angesichts der Weite der vertraglichen Formulierung die Kundenbetreuung entzogen werden, sofern hierdurch nicht ein ganz neuer Arbeitsbereich zugewiesen wird.[50]

---

44 Ständige Rspr. des BAG, *BAG* 11.6. 1958, AP § 611 BGB Beschäftigungspflicht Nr. 2; *BAG* 16. 10. 1965, AP § 611 BGB Direktionsrecht Nr. 20.
45 *LAG Düsseldorf* 31. 1. 1973, BB 1973, 1489.
46 *LAG Hamm* 13. 12. 1990, LAGE § 611 Direktionsrecht Nr. 17.
47 *BAG* 12. 4. 1973, AP § 611 BGB Direktionsrecht Nr. 24.
48 *BAG* 30. 8. 1995, EzA § 611 BGB Direktionsrecht Nr. 14.
49 *BAG* 10. 11. 1992, AP § 72 LPVG NW Nr. 6.
50 *BAG* 27. 3. 1980, AP § 611 Direktionsrecht Nr. 26.

Änderungskündigung §2

- Arbeitnehmer des öffentlichen Dienstes sind im Grundsatz verpflichtet, jede ihnen zugewiesene Tätigkeit zu verrichten, die den Merkmalen ihrer Vergütungsgruppe sowie ihren Kräften und Fähigkeit entspricht, es sei denn, aus ihrem Arbeitsvertrag ergibt sich etwas anderes.[51]

- Ein Angestellter, der in der Führungsebene eine Vertrauensposition als Pressesprecher innehat, kann auf einen Posten als Vorstandsreferent mit anderem Aufgabengebiet versetzt werden (trotz langjähriger Tätigkeit keine Konkretisierung).[52]

- Eine Verkäuferin kann grundsätzlich von der Kinderabteilung in die Herrenabteilung versetzt werden.[53] Ist sie dagegen ausdrücklich für die Sportabteilung eingestellt worden, ist eine Versetzung in die Schuhabteilung nicht vom Weisungsrecht gedeckt.[54]

In den folgenden Fällen wurde eine **Änderungskündigung** für **notwendig** erachtet: 33

- Ein als Fleischbeschauer eingestellter Tierarzt kann nicht kraft Weisungsrecht zur Trichinenschau herangezogen werden.[55]

- Einem Angestellten im öffentlichen Dienst kann eine andere Tätigkeit, die geringwertige Qualifikationsmerkmale erfüllt und nur im Wege des Bewährungsaufstiegs den Verbleib in der bisherigen Vergütungsgruppe ermöglicht, nicht kraft Direktionsrecht übertragen werden.[56]

- Ein Lohnbuchhalter kann nicht per Direktionsrecht angewiesen werden, die Fernfahrer hinsichtlich des Führens eines Schichtbuchs und der Einhaltung des ArbZG zu überwachen.[57]

- Einem Arbeitnehmer, dem ohne zeitliche Begrenzung eine höherwertige Arbeit übertragen wird als nach dem Arbeitsvertrag vorgesehen ist, kann nach einer solchen »konkludenten Beförderung« nur noch eine Tätigkeit auf dieser (höheren) Ebene zugewiesen werden, da diese Inhalt des Arbeitsvertrages wird.[58]

---

51 *BAG* 30.8.1995, a. a. O.
52 *LAG Köln* 23.2.1987, LAGE § 611 BGB Direktionsrecht Nr. 1.
53 *LAG Köln* 26.10.1984, NZA 1985, 258.
54 *LAG Düsseldorf*, NZA 1988, 69.
55 *BAG* 8.9.1994, AP § 611 BGB Fleischbeschauer-Dienstverhältnis Nr. 18.
56 *BAG* 12.4.1996, EzA § 611 BGB Direktionsrecht Nr. 17.
57 *BAG* 3.12.1980, AP § 615 BGB Böswilligkeit Nr. 4.
58 *BAG* 12.2.1970, AP § 611 BGB Direktionsrecht Nr. 23.

- Kein Raum für die Zuweisung anderer Arbeit bleibt dann, wenn bereits die Einstellung eines Arbeitnehmers für eine bestimmte, im Anstellungsvertrag konkret bezeichnete Tätigkeit erfolgt ist, zB als Chefärztin der Röntgen- und Strahlenabteilung eines Krankenhauses.[59]

- Ein langjähriger Kraftfahrer kann nicht mit anderen, Nicht-Kraftfahrer-Tätigkeiten, beauftragt werden.[60]

- Einem Orchestermusiker kann keine Operetten-Bühnenrolle zugewiesen werden.[61]

b) Änderung des Arbeitsortes

34 Wird der Arbeitnehmer für einen bestimmten Ort eingestellt, kann ihm im Wege des Direktionsrechtes idR keine gleiche Tätigkeit an einem anderen Arbeitsort zugewiesen werden.[62] Wird im Arbeitsvertrag keine konkrete Aussage über den Arbeitsort gemacht, kann ein Arbeitgeber, der mehrere Betriebe unterhält, den Arbeitsort grundsätzlich im Rahmen des billigen Ermessens ändern, dh **bei nicht erheblicher räumlicher Entfernung** zum ursprünglichen Arbeitsort den neuen Arbeitsort im Wege des Direktionsrechts ändern.[63]

▶ Praxistipp:

Hinsichtlich des Umfanges des Direktionsrechtes ist es für den Arbeitgeber vorteilhaft, wenn der Arbeitnehmer nicht für einen bestimmten Arbeitsort eingestellt wurde oder der Arbeitgeber sich die Versetzung an einen anderen Arbeitsort vorbehalten hat. Andererseits ist bei solcher Vertragsgestaltung Vorsicht bei einer betriebsbedingten Kündigung im Hinblick auf die in die Sozialauswahl einzubeziehenden Personen geboten. Unter Umständen ist der Arbeitgeber gehalten, nicht nur die im konkreten Betrieb beschäftigten vergleichbaren Arbeitnehmer sondern auch in anderen Betrieben beschäftigte Arbeitnehmer in die Sozialauswahl mit einzubeziehen, wenn der zu kündigende Arbeitnehmer im Wege des Direktionsrechtes auf einen vergleichbaren Arbeitsplatz im anderen Betrieb versetzt werden kann.[64]

---

59 *BAG* 10. 11. 1955, AP § 611 BGB, Beschäftigungspflicht Nr. 2.
60 *BAG* 3. 12. 1980, AP § 615 BGB Böswilligkeit Nr. 4.
61 *BAG* 14. 4. 1984, AP § 611 BGB Direktionsrecht Nr. 9.
62 Vgl. *v. Hoyningen-Huene/Linck* § 2 KSchG Rz 17.
63 *LAG Berlin* 25. 4. 1988, DB 1988, 1228.
64 *BAG* 21. 6. 1995 – 2 AZR 693/94 nv.

In den folgenden Fällen hat die Rechtsprechung eine Änderung des 35
Arbeitsortes Tätigkeit mittels **Direktionsrecht** für **zulässig** erachtet:

– Anordnung der Ableistung der Arbeitszeit ausschließlich im Dienstgebäude bei bisheriger Gestattung, auch außerhalb zu arbeiten.[65]

– Der Arbeitgeber ist aus sachlichen Gründen, zB wegen einer Angleichung an Gemeindegrenzen oder einer Verlegung des Standortes des Außendienstmitarbeiters in die Mitte des Bezirkes, zu Neueinteilung der Bezirke seiner Außendienstmitarbeiter berechtigt, sofern er sich im Arbeitsvertrag eine Änderung des zugewiesenen Bezirks aus organisatorischen Gründen vorbehalten hat.[66] Die Interessen der beteiligten Arbeitnehmer sind dabei zu berücksichtigen.

Im folgenden Fall hat die Rechtsprechung eine **Änderungskündigung** 36
für erforderlich erachtet:

– Verlegung des Tätigkeitsorts um mehr als 100 km.[67]

c) Änderung der Arbeitszeit

Der Arbeitgeber kann die im Arbeitsvertrag vereinbarte Arbeitsdauer 37
hinsichtlich ihrer konkreten Verteilung auf die Arbeitstage zeitlich näher konkretisieren, dh er kann grundsätzlich Beginn und Ende der Arbeitszeit festlegen, wenn im Arbeitsvertrag keine eindeutige Regelung zur Lage der Arbeitszeit getroffen wurde.[68] Mangels entgegenstehender vertraglicher Regelung kann der Arbeitgeber beispielsweise Wechselschichtarbeit einführen oder einzelnen Arbeitnehmen, die zuvor nachts gearbeitet haben, Tagesschichten zuweisen.[69]

In den folgenden Fällen hat die Rechtsprechung eine Änderung der 38
Arbeitszeit Tätigkeit mittels **Direktionsrecht** für **zulässig** erachtet:

– Die Verlängerung der Arbeitszeit von 32 auf 36 Wochenstunden ist im Wege des Direktionsrechts möglich, wenn die tarifliche regel-

---

[65] *BAG* 11. 10. 1995, EzA § 242 BGB Betriebliche Übung Nr. 33.
[66] *BAG* 7. 10. 1982, AP § 620 BGB Teilkündigung Nr. 5.
[67] *BAG* 14. 6. 1973, DB 1973, 1304 f.
[68] *LAG Berlin* 26. 7.1993, LAGE § 611 Direktionsrecht Nr. 16.
[69] *BAG* 23. 6. 1992, EzA § 611 Direktionsrecht Nr. 12: Hiernach soll ein Arbeitnehmer, der aus persönlichen Gründen an einer bestimmten, von der betriebsüblichen Arbeitszeit unabhängigen Lage der Arbeitszeit Interesse hat, diese Unabhängigkeit mit dem Arbeitgeber vereinbaren, selbst wenn die zur Zeit des Abschlusses des Arbeitsvertrages geltende betriebliche Arbeitszeit seinen Interessen entspricht.

mäßige Arbeitszeit 40 Stunden beträgt und die praktizierte 32-stündige Arbeitswoche nicht auf Grund betrieblicher Übung Vertragsinhalt geworden ist.[70]

- Aufgrund seines Direktionsrechts kann der Arbeitgeber auch einseitig eine vertraglich nur rahmenmäßig umschriebene zusätzliche Pflicht des Arbeitnehmers zur Ableistung von Bereitschaftsdienst zeitlich näher bestimmen.[71]

- Haben die Parteien eine »Halbtagsbeschäftigung« vereinbart in einer Zeit, als im Betrieb des Arbeitgebers allgemein die 40-Stunden Woche galt, kann der Arbeitgeber im Wege des Direktionsrechts die Halbtagsarbeitszeit auf 19 Stunden senken, wenn jetzt in seinem Betrieb allgemein die 38-Stunden-Woche gilt.[72]

- Einführung von Wechselschicht, sofern der bisher übliche Einschichtbetrieb nicht einzelvertraglich festgeschrieben war.[73]

- Festlegung der Anzahl der zu leistenden Nachtschichten.[74]

39 Hinsichtlich der **Dauer** der Arbeitszeit hat die Rechtsprechung eine **Änderungskündigung** für erforderlich erachtet:

- Eine Änderung der Dauer der Arbeitszeit kann nicht mit Hilfe des Direktionsrechts durchgesetzt werden, weil anderenfalls der Arbeitgeber einseitig seine vertraglich festgelegte Vergütungspflicht ändern könnte; er somit in den Kernbereich des kündigungsrechtlich geschützten Arbeitsverhältnisses eingreifen würde.[75] Auch Kurzarbeit gehört zur Dauer der Arbeitszeit; sie kann daher nicht durch einseitige Weisung eingeführt werden,[76] vielmehr ist hierfür eine Änderungskündigung, eine Vertragsänderung oder eine Betriebsvereinbarung (§ 87 Abs. 1 Nr. 3 BetrVG) erforderlich.

d) Kürzung der Vergütung

40 Die Kürzung der Vergütung oder der Wegfall von Vergütungsbestandteilen kann **nicht per Direktionsrecht** des Arbeitgebers durchgesetzt

---

70 *BAG* 27. 3. 1987, AP § 242 BGB Betriebliche Übung Nr. 29.
71 *BAG* 25. 10. 1989, AP § 611 BB Direktionsrecht Nr. 36.
72 *BAG* 21. 2. 1991, RzK I 7 a Nr.23.
73 *BAG* 23. 6. 1992, EzA § 611 BGB Direktionsrecht Nr. 12.
74 *BAG* 11. 2. 1998, NZA 1998, 646.
75 *BAG* 12. 12. 1991, AP § 615 BGB Kurzarbeit Nr. 4.
76 *BAG* 12. 10. 1994, AP § 87 BetrVG 1972 Arbeitszeit Nr. 66; *BAG* 14. 2. 1991, AP § 615 BGB Kurzarbeit Nr. 4.

werden, da das Direktionsrecht nur hinsichtlich der vom Arbeitnehmer geschuldeten Arbeitsleistung bestehen kann.[77] Sofern also eine Vergütungskürzung nicht notwendige und zulässige Folge der Änderung einer Arbeitspflicht ist (zB bei Änderung des Tätigkeitsbereiches oder der Arbeitszeit), sondern das Gegenseitigkeitsverhältnis »Vergütung – Arbeitsleistung« betroffen ist,[78] ist eine Änderungskündigung zur Reduzierung der Vergütung erforderlich, es sei denn, der Arbeitgeber hat sich den **Widerruf** bestimmter, über das Grundgehalt hinausgehender Vergütungsbestandteile vorbehalten. Dies bedeutet, dass das Grundgehalt eines Arbeitnehmers grundsätzlich nur mittels Änderungskündigung gekürzt werden kann.[79]

Aus diesem Grund hat das BAG in den folgenden Fällen eine **Änderungskündigung** für erforderlich gehalten: 41

– Einseitige Herabstufung in eine niedrigere Lohngruppe.[80]

– Die irrtümliche Einstufung eines Arbeitnehmers im öffentlichen Dienst in eine zu hohe Vergütungsgruppe kann nur durch Änderungskündigung dem Tarif angepasst werden.[81]

– Die Versetzung auf einen anderen Arbeitsplatz mit geringerer Entlohnung ohne entsprechende einzelvertragliche oder kollektive Regelung.[82]

In den folgenden Fällen hat die Rechtsprechung eine Änderung der Vergütung mittels **Direktionsrecht** für **zulässig** erachtet: 42

– Wegfall der den Angestellten gewährten Anrechnung einer bezahlten Mittagspause von 30 Minuten auf die Arbeitszeit bei tariflicher Verweisung auf die für Beamte jeweils geltenden arbeitszeitrechtlichen Bestimmungen.[83]

– Ohne Änderungskündigung kann eine in Verkennung tariflicher Bestimmungen rechtsgrundlos gezahlte tarifliche Vergütung eingestellt werden, sofern nicht zugleich ein entsprechender einzelvertraglicher Vergütungsanspruch besteht; es handelt sich hierbei lediglich um die Korrektur einer ungerechtfertigten Bereicherung,

---

77 Vgl. *BAG* 23. 6. 1993, EzA § 611 Direktionsrecht Nr. 13.
78 *BAG* 12. 12. 1984, AP § 2 KSchG Nr. 6.
79 Vgl. zu den strengen Voraussetzungen der Änderungskündigung zur Vergütungskürzung unten Rz 114.
80 *BAG* 6. 10. 1965, AP § 59 PersVG Nr. 4.
81 *BAG* 19. 10. 1961, AP § 1 KSchG Betriebsbedingte Kündigung Nr. 13.
82 *BAG* 30. 8. 1995, EzA § 611 BGB Direktionsrecht Nr. 14.
83 *BAG* 14. 8. 1986, EzA § 242 BGB Betriebliche Übung Nr. 19.

welche im übrigen keine mitbestimmungspflichtige Rückgruppierung darstellt.[84]

- Eine effektive Lohnminderung steht der Versetzungsbefugnis nicht entgegen, wenn sie auf dem Wegfall von Zulagen wie Schmutz-, Nacht- oder Gefahrenzulagen beruht, die bei der neu zugewiesenen Tätigkeit nicht anfallen.[85]

3. Konkretisierung des Direktionsrechts

43 Trotz nur allgemeiner Umschreibung einer Arbeitnehmerpflicht im Arbeitsvertrag kann sich die Arbeitsleistung im Einzelfall auf eine **bestimmte Tätigkeit**, eine **bestimmte Arbeitszeit** oder einen **Arbeitsort** konkretisieren. Dies soll dann der Fall sein, wenn dem Arbeitnehmer eine oder einzelne Tätigkeiten für einen **langen Zeitraum** zugewiesen wurden **und** er auf Grund besonderer Umstände darauf **vertrauen durfte**, dass ihm diese Aufgaben **nicht wieder entzogen** und ihm keine anderen, an sich vertraglich auch geschuldeten Tätigkeiten zugewiesen würden.[86]

44 Wann ein derartiger langer Zeitraum anzunehmen ist, ist eine Einzelfallentscheidung und in zahlreichen Entscheidungen des BAG und der Instanzgerichte ausgeführt. In der Regel kann **nicht vor Ablauf** von **fünf Jahren** überhaupt von einer Konkretisierung die Rede sein. Das BAG hat je nach Fallgestaltung aber selbst nach **zehn bis fünfzehn Jahren** eine **Konkretisierung verneint**. Im öffentlichen Dienst sind die Anforderungen an die Zeitspanne wesentlich größer, hier wurde sogar nach 26 Jahren eine Konkretisierung verneint.[87]

45 Allein die zeitliche Beschränkung auf eine bestimmte Tätigkeit ist jedoch nicht ausreichend. Es müssen weitere Umstände hinzutreten, aufgrund derer der Arbeitnehmer nicht damit rechnen musste, dass er zukünftig eine andere als die konkret zugewiesene Tätigkeit ausüben soll. Solche Umstände sollen beispielsweise dann vorliegen, wenn dem Arbeitnehmer eine **Vertrauensstellung** übertragen wurde oder er sich über einen längeren Zeitraum in seine Aufgaben einarbeiten musste.[88]

---

84 *BAG* 24. 4. 1982, EzA § 4 TVG Eingruppierung Nr. 1.
85 *LAG Hamm* 30. 6. 1994, LAGE § 611 BGB Direktionsrecht Nr. 17
86 Vgl. *BAG* 15. 10. 1960, AP TOA §3 Nr. 73; *BAG* 14. 12. 1961, AP §611 BGB Direktionsrecht Nr. 17.
87 Übersichten über die Rechtsprechung finden sich in KR/*Rost* §2 KSchG Rz 40 sowie APS/*Künzl* §2 KSchG Rz 47.
88 *LAG Berlin* 29. 4. 1991, LAGE BGB §611 Direktionsrecht Nr. 9; APS/*Künzl* §2 KSchG Rz 47.

Änderungskündigung § 2

4. Erweiterung des Direktionsrechts durch Einzelvertrag / Umsetzungs- und Versetzungsklauseln

Andererseits kann das Direktionsrecht des Arbeitgebers trotz konkreter Tätigkeitsbeschreibung im Arbeitsvertrag durch eine entsprechende vertragliche Abrede erst eingeräumt werden. Dies geschieht häufig durch so genannte »Umsetzungs- oder Versetzungsvorbehalte«, die oft sowohl in örtlicher als auch sachlicher Hinsicht bestehen. 46

▶ **Beispiel:**
»Die Gesellschaft behält sich das Recht vor, dem Mitarbeiter ohne Änderung seiner Bezüge auch andere oder zusätzliche zumutbare Arbeiten zuzuweisen, welche seinen Fähigkeiten und Kenntnissen entsprechen.«

Derartige einzelvertragliche Bestimmungen sind nach ständiger Rechtsprechung nur zulässig, wenn dadurch nicht die zwingenden Vorschriften über den Kündigungsschutz und die Kündigungsfristen zu Lasten des Arbeitnehmers abgeändert werden.[89] Konkret bedeutet dies, dass sich der Arbeitgeber einzelvertraglich nicht vorbehalten kann, eine kürzere, als die für den Arbeitnehmer geltende Kündigungsfrist anzuwenden. Außerdem kann sich der Arbeitgeber keine einseitige hierarchische Herabstufung des Arbeitnehmers oder einseitige Eingriffe in das Grundgehalt des Arbeitnehmers vorbehalten. Derartige Klauseln wären nach § 134 BGB nichtig. 47

5. Widerrufsvorbehalt

Ein **einzelvertraglicher Widerrufsvorbehalt** berechtigt den Arbeitgeber, bestimmte Leistungen ganz oder teilweise zu widerrufen oder anzupassen.[90] In der Praxis finden sich derartige Regelungen oft hinsichtlich freiwilliger Leistungen des Arbeitgebers, also bei Weihnachts- oder Urlaubsgeldansprüchen, variablen Vergütungsbestandteilen oder übertariflichen Gehaltsansprüchen. Aber auch die einzelvertragliche Erweiterung des Direktionsrechts wurde als vertraglicher Widerrufsvorbehalt eingeordnet.[91] Die Zulässigkeit von Widerrufsvorbehalt und 48

---

89 Vgl. *BAG* 7. 10. 1982, EzA § 315 BGB Nr. 28 und Rz 48.
90 *BAG* 22. 1. 1997, AP § 611 BGB Arzt-Krankenhaus-Vertrag Nr. 33; vgl. zur Vereinbarkeit von Widerrufsvorbehalten in Formulararbeitsverträgen mit § 308 Nr. 4 BGB nF *Lingemann* NZA 2002, 181, 190 sowie *Hümmerich* NZA 2003, 754, 757, jeweils mwN.
91 Vgl. *BAG* 7. 10. 1982, EzA § 315 BGB Nr. 28 und Rz 47.

einzelvertraglicher Erweiterung des Direktionsrechtes bestimmen sich daher grundsätzlich nach den gleichen Regeln.[92] Insbesondere bei Widerruf variabler Vergütungsbestandteile darf das Leistungs- und Gegenleistungsverhältnis des Arbeitsverhältnisses nur am Rande berührt sein, was dazu führt, dass der Widerruf **in der Regel nicht mehr als 10-15% der Gesamtvergütung** betreffen darf. Eine **Entwicklungs- und Anpassungsklausel** in einem **Chefarztvertrag**, der einen Widerruf von Gehaltsbestandteilen **von ca. 30%** erlaubte, hielt das BAG allerdings für wirksam.[93] Beruhen die Ansprüche auf tariflicher Grundlage oder auf einer Betriebsvereinbarung, entfaltet der Widerrufsvorbehalt wegen des Günstigkeitsprinzip indes keine Wirkung.

49 Die Ausübung des Widerrufsvorbehaltes unterliegt **billigem Ermessen** gemäß § 315 BGB. Der Arbeitgeber muss sachliche Gründe für den Wegfall einer bestimmten Leistung anführen, beispielsweise eine schwierige wirtschaftliche Lage, und die Interessen des Arbeitnehmers sowie die Umstände des Einzelfalles angemessen berücksichtigen und abwägen.[94]

6. Erweiterung des Direktionsrechts durch Tarifvertrag

50 Anders als bei der einzelvertraglichen Erweiterung des Direktionsrechtes hält das BAG **tarifliche Regelungen**, die das Direktionsrecht des Arbeitgebers auch hinsichtlich der **Hauptleistungspflichten** der Arbeitsvertragsparteien, also insbesondere der Vergütung und des Tätigkeitsbereichs erweitern, für **zulässig**.[95] Danach kann der Arbeitgeber grundsätzlich in dem tariflich vorgegebenen Rahmen einseitig eine andere, geringer vergütete Tätigkeit übertragen oder die Arbeitszeit verkürzen.[96]

▶ **Beispiel:**

Das BAG hat eine Tarifnorm für zulässig gehalten, die es dem Arbeitgeber des öffentlichen Dienstes ermöglichte, dem Arbeitneh-

---

92 *BAG* 7. 10. 1982, a. a. O.
93 *BAG* 28. 5. 1997, BB 1997, 2224.
94 *BAG* 13. 5. 1987, AP § 305 BGB Billigkeitskontrolle Nr. 4.
95 *BAG* 22. 5. 1985, AP § 1 TVG Tarifverträge Bundesbahn Nr. 6; *BAG* 12. 3. 1992, AP § 4 BeschFG 1985 Nr. 1.
96 *BAG* 22. 5.1985, a. a. O.; *BAG* 12. 3.1992, a. a. O.; gefolgt von heftiger Kritik in der Literatur, vgl. Nachweise bei KR/*Rost* § 2 KSchG Rz 54 ff., ebenfalls **aA** *LAG Düsseldorf* 17. 3. 1995, LAGE § 2 KSchG Nr. 16; *LAG Köln* 30. 4. 1991, LAGE § 4 TVG Chemische Industrie Nr. 3; *ArbG Dortmund* 15. 1. 1991, LAGE § 4 Tarifvertragsgesetz Bestimmungsklausel Nr. 1.

mer eine niedriger zu bewertende Tätigkeit zuzuweisen. Als Folge der Zuweisung einer anderen Tätigkeit wurde der Arbeitnehmer in eine niedrigere Lohngruppe zurückgestuft. Das BAG vertrat hier die Auffassung, dass aufgrund der tariflichen Regelung die arbeitsvertragliche Position des Arbeitnehmers gar nicht betroffen würde. Aus diesem Grund sei eine Änderungskündigung nicht erforderlich.[97]

Bei Rückgriff auf eine derartige, das Direktionsrecht erweiternde Tarifnorm ist jedoch Vorsicht geboten. Zum einen betreffen die gängigen Entscheidungen des BAG Arbeitsverhältnisse des öffentlichen Dienstes, die ohnehin einem weiteren Direktionsrecht zugänglich sind als privatrechtliche Arbeitsverhältnisse.[98] Zum anderen wird die Auffassung des BAG – jedenfalls in ihrer Absolutheit – sowohl von der **Instanzrechtsprechung** als auch der Literatur **abgelehnt**.[99] Von daher kann die Existenz einer solchen tariflichen Regelung **nicht** als **Freibrief** zur einseitigen verschlechternden Leistungsbestimmung verstanden werden. 51

7. Gerichtlicher Prüfungsmaßstab bei Ausübung des Direktionsrechts

Die Ausübung des Direktionsrechts unterliegt **billigem Ermessen** gemäß § 315 BGB. Der Arbeitgeber hat die wesentlichen Umstände des Falles abzuwägen und die beiderseitigen Interessen angemessen zu berücksichtigen. Ob dies geschehen ist, unterliegt der gerichtlichen Kontrolle (§ 315 Abs. 3 Satz 2 BGB). Eine Weisung, die nicht billigem Ermessen entspricht, ist unverbindlich, dh der Arbeitnehmer muss ihr nicht Folge leisten.[100] 52

Billiges Ermessen bedeutet nicht, dass der Arbeitgeber notwendigerweise das mildeste Mittel zur Erreichung des gewünschten Ziels zu verwenden hat. Er hat aber die **sozialen Belange der Arbeitnehmer** zu **berücksichtigen**. Kommen zur Erreichung eines Ziels mehrere Adressaten in Betracht, sollte – gleicher Erfolg vorausgesetzt – demjenigen 53

---

97 Vgl. Sachverhalt *BAG* 22. 5. 1985, a. a. O.
98 Vgl. oben Rz 31.
99 Vgl. *LAG Düsseldorf* 17. 3. 1995, LAGE § 2 KSchG Nr. 16; *LAG Köln* 30. 4. 1991, LAGE § 4 TVG Chemische Industrie Nr. 3; *ArbG Dortmund* 15. 1. 1991, LAGE § 4 TVG Bestimmungsklausel Nr. 1; APS/*Künzl* § 2 KSchG Rz 87 ff. mwN.
100 Vgl. nur *BAG* 24. 4. 1996, EzA § 611 Direktionsrecht Nr. 18.

gegenüber vom Direktionsrecht Gebrauch gemacht werden, der von der Maßnahme am wenigsten betroffen wird.[101]

▶ **Beispiel:**

Bestehen zwischen zwei Arbeitnehmern Spannungen, kann der Arbeitgeber einen Arbeitnehmer versetzen, anstatt ihm gegenüber eine Abmahnung auszusprechen.[102]

54 Bei der Ausübung des Ermessens muss der Arbeitgeber zB auf familiäre Pflichten[103] oder auf Behinderungen des Arbeitsnehmers (§ 106 Satz 3 GewO) Rücksicht nehmen.

8. Gerichtliche Überprüfung

55 Der Arbeitnehmer kann gegen eine Weisung im Rahmen des Direktionsrechts **Feststellungsklage** gemäß § 256 ZPO erheben mit dem Inhalt, das Gericht möge feststellen, dass die Weisung den Inhalt des Arbeitsvertrages nicht geändert hat. Die Klage unterliegt **nicht** der **Frist** des § 4 KSchG. Die Darlegungs- und Beweislast für die Wahrung des billigen Ermessens hat der Arbeitgeber.[104]

II. Teilkündigung

56 Die Teilkündigung betrifft im Gegensatz zur Änderungskündigung, die den Bestand des Arbeitsverhältnisses insgesamt zur Disposition stellt, nur **einzelne Vertragsbestimmungen**. Sie ist nach der Rechtsprechung unzulässig.[105] § 2 KSchG sieht als Gestaltungsmittel zur Veränderung von Arbeitsbedingungen lediglich die Änderungskündigung vor. Sofern einzelvertraglich eine Teilkündigung für bestimmte Bestimmungen vorgesehen ist, handelt es sich daher nach der Rechtsprechung um einen **Widerrufsvorbehalt**, dessen Zulässigkeit nach den oben aufgezeigten Grenzen zu bestimmen ist.[106]

---

101 Vgl. *BAG* 23. 6. 1993, EzA § 611 BGB Direktionsrecht Nr. 13.
102 Vgl. Sachverhalt *BAG* 24. 4. 1996, a. a. O.
103 *LAG Nürnberg* 8. 3. 1999, ARSt 1999, 122; *ArbG Bonn*, 21. 9. 2000, NZA-RR 2001, 132; *ArbG Hamburg*, NZA-RR 1996, 365.
104 *BAG* 11. 10. 1995, EzA § 611 BGB Direktionsrecht Nr. 16.
105 *BAG* 4. 2. 1958, AP § 620 BGB Teilkündigung Nr. 1; *BAG* 7. 10. 1982, AP § 620 BGB Teilkündigung Nr. 5; *BGH* 5. 11. 1992, EzA § 622 Teilkündigung Nr. 6.
106 *BAG* 7. 10. 1992, a. a.O; APS/*Künzl* § 2 KSchG Rz 75 mwN.

III. Verhältnis Änderungskündigung / Direktionsrecht

Wenn eine Änderung mittels Direktionsrecht durchsetzbar ist, ist eine dennoch ausgesprochene **Änderungskündigung** unverhältnismäßig und damit **rechtswidrig**. **Anders** sieht dies nunmehr das BAG für den Fall, in dem der **Arbeitnehmer**, obwohl der Arbeitgeber die Änderung der Arbeitsbedingungen durch Ausübung des Direktionsrechts oder einen vorbehaltenen Widerruf hätte durchsetzen können, eine ihm gegenüber ausgesprochene Änderungskündigung **unter Vorbehalt annimmt**.[107] Das BAG begründet dies damit, dass allenfalls das der Änderungskündigung immanente Kündigungselement unverhältnismäßig sei, die Kündigung jedoch infolge der vom Arbeitnehmer erklärten Annahme gegenstandslos und nicht Streitgegenstand sei.[108]

▶ Praxistipp:

Die Rechtsprechung des BAG mag zunächst als Einladung verstanden werden, trotz bestehenden Direktionsrechts bzw. bei Zweifeln über Existenz und Umfang des Direktionsrechts gleich eine Änderungskündigung auszusprechen. Hier ist jedoch Vorsicht geboten. Der Arbeitgeber hat es nämlich nicht in der Hand, wie der Arbeitnehmer reagiert. Lehnt dieser das Angebot insgesamt ab und erhebt Kündigungsschutzklage, so wird das Gericht überprüfen, ob die Kündigung an sich verhältnismäßig war. War dies nicht der Fall, hätte die Änderung also mittels Direktionsrecht durchgesetzt werden können, ist die Kündigung unverhältnismäßig und rechtswidrig. Der Arbeitgeber ist dann – uU nach jahrelangem Rechtsstreit – gezwungen, eine Weisung im Rahmen des Direktionsrechts auszusprechen, deren Rechtmäßigkeit erneut gerichtlicher Kontrolle (§ 315 Abs. 3 Satz 2 BGB) unterliegt.

Ist sich der Arbeitgeber über den Umfang des Direktionsrechts nicht gänzlich im Klaren, empfiehlt es sich daher, zunächst eine Weisung im Rahmen des Direktionsrechtes auszusprechen und gleichzeitig eine »**vorsorgliche Änderungskündigung**« für den Fall, dass die konkrete Weisung nicht durch das Direktionsrecht gedeckt war. Ist die Weisung im Rahmen des Direktionsrechtes zulässig und hält sich im Rahmen billigen Ermessens, ist die Änderungskündigung

---

107 *BAG* 26.1.1995, EzA § 2 KSchG Nr. 22; *BAG* 15.11.1995, AP § 1 TVG Tarifverträge Lufthansa Nr. 20, gefolgt von heftiger Kritik in der Literatur, vgl. *v. Hoyningen-Huene/Linck* § 2 KSchG Rz 32 b; KR/*Rost* § 2 KSchG Rz 106 a; APS/*Künzl* § 2 KSchG 107 mwN.
108 *BAG* 26.1.1995, a.a.O.

gegenstandslos. Andernfalls kommt die Änderungskündigung, für die natürlich alle notwendigen Formalien und weiteren Zulässigkeitsvoraussetzungen einzuhalten sind, zum Zuge.[109]

D. Beteiligungsrechte des Betriebsrates

58 Vor Ausspruch der Änderungskündigung ist der Betriebsrat gemäß § 102 BetrVG zwingend **anzuhören**. Da die Änderungskündigung häufig eine **Versetzung** oder **Umgruppierung** zum Gegenstand hat, hat der Betriebsrat oftmals **gleichzeitig** ein Mitbestimmungsrecht nach § 99 BetrVG. Unter Umständen kann auch eine mitbestimmungspflichtige Maßnahme gemäß § 87 BetrVG vorliegen, beispielsweise bei Änderung der betrieblichen Lohngestaltung.

59 Die parallele Beteiligung des Betriebsrates nach §§ 102, 99 und 87 BetrVG führt oft zu Problemen, insbesondere, wenn der Betriebsrat auf die Kündigung und die mitbestimmungspflichtige Maßnahme unterschiedlich reagiert. Während zur Rechtmäßigkeit der Kündigung die ordnungsgemäße Anhörung des Betriebsrats ausreicht, erfordert die Umsetzung der Änderungskündigung unter Umständen die Zustimmung des Betriebsrates iRv § 87 BetrVG.

I. Beteiligung wegen Kündigung nach § 102 BetrVG

1. Inhalt der Anhörung nach § 102 BetrVG

60 Hinsichtlich des Anhörungsverfahrens zur Änderungskündigung bestehen zur Beendigungskündigung keine Unterschiede.[110] Der Betriebsrat ist über die Art der Kündigung, also darüber, dass es sich um eine Änderungskündigung handelt, sowie die **Kündigungsgründe** im Einzelnen zu unterrichten. Darüber hinaus sind dem Betriebsrat die Kündigungsfristen mitzuteilen, da sich erst daraus die Tragweite der geplanten personellen Maßnahme, im entschiedenen Fall die Kürzung des Weihnachtsgeldes für das laufende oder folgende Kalenderjahr ergibt.[111]

---

109 Vgl. *BAG* 26. 1. 1995, a. a. O.
110 Vgl. zur Problematik KR/*Rost* § 2 KSchG Rz 113 ff.; *v. Hoyningen-Huene/Linck* § 2 KSchG Rz 33 ff.; APS/*Künzl* § 2 KSchG Rz 115 ff.
111 *BAG* 29. 3. 1990, EzA § 102 BetrVG 1972 Nr. 79.

Änderungskündigung § 2

▶ **Praxistipp:**
Bei der Änderungskündigung gilt – ebenso wie bei der Änderungskündigung – der Grundsatz der subjektiven Determination, dh der Arbeitgeber muss dem Betriebsrat die aus seiner Sicht tragenden Gründe für die Kündigung mitteilen. An die Unterrichtungspflicht sind jedoch insbesondere bei der betriebsbedingten Änderungskündigung zur Entgeltreduzierung hohe Anforderungen zu stellen.[112] Dem Arbeitgeber ist anzuraten, das gesamte bestehende Sanierungskonzept einschließlich Verlustrechnungen, eigene und fremde Sanierungsbeiträge, die bisherige und zukünftige Personalstruktur und -kosten sowie die gesamte wirtschaftliche Lage des Unternehmens offen zu legen. Andernfalls läuft er Gefahr, dass die Änderungskündigung entweder mangels ausreichender Betriebsratsanhörung unwirksam ist, andernfalls er nicht in der Lage ist, weitere Hintergründe in den Prozess einzuführen, da der Betriebsrat hierzu nicht oder nicht ausreichend angehört wurde.

Auch das **Änderungsangebot** im Detail und dessen voraussichtliches Inkrafttreten ist dem Betriebsrat mitzuteilen.[113] Hat der Arbeitgeber dem Arbeitnehmer bereits vorab ein mit einer Kündigungsabsichtserklärung verbundenes Änderungsangebot gemacht und hat der Arbeitnehmer dieses Angebot endgültig abgelehnt, so kann der Arbeitgeber unmittelbar eine Beendigungskündigung aussprechen.[114] In diesem Fall ist der Betriebsrat auch ausschließlich zu einer Beendigungskündigung anzuhören.[115] Trotz Anhörung zur Beendigungskündigung sind dem Betriebsrat dennoch das Änderungsangebot und dessen konkrete Ablehnung durch den Arbeitnehmer mitzuteilen, da der Betriebsrat nur dann in die Lage versetzt wird, die soziale Rechtfertigung der Kündigung zu beurteilen.[116] 61

Die Folgen einer **fehlerhaften Anhörung** bestimmen sich grundsätzlich nach § 102 Abs. 1 Satz 3 BetrVG, dh die **Kündigung** ist **unwirksam**. Die Unwirksamkeit der Kündigung wegen fehlerhafter Betriebsratsanhörung kann der Arbeitnehmer seit der Gesetzesänderung zum 1. 1. 2004 nur noch innerhalb der 3-Wochen-Frist des § 4 Satz 2 KSchG 62

---

112 Siehe hierzu Rz 114 ff.
113 *BAG* 30. 11. 1989, EzA § 102 BetrVG 1972 Nr. 77; *BAG* 27. 5. 1982, DB 1984, 620; APS/*Künzl* § 2 KSchG Rz 120; *BAG* 30. 11. 1989, EzA § 102 BetrVG 1972 Nr. 77.
114 Vgl. Ausführungen oben Rz 17 ff.
115 *BAG* 30. 11. 1989, EzA § 102 BetrVG 1972 Nr. 77.
116 Vgl. *BAG* 30. 11. 1989, EzA § 102 BetrVG 1972 Nr. 77; *BAG* 27. 5. 1982, DB 1984, 620; APS/*Künzl* § 2 KSchG Rz 120; *BAG* 30. 11. 1989, EzA § 102 BetrVG 1972 Nr. 77.

geltend machen.[117] Nach der im Schrifttum wohl vorherrschenden Meinung ist eine **fehlerhafte Anhörung** aber dann **unschädlich**, wenn der Arbeitnehmer die Änderungskündigung **vorbehaltlos angenommen** hat. Die Unwirksamkeit der Kündigung soll gemäß § 139 BGB nicht auch die Unwirksamkeit des Änderungsangebotes zur Folge haben, so dass die Parteien einvernehmlich eine Änderung der Arbeitsbedingungen herbeiführen können.[118]

2. Reaktion des Betriebsrates und Folgen

63 Unabhängig davon, ob der Betriebsrat der Kündigung zugestimmt, gar nicht reagiert oder ihr widersprochen hat, kann der Arbeitgeber die Kündigung aussprechen. Der Betriebsrat hat in diesem Fall nur ein Anhörungsrecht.

64 Hat der Betriebsrat der Kündigung ordnungsgemäß widersprochen, hat der Arbeitnehmer einen Weiterbeschäftigungsanspruch nach § 102 Abs. 5 BetrVG. Ob er zu den alten oder den neuen Arbeitsbedingungen weiterarbeiten muss, bestimmt sich wiederum nach der Reaktion des Arbeitnehmers auf die Änderungskündigung. Nur wenn er die Änderungskündigung vorbehaltlos abgelehnt hat, kommt eine Weiterbeschäftigung zu den alten Bedingungen in Betracht. Hat der Arbeitnehmer hingegen die Änderungskündigung unter Vorbehalt angenommen, kann er nach Ablauf der Kündigungsfrist ohne weiteres zu den neuen Arbeitsbedingungen beschäftigt werden.[119] Dies gilt aber wiederum nur für den Fall, dass die neuen Arbeitsbedingungen keine Beteiligung des Betriebsrates wegen Umgruppierung oder Versetzung des Arbeitnehmers iSd BetrVG erfordern.[120]

II. Parallele Beteiligung nach §§ 99, 102 BetrVG

65 Hat die Änderungskündigung eine Versetzung oder Umgruppierung zum Gegenstand und sind in dem Unternehmen mehr als 20 Arbeitnehmer beschäftigt, ist der Betriebsrat zusätzlich zu dem Verfahren nach § 102 BetrVG auch nach § 99 BetrVG zu beteiligen.[121] Im Gegen-

---

117 Vgl. Ausführungen zu § 4 Rz 13.
118 Vgl. KR/*Rost* § 2 KSchG Rz 121; APS/*Künzl* § 2 KSchG Rz 125; *v. Hoyningen-Huene/Linck* § 2 KSchG Rz 40; ErfK/*Ascheid* § 2 KSchG Rz 25; **aA** DKK/*Kittner* BetrVG § 102 Rz 13.
119 *BAG* 18. 1. 1990, EZA § 1 KSchG Betriebsbedingte Kündigung Nr. 65; KR/*Rost* § 2 KSchG Rz 119 f., sowie KR/*Etzel* § 102 BetrVG Rz 199c mwN.
120 Vgl. hierzu Rz 65 ff., 73.
121 Zur Bestimmung der Unternehmensgröße vgl. *Fitting* § 99 Rz 8.

Änderungskündigung § 2

satz zu § 102 BetrVG, der eine Anhörung des Betriebsrates vor Ausspruch der Kündigung erfordert, reicht es nach § 99 BetrVG aus, wenn der Betriebsrat eine Woche vor geplanter Umsetzung der Maßnahme, also beispielsweise der Versetzung, unterrichtet wird. Es ist jedoch **zweckmäßig, beide Verfahren gleichzeitig durchzuführen**, um ein gesichertes und abschließendes Bild über die Reaktion des Betriebsrates zu erhalten.

▶ Praxistipp:

Führt der Arbeitgeber die Verfahren nach § 102 BetrVG und § 99 BetrVG gleichzeitig durch, muss die Information des Betriebsrates den Anforderungen beider Verfahren entsprechen.[122] Ist dies nicht der Fall, beginnt die Wochenfrist nach §§ 102 Abs. 2, 99 Abs. 3 BetrVG nicht zu laufen. Weiterhin muss der Arbeitgeber dem Betriebsrat bei paralleler Beteiligung unmissverständlich zu erkennen geben, dass er sowohl zur Kündigung als auch zur Versetzung angehört wird.[123] Wird der Arbeitnehmer in einen anderen Betrieb versetzt, ist weiterhin der Betriebsrat des aufnehmenden Betriebes gemäß § 99 BetrVG zur Einstellung zu beteiligen.

1. Inhalt des Mitbestimmungsrechts nach § 99 BetrVG

Eine mitbestimmungspflichtige **Versetzung** iSd § 95 Abs. 3 BetrVG 66 liegt vor, wenn dem Arbeitnehmer ein anderer Arbeitsbereich in räumlicher, technischer oder organisatorischer Hinsicht zugewiesen wird, und die Zuweisung voraussichtlich die Dauer von einem Monat überschreitet oder mit einer erheblichen Änderung der Umstände verbunden ist, unter denen die Arbeit zu leisten ist.[124]

Unter einer **Umgruppierung** ist jede Neu-Eingruppierung in die tarifli- 67 che oder betriebliche Lohn- und Gehaltsgruppenordnung zu verstehen, unabhängig davon, ob der Arbeitnehmer ein höheres, niedrigeres oder weiterhin gleiches Arbeitsentgelt erzielt.[125] Sie folgt in der Regel einer Änderung der Tätigkeit des Arbeitnehmers bzw. der Korrektur

---

122 Vgl. zu den Anforderungen an eine ordnungsgemäße Betriebsratsbeteiligung nach § 99 BetrVG *Fitting* § 99 Rz 155 ff; eingehend *Jaeger/Röder/Heckelmann/Lunk* Kapitel 24 Rz 58 ff.
123 *BAG* 3. 11. 1977, AP § 75 BPersVG Nr. 1; *v. Hoyningen-Huene/Linck* § 2 KSchG Rz 42; KR/*Rost* § 2 KSchG Rz 131.
124 Vgl. *BAG* 26. 5. 1988, AP § 95 BetrVG 1972 Nr. 13; vgl. APS/*Künzl* § 2 KSchG Rz 127; ausführlich mit Beispielen *Fitting* § 99 Rz 97 ff; *Jaeger/Röder/Heckelmann/Schuster* Kapitel 23 Rz 54 ff.
125 *Jaeger/Röder/Heckelmann/Lunk* Kapitel 24 Rz 51 ff.

einer vormals unzutreffenden Einreihung bei gleich bleibender Tätigkeit.[126]

2. Umfassende Zustimmung durch den Betriebsrat zur Kündigung nach § 102 BetrVG und zur mitbestimmungspflichtigen Maßnahme nach § 99 BetrVG

68 **Stimmt der Betriebsrat** sowohl der Kündigung als auch der mitbestimmungspflichtigen Maßnahme **zu** bzw. **widerspricht** er **beiden Maßnahmen nicht**, kann der Arbeitgeber die Kündigung aussprechen und den Arbeitnehmer nach Ablauf der Kündigungsfrist auf dem neuen Arbeitsplatz beschäftigen, sofern dieser das **Änderungsangebot unter Vorbehalt** oder **vorbehaltlos angenommen** hat. Hat der Arbeitnehmer das Angebot abgelehnt, kommt eine vorläufige Weiterbeschäftigung gemäß § 102 Abs. 5 BetrVG nicht in Betracht, da diese einen ordnungsgemäßen Widerspruch des Betriebsrats voraussetzt. Mit Ablauf der Kündigungsfrist scheidet der Arbeitnehmer dann vorbehaltlich einer ihm günstigen Entscheidung im Kündigungsschutzprozess aus dem Betrieb aus.

3. Widerspruch zur Kündigung gemäß § 102 BetrVG und Zustimmung zur mitbestimmungspflichtigen Maßnahme gemäß § 99 BetrVG

69 **Stimmt der Betriebsrat** der beabsichtigten mitbestimmungspflichtigen Maßnahme nach § 99 BetrVG **zu**, **widerspricht** hingegen der **Änderungskündigung** aus einem der in § 102 Abs. 3 BetrVG genannten Gründe, kann der Arbeitgeber dennoch die beabsichtigte Kündigung aussprechen. Nimmt der Arbeitnehmer das Änderungsangebot unter Vorbehalt an und erhebt er Änderungsschutzklage, wird er nach Ablauf der Kündigungsfrist zunächst zu den neuen Bedingungen weiterbeschäftigt. Lehnt der Arbeitnehmer das Angebot ab und erhebt Kündigungsschutzklage, kommt eine Weiterbeschäftigung nach § 102 Abs. 5 BetrVG zu den alten Bedingungen in Betracht.

4. Widerspruch zur mitbestimmungspflichtigen Maßnahme gemäß § 99 BetrVG

70 **Verweigert der Betriebsrat** der mitbestimmungspflichtigen Maßnahme nach § 99 Abs. 2 BetrVG seine **Zustimmung**, kann der Arbeitgeber

---

126 *Fitting* § 99 Rz 86.

Änderungskündigung § 2

die beabsichtigte Änderungskündigung aussprechen und zwar unabhängig von der Reaktion des Betriebsrats im Rahmen des § 102 BetrVG. **Lehnt der Arbeitnehmer das Änderungsangebot vorbehaltlos ab** und erhebt Kündigungsschutzklage, kann Folge des Prozesses nur die Beendigung des Arbeitsverhältnisses oder bei günstigem Prozessausgang für den Arbeitnehmer die Weiterbeschäftigung zu den alten Arbeitsbedingungen sein. Damit wird das Verfahren nach § 99 BetrVG gegenstandslos.[127]

Nimmt der **Arbeitnehmer** hingegen das **Änderungsangebot unter Vorbehalt an** und **verweigert** der **Betriebsrat** der mitbestimmungspflichtigen Maßnahme nach § 99 Abs. 2 BetrVG seine **Zustimmung**, führt dies nicht zur Unwirksamkeit der Änderungskündigung.[128] Die mitbestimmungspflichtige Maßnahme kann aber nicht umgesetzt werden, solange die Zustimmung nicht gemäß § 99 Abs. 4 BetrVG durch das Gericht ersetzt wird.[129] Setzt der Arbeitgeber die mitbestimmungspflichtige Maßnahme unter Missachtung der Mitbestimmungsrechte des Betriebsrates um, ist dies unwirksam und nach § 134 BGB nichtig.[130] Der Arbeitnehmer ist nicht verpflichtet, eine entsprechende Anweisung des Arbeitgebers zu befolgen.[131]

71

Der Arbeitgeber hat lediglich die Möglichkeit, die **Maßnahme** gem. § 100 BetrVG **vorläufig durchzuführen**. Dies bedeutet, dass auch bei einer sozial gerechtfertigten Änderungskündigung der Arbeitgeber dem Arbeitnehmer zwar individualrechtlich die neue Tätigkeit zuweisen könnte, ihm dies aber aufgrund der betriebsverfassungsrechtlichen Sperre unmöglich ist, solange nicht die Zustimmung durch das Gericht ersetzt wird. Nach Ansicht des BAG soll dieser Konflikt zur Folge haben, dass die Parteien gemäß § 275 Abs. 2 BGB analog von den geänderten Verpflichtungen frei werden und das Arbeitverhältnis nach den alten Bedingungen fortzusetzen ist.[132] Ist die Beschäftigung zu den alten Bedingungen nicht mehr möglich, bleibt dem Arbeitgeber unter

72

---

127 *V. Hoyningen-Huene/Linck* § 2 KSchG Rz 45.
128 *BAG* 17. 6. 1998, EzA § 2 KSchG Nr. 30; *BAG* 30. 9. 1993, EzA § 99 BetrVG 1972 Nr. 118; *BAG* 8. 6. 1995, RzK I 7a Nr. 30; vgl. auch *BAG* 27. 1. 1994, EzA § 615 BGB Nr. 80.
129 *BAG* 17. 6. 1998, EzA § 2 KSchG Nr. 30; *BAG* 30. 9. 1993, EzA § 99 BetrVG 1972 Nr. 118; *BAG* 8. 6. 1995, RzK I 7a Nr. 30; vgl. auch *BAG* 27. 1. 1994, EzA § 615 BGB Nr. 80.
130 *BAG* 30. 9. 1993, a. a. O.
131 *BAG* 16. 1. 1988, EzA § 99 BetrVG 1972 Nr. 58; *BAG* 26. 1. 1993, EzA § 99 BetrVG 1972, Nr. 109, *BAG* 30. 9. 1993, EzA § 99 BetrVG 1972 Nr. 118; *BAG* 8. 6. 1995, RzK I 7a Nr. 30.
132 *BAG* 30. 9. 1993, a. a. O., unter B III e ff. der Gründe.

Umständen nur noch die Möglichkeit, eine Beendigungskündigung auszusprechen.

III. Parallele Beteiligung nach §§ 87, 102 BetrVG

73 Betrifft die Änderungskündigung das Mitbestimmungsrecht des Betriebsrates nach § 87 BetrVG, zB bei Änderung einer Provisionsordnung (§ 87 Abs. 1 Nr. 10 BetrVG) oder der Einführung oder Änderung von Schichtarbeit (§ 87 Abs. 1 Nr. 2 BetrVG) ist der Betriebsrat zusätzlich zu dem Verfahren nach § 102 BetrVG nach § 87 BetrVG zu beteiligen.[133] Auch hier erweist sich eine parallele Durchführung der Verfahren als zweckmäßig.[134]

1. Inhalt des Mitbestimmungsrechts nach § 87 BetrVG

74 Das Mitbestimmungsrecht nach § 87 BetrVG erfasst alle sozialen Angelegenheiten des Betriebes. Die Aufzählung in § 87 BetrVG ist abschließend. Praktisch bedeutsam für die Änderungskündigung sind insbesondere § 87 Abs. 1 Nr. 10 und 11 BetrVG in Bezug auf die **betriebliche Lohngestaltung** und **leistungsbezogene Entgelte**.

2. Reaktionen des Betriebsrates auf die mitbestimmungspflichtige Maßnahme bzw. Kündigung

75 Verweigert der Betriebsrat der mitbestimmungspflichtigen Maßnahme nach § 87 BetrVG seine Zustimmung, kann der Arbeitgeber zwar die Änderungskündigung aussprechen, die neuen Arbeitsbedingungen jedoch nicht durchsetzen.[135] Der Arbeitnehmer ist seinerseits nicht verpflichtet, zu den neuen Bedingungen zu arbeiten, solange nicht die Zustimmung durch das Gericht ersetzt wird.[136]

E. Reaktionsmöglichkeiten des Arbeitnehmers

76 Gemäß § 2 Satz 1 KSchG kann der Arbeitnehmer das Änderungsangebot unter dem **Vorbehalt** annehmen, dass die **Änderung der Arbeitsbedingungen sozial gerechtfertigt** ist. Er kann das Änderungsangebot aber auch insgesamt annehmen oder vorbehaltlos ablehnen.

---

133 Vgl. zu den Voraussetzungen des § 87 BetrVG ausführlich *Fitting* § 87; *Jaeger/Röder/Heckelmann/Kreßel* Kapitel 19.
134 Vgl. Ausführungen oben Rz 71.
135 So die nunmehr auch für § 87 BetrVG geltende hM, vgl. Fn. 127.
136 *BAG* 16. 1. 1988, EZA § 99 BetrVG 1972 Nr. 58, vgl. Fn. 131.

Änderungskündigung § 2

I. Annahme unter Vorbehalt

Die Annahme des Änderungsangebotes unter Vorbehalt bietet dem Arbeitnehmer die Möglichkeit, die soziale Rechtfertigung der Änderungskündigung gerichtlich überprüfen zu lassen, **ohne** das **Risiko** einzugehen, den **Arbeitsplatz zu verlieren**. Hierzu muss er gegenüber dem Arbeitgeber die Annahme unter Vorbehalt erklären und beim Arbeitsgericht Klage auf Feststellung erheben, dass die angebotene Änderung der Arbeitsbedingungen sozial ungerechtfertigt ist. Das Urteil des Arbeitsgerichts in einem vom Arbeitnehmer eingeleiteten Änderungskündigungsschutzprozess lautet bei der Annahme unter Vorbehalt entweder auf die Weiterarbeit zu den alten oder die Tätigkeit zu den neuen Bedingungen.[137] 77

Der Arbeitnehmer kann den einmal erklärten Vorbehalt nicht wieder einseitig widerrufen oder zurücknehmen. Es kommt lediglich eine Anfechtung nach §§ 119, 120 BGB in Betracht.[138] 78

1. Formfreiheit der Erklärung des Arbeitnehmers

Die Vorbehaltserklärung des Arbeitnehmers ist an **keine Form** gebunden, dh sie kann mündlich oder schriftlich erfolgen. Der Vorbehalt kann auch erstmals mit fristgerechter Erhebung der Kündigungsschutzklage mit dem Antrag des § 4 Satz 2 KSchG erklärt werden.[139] 79

Problematisch sind die Fälle, in denen sich der **Arbeitnehmer** überhaupt **nicht äußert**, jedoch nach Ablauf der Kündigungsfrist widerspruchslos zu den geänderten Bedingungen **weiterarbeitet**. Hier wird in der Regel sogar von einer vorbehaltlosen Annahme des Änderungsangebotes ausgegangen werden können. Nach der Rechtsprechung des BAG spricht eine große Wahrscheinlichkeit für die vorbehaltlose Annahme eines Änderungsangebotes, wenn der Arbeitnehmer nach Ablauf der Kündigungsfrist, aber vor Ablauf der Drei-Wochen-Frist 80

---

137 Nach hM handelt es sich bei der Vorbehaltserklärung des Arbeitnehmers um eine privatrechtsgestaltende Willenserklärung, mit der der Arbeitnehmer kraft gesetzlicher Anordnung (§ 2 KSchG) abweichend von § 150 Abs. 2 BGB ein Vertragsangebot unter einer Bedingung annehmen kann, vgl. *BAG* 27. 9. 1984, AP § 2 KSchG Nr. 8; APS/*Künzl* § 2 KSchG Rz 197; *v. Hoyningen-Huene/Linck* § 2 KSchG Rz 83; KR/*Rost* § 2 KSchG Rz 56; jew. mit weiteren Nachweisen.
138 So die wohl überwiegende Ansicht, vgl. KR/*Rost* § 2 KSchG Rz 76; APS/*Künzl* § 2 KSchG Rz 218 f.; *ArbG Elmshorn* 20. 8. 1986, NZA 1987, 130; *ArbG Mönchengladbach* 10. 6. 1986, DB 1986, 2089.
139 Vgl. hier zur Problematik der fristgerechten Zustellung des Vorbehaltes, unten Rz 83.

des § 4 Satz 1 KSchG widerspruchslos zu den neuen Bedingungen tätig wird und von den geänderten Arbeitsbedingungen unmittelbar und sofort betroffen ist.[140] Da im Regelfall längere Kündigungsfristen als drei Wochen gelten, ist dieser Fall jedoch praktisch kaum von Bedeutung.

▶ **Beispiel:**

Ist Gegenstand der Änderungskündigung, dass der Arbeitnehmer an einem weit von der bisherigen Arbeitsstelle entfernten Ort eingesetzt werden soll und arbeitet der Arbeitnehmer widerspruchslos nach Ablauf der Kündigungsfrist und auch dem Ablauf der Erklärungsfrist des § 2 Satz 2 KSchG an diesem Ort weiter, ist von einer konkludenten Annahme des Angebots auszugehen.[141]

81 Die Absicht zur Erklärung des Vorbehaltes trotz widerspruchloser Weiterarbeit muss der Arbeitnehmer in irgendeiner Weise zum Ausdruck bringen, will er nicht sein Klagerecht verlieren.[142]

82 Eine andere Beurteilung ist bei einer **außerordentlichen Änderungskündigung** geboten. Hier wird die sofortige widerspruchslose Weiterarbeit zu geänderten Bedingungen in der Regel nicht als vorbehaltlose Annahme des Änderungsangebotes zu werten sein. Der Arbeitnehmer ist lediglich verpflichtet, den Vorbehalt unverzüglich, dh ohne schuldhaftes Zögern gemäß § 121 BGB, nach Zugang des Änderungsangebotes zu erklären. Es ist ohne Belang, ob er bereits unmittelbar nach Zugang der Änderungskündigung zu den geänderten Bedingungen gearbeitet hat.[143]

2. Frist

83 Die Vorbehaltserklärung muss dem Arbeitgeber gemäß § 2 Satz 2 KSchG innerhalb von **drei Wochen** zugehen (§ 130 BGB). Die Frist berechnet sich nach §§ 187 ff. BGB, dh der Tag des Zugangs der Änderungskündigung wird nicht mitgezählt. Gilt für den Arbeitnehmer eine **kürzere Kündigungsfrist** als drei Wochen, muss der Vorbehalt dem Arbeitgeber innerhalb dieser kürzeren Kündigungsfrist zugehen.[144]

---

140 *BAG* 19. 6. 1986, AP § 2 KSchG Nr. 16; *BAG* 27. 3. 1987, AP § 2 KSchG Nr. 20; *BAG* 1. 8. 2001, EzA BGB § 315 Nr. 40 bei einvernehmlicher Vertragsänderung.
141 Vgl. *BAG* 19. 6. 1986, AP § 2 KSchG Nr. 16.
142 Vgl. KR/*Rost* § 2 KSchG Rz 63a.
143 *BAG* 27. 3. 1987, AP § 2 KSchG Nr. 20.
144 So der ausdrückliche Gesetzeswortlaut und folgend die hM, vgl. *BAG* 19. 6. 1986, EzA § 2 KSchG Nr. 7, KR/*Rost* § 2 KSchG Rz 68, mwN.

Ausreichend für die Vorbehaltserklärung ist grundsätzlich auch die **Erhebung der Änderungsschutzklage**. Hier ist jedoch zu beachten, dass es – im Gegensatz zur Kündigungsschutzklage – für die Wahrung der Frist zur Erklärung des Vorbehaltes nicht ausreicht, wenn die den Vorbehalt enthaltene Klage zwar vor Fristablauf bei Gericht eingeht, dem Arbeitgeber aber erst nach Ablauf der Drei-Wochen-Frist zugestellt wird.[145] Für die Vorbehaltserklärung gilt § 270 Abs. 3 ZPO nicht, wonach es für die rechtzeitige Klageerhebung ausreicht, dass die Zustellung »demnächst« erfolgt. Der mit Klageerhebung erklärte Vorbehalt des Arbeitnehmers ist für den Arbeitgeber also **nur dann bindend**, wenn ihm die **Klage innerhalb der Drei-Wochen-Frist** auch **zugestellt wird**.

Geht die Vorbehaltserklärung in diesem Sinne verspätet, also nach Ablauf der Drei-Wochen-Frist zu, hat der Arbeitnehmer den Vorbehalt nicht (wirksam) erklärt, das **Angebot gilt als abgelehnt**. Gegenstand des Kündigungsschutzprozesses ist nur noch die **Beendigung des Arbeitsverhältnisses**.[146] Der Arbeitgeber kann sich jedoch auch nach Ablauf der Frist des § 2 KSchG auf die verspätete Vorbehaltserklärung einlassen. Dies setzt aber eine eindeutige Absprache zwischen den Parteien voraus. Allein die Weiterbeschäftigung des Arbeitnehmers zu den geänderten Bedingungen reicht nicht aus.[147]

84

3. Rechtsfolge der Annahme unter Vorbehalt

Der unter Vorbehalt annehmende Arbeitnehmer ist nach Ablauf der Kündigungsfrist und zumindest für die Dauer des Kündigungsschutzprozesses verpflichtet, zu den geänderten Arbeitsbedingungen tätig zu werden, vorausgesetzt, die Beteiligungsrechte des Betriebsrates wurden gewahrt.[148] In diesem Zeitraum hat er mit der Änderungskündigung einhergehende Lohnabschläge, eine örtliche oder sachliche Versetzung oder eine Änderung der Arbeitszeit hinzunehmen.[149] Es besteht auch kein Anspruch zur Weiterbeschäftigung zu den bisherigen Bedingungen bis zum Abschluss des Kündigungsschutzverfahrens.[150] Mit der vorbehaltlichen Annahme des Änderungsangebotes

85

---

145 *BAG* 17. 6. 1998, EzA § 2 KSchG Nr. 30.
146 *BAG* 17. 6. 1998, a. a. O.
147 *BAG* 17. 6. 1998, a. a. O.
148 Siehe hierzu die Ausführungen unter Rz 25 ff.
149 Zum Ausgleichsanspruch des Arbeitnehmers bei nachträglicher Feststellung der Sozialwidrigkeit der Änderungskündigung, s. u. Rz 131.
150 *BAG* 18. 1. 1990, AP § 2 KSchG 1969 Nr. 27; *LAG Nürnberg* 13. 3. 2001, NZA-RR 2001, 366.

wird die Kündigung hinfällig, unabhängig davon, ob sie als bedingte oder unbedingte Kündigung ausgesprochen wurde.[151] Damit kann auch ein vom Betriebsrat gegen die Kündigung erklärter Widerspruch keine Wirkung mehr entfalten.

II. Vorbehaltlose Annahme

86 Die vorbehaltlose Annahme des Änderungsangebotes kann ebenfalls durch ausdrückliches oder konkludentes Verhalten des Arbeitnehmers erfolgen.[152] Eine konkludente Annahme kann in der widerspruchslosen Weiterarbeit des Arbeitnehmers nach Ablauf der Kündigungsfrist zu den geänderten Bedingungen, die sich unmittelbar auf das Arbeitsverhältnis auswirken (zB Arbeit in einem anderen Betrieb, zu geänderter Arbeitszeit, in anderer Funktion), zu sehen sein.[153]

87 Die Erklärungsfrist von **drei Wochen** (§ 2 Satz 2 KSchG) gilt nach ihrem Wortlaut **nur** für die **Annahme unter Vorbehalt, nicht** für die **vorbehaltlose Annahme**. Dies ist durch die neuere Rechtsprechung des BAG bestätigt worden.[154] Danach bestimmt sich die Annahmefrist nach § 147 Abs. 2 BGB, wonach der einem Abwesenden gemachte Antrag bis zu dem Zeitpunkt angenommen werden kann, in welchem der Antragende den Eingang der **Antwort regelmäßig erwarten** konnte. Die hiernach angemessene Überlegungsfrist bestimmt sich im Fall der Änderungskündigung vor allem danach, ob der Arbeitgeber die Behandlung des Angebots als eilbedürftig erwarten lässt sowie danach, wie massiv der Eingriff in das bestehende Arbeitsverhältnis ist. Dies bedeutet aber nicht, dass die Drei-Wochen-Frist des § 2 Satz 2 KSchG schlechthin ausgeschlossen ist. Bei weniger einschneidenden Eingriffen in das Arbeitsverhältnis, wie beispielsweise der Streichung einer Zulage, wird sich der Arbeitnehmer innerhalb der Drei-Wochen-Frist, uU sogar innerhalb einer kürzeren Frist, erklären müssen können.

88 Der bestehenden **Unsicherheit** über die **Meinungsbildung des Arbeitnehmers** kann der Arbeitgeber dadurch begegnen, dass er nach § 148 BGB eine **angemessene Frist zur Annahme** des Antrages **setzt**. Diese

---

[151] Im ersteren Fall tritt die Bedingung (Ablehnung des Angebots) nicht ein, im letzteren Fall fehlt es an einer möglichen Realisierung der Kündigung, vgl. *v. Hoyningen-Huene/Linck* § 2 KSchG Rz 92.
[152] *BAG* 19. 6. 1986, EzA § 2 KSchG Nr. 7; *LAG Baden-Württemberg* 30. 10. 1990, LAGE KSchG § 2 Nr. 12.
[153] *BAG* 19. 6. 1986, a. a. O.
[154] *BAG* 6. 2. 2003, AP § 2 KSchG Nr. 71; ErfK/*Ascheid* § 2 KSchG Rz 35; vgl. die früher hM, die eine Anwendung des § 2 Satz 2 befürwortete, APS/*Künzl* § 2 KSchG Rz 161; v. *Hoyningen-Huene/Linck* § 2 KSchG Rz 99.

Frist sollte bereits ausdrücklich im Kündigungsschreiben enthalten sein.

▶ **Beispiel:**[155]

Der Arbeitgeber sprach dem Arbeitnehmer am 30.11.1999 eine Änderungskündigung zum 30.6.2000 aus, die eine Versetzung in eine weiter entfernte Stadt zum Gegenstand hatte. Es war eine Kündigungsfrist von drei Monaten zum Quartalsende einzuhalten. Der Arbeitgeber kündigte also mit einer erheblich längeren Kündigungsfrist. Der Arbeitnehmer nahm das Angebot am 21.3.2000 an, nach Auffassung des BAG noch rechtzeitig. Ein Arbeitgeber, der das Arbeitsverhältnis lange vor dem Zeitpunkt kündigt, zu dem er zum beabsichtigten Kündigungstermin noch hätte kündigen können, könne nicht erwarten, dass der Arbeitnehmer die existentielle Entscheidung, ob er sein Arbeitsverhältnis aufgibt oder zu entscheidend anderen Bedingungen arbeitet, nunmehr in kürzester Frist trifft. Zur Planungssicherheit des Arbeitgebers reiche es aus, wenn der Arbeitnehmer noch vor dem Tag Stellung nimmt, an dem der Arbeitgeber unter Einhaltung der Kündigungsfrist letztmalig hätte kündigen können, vorliegend also bis zum 31.3.2000. Jedenfalls die volle, auf das jeweilige Arbeitsverhältnis anwendbare Kündigungsfrist reiche zur Planung des Arbeitgebers, ob und wie er den Arbeitsplatz neu besetzen wolle, aus. Benötige der Arbeitgeber eine kürzere Überlegungsfrist, müsse er eine angemessene Frist nach § 148 BGB setzen.

▶ **Praxistipp:**
Für den Arbeitgeber stellt sich hier das Problem, dass er nach Ablauf der Drei-Wochen-Frist, aber noch vor Ablauf der Kündigungsfrist, keine gesicherte Grundlage darüber hat, ob der Arbeitnehmer dem Änderungsangebot zustimmt oder es ablehnt, da in den meisten Fällen die Kündigungsfrist länger ist als die Erklärungsfrist des § 2 Satz 2 KSchG. Der Arbeitnehmer kann zwar nach Ablauf der Drei-Wochen-Frist für die Erhebung der Kündigungsschutzklage die Sozialwidrigkeit der Änderungskündigung nicht mehr geltend machen kann, so dass das diesbezügliche Risiko des Arbeitgebers entfällt. Die Personaldisposition des Arbeitgebers wird jedoch schwierig, solange keine eindeutige Reaktion des Arbeitnehmers vorliegt. Aus diesem Grund wird empfohlen, die Annahme des

---

[155] Anhand des Sachverhaltes von *BAG* 6.2.2003, a.a.O.

Angebots mit der neuen Rechtsprechung des BAG stets an eine Frist nach § 148 BGB zu binden. Ist diese Frist gerade bei einschneidenden Vertragsänderungen kurz bemessen, muss der Arbeitgeber sein besonderes Interesse an einer schnellen Entscheidung des Arbeitnehmers mitteilen.[156] Äußert sich der Arbeitnehmer innerhalb dieser Frist nicht, erlischt das Angebot, § 147 Abs. 2 BGB.

89 In der Regel schließen die Parteien als Folge der vorbehaltlosen Annahme durch den Arbeitnehmer einen **geänderten Arbeitsvertrag**. Dieser unterliegt zwar grundsätzlich nicht dem Schriftformerfordernis des § 623 BGB, dennoch ist eine schriftliche Fixierung zur Vermeidung späterer Konflikte geboten. Darüber hinaus ist der Arbeitgeber ohnehin verpflichtet, die geänderten Arbeitsvertragsbedingungen innerhalb von einem Monat nach Umsetzung der geänderten Arbeitsbedingungen dem Arbeitnehmer gegenüber schriftlich zu bestätigen, §§ 2, 3 NachwG.

III. Ablehnung des Angebotes

90 Lehnt der Arbeitnehmer das Angebot ausdrücklich oder konkludent (zB durch Nichtaufnahme der Tätigkeit nach Ablauf der Kündigungsfrist oder Erhebung einer Kündigungsschutzklage) ab, erlischt das Angebot, § 147 Abs. 2 BGB. Nimmt er das Angebot erst nach Ablauf einer nach den Umständen zu erwartenden (§ 147 Abs. 2 BGB) oder gesetzten (§ 148 BGB) Frist an, stellt dies ein neues Angebot dar (§ 150 Abs. 1 BGB), welches anzunehmen der Arbeitgeber nicht verpflichtet ist.

91 Durch die **vorbehaltlose Ablehnung** des Angebotes **wandelt** sich die **Änderungskündigung** in eine **Beendigungskündigung** um. Der Arbeitnehmer kann hiergegen in der Frist des § 4 Satz 1 KSchG Kündigungsschutzklage beim zuständigen Arbeitsgericht erheben. Eine Weiterbeschäftigung nach Ablauf der Kündigungsfrist kommt nicht in Betracht, es sei denn, der Betriebsrat hat der Kündigung ordnungsgemäß widersprochen, § 102 Abs. 5 BetrVG. Stützt der Arbeitnehmer sich zur Rechtfertigung der Kündigungsschutzklage auf ein im Vergleich zur Kündigung milderes Mittel, ist ihm die Berufung auf das abgelehnte Änderungsangebot allerdings nicht möglich.[157] Dies wäre rechtsmissbräuchlich.

---

156 Vgl. *BAG* 6. 2. 2003, a. a. O.
157 So die hM, vgl. APS/*Künzl* § 2 KSchG Rz 165; KR/*Rost* § 2 KSchG Rz 91; *v. Hoyningen-Huene/Linck* § 2 KSchG Rz 54. ErfK/*Ascheid* § 2 KSchG Rz 37.

Änderungskündigung §2

F. Gerichtliche Überprüfung der Sozialwidrigkeit der Änderungskündigung

I. Prüfungsgegenstand

Gegenstand der gerichtlichen Überprüfung der Änderungskündigung ist, ob die **Änderung der Arbeitsbedingungen sozial gerechtfertigt** ist und nicht, ob die Beendigung des Arbeitsverhältnisses sozial gerechtfertigt ist.[158] Dies gilt unabhängig davon, ob der Arbeitnehmer das Änderungsangebot unter Vorbehalt angenommen oder insgesamt abgelehnt hat.[159] 92

Das Änderungsangebot des Arbeitgebers wird bei allen nach dem KSchG in Betracht kommenden Kündigungsgründen, dh bei der personen-, verhaltens- und betriebsbedingten Kündigung, in die Prüfung mit einbezogen. Daraus folgt, dass an die Änderungskündigung grundsätzlich keine so hohen Anforderungen zu stellen sind wie an die Beendigungskündigung.[160] 93

Das BAG prüft die soziale Rechtfertigung der Änderungskündigung in **zwei Schritten**: 94

Zunächst müssen **personen-, verhaltens- oder betriebsbedingte Gründe** vorliegen, die eine Änderung der Arbeitsbedingungen rechtfertigen.[161] Ist dies der Fall, wird in einem zweiten Schritt geprüft, ob der Inhalt der beabsichtigen Vertragsänderung **vom Arbeitnehmer billigerweise hinzunehmen** ist.[162]

Besteht die Änderungskündigung aus **mehreren Änderungsangeboten**, so wird jedes Angebot auf seine soziale Rechtfertigung hin überprüft. Ist nur eines dieser Änderungsangebote nicht sozial gerechtfertigt, soll die Änderungskündigung insgesamt unwirksam sein.[163] 95

---

158 Ständige Rechtsprechung, vgl. *BAG* 24. 4. 1997, EzA § 2 KSchG Nr. 26; dem folgend die hM KR/*Rost* § 2 KSchG Rz 92; *v. Hoyningen-Huene/Linck* § 2 KSchG Rz 54, jew. mwN.
159 Ständige Rechtsprechung, vgl. *BAG* 24. 4. 1997, EzA § 2 KSchG Nr. 26; *BAG* 19. 5. 1993, EzA § 1 KSchG Betriebsbedingte Kündigung; KR/*Rost* § 2 KSchG Rz 92 mwN.
160 *BAG* 7. 6. 1973, a. a. O.
161 Vgl. allgemein zu den Kündigungsgründen die Ausführungen zu § 1 KSchG.
162 Ständige Rechtsprechung, vgl. nur *BAG* 15. 3. 1991, AP § 2 KSchG Nr. 28, mit weiteren Nachweisen zur Rechtssprechung.
163 Vgl. *LAG Köln* 21. 6. 2002, NZA-RR 2003, 247; KR/*Rost* § 2 KSchG Rz 106d mwN; zur außerordentlichen Änderungskündigung *BAG* 7. 6. 1973 AP § 626 BGB Änderungskündigung Nr. 1: ein unwirksames Änderungsangebot soll nach der älteren Rechtsprechung des *BAG* aber nicht notwendigerweise die

Praxistipp:
Vorsicht ist geboten, wenn der Arbeitgeber die notwendige Änderung von Arbeitsbedingungen zum Anlass dazu nimmt, andere unliebsame Vertragsbestandteile mit zu ändern. Die an sich begründete Änderungskündigung kann hierdurch insgesamt sozialwidrig werden. Aus diesem Grund sollte vor umfassender Änderung der Arbeitsbedingungen jede einzelne Änderung sorgfältig darauf hin überprüft werden, ob sie tatsächlich durch den angegebenen Grund gerechtfertigt und notwendig ist.

II. Betriebsbedingte Änderungskündigung

96 Die betriebsbedingte Änderungskündigung ist Hauptanwendungsbereich des § 2 KSchG in der Praxis.

97 Das BAG stellt hier darauf ab, ob dringende betriebliche Erfordernisse gemäß § 1 Abs. 2 KSchG das Änderungsangebot bedingen und der Arbeitgeber sich darauf beschränkt hat, nur solche Änderungen vorzuschlagen, die der Arbeitnehmer billigerweise hinnehmen muss.[164] Es bedarf zunächst eines **organisatorischen Konzepts**, das eine **Änderung der Arbeitsbedingungen unabwendbar** macht. Diese konzeptionelle unternehmerische Entscheidung unterliegt – wie bei der Beendigungskündigung – nur einer Rechts- und Missbrauchskontrolle.[165] Darüber hinaus ist erforderlich, dass dieses unternehmerische Konzept nicht durch andere, weniger einschneidende Maßnahmen realisiert werden kann.[166] Hinsichtlich des Änderungsvorschlages bedeutet dies, dass der Arbeitnehmer nur solche Änderungen akzeptieren muss, die zumutbar, dh unbedingt erforderlich sind und ihn im Vergleich zu den vorherigen Arbeitsbedingungen am wenigsten beeinträchtigen.[167]

98 Ob die Änderung der Arbeitsbedingungen dem Arbeitnehmer zumutbar ist, ist jedoch dann ohne Belang, wenn der bisherige Arbeitsplatz ersatzlos weggefallen ist und nur die Weiterbeschäftigung an einem einzigen anderen angebotenen, uU nicht gleichwertigen Arbeitsplatz,

---

übrigen (wirksamen) Änderungsangebote infizieren, sondern nur dann, wenn es bei der Gesamtabwägung ein solches Gewicht hat, dass es die Kündigung insgesamt nicht rechtfertigen kann. Andererseits soll eine unwirksame Änderung, die zwar unzumutbar, aber aufs Ganze gesehen unwesentlich ist, der wirksamen Kündigung nicht entgegenstehen.

164 *BAG* 27. 9. 2001, EzA § 2 KSchG Nr. 41; *BAG* 18. 11. 1999, EzA § 1 KSchG Betriebsbedingte Kündigung Nr. 104; *BAG* 1. 7. 1999, EzA § 2 KSchG Nr. 35.
165 Vgl. Ausführungen zu § 1 Rz 364 ff.
166 *BAG* 18. 1. 1990, EzA § 1 KSchG Betriebsbedingte Kündigung Nr. 65.
167 Vgl. KR/*Rost* § 2 KSchG Rz 98.

Änderungskündigung § 2

in Frage kommt. Hier kann der Arbeitgeber nicht mehr tun, als den einen Arbeitsplatz anzubieten, den er zur Verfügung hat. Die Zumutbarkeit der neuen Arbeitsbedingungen für den Arbeitnehmer spielt dann keine Rolle.[168]

1. Unternehmerische Entscheidung, die zum Wegfall der bisherigen Arbeitsbedingungen bzw. des Arbeitsplatzes führt

Auch im Rahmen der Änderungskündigung gelten die von der Rechtsprechung entwickelten allgemeinen Grundsätze zur betriebsbedingten Kündigung, dh die Begriffe der nur beschränkt überprüfbaren unternehmerischen Entscheidung und deren Unterscheidung in inner- und außerbetriebliche Ursachen finden auch hier Anwendung.[169] Die Änderungskündigung wird dann durch betriebliche Erfordernisse bedingt, wenn eine Weiterbeschäftigung des Arbeitnehmers zu unveränderten Bedingungen aufgrund innerbetrieblicher Umstände (etwa Rationalisierungsmaßnahmen, Umstellung oder Einstellung der Produktion) oder außerbetrieblicher Umstände (etwa Auftragsmangel, Umsatzrückgang) nicht mehr möglich ist.[170] Zu Fallgruppen siehe unten 4. 99

Der Unterschied zur Beendigungskündigung liegt darin, dass die unternehmerische Entscheidung entweder nur zum Wegfall der bisherigen Arbeitsbedingungen führt oder aber bei Wegfall des Arbeitsplatzes zu einer Weiterbeschäftigung auf einem anderen Arbeitsplatz. 100

2. Verhältnismäßigkeitsgrundsatz

Ob die zur Kündigung vom Arbeitgeber angeführten betrieblichen Erfordernisse dringend sind, beurteilt sich anhand des Verhältnismäßigkeitsgrundsatzes.[171] Die Änderungskündigung muss an sich geeignet und erforderlich sein, die unternehmerische Organisationsentscheidung umzusetzen.[172] 101

Eine Änderungskündigung ist nur dann tatsächlich erforderlich, um eine bestimmte organisatorische Entscheidung des Arbeitgebers um- 102

---

168 Vgl. ErfK/*Ascheid* § 2 KSchG Rz 53.
169 Vgl. hierzu allgemein *BAG* 18. 1. 1990, EzA § 1 KSchG Betriebsbedingte Kündigung Nr. 65; im Übrigen die Ausführungen zu § 1 Rz 352 ff.
170 Vgl. *BAG* 7. 3. 1996, AP § 1 KSchG Betriebsbedingte Kündigung Nr. 76.
171 *BAG* 28. 1. 1990, EzA § 1 KSchG Betriebsbedingte Kündigung Nr. 65.
172 *BAG* 27. 9. 2001, EzA KSchG § 2 Nr. 41.

zusetzen, wenn **kein milderes Mittel** vorhanden ist, das zur beabsichtigten Zweckerreichung **in gleicher Weise** geeignet ist. Die unternehmerische Entscheidung ist hierbei als Vorgabe hinzunehmen. Von daher können vom Arbeitnehmer keine Mittel herangezogen werden, die auf eine andere organisatorische Entscheidung hinauslaufen würden.[173] Auch auf ihre **Zweckmäßigkeit** oder **Notwendigkeit** hin wird die unternehmerische Entscheidung nicht geprüft, da sie ansonsten unterlaufen würde.[174]

3. Sozialauswahl

103 Bei der betriebsbedingten Änderungskündigung hat der Arbeitgeber eine Sozialauswahl vorzunehmen. Dies folgt aus der in § 2 KSchG enthaltenen Verweisung auf § 1 Abs. 3 Satz 1 KSchG.[175]

a) Bestimmung des Personenkreises

104 Bei der betriebsbedingten Änderungskündigung richtet sich der Kreis der in die Sozialauswahl einzubeziehenden Arbeitnehmer nach **zwei Kriterien**. Zunächst müssen die betreffenden Arbeitnehmer nach ihren bisherigen Aufgaben miteinander verglichen werden können und damit auf ihren innegehabten Arbeitsplätzen gegeneinander im Rahmen des Direktionsrechts **austauschbar** sein.[176] Darüber hinaus müssen die Arbeitnehmer auch für die Tätigkeit, die Gegenstand des Änderungsangebotes ist, wenigstens annähernd **gleich geeignet** sein.[177] Die **Austauschbarkeit** der Arbeitnehmer ist also **anhand des bisherigen und des angebotenen Arbeitsplatzes** zu prüfen.[178]

b) Gewichtung der Kriterien

105 Während die Sozialauswahl bei der Beendigungskündigung darauf abstellt, welchen Arbeitnehmer der Verlust des Arbeitsplatzes am härtesten trifft, ist bei der Änderungskündigung darauf abzustellen, wem die **Änderung der Arbeitsbedingungen am ehesten zumutbar** ist. Von Bedeutung hierbei sind unter anderem Vorbildung und persönliche Eigenschaften wie Wendigkeit, schnelle Auffassungsgabe, Anpassungsfähigkeit und Gesundheitszustand des Arbeitnehmers.[179] Kon-

---

173 Vgl. *BAG* 27. 9. 2001, a. a. O.
174 Vgl. *BAG* 27. 9. 2001, a. a. O.
175 Vgl. *BAG* 18. 10. 1984, AP § 1 KSchG Soziale Auswahl Nr. 6.
176 Vgl. allgemein zur Sozialauswahl Ausführungen zu § 1 Rz 480 ff.
177 *BAG* 13. 6. 1986, EzA § 1 KSchG Soziale Auswahl Nr. 23.
178 Vgl. *BAG* 13. 6. 1986, a. a. O.; KR / *Rost* § 2 KSchG Rz 103.
179 *BAG* 13. 6. 1986, a. a. O.

kret heißt dies, je flexibler der Arbeitnehmer hinsichtlich seiner persönlichen Lebensumstände und je breit gefächerter sein Tätigkeitsbereich ist, desto eher ist ihm die Beschäftigung auf einem neuen Arbeitsplatz zuzumuten.

Die üblichen sozialen Kriterien sollen – je nach Inhalt der Änderungskündigung – dahinter zurücktreten. Dies gilt damit für die jetzt unmittelbar in § 1 Abs. 3 KSchG genannten Kriterien Betriebszugehörigkeit, Lebensalter, Unterhaltspflichten und Schwerbehinderung des Arbeitnehmers. Die Wertung ist jedoch einzelfallbezogen und daran auszurichten, welche Änderung vorgesehen ist.[180] Wie bei der Beendigungskündigung steht dem Arbeitgeber hinsichtlich der zu treffenden Auswahl ein Bewertungsspielraum zu.[181]

▶ **Beispiele:**
Bei Versetzung an einen anderen Standort ist die Zumutbarkeitsprüfung unter anderem danach auszurichten, wie weit der Weg zur neuen Arbeitsstätte und damit einhergehend der Verlust an Freizeit ist.[182] Ein hiermit verbundener Schulwechsel von Kindern des Arbeitnehmers wäre ebenfalls zu berücksichtigen.[183]

Die Umstellung auf Schichtarbeit ist kinderlosen Arbeitnehmern eher zuzumuten als Arbeitnehmern mit schulpflichtigen Kindern, selbst wenn diese über eine wesentlich kürzere Betriebszugehörigkeit verfügen.[184]

Ist die Änderungskündigung nicht mit einer Einkommenseinbuße verbunden, sind Unterhaltspflichten in der Regel ohne Bedeutung.[185]

Der Arbeitnehmer kann sich hinsichtlich der Sozialauswahl aber nicht auf den Inhaber eines Arbeitsplatzes berufen, dessen Tätigkeit er in Kenntnis der Kündigungsabsicht nach einem eindeutigen Angebot des Arbeitgebers definitiv abgelehnt hat.[186]

---
180 Vgl. KR/*Rost* § 2 KSchG Rz 103a.
181 *BAG* 19. 5. 1993, EzA § 1 Betriebsbedingte Kündigung Nr. 73.
182 *BAG* v. 18. 10. 1984, AP § 1 KSchG Soziale Auswahl Nr. 6.
183 Vgl. KR/*Rost*, § 2 KSchG Rz 103a, mit weiteren Beispielen.
184 Vgl. KR/*Rost*, § 2 KSchG Rz 103a.
185 Vgl. *v. Hoyningen-Huene/Linck* § 2 KSchG Rz 77, mit weiteren Beispielen.
186 Vgl. *BAG* 27. 9. 2001, a. a. O.; *BAG* 7. 12. 2000, EzA § 1 KSchG Betriebsbedingte Kündigung Nr. 108.

§ 2 Änderungskündigung

c) Kündigungsrichtlinien und Namensliste

108 § 1 Abs. 4 KSchG und § 1 Abs. 5 KSchG sind auch auf Änderungskündigungen anzuwenden.[187] Diese wieder eingeführten Kündigungserleichterungen sollen Kündigungsschutzprozesse bei betriebsbedingten Kündigungen für den Arbeitgeber besser vorhersehbar machen. Nach der neuesten Reform des KSchG zum 1. 1. 2004 kann der fehlende Verweis in § 2 KSchG auf § 1 Abs. 4 KSchG und § 1 Abs. 5 KSchG zwar nicht mehr mit einem bloßen Redaktionsversehen gerechtfertigt werden, dennoch sprechen gewichtige Gründe für eine Einbeziehung. Zum einen bezieht der Wortlaut des § 125 Abs. 1 Nr. 1 InsO (»... *die einer Weiterbeschäftigung in diesem Betrieb oder einer Weiterbeschäftigung zu unveränderten Arbeitsbedingungen entgegenstehen;* ...«) indirekt auch die Änderungskündigung mit ein, zum anderen sprechen § 1 Abs. 4 und § 1 Abs. 5 KSchG nur von einer »Kündigung« und schließen damit die Änderungskündigung nicht aus.[188] Zudem besteht ein erhebliches rechtspolitisches Interesse an einer Einbeziehung. Zur Vermeidung von Beendigungskündigungen besteht gerade bei Betriebsänderungen das Bedürfnis, zB zu kostspielig gewordene Zusatzleistungen durch Änderungskündigungen abzubauen. Wenn die Vermutungswirkung und die Beweiserleichterung zugunsten des Arbeitgebers sogar eingreifen, wenn das Arbeitsverhältnis insgesamt beendet wird, muss dies erst recht gelten, wenn es nur um die Änderung von Arbeitsbedingungen geht und nicht um die Beendigung des Arbeitsverhältnisses an sich. Aus diesem Grund (a majore ad minus) müssen die Kündigungserleichterungen des § 1 Abs. 4 und § 1 Abs. 5 KSchG auch hier Anwendung finden.[189]

4. Fallgruppen der betriebsbedingten Änderungskündigung

109 Die betriebsbedingte Änderungskündigung lässt sich in bestimmte typisch erscheinende Fallgruppen fassen.

---

187 Vgl. zum Streitstand *v. Hoyningen-Huene/Linck* § 2 KSchG Rz 75a; APS/*Künzl* § 2 KSchG Rz 270; KR/*Rost* § 2 KSchG Rz 103c; während die Befürworter aus dem Verweis auf § 1 Abs. 3 KSchG darauf schließen, dass damit auch ein Verweis auf den § 1 Abs. 3 KSchG konkretisierenden § 1 Abs. 4 KSchG gemeint ist und insofern von einem »Redaktionsversehen« ausgehen, beziehen die Gegner sich auf den Gesetzeswortlaut und die bislang fehlende Bereitschaft des Gesetzgebers, trotz der bekannten Kritik in der Literatur einen ausdrücklichen Bezug auf § 1 Abs. 4 KSchG aufzunehmen.
188 *Kappenhagen* FA 2004, 37, 38.
189 Im Ergebnis so auch KR/*Rost* § 2 KSchG Rz 103 c; ErfK/*Ascheid* § 2 KSchG Rz 56.

a) Betriebsbedingte Änderungskündigung bei Sitzverlegung

Die freie Wahl des Betriebsstandortes gehört zur **Freiheit der unternehmerischen Entscheidung**.[190] Da der Arbeitgeber das wirtschaftliche Risiko für die zweckmäßige Einrichtung und Gestaltung des Betriebes innehat, unterliegt die organisatorische Entscheidung bezüglich eines Standortes nur einer gerichtlichen Missbrauchskontrolle dahin, ob sie offensichtlich unsachlich, unvernünftig und willkürlich ist. Rechtsmissbrauch ist bei einer tatsächlich durchgeführten Entscheidung die Ausnahme.[191] Aus diesem Grund hat der Arbeitnehmer die Umstände darzulegen, aus denen sich ergeben soll, dass die getroffene Strukturmaßnahme offensichtlich unsachlich, unvernünftig oder willkürlich ist.[192] Ob eine Strukturmaßnahme und damit einhergehend eine Sitzverlegung tatsächlich zu einer Effizienzsteigerung führt, ist dabei ohne Belang.[193] 110

Wie bei der Beendigungskündigung muss die Beschäftigungsmöglichkeit des Arbeitnehmers bedingt durch die Sitzverlegung tatsächlich wegfallen. Weiterhin darf am ursprünglichen Standort kein freier und vergleichbarer Arbeitsplatz verfügbar sein, auf dem der Arbeitnehmer eingesetzt werden könnte. Sonst wäre es dem Arbeitnehmer in der Regel nicht zuzumuten, einen Standortwechsel hinzunehmen.[194] 111

Die Sozialauswahl hat sich an den oben genannten Grundsätzen zu orientieren. Unproblematisch ist die Sozialauswahl, wenn der gesamte Betrieb verlegt wird, weil dann alle Arbeitsplätze in gleicher Weise betroffen sind. Die Notwendigkeit einer Sozialauswahl entfällt.[195] Handelt es sich hingegen um eine Betriebsteilverlegung, sind diejenigen geeigneten Arbeitnehmer zu ermitteln, denen die neuen Arbeitsbedingungen am ehesten zugemutet werden können. Diesen gegenüber ist die Änderungskündigung auszusprechen. 112

Oftmals soll jedoch anlässlich einer Sitzverlegung auch gleichzeitig Personal abgebaut werden, beispielsweise aufgrund beabsichtigter Leistungsverdichtung oder der Einführung effizienterer Produktionsmethoden. Einem Teil der Arbeitnehmer muss also eine Änderungskündigung, einem anderen Teil eine Beendigungskündigung ausge- 113

---

190 *BAG* 27.9.2001, EzA KSchG §2 Nr. 41; *BAG* 17.6.1999, EzA §1 KSchG Betriebsbedingte Kündigung Nr. 102.
191 Vgl. *BAG* 27.9.2001, a.a.O.
192 Vgl. *BAG* 27.9.2001, a.a.O.; *BAG* 17.6.1999, a.a.O.
193 Vgl. *BAG* 27.9.2001, a.a.O.
194 Vgl. *BAG* 18.10.1984, AP §1 KSchG Soziale Auswahl Nr. 6.
195 Vgl. *LAG Hamm* 22.8.1997, LAGE §2 KSchG Nr. 29.

§ 2 Änderungskündigung

sprochen werden. Dies kann in der Praxis zur erheblichen Problemen führen, für deren Lösung nachfolgend ein Vorschlag gemacht wird.

▶ **Beispiel:**

Das Unternehmen A produziert Stoßdämpfer für die Automobilindustrie und beschäftigt in seinem Betrieb in Köln 80 Mitarbeiter. Anfang 2004 baut der Arbeitgeber einen neuen, modernen Betrieb in Rosenheim (Bayern) auf. Dort kann er mit 40 qualifizierten Arbeitnehmern in gleicher Qualität und Stückzahl produzieren. Er will den Betrieb in Köln schließen und einige, für die neuen Stellen in Rosenheim qualifizierte Mitarbeiter nach Rosenheim »mitnehmen«.

Lösungsvorschlag:

- Mitarbeiter, die das Anforderungsprofil der neu eingerichteten Arbeitsplätze auch nach zumutbarer Einarbeitungs- oder Umschulungszeit nicht erfüllen, erhalten eine betriebsbedingte Beendigungskündigung.

- Konkurrieren mehrere qualifizierte Arbeitnehmer um Arbeitsplätze in Rosenheim, muss der Arbeitgeber eine Auswahlentscheidung treffen. Diese muss anhand der »sozialen Belange« der betroffenen Arbeitnehmer erfolgen. Nach Ansicht des BAG spricht sogar viel dafür, die Grundsätze der Sozialauswahl anzuwenden[196]

- Spricht der Arbeitgeber gegenüber den sozial schutzwürdigsten Mitarbeitern eine Änderungskündigung und den weniger schutzwürdigen eine Beendigungskündigung aus, kann sich die missliche Situation ergeben, dass einige Empfänger der Änderungskündigung das Angebot, die Arbeit in Rosenheim fortzusetzen, ablehnen. Der Arbeitgeber muss dann den in der sozialen Schutzbedürftigkeit »nachrückenden« Arbeitnehmern eine Änderungskündigung aussprechen und die bereits erklärte Beendigungskündigung zurücknehmen. Je nach deren Reaktion kann diese Vorgehensweise noch ein drittes Mal erforderlich werden.

- Noch unübersichtlicher wird es, wenn (einige) Mitarbeiter das Angebot unter Vorbehalt annehmen. Je nach Kündigungsfrist

---

[196] *BAG* 21. 9. 2000, EzA § 1 KSchG Betriebsbedingte Kündigung Nr. 107; dagegen spricht, dass es bei der Änderungskündigung an sich nur auf die Zumutbarkeit der geänderten Arbeitsbedingungen je nach persönlicher Flexibilität und Mobilität ankommt.

setzen diese Mitarbeiter dann uU ihre Tätigkeit in Rosenheim (unter Vorbehalt fort), während der Prozess über die soziale Rechtfertigung der Änderung anhängig ist. Gewinnt der Mitarbeiter seinen Prozess, besteht das Arbeitsverhältnis zu den alten Bedingungen fort (Arbeitsort Köln!), der Arbeitgeber muss den Arbeitsplatz in Rosenheim einem anderen Arbeitnehmer, der auf der »Liste der sozialen Schutzwürdigkeit« an der nächsten Stelle steht, anbieten, uU erneut per Änderungskündigung.

- Um dieses Risiko zumindest zahlenmäßig einzuschränken, empfiehlt es sich, vor Ausspruch der Kündigungen die Bereitschaft der Mitarbeiter zu erfragen, ob sie das Arbeitsverhältnis in Rosenheim fortsetzen wollen. Dabei muss der Arbeitgeber dem Arbeitnehmer eine Überlegungsfrist von einer Woche einräumen und klarstellen (wichtig), dass im Fall der Ablehnung des Änderungsangebots eine Kündigung beabsichtigt ist. Wer nach entsprechender Aufklärung das Änderungsangebot eindeutig und vorbehaltlos ablehnt, erhält eine Beendigungskündigung.[197] Unter den Mitarbeitern, die zum Umzug bereit sind (sei es auch nur unter Vorbehalt), muss sodann eine Auswahl nach sozialen Gesichtspunkten erfolgen:[198] die sozial schutzwürdigeren erhalten eine Änderungskündigung, die weniger schutzwürdigen eine Beendigungskündigung.

Zwar ist auch diese Vorgehensweise keine Ideallösung, führt aber in der Praxis idR zu mehr Klarheit im Vorfeld.

b) Betriebsbedingte Änderungskündigung zur Entgeltreduzierung

Die Anforderungen an eine betriebsbedingte Änderungskündigung zur reinen Entgeltreduzierung, dh ohne dass dieser eine Änderung des Tätigkeitsbereichs des Arbeitnehmers zugrunde liegt, sind hoch. Das BAG verpflichtet den Arbeitgeber, zunächst **alle Ressourcen auszuschöpfen** und Kosten unter Umständen durch andere Einnahmen zu decken, bevor eine Entgeltminderung in Frage kommt.[199] Hintergrund ist, dass der Arbeitgeber das Wirtschaftsrisiko für die Rentabilität seines Unternehmens trägt und die mit den Arbeitnehmern geschlossene Entgeltvereinbarung grundsätzlich einzuhalten ist.[200]

114

---

197 Vgl. *LAG Berlin* 24.1.2003, NZA-RR 2003, 528 zur fehlenden Versetzungsbereitschaft.
198 Vgl. *BAG* 21.9.2000, a. a. O.
199 *BAG* 20.3.1986, EzA KSchG § 2 Nr. 6.
200 *BAG* 16.5.2002, AP § 2 KSchG Nr. 69; *BAG* 11.7.1990, AP § 615 BGB Betriebsrisiko Nr. 32.

§ 2 Änderungskündigung

115 Die Entscheidung, die Lohnkosten zu senken, ist für sich gesehen keine der gerichtlichen Überprüfung entzogene unternehmerische Entscheidung.[201] Ein Eingriff in das bestehende Lohnsystem ist nach der Rechtsprechung des BAG nur dann gerechtfertigt, wenn bei Aufrechterhaltung der bisherigen Personalkostenstruktur weitere, betrieblich nicht mehr auffangbare Verluste entstehen, die absehbar zu einer Reduzierung der Belegschaft oder sogar zu einer Schließung des Betriebes führen.[202] Eine solche Situation setzt regelmäßig einen **umfassenden Sanierungsplan** des Arbeitgebers voraus, der alle gegenüber der Änderungskündigung milderen Mittel ausschöpft.[203] Dieser umfasst eine vollständige Darstellung der Finanzlage des Betriebes, des Anteils der Personalkosten und der Auswirkung der erstrebten Kostensenkung für den Betrieb und für die Arbeitnehmer. Der Arbeitgeber hat ferner darzulegen, warum andere – mildere – Maßnahmen, wie zB die Absenkung von freiwilligen Zulagen, Rationalisierungsmaßnahmen und **eigene Sanierungsbeiträge des Arbeitgebers** oder Dritter (zB durch Banken) nicht in Betracht kommen.[204]

▶ **Praxistipp:**

Die Anforderungen des BAG an eine Änderungskündigung zur Entgeltreduzierung sind ausgesprochen hoch. Das BAG hat bislang nahezu alle Fälle der Änderungskündigung zur Vergütungssenkung zu ungunsten des Arbeitgebers entschieden, jedenfalls dann, wenn es sich um erhebliche Einschnitte handelte. Auch wenn es beschäftigungspolitisch nicht wünschenswert ist, so ist oftmals eine Beendigung des Arbeitsverhältnisses einfacher zu rechtfertigen als eine Änderung der Arbeitsbedingungen.

▶ **Beispiel**[205]:

Eine Arbeitgeberin, ein Brauereiunternehmen, hatte bereits ein ganzes Bündel von Maßnahmen ergriffen, um vorhandenen wirtschaftlichen Schwierigkeiten zu begegnen. So hatte sie Teilbetriebe stillgelegt und ausgelagert und ihr Personal von 151 Arbeitnehmern im Jahr 1992 bis auf 33 Arbeitnehmer Ende des Jahres 1998 reduziert. Ferner leisteten die Gesellschafter eigene Sanierungsbeiträge durch

---

201 *BAG* 20. 3. 1986, a. a. O.
202 *BAG* 16. 5. 2002, a. a. O.
203 *BAG* 16. 5. 2002, a. a. O.
204 Vgl. *BAG* 16. 5. 2002, a. a. O.; *BAG* 27. 9. 2001, AP § 4 TVG Nachwirkung Nr. 40; *BAG* 12. 11. 1998, AP § 2 KSchG Nr. 51.
205 Sachverhalt nach *BAG* 27. 9. 2001, NZA 2002, 755.

Übernahme einer selbstschuldnerischen Bürgschaft zur Sicherung eines Darlehens in Höhe von DM 2 Millionen. Später erreichte die Arbeitgeberin bei den Banken zusätzlich eine Tilgungsaussetzung, wobei die Banken eine Senkung der monatlichen Personalkosten in Höhe von ca. DM 170.000 forderten.

Die Arbeitgeberin entschloss sich daraufhin, das den Mitarbeitern zustehende Urlaubsgeld und eine Sonderzahlung um bis zu 50% in Abhängigkeit der jeweiligen finanziellen Situation zu kürzen. Obwohl zur Rechtfertigung der Kündigung die gesamten Unterlagen über die wirtschaftliche Situation, die Ertragslage, das Geschäftsergebnis, die negativen Geschäftsergebnisse der Vorjahre sowie Gewinn- und Verlustpläne einer Wirtschaftsprüfungsgesellschaft und Restrukturierungskonzepte einschließlich der Personalkostenstruktur offengelegt wurden, erachtete das BAG dies nicht als ausreichend.

Darüber hinaus unterliegt eine Änderungskündigung, die zur Entgeltreduzierung zur Vermeidung einer sonst erforderlich werdenden Beendigungskündigung (zB wegen Stilllegung einer Betriebsabteilung) ausgesprochen wird, den **gleichen Anforderungen wie eine Beendigungskündigung**. Die beabsichtigte und nicht durchgeführte Unternehmerentscheidung muss insofern eine Beendigungskündigung sozial rechtfertigen können. Erst dann ist zu prüfen, ob dieser an sich bestehende Kündigungsgrund den Arbeitgeber berechtigte, als mildere Maßnahme gegenüber den Arbeitnehmern die Änderungskündigung mit dem Ziel der Entgeltabsenkung auszusprechen.[206] **116**

Maßgeblich für eine vom Arbeitgeber angeführte Existenzgefährdung ist die **wirtschaftliche Situation des gesamten Betriebes**. Grundsätzlich reicht die Unrentabilität nur eines Betriebsteiles nicht aus, es sei denn, sie schlägt auf die Gesamtsituation des Betriebes durch.[207] **117**

Der Arbeitgeber kann im Übrigen eine einzelvertraglich vereinbarte höhere Vergütung eines Arbeitnehmers nicht unter Berufung auf den **Gleichbehandlungsgrundsatz** dem Niveau der übrigen Arbeitnehmer anpassen. Der Gleichbehandlungsgrundsatz kann nur zur Begründung von Rechten, nicht aber zu deren Einschränkung herangezogen werden.[208] Anderes gilt für eine irrtümliche höhere Eingruppierung, **118**

---

206 *BAG* 12.11.1998, a.a.O.
207 *BAG* 12.11.1998, a.a.O.
208 Vgl. *BAG* 16.5.2002, AP § 2 KSchG Nr. 69; anders ist dies wohl für den Fall zu sehen, dass die unterschiedliche Vergütung Folge eines Betriebsüberganges ist, § 613 a Abs. 1 Sätze 2-4 BGB; vgl. auch ErfK/*Ascheid* § 2 KSchG Rz 67; APS/*Künzl* § 2 KSchG Rz 243.

§ 2 Änderungskündigung

die mit dem Ziel der Richtigstellung durch Änderungskündigung korrigiert werden kann.[209]

119 Besondere Aufmerksamkeit bei der Änderungskündigung zur Entgeltabsenkung ist möglicherweise **anwendbaren Tarifverträgen** zu schenken. Versucht der Arbeitgeber mittels Änderungskündigung den Abbau tarifvertraglich gesicherter Leistungen durchzusetzen, ist diese sozialwidrig. Ausdrücklich entschieden ist dies beispielsweise für den Fall, dass der Arbeitgeber eine Senkung des Lohns unter den Mindestlohn des entsprechenden Lohntarifvertrages anstrebt.[210] Verstößt eine Änderungskündigung gegen tarifliche Inhaltsnormen, führt dies nach der Rechtsprechung des BAG im übrigen nicht zur Sozialwidrigkeit sondern zur Unwirksamkeit der Kündigung wegen Sittenwidrigkeit nach § 134 BGB.[211]

120 Geringere Anforderungen stellt das BAG bei der **Anpassung vertraglicher Nebenabreden mit Entgeltcharakter** durch Änderungskündigung. Solche Nebenabreden, die regelmäßig nur Randbereiche der vertraglichen Vereinbarungen betreffen, sind beispielsweise die kostenlose Beförderung zur Arbeitsstätte mit dem Werkbus,[212] eine pauschale Überstundenabgeltung[213] oder die Gewährung eines Mietzuschusses.[214] Derartige Vereinbarungen unterliegen nach Auffassung des BAG in einem Dauerschuldschuldverhältnis naturgemäß der Gefahr, dass sich über kurz oder lang die Umstände ändern, von denen die Parteien zum Zeitpunkt des Abschlusses der Vereinbarung ausgegangen waren. Diese geänderten Umstände könnten das Verlangen einer vereinbarten Leistung als unbillig und ungerechtfertigt erscheinen lassen (§ 242 BGB). Aus diesem Grund ist es auf Arbeitgeberseite **üblich**, sich bezüglich der Nebenabrede einen **Widerrufsvorbehalt** einzuräumen.[215] Fehlt es daran, ist eine Änderungskündigung erforderlich, die nach Abwägen der beiderseitigen Interessen auch gerechtfertigt sein kann.[216]

---

209 *BAG* 15. 3. 1991, AP § 2 KSchG Nr. 28.
210 *BAG* 10. 3. 1982, AP § 2 KSchG Nr. 2.
211 *BAG* 10. 2. 1999, EzA § 2 KSchG Nr. 34; diese Unterscheidung hat aufgrund der Neuregelung des § 4 KSchG jedoch an Bedeutung verloren, da nunmehr auch eine Unwirksamkeit nach § 134 BGB innerhalb von drei Wochen nach Zugang der Kündigung geltend gemacht werden muss.
212 So der Sachverhalt in *BAG* 27. 3. 2003, BB 2004, 110.
213 So der Sachverhalt in *BAG* 23. 11. 2000, BB 2001, 940.
214 So der Sachverhalt in *BAG* 28. 4. 1982, AP § 2 KSchG Nr. 3.
215 *BAG* 23. 11. 2000, BB 2001, 940.
216 *BAG* 27. 3. 2003, a. a. O.

Änderungskündigung § 2

Beispiele:
Das Streichen der kostenlosen Beförderung zum Arbeitsplatz mittels eines werkseigenen Buszubringerdienstes kann gerechtfertigt sein, wenn sich die Anzahl der zu befördernden Mitarbeiter drastisch reduziert hat, eine gute öffentlich Verkehrsanbindung besteht und der Mitarbeiter einen Fahrtkostenzuschuss erhält.[217]

Entschließt sich der Arbeitgeber, eine bislang gezahlte Überstundenpauschale vorrangig durch Freizeitausgleich zu ersetzen sowie eine Jahresobergrenze für Überstunden einzuführen, ist dies jedenfalls dann sozial gerechtfertigt, wenn die Arbeitnehmer in der Vergangenheit regelmäßig wesentlich weniger Überstunden gearbeitet haben, als durch die Pauschale abgegolten wurde und wenn die Jahresobergrenze angemessen ist.[218]

c) Betriebsbedingte Änderungskündigung zur Änderung der Arbeitszeit

Es ist eine **freie Unternehmerentscheidung**, wenn der Arbeitgeber aufgrund eines personellen Konzepts eine Entscheidung über die Kapazität an Arbeitskräften und Arbeitszeit trifft.[219] Dies kann sowohl eine Änderung des Schichtsystems beinhalten, als auch eine Reduzierung oder Erhöhung oder Umverteilung der Arbeitszeiten.[220] Soweit dadurch eine Leistungsverdichtung eintritt, wird sie als Konzept gewollt und dadurch notwendig werdende Änderungen in Kauf genommen; der rationelle Einsatz des Personals ist Sache der Unternehmerentscheidung.[221] Diese auf einem personellen Konzept beruhende Entscheidung ist nicht auf ihre Zweckmäßigkeit, sondern nur auf Willkür und offenbare Unrichtigkeit zu überprüfen.[222] Dies gilt grundsätzlich auch für die Entscheidung des Arbeitgebers, keine Teilzeitkräfte, sondern nur noch Vollzeitkräfte zu beschäftigen.[223]

121

Tarifverträge enthalten oftmals Bestimmungen zur Arbeitszeit. Hierauf ist bei einer beabsichtigten Änderung der Arbeitszeit daher besonderes Augenmerk zu richten. Versucht der Arbeitgeber beispielsweise mittels einer Änderungskündigung die tarifliche Arbeitszeit von 35 auf

122

---

217 So der Sachverhalt in *BAG* 27. 3. 2003, BB 2004, 110.
218 *BAG* 23. 11. 2000, BB 2001, 940.
219 *BAG* 24. 4. 1997, EzA § 2 KSchG Nr. 26.
220 Vgl. *BAG* 18. 1. 1990, EzA § 1 KSchG Betriebsbedingte Kündigung Nr. 65; *BAG* 24. 4. 1997, a. a. O.
221 *BAG* 24. 4. 1997, a. a. O.
222 *BAG* 24. 4. 1997, a. a. O.
223 *BAG* 19. 5. 1993, AP § 2 KSchG Nr. 31.

§ 2 Änderungskündigung

38,5 Stunden bei einer Lohnerhöhung von 3% durchzusetzen, ist dies unwirksam.[224]

123 Ohne Vorliegen eines sachlichen Grundes, darf der Arbeitgeber bei einer Änderung der Arbeitszeit **Teilzeitkräfte** nicht unangemessen im Vergleich zu Vollzeitbeschäftigten benachteiligen. Führt die Änderung der Arbeitszeiten einer Teilzeitkraft dazu, dass sie – im Gegensatz zu den Vollzeitkräften – immer an den umsatzstarken Samstagen arbeiten muss, ist die Änderungskündigung wegen § 4 TzBfG unwirksam.[225]

124 Der Arbeitgeber ist nicht gezwungen, die Arbeitszeit mehrerer Arbeitnehmer zu reduzieren, um eine Beendigungskündigung zu vermeiden. Andererseits ist er nicht gehalten, eine Beendigungskündigung auszusprechen, damit die Arbeitszeit der anderen Arbeitnehmer unberührt bleibt.[226] Es ist jedoch für den Kündigungsschutzprozess von entscheidender Bedeutung, dass der Arbeitgeber ein entsprechendes Konzept zur Beschäftigung von Teilzeitkräften / Vollzeitkräften vorlegen kann.[227] Entschließt sich der Arbeitgeber, eine bislang in Teilzeit besetzte Stelle als Vollzeitstelle auszugestalten, ist er gehalten, zunächst der Teilzeitkraft die Stelle anzubieten, es sei denn, es besteht eine hohe Wahrscheinlichkeit dafür, dass der Arbeitnehmer ein entsprechendes Angebot nicht angenommen hätte.[228]

III. Personenbedingte Änderungskündigung

125 Kann der Arbeitnehmer seine bisherige Tätigkeit aus personenbezogenen Gründen nicht mehr fortführen, kommt eine personenbedingte Änderungskündigung in Betracht. Vorrangig betrifft dies Fälle des **aufgrund Krankheit oder Alters nachlassenden Leistungsvermögens**.[229] Sind freie, der Leistungsfähigkeit des Arbeitnehmers entsprechende Arbeitsplätze vorhanden, hat der Arbeitgeber diese vor Ausspruch einer Beendigungskündigung anzubieten.[230] Für die personenbedingte Änderungskündigung gelten die gleichen Grundsätze wie für die per-

---

224 *BAG* 10. 2. 1999, EzA § 2 KSchG Nr. 34.
225 *BAG* 24. 4. 1997, a. a. O.
226 Vgl. *BAG* 19. 5. 1993, EzA § 1 KSchG Betriebsbedingte Kündigung Nr. 73.
227 *BAG*, 19. 5. 1993, a. a. O.
228 *LAG Berlin* 10. 11. 1996, LAGE § 2 KSchG Nr. 20, zu den Anforderungen an das Angebot, um hiernach eine Beendigungskündigung aussprechen zu können, siehe oben Rz 19.
229 Vgl. ErfK/*Ascheid* § 2 KSchG Rz 50; KR/*Rost* § 2 KSchG Rz 100, mwN; *BAG* 3. 11. 1977, AP 75 BPersVG Nr. 1: Weiterbeschäftigung einer an Wollallergie leidenden Näherin als Küchenhilfe.
230 *BAG* 20. 7. 1989, AP § 1 KSchG Sicherheitsbedenken Nr. 2.

sonenbedingte Beendigungskündigung; insbesondere ist eine negative Prognose für den weiteren Verlauf des Arbeitsverhältnisses erforderlich, und es muss mit weiteren Leistungsstörungen in erheblichem Umfang gerechnet werden.[231]

IV. Verhaltensbedingte Änderungskündigung

Eine Änderungskündigung aus verhaltensbedingten Gründen kommt vor allem bei vertragswidrigem Verhalten eines Arbeitnehmers gegenüber Kollegen, Vorgesetzten oder Dritten in Betracht. Ist nach Versetzung des Arbeitnehmers an einen anderen Arbeitsplatz damit zu rechnen, dass sich das vertragswidrige Verhalten einstellt, ist vorrangig eine Änderungskündigung auszusprechen, sofern die Versetzung mittels Direktionsrecht ausscheidet.[232] Im Übrigen gelten die gleichen Grundsätze wie bei der Beendigungskündigung, insbesondere bedarf es auch bei der Änderungskündigung grundsätzlich einer vorherigen erfolglosen **Abmahnung**.[233]

126

G. Kündigungsschutzprozess

I. Annahme unter Vorbehalt

Für den Kündigungsschutzprozess gelten im Vergleich zur Beendigungskündigung keine Besonderheiten. Gemäß § 4 Satz 2 KSchG muss der Arbeitnehmer bei Annahme der Änderungskündigung unter Vorbehalt innerhalb von drei Wochen nach Zugang der Kündigung Klage beim zuständigen Arbeitsgericht erheben. Der Klageantrag des Arbeitnehmers ist gemäß § 2 KSchG dahin zu fassen, dass »... *die Änderung der Arbeitsbedingungen sozial ungerechtfertigt ist.*«[234]

127

Wird der Vorbehalt mit Klageerhebung erklärt, ist dieser unter Umständen verspätet, wenn die Klage erst am letzten Tag der Frist eingereicht wird.[235]

128

Der **Streitwert** der Änderungsschutzklage bemisst sich nach der **Differenz** zwischen dem Wert der alten und der neuen Arbeitsbedingungen,

129

---

231 Vgl. hierzu Ausführungen oben zu § 1 KSchG Rz 62 ff.
232 Vgl. hierzu *BAG* 22. 7. 1982, AP § 1 KSchG Verhaltensbedingte Kündigung Nr. 5.
233 *BAG* 21. 11. 1985, EzA § 1 KSchG Nr. 42.
234 Zum Streitstand dazu, ob der Antrag bestimmt genug ist und entsprechende alternative Formulierungsvorschläge, vgl. KR/*Rost* § 2 KSchG Rz 147 ff.
235 Vgl. oben Rz 83.

wobei grundsätzlich von dem **dreifachen Jahresbetrag** des Wertes der Änderung auszugehen ist, § 17 Abs. 3 GKG iVm § 3 ZPO.[236]

130 Wird die **Änderungsschutzklage abgewiesen**, muss der Arbeitnehmer endgültig zu den neuen Arbeitsbedingungen tätig werden. Der erklärte **Vorbehalt** wird **wirkungslos**. Die Änderung der Arbeitsbedingungen wird **rückwirkend zum Kündigungsendtermin** wirksam.

131 Obsiegt der Arbeitnehmer, dh wird der Änderungsschutzklage stattgegeben, gilt die Änderungskündigung als von Anfang an unwirksam (§ 8 KSchG). Die auflösende Bedingung der sozialen Rechtfertigung der Änderung tritt ein. Damit werden die **alten Arbeitsbedingungen rückwirkend wieder hergestellt**. Dies hat insbesondere zur Folge, dass der Arbeitgeber eine eventuelle Lohndifferenz seit dem Kündigungsendtermin ausgleichen muss. Fehlt es hieran, kommt ein Schadensersatzanspruch nur dann in Betracht, wenn dem Arbeitnehmer tatsächlich ein materieller Schaden entstanden ist.[237] Die Möglichkeit der **Auflösung des Arbeitsverhältnisses auf Antrag des Arbeitnehmers** gegen Zahlung einer Abfindung nach § 9 KSchG besteht im Änderungsschutzverfahren nicht, da der Bestand des Arbeitsverhältnisses an sich nicht in Frage steht.[238]

132 Anders als im normalen Kündigungsschutzverfahren ist nach hM eine **Rücknahme der Änderungskündigung** durch den Arbeitgeber mit der Folge möglich, dass sich die Hauptsache mit der Kostenfolge des § 91 a ZPO erledigt. Die vorbehaltliche Annahme der Änderungskündigung durch den Arbeitnehmer wird nämlich als Angebot verstanden, unter den ursprünglichen Arbeitsbedingungen weiterzuarbeiten, welches der Arbeitgeber durch die Rücknahme annimmt.[239]

133 Für die **Beweislast** im Änderungsschutzverfahren gelten keine Besonderheiten. Die Verteilung der Beweislast richtet sich – trotz fehlenden Verweises in § 2 KSchG auf § 1 Abs. 2 Satz 4 KSchG und § 1 Abs. 3 Satz 3 KSchG – nach den allgemeinen Grundsätzen. Der Arbeitgeber trägt die Darlegungs- und Beweislast für die Tatsachen, die die Änderungskündigung bedingen, dem Arbeitnehmer obliegt die Beweislast für die fehlerhafte soziale Auswahl.[240]

---

236 *Germelmann/Matthes/Prütting/Müller-Glöge* ArbGG § 12 Rz 112.
237 ErfK /*Ascheid* § 2 KSchG Rz 74.
238 KR/*Rost* § 2 KSchG Rz 168.
239 So die hM, vgl. KR/*Rost* § 2 KSchG Rz 159 a; *v. Hoyningen-Huene/Linck* § 2 KSchG Rz 98; APS/*Künzl* § 2 KSchG Rz 319; jeweils mit weiteren Nachweisen.
240 Vgl. Ausführungen oben zu § 1 Rz 547 ff.

II. Ablehnung des Änderungsangebotes

Hat der Arbeitnehmer das Änderungsangebot **insgesamt abgelehnt** und Kündigungsschutzklage erhoben, ist Gegenstand des Kündigungsschutzverfahrens ausschließlich die **Beendigung des Arbeitsverhältnisses**. Insoweit gelten prozessual keine Besonderheiten im Vergleich zu einer Beendigungskündigung. Der Maßstab der **Überprüfung** ist jedoch im Vergleich zur Beendigungskündigung abgemildert, da das **Änderungsangebot** des Arbeitgebers maßgeblich berücksichtigt wird.[241]

134

---

241 Vgl. Ausführungen oben Rz 6 ff.

§ 3 Kündigungseinspruch

¹Hält der Arbeitnehmer eine Kündigung für sozial ungerechtfertigt, so kann er binnen einer Woche nach der Kündigung Einspruch beim Betriebsrat einlegen. ²Erachtet der Betriebsrat den Einspruch für begründet, so hat er zu versuchen, eine Verständigung mit dem Arbeitgeber herbeizuführen. ³Er hat seine Stellungnahme zu dem Einspruch dem Arbeitnehmer und dem Arbeitgeber auf Verlangen schriftlich mitzuteilen.

Inhalt

	Rz
A. Geringe praktische Bedeutung	1
B. Einspruch beim Betriebsrat	2– 6
C. Behandlung des Einspruchs	7– 8
D. Verständigung mit dem Arbeitgeber	9–11
E. Auswirkungen des Einspruchs auf andere Fristen	12
F. Ansprüche gegen den Betriebsrat ausgeschlossen	13

A. Geringe praktische Bedeutung

1 Die Vorschrift ist von **geringer praktischer Bedeutung**.[1] Sie ist ein Rudiment des Kündigungsschutzes aus der Zeit vor 1945. Zu früheren Zeiten war der Kündigungsschutzklage ein obligatorisches Verständigungsverfahren zwischen dem Arbeiter- oder Angestelltenrat als Interessenvertreter des Arbeitnehmers und dem Arbeitgeber vorgeschaltet. Dem Betriebsrat kam dabei eine Sperrfunktion zu[2]. Die Kündigungsschutzklage kann schon seit langem auch ohne Einbeziehung des Betriebsrates erhoben werden. Die zwingende Beteiligung des Betriebsrates ist längst auf andere Weise, nämlich durch das Anhörungsverfahren iSv § 102 BetrVG, gesetzlich sanktioniert.

B. Einspruch beim Betriebsrat

2 § 3 KSchG gibt dem Arbeitnehmer die Möglichkeit, aus eigener Initiative den Betriebsrat (abermals) mit der Kündigung zu befassen. Die Vor-

---

[1] ErfK/*Ascheid* § 3 Rz 4; *v. Hoyningen-Huene/Linck* § 3 Rz 1, ebenso: *Kittner/Däubler/Zwanziger* § 3 Rz 2.
[2] Vgl. dazu und dem historischen Verfahren KR/*Rost* § 3 Rz 2.

Kündigungseinspruch § 3

schrift gilt für die Beendigungs- und Änderungskündigung,[3] seinem Wortlaut nach allerdings nur für die fristgemäße Kündigung.[4]

Das Anhörungsverfahren des Betriebsrates als Wirksamkeitsvoraussetzung der Kündigung gemäß § 102 BetrVG wird weder vorausgesetzt noch durch den Einspruch gemäß § 3 KSchG beeinflusst. Der Einspruch bewirkt keine Fortsetzung des Anhörungsverfahrens nach § 102 BetrVG. Wurde der Betriebsrat vor der Kündigung gar nicht angehört, ist die Kündigung unwirksam.[5] Auf den **Einspruch** des Arbeitnehmers nach § 3 KSchG kommt es **nicht** an. 3

Der praktische Wert des Einspruchs ergibt sich daraus, dass der Arbeitnehmer sich mittels des Einspruchs Gehör beim Betriebsrat verschaffen kann. Im Anhörungsverfahren nach § 102 BetrVG ist eine Beteiligung des Arbeitnehmers nicht vorgeschrieben. Der Betriebsrat soll den Betroffenen nach eigenem Belieben[6] einbeziehen. Wenngleich dies häufig geschieht, gibt das dem einzelnen Mitarbeiter freilich keinen rechtlich durchsetzbaren Anhörungsanspruch. 4

Hat der Betriebsrat die Einbeziehung des Betroffenen unterlassen und dennoch zu der beabsichtigten Kündigung des Arbeitgebers Stellung genommen, oder gilt die Zustimmung mangels rechtzeitiger Stellungnahme des Betriebsrates innerhalb der Sieben-Tage-Frist als erteilt (§ 102 Abs. 2 Satz 2 BetrVG), kann der Arbeitnehmer mit dem Einspruch dem Betriebsrat näher erklären, warum er die Kündigung für sozial ungerechtfertigt hält. Die **persönliche Sicht des Arbeitnehmers** kann sich auf diese Weise Geltung verschaffen. 5

Der Einspruch ist **innerhalb einer Woche** einzulegen. Die relativ kurze Frist soll den Arbeitnehmer zu unverzüglichem Handeln anhalten. Die **Versäumung** der Frist hat indes **keine Bedeutung**. Der Betriebsrat kann den Einspruch auch noch später behandeln. Der Einspruch ist an **keine bestimmte Form** gebunden. Er bedarf auch **keiner Begründung**. Praktischerweise sollte der Betroffene dem Betriebsrat jedoch seine Bedenken gegen die Rechtfertigung der Kündigung begründen; anderenfalls hat der Betriebsrat kaum eine substantiierte Grundlage, den Einspruch aufzugreifen. 6

---

3 KR/*Rost* § 3 Rz 27; ErfK/*Ascheid* § 3 Rz 1.
4 Das hindert weder den Arbeitnehmer, Einspruch gegen eine außerordentliche Kündigung beim Betriebsrat einzulegen, noch den Betriebsrat, sich zu einer solchen zu äußern.
5 Die Unwirksamkeit kann indes nach der seit 1. 1. 2004 geltenden Rechtslage geheilt werden; vgl. dazu im einzelnen § 4 Rz 5.
6 »Der Betriebsrat soll, soweit dies erforderlich erscheint, den betroffenen Arbeitnehmer hören.«

C. Behandlung des Einspruchs

7 Über den Einspruch entscheidet der Betriebsrat durch **Beschluss** (§ 32 BetrVG). Der Betriebsrat kann nach einem Einspruch von früheren Stellungnahmen, insbesondere aus dem Anhörungsverfahren nach § 102 Abs. 4 BetrVG, abweichen. Eine dem Einspruch stattgebende oder gegenüber früheren Verlautbarungen abweichende Stellungnahme des Betriebsrates führt jedoch **nicht** zu einem **Weiterbeschäftigungsanspruch** des Arbeitnehmers für die Dauer des Kündigungsschutzverfahrens wie im Falle des Betriebsratswiderspruches gem. § 102 Abs. 5 BetrVG. Der Weiterbeschäftigungsanspruch nach vorangegangenem Widerspruch des Betriebsrates gilt hier nicht.

8 Sowohl der **Arbeitgeber** als auch der **Arbeitnehmer** können eine **schriftliche und begründete**[7] Stellungnahme des Betriebsrates verlangen. Diese Stellungnahme kann für den Arbeitgeber wie auch den Arbeitnehmer einen praktischen prozessualen Wert haben, da er die Sicht des Betriebsrates erkennen lässt. Auf das Kündigungsschutzverfahren selbst hat die Stellungnahme jedoch keinen Einfluss. Ohne Belang bleibt insoweit, dass die Stellungnahme der Kündigungsschutzklage beigefügt werden soll (§ 4 Satz 3 KSchG).

D. Verständigung mit dem Arbeitgeber

9 Im Falle des stattgebenden Einspruches hat der Betriebsrat eine Verständigung mit dem Arbeitgeber zu **versuchen**. Eine Verletzung der Verhandlungspflicht ist jedoch nicht besonders sanktioniert.

10 Die Möglichkeiten der Verständigung zwischen Betriebsrat und Arbeitgeber sind mannigfaltig. In der Verständigung kann die Rücknahme der Kündigung,[8] die Verlängerung der Kündigungsfrist oder eine Entschädigung vereinbart werden. Die Fälle einer Verständigung nur wegen eines Einspruchs sind **selten**.

11 In jedem Fall bedarf eine Verständigung einer individualvertraglichen Vereinbarung zwischen Arbeitnehmer und Arbeitgeber. Dem **Betriebsrat** ist mit dem Postulat der Verständigung **keine Vertretungsmacht** zur Verhandlung im Namen des Arbeitnehmers übertragen;[9] er ist

---

[7] *V. Hoyningen-Huene/Linck* § 3 KSchG Rz 10.
[8] Bzw. die Feststellung, dass aus der Kündigung keine Rechte hergeleitet werden, weil die Kündigung rechtstechnisch nicht zurückgenommen werden kann.
[9] KR/*Rost* § 3 Rz 21.

Kündigungseinspruch §3

nicht berechtigt, über das Arbeitsverhältnis zu verfügen.[10] Das gilt auch bei einem Verzicht auf Geltendmachung von Rechten aus der Kündigung durch den Arbeitgeber, da der Arbeitnehmer dadurch das Recht verliert, nach § 9 KSchG die Auflösung des Arbeitsverhältnisses und die Zahlung einer Entschädigung zu verlangen.

E. Auswirkungen des Einspruchs auf andere Fristen

Der Einspruch eines Arbeitnehmers beim Betriebsrat hat **keine hemmende Wirkung** auf die Klagefrist gem. § 4 KSchG. Die Drei-Wochen-Frist läuft ungeachtet eines möglichen Widerspruchs beim Betriebsrat.[11] Demzufolge wird auch die Fiktionswirkung des § 7 KSchG von einem Widerspruch nicht berührt. Ein Einspruch beim Betriebsrat gem. § 3 KSchG kann auch nicht die Zulassung einer verspäteten Klage im Sinne des § 5 KSchG begründen.[12]

12

F. Ansprüche gegen den Betriebsrat ausgeschlossen

Die Vorschrift des § 3 KSchG schlägt eine Brücke zwischen dem kollektivrechtlich geprägten Anhörungsverfahren unter Beteiligung des Betriebsrates und der individuellen Äußerung des betroffenen Arbeitnehmers. Der Einspruch löst indes **keine Rechtsfolgen** aus. Der Betriebsrat soll im Interesse des Betroffenen eine Verständigung mit dem Arbeitgeber versuchen. § 3 KSchG ist jedoch **keine Schutzvorschrift im Sinne des § 823 Abs. 2 BGB**.[13] Unterlässt der Betriebsrat einen Verständigungsversuch oder scheitert die Verständigung, ergeben sich keine Ersatzansprüche des betroffenen Arbeitnehmers gegen den Betriebsrat.

13

---

10 *V. Hoyningen-Huene/Linck* § 3 KSchG Rz 8.
11 BAG 3. 5. 1994, EzA § 99 BetrVG 1972, Nr. 122.
12 ErfK/*Ascheid*, § 5 Rz 5; KR/*Friedrich*, § 5 Rz 26.
13 Herrschende Ansicht: vgl. an Stelle vieler: KR/*Rost* § 3 Rz 38.

§ 4 Anrufung des Arbeitsgerichtes

[1]Will ein Arbeitnehmer geltend machen, dass eine Kündigung sozial ungerechtfertigt oder aus anderen Gründen rechtsunwirksam ist, so muss er innerhalb von drei Wochen nach Zugang der schriftlichen Kündigung Klage beim Arbeitsgericht auf Feststellung erheben, dass das Arbeitsverhältnis durch die Kündigung nicht aufgelöst ist. [2]Im Falle des § 2 ist die Klage auf Feststellung zu erheben, dass die Änderung der Arbeitsbedingungen sozial ungerechtfertigt oder aus anderen Gründen rechtsunwirksam ist. [3]Hat der Arbeitnehmer Einspruch beim Betriebsrat eingelegt (§ 3), so soll er der Klage die Stellungnahme des Betriebsrats beifügen. [4]Soweit die Kündigung der Zustimmung einer Behörde bedarf, läuft die Frist zur Anrufung des Arbeitsgerichts erst von der Bekanntgabe der Entscheidung der Behörde an den Arbeitnehmer ab.

Literatur

Bader, Das Gesetz zu Reformen am Arbeitsmarkt: Neues im Kündigungsschutzgesetz und im Befristungsrecht; NZA 2004, 65; *Bauer/Preis/Schunder,* Der Regierungsentwurf eines Gesetzes zu Reformen am Arbeitsmarkt vom 18. 6. 2003, NZA 704; *Berrisch,* § 4 KSchG n. F. und die behördliche Zustimmung zur Kündigung, FA 2004, 6; *Kim/Dübbers,* Rechtliche Probleme bei Einwurf- und Übergabeeinschreiben, NJ 2001, 64; *Lakies,* Zu den seit 1. 10. 1996 geltenden arbeitsrechtlichen Vorschriften der Insolvenzordnung, RdA 1997, 145; *Löwisch,* Neuregelung des Kündigungs- und Befristungsrechts durch das Gesetz zu Reformen am Arbeitsmarkt, BB 2004, 154; *Löwisch,* Die kündigungsrechtlichen Vorschläge der Agenda 2010, NZA 2003, 689; *Neuvians/Mensler,* Die Kündigung durch Einschreiben nach Einführung der neuen Briefzusatzleistungen, BB 1998, 1206; *Preis,* Die »Reform« des Kündigungsschutzrechts, DB 2004, 70; *Reichert,* Der Zugangsnachweis beim Einwurfeinschreiben, NJW 2001, 2523; *Richardi,* Die neue Klagefrist bei Kündigungen, NZA 2003, 764; *Richardi,* Misslungene Reform des Kündigungsschutzes durch das Gesetz zu Reformen am Arbeitsmarkt, DB 2004, 486; *Schmidt,* § 4 S. 4 KSchG und Gesetz zu Reformen am Arbeitsmarkt, NZA 2004, 79; *Ulrici,* 3-Wochenfrist auch für die Klage wegen Vertretungsmängeln der Kündigung, DB 2004, 250; *Willemsen/Annuß,* Kündigungsschutz nach der Reform, NJW 2004, 177; *Zimmer,* Sozialauswahl und Klagefrist ab 2004, FA 2004, 34;

Inhalt

	Rz
A. Unwirksamkeit bedarf Feststellung	1–6
I. Fiktion der Wirksamkeit	2–3
II. Geltungsbereich	4–6
B. Rechtslage vor dem 1. 1. 2004	7–9

Anrufung des Arbeitsgerichtes §4

	I.	Kündigungsschutzgesetz	7–8
	II.	Kündigungen in der Insolvenz	9
C.	**Neufassung des Kündigungsschutzgesetzes**	10–45
	I.	Sozial ungerechtfertigte Kündigung	11
	II.	Rechtsunwirksamkeit aus anderen Gründen	12–45
		1. Nicht ordnungsgemäße Anhörung des Betriebsrates oder des Personalrates	13
		2. Verbot der ordentlichen Kündigung von Betriebs- und Personalratsmitgliedern	14
		3. Unwirksamkeit der Kündigung wegen Verletzung des Maßregelungsverbotes	15
		4. Kündigung wegen des Betriebsübergangs (§ 613a Abs. 4 Satz 1 BGB)	16
		5. Rechtsunwirksamkeit wegen Verstoßes gegen rechtsgeschäftliche Wirksamkeitsvoraussetzungen	17
		a) Kündigung durch einen rechtsgeschäftlichen Vertreter ohne Vorlage einer Vollmacht	18–24
		b) Kündigung durch einen Nichtvertretungsberechtigten	25–27
		6. Falsche Kündigungsfrist	28–29
		7. Unwirksamkeit wegen Fehlens einer behördlichen Genehmigung	30–40
		8. Verbot der sittenwidrigen, treuwidrigen oder einzel- oder tarifvertraglich ausgeschlossenen Kündigung	41–42
		9. Kündigung außerhalb des Geltungsbereiches des Kündigungsschutzgesetzes	43–45
D.	**Ausnahmen von der fristbedingten Klage**	46
E.	**Klage auf Feststellung**	47–61
	I.	Feststellungsklage	47–52
		1. Kündigungsschutzklage gem. § 4 KSchG	47–48
		2. Allgemeine Feststellungsklage	49–52
	II.	Parteien des Kündigungsrechtsstreits	53–59
		1. Kläger	53
		2. Beklagter	54–59
	III.	Klagebegehren	60
	IV.	Begründung der Klage	61
F.	**Berechnung der Dreiwochenfrist**	62–84
	I.	Fristbeginn	62–75
		1. Zugang unter Anwesenden	63
		2. Zugang unter Abwesenden	64–74
		a) Zugang per Boten	65
		b) Einwurf in den Briefkasten, Postfach	66–67
		c) Übergabe- und Einwurfeinschreiben	68–69
		d) Zustellung an den Arbeitnehmer im Urlaub oder in der Kur	70–74
		3. Zustellung an den anwaltlichen Vertreter	75
	II.	Berechnung der Frist	76

III. Klage innerhalb der Frist	77–84
1. Eingang bei Gericht	77
2. Zuständiges Gericht	78–80
3. Anrufung eines unzuständigen Gerichts	81
4. Zustellung an den Beklagten	82–84
G. **Punktuelle Streitgegenstandsmaxime**	85–86
I. Kündigungsklage gemäß § 4 KSchG	85
II. Allgemeine Feststellungsklage gemäß § 256 ZPO	86
H. **Der vorläufige Weiterbeschäftigungsanspruch**	87–93

A. Unwirksamkeit bedarf Feststellung

1 Jedes unbefristete Arbeitsverhältnis[1] ist – soweit nicht ausdrücklich etwas anderes vereinbart ist oder aufgrund tarifvertraglicher Regelung gilt – unter Beachtung der Kündigungsfrist kündbar. Eine solche Kündigung kann jedoch aus verschiedenen Gründen, sei es wegen des Kündigungsgrundes, sei es wegen der Art und Weise der Erklärung, rechtsunwirksam sein.

I. Fiktion der Wirksamkeit

2 Die Unwirksamkeit ist keine der Kündigung des Arbeitsverhältnisses *a priori* anhaftende Eigenschaft. Die etwa fehlerhafte Kündigung ist vielmehr schwebend unwirksam.[2] Die Wirkung der Kündigungserklärung ist zunächst offen. Die endgültige Wirksamkeit kann noch eintreten. Das folgt aus § 7 KSchG. Eine Kündigung wird danach als von Anfang an wirksam betrachtet, wenn die Rechtsunwirksamkeit nicht rechtzeitig geltend gemacht wird. Mängel der Kündigung, die die Unwirksamkeit begründen, werden infolge der Fiktion geheilt. Dem § 7 KSchG kommt somit die Bedeutung eines nachgeholten Wirksamkeitserfordernisses zu.[3]

3 Wie und in welcher Frist die Unwirksamkeit geltend zu machen ist, bestimmt § 4 Satz 1 KSchG. Soll eine Kündigung wegen ihrer Unwirksamkeit angegriffen werden, so ist innerhalb von drei Wochen nach Zugang der Kündigung Klage auf Feststellung der Unwirksamkeit zu

---

1 Wirksam befristete Arbeitsverhältnisse können nicht ordentlich gekündigt werden, wenn nichts anderes ausdrücklich vereinbart ist (§ 621 BGB). Für die Wirksamkeit der Befristung kommt es auf § 14 TzBfG an.
2 KR/*Friedrich* § 4 Rz 10.
3 KR/*Rost* § 7 Rz 4 sieht darin eine rückwirkende Genehmigung der Kündigung. Die Bedeutung dieser Regelung ist immens; entgegen den Grundsätzen aus der Rechtsgeschäftslehre wird danach eine nichtige Erklärung geheilt; die für die Rechtsgeschäftslehre geltende Ausnahme wird im Kündigungsschutzrecht zur Regel.

Anrufung des Arbeitsgerichtes §4

erheben. Die Vorschrift bezweckt eine **schnelle Klärung** über den Bestand des Arbeitsverhältnisses.[4] Das BAG sieht in der Drei-Wochenfrist eine prozessuale Klageerhebungsfrist.[5] Deren Einhaltung ist eine Prozessvoraussetzung.

II. Geltungsbereich

Die Klagefrist gilt sowohl für die (ordentliche)[6] **Beendigungs-** als auch die **Änderungskündigung**. Ein etwaiger Vorbehalt des Arbeitnehmers hinsichtlich der Änderung der Arbeitsbedingungen hat auf den Lauf der Klagefrist keinen Einfluss. Die nur unter Vorbehalt angenommene Änderungskündigung wie auch die abgelehnte Änderungskündigung müssen innerhalb von drei Wochen mittels Klage angegriffen werden (§ 4 Satz 2).[7]

4

Mit der Novelle des Kündigungsschutzgesetzes sind unter anderem die §§ 4 und 7 KSchG zum 1. 1. 2004 erheblich erweitert worden. Seither müssen **sämtliche Kündigungserklärungen** – mit Ausnahme der mündlichen Erklärung – innerhalb einer Frist von **drei Wochen** im Klagewege angegriffen werden. Dies folgt nicht nur aus der Festlegung der dreiwöchigen Klagefrist in dem neugefassten § 4 KSchG, sondern auch aus dem wesentlich erweiterten Geltungsbereich des § 7 KSchG; die Heilungswirkung des § 7 KSchG gilt seit 1. 1. 2004 für sämtliche Unwirksamkeitsgründe.[8]

5

Für die einzelnen Kündigungstatbestände ist die Klagefrist nicht sehr übersichtlich geregelt.[9] Das relativ einfache Ergebnis einer raschen Klärung wäre auch weniger umständlich mittels einer Ausschlussfrist zu erreichen gewesen,[10] anstatt das KSchG mit einer Vielzahl von Verweisungsnormen zu versehen. Die Drei-Wochen-Klagefrist gilt nicht nur für die ordentliche Kündigung aufgrund des Kündigungsschutzgesetzes, sondern **auch** für die **ordentliche Kündigung außerhalb des Kün-**

6

---

4 Zuletzt für den wesentlich erweiterten Geltungsbereich: Entwurf des Arbeitsmarktreformgesetzes, BT-Drucks. 15/1204 S. 9.
5 *BAG* 26. 6. 1986, EzA § 4 KSchG nF Nr. 25.
6 Für die außerordentliche Kündigung gilt § 13 KSchG, der gleichfalls eine dreiwöchige Kündigungsfrist vorsieht; auch § 13 verweist im Übrigen auf § 7 KSchG und fingiert im Fall der verspäteten Klage die Wirksamkeit auch der fristlosen Kündigung.
7 Die nachfolgenden Darlegungen beziehen sich daher auch ebenso auf die Änderungskündigung.
8 Vgl. dazu im Einzelnen die Kommentierung zu § 7 KSchG.
9 *Richardi* NZA 2003, 764, 765.
10 *Preis* DB 2004, 70, 77.

digungsschutzgesetzes, d. h. vor Ablauf der Wartezeit und in Kleinbetrieben (§ 23 Abs. 1 Satz 1 iVm § 4 Satz 1 KSchG), für außerordentliche Kündigungen im Geltungsbereich des Kündigungsschutzgesetzes (§ 13 Abs. 1 Satz 2 iVm § 4 Satz 1 KSchG) und schließlich für außerordentliche Kündigungen außerhalb des Kündigungsschutzgesetzes (§ 23 Abs. 1 Satz 2 iVm § 13 Abs. 1 Satz 2 KSchG).

B. Die Rechtslage vor dem 1. Januar 2004

I. Kündigungsschutzgesetz

7 Der § 4 KSchG in der Fassung des Kündigungsschutzgesetzes vor dem 1. 1. 2004 galt nur für solche Kündigungen, deren soziale Rechtfertigung im Sinne des § 1 KSchG in Frage stand. Das bezog sich auf den Kündigungsgrund. Die dreiwöchige Klagefrist war daher **bislang nur** maßgeblich, wenn der Arbeitnehmer die Kündigung mangels eines **verhaltens-, personenbedingten oder betrieblichen Kündigungsgrundes** und/oder mangels einer ausreichenden Sozialauswahl (sozialwidrige Kündigung) angriff (§ 1 Abs. 2 und 3 KSchG). Unwirksamkeitsgründe, die **außerhalb des Kündigungsschutzgesetzes** lagen (rechtswidrige Kündigung aus anderen Gründen), wie die nicht ausreichende Betriebsratsanhörung, rechtsgeschäftliche Mängel oder sittenwidrige Kündigungen ließen die Unwirksamkeit andauern, auch wenn nicht innerhalb der Drei-Wochenfrist eine Feststellungsklage erhoben wurde. Das galt auch für die Kündigungen besonders geschützter Arbeitnehmer wegen Schwangerschaft, Entbindung, Elternzeit oder Behinderung, für die die behördliche Genehmigung fehlte. Nach § 13 Abs. 3 aF KSchG galten der erste Abschnitt des Kündigungsschutzgesetzes und mithin die Klagefrist nach § 4 KSchG sowie die Fiktionswirkung des § 7 KSchG für die aus anderen Gründen unwirksame Kündigung nicht. Die Unwirksamkeit konnte daher bis zur Grenze der Verwirkung geltend gemacht werden.[11]

8 Dies führte in der Praxis häufig zu Rechtsunsicherheiten. Der wichtigste Fall war die nicht ausreichende Betriebsratsanhörung im Sinne des § 102 BetrVG. Da die Prüfung der Betriebsratsanhörung in der Spruchpraxis der Gerichte zu einer Art vorgelagerten Darlegung der Begründetheit der Kündigung gegenüber dem Betriebsrat im Prozess ausgebaut wurde, ergaben sich erhebliche Schwierigkeiten für den Arbeitgeber. Der Arbeitnehmer, der die Kündigungsfrist versäumte, konnte mit einiger Aussicht auf Erfolg ohne den Umweg der nachträg-

---

11 ErfK/*Ascheid* § 4 Rz 4 und § 13 Rz 28; *v. Hoyningen-Huene/Linck* § 13 Rz 94.

Anrufung des Arbeitsgerichtes § 4

lichen Zulassung der Klage (§ 5 KSchG) eine unzureichende Betriebsratsanhörung rügen. Zudem ergaben sich häufig Abgrenzungsschwierigkeiten; umstritten war beispielsweise, ob die Nichtbeachtung tarifvertraglicher Kündigungsbeschränkungen in den Bereich der sozialwidrigen oder der rechtswidrigen Kündigung aus anderen Gründen fiel.[12]

II. Kündigungen in der Insolvenz

Anders war die Rechtslage bis zur Änderung des § 4 KSchG schon für Kündigungen in der Insolvenz (§ 113 Abs. 2 InsO). Sowohl die vermeintlich sozialwidrige als auch die auf andere Gründe gestützte Nichtigkeit der Kündigung mussten innerhalb von drei Wochen durch Klage vor dem Arbeitsgericht geltend gemacht werden. Allerdings hatte die InsO nicht die Fiktionswirkung des § 7 KSchG übernommen oder darauf verwiesen, so dass die Klagefrist als einfache Ordnungsvorschrift hinsichtlich der rechtswidrigen Kündigung aus anderen Gründen verstanden werden könnte. Das sah das BAG jedoch anders.[13] **Sämtliche Unwirksamkeitsgründe**, also auch andere als die einer sozialwidrigen Kündigung waren **innerhalb der Drei-Wochenfrist** geltend zu machen.[14] Etwas anderes wäre auch mit dem Gedanken der Rechts- und Planungssicherheit unvereinbar gewesen.[15] Bislang sollte § 7 KSchG daher analog gelten.[16] Wegen der jetzt einheitlichen Klagefrist ist die besondere Klagefrist für Kündigungen in der Insolvenz (§ 113 Abs. 2 InsO) ersatzlos gestrichen.

9

C. Neufassung des Kündigungsschutzgesetzes

Mit der Neufassung des Kündigungsschutzgesetzes gilt die Drei-Wochenfrist nicht mehr nur für den Angriff gegen eine Kündigung, die sozial ungerechtfertigt sein soll, sondern auch dann, wenn die Kündigung aus anderen Gründen rechtsunwirksam sein kann. Mit der Absicht einer **raschen Klärung**, »ob eine Kündigung das Arbeitsverhältnis beendet hat oder nicht«,[17] soll die Lücke zwischen fristgebundenen und unbefristeten Kündigungsschutzklagen geschlossen werden. Bei dieser an sich begrüßenswerten Harmonisierung ließ der Gesetzgeber Fragen offen; für einige Unwirksamkeitsgründe, die von dem

10

---
12 Vgl. ErfK/*Ascheid* § 13 KSchG Rz 29.
13 *BAG* 18. 4. 2002, EzA § 613 a BGB Nr. 207.
14 KR/*Rost* § 7 Rz 5 f.
15 *Eichmann/Irschlinger* § 113 InsO Rz 22.
16 ErfK/*Müller-Glöge* § 113 InsO Rz 37.
17 Begründung zum Gesetzentwurf BT-Drucks. 15/1204, S. 9.

§ 4 Anrufung des Arbeitsgerichtes

Modellsachverhalt der gesetzgeberischen Vorstellungen entfernt liegen, ergeben sich aus dem neuen Recht unerwartete Konsequenzen.

I. Sozial ungerechtfertigte Kündigung

11 Die Drei-Wochenfrist gilt, **wie bisher** schon, für eine im Sinne des § 1 Abs. 2 und 3 KSchG sozial ungerechtfertigte Kündigung. Voraussetzung einer Kündigung sind danach Gründe in der Person oder im Verhalten des Arbeitnehmers oder dringende betriebliche Erfordernisse.[18]

II. Rechtsunwirksamkeit aus anderen Gründen

12 Die Erweiterung des Geltungsbereiches des § 4 KSchG bezieht nunmehr auch **andere Unwirksamkeitsgründe** ein. Das sind im Wesentlichen folgende:

1. Nicht ordnungsgemäße Anhörung des Betriebsrates oder des Personalrates

13 Die nicht ordnungsgemäße oder völlig unterbliebene Anhörung des Betriebsrates bzw. des Personalrats (§ 102 Abs. 1 S. 1 BetrVG, §§ 79 Abs. 1 S. 1 iVm Abs. 4, 108 Abs. 2 BPersVG) ist innerhalb der Klagefrist des § 4 KSchG geltend zu machen.

2. Verbot der ordentlichen Kündigung von Betriebs- und Personalratsmitgliedern

14 Mitglieder eines Betriebsrates, einer Jugend- und Auszubildendenvertretung, einer Bordvertretung oder eines Seebetriebsrates sowie Mitglieder eines Personalvertretungsrates haben die Unwirksamkeit der Kündigung nach **§ 15 KSchG** innerhalb der Drei-Wochenfrist klageweise geltend zu machen. Das gilt ebenso für die Arbeitnehmer, die die Unwirksamkeit der Kündigung auf den besonderen Schutz als Wahlbewerber oder Mitglied des Wahlvorstandes stützen.

3. Unwirksamkeit der Kündigung wegen Verletzung des Maßregelungsverbotes

15 Der Arbeitnehmer, der die Kündigung wegen einer Verletzung des **Maßregelungsverbotes** (§ 612 a BGB) angreift, hat die Klagefrist ebenfalls ein-

---

18 Siehe hierzu oben § 1 KSchG.

zuhalten. Praktische Bedeutung hat das Maßregelungsverbot als **Reaktion auf die Teilnahme eines Arbeitnehmers am Streik**. Dem Arbeitgeber ist es verwehrt, das Arbeitsverhältnis nur deshalb zu kündigen, weil der Arbeitnehmer in zulässiger Weise seine Rechte ausübt. Unwirksam ist die Kündigung daher auch als Reaktion des Arbeitgebers wegen einer Klage auf Leistungen aus dem Arbeitsverhältnis. Gegen eine dennoch erklärte Kündigung ist Kündigungsschutzklage innerhalb von drei Wochen zu erheben, um die Wirksamkeitsfiktion des § 7 auszuschließen. **Dasselbe** gilt für eine entgegen dem Verbot des **§ 11 TzBfG** gegenüber dem Arbeitnehmer ausgesprochene Kündigung, der sich weigert, von einem Teilzeit- in ein Vollzeitarbeitsverhältnis oder umgekehrt zu wechseln.

4. Kündigung wegen des Betriebsübergangs (§ 613 a Abs. 4 Satz 1 BGB)

§ 613 a Abs. 4 BGB schließt die Kündigung **wegen** eines **Betriebsübergangs** aus.[19] Die Vorschrift ist auf **alle Arbeitnehmer** auch bei der Umwandlung anwendbar (§ 324 UmwG). Es kommt nicht darauf an, ob der alte oder neue Arbeitgeber kündigt. Unwirksam ist nur die Kündigung, die ihre kausale Ursache im Betriebsübergang hat. Die Beweislast dafür trägt der Arbeitnehmer.[20] Will der Arbeitnehmer die Unwirksamkeit der Kündigung auf den Betriebsübergang stützen, muss er Klage innerhalb von drei Wochen erheben.

16

5. Rechtsunwirksamkeit wegen Verstoßes gegen rechtsgeschäftliche Wirksamkeitsvoraussetzungen

Auch für Kündigungen, die **mangels gesetzlicher Vertretungsmacht** des Kündigungserklärenden fehlerhaft sein könnten, gilt § 4 KSchG.

17

a) Kündigung durch einen rechtsgeschäftlichen Vertreter ohne Vorlage einer Vollmacht

In der Praxis spielt hier vor allem die Kündigung durch rechtsgeschäftliche Bevollmächtigte eine erhebliche Rolle. Nicht selten kommt es mangels Klarheit über die Vertretungsverhältnisse vor, dass disziplinarische Vorgesetzte ohne gesetzliche Vertretungsmacht, zB Abteilungsleiter, eine Kündigung erklären, ohne eine entsprechende Vollmacht dafür

18

---

19 Hierzu im Einzelnen § 1 Rz 463 ff. und unter »Sonderkündigungsschutz bei Betriebsübergang«, Rz 1 ff.
20 *BAG* 5.12.1985, EzA § 613 a BGB Nr. 50.

vorzulegen. Ebenso kommt es vor, dass die Kündigung durch einen nicht zur Alleinvertretung Ermächtigten, beispielsweise den nur gesamtvertretungsberechtigten Geschäftsführer oder Vorstand, der der Kündigung keine Vollmacht beifügt, erfolgt. Solche Kündigungserklärungen sind nicht von vornherein unwirksam.

19 **Fehlt eine Vollmacht**, hat der Erklärungsempfänger ein Interesse zu erfahren, ob der Kündigende dazu bevollmächtigt ist. Er kann daher die Erklärung zurückweisen, wenn die Vollmacht nicht zusammen mit der Kündigungserklärung vorgelegt wurde (§ 174 BGB). Das gilt auch, wenn die Vollmacht die Befugnis zur Vornahme des Rechtsgeschäfts nicht hinreichend deutlich werden lässt.[21] § 174 BGB gilt hingegen nicht für den gesetzlichen Vertreter wie den alleinvertretungsberechtigten Geschäftsführer und denjenigen, der üblicherweise in seiner Position mit solchen Vollmachten ausgestattet ist (Leiter der Personalabteilung,[22] Prokuristen[23]). Die Kündigung kann in diesem Fall nicht mangels beigefügter Vollmacht zurückgewiesen werden.

▶ Praxistipp:

In kleineren Unternehmen kann nicht ohne weiteres davon ausgegangen werden, dass der Mitarbeiter, der (auch) für Personalangelegenheiten zuständig ist, auch als Leiter der Personalabteilung mit üblicher Vollmacht angesehen werden kann. Es empfiehlt sich daher, vorsorglich eine Vollmacht zu erteilen.

20 Die Kündigungserklärung eines nur rechtsgeschäftlichen Vertreters ohne vorgelegte Vollmacht ist unwirksam, wenn sie von dem Empfänger, also dem von der Kündigung betroffenen Arbeitnehmer, **unverzüglich zurückgewiesen** wird. Die Zurückweisung ist eine einseitige empfangsbedürftige Willenserklärung; sie ist gegenüber dem Kündigenden zu erklären. Was unverzüglich ist, bestimmt sich nach den Grundsätzen, die von der Rechtsprechung für die §§ 111, 121 BGB entwickelt wurden. Eine Zurückweisung nach drei Wochen oder 17 Tagen ist nicht mehr unverzüglich.[24] Üblicherweise wird man von **drei bis fünf Tagen**, maximal aber **einer Woche** ausgehen können, innerhalb derer wegen fehlender Vollmacht zurückgewiesen werden kann.

---

21 *BAG* 18. 12. 1980, EzA § 174 BGB Nr. 4.
22 *BAG* 29. 10. 1992, EzA § 174 BGB Nr. 10; *BAG* 22. 1. 1998, EzA § 174 BGB Nr. 13.
23 *BAG* 11. 7. 1991, EzA § 174 BGB Nr. 9.
24 *BAG* 11. 3. 1999, EzA § 626 BGB nF Nr. 177.

Nimmt der Gekündigte indes die Erklärung unbeanstandet hin, ist die Kündigung jedenfalls aus diesem Grund nicht unwirksam. 21

Unwirksamkeit mangels Vorlage einer Vollmacht oder einer Erklärung des nur Gesamtvertretungsberechtigten tritt also nicht von vornherein ein, sondern nur dann, wenn von dem Zurückweisungsrecht des § 174 BGB Gebrauch gemacht wurde. Unterbleibt die unverzügliche Zurückweisung, kann die Unwirksamkeit der Kündigung **auch** mittels einer fristgerechten **Klage nicht mehr geltend gemacht** werden. In der Klageerhebung selbst liegt keine, jedenfalls keine unverzügliche Zurückweisung. 22

Die Unwirksamkeit einer rechtzeitig zurückgewiesenen Kündigung hält indes nicht dauerhaft an. Die Neufassung des § 7 zur Heilung der Unwirksamkeit gilt auch für die Kündigung, die infolge rechtsgeschäftlicher Mängel unwirksam ist.[25] 23

Eine andere Auffassung[26] hält die Kündigungsschutzklage im Falle der rechtzeitigen Zurückweisung für unnötig. Die Auffassung übersieht jedoch die elementare Bedeutung des § 7 KSchG, der nach seinem Wortlaut auch die infolge rechtsgeschäftlicher Mängel unwirksame Kündigung heilt. Die Heilung kann nur mit der rechtzeitigen Klage aufgehalten werden. Bei rechtsgeschäftlichen Vertretungsmängeln wird mithin ein doppelstufiges Verfahren verlangt. Im ersten Schritt ist die Kündigung wegen nicht vorgelegter Vollmacht zurückzuweisen; im zweiten Schritt ist die Unwirksamkeit durch Klage zu rügen. Damit wird § 174 BGB nicht entwertet, sondern in seinem wesentlichen Gehalt beachtet. § 174 BGB ist keine kündigungsschutzrechtliche Sondervorschrift, sondern eine zivilrechtliche Norm, die die Unwirksamkeit einer einseitigen Erklärung zur Folge haben kann; die notwendige Klage wegen dieser Unwirksamkeit ist der Preis für die arbeitsrechtliche Sonderregelung des § 7 KSchG, der generell und ohne Einschränkungen die Unwirksamkeitsgründe von Kündigungen heilt. 24

b) Kündigung durch einen Nichtvertretungsberechtigten

Eine Kündigung durch einen Nichtbevollmächtigten, beispielsweise durch den Mitarbeiter eines anderen (Konzern-)Unternehmens, ohne ausdrückliche Ermächtigung oder einen angemaßten Bevollmächtigten sind nichtig (§ 180 BGB), also unwirksam. Das gilt ohne weiteres, wenn der Empfänger die Erklärung zurückweist. Der Arbeitnehmer 25

---

25 Wie hier *Löwisch* BB 2004, 154, 157.
26 *Ulrici* DB 2004, 250, 251.

muss daher innerhalb von 3 Wochen klagen. Widerspricht er hingegen nicht, gilt er als weniger schutzwürdig; die Kündigungserklärung kann in diesem Fall seitens des Vertretenen noch genehmigt werden (§ 180 Satz 2 iVm § 177 Abs. 1 BGB). Bis dahin ist die Erklärung nur schwebend unwirksam, dh noch nicht unabänderlich unwirksam. Der nur graduelle Unterschied der relativen Unwirksamkeit der noch genehmigungsfähigen Kündigung ändert indes nichts an der Unwirksamkeit.[27] Auch für diesen Fall gilt § 7 KSchG. Die Unwirksamkeit wird **geheilt**, wenn die Unwirksamkeitsgründe **nicht innerhalb von drei Wochen** geltend gemacht werden. Um die Wirkungen des § 7 KSchG auszuschließen, muss der Arbeitnehmer auch gegen eine Kündigung eines scheinbaren oder angemaßten Bevollmächtigten die Klagefrist einhalten.

26 Dagegen ist eingewandt worden,[28] die Arbeitsgerichte würden unnötig mit Klagen befasst, bei denen der Handlungswille des vermeintlich Vertretenen noch nicht einmal erkennbar ist. Diese von den Folgen her betrachtete pragmatische Sicht ist verständlich, vom Gesetz aber nicht gedeckt. Die Kündigung wird mit der Gestaltungserklärung der Zurückweisung erst unwirksam, bleibt es aber wegen § 7 KSchG nicht.[29]

27 Anders ist es, wenn derjenige, den es angeht, die Kündigung nach § 180 BGB genehmigt. Die Genehmigung lässt die Kündigung auf den Zeitpunkt der Genehmigung[30] wirksam werden (§ 184 BGB). Allein wegen der fehlenden Vertretungsmacht ist die Kündigung dann jedenfalls nicht mehr unwirksam.

6. Falsche Kündigungsfrist

28 Die Drei-Wochenklagefrist gilt nach dem Wortlaut des § 4 KSchG auch für die falsche Kündigungsfrist.[31] Die unter Nichtbeachtung der Kündigungsfristen erklärte Kündigung ist unwirksam.[32] Die unwirksame Kündigung kann gemäß § 140 BGB umgedeutet werden. Auf die Umdeutung kommt es aber nicht mehr an, wenn die Klagefrist ver-

---

27 *Richardi* NZA 2003, 764, 766 sieht hier eine Lücke, die dadurch geschlossen werden könnte, dass der Arbeitnehmer nach Kenntnis von der fehlenden Vertretungsmacht noch Klage erheben kann.
28 *Ulrici* DB 2004, 250, 251.
29 Hier werden die Folgen eines unbedingten gesetzgeberischen Gestaltungswillens sichtbar, ohne die Wechselwirkungen des § 4 zu § 7 zu reflektieren.
30 BGHZ 114, 361, 366; BGH NJW 2000, 506.
31 *Zimmer* FA 2004, 34, 36.
32 Ungenau insoweit *BAG* 3. 7. 2003, BB 2003, 2518, das die Kündigung mit falscher Kündigungsfrist auf den richtigen Kündigungstermin verschiebt.

Anrufung des Arbeitsgerichtes § 4

säumt wurde.[33] Die eigentlich unwirksame, aber nicht rechtzeitig angegriffene Kündigung ist dann wegen § 7 KSchG dennoch wirksam. Eine Umdeutung scheidet insoweit aus,[34] denn objektive Voraussetzung der **Umdeutung** ist gerade die Unwirksamkeit.[35]

Bei der Kündigung »zum nächstzulässigen Termin« stellt sich die Frage der Einhaltung der Kündigungsfrist hingegen nicht. Die Kündigungsfrist lässt sich dann ermitteln. Eine Kündigung solcher Art ist jedenfalls nicht unwirksam wegen der Nichteinhaltung der Kündigungsfristen. 29

▶ Praxistipp:
  Eine Kündigung sollte daher stets unmissverständlich deutlich machen, dass zum nächsten möglichen Termin gekündigt werden soll.

7. Unwirksamkeit wegen Fehlens einer behördlichen Genehmigung

Einen Sonderkündigungsschutz genießen unter anderem Schwangere, Mütter vor und nach der Geburt (§ 9 MuSchG), Arbeitnehmer in der Elternzeit (§ 18 BErzGG) und Schwerbehinderte (§ 85 SGB IX).[36] Die Kündigung solcher Arbeitnehmer bedarf der vorherigen Zustimmung bestimmter Behörden (Kündigungsverbot mit Erlaubnisvorbehalt). Wird die Zustimmung nicht beantragt oder versagt, ist die Kündigung unwirksam. Auch für diese Fälle gilt die **dreiwöchige Klagefrist**. Für den Lauf der Kündigungsfrist ist der Zugang der Kündigung maßgeblich. 30

Eine **Besonderheit** ergibt sich aus § 4 Satz 4 KSchG, der den eigenständigen Beginn der Klagefrist regelt. Die Drei-Wochenfrist beginnt danach erst zu laufen, wenn die Behörde dem Arbeitnehmer ihre **Entscheidung mitgeteilt** hat. Ergeht die behördliche Entscheidung vor Kündigung, beginnt die Klagefrist erst mit Zugang der Kündigung. Umgekehrt läuft die Klagefrist erst **nach Mitteilung der Behörde**, wenn die **Kündigung zuvor zugegangen** ist. 31

Offen ist jedoch der Beginn der Klagefrist, wenn der **Arbeitgeber gar keinen Zustimmungsantrag stellt**. 32

---

33 Das verkennt die gegenteilige, wohl überwiegende Auffassung zu § 113 InsO aF, vgl. *Lakies* RdA 1997, 145; KDZ/Däubler § 113 Rz 48.
34 *Bader* NZA 65, 66; *Löwisch* BB, 2004, 154, 158.
35 Palandt/*Heinrichs* § 140 BGB Rz 2.
36 Siehe hierzu die Ausführungen zum Sonderkündigungsschutz von schwerbehinderten Menschen, nach § 9 MuSchG und § 18 BErzGG.

§ 4 Anrufung des Arbeitsgerichtes

33 Vor der Neufassung des § 4 KSchG war die Kündigung unwirksam; diese Unwirksamkeit konnte auch später bis zur Grenze der Verwirkung geltend gemacht werden. Zwar bleibt es mit der Neufassung des § 4 KSchG bei der Unwirksamkeit. In Anbetracht der unnachgiebigen Klagefrist ist allerdings fraglich, ob die Unwirksamkeit innerhalb von drei Wochen nach Zugang der Kündigung iSd § 4 Satz 1 KSchG geltend gemacht werden muss oder der betroffene Arbeitnehmer sich wegen § 4 Satz 4 KSchG darauf berufen kann, dass ohne die Erklärung der Behörde die Klagefrist nicht zu laufen beginnt.

34 Nach Auffassung der **Literatur** schützt § 4 Satz 4 KSchG das Vertrauen des Arbeitnehmers darauf, dass die Kündigung unwirksam ist, solange die behördliche Zustimmung nicht vorliegt.[37] Das umgekehrte Interesse des Arbeitgebers an einer raschen Klärung der Rechtslage sei nur schützenswert, wenn die Behördenentscheidung überhaupt eingeholt wurde.[38] Zur InsO hat das **BAG** entschieden, dass das »Fehlen einer Zulässigkeitserklärung bis zur Grenze der Verwirkung jederzeit geltend gemacht werden kann, wenn ihm die Entscheidung ... nicht bekannt gegeben worden ist.«[39] Zu entscheiden war in diesem Fall über die Klagefrist nicht nur wegen einer sozialwidrigen Kündigung, sondern auch aus anderen Gründen, da die InsO den Unterschied zwischen der befristeten und der unbefristeten Klagemöglichkeit auch vor der Änderung des § 4 KSchG nicht kannte.[40] Demnach hält das BAG die Klage auch **noch nach Ablauf der Drei-Wochenfrist** für möglich, wenn die Behördenentscheidung nicht mitgeteilt wurde. Der Arbeitgeber, der die Zustimmung gar nicht erst beantragt hat, kann sich danach auf die Versäumung der Klagefrist nicht berufen.[41]

35 Dafür spricht auch das Verhältnis des § 4 Satz 1 zu § 4 Satz 4 KSchG. Satz 4 ist die **speziellere Vorschrift**.[42] Schon daher dürfte die Klagefrist nicht zu laufen beginnen, bevor nicht eine Entscheidung der Behörde dem Arbeitnehmer bekannt gemacht worden ist.[43] Ohne Antrag kann es eine Entscheidung der Behörde nicht geben.

36 Für diese Ansicht spricht auch ein Ordnungsprinzip. Wenn sich für den Arbeitnehmer, dem die vom Arbeitgeber beantragte Entscheidung erst

---

37 *Schmidt* NZA 2004, 79; *Preis* DB, 2004, 70,77; KR/*Friedrich* § 4 Rz 134.
38 *BAG* NZA 2003, 1335, 1336.
39 *BAG* NZA 2003, 1135.
40 Vgl oben zur Rechtslage vor dem 1.1.2004, Rz 7 ff.
41 *Schmidt* NZA 2004, 79, 81.
42 *Berrisch* FA 2004, 6.
43 *Preis* DB 2004, 70.77; *Richardi* DB 2004, 486, 489. Die Klagefrist ist freilich sekundär.

Anrufung des Arbeitsgerichtes § 4

verspätet zugestellt wurde, die Klagefrist verlängert, erscheint es nicht nachvollziehbar, warum für den Arbeitnehmer, dessen Schutzinteressen im Falle einer gar nicht beantragten Genehmigung völlig außer Acht blieben, eine kürzere Kündigungsfrist gelten soll.[44]

Diese Meinung übersieht jedoch, dass die Wirksamkeitsfrage nicht in erster Linie eine prozessuale, sondern nach Ablauf der Drei-Wochen-Frist eine Frage des materiellen Rechts ist. Unbeantwortet lassen die Befürworter einer Klage nach Ende der 3-Wochen-Frist, was nach Ablauf der Klagefrist mit der unwirksamen Kündigung geschieht; auch das BAG konnte diese Frage bisher offen lassen.[45] Wegen der Wirksamkeitsfiktion des § 7 KSchG wird auch die unwirksame Kündigung gegenüber einem besonders geschützten Arbeitnehmer geheilt, denn § 7 KSchG kennt keine nach Grund der Unwirksamkeit abgestuften unterschiedlichen Heilungswirkungen. Wenn man aber die Heilungswirkung des § 7 KSchG im Falle der zustimmungspflichtigen Kündigungen verneint, hätte man eine eigene Kategorie einer besonderen »Unwirksamkeit« kreiert, für die § 7 KSchG nicht gilt. Damit wäre die Tür geöffnet, alle Sonderkündigungsschutztatbestände in diese besondere Unwirksamkeitskategorie aufzunehmen. Das ist vom Gesetzgeber in Anbetracht des § 7 KSchG, der alle Unwirksamkeitsgründe erfasst, erkennbar nicht gewollt. 37

Die Kündigung eines besonders geschützten Arbeitnehmers muss daher künftig **selbst dann** innerhalb der Drei-Wochenfrist angegriffen werden, **wenn der Arbeitgeber die Zustimmung gar nicht beantragt hat**. Es bleibt abzuwarten, ob hier eine gesetzliche Änderung vorgenommen wird. 38

Für **Schwangere** ist die Klagefrist ebenfalls nicht verlängert. Im Fall der unerkannten Schwangerschaft gilt jedoch § 5 Abs. 1 KSchG. Er schafft einen **besonderen Zulassungsgrund** für die verspätete Klage[46]. 39

Ungeregelt lässt § 4 KSchG den Fall des Arbeitnehmers, der für den Arbeitgeber bisher unerkannt einen **Antrag** auf Anerkennung als **Schwerbehinderter** gestellt hat und nach der Antragstellung, jedoch vor einer behördlichen Anerkennung gekündigt wird. Da der Arbeitgeber verpfichtet war, zuvor die Zustimmung des Integrationsamtes einzuholen, ist die Kündigung unwirksam. Nach dem eindeutigen 40

---

44 *Zimmer* FA 2004, 34.
45 Diese Auswirkungen des § 7 KSchG auf die unwirksame, im entschiedenen Fall erst sechs Wochen nach Zugang angegriffene Kündigung musste das BAG in der genannten Entscheidung nicht beantworten, da § 7 KSchG für die Klagefrist gem. § 113 InsO nicht galt.
46 § 5 Abs. 1 Satz 2 KSchG.

Sayatz

Wortlaut des § 4 KSchG ist die Klage gegen die Kündigung auch in diesem Fall innerhalb der Drei-Wochenfrist einzulegen. Das erscheint auch nicht unbillig, da der Arbeitnehmer seine Schwerbehinderung kennt; den Umstand der möglicherweise daraus resultierenden Rechtswidrigkeit der Kündigung muss er deshalb **in der Klagefrist** geltend machen.[47]

8. Verbot der sittenwidrigen, treuwidrigen oder einzel- oder tarifvertraglich ausgeschlossenen Kündigung

41 Die sittenwidrige Kündigung ist nach § 138 nichtig. Sittenwidrig ist eine Kündigung, wenn die Gründe, Motive oder Umstände der Kündigung den allgemeinen Wertvorstellungen in grober Weise widersprechen.[48] Dieser **eher seltene Fall** liegt meist im Bereich des Maßregelungsverbots. Auch die Unwirksamkeit einer sittenwidrigen Kündigung ist innerhalb von drei Wochen geltend zu machen.

42 Dasselbe gilt für die **treuwidrige Kündigung**. Dazu zählen Kündigungen unter Missachtung arbeitsvertraglich vereinbarter Unkündbarkeit. Auch die Kündigung eines Arbeitnehmers, der nach einem Tarifvertrag unkündbar ist, ist unwirksam; die Unwirksamkeitsgründe sind ebenso innerhalb der Klagefrist des § 4 KSchG zu rügen.

9. Kündigungen außerhalb des Geltungsbereiches des Kündigungsschutzgesetzes

43 Die dreiwöchige Klagefrist des § 4 KSchG gilt auch für Kündigungen, die nicht in den Geltungsbereich des Kündigungsschutzgesetzes fallen. Das folgt aus der – etwas versteckt – in § 23 KSchG normierten **Ausnahme von der Ausnahme**, also der dann doch eröffneten Anwendung des KSchG für Kleinbetriebe und weniger als 6 Monate beschäftigte Arbeitnehmer.

44 Für **Kleinbetriebe** iSd § 23 KSchG,[49] gilt der erste Abschnitt des Kündigungsschutzgesetzes mit Ausnahme der Vorschriften zur Kündigungsschutzklage (§§ 4–7 und 13 Abs. 1 Sätze 1 und 2 KSchG) nicht. Die Kündigung von Arbeitnehmern in solchen Betrieben bedarf daher keines Kündigungsgrundes. Kündigungen in Kleinbetrieben fallen indes seit 1. 1. 2004 in den Geltungsbereich des § 4 KSchG, müssen also innerhalb einer Frist von drei Wochen angegriffen werden (§ 23 Abs. 1 Satz 2 iVm

---

47 *Zimmer* FA 2004, 34.
48 *BAG* 23. 11. 1965, AP BGB § 138 Nr. 22; 19. 7. 1973, AP § 138 BGB Nr. 32.
49 Vgl. dazu im Einzelnen § 23.

Anrufung des Arbeitsgerichtes § 4

§ 4 Abs. 1 KSchG).

Das gleiche gilt für Kündigungen von Arbeitnehmern, die die **sechs-** **45** **monatige Wartezeit noch nicht absolviert** haben. Für sie gilt an sich das Kündigungsschutzgesetz nicht (§ 1 Abs. 1 KSchG). Die Unwirksamkeitsgründe gegen solche Kündigungen, relevant ist hier insbesondere die fehlende Betriebsratsanhörung nach § 102 BetrVG, sind dennoch innerhalb der Drei-Wochenfrist geltend zu machen. Anderenfalls gilt die Kündigung gemäß § 7 KSchG als wirksam.

D. Ausnahmen von der fristbedingten Klage

Nicht in den Geltungsbereich des § 4 KSchG fällt die **mündliche Kün-** **46** **digung**. Das ergibt sich bereits aus dem Wortlaut, wonach die Klagefrist »mit Zugang der schriftlichen Kündigung« zu laufen beginnt. Damit wird dem **Schriftformerfordernis** der Kündigung nach § 623 BGB[50] Rechnung getragen.[51] Für die Schriftform gilt § 126 BGB. Die Erklärung muss in einer Urkunde abgefasst sein. Die Schriftform ist nur dann gewahrt, wenn der Text eigenhändig unterschrieben ist. Die nicht unterschriebene Kündigung wahrt daher die Schriftform nicht. Die elektronische Form des § 126 a BGB ist ausgeschlossen. Die Kündigung per Telefax, Telegramm, E-Mail o. ä. ist unwirksam. Die mündliche Kündigung wird wie eine Nichterklärung behandelt. Einer Feststellung der Nichtigkeit bedarf es daher nicht. Der Formmangel gilt auch nach Ablauf der Drei-Wochenfrist nicht als geheilt.

E. Klage auf Feststellung

I. Feststellungsklage

1. Kündigungsschutzklage gem. § 4 KSchG

Gegen die Kündigung hat der Arbeitnehmer **Klage auf Feststellung** **47** **der Unwirksamkeit** zu erheben. Die Klageart ergibt sich bereits aus der gesetzlichen Anordnung.

Eine **Leistungsklage** hinsichtlich der Vergütung genügt insoweit nicht.[52] **48** Ebenso wenig erfüllt eine **Klage auf Weiterbeschäftigung** die Anforde-

---

50 Das zwingende Schriftformerfordernis für jedwede rechtsgeschäftlichen Erklärungen, die ein Arbeitsverhältnis beenden, dh nicht nur für Kündigungen, sondern auch zweiseitige Beendigungsverträge, ist mit Wirkung zum 1. 5. 2000 durch den neuen § 623 BGB begründet worden.
51 Beschlussempfehlung zum Gesetzesentwurf, BT-Drucks. 15/1587, S. 31.
52 *V. Hoyningen-Huene/Linck* § 4 Rz 7; KR/*Friedrich* § 4 Rz 20.

rungen des § 4 KSchG. In beiden Fällen hätte das Gericht zwar inzident über die Kündigung zu entscheiden. §§ 4 und 7 KSchG wären dabei indes zu beachten; die falsche Klageart berührt die Fiktion nicht. Das gilt umso mehr seit der Erstreckung der §§ 4 und 7 KSchG auf grundsätzlich alle Unwirksamkeitsgründe. Die Leistungs- oder Weiterbeschäftigungsklage würde die Wirkungen des § 7 KSchG nicht aufhalten.

2. Allgemeine Feststellungsklage

49 Mit der **Feststellungsklage** wird der Bestand des Rechtsverhältnisses, also des Arbeitsverhältnisses, verfolgt. Die Anforderungen an die Klageschrift sind im Vergleich zur Feststellungsklage im zivilrechtlichen Verfahren weniger umfassend. Die Klage kann durch einen Schriftsatz oder zu Protokoll der Rechtsantragstelle bei dem Arbeitsgericht erklärt werden. Das angerufene **Gericht** sowie die **Parteien** des Rechtsstreites sind zu bezeichnen. Mit der Kündigungsschutzklage kann eine allgemeine Feststellungsklage gem. § 256 ZPO verknüpft, nicht aber anstatt der Kündigungsschutzklage nach § 4 KSchG nur die allgemeine Feststellung des Bestehens des Arbeitsverhältnisses begehrt werden.[53] Diese Klage verfolgt das Ziel, feststellen zu lassen, dass zu einem bestimmten Zeitpunkt ein Arbeitsverhältnis bestand. Sie hat ihre Berechtigung, wenn nicht nur eine bestimmte Kündigung angegriffen werden soll, sondern weitere Auflösungstatbestände drohen oder die Gefahr besteht, dass weitere Kündigungen ausgesprochen werden. Die allgemeine Feststellungsklage ist nur zulässig, wenn das Rechtschutzinteresse über die Interessenlage nach § 4 KSchG, also für den Angriff gegen die einzelne Kündigung, hinausgeht.[54] Daran fehlt es, wenn der Kläger nur floskelhaft, rein vorsorglich die Folgen einer Kündigungsschutzklage mit »dass das Arbeitsverhältnis fortbesteht« beschreibt. Außer dem einzelnen Unwirksamkeitsgrund, der mit der Kündigungsschutzklage angegriffen wird, müssen sich aus substanziiert dargelegten Tatsachen weitergehende Unwirksamkeitsgründe ergeben.

50 Die allgemeine Feststellungsklage kann zusammen mit einem Antrag nach § 4 KSchG oder isoliert geltend gemacht werden. Bislang war die selbstständige allgemeine Feststellungsklage vor allem in den Fällen angebracht, in den keine sozialen Unwirksamkeitsgründe, sondern ausschließlich andere Unwirksamkeitsgründe geltend gemacht worden sind.

---

53 ErfK /*Ascheid* § 4 Rz 86.
54 *BAG* 27. 1. 1994, EzA § 4 nF KSchG Nr. 48; *BAG* 16. 3. 1994, AP § 4 KSchG 1969 Nr. 29.

Nach herrschender Meinung können allerdings nicht nur andere 51
Unwirksamkeitsgründe, sondern auch nachfolgende Kündigungen
erfasst sein,[55] die der Arbeitgeber während des noch rechtshängigen
Verfahrens ausspricht. Eine weitere Klage muss auf eine erneute Kündigung nicht innerhalb von drei Wochen erhoben werden. Weitere
Unwirksamkeitsgründe können bis zum Schluss der mündlichen Verhandlung in der Berufungsinstanz nachgeschoben werden.

Dagegen sind zu recht grundlegende Bedenken geltend gemacht worden,[56] die sich im Hinblick auf die Neuregelung des § 4 KSchG noch 52
verstärken. Die Heilungswirkungen des § 7 KSchG lassen sich nur
durch eine Klage gem. § 4 KSchG ausschließen. Die allgemeine Feststellungsklage scheint jedenfalls in dogmatischer Hinsicht nicht geeignet, weitere Kündigungen zu erfassen; dem bisher üblichen
»**Schleppnetzantrag**«, der häufig vorsorglich erhoben wurde, sollte
der Arbeitgeber daher schon auf der Ebene der Zulässigkeit entgegentreten.

II. Parteien des Kündigungsrechtsstreites

1. Kläger

Kläger ist der **gekündigte Arbeitnehmer**. Das Klagerecht ist ein 53
höchstpersönliches Recht. Es ist vererblich, aber weder abtretbar noch
pfändbar.[57] Stirbt der Arbeitnehmer nach Kündigungszugang während der Drei-Wochen-Frist, aber nach Ablauf der Kündigungsfrist,
kann der **Erbe** Klage gegen die Kündigung erheben, mit dem Ziel, die
Vergütungsansprüche zu sichern. Stirbt der Arbeitnehmer nach Klageerhebung, tritt der Erbe in den Prozess ein.

2. Beklagter

Beklagter ist der **Arbeitgeber**. Bei einer natürlichen Person als Arbeitgeber ist diese natürliche Person Beklagter. Das gilt auch für den 54
Einzelkaufmann. Ist eine **GmbH** oder **AG** Arbeitgeber, ist die Ge-

---

[55] *BAG* 21.1.1988, EzA § 4 nF KSchG Nr. 33; *BAG* 16.8.1990, EzA § 4 nF KSchG Nr. 38; *BAG* 27.1.1994, EzA § 4 nF KSchG Nr. 48; *BAG* 16.3.1994, EzA § 4 nF KSchG Nr. 49; *BAG* 7.12.1995, EzA § 4 nF KSchG Nr. 56; KR/*Friedrich* § 4 Rz 249, vgl. im Übrigen mwN *v. Hoyningen-Huene/Linck* § 4 Rz 74.
[56] *V. Hoyningen-Huene/Linck* § 4 Rz 75 a ff.
[57] Dritte, auf die Ansprüche des Arbeitnehmers übergegangen sind, bspw. gem. § 115 SGB X, sind nicht aktivlegitimiert.

sellschaft, vertreten durch den oder die Geschäftsführer[58] oder Vorstände,[59] zu verklagen.

55 Bei der **GmbH & Co. KG** ist aus den Gesamtumständen zu ermitteln, wer Arbeitgeber ist. Das kann sowohl die KG als auch die GmbH sein; die Vertretungsverhältnisse sind sekundär.

56 Bei einer **OHG** oder **Kommanditgesellschaft** ist die Gesellschaft, vertreten durch ihre Gesellschafter, zu verklagen.[60]

57 Ist der Arbeitgeber eine **BGB-Gesellschaft**, ist Beklagte – entgegen der früheren Rechtsprechung[61] – die BGB-Gesellschaft selbst, nachdem der BGH[62] die BGB-Gesellschaft als rechts- und parteifähig ansieht. Eine dem BGH folgende Entscheidung des BAG liegt bislang allerdings noch nicht vor.

58 Anders ist die Situation für eine **Erbengemeinschaft** als Arbeitgeber. Das Vermögen des Nachlasses ist gesamthänderisch gebunden. Die Erbengemeinschaft ist indes nicht parteifähig (§ 2032 BGB). Die Kündigungsschutzklage ist daher gegen sämtliche Erben zu richten.

59 Im Falle eines **Betriebsübergangs** ist zu unterscheiden: Bei einer Kündigung **vor** dem Betriebsübergang bleibt der **bisherige Arbeitgeber** passiv legitimiert.[63] Hat der Arbeitnehmer dem Betriebsübergang iSd § 613 a Abs. 5 BGB **nicht widersprochen**, ist der **neue Arbeitgeber** Beklagter; eine gegen den alten Arbeitgeber erhobene Klage ist umzustellen.[64] Das Rechtsschutzbedürfnis gegenüber dem alten Arbeitgeber ist im Zuge des Betriebsübergangs entfallen. Da das BAG hingegen die Ansicht vertritt, der alte Arbeitgeber bleibe auch nach dem Betriebsübergang passiv legitimiert bzw. prozessführungsbefugt, wird eine Zulässigkeitsrüge des bisherigen Arbeitgebers bis zu einer Änderung der Rechtsprechung kaum Aussicht auf Erfolg haben.[65]

---

58 § 36 GmbHG.
59 § 78 Abs. 2 AktG.
60 *LAG Berlin* 18. 1. 1982, EzA § 4 nF Nr. 21.
61 Nach der bisherigen Rechtsprechung des BAG waren die Gesellschafter zu verklagen, *BAG* 6. 7. 1989, EzA § 611 BGB Arbeitgeberbegriff Nr. 3.
62 *BGH* 29. 1. 2001, EzA § 50 ZPO Nr. 4.
63 *BAG* 18. 3. 1999, EzA § 613 a BGB Nr. 179 mwN.
64 KR/*Friedrich* § 4 Rz 96 a.
65 *BAG* 14. 2. 1978, EzA § 102 BetrVG 1972 Nr. 33; *BAG* 26. 5. 1983, EzA § 613 a BGB Nr. 34; *BAG* 27. 9. 1984, EzA § 613 a BGB Nr. 40; *BAG* 20. 3. 1997, EzA § 613 a BGB Nr. 148; *BAG* 18. 3. 1999, EzA § 613 a BGB Nr. 179.

III. Klagebegehren

Der Gegenstand des Verfahrens, die Kündigung, ist zu bezeichnen. Der Kläger hat einen **bestimmten Antrag** zu stellen. Unklare Anträge können ausgelegt werden. Es reicht, wenn aus dem Antrag erkennbar wird, dass die Folgen einer bestimmten Kündigung nicht hingenommen werden.[66] Nicht erforderlich ist die Benennung als ordentliche oder außerordentliche Kündigung.[67] Selbstverständlich ist die Klage zu unterschreiben. Anderenfalls liegt nur ein Klageentwurf vor. Eine dem Klageentwurf beiliegende Prozessvollmacht wahrt indes die Form des § 253 Abs. 4 ZPO.

60

IV. Begründung der Klage

Der **Sachverhalt** ist zu bezeichnen. Ein besonderes Feststellungsinteresse hat der Kläger für die Kündigungsschutzklage nach § 4 KSchG, anders als nach § 256 ZPO, nicht darzulegen. Das Feststellungsinteresse ergibt sich bereits aus der Fiktionswirkung des § 7 KSchG.[68] Einer besonderen Begründung mit (weiteren) Unwirksamkeitsgründen bedarf hingegen der allgemeine Feststellungsantrag.[69]

61

F. Berechnung der Dreiwochenfrist

I. Fristbeginn

Die Frist für die Klageerhebung beginnt mit **Zugang der Kündigung**. Wann die Kündigung zugeht, richtet sich nach der Art der Zustellung.

62

1. Zugang unter Anwesenden

Die schriftliche Kündigung unter **Anwesenden** gilt gemäß § 130 Abs. 1 BGB mit der Übergabe als zugegangen.[70] Vollendet ist der Zugang, wenn der Empfänger die **Möglichkeit der Kenntnisnahme** hat. Die dem Arbeitnehmer in einem persönlichen Gespräch nur hingehaltene Kündigung gilt mithin als nicht zugegangen. Lässt der Arbeitnehmer die Kündigung, die ihm übergeben wurde, indes auf dem Tisch liegen, ohne sie gelesen zu haben, ist die Kündigung zugegangen; ob der Emp-

63

---

66 *BAG* 21. 5. 1981, EzA § 4 nF KSchG Nr. 19; *BAG* 17. 2. 1982, SchwbG Nr. 1.
67 *BAG* 21. 5. 1981, EzA § 4 nF KSchG Nr. 19.
68 *BAG* 11. 2. 1981, EzA § 4 nF KSchG Nr. 20.
69 Siehe näher oben Rz 49 ff.
70 *BAG* 16. 2. 1983, EzA § 123 BGB Nr. 21; *BAG* 11. 11. 1992, EzA § 130 BGB Nr. 24.

fänger das Schreiben wirklich liest, ist nicht entscheidend.[71]

▶ **Praxistipp:**
Das Kündigungsschreiben sollte der Arbeitgeber – nach Fertigung einer Kopie für seine Akten – in jedem Fall aus der Hand geben. Idealerweise lässt er sich den Empfang auf der Kopie quittieren.

2. Zugang unter Abwesenden

64 Der Zugang einer Kündigungserklärung unter **Abwesenden** bestimmt sich nach § 130 Abs. 1 BGB. Eine Willenserklärung wird danach in dem Zeitpunkt wirksam, in dem sie ihm zugeht. Die Willenserklärung gilt als zugegangen, wenn sie so **in den Bereich des Empfängers gelangt**, dass dieser unter normalen Verhältnissen die Möglichkeit hat, vom Inhalt der Erklärung Kenntnis zu nehmen.[72]

a) Zugang per Boten

65 Ein Brief geht mit der **Aushändigung** zu. Die Zustellung per Boten ist der sicherste Weg, um den Zugang der Kündigung zu bewirken. Aus Nachweisgründen ist von der Zustellung durch einen anonymen Boten abzuraten. Der Zustellungsbeweis kann am besten durch einen **eigenen Boten**, also einen anderen Mitarbeiter des Arbeitgebers, erbracht werden, der als Zeuge im Falle der gerichtlichen Auseinandersetzung sowohl über den Inhalt des übermittelten Schreibens – was von großer praktischer Bedeutung ist – als auch den Zeitpunkt der Zustellung aussagen kann. Als zugegangen gilt ein Brief nicht nur dann, wenn der Arbeitnehmer ihn selbst entgegennimmt. Auch andere, zum Empfang berechtigte Personen können das Schreiben annehmen. Nach der Verkehrsauffassung sind nicht nur die Familienangehörigen, sondern auch die Hausangestellten des Empfängers oder der Zimmervermieter empfangsermächtigt.[73] Einer besonderen Vollmacht zur Entgegennahme einer schriftlichen Erklärung bedarf es nicht.

b) Einwurf in den Briefkasten, Postfach

66 Beim Einwurf in den **Briefkasten** wird der Zugang bewirkt, sobald mit der nächsten Entnahme zu rechnen ist. In der Regel ist das der Zeitpunkt, zu dem **üblicherweise** die Post **zugestellt** wird. Bei Einwurf in den Briefkasten zur Nachtzeit oder am Nachmittag gilt das Kündi-

---
71 *BAG* 16.2.1983, EzA § 123 BGB Nr. 21.
72 *BAG* 8.12.1983, EzA § 130 BGB Nr. 13; *BAG* 11.11.1992, EzA § 130 BGB Nr. 24.
73 *BAG* 16.1.1976, EzA § 130 BGB Nr. 5.

Anrufung des Arbeitsgerichtes § 4

gungsschreiben erst am nächsten Tag als zugestellt.[74]

▶ **Praxistipp:**

Bei zeitkritischen Kündigungen am Monatsende muss der Arbeitgeber darauf achten, dass möglichst am frühen Morgen, jedenfalls aber noch vor den üblichen Postzustellzeiten, das Schreiben in den Briefkasten des Arbeitnehmers gelangt.

Bei der Benutzung von **Postfächern** oder postlagernden Sendungen ist 67 auf den üblichen Abholtermin abzustellen. Ist dieser nicht bekannt, muss er vom Arbeitgeber in Erfahrung gebracht werden, will er eine bestimmte Kündigungsfrist wahren.

c) Übergabe- und Einwurfeinschreiben

Schwierigkeiten können sich beim **Einschreibebrief** ergeben. Die 68 Deutsche Post AG bietet Übergabeeinschreiben oder Einwurfeinschreiben an. Beim Übergabeeinschreiben wird die Sendung nur dem Empfänger selbst oder einer mit besonderer Postvollmacht ausgestatteten Person gegen Empfangsbestätigung ausgehändigt. Kann ein Einschreibebrief wegen Abwesenheit des Empfängers nicht zugestellt werden, ist er auch dann nicht zugegangen, wenn der Postbote einen Benachrichtigungszettel hinterlässt.[75] Wird das Einschreiben hinterlegt, dann aber innerhalb der Niederlegungsfrist von einer Woche nicht abgeholt, geht es an den Absender zurück. Die Kündigung ist dann nicht zugegangen. Unter Umständen kann darin eine Zugangsvereitelung durch den Arbeitnehmer liegen; die Beweislast dafür trägt allerdings der Arbeitgeber.

▶ **Praxistipp:**

Das gemeinhin als besonders sichere Form der Übermittlung eines Schreibens angesehene Übergabeeinschreiben stellt sich in der Praxis häufig als größeres Problem dar. Von seiner Verwendung ist abzuraten.

Leichter gelingt der Nachweis des Zugangs bei dem sogenannten **Ein-** 69 **wurfeinschreiben**. Hier wird das Schreiben in den Briefkasten des Empfängers eingelegt, wenn dieser nicht angetroffen wird. Der Absen-

---

[74] *BAG* 14. 11. 1984, EzA § 242 BGB Nr. 38; differenzierend allerdings *BAG* 8. 12. 1983, EzA § 130 BGB, Nr. 13, wo unterstellt wird, dass Alleinlebende, die tagsüber arbeiten, den Briefkasten nach Rückkehr von der Arbeit, also erst am Nachmittag, leeren.
[75] *BAG* 25. 4. 1996, EzA § 130 BGB Nr. 27.

der hat dann in Gestalt des Vermerks des Zustellers über den Einwurf in den Briefkasten einen Beweis über die Zustellung. Für die Zustellung des Schreibens gilt das zum Brief Gesagte. Der Beweiswert ist allerdings umstritten; es wird vertreten, dass nicht einmal der Beweis des ersten Anscheins für den Einwurf der Sendung in den Briefkasten begründet ist.[76]

▶ **Praxistipp:**
Wenn irgend möglich, sollte der Arbeitgeber eine Zustellung durch persönliche Übergabe oder durch ihm bekannten Boten bewirken.

d) Zustellung an den Arbeitnehmer im Urlaub oder in der Kur

70 Uneinheitlich ist die Rechtsprechung über den Zugang einer Kündigung im Falle von Urlaub oder Kur. Die Frage des Zugangs in diesen Fällen ist nicht nur für den Lauf der Klagefrist, sondern auch für die Einhaltung des Kündigungstermins oder die Kündigungserklärungsfrist im Sinne des § 626 BGB relevant.

71 Hat der Arbeitnehmer eine Urlaubs- oder Kuranschrift **mitgeteilt**, gilt die nichtsdestotrotz an die Wohnanschrift geschickte Kündigung erst mit Rückkehr aus dem Urlaub als zugegangen. Jedenfalls soll sich der Arbeitgeber nach Treu und Glauben auf einen früheren Zugang nicht berufen können.[77]

▶ **Praxistipp:**
Bei einer bekannten Urlaubs- oder Kuranschrift wird empfohlen, die Kündigung sowohl an die Urlaubs- bzw. Kuranschrift und die Wohnanschrift in doppelter Ausfertigung zu versenden.

72 Ist dem Arbeitgeber die Anschrift am Urlaubs- oder Kurort hingegen **nicht mitgeteilt** worden, gilt nach Ansicht einiger die Kündigung an die Wohnanschrift auch erst nach Rückkehr aus dem Urlaub,[78] nach anderer Sicht [79] nach den allgemeinen Regeln über den Zugang einer Erklärung unter Abwesenden als zugegangen. Überzeugender sind die Argumente der zweiten Ansicht. Es ist kein vernünftiger Grund zu sehen, warum im Falle von urlaubs- oder kurbedingter Abwesenheit

---

76 *LG Potsdam* 22. 2. 2000, NJW 2000, 3722; für das Einwurf-Einschreiben ausdrücklich: *BAG* 25. 4. 1996, EzA § 130 Nr. 27; **aA** Reichert, NJW 2001, 2523; *Kim/Dübbers* NJ 2001, 65, 67; *Neuvians/Mensler* BB 1998, 1206.
77 KR/*Friedrich* § 4 Rz 109; der Fall einer positiven Kenntnis der Urlaubsanschrift ist vom *BAG* allerdings bislang nicht entschieden.
78 *BAG* 16. 12. 1980, EzA § 130 BGB Nr. 10; *LAG Hamm* 8. 6. 1967, DB 1967, 1272.
79 KR/*Friedrich* § 4 KSchG Rz 111.

für den Zugang einer Willenserklärung im Arbeitsrecht Besonderheiten gelten sollen. Den Kündigungsschutz verliert der Arbeitnehmer nämlich auch dann nicht, wenn der Zugang auf einen früheren Zeitpunkt fingiert wird. Eine Kündigungsschutzklage ist in solchen Fällen in der Regel gemäß § 5 Abs. 1 KSchG nachträglich zuzulassen. Bei urlaubs- oder kurbedingter Abwesenheit wird der Arbeitnehmer in aller Regel begründen können, dass er trotz Aufwendung aller ihm nach Lage der Umstände zumutbaren Sorgfalt verhindert war, die Klage innerhalb der 3-Wochenfrist zu erheben; das gilt jedenfalls dann, wenn der Urlaub länger als die Klagefrist dauerte.

Noch anders wird der Fall des **Nachsendeauftrages** behandelt. Hat der Arbeitnehmer die Post oder einen Dritten mit der Übermittlung eingehender Post beauftragt, gilt die Kündigungserklärung erst an dem Ort und zu der Zeit als zugegangen, zu dem sie ihn tatsächlich erreicht.[80]

73

Größere Schwierigkeiten bereitet in der Praxis der Fall des Zugangs der Kündigung bei einem bekannten Urlaub im Heimatland eines ausländischen Arbeitnehmers, der dort erkrankt, ohne das seinem Arbeitgeber mitzuteilen. Nach der Rechtsprechung der Instanzgerichte ist einem Arbeitnehmer, der seinen Urlaub überzieht oder seinen Arbeitgeber über eine **Krankheit im Anschluss an einen Urlaub** gar nicht unterrichtet, verwehrt, sich wegen einer nach Ablauf seines Urlaubs in den Briefkasten am inländischen Wohnsitz eingeworfenen Kündigung auf einen Zugang erst mit Rückkehr in seine Wohnung zu berufen.[81]

74

3. Zustellung an den anwaltlichen Vertreter

Häufig werden zumindest nachgeschobene **weitere Kündigungen** auch an anwaltliche Vertreter von Arbeitnehmern zugesendet. Ist der Rechtsanwalt beauftragt worden, gegen die Berechtigung der Kündigung vorzugehen, gilt er regelmäßig als ermächtigt, auch eine weitere Kündigung entgegenzunehmen. Die **Prozessvollmacht**, die erteilt wurde, um im Wege der allgemeinen Feststellungsklage gemäß § 256 ZPO gegen die Kündigung vorzugehen, bevollmächtigt den Prozessbevollmächtigten ebenso zur Entgegennahme aller Folgekündigungen. Die Erteilung eines Mandats in einer anderen Angelegenheit bewirkt hingegen weder eine Anscheins- noch Duldungsvollmacht zur Entgegennahme für den beauftragten Rechtsanwalt.[82]

75

---

[80] *LAG Hamm* 28. 2. 1988, LAGE § 130 BGB Nr. 11.
[81] *LAG Berlin* 11. 3. 1982, ZIP 1982, 614; *LAG Frankfurt* 9. 7. 1984, DB 1985, 552.
[82] KR/*Friedrich* § 4 Rz 106 a.

II. Berechnung der Frist

76 Die Klagefrist wird nach den Vorschriften des BGB berechnet. Gemäß § 187 Abs. 1 BGB ist der **Tag des Zugangs** der Kündigungserklärung in den Fristenlauf **nicht** einzurechnen. Die Frist beginnt also am Tag, der auf den Tag des Zugangs folgt. Gemäß § 188 Abs. 2 BGB endet die Frist drei Wochen später an dem gleichen Wochentag, an dem die Kündigung zuging. Die Klagefrist endet **somit in der Regel** mit dem **selben Wochentag**, an dem die Kündigung zugegangen ist. Etwas anderes ergibt sich dann, wenn das Ende des Fristenlaufs auf einen Sonn- oder Feiertag fällt oder die Drei-Wochenfrist an einem Feiertag endet. Dann läuft die Frist bis zum Ablauf des **ersten darauf folgenden Werktags** (§ 193 BGB).

III. Klage innerhalb der Frist

1. Eingang bei Gericht

77 Die Einhaltung der Klagefrist setzt voraus, dass die **Klage beim Arbeitsgericht eingegangen** ist. Die Absendung allein reicht nicht. Eingegangen ist die Klage beim Arbeitsgericht, wenn die Klageschrift dem Gericht im Sinne des § 130 Abs. 1 ZPO zugegangen ist.[83] Trotz des Schriftlichkeitsprinzips der Klageeinreichung (§ 253 Abs. 5 ZPO) kann die Klage nach mittlerweile gefestigter Rechtsprechung **auch per Telefax** anhängig gemacht werden. Für den Nachweis der Übermittlung kommt es dann auf den Ausdruck im Gerät des Empfängers an.[84]

2. Zuständiges Gericht

78 Zuständig ist das Gericht am **Sitz des Arbeitgebers** (§ 46 Abs. 2 ArbGG iVm §§ 12 bis 27 ZPO). Bei einer natürlichen Person ist das der Wohnsitz (§§ 12, 13 ZPO), bei einer juristischen Person der Sitz der Gesellschaft (§ 17 ZPO). Der besondere Gerichtsstand der Niederlassung kommt nur in Betracht, wenn das Arbeitsverhältnis mit der Niederlassung besteht (§ 21 ZPO).

---

83 Für den Zugang bei Gericht gilt nichts anderes als für den Zugang von Willenserklärungen gegenüber Privaten. Briefe gelten mit der Möglichkeit der Kenntnisnahme als zugegangen. Die Klageabfassung vor der Rechtsantragsstelle gilt mit der Erklärung vor der Rechtsantragstelle als bei Gericht zugegangen.
84 BGHZ 101, 276; 97, 283.

Anrufung des Arbeitsgerichtes § 4

Für Monteure mit ständig **wechselndem Arbeitsort** gilt als Gerichtsstand der **Erfüllungsort**. Das ist der Ort, von dem die Anweisungen des Arbeitgebers ergehen.[85]   79

Bei **Außendienstmitarbeitern** mit einem größeren Wirkungsgebiet im Bereich mehrerer Arbeitsgerichtsbezirke kommt es auf den **Schwerpunkt der Tätigkeit** an. Lässt sich der nicht feststellen, sind die Folgen umstritten. Nach einer Ansicht hat der Arbeitnehmer ein Wahlrecht.[86] Nach richtiger Ansicht ist jedoch der Firmensitz mangels besonderen Gerichtsstands maßgebend,[87] allenfalls noch der Wohnsitz des Arbeitnehmers, sofern er von dort aus seine Reisetätigkeit aufnimmt.[88]   80

3. Anrufung eines unzuständigen Gerichts

Wird die Klage bei einem örtlich unzuständigen Gericht erhoben, gilt die Klagefrist in der Regel trotzdem als **gewahrt**. Gemäß § 48 Abs. 1 ArbGG iVm § 17 a Abs. 3, 4 GVG hat das angerufene Gericht die Klage an das zuständige Gericht zu verweisen.[89] Die Wirkungen der Rechtshängigkeit werden davon nicht berührt. Gewahrt ist die Klagefrist auch bei Anrufung der ordentlichen Gerichte, wenn die Klage an das Arbeitsgericht verwiesen wird.[90]   81

4. Zustellung an den Beklagten

Die Klagefrist gilt dann als gewahrt, wenn die Klage **demnächst dem Arbeitgeber zugestellt** wird. Die Zustellung erfolgt von Amts wegen (§ 270 ZPO). Eine Verweigerung der Zustellung ist nur nach Abmahnung durch das Gericht zulässig. Sie bedarf im Übrigen einer ausdrücklichen Entscheidung des Gerichtes (Beschluss).   82

Die Zustellung gilt noch als demnächst erfolgt, wenn die Klage in einer den Umständen nach **angemessenen Frist** zugestellt wird, ohne Verzögerungen, die von der klagenden Partei oder ihrem Vertreter zu verantworten sind. Verzögerungen, die die Zustellungsanschrift des beklagten Arbeitgebers betreffen, können unter Umständen den Kläger treffen. Allerdings sieht der BGH[91] in einer der Klägerin zuzurechnen-   83

---

85 KR/*Friedrich* § 4 Rz 174.
86 *LAG Düsseldorf* 19. 12. 1980, ArSt 1983 Nr. 1023.
87 *ArbG Regensburg* 22. 2. 1989, BB 1989, 643.
88 *BAG* 12. 6. 1986, EzA § 269 BGB Nr. 2.
89 *BAG* 31. 3. 1993, EzA § 4 KSchG nF Nr. 46.
90 KR/*Friedrich* § 4 Rz 186.
91 *BGH* 1. 12. 1993, Versicherungsrecht 1994, 1073; *BGH* 9. 11. 1994, NJW – RR 1995, 254; so auch *BAG* 13. 5. 1987, EzA § 209 BGB Nr. 3.

den Verzögerung der Klagezustellung um bis zu 14 Tagen noch keine Hindernisse für die Zustellung als »demnächst erfolgt«.

84 Die Klagefrist ist **auch dann** gewahrt, wenn die Klage dem Arbeitgeber nicht demnächst zugestellt worden ist, er sich indes in der Hauptsache zur Verhandlung **einlässt**, ohne die unterlassene Zustellung zu rügen (§ 295 Abs. 1 ZPO).

G. Punktuelle Streitgegenstandsmaxime

I. Kündigungsschutzklage gem. § 4 KSchG

85 Die Feststellungsklage im Sinne des § 4 Abs. 1 KSchG betrifft nach der herrschenden Meinung die Frage, ob das Arbeitsverhältnis aus Anlass einer bestimmten Kündigung zu dem von dieser Kündigung gewollten Termin aufgelöst ist oder nicht. Nach dem BAG wird die Gegenstandsbestimmung als sogenannte **punktuelle Streitgegenstandstheorie** verstanden.[92] Die Lehre vom punktuellen Streitgegenstand bedeutet, dass jede Kündigung gesondert darauf überprüft wird, ob sie das Arbeitsverhältnis zum Kündigungstermin beendet. Mehrere Kündigungen müssen deshalb auch jeweils mit gesonderten Klagen oder ausdrücklichen Anträgen in einer Klage angegriffen werden. Dies hat erhebliche **Bedeutung** im Falle der **hilfsweise ordentlichen Kündigung neben einer außerordentlichen Kündigung** sowie in den Fällen, in denen **mehrere Kündigungen**, gestützt auf denselben Kündigungssachverhalt nacheinander, möglicherweise auch zu unterschiedlichen Terminen, ausgesprochen werden. Wird nur eine der ausgesprochenen Kündigungen angegriffen, bezieht sich die Rechtskraft des Urteils nur darauf. Wird beispielsweise nur die außerordentliche Kündigung, nicht aber auch die gleichzeitige hilfsweise ordentliche Kündigung in einer Kündigungsschutzklage vom Arbeitnehmer in Frage gestellt, tritt die Fiktionswirkung der Wirksamkeit der ordentlichen Kündigung gemäß § 7 KSchG selbst dann ein, wenn der Klage hinsichtlich der außerordentlichen Kündigung stattgegeben wird.

II. Allgemeine Feststellungsklage gem. § 256 ZPO

86 Verknüpft der Arbeitnehmer die Kündigungsschutzklage mit einem allgemeinen Feststellungsantrag, liegen zwei selbständige Klagen vor. Der Streitgegenstand reicht dann erheblich weiter. Streitgegenstand ist dann die Frage, ob das Arbeitsverhältnis bis zu dem im Klageantrag

---

92 *BAG* 13. 3. 1997, EzA § 4 KSchG nF Nr. 57; 18. 3. 1999, EzA § 613 a BGB Nr. 197.

genannten Zeitpunkt, (wenn es an einer zeitlichen Bestimmung fehlt), am Schluss der mündlichen Verhandlung fortbestand. Für die allgemeine Feststellungsklage besteht indes **nur dann** ein **Rechtsschutzbedürfnis**, wenn ein weiterer Kündigungstatbestand, also etwa eine neue Kündigung, vorliegt. Anderenfalls ist die selbständige Feststellungsklage wegen Unzulässigkeit abzuweisen. Wird die neben der Kündigungsschutzklage erhobene allgemeine Feststellungsklage nicht bis zum Schluss der mündlichen Verhandlung näher begründet, legen die Arbeitsgerichte in der Regel eine Klagerücknahme nahe. Prozessuale Auswirkungen auf das Kündigungsschutzverfahren hat diese Klagerücknahme der »vorsorglich« erhobenen Feststellungsklage indes nicht.

H. Der vorläufige Weiterbeschäftigungsanspruch

Der Begriff des Weiterbeschäftigungsanspruches wird in mehrfacher Hinsicht gebraucht. Dies führt in der Praxis mitunter zu Verständnisschwierigkeiten. 87

Zum ersten ergibt sich ein Weiterbeschäftigungsanspruch im Falle des stattgebenden Urteils. Der Beschäftigungsanspruch folgt dann aus dem wirksamen, unbeendeten Arbeitsverhältnis. 88

Zum zweiten findet der Begriff Verwendung für den Weiterbeschäftigungsanspruch im Falle eines Betriebsratswiderspruches nach § 102 Abs. 5 BetrVG (bzw. Widerspruch des Personalrats, § 79 Abs. 2 BPersVG). Ungeachtet der Kündigungsfrist ist der Arbeitnehmer im Falle des frist- und ordnungsgemäßen Widerspruchs des Betriebsrates bis zum Ende des Kündigungsschutzverfahrens auf Verlangen weiter zu beschäftigen. Die Einzelheiten ergeben sich aus § 102 BetrVG.[93] 89

Der Begriff des **vorläufigen Weiterbeschäftigungsanspruches** wird aber auch außerhalb des § 102 Abs. 5 BetrVG in Bezug auf den Kündigungsschutz verwendet. Nach der Rechtsprechung des BAG[94] kann der Arbeitnehmer seine Weiterbeschäftigung verlangen, wenn in der ersten Instanz der Klage stattgegeben wurde, das Urteil aber noch nicht rechtskräftig ist. Praktische Bedeutung hat der Weiterbeschäftigungsanspruch insbesondere bei der **Berufung des Arbeitgebers** gegen ein klagestattgebendes Urteil, die Rechtskraft also für längere Zeit nicht eintreten wird. 90

---

93 Siehe dazu § 102 BetrVG Rz 43 ff.
94 *BAG* GS 27. 2. 1985, § 611 BGB Beschäftigungspflicht Nr. 9.

§ 4 Anrufung des Arbeitsgerichtes

91 Obwohl der richterrechtliche Weiterbeschäftigungsanspruch in der Literatur kritisiert wurde,[95] hat er sich in der Praxis durchgesetzt. Die **Klage auf vorläufige Weiterbeschäftigung** ist eine **eigene Klage**, die allerdings nicht isoliert geltend gemacht werden kann. Sie kann zusammen mit der Kündigungsschutzklage erhoben werden.[96] Der Antrag ist **unechter Hilfsantrag** für den Fall des Obsiegens in erster Instanz.

92 Das Weiterbeschäftigungsverhältnis besteht auflösend bedingt durch die endgültige Entscheidung im Kündigungsschutzprozess. Es endet mit einem rechtskräftigen Urteil im Instanzenzug. Wird die Unwirksamkeit der Kündigung festgestellt, entfällt das Weiterbeschäftigungsverhältnis. Wird die Kündigung hingegen für wirksam erklärt, die Kündigungsschutzklage also abgewiesen, ist das Weiterbeschäftigungsverhältnis nach den Grundsätzen der § 812 ff. BGB rückabzuwickeln.[97]

93 Für die **Änderungskündigung** sind zwei Situationen zu unterscheiden:

Hat der Arbeitnehmer ein Änderungsangebot **abgelehnt**, streiten die Parteien um die Beendigung des Arbeitsverhältnisses. Es gilt das oben Gesagte. Hat der Arbeitnehmer hingegen das Änderungsangebot des Arbeitgebers **unter Vorbehalt angenommen**, ist er verpflichtet, zu den geänderten Bedingungen nach Ablauf der Kündigungsfrist weiterzuarbeiten. Ein vorläufiger Weiterbeschäftigungsanspruch zu den bisherigen Arbeitsbedingungen besteht dann nicht.[98]

---

95 Vgl. *v. Hoyningen-Huene/Linck* § 4 Rz 98 ff.
96 *BAG* 8. 4. 1988, § 611 BGB Beschäftigungspflicht Nr. 30.
97 *BAG* 10. 3. 1987, § 611 BGB Beschäftigungspflicht Nr. 28; *BAG* 12. 2. 1992, EzA BGB § 611 Beschäftigungspflicht Nr. 52.
98 *BAG* 18. 1. 1990, EzA § 1 KSchG Betriebsbedingte Kündigung Nr. 65.

§ 5 Zulassung verspäteter Klagen

(1) ¹War ein Arbeitnehmer nach erfolgter Kündigung trotz Anwendung aller ihm nach Lage der Umstände zuzumutenden Sorgfalt verhindert, die Klage innerhalb von drei Wochen nach Zugang der schriftlichen Kündigung zu erheben, so ist auf seinen Antrag die Klage nachträglich zuzulassen. ²Gleiches gilt, wenn eine Frau von ihrer Schwangerschaft aus einem von ihr nicht zu vertretenden Grund erst nach Ablauf der Frist des § 4 Satz 1 Kenntnis erlangt hat.

(2) ¹Mit dem Antrag ist die Klageerhebung zu verbinden; ist die Klage bereits eingereicht, so ist auf sie im Antrag Bezug zu nehmen. ²Der Antrag muss ferner die Angabe der die nachträgliche Zulassung begründenden Tatsachen und der Mittel für deren Glaubhaftmachung enthalten.

(3) ¹Der Antrag ist nur innerhalb von zwei Wochen nach Behebung des Hindernisses zulässig. ²Nach Ablauf von sechs Monaten, vom Ende der versäumten Frist an gerechnet, kann der Antrag nicht mehr gestellt werden.

(4) ¹Über den Antrag entscheidet die Kammer durch Beschluss, der ohne mündliche Verhandlung ergehen kann. ²Gegen diesen ist die sofortige Beschwerde zulässig.

Inhalt

		Rz
A.	Allgemeines	1– 2
B.	Antrag auf Zulassung einer verspäteten Klage	3–16
	I. Antragsfrist	4– 7
	II. Form des Antrages	8– 9
	III. Inhalt des Antrages	10–12
	IV. Glaubhaftmachung	13–15
	V. Rechtsschutzinteresse	16
C.	Voraussetzungen für die Zulassung einer verspäteten Klage	17–39
	I. Nichteinhaltung der dreiwöchigen Klagefrist	18–20
	II. Kein Verschulden der Fristversäumnis	21
	III. Einzelfälle	22–39
D.	Verfahren/Rechtsmittel	40–48
	I. Entscheidung über den Antrag	41–43
	II. Rechtsmittel	44–48

§ 5 Zulassung verspäteter Klagen

A. Allgemeines

1 Das Kündigungsschutzgesetz verlangt nach § 4 KSchG, dass der Arbeitnehmer innerhalb von drei Wochen nach Zugang der Kündigung beim Arbeitsgericht eine Kündigungsschutzklage einreicht. Versäumt der Arbeitnehmer diese Klagefrist, gilt gemäß § 7 KSchG die **Kündigung als von Anfang an wirksam**. Diese Regelung trägt dem Interesse des Arbeitgebers Rechnung, innerhalb kurzer Frist Klarheit darüber zu haben, ob eine ausgesprochene Kündigung zur rechtswirksamen Beendigung des Arbeitsverhältnisses geführt hat oder eine gerichtliche Auseinandersetzung über die Rechtswirksamkeit der Kündigung stattfindet. Den Einzelfällen, in denen es dem von einer Kündigung betroffenen Arbeitnehmer trotz Anwendung aller ihm nach Lage der Umstände **zuzumutenden Sorgfalt** nicht möglich war, die **Dreiwochenfrist** einzuhalten, trägt § 5 KSchG Rechnung. Zur Vermeidung von unbilligen Härten für den von der Kündigung betroffenen Arbeitnehmer sieht das Gesetz die **nachträgliche Zulassung der Kündigungsschutzklage** nach Ablauf der ursprünglichen Klagefrist vor. Um mit dieser Ausnahmeregelung zugunsten der Arbeitnehmer nicht gleichzeitig das Arbeitgeberinteresse an einer schnellen Klärung über den Bestand oder die Beendigung des Arbeitsverhältnisses einzuschränken, ist der Antrag auf die nachträgliche Zulassung einer Kündigungsschutzklage nur innerhalb bestimmter **Fristen** (§ 5 Abs. 3 KSchG) zulässig.

2 § 5 KSchG stellt eine Parallelvorschrift zur Wiedereinsetzung in den vorigen Stand nach § 233 ZPO dar. Die Ähnlichkeit beider Vorschriften erlaubt es, Rechtsprechung und Literatur zu § 233 ZPO bei der Lösung von Rechtsfragen im Zusammenhang mit der Zulassung einer verspäteten Klage nach § 5 KSchG nutzbar zu machen.[1] Eine unmittelbare Anwendung der Regelungen des § 233 ZPO zur Begründung der nachträglichen Zulassung einer Kündigungsschutzklage scheidet aufgrund der bestehenden Sonderregelung in § 5 KSchG aus.[2]

B. Antrag auf Zulassung einer verspäteten Klage

3 Die nachträgliche Zulassung einer Kündigungsschutzklage setzt stets einen **Antrag** des Arbeitnehmers voraus. Das Arbeitsgericht wird **nicht**

---

1 Vgl. APS/*Ascheid* § 5 KSchG Rz 5; *v. Hoyningen-Huene/Linck* § 5 KSchG Rz 3; KR/*Friedrich* § 5 KSchG Rz 14; *LAG Frankfurt* 21.2.1952, AP 52 Nr. 129; *LAG Mannheim* 27.5.1953, AP 53 Nr. 230; *LAG Stuttgart* 17.1.1952, AP 52 Nr. 231.
2 KR/*Friedrich* § 5 KSchG Rz 16; *v. Hoyningen-Huene/Linck* § 5 KSchG Rz 1.

von Amts wegen bei einer verspätet eingereichten Kündigungsschutzklage die Zulässigkeit nach § 5 KSchG prüfen.[3]

I. Antragsfrist

Der Antrag auf nachträgliche Zulassung der Kündigungsschutzklage ist vom Arbeitnehmer innerhalb einer **Frist von zwei Wochen** nach **Behebung des Hindernisses** an der rechtzeitigen Klageerhebung beim Arbeitsgericht zu stellen (§ 5 Abs. 3 Satz 1 KSchG). Die Antragsstellung ist allerdings **nach Ablauf von sechs Monaten**, gerechnet vom Ende der dreiwöchigen Klagefrist (§ 4 Satz 1 KSchG) an, **unzulässig**. Diese absolute Antragsfrist beendet letztendlich den Zeitraum der Ungewissheit des Arbeitgebers über eine etwaige Klageerhebung des Arbeitnehmers und schafft die notwendige Rechtssicherheit.

Eine **Wiedereinsetzung** im Falle der **Versäumung der zweiwöchigen Antragsfrist** ist ausgeschlossen.[4] Auch gegen die Versäumung der Sechsmonatsfrist gibt es keine Wiedereinsetzung.[5] Damit besteht nach Ablauf der Frist nach § 5 Abs. 3 KSchG keine prozessuale Möglichkeit, die Folgen einer unterlassenen Kündigungsschutzklage nachträglich zu beheben.

Die zweiwöchige Antragsfrist **beginnt** regelmäßig mit der **Kenntnis des Arbeitnehmers** vom **Wegfall des Hindernisses** für die Klageerhebung. Da sich die Zulässigkeit des Antrags nur auf die unverschuldete Versäumung der Klagefrist bezieht, beginnt die Antragsfrist bereits mit dem Zeitpunkt zu laufen an, in dem Kenntnis vom Wegfall des Hindernisses bei Aufbietung **zumutbarer Sorgfalt hätte erlangt werden können**.[6] Kennt der Arbeitnehmer die Versäumung der Frist nicht, beginnt die Antragsfrist auf jeden Fall in dem Zeitpunkt, in dem er auf die Notwendigkeit der Klageerhebung hingewiesen wird.[7] Die Frist für den Antrag auf nachträgliche Zulassung kann aber schon vorher beginnen,

---

3 ErfK/*Ascheid* § 5 KSchG Rz 18.
4 *BAG* 16. 3. 1988, EzA § 130 BGB Nr. 16; *LAG Hamm* 26. 6. 1995, LAGE KSchG § 5 Nr. 76; KR/*Friedrich* § 5 KSchG Rz 122.
5 *BAG* 8. 12. 1959, AP § 2 ArbGG 1953 Nr. 18 Zuständigkeitsprüfung; KR/*Friedrich* § 5 KSchG Rz 122; *Stahlhacke/Preiss/Vossen* Rz 1859; *Hessisches LAG* 5. 9. 1988, LAGE § 5 KSchG Nr. 40: auch bei arglistiger Täuschung des Arbeitgebers.
6 *LAG Düsseldorf* 2. 4. 1976, EzA KSchG § 5 Nr. 2; *Hessisches LAG* 2. 10. 1996, LAGE KSchG § 5 Nr. 83; *LAG Köln* 27. 2. 1986, NZA 1986, 441; *LAG Hamm* 4. 11. 1996, LAGE KSchG § 5 Nr. 81; *LAG Rheinland-Pfalz* 19. 5. 1992, LAGE KSchG § 5 Nr. 59; ErfK/*Ascheid* § 5 KSchG Rz 25.
7 *Stahlhacke/Preiss/Vossen* Rz 1858.

wenn der Arbeitnehmer aufgrund konkreter **Anhaltspunkte** bei gehöriger Sorgfalt hätte erkennen müssen, dass die **Antragsfrist** möglicherweise versäumt ist.[8] Legt der Arbeitnehmer nicht dar, wann er von der Verspätung erfahren hat, ist der Antrag unzulässig.[9]

▶ **Beispiel 1**:

Geht dem Arbeitnehmer die Kündigung während eines **Urlaubs im Ausland** zu, beginnt die Antragsfrist nicht bereits mit der Rückkehr aus dem Urlaub zu laufen, wenn der Arbeitnehmer am Tag seiner Rückkehr krankheitsbedingt von dem Kündigungsschreiben keine Kenntnis nehmen konnte.[10]

▶ **Beispiel 2**:

Die Antragsfrist beginnt mit der **Rückkehr aus dem Urlaub** zu laufen, wenn der Arbeitnehmer beim Öffnen der Post hätte erkennen können und müssen, dass ihm die Kündigung schon vor Tagen oder Wochen zugegangen ist. Gegebenenfalls ist der Arbeitnehmer gehalten, innerhalb von zwei Wochen nach Rückkehr aus einem längeren Urlaub vorsorglich einen Antrag auf nachträgliche Zulassung einer Kündigungsschutzklage zu stellen. Erfolgte die Klage noch innerhalb der Klagefrist, braucht über den Zulassungsantrag nicht entschieden werden.[11]

▶ **Beispiel 3**:

Wurde die Kündigungsschutzklage durch den Arbeitnehmer oder seinem Prozessbevollmächtigten so **spät zur Post gegeben**, dass eine Verspätung nicht auszuschließen oder sogar anzunehmen ist, beginnt die Frist, wenn der Arbeitnehmer bei gehöriger Sorgfalt von der Verspätung hätte erfahren können. Dies führt zu einer Erkundigungspflicht über den rechtzeitigen Eingang der Klage beim Arbeitsgericht.[12]

---

8 *BAG* 16.3.1988, AP §130 BGB Nr.16; *Hessisches LAG* 22.12.1993, DB 1994, 1868; *LAG Hamm* 4.11.1996, LAGE §5 KSchG 1969 Nr.81; APS/*Ascheid* §5 KSchG Rz 80.
9 *Thüringisches LAG* 5.3.2001, LAGE §5 KSchG Nr.10.
10 *Hessisches LAG* 2.10.1996, LAGE §5 KSchG Nr.83.
11 KR/*Friedrich* §5 KSchG Rz 115a.
12 APS/*Ascheid* §5 KSchG Rz 84; KR/*Friedrich* §5 KSchG Rz 117; *Hessisches LAG* 26.6.1996 – 9 Ta 262/96 – nv.

Zulassung verspäteter Klagen §5

▶ **Beispiel 4:**
Für den Arbeitnehmer, der bereits Kündigungsschutzklage erhoben hat, aber erst im Verlaufe des Kündigungsschutzprozesses von der verspäteten Klageerhebung erfährt, beginnt die Antragsfrist ab dieser Kenntniserlangung zu laufen.[13]

Die **Fristberechnung** folgt den allgemeinen Vorschriften aus § 187 ff. BGB. Der Tag, an dem das Hindernis für die Klageerhebung entfällt, wird noch nicht mitgerechnet. Die Antragsfrist läuft mit dem Tag nach zwei Wochen ab, der durch die Benennung dem Tag entspricht, an dem das Hindernis fortgefallen ist. Ist das Hindernis an einem Montag entfallen, so beginnt die Antragsfrist am Dienstag und endet nach 2 Wochen mit Ablauf des Montags. Die Antragsfrist läuft erst am darauffolgenden Werktag ab, wenn das Ende der Frist auf einen Samstag, Sonn- oder Feiertag fällt. Dies gilt entsprechend für die Sechsmonatsfrist aus § 5 Abs. 3 Satz 2 KSchG, die eine nachträgliche Zulassung der Kündigungsschutzklage unter allen Umständen ausschließt. Der Arbeitnehmer muss genau vortragen und Mittel zur Glaubhaftmachung anbieten, dass er den Antrag auf nachträgliche Zulassung der Klage innerhalb von zwei Wochen nach Behebung des Hindernisses gestellt hat.[14] Der Arbeitnehmer trägt die Darlegungs- und Beweislast.

II. Form des Antrages

Der **Antrag** auf nachträgliche Zulassung der Kündigungsschutzklage ist beim **zuständigen Arbeitsgericht** zu stellen. Ein beim örtlich unzuständigen Arbeitsgericht eingereichter Antrag ist fristwahrend (§ 5 Abs. 3 KSchG), wenn das Gericht den Antrag an das zuständige Gericht verweist und diesem demnächst zugestellt wird.[15] Wird der Antrag bei einem Gericht des falschen Rechtsweges eingereicht, ist die Antragsfrist nur gewahrt, wenn der Antrag entsprechend § 48 ArbGG, § 17 ff. GVG innerhalb der **Zweiwochenfrist** an das zuständige Arbeitsgericht verwiesen wird.[16] Die Notwendigkeit der Verweisung innerhalb der Antragsfrist rechtfertigt sich aus der nur ausnahmsweisen Zulässigkeit einer nachträglichen Klagezulassung bei Einhaltung der in § 5 KSchG

---
13 KR/*Friedrich* § 5 KSchG Rz 106; APS/*Ascheid* § 5 KSchG Rz 82; **aA** *LAG Düsseldorf* 3. 11. 1951, SAE 1952, S. 14; RAG 16. 10. 1935, ARS 25, S. 204.
14 *LAG Hamm* 27. 1. 1954, AP 54 Nr. 121; *LAG Baden-Württemberg* 4. 4. 1989, NZA 1989, 824; *Hessisches LAG* 7. 2. 1985, ARSt 1985 Nr. 1134.
15 KR/*Friedrich* § 5 KSchG Rz 98; ErfK/*Ascheid* § 5 KSchG Rz 19.
16 *V. Hoyningen-Huene/Linck* § 5 KSchG Rz 20a; KR/*Friedrich* § 5 KSchG Rz 99; **aA** ErfK/*Ascheid* § 5 KSchG Rz 19.

§ 5 Zulassung verspäteter Klagen

vorgesehenen zeitlichen Grenze zur Wahrung des arbeitgeberseitigen Interesses an Rechtssicherheit. Der Antragsteller kann allerdings darauf vertrauen, dass ein unzuständiges Gericht den Antrag – sofern die Zeit noch ausreicht – an das zuständige Arbeitsgericht weiterleitet.[17]

9 Der Antrag sollte **schriftlich** beim Arbeitsgericht eingereicht oder zumindest zu Protokoll bei der Geschäftsstelle des Arbeitsgerichts erklärt werden. Die Arbeitsgerichte stellen **keine hohen Anforderungen** an den **Wortlaut des Antrags**. Es genügt, wenn aus der Einlassung erkennbar hervorgeht, dass die Zulassung einer verspäteten Klage angestrebt wird.[18] Der Zulassungsantrag braucht also nicht ausdrücklich gestellt zu werden, sondern kann sich auch aus den von dem Arbeitnehmer geschilderten Umständen ergeben. Demgegenüber kann nicht ohne weiteres unterstellt werden, dass stillschweigend ein Zulassungsantrag nach § 5 KSchG gestellt wird, wenn **ein Rechtsanwalt Kündigungsschutzklage einreicht**.[19] Gleichermaßen kann allein aufgrund der verspäteten Einreichung der Kündigungsschutzklage nicht unmittelbar auf einen Zulassungsantrag geschlossen werden.[20] Aus den Erklärungen des Arbeitnehmers muss ein entsprechender Bezug zum Zulassungsantrag nach § 5 KSchG erkennbar sein.[21] Wird bereits mündlich verhandelt, ist der Antrag in der mündlichen Verhandlung zu stellen.[22]

III. Inhalt des Antrages

10 Der Arbeitnehmer muss mit dem **Antrag** auf nachträgliche Zulassung der Klage **gleichzeitig** die eigentliche **Kündigungsschutzklage** einreichen (§ 5 Abs. 2 Satz 1, Halbs. 1 KSchG). Der Arbeitnehmer kann die Klageschrift auch dem Antrag auf nachträgliche Zulassung **nachreichen**, wenn sowohl Antrag als auch Klageschrift dem Arbeitsgericht innerhalb der Zweiwochenfrist nach § 5 Abs. 3 KSchG vorliegen.[23] Wird

---

17 *Hessisches LAG* 30. 5. 1996, LAGE § 5 KSchG Nr. 82; ErfK/*Ascheid* § 5 KSchG Rz 19.
18 *BAG* 9. 2. 1961, AP § 41 VGO Nr. 1; *BAG* 2. 3. 1989, AP § 130 BGB Nr. 17; *LAG Berlin* 11. 2. 1964, AP § 4 KSchG 1951 Nr. 11; KR/*Friedrich* § 5 KSchG Rz 78.
19 *LAG Baden-Württemberg* 8. 3. 1988, LAGE § 5 KSchG Nr. 38.
20 *LAG Berlin* 11. 12. 1964, AP § 4 KSchG 1951 Nr. 11.
21 Nach KR/*Friedrich* § 5 KSchG Rz 79, zB wenn »um Fristverlängerung« oder um »Entschuldigung« für die Verspätung gebeten wird; vgl. APS/*Ascheid* § 5 KSchG Rz 64.
22 *LAG Frankfurt am Main* 25. 8. 1980, EzA § 5 KSchG Nr. 10.
23 APS/*Ascheid* § 5 KSchG Rz 68; KR/*Friedrich* § 5 KSchG Rz 79; *LAG Düsseldorf* 31. 10. 1975, DB 1976, 106; *LAG Baden-Württemberg* 8. 3. 1988, LAGE § 5 KSchG 1969 Nr. 37.

Zulassung verspäteter Klagen § 5

der Antrag auf nachträgliche Zulassung hinsichtlich einer bereits eingereichten Kündigungsschutzklage gestellt, so ist in dem Antrag auf die bereits anhängige Kündigungsschutzklage Bezug zu nehmen (§ 5 Abs. 2 Satz 1, 2 Halbs. KSchG). Das Gericht entscheidet über den Antrag auf nachträgliche Zulassung der Klage nur, wenn es die Erhebung der Kündigungsschutzklage als verspätet ansieht (Hilfsantrag).[24]

Der Arbeitnehmer muss zur **Begründung** des Zulassungsantrages **Tatsachen** vortragen, aus denen sich ergibt, dass es ihm trotz Anwendung aller zuzumutenden Sorgfalt nicht möglich war, die Kündigungsschutzklage innerhalb der Dreiwochenfrist (§ 4 KSchG) einzureichen. Des Weiteren muss der Arbeitnehmer in dem Antrag die **Mittel zur Glaubhaftmachung** seiner Angaben **bezeichnen**. Für die Praxis bedeutet dies, dass der Arbeitnehmer in allen Einzelheiten genaue Angaben zu folgenden Gegebenheiten machen muss: **(1)** Angaben zu den Umständen, die eine rechtzeitige Erhebung der Kündigungsschutzklage innerhalb der Klagefrist verhindert haben, **(2)** Angaben, aus denen geschlossen werden kann, dass den Arbeitnehmer kein Verschulden an der Fristversäumnis trifft, **(3)** Angaben zu dem Zeitpunkt, zu dem das Hindernis für die Klageerhebung behoben war.[25] Nach den Darlegungen des Arbeitnehmers muss zweifelsfrei feststehen, dass es dem Arbeitnehmer trotz Anwendung aller ihm zuzumutenden Sorgfalt und unter Berücksichtigung aller Umstände nicht möglich war, die Kündigungsschutzklage innerhalb der Dreiwochenfrist zu erheben. Die Angaben des Arbeitnehmers unterliegen einer hohen Darlegungs- bzw. Substantiierungslast, um dem berechtigten arbeitgeberseitigem Interesse an Rechtssicherheit Rechnung zu tragen. Der Arbeitnehmer hat seine **Angaben** zu **beweisen**.[26]

11

Dem Arbeitsgericht müssen zum **Ende der Antragsfrist** (§ 5 Abs. 3 KSchG) alle **Angaben** zur Begründung des Zulassungsantrags sowie Angaben der **Mittel** zur Glaubhaftmachung **vorliegen**. Nach Ablauf der Antragsfrist vorgebrachte Angaben des Arbeitnehmers zur Begründung des Antrages sowie Angaben von Mitteln zur Glaubhaftmachung sind nicht mehr zu berücksichtigen.[27] Hiervon zu unterscheiden

12

---

24 *BAG* 5. 4. 1984, AP § 5 KSchG 1969 Nr. 6; ErfK /*Ascheid* § 5 KSchG Rz 20.
25 APS /*Ascheid* § 5 KSchG Rz 69.
26 ErfK /*Ascheid* § 5 KSchG Rz 21.
27 *LAG Hamburg* 11. 4. 1989, LAGE § 5 KSchG Nr. 47; *LAG Baden-Württemberg* 14. 2. 1990, LAGE § 130 BGB Nr. 13; *LAG Frankfurt am Main* 8. 11. 1991, LAGE § 5 KSchG Nr. 54; *LAG Hamm* 11. 4. 1988, NZA 1989, 153; *LAG Berlin* 19. 1. 1987, LAGE § 5 KSchG Nr. 27; ErfK /*Ascheid* § 5 KSchG Rz 23; *v. Hoyningen-Huene/ Linck* § 5 KSchG Rz 24; KR/*Friedrich* § 5 KSchG Rz 86; **aA** *Hessisches LAG* 15. 12. 1995, Mitbest. 1997 Nr. 4, S. 61.

sind allerdings Angaben des Arbeitnehmers zur weiteren Ergänzung, Konkretisierung, Vervollständigung der bereits fristgerecht vorgetragenen Gründe und bezeichneten Mittel zur Glaubhaftmachung. Solche **Ergänzungen** des Sachverhalts zur Begründung des Antrages können auch noch nach Ablauf der Zweiwochenfrist nachgereicht werden, insbesondere dann, wenn die zusätzlichen Angaben auf den Hinweis des Arbeitsgerichts nach § 139 ZPO zur Beseitigung von Unklarheiten erfolgen.[28] Ergänzungen und Konkretisierungen der Antragsbegründung sind in der **Beschwerdeinstanz** insoweit nur zulässig, wenn es sich nicht um das Nachschieben eines neuen Sachverhalts oder neuer Mittel zur Glaubhaftmachung handelt.[29]

IV. Glaubhaftmachung

13 Als **Mittel zur Glaubhaftmachung** stehen dem Arbeitnehmer nach **§ 294 Abs. 1 ZPO** alle Beweismittel zur Verfügung, dh insbesondere **Zeugen, Urkunden, amtliche Auskünfte und eidesstattliche Versicherungen**.[30] Die von dem beweispflichtigen Arbeitnehmer angebotenen Mittel zur Glaubhaftmachung müssen sich **konkret** auf alle Tatsachen beziehen, aus denen geschlossen werden soll, dass es dem Arbeitnehmer trotz Anwendung aller ihm nach Lage der Umstände zuzumutenden Sorgfalt nicht möglich war, die Klage innerhalb von drei Wochen nach Zugang der Kündigung zu erheben.[31] Die Mittel zur Glaubhaftmachung der Angaben des Arbeitnehmers zur Begründung der Antragszulassung sind bereits **im Antrag**, spätestens **bis zum Ablauf der Zweiwochenfrist** (§ 5 Abs. 3 KSchG) anzugeben.[32] Im Ergebnis muss dem Arbeitsgericht zum Ende der Antragsfrist der begründete Antrag einschließlich aller Angaben zu den Mitteln der Glaubhaftmachung vollständig vorliegen. Dies bedeutet allerdings nicht, dass die Mittel der Glaubhaftmachung dem Antrag schon beigefügt und dem Arbeitsgericht präsent sein müssen. Es genügt, wenn die Mittel der Glaubhaftmachung im Zulassungsantrag nur **bezeichnet** und **angeboten** werden. Die Glaubhaftmachung selbst kann aufgrund

---

28 *LAG Hamburg* 11. 4. 1989, LAGE § 5 KSchG Nr. 47; *LAG München* 3. 11. 1975, DB 1976, 732: Nachträgliches Zeugenangebot; *LAG Bremen* 17. 2. 1988, DB 1988, 814; *LAG Rheinland-Pfalz* 28. 5. 1997, NZA 1998, 55 (56 II.3); KR/*Friedrich* § 5 KSchG Rz 87.
29 *LAG Bremen* 17. 2. 1988, DB 1988, 814; KR/*Friedrich*, § 5 KSchG Rz 88.
30 *LAG München* 7. 12. 1979, ARSt 1980, 1167.
31 *LAG Hamm* 27. 1. 1954, AP 54 Nr. 121; KR/*Friedrich* § 5 KSchG Rz 83; APS/*Ascheid* § 5 KSchG Rz 70.
32 *LAG Baden-Württemberg* 23. 3. 1978, MDR 1978, 788; *Hessisches LAG* 23. 12. 1993, ARSt 1994, 137; KR/*Friedrich* § 5 KSchG Rz 84.

§ 5 Zulassung verspäteter Klagen

der fristgerecht angebotenen Mittel im Laufe des Verfahrens erfolgen.[33] Die arbeitsgerichtliche Praxis lässt es für die Bezeichnung der Mittel zur Glaubhaftmachung genügen, wenn sich aus der Begründung des Arbeitnehmers durch Auslegung ermitteln lässt, welche Beweismittel zur Glaubhaftmachung herangezogen werden können.[34] Diese großzügige Handhabung wird mit dem Hinweis auf unzulässige Unterstellungen kritisiert.[35] In der Praxis sollte zur Vermeidung von unzulässigen Anträgen der Hinweis auf das Mittel zur Glaubhaftmachung in der Antragsbegründung ausdrücklich **hervorgehoben** werden.[36] Die Abgabe einer »anwaltlichen Versicherung« oder einer »eidesstattlichen Versicherung« eines Rechtsanwalts wird als nicht erforderlich angesehen, wenn sie sich auf die eigene Berufstätigkeit des Anwalts und eigene Wahrnehmungen bezieht.[37] Es genügt die einfache anwaltliche Erklärung.

Nach Verstreichen der zweiwöchigen Antragsfrist können nur noch solche Tatsachen vom Arbeitsgericht berücksichtigt werden, die **gerichtsbekannt** oder **aktenkundig** sind.[38] **14**

Die Glaubhaftmachung bedeutet, dass für die Beweisführung ein geringerer Grad von Wahrscheinlichkeit genügt. Ein **Vollbeweis** muss **nicht** erbracht werden. Die Hinderungsgründe sind nur mit an Sicherheit grenzender Wahrscheinlichkeit nachzuweisen.[39] Das Gericht muss von dem Wahrheitsgehalt der behaupteten Tatsachen überzeugt sein, dh im Rahmen der Würdigung der angeführten Mittel wird kein all zu enger Maßstab angelegt.[40] **15**

---

33 *LAG Berlin* 20. 7. 1980, DB 1984, 885; *LAG Baden-Württemberg* 8. 3. 1988, LAGE Nr. 47; ErfK /*Ascheid*, § 5 KSchG Rz 23; angebotene ärztliche Atteste, postamtliche Vermerke, eidesstattliche Versicherungen können bis zur Beschlussfassung nachgereicht werden.
34 *Hessisches LAG* 2. 10. 1996, § 5 LAGE KSchG Nr. 83: Erwähnung von Hausarzt; *LAG Hamm* 19. 6. 1986, LAGE § 5 KSchG Nr. 23: stillschweigendes Angebot einer eidesstattlichen Versicherung bei vom Arbeitnehmer selbst verfassten Antrag; *LAG Hamm* 18. 4. 1996, LAGE § 5 KSchG Nr. 79: stillschweigendes Angebot einer eidesstattlichen Versicherung bei einem vom Rechtsanwalt verfassten Antrag.
35 KR/*Friedrich* § 5 KSchG Rz 93; *v. Hoyningen-Huene/Linck* § 5 KSchG Rz 25a.
36 *LAG Frankfurt am Main* 2. 8. 1977 – 5 Ta 77/77 nv: Fehlt die Angabe zum Mittel zur Glaubhaftmachung bzw. lassen sich solche durch Auslegung nicht ermitteln, wird der Antrag als unzulässig abgewiesen.
37 *BAG* 14. 11. 1985, AP § 251a ZPO Nr. 1.
38 *LAG Hamm* 5. 1. 1998, NZA-RR 1998, 209 (210).
39 *LAG Berlin* 4. 1. 1982, LAGE § 5 KSchG Nr. 13; *RG* 26. 10. 1926, NJW 1927, 1309.
40 APS/*Ascheid* § 5 KSchG Rz 100; KR/*Friedrich* § 5 KSchG Rz 144.

V. Rechtsschutzinteresse

16 Der Antrag auf nachträgliche Zulassung der Kündigungsschutzklage setzt ein Rechtsschutzinteresse des Arbeitnehmers voraus. Es kommt hierbei nicht darauf an, ob die Kündigungsschutzklage selbst Aussicht auf Erfolg hat. Diese Frage wird im Hinblick auf die Zulassung der verspäteten Klage nicht geprüft.[41] Es fehlt am notwendigen Rechtsschutzinteresse, wenn sich aus dem Vortrag des Arbeitnehmers ergibt, dass das **Kündigungsschutzgesetz** auf das Arbeitsverhältnis **nicht anwendbar** ist. Bei Zweifeln über die rechtzeitige Erhebung einer Kündigungsschutzklage kann ein **vorsorglicher Antrag** auf nachträgliche Zulassung der Kündigungsschutzklage für den Fall gestellt werden, dass die Klage oder eine frühere Klageschrift nicht als fristgerecht angesehen wird.[42] Erachtet das Arbeitsgericht die Erhebung der Kündigungsschutzklage als rechtzeitig, wird über den vorsorglichen Antrag nicht entschieden.[43]

C. Voraussetzungen für die Zulassung einer verspäteten Klage

17 Zur sachlichen **Begründung** eines Antrags auf Zulassung einer verspäteten Kündigungsschutzklage muss der Arbeitnehmer vortragen, dass **(1)** die Klage nicht innerhalb der Dreiwochenfrist erhoben wurde und **(2)** der Arbeitnehmer trotz Aufwendung aller ihm nach der Lage der Umstände zuzumutenden Sorgfalt verhindert war, die Klage innerhalb von drei Wochen nach Zugang der Kündigung zu erheben. Auf die **Erfolgsaussichten** für die **Kündigungsschutzklage** selbst kommt es **nicht** an.

I. Nichteinhaltung der dreiwöchigen Klagefrist

18 Der Antrag auf nachträgliche Zulassung setzt zunächst voraus, dass der Arbeitnehmer darlegt, dass das Arbeitsverhältnis dem Schutz des Kündigungsschutzgesetzes unterliegt. Hierzu muss der Arbeitnehmer durch Tatsachen vortragen, dass die sechsmonatige Wartezeit nach § 1 Abs. 1 KSchG erfüllt und die Mindestzahl von Arbeitnehmern im

---

41 *LAG Düsseldorf* 13. 4. 1956, AP § 4 KSchG Nr. 7.
42 KR/*Friedrich* § 5 KSchG Rz 102; APS/*Ascheid* § 5 KSchG Rz 65; *v. Hoyningen-Huene/Linck* § 5 KSchG Rz 27.
43 *BAG* 5. 4. 1984, AP § 5 KSchG 1969 Nr. 6; *LAG Berlin* 20. 8. 1991, LAGE § 4 KSchG Nr. 19; *LAG Sachsen-Anhalt* 24. 1. 1994, LAGE § 5 KSchG Nr. 69; **aA** *LAG Baden-Württemberg* 26. 8. 1992, LAGE § 5 KSchG Nr. 58.

Zulassung verspäteter Klagen § 5

Betrieb gemäß § 23 KSchG gegeben ist.[44] Es genügt für den Antrag auf nachträgliche Zulassung der Kündigungsschutzklage, wenn der Arbeitnehmer die entsprechenden Tatsachen zur **Anwendung des Kündigungsschutzgesetzes** nur **behauptet**.[45]

Außerdem muss der Arbeitnehmer Tatsachen behaupten, aus denen sich ergibt, dass die **dreiwöchige Klagefrist** (§ 4 Abs. 1 KSchG) tatsächlich **versäumt** wurde.[46] 19

Die Feststellung der **Verspätung** und des **Verschuldens** der verspäteten Klageerhebung wird nach umstrittener Ansicht des BAG vom Arbeitsgericht in einem selbständigen Nebenverfahren durch Beschluss mit innerer **Rechtskraft** festgestellt.[47] Dies bedeutet, dass das Arbeitsgericht im Hauptverfahren über die Wirksamkeit der Kündigung daran gebunden sei. Nach der Entscheidung über die nachträgliche Zulassung, werde das **Hauptverfahren** über die Wirksamkeit der Kündigung erst fortgesetzt, wenn der Beschluss über die nachträgliche Zulassung der Kündigungsschutzklage rechtskräftig geworden ist. Mit der rechtskräftigen Zurückweisung des Antrags auf nachträgliche Zulassung sei nachfolgend die Kündigungsschutzklage ebenfalls abzuweisen. Diese vom BAG angenommene **Bindungswirkung** hat in der Rechtsprechung der Landesarbeitsgerichte nicht durchgängig Zustimmung gefunden. Danach sei das Zulassungsverfahren aufgrund der verfahrensmäßigen Besonderheiten (lediglich zwei Instanzen, erleichterte Beweisführung durch Glaubhaftmachung) nicht geeignet, Unklarheiten über den Zeitpunkt des Zugangs der Kündigung oder über den Eingang der Klage bei Gericht abschließend mit Bindungswirkung für das Hauptverfahren zu entscheiden. Das Verfahren über die nachträgliche Zulassung diene **allein** der **Klärung** der Frage, **ob** die verspätete Klageerhebung **verschuldet** ist.[48] Diese abweichende Rechtsprechung der Instanzgerichte ist zu berücksichtigen, da eine Rechts- 20

---

44 *LAG Kiel* 22.1.1953, DB 1953, 283; *LAG Berlin* 9.4.1954, AP § 4 KSchG 1951 Nr. 2; *LAG Düsseldorf* 13.4.1956, AP § 4 KSchG 1951 Nr. 7; KR/*Friedrich* § 5 KSchG Rz 135.
45 *LAG Nürnberg* 3.1.1994, LAGE § 5 KSchG Nr. 64; KR/*Friedrich* § 5 KSchG Rz 134.
46 *BAG* 28.4.1983, AP § 5 KSchG 1969 Nr. 4; *BAG* 5.4.1984, AP § 5 KSchG 1969 Nr. 6.
47 *BAG* 5.4.1984, EzA § 5 KSchG Nr. 21.
48 *LAG Berlin* 19.1.1987, LAGE § 5 KSchG Nr. 27; *LAG Köln* 4.3.1996, LAGE § 5 KSchG Nr. 75; *LAG Baden-Württemberg* 8.3.1988, LAGE § 5 KSchG Nr. 37; *LAG Sachsen-Anhalt* 22.10.1997, LAGE § 5 KSchG Nr. 92; *LAG Baden-Württemberg* 26.8.1992, LAGE § 5 KSchG Nr. 58; ebenso ErfK/*Ascheid*, § 5 KSchG Rz 30; KR/*Friedrich* § 5 KSchG Rz 134.

beschwerde gegen Entscheidungen des LAG zum BAG nicht statthaft ist.[49] Konsequenz der Rechtsprechung der Landesarbeitsgerichte ist, dass das Arbeitsgericht noch im Hauptverfahren feststellen kann, dass die Klage rechtzeitig eingereicht war. Es kann dann über die Rechtswirksamkeit der Kündigung entscheiden, obwohl die nachträgliche Zulassung der Klage zuvor abgelehnt wurde.

II. Kein Verschulden der Fristversäumnis

21 Die nachträgliche Zulassung einer Kündigungsschutzklage kommt nur in Betracht, wenn der Arbeitnehmer nach Empfang der Kündigung trotz Anwendung aller ihm nach der Lage der Umstände zuzumutenden Sorgfalt verhindert war, die Kündigungsschutzklage innerhalb von drei Wochen (§ 4 Abs. 1 KSchG) zu erheben. Da der Arbeitnehmer **alle ihm zuzumutende Sorgfalt** beachtet haben muss, wird dem Arbeitnehmer im Interesse der Rechtssicherheit eine sehr hohe Sorgfalt nach Zugang einer Kündigung abverlangt. Für die Praxis muss dies heißen, dass dem Arbeitnehmer an der Versäumung der Dreiwochenfrist gar kein Verschulden, auch nicht in Form leichter Fahrlässigkeit, treffen darf.[50] Diese hohe Anforderung an den Arbeitnehmer, alle von ihm zu erwartende Sorgfalt bei der Erhebung einer Kündigungsschutzklage anzuwenden, ist sachgerecht. Die nachträgliche Zulassung einer Kündigungsschutzklage verlängert den Zeitraum für nachträgliche Gehaltsansprüche, wenn später die Unwirksamkeit der Kündigung arbeitsgerichtlich festgestellt wird. Bei der Beurteilung der **Frage des Verschuldens** des Arbeitnehmers kommt es allerdings darauf an, was von dem Arbeitnehmer in seiner konkreten Situation in seinem konkreten Fall an Sorgfalt gefordert werden konnte. Es ist somit auf die ganz individuelle Situation und die persönlichen Fähigkeiten (**subjektiver Maßstab**) abzustellen.[51] Diese Einbeziehung der individuellen Möglichkeiten des betroffenen Arbeitnehmers bei der Beurteilung des Verschuldens der verspäteten Klageerhebung führt in der Praxis dazu, dass es sich bei Beschlüssen über die nachträgliche Klagezulassung auf den konkret betroffenen Arbeitnehmer bezogen Einzelfallentscheidungen handelt.

---

49 *Stahlhacke/Preiss/Vossen* Rz 1871.
50 *LAG Bremen* 31. 10. 2001, NZA 2002, 580 (582); *LAG Düsseldorf* 20. 11. 1995, ZiP 1996, 191 (192); *Sächsisches LAG* 23. 7. 1998, NZA 1999, 112; *LAG Berlin* 4. 1. 1982, EzA § 5 KSchG Nr. 13; KR / *Friedrich* § 5 KSchG Rz 13.
51 *V. Hoyningen-Huene/Linck* § 5 KSchG Rz 2; ErfK /*Ascheid* § 5 KSchG Rz 4; KR/ *Friedrich* § 5 KSchG Rz 14.

III. Einzelfälle

Abwarten. Der Arbeitnehmer hat die Fristversäumnis verschuldet, 22
wenn er ohne Grund mit der Klageerhebung bis zum letzten Tag der
Dreiwochenfrist abwartet und die rechtzeitige Klageerhebung nicht
mehr gelingt.[52] Der Arbeitnehmer kann sich hierzu nicht auf die ausstehende Entscheidung einer Rechtsschutzversicherung zur Kostenübernahme berufen.[53]

Arbeitsgericht. Die Kündigungsschutzklage ist nachträglich zuzulas- 23
sen, wenn das Arbeitsgericht einen möglichen Hinweis auf die formunwirksame Klageerhebung unterlässt (zB Hinweis auf fehlende Unterschrift).[54]

Arglist. Die arglistige Täuschung über die Kündigungsgründe kann 24
die nachträgliche Zulassung der Kündigungsschutzklage rechtfertigen.[55] Hält der Arbeitgeber den Arbeitnehmer mit Bemerkungen wie
»wir werden die Sache noch mal überdenken« hin, darf der Arbeitnehmer dennoch nicht von der rechtzeitigen Klageerhebung absehen.[56]

Auskunft. Den Arbeitnehmer, der nach Erhalt einer Kündigung einen 25
Rechtsrat einholt, trifft kein Verschulden an einer verspätet eingereichten Kündigungsschutzklage, wenn er eine Falschauskunft erhält, die
zur Versäumung der Klagefrist führt. Der Arbeitnehmer braucht für
das Verschulden der geeigneten Person, bei der er Rechtsrat einholt,
nicht einzustehen, wenn er von der Kompetenz des um Rat Befragten
ausgehen konnte.[57] Als geeignete Stelle um Rechtsrat zu einer Kündigung einzuholen, sind nur solche Stellen anzusehen, die über die notwendige Fachkunde verfügen und zur Auskunft in rechtserheblichen
Fragen berufen sind. **Geeignet** sind: Rechtsantragsstelle des Arbeitsgerichts,[58] Sozialsekretär des CDA,[59] Deutsche Botschaft,[60] Rechtsan-

---

52 *Hessisches LAG* 21. 2. 1952, AP 52 Nr. 129.
53 *LAG Rheinland-Pfalz* 23. 1. 1973, BB 1973, 839.
54 *LAG Mecklenburg-Vorpommern* 27. 7. 1999, LAGE § 5 KSchG Nr. 59; *LAG Düsseldorf* 13. 4. 1956, AP § 4 KSchG Nr. 7.
55 *LAG Köln* 24. 5. 1995, NZA 1955, 127 (128).
56 Weitere Beispiele zur Abgrenzung von Arglist bei: APS/*Ascheid* § 5 KSchG Rz 22.
57 *LAG Düsseldorf* 26. 7. 1976, EzA § 5 KSchG Nr. 1; *LAG Köln* 13. 9. 1982, EzA § 5 KSchG Nr. 16; *LAG Köln* 28. 11. 1985, LAGE § 5 KSchG Nr. 21.
58 *LAG Baden-Württemberg* 11. 4. 1988, NZA 1989, 153; *ArbG Passau* 29. 6. 1989, BB 1989, 1761.
59 Christlich-Demokratische Arbeitnehmerschaft Deutschlands; *LAG Düsseldorf* 26. 7. 1976, EzA KSchG § 5 Nr. 1.
60 *LAG Bremen* 31. 10. 2001, NZA 2002, 580 (582); *LAG Hamm* 19. 3. 1981, DB 1981, 1680.

walt,[61] Rechtsschutz- oder Rechtsberatungsstellen der Gewerkschaft[62]. Demgegenüber sind als **nicht geeignet** anzusehen: Kanzleipersonal von Gerichten und Anwälten,[63] Betriebsrat,[64] Arbeitsamt,[65] Repräsentant einer Rechtschutzversicherung,[66] Personalrat[67].

26 **Einschreibesendungen.** Der Arbeitnehmer hat bei der Wahl eines Einschreibebriefs zur Einreichung einer Kündigungsschutzklage zu beachten, dass bei einem »Übergabeeinschreiben« zu bedenken ist, dass annahmebereite Personen nur während der Bürostunden des Arbeitsgerichts zur Verfügung stehen. Beim »Einwurfeinschreiben« ist hingegen sichergestellt, dass der genaue Zeitpunkt des Einwurfs in den Briefkasten des Arbeitsgerichts von dem Postzusteller festgehalten wird.[68]

27 **Erfolgsaussichten der Klage.** Die irrtümliche Annahme des Arbeitnehmers, der Kündigungsschutzprozess sei aussichtslos, rechtfertigt eine nachträgliche Zulassung nicht.[69] Das Gleiche gilt, wenn der Arbeitnehmer eine rechtzeitig erhobene Klage irrtümlich zurücknimmt.[70]

28 **Familienangehörige.** Die nachträgliche Zulassung einer Kündigungsschutzklage kann erfolgen, wenn der Arbeitnehmer darlegt und beweist, dass ihm ein Kündigungsschreiben durch Familienangehörige vorenthalten oder nicht rechtzeitig ausgehändigt wurde.[71]

---

61 *LAG Düsseldorf* 17. 12. 1952, BB 1953, 502; *LAG Baden-Württemberg* 11. 2. 1974, BB 1974, 323; *LAG Hessen* 17. 8. 1955, BB 1956, 211.
62 *LAG Düsseldorf* 26. 7. 1976, LAGE § 5 KSchG 1969 Nr. 1; *LAG Köln* 13. 9. 1982, LAGE § 5 KSchG 1969 Nr. 16.
63 *LAG Düsseldorf* 21. 10. 1997, LAGE § 5 KSchG Nr. 89; *ArbG Wiesbaden* 13. 12. 1984, ARSt 1985 Nr. 28.
64 *LAG Baden-Württemberg* 3. 4. 1998, LAGE § 5 KSchG Nr. 98; *LAG Berlin* 17. 6. 1991, DB 1991, 1887; *LAG Hamburg* 10. 4. 1987, DB 1987, 1744; *LAG Rheinland-Pfalz* 19. 9. 1984, NZA 1985, 430 (431); ErfK /*Ascheid* § 5 KSchG Rz 9; **aA** *LAG Köln* 13. 9. 1982, EzA § 5 KSchG Nr. 16; *LAG Rheinland-Pfalz* 10. 9. 1984, NZA 1985, 430; KR/*Friedrich* § 5 KSchG Rz 33.
65 *LAG Düsseldorf* 25. 4. 1991, NZA 1992, 44.
66 *Sächsisches LAG* 23. 7. 1998, NZA 1999, 112.
67 *LAG Baden-Württemberg* 3. 4. 1998, LAGE § 5 KSchG Nr. 94.
68 Hierzu näher: *Stahlhacke/Preiss/Vossen* Rz 1843.
69 KR/*Friedrich* § 5 KSchG Rz 38; ErfK /*Ascheid* § 5 KSchG Rz 12.
70 *LAG Mecklenburg-Vorpommern* 9. 12. 1993, DB 1994, 588; *LAG Köln* 10. 7. 1998, LAGE § 4 KSchG Nr. 41.
71 *LAG Berlin* 4. 1. 1982, EzA KSchG § 5 Nr. 13; *LAG Hessen* 15. 11. 1988, LAGE KSchG § 5 Nr. 41; *LAG Bremen* 7. 12. 1988, DB 1988, 814.

Zulassung verspäteter Klagen § 5

Klagefrist. Der Arbeitnehmer kann sich nicht auf die Unkenntnis von der Klagefrist für eine Kündigungsschutzklage berufen.[72] 29

Krankheit. Eine Krankheit rechtfertigt nicht allein die nachträgliche Zulassung. Entscheidend ist, ob es dem Arbeitnehmer aufgrund der Krankheit tatsächlich unmöglich war, eine Klage rechtzeitig einzureichen. Eine Fristversäumung aufgrund leichter Erkrankungen (Erkältung, Husten, o. ä.) rechtfertigen nicht eine nachträgliche Klagezulassung.[73] Die nachträgliche Zulassung der Klage kommt nur in Betracht, wenn der Arbeitnehmer weder selbst noch durch beauftragte dritte Personen (Ehegatte, Verwandte, Freunde) rechtzeitig eine Klage einreichen konnte.[74] Dies gilt auch bei Krankheit im Urlaub. Im Falle eines Krankenhausaufenthalts ist die Klage nachträglich zuzulassen, wenn die klinische Behandlung keinen Außenkontakt zulässt oder die Wahrnehmung der gegebenen Kontaktmöglichkeiten unzumutbar erscheint.[75] Grundsätzlich gilt, dass ein Arbeitnehmer, der innerhalb der Klagefrist wieder gesund wird, unverzüglich die Kündigungsschutzklage einreichen muss.[76] Die Erkrankung von nahen Angehörigen kann eine nachträgliche Zulassung nur rechtfertigen, wenn durch die Erkrankung eine Erledigung der eigenen Angelegenheiten selbst oder durch Beauftragung von Dritten nicht möglich war.[77] 30

Mittellosigkeit. Die Einreichung einer Kündigungsschutzklage bei der Rechtsantragsstelle des Arbeitsgerichts ist ohne Kosten verbunden. Der Hinweis des Arbeitnehmers auf nicht ausreichende finanzielle Mittel und notwendige Prozesskostenhilfe rechtfertigt noch nicht die nachträgliche Zulassung der Klage.[78] 31

---

72 *BAG* 26.8.1993, NZA 194, 281; *LAG Düsseldorf* 26.7.1976, EzA § 5 KSchG Nr. 1; *LAG Frankfurt* 20.9.1974, DB 1974, 2016; *LAG Baden-Württemberg* 11.2.1974, BB 1974, 323; *LAG Hamm* 7.3.1967, DB 1967, 912; *LAG München* 3.11.1975, DB 1975, 732; *LAG Hamburg* 10.4.1987, LAGE § 5 KSchG 1969 Nr. 34.
73 *LAG Hamburg* 8.11.1967, DB 1967, 2123; *LAG Hamm* 5.11.1965, DB 1966, 80.
74 *LAG München* 3.11.1975, DB 1976, 732; *LAG Berlin* 24.7.1977, AuR 1977, S. 346; *LAG Hamm* 11.8.1977, LAGE § 5 KSchG 1969 Nr. 3; *LAG Düsseldorf* 18.7.1978, EzA § 5 KSchG Nr. 4; *LAG Hamm* 8.7.1982, DB 1982, 2706; *LAG Hamburg* 20.11.1984, NZA 1985, 127; *LAG Köln* 1.9.1993, LAGE § 5 KSchG Nr. 62; *LAG Düsseldorf* 18.7.1978, LAGE KSchG 1969 § 5 Nr. 4; *LAG Düsseldorf* 18.7.1978, EzA § 5 KSchG Nr. 4.
75 *LAG Hamm* 12.9.1985, LAGE KSchG § 5 Nr. 20; *LAG Hamm* 31.1.1990, LAGE KSchG § 5 Nr. 44; *LAG Berlin* 14.4.1999, NZA-RR 1999, 437; *LAG Düsseldorf* 18.12.1951, BB 1952, 491; ErfK/*Ascheid* § 5 KSchG Rz 14/15.
76 *LAG Hamm* 5.8.1981, EzA § 5 KSchG Nr. 11.
77 KR/*Friedrich* § 5 KSchG Rz 55; APS/*Ascheid* § 5 KSchG Rz 46.
78 *LAG Köln* 11.3.1996, LAGE § 4 KSchG Nr. 34; KR/*Friedrich* § 5 KSchG Rz 28.

32 Ortsabwesenheit/Urlaub[79]. Nach der Rechtsprechung des BVerfG ist bei der Versäumung von Rechtsmittelfristen durch Ortsabwesenheit stets die Wiedereinsetzung in den vorherigen Stand zu gewähren.[80] Diese Grundsätze sind auch hinsichtlich der nachträglichen Zulassung einer Kündigungsschutzklage anzuwenden, insbesondere ist die nachträgliche Zulassung zu gewähren, wenn nach Urlaubsrückkehr die Klagefrist bereits abgelaufen ist.[81] Der Arbeitnehmer braucht grundsätzlich nicht sicherzustellen, dass ihm Post während des Urlaubs oder sonstiger Ortsabwesenheit nachgesendet wird.[82]

33 Post. Der Arbeitnehmer muss die Kündigungsschutzklage rechtzeitig zur Post geben, so dass sie bei normaler Postlaufzeit vor Fristablauf beim Arbeitsgericht eingeht. Der Arbeitnehmer kann sich allerdings auf die regelmäßigen Postbeförderungszeiten verlassen. Eine verspätete Zustellung aufgrund von Störungen im Postverkehr rechtfertigt die nachträgliche Zulassung einer Kündigungsschutzklage.[83] Bei allgemein bekannten Streikmaßnahmen ist der Arbeitnehmer allerdings gehalten, das Risiko einer verspäteten Zustellung durch Nachfrage beim Arbeitsgericht auszuräumen.[84] Eine Kündigungsschutzklage, die am letzten Tag der dreiwöchigen Klagefrist vor 24:00 Uhr beim Arbeitsgericht in den regulären Briefkasten eingeworfen wird, geht fristwahrend dem Arbeitsgericht zu, wenn ein funktionsfähiger Nachtbriefkasten zur Entgegennahme von Klagen bis 24:00 Uhr nicht vorhanden ist.[85] Für den rechtzeitigen Einwurf der Klageschrift in diesen Briefkasten ist der Arbeitnehmer darlegungs- und beweispflichtig.[86]

34 Prozessbevollmächtigte. Es ist sowohl in der Rechtsprechung als auch Literatur außerordentlich umstritten, ob eine nachträgliche Zulassung ausscheidet, wenn ein Verschulden des Prozessbevollmächtigten des Arbeitnehmers vorliegt. Die überwiegende Anzahl der Landesarbeitsgerichte rechnet ein etwaiges Verschulden des Prozessbevollmächtig-

---

79 Vgl. unten »Urlaub«.
80 *BVerfG* 25. 11. 1968, BVerfGE 26, S. 319; *BVerfG* 2. 4. 1974, BVerfGE 37, S. 97.
81 Siehe Urlaub; vgl. APS/*Ascheid* § 5 KSchG Rz 48.
82 *LAG Hamm* 28. 3. 1996, LAGE § 5 KSchG Nr. 78; *LAG Köln* 4. 3. 1996, LAGE § 5 KSchG Nr. 75; KR/*Friedrich* § 5 KSchG Rz 59.
83 *BAG* 28. 3. 1994, EzA ZPO § 233 Nr. 20; *BVerfG* 15. 5. 1995, EzA § 233 ZPO Nr. 33; *Hessisches LAG* 24. 5. 2000, BB 2001, 1907; *BAG* 19. 4. 1990, EzA § 23 KSchG Nr. 8; *LAG Nürnberg* 31. 10. 1991, LAGE § 5 KSchG Nr. 56.
84 *BVerfG* 29. 12. 1994, EzA § 233 ZPO Nr. 28.
85 *BAG* 22. 2. 1980, AP § 1 KSchG 1969 Nr. 1 Krankheit; *Hessisches LAG* 29. 9. 1993, ARSt 1994, 71.
86 *BAG* 22. 2. 1980, AP § 1 KSchG 1969 Nr. 6 Krankheit; *BGH* 12. 2. 1981, NJW 1981, 1216.

ten in entsprechender Anwendung von § 85 Abs. 2 ZPO dem Arbeitnehmer zu.[87] Die Zurechnung des Verschuldens eines Prozessbevollmächtigten zu Lasten des Arbeitnehmers über § 85 Abs. 2 ZPO führt zu einem unbilligen Ergebnis. Das Verschulden eines Prozessbevollmächtigten kann nicht dazu führen, dass ein Arbeitnehmer den Arbeitsplatz verliert, wenn er zuvor sich an eine geeignete Stelle zur rechtzeitigen Klageerhebung gewandt hat.[88] Der Gesetzgeber hat zudem auf eine Verweisung in § 5 KSchG auf § 85 Abs. 2 ZPO verzichtet. Geht man von der Zurechnung des Verschuldens eines Prozessbevollmächtigten aus, ist jedoch zu beachten, dass kein Verschulden eines Rechtsanwalts vorliegt, wenn die Fristversäumung auf einem Versehen des Büropersonals beruht, das der Rechtsanwalt ordnungsgemäß ausgesucht und überwacht hat.[89]

Rechtschutzversicherung. Die nachträgliche Zulassung der Kündigungsschutzklage ist nicht gerechtfertigt, wenn der Arbeitnehmer bis zur Erteilung einer Deckungszusage durch die Rechtsschutzversicherung abwartet.[90] 35

Sprachkenntnisse. Ausländische Arbeitnehmer müssen sich unverzüglich um eine Übersetzung bemühen, wenn sie erkennen, dass ein Schreiben des Arbeitgebers zugegangen ist. Unterlässt er diese Sorgfaltsanforderung, kommt eine nachträgliche Klagezulassung nicht in Betracht.[91] 36

Telefax. Bei Sendung der Kündigungsschutzklage als Telefax innerhalb der dreiwöchigen Klagefrist hat der Arbeitnehmer seinerseits das 37

---

[87] *LAG Düsseldorf* 1. 2. 1972, DB 1972, 1975; *LAG Berlin* 28. 8. 1978, § 5 KSchG 1969 AP Nr. 2; *LAG München* 12. 5. 1981, DB 1981, 915; *LAG Hessen* 22. 12. 1983, NZA 1984, 40; *LAG Köln* 27. 2.1986, NZA 1986, 441; *LAG Nürnberg* 28. 7. 1987, LAGE § 5 KSchG 1969 Nr. 30; *LAG Rheinland-Pfalz* 9. 8. 1989, LAGE § 5 KSchG 1969 Nr. 43; *LAG Baden-Württemberg* 26. 8. 1992, LAGE § 5 KSchG Nr. 58; *LAG Hessen* 26. 10. 1993, LAGE § 5 KSchG Nr. 63; *LAG Rheinland-Pfalz* 28. 5. 1997, NZA 1998, 55 (56); *Sächsisches LAG* 9. 5. 2000, FA 2001, 215; *Thüringisches LAG* 30. 11. 2000, § 5 LAGE KSchG Nr. 103; **gegen** die Zurechnung des Verschuldens eines Prozessbevollmächtigten: *LAG Hamm* 9. 12. 1982, LAGE § 5 KSchG 1969 Nr. 17; *LAG Hamm* 27. 1. 1994, LAGE § 5 KSchG 1969 Nr. 65; *LAG Hamburg* 3. 6. 1985, LAGE § 5 KSchG 1969 Nr. 19; *LAG Niedersachsen* 27. 7. 2000, LAGE § 5 KSchG Nr. 98; ErfK/*Ascheid* § 5 KSchG Rz 5; KR/*Friedrich* § 5 KSchG Rz 70.
[88] Ebenso: KR/*Friedrich* § 5 KSchG Rz 70; APS/*Ascheid* § 5 KSchG Rz 28.
[89] *LAG Köln* 21. 4. 1997, LAGE § 5 KSchG Nr. 88; *BAG* 27. 11. 1974, AP § 233 ZPO Nr. 68; APS/*Ascheid* § 5 KSchG Rz 31.
[90] *LAG Rheinland-Pfalz* 23. 1. 1972, BB 1972, 839.
[91] *LAG Hamburg* 20. 11. 1984, MdR 1985, 259; *LAG Baden-Württemberg* 28. 11. 1963, DB 1964, 1708.

Erforderliche zur Fristwahrung getan.[92] Die Fristversäumnis ist verschuldet und eine nachträgliche Zulassung der Klage nicht gerechtfertigt, wenn das Telefax an eine unzuständige Behörde oder Gericht geschickt wird.[93]

38 **Urlaub.** Der Arbeitnehmer, der noch innerhalb der Klagefrist aus dem Urlaub zurückkehrt, muss innerhalb der verbleibenden Zeit die Kündigungsschutzklage erheben.[94] Die nachträgliche Zulassung der Kündigungsschutzklage ist hingegen zu gewähren, wenn bei Urlaubsrückkehr die dreiwöchige Klagefrist bereits abgelaufen ist.[95] Bei krankheitsbedingter Verlängerung des Urlaubs ist die Fristversäumnis nur unverschuldet, wenn der Arbeitnehmer Vorkehrungen getroffen hat, damit ihm rechtsgeschäftliche Erklärungen erreichen.[96]

39 **Vergleichsverhandlungen.** Die Führung von Vergleichsgesprächen kann eine unterlassene, rechtzeitige Klageerhebung nicht entschuldigen.[97] Dies gilt nicht, wenn der Arbeitgeber den Arbeitnehmer durch Hinweis auf den bevorstehenden, erfolgreichen Abschluss eines Vergleichs von der rechtzeitigen Klageerhebung abhält.[98]

D. Verfahren/Rechtsmittel

40 Bei den Verfahren zu Entscheidung über einen Antrag auf nachträgliche Zulassung der Kündigungsschutzklage handelt es sich um ein selbständiges arbeitsgerichtliches **Nebenverfahren** zum Hauptverfahren zur Klärung der Rechtswirksamkeit einer Kündigung.

I. Entscheidung über den Antrag

41 Das Arbeitsgericht entscheidet über den Antrag auf nachträgliche Zulassung einer Kündigungsschutzklage gemäß § 5 Abs. 4 KSchG in voller Kammerbesetzung (also mit den ehrenamtlichen Richtern)

---

92 *BVerfG* 25. 2. 2000, NZA 2000, 798.
93 *LAG Nürnberg* 23. 7. 1993, LAGE § 5 KSchG Nr. 61.
94 *LAG Köln* 17. 4. 1997, LAGE § 5 KSchG Nr. 87.
95 *BAG* 16. 3. 1988, EzA § 130 BGB Nr. 16; *LAG Köln* 4. 3. 1996, LAGE § 5 KSchG Nr. 75; *LAG Nürnberg* 5. 2. 1992, LAGE § 5 KSchG Nr. 57; vgl. oben »Ortsabwesenheit«.
96 *LAG Niedersachsen* 8. 11. 2002, LAGE § 4 KSchG Nr. 46; *LAG Berlin* 29. 9. 2001, NZA-RR 2002, 355.
97 *LAG Baden-Württemberg* 26. 3. 1965, DB 1965, 712; *LAG Düsseldorf* 19. 11. 1965, BB 1966, 210; *LAG Hamm* 21. 12. 1972, DB 1973, 336.
98 *LAG Köln* 26. 11. 1999, LAGE § 5 KSchG Nr. 97; *LAG Hessen* 17. 8. 1954, NJW 1954, 1952.

Zulassung verspäteter Klagen § 5

durch **Beschluss**. Ein Beschluss kann auch ohne mündliche Verhandlung ergehen und von dem Vorsitzenden der Kammer allein erlassen werden, wenn die Parteien dies beiderseitig nach § 55 Abs. 3 ArbGG beantragen.[99] Dies ermöglicht die Beschleunigung des Verfahrens. Grundsätzlich ist über den Antrag auf nachträgliche Zulassung der Kündigungsschutzklage durch Beschluss **getrennt** von der Entscheidung über die Wirksamkeit der Kündigung zu entscheiden.[100] Nach der Entscheidung über die nachträgliche Zulassung, wird das Hauptverfahren über die Wirksamkeit der Kündigung erst fortgesetzt, wenn der Beschluss über die nachträgliche Zulassung der Kündigungsschutzklage rechtskräftig geworden ist.

Der Arbeitnehmer muss einen **schriftlich angekündigten Antrag** auf nachträgliche Zulassung seiner Kündigungsschutzklage in der Verhandlung ausdrücklich stellen, da anderenfalls das Arbeitsgericht davon ausgeht, dass der Antrag nicht aufrechtgehalten wird.[101] Außerdem müssen alle Mittel zur Glaubhaftmachung für die unverschuldete nachträgliche Klageerhebung dem Arbeitsgericht vorliegen. Das Nachreichen von Unterlagen ist nicht möglich, da die Beweisaufnahme nur sofort im Termin zur Verhandlung erfolgen kann.[102] Angebotene Zeugen müssen in der Sitzung anwesend sein.[103] 42

Eine Kündigungsschutzklage wird mit **Versäumnisurteil** abgewiesen, wenn der Arbeitnehmer, der einen Antrag auf nachträgliche Zulassung der Kündigungsschutzklage angekündigt hat, in dem Termin zur mündlichen Verhandlung nicht erscheint.[104] Der **säumige Arbeitnehmer** hat allerdings die Möglichkeit gegen das klageabweisende Versäumnisurteil Einspruch einzulegen, so dass nach Prüfung des Einspruchs wieder über den Antrag auf nachträgliche Zulassung und später über die Kündigungsschutzklage entschieden wird. Erscheint der Arbeitgeber nicht in dem Termin zur mündlichen Verhandlung, kann ein **Versäumnisurteil gegen den Arbeitgeber** nur ergehen, wenn das Arbeitsgericht die Kündigungsschutzklage für rechtzeitig erhoben ansieht. Hält das Arbeitsgericht hingegen eine verschuldete nachträgliche Klageerhebung für möglich, muss zunächst durch die Kammer 43

---

99 *LAG Hessen* 27. 3. 1987, AP § 55 ArbGG 1979 Nr. 2; ErfK/*Ascheid* § 5 KSchG Rz 28.
100 *BAG* 14. 10. 1982, AP § 72 ArbGG 1979 Nr. 2; ErfK/*Ascheid* § 5 KSchG Rz 28.
101 *LAG Hessen* 25. 8. 1980, EzA § 5 KSchG Nr. 10.
102 KR/*Friedrich* § 5 KSchG Rz 139; *v. Hoyningen-Huene/Linck* § 5 KSchG Rz 28.
103 *LAG Düsseldorf* 9. 3. 1971, DB 1972, 52; *LAG Baden-Württemberg* 8. 3. 1988, LAGE § 5 KSchG Nr. 37.
104 *LAG Hamm* 4. 11. 1996, LAGE § 5 KSchG Nr. 81; *Reinecke* NZA 1985, 243.

über die Frage der nachträglichen Zulassung der Kündigungsschutzklage durch Beschluss entschieden werden, unabhängig davon das der Arbeitgeber säumig ist.[105]

II. Rechtsmittel

44 Nach § 5 Abs. 4 Satz 2 KSchG kann gegen den Beschluss, durch den das Arbeitsgericht die verspätete Klage zugelassen oder die Zulassung abgelehnt hat, die **sofortige Beschwerde** beim **LAG** eingelegt werden. Dieses Rechtsmittel muss nach § 569 Abs. 1 Satz 1 ZPO innerhalb einer **Notfrist von zwei Wochen** nach Zustellung des Beschlusses eingelegt werden. Die Notfrist beginnt ab Zustellung des Beschlusses zu laufen, wenn eine ordnungsgemäße Rechtsmittelbelehrung angefügt ist. Fehlt die Rechtsmittelbelehrung oder wurde nur eine unrichtige Rechtsmittelbelehrung erteilt, beginnt die Beschwerdefrist von zwei Wochen nicht zu laufen.[106] Zur Einlegung der sofortigen Beschwerde sind entweder der Arbeitnehmer oder der Arbeitgeber als unterlegene Partei berechtigt. Bevor das LAG als zuständige Rechtsmittelinstanz über die sofortige Beschwerde entscheidet, hat der Vorsitzende des Arbeitsgerichts in erster Instanz die Möglichkeit nach § 572 Abs. 1 Satz 1 ZPO, § 78 Satz 1 ArbGG eine **Abhilfeentscheidung** zu treffen und den ergangene Beschluss aufzuheben.[107] Das Landesarbeitsgericht entscheidet über die sofortige Beschwerde nach mündlicher Verhandlung gemäß § 573 Abs. 1 ZPO in voller Besetzung. Ohne mündliche Verhandlung kann der Vorsitzende gemäß § 78 Abs. 1 ArbGG iVm § 573 Abs. 1 ZPO allein entscheiden.[108] Ein weiteres Rechtsmittel gegen den Beschluss des Landesarbeitsgerichts ist nicht gegeben.[109]

45 Gegen die Versäumnis der zweiwöchigen Notfrist ist eine **Wiedereinsetzung** in den vorherigen Stand gemäß § 232 ZPO möglich.[110]

46 In der **Praxis** kommt es vor, dass das Arbeitsgericht über den Antrag auf nachträgliche Zulassung einer Kündigungsschutzklage **durch Urteil anstatt** durch **Beschluss** entscheidet. Gegen ein solches Urteil ist

---

105 *ArbG Hanau* 18.1.1996, NZA-RR 1996, 409 (410); APS/*Ascheid* § 5 KSchG Rz 102; KR/*Friedrich* § 5 KSchG Rz 148a.
106 *LAG Berlin* 11.12.1964, AP § 4 KSchG Nr. 11.
107 *Stahlhacke/Preiss/Vossen* Rz 1866.
108 *LAG Berlin* 28.8.1979, AP § 5 KSchG Nr. 2; *LAG Frankfurt* 26.10.1993, LAGE § 5 KSchG Nr. 63.
109 *BAG* 20.8.2002 – 2 AZB 16/02 –; BAG 25.10.2001 – 2 AZR 340/00 –.
110 Gegebenenfalls Antrag auf Abänderung bei Verletzung des rechtlichen Gehörs aus Art. 103 Abs. 1 GG; vgl. *LAG Rheinland-Pfalz* 28.5.1997, LAGE Art. 105 GG Nr. 2.

sowohl die Berufung als auch die sofortige Beschwerde möglich. Die eingelegte Berufung ist als sofortige Beschwerde zu behandeln.[111] Das Gleiche gilt, wenn das Arbeitsgericht über den Antrag auf nachträgliche Zulassung einer Kündigungsschutzklage und über die Kündigungsschutzklage **einheitlich durch Urteil** entschieden hat. Das Landesarbeitsgericht ist als Rechtsmittelinstanz dann gehalten, über die Beschwerde gegen die nachträgliche Zulassung durch Beschluss und im übrigen über die Berufung gegen die Entscheidung über die Wirksamkeit der Kündigung durch Urteil zu entscheiden.[112]

Stellt sich erstmals in **zweiter** oder **dritter Instanz** heraus, dass die dreiwöchige Klagefrist nicht gewahrt wurde und hat das Arbeitsgericht in erster Instanz über einen rechtzeitig gestellten Antrag auf nachträgliche Zulassung der Kündigungsschutzklage nicht entschieden, ist die Entscheidung über den Antrag nachzuholen. Diese Entscheidung kann nicht in der Rechtsmittelinstanz ergehen, selbst dann nicht, wenn die Parteien sich einverstanden erklären.[113] Der Rechtsstreit ist unter Aufhebung des vorangegangenen Urteils insgesamt an das Arbeitsgericht **zurückzuverweisen**.[114] Das Verfahren über die Kündigungsschutzklage in der Rechtsmittelinstanz kann nicht ausgesetzt werden, da das erstinstanzliche Arbeitsgericht bei Aussetzung des Verfahrens noch an sein Urteil gebunden bleibt.[115] Nach der notwendigen Zurückweisung unter Aufhebung des erstinstanzlichen Urteils hat das Eingangsgericht zuerst über die nachträgliche Zulassung der Kündigungsschutzklage und nach Rechtskraft dieser Entscheidung erneut über die Kündigungsschutzklage zu befinden.[116] 47

Durch den Antrag auf nachträgliche Zulassung einer Kündigungsschutzklage entstehen **keine** zusätzlichen **Gerichtsgebühren**. Das Verfahren ist Teil des Kündigungsschutzprozesses. Die Gerichtsgebühren für den Kündigungsschutzprozess enthalten die Kosten für das Zulassungsverfahren.[117] 48

---

111 *LAG Düsseldorf* 2. 4. 1976, EzA § 5 KSchG Nr. 2; APS/*Ascheid* § 5 KSchG Rz 123.
112 *BAG* 14. 10. 1982, AP § 72 KSchG 1979 Nr. 2.
113 *LAG Berlin* 23. 8. 1988, LAGE § 5 KSchG Nr. 38; *LAG Hamm* 11. 8. 1970, DB 1970, 1694.
114 *LAG Baden-Württemberg* 19. 6. 1956, BB 1956, 853; *LAG Nürnberg* 19. 9. 1995, NZA 1996, 503; *LAG Düsseldorf* 26. 9. 1974, BB 1975, 139.
115 Anders: *LAG Hessen* 16. 7. 1962, DB 1962, 1216; *LAG München* 12. 11. 1982, ZiP 1983, 615; *LAG Berlin* 23. 8. 1988, LAGE § 5 KSchG Nr. 38; *LAG Hamm* 16. 11. 1989, LAGE § 5 KSchG Nr. 44.
116 KR/*Friedrich* § 5 KSchG Rz 167.
117 ErfK/*Ascheid* § 5 KSchG Rz 35; KR/*Friedrich* § 5 KSchG Rz 174, 175.

§ 6 Verlängerte Anrufungsfrist

¹Hat ein Arbeitnehmer innerhalb von drei Wochen nach Zugang der schriftlichen Kündigung im Klagewege geltend gemacht, dass eine rechtswirksame Kündigung nicht vorliege, so kann er sich in diesem Verfahren bis zum Schluss der mündlichen Verhandlung erster Instanz zur Begründung der Unwirksamkeit der Kündigung auch auf innerhalb der Klagefrist nicht geltend gemachte Gründe berufen. ²Das Arbeitsgericht soll ihn hierauf hinweisen.

Inhalt

		Rz
A.	Allgemeines	1
B.	Voraussetzungen	2–5
C.	Hinweispflicht des Arbeitsgerichtes	6–9

A. Allgemeines

1 Die Regelung des § 6 KSchG gibt dem Arbeitnehmer die Möglichkeit, noch bis zum Schluss der mündlichen Verhandlung beim Arbeitsgericht in der ersten Instanz, andere Unwirksamkeitsgründe für die Kündigung in einen Prozess einzuführen, als sich dies aus dem ursprünglichen Klageantrag ergibt. In der Praxis schützt diese Möglichkeit der Klageerweiterung vor allem den rechtsunkundigen Arbeitnehmer, der zunächst die Unwirksamkeit der Kündigung aus anderen Gründen als der Sozialwidrigkeit iSv § 1 Abs. 2 KSchG geltend macht.[1] Hat der Arbeitnehmer innerhalb von drei Wochen nach Zugang der Kündigung **überhaupt** geltend gemacht, dass eine rechtsunwirksame Kündigung vorliegt, **erleichtert** § 6 KSchG die **Geltendmachung der Sozialwidrigkeit** oder **anderer** Unwirksamkeitsgründe **ohne** die besonderen Voraussetzungen der **nachträglichen Zulassung einer Kündigungsschutzklage** nach § 5 KSchG. Der Arbeitnehmer kann somit bei Vorliegen der entsprechenden Voraussetzungen auf die §§ 9, 10 KSchG zurückzugreifen und die Auflösung des Arbeitsverhältnisses gegen Zahlung einer Abfindung verlangen, wenn ihm die Fortsetzung des Arbeitsverhältnisses nicht zuzumuten ist. Ein solcher Antrag auf Auflösung des Arbeitsverhältnisses durch Urteil des Gerichts und Festsetzung einer Abfindung bliebe dem Arbeitnehmer verschlossen, wenn er

---

1 BT-Drucks. 15/1204, S. 13.

seine Klage nur auf andere Gründe und nicht auf die Sozialwidrigkeit der Kündigung gestützt hätte.[2]

B. Voraussetzungen

Eine **Erweiterung** der Klagegründe **setzt voraus**, dass der Arbeitnehmer bereits innerhalb der Frist von drei Wochen nach Zugang der Kündigung (§ 4 Satz 1 KSchG) die Unwirksamkeit der Kündigung durch **Klage vor dem Arbeitsgericht** geltend gemacht hat. Es muss eine Klage oder wenigstens die Anrufung des Gerichts durch den Arbeitnehmer vorliegen.[3] Ein bloßes Bestreiten der Rechtmäßigkeit der Kündigung außerhalb des Prozesses genügt nicht.[4] Liegt eine rechtzeitig erhobene Klage gegen die Kündigung vor, kann der Arbeitnehmer **bis zum Schluss der mündlichen Verhandlung in erster Instanz** alle Gründe anführen, die nach seinem Dafürhalten die Unwirksamkeit der Kündigung begründen. **Hauptanwendungsfall** des § 6 Satz 1 KSchG ist die **nachträgliche Rüge der Sozialwidrigkeit** der Kündigung iSd § 1 Abs. 2 und 3 KSchG. Daneben kann sich der Arbeitnehmer auf andere Unwirksamkeitsgründe wie etwa Sittenwidrigkeit, Fehlen einer behördlichen Zustimmung (§ 9 Abs. 1 MuSchG, § 85 SGB IX), fehlende Schriftform (§ 623 BGB), mangelnde Geschäftsfähigkeit oder fehlende/fehlerhafte Anhörung des Betriebsrats (§ 102 Abs. 1 BetrVG) oder des Personalrats (zB § 79 Abs. 4, § 108 BPersVG) berufen. Die Erweiterung der Begründung der Unwirksamkeit der Kündigung durch den Arbeitnehmer **auf alle etwaigen Unwirksamkeitsgründe** besteht auch dann, wenn der Arbeitnehmer mit seiner Klage zunächst bloß die Nichteinhaltung einer gesetzlichen oder tarifvertraglichen oder einzelvertraglich vereinbarten Kündigungsfrist geltend gemacht hat.[5] Allerdings muss sich der Arbeitnehmer, der bisher nur auf Feststellung der Unwirksamkeit der Kündigung aus anderen Gründen geklagt hat, bis zum Schluss der mündlichen Verhandlung in erster Instanz **ausdrücklich** auf die etwaige Sozialwidrigkeit der Kündigung iSd KSchG berufen. Dies gilt auch in umgekehrten Fällen. Der **Schluss der mündlichen Verhandlung** liegt nach § 136 Abs. 4 ZPO vor, wenn nach Ansicht des Gerichts die Sache vollständig erörtert ist und ein Urteil oder Beschluss des Gerichts ergeht. Der Schluss der mündlichen Verhandlung kann sich auch stillschweigend ergeben, wenn das Gericht sich zur Beratung zurückzieht

---
[2] *BAG* 13. 8. 1987, AP § 6 KSchG 1969 Nr. 3; KR/*Friedrich* § 5 KSchG Rz 7.
[3] *LAG* Hannover 24. 7. 1952, AP 1954 Nr. 10; KR/*Friedrich*, § 6 KSchG Rz 28.
[4] APS/*Ascheid* § 6 KSchG Rz 4.
[5] *V. Hoyningen-Huene/Linck* § 6 KSchG Rz 2; KR/*Friedrich* § 6 KSchG Rz 13; APS/ *Ascheid* § 6 KSchG Rz 12.

um eine zu verkündende Entscheidung zu beraten oder die nächste Sache aufgerufen wird. In der Berufungsinstanz beim LAG können andere Unwirksamkeitsgründe, insbesondere die Sozialwidrigkeit der Kündigung **nicht** mehr geltend gemacht werden.[6]

▶ Praxistipp:

Die Erweiterung der Klage auf andere Unwirksamkeitsgründe bedarf grundsätzlich keiner Änderung des Antrages durch den Arbeitnehmer. Die allgemeine Feststellungsklage des Arbeitnehmers umfasst die Rüge der Sozialwidrigkeit der Kündigung bereits dann, wenn der Arbeitnehmer in seiner Klagebegründung die Sozialwidrigkeit der Kündigung behauptet. Die Änderung bzw. Ergänzung des Klageantrags durch den Arbeitnehmer wird hingegen notwendig, wenn der Arbeitnehmer zuvor ausschließlich eine Leistungsklage (zB Lohnklage) erhoben hat. Der Arbeitnehmer muss dann einen Feststellungsantrag iSd § 4 Satz 1 KSchG stellen.[7] Das Gleiche gilt in den Fällen, in denen der Arbeitnehmer mit seiner Klage nur die Kündigungsfrist angegriffen hat.

3 Es kommt für die erweiterte arbeitsgerichtliche Überprüfung von Unwirksamkeitsgründen nach § 6 KSchG nicht darauf an, **welche Klage** der Arbeitnehmer innerhalb der Dreiwochenfrist gegen die Wirksamkeit der Kündigung beim Arbeitsgericht eingereicht hat. Entscheidend ist, dass der Arbeitnehmer mit seiner Klage hinreichend deutlich zum Ausdruck bringt, dass die Wirksamkeit der Kündigung arbeitsgerichtlich überprüft werden soll. Die **Rechtsprechung** hat für verschiedene Einzelfallkonstellationen das Recht des Arbeitnehmers zur zeitlich nachfolgenden Geltendmachung anderer Unwirksamkeitsgründe, insbesondere der Sozialwidrigkeit der Kündigung, **anerkannt**.

▶ Beispiel 1:

Der Arbeitnehmer, der sich gegen eine **fristlose** Kündigung wendet, kann bis zum Schluss der mündlichen Verhandlung auch die Sozialwidrigkeit der Kündigung geltend machen, wenn die fristlose Kündigung in eine ordentliche Kündigung umzudeuten ist.[8]

---

6 *BAG* 30.11.1961, AP § 5 KSchG Nr. 3; KR/*Friedrich* § 6 KSchG Rz 18; APS/*Ascheid* § 6 KSchG Rz 5.
7 KR/*Friedrich* § 6 KSchG Rz 30; *v. Hoyningen-Huene/Linck* § 6 KSchG Rz 9.
8 *BAG* 30.11.1961, AP § 5 KSchG 1951 Nr. 3; *LAG Düsseldorf* 15.8.1956, AP § 4 KSchG 1951 Nr. 1; *LAG Mannheim* 11.2.1952, DB 1952, 144.

§ 6

▶ **Beispiel 2:**

Der **fristlos** und zugleich **hilfsweise ordentlich** gekündigte Arbeitnehmer, der innerhalb der Dreiwochenfrist nur die fristlose Kündigung angegriffen hat, kann bis zum Schluss der mündlichen Verhandlung noch die Sozialwidrigkeit der hilfsweise erklärten ordentlichen Kündigung geltend machen.[9] Das gilt nicht, wenn der Arbeitnehmer sich mit der ordentlichen Kündigung einverstanden erklärt hat oder sich erkennbar ausschließlich nur auf die Unwirksamkeit der fristlosen Kündigung beruft.[10]

▶ **Beispiel 3:**

Der Arbeitnehmer kann sich gemäß § 6 KSchG noch auf die Unwirksamkeit der ihm gegenüber ausgesprochenen Kündigung berufen, wenn er bisher bloß eine **Leistungsklage** (zB Zahlungsansprüche) erhoben hat, die Zeiten **nach** Ablauf der Kündigungsfrist oder Zugang einer fristlosen Kündigung betrifft.[11] Eine solche Leistungsklage setzt die Unwirksamkeit der dem Arbeitnehmer gegenüber ausgesprochenen Kündigung voraus.

▶ **Beispiel 4:**

Für die Klageerhebung reicht es aus, wenn der Arbeitnehmer innerhalb der Dreiwochenfrist eine **Klage auf Weiterbeschäftigung** für die Zeit **nach** dem Kündigungstermin erhebt.[12]

▶ **Beispiel 5:**

Hat der Arbeitnehmer innerhalb der Dreiwochenfrist gegen eine Änderungskündigung geklagt und nach Ausspruch einer fristlosen Kündigung im Wege der **einstweiligen Verfügung** Gehaltsfortzahlung beantragt, genügt diese Vorgehensweise, um noch bis zum Schluss der mündlichen Verhandlung die Unwirksamkeit der außerordentlichen Kündigung geltend machen zu können.[13]

---

9 *BAG* 16. 11. 1970, EzA § 3 KSchG Nr. 2; *LAG Düsseldorf* 25. 3. 1980, DB 1980, 2528.
10 *BAG* 13. 8. 1987, AP § 6 KSchG 1969 Nr. 3; ausführlich: KR/*Friedrich* § 6 KSchG Rz 17.
11 *BAG* 30. 11. 1961, AP § 5 KSchG 1951 Nr. 3; *BAG* 28. 6. 1973, AP § 13 KSchG 1969 Nr. 2; *LAG Hamm* 2. 11. 1953, AP 1954 Nr. 91.
12 KR/*Friedrich* § 6 KSchG Rz 29a; APS/*Ascheid* § 6 KSchG Rz 19.
13 *BAG* 9. 11. 1967, BB 1968, 293.

§ 6 — Verlängerte Anrufungsfrist

▶ **Beispiel 6:**

Nach Ausspruch einer Änderungskündigung kann der Arbeitnehmer bis zum Schluss der mündlichen Verhandlung in erster Instanz die Sozialwidrigkeit der **Änderungskündigung** als Beendigungskündigung geltend machen, wenn der Arbeitnehmer sich zunächst nur darauf berufen hat, die Änderung der Arbeitsbedingungen sei sozial ungerechtfertigt und sich im Verlauf des Prozesses herausstellt, dass eine wirksame Annahme des Änderungsangebots nicht vorlag.[14]

▶ **Beispiel 7:**

Der Arbeitnehmer, der klageweise Ansprüche erhebt, die voraussetzen, dass das Arbeitsverhältnis nicht aufgrund einer **Befristung** endete (zB Weiterbeschäftigung, Lohnfortzahlung) kann eine Klage auf Feststellung, dass das Arbeitsverhältnis aufgrund der Befristung nicht endete, auch nach Ablauf der Dreiwochenfrist (§ 17 Satz 1 TzBfG) nachholen.[15] Nach § 17 Satz 2 TzBfG geltend die §§ 5 bis 7 KSchG entsprechend.

4 In den folgenden **Beispielfällen** wird eine Anwendung des § 6 KSchG zugunsten des Arbeitnehmers **abgelehnt**:

▶ **Beispiel 1:**

Macht der Arbeitnehmer klageweise einen Abfindungsanspruch aufgrund eines Sozialplans für den Fall einer betriebsbedingten Kündigung innerhalb von drei Wochen nach Zugang der betriebsbedingten Kündigung geltend, ist § 6 KSchG nicht anwendbar, da der Arbeitnehmer sich ersichtlich nicht darauf beruft, die Kündigung sei unwirksam. Vielmehr setzt ein solcher **Anspruch auf die Sozialplanabfindung** die Wirksamkeit der Kündigung voraus. Dies muss auch für den Fall gelten, dass der Arbeitnehmer einen **Anspruch auf Nachteilsausgleich** gemäß § 113 BetrVG erhebt.[16]

▶ **Beispiel 2:**

Der vom Arbeitnehmer arbeitsgerichtlich geltend gemachte vorläufige **Weiterbeschäftigungsanspruch nach Ablauf der Kündi-**

---

14 *BAG* 23. 3. 1983, AP § 6 KSchG 1969 Nr. 1; *v. Hoyningen-Huene/Linck* § 6 KSchG Rz 5; KR/*Friedrich* § 6 KSchG Rz 29b; *BAG* 17. 5. 2001 – 2 AZR 460/00 –.
15 *BAG* 16. 4. 2003 – 7 AZR 119/02 –.
16 APS/*Ascheid* § 6 KSchG Rz 20; KR/*Friedrich* § 6 KSchG Rz 29c.

gungsfrist[17] richtet sich **nicht** gegen weitere zwischenzeitlich ergangene Kündigungen, wenn der Arbeitnehmer zuvor die Klage auf eine bestimmte Kündigung beschränkt hat.[18] Der Weiterbeschäftigungsanspruch ist nicht identisch mit dem allgemeinen Feststellungsantrag nach § 256 ZPO, dass das Arbeitsverhältnis generell über den in der ersten Kündigung genannten Beendigungstermin fortbesteht.

In der Praxis ist bei der Lösung von Einzelfällen auf das gesetzgeberische Ziel des § 6 KSchG abzustellen. Die Vorschrift soll den Arbeitnehmer vor dem Verlust des Arbeitsplatzes schützen, wenn er zumindest durch fristgerechte Anrufung des Arbeitsgerichts seinen Willen, die Wirksamkeit der Kündigung gerichtlich anzufechten, hinreichend klar zum Ausdruck gebracht hat.

C. Hinweispflicht des Arbeitsgerichtes

Das **Arbeitsgericht** ist nach § 6 Satz 2 KSchG verpflichtet, den Arbeitnehmer darauf hinzuweisen, dass noch bis zum Schluss der mündlichen Verhandlung erster Instanz zur Begründung der Unwirksamkeit der Kündigung weitere Gründe angeführt werden können, die er bisher nicht vorgetragen hat. Da ein Verfahrensmangel vorliegt, wenn das Arbeitsgericht dieser **Hinweispflicht** nicht nachkommt, muss das Arbeitsgericht bereits einen Hinweis geben, wenn Anhaltspunkte dafür erkennbar sind, dass noch weitere Unwirksamkeitsgründe vorliegen.[19] Die Hinweispflicht des Arbeitsgerichtes kann allerdings nicht soweit führen, dass das Gericht von Amts wegen zu ermitteln hat, welche denkbaren Unwirksamkeitsgründe im streitgegenständlichen Verfahren etwa vorliegen könnten. Die Hinweispflicht des Arbeitsgerichtes besteht daher nur, wenn das Gericht nach dem vorgetragenen Sachverhalt zusätzliche Unwirksamkeitsgründe für denkbar hält, insbesondere die Möglichkeit einer Sozialwidrigkeit in Frage steht.[20] Grundsätzlich erfüllen die Gerichte ihre Hinweispflicht nicht, wenn sie nur allgemeine und pauschale Hinweise erteilen. Notwendig sind unmissverständliche und präzise Hinweise an die Parteien.[21]

Hat das Arbeitsgericht seine Hinweispflicht verletzt, ist fraglich, ob aufgrund dieses **Verfahrensverstoßes** (§ 278 Abs. 3 ZPO), das **Beru-**

---

17 GS *BAG* 27. 2. 1987 EzA § 611 BGB Nr. 9 Beschäftigungspflicht.
18 KR/*Friedrich* § 6 KSchG Rz 29e.
19 *LAG Hessen* 8. 12. 1972, ARSt 1974 Nr. 60.
20 APS/*Ascheid* § 6 KSchG Rz 23; *v. Hoyningen-Huene/Linck* § 6 KSchG Rz 10.
21 *BAG* 25. 6. 2002, NZA 2002, 1086.

fungsgericht die Sache an das erstinstanzliche Arbeitsgericht zurückverweisen muss. Grundsätzlich ist die Zurückverweisung wegen eines Verfahrensmangels nach § 68 ArbGG nämlich unzulässig. Nach der Rechtsprechung ist § 68 ArbGG aber restriktiv auszulegen. Verletzt das Arbeitsgericht seine Hinweispflicht, soll das Verfahren gemäß § 539 ZPO **unter Aufhebung des Urteils** aus erster Instanz an das Gericht des ersten Rechtszuges **zurückverwiesen** werden, weil der Antrag nach § 6 KSchG nur in der ersten Instanz gestellt werden kann.[22] Insbesondere bei der nachträglichen Geltendmachung der Sozialwidrigkeit in zweiter Instanz kann das Ziel des Zurückverweisungsverbots aus § 68 ArbGG (Beschleunigung bei Verfahrensfehlern) nicht mehr erreicht werden, da dem Arbeitgeber Gelegenheit gegeben werden muss, zur sozialen Rechtfertigung der Kündigung ergänzend vorzutragen.[23]

8 In erster Instanz hat das Arbeitsgericht die Möglichkeit, einen notwendigen **Hinweis nachzuholen**, indem es die schon stattgefundene mündliche Verhandlung wieder eröffnet (§ 156 ZPO). Nach Urteilsverkündung ist ein unterlassener Hinweis nicht mehr nachholbar, da eine mündliche Verhandlung vor dem Arbeitsgericht nicht mehr stattfindet.

9 Die **nachträgliche Zulassung** der Kündigungsschutzklage nach § 5 KSchG ist gerechtfertigt, wenn der Arbeitnehmer eine bereits anhängige Kündigungsschutzklage zurückgenommen und das Arbeitsgericht **keinen Hinweis** nach § 6 Satz 2 KSchG gegeben hat.[24]

---

22 *BAG* 30. 11. 1961, AP § 5 KSchG 1951 Nr. 3; *LAG Düsseldorf* 25. 3. 1980, DB 1980, 2528; *LAG Köln* 8. 3. 1988, LAGE § 5 KSchG Nr. 1; *LAG Hessen* 31. 7. 1986, LAGE § 130 BGB Nr. 5; KR/*Friedrich* § 6 KSchG Rz 38; **aA** ErfK/*Ascheid* § 6 KSchG Rz 8.
23 APS/*Ascheid* § 6 KSchG Rz 29.
24 KR/*Friedrich* § 6 KSchG Rz 39; ErfK/*Ascheid* § 6 KSchG Rz 8.

§ 7 Wirksamwerden der Kündigung

Wird die Rechtsunwirksamkeit einer Kündigung nicht rechtzeitig geltend gemacht (§ 4 Satz 1, §§ 5 und 6), so gilt die Kündigung als von Anfang an rechtswirksam; ein vom Arbeitnehmer nach § 2 erklärter Vorbehalt erlischt.

Inhalt

		Rz
A.	Allgemeines	1
B.	Rechtswirkung	2–4
C.	Änderungskündigung	5
D.	Außerordentliche Kündigung	6–7

A. Allgemeines

Die Regelung des § 7 KSchG knüpft an die dreiwöchige Klagefrist für eine Kündigungsschutzklage gemäß § 4 KSchG an und bestimmt, dass eine ausgesprochene **Kündigung** als **rechtswirksam** gilt, wenn der Arbeitnehmer **nicht rechtzeitig** eine **Klage beim Arbeitsgericht** erhoben hat. Eine Klage ist nur dann rechtzeitig erhoben, wenn sie innerhalb der dreiwöchigen Klagefrist erhoben, nachträglich zugelassen (§ 5 KSchG) oder eine bereits anhängige Klage innerhalb der verlängerten Anrufungsfrist (§ 6 KSchG) erweitert wurde. Die Regelung des § 7 KSchG bewirkt die **rückwirkende Heilung** etwaiger **unwirksamer Kündigungen**, wenn die Kündigung nicht rechtzeitig angegriffen wird. Dies schafft für den Arbeitgeber innerhalb der gesetzlich vorgesehenen Fristen die notwendige Rechtssicherheit darüber, ob das Arbeitsverhältnis durch die Kündigung wirksam beendet wurde.

B. Rechtswirkung

Die Rechtswirkung des § 7 KSchG besteht darin, dass eine ausgesprochene Kündigung als wirksam gilt und ein bestehendes Arbeitsverhältnis rechtssicher beendet, wenn der betroffene Arbeitnehmer nicht innerhalb von drei Wochen nach Zugang der Kündigung eine Klage beim Arbeitsgericht erhoben hat. Die **gesetzlich** angeordnete **Rechtswirksamkeit** einer Kündigung tritt auch dann ein, wenn eine zunächst rechtzeitig erhobene Klage nach Ablauf der Dreiwochenfrist vom Arbeitnehmer zurückgenommen wird.[1] Eine neuerliche Klage kann

---

1 ErfK /*Ascheid* § 8 KSchG Rz 1.

nicht mehr innerhalb der Klagefrist nach § 4 KSchG erfolgen, so dass zum Zeitpunkt der **Klagerücknahme** die Rechtswirksamkeit der Kündigung nach § 7 KSchG rückwirkend eintritt.[2] Erfolgt die Klagerücknahme **nach Ablauf der Kündigungsfrist**, bestehen ab dem Datum des Ablaufs der Kündigungsfrist keine Gehaltsansprüche des Arbeitnehmers. Hat der Arbeitnehmer innerhalb von drei Wochen keine Klage beim Arbeitsgericht erhoben, ist der Arbeitnehmer lediglich noch bis zum Ablauf der Kündigungsfrist vertragsgemäß weiterzubeschäftigen und zu entlohnen.[3] Die Rechtswirksamkeit der Kündigung nach § 7 KSchG tritt trotz Ablaufs der dreiwöchigen Klagefrist **nicht** ein, wenn eine verspätet erhobene **Klage nachträglich zugelassen** (§ 5 KSchG) wird oder für den Arbeitnehmer die Möglichkeit der **Klageerweiterung** einer bereits anhängigen Klage (§ 6 KSchG) besteht. In diesen beiden Fällen wird die nach § 7 KSchG zwischenzeitlich eingetretene Rechtswirksamkeit der Kündigung wieder aufgehoben.[4]

3 Die rückwirkende Heilung nach § 7 KSchG bezieht sich sowohl auf die etwaige Unwirksamkeit einer Kündigung wegen fehlender **sozialer Rechtfertigung** (§ 1 KSchG) als auch **sonstige Unwirksamkeitsgründe** (fehlerhafte Betriebsratsanhörung, fehlende behördliche Zustimmung, Verstoß gegen gesetzliche Verbote[5] etc.).

4 Die **Rechtswirksamkeit** einer Kündigung nach § 7 KSchG führt **nicht** dazu, dass neben der rechtswirksamen Beendigung des Arbeitsverhältnisses auch die vom Arbeitgeber **behaupteten Kündigungsgründe vorliegen**.[6] Die Rechtswirkung des § 7 KSchG bezieht sich ausschließlich auf die Wirksamkeit der Kündigung zur Beendigung des Arbeitsverhältnisses. Die Versäumung der Klagefrist hat für den Arbeitnehmer nicht zur Folge, dass die tragenden Gründe für die Kündigung für andere Gerichtsverfahren bindend feststehen.[7] Beispielsweise ist das BAG bei der Frage der Verwirkung einer Vertragsstrafe zwar von dem Vorliegen einer rechtswirksamen Beendigung des Arbeitsverhältnisses nach § 7 KSchG ausgegangen, hat aber als weitere Voraussetzung gesondert das Vorliegen eines schuldhaft vertragswidrigen Verhaltens geprüft. Nur die Tatsache der **Beendigung des Arbeitsverhältnisses** durch die bestimmte Kündigung ist aufgrund der Regelung des § 7

---

2 § 269 Abs. 3 ZPO.
3 KR/*Rost* § 7 KSchG Rz 6.
4 KR/*Rost* § 7 KSchG Rz. 8.
5 Dies gilt aber nicht bei fehlender Schriftform, vgl. § 4 Satz 1 KSchG nF.
6 ErfK/*Ascheid* § 8 KSchG Rz 6; *v. Hoyningen-Huene/Linck* § 7 KSchG Rz 5; KR/*Rost* § 7 KSchG Rz 20a.
7 *BAG* 23. 5. 1984, AP § 339 BGB Nr. 9.

KSchG für den Arbeitnehmer sowie **gegenüber Dritten**, zB Lohnpfandgläubigern oder Sozialversicherungsträgern, **rechtsverbindlich**.[8]

C. Änderungskündigung

Nach § 7, 2. Halbs. KSchG ist der Arbeitnehmer der eine **Änderungskündigung** unter **Vorbehalt (§ 2 KSchG) angenommen** hat, gehalten, innerhalb der dreiwöchigen Klagefrist (§ 4 KSchG) die Unwirksamkeit der Änderungskündigung arbeitsgerichtlich geltend zu machen. Macht der Arbeitnehmer die Rechtsunwirksamkeit der Änderungskündigung **nicht rechtzeitig** arbeitsgerichtlich geltend, **erlischt der Vorbehalt** des Arbeitnehmers. Mangels Vorbehalt ist die vom Arbeitnehmer erklärte Annahme der geänderten Arbeitsbedingungen **wirksam**. Der Arbeitnehmer bleibt an die geänderten Arbeitsbedingungen gebunden. Das Arbeitsverhältnis wird mit den geänderten Arbeitsbedingungen fortgeführt. Da der Arbeitnehmer die Annahme der geänderten Vertragsbedingungen unter Vorbehalt innerhalb der Kündigungsfrist, spätestens innerhalb von drei Wochen (§ 2 KSchG) erklären muss, hat dies zur Folge, dass der Arbeitnehmer nach Ablauf der Kündigungsfrist zu den geänderten Arbeitsbedingungen weiter zu arbeiten hat.[9] Hat der Arbeitnehmer die Änderung der Arbeitsbedingungen nicht mit Erhebung einer Änderungsschutzklage angegriffen, bleibt es nach Ablauf der dreiwöchigen Klagefrist gemäß § 7 KSchG bei den geänderten Arbeitsbedingungen über die Kündigungsfrist hinaus.

D. Außerordentliche Kündigung

In § 13 Abs. 1 Satz 2 KSchG wird hinsichtlich der **außerordentlichen Kündigung** auf die Vorschriften des § 7 KSchG verwiesen. Der von einer außerordentlichen Kündigung betroffene Arbeitnehmer muss innerhalb der dreiwöchigen Klagefrist (§ 4 KSchG) nach Zugang der Kündigung deren Rechtsunwirksamkeit arbeitsgerichtlich geltend machen. Nach **Ablauf der drei Wochen** können Unwirksamkeitsgründe nicht mehr geltend gemacht werden und die außerordentliche Kündigung ist gemäß § 7 KSchG als von Anfang an rechtswirksam anzusehen. Diese Rechtswirksamkeit nach § 7 KSchG bezieht sich auf **alle**

---
8 APS/*Ascheid* § 7 KSchG Rz 12; KR/*Rost* § 7 KSchG Rz 20b; *v. Hoyningen-Huene/Linck* § 7 KSchG Rz 4.
9 KR/*Rost* § 7 KSchG Rz 14, APS/*Ascheid* § 7 KSchG Rz 21.

etwaige **Unwirksamkeitsgründe** (fehlende Betriebsratsanhörung, zweiwöchige Frist zum Ausspruch der Kündigung, Fehlen von behördlichen Zustimmungen, etc.) sowie das Vorliegen eines **wichtigen Grundes** gemäß § 626 BGB. Das Gleiche gilt für die außerordentliche Änderungskündigung.

7 Der Arbeitnehmer muss die Unwirksamkeit der **außerordentlichen Änderungskündigung** ebenfalls innerhalb von drei Wochen durch Klage beim Arbeitsgericht geltend machen. Bei Annahme der außerordentlichen Vertragsänderung unter dem Vorbehalt, dass ein wichtiger Grund im Sinne des § 626 BGB vorliegt, erlischt dieser Vorbehalt, wenn die Unwirksamkeit der außerordentlichen Änderungskündigung nicht fristgemäß im Klagewege beim Arbeitsgericht angegriffen wird.[10] Mit Verstreichen der Klagefrist gelten die unter Vorbehalt angenommenen geänderten Arbeitsbedingungen für die Zukunft fort.

---

10 KR/*Rost* § 7 KSchG Rz 20; APS/*Ascheid* § 7 KSchG Rz 27.

§ 8 Wiederherstellung der früheren Arbeitsbedingungen

Stellt das Gericht im Falle des § 2 fest, dass die Änderung der Arbeitsbedingungen sozial ungerechtfertigt ist, so gilt die Änderungskündigung als von Anfang an rechtsunwirksam.

Inhalt

		Rz
A.	Allgemeines	1
B.	Regelungsinhalt	2–3
C.	Ansprüche des Arbeitnehmers in Folge der Rückwirkung	4–5

A. Allgemeines

Nach Ausspruch einer Änderungskündigung hat der betroffene Arbeitnehmer die Möglichkeit, das Änderungsangebot unter dem Vorbehalt zu akzeptieren, dass die Änderungskündigung rechtswirksam ist. Mit der vorbehaltlichen Annahme der Vertragsänderung hat der Arbeitnehmer den Streitgegenstand einer anschließenden Klage auf die Frage der **Unwirksamkeit der Vertragsänderung** beschränkt. Stellt das Arbeitsgericht in dem Kündigungsschutzverfahren die Unwirksamkeit der Änderungskündigung und damit die Unwirksamkeit der damit angebotenen Vertragsänderung fest, bestimmt § 8 KSchG, dass der Arbeitnehmer so gestellt wird, als ob die Änderungskündigung von Anfang an nicht erfolgt wäre. Damit stellt die Vorschrift des § 8 KSchG sicher, dass der Arbeitnehmer, der sich bloß mit der vorläufigen Änderung seiner Arbeitsbedingungen einverstanden erklärt hat, keine Nachteile erleidet. **1**

B. Regelungsinhalt

Der von einer Änderungskündigung betroffene Arbeitnehmer kann gemäß § 2 KSchG die Änderung der Arbeitsbedingungen unter dem Vorbehalt annehmen, dass die Änderung der Arbeitsbedingungen nicht sozial ungerechtfertigt iSd § 1 Abs. 2 und Abs. 3 KSchG sind. Mit der vorbehaltlichen Annahme der geänderten Vertragsbedingungen, ist der zwischen dem Arbeitgeber und Arbeitnehmer bestehende Arbeitsvertrag unter der **auflösenden Bedingung** abgeändert worden, dass das Arbeitsgericht die Rechtsunwirksamkeit der Vertragsänderung feststellt. Nach allgemeinen zivilrechtlichen Regelungen gilt für **2** die Annahme eines Angebots unter einer auflösenden Bedingung gemäß § 158 Abs. 2 BGB, dass **ab** dem Zeitpunkt des Eintritts der Bedingung der **alte** Rechtszustand unverändert weitergilt. Diese allgemeine zivilrechtliche Regelung hätte allerdings im Arbeitsrecht für den Arbeitnehmer selbst dann nachteilige Folgen, wenn der Arbeitnehmer das Kündigungsschutzverfahren gegen die Änderungskündigung gewinnt. Der Arbeitnehmer könnte **für die Zeit**, in der er **zu geänderten Bedingungen gearbeitet** hat, **keine Ansprüche** nach den früheren, alten Arbeitsbedingungen geltend machen. Der Arbeitnehmer hätte bis zu dem Zeitpunkt der Feststellung der Rechtsunwirksamkeit der Änderungskündigung ausschließlich Ansprüche nach den geänderten Vertragsbedingungen, obwohl diese durch den Ausspruch einer unwirksamen Änderungskündigung begründet worden sind. Bei einer möglichen Prozessdauer von mehreren Jahren kann sich die Rechtsfolge des § 158 BGB äußerst nachteilig für den Arbeitnehmer auswirken, wenn zB die Änderung der Arbeitsbedingungen zu einer Gehaltskürzung geführt hat.[1] Um Nachteile für den Arbeitnehmer aufgrund einer rechtswidrigen Änderungskündigung auszuschließen, stellt § 8 KSchG klar, dass im Falle der **Unwirksamkeit der Änderungskündigung** der ältere Arbeitsvertragsinhalt **von Anfang an unverändert** fortbestand. Damit wird der Arbeitnehmer so gestellt, als hätten die alten Vertragsbedingungen **ununterbrochen** fortgegolten.[2] Die Regelungen in § 8 KSchG ordnen insoweit entgegen der allgemeinen zivilrechtlichen Regelung eine **Rückwirkung des Bedingungseintritts** an. Im Ergebnis führt § 8 KSchG zu der rückwirkenden Wiederherstellung der alten Arbeitsvertragsbedingungen. Der Wortlaut des § 8 KSchG bezieht sich missverständlich ausschließlich auf die Unwirksamkeit der Änderungskündigung aus sozialen Gründen gemäß § 1 Abs. 2 und Abs. 3 KSchG. Entgegen dem Wortlaut gilt die rückwirkende Unwirksamkeit der Vertragsänderung für **alle Gründe**, die zur arbeitsgerichtlichen Feststellung der Rechtsunwirksamkeit geführt haben (zB fehlerhafte Betriebsratsanhörung, fehlende behördliche Zustimmung zur Kündigung, Formmängel).[3]

3 Auf die unwirksame **außerordentliche Änderungskündigung** ist § 8 KSchG entsprechend anwendbar, mit der Folge, dass der Arbeitnehmer bei Unwirksamkeit der Kündigung auch hier so zu stellen ist, als habe

---

1 KR/*Rost* § 8 KSchG Rz 3.
2 APS/*Ascheid* § 8 KSchG Rz 1; KR/*Rost* § 8 KSchG Rz 4; APS/*Künzl* § 8 KSchG Rz 4; *v. Hoyningen-Huene/Linck* § 2 KSchG Rz 97.
3 APS/*Künzl* § 8 KSchG Rz 6; KR/*Rost* § 8 KSchG Rz 7.

des Arbeitsverhältnis ununterbrochen zu den alten Bedingungen fortbestanden.[4]

C. Ansprüche des Arbeitnehmers in Folge der Rückwirkung

Der Arbeitnehmer hat bis zur Rechtskraft einer arbeitsgerichtlichen Entscheidung über die Wirksamkeit der Änderung der Vertragsbedingungen durch die Änderungskündigung zunächst zu den geänderten (neuen) Vertragsbedingungen zu arbeiten.[5] Nach **rechtskräftiger** Feststellung der Unwirksamkeit der Änderungskündigung kann der Arbeitnehmer gemäß § 8 KSchG für die Vergangenheit die **Erfüllung seiner alten vertraglichen Ansprüche** verlangen. Ein obsiegendes Urteil sichert dem Arbeitnehmer die Ansprüche aus seinem früheren, gemäß § 8 KSchG ununterbrochen geltenden Arbeitsvertrag. Entsprechend besitzt der Arbeitnehmer einen Anspruch auf **Nachzahlung von Gehalt**, wenn die Änderungskündigung eine Reduzierung der Vergütungsansprüche des Arbeitnehmers bewirkte. Der Arbeitnehmer kann die **Differenz** zwischen dem tatsächlich bezogenen und dem ursprünglich vereinbarten Entgelt für den gesamten Zeitraum der rechtsunwirksamen Vertragsänderung verlangen.[6] Bei vorgenommener **Kürzung der Arbeitszeit** besteht der Anspruch des Arbeitnehmers für das ihm zustehende Gehalt für die Zeit, in der er nicht gemäß seinem alten Arbeitsvertrages beschäftigt worden ist.[7] Die Nachzahlungspflicht des Arbeitgebers umfasst sowohl **Sozialleistungen, Leistungszulagen** als auch **Gratifikationen**.[8] Für die Zukunft ist der Arbeitnehmer entsprechend der früher vereinbarten Bedingungen seines unveränderten Arbeitsvertrag weiterzubeschäftigen. Auf die rückwirkenden Erfüllungsansprüche hat sich der Arbeitnehmer allerdings die Einnahmen anrechnen zu lassen, die er durch anderweitige Verwendung seiner Arbeitskraft erwirbt oder böswillig zu erwerben unterlässt (§ 11 KSchG, § 615 BGB). Die **Anrechnung von anderen Einkünften** des Arbeitnehmers setzt voraus, dass dem Arbeitnehmer der Nebenverdienst erst durch die Vertragsänderung möglich geworden ist.[9] Mögliche **Einsparungen** des Arbeitnehmers während der Arbeit zu geänderten Arbeitsbedingungen können auf die rückwirkenden Nachzah-

---
4 ErfK/*Ascheid* § 8 KSchG Rz 4; KR/*Rost* § 8 KSchG Rz 14.
5 KR/*Rost* § 8 KSchG Rz 9; APS/*Künzl* § 8 KSchG Rz 8.
6 ErfK/*Ascheid* § 8 KSchG Rz 3; *v. Hoyningen-Huene/Linck* § 2 KSchG Rz 97.
7 KR/*Rost* § 8 KSchG Rz 11; ErfK/*Ascheid* § 8 KSchG Rz 3.
8 *BAG* 18. 1. 1963, AP § 615 BGB Nr. 22; *BAG* 11. 7. 1985, AP § 615 BGB Nr. 35a.
9 Vgl. *BAG* 6. 9. 1990, AP § 615 BGB Nr. 47 II 3b, d; APS/*Künzl* § 8 KSchG Rz 14.

lungsansprüche des Arbeitnehmers nicht angerechnet werden.[10] Finanzielle Ausgleichsansprüche des Arbeitnehmers für bloß tatsächliche Änderungen (**Versetzung**, **Arbeitszeitverschiebung**, etc.), die sich in keiner Weise entgeltmindernd ausgewirkt haben, bestehen nicht.[11]

5 Vertragliche oder tarifliche **Ausschlussfristen** sowie **Verjährungsfristen** für Ansprüche des Arbeitnehmers beginnen **erst ab Rechtskraft** des obsiegenden **Urteils** für den Arbeitnehmer zu laufen.[12] Die Rückwirkung nach §8 KSchG erstreckt sich nicht auf die **Fälligkeit** der Ansprüche, die erst ab dem **Zeitpunkt der Rechtskraft** der Entscheidung fällig werden.

---

10 *LAG Düsseldorf* 25. 10. 1955, BB 1956, 305; APS/*Künzl* § 8 KSchG Rz 16.
11 ErfK/*Ascheid* § 8 KSchG Rz 3.
12 ErfK/*Ascheid* § 8 KSchG Rz 3; KR/*Rost*, § 8 KSchG Rz 13; *v. Hoyningen-Huene/Linck* § 2 KSchG Rz 97; *Thüringisches LAG* 18. 12. 1996, LAGE § 2 KSchG Nr. 21; **aA** *LAG Frankfurt* 9. 2. 1989 – 3 Sa 745788 – nv.

§ 9 Auflösung des Arbeitsverhältnisses durch Urteil des Gerichts; Abfindung des Arbeitnehmers

(1) ¹Stellt das Gericht fest, dass das Arbeitsverhältnis durch die Kündigung nicht aufgelöst ist, ist jedoch dem Arbeitnehmer die Fortsetzung des Arbeitsverhältnisses nicht zuzumuten, so hat das Gericht auf Antrag des Arbeitnehmers das Arbeitsverhältnis aufzulösen und den Arbeitgeber zur Zahlung einer angemessenen Abfindung zu verurteilen. ²Die gleiche Entscheidung hat das Gericht auf Antrag des Arbeitgebers zu treffen, wenn Gründe vorliegen, die eine den Betriebszwecken dienliche weitere Zusammenarbeit zwischen Arbeitgeber und Arbeitnehmer nicht erwarten lassen. ³Arbeitnehmer und Arbeitgeber können den Antrag auf Auflösung des Arbeitsverhältnisses bis zum Schluss der letzten mündlichen Verhandlung in der Berufungsinstanz stellen.

(2) Das Gericht hat für die Auflösung des Arbeitsverhältnisses den Zeitpunkt festzusetzen, an dem es bei sozialgerechtfertigter Kündigung geendet hätte.

Inhalt

	Rz
A. Die Voraussetzungen für das Auflösungsurteil	1–33
I. Anhängiges Kündigungsschutzverfahren	1
II. Antrag auf Auflösung des Arbeitsverhältnisses	2– 9
III. Vorliegen einer sozialwidrigen Kündigung	10–12
IV. Zeitpunkt der Auflösung des Arbeitsverhältnisses	13–15
V. Auflösungsgründe für den Arbeitnehmer	16–21
1. Unzumutbarkeit der Fortsetzung des Arbeitsverhältnisses	16–20
2. Darlegungs- und Beweislast für die »Unzumutbarkeit«	21
VI. Auflösungsgründe für den Arbeitgeber	22–32
1. Beurteilungsmaßstab und Beispielsfälle	22–27
2. Darlegungs- und Beweislast für das Vorliegen des Auflösungsgrundes	28
3. Achtung: Arbeitnehmer mit besonderem Kündigungsschutz	29–32
VII. Sonderfall: Von Arbeitnehmer und Arbeitgeber beidseitig gestellter Auflösungsantrag	33
B. Urteil, Vollstreckung und Rechtsmittel	34–43
I. Das Urteil	34–37
1. Auflösungsantrag des Arbeitnehmers	35

§ 9 Auflösung des Arbeitsverhältnisses durch Urteil des Gerichts

    2. Auflösungsantrag des Arbeitgebers   36
    3. Bei von Arbeitgeber und Arbeitnehmer gestelltem
       Auflösungsantrag   37
  II. Die Vollstreckung des Urteils   38
  III. Rechtmittel gegen das Urteil   39–43

A. Die Voraussetzungen für das Auflösungsurteil

I. Anhängiges Kündigungsschutzverfahren

1 Die gerichtliche Auflösung eines Arbeitsverhältnisses gemäß § 9 KSchG setzt voraus, dass zwischen den Parteien ein **Kündigungsrechtsstreit anhängig** ist. Weder der Arbeitnehmer noch der Arbeitgeber können den Auflösungsantrag isoliert ohne Kündigungsschutzverfahren stellen[1]. Aus diesem Grund ist eine Klage oder Widerklage zur Geltendmachung des Auflösungsbegehrens nicht möglich.[2] Das Arbeitsgericht kann über die Rechtswirksamkeit der Kündigung und über die Auflösung des Arbeitsverhältnisses grundsätzlich nur einheitlich entscheiden.[3] Nach der Rechtsprechung des BAG ist allerdings ein Teil-Anerkenntnisurteil über die Sozialwidrigkeit der Kündigung zulässig, dh ein Gericht kann in diesem Fall auch über den Auflösungsantrag entscheiden.[4]

II. Antrag auf Auflösung des Arbeitsverhältnisses

2 Das Gericht ist nicht dazu befugt, das Arbeitsverhältnis gemäß § 9 KSchG von Amts wegen aufzulösen. Unverzichtbare Voraussetzung für die Auflösung ist ein entsprechender **Auflösungsantrag**.[5] Der Auflösungsantrag kann im Falle einer ordentlichen Kündigung sowohl vom Arbeitgeber als auch vom Arbeitnehmer gestellt werden. Stellen **beide** Arbeitsvertragsparteien einen Auflösungsantrag, so handelt es sich dabei um zwei **selbstständige**, voneinander unabhängige Prozesshandlungen. Bei einer **außerordentlichen Kündigung** kann **nur der Arbeitnehmer**, nicht aber der Arbeitgeber, einen Auflösungsantrag stellen (vgl. § 13 Abs. 1 Satz 3 KSchG). Wird der Betrieb, in dem der Arbeitnehmer tätig ist, während der Rechtshängigkeit seiner Kündigungsschutzklage veräußert, so muss der Arbeitnehmer

---

1 *LAG Baden-Württemberg* 3. 6. 1991, LAGE § 9 KSchG Nr. 20.
2 KR/*Spilger* § 9 KSchG Rz 14.
3 *BAG* 4. 4. 1957, AP § 301 ZPO Nr. 1.
4 *BAG* 29. 1. 1981, EzA § 9 KSchG nF Nr. 10.
5 *BAG* 28. 1. 1961, AP § 7 KSchG Nr. 8; ErfK /*Ascheid* Rz 7.

seinen Auflösungsantrag ab diesem Zeitpunkt gegen den Betriebserwerber stellen.[6]

Der Auflösungsantrag kann schriftlich, zu Protokoll der Geschäftsstelle oder durch Erklärung in der mündlichen Verhandlung gestellt werden. Das KSchG schreibt keine bestimmte Formulierung des Antrags vor. Von Rechts wegen ist es nicht erforderlich, die »verlangte« Abfindung konkret zu beziffern, da die Festsetzung der Höhe der Abfindung dem Beurteilungsspielraum der Tatsachengerichte unterliegt.[7]

▶ **Praxistipp:**

Sowohl für den Arbeitgeber als auch den Arbeitnehmer kann es dennoch zweckmäßig sein, den Auflösungsantrag mit einer Höchst- (Arbeitgeber) bzw. Mindestabfindung (Arbeitnehmer) zu versehen. Über- bzw. unterschreitet das Gericht bei Festsetzung der Abfindung die jeweils beantragten Grenzen, so stellt bereits dies eine Beschwer da, die die insoweit unterlegene Partei zum Einlegen der Berufung berechtigt. Diese Beschwer ist nicht gegeben, wenn der Antrag ohne konkreten Abfindungsbetrag gestellt wird.

Es ist daher zweckmäßig, den Auflösungsantrag wie folgt zu **formulieren**:

»Es wird beantragt, das Arbeitsverhältnis zum … aufzulösen und den Beklagten zur Zahlung einer angemessenen Abfindung, die den Betrag von Euro […] nicht übersteigen [bzw. unterschreiten] sollte, zu verurteilen.«

Der Antrag kann frühestens zusammen mit der Erhebung der Kündigungsschutzklage gestellt werden. Der Arbeitnehmer kann den Auflösungsantrag daher mit seiner Kündigungsschutzklage verbinden, muss dies aber nicht tun. Der letztmögliche Zeitpunkt für die Antragstellung ist gemäß § 9 Abs. 1 Satz 3 KSchG für beide Vertragsparteien die **letzte mündliche Verhandlung** in der **Berufungsinstanz**. In der Revisionsinstanz kann der Auflösungsantrag nicht mehr gestellt werden. Dies gilt selbst dann, wenn die jeweils andere Partei hiergegen keine Einwendungen erhebt oder ebenfalls einen Auflösungsantrag gestellt hat oder noch stellt. Wenn Arbeitgeber und Arbeitnehmer sich in der Revisionsinstanz über die »Auflösung« des Arbeitsverhältnisses einigen, so können sie das Arbeitsverhältnis ohne weiteres – wie zuvor auch – im Wege eines außergerichtlichen oder gerichtlichen Vergleiches

---

6 *BAG* 20. 3. 1997, AP § 9 KSchG 1969 Nr. 30.
7 *BAG* 26. 6. 1986, DB 1987, 184.

§ 9 Auflösung des Arbeitsverhältnisses durch Urteil des Gerichts

einvernehmlich beenden. Das BAG als Revisionsinstanz ist jedoch zur Entscheidung über erst dann gestellte Auflösungsanträge nicht berufen.

6 Entsprechend können beide Parteien den Auflösungsantrag bis zum Schluss der letzten mündlichen Verhandlung in der Berufungsinstanz **zurücknehmen**.[8] Wird der Auflösungsantrag rechtzeitig zurückgenommen, so kann das Gericht das Arbeitsverhältnis nicht mehr auf Grundlage dieses Antrags gemäß § 9 Abs. 1 KSchG auflösen. Dies gilt auch dann, wenn alle anderen Voraussetzungen für die Auflösung offensichtlich vorliegen. In der Berufungsinstanz kann der Auflösungsantrag auch dann noch zurückgenommen werden, wenn das Arbeitsgericht dem Auflösungsantrag in der ersten Instanz stattgegeben hat. Dies liegt daran, dass die gerichtliche Auflösung erst dann wirksam wird, wenn das Auflösungsurteil selbst rechtskräftig ist.[9]

7 Der Antrag des **Arbeitnehmers** ist ein sog. **unechter Eventualantrag** neben dem Antrag auf Feststellung der Unwirksamkeit der Kündigung. Nur wenn dem Feststellungsantrag stattgegeben wird, kann das Gericht überhaupt über den Eventualantrag entscheiden. Es ist daher unzulässig, den Auflösungsantrag als echten Eventualantrag in der Weise zu stellen, dass über ihn auch bei Abweisung des Feststellungsantrags – dh im Falle einer sozial gerechtfertigten Kündigung – entschieden werden soll.[10]

8 Der Arbeitnehmer kann den Feststellungsantrag und den Auflösungsantrag **auch dann weiterverfolgen**, wenn der Arbeitgeber die **Kündigung** »**zurücknimmt**«. Rechtlich betrachtet kann der Arbeitgeber die Kündigung gar nicht mehr einseitig zurücknehmen, da diese Willenserklärung mit ihrem Zugang wirksam wurde und nicht widerrufbar ist.[11] Daher handelt es sich bei der »Zurücknahme« der Kündigung rechtlich betrachtet um ein Angebot an den Arbeitnehmer, das Arbeitsverhältnis zu unveränderten Konditionen fortzusetzen. Dieses Angebot muss der Arbeitnehmer aber nicht annehmen. Er kann stattdessen auf Auflösung des Arbeitsverhältnisses gegen Zahlung einer Abfindung klagen.[12]

9 Der Antrag des **Arbeitgebers** ist ein **echter Eventualantrag**, denn er wird nur für den Fall gestellt, dass der Arbeitgeber mit dem auf Klage-

---

8 *BAG* 28. 1. 1961, AP § 8 KSchG Nr. 8.
9 ErfK /*Ascheid* Rz 7; KR/*Spilger* Rz 24.
10 *BAG* 21. 3. 1959, AP § 1 KSchG Nr. 55; ErfK /*Ascheid* Rz 7.
11 Siehe dazu § 1 KSchG Rz 4.
12 *BAG* 18. 8. 1982, AP § 9 KSchG Nr. 9; ErfK /*Ascheid* Rz 10.

Auflösung des Arbeitsverhältnisses durch Urteil des Gerichts § 9

abweisung zielenden Hauptantrag unterliegt, weil die Kündigung sozial ungerechtfertigt ist.[13]

III. Vorliegen einer sozialwidrigen Kündigung

Eine gerichtliche Auflösung des Arbeitsverhältnisses nach § 9 KSchG setzt voraus, dass das Gericht zuvor feststellt, dass die vom Arbeitgeber ausgesprochene ordentliche Beendigungskündigung gemäß § 1 KSchG **sozial ungerechtfertigt** ist.[14] Wenn die Kündigung nicht nur sozialwidrig, sondern **zusätzlich** auch noch **aus anderen Rechtsgründen unwirksam** ist (zB gemäß § 102 Abs. 1 BetrVG wegen fehlender oder fehlerhafter Anhörung des Betriebsrats oder gemäß § 9 MuSchG), so kann der **Arbeitnehmer** trotzdem die Auflösung des Arbeitsverhältnisses nach § 9 KSchG beantragen. Voraussetzung ist aber, dass jedenfalls auch die Sozialwidrigkeit der Kündigung gerichtlich festgestellt wird. 10

Umstritten ist dies bei einem Auflösungsantrag des **Arbeitgebers**. Während ein Teil des Schrifttums die Ansicht vertritt, auch der Arbeitgeber könne bei Vorliegen anderer Unwirksamkeitsgründe den Auflösungsantrag stellen,[15] kommt dies nach der ständigen Rechtsprechung des BAG und der wohl hM[16] in diesem Fall nicht in Betracht. Anders als der Arbeitnehmer kann der Arbeitgeber nach dieser Auffassung daher **nur dann** einen wirksamen Auflösungsantrag stellen, wenn die Kündigung **ausschließlich** wegen ihrer **Sozialwidrigkeit** unwirksam ist.[17] 11

Im Falle einer **ordentlichen Änderungskündigung** ist für beide Arbeitsvertragsparteien eine gerichtliche Auflösung des Arbeitsverhältnisses nur dann möglich, wenn der Arbeitnehmer die ihm angebotenen neuen Arbeitsbedingungen nicht innerhalb der Kündigungsfrist, spätestens jedoch innerhalb von drei Wochen nach Zugang der Kündigung unter Vorbehalt ihrer sozialen Rechtfertigung annimmt und die Änderungskündigung deshalb ausschließlich auf die Beendigungskündigung konzentriert wird.[18] 12

---

13 *BAG* 18. 12. 1980, AP § 102 BetrVG Nr. 22; *BAG* 25. 10. 1989, AP § 611 BGB Direktionsrecht Nr. 35; ErfK /*Ascheid* Rz 21.
14 KR/ *Spilger* § 9 KSchG Rz 26.
15 ErfK /*Ascheid* Rz 27 ff.; *Stahlhacke/Preis/Vossen* Rz 1194.
16 ErfK /*Ascheid* Rz 18 mwN.
17 *BAG* 21. 9. 2000, EzA Nr. 44 zu § 9 KSchG; *BAG* 10. 11. 1994, EzA § 9 KSchG nF Nr. 43; ebenso KR/*Friedrich* § 13 KSchG Rz 329.
18 *BAG* 29. 1. 1989, EzA § 9 KSchG nF Nr. 10.

IV. Zeitpunkt der Auflösung des Arbeitsverhältnisses

13 Nach § 9 Abs. 2 KSchG hat das Gericht als Auflösungszeitpunkt den Zeitpunkt zu bestimmen, an dem das Arbeitsverhältnis bei sozial gerechtfertigter Kündigung geendet hätte. Maßgeblich ist regelmäßig der **letzte Tag** der im Einzelfall anwendbaren **Kündigungsfrist**. Ein Gestaltungsspielraum hinsichtlich der Festsetzung des Auflösungszeitpunktes steht dem Gericht nicht zu.[19] Hat der Arbeitgeber die im Einzelfall geltende Kündigungsfrist nicht eingehalten, so hat das Gericht das Arbeitsverhältnis unter Datumsangabe im Urteil zu dem Zeitpunkt aufzulösen, an dem es bei fristgerechter Kündigung geendet hätte. Sind im Kündigungsschutzprozess die außerordentliche Kündigung und eine umgedeutete ordentliche Kündigung im Streit, so kann der **Arbeitnehmer** sowohl nach § 13 Abs. 1 Satz 3 KSchG die Auflösung des Arbeitsverhältnisses im Hinblick auf die außerordentliche Kündigung als auch nach § 9 Abs. 1 KSchG lediglich in Bezug auf die ordentliche Kündigung beantragen.[20]

14 Für den Fall, dass das Arbeitsverhältnis schon vor dem Auflösungszeitpunkt **aus anderen Gründen** (zB durch Tod des Arbeitnehmers oder eine Aufhebungsvereinbarung) **geendet** hat, ist eine gerichtliche Auflösung nach § 9 KSchG **nicht** mehr möglich.[21] Auch die Verurteilung des Arbeitgebers zur Zahlung einer Abfindung nach § 9 Abs. 2 KSchG kommt dann nicht in Betracht.

15 Kommt es **vor** dem Stellen eines **Auflösungsantrages** zu einem **Betriebsübergang**, so kann der Auflösungsantrag nur im Rahmen eines auf den **neuen Arbeitgeber erstreckten Rechtsstreits** gestellt werden. Stützt der Arbeitnehmer die Unzumutbarkeit der Fortsetzung des Arbeitsverhältnisses ausschließlich auf Tatsachen, die aus seinem Verhältnis zum Betriebsveräußerer resultieren, kann sein Auflösungsantrag nur dann erfolgreich sein, wenn er dem Betriebsübergang **widerspricht**. Wenn der Arbeitnehmer dem Betriebsübergang nicht widerspricht, geht sein Arbeitsverhältnis gemäß § 613 a BGB auf den Betriebserwerber über. Nach einem solchen Wechsel des Betriebsinhabers kommt eine »unzumutbare Fortsetzung« des Arbeitsverhältnisses mit dem Betriebsveräußerer nicht mehr in Betracht, denn mit diesem besteht kein Arbeitsverhältnis mehr. Der Arbeitnehmer muss die Unzumutbarkeit dann in Bezug auf den neuen Arbeitgeber begründen.

---

19 *BAG* 25. 11. 1982, EzA § 9 KSchG nF Nr. 15.
20 *BAG* 26. 8. 1993, EzA § 322 ZPO Nr. 9.
21 ErfK/*Ascheid* Rz 2.

V. Auflösungsgründe für den Arbeitnehmer

1. Unzumutbarkeit der Fortsetzung des Arbeitsverhältnisses

Der vom **Arbeitnehmer** gestellte Auflösungsantrag ist begründet, wenn dem Arbeitnehmer die Fortsetzung des Arbeitsverhältnisses **nicht zuzumuten** ist. Der Begriff der Unzumutbarkeit ist ein unbestimmter Rechtsbegriff, über dessen Vorliegen grundsätzlich die Tatsachengerichte zu entscheiden haben. Die Tatsachengerichte haben dabei insoweit einen gewissen **Beurteilungsspielraum**, als sie die konkreten Umstände des Einzelfalls vollständig und ohne innere Widersprüche gegeneinander abwägen müssen. Wenn das Tatsachengericht bei dieser Prüfung zu der Auffassung gelangt, dass die Fortsetzung des Arbeitsverhältnisses dem Arbeitnehmer unzumutbar ist, so muss das Gericht das Arbeitsverhältnis auflösen. Das Gericht hat dann keinen Ermessensspielraum mehr. Andererseits kann das Gericht aber einem Auflösungsantrag des Arbeitnehmers auch nicht »einfach so« stattgeben, ohne die Frage der Unzumutbarkeit geprüft zu haben. Zu berücksichtigen ist dabei, dass das Arbeitsverhältnis bereits durch den **Ausspruch** der – sozial ungerechtfertigten – **Kündigung** seitens des Arbeitgebers eine gewisse **Belastung** erfahren hat. Daher wird von einigen Instanzgerichten hervorgehoben, dass bereits »geringe weitere Gründe« ausreichen, um den Auflösungsantrag des Arbeitnehmers zu rechtfertigen.[22]

16

Maßgeblicher **Zeitpunkt** für die Beurteilung der Frage, ob dem Arbeitnehmer die Fortsetzung des Arbeitsverhältnisses zuzumuten ist, ist der **Schluss der mündlichen Verhandlung**.[23] Für den Arbeitnehmer können nur solche Gründe die Unzumutbarkeit der Fortsetzung des Arbeitsverhältnisses bedingen, die entweder in einem inneren Zusammenhang zu der vom Arbeitgeber erklärten sozialwidrigen Kündigung stehen oder die im Laufe des Kündigungsrechtsstreits entstanden sind.[24]

17

Typischerweise handelt es sich dabei um folgende Gründe:

18

- Vom Arbeitgeber leichtfertig aufgestellte ehrverletzende Behauptungen über die Person oder das Verhalten des Arbeitnehmers;

- Zerrüttung des Vertrauensverhältnisses im Laufe des Kündigungsrechtsstreits ohne wesentliches Verschulden des Arbeitnehmers;

---

22 *LAG Hamburg* 5. 8. 1981, MDR 1982, 82, *LAG Frankfurt* 16. 1. 1980, BB 1981, 122.
23 *BAG* 30. 9. 1976, EzA § 9 KSchG nF Nr. 3.
24 *BAG* 18. 1. 1962, AP § 66 BetrVG Nr. 20.

§ 9 Auflösung des Arbeitsverhältnisses durch Urteil des Gerichts

- Umstände, die darauf hindeuten, dass der Arbeitgeber den Arbeitnehmer im Falle einer Rückkehr in den Betrieb gegenüber den übrigen Mitarbeitern benachteiligen oder sonst unkorrekt behandeln wird;

- Tatsachen, die die Befürchtung nahe legen, dass der Arbeitnehmer im Falle einer Wiederaufnahme seiner Tätigkeit durch seine Arbeitskollegen nicht ordnungsgemäß behandelt werden wird.

▶ **Praxistipp:**
Will der Arbeitgeber das Risiko verringern, dass der Arbeitnehmer mit Erfolg einen Auflösungsantrag stellen kann, so sollte er im Kündigungsschutzverfahren betont sachlich vortragen.

19 Stehen die Umstände, die die Fortsetzung des Arbeitsverhältnisses aus Sicht des Arbeitnehmers unzumutbar machen, nicht im inneren Zusammenhang mit der Kündigung oder mit dem Verhalten des Arbeitgebers während des Kündigungsrechtsstreits, so kann der Arbeitnehmer auch nicht die Auflösung des Arbeitsverhältnisses nach § 9 KSchG verlangen. In einem solchen Fall bleibt ihm nur die Möglichkeit, das Arbeitsverhältnis **außerordentlich zu kündigen**, sofern die hierfür notwendigen Voraussetzungen gegeben sind.[25]

20 **Nicht ausreichend** für die Auflösung des Arbeitsverhältnisses ist regelmäßig, dass:

- der Arbeitnehmer zwischenzeitlich eine andere Arbeitsstelle gefunden hat (eine Auflösung des Arbeitsverhältnisses kann in diesem Fall nur gemäß § 12 KSchG erfolgen);

- mit dem Arbeitgeber ein Kündigungsschutzprozess geführt wurde und sich die Kündigung als sozialwidrig erwiesen hat. Dies gilt insbesondere dann, wenn der Rechtsstreit sachlich ausgetragen wurde und keine persönlichen Angriffe von Seiten des Arbeitgebers erfolgten. Selbst wenn der Arbeitgeber unzutreffende Tatsachenbehauptungen über die Person oder das Verhalten des Arbeitnehmers aufgestellt hat ohne dabei beleidigend zu werden, führt dies allein noch nicht zur Unzumutbarkeit der Fortsetzung des Arbeitsverhältnisses.

- der Arbeitgeber **während** oder nach erstinstanzlichem Verlust des Kündigungsschutzprozesses eine erneute Kündigung ausspricht,

---
[25] KR/*Spilger* § 9 KSchG Rz 43.

um der bereits geäußerte Rechtsauffassung des Arbeitsgerichts Rechnung zu tragen.[26]

2. Darlegungs- und Beweislast für die »Unzumutbarkeit«

Wenn der Arbeitnehmer die Auflösung des Arbeitsverhältnisses wegen der Unzumutbarkeit der Fortsetzung des Arbeitsverhältnisses beantragt, so muss er die Gründe, die die Unzumutbarkeit rechtfertigen sollen, darlegen und beweisen.[27] Seiner Darlegungslast genügt der Arbeitnehmer **nicht**, wenn er **lediglich pauschale Vorwürfe** an den Arbeitgeber richtet oder **formelhafte Wendungen** zur Begründung seines Auflösungsantrags vorträgt (so zB dass die Vertrauensgrundlage zum Arbeitgeber zerrüttet sei und ihm die Fortsetzung des Arbeitsverhältnisses nicht zugemutet werden könne). Stattdessen muss der Arbeitnehmer **konkrete Tatsachen** vortragen, die für ihn die Weiterarbeit beim Arbeitgeber unzumutbar machen. Tatsachen, die nicht vom Arbeitnehmer zur Begründung seines Auflösungsantrags vorgetragen worden sind, dürfen vom Gericht selbst dann nicht verwertet werden, wenn sie offenkundig vorliegen.[28] Bestreitet der Arbeitgeber die vom Arbeitnehmer schlüssig dargelegten Auflösungstatsachen, so trifft den Arbeitnehmer die **Beweislast** für die Richtigkeit seines Tatsachenvortrags.[29] Das Gericht darf seine Entscheidung nicht auf Tatsachen stützen, die nicht erwiesen sind und vom Arbeitgeber bestritten wurden.

21

VI. Auflösungsgründe für den Arbeitgeber

1. Beurteilungsmaßstab und Beispielsfälle

Auf Antrag des **Arbeitgebers** ist das Arbeitsverhältnis gemäß § 9 Abs. 1 Satz 2 KSchG dann aufzulösen, wenn Gründe vorliegen, die eine den Betriebszwecken dienliche weitere Zusammenarbeit zwischen Arbeitgeber und Arbeitnehmer **nicht erwarten** lassen. Über die Frage, ob derartige Gründe im Einzelfall vorliegen, haben die Tatsachengerichte zu entscheiden. Dabei sind an den Auflösungsantrag des Arbeitgebers **strenge Anforderungen** zu stellen.[30] Denn man darf nicht übersehen, dass der Auflösungsantrag des Arbeitgebers dem Sinn und Zweck des

22

---

26 *BAG* 27. 3. 2003 – 2 AZR 9/02 –; ErfK/*Ascheid* Rz 15.
27 *BAG* 30. 9. 1976, EzA § 9 KSchG nF Nr. 3; ErfK/*Ascheid* Rz 16.
28 *BAG* 30. 9. 1976, EzA § 9 KSchG nF Nr. 3.
29 *BAG* 5. 11. 1964, AP § 7 KSchG Nr. 20.
30 *BAG* 16. 5. 1984, EzA § 9 KSchG nF Nr. 16.

§ 9 Auflösung des Arbeitsverhältnisses durch Urteil des Gerichts

KSchG (Bestandsschutz!) zuwider läuft. Allerdings liegt die »Schwelle« für den Auflösungsantrag **nicht** so hoch **wie** die für eine **außerordentliche Kündigung** durch den Arbeitgeber nach § 626 BGB. Liegt nämlich ein wichtiger Grund im Sinne des § 626 BGB vor, so besteht für den Arbeitgeber die Möglichkeit, sich durch Ausspruch einer außerordentlichen Kündigung ohne Zahlung einer Abfindung von dem Arbeitnehmer zu trennen. Würde man für die Auflösung nach § 9 KSchG einen »wichtigen Grund« im Sinne des § 626 BGB verlangen, so wäre § 9 KSchG sinnentleert.

23 Als Gründe, die einen Auflösungsantrag des Arbeitgebers begründen können, kommen grundsätzlich nur **Umstände** in Betracht, die

- das persönliche Verhältnis des konkreten Arbeitnehmers zu seinem Arbeitgeber betreffen,
- die Wertung der Persönlichkeit des Arbeitnehmers, seine Leistungen oder seine Eignung für die ihm gestellten Aufgaben berühren oder
- das Verhältnis des Arbeitnehmers zu den übrigen Mitarbeitern des Arbeitgebers betreffen.[31]

24 Grundsätzlich ist erforderlich, dass die Zerrüttung des Arbeitsverhältnisses in dem **Verhalten** oder in der **Person** des Arbeitnehmers ihren Grund hat. Auflösungsgründe können sich **beispielsweise** aus Folgendem ergeben:

- Aus dem Verhalten des Arbeitnehmers gegenüber dem Arbeitgeber, Vorgesetzten oder Kollegen, also insbesondere durch Beleidigungen, üble Nachrede, sonstige Verunglimpfungen oder ehrverletzende Äußerungen, ausländerfeindliche Äußerungen oder Verhalten im Betrieb.

  Das Verhalten des Arbeitnehmers **außerhalb des Betriebes** kann nur dann zur Begründung eines Auflösungsantrages dienen, wenn es sich im Betrieb selbst auswirkt.

  ▶ **Beispiel:**
  Verbreiten einer beleidigenden Äußerung auf einer privaten Veranstaltung, aber im Beisein von Kollegen.

---

31 *BAG* 14. 10. 1954, AP § 3 KSchG Nr. 6.

- Aus dem Verhalten des Arbeitnehmers gegenüber dritten Personen.

  Dies ist der Fall, wenn der Arbeitnehmer zum Beispiel nach Ausspruch einer Kündigung mit unzutreffenden Tatsachenbehauptungen gegen den Arbeitgeber an die Öffentlichkeit geht, um auf diese Weise den Arbeitgeber in Misskredit zu bringen. Gleiches gilt, wenn der Arbeitnehmer versucht, die im Kündigungsschutzprozess benannten Zeugen zu seinen Gunsten zu beeinflussen oder Druck auf diese auszuüben.

- Der Auflösungsgrund kann sich auch aus dem Verhalten des Prozessbevollmächtigten des Arbeitnehmers während des Kündigungsschutzprozesses ergeben. Dessen Verhalten kann sich nach Auffassung des BAG auch dann zum Nachteil des Arbeitnehmers auswirken, wenn die negativen Verhaltensweisen bzw. zur Zerrüttung führenden Erklärungen vom Arbeitnehmer weder veranlasst noch gar gebilligt worden sind.[32] In allen anderen Fällen kann das Verhalten **dritter Personen** nur dann als Auflösungsgrund gem. § 9 KSchG herangezogen werden, wenn der Arbeitnehmer dieses Verhalten durch eigenes Tun entscheidend **veranlasst** hat oder es ihm **zuzurechnen** ist.[33]

Nicht erforderlich ist, dass die Auflösungsgründe vom Arbeitnehmer **schuldhaft** herbeigeführt wurden. Die »persönliche Vorwerfbarkeit« spielt für die Auflösung keine Rolle. Dies gilt sowohl für die personen- als auch für die verhaltensbedingten Auflösungsgründe. Für eine gerichtliche Auflösung des Arbeitverhältnisses **genügt** es deshalb, wenn nach der **objektiven Sachlage** zum Zeitpunkt der letzten mündlichen Verhandlung ausreichende Gründe für die Annahme vorliegen, dass in Zukunft eine den Betriebszwecken dienliche Zusammenarbeit nicht mehr zu erwarten ist. Wie auch beim Auflösungsantrag des Arbeitnehmers hat das Gericht bei seiner Auflösungsentscheidung alle Tatsachen **bis zum Zeitpunkt der Entscheidung** über den Auflösungsantrag, dh den Zeitpunkt der letzten mündlichen Verhandlung, zu berücksichtigen.[34]

Keine Auflösung des Arbeitsverhältnisses nach § 9 Abs. 1 Satz 2 KSchG rechtfertigen im Normalfall hingegen **wirtschaftliche** oder

---

[32] *BAG* 30. 6. 1959, AP § 1 KSchG Nr. 56; *BAG* 3. 11. 1983, nv.
[33] *BAG* 14. 5. 1987, AP § 9 KSchG 1969 Nr. 18.
[34] *BAG* 30. 9. 1976, EzA § 9 KSchG nF Nr. 3.

betriebliche Gründe. Derartige Gründe sind nach BAG[35] nur ausnahmsweise dann zur Begründung eines Auflösungsantrags geeignet, wenn sie ihrerseits zu einer Zerrüttung des Vertrauensverhältnisses führen können. Das ist in der Praxis selten darstellbar.

26 Verhaltensbedingte Auflösungsgründe können **auch ohne** Vorliegen einer einschlägigen **Abmahnung** zur Begründung des Auflösungsantrags herangezogen werden, denn die Auflösungsgründe müssen gerade nicht das Gewicht eines Kündigungsgrundes haben. Daher wäre es nicht gerechtfertigt, wie von Untergerichten bisweilen entschieden wird,[36] den Aufhebungsantrag vom Vorliegen einer oder mehrerer Abmahnungen abhängig zu machen.

27 Für **leitende Angestellte** besteht nach § 14 Abs. 2 KSchG eine Sonderregelung. Nach dieser braucht der Arbeitgeber den Auflösungsantrag in Bezug auf leitende Angestellte nicht zu begründen, dh sobald der Antrag vom Arbeitgeber gestellt wird, muss das Gericht ihm stattgeben, sofern es die Kündigung nicht als sozial gerechtfertigt ansieht.[37]

2. Darlegungs- und Beweislast für das Vorliegen des Auflösungsgrundes

28 Der Arbeitgeber muss die Gründe, die die Auflösung des Arbeitsverhältnisses nach § 9 KSchG rechtfertigen, **in vollem Umfang** darlegen und beweisen.[38] Im Einzelnen hat der Arbeitgeber die Tatsachen vorzutragen, aus denen sich ergibt, dass eine den Betriebszwecken dienliche weitere Zusammenarbeit nicht mehr zu erwarten ist. Dabei reicht es **nicht** aus, dass der Arbeitgeber **schlagwortartig** behauptet, die Vertrauensgrundlage zum Arbeitnehmer sei entfallen, oder es bestehe keine gemeinsame Basis mehr für eine Zusammenarbeit.[39] Für seine Entscheidung darf das Gericht nur solche Auflösungstatsachen heranziehen, die der darlegungspflichtige Arbeitgeber **vorgebracht** und im Bestreitensfall auch **bewiesen** hat.[40] Demgegenüber darf das Gericht selbst offenkundige Tatsachen nicht für seine Entscheidung verwerten, wenn der Arbeitgeber seinen Auflösungsantrag nicht auf diese stützt.

---

35 A. a. O.
36 So etwa das *ArbG Mainz* 7. 8. 2002 – 3 Ca 3062/02 – nv.
37 Vgl. hierzu im Einzelnen die Ausführungen zu § 14 KSchG Rz 1 ff.
38 *BAG* 30. 9. 1976, EzA § 9 KSchG nF Nr. 3.
39 *BAG* 16. 5. 1984, EzA § 9 KSchG nF Nr. 16.
40 *BAG* 30. 9. 1976, EzA § 9 KSchG nF Nr. 3.

3. Achtung: Arbeitnehmer mit besonderem Kündigungsschutz

Bestimmte Arbeitnehmer sind durch gesetzliche Anordnung **besonders** gegen Kündigungen des Arbeitgebers **geschützt**. Für die Frage, ob der besondere Kündigungsschutz auch im Zusammenhang mit der gerichtlichen Auflösung des Arbeitsverhältnisses nach § 9 Abs. 1 Satz 2 KSchG beachtet werden muss, ist zwischen betriebsverfassungsrechtlichen Funktionsträgern einerseits und sonstigen besonders geschützten Arbeitnehmern andererseits zu unterscheiden. 29

Nach § 15 Abs. 1 KSchG kann einem Mitglied eines **Betriebsrates** und anderen betriebsverfassungsrechtlichen Funktionsträgern nur gekündigt werden, wenn ein **wichtiger Grund** im Sinne des § 626 BGB vorliegt und wenn der Betriebsrat nach § 103 BetrVG vorher seine Zustimmung erteilte. In dieser Konstellation spielt der Auflösungsantrag des Arbeitgebers keine Rolle, da nach § 13 Abs. 1 Satz 3 KSchG bei **ordentlicher Kündigung** des Arbeitnehmers ohnehin nur der Arbeitnehmer die Auflösung des Arbeitsverhältnisses beantragen kann. 30

Daher kommen von vornherein nur die Fälle in Betracht, in denen der Arbeitgeber nach § 15 Abs. 4 bzw. Abs. 5 KSchG **ordentlich kündigen** kann. Nach Ansicht des BAG ergibt sich aus dem Sinn und Zweck des § 15 KSchG, dass auch hier einem Auflösungsantrag nach § 9 Abs. 1 Satz 2 KSchG **nur dann** stattgegeben werden kann, wenn der Antrag auf ein Verhalten des betriebsverfassungsrechtlichen Funktionsträgers gestützt wird, das als **wichtiger Grund** zur außerordentlichen Kündigung im Sinne des § 626 BGB anzusehen ist.[41] Im Ergebnis hat daher § 9 Abs. 1 Satz 2 KSchG im Hinblick auf betriebsverfassungsrechtliche Funktionsträger keine praktische Bedeutung. 31

Bei sonstigen kündigungsrechtlich besonders geschützten Personen (etwa nach Mutterschutz- oder nach Schwerbehindertenrecht) besteht **keine** gesetzliche **Sperre** für eine arbeitgeberseitig erstrebte Auflösung des Arbeitsverhältnisses nach § 9 KSchG. Grund dafür ist, dass sich der besondere Kündigungsschutz nach Mutterschutzgesetz bzw. Schwerbehindertenrecht allein auf den Beendigungstatbestand der Kündigung bezieht und sich nicht auf die Zulässigkeit einer Auflösung des Arbeitsverhältnisses nach § 9 Abs. 1 Satz 2 KSchG auswirkt.[42] 32

---

41 *BAG* 7. 12. 1972, AP § 9 KSchG Nr. 1.
42 KR/*Spilger* § 9 KSchG Rz 62a.

VII. Sonderfall: Von Arbeitnehmer und Arbeitgeber beidseitig gestellter Auflösungsantrag

33 Stellen sowohl der Arbeitgeber als auch der Arbeitnehmer den Auflösungsantrag, so ist das **Arbeitsgericht** nach überwiegender Auffassung an das von beiden Parteien übereinstimmend geäußerte Auflösungsbegehren **gebunden**. Das Arbeitsverhältnis ist **ohne weiteres** gerichtlich aufzulösen.[43] Das Arbeitsgericht hat dann nur noch die Höhe der Abfindung zu bestimmen.

B. Urteil, Vollstreckung und Rechtsmittel

I. Das Urteil

34 Das Arbeitsgericht kann über die Kündigungsschutzklage und den Auflösungsantrag wie folgt entscheiden:

1. Auflösungsantrag des Arbeitnehmers:

35

Urteil	Folge
Klageabweisung	Das Arbeitsverhältnis wird wegen sozial gerechtfertigter Kündigung ohne Festsetzung einer Abfindung beendet. Eine Zurückweisung des Auflösungsantrages ist nicht erforderlich.
Feststellung der Sozialwidrigkeit der Kündigung und Zurückweisung des Auflösungsantrags.	Das Arbeitsverhältnis besteht fort. Das Gericht gibt der Kündigungsschutzklage statt und weist den Auflösungsantrag zurück (teilweise Klagestattgabe).
Feststellung der Sozialwidrigkeit der Kündigung und Auflösung des Arbeitsverhältnisses	Das Arbeitsverhältnis wird gemäß § 9 Abs. 1 Satz 1 KSchG gegen Zahlung einer Abfindung aufgelöst. Das Gericht gibt sowohl der Kündigungsschutzklage als auch dem Auflösungsantrag statt.

---

[43] *BAG* 29. 3. 1960, AP § 7 KSchG 1951 Nr. 7; *Bauer* Aufhebungsverträge Rz 231a; **aA** KR/*Spilger* § 9 KSchG Rz 66.

2. Auflösungsantrag des Arbeitgebers:

Urteil	Folge
Klageabweisung	Das Arbeitsverhältnis wird wegen sozial gerechtfertigter Kündigung ohne Festsetzung einer Abfindung beendet. Eine Zurückweisung des Auflösungsantrages ist nicht erforderlich.
Feststellung der Sozialwidrigkeit der Kündigung und Zurückweisung des Auflösungsantrags.	Das Arbeitsverhältnis besteht fort.
Feststellung der Sozialwidrigkeit der Kündigung und Auflösung des Arbeitsverhältnisses	Das Arbeitsverhältnis wird gemäß § 9 Abs. 1 Satz 1 KSchG gegen Zahlung einer Abfindung aufgelöst.

36

3. Bei von Arbeitgeber und Arbeitnehmer gestelltem Auflösungsantrag

Urteil	Folge
Klageabweisung	Das Arbeitsverhältnis wird wegen sozial gerechtfertigter Kündigung ohne Festsetzung einer Abfindung beendet. Eine Zurückweisung des Auflösungsantrages ist nicht erforderlich.
Feststellung der Sozialwidrigkeit der Kündigung und Auflösung des Arbeitsverhältnisses, ohne dass die Voraussetzungen der beiden Auflösungsanträge geprüft werden (hM)	Das Arbeitsverhältnis wird gemäß § 9 Abs. 1 Satz 1 KSchG gegen Zahlung einer Abfindung aufgelöst.

37

II. Die Vollstreckung des Urteils

Das Urteil, mit dem das Arbeitsverhältnis unter Zuerkennung einer Abfindung gemäß §§ 9, 10 KSchG aufgelöst wird, ist nach § 62 Abs. 1 ArbGG **vorläufig vollstreckbar**.[44] Die Tatsache, dass die gerichtliche Auflösung des Arbeitsverhältnisses mit Hilfe eines Gestaltungsurteils vollzogen wird, führt nicht dazu, dass eine vorläufige Vollstreckung (dh die Vollstreckung vor Rechtskraft des Urteils) ausscheidet. Die gleichzeitige Verurteilung zu einer Abfindungszahlung stellt die Verurteilung zu einer **Leistung** dar. Eine solche ist regelmäßig gemäß § 61 Abs. 1 ArbGG vorläufig vollstreckbar.

38

---

44 *BAG* 9. 12. 1987, EzA § 9 KSchG 1969 nF Nr. 22.

§ 9 Auflösung des Arbeitsverhältnisses durch Urteil des Gerichts

III. Rechtmittel gegen das Urteil

39 Da die Kündigungsschutzklage und der angeschlossene Auflösungsantrag eine »Rechtsstreitigkeit über das Bestehen, das Nicht-Bestehen oder die Kündigung eines Arbeitverhältnisses« darstellen, sind die in diesem Verfahren ergehenden Urteile ohne Rücksicht auf eine Zulassung durch das Arbeitsgericht oder den Wert des Beschwerdegegenstandes **berufungsfähig**, soweit eine **Beschwer** gegeben ist. Dies gilt selbst dann, wenn die Berufung auf den Auflösungsantrag beschränkt wird.

40 Eine Beschwer kann sich aus folgenden Gesichtspunkten ergeben:

- Das Urteil bleibt dem Grunde nach hinter dem Auflösungsantrag einer Partei (Arbeitnehmer, Arbeitgeber) zurück;
- Das Urteil wird gegen den Willen einer Partei aufgelöst (beschwert ist nur die Partei, gegen deren Willen die Auflösung erfolgt);
- Das Urteil bleibt bei der Bezifferung der Höhe der Abfindung hinter dem konkreten Antrag des Arbeitnehmers zurück;
- Das Urteil spricht dem Arbeitnehmer im Falle eines unbezifferten Abfindungsantrages eine Abfindung zu, die geringer ist als die Summe, die der Arbeitnehmer während des Verfahrens schriftsätzlich zum Ausdruck gebracht hat;
- Die Abfindung übersteigt das explizit vom Arbeitgeber erklärte Abfindungslimit;
- Die Abfindung übersteigt den Betrag, den der Arbeitgeber während des Verfahrens als Höchstbetrag schriftsätzlich zum Ausdruck brachte.

41 Im Ergebnis kann jede Partei das erstinstanzliche Urteil mit dem Ziel angreifen, mit dem von ihr gestellten – und erstinstanzlich zurückgewiesenen – **Auflösungsantrag** »durchzudringen«. Das Urteil kann aber auch allein deshalb angegriffen werden, um eine höhere (Arbeitnehmer) oder niedrigere (Arbeitgeber) **Abfindung** zu erstreiten.

42 Im Übrigen wird bei einem unbezifferten Auflösungsantrag des **Arbeitnehmers** eine **Beschwer** regelmäßig vorliegen,

- wenn das Arbeitsgericht bei der Bemessung Tatsachenbehauptungen des Arbeitnehmers, die für die Ermittlung der Abfindungshöhe von Bedeutung sind, nicht gefolgt ist oder
- das Gericht eine unter der gesetzlichen Höchstgrenze gemäß § 12 KSchG liegende Abfindung festgesetzt hat.

Unabhängig vom Vorliegen einer »eigenen Beschwer« kann jede Partei 43
eine so genannte **Anschlussberufung** einlegen, wenn die jeweils andere Partei ihrerseits Berufung einlegt.

§ 10 Höhe der Abfindung

(1) Als Abfindung ist ein Betrag bis zu 12 Monatsverdiensten festzusetzen.

(2) ¹Hat der Arbeitnehmer das 50. Lebensjahr vollendet und hat das Arbeitsverhältnis mindestens 15 Jahre bestanden, so ist ein Betrag von bis zu 15 Monatsverdiensten, hat der Arbeitnehmer das 55. Lebensjahr vollendet und hat das Arbeitsverhältnis mindestens 20 Jahre bestanden, so ist ein Betrag bis zu 18 Monatsverdiensten festzusetzen. ²Dies gilt nicht, wenn der Arbeitnehmer in dem Zeitpunkt, den das Gericht nach § 9 Abs. 2 für die Auflösung des Arbeitsverhältnisses festgesetzt, dass in der Vorschrift des 6. Buches Sozialgesetzbuch über die Regelaltersrente bezeichnete Lebensalter erreicht hat.

(3) Als Monatsverdienst gilt, was dem Arbeitnehmer bei der für ihn maßgebenden regelmäßigen Arbeitszeit in dem Monat, in dem das Arbeitsverhältnis endet (§ 9 Abs. 2), an Geld und Sachbezügen zusteht.

Inhalt

		Rz
A.	Höhe der Abfindung	1–34
	I. Der Maßstab der »Angemessenheit«	1
	II. Die gesetzliche Höchstgrenze für die Abfindung	2– 6
	III. Bemessungsfaktoren zur Bestimmung einer »angemessenen Abfindung«	7–34
	1. Betriebszugehörigkeit	9–12
	2. Die Bestimmung des »Monatsverdienstes«	13–21
	3. Der Faktor und weitere abfindungsrelevante Gesichtspunkte	22–34
B.	Gerichtliche Entscheidung, Vollstreckung und Rechtsmittel	35–36
C.	Steuerrechtliche und sozialversicherungsrechtliche Behandlung der Abfindung	37–42
	I. Steuerpflicht	37–38
	II. Sozialversicherungspflicht	39–40
	III. Auswirkungen der Abfindung auf das Arbeitslosengeld	41–42

A. Höhe der Abfindung

I. Der Maßstab der »Angemessenheit«

§ 10 KSchG steht zu § 9 KSchG in einem funktionellen Zusammenhang. Nach § 9 Abs. 1 Satz 1 KSchG hat das Gericht eine »angemessene Abfindung« festzusetzen. Dabei hat das Gericht die konkrete Höhe der Abfindung nach **pflichtgemäßem Ermessen** unter Berücksichtigung der jeweiligen Umstände des Einzelfalls zu bestimmen. Die Ermessensausübung wird dabei von dem **Grundsatz** geleitet, dass dem Arbeitnehmer durch die Abfindung der **Nachteil ausgeglichen** werden soll, der ihm durch den **Verlust seines Arbeitsplatzes** entsteht. Bei der Auslegung des unbestimmten Rechtsbegriffes der »angemessenen Abfindung« ist das Gericht an die in § 10 Abs. 1 und Abs. 2 KSchG enthaltenen **Höchstbeträge gebunden**. Deshalb ergibt sich das finanzielle »Maximalrisiko«, das dem Arbeitgeber im Zusammenhang mit einem Auflösungsantrag »droht«, aus den **Höchstgrenzen** des § 10 KSchG. Wie das Gericht die Abfindung innerhalb dieser Höchstgrenzen bestimmt, entzieht sich einer allgemeingültigen Beurteilung. In der gerichtlichen Praxis hat sich aber eine **bestimmte »Berechnungsmethode«** herausgebildet, die sich in den meisten Fällen als **erster Anhaltspunkt** heranziehen lässt.[1] Allerdings bleibt zu beachten, dass die vom Gesetzgeber vorgeschriebene Prüfung und Bewertung der einzelnen Bemessungsfaktoren jede schematische Berechnung der Abfindungshöhe verbietet.

1

II. Die gesetzliche Höchstgrenze für die Abfindung

Grundsätzlich liegt die Höchstgrenze für die Abfindung gemäß § 10 Abs. 1 KSchG bei 12 Monatsverdiensten. Diese Höchstgrenze gilt für Arbeitnehmer, die im Auflösungszeitpunkt (§ 9 Abs. 2 KSchG) noch nicht das 50. Lebensjahr vollendet haben und deren Arbeitsverhältnis noch nicht mindestens 15 Jahre bestanden hat. Beide Voraussetzungen müssen **kumulativ** vorliegen. Bei der Berechnung der Dauer der Beschäftigung sind die unmittelbar vor Begründung des Arbeitsverhältnisses zurückgelegten Zeiten der beruflichen **Ausbildung** mit **zu berücksichtigen**.[2] Gleiches gilt für **Praktikantenverhältnisse**, sofern sich an diese unmittelbar das Arbeitsverhältnis anschließt. Der Wechsel zwischen **verschiedenen Betrieben** innerhalb desselben Unternehmens führt nicht zu einer Unterbrechung der »Dauer des Arbeitsver-

2

---

1 Vgl. dazu unten Rz 8.
2 *BAG* 26. 8. 1976, DB 1977, 544.

hältnisses«. Gleiches gilt in Fällen des **Betriebsübergangs** gemäß § 613 a BGB. Bestand mit demselben Arbeitgeber zu einem früheren Zeitpunkt bereits ein Arbeitsverhältnis, so ist dessen Dauer dann anzurechnen, wenn das neue Arbeitsverhältnis in einem **engen sachlichen Zusammenhang** mit dem früheren Arbeitsverhältnis steht.[3]

3 Als **letzter Tag** der Beschäftigung ist der vom Gericht im Auflösungsurteil festzulegende Auflösungszeitpunkt maßgeblich. Im Falle einer ordentlichen Kündigung ist dies gem. § 9 Abs. 2 KSchG der **letzte Tag der Kündigungsfrist**. Im Falle einer außerordentlichen Kündigung ohne Kündigungsfrist wird das Arbeitsverhältnis am Tag des Zugangs des Kündigungsschreibens beendet.

4 Ausnahmsweise kann das Gericht eine Abfindung festlegen, die über die »normale Höchstgrenzen« von 12 Monatsverdiensten **hinausgeht**. Dies ist der Fall, wenn die in § 10 Abs. 2 Satz 1 KSchG geregelten Voraussetzungen vorliegen:

- Hat der Arbeitnehmer zum Zeitpunkt der Auflösung des Arbeitsverhältnisses (dh in dem vom Gericht gemäß § 9 Abs. 2 KSchG festgelegten Zeitpunkt) das 50. Lebensjahr vollendet **und** das Arbeitsverhältnis zu diesem Zeitpunkt mindestens 15 Jahre lang bestanden, so beträgt die maximale Abfindungshöhe **15 Monatsverdienste**.

- Hat der Arbeitnehmer zum Zeitpunkt der Beendigung des Arbeitsverhältnisses (§ 9 Abs. 2 KSchG) das 55. Lebensjahr vollendet **und** das Arbeitsverhältnis zum Zeitpunkt der Beendigung mindestens 20 Jahre lang bestanden hat, so beträgt die maximale Abfindungshöhe **18 Monatsverdienste**.

5 Die Durchbrechung der normalen Höchstgrenze von 12 Monatsgehältern erfordert in beiden Erhöhungsstufen, dass die Arbeitnehmer sowohl das gesetzlich erforderliche Alter haben als auch die gesetzlich geforderte Betriebszugehörigkeit vorliegt. Liegt nur eines dieser beiden Kriterien vor, so gilt die Höchstgrenze gemäß § 10 Abs. 1 KSchG von 12 Monatsgehältern fort. Liegen die Voraussetzungen für die Durchbrechung der »normalen Höchstgrenze« von 12 Monatsverdiensten vor, so gelten bei der Festsetzung der Abfindung weiterhin die 15 Monatsverdienste bzw. 18 Monatsverdienste als Höchstgrenze. Hintergrund für die gestaffelte Durchbrechung der Höchstgrenze für die Abfindung ist, dass **ältere Arbeitnehmer** regelmäßig größere **Schwie-**

---

3 Vgl. dazu auch unten Rz 12.

rigkeiten haben, nach der Auflösung ihres Arbeitsverhältnisses einen **neuen Arbeitsplatz** zu finden. Deshalb soll ihnen ein größerer finanzieller »Puffer« zur Überbrückung der Arbeitslosigkeit gewährt werden. **Innerhalb** der jeweils anwendbaren Höchstgrenze bemisst das Gericht die konkrete Abfindungshöhe unter Berücksichtigung aller Umstände des Einzelfalls wiederum nach **billigem Ermessen**.

Für Arbeitnehmer, die zum Zeitpunkt der Auflösung des Arbeitsverhältnisses (§ 9 Abs. 2 KSchG) im **gesetzlichen Rentenalter** (zurzeit 65 Jahre) sind, liegt gem. § 10 Abs. 2 Satz 2 KSchG die **maximale** Abfindungshöhe stets bei **12 Monatsverdiensten**. Der Grund für diese »Unterausnahme« besteht darin, dass ein Arbeitnehmer, der zum Zeitpunkt der Beendigung seines Arbeitsverhältnisses bereits das gesetzliche Rentenalter erreicht hat, keinen zusätzlichen finanziellen »Puffer« benötigt, bis er einen neuen Arbeitsplatz gefunden hat. Die höheren Abfindungsgrenzen sind in solchen Fällen nicht gerechtfertigt. 6

III. Bemessungsfaktoren zur Bestimmung einer »angemessenen Abfindung«

Innerhalb der jeweils anwendbaren »Höchstgrenze« hat das Gericht eine im Einzelfall »angemessene Abfindung« festzusetzen. Das Gesetz lässt offen, anhand welcher Kriterien die »angemessene Abfindung« im konkreten Fall festzusetzen ist. Dies bedeutet jedoch nicht, dass das Gericht völlig frei bestimmen kann, welche Kriterien es zur Festlegung der Abfindungshöhe heranzieht. Den Tatsachengerichten ist es insbesondere **untersagt**, die Höhe der Abfindung unter Berücksichtigung **sachfremder Erwägungen** zu bestimmen. Andererseits haben die Gerichte einen verhältnismäßig **weiten Ermessensspielraum**, wenn es darum geht, die im Einzelfall relevanten Kriterien untereinander zu gewichten und ihnen einen bestimmten Stellenwert einzuräumen.[4] 7

In der Vergangenheit haben sich in der Praxis – in Anlehnung an die gesetzlichen Bestimmungen gem. § 10 KSchG – vor allem die **Dauer des Arbeitsverhältnisses** (Betriebszugehörigkeit) und der **regelmäßige Monatsverdienst** des Arbeitnehmers als die beiden maßgeblichen Bemessungskriterien herauskristallisiert. Unter Berücksichtigung dieser beiden Kriterien hat sich in der gerichtlichen Praxis eine »Formel« für die Berechnung der Abfindungshöhe entwickelt. Nach dieser »Praxisformel« berechnet sich die Abfindungshöhe wie folgt: 8

---

4 *BAG* 26. 8. 1976, EzA § 626 BGB nF Nr. 49.

§ 10 Höhe der Abfindung

(Vollendete Jahre der Betriebszugehörigkeit) x (Monatsverdienst) x Faktor = Abfindung

Die einzelnen Bestandteile der »Praxisformel« stellen sich wie folgt dar:

1. Betriebszugehörigkeit

9 Wie sich bereits aus dem Wortlaut der Vorschrift ergibt, besteht ein maßgeblicher Gesichtspunkt bei der Berechnung der Abfindung in der Dauer des Arbeitsverhältnisses (so genannte **Betriebszugehörigkeit**). Bei der Berechnung der Betriebszugehörigkeit ist als »Anfangszeitpunkt« der Zeitpunkt heranzuziehen, an dem das Arbeitsverhältnis nach der getroffenen Vereinbarung beginnen sollte.[5] Dies ist der Zeitpunkt, an dem die **Arbeitskraft** des Arbeitnehmers dem Arbeitgeber vereinbarungsgemäße **erstmalig** zur Verfügung stehen sollte. **Unerheblich** ist demgegenüber, wann der **Arbeitsvertrag geschlossen** wurde und zu welchem Zeitpunkt der Arbeitnehmer seine Arbeitsleistung **tatsächlich aufgenommen** hat. Nach oben genannter Definition beginnt das Arbeitsverhältnis im Sinne des § 10 Abs. 2 KSchG selbst dann, wenn der **Arbeitsvertrag unwirksam** ist (fehlerhaftes Arbeitsverhältnis). Bei der Berechnung der Beschäftigungsdauer im Sinne des § 10 Abs. 2 KSchG sind Ausbildungszeiten, insbesondere die Lehrzeit, grundsätzlich zu berücksichtigen.[6] Betriebliche Praktika müssen nur dann angerechnet werden, wenn sie im Rahmen eines Arbeitsverhältnisses geleistet wurden.

10 **Keine Berücksichtigung** bei der Berechnung der Beschäftigungsdauer finden daher Zeiträume, in denen der Mitarbeiter nicht im Rahmen eines Arbeitsverhältnisses, sondern beispielsweise auf Grundlage eines **freien Dienstvertrages** oder **Geschäftsbesorgungsvertrages** bei seinem späteren Arbeitgeber tätig war. Außer Betracht bleiben darüber hinaus Beschäftigungszeiten, in denen der spätere Arbeitnehmer als **freier Mitarbeiter** oder als **mitarbeitender Familienangehöriger** tätig war. Gleiches gilt für Beschäftigungszeiten als **Leiharbeitnehmer**.

11 Kommt es während der Dauer des Arbeitsverhältnisses zu einem **Betriebsübergang** nach § 613 a BGB, so wird dadurch die »Dauer des Arbeitsverhältnisses« im Sinne des § 10 Abs. 2 KSchG nicht unterbrochen.

12 Wird das Arbeitsverhältnis **beendet** und danach ein **neues** Arbeitsverhältnis zwischen den selben Arbeitsvertragsparteien begründet,

---

5 KR/*Etzel* § 1 KSchG Rz 99 ff. mwN.
6 ErfK/*Ascheid* Rz 5 mwN.

so wird die Dauer des Arbeitsverhältnisses im Sinne des § 10 Abs. 2 KSchG dadurch nicht zwingend unterbrochen. **Keine Unterbrechung** wird in der Rechtsprechung angenommen, wenn zwischen den beiden Arbeitsverhältnissen ein »**enger sachlicher Zusammenhang**« besteht.[7] Bei der Feststellung, ob ein solcher »enger sachlicher Zusammenhang« vorliegt, kommt es einerseits auf den zeitlichen Abstand an, der zwischen der Beendigung des alten Arbeitsverhältnisses und dem Beginn des neuen Arbeitsverhältnisses liegt. Weiter ist von Bedeutung, von wem und warum das frühere Arbeitsverhältnis beendet wurde, ob der Arbeitnehmer für den Verlust des Arbeitsplatzes eine Abfindung erhalten hat und inwiefern die Neubeschäftigung der früheren Stellung des Arbeitnehmers entspricht. Je **länger** die zeitliche Unterbrechung des Arbeitsverhältnisses andauert, desto **eher** ist eine **Unterbrechung** der »Dauer der Beschäftigung« anzunehmen. Bei einer langen zeitlichen Unterbrechung müssen daher gewichtige anderweitige Gesichtspunkte dafür sprechen, dass zwischen den beiden Arbeitsverhältnissen ein enger sachlicher Zusammenhang besteht. Liegt eine Unterbrechung des Arbeitsverhältnisses von **mehreren Monaten** vor, so ist in der Regel davon auszugehen, dass **kein** enger sachlicher Zusammenhang mehr zu dem Vorarbeitsverhältnis besteht. Einen solchen engen sachlichen Zusammenhang hat das BAG bei einer Unterbrechung von 2 2/3 Monaten[8] und bei einer Unterbrechung von 4 Monaten[9] verneint. Entscheidend ist aber stets die Beurteilung der Umstände im konkreten Einzelfall.

2. Die Bestimmung des »Monatsverdienstes«

Von herausragender Bedeutung bei der Berechnung der »angemessenen Abfindung« ist der regelmäßige Monatsverdienst des betroffenen Arbeitnehmers. Die Bestimmung des »regelmäßigen Monatsverdienstes« im Sinne des § 10 Abs. 3 KSchG bereitet im Einzelfall **häufig Schwierigkeiten**. Regelmäßig wird der »Monatsverdienst« im Sinne des § 10 Abs. 3 KSchG wie folgt definiert:

13

»Der Monatsverdienst besteht aus allen Geld- und Sachbezügen, die dem Arbeitnehmer unter Zugrundelegung seiner regelmäßigen Arbeitszeit in dem Monat zustehen, in dem das Arbeitsverhältnis gemäß § 9 Abs. 2 KSchG aufgelöst wird.«[10]

---

7 *BAG* 6. 12. 1976, EzA § 1 KSchG Nr. 36.
8 *BAG* 11. 11. 1982, AP § 620 BGB Befristeter Arbeitsvertrag Nr. 71.
9 *BAG* 18. 1. 1979, AP § 1 KSchG Wartezeit Nr. 3.
10 KR/*Spilger* Rz 27; ErfK/*Ascheid* Rz 2; *v. Hoyningen-Huene/Linck* § 10 Rz 4, 6.

§ 10

14 Unter den Begriff der Geldbezüge fällt zunächst die **Grundvergütung**, also das Fixgehalt des Mitarbeiters. Im Falle **unregelmäßiger Mehrarbeit** und einer entsprechenden Schwankung der Vergütung wird diese bei der Abfindungsberechnung **ausgeklammert**. Gab es im maßgeblichen Beendigungsmonat **unplanmäßige Arbeitsausfälle**, so ist der Monatsverdienst des Arbeitnehmers so zu berechnen, als ob diese Arbeitsausfälle **nicht** aufgetreten wären. Dies ergibt sich unmittelbar aus der in § 10 Abs. 3 KSchG enthaltenen gesetzlichen Fiktion (»als Arbeitsentgelt gilt«). Etwas anderes gilt, wenn sich die **Vergütungsschwankung** nicht allein auf den »Beendigungsmonat« beschränkt, sondern wenn sie sich bis zu einem gewissen Grad »**verstetigt**« hat.[11] Hat der Arbeitnehmer während eines längeren Zeitraums (ca. 4–6 Monate) **regelmäßig Überstunden** in einem bestimmten Umfang geleistet, so sind die Überstunden bei der Bestimmung seines Monatsverdienstes im Sinne des § 10 Abs. 3 KSchG zu **berücksichtigen**. Sofern im Bemessungszeitraum **Vergütungssteigerungen** (zB Tariflohnerhöhungen) erfolgen, ist zugunsten des Arbeitnehmers von dem erhöhten Monatsverdienst als Bemessungsgrundlage auszugehen.

15 Als Geldbezüge im Sinn des § 10 Abs. 3 KSchG anzusehen und deshalb bei der Berechnung der Abfindung zu berücksichtigen sind alle **regelmäßig** zu bezahlenden **Zuschläge**.[12] Diese Zuschläge »erdient« sich der Arbeitnehmer durch seine konkrete Arbeitsleistung. Dazu gehören insbesondere:

- Gefahrzuschläge,
- Schichtzulage,
- Nachtarbeitszuschläge,
- Prämien,
- Provisionen,
- Wege- und Fahrgelder.

16 Diese regelmäßig gezahlten Zuschläge müssen bei der Abfindungsberechnung **selbst dann** berücksichtigt werden, wenn der Arbeitnehmer während der Kündigungsfrist **freigestellt** wurde.[13] Grund dafür ist, dass der Arbeitgeber dem Arbeitnehmer durch die Freistellung die Möglichkeit nimmt, die Zuschläge – und damit sein regelmäßiges Ein-

---

11 KR/*Spilger* Rz 29; *v. Hoyningen-Huene/Linck* § 10 Rz 5.
12 KR/*Spilger* Rz 33; *BAG* 11. 2. 1976, EzA § 2 LohnFG Nr. 8.
13 KR/*Spilger* § 13 KSchG Rz 30.

Höhe der Abfindung § 10

kommen – tatsächlich zu erzielen. In der Praxis häufig streitig sind Provisionen. In Ermangelung anderer Daten wird auf die durchschnittliche Höhe in einem repräsentativen Zeitraum abzustellen sein.

Erhält der Arbeitnehmer zusätzlich zu der Grundvergütung und den von ihm »erdienten« Zuschlägen **weitere Zuwendungen mit Entgeltcharakter**, so sind diese Bezüge **anteilig** auf den jeweiligen Monat umzulegen.[14] Zuwendungen mit Entgeltcharakter sind solche Vergütungsbestandteile, die dem Arbeitnehmer als Gegenleistung für seine konkrete Arbeitsleistung gewährt werden. Dazu gehören insbesondere: 17

- 13. oder 14. Monatsgehalt,
- Tantiemen,
- Jahresabschlussvergütungen,
- Umsatzbeteiligungen,
- Boni.

Anders als die Zuwendungen mit Entgeltcharakter werden Zuwendungen mit **Gratifikationscharakter** bei der Abfindungsberechnung **nicht** berücksichtigt (str.).[15] Zuwendungen mit Gratifikationscharakter zeichnen sich insbesondere dadurch aus, dass sie **nicht als Gegenleistung** für die konkrete Arbeitsleistung des Arbeitnehmers gezahlt werden, sondern regelmäßig als »**freiwillige Sonderleistung**« gekennzeichnet sind. Zu den Zuwendungen mit Gratifikationscharakter gehören insbesondere: 18

- Weihnachtsgratifikationen
- Jubiläumsgelder
- Urlaubsgeld (etwas anderes gilt hier, wenn das Urlaubsgeld fest in das Vergütungsgefüge, zB in Gestalt eines kollektivrechtlichen oder einzelvertraglichen Anspruchs, eingebaut ist und damit Entgeltcharakter hat).

Zusätzlich zu den Geldbezügen fallen unter den Begriff des Monatsverdienstes nach § 10 Abs. 2 KSchG auch die dem Arbeitnehmer im Auflösungsmonat zustehenden **Sachbezüge**.[16] Dazu gehören beispielsweise: 19

---

14 *Stahlhacke/Preis/Vossen* Rz 1225; *v. Hoyningen-Huene/Linck* § 10 Rz 8; ErfK/ *Ascheid* Rz 3.
15 KR/*Spilger* § 13 KSchG Rz 33; *v. Hoyningen-Huene/Linck* § 10 Rz 7; **aA** ErfK/ *Ascheid* Rz 3.
16 *V. Hoyningen-Huene/Linck* § 10 Rz 7; KR/*Spilger* § 13 KSchG Rz 34.

§ 10 — Höhe der Abfindung

- die Überlassung von Wohnraum
- die Überlassung eines Dienst-Pkw zur Privatnutzung
- die Gewährung eines Haustrunks durch Brauereien.

20 Der **Wert** der Sachbezüge ist bei der Abfindungsberechnung mit ihrem **Marktwert** anzusetzen.[17] Beim **Dienst-Pkw** wird üblicherweise auf die 1%-Regel entsprechend der Pauschalversteuerung des Vorteils der privaten Nutzung zurückgegriffen.[18]

21 Im Gegensatz zu den Sachbezügen sind Zuwendungen mit reinem Aufwendungsersatzcharakter bei der Berechnung der Abfindung nicht zu berücksichtigen. Hierzu gehören beispielsweise Schmutzzulagen und Spesen.

3. Der Faktor und weitere abfindungsrelevante Gesichtspunkte

22 Neben der Dauer der Beschäftigung und dem Monatsverdienst des Arbeitnehmers kann das Gericht nach seinem Ermessen bei der Festsetzung der Abfindung des Arbeitnehmers auch die so genannten »**Sozialdaten**« berücksichtigen. Hierzu gehören insbesondere der Familienstand des Arbeitnehmers, die Anzahl der unterhaltspflichtigen Personen, der Gesundheitszustand des Arbeitnehmers sowie seine Vermittlungsfähigkeit auf dem Arbeitsmarkt (Qualifikation).[19] Welche Auswirkungen die einzelnen Sozialdaten im konkreten Einzelfall auf die Abfindungshöhe haben, lässt sich kaum vorhersagen. Die Tatsachengerichte haben regelmäßig einen erheblichen Entscheidungsspielraum bei der Frage, welche Umstände sie im konkreten Einzelfall für besonders bedeutsam halten,[20] und sie nutzen ihn auch.

23 Die Entscheidung der Tatsachengerichte über die Berücksichtigung der »Sozialdaten« kann im Rahmen der Revision grundsätzlich nur auf Ermessensfehler überprüft werden.

24 Grundsätzlich wirkt sich in der gerichtlichen **Praxis** ein **höheres Lebensalter** des Arbeitnehmers abfindungserhöhend aus. Dies ergibt sich bereits aus dem gesetzlichen Grundgedanken des § 10 Abs. 2 Satz 2 KSchG, nach dem die Höchstgrenze der Abfindung für Arbeitnehmer,

---

17 KR/*Spilger*, § 13 KSchG Rz 34; *BAG*, 22. 9. 1960, AP § 616 BGB Nr. 27.
18 KR/*Spilger*, § 13 KSchG Rz 34.
19 *BAG* 15. 2. 1973, AP § 9 KSchG Nr. 2.
20 *BAG* 26. 8. 1976, AP § 626 BGB Nr. 68.

die über 50 bzw. 55 Jahre alt sind nicht bei 12, sondern bei 15, bzw. 18 Monatsgehältern liegt. Allerdings sieht § 10 Abs. 2 Satz 3 KSchG auch vor, dass Arbeitnehmer, die zum Zeitpunkt der gerichtlichen Auflösung ihres Arbeitsverhältnisses (dh nach Ablauf der Kündigungsfrist) bereits das 65. Lebensjahr vollendet haben, nur bis zu 12 Monatsverdienste erhalten sollen. Dies führt dazu, dass es im Ermessen des Gerichts steht, einem Arbeitnehmer, der zum Zeitpunkt der Auflösung des Arbeitsverhältnisses »in der Nähe« des gesetzlichen Rentenalters ist, eine geringere Abfindung zuzusprechen

Die **wirtschaftliche Lage des Arbeitnehmers** darf bei der Festsetzung der Abfindung grundsätzlich **nicht** berücksichtigt werden.[21] Grund dafür ist, dass ansonsten der sparsame Arbeitnehmer, der in der Lage ist, die wirtschaftlichen Folgen seiner Arbeitslosigkeit mit seinen Ersparnissen zu kompensieren, für seine Sparsamkeit bestraft würde. Es ist deshalb grundsätzlich ermessensfehlerhaft, wenn das Gericht etwa die besonders guten Vermögensverhältnisse des Arbeitnehmers anführt, um eine niedrigere Abfindung zu begründen. 25

Ob die **wirtschaftliche Lage des Arbeitgebers** bei der Bemessung der Abfindung angemessen berücksichtigt werden kann, ist von der Rechtsprechung noch nicht abschließend geklärt. In der Literatur ist diese Frage umstritten. Allerdings spricht einiges dafür, entsprechende Umstände beim Arbeitgeber zu berücksichtigen. Ansonsten könnte eine gerichtlich festgesetzte Abfindungszahlung im Extremfall die Existenz des ganzen Unternehmens, jedenfalls aber weitere Arbeitsplätze gefährden (vgl. Rechtsgedanken des § 112 Abs. 5 Nr. 3 BetrVG). Gleichermaßen darf zugunsten des Arbeitgebers berücksichtigt werden, ob der **Arbeitsplatz** unabhängig von der Auflösung des Arbeitsverhältnisses überhaupt noch **dauerhaft sicher** war.[22] Ist dies nicht der Fall, so kann sich dies abfindungsmindernd auswirken. Anders als die Situation des gesamten Unternehmens darf die wirtschaftliche Lage eines **einzelnen Betriebes** bei der Festsetzung der Abfindung **nicht** berücksichtigt werden.[23] So kann sich beispielsweise die schwache Ertragslage in dem Betrieb, in dem der Arbeitnehmer tätig ist, nicht zugunsten des Unternehmens (Arbeitgebers) abfindungsmindernd auswirken. 26

Grundsätzlich darf das Gericht die allgemeine **Lage auf dem Arbeitsmarkt** bei der Bestimmung der Abfindung berücksichtigen. Allerdings 27

---
21 KR/*Spilger* Rz 53, ErfK/*Ascheid* Rz 10.
22 *BAG* 20. 11. 1997, RzK I 11 c Nr. 13.
23 Ähnlich KR/*Spilger* Rz 54.

§ 10 Höhe der Abfindung

wäre es ermessensfehlerhaft, wenn ein Gericht die Lage auf dem Arbeitsmarkt völlig losgelöst von deren Auswirkungen auf den konkreten Arbeitnehmer berücksichtigen würde. Erforderlich ist vielmehr, dass sich die Lage auf dem Arbeitsmarkt mit hinreichender Wahrscheinlichkeit auf die Dauer der Arbeitslosigkeit des konkreten Arbeitnehmers auswirken wird. Wenn der Arbeitnehmer zum Zeitpunkt der letzten mündlichen Verhandlung bereits einen **neuen Arbeitsplatz gefunden** hat, so steht die Dauer seiner Arbeitslosigkeit im Entscheidungszeitpunkt bereits fest. Das Gericht kann dann den Einfluss, den die Lage auf dem Arbeitsmarkt auf die Dauer der Arbeitslosigkeit hatte, verlässlich einschätzen und bei der Festsetzung der Abfindung berücksichtigen.[24] Hat der Arbeitnehmer zum Zeitpunkt der letzten mündlichen Verhandlung in der letzten Tatsacheninstanz hingegen noch **keinen** neuen Arbeitsplatz gefunden, so lässt sich die Dauer seiner voraussichtlichen Arbeitslosigkeit in der Regel nur sehr schwer vorhersehen. In solchen Fällen kann die mutmaßliche Vermittlungsdauer des Arbeitnehmers deshalb nur eine untergeordnete Rolle für die Höhe der Abfindung spielen.

28 Schließt der Arbeitnehmer gar unmittelbar nach Ablauf der Kündigungsfrist mit einem anderen Arbeitgeber ein **Anschlussarbeitsverhältnis** ab, so kann das Gericht diesen Umstand bei der Bemessung der Abfindung angemessen, dh abfindungsmindernd berücksichtigen.[25] Allerdings ist das Gericht keineswegs dazu gezwungen.[26] So soll der Arbeitnehmer, der sich aktiv und erfolgreich um eine Anschlussbeschäftigung bemüht, dadurch nicht zwangsläufig einen finanziellen Nachteil erleiden. Darüber hinaus ist zu berücksichtigen, dass die **Anschlusstätigkeit** im Vergleich zum aufzulösenden Arbeitsverhältnis unter Umständen **mit Nachteilen verbunden** ist. So kann das neue Arbeitsverhältnis beispielsweise zu einer vergleichsweise geringeren Vergütung führen, dem Arbeitnehmer schlechtere Aufstiegschancen bieten, einen weiteren Anfahrtsweg erfordern oder sonstige Nachteile mit sich bringen. Deshalb kann ein Anschlussarbeitsverhältnis nur dann ermessensfehlerfrei als Argument für eine niedrigere Abfindung herangezogen werden, wenn es dem Arbeitnehmer **gleichwertige oder bessere Arbeitsbedingungen** bietet als das aufzulösende Arbeitsverhältnis.

29 Verliert der Arbeitnehmer wegen der gerichtlichen Auflösung seines Arbeitsverhältnisses eine **verfallbare Versorgungsanwartschaft**, so

---

24 *BAG* 25. 11. 1982, EzA § 9 KSchG nF Nr. 15.
25 *BAG* 15. 2. 1973, EzA § 9 KSchG nF Nr. 1.
26 *BAG* 26. 8. 1976, EzA § 626 BGB nF Nr. 49.

kann dies vom Gericht bei der Bemessung der Abfindung angemessen berücksichtigt werden.

War die zugrunde liegende Kündigung in besonders krassem Maße sozialwidrig, kann das bei der Bemessung der Abfindung zugunsten des Arbeitnehmers berücksichtigt werden.[27] Allerdings ist zu bedenken, dass das KSchG nicht zwischen der einfachen Sozialwidrigkeit und einer besonders offensichtlichen oder gar krassen Sozialwidrigkeit unterscheidet. Aus diesem Grund kann sich die Sozialwidrigkeit der Kündigung nur dann abfindungserhöhend auswirken, wenn die Kündigung auf Gründe gestützt wurde, die unabhängig vom konkreten Einzelfall **unter keinen Umständen** dazu geeignet sind, eine Kündigung sozial zu rechtfertigen und deshalb die Annahme rechtfertigen, der Arbeitgeber habe bewusst das Mittel der Kündigung ergriffen, um den Arbeitnehmer **loszuwerden**.[28] 30

Abfindungserhöhend kann darüber hinaus berücksichtigt werden, wenn der **Arbeitgeber** den **Auflösungsgrund schuldhaft herbeigeführt** hat.[29] Führt hingegen der **Arbeitnehmer** den Auflösungsgrund schuldhaft herbei, so kann sich dies zu seinen Lasten abfindungsmindernd auswirken. 31

Ganz unabhängig von der hier zu behandelnden gerichtlichen Auflösung des Arbeitsverhältnisses gemäß § 9 KSchG wirkt sich die Sozialwidrigkeit einer Kündigung regelmäßig bei den außergerichtlichen und gerichtlichen **Vergleichsverhandlungen** zwischen den Arbeitsvertragsparteien aus. Grund dafür ist, dass die Verhandlungsposition des Arbeitgebers über die Höhe der Abfindung umso schlechter ist, je deutlicher sich vor oder im Rahmen der Gerichtsverhandlung die mögliche Sozialwidrigkeit einer Kündigung abzeichnet. Umgekehrt stärkt es die Verhandlungsposition des Arbeitgebers, wenn die von ihm ausgesprochene Kündigung einer gerichtlichen Überprüfung mit einer gewissen Wahrscheinlichkeit standhalten wird. 32

Daher ist es aus Sicht des Arbeitgebers im Falle guter Erfolgsaussichten im Hinblick auf die Wirksamkeit der Kündigung durchaus gerechtfertigt, auch einmal eine geringere Abfindung als die fast obligatorischen und nunmehr auch vom Gesetzgeber in § 1a KSchG aufgegriffenen 50% eines Bruttomonatsgehalts als Abfindung anzubieten. Denn eine ge- 33

---

27 *BAG* 29. 3. 1960, AP § 7 KSchG 1951 Nr. 7; *BAG* 15. 2. 1973, AP § 9 KSchG 1969 Nr.2; ErfK /*Ascheid* Rz 11.
28 ErfK /*Ascheid* Rz 11.
29 *BAG* 15. 2. 1973, EzA § 9 KSchG nF Nr. 1.

setzliche Verpflichtung zur Zahlung einer Abfindung besteht – entgegen dem insbesondere in Arbeitnehmerkreisen vielfach kursierenden Gerücht – nicht.

34 Anderseits wird sich ein Arbeitnehmer, demgegenüber eine mehr oder weniger offensichtliche Kündigung ausgesprochen wurde, häufig – insbesondere bei kurzen Betriebszugehörigkeiten – auch mit der erhöhten »Faustformel« von einem Gehalt pro Jahr der Beschäftigung nicht zufrieden geben. Dem Arbeitgeber bleibt dann letztlich häufig nichts anderes übrig, als entweder die Abfindungsforderung des Arbeitnehmers zu akzeptieren oder ihn wieder einzustellen.

B. Gerichtliche Entscheidung, Vollstreckung und Rechtsmittel

35 Wird der Arbeitgeber zur Zahlung einer Abfindung verurteilt, so wird die Zahlungspflicht im Tenor des Urteils festgeschrieben. Vollstreckbar ist das Urteil nur dann, wenn der Abfindungsbetrag **konkret beziffert** ist. Das Gericht ist dazu verpflichtet, die Berechnung der Abfindung und die zugrunde liegenden Überlegungen in den Entscheidungsgründen im Einzelnen darlegen. Die Abfindung ist stets als **Gesamtbetrag** fällig und vom Arbeitgeber zu bezahlen. Eine Ratenzahlung ist vom Gesetzgeber nicht vorgesehen und darf deshalb vom Gericht auch nicht gewährt werden. Sie müsste stattdessen von den Parteien außergerichtlich oder gerichtlich vereinbart werden.

36 Gegen das Auflösungsurteil kann das **Rechtsmittel** der **Berufung** oder der **Revision** eingelegt werden. Beide Rechtsmittel können auf die Höhe der Abfindung beschränkt werden. Eine auf die Höhe der Abfindung beschränkte Teil**anfechtung** des Urteils führt dazu, dass das Auflösungsurteil insoweit rechtskräftig wird, als es über die Sozialwidrigkeit der Kündigung sowie über die Auflösung des Arbeitsverhältnisses nach §9 KSchG entscheidet. Im Falle einer **uneingeschränkten Anfechtung** des Urteils tritt in Bezug auf die Sozialwidrigkeit der Kündigung und die Auflösung des Arbeitsverhältnisses keine Teilrechtskraft ein. Das Rechtsmittelgericht überprüft dann den gesamten Urteilsinhalt einschließlich Begründetheit der Auflösungsentscheidung und Höhe der Abfindung.

C. Steuerrechtliche und sozialversicherungsrechtliche Behandlung der Abfindung

I. Steuerpflicht

Die gemäß §§ 9, 10 KSchG vom Arbeitgeber gezahlte Abfindung ist in den Grenzen des § 3 Nr. 9 EStG für den Arbeitnehmer **steuerfrei**. Der derzeitig geltende Steuerfreibetrag beträgt **EUR 7.200,00**. Hat der Arbeitnehmer das 50. Lebensjahr vollendet und hat das Dienstverhältnis mindestens 15 Jahre bestanden (§ 10 Abs. 2 Satz 1 KSchG), so beträgt der steuerfreie Höchstbetrag **EUR 9.000,00**. Hat der Arbeitnehmer das 55. Lebensjahr vollendet und das Dienstverhältnis mindestens 20 Jahre bestanden (§ 10 Abs. 2 Satz 1 KSchG), so erhöht sich der maximale Steuerfreibetrag noch einmal auf die absolute Höchstsumme von **EUR 11.000,00**. Wird vom Gericht eine höhere Abfindung festgesetzt, so bleibt der den Freibetrag **übersteigende** Betrag **steuerpflichtig**. Für den übersteigenden Betrag kann aber die Tarifermäßigung nach §§ 24, 34 EStG in Betracht kommen.

37

Entscheidend für die Steuerfreiheit ist, dass es sich bei der Zahlung **tatsächlich** um eine Abfindung handelt. Wenn in die Abfindung auch Beträge einberechnet werden, die eigentlich Arbeitsentgelt für **die Zeit bis zum vereinbarten Ende** des Arbeitsverhältnisses darstellen, so sind diese Beträge **nicht steuerfrei**. Dies gilt auch dann, wenn diese Beträge in der Abfindung »versteckt« oder mit ihr zusammen gezahlt werden.[30] Der vom **Gericht** im Urteil als Abfindung berechnete Betrag wird jedoch regelmäßig auch steuerlich als Abfindung behandelt, sofern nicht **offensichtlich** weitere Umstände wie etwa die Begründung im Urteil eine andere Behandlung nahe legen bzw. aus Sicht der Steuerverwaltung erfordern.

38

II. Sozialversicherungspflicht

Wird die Abfindung nach §§ 9, 10 KSchG ausschließlich als Entschädigung für den Verlust des Arbeitsplatzes gezahlt, so müssen für den Abfindungsbetrag **weder** der **Arbeitnehmer** noch der **Arbeitgeber Sozialversicherungsbeiträge** entrichten. Anders als im Hinblick auf die Steuerpflicht[31] ist die Befreiung von den Sozialversicherungsbeiträgen **nicht** an eine bestimmte **Höchstgrenze** gebunden. Aus diesem Grund unterliegt die Abfindung nach §§ 9, 10 KSchG auch dann nicht

39

---

30 *BFH* 13. 10. 1978 und 6. 10. 1978, DB 1979, 481 und 726.
31 Siehe oben Rz 37.

§ 10 Höhe der Abfindung

der Beitragspflicht zur Sozialversicherung, wenn für sie Einkommens- oder Lohnsteuer abzuführen ist.[32]

40 Eine Befreiung von der Sozialversicherung kommt allerdings insoweit **nicht zur Anwendung**, als in der Abfindungszahlung **Arbeitsentgelt »versteckt«** wird. In einem solchen Fall muss im Hinblick auf die Sozialversicherungsbeiträge zwischen dem Teil der Zahlung, der Arbeitsentgelt darstellt, und dem Teil der Zahlung der tatsächlich als Ausgleich für den Verlust des Arbeitsplatzes gezahlt wird, unterschieden werden. Nur der letztgenannte Anteil der Zahlung ist von der Sozialversicherungspflicht befreit. Im Ergebnis ist es rechtlich also nicht möglich, Entgeltzahlungen als Abfindung zu deklarieren, um so Sozialversicherungsbeiträge zu sparen, auch wenn das in der Praxis häufig versucht wird.

III. Auswirkungen der Abfindung auf das Arbeitslosengeld

41 Nach § 143a SGB III **ruht** der Anspruch auf Arbeitslosengeld für maximal ein Jahr, sofern das Arbeitsverhältnis **vorzeitig aufgelöst** wurde, ohne dass dabei die **ordentliche Kündigungsfrist eingehalten** wurde. Da bei einer gerichtlichen Auflösung gemäß § 9 Abs. 1 KSchG der Auflösungszeitpunkt immer mit dem Ablauf der Kündigungsfrist zusammentrifft (§ 9 Abs. 2 KSchG) scheidet ein Ruhen des Anspruchs auf Arbeitslosengeld im Falle gerichtlicher Auflösungen regelmäßig aus.

42 Schließt ein Arbeitnehmer mit seinem Arbeitgeber über die vorzeitige Beendigung des Arbeitsverhältnisses jedoch einen gerichtlichen oder außergerichtlichen **Vergleich**, so ist darauf zu achten, dass als Beendigungsdatum der letzte Tag der Kündigungsfrist gewählt wird. Ein früherer Beendigungszeitpunkt führt regelmäßig dazu, dass der Anspruch des Arbeitnehmers auf Arbeitslosengeld gemäß § 143a SGB III für bis zu einem Jahr ruht (so genannte **Sperrzeit**). Die Maximalgrenze wird dann unterschritten, wenn der Arbeitslose – bei fiktiver Weiterzahlung seines letzten Entgelts – 60% der Abfindungsentschädigung verdient hätte. Dieser Betrag ermäßigt sich sowohl für je fünf Jahre der Betriebszugehörigkeit als auch für je fünf Lebensjahre nach dem 35. Lebensjahr um je 5%. Er kann bis auf minimal 25% sinken.

---

32 *BSG* 21. 2. 1990, EzA § 9 KSchG nF Nr. 35, 37.

Höhe der Abfindung § 10

Beispiel:
Der Anspruch eines Mitarbeiters, der das 40. Lebensjahr vollendet hat und insgesamt 10 Jahre im Betrieb tätig war, auf Arbeitslosengeld ruht so lange, bis er – bei fiktiver Weiterzahlung seines letzten Entgelts – 45% seiner Abfindungszahlung verdient hätte (60% ./. 10% für 10 Jahre Betriebszugehörigkeit ./. 5% für 5 Lebensjahre über 35 Jahre).

§ 11 Anrechnung auf entgangenen Zwischenverdienst

¹Besteht nach Entscheidung des Gerichts das Arbeitsverhältnis fort, so muss sich der Arbeitnehmer auf das Arbeitsentgelt, das ihm der Arbeitgeber für die Zeit nach der Entlassung schuldet, anrechnen lassen,

1. was er durch anderweitige Arbeit verdient hat,

2. was er hätte verdienen können, wenn er es nicht böswillig unterlassen hätte, eine ihm zumutbare Arbeit anzunehmen,

3. was ihm an öffentlich-rechtlichen Leistungen in Folge Arbeitslosigkeit aus der Sozialversicherung, der Arbeitslosenversicherung, der Arbeitslosenhilfe oder der Sozialhilfe für die Zwischenzeit gezahlt worden ist. ²Diese Beträge hat der Arbeitgeber der Stelle zu erstatten, die sie geleistet hat.

Inhalt

	Rz
A. Sinn und Zweck der Regelung	1– 2
B. Vergütungsanspruch nach unwirksamer Beendigung des Arbeitsverhältnisses	2–14
I. Unwirksamkeit der Kündigung	3
II. Annahmeverzug des Arbeitgebers gemäß § 615 Satz 1 BGB	4–10
III. Höhe des Verzugslohnes gemäß § 615 Satz 1 BGB	11–14
C. Anrechnung auf den Verzugslohn gemäß § 11 KSchG	15–25
I. Anrechnung tatsächlicher Einkünfte, § 11 Nr. 1 KSchG	16–21
1. Voraussetzungen für die Anrechnung	16–19
2. Auskunftsanspruch des Arbeitgebers und eidesstattliche Versicherung	20–21
II. Anrechnung hypothetischer Einkünfte, § 11 Nr. 2 KSchG	22–24
III. Anrechnung öffentlich-rechtlicher Leistungen, § 11 Nr. 3 KSchG	25

A. Sinn und Zweck der Regelung

1 Kommt das Arbeitsgericht zu dem Ergebnis, dass die Kündigung sozialwidrig ist, so steht damit fest, dass das Arbeitsverhältnis trotz der Kündigung während des gesamten Kündigungsschutzprozesses ununterbrochen fortbestanden hat. Zwischen dem Ablauf der Kündigungsfrist und der Entscheidung des Gerichts vergeht häufig ein ganz **erheblicher Zeitraum**. Während dieses Zeitraums erhält der Arbeit-

nehmer in der Regel keine Vergütung von seinem Arbeitgeber, der ihm gekündigt hat. Der vom Gesetzgeber verfolgte Zweck des § 11 KSchG besteht darin, den im Kündigungsrechtsstreit obsiegenden Arbeitnehmer so zu stellen, als ob gar keine tatsächliche Unterbrechung des Arbeitsverhältnisses stattgefunden hätte. Insbesondere soll vermieden werden, dass der Arbeitnehmer vermögensmäßig besser oder schlechter dasteht, als wenn er regulär weitergearbeitet hätte. Daher ergeben sich im Hinblick auf die Frage, inwiefern der Arbeitgeber zur »Nachzahlung« der Vergütung verpflichtet ist, zwei abgestufte Problemkreise:

(1) Hat der Arbeitnehmer für den Zeitraum zwischen der unwirksamen Beendigung seines Arbeitsverhältnisses und seiner Weiterbeschäftigung bzw. der (späteren) Beendigung des Arbeitsverhältnisses aufgrund einer Aufhebungs- oder Abwicklungsvereinbarung einen Vergütungsanspruch gegen den Arbeitgeber?

(2) Muss sich der Arbeitnehmer auf diesen Vergütungsanspruch anderen Verdienst anrechnen lassen, den er während der Freistellung anderweitig erzielte bzw. hätte erzielen können?

Der erste Problemkreis, dh die Frage, ob und ggf. in welcher Höhe 2
der Arbeitnehmer einen Vergütungsanspruch hat, richtet sich **nicht** nach § 11 KSchG. Anspruchsgrundlage für den Vergütungsanspruch ist regelmäßig § 615 Satz 1 BGB. Die Regelungen des § 11 KSchG sind aber nur unter Berücksichtigung der Grundsätze des so genannten »Annahmeverzugslohns« verständlich. Aus diesem Grund wird im Folgenden zunächst auf die Voraussetzungen des Vergütungsanspruchs des Arbeitnehmers nach einer unwirksamen Kündigung eingegangen (vgl. dazu unten B.). Im Anschluss daran wird auf die Möglichkeiten der Anrechnung anderweitigen Verdienstes auf diesen Vergütungsanspruch gemäß § 11 KSchG eingegangen (vgl. dazu unten C.).

B. Vergütungsanspruch nach unwirksamer Beendigung des Arbeitsverhältnisses

I. Unwirksamkeit der Kündigung

Ein Anspruch auf Vergütung nach Beendigung des Arbeitsverhältnisses 3
kommt **nur dann** in Betracht, wenn die ausgesprochene Kündigung sich im Nachhinein als **unwirksam** erweist. Für die Anwendbarkeit des § 11 KSchG ist entscheidend, dass die Unwirksamkeit der Kündigung **gerichtlich festgestellt** wird. Dem steht es gleich, wenn der

Arbeitgeber im Laufe des Kündigungsrechtsstreits die Kündigung unter Zustimmung des Arbeitnehmers zurücknimmt[1] und den Arbeitnehmer daraufhin weiterbeschäftigt.[2] Schließen die Parteien einen außergerichtlichen oder gerichtlichen Vergleich über die Beendigung des Arbeitsverhältnisses, wird § 11 KSchG (Anrechnung) und damit die im Verhältnis zu § 615 Satz 2 BGB für den Arbeitnehmer günstigere Norm[3] analog angewendet, wenn die Auslegung des Vergleichs ergibt, dass sich die Parteien über die Unwirksamkeit der arbeitgeberseitigen Kündigung **geeinigt** haben.[4] Problematisch kann diese Frage nur dann werden, wenn sich die Parteien auf eine Fortsetzung des Anstellungsverhältnisses verständigen. Dann stellt sich die Frage, ob sie lediglich ein neues Anstellungsverhältnis begründen (dann keine Anwendung von § 11 KSchG) oder ob sie das alte Anstellungsverhältnis fortsetzen wollen und der Vergleich damit auch die Unwirksamkeit der Kündigung festschreibt (dann Anwendung von § 11 KSchG).

II. Annahmeverzug des Arbeitgebers gemäß § 615 Satz 1 BGB

4   Der Vergütungsanspruch des Arbeitnehmers im Falle einer unwirksamen Kündigung ergibt sich aus § 615 Satz 1 BGB. In dieser Vorschrift ist geregelt, unter welchen Umständen der Arbeitnehmer von seinem Arbeitgeber eine Vergütung verlangen kann, obwohl er selbst keine Arbeitsleistung erbracht hat. Dies ist der Fall, wenn der Arbeitgeber mit der Annahme der Arbeitsleistung des Arbeitnehmers in Verzug gerät (so genannter Annahmeverzug). Annahmeverzug tritt nach der Rechtsprechung des BAG ein, wenn der Arbeitgeber die Leistung des Arbeitnehmers zu unrecht nicht annimmt. Dazu ist es nach der Rechtsprechung des BAG **nicht erforderlich**, dass der Arbeitnehmer seine Leistung gegenüber dem Arbeitgeber **aktiv anbietet**.[5] Nach der Recht-

---

1 Rechtlich ist eine einseitige Rücknahme der Kündigungserklärung nicht möglich; der Arbeitgeber kann allenfalls erklären, dass er aus der Kündigung keine Rechte gegen den Arbeitnehmer herleiten werde.
2 *BAG* 26. 7. 1995 – 2 AZR 665/94 – nv.
3 Nach § 615 Satz 2 BGB sind zusätzlich noch die ersparten Aufwendungen anzurechnen, also zB Fahrtkosten, Mehraufwand für Verpflegung oder Kosten für die Reinigung von Arbeitskleidung. In der Praxis spielt dies eine untergeordnete Rolle, weshalb der Gesetzgeber im Rahmen des § 11 KSchG davon abgesehen hat, diese Ersparnisse des Arbeitnehmers für anrechnungspflichtig zu erklären, vgl. RdA 1950, 64 sowie RdA 1951, 64.
4 KR/*Spilger* Rz 8.
5 *BAG* 9. 8. 1984, 21. 3. 1985, 14. 11. 1985, 18. 12. 1986, jeweils in EzA § 615 BGB Nr. 43, 44, 46 und 53; sowie *BAG* 19. 4. 1990, EzA § 615 BGB Nr. 66 mit Anmerkung *Löwisch*.

sprechung muss der Arbeitgeber dem Arbeitnehmer von sich aus einen funktionsfähigen Arbeitsplatz zur Verfügung zu stellen und ihm eine konkrete Arbeit zuweisen. Diese Obliegenheit hat der Arbeitgeber täglich zu erfüllen. Tut er dies – wie nach Ablauf der Kündigungsfrist üblich – nicht, so kommt er auch ohne das konkrete Leistungsangebot des Arbeitnehmers in Annahmeverzug, § 296 BGB.

Allerdings kann der Arbeitnehmer seinen Annahmeverzugslohn nur dann erfolgreich einklagen, wenn er im fraglichen Zeitraum **arbeitswillig** und **objektiv leistungsfähig** war.[6] Will der Arbeitgeber die Zahlung des Verzugslohns verweigern, so muss er beweisen, dass der Arbeitnehmer in diesem Zeitraum (oder während eines Teiles davon) nicht leistungswillig, bzw. nicht leistungsfähig war.[7]

Den Beweis für den fehlenden Leistungs**willen** des Arbeitnehmers hat der Arbeitgeber **nicht** erbracht, wenn er sich alleine darauf beruft, dass der Arbeitnehmer:

- einen Auflösungsantrag im Sinne von § 9 KSchG gestellt hat,[8]
- selbst unwirksam gekündigt hat (in diesem Fall muss der Arbeitnehmer seine Leistungswilligkeit gegenüber dem Arbeitgeber jedoch ausdrücklich bekunden),[9]
- vor Ausspruch der unwirksamen Kündigung arbeitsunwillig war,[10]
- über eine ärztliche Empfehlung verfügt, aus gesundheitlichen Gründen den Arbeitsplatz zu wechseln, aber auf einem anderen Arbeitsplatz durchaus einsetzbar wäre.[11]

Soweit ersichtlich sind von der obergerichtlichen Rechtsprechung keine Fälle entschieden, in denen der fehlende Leistungswille einmal bestätigt wurde. Die Frage ist daher, unter welchen Voraussetzungen der fehlende Leistungswille anzuerkennen ist. Denkbar wäre dies zB wenn der Arbeitnehmer eine Fernreise unternimmt oder auch gegenüber dem Arbeitgeber ausdrücklich bekundet, dass er nicht mehr bereit ist, an seinen Arbeitsplatz zurückzukehren, obwohl letzteres aus prozesstaktischer Sicht sicherlich unklug wäre und daher in der Praxis kaum vorkommen dürfte.

---

6 *BAG* 9. 8. 1984, 21. 3. 1985, 14. 11. 1985, jeweils EzA § 615 BGB Nr. 34, 44 und 46.
7 *BAG* 2. 8. 1968, AP § 297 BGB Nr. 1; *BAG* 6. 11. 1986, RzK I 13 b Nr. 4.
8 *BAG* 18. 1. 1963, AP § 615 BGB Nr. 22.
9 *BAG* 21. 11. 1996, RzK I 13 b Nr. 31.
10 *BAG* 9. 3. 1998, RzK I 13 b Nr. 25.
11 *BAG* 17. 2. 1998, EzA § 615 BGB Nr. 89.

8 Auch an den Beweis der fehlenden Leistungs**fähigkeit** des Arbeitnehmers werden strenge Anforderungen gestellt. Erforderlich ist, dass der Arbeitgeber darlegen und beweisen kann, dass der Arbeitnehmer objektiv arbeitsunfähig ist. Dies ist der Fall, wenn der Arbeitnehmer:

- aufgrund eines gesetzlichen Beschäftigungsverbotes die vertragsgemäße Leistung nicht mehr erbringen darf (zB bei Entzug der Berufsausübungserlaubnis),[12]

- über ein ärztliches Attest verfügt, aus dem sich ergibt, dass seine vertragliche Tätigkeit im Hinblick auf seine Gesundheit nicht unbedenklich ist,

- als Ausländer nicht über die nach § 284 Abs. 1 SGB III erforderliche Arbeitserlaubnis verfügt,

- für die Dauer der mutterschutzrechtlichen Beschäftigungsverbote gemäß § 3 Abs. 2 bzw. gemäß § 6 Abs. 1 MuSchG nicht beschäftigt werden darf,

- aufgrund einer Schwerbehinderung aus gesundheitlichen Gründen seine arbeitsvertraglich geschuldete Leistung nicht mehr erbringen kann.[13]

9 **Kein** Fall der objektiven Leistungsunfähigkeit liegt vor, wenn:

- die Rechte und Pflichten aus dem Arbeitsverhältnis suspendiert sind (zB wegen Urlaubs),

- der Arbeitnehmer den Arbeitgeber wegen eines Streikes aussperrt.[14]

10 Der Annahmeverzug des Arbeitgebers endet mit der tatsächlichen Arbeitsaufnahme durch den Arbeitnehmer. Nimmt der Arbeitnehmer seine Tätigkeit nicht auf, so endet der Annahmeverzug nur dann, wenn der Arbeitgeber dem Arbeitnehmer von sich aus einen funktionsfähigen Arbeitsplatz zur Verfügung stellt und dem Arbeitnehmer eine konkrete Tätigkeit zuweist.[15]

III. Höhe des Verzugslohns gemäß § 615 Satz 1 BGB

11 § 615 Satz 1 BGB ist Ausdruck des **Lohnausfallprinzips**. Sinn und

---

12 *BAG* 6. 3. 1974, EzA § 615 BGB Nr. 21.
13 *BAG* 10. 7. 1991, AP § 14 SchwbG 1986 Nr. 1.
14 *BAG* 12. 11. 1996, EzA Art. 9 GG Nr. 127.
15 *BAG* 19. 1. 1999, EzA § 615 BGB Nr. 93.

Anrechnung auf entgangenen Zwischenverdienst § 11

Zweck der Regelung ist, den Arbeitnehmer so zu stellen, wie er stünde, wenn er im kompletten Verzugszeitraum gearbeitet hätte. Der vom Arbeitgeber zu entrichtende Verzugslohn umfasst folgende **Vergütungsbestandteile**:

- die Grundvergütung (Gehalt, Fixum, Akkord- oder Stundenlohn),
- alle übrigen Leistungen mit Entgeltcharakter (13. bzw. 14. Monatsgehalt, Provisionen, Tantiemen, etc.),
- Zulagen mit Entgeltcharakter (Leistungszulagen, Zeitzuschläge und sonstige Sozialzulagen),
- Gratifikationen (Weihnachtsgeld, Treueprämien),
- Umsatzbeteiligungen, die zum Monatsverdienst gehören,
- Sachbezüge (zur Privatnutzung überlassender Pkw, Haustrunk, etc.).

Ändert sich die dem Arbeitnehmer einzelvertraglich oder tariflich zustehende Vergütung während des Bezugszeitraums, so wird diese Veränderung bei der Berechnung des Verzugslohnes **berücksichtigt**. So haben beispielsweise folgende Veränderungen Einfluss auf die Vergütungshöhe: 12

- rechtmäßige Einführung von Kurzarbeit,[16]
- Anordnung von Überstunden, soweit sie auch von dem gekündigten Arbeitnehmer zu leisten gewesen wären,
- Veränderung der wirtschaftlichen Rahmenbedingungen, die sich auf die variable Vergütung des Arbeitnehmers ausgewirkt hätten (Provisionen).

Lässt sich der Verzugslohn des Arbeitnehmers aufgrund dieser Veränderungen nicht exakt errechnen, so ist eine **Schätzung** vorzunehmen.[17] 13

Bei der Berechnung des Verzugslohns werden Leistungen mit bloßem Aufwendungsersatzcharakter nicht berücksichtigt. Grund dafür ist, dass die zugrunde liegenden Kosten dem Arbeitnehmer während seiner Freistellung nicht entstanden sind. Zu diesen Kosten gehören zum Beispiel Fahrtkosten, Verpflegungsaufwand (Spesen) etc. 14

---

16 *BAG* 7. 4. 1970, EzA § 615 BGB Nr. 13.
17 *BAG* 19. 8. 1976, EzA § 611 BGB Beschäftigungspflicht.

C. Anrechnung auf den Verzugslohn gemäß § 11 KSchG

15 Der Zweck des Lohnausfallprinzips ist es, den Arbeitnehmer durch die unwirksame Kündigung **weder besser noch schlechter** zu stellen als er stünde, wenn die Kündigung nicht ausgesprochen worden wäre. Deshalb sieht § 11 KSchG vor, dass der Arbeitnehmer sich auf den Verzugslohn (vgl. dazu oben B.) die **Einkünfte anrechnen** lassen muss, die er tatsächlich während des Annahmeverzuges aufgrund einer Tätigkeit erzielte, die er im Falle seiner tatsächlich Beschäftigung nicht hätte ausüben können, bzw. deren Erzielen er **böswillig unterlassen** hat.

I. Anrechnung tatsächlicher Einkünfte, § 11 Nr. 1 KSchG

1. Voraussetzungen für die Anrechnung

16 Nach § 11 KSchG muss sich der Arbeitnehmer anrechnen lassen, was er während des Zeitraums des Annahmeverzuges in Folge **anderweitiger Verwendung seiner Arbeitskraft** verdient hat. Die Anrechnung bestimmt sich zunächst nach der für den Arbeitnehmer maßgeblichen Arbeitszeit. Eine Anrechnung findet **nicht** statt, wenn der Arbeitnehmer die Tätigkeit **auch dann** hätte erbringen können, wenn er **nicht gekündigt** worden wäre (zB nach Feierabend).[18] Das Freiwerden der Arbeitskraft des Arbeitnehmers muss also **ursächlich** auf die unwirksame Kündigung zurückzuführen sein. Entgelt, das der Arbeitnehmer im Wege einer Nebenbeschäftigung oder bei Teilzeitbeschäftigten im Rahmen eines zweiten Arbeitsverhältnisses erzielte, wird daher – ebenso wie Entgelt aus Feierabendarbeit – nicht angerechnet.

17 Unter dem Begriff der anderweitigen Arbeit im Sinne von § 11 Nr. 1 KSchG fällt nicht nur die abhängige Tätigkeit des Arbeitnehmers, sondern auch eine **selbstständige** Gewerbe- oder Berufstätigkeit.

18 Zu unterscheiden von der »anderweitigen Arbeit« im Sinne des § 11 Nr. 1 KSchG ist der **Einsatz des Vermögens** des Arbeitnehmers (Kapitalbeteiligung). Einkünfte aus einer Kapitalbeteiligung werden regelmäßig **nicht** auf den Verzugslohn angerechnet.

Etwas anderes gilt unter Umständen dann, wenn der Arbeitnehmer zeitlich voll mit der Verwaltung seines Vermögens beschäftigt ist und er eine »Vollzeitvermögensverwaltung« nicht zusätzlich zu seiner Tätigkeit beim Arbeitgeber hätte durchführen können. Dies wird allerdings nur ausnahmsweise der Fall sein.

---

18 *BAG* 6. 9. 1990, EzA § 615 BGB Nr. 67.

§ 11 Anrechnung auf entgangenen Zwischenverdienst

Als gem. § 11 KSchG anrechenbarer Verdienst ist regelmäßig nur der Betrag anzusehen, der dem Vermögen des Arbeitnehmers effektiv, dh unter Abzug seiner notwendigen Aufwendungen, zufließt. Wenn die alternative Tätigkeit des Arbeitnehmers für ihn mit höheren Kosten verbunden ist, als es seine Tätigkeit im unwirksam gekündigten Arbeitsverhältnis gewesen wäre, so werden diese zusätzlichen Kosten nicht mit dem Verzugslohn verrechnet. Grund dafür ist, dass der Arbeitnehmer ansonsten wirtschaftlich schlechter gestellt würde als er stünde, wenn sein Arbeitsverhältnis nie gekündigt worden wäre. 19

2. Auskunftsanspruch des Arbeitgebers und eidesstattliche Versicherung

Die Anrechnung anderweitiger Einkünfte setzt voraus, dass der Arbeitgeber **Kenntnis** von diesen Einkünften hat. Dies ist häufig nicht der Fall, da der Arbeitgeber in der Regel keinen Einblick in die Lebensverhältnisse des Arbeitnehmers hat. Aus diesem Grund hat der Arbeitgeber analog zu § 74c Abs. 2 HGB einen **Auskunftsanspruch** gegen den Arbeitnehmer auf Offenlegung der Verdienstes aus »anderweitiger Arbeit«.[19] Der Arbeitgeber kann den Auskunftsanspruch **selbstständig einklagen**. Um den Wahrheitsgehalt der Angaben des Arbeitnehmers abzusichern, hat der Arbeitgeber zusätzlich zum Auskunftsanspruch einen einklagbaren Anspruch gegen den Arbeitnehmer auf Abgabe einer **eidesstattlichen Versicherung** über die Richtigkeit seiner Angaben in Bezug auf seinen »anderweitigen Verdienst«.[20] 20

Solange der Arbeitnehmer die geschuldete Auskunft **nicht erteilt** bzw. seine eidesstattliche Versicherung nicht abgegeben hat, ist die Höhe der Abzüge vom Verzugslohn noch nicht geklärt. Der Arbeitgeber kann deshalb die Entgeltzahlungen aus Annahmeverzug insgesamt **verweigern**. Das BAG lehnt die Verurteilung des Arbeitgebers zur Leistung des Verzugslohns Zug um Zug gegen die Erteilung der Auskunft über »anderweitigen Verdienst« ausdrücklich ab.[21] 21

II. Anrechnung hypothetischer Einkünfte, § 11 Nr. 2 KSchG

Zusätzlich zu seinen tatsächlichen Einkünften muss sich der Arbeitnehmer auf seinen Verzugslohn auch anrechnen lassen, was er hätte verdienen können, wenn er es nicht **böswillig unterlassen** hätte, eine 22

---

19 *BAG* 19. 7. 1978, EzA § 242 BGB Auskunftspflicht Nr. 1.
20 *BAG* 29. 7. 1993, AP § 615 BGB Nr. 52.
21 *BAG* 19. 7. 1978, EzA § 242 BGB Auskunftspflicht Nr. 1.

ihm zumutbare Arbeit anzunehmen. Ein böswilliges Unterlassen ist in der Regel nur dann anzunehmen, wenn dem Arbeitnehmer vorgeworfen werden kann, dass er während der Dauer des Annahmeverzugs bewusst, dh vorsätzlich, untätig geblieben ist bzw. die Arbeitsaufnahme treuwidrig verhindert hat.[22] Dies ist nur dann der Fall, wenn der Arbeitnehmer **positive Kenntnis** davon hatte, dass eine für ihn zumutbare **Arbeitsmöglichkeit** vorlag, die er ohne weiteres hätte annehmen können. Darüber hinaus muss dem Arbeitnehmer klar gewesen sein, dass seinem Arbeitgeber wirtschaftliche Nachteile daraus entstehen, wenn er diese zumutbare Arbeit nicht annimmt. Eine direkte **Schädigungsabsicht** des Arbeitnehmers ist hingegen **nicht** erforderlich.[23]

23 Wichtig ist, dass der Arbeitnehmer während der Dauer des Kündigungsrechtsstreits grundsätzlich **nicht** dazu verpflichtet ist, sich um eine anderweitige Beschäftigung zu kümmern. Nach dem BAG besteht für den Arbeitnehmer noch nicht einmal eine Obliegenheit zur Eigenanstrengung;[24] das Unterlassen einer Meldung als Arbeitsuchender bei der Agentur für Arbeit wurde noch nicht als »böswilliges Unterlassen« angesehen. Die wohl hM in der Literatur – und dieser Standpunkt ist zu unterstützen – verlangt von dem Arbeitnehmer immerhin, dass dieser sich beim Arbeitsamt arbeitslos meldet und sich mit ihm unterbreiteten Stellenangeboten auseinandersetzt.[25] Auch die Ablehnung des Angebots des Arbeitnehmers, für die Dauer des Kündigungsschutzverfahrens in einem befristeten Beschäftigungsverhältnis tätig zu sein, wird vom BAG als unzumutbar erachtet.[26] Unter welchen Umständen dem Arbeitnehmer die Annahme einer anderweitigen Arbeit zumutbar ist, muss nach den Umständen des konkreten Einzelfalls beurteilt werden. Bei dieser Einzelfallprüfung ist insbesondere zu berücksichtigen, dass der Arbeitnehmer in der freien Wahl des Arbeitsplatzes von Art. 12 GG geschützt wird.[27] Unzumutbar ist es dem Arbeitnehmer in der Regel:

- während des Kündigungsrechtsstreites ein anderweitiges Dauerarbeitsverhältnis einzugehen,[28]

- eine vergleichsweise geringerwertige Beschäftigung aufzunehmen,

- eine erheblich schlechter bezahlte Arbeit aufzunehmen,

---

22 *BAG* 24. 10. 1972, EzA § 75d HGB Nr. 5.
23 *BAG* 18. 10. 1958, EzA § 615 BGB Nr. 2.
24 *BAG* 16. 5. 2000, EzA § 615 BGB Nr. 99.
25 ErfK /*Ascheid* Rz 10; *v. Hoyningen-Huene/Linck* Rz 16.
26 *BAG* 14. 11. 1985, DB 1986, 1878.
27 *BAG* 3. 12. 1980, EzA § 615 BGB Nr. 39.
28 *BAG* 18. 06. 1965, BB 1965, 1970.

- eine Arbeit aufzunehmen, die trotz gleicher oder besserer Bezahlung mit schlechteren Arbeitsbedingungen einhergeht (zB Umfang der Arbeitszeit, Dauer und der Lage der Arbeitszeit, schlechtere Sozialleistungen),

- eine Arbeit aufzunehmen, die eine erhöhte Gefährdung für den Arbeitnehmer (Arbeitsschutz) mit sich bringt oder,

- eine Arbeit aufzunehmen, die einen vorherigen Umzug erfordert.

Abzulehnen ist die Auffassung, die für die Annahme des böswilligen Unterlassens den Nachweis der positiven Kenntnis von dem entsprechenden Angebot fordert.[29] Danach reicht der üblicherweise ausreichende Nachweis des Zugangs des Angebots nicht aus. Hierdurch würde es dem Arbeitgeber in vielen Fällen faktisch unmöglich gemacht, sich auf die Anrechnungsklausel zu berufen, § 11 KSchG wäre völlig sinnentleert. 24

III. Anrechnung öffentlich-rechtlicher Leistungen, § 11 Nr. 3 KSchG

Der Arbeitnehmer muss sich schlussendlich gem. § 11 Nr. 3 KSchG auch die öffentlich-rechtlichen Leistungen anrechnen zu lassen, die er infolge seiner Arbeitslosigkeit aus der Sozialversicherung, der Arbeitslosenversicherung, der Arbeitslosenhilfe oder der Sozialhilfe erhalten hat. Diese Ansprüche hat der Arbeitnehmer objektiv zu Unrecht erhalten, da er aufgrund der Unwirksamkeit der Kündigung fortwährend in einem Arbeitsverhältnis stand und einen Anspruch auf (Verzugs-)Lohn hat. Gleichzeitig soll der Arbeitgeber, der eine sozial nicht gerechtfertigte Kündigung ausgesprochen hat, aus den dem Arbeitnehmer zu Unrecht gewährten öffentlich-rechtlichen Leistungen auch keinen Vorteil erzielen. Aus diesem Grund kann der Arbeitgeber diese Leistungen zwar auf den Verzugslohn anrechnen, ist aber zum Ausgleich dazu verpflichtet, diese Leistungen der öffentlich-rechtlichen Stelle zu erstatten. Um die Anrechnung korrekt vornehmen zu können, kann der Arbeitgeber **Auskunft** vom Arbeitnehmer über die von ihm bezogenen öffentlich-rechtlichen Leistungen verlangen. Im Ergebnis hat die Regelung in § 11 Nr. 3 KSchG allerdings nur **klarstellende** Funktion, da nach § 115 Abs. 1 SGB X der Anspruch des Arbeitnehmers auf den Verzugslohn bereits **kraft Gesetzes** auf die öffentlich-rechtliche Stelle übergeht, falls diese ihre Leistungen zu Unrecht erbracht hat. 25

---

[29] So *LAG Köln* 5. 7. 2002, DB 2003, 1225 mit Anm. von *Hermann*.

§ 12 Neues Arbeitsverhältnis des Arbeitnehmers, Auflösung des alten Arbeitsverhältnisses

¹Besteht nach der Entscheidung des Gerichts das Arbeitsverhältnis fort, ist jedoch der Arbeitnehmer inzwischen ein neues Arbeitsverhältnis eingegangen, so kann er binnen einer Woche nach der Rechtskraft des Urteils durch Erklärung gegenüber dem alten Arbeitgeber die Fortsetzung des Arbeitsverhältnisses bei diesem verweigern. ²Die Frist wird auch durch eine vor ihrem Ablauf zur Post gegebene schriftliche Erklärung gewahrt. ³Mit dem Zugang der Erklärung erlischt das Arbeitsverhältnis. Macht der Arbeitnehmer von seinem Verweigerungsrecht Gebrauch, so ist ihm entgangener Verdienst nur für die Zeit zwischen der Entlassung und dem Tag des Eintritts in das neue Arbeitsverhältnis zu gewähren. ⁴§ 11 findet entsprechende Anwendung.

Literatur
Bauer, Taktische Erwägungen und Möglichkeiten in Zusammenhang mit § 12 Kündigungsschutzgesetz, BB 1993, 244.

Inhalt

			Rz
A.	Allgemeines		1
B.	Wahlrecht		2–11
	I.	Voraussetzungen des Wahlrechts	2– 4
		1. Fortbestand des alten Arbeitsverhältnisses	2
		2. Begründung eines neuen Arbeitsverhältnisses	3
		3. Zeitpunkt der Begründung eines neuen Arbeitsverhältnisses	4
	II.	Ausübung des Wahlrechts	5– 7
		1. Frist	5
		2. Schriftform	6
		3. Umdeutung	7
	III.	Rechtsfolgen der Nichtfortsetzungserklärung	8– 9
		1. Beendigung des alten Arbeitsverhältnisses	8
		2. Vergütungsansprüche	9
	IV.	Fortsetzung des alten Arbeitsverhältnisses	10–11
		1. Beendigung des neuen Arbeitsverhältnisses	10
		2. Vergütungsansprüche	11

A. Allgemeines

§ 12 KSchG dient der **Lösung des Interessen- und Pflichtenkonflikts** 1
des Arbeitnehmers, der während des Laufs eines Kündigungsrechtsstreits ein neues Arbeitsverhältnis eingegangen ist. Wie §§ 11 KSchG, 615 Satz 2 BGB zeigen, ist der Arbeitnehmer während der Dauer des Kündigungsrechtsstreits gehalten, sich um eine zumutbare anderweitige Beschäftigung zu bemühen. Stellt das Gericht dann auf Klage des Arbeitnehmers die Fortdauer des alten Arbeitsverhältnisses fest, ist dieser dennoch verpflichtet, auf Verlangen des alten Arbeitgebers die Arbeit wieder aufzunehmen.[1] Für diesen Fall gewährt § 12 dem Arbeitnehmer ein **Wahlrecht** in Form eines einseitigen Gestaltungsrechts,[2] welches ihm ermöglicht, das alte Arbeitsverhältnis kurzfristig aufzulösen. Der Sache nach handelt es sich dabei um ein **fristgebundenes Sonderkündigungsrecht** des Arbeitnehmers.[3]

B. Wahlrecht

I. Voraussetzungen des Wahlrechts

1. Fortbestand des alten Arbeitsverhältnisses

Das Wahlrecht nach § 12 KSchG setzt ein **rechtskräftiges Urteil über** 2
den Fortbestand des Arbeitsverhältnisses voraus. Hier kommen obsiegende Urteile in Kündigungsschutzverfahren gegen sozialwidrige Kündigungen, § 1 Abs. 1 und 2 iVm § 4 KSchG, gegen außerordentliche oder sittenwidrige Kündigungen, §§ 13 Abs. 1 bzw. Abs. 2 iVm § 4 KSchG, sowie klagestattgebende allgemeine Feststellungsurteile in Betracht. Auch nach der ab 1.1.2004 geltenden Neufassung des § 13 Abs. 3 KSchG ist § 12 KSchG jedoch bei Kündigungen, die aus anderen Gründen rechtsunwirksam sind (zB wegen versäumter Betriebsratsanhörung), weiterhin nicht anwendbar.[4] Das Wahlrecht steht dem Arbeitnehmer auch dann zu, wenn das Gericht einen von ihm gestellten **Auflösungsantrag** abgewiesen hat.[5] Löst das Gericht das Arbeitsverhältnis auf Antrag gemäß § 9 KSchG auf, besteht dagegen für das Wahlrecht nach § 12 KSchG kein Raum mehr.[6] Auch darf das Arbeitsverhältnis nicht schon aus anderen Gründen, beispielsweise durch eine

---

1 ErfK/*Ascheid* § 12 Rz 1; *v. Hoyningen-Huene/Linck* § 12 Rz 1.
2 *BAG* 19.10.1972, AP § 12 KSchG 1969 Nr. 1.
3 ErfK/*Ascheid* § 12 Rz 2; *v. Hoyningen-Huene/Linck* § 12 Rz 5; KR/*Rost* § 12 Rz 22.
4 Vgl. unten Rz 18 zu § 13.
5 ErfK/*Ascheid* § 12 Rz 3; KR/*Rost* § 12 Rz 6.
6 ErfK/*Ascheid* § 12 Rz 3; KR/*Rost* § 12 Rz 7.

erneute wirksame Kündigung, Ablauf einer zeitlichen Befristung o. ä., beendet worden sein.[7]

2. Begründung eines neuen Arbeitsverhältnisses

3 Weitere Voraussetzung für das Bestehen eines Wahlrechts nach § 12 KSchG ist, dass der Arbeitnehmer ein **neues Arbeitsverhältnis** eingegangen ist. Hierunter ist jedes Arbeitsverhältnis im arbeitsrechtlichen Sinne zu verstehen; daneben greift die Vorschrift kraft gleichartiger Interessenlage auch dann ein, wenn der Arbeitnehmer ein Dienstverhältnis als Organmitglied einer juristischen Person oder ein Berufsausbildungsverhältnis eingegangen ist.[8] Nicht erfasst sind dagegen die Fälle der Aufnahme einer selbstständigen Gewerbe- oder Berufstätigkeit, da das Gesetz zumindest auf eine Tätigkeit im Dienste eines anderen abstellt.[9]

3. Zeitpunkt der Begründung eines neuen Arbeitsverhältnisses

4 Das neue Arbeitsverhältnis muss **nach Zugang der Kündigung** und **vor Rechtskraft des Urteils** im Kündigungsschutzprozess begründet worden sein. Maßgeblich für den Zeitpunkt der Begründung des Arbeitsverhältnisses ist der Tag des Vertragsabschlusses, selbst wenn der vereinbarte Arbeitsbeginn erst nach Rechtskraft des Urteils erfolgt.[10] Der Zeitpunkt der Rechtskraft des Urteils richtet sich nach den allgemeinen prozessualen Vorschriften.[11] Wenn nicht auf Rechtsmittel verzichtet wurde, werden erstinstanzliche Urteile in Kündigungsschutzverfahren regelmäßig erst nach Ablauf der einmonatigen Berufungsfrist rechtskräftig, §§ 64 Abs. 1 iVm Abs. 2 lit. c und 66 Abs. 1 ArbGG, sofern nicht Berufung eingelegt wird. Zweitinstanzliche Urteile, gegen die die Revision zulässig ist, werden mit Ablauf der einmonatigen Revisionsfrist des § 74 ArbGG bzw. in Fällen, in denen das LAG die Revision nicht zugelassen hat, mit Ablauf der einmonatigen Nichtzulassungsbeschwerdefrist des § 72a Abs. 2 ArbGG rechtskräftig, sofern kein Rechtsmittel eingelegt wird. Weitere Voraussetzung für das Wahlrecht nach § 12 KSchG ist allerdings, dass das neubegründete Arbeitsverhältnis über den Tag der Rechtskraft des Urteils im Kündi-

---

7 Vgl. APS/*Biebl* § 12 Rz 4; KR/*Rost* § 12 Rz 5.
8 APS/*Biebl* § 12 Rz 5; ErfK/*Ascheid* § 12 Rz 4; KR/*Rost* § 12 Rz 8a.
9 ErfK/*Ascheid* § 12 Rz 4; *v. Hoyningen-Huene/Linck* § 12 Rz 2; str., Hinweise zu **aA** bei KR/*Rost* § 12 Rz 8 a.
10 ErfK/*Ascheid* § 12 Rz 4; KR/*Rost* § 12 Rz 10.
11 KR/*Rost* § 12 Rz 9.

gungsschutzprozess hinaus andauert.[12] Ebenso wenig besteht ein Wahlrecht in solchen Fällen, in denen der Arbeitnehmer zwar vor Rechtskraft des Urteils bereits in Vertragsverhandlungen stand, ein Vertragsabschluss aber erst nach Rechtskraft des Urteils erfolgt.[13] Gibt der Arbeitnehmer in diesen Fällen dennoch eine Nichtfortsetzungserklärung ab, kann allerdings die **Umdeutung** in eine Kündigungserklärung in Betracht kommen.[14]

II. Ausübung des Wahlrechts

1. Frist

Für die Abgabe der Nichtfortsetzungserklärung nach § 12 KSchG hat 5 der Arbeitnehmer eine **Frist von einer Woche**. Die Erklärungsfrist beginnt mit Rechtskraft des der Feststellungsklage stattgebenden Urteils, wobei gemäß § 187 Abs. 1 BGB der Tag, an dem das Urteil rechtskräftig geworden ist, nicht mitgerechnet wird.[15] Die Frist endet nach § 188 Abs. 1 BGB mit Ablauf des entsprechenden Tages der Folgewoche bzw. bei Fristablauf am Wochenende oder an einem Feiertag mit dem folgenden Werktag, § 193 BGB.[16] Bei Versendung per Post ist die **rechtzeitige Absendung** der Nichtfortsetzungserklärung für die Einhaltung der Frist **maßgebend**, selbst wenn die Erklärung erst nach Eintritt der Rechtskraft zugeht.[17] Der Arbeitnehmer kann die Erklärung auch vorsorglich vor Eintritt der Rechtskraft schon während des laufenden Kündigungsschutzverfahrens abgeben.[18] Nach Ablauf der Ein-Wochen-Frist des § 12 KSchG erlischt das Wahlrecht des Arbeitnehmers ersatzlos.[19] Insbesondere ist gesetzlich **keine Wiedereinsetzung** in den vorherigen Stand vorgesehen.

2. Schriftform

Die Erklärung bedarf gemäß § 623 BGB der **Schriftform**, da § 12 KSchG 6 ein Sonderkündigungsrecht gewährt.[20]

---

12 ErfK/*Ascheid* § 12 Rz 4.
13 APS/*Biebl* § 12 Rz 7.
14 Siehe dazu unten Rz 7.
15 ErfK/*Ascheid* § 12 Rz 5; KR/*Rost* § 12 Rz 23; *v. Hoyningen-Huene/Linck* § 12 Rz 10.
16 ErfK/*Ascheid* § 12 Rz 5.
17 ErfK/*Ascheid* § 12 Rz 6.
18 *BAG* 19. 10. 1972, EzA § 12 KSchG Nr. 1.
19 *BAG* 6. 11. 1986 – 2 AZR 744/85, dokumentiert in Juris.
20 *V. Hoyningen-Huene/Linck* § 12 Rz 9; ErfK/*Ascheid* § 12 Rz 1; KR/*Rost* § 12 Rz 22; str., Hinweise zu **aA** bei *v. Hoyningen-Huene/Linck* a. a. O. Fn. 17.

3. Umdeutung

7 Wird die **Nichtfortsetzungserklärung verspätet** abgegeben oder besteht aus anderen Gründen kein Wahlrecht des Arbeitnehmers nach § 12 KSchG, kann die Erklärung gemäß § 140 BGB im Einzelfall **in** eine **ordentliche Kündigung** des Arbeitsverhältnisses **umzudeuten** sein.[21] In diesem Fall endet das Arbeitsverhältnis mit Ablauf der regulären Kündigungsfrist. Bis zu diesem Datum bleiben dann die beiderseitigen Vertragspflichten weiterhin bestehen,[22] für eventuelle Entgeltnachzahlungsansprüche gilt die allgemeine Regelung des § 615 Satz 1 BGB.[23]

III. Rechtsfolgen der Nichtfortsetzungserklärung

1. Beendigung des alten Arbeitsverhältnisses

8 Das **alte Arbeitsverhältnis erlischt mit Zugang der Nichtfortsetzungserklärung** an den alten Arbeitgeber,[24] frühestens jedoch zu dem Zeitpunkt, zu dem es bei Rechtswirksamkeit der Kündigung geendet hätte.[25] Wird die Nichtfortsetzungserklärung bereits vor Rechtskraft des Urteils abgegeben, erlischt das alte Arbeitsverhältnis mit Rechtskraft des Urteils.[26] Dies gilt auch dann, wenn der vereinbarte Arbeitsantritt bei dem neuen Arbeitgeber erst zu einem späteren Zeitpunkt erfolgt.[27] Ungeachtet eines möglichen Wahlrechts aus § 12 KSchG bleibt es dem Arbeitnehmer in diesen Fällen – wie auch sonst – unbenommen, das Arbeitsverhältnis anderweitig, beispielsweise durch Kündigung oder Abschluss eines Aufhebungsvertrages, zu beenden.[28] In diesem Fall richten sich seine eventuellen Entgeltnachzahlungsansprüche nach der allgemeinen Regelung des § 615 Satz 1 BGB.[29]

2. Vergütungsansprüche

9 Beendet der Arbeitnehmer das alte Arbeitsverhältnis durch Nichtfortsetzungserklärung gemäß § 12 KSchG, so stehen ihm die – gegebenen-

---

21 *LAG Berlin* 15.10.1999, MDR 2000, 281; vgl. auch *v. Hoyningen-Huene/Linck* § 12 Rz 11 mwN.
22 APS/*Biebl* § 12 Rz 16.
23 Siehe dazu auch unten Rz 9 f.
24 *BAG* 19.7.1978, EzA § 242 BGB Auskunftspflicht Nr. 1.
25 ErfK/*Ascheid* § 12 Rz 7.
26 ErfK/*Ascheid* § 12 Rz 7.
27 Str., wie hier KR/*Rost* § 12 Rz 31; **aA** *v. Hoyningen-Huene/Linck* § 12 Rz 7, jeweils mwN.
28 ErfK/*Ascheid* § 12 Rz 7.
29 Siehe dazu auch unten Rz 9.

falls nach § 11 zu mindernden – **Entgeltnachzahlungsansprüche nur bis zum Tag der Arbeitsaufnahme** bei seinem neuen Arbeitgeber zu. Insoweit enthält § 12 Abs. 4 KSchG eine Ausnahme zu § 615 Satz 1 BGB. Aus Vereinfachungsgründen sind Annahmeverzugslohnansprüche des Arbeitnehmers ab Antritt des neuen Arbeitsverhältnisses bis zum Erlöschen des alten Arbeitsverhältnisses abgeschnitten; eine **Verrechnung von Zwischenverdiensten findet** ab Antritt des neuen Arbeitsverhältnisses **nicht statt**.[30] Entgeltnachzahlungsansprüche kann der Arbeitnehmer entsprechend nur für die Zeit zwischen Entlassung und Antritt des neuen Arbeitsverhältnisses geltend machen. Gemäß § 12 Abs. 5 iVm § 11 KSchG sind öffentlich-rechtliche Leistungen sowie Zwischenverdienste aus vorangegangenen Zwischenbeschäftigungen bzw. böswillig nicht erzielte hypothetische Einkünfte anzurechnen.[31] Der Nachzahlungsanspruch kann bereits während des laufenden Kündigungsschutzprozesses geltend gemacht werden.[32] Entscheidet der Arbeitnehmer sich dafür, sein altes Arbeitsverhältnis anstelle durch die Nichtfortsetzungserklärung durch **ordentliche Kündigung** zu beenden, richten sich seine Entgeltnachzahlungsansprüche nach den allgemeinen Regeln des § 615 Satz 1 BGB. In diesem Fall kommt es dann ab Antritt des neuen Arbeitsverhältnisses bis zum Beendigungszeitpunkt des alten Arbeitsverhältnisses zu einer **Verrechnung der Zwischenverdienste** gemäß § 11 KSchG, so dass der alte Arbeitgeber zu Aufstockungszahlungen verpflichtet sein kann, wenn der vom Arbeitnehmer beim neuen Arbeitgeber erzielte Verdienst unter dem alten Einkommen liegt. Andererseits ist der Arbeitnehmer bei regulärer Kündigung des Arbeitsverhältnisses allerdings verpflichtet, auf entsprechende Aufforderung seine Tätigkeit beim alten Arbeitgeber wieder aufzunehmen. Die Nichterfüllung dieser Pflicht beendet den Annahmeverzug des alten Arbeitgebers, zudem kann der Arbeitnehmer sich schadensersatzpflichtig machen. Im Einzelfall kann der alte Arbeitgeber, unter Umständen allerdings erst nach Abmahnung des Arbeitnehmers, auch zu einer Kündigung des Arbeitsverhältnisses wegen Arbeitsverweigerung berechtigt sein.[33]

---

30 *BAG* 19. 7. 1978, EzA § 242 BGB Auskunftspflicht Nr. 1; *BAG* 6. 11. 1986 – 2 AZR 744/85, dokumentiert in Juris.
31 ErfK /*Ascheid* § 12 Rz 10.
32 *BAG* 1. 2. 1960, EzA § 615 BGB Nr. 7.
33 KR/*Rost* § 12 Rz 29.

IV. Fortsetzung des alten Arbeitsverhältnisses

1. Beendigung des neuen Arbeitsverhältnisses

10 Hinsichtlich der **Beendigung des neuen Arbeitsverhältnisses** bei Fortsetzung des alten Arbeitsverhältnisses nach gewonnenem Kündigungsschutzprozess enthält § 12 KSchG keinerlei Regelung. Insoweit bleibt es bei den **allgemeinen gesetzlichen Bestimmungen**. Sofern der Arbeitnehmer sich vertraglich kein Sonderkündigungsrecht ausbedungen hat, wird er daher regelmäßig die jeweils anwendbare Kündigungsfrist zu beachten haben, sofern der neue Arbeitgeber nicht bereit ist, einer einvernehmlichen vorzeitigen Vertragsbeendigung zuzustimmen.[34]

2. Vergütungsansprüche

11 Gibt der Arbeitnehmer innerhalb der Wochenfrist des § 12 KSchG **keine Erklärung** ab, so wird das alte **Arbeitsverhältnis automatisch fortgesetzt**. Entsprechend bleiben auch seine Vergütungsansprüche weiterhin erhalten. Nach Aufforderung des alten Arbeitgebers und Ablauf der Ein-Wochen-Frist des § 12 KSchG ist der **Arbeitnehmer verpflichtet**, die **Arbeit** beim alten Arbeitgeber **wieder aufzunehmen**. Kann er sich aus dem neuen Arbeitsverhältnis nicht rechtzeitig lösen, beispielsweise weil der neue Arbeitgeber einer vorzeitigen Vertragsbeendigung nicht zustimmt, so ist dem Arbeitnehmer darüber hinaus eine **angemessene Übergangsfrist** bis zur Arbeitsaufnahme einzuräumen. Kann der Arbeitnehmer sich trotz seiner Bemühungen nicht vorzeitig aus dem neuen Arbeitsverhältnis lösen, so wird ihm regelmäßig zusätzlich zu der einwöchigen Überlegungsfrist des § 12 KSchG die Einhaltung der Kündigungsfrist beim neuen Arbeitgeber zuzugestehen sein, bevor er seinerseits bei seinem alten Arbeitgeber in **Schuldnerverzug** gerät.[35] Da die Aufnahme des neuen Arbeitsverhältnisses aufgrund der damit verbundenen Anrechnung des Zwischenverdienstes (§ 11 KSchG) auch im Interesse des alten Arbeitgebers lag, der zudem durch die unwirksame Kündigung die Situation mitverursacht hat, kann eine durch die Einhaltung der Kündigungsfrist beim neuen Arbeitgeber bedingte **Verzögerung der Arbeitsaufnahme** dem Arbeitnehmer **regelmäßig nicht** als **schuldhaft** angelastet werden.[36] Entsprechend kann der alte Arbeit-

---

[34] KR/*Rost* § 12 Rz 16; APS/*Biebl* § 12 Rz 9; *v. Hoyningen-Huene/Linck* § 12 Rz 4.
[35] KR/*Rost* § 12 Rz 17; ErfK/*Ascheid* § 12 Rz 12; APS/*Biebl* § 12 Rz 10; *v. Hoyningen-Huene/Linck* § 12 Rz 4.
[36] *LAG Köln* 23. 11. 1994, NZA 1995, 992; s. a. APS/*Biebl* § 12 Rz 10; ErfK/*Ascheid* § 12 Rz 12; *v. Hoyningen-Huene/Linck* § 12 Rz 4; KR/*Rost* § 12 Rz 17.

geber vor Ablauf dieser Frist dem Arbeitnehmer auch nicht wegen Arbeitsverweigerung kündigen. Auch bleibt der alte Arbeitgeber bis zu diesem Zeitpunkt weiterhin in Annahmeverzug,[37] wobei der vom Arbeitnehmer erzielte Zwischenverdienst gemäß § 11 anzurechnen ist. Allerdings wird man dem alten **Arbeitgeber** aus § 242 BGB ein **Recht auf Auskunft** gegenüber dem Arbeitnehmer einräumen müssen, dass dieser ihm auf Verlangen sowohl die anwendbare Kündigungsfrist mitteilt als auch den Ausspruch einer Kündigung zum nächstmöglichen Termin belegt.[38] Das Vorstehende gilt nur dann nicht, wenn der Arbeitnehmer beim neuen Arbeitgeber eine **unzumutbar lange Bindung** eingegangen ist, beispielsweise durch überlange Kündigungsfristen oder langfristige Zeitverträge, oder wenn er sich nicht umgehend nach Ablauf der Ein-Wochen-Frist des § 12 KSchG um Lösung aus dem neuen Arbeitsverhältnis bemüht.[39] In derartigen Fällen kann – wie auch sonst **bei verspäteter Arbeitsaufnahme** trotz Aufforderung/Abmahnung des Arbeitgebers – je nach Umständen des Einzelfalles eine ordentliche oder gar außerordentliche **Kündigung** in Betracht kommen.[40]

▶ **Praxistipp:**
Um nach verlorenem Kündigungsschutzprozess schnellstmöglich Klarheit über den weiteren Fortgang des Arbeitsverhältnisses zu erhalten, sollte der Arbeitgeber den Arbeitnehmer frühzeitig zur Wiederaufnahme der Arbeit auffordern. Für den Fall, dass der Arbeitnehmer nach Ablauf der Ein-Wochen-Frist des § 12 KSchG die Arbeit unter Hinweis auf eine anderweitige vertragliche Bindung nicht unverzüglich antritt, sollte der Arbeitgeber den Arbeitnehmer hilfsweise auffordern, Gründe für einen späteren Arbeitsantritt und insbesondere den Ausspruch einer ordentlichen Kündigung des neuen Arbeitsverhältnisses zum nächstmöglichen Termin nachzuweisen.

---

37 APS/*Biebl* § 12 Rz 22.
38 *Bauer* BB 1993, 2444, 2445.
39 KR/*Rost* § 12 Rz 18.
40 In diesem Sinne auch KR/*Rost* § 12 Rz 19; APS/*Biebl* § 12 Rz 18.

§ 13 Außerordentliche, sittenwidrige und sonstige Kündigungen

(1) [1]Die Vorschriften über das Recht zur außerordentlichen Kündigung eines Arbeitsverhältnisses werden durch das vorliegende Gesetz nicht berührt. [2]Die Rechtsunwirksamkeit einer außerordentlichen Kündigung kann jedoch nur nach Maßgabe des § 4 Satz 1 und der §§ 5 bis 7 geltend gemacht werden. [3]Stellt das Gericht fest, dass die außerordentliche Kündigung unbegründet ist, ist jedoch dem Arbeitnehmer die Fortsetzung des Arbeitsverhältnisses nicht zuzumuten, so hat auf seinen Antrag das Gericht das Arbeitsverhältnis aufzulösen und den Arbeitgeber zur Zahlung einer angemessenen Abfindung zu verurteilen. [4]Das Gericht hat für die Auflösung des Arbeitsverhältnisses den Zeitpunkt festzulegen, zu dem die außerordentliche Kündigung ausgesprochen wurde. [5]Die Vorschriften der §§ 10 bis 12 gelten entsprechend.

(2) Verstößt eine Kündigung gegen die guten Sitten, so finden die Vorschriften des § 9 Abs. 1 Satz 1 und Abs. 2 und der §§ 10 bis 12 entsprechende Anwendung.

(3) Im Übrigen finden die Vorschriften dieses Abschnitts mit Ausnahme der §§ 4 bis 7 auf eine Kündigung, die bereits aus anderen als den in § 1 Abs. 2 und 3 bezeichneten Gründen rechtsunwirksam ist, keine Anwendung.

Literatur
Trappehl/Lambrich, Auflösungsantrag des Arbeitgebers nach außerordentlicher Kündigung, Recht der Arbeit (RdA) 1999, 243.

Inhalt

		Rz
A.	Allgemeines	1– 2
	I. Regelungsgehalt	1
	II. Geltungsbereich	2
B.	Außerordentliche Kündigungen, § 13 Abs. 1 KSchG	3–14
	I. Anwendungsbereich	3– 6
	1. Begriff der außerordentlichen Kündigung	3
	2. Abgrenzung zu anderen Kündigungen	4
	3. Umdeutung von außerordentlichen Kündigungen	5– 6
	II. Geltendmachung der Rechtsunwirksamkeit	7– 8
	1. Materiellrechtliche Voraussetzungen der außerordentlichen Kündigung	7
	2. Formelle Klagevoraussetzungen	8

III.	Auflösung des Arbeitsverhältnisses	9–12
	1. Antragsberechtigung	9–10
	2. Auflösungszeitpunkt	11
	3. Abfindung	12
IV.	Nichtfortsetzungserklärung	13
V.	Vergütungsfragen	14
C. **Sittenwidrige Kündigungen, § 13 Abs. 2 KSchG**		15–17
I.	Anwendungsbereich	15–16
II.	Rechtsfolgen	17
D. **Sonstige Kündigungen, § 13 Abs. 3 KSchG**		18–22
I.	Regelungsgehalt	18
II.	Anwendungsbereich	19–22
	1. Verstoß gegen gesetzliche Kündigungsbeschränkungen und -verbote	19
	2. Verstoß gegen Treu und Glaube, § 242 BGB	20–22

A. Allgemeines

I. Regelungsgehalt

§ 13 KSchG befasst sich mit **Kündigungen**, die nicht wegen Sozialwidrigkeit, sondern **wegen sonstiger Mängel unwirksam** sind, was sich vorrangig nach Vorschriften außerhalb des Kündigungsschutzgesetzes beurteilt.[1] Wie in der ab 1. 1. 2004 geltenden Neufassung auch durch die Überschrift der Vorschrift klargestellt ist, unterscheidet der Gesetzgeber hier drei Fallgruppen: **Außerordentliche Kündigungen**, Abs. 1, Nichtigkeit wegen **Sittenwidrigkeit**, Abs. 2, und **sonstige Unwirksamkeitsgründe**, Abs. 3. Weitere zum 1. 1. 2004 in Kraft getretene Änderungen der Vorschrift beinhalten Folgeänderungen zu der Vereinheitlichung der Klagefristen durch § 4 KSchG. Nachdem § 4 Satz 1 KSchG nunmehr eine **einheitliche Klagefrist** für alle Arten von Kündigungen vorsieht, haben die entsprechenden Verweisungen in § 13 KSchG auf die §§ 4 bis 6 KSchG insofern im Wesentlichen nur noch klarstellenden Charakter. Auch die mitunter schwierige Abgrenzung zwischen außerordentlichen, sittenwidrigen, sonstigen und sozialwidrigen Kündigungen hat aufgrund der nunmehr einheitlich für alle Kündigungen geltenden Klagefrist an Relevanz verloren. Für Kündigungen aus sonstigen Gründen wird weiterhin klargestellt, dass diese mit Ausnahme der Vorschriften zur Klagefrist nicht den Regelungen des ersten Abschnittes unterfallen.[2] Ein eigenständiger Regelungsbereich

1

---

[1] ErfK/*Ascheid* § 13 Rz 2.
[2] Siehe die Begründung zur Beschlussempfehlung und Bericht des Ausschusses für Wirtschaft und Arbeit (9. Ausschuss), BT-Drucks. 15/1587, S. 27.

kommt § 13 KSchG lediglich hinsichtlich der Inbezugnahme weiterer Vorschriften des ersten Abschnittes für **außerordentliche und sittenwidrige Kündigungen** zu, wonach der Arbeitnehmer in diesen Fällen die **Auflösung des Arbeitsverhältnisses** beantragen bzw. die **Nichtfortsetzung** erklären kann.

II. Geltungsbereich

2 In **Kleinbetrieben** findet § 13 KSchG – mit Ausnahme der Verweisung auf die dreiwöchige Klagefrist in § 13 Abs. 1 Satz 1 und 2 KSchG – **keine Anwendung**, vgl. § 23 Abs. 1 Satz 2 KSchG. Entsprechend haben Arbeitnehmer in Kleinbetrieben nicht die Möglichkeit, einen Auflösungsantrag gemäß § 13 Abs. 1 Satz 3 bzw. § 13 Abs. 2 Satz 1 iVm § 9 Abs. 1 Satz 1 KSchG zu stellen oder gemäß § 13 Abs. 1 Satz 5 bzw. Abs. 2 iVm § 12 KSchG die Nichtfortsetzung des Arbeitsverhältnisses zu erklären. Demgegenüber ist die Erfüllung der sechsmonatigen **Wartezeit** des § 1 Abs. 1 KSchG **nicht** mehr **Voraussetzung** für die Anwendung des § 13 Abs. 1 und 2 KSchG und der daraus resultierenden Arbeitnehmerrechte.[3] Im Gegensatz zu den für Organmitglieder geltenden Regelungen des § 14 Abs. 1 KSchG und den Regelungen für Arbeitnehmer in Kleinbetrieben gemäß § 23 Abs. 1 Satz 2 KSchG fehlt es insoweit an einer ausdrücklichen Regelung im Gesetz, die die Arbeitnehmer vor Ablauf der Wartefrist von der Anwendbarkeit des § 13 KSchG ausnehmen würde.[4] Mangels Vergleichbarkeit besteht auch kein Raum für eine analoge Anwendung des § 23 Abs. 1 Satz 2 KSchG auf nicht in Kleinbetrieben beschäftigte Arbeitnehmer, die die sechsmonatige Wartefrist des § 1 KSchG noch nicht erfüllt haben. Ziel des § 23 Abs. 1 Satz 2 KSchG ist es im Wesentlichen, kleinere Arbeitgeber, die regelmäßig wirtschaftlich weniger leistungsfähig sind, vor finanziellen Überbürdungen zu schützen. Dieses gesetzgeberische Ziel lässt sich jedoch nicht ohne weiteres auf alle Fälle der unwirksamen außerordentlichen oder sittenwidrigen Kündigung vor Ablauf der Wartefrist übertragen. Eine Anwendung des § 13 Abs. 1 und 2 KSchG und die damit verbundene Besserstellung von Arbeitnehmern in größeren Betrieben, deren Arbeitsverhältnis bereits vor Ablauf der sechsmonatigen Wartefrist des § 1 KSchG durch außerordentliche oder sittenwidrige Kündigung beendet werden sollte, rechtfertigt sich

---

[3] So zu § 13 Abs. 3 auch die Begründung zur Beschlussempfehlung und Bericht des Ausschusses für Wirtschaft und Arbeit (9. Ausschuss), BT-Drucks. 15/1587, S. 27.
[4] So bereits zu § 13 aF *v. Hoyningen-Huene/Linck* § 13 Rz 29.

auch aus der gegenüber sozialwidrigen Kündigungen besonders schwerwiegenden Vertragsverletzung durch den Arbeitgeber.[5] Entsprechend können auch Arbeitnehmer mit einer Beschäftigungszeit von weniger als sechs Monaten im Fall einer außerordentlichen oder sittenwidrigen Kündigung die Auflösung des Arbeitsverhältnisses beantragen bzw. im Falle eines obliegenden Urteils eine Nichtfortsetzungserklärung abgeben, soweit nicht die Kleinbetriebsregelung des § 23 Abs. 1 Satz 2 KSchG eingreift. Die früher zu § 13 Abs. 1 und 2 KSchG aF vertretene gegenteilige herrschende Meinung, die im Wesentlichen damit argumentierte, dass durch die Verweisung auf die nur für sozialwidrige Kündigung geltende Klagefrist des § 4 Satz 1 KSchG auch die Regelung über die sechsmonatige Wartefrist nach § 1 Abs. 1 KSchG mittelbar in Bezug genommen sei, dürfte sich nach der Neuregelung des Gesetzes nicht mehr halten lassen. Der nunmehr eindeutige Gesetzeswortlaut, nach dem § 4 KSchG nF auf sämtliche Kündigungen anwendbar ist, dürfte für eine solche Auslegung keinen Raum mehr lassen.[6] Abzuwarten bleibt allerdings, ob auch das BAG seine in diesem Zusammenhang ergangene bisherige abweichende Rechtsprechung entsprechend ändern wird.[7]

B. Außerordentliche Kündigungen, § 13 Abs. 1 KSchG

I. Anwendungsbereich

1. Begriff der außerordentlichen Kündigung

Außerordentliche Kündigungen im Sinne des § 13 Abs. 1 KSchG sind **Kündigungen aus wichtigem Grund**, dh solche Kündigungen, bei denen die Vertragsbeziehungen ohne Einhaltung einer ordentlichen Kündigungsfrist oder eines vereinbarten Beendigungstermins aufgelöst werden.[8] Hauptanwendungsfall des § 13 Abs. 1 KSchG ist damit die Kündigung aus wichtigem Grund gemäß **§ 626 BGB**.[9] Die außeror-

3

---

5 Ähnlich zur Begründung der nur einseitigen Auflösungsmöglichkeit des Arbeitnehmers nach § 13 Abs. 1 und 2 auch APS/*Biebl* § 13 Rz 24; KR/*Friedrich* § 13 Rz 64.
6 Ähnlich bereits *v. Hoyningen-Huene/Linck* § 13 Rz 28 ff. mwN zum früheren Streitstand; so auch die Begründung zur Beschlussempfehlung und Bericht des Ausschusses für Wirtschaft und Arbeit (9. Ausschuss), BT-Drucks. 15/1587, S. 27; s. a. die Kommentierung zu § 4 Rz 43 ff.
7 Zuletzt *BAG* 17. 8. 1972, AP § 626 BGB Nr. 65.
8 APS/*Biebl* § 13 Rz 5; ErfK/*Ascheid* § 13 Rz 10; *v. Hoyningen-Huene/Linck* § 13 Rz 6; KR/*Friedrich* § 13 Rz 15 ff.
9 Daneben sind Kündigungen aus wichtigem Grund beispielsweise in § 15 Abs. 2 Nr. 1 BBiG und § 64 SeemG geregelt.

dentliche Kündigung muss jedoch **nicht notwendig** als **fristlose** Kündigung ausgesprochen werden; von § 13 Abs. 1 KSchG erfasst ist auch die außerordentliche **Kündigung mit sozialer Auslauffrist**.[10] § 13 Abs. 1 KSchG gilt auch für die außerordentliche Kündigung von befristeten Arbeitsverhältnissen[11] sowie für außerordentliche **Änderungskündigungen**.[12] Den außerordentlichen Kündigungen gleichgestellt sind solche Kündigungen, bei denen das ordentliche Kündigungsrecht ausgeschlossen wurde, so dass eine Kündigung nur bei Vorliegen wichtiger Gründe, die denen des § 626 BGB ähneln, möglich ist.[13]

2. Abgrenzung zu anderen Kündigungen

4 Nicht von § 13 Abs. 1 KSchG **erfasst** sind dagegen so genannte **entfristete Kündigungen**, dh solche Kündigungen, bei denen die Kündigung ohne Einhaltung einer Kündigungsfrist möglich ist,[14] wie beispielsweise bei entsprechender vertraglicher Vereinbarung für Aushilfskräfte gemäß § 622 Abs. 5 Nr. 1 BGB. Auch die **Kündigung durch** den **Insolvenzverwalter** nach § 113 InsO unterfällt als ordentliche Kündigung nicht § 13 Abs. 1 KSchG, sondern bei Vorliegen der weiteren Anwendungsvoraussetzungen den allgemeinen Regelungen der §§ 1 ff. KSchG.[15]

3. Umdeutung von außerordentlichen Kündigungen

5 Ist eine **außerordentliche Kündigung unwirksam**, so kann sie unter Umständen in eine **ordentliche Kündigung** zum nächstmöglichen Termin **umgedeutet** werden. In diesem Fall finden – ebenso wie für eine zusätzlich ausgesprochene ordentliche Kündigung – die allgemeinen Regelungen der §§ 1 ff. KSchG Anwendung. Dies hat insbesondere Bedeutung für die Berechtigung des Arbeitgebers zur Stellung eines

---

10 APS/*Biebl* § 13 Rz 6; ErfK/*Ascheid* § 13 Rz 10; v. *Hoyningen-Huene/Linck* § 13 Rz 6; KR/*Friedrich* § 13 Rz 17; vgl. generell zu Kündigungen mit sozialer Auslauffrist beispielsweise BAG 28. 3. 1985, AP § 626 BGB Nr. 86.
11 BAG 13. 4. 1967, EzA § 3 KSchG Nr. 1 = AP § 11 KSchG Nr. 10; BAG 8. 6. 1972, AP § 13 KSchG 1969 Nr. 1; KR/*Friedrich* § 13 Rz 37 f. mwN auch zu **aA**.
12 BAG 27. 3. 1987 , AP § 2 KSchG 1969 Nr. 20; BAG 19. 6. 1986, AP § 2 KSchG 1969 Nr. 16; BAG 17. 5. 1984, AP § 55 BAT Nr. 3; vgl. auch ErfK/*Ascheid* § 13 Rz 13; v. *Hoyningen-Huene/Linck* § 13 Rz 7; KR/*Friedrich* § 13 Rz 24a.
13 BAG 8. 10. 1957, AP § 626 Nr. 15 = BB 1958, 118 = DB 1958, 83; ErfK/*Ascheid* § 13 Rz 12; v. *Hoyningen-Huene/Linck* § 13 Rz 9.
14 ErfK/*Ascheid* § 13 Rz 10; KR/*Friedrich* § 13 Rz 22.
15 So zu § 113 InsO aF schon KR/*Friedrich* § 13 Rz 19.

Auflösungsantrages.[16] Zu beachten ist, dass die **Auslegung** der Kündigungserklärung nach §§ 133, 157 BGB der **Umdeutung** nach § 140 BGB **vorgeht**.[17] Entsprechend ist im ersten Schritt zu prüfen, ob die ordentliche Kündigung möglicherweise bereits vom Kündigungswortlaut mit abgedeckt war, was insbesondere dann der Fall ist, wenn zusätzlich zu der außerordentlichen Kündigung eine hilfsweise ordentliche Kündigung ausgesprochen wurde. Erst wenn die Auslegung der Kündigungserklärung nicht weiterführt, ist im zweiten Schritt zu prüfen, ob eine **Umdeutung** der Kündigungserklärung gemäß § 140 BGB in Betracht kommt. Voraussetzung hierfür ist, dass der **Arbeitgeber mutmaßlich** die außerordentliche **Kündigung** auch **als ordentliche ausgesprochen hätte**, wäre ihm die Unwirksamkeit der außerordentlichen Kündigung bekannt gewesen, und dass dies dem **Arbeitnehmer** zum Zeitpunkt des Zugangs der Kündigungserklärung **erkennbar** war.[18] Angesichts der Interessenlage des Arbeitgebers, der sich bei einer außerordentlichen Kündigung regelmäßig unbedingt von dem Arbeitnehmer trennen will, dürfte eine Umdeutung zumeist dem hypothetischen Willen des Arbeitgebers entsprechen, wobei diese Interessenlage ebenso regelmäßig auch für den Arbeitnehmer erkennbar sein dürfte.[19] Hinzukommen muss weiterhin, dass die **ordentliche Kündigung** überhaupt **wirksam** ausgesprochen werden konnte. Insbesondere kann zusätzlich zu einer **Betriebsratsanhörung** zur außerordentlichen Kündigung auch eine Anhörung des Betriebsrates zur ordentlichen Kündigung mit entsprechend verlängerter einwöchiger Anhörungsfrist nach § 102 BetrVG erforderlich sein. Eine Ausnahme gilt nur dann, wenn der Betriebsrat bereits der außerordentlichen Kündigung vorbehaltlos noch vor Ablauf der Drei-Tage-Frist des § 102 Abs. 2 Satz 3 BetrVG zugestimmt hatte und keine Gründe dafür erkennbar sind, dass er sich gegen die – insofern mildere – ordentliche Kündigung gewendet hätte.[20]

---

16 *BAG* 26.10.1979, AP § 9 KSchG 1969 Nr. 5; ErfK /*Ascheid* § 13 Rz 20; *v. Hoyningen-Huene/Linck* § 13 Rz 51; KR /*Friedrich* § 13 Rz 107; zu den Einzelheiten siehe auch unten Rz 6.
17 ErfK /*Ascheid* § 13 Rz 18; *v. Hoyningen-Huene/Linck* § 13 Rz 42; KR /*Friedrich* § 13 Rz 76.
18 *BAG* 31.5.1979, AP § 256 ZPO Nr. 50; BAG 12.8.1976, AP § 102 BetrVG 1972 Nr. 10; *v. Hoyningen-Huene/Linck* § 13 Rz 43; KR /*Friedrich* § 13 Rz 76.
19 ErfK /*Ascheid* § 13 Rz 19; KR /*Friedrich* § 13 Rz 78.
20 *BAG* 16.3.1978, AP § 102 BetrVG 1972 Nr. 15; KR /*Friedrich* § 13 Rz 101 mwN auch zu **aA**.

§ 13 Außerordentliche, sittenwidrige und sonstige Kündigungen

▶ **Praxistipp:**

Besteht in dem Betrieb ein Betriebsrat, so sollte dieser immer auch zu einer hilfsweisen ordentlichen Kündigung angehört werden. Droht anderenfalls die Versäumung der Zwei-Wochen-Frist des § 626 Abs. 2 BGB, kann gegebenenfalls die außerordentliche Kündigung nach Ablauf der kurzen Drei-Tage-Anhörungsfrist des § 102 Abs. 2 Satz 3 BetrVG ausgesprochen werden, während mit der ordentlichen Kündigung bis zum Ablauf der Ein-Wochen-Frist des § 102 Abs. 2 Satz 1 BetrVG zu warten ist, sofern nicht vorher eine abschließende Zustimmung des Betriebsrates zur Kündigung erfolgt ist.

6 Probleme mit der Drei-Wochen-Frist ergeben sich im Falle der Umdeutung nicht. Die ursprünglich ausgesprochene Kündigung ist auch die umgedeutete.[21] Wie sich aus § 6 Abs. 1 KSchG ergibt, kann der Arbeitnehmer, der sich innerhalb der Drei-Wochen-Frist des § 4 KSchG zunächst nur gegen die außerordentliche Kündigung gewandt hatte, bis zum Schluss der mündlichen Verhandlung erster Instanz auch weitere Unwirksamkeitsgründe geltend machen.[22] Obsiegt der Arbeitnehmer im Falle der Umdeutung, so steht fest, dass das Arbeitsverhältnis weder fristlos noch fristgerecht beendet wurde.[23] Zu beachten ist allerdings, dass die Arbeitsgerichte **keine Umdeutung »von Amts wegen«** vornehmen dürfen.[24] Vielmehr muss der Arbeitgeber im Prozess hinreichende Gründe vortragen, die auf die Möglichkeit einer Umdeutung schließen lassen.[25]

▶ **Praxistipp:**

Zur Vermeidung von Auslegungsschwierigkeiten empfiehlt es sich für Arbeitgeber, neben der außerordentlichen Kündigung hilfsweise eine ordentliche Kündigung auszusprechen.

---

21 ErfK/*Ascheid* § 13 Rz 18.
22 In diesem Sinne bereits *v. Hoyningen-Huene/Linck* § 13 aF Rz 47a.
23 *BAG* 15. 11. 1984, AP § 626 BGB Nr. 87; ErfK/*Ascheid* § 13 Rz 18; *v. Hoyningen-Huene/Linck* § 13 Rz 47; KR/*Friedrich* § 13 Rz 83.
24 *BAG* 18. 9. 1975, EzA § 626 BGB Druckkündigung Nr. 1 = AP § 626 BGB Druckkündigung Nr. 10; *BAG* 14. 8. 1974, EzA § 615 BGB Nr. 26 = AP § 13 KSchG 1969 Nr. 3; ErfK/*Ascheid* § 13 Rz 19; *v. Hoyningen-Huene/Linck* § 13 Rz 45; KR/*Friedrich* § 13 Rz 82.
25 ErfK/*Ascheid* § 13 Rz 19; *v. Hoyningen-Huene/Linck* § 13 Rz 45; KR/*Friedrich* § 13 Rz 83.

Außerordentliche, sittenwidrige und sonstige Kündigungen § 13

▶ **Formulierungsbeispiel:**

»Hiermit kündigen wir Ihr Arbeitsverhältnis außerordentlich fristlos, hilfsweise fristgerecht zum nächstmöglichen Termin. Für den Fall der fristgerechten Kündigung werden Sie hiermit unwiderruflich von der Verpflichtung zur Arbeitsleistung unter Anrechnung Ihres Resturlaubs freigestellt. Der Resturlaub wird mit dem auf die Freistellung folgenden Tag angetreten und zusammenhängend genommen. Danach müssen Sie sich auf Ihren Vergütungsanspruch dasjenige anrechnen lassen, was Sie durch anderweitigen Einsatz Ihrer Arbeitskraft erwerben oder böswillig zu erwerben unterlassen. Das gesetzliche Wettbewerbsverbot bleibt unberührt.«

II. Geltendmachung der Rechtsunwirksamkeit

1. Materiellrechtliche Voraussetzungen der außerordentlichen Kündigung

§ 13 Abs. 1 Satz 1 KSchG stellt klar, dass das Recht zur außerordentlichen Kündigung durch die Vorschriften des Kündigungsschutzgesetzes unberührt bleibt. Insoweit hat die Regelung nur **deklaratorischen Charakter**. Die Wirksamkeit bzw. Unwirksamkeit einer außerordentlichen Kündigung beurteilt sich ausschließlich nach den maßgebenden materiellrechtlichen Vorschriften, insbesondere also danach, ob ein wichtiger Grund für die Kündigung gemäß § 626 Abs. 1 BGB vorlag[26] und, wenn ein solcher wichtiger Grund vorlag, ob die Kündigung sodann innerhalb der Zwei-Wochen-Frist des § 626 Abs. 2 BGB erfolgte.[27]   7

2. Formelle Klagevoraussetzungen

Seit der Neuregelung des § 4 Satz 1 KSchG hat die Verweisung in § 13 Abs. 1 Satz 2 KSchG nur noch deklaratorischen Charakter. Klargestellt wird damit, dass die **Unwirksamkeit** einer außerordentlichen Kündigung nur binnen der **Drei-Wochen-Frist** des § 4 Satz 1 KSchG bzw. gegebenenfalls innerhalb der verlängerten Fristen der §§ 5 und 6 KSchG geltend gemacht werden kann. Anderenfalls greift die **Fiktion des § 7 KSchG**, wonach auch eine unwirksame außerordentliche Kün-   8

---

26 *V. Hoyningen-Huene/Linck* § 13 Rz 12; KR/*Friedrich* § 13 Rz 25.
27 HM, vgl. *BAG* 8. 6. 1972, AP § 13 KSchG 1969 Nr. 1; *BAG* 6. 7. 1972, EzA § 626 BGB nF Nr. 15 = AP § 626 BGB 1972 Ausschlussfrist Nr. 3; KR/*Friedrich* § 13 Rz 62 mwN.

digung, die nicht fristgerecht angegriffen wurde, als **von Anfang an rechtswirksam** gilt.[28]

III. Auflösung des Arbeitsverhältnisses

1. Antragsberechtigung

9 Stellt das Gericht die Unwirksamkeit der außerordentlichen Kündigung fest, kann der Arbeitnehmer die **Auflösung des Arbeitsverhältnisses** durch das Gericht **gegen Zahlung einer** angemessenen **Abfindung** beantragen, **wenn** ihm die **Fortsetzung** des Arbeitsverhältnisses **nicht zumutbar** ist. Insoweit handelt es sich um eine Parallelvorschrift zu § 9 Abs. 1 Satz 1 KSchG.[29] Zu beachten ist, dass die Regelung des § 13 Abs. 1 Satz 3 KSchG über die Auflösung des Arbeitsverhältnisses auf Antrag des Arbeitnehmers nach unwirksamer fristloser Arbeitgeberkündigung **nicht auf Berufsausbildungsverhältnisse anwendbar** ist.[30] Grund hierfür ist, dass sich eine solche Auflösungsmöglichkeit für den Auszubildenden nicht mit dem besonderen gesetzlichen Ziel des BBiG vereinbaren lässt, welches vorrangig die berufliche Qualifizierung des Auszubildenden sichern will. Auch **in Kleinbetrieben** besteht **kein Auflösungsrecht** des Arbeitnehmers, vgl. § 23 Abs. 1 Satz 2 KSchG. Die **Erfüllung der** sechsmonatigen **Wartezeit** des § 1 ist dagegen **nicht Voraussetzung** für das Auflösungsrecht des Arbeitnehmers nach § 13 Abs. 1 KSchG.[31]

10 Dem **Arbeitgeber** steht im Falle einer außerordentlichen Kündigung generell **kein Auflösungsrecht** zu, wie sich aus der auf § 9 Abs. 1 Satz 1 KSchG beschränkten Verweisung ergibt.[32] Nach umstrittener aber wohl richtiger Auffassung wird man dem Arbeitgeber jedoch zumindest in Ausnahmefällen ein Auflösungsantragsrecht zubilligen müssen, in denen der Arbeitgeber anderenfalls ordentlich nicht mehr kündbare Arbeitnehmer durch außerordentliche Kündigung mit sozialer Auslauffrist kündigt, wie beispielsweise unkündbare Tarifmitarbeiter.[33]

---

[28] ErfK/*Ascheid* § 13 Rz 14; *v. Hoyningen-Huene/Linck* § 13 Rz 14; KR/*Friedrich* § 13 Rz 53.
[29] Für Einzelheiten wird auf die Kommentierung zu § 9 verwiesen.
[30] *BAG* 29.11.1984, AP § 13 KSchG 1969 Nr. 6; *v. Hoyningen-Huene/Linck* § 13 Rz 18.
[31] Vgl. oben Rz 2.
[32] *BAG* 26.10.1979, AP § 9 KSchG 1969 Nr. 5.
[33] *Trappehl/Lambrich* RdA 1999, 243, 245; **aA** die hM, vgl. KR/*Friedrich* § 13 Rz 64 mwN.

Außerordentliche, sittenwidrige und sonstige Kündigungen § 13

▶ **Praxistipp:**
Dem Arbeitgeber kann aber ein Auflösungsrecht zumindest hinsichtlich einer zusätzlich hilfsweise ausgesprochenen oder durch Umdeutung ermittelten ordentlichen Kündigung zustehen, so dass in diesen Fällen hilfsweise auch der Arbeitgeber einen auf die jeweilige ordentliche Kündigung bezogenen Auflösungsantrag stellen kann.[34]

2. Auflösungszeitpunkt

Durch den in § 13 Abs. 1 KSchG neu eingefügten Satz 4 hat der Gesetzgeber klargestellt, dass im Falle einer gerichtlichen Auflösung das Arbeitsverhältnis bei außerordentlicher Kündigung zu dem **Zeitpunkt** endet, **zu dem** ansonsten die **außerordentliche Kündigung wirksam gewesen wäre**. Dies war der bisherigen Gesetzesfassung nicht zweifelsfrei zu entnehmen, weshalb in Literatur und durch Instanzgerichte teilweise abweichend der Zeitpunkt des Ablaufs der ordentlichen Kündigungsfrist als Auflösungszeitpunkt angesehen wurde.[35] Der Gesetzgeber sah sich daher zur Klarstellung veranlasst. Nunmehr ist eindeutig geregelt, dass das Gericht für die Auflösung des Arbeitsverhältnisses den Zeitpunkt festzulegen hat, zu dem der Arbeitgeber die außerordentliche Kündigung ausgesprochen hat. Dies ist **bei fristloser Kündigung** der **Zugang der Kündigungserklärung**, bei einer **außerordentlichen befristeten Kündigung** der vom Arbeitgeber **genannte Zeitpunkt** und bei einer **außerordentlichen Kündigung mit sozialer Auslauffrist** der Zeitpunkt, zu dem das Arbeitsverhältnis bei **ordentlicher Kündigung** geendet hätte.[36]

11

3. Abfindung

Für die Höhe der Abfindung ist nach § 13 Abs. 1 Satz 5 KSchG die Regelung des § 10 KSchG maßgebend.[37] Bei der Festsetzung der Abfindung nach § 13 Abs. 1 Satz 3 KSchG wird das Gericht aber regelmäßig zusätzlich zu den allgemeinen Angemessenheitserwägungen zu berücksichtigen haben, dass dem Arbeitnehmer wegen der vorzeitigen Beendi-

12

---
34 *BAG* 26. 10. 1979, AP § 9 KSchG 1969 Nr. 5; *v. Hoyningen-Huene/Linck* § 13 Rz 17a.
35 Vgl. zum früheren Streitstand KR/*Friedrich* § 13 Rz 65 ff. mwN.
36 Vgl. Begründung zu dem Gesetzesentwurf der Bundesregierung und der Fraktionen SPD und Bündnis 90/Die Grünen, BT-Drucks. 15/1204, S. 13.
37 Insoweit wird auf die Kommentierung zu § 10 verwiesen.

gung des Arbeitsverhältnisses auch die Vergütung für die **Laufzeit** der bei ordentlicher Kündigung an sich geltenden **Kündigungsfrist** entgangen ist.[38] Ebenso ist neben den allgemeinen Bemessungskriterien auch das **Maß der Unwirksamkeit** der außerordentlichen Kündigung zu berücksichtigen.[39]

IV. Nichtfortsetzungserklärung

13 Durch die Verweisung von § 13 Abs. 1 Satz 5 KSchG auf § 12 KSchG ist klargestellt, dass der Arbeitnehmer im Falle eines obsiegenden Urteils gegen eine außerordentliche Kündigung auch die Möglichkeit hat, durch Erklärung binnen einer Woche nach Rechtskraft des Urteils die **Fortsetzung** des alten Arbeitsverhältnisses zu **verweigern**.[40] Insoweit gelten die allgemeinen Regelungen des § 12 KSchG.[41]

V. Vergütungsfragen

14 Im Falle der unwirksamen außerordentlichen Kündigung gerät der Arbeitgeber, der den Arbeitnehmer nach Zugang der Kündigung nicht weiterbeschäftigt, regelmäßig in **Annahmeverzug**.[42] Entsprechend hat der Arbeitnehmer Anspruch auf **Entgeltnachzahlung** nach § 615 Abs. 1 BGB. Aus der Verweisung des § 13 Abs. 1 Satz 5 KSchG auf § 11 KSchG ergibt sich, dass der Arbeitnehmer sich auf diesen Anspruch wie auch sonst im Kündigungsschutzverfahren **Zwischenverdienste** sowie böswillig unterlassene Zwischenverdienste und öffentlich-rechtliche Leistungen **anrechnen** lassen muss. Die Anrechnung nach § 11 KSchG gilt auch dann, wenn das Arbeitsverhältnis nicht durch die außerordentliche Kündigung, aber durch eine vorsorglich ausgesprochene ordentliche Kündigung bzw. durch eine in eine ordentliche Kündigung umgedeutete außerordentliche Kündigung endet.[43]

---

38 KR/*Friedrich* § 13 Rz 71.
39 KR/*Friedrich* § 13 Rz 71.
40 APS/*Biebl* § 13 Rz 33; KR/*Friedrich* § 13 Rz 74.
41 Für Einzelheiten siehe die Kommentierung zu § 12.
42 APS/*Biebl* § 13 Rz 31.
43 *BAG* 9. 4. 1981, AP § 11 KSchG 1969 Nr. 1; APS/*Biebl* § 13 Rz 32; KR/*Friedrich* § 13 Rz 72; zu den Einzelheiten der Anrechnung siehe die Kommentierung zu § 11.

C. Sittenwidrige Kündigungen, § 13 Abs. 2 KSchG

I. Anwendungsbereich

Die **sittenwidrige Kündigung** spielt in der Praxis der Gerichte kaum eine Rolle. Auch hat die mitunter schwierige Abgrenzung zur sozialwidrigen Kündigung aufgrund der seit 1.1.2004 einheitlich geltenden dreiwöchigen Klagefrist nach § 4 KSchG an Relevanz verloren. Nach der Rechtsprechung des BAG ist eine Kündigung – sei sie als ordentliche oder außerordentliche Kündigung ausgesprochen – nur dann sittenwidrig, wenn sie sich durch ein **gesteigertes Maß an Verwerflichkeit** auszeichnet, wobei ein strenger Maßstab anzulegen ist. Sittenwidrig ist eine Kündigung nur dann, wenn sie auf einem **besonders verwerflichen Motiv** des Kündigenden beruht, wie insbesondere Rachsucht oder Vergeltung, oder wenn sie aus anderen Gründen dem **Anstandsgefühl aller billig und gerecht Denkenden widerspricht**.[44] Dabei ist Sittenwidrigkeit mehr als ein Verstoß gegen § 242 BGB.[45] Auch eine ohne Grund ausgesprochene und damit willkürliche Kündigung ist noch nicht per se sittenwidrig.[46] Da es auf eine **Gesamtabwägung** aller Umstände des Einzelfalles ankommt,[47] wird eine Kündigung, die nach § 626 BGB oder nach § 1 KSchG gerechtfertigt ist, regelmäßig den Tatbestand der Sittenwidrigkeit nicht erfüllen.[48] Mit der Normierung des Maßregelverbotes in § 612a BGB sind auch die wegen entsprechend verwerflicher Mittel-Zweck-Relation an sich unzulässigen Kündigungen nicht mehr dem Anwendungsbereich die Sittenwidrigkeit des § 138 BGB zuzuordnen, sondern als aus sonstigen Gründen unwirksame Kündigungen nach § 13 Abs. 3 KSchG zu behandeln.[49] Für die Tatsachen, die den Vorwurf der Sittenwidrigkeit begründen sollen, trägt der **Arbeitnehmer** die **Darlegungs- und Beweislast**.[50]

---

44 *BAG* 23.11.1961, AP § 138 BGB Nr. 22 und st.Rspr.; KR/*Friedrich* § 13 Rz 123; ErfK/*Ascheid* § 13 Rz 21; *v. Hoyningen-Huene/Linck* § 13 Rz 61a; APS/*Biebl* § 13 Rz 49.
45 ErfK/*Ascheid* § 13 Rz 22.
46 ErfK/*Ascheid* § 13 Rz 24; *v. Hoyningen-Huene/Linck* § 13 Rz 61.
47 *BAG* 24.4.1997, AP § 611 BGB Kirchendienst Nr. 27.
48 *V. Hoyningen-Huene/Linck* § 13 Rz 61b.
49 ErfK/*Ascheid* § 13 Rz 22.
50 *BAG* 19.7.1973, AP § 138 BGB Nr. 32 und hL: APS/*Biebl* § 13 Rz 50; KR/*Friedrich* § 13 Rz 127; für abgestufte Darlegungs- und Beweislast *v. Hoyningen-Huene/Linck* § 13 Rz 62.

§ 13   Außerordentliche, sittenwidrige und sonstige Kündigungen

▶ **Beispiel 1:**

Kündigung eines Arbeitnehmers, der zuvor die Beihilfe zu strafbaren Handlungen des Arbeitgebers und unsittliche Zumutungen abgelehnt hatte;[51]

▶ **Beispiel 2:**

Kündigung eines Arbeitnehmers aufgrund eines vom Arbeitgeber mitverursachten Arbeitsunfalls;[52]

▶ **Beispiel 3:**

Kündigung einer Arbeitnehmerin, die allein deswegen erfolgte, um ihren Ehemann, der fristgerecht gekündigt hatte, zum Verbleib beim Arbeitgeber zu bewegen;[53]

▶ **Beispiel 4:**

Kündigung unter Missachtung einer entgegenstehenden gerichtlichen Entscheidung, durch die der betreffende Kündigungsgrund zuvor bereits missbilligt worden war.[54]

16   Eine Kündigung ist allerdings nicht schon deshalb als sittenwidrig einzustufen, weil sie unter für den Arbeitnehmer belastenden Begleitumständen ausgesprochen wird, die Kündigung an sich jedoch auf zulässige Erwägungen gestützt wird, wie beispielsweise bei Zugang einer Kündigung am 24.12.,[55] oder die Kündigung eines Aids-infizierten Arbeitnehmers, die allgemein auf dessen lang andauernde krankheitsbedingte Arbeitsunfähigkeit gestützt wird.[56]

II.   Rechtsfolgen

17   Sittenwidrige Kündigungen sind »**aus anderen Gründen**« rechtsunwirksam im Sinne des § 4 Abs. 1 KSchG, so dass auch für die Geltendmachung dieser Kündigungen seit 1. 1. 2004 die **dreiwöchige Klagefrist** des § 4 Abs. 1 KSchG sowie die Regelungen über die Zulassung

---

51 *ArbG Göttingen* 9. 3. 1961, DB 1961, 1296.
52 *BAG* 8. 6. 1972, AP § 1 KSchG 1969 Nr. 1.
53 *ArbG Detmold* 25. 10. 1960, ARSt Band XXVI Nr. 48, zit. nach KR/*Friedrich* § 13 Rz 143.
54 *BAG* 26. 8. 1993, EzA § 322 ZPO Nr. 9 = AP § 626 BGB Nr. 113; *BAG* 12. 10. 1954, AP § 3 KSchG 1951 Nr. 5.
55 *BAG* 14. 11. 1984, EzA § 242 BGB Nr. 38 = AP § 626 BGB Nr. 88.
56 *BAG* 16. 2. 1989, EzA § 138 BGB Nr. 23 = AP § 138 BGB Nr. 46.

verspäteter Klagen (§ 5 KSchG) und die verlängerte Anrufungsfrist (§ 6 KSchG) gelten.[57] Durch die Verweisung auf § 9 Abs. 1 Satz 1 und Abs. 2 KSchG sowie auf die §§ 10 bis 12 KSchG ist weiterhin geregelt, dass der Arbeitnehmer im Falle einer sittenwidrigen Kündigung auch berechtigt ist, einen **Auflösungsantrag** zu stellen bzw. die **Nichtfortsetzung** seines Arbeitsverhältnisses zu erklären.[58] Darüber hinaus wird ein Arbeitnehmer, dessen Arbeitgeber ihm gegenüber eine sittenwidrige Kündigung ausgesprochen hat, regelmäßig seinerseits zur **fristlosen Kündigung** des Arbeitsverhältnisses berechtigt sein mit der Folge, dass er **Schadenersatz** nach § 628 Abs. 2 BGB verlangen kann.[59] Dies gilt aber nicht, wenn dem Arbeitnehmer im Rahmen der gerichtlichen Auflösung bereits eine Abfindung nach §§ 9, 10 KSchG zuerkannt wurde.[60] Dem **Arbeitgeber** steht – wie im Falle der außerordentlichen Kündigung[61] – **kein Auflösungsantragsrecht** zu.

D. Sonstige Kündigungen, § 13 Abs. 3 KSchG

I. Regelungsgehalt

§ 13 Abs. 3 KSchG stellt für sonstige Kündigungen, die aus anderen als den in § 1 Abs. 2 und 3 KSchG bezeichneten Gründen unwirksam sind, klar, dass mit Ausnahme der Regelungen zur Klagefrist in §§ 4 bis 7 KSchG die Vorschriften des ersten Abschnitts **keine Anwendung** finden. Dies gilt insbesondere für die **sechsmonatige Wartezeit** nach § 1 Abs. 1 KSchG und für die Vorschriften über die **gerichtliche Auflösung** des Arbeitsverhältnisses nach §§ 9 und 10 KSchG.[62] Mangels Verweisung besteht im Falle einer aus sonstigen Gründen unwirksamen Kündigung auch keine Möglichkeit für den Arbeitnehmer, gemäß § 12 KSchG die **Nichtfortsetzung** des Arbeitsverhältnisses zu erklären. Der **Arbeitnehmer** ist durch § 13 Abs. 3 KSchG jedoch **nicht gehindert, sich** gegebenenfalls auch **auf** die neben sonstigen Unwirksamkeitsgründen bestehende **Sozialwidrigkeit der Kündigung** zu berufen. Sofern tatsächlich Sozialwidrigkeit iSd § 1 KSchG gegeben ist, kann der Arbeitnehmer dann nach den **allgemeinen Regelungen** vorgehen und bei-

18

---

57 Vgl. die Begründung zum Gesetzentwurf der Bundesregierung und der Fraktionen der SPD und Bündnis 90/Die Grünen, BT-Drucks. 15/1204, S. 13.
58 Für Einzelheiten siehe die Kommentierung zu § 9 und § 12 Rz 2 ff.
59 *V. Hoyningen-Huene/Linck* § 13 Rz 69; KR/*Friedrich* § 13 Rz 159.
60 *BAG* 12. 6. 2003, BB 2003, 2747; *BAG* 9. 9. 1992 – 2 AZR 142/92, veröffentlicht in Juris und RzK I 10e Nr. 13.
61 Vgl. dazu oben Rz 9 f.
62 Vgl. die Begründung zur Beschlussempfehlung und Bericht des Ausschusses für Wirtschaft und Arbeit, BT-Drucks. 15/1587, S. 27.

spielsweise auch Auflösung des Arbeitsverhältnisses gegen Zahlung einer Abfindung beantragen.[63] Ob auch dem **Arbeitgeber** in diesem Fall ein **Auflösungsantragsrecht** zusteht, ist umstritten.[64] In der Praxis wird man allerdings auf die Rechtsprechung des BAG abzustellen haben, nach der zumindest bei Unwirksamkeit der Kündigung wegen Verstoß gegen spezielle Schutznormvorschriften, wie beispielsweise § 9 MuSchG, dem Arbeitgeber kein Auflösungsanspruch zusteht, wenn die Kündigung unabhängig von ihrer Sozialwidrigkeit auch aus solchen anderen Gründen unwirksam ist.[65]

II. Anwendungsbereich

1. Verstoß gegen gesetzliche Kündigungsbeschränkungen und -verbote

19 Hauptanwendungsfälle der aus sonstigen Gründen unwirksamen Kündigungen iSd § 13 Abs. 3 KSchG sind die Fälle der **Verstöße gegen gesetzliche Kündigungsverbote** gemäß § 134 BGB sowie **Verstöße gegen** sonstige zur Nichtigkeit der Kündigung führende **Kündigungsbeschränkungen.**

▶ Beispiel 1:[66]

Kündigungen, die gegen die grundgesetzlich geschützte Koalitionsfreiheit des Artikel 9 Abs. 3 GG verstoßen, wie beispielsweise Kündigungen wegen Gewerkschaftszugehörigkeit;[67]

▶ Beispiel 2:

Kündigungen, die gegen das Diskriminierungsverbot des Artikel 3 Abs. 3 Satz 1 GG verstoßen, dh solche Kündigungen, die nur wegen des Geschlechts, der Abstammung, der Rasse, der Sprache,

---

63 *BAG* 29. 1. 1981, AP § 9 KSchG 1969 Nr. 6; APS/*Biebl* § 13 Rz 67; ErfK/*Ascheid* § 13 Rz 32; *v. Hoyningen-Huene/Linck* § 13 Rz 94; weitergehend – für generelles Auflösungsantragsrecht des Arbeitnehmers nach § 13 Abs. 3 – KR/*Friedrich* § 13 Rz 351.
64 Hierzu mit überzeugenden Gründen für Auflösungsantragsrecht des Arbeitgebers APS/*Biebl* § 9 Rz 11 sowie § 13 Rz 67; KR/*Spilger* § 9 Rz 27 ff.; aA ErfK/ *Ascheid* § 9 Rz 18; *v. Hoyningen-Huene/Linck* § 9 Rz 15.
65 *BAG* 10. 11. 1994, AP § 9 KSchG 1969 Nr. 24; zu den Einzelheiten vgl. die Kommentierung zu § 9 Rz 11.
66 Eine umfassende Aufzählung und Erläuterung der Anwendungsfälle des § 13 Abs. 3 finden sich bei KR/*Friedrich* § 13 Rz 178 ff.
67 *BAG* 5. 3. 1987 – 2 AZR 187/86, veröffentlicht in Juris und RzK I 8I Nr. 6.

Außerordentliche, sittenwidrige und sonstige Kündigungen § 13

der Heimat und Herkunft, des Glaubens, der religiösen oder politischen Weltanschauung des Arbeitnehmers erfolgen;[68]

▶ **Beispiel 3:**

Kündigungen, die gegen das gesetzliche Maßregelverbot nach § 612a BGB verstoßen;[69]

▶ **Beispiel 4:**

Kündigungen, die gegen das Verbot der geschlechtsbezogenen Benachteiligung verstoßen, § 611a BGB;[70]

▶ **Beispiel 5:**

Kündigungen wegen Betriebsüberganges, § 613a Abs. 4 BGB;

▶ **Beispiel 6:**

Kündigungen, die wegen unterlassener Betriebsratsanhörung unwirksam sind, § 102 Abs. 1 BetrVG;[71]

▶ **Beispiel 7:**

Kündigungen, die gegen die Beschränkungen des § 9 MuSchG oder § 18 BErzGG verstoßen;

▶ **Beispiel 8:**

Kündigungen gegenüber schwerbehinderten Mitarbeitern, die ohne vorherige Zustimmung des Integrationsamtes ausgesprochen werden, §§ 85, 91 SGB IX;

▶ **Beispiel 9:**

Kündigungen, die gegen das spezialgesetzlich normierte Diskriminierungsverbot der §§ 4 Abs. 1, 11 TzBfG verstoßen;

▶ **Beispiel 10:**

Kündigungen, die gegen spezialgesetzlich normierte Benachteiligungsverbote von mit besonderen Aufgaben betrauten Arbeitneh-

---

68 Vgl. KR/*Friedrich* § 13 Rz 184 mwN.
69 *LAG Hamm* 18. 12. 1987, DB 1988, 917.
70 Vgl. KR/*Friedrich* § 13 Rz 184a mwN.
71 KR/*Friedrich* § 13 Rz 217.

mern verstoßen, wie dies beispielsweise § 4f Abs. 3 Satz 3 BDSG für den betrieblichen Datenschutzbeauftragten, § 58 BImSchG für den Betriebsbeauftragten für Immissionsschutz und § 22 Abs. 3 SGB VII für den Sicherheitsbeauftragten vorsehen;[72]

▶ **Beispiel 11:**

Kündigungen, die gegen das Verbot der Behinderung der Wahl des Betriebsrates verstoßen, § 20 BetrVG;[73]

▶ **Beispiel 12:**

Kündigungen, die wegen unzureichender Vertretungsmacht bzw. fehlender Vollmachtsvorlage unwirksam sind, §§ 180, 174 BGB;[74]

▶ **Beispiel 13:**

Kündigungen, die wegen Verstoß gegen tarifliche oder vertragliche Kündigungsverbote unwirksam sind.[75]

2. Verstoß gegen Treu und Glaube, § 242 BGB

20 Weiterhin zählen auch die gegen **Treu und Glauben**, § 242 BGB, verstoßenden Kündigungen zu den nach § 13 Abs. 3 KSchG aus sonstigen Gründen unwirksamen Kündigungen. Auch insoweit hat aufgrund der nunmehr einheitlich geltenden dreiwöchigen Kündigungsfrist die bislang schwierige Abgrenzung zu den sozialwidrigen Kündigungen nach § 1 Abs. 2 und 3 KSchG[76] an Relevanz verloren. Einen nach wie vor wichtigen Anwendungsfall der treuwidrigen Kündigung dürften allerdings auch in Zukunft die von § 1 KSchG nicht erfassten Fälle der **Kündigungen in Kleinbetrieben** bilden. Zwar wird über § 242 BGB der Kündigungsschutz nicht über § 1 Abs. 1 und § 23 KSchG hinaus ausgedehnt.[77] Allerdings kann im Einzelfall die verfassungsgemäße Auslegung des § 23 KSchG auch bei Kündigungen im Kleinbetrieb ein **Minimum an sozialer Rücksichtnahme** durch den Arbeitgeber erfordern,[78] so dass extrem grobe Verstöße gegen Sozialauswahlkriterien aus-

---

72 Vgl. die umfangreichen Nachweise bei KR/*Friedrich* § 13 Rz 216e ff.
73 KR/*Friedrich* § 13 Rz 206.
74 *V. Hoyningen-Huene/Linck* § 13 Rz 85.
75 *V. Hoyningen-Huene/Linck* § 13 Rz 84; KR/*Friedrich* § 13 Rz 260 ff.
76 Vgl. etwa *v. Hoyningen-Huene/Linck* § 13 Rz 87.
77 ErfK/*Ascheid* § 13 Rz 30; *v. Hoyningen-Huene/Linck* § 13 Rz 90.
78 BVerfG 27. 1. 1998, AP § 23 KSchG 1969 Nr. 18.

Außerordentliche, sittenwidrige und sonstige Kündigungen § 13

nahmsweise zu einer Unwirksamkeit der Kündigung wegen Verstoßes gegen Treu und Glauben gemäß § 242 BGB führen können,[79] vorausgesetzt, der gekündigte Arbeitnehmer ist dem nichtgekündigten Arbeitnehmer betrieblich vergleichbar.[80]

▶ **Beispiel:**
Gibt es keine sachlichen Gründe dafür, einen bestimmten Arbeitnehmer zu kündigen bzw. anderen vergleichbaren Arbeitnehmern nicht zu kündigen, und entlässt der Arbeitgeber dennoch den Arbeitnehmer mit der mit Abstand am längsten Betriebszugehörigkeit, dem höchsten Alter und den meisten Unterhaltspflichten, so spricht alles dafür, dass der Arbeitgeber das verfassungsrechtlich gebotene Mindestmaß an sozialer Rücksichtnahme außer Acht gelassen hat mit der Folge einer möglichen Unwirksamkeit einer solchen Kündigung.[81]

▶ **Praxistipp:**
Im Anschluss an die neuere Rechtsprechung kann sich auch für Arbeitgeber in Kleinbetrieben empfehlen, sachliche Gründe für die Kündigungsauswahl vorab zu dokumentieren, wenn aus einer Gruppe vergleichbarer Arbeitnehmer ein Arbeitnehmer mit höherer sozialer Schutzwürdigkeit gekündigt werden soll.

Bei Kündigungen von Arbeitnehmern **während** der sechsmonatigen **Wartezeit** besteht **keine Vergleichbarkeit** mit Arbeitnehmern, die bereits länger als sechs Monate beschäftigt sind. Diese Kündigungen können jedoch aus anderen Gründen gegen § 242 BGB verstoßen und deshalb nichtig sein,[82] beispielsweise bei widersprüchlichem Verhalten des Arbeitgebers.[83] Dem Bereich der treuwidrigen Kündigungen sind auch die **Kündigungen zur Unzeit** zuzurechnen, bei denen die Wahl des Zeitpunkts oder des Ortes der Überreichung der Kündigung diese als besonders ungehörig oder anstößig erscheinen lassen.[84] Allerdings kann der Kündigungszeitpunkt für sich allein regelmäßig nicht zur Unwirksamkeit der Kündigung führen, sofern nicht weitere Umstände hinzukommen, die die Kündigung in die Nähe einer so genannten

21

---

79 *BAG* 21. 2. 2001, AP § 242 BGB Kündigung Nr. 12.
80 *BAG* 6. 2. 2003, AP § 23 KSchG 1969 Nr. 30 = NZA 2003, 717; ErfK/*Ascheid*§ 13 Rz 30.
81 Vgl. *BAG* 21. 2. 2001, AP § 242 BGB Kündigung Nr. 12.
82 ErfK/*Ascheid* § 13 Rz 30; KR/*Friedrich* § 13 Rz 232.
83 ErfK/*Ascheid* § 13 Rz 30; *v. Hoyningen-Huene/Linck* § 13 Rz 92 c; KR/*Friedrich* § 13 Rz 236.
84 KR/*Friedrich* § 13 Rz 248.

ungehörigen Kündigung rücken, d. h. eine absichtliche oder missachtende Gedankenlosigkeit der persönlichen Belange des Empfängers darstellen, die diesen besonders beeinträchtigen.[85] Auch eine am 24.12.[86] oder kurz nach Ableben eines nahen Angehörigen oder Ehegatten ausgesprochene Kündigung[87] ist daher nicht schon als Kündigung zur Unzeit mit der Folge der Unwirksamkeit nach § 242 BGB anzusehen. Regelmäßig ist es auch nicht treuwidrig, wenn der Arbeitgeber kurz vor Ablauf der Wartefrist des § 1 Abs. 1 KSchG die Kündigung erklärt, da er hierbei nur seine gesetzlich geregelten Rechte wahrnimmt.[88] Allenfalls bei Hinzutreten besonders treuwidriger Umstände kann bei einer solchen Kündigung im Einzelfall nach dem Rechtsprinzip des § 162 BGB eine Einräumung von Kündigungsschutz für den Arbeitnehmer in Frage kommen.[89]

▶ **Praxistipp:**

In der Praxis sollte der Arbeitgeber eine Probezeitkündigung in jedem Fall rechtzeitig – möglichst mindestens ein bis zwei Wochen – vor Ablauf der Probezeit zustellen, um gegebenenfalls auch auf vom Arbeitnehmer gerügte Vollmachtsmängel, Zustellungsprobleme o. ä. Mängel der Kündigung noch innerhalb der Probezeit reagieren zu können.

22   Von der Rechtsprechung für treuwidrig erachtet wurden Kündigungen zum **Beispiel** in folgenden Fällen:

▶ **Beispiel 1:**

Kündigung während der Probezeit nur wegen der homosexuellen Orientierung des Arbeitnehmers;[90]

▶ **Beispiel 2:**

eine unsubstantiierte Verdachtskündigung, bei der der Arbeitgeber dem Arbeitnehmer keinerlei Hinweise zu der Quelle seines Verdachts gegeben hat, so dass dieser keinerlei Gelegenheit zur Stellungnahme und Rechtfertigung hatte;[91]

---

85 St.Rspr., vgl. etwa *BAG* 5. 4. 2001, AP § 242 BGB Kündigung Nr. 13.
86 *BAG* 14. 11. 1984, EzA § 242 BGB Nr. 38 = AP zu § 626 BGB Nr. 88.
87 *BAG* 5. 4. 2001, AP § 242 BGB Kündigung Nr. 13.
88 ErfK/*Ascheid* § 13 Rz 31; KR/*Friedrich* § 13 Rz 250.
89 *BAG* 20. 9. 1957, AP § 1 KSchG Nr. 34; KR/*Friedrich* § 13 Rz 250.
90 *BAG* 23. 6. 1994, AP § 242 BGB Kündigung Nr. 9.
91 *BAG* 30. 11. 1960, AP § 242 BGB Kündigung Nr. 2.

▶ **Beispiel 3:**
Kündigung, mit der der Arbeitgeber sich in Widerspruch zu seinem früheren Verhalten gesetzt hat, indem er bei einem Zeitvertrag den Arbeitnehmer zunächst unter Hinweis auf das angeblich fehlende ordentliche Kündigungsrecht von einer Eigenkündigung abbrachte, dann später aber seinerseits trotz des angeblich fehlenden Kündigungsrechts eine ordentliche Kündigung aussprach.[92]

---

92 *BAG* 8. 6. 1972, AP § 13 KSchG 1969 Nr. 1.

§ 14 Angestellte in leitender Stellung

(1) Die Vorschriften dieses Abschnitts gelten nicht
1. in Betrieben einer juristischen Person für die Mitglieder des Organs, das zur gesetzlichen Vertretung der juristischen Person berufen ist,
2. in Betrieben einer Personengesamtheit für die durch Gesetz, Satzung oder Gesellschaftsvertrag zur Vertretung der Personengesamtheit berufenen Personen.

(2) [1]Auf Geschäftsführer, Betriebsleiter und ähnliche leitende Angestellte, soweit diese zur selbständigen Einstellung oder Entlassung von Arbeitnehmern berechtigt sind, finden die Vorschriften dieses Abschnitts mit Ausnahme des § 3 Anwendung. [2]§ 9 Abs. 1 Satz 2 findet mit der Maßgabe Anwendung, dass der Antrag des Arbeitgebers auf Auflösung des Arbeitsverhältnisses keiner Begründung bedarf.

Literatur
Bauer, Nun Schriftform bei Beförderung zum Geschäftsführer?, GmbHR 2000, 767 ff.; *Böhmke,* Das Dienstverhältnis des GmbH-Geschäftsführers zwischen Gesellschafts- und Arbeitsrecht, ZfA 1998, 209 ff.; *Wagener,* Leitende Angestellte: Verbesserung des Kündigungsschutzes, BB 1975, 1401 ff.; *Zimmer,* Kündigungen im Management: § 623 BGB gilt nicht für GmbH-Geschäftsführer und AG-Vorstände, BB 2003, 1175 ff.

Inhalt

		Rz
A.	Inhalt und Zweck der Regelung	1
B.	Ausgenommene Personengruppen	2–36
	I. Gesetzliche Vertreter von juristischen Personen	2–30
	1. Aktiengesellschaft (AG)	13–15
	2. Kommanditgesellschaft auf Aktien (KGaA)	16–17
	3. Versicherungsverein auf Gegenseitigkeit (VVaG)	18–20
	4. Gesellschaft mit beschränkter Haftung (GmbH)	21–23
	5. GmbH & Co. KG	24–26
	6. Eingetragene Genossenschaft (eG)	27–28
	7. Rechtsfähiger Verein (e.V.)	29
	8. Stiftung	30
	II. Organschaftliche Vertreter von Personengesamtheiten	31–36
	1. Offene Handelsgesellschaft (OHG)	33
	2. Kommanditgesellschaft (KG)	34
	3. Gesellschaft bürgerlichen Rechts (GbR)	35
	4. Nichtrechtsfähiger Verein	36
C.	Leitende Angestellte	37–65
	I. Wer ist leitender Angestellter	37–40

	II. Leitende Angestellte im Kündigungsschutzprozess	41–58
	III. Rechtsprechung	59–65
D.	Einschränkungen des Kündigungsschutzes	66–71
	I. Ausschluss des § 3 KSchG	66–67
	II. Antrag des Arbeitgebers auf Auflösung des Arbeitsverhältnisses nach § 9 Abs. 1 KSchG	68–71
E.	**Besondere Fragen des Kündigungsschutzes für leitende Angestellte**	72–75
F.	Gerichtliches Verfahren	76–80

A. Inhalt und Zweck der Regelung

Die Vorschrift des § 14 KSchG enthält zwei sehr unterschiedliche und voneinander zu trennende Regelungen. Einerseits stellen § 14 Abs. 1 Nr. 1 und Nr. 2 KSchG klar, dass die zu ihrer gesetzlichen Vertretung berufenen **Organmitglieder** juristischer Personen und die Vertreter von Personengesamtheiten aus dem Anwendungsbereich des allgemeinen Kündigungsschutzes der §§ 1 ff. KSchG **herausgenommen** sind, andererseits nach § 14 Abs. 2 KSchG, Geschäftsführer, Betriebsleiter und ähnliche **leitende Angestellte** zumindest partiell in den allgemeinen Kündigungsschutz **miteinbezogen** werden. Diese gesetzliche Differenzierung beruht auf der Vorstellung des Gesetzgebers, dass die Organvertreter von juristischen Personen sowie die Vertreter von Personengesamtheiten sozial nicht schutzbedürftig sind und Geschäftsführer, Betriebsleiter und ähnliche leitende Angestellte zwar eines solchen sozialen Schutzes grundsätzlich bedürfen, der Arbeitgeber aber wegen der besonderen Vertrauensstellung dieser leitenden Angestellten ein verstärktes Interesse an der Auflösung ihrer Arbeitsverhältnisse habe. Deshalb sollte dem Arbeitgeber die Möglichkeit eingeräumt werden, die Auflösung des Arbeitsverhältnisses ohne besondere Gründe, jedoch gegen Zahlung einer angemessenen Abfindung zu gestatten.

B. Ausgenommene Personengruppen

I. Gesetzliche Vertreter von juristischen Personen

Nach § 14 Abs. 1 Nr. 1 KSchG gelten die Vorschriften des ersten Abschnitts des Kündigungsschutzgesetzes (§§ 1–13) nicht für Mitglieder des Organs, das zur gesetzlichen Vertretung der juristischen Person berufen ist. Die Vorschrift knüpft damit an die **formelle Berufung zum Organ** einer juristischen Person. Maßgeblich ist hierbei die materielle Rechtslage und nicht der jeweilige Inhalt des Handelsregisters. So wird ein Geschäftsführer mit seiner Bestellung durch die Gesellschafter zum

Organvertreter nach § 14 Abs. 1 Nr. 1 KSchG und nicht erst durch die Anmeldung bzw. tatsächlich Eintragung ins Handelsregister. Gleiches gilt für den Fall seiner Abberufung.

3 Maßgeblicher Zeitpunkt für das Bestehen einer solchen organschaftlichen Stellung ist der **Zugang der Kündigung**. Das heißt jedoch nicht, dass mit zB der Abberufung eines Geschäftsführer dieser unmittelbar dem allgemeinen Kündigungsschutz unterfällt. Es ist zwar so, dass die Abberufung und Entlassung eines Geschäftsführers zunächst durch die Gesellschafter beschlossen wird und eine entsprechende Kündigung im Regelfall erst nach dieser Abberufung dem Geschäftsführer zugeht. § 14 Abs. 1 Nr. 1 KSchG bleibt in diesem Fall anwendbar, wenn nach Abberufung des Geschäftsführers nicht ausdrücklich oder konkludent ein Arbeitsverhältnis begründet wird oder ein ruhendes Arbeitsverhältnis wiederauflebt.

4 Neben dem Dienstverhältnis mit dem Organvertreter kann ein für die Zeit der Berufung als Organvertreter **ruhendes Arbeitsverhältnis** bestehen, das mit der Kündigung des Dienstverhältnisses wiederauflebt. Für die Beendigung dieses Arbeitsverhältnisses findet das Kündigungsschutzgesetz Anwendung. Diese Situation kann regelmäßig dann gegeben sein, wenn der Mitarbeiter bei seiner Berufung zum Organvertreter bereits Arbeitnehmer der Gesellschaft war (sog. »Aufsteigergeschäftsführer«).

5 Früher hat das BAG angenommen, im Zweifel komme das Arbeitsverhältnis bei der Berufung zum Organvertreter nur zum Ruhen.[1] Folge war, dass sich zB der Geschäftsführer einer GmbH mit seiner Abberufung in einem Kündigungsschutzprozess auf den bisher erworbenen Bestandsschutz seines alten Arbeitsverhältnisses berufen konnte. Voraussetzung für diese Annahme eines solchen ruhenden Arbeitsvertrages neben dem Dienstverhältnis zwischen der GmbH und dem Geschäftsführer war, dass die Parteien den alten Vertrag nicht aufheben wollten, bei beiden Parteien also ein entsprechender **Wille zum Fortbestand des Arbeitsverhältnisses** vorhanden sei. Dieser Wille wurde schon dann vermutet, wenn der Geschäftsführer zu wesentlich gleichen Konditionen beschäftigt wurde, insbesondere kein wesentlich höheres Gehalt bei seiner Berufung zum Geschäftsführer erhielt. In diesem Fall müsse davon ausgegangen werden, dass der Geschäftsführer nicht auf den einmal erreichten Kündigungsschutz habe **verzichten** wollen, da die Rechtsnachteile nicht durch eine höhere Vergütung auf-

---

[1] *BAG* 9. 5. 1985, EzA § 5 AGG 1979 Nr. 3.

Angestellte in leitender Stellung § 14

gewogen würden. Im Zweifel sei daher mit der Bestellung eines Angestellten zum Geschäftsführer einer GmbH ohne Änderung der Vertragsbedingungen im Übrigen davon auszugehen, dass das bisherige Arbeitsverhältnis lediglich suspendiert und nicht beendet sei.[2]

Diese Auffassung hat das BAG später in Frage gestellt. Es ging davon aus, dass jedenfalls dann, wenn das Arbeitsverhältnis nur der Erprobung dienen sollte, dieses im Zweifel mit dem Abschluss des Anstellungsvertrages als Organ beendet ist. Fehlender Bestandsschutz des Arbeitnehmers spreche für den Willen zur Aufhebung des Arbeitsverhältnisses.[3] In einem anderen Beschluss ging das BAG davon aus, dass im Falle des Abschlusses eines vollständig neuen Geschäftsführer-Dienstvertrages **im Zweifel nicht angenommen** werden könne, dass daneben ein ruhendes Arbeitsverhältnis fortbestehen solle, zumal bei Gewährung einer höheren Vergütung.[4] 6

Später hat das BAG dann entschieden, dass wenn ein in leitender Position beschäftigter Arbeitnehmer zum Geschäftsführer einer neu gegründeten GmbH bestellt wird, die wesentliche Teilaufgaben des Betriebs seines bisherigen Arbeitgebers übernimmt (Ausgliederung einer Bauträger-GmbH aus einem Architektur-Büro), **im Zweifel** mit Abschluss des Geschäftsführer-Dienstvertrages das bisherige Arbeitsverhältnis **aufgehoben** wird. Auch bei einer nur geringen Anhebung der Geschäftsführer-Bezüge gegenüber dem früheren Gehalt spräche dann mangels weiterer Anhaltspunkte eine **Vermutung** dafür, dass nach dem Willen der Parteien nicht neben dem Geschäftsführer-Dienstvertrag mit der neuen GmbH noch ein Anstellungsverhältnis mit dem bisherigen Arbeitgeber ruhend fortbestehen soll.[5] 7

Die damit vollzogene Wende zur Annahme einer **konkludenten Aufhebungsvereinbarung** hinsichtlich des bestehenden Arbeitsverhältnisses hat das BAG jedoch noch nicht vollständig vollzogen. In seinem Urteil vom 8.6.2000[6] hat das Gericht nur festgestellt, dass es an seiner bisherigen Rechtsprechung bei Sachverhalten dieser Art nicht mehr festhalte. Eine genaue Prüfung der Anhaltspunkte für eine konkludente Aufhebungsvereinbarung des Arbeitsvertrages ist daher weiterhin geboten. 8

---

2 *BAG* 8.6.2000, AP § 5 ArbGG 1979 Nr. 49 m. Anm. *Neu*.
3 *BAG* 7.10.1993, EzA § 5 ArbGG 1979 Nr. 9.
4 *BAG* 28.9.1995, EzA § 5 ArbGG 1979 Nr. 12.
5 *BAG* 8.6.2000, EzA § 5 ArbGG 1979 Nr. 35.
6 *BAG* 8.6.2000, EzA § 5 ArbGG 1979 Nr. 35.

§ 14 Angestellte in leitender Stellung

▶ **Praxistipp:**

Bei Zweifeln an der konkludenten oder vereinbarten Aufhebung eines früheren Arbeitsvertrages mit einem Organvertreter sollte der Arbeitsvertrag in jedem Falle separat, ggf. auch unter – vorsorglicher – Anhörung des Betriebsrats nach § 102 BetrVG und Mitteilung nach § 105 BetrVG, gekündigt werden.

9 Ein Arbeitsverhältnis kann durch **schlüssiges Verhalten** aufgehoben werden. Ein solcher Wille muss jedoch unzweifelhaft und eindeutig zum Ausdruck gekommen sein.[7] Bedenken gegen die Wirksamkeit einer solchen Aufhebungsvereinbarung durch schlüssiges Verhalten ergeben sich jedoch nunmehr aus § 623 BGB. Danach bedarf die Beendigung von Arbeitsverhältnissen durch Auflösungsvertrag der strengen **Schriftform** des § 126 BGB.[8] Eine lediglich konkludente Aufhebung scheidet demzufolge aus.[9] Die Regelung wurde zum 1. 5. 2000 eingeführt, so dass zumindest bei der Aufhebung von Arbeitsverträgen nach diesem Datum die Beachtung der Schriftform erforderlich ist.

▶ **Praxistipp:**

Das Arbeitsverhältnis sollte gesondert durch eine von beiden Seiten unterschriebene Vereinbarung beendet werden, um so der gebotenen Schriftform nach § 126 BGB zu genügen.

Es bietet sich hier die folgende Formulierung an:

▶ **Formulierungsbeispiel:**

Dieser Dienstvertrag enthält die gesamte Vereinbarung zwischen den Parteien. Darüber hinausgehende mündliche oder schriftliche Absprachen wurden nicht getroffen. Frühere schriftliche oder mündliche Absprachen und Anstellungsverträge, insbesondere der Arbeitsvertrag vom [Datum] sind hiermit aufgehoben.

10 Soweit möglich sollte in dieser Aufhebungsklausel der bisherige Arbeitsvertrag explizit genannt werden. Eine Klausel, nach der generell alle bisherigen Vereinbarungen zwischen den Parteien durch den neuen Dienstvertrag ersetzt werden sollen, ist unklar und auslegungsbedürftig, da sie das bisherige Arbeitsverhältnis nicht konkret benennt und aufhebt.

---

7 ErfK/*Müller-Glöge* § 620 BGB Rz 5.
8 Hierzu ausführlich *Bauer* GmbHR 2000, 767 ff.
9 ErfK/*Müller-Glöge* § 623 BGB Rz 12.

Unabhängig hiervon ist die Frage, ob § 623 BGB auch auf die Kündigung und einvernehmliche Aufhebung von Dienstverhältnissen mit Organen anwendbar ist. Dies wird aufgrund des Wortlauts der Vorschrift, der auf Arbeitsverhältnisse abstellt, sowie den Zweck der Vorschrift zur Entlastung der Arbeitsgerichte allgemein verneint.[10] Der Dienstvertrag mit Organen kann daher durchaus auch per Fax, E-Mail oder theoretisch sogar mündlich erfolgen. Der Kündigende trägt jedoch stets die Beweislast für Inhalt und Zugang der Kündigungserklärung bzw. des Aufhebungsvertrages. Aus diesem Grund empfiehlt sich die Einhaltung der Schriftform auch bei Kündigungen und Aufhebungsverträgen gegenüber Organen.

§ 23 Abs. 1 Satz 1 KSchG eröffnet den Geltungsbereich für Betriebe und Verwaltungen des privaten und öffentlichen Rechts. Dagegen erwähnt § 14 Abs. 1 Nr. 1 und 2 KSchG nur »**Betriebe**« von juristischen Personen bzw. Personengesamtheiten. In den von juristischen Personen des öffentlichen Rechts geführten Betrieben (zB Gemeinden, Gemeindezweckverbände, Kreise, Kirchengemeinden, Handelskammern, Handwerksinnungen, Berufsgenossenschaften, Anwaltskammern, Sozialversicherungsträger)[11] sind jedoch ebenfalls organschaftliche Vertreter tätig, die ähnliche Funktionen wie in der Privatwirtschaft wahrnehmen. Wegen der Vergleichbarkeit der Interessenlage ist davon auszugehen, dass § 14 Abs. 1 Nr. 1 KSchG auch für die **nichtbeamteten organschaftlichen Vertreter der juristischen Personen des öffentlichen Rechts** gilt.

1. Aktiengesellschaft (AG)

Nach § 78 Abs. 1 AktG sind alle **Mitglieder des Vorstandes** gesetzliche Vertreter der Aktiengesellschaft, unabhängig davon, ob nach § 84 Abs. 2 AktG ein Vorstandsvorsitzender bestellt wurde. Der **Aufsichtsrat** ist nicht gesetzlicher Vertreter der Aktiengesellschaft und fällt somit nicht unter § 14 Abs. 1 Nr. 1 KSchG, auch wenn er nach § 112 AktG die Gesellschaft gegenüber den Vorstandsmitgliedern vertritt. Insbesondere für die **Arbeitnehmervertreter im Aufsichtsrat** gelten daher die §§ 1 ff. KSchG uneingeschränkt, es sei denn, sie können als leitende Angestellte im Sinne des § 14 Abs. 2 KSchG qualifiziert werden, so dass diese Vorschriften nur eingeschränkt gelten.

Im Fall der **Abwicklung** der Aktiengesellschaft wird diese nach § 269 AktG durch die Abwickler vertreten. Dies sind nach § 265 Abs. 1 AktG

---
10 *Zimmer* BB 2003, 1175 ff. mwN.
11 KR/*Rost* § 14 KSchG Rz 7.

die Vorstandsmitglieder, es sei denn, durch Satzung oder Beschluss der Hauptversammlung ist eine andere Person als Abwickler bestellt (§ 265 Abs. 2 AktG).

15 Gleiches gilt für **Pensionsfonds,** soweit sie als Aktiengesellschaft organisiert sind. Nach § 113 Abs. 1 VAG gelten für sie die auf die Lebensversicherungsunternehmen anzuwendenden Vorschriften des VAG. Diese können nach § 7 VAG nur als Aktiengesellschaften, Versicherungsvereine auf Gegenseitigkeit sowie Körperschaften und Anstalten des öffentlichen Rechts organisiert werden, um die entsprechende Erlaubnis zum Geschäftsbetrieb zu erhalten.

2. Kommanditgesellschaft auf Aktien (KGaA)

16 Nach § 278 Abs. 2 AktG iVm §§ 161 Abs. 2, 125 Abs. 1 HGB wird die Kommanditgesellschaft auf Aktien durch die **persönlich haftenden Gesellschafter** gesetzlich vertreten. Die durch Aktien am Grundkapital der Gesellschaft beteiligten, jedoch nicht persönlich für die Verbindlichkeiten der Gesellschaft haftenden **Kommanditaktionäre** sind von der gesetzlichen Vertretung gemäß § 278 Abs. 2 AktG iVm § 170 HGB ausgeschlossen. Soweit die Kommanditaktionäre in einem Arbeitsverhältnis mit der Kommanditgesellschaft auf Aktien stehen, gelten für sie die Bestimmungen der §§ 1 ff. KSchG.

17 Soweit einzelne **persönlich haftende Gesellschafter durch Satzung von der gesetzlichen Vertretung ausgeschlossen** sind, gilt für sie der allgemeine Kündigungsschutz, wenn sie sich in einem Arbeitsverhältnis mit der Gesellschaft befinden. Gesetzliche Vertreter während der **Abwicklung** der Gesellschaft sind nach § 290 Abs. 1 alle persönlich haftende Gesellschafter und ein oder mehrere von der Hauptversammlung gewählte Personen, wenn die Satzung nichts anderes bestimmt.

3. Versicherungsverein auf Gegenseitigkeit (VVaG)

18 Nach § 34 VAG iVm § 78 AktG wird der Versicherungsverein auf Gegenseitigkeit durch den **Vorstand** gesetzlich vertreten. Mitglieder des **Aufsichtrats** sind auch hier keine gesetzlichen Vertreter im Sinne des § 14 Abs. 1 Nr. 1 KSchG.

19 Im Fall der **Liquidation** bestimmt § 47 VAG, dass die Vorstandsmitglieder die Abwicklung besorgen, wenn nicht die Satzung oder ein Beschluss der obersten Vertretung (§ 36 VAG) andere Personen bestellt. Dabei kann auch eine juristische Person Abwickler sein, die wiederum

nach den für sie jeweils geltenden Bestimmungen gesetzlich vertreten wird.

Gleiches gilt für **Pensionsfonds** soweit sie als Pensionsfondsverein auf Gegenseitigkeit errichtet wurden.

4. Gesellschaft mit beschränkter Haftung (GmbH)

Gesetzliche Vertreter der GmbH sind gemäß § 35 Abs. 1 GmbHG die **Geschäftsführer**. Aufgrund der teilweise bei so genannten Fremdgeschäftsführern bestehenden **persönlichen Abhängigkeit** trotz ihrer organschaftlichen Stellung können diese als Arbeitnehmer der GmbH anzusehen sein. Der Bundesgerichtshof hat sich dieser Auffassung nicht angeschlossen.[12] Das BAG hat die Anwendung des Kündigungsschutzgesetzes zunächst nur dann bejaht, wenn der Geschäftsführer mit der GmbH neben dem Geschäftsführer-Dienstverhältnis noch ein klar abgrenzbares aktives Arbeitsverhältnis hat, so zB wenn er neben seinen organschaftlichen Aufgaben als Geschäftsführer aufgrund eines Arbeitsvertrages auch noch die Tätigkeit eines Buchhalters wahrnimmt.

Nunmehr ist das BAG der Auffassung, dass auch das Anstellungsverhältnis eines GmbH-Geschäftsführers im Einzelfall als Arbeitsverhältnis zu qualifizieren sei, die Abgrenzung richte sich nach den allgemeinen Kriterien zur Abgrenzung zwischen Arbeitsverhältnis und freiem Dienstverhältnis.[13] Es hält die Auffassung des Bundesgerichtshofs,[14] nach der das Anstellungsverhältnis des GmbH-Geschäftsführers zur GmbH notwendig ein freies Dienstverhältnis und die Organstellung mit der Arbeitnehmereigenschaft von vornherein unvereinbart sei, für nicht überzeugend. Der BGH stützt sich im Kern auf die Erwägung, dass der Inhalt der geschuldeten Dienste eine Weisungsabhängigkeit gegenüber der Gesellschaft im arbeitsrechtlichen Sinne ausschließe. Der Geschäftsführer repräsentiere die Gesellschaft, die erst durch ihn handlungsfähig im Rechtssinne werde. Der Status als Repräsentationsorgan der Gesellschaft stehe einer arbeitsrechtlichen Weisungsabhängigkeit darum zwingend entgegen. Nach Auffassung des BAG übersieht diese Auffassung, dass zumindest bei einer Mehrpersonen-Gesellschaft die Repräsentation der Gesellschaft, die unternehmerische

---

[12] *BGH* 9. 2. 1978, AP § 38 GmbHG Nr. 1; *BGH* 29. 1. 1981, AP § 622 BGB Nr. 14; *Böhmke* ZfA 1998, 209, 213; *ders.* Anm. BAG 26. 5. 1999, EzA § 611 BGB Arbeitnehmerbegriff Nr. 76.

[13] *BAG* 26. 5. 1999, EzA § 611 BGB Arbeitnehmerbegriff Nr. 76, AP § 35 GmbHG Nr. 10 m. abl. Anm. *Boemke*.

[14] *BGH* 9. 2. 1978, AP § 68 GmbHG Nr. 1.

§ 14 Angestellte in leitender Stellung

Willensbildung und die Wahrnehmung von Arbeitgeberfunktion auch dann noch möglich sind, wenn einzelne Mitglieder der Geschäftsführung wegen entsprechender **Weisungsabhängigkeit** materiell-rechtlich als Arbeitnehmer anzusehen sind. Geschäftsführerstatus und Arbeitnehmereigenschaft schlössen sich zumindest in einem solchen Fall nicht aus. Abzustellen sei deshalb immer auf die Umstände des Einzelfalls.

23 Als **Prüfungsmaßstab** hat das BAG in dieser Entscheidung seine ständige Rechtsprechung herangezogen, nach der sich ein Arbeitsverhältnis und ein freies Dienstverhältnis nach dem **Grad der persönlichen Abhängigkeit** bei der Erbringung der Dienstleistungen unterscheide. Arbeitnehmer sei, wer die vertraglich geschuldete Leistung im Rahmen einer von seinem Vertragspartner bestimmten Arbeitsorganisation erbringt. Die Eingliederung in eine fremde Arbeitsorganisation zeige sich insbesondere darin, dass der Beschäftigte einem umfassenden Weisungsrecht seines Vertragspartners (Arbeitgebers) unterliegt. Dies kann Inhalt, Durchführung, Zeit, Dauer, Ort und sonstige Modalitäten der Tätigkeit betreffen. In dem zu entscheidenden Fall wurde allerdings ein freies Dienstverhältnis mit einer Geschäftsführerin bejaht, da sie u. a. ihre Arbeitszeit im Rahmen der betrieblichen Erfordernisse frei und eigenverantwortlich gestalten, zB einen Tag pro Woche zuhause arbeiten und alle Geschäfte der Gesellschaft mit der Sorgfalt einer ordentlichen Kauffrau nach Maßgabe der Gesetze, des Gesellschaftsvertrages und der Gesellschafterbeschlüsse eigenverantwortlich durchführen konnte.

5. GmbH & Co. KG

24 Gleiches gilt für die **Geschäftsführer der Komplementär-GmbH einer GmbH & Co. KG.** Auch diese sind nach § 35 Abs. 1 GmbHG gesetzliche Vertreter dieser Komplementär-GmbH. Bei diesen Personen war jedoch bis ins Jahr 2003 insbesondere darauf zu achten, ob ihr Anstellungsverhältnis tatsächlich mit der Komplementär-GmbH begründet wurde, so dass für sie nach § 14 Abs. 1 Nr. 1 KSchG das allgemeine Kündigungsschutzrecht nicht gilt oder ob sie auch in einem Arbeitsverhältnis zur Kommanditgesellschaft stehen.[15]

25 Vertragliche Grundlage für die Tätigkeit des Geschäftsführers einer Komplementär-GmbH kann zwar auch eine **Vereinbarung mit der**

---

15 *BAG* 12. 3. 1987, EzA § 5 ArbGG 1979 Nr. 4; *BAG* 13. 7. 1995, EzA § 5 ArbGG 1979 Nr. 10.

Kommanditgesellschaft selbst sein.[16] Die Frage allerdings, wie diese vertragliche Beziehung rechtlich einzuordnen ist, nämlich als Arbeitsverhältnis oder als freies Dienstverhältnis, ist damit noch nicht beantwortet, sondern erst aufgeworfen. Insoweit kam es bislang auf den Grad der persönlichen Abhängigkeit von der Kommanditgesellschaft an. In dem zu entscheidenden Fall[17] wurde ein Anstellungsverhältnis mit der KG begründet, der Mitarbeiter zum Mitgeschäftsführer der Komplementär-GmbH bestellt, er war jedoch daneben als Gesamtprokurist für die Kommanditgesellschaft tätig. Die vertraglichen Regelungen ließen keinen Raum für die Annahme, dass der Mitarbeiter zur Kommanditgesellschaft in einem freien Dienstverhältnis als Geschäftsführer gestanden habe. Wäre dies gewollt gewesen, so hätte es nahe gelegen, die Stellung des Mitarbeiters als Gesamtprokurist der Kommanditgesellschaft aufzuheben. Unerheblich war es in diesem Fall, dass mit der Berufung zum Geschäftsführer der Komplementär-GmbH und dem Abschluss eines neuen Vertrages das Monatsgehalt um ca. 10% angehoben wurde.

Mittlerweile hat das BAG (sein 5. Senat) von dieser Rechtssprechung Abstand genommen und erstmals dahingehend entschieden, dass der Geschäftsführer einer Komplementär-GmbH kraft Gesetzes zur Vertretung der Personengesamtheit der GmbH & Co. KG berufen sei. Sie würden daher **nicht als Arbeitnehmer im Sinne des § 5 ArbGG** gelten, auch wenn ihr Anstellungsverhältnis mit der GmbH & Co. **KG** abgeschlossen sei, mit der Folge, dass der Rechtsweg zu den Arbeitsgerichten nicht eröffnet sei. Damit ist noch nicht entschieden, ob nicht ein Arbeitsverhältnis mit der GmbH & Co. KG besteht, auf das sich der Mitarbeiter (und Geschäftsführer der Komplementär-GmbH) ggf. in Hinblick auf seinen allgemeinen Kündigungsschutz berufen könnte. Über diese Frage würden aufgrund des eröffneten Rechtsweges zu den ordentlichen Gerichten jedoch nicht mehr die Arbeitsgerichte, sondern die Zivilgerichte entscheiden. Der Bundesgerichtshof hat in seiner ständigen Rechtsprechung ausgeführt, das Organmitglieder juristischer Personen keine Arbeitnehmer sein können, so dass in Hinblick auf die Konstellation des Geschäftsführers der Komplementär-GmbH, der bei einer KG förmlich angestellt ist, sich die Frage einer möglichen Arbeitnehmereigenschaft voraussichtlich erledigt hat.[18] 26

---

16 *BAG* 13. 5. 1992 – 5 AZR 344/91.
17 *BAG* 13. 5. 1992 – 5 AZR 344/91.
18 *BAG* 20. 8. 2003, BB 2003, 2352 ff. m. Anm. v. *Graef*.

§ 14 Angestellte in leitender Stellung

▶ **Praxistipp:**
Angesichts der noch nicht endgültig geklärten Rechtslage und um einen möglicherweise dem Mitarbeiter erwachsenen Kündigungsschutz zu vermeiden, sollte das Geschäftsführer-Dienstverhältnis ausschließlich mit der Komplementär-GmbH begründet und mit der Kommanditgesellschaft selbst kein Anstellungsverhältnis abgeschlossen werden. War der Mitarbeiter Arbeitnehmer der Kommanditgesellschaft, so sollte mit seiner Berufung zum Geschäftsführer der Komplementär-GmbH sein Arbeitsvertrag mit der Kommanditgesellschaft und eine eventuell bestehende Prokura o. ä. ausdrücklich schriftlich aufgehoben werden.

6. Eingetragene Genossenschaft (eG)

27 Gemäß § 24 Abs. 1 GenG ist der **Vorstand** das zur gesetzlichen Vertretung berechtigte Organ. Vergleichbar mit der Stellung des Aktionärs steht die Eigenschaft als **Genosse** der Begründung eines Arbeitsverhältnisses mit der Genossenschaft nicht entgegen. Für Genossen, soweit sie nicht Vorstand der Genossenschaft sind, gilt somit das allgemeine Kündigungsschutzrecht. Gleiches gilt für die Mitglieder des **Aufsichtsrats**.

28 Die **Liquidation** der Genossenschaft erfolgt durch den Vorstand, wenn nicht die Liquidation durch das Statut oder durch Beschluss der Generalversammlung nach § 83 Abs. 1 GenG anderen Personen übertragen wird.

7. Rechtsfähiger Verein (e. V.)

29 Gemäß § 26 Abs. 2 BGB wird der rechtsfähige Verein durch den **Vorstand** gesetzlich vertreten. Dabei ist es unerheblich, ob es sich um einen nicht wirtschaftlichen Verein nach § 21 BGB oder einen wirtschaftlichen Verein nach § 22 BGB handelt. Im rechtsfähigen Verein kann durch die Satzung gemäß § 30 BGB bestimmt werden, das neben dem Vorstand für gewisse Geschäfte **besondere Vertreter** bestellt sind. Soweit dies geschieht, fallen auch diese besonderen Vertreter unter § 14 Abs. 1 Nr. 1 KSchG. Wird der eingetragene Verein liquidiert, erfolgt die **Liquidation** gemäß § 48 Abs. 1 Satz 1 BGB durch den Vorstand, es sei denn, andere Personen wurden hierfür bestellt.

8. Stiftung

Für die Stiftung gelten gemäß § 86 BGB die Vorschriften zum Vereinsrecht, insbesondere deren § 26 BGB, der die gesetzliche Vertretung regelt.

II. Organschaftliche Vertreter von Personengesamtheiten

Ausgenommen von dem allgemeinen Kündigungsschutz sind weiterhin solche Personen, die in Betrieben einer Personengesamtheit durch Gesetz, Satzung oder Gesellschaftsvertrag zur Vertretung der Personengesamtheit berufen sind (§ 14 Abs. 1 Nr. 2 KSchG).

Prokuristen, **Generalbevollmächtigte** und **Handlungsbevollmächtigte** sind nicht organschaftliche Vertreter einer Personengesamtheit und fallen nicht unter die Bestimmung des § 14 Abs. 1 Nr. 2 KSchG. Ihre Vertretungsvollmacht beruht nicht wie es § 14 Abs. 1 Nr. 2 KSchG vorsieht auf Gesetz, Satzung oder Gesellschaftsvertrag, sondern auf einer gesonderten rechtsgeschäftlichen Bevollmächtigung.[19]

1. Offene Handelsgesellschaft (OHG)

Bei der offenen Handelsgesellschaft sind gemäß § 125 Abs. 1 HGB alle **Gesellschafter** gesetzliche Vertreter, es sei denn, ihnen wurde durch den Gesellschaftsvertrag die Vertretungsmacht entzogen. Solche Gesellschafter ohne Vertretungsmacht können bei Vorliegen eines Arbeitsverhältnisses mit der OHG unter den allgemeinen Kündigungsschutz fallen.

2. Kommanditgesellschaft (KG)

Gemäß § 161 Abs. 2 HGB iVm § 125 Abs. 1 HGB sind die persönlich haftenden Gesellschafter (**Komplementäre**) zur gesetzlichen Vertretung der KG berufen, während die **Kommanditisten** gemäß § 170 HGB von der Vertretung ausgeschlossen sind. Letztere gehören damit nicht zu dem in § 14 Abs. 1 Nr. 2 KSchG genannten Personenkreis. Soweit die Kommanditisten in einem Arbeitsverhältnis zur KG stehen, gilt für sie der allgemeine Kündigungsschutz.

---

[19] ErfK/*Ascheid* § 14 KSchG Rz 6; KR/*Rost* § 14 KSchG Rz 18.

§ 14 Angestellte in leitender Stellung

3. Gesellschaft bürgerlichen Rechts (GbR)

35 Gesetzliche Vertreter der Gesellschaft des bürgerlichen Rechts sind gemäß § 714 BGB alle **Gesellschafter**, soweit Ihnen nicht durch den Gesellschaftsvertrag die Vertretungsmacht entzogen wurde. Sind sie nicht Vertreter der Gesellschaft, so fallen sie nicht unter die Ausschlussregelung des § 14 Abs. 1 Nr. 2 KSchG.

4. Nichtrechtsfähiger Verein

36 Für den nichtrechtsfähigen Verein gelten die für den rechtsfähigen Verein aufgeführten Regelungen. Nach § 26 Abs. 2 BGB wird der Verein durch den **Vorstand** gesetzlich vertreten.

C. Leitende Angestellte

I. Wer ist leitender Angestellter

37 Im Unterschied zu den in § 14 Abs. 1 KSchG genannten gesetzlichen Vertretern von juristischen Personen und Personengesamtheiten unterfallen die in § 14 Abs. 2 KSchG genannten Geschäftsführer, Betriebsleiter und ähnliche leitende Angestellte, soweit diese zur selbständigen Einstellung oder Entlassung von Arbeitnehmern berechtigt sind, unter die Vorschriften der §§ 1 ff. KSchG mit Ausnahme des § 3 KSchG (Einspruch gegen die Kündigung beim Betriebsrat) und § 9 Abs. 1 Satz 2 KSchG (Auflösung des Arbeitsverhältnisses ohne Begründung des Antrags). Damit genießen die »**leitenden Angestellten**« einen wenn auch reduzierten allgemeinen Kündigungsschutz.

38 Der Begriff des »leitenden Angestellten« wird in § 14 Abs. 2 KSchG zwar verwendet, jedoch nicht bestimmt. Der Gesetzgeber bedient sich hier der typologischen Methode, indem er den **Geschäftsführer** und **Betriebsleiter** konkret benennt und diesen hinsichtlich des Kündigungsschutzniveaus ähnliche leitende Angestellte gleichstellt. Nur diejenigen Personen, die eine ähnliche leitende Funktion wie ein Geschäftsführer oder Betriebsleiter haben, sind **leitende Angestellte** im Sinne des § 14 Abs. 2 KSchG. Alle drei genannten Personengruppen, Geschäftsführer, Betriebsleiter und ähnlich leitende Angestellte, müssen zusätzlich noch die Berechtigung zur **selbständigen Einstellung oder Entlassung** haben.

Damit weicht der Begriff des leitenden Angestellten im Kündigungsschutzgesetz von dem in § 5 Abs. 3 BetrVG näher bestimmten Begriff des leitenden Angestellten im Betriebsverfassungsgesetz ab. Gemäß § 5

Angestellte in leitender Stellung § 14

Abs. 3 BetrVG ist leitender Angestellter derjenige, der nach Arbeitsvertrag und Stellung im Unternehmen oder Betrieb

- zur selbständigen Einstellung oder Entlassung von im Betrieb oder der Betriebsabteilung beschäftigen Arbeitnehmern berechtigt ist, oder

- Generalvollmacht oder Prokura hat und die Prokura auch im Verhältnis zum Arbeitgeber nicht unbedeutend ist, oder

- regelmäßig sonstige Aufgaben wahrnimmt, die für den Bestand und die Entwicklung des Unternehmens oder eines Betriebes von Bedeutung sind und deren Erfüllung besondere Erfahrung und Kenntnisse voraussetzt, wenn er dabei entweder die Entscheidung im wesentlichen frei von Weisungen trifft oder sie maßgeblich beeinflusst; dies kann auch bei Vorgabe insbesondere aufgrund von Rechtsvorschriften, Plänen oder Richtlinien sowie bei Zusammenarbeit mit anderen leitenden Angestellten gegeben sein.

Danach sind die Voraussetzungen des § 14 Abs. 2 KSchG teilweise enger, teilweise aber auch weiter als die des § 5 Abs. 3 BetrVG. **Enger** ist der Anwendungsbereich insoweit, als der leitende Angestellte im Kündigungsschutzgesetz eine besonders hervorgehobene und dem Geschäftsführer bzw. Betriebsleiter vergleichbare Stellung im Betrieb haben muss. **Weiter** sind jedoch die Voraussetzungen insoweit, als der leitende Angestellte nur zur selbständigen Einstellung **oder** Entlassung von Arbeitnehmern berechtigt sein muss. § 5 Abs. 2 Satz 2 Nr. 1 BetrVG verlangt insoweit die Berechtigung zur Einstellung und Entlassung. 39

▶ **Praxistipp:**

Aufgrund dieser Differenzen ist bei der Entlassung von Mitarbeitern, die das Unternehmen als leitende Angestellte ansieht, immer gesondert zu untersuchen, ob es sich um einen **leitenden Angestellten im Sinne des Betriebsverfassungsrechts** handelt. Ist dies nicht der Fall, so muss vor der Kündigung der Betriebsrat gemäß § 102 BetrVG angehört werden. Ist dies zumindest nicht mit Sicherheit feststellbar, so sollte die Anhörung **vorsorglich** erfolgen. Ist der Mitarbeiter dagegen leitender Angestellter, so ist betriebsverfassungsrechtlich dem Betriebsrat die beabsichtigte Kündigung gemäß § 105 BetrVG nur mitzuteilen.

Sofern in dem Betrieb ein **Sprecherausschuss** der leitenden Angestellten besteht, muss daneben ein den inhaltlichen Anforderungen einer Betriebsratsanhörung entsprechendes Anhörungsverfahren

§ 14 Angestellte in leitender Stellung

gemäß § 31 Abs. 2 SprAuG mit dem Sprecherausschuss vor der Kündigung durchgeführt werden. Beschränkt sich der Arbeitgeber jedoch auf diese Mitteilung und die Anhörung des Sprecherausschusses, so geht er das Risiko ein, dass die Kündigung bereits wegen der fehlenden Anhörung des Betriebsrats nach § 102 BetrVG unwirksam ist, wenn sich im Kündigungsschutzprozess herausstellt, dass der Mitarbeiter nicht leitende Angestellter nach § 5 Abs. 3 BetrVG ist. Deshalb sollte die Mitteilung an den Betriebsrat gemäß § 105 BetrVG mit der vorsorglichen Anhörung desselben nach § 102 BetrVG verbunden werden.

▶ **Formulierungsbeispiel:**

An den Betriebsrat
z.H. des/der Vorsitzenden

Betrifft: Mitteilung nach § 105 BetrVG über die beabsichtigte Kündigung des Mitarbeiters ... sowie vorsorgliche Anhörung nach § 102 BetrVG über die beabsichtigte Kündigung gegenüber Herrn/Frau ...

Wir teilen Ihnen gemäß § 105 BetrVG mit, dass wir beabsichtigen, dass Anstellungsverhältnis mit Herrn/Frau ... ordentlich mit Wirkung zum ... kündigen.

Wir sind der Auffassung, dass Herr/Frau ... leitende(r) Angestellte(r) gemäß § 5 Abs. 3 BetrVG ist, möchten hiermit jedoch vorsorglich für den Fall, dass sich in einem späteren arbeitsgerichtlichen Verfahren herausstellen sollte, dass Herr/Frau ... kein(e) leitende(r) Angestellte(r) sein sollte, den Betriebsrat auch nach § 102 BetrVG anhören.

[Es folgen Angaben zu den Sozialdaten und Kündigungsgründen.]

40 Weiterhin ist der **Sprecherausschuss der leitenden Angestellten** anzuhören, soweit ein solcher besteht.

▶ **Formulierungsbeispiel:**

An den Sprecherausschuss
z.H. des/der Vorsitzenden

Anhörung nach § 31 Abs. 2 SprAuG zur beabsichtigen Kündigung gegenüber Herrn/Frau ...

Wir beabsichtigen, das Anstellungsverhältnis mit Herrn/Frau ... ordentlich mit Wirkung zum ... zu kündigen.

[Sozialdaten des/der Mitarbeiters/in]
Für die Kündigung sind die folgenden Gründe maßgeblich:
[Angaben zu den Kündigungsgründen]
Wir bitten Sie, uns Ihre Bedenken gegen die ordentliche Kündigung innerhalb der gesetzlichen Frist von einer Woche schriftlich mitzuteilen.

II. Leitende Angestellte im Kündigungsschutzprozess

Die hiervon abweichende **kündigungsschutzrechtliche** Prüfung, ob der Mitarbeiter leitender Angestellter ist, ergibt sich in der Praxis im Regelfall dann, wenn der Arbeitgeber im Kündigungsschutzverfahren einen **Antrag auf Auflösung** des Arbeitsverhältnisses stellen möchte und überlegt, ob dieser gemäß § 9 Abs. 1 Satz 2 KSchG einer Begründung bedarf, weil Gründe vorliegen, die eine den Betriebszwecken dienliche weitere Zusammenarbeit zwischen Arbeitgeber und Arbeitnehmer nicht erwarten lassen, oder eine solche Begründung nach § 14 Abs. 2 Satz 2 KSchG nicht erforderlich ist. 41

In diesem Fall stellt sich die Frage, ob der Mitarbeiter Geschäftsführer, Betriebsleiter oder ein ähnlich leitender Angestellter ist. Der Begriff des **Geschäftsführers** ist hierbei nicht im Sinne des GmbH-Rechts zu verstehen. Er möchte solche Personen bezeichnen, die allein oder im Zusammenwirken mit anderen Mitarbeitern die Geschäfte eines Unternehmens führen, aber gerade nicht zum Geschäftsführer im Sinne des GmbH-Rechts berufen worden sind. Er muss dabei kraft einer leitenden Funktion maßgeblichen Einfluss auf die wirtschaftliche, technische, kaufmännische, organisatorische, personelle oder wissenschaftliche Führung des Unternehmens haben. Gleiches gilt für den **Betriebsleiter,** bei dem sich jedoch die Leitungsaufgaben auf einen Betrieb und nicht ein ganzes Unternehmen beziehen. 42

Der **ähnlich leitende Angestellte** nach § 14 Abs. 2 Satz 1 KSchG muss eine dem »Geschäftsführer« oder »Betriebsleiter« vergleichbare Funktion ausüben. Er muss wie diese unternehmens- bzw. betriebsbezogene Aufgaben wahrnehmen, einen eigenen erheblichen Entscheidungsspielraum besitzen und sich in einem funktional bedingten Interessengegensatz zu den übrigen Arbeitnehmern befinden.[20] Letzteres wird insbesondere durch das Erfordernis der Einstellungs- oder Entlassungsbefugnis deutlich. 43

---

20 *LAG* 18. 8. 1986, DB 1987, 179.

44 Die Abgrenzung zwischen Geschäftsführern, Betriebsleitern und ähnlich leitenden Angestellten ist nicht deutlich. In vielen Entscheidungen haben die Gerichte diese Unterscheidung auch letztlich offen gelassen, da zumindest die Stellung als »ähnlich leitender Angestellter« angenommen werden konnte oder aufgrund einer der zuvor genannten Kriterien der Mitarbeiter in jedem Fall nicht leitender Angestellter im Sinne des Kündigungsschutzgesetzes war.

▶ **Beispiel 1:**

So hatte zB das BAG im Rahmen eines Auflösungsantrages nach § 9 Abs. 1 KSchG zu prüfen, ob ein Leiter eines Teilbereichs »Zentraler Kundendienst« mit über 2.000 Beschäftigten und einem erwirtschafteten Umsatz in Höhe von DM 350 bis 400 Millionen sowie einem Ertrag von DM 35 bis 40 Millionen, der Gesamtprokura hatte, leitender Angestellter im Sinne des § 14 Abs. 2 KSchG sei oder nicht. Das BAG hat ausgeführt, dass es letztlich dabei offen bleiben könne, ob der Mitarbeiter Betriebsleiter, so hatte es die Vorinstanz des LAG München angenommen, oder ähnlich leitender Angestellter war. Der Mitarbeiter habe einen Teilbereich mit mindestens 2.000 Mitarbeitern und damit zumindest eine Betriebsabteilung eigenverantwortlich geführt. Auch wenn man nicht soweit gehen wolle, jeden Leiter einer **Betriebsabteilung** als Betriebsleiter anzusehen, sei der Mitarbeiter angesichts der Größe und Bedeutung des von ihm nach seiner vertraglichen Position zu leitenden Bereichs und der ihm danach zukommenden unternehmerischen Führungsaufgaben zweifellos als **ähnlich leitender Angestellter** anzusehen.[21]

▶ **Beispiel 2:**

In einem anderen Fall musste das BAG über den Leiter eines Restaurants entscheiden, der innerhalb einer Restaurantkette das Restaurant eigenverantwortlich führte und Vorgesetzter für die ca. 30 Mitarbeiter des Restaurants war. Hier hat das BAG ausgeführt, dass dieser jedenfalls als »Betriebsleiter« im Sinne von § 14 Abs. 2 KSchG anzusehen sei, ohne dass es darauf ankäme, wie im übrigen der Personenkreis der »Geschäftsführer, Betriebsleiter und ähnlich leitenden Angestellten« abzugrenzen sei. Wer innerhalb eines Unternehmens einen **selbständigen Betrieb** eigenverantwortlich führe, dabei bedeutungsvolle unternehmerische Teilaufgaben wahrnähme, Vorgesetzter der im Betrieb Beschäftigten sei und das Weisungsrecht

---

21 *BAG* 27. 9. 2001, EzA § 1 KSchG Betriebsbedingte Kündigung Nr. 112.

ausübe und bei seiner Tätigkeit einen erheblichen Entscheidungsspielraum habe, zähle nach ganz allgemeiner Meinung zu den **Betriebsleitern**. Wer einen selbständigen Betrieb mit zahlreichen Arbeitnehmern eigenverantwortlich leite und dabei sowohl auf personellem als auch auf wirtschaftlichem Gebiet bedeutende Befugnisse und Entscheidungsspielräume habe, falle jedenfalls unter den Begriff des Betriebsleiters.[22]

Von wesentlich größerer Bedeutung als die Abgrenzung dieser drei Personengruppen war für die Rechtsprechung in der Vergangenheit die Frage, ob diese den einzelnen Personengruppen zuzuordneten Mitarbeiter auch die erforderlichen **Personalkompetenzen zur selbständigen Einstellung oder Entlassung** von Arbeitnehmern hatten. Hierzu hat das BAG entschieden, dass die selbständige Wahrnehmung von Anstellungs- oder Entlassungsfunktionen **einen wesentlichen Teil der Tätigkeit** des Angestellten ausmachen muss, dh die Tätigkeit des Angestellten müsse durch diese unternehmerische Funktion schwerpunktmäßig bestimmt werden.[23] Dabei hänge die erforderliche Personalbefugnis jedoch nicht allein von der **Zahl der unterstellten Mitarbeiter** ab. Entscheidend sei vielmehr, welche Bedeutung die Tätigkeit der Mitarbeiter, die er einstellt oder entlässt, für das Unternehmen habe. Deshalb könnten die Voraussetzungen des § 14 Abs. 2 Satz 1 KSchG auch dann erfüllt sein, wenn sich die personellen Entscheidungskompetenzen des Angestellten zumindest auf eine abgeschlossene Gruppe von Mitarbeitern beziehen, die für das Unternehmen und den unternehmerischen Erfolg wesentlich seien.[24]

▶ **Beispiel 3:**

In dem vom BAG zu entscheidenden Fall ging es um einen Mitarbeiter, dem selbst nur fünf Arbeitnehmer unmittelbar unterstellt waren, davon jedoch vier leitende Angestellte. Diese konnten selbst wiederum ihnen nachgeordnete Mitarbeiter einstellen oder entlassen. Deshalb hat das Gericht entschieden, dass der Angestellte für einen qualitativ bedeutsamen Personenkreis Personalbefugnisse wahrnehme, die für das Unternehmen wesentlich sind. Er habe einen regen Einfluss auf die Besetzung in der für das Unternehmen und den Betrieb zu besetzenden Schlüsselpositionen gehabt.

---

22 *BAG* 25. 11. 1993, EzA § 14 KSchG Nr. 3 (*Bährle*).
23 *BAG* 18. 10. 2000, EzA § 14 KSchG Nr. 5.
24 *BAG* 27. 9. 2001, EzA § 1 KSchG Betriebsbedingte Kündigung Nr. 112.

§ 14   Angestellte in leitender Stellung

46 Die Personalbefugnis des Angestellten muss dabei nicht **gegenüber allen Arbeitnehmern** des Betriebes bzw. einer Betriebsabteilung bestehen. Ausreichend kann auch eine Personalkompetenz gegenüber einem **qualitativ bedeutsamen Personenkreis** sein.[25]

47 Ob der Satzteil »... soweit diese zur selbständigen Einstellung oder Entlassung von Arbeitnehmern berechtigt sind« nur auf ähnliche leitende Angestellte oder auch auf Geschäftsführer und Betriebsleiter zu beziehen ist, ist strittig.[26] Das BAG hat diese Frage eindeutig bejaht und dies nicht mit dem zweideutigen Wortlaut sondern mit der Entstehungsgeschichte der Regelung begründet.[27]

48 Andererseits hat das Bundesarbeitsgericht jedoch ausgeführt, dass die Befugnis zur eigenverantwortlichen Einstellung oder Entlassung **eine bedeutende Anzahl von Arbeitnehmern** erfassen müsse. Nur ein eng umgrenzter Personenkreis genüge nicht. Die Personalkompetenz müsse vielmehr einen wesentlichen Teil der Tätigkeit des Angestellten ausmachen.[28]

> ▶ **Beispiel 4:**
>
> Gegenstand der Entscheidung war hier der Regionaldirektor eines Versicherungsunternehmens, dem zwar ebenfalls fünf Arbeitnehmer unmittelbar unterstellt waren, die jedoch nicht ihrerseits wiederum weitere Mitarbeiter einstellen oder entlassen konnten und auch keine Personalverantwortung für einen großen Kreis von Mitarbeitern trugen. Außer Betracht gelassen wurden in diesem Fall Versicherungsagenten, da dies selbständige Versicherungsvertreter und somit keinesfalls Arbeitnehmer im Sinne des § 14 Abs. 2 Satz 1 KSchG waren, selbst wenn der Regionaldirektor des Versicherungsunternehmens für sie Verantwortung in geschäftlicher Hinsicht trug.

49 Die Nebeneinanderstellung dieser beiden jüngeren Urteile des BAG zeigt, wie sehr es auf die Besonderheiten des Einzelfalls und die **Gesamtwürdigung aller Umstände** ankommt.

50 Die Berechtigung zur selbständigen und Einstellung und Entlassung muss weder unternehmens- noch betriebsbezogen sein. Es genügt, wenn der im Übrigen unternehmerische Aufgaben wahrnehmende

---

25 *BAG* 27. 9. 2001, EzA § 1 KSchG Betriebsbedingte Kündigung Nr. 112.
26 Befürwortend zB KR/*Rost* § 14 KSchG Rz 27; *v. Hoyningen-Huene/Linck* § 14 KSchG Rz 19; abl.: ErfK/*Ascheid* § 14 KSchG Rz 10.
27 Näher hierzu *BAG* 18. 10. 2000, EzA § 14 KSchG Nr. 5.
28 *BAG* 18. 10. 2000, EzA § 14 KSchG Nr. 5.

§ 14 Angestellte in leitender Stellung

Angestellte in zumindest einer **Betriebsabteilung** zur selbständigen Einstellung oder Entlassung von Arbeitnehmern berechtigt ist.[29] Nach allgemeiner Ansicht kann sich die selbständige Einstellungs- und Entlassungsbefugnis auch nur auf Arbeiter oder Angestellte oder eine bestimmte Gruppe von Arbeitnehmern wie zB kaufmännische Angestellte beziehen.[30]

Aber auch hier muss in jedem Fall die Einstellungs- oder Entlassungsbefugnis die Tätigkeit des Angestellten **mitprägen**. Ein Angestellter, der zB nur für die Einstellung oder Entlassung einer Person selbständig befugt ist, fällt nicht unter den Anwendungsbereich des § 14 Abs. 2 Satz 1 KSchG. Auf der anderen Seite ist auch die Einstellungs- oder Entlassungsbefugnis für eine größere Anzahl von Mitarbeitern dann nicht im Sinne des § 14 Abs. 2 Satz 1 KSchG erheblich, wenn sich damit nicht die **Wahrnehmung von unternehmerischen Aufgaben verbindet**, wie sie für den Geschäftsführer bzw. Betriebsleiter üblich sind und somit auch bei ähnlich leitenden Angestellten vorliegen muss. 51

Unter der Befugnis ist nicht nur zu verstehen, dass der Mitarbeiter im **Außenverhältnis** eine entsprechende Vertretungsmacht (zB Prokura oder Generalvollmacht) hat, Mitarbeiter einzustellen oder zu entlassen. Er muss vielmehr **auch im Innenverhältnis** gegenüber dem Arbeitgeber selbständig und eigenverantwortlich über die Einstellung oder die Entlassung von Arbeitnehmern entscheiden können.[31] Ein so genannter **Titular-Prokurist** ist nicht als leitender Angestellter im Sinne des § 14 Abs. 2 Satz 1 KSchG anzusehen.[32] Auch die vorübergehende selbständige Wahrnehmung von Einstellung oder Entlassungen, zB für die Dauer der Erkrankung des Personalleiters oder Betriebsleiters macht einen Mitarbeiter noch nicht zum leitenden Angestellten.[33] 52

Von der Selbständigkeit zur Einstellung und Entlassung kann nicht mehr ausgegangen sein, wenn die personelle Maßnahme der Einstellung oder Entlassung von der **Zustimmung einer anderen Person** abhängig ist.[34] Gleiches gilt, wenn der Arbeitgeber durch fortlaufende **Einzelanweisungen** maßgeblich auf die Personalentscheidungen Einfluss nimmt. 53

---

29 So bereits *BAG* 28. 9. 1961, AP § 1 KSchG personenbedingte Kündigung Nr. 1.
30 *V. Hoyningen-Huene/Linck* § 14 KSchG Rz 24; KR/*Rost* § 14 KSchG Rz 29.
31 KR/*Rost* § 14 KSchG Rz 30; *BAG* 11. 3. 1982, EzA § 5 BetrVG 1972 Nr. 41.
32 So auch zum Betriebsverfassungsrecht *BAG* 11. 1. 1995, EzA § 5 BetrVG 1972 Nr. 58.
33 So für das BetrVG *BAG* 23. 1. 1986, EzA § 5 BetrVG 1972 Nr. 42; *v. Hoyningen-Huene/Linck* § 14 KSchG Rz 23.
34 ErfK/*Ascheid* § 14 KSchG Rz 12; KR/*Rost* § 14 KSchG Rz 31.

Reichel

§ 14 Angestellte in leitender Stellung

54 Keine Beschränkung der selbständigen Einstellungs- oder Entlassungsbefugnis liegt jedoch vor, wenn der Angestellte **internen Richtlinien bzw. internen Beratungspflichten** folgen muss bzw. die Einstellung oder Entlassung einer **Zweitunterschrift** bedarf, die lediglich Kontrollzwecken dient.[35] Gleiches sollte für die zunächst im Unternehmen notwendige Entscheidung darüber gelten, ob überhaupt eine neue Stelle zu besetzten ist. Die tatsächliche Auswahl aus einer Bewerbergruppe und die Einstellung dieses Mitarbeiters für die freie Stelle müssen jedoch dann im Rahmen der zuvor geschilderten Vorgaben im Ermessen des leitenden Angestellten liegen. Gerade in größeren Unternehmen werden **Stellenpläne** von einer Vielzahl von Personen festgelegt, eine Vielzahl von unterschiedlichen wirtschaftlichen und operativen Parametern haben hierauf Einfluss. Das schließt jedoch nicht aus, dass der leitende Angestellte gegenüber dem einzustellenden Mitarbeiter für das Unternehmen auftritt, den Arbeitsvertrag und insbesondere seine Vergütungsbedingungen aushandelt und letztlich die Einstellungsentscheidung in Bezug auf den individuellen Mitarbeiter selbst und eigenverantwortlich fällt.

55 Nicht mit einer Einstellung oder Entlassung gleichzustellen ist die Festlegung von **Einkommensgrenzen, Versetzungen, Genehmigung von Urlaub, Festlegung der Aufgaben im Einzelfall, Nachverhandlung einzelner Arbeitsbedingungen** und dergleichen. Diese können jedoch durchaus Teil der geschäftlichen Verantwortung des Mitarbeiters für das Unternehmen bzw. den Betrieb oder wesentlichen Betriebsteil darstellen.

56 Oft werden die Arbeitsverträge für die eingestellten Mitarbeiter **durch die Personalabteilung** ausgefertigt und auch von einem Mitarbeiter derselben unterschrieben. Das bedeutet jedoch nicht, dass die tatsächliche Auswahl und Einstellung des Mitarbeiters durch einen anderen – leitenden – Angestellten durchgeführt wurden. Andererseits ist es denkbar, dass ein Mitarbeiter zwar Arbeitsverträge unterschrieben hat, für die Einstellung jedoch nicht eigenverantwortlich zuständig gewesen ist. Trotz des Abschlusses von Arbeitsverträgen für eine Vielzahl von Mitarbeitern wäre ein solcher Angestellter grundsätzlich nicht leitend im Sinne des § 14 Abs. 2 KSchG.

57 Ob ein Mitarbeiter leitender Angestellter im Sinne des Kündigungsschutzgesetzes ist, bestimmt sich ausschließlich nach den Vorgaben des § 14 KSchG. Die Eigenschaft als leitender Angestellter **kann nicht zwi-**

---

35 *BAG* 27. 9. 2001, EzA § 1 KSchG Betriebsbedingte Kündigung Nr. 112.

schen den Parteien, zB im Arbeitsvertrag, vereinbart werden. Formulierungen im Arbeitsvertrag wie:

»*Die Gesellschaft und der Arbeitnehmer sind sich darüber einig, dass der Arbeitnehmer leitender Angestellter im Sinne des § 5 BetrVG sowie § 14 KSchG ist.*«

oder

»*In seiner Funktion ist der Arbeitnehmer leitender Angestellter und unterliegt nicht den Bestimmungen des Betriebsverfassungsrechts. Betriebsvereinbarungen und Tarifverträge sind für ihn nicht anwendbar.*«

sind nicht bindend. Im Übrigen sollten solche Klauseln im Arbeitsvertrag nicht aufgenommen werden, da ihnen ein eigener Regelungsgehalt nicht zukommt und sie zu falschen Schlüssen verleiten können.

Die zuvor genannten Kriterien zeigen, dass die Anforderungen an den leitenden Angestellten im Sinne des § 14 Abs. 2 KSchG hoch sind. Das Erfordernis einer herausgehobenen Leitungsposition, die Notwendigkeit, unternehmensbezogene Aufgaben wahrzunehmen, einen erheblichen eigenen Entscheidungsspielraum zu besitzen und die Befugnis zu haben, selbständig andere Mitarbeiter einzustellen oder zu entlassen und dadurch in einem funktional bedingten Interessengegensatz zu den übrigen Arbeitnehmern zu stehen, zeigt, dass in einem kleineren Betrieb nur einzelne und auch in einem großen Betrieb nur wenige Mitarbeiter als leitende Anstellte zu qualifizieren sein werden. Gerade in kleineren Betrieben wird es auch erheblich darauf ankommen, inwieweit die hier als Voraussetzungen aufgeführten Aufgaben bereits durch das zur gesetzlichen Vertretung der Gesellschaft berufene Organ zB den Geschäftsführer, wahrgenommen werden. Insbesondere in kleineren Unternehmen wird es neben dem Vertretungsorgan nur sehr wenige oder gar keinen weiteren leitenden Angestellten im Sinne des § 14 Abs. 2 KSchG geben. 58

III. Rechtsprechung

In der Rechtsprechung des BAG sind die zu § 14 KSchG ergangenen Entscheidungen selten. Als leitende Angestellte wurden **anerkannt:** 59

Leiter eines einzelnen Restaurants einer Restaurantkette: Der Leiter des Restaurants führte die Filiale, in der ca. 25 Arbeitnehmer beschäftigt wurden, auf der Grundlage eines eigenen Budgets in weiten Teilen selbstständig. Eine zentrale Lenkung seitens der Unternehmensleitung fand nicht statt. Der Arbeitnehmer hatte weitreichende Personalbefug- 60 nisse. Er nahm insbesondere Einstellungen und Entlassungen vor. Ihm oblag die alleinige Entscheidung über die Einstellung der gewerblichen Arbeitnehmer und er machte hiervon auch Gebrauch. Entlassungen nahm der Restaurantleiter im Zusammenwirken mit dem Regionalleiter vor, er unterschrieb jedoch auch Kündigungen teilweise selbst. Über eine Bonusregelung war er am Geschäftsergebnis des Restaurants beteiligt. Für Reparaturen und Investitionen mit einem Auftragswert von über DM 300 bedurfte der Kläger der Genehmigung der Geschäftsleitung. Vorschüsse an gewerbliche Arbeitnehmer durfte er nur ausnahmsweise bis zu DM 200 auszahlen.[36]

61 Leiter des Teilbereichs »Zentraler Kundendienst«: Der Arbeitnehmer leitete den Bereich »Zentraler Kundendienst«, der mit mindestens 2.000 Beschäftigen jährlich einen Umsatz von DM 350 bis 400 Millionen und einen Ertrag von DM 35 bis 40 Millionen erwirtschaftete. Der Arbeitnehmer war zu selbständigen Einstellungen und Entlassungen von Arbeitnehmern im Rahmen der ihm eingeräumten Gesamtprokura berechtigt. Tatsächlich bezog sich seine Einstellungs- und Entlassungsbefugnis auf die ihm unmittelbar zugeordneten fünf Mitarbeiter. Vier dieser ihm nachgeordneten Mitarbeiter waren jedoch ihrerseits leitende Angestellte, die wiederum Mitarbeiter eingestellt und entlassen haben. Der Arbeitnehmer nahm daher für einen qualitativ bedeutsamen Personenkreis Personalbefugnisse war, die für das Unternehmen wesentlich waren. Er hatte dadurch einen prägenden Einfluss auf die Besetzung der für das Unternehmen und den Betrieb zu besetzenden Schlüsselpositionen.[37]

62 Als leitende Angestellte wurden dagegen **nicht anerkannt**:

63 Chefarzt einer Klinik: Der Chefarzt stand der Inneren Klinik eines Krankenhauses vor. Er stellte nachgeordnete Ärzte seiner Abteilung im Rahmen der vorherigen Stellenfreigabe durch die Krankenhausleitung ein, hatte jedoch die vorherige Zustimmung der Krankenhausleitung einzuholen. Die arbeitsvertragliche Abwicklung der Einstellung erfolgte durch den Verwaltungsdirektor des Krankenhauses. Die Entlassung von nachgeordneten Ärzten seiner Klinik bedurfte des Einvernehmens des Chefarztes, wenn fachliche Gründe eine solche Entlassung erforderlich machten. Bei anderen Beendigungsgründen musste die Klinikverwaltung mit dem Chefarzt Rücksprache nehmen. Es fehlte ihm daher an der Selbständigkeit im Außenverhältnis.[38]

---

36 *BAG* 25. 11. 1993, EzA § 14 KSchG Nr. 3.
37 *BAG* 27. 9. 2001, EzA § 1 KschG Betriebsbedingte Kündigung Nr. 112.
38 *BAG* 18. 11. 1999, EzA § 14 KSchG Nr. 4.

Angestellter Architekt: Der Arbeitnehmer war als Architekt in einem 64 Architekturbüro mit 32 weiteren Mitarbeitern beschäftigt. In seinem Arbeitsvertrag war dem Arbeitnehmer neben der Leitung der Planungsabteilung die ständige Vertretung des Büros in Verhandlungen mit Kunden, Behörden und Mitarbeitern übertragen. Der Arbeitnehmer hatte Vollmacht, Einstellungen und Entlassungen von Mitarbeitern mit einem Monatsgehalt von bis zu DM 4.000, in Ausnahmesituation auch darüber hinaus, vorzunehmen. Anschaffungen und Verkäufe konnte er bis zu einem Wert von DM 5.000 als Handlungsbevollmächtigter des Unternehmens selbständig vornehmen. Die Einstellung und Entlassung von Mitarbeitern nahm jedoch weniger als 1% der Arbeitszeit des Arbeitnehmers in Anspruch und hatte damit einen zu vernachlässigenden Anteil an seiner Gesamttätigkeit. Es genügt nicht, wenn ein Angestellter nach dem Vertrag die Personalkompetenzen im Sinne des § 14 Abs. 2 KSchG aufweist, diese vertraglichen Kompetenzen aber über einen längeren Zeitraum nicht ausgeübt werden.[39]

Organisationsleiter und Regionaldirektor eines Versicherungsunternehmens: Der Arbeitnehmer leitete den Betrieb einer Lebensversicherung in der ihm zugeteilten Region in Eigenverantwortung. Er war aufgrund seines Arbeitsvertrages u. a. verantwortlich für die Führung, Entwicklung und Förderung des Außendienstes seiner Region und der ihm unterstellten Mitarbeiter des Innendienstes, für die Akquisition, Anbahnung und Pflege von Großkunden bzw. Geschäften sowie für die Einstellung und Entlassung der Bezirksdirektoren, Generalagenten und Verkaufsförderer in Abstimmung mit dem Organisationsdirektor. Dem Arbeitnehmer waren selbst lediglich fünf Arbeitnehmer unterstellt. Auf die darüber hinaus betreuten Versicherungsagenten kam es nicht an, da diese selbständige Versicherungsvertreter und damit nicht Arbeitnehmer im Sinne des § 14 Abs. 2 KSchG waren. Die Einstellungs- und Entlassungskompetenz ging über die wenigen, ihm selbst unterstellten Mitarbeitern nicht hinaus. Während seiner Tätigkeit als Organisationsleiter und Regionaldirektor unterzeichnete der Arbeitnehmer weder einen Arbeitsvertrag noch eine Kündigung.[40] 65

---

39 *BAG* 10. 10. 2002, EzA § 1 KSchG Betriebsbedingte Kündigung Nr. 112.
40 *BAG* 18. 10. 2000, EzA § 14 KSchG Nr. 5.

D. Einschränkungen des Kündigungsschutzes

I. Ausschluss des § 3 KSchG

66 Nach § 3 KSchG hat ein Arbeitnehmer ein Einspruchsrecht gegenüber dem Betriebsrat, wenn er die Kündigung für sozial ungerechtfertigt hält. Einem leitenden Angestellten soll aufgrund der **Interessenpolarität** in der er gegenüber der übrigen Belegschaft steht, dieses Einspruchsrecht nicht eingeräumt werden. Insoweit sollte eine korrespondierende Regelung zu § 5 Abs. 3 und 4 BetrVG hergestellt werden, der die leitenden Angestellten von der Vertretung durch den Betriebsrat ausnimmt.

67 Dabei wird jedoch nicht berücksichtigt, dass der kündigungsschutzrechtliche Begriff des leitenden Angestellten nicht mit dem des Betriebsverfassungsrechts deckungsgleich ist. Es ist jedoch aufgrund des **Zwecks der Regelung** geboten, § 14 Abs. 2 Satz 1 KSchG so auszulegen, dass nur denjenigen leitenden Angestellten das Einspruchsrecht gegenüber dem Betriebsrat nicht zusteht, die auch leitende Angestellte im Sinne des Betriebsverfassungsgesetzes sind.[41]

II. Antrag des Arbeitgebers auf Auflösung des Arbeitsverhältnisses nach § 9 Abs. 1 KSchG

68 Gemäß § 14 Abs. 2 Satz 2 KSchG findet § 9 Abs. 1 Satz 2 KSchG mit der Maßgabe Anwendung, dass der Antrag des Arbeitgebers auf Auflösung des Arbeitsverhältnisses **keiner Begründung** bedarf. Der Arbeitgeber muss aufgrund dieser Regelung in einem Gerichtsverfahren daher keine Tatsachen darlegen und unter Beweis stellen, die eine den Betriebszwecken dienliche weitere Zusammenarbeit mit dem leitenden Angestellten nicht erwarten lassen. Das Gericht überprüft die Berechtigung eines Auflösungsantrags nicht. Das Gericht muss bei einer sozialwidrigen Kündigung dem Auflösungsantrag des Arbeitgebers auch dann stattgeben, wenn nach seiner Überzeugung **keine Störung des Vertrauensverhältnisses** zwischen dem Arbeitgeber und dem leitenden Angestellten vorliegt.[42]

69 Die Regelung gilt nur für den Auflösungsantrag des Arbeitgebers, nicht jedoch für den **Auflösungsantrag des leitenden Angestellten.** Dieser bedarf nach § 9 Abs. 1 Satz 1 KSchG einer entsprechenden Begründung.

---

41 KR/*Rost* § 14 KSchG Rz 36; *v. Hoyningen-Huene/Linck* § 14 KSchG Rz 27.
42 ErfK/*Ascheid* § 14 KSchG Rz 17.

Angestellte in leitender Stellung § 14

Die Auflösung des Arbeitsvertrages spricht das Gericht gemäß § 9 70
Abs. 1 Satz 1 KSchG nur gegen Zahlung einer angemessenen Abfindung aus. Diese Regelung wird durch § 14 Abs. 2 KSchG ebenso wenig eingeschränkt wie die des § 10 KSchG. Bei der Festsetzung der Abfindungshöhe sind die Umstände der Kündigung mit zu berücksichtigen. Besondere Bedeutung ist dem Umstand zuzumessen, ob für den leitenden Angestellten der Verlust des Arbeitsplatzes gleichbedeutend ist mit einer **beruflichen Existenzvernichtung**.[43] Auch die **Art der Kündigungsgründe** sowie das **Maß der Sozialwidrigkeit** sind wichtige Umstände bei der Bemessung der Abfindung.[44]

Die Auflösung des Arbeitsverhältnisses auf Antrag des Arbeitgebers 71
kommt nur dann in Betracht, wenn die Sozialwidrigkeit der **alleinige Unwirksamkeitsgrund** der Kündigung ist.[45] Ist daher die Kündigung nicht nur sozialwidrig, sondern auch aufgrund zB von § 613 a Abs. 4 BGB unwirksam, so ist dem Auflösungsantrag nicht stattzugeben.

E. Besondere Fragen des Kündigungsschutzes für leitende Angestellte

Gemäß § 17 Abs. 5 Nr. 1, 2 und 3 KSchG sind Organvertreter und leiten- 72
de Angestellte nach § 14 Abs. 1 und 2 KSchG vom **Massenkündigungsschutz** ausgenommen.

Soweit der Arbeitnehmer leitender Angestellter gemäß § 5 Abs. 3 und 4 73
BetrVG ist, sind die §§ 102 und 103 BetrVG nicht anzuwenden. Dieser Personengruppe steht kein **Weiterbeschäftigungsanspruch** nach § 102 Abs. 5 BetrVG zu.

Ein **arbeitsvertraglicher Weiterbeschäftigungsanspruch** während des 74
Kündigungsschutzprozesses steht dem leitenden Angestellten im Sinne des § 14 Abs. 2 Satz 1 KSchG nur solange zu, bis der Arbeitgeber einen **Auflösungsantrag** nach § 9 KSchG gestellt hat. Wird diesem Auflösungsantrag nicht stattgegeben, bleibt es bei dem Weiterbeschäftigungsanspruch während des noch laufenden Kündigungsrechtsstreits. Soweit der Arbeitgeber hierbei jedoch geltend macht, er habe überwiegende Interessen an der Nichtweiterbeschäftigung des Arbeitnehmers, kann hierbei die besondere Stellung des Arbeitnehmers als leitender Angestellter mitberücksichtigt werden.

---

43 *Wagener* BB 1975, 1401 ff.
44 KR/*Rost* § 14 KSchG Rz 41.
45 Str.; **aA** KR/*Spilger* § 9 KSchG Rz 27 mwN; wie hier wohl die hM u. Rspr. u. a. *BAG* 21. 11. 2000, EzA § 9 KSchG Nr. 44.

75 Eine Reihe von **Tarifverträgen** enthalten gesonderte Vorschriften zum Kündigungsschutz. Ob diese für den leitenden Angestellten anwendbar sind, hängt vom persönlichen Geltungsbereich des Tarifvertrages ab.

F. Gerichtliches Verfahren

76 Für Kündigungsstreitigkeiten mit organschaftlichen Vertretern im Sinne des § 14 Abs. 1 KSchG sind die **ordentlichen Gerichte** zuständig. Die Zuständigkeit der Gerichte für Arbeitssachen ist nach § 5 Abs. 1 Satz 3 ArbGG nicht eröffnet. Etwas anders gilt auch dann nicht, wenn der Organvertreter an sich wegen seiner wirtschaftlichen Unselbständigkeit als arbeitnehmerähnliche Personen im Sinn des § 5 Abs. 1 Satz 2, 2. Halbs. ArbGG anzusehen ist oder er geltend macht, er sei wegen seiner eingeschränkten Kompetenz in Wirklichkeit Arbeitnehmer. Besteht jedoch während der Organstellung des Arbeitnehmers ein ruhendes Arbeitsverhältnis fort, so sind die Gerichte für Arbeitsrechtssachen für Kündigungsschutzverfahren aus diesem Arbeitsverhältnis zuständig und zwar auch dann, wenn gleichzeitig das Geschäftsführer-Dienstverhältnis beendet wurde und ggf. hierüber – vor den ordentlichen Gerichten – gestritten wird.

77 Bis in das Jahr 2003 war aufgrund der Rechtsprechung des Bundesarbeitsgerichts unklar, ob und wann der Rechtsweg zu den Arbeitsgerichten für einen **Geschäftsführer einer Komplementär-GmbH** eröffnet war, der bei der GmbH & Co. KG förmlich angestellt war. Das Bundesarbeitsgericht (5. Senat) ist mittlerweile von seiner Auffassung abgewichen, dass in dieser Konstellation der Rechtsweg zu den Arbeitsgerichten eröffnet sei und hat entschieden, dass Geschäftsführer einer Komplementär-GmbH einer KG kraft Gesetzes zur Vertretung dieser Personengesamtheit berufen sind und daher nach § 5 Abs. 1 Satz 3 ArbGG nicht als Arbeitnehmer im Sinne des Arbeitsgerichtsgesetzes gelten könnten. Für diese Personengruppe ist nunmehr der Rechtsweg zu den Arbeitsgerichten nicht gegeben, **zuständig sind die Zivilgerichte,** zunächst das Landgericht.[46]

78 Der Auflösungsantrag des Arbeitgebers wird anders als regelmäßig beim Arbeitnehmer als echter **Hilfsantrag** gestellt. Über den Hilfsantrag entscheidet das Gericht nur dann, wenn der Arbeitgeber in der Hauptsache unterliegt, also die Kündigung vom Arbeitsgericht für unwirksam erklärt wird. Die Anträge des Arbeitgebers im Kündigungsschutzprozess könnten wie folgt lauten:

---

46 *BAG* 20. 9. 2003, BB 2003, 2352 ff. m. Anm. v. *Graef*.

§ 14 Angestellte in leitender Stellung

▶ **Formulierungsbeispiel:**
1. Die Klage wird abgewiesen.
2. Hilfsweise: Das Arbeitsverhältnis wird gegen Zahlung einer Abfindung aufgelöst, die Euro [Betrag] nicht überschreiten soll.

Der Auflösungsantrag bedarf **keiner Anhörung des Betriebsrats** nach § 102 BetrVG, selbst dann nicht, wenn der Mitarbeiter nicht leitender Angestellter im Sinne des § 5 Abs. 3 BetrVG ist. Es ist nicht erforderlich, in dem Hilfsantrag einen bestimmten Abfindungsbetrag zu benennen. Auch **unbezifferte Anträge** sind zulässig. Wird jedoch ein bestimmter Abfindungsbetrag benannt und setzt das Gericht einen höheren Abfindungsbetrag fest, so ist der Arbeitgeber insoweit beschwert und kann hierauf eine Berufung gegen die Entscheidung stützen. 79

Einer besonderen **Begründung des Hilfsantrages** bedarf es nicht. Es ist jedoch auszuführen und unter Beweis zu stellt, dass der Mitarbeiter leitender Angestellter im Sinne des Kündigungsschutzgesetzes ist und welche Gründe hierfür sprechen. 80

Zweiter Abschnitt
Kündigungsschutz im Rahmen der Betriebsverfassung

§ 15 Unzulässigkeit der Kündigung

(1) ¹Die Kündigung eines Mitglieds des Betriebsrats, einer Jugend- und Auszubildendenvertretung, einer Bordvertretung oder eines Seebetriebsrats ist unzulässig, es sei denn, dass Tatsachen vorliegen, die den Arbeitgeber zur Kündigung aus wichtigem Grund ohne Einhaltung einer Kündigungsfrist berechtigen, und dass die nach §103 des Betriebsverfassungsgesetzes erforderliche Zustimmung vorliegt oder durch gerichtliche Entscheidung ersetzt ist. ²Nach Beendigung der Amtszeit ist die Kündigung eines Mitglieds eines Betriebsrats, einer Jugend- und Auszubildendenvertretung oder eines Seebetriebsrats innerhalb eines Jahres, die Kündigung eines Mitglieds einer Bordvertretung innerhalb von sechs Monaten, jeweils vom Zeitpunkt der Beendigung der Amtszeit an gerechnet, unzulässig, es sei denn, dass Tatsachen vorliegen, die den Arbeitgeber zur Kündigung aus wichtigem Grund ohne Einhaltung der Kündigungsfrist berechtigen; dies gilt nicht, wenn die Beendigung der Mitgliedschaft auf einer gerichtlichen Entscheidung beruht.

(2) ¹Die Kündigung eines Mitglieds einer Personalvertretung, einer Jugend- und Auszubildendenvertretung oder einer Jugendvertretung ist unzulässig, es sein denn, dass Tatsachen vorliegen, die den Arbeitgeber zur Kündigung aus wichtigem Grund ohne Einhaltung einer Kündigungsfrist berechtigen, und dass die nach Personalvertretungsrecht erforderliche Zustimmung vorliegt oder durch gerichtliche Entscheidung ersetzt ist. ²Nach Beendigung der Amtszeit der in Satz 1 genannten Personen ist ihre Kündigung innerhalb eines Jahres, vom Zeitpunkt der Beendigung der Amtszeit an gerechnet, unzulässig, es sei denn, dass Tatsachen vorliegen, die den Arbeitgeber zur Kündigung aus wichtigem Grund ohne Einhaltung einer Kündigungsfrist berechtigen; dies gilt nicht, wenn die Beendigung der Mitgliedschaft auf einer gerichtlichen Entscheidung beruht.

(3) ¹Die Kündigung eines Mitglieds eines Wahlvorstandes ist vom Zeitpunkt seiner Bestellung an, die Kündigung eines Wahlbewerbers vom Zeitpunkt der Aufstellung des Wahlvorschlags an, jeweils bis zur Bekanntgabe des Wahlergebnisses unzulässig, es sei denn, dass Tatsachen vorliegen, die den Arbeitgeber zur Kündigung aus

Unzulässigkeit der Kündigung § 15

wichtigem Grund ohne Einhaltung einer Kündigungsfrist berechtigen, und dass die in § 103 des Betriebsverfassungsgesetzes oder nach dem Personalvertretungsrecht erforderliche Zustimmung vorliegt oder durch eine gerichtliche Entscheidung ersetzt ist. ²Innerhalb von sechs Monaten nach Bekanntgabe des Wahlergebnisses ist die Kündigung unzulässig, es sei denn, dass Tatsachen vorliegen, die den Arbeitgeber zur Kündigung aus wichtigem Grund ohne Einhaltung einer Kündigungsfrist berechtigen; dies gilt nicht für Mitglieder des Wahlvorstands, wenn dieser durch gerichtliche Entscheidung durch einen anderen Wahlvorstand ersetzt worden ist.

(3a) ¹Die Kündigung eines Arbeitnehmers, der zu einer Betriebs-, Wahl- oder Bordversammlung nach § 17 Abs. 3, § 17a Nr. 3 Satz 2, § 115 Abs. 2 Nr. 8 Satz 1 des Betriebsverfassungsgesetzes einlädt oder die Bestellung eines Wahlvorstands nach § 16 Abs. 2 Satz 1, § 17 Abs. 4, § 17a Nr. 4, § 63 Abs. 3, § 115 Abs. 2 Nr. 8 Satz 2 oder § 116 Abs. 2 Nr. 7 Satz 5 des Betriebsverfassungsgesetzes beantragt, ist vom Zeitpunkt der Einladung oder Antragstellung an bis zur Bekanntgabe des Wahlergebnisses unzulässig, es sei denn, dass Tatsachen vorliegen, die den Arbeitgeber zur Kündigung aus wichtigem Grund ohne Einhaltung einer Kündigungsfrist berechtigen; der Kündigungsschutz gilt für die ersten drei in der Einladung oder Antragstellung aufgeführten Arbeitnehmer. ²Wird ein Betriebsrat-, eine Jugend- und Auszubildendenvertretung, eine Bordvertretung oder ein Seebetriebsrat nicht gewählt, besteht der Kündigungsschutz nach Satz 1 vom Zeitpunkt der Einladung oder Antragstellung an drei Monate.

(4) Wird der Betrieb stillgelegt, so ist die Kündigung der in den Absätzen 1 bis 3 genannten Personen frühestens zum Zeitpunkt der Stilllegung zulässig, es sei denn, dass ihre Kündigung zu einem früheren Zeitpunkt durch zwingende betriebliche Erfordernisse bedingt ist.

(5) ¹Wird eine der in den Absätzen 1 bis 3 genannten Personen in einer Betriebsabteilung beschäftigt, die stillgelegt wird, so ist sie in eine anderen Betriebsabteilung zu übernehmen. ²Ist dies aus betrieblichen Gründen nicht möglich, so findet auf ihre Kündigung die Vorschrift des Absatzes 4 über die Kündigung bei Stilllegung des Betriebs sinngemäß Anwendung.

§ 103 BetrVG Außerordentliche Kündigung

– Auszug –

(1) Die außerordentliche Kündigung von Mitgliedern des Betriebsrats, der Jugend- und Auszubildendenvertretung, der Bordvertretung und des Seebetriebsrats, des Wahlvorstands sowie von Wahlbewerbern bedarf der Zustimmung des Betriebsrats.

(2) [1]Verweigert der Betriebsrat seine Zustimmung, so kann das Arbeitsgericht sie auf Antrag des Arbeitgebers ersetzen, wenn die außerordentliche Kündigung unter Berücksichtigung aller Umstände gerechtfertigt ist. [2]In dem Verfahren vor dem Arbeitsgericht ist der betroffene Arbeitnehmer Beteiligter.

Inhalt

		Rz
A.	Einführung	1– 6
B.	Auswirkungen auf die Praxis	7– 8
C.	Geschützter Personenkreis, Beginn des besonderen Kündigungsschutzes	9–27
	I. Funktionsträger der Betriebsverfassung (§ 15 Abs. 1 KSchG)	10–19
	1. Geschützter Personenkreis	10–12
	2. Beginn des besonderen Kündigungsschutzes	13
	3. Auswirkung von Wahlmängeln	14–15
	4. Ersatzmitglieder	16–19
	II. Organe des Personalvertretungsrechts (§ 15 Abs. 2 KSchG))	20
	III. Weitere Arbeitnehmervertretungen	21
	IV. Beteiligte der Betriebsratswahl (§ 15 Abs. 3, 3a KSchG)	22
	1. Mitglieder des Wahlvorstandes	23–24
	2. Wahlbewerber	25–26
	3. Initiatoren der Betriebsratswahl	27
D.	Beurteilungszeitpunkt des besonderen Kündigungsschutzes	28
E.	Ende des besonderen Kündigungsschutzes	29–46
	I. Besonderer Kündigungsschutz während der Amtszeit (§ 15 Abs. 1 Satz 1 KSchG iVm § 103 BetrVG)	30–38
	1. Umfassender Kündigungsschutz für Betriebsratsmitglieder	30–32
	2. Sonderfall: Betriebsspaltung, Betriebszusammenlegung	33
	3. Sonderfall: Betriebsveräußerung, Betriebsteilveräußerung	34
	4. Umfassender besonderer Kündigungsschutz für Beteiligte der Betriebsratswahl	35–38
	II. Nachwirkender Kündigungsschutz (§ 15 KSchG iVm § 102 BetrVG)	39–46

Unzulässigkeit der Kündigung § 15

	1.	Nachwirkender Kündigungsschutz für Betriebsratsmitglieder	39–41
	2.	Sonderfall: Ersatzmitglieder	42–43
	3.	Nachwirkender Kündigungsschutz für Beteiligte der Betriebsratswahl	44
	4.	Status nach Ende des nachwirkenden Kündigungsschutzes	45
	5.	Übersicht zum nachwirkenden Kündigungsschutz	46
F.	**Ausschluss der ordentlichen Kündbarkeit**		47–50
	I.	Beendigungskündigung	47
	II.	Änderungskündigung	48–50
G.	**Wirksame außerordentliche Kündigung**		51–87
	I.	Der wichtige Kündigungsgrund (§ 626 Abs. 1 BGB iVm § 15 KSchG)	52–58
		1. Unzumutbarkeit der Fortsetzung des Arbeitsverhältnisses	52–53
		2. Rechtsfolgen bei individualvertraglichem oder kollektivrechtlichem Pflichtverstoß	54–57
		3. Sonderfall: Massenänderungskündigung	58
	II.	Notwendige Handlungen bis zum Ablauf der Zwei-Wochenfrist des § 626 Abs. 2 BGB	59
	III.	Zustimmungsverfahren	60–64
		1. Verfahrensgrundsätze	60–63
		2. Muster zur Unterrichtung des Betriebsrats	64
	IV.	Freistellung und Ausschluss aus dem Amt vor Ausspruch der Kündigung	65–69
	V.	Gerichtliches Zustimmungsersetzungsverfahren	70–80
		1. Zulässigkeitsvoraussetzung	71
		2. Verfahren	72–75
		3. Rechtsmittel und einstweilige Verfügung	76–77
		4. Prozesskosten	78
		5. Sonderfall: Ende der Mitgliedschaft während des Verfahrens	79
		6. Musterantrag im Zustimmungsersetzungsverfahren	80
	VI.	Weiterbeschäftigung und Amtstätigkeit nach Ausspruch einer außerordentlichen Kündigung	81–82
	VII.	Kündigungsschutzprozess	83–87
		1. Verfahren	83
		2. Auflösungsantrag	84–85
		3. Erfolgsaussichten, Prüfungsumfang	86
		4. Nachschieben von Kündigungsgründen	87
H.	**Sonderfall: Kündigung bei Betriebsstilllegung (§ 15 Abs. 4 KSchG)**		88–109
	I.	Betriebsstilllegung	90–95
		1. Begriff	90
		2. Einzelfälle einer Bestriebsstilllegung	91–95
	II.	Weiterbeschäftigung in einem anderen Betrieb	96–98

III.	Anhörung des Betriebsrats vor Kündigungserklärung	99–100
	1. Anhörungsverfahren	99
	2. Muster zur Anhörung des Betriebsrats bei Betriebsschließung	100
IV.	Kündigungszeitpunkt und Ende des Arbeitsverhältnisses	101–103
V.	Kündigung des Betriebsratsmitglieds vor Betriebsstillegung	104–106
VI.	Kündigungsschutzprozess	107–109
I.	**Sonderfall: Kündigung wegen Stilllegung einer Betriebsabteilung (§ 15 Abs. 5 KSchG)**	**110–123**
I.	Begriff der Stilllegung einer Betriebsabteilung	112–114
II.	Übernahme in eine andere Betriebsabteilung	115–122
III.	Betriebsratsanhörung und Kündigungsschutzprozess	123

A. Einführung

1 Nach § 15 KSchG haben im Bereich der Privatwirtschaft Mitglieder eines Betriebsrats, einer Jugend- und Auszubildendenvertretung, einer Bordvertretung oder eines Seebetriebsrats **besonderen Kündigungsschutz**, der die ordentliche Kündbarkeit dieser Arbeitnehmer im Regelfall – dh von der Betriebsstilllegung bzw. Betriebsabteilungsstilllegung abgesehen – ausschließt. Entsprechendes gilt im Bereich des öffentlichen Dienstrechtes für die Mitglieder einer Personalvertretung, einer Jugend- und Auszubildendenvertretung sowie einer Jugendvertretung.

2 Die Kommentierung beschränkt sich weitgehend auf den besonderen Kündigungsschutz im Bereich der Privatwirtschaft.[1] Hierbei wird neben § 15 KSchG auch § 103 BetrVG erläutert, soweit § 103 BetrVG den besonderen Kündigungsschutz nach § 15 KSchG verstärkt. Aufgrund der praktischen Bedeutung liegt der Schwerpunkt auf der Darstellung des besonderen Kündigungsschutzes für Betriebsratsmitglieder. Soweit sich für andere Funktionsträger Besonderheiten ergeben, wird hierauf ausdrücklich hingewiesen; andernfalls gilt für die nicht expressis verbis genannten Personengruppen das für den Betriebsrat und seine Mitglieder Gesagte entsprechend.

3 Der besondere Kündigungsschutz nach § 15 KSchG erstreckt sich zeitlich von der Phase der Einleitung der Wahl des Betriebsrats, über die Amtszeit seiner Mitglieder hinaus bis in den Zeitraum nach

---

[1] Der besondere Kündigungsschutz im öffentlichen Personalvertretungsrecht verläuft überwiegend parallel. Für die kündigungsschutzrechtlichen Besonderheiten im Bereich des öffentlichen Dienstrechts wird auf die weiterführende Literatur verwiesen. Vgl. zB KR/*Etzel* §§ 47, 72, 79, 108 BPersVG.

Unzulässigkeit der Kündigung § 15

Beendigung des Betriebsratsamts. Ergänzt wird der besondere Kündigungsschutz des § 15 KSchG durch § 103 Abs. 1, Abs. 2 Satz 1 BetrVG (bzw. durch § 47 Abs. 1, § 108 Abs. 1 BPersVG), der die (zulässige) außerordentliche Kündigung eines Betriebsratsmitglieds von der **vorherigen Zustimmung** des Betriebsrats (Personalrats) abhängig macht.[2]

Aufgrund dieser Voraussetzungen liegt eine doppelte Beschränkung 4 bzw. Erschwernis der Zulässigkeit einer Kündigung vor, mit der der Gesetzgeber die Einflussmöglichkeiten des Arbeitgebers auf die Zusammensetzung und Tätigkeit des Betriebsrats bewusst begrenzen möchte, um die kontinuierliche Arbeit des Betriebsrats in seiner konkreten personellen Zusammensetzung über die Dauer einer Wahlperiode hinweg zu sichern (**Kontinuität der Amtsführung**) und die für die Amtstätigkeit erforderliche **Unabhängigkeit der Betriebsratsmitglieder** zu fördern. Das einzelne Betriebsratsmitglied soll ungestört seinen Aufgaben nachgehen können, auch wenn hierdurch Konflikte mit den Interessen des Arbeitgebers auftreten. Die Umsetzung dieser gesetzlichen Zielsetzung ist nach der Auffassung des BAG nur dann sichergestellt, wenn das Betriebsratsmitglied keine Repressalien des Arbeitgebers, insbesondere nicht den Verlust des Arbeitsplatzes, fürchten muss.[3]

Neben Betriebsratsmitgliedern (und anderen Organmitgliedern gemäß 5 § 15 Abs. 1 und Abs. 2 KSchG) sind von § 15 KSchG auch die Personen geschützt, die an der Wahl des Betriebsrats beteiligt sind (**vorgelagerter Kündigungsschutz**). Dies sind: **Die Initiatoren der Wahl, die Wahlbewerber und die Wahlvorstände.** Dem Arbeitgeber soll bereits in dieser frühen Phase die Möglichkeit genommen werden, durch die (selektive) Kündigung dieser Personen auf das »Ob« der Entstehung eines Kollektivorgans oder auf dessen künftige personelle Zusammensetzung Einfluss zu nehmen.[4]

Der Kündigungsschutz des § 15 KSchG erstreckt sich weiter auch auf 6 die Phase nach Beendigung des Betriebsratsamts (**nachwirkender**

---

2 Verweigert der Betriebsrat seine Zustimmung, kann der Arbeitgeber das Betriebsratsmitglied erst kündigen, wenn das Arbeitsgericht die Zustimmung des Betriebsrats ersetzt hat (§ 103 Abs. 2 BetrVG).
3 Vgl. *BAG* 29. 1. 1981, AP § 15 KSchG 1969 Nr. 10 mwN.
4 Seit Inkrafttreten des Betriebsverfassungs-Reformgesetzes mit Wirkung vom 28. 7. 2001 wurde der besondere Kündigungsschutz durch Einfügung eines Absatzes 3a auf die Initiatoren einer Wahl ausgedehnt, dh Kündigungsschutz genießt nunmehr auch, wer zur Wahlversammlung einlädt oder die Bestellung eines Wahlvorstandes beantragt (§ 15 Abs. 3a KSchG).

Kündigungsschutz). Der Gesetzgeber will vermeiden, dass das Betriebsratsmitglied während seiner Amtstätigkeit fürchten muss, es werde seinen Arbeitsplatz verlieren, sobald sein Amt – und damit der besondere Kündigungsschutz – endet. Diese faktische Einschränkung der Ausübung des Betriebsratsamts soll durch den nachwirkenden Kündigungsschutz verringert werden, um die Unabhängigkeit des Betriebsratsmitglieds während seiner Amtszeit zu gewährleisten. Darüber hinaus geht der Gesetzgeber davon aus, durch den nachwirkenden Kündigungsschutz »eine Abkühlung eventuell auftretender Kontroversen mit dem Arbeitgeber«[5] zu erreichen. Nicht anwendbar in der Phase des nachwirkenden Kündigungsschutzes ist hingegen § 103 Abs. 1 BetrVG, dh der Arbeitgeber muss den Betriebsrat zwar ordnungsgemäß zur außerordentlichen Kündigung eines ehemaligen Betriebsratsmitglieds gemäß § 102 Abs. 1, Abs. 2 BetrVG anhören, die **Zustimmung des Betriebsrats** ist allerdings **nicht mehr erforderlich**.

B. Auswirkungen auf die Praxis

7 Die doppelte Beschränkung bzw. Erschwernis der Zulässigkeit einer Kündigung von Betriebsratsmitgliedern und anderen Funktionsträgern durch § 15 KSchG und § 103 Abs. 1, Abs. 2 BetrVG (bzw. § 108 Abs. 1 BPersVG) führt dazu, dass **Kündigungsabsichten** des Arbeitgebers in der Praxis nur in **Ausnahmekonstellationen** Erfolg versprechend sind. Zunächst muss sich der Arbeitgeber vergewissern, ob die Person, deren Vertragsverhältnis gekündigt werden soll, noch vom Anwendungsbereich des besonderen Kündigungsschutzes der § 15 KSchG und § 103 Abs. 1 BetrVG erfasst ist. Während sich diese Frage bei einem aktiven Betriebsratsmitglied leicht beantworten lässt, kann es bei anderen Arbeitnehmern (zB Ersatzmitgliedern, Wahlbewerbern, Wahlvorständen etc.) mitunter schwierig sein, festzustellen, ob bzw. ab wann der besondere Kündigungsschutz eingreift und wieder endet.

8 Steht fest, dass der in Aussicht genommene Arbeitnehmer vom Anwendungsbereich des § 15 KSchG erfasst ist, kann der Arbeitgeber nur kündigen, wenn die Voraussetzungen einer außerordentlichen Kündigung gemäß § 626 Abs. 1 BGB vorliegen, dh Tatsachen vorliegen, die dem Arbeitgeber die Fortsetzung des Arbeitsverhältnisses unzumutbar machen. Der Arbeitgeber ist zudem gezwungen, die Kündigung zwei Wochen nach Kenntnis dieser Tatsachen auszusprechen und

---

[5] So die amtliche Begründung: vgl. BT-Drucks. V/1786, S. 60.

ebenfalls noch binnen der Zwei-Wochenfrist die Zustimmung des Betriebsrats nach § 103 Abs. 1 BetrVG einzuholen bzw. bei nachwirkendem Kündigungsschutz den Betriebsrat nach § 102 Abs. 1, Abs. 2 BetrVG anzuhören.

C. Geschützter Personenkreis, Beginn des besonderen Kündigungsschutzes

§ 15 KSchG legt den geschützten Personenkreis in seinen Absätzen 1 bis 4 fest. Da § 15 KSchG in seinem Anwendungsbereich die ordentliche Kündigung (Ausnahme: Stilllegung eines Betriebs oder einer Betriebsabteilung) ausschließt, ist der Arbeitgeber vor Ausspruch jeder Kündigung gehalten, sich zu vergewissern, ob der für die Kündigung in Aussicht genommene Arbeitnehmer zu der von § 15 KSchG geschützten Personengruppe zählt. Nimmt der Arbeitgeber indes irrtümlich an, § 15 KSchG sei nicht anwendbar, geht dies zu seinen Lasten. Eine entgegen § 15 KSchG ausgesprochene ordentliche Kündigung bzw. eine außerordentliche Kündigung ohne Einholung der Zustimmung des Betriebsrats (§ 103 Abs. 1 BetrVG) ist unwirksam.

I. Funktionsträger der Betriebsverfassung (§ 15 Abs. 1 KSchG)

1. Geschützter Personenkreis

§ 15 Abs. 1 KSchG schützt die Mitglieder der betriebverfassungsrechtlichen Kollektivorgane sowie anderer betrieblicher Arbeitnehmervertretungen (Satz 1) und erweitert den Kündigungsschutz unter bestimmten Voraussetzungen auf die Zeit nach Ablauf bzw. Ende der Amtszeit (Satz 2). Folgende Personen sind nach dem Wortlaut des § 15 Abs. 1 KSchG während und nach dem Ende ihrer Amtszeit geschützt:

– Mitglieder des Betriebsrats,

– Mitglieder der Jugend- und Auszubildendenvertretung (§ 60 BetrVG),

– Mitglieder der Bordvertretung (§ 115 BetrVG),

– Mitglieder des Seebetriebsrats (§ 116 BetrVG).

Mitglieder des **Gesamt- bzw. Konzernbetriebsrats** sind in § 15 Abs. 1 KSchG nicht genannt und als solche nicht besonders geschützt. Da dem Gesamt- bzw. Konzernbetriebsrat allerdings nur Mitglieder der Betriebsräte der einzelnen Betriebe angehören (§ 47 Abs. 2; § 55

Abs. 1 BetrVG), genießen diese aufgrund ihrer Betriebsratsstellung im lokalen Betriebsrat Kündigungsschutz gemäß § 15 Abs. 1 KSchG.

12 Der Schutzbereich des § 15 Abs. 1 KSchG erstreckt sich auch auf andere (betriebsübergreifende) Arbeitnehmervertretungen. So sind die im Inland beschäftigten Mitglieder und Initiatoren des **Europäischen Betriebsrats** (§§ 21 ff. EBRG) vom Schutz des § 15 Abs. 1, 3-5 KSchG erfasst, der über die Verweisung in § 40 EBRG zur Anwendung kommt. Dies gilt entsprechend für die Mitglieder des besonderen Verhandlungsgremiums (§§ 8 ff. EBRG) und die Arbeitnehmervertreter im Rahmen eines Verfahrens zur Unterrichtung und Anhörung (§ 40 Abs. 2 EBRG). Auch die Mitglieder anderer Arbeitnehmervertretungsformen, die auf der Grundlage des durch das Betriebsverfassungs-Reformgesetzes[6] neu eingeführten § 3 Abs. 1 Nr. 1-3 BetrVG errichtet werden (zB **unternehmenseinheitlicher Betriebsrat, Spartenbetriebsrat**), zählen zum geschützten Personenkreis des § 15 KSchG.[7] Betriebsratsmitglieder in sog. **Tendenzunternehmen** (wie zB Zeitungs- und Buchverlage, Theater) werden richtigerweise vom Kündigungsschutz nach § 15 Abs. 1 KSchG erfasst.[8] Eine Ausnahme ist nicht gerechtfertigt. Die in Artikel 5 GG gewährleistete Meinungsfreiheit wird nicht beeinträchtigt, wenn die ordentliche Kündigung wegen nicht tendenzbezogener Kündigungsgründe ausgeschlossen wird. Aber auch bei tendenzbezogenen Kündigungsgründen, dh dann, wenn die vom Betriebsratsmitglied erbrachte Arbeitsleistung als solche dem Tendenzzweck zuwiderläuft, kann den Grundrechten des Tendenzunternehmens im Rahmen der Interessenabwägung nach § 626 Abs. 1 BGB Rechnung getragen werden. Bislang war umstritten,[9] ob der Arbeitgeber bei einer Kündigung eines Tendenzträgers wegen tendenzbezogenen Kündigungsgründen auch das Zustimmungsverfahren nach § 103 Abs. 1, Abs. 2 BetrVG durchführen muss. Das BAG[10] hat wohl die Zustimmungsbedürftigkeit jetzt verneint. Der Betriebsrat ist daher nur nach § 102 BetrVG anzuhören.[11]

---

6 BGBl I. S.2518 ff.
7 *V. Hoyningen-Huene/Linck* § 15 Rz 9a mwN.
8 So auch *v. Hoyningen-Huene/Linck* § 15 Rz 10; KR/*Etzel* § 15 KSchG Rz 11 mwN; **aA** *Hanau* AR-Blattei Anmerkung zu Betriebsverfassung IX: Entscheidung 55 bei tendenzbedingten Kündigungsgründen, siehe hierzu KR/*Etzel* § 103 BetrVG Rz 16a.
9 Dafür *LAG Hamm* 1. 7. 1992, LAGE § 118 BetrVG 1972 Nr. 17; **aA** Teile der Literatur die in der Zustimmung nach § 103 BetrVG eine ungerechtfertigte Beeinträchtigung des Unternehmers (Art. 5 GG) sehen; der Betriebsrat sei nur gemäß § 102 BetrVG zu beteiligen, vgl. KR/*Etzel* § 103 BetrVG Rz 16 mwN.
10 *BAG* 28. 8. 2003 – 2 ABR 48/02.
11 Zum Anhörungsverfahren vgl. § 102 BetrVG Rz 22 ff.

2. Beginn des besonderen Kündigungsschutzes

Der besondere Kündigungsschutz nach § 15 Abs. 1 KSchG für Betriebsratsmitglieder entsteht mit **Beginn der Amtszeit**. Die Amtszeit beginnt mit dem **Ablauf der Amtszeit** des bisherigen Betriebsrats oder, soweit bisher kein Betriebsrat vorhanden war, mit **Bekanntgabe des Wahlergebnisses** (§ 19 WO-BetrVG).[12] Dies gilt für die Mitglieder der Jugend- und Auszubildendenvertretung, der Bordvertretung und des Seebetriebsrats entsprechend (§ 64 Abs. 2, § 115 Abs. 3, § 116 Abs. 2 BetrVG). 13

3. Auswirkung von Wahlmängeln

Mängel der Betriebsratswahl können dazu führen, dass der Kündigungsschutz für Betriebsratsmitglieder nicht entsteht oder wieder entfällt. Maßgeblich hierfür ist, ob die Mängel so gravierend sind, dass die Wahl nichtig ist oder ob die Mängel lediglich zur Anfechtung berechtigen (§ 19 Abs. 1 BetrVG). Ersteres ist nur in Ausnahmefällen anzunehmen, wenn gegen die allgemeinen Grundsätze jeder ordnungsgemäßen Wahl in einem so hohen Maße verstoßen wurde, dass auch der Anschein einer Wahl nicht mehr vorliegt[13] (zB Wahl eines Betriebsrats durch Nicht-Arbeitnehmer des Betriebs).[14] 14

Ist der **Mangel** nicht so gravierend, dass er zur Nichtigkeit der Betriebsratswahl führt, ist er so lange unschädlich, wie die Wahl nicht wirksam angefochten wurde. Bei **erfolgreicher Wahlanfechtung** entfällt der besondere vollumfängliche Kündigungsschutz nach § 15 Abs. 1 Satz 1 KSchG. Auch das Zustimmungserfordernis nach § 103 Abs. 1, Abs. 2 Satz 1 BetrVG ist dann entbehrlich. Die Anfechtung der Betriebsratswahl wirkt (erst) ab dem Zeitpunkt des rechtkräftigen Beschlusses für die Zukunft (ex nunc).[15] Gleiches gilt, wenn die Anfechtung auf die Wahl eines Wahlbewerbers beschränkt wurde (zB wegen fehlender Wählbarkeit eines leitenden Angestellten).[16] Da der besondere Kündigungsschutz nach § 15 Abs. 1 Satz 1 KSchG erst mit Rechtskraft der Entscheidung entfällt, ist eine zuvor gegenüber dem Betriebsratsmitglied ausgesprochene Kündigung unwirksam. Nach erfolgreicher, rechts- 15

---

12 KR/*Etzel* § 103 BetrVG Rz 19.
13 *BAG* 2.3.1955, AP § 18 BetrVG Nr. 1; *BAG* 29.4.1998, AP § 40 BetrVG 1972 Nr. 58.
14 Weitere Beispiele bei *Fitting* § 19 Rz 5.
15 *Fitting* § 19 Rz 49, 50.
16 Die Wahl eines leitenden Angestellten führt nicht zur Nichtigkeit, sondern lediglich zur Anfechtbarkeit seiner Wahl, vgl. *Fitting* § 19 Rz 16 mwN.

kräftiger Anfechtung einer Betriebsratswahl ist umstritten, ob das ehemalige Betriebsratsmitglied ein Jahr lang durch den nachwirkenden Kündigungsschutz des § 15 Abs. 1 Satz 2 KSchG geschützt ist,[17] oder ob es sich lediglich auf den (nachwirkenden) Kündigungsschutz als Wahlbewerber berufen kann.[18] Letztere Auffassung überzeugt, da bei erfolgreicher Wahlanfechtung die Beendigung der Mitgliedschaft auf einer gerichtlichen Entscheidung beruht und damit der nachwirkende Kündigungsschutz gemäß § 15 Abs. 1 Satz 2 KSchG ausgeschlossen ist. War die Betriebsratswahl indes von Anfang an **nichtig**, sind die gewählten Personen zu keiner Zeit Betriebsratsmitglieder gewesen und waren demzufolge zu keiner Zeit vom Kündigungsschutz gemäß § 15 Abs. 1 KSchG erfasst. Ein nachwirkender Kündigungsschutz nach § 15 Abs. 1 Satz 2 KSchG scheidet daher ebenfalls aus. In Betracht kommt auch hier der besondere Kündigungsschutz für Wahlbewerber gemäß § 15 Abs. 3 KSchG.

4. Ersatzmitglieder

16 Der Schutz des § 15 Abs. 1 KSchG erstreckt sich grundsätzlich nicht auf die **Ersatzmitglieder des Betriebsrats** oder Ersatzmitglieder eines anderen unter den Schutzbereich des § 15 Abs. 1 KSchG fallenden Kollektivorgans.[19] Das Ersatzmitglied ist kein Mitglied des Betriebsrats und übt kein Amt aus. Die Chance, bei Ausfall eines Betriebsratsmitglieds in den Betriebsrat nachzurücken, begründet für sich keinen besonderen Kündigungsschutz. Das Ersatzmitglied hat allerdings den besonderen Kündigungsschutz als Wahlbewerber gemäß § 15 Abs. 3 KSchG. Dieser Schutz endet sechs Monate nach Bekanntgabe des Wahlergebnisses. Dies ändert sich, soweit ein Ersatzmitglied **vorübergehend oder endgültig** in den Betriebsrat **nachrückt**, weil ein Betriebsratsmitglied vorübergehend an der Amtsausübung verhindert oder endgültig aus seinem Amt ausgeschieden (zB Niederlegung des Amtes, Verlust der Wählbarkeit, vgl. § 24 BetrVG) ist. Scheidet ein Betriebsratsmitglied endgültig aus seinem Amt aus, tritt das Ersatzmitglied für die restliche Amtszeit in die Rechtsstellung des Betriebsratsmitglieds ein und genießt damit den Kündigungsschutz gemäß § 15 Abs. 1 Satz 1 KSchG.[20] Das Nach-

---

17 HK/*Dorndorf* § 15 KSchG Rz 58 mwN.
18 KR/*Etzel* § 15 KSchG Rz 66.
19 Allgemeine Meinung, vgl. *v. Hoyningen-Huene/Linck* § 15 Rz 21 mwN, HK/*Dorndorf* § 15 KSchG Rz 35 mwN.
20 Zum nachwirkenden Kündigungsschutz gemäß § 15 Abs. 1 Satz 2 KSchG vgl. unten Rz 39-41.

§ 15 Unzulässigkeit der Kündigung

rücken erfolgt automatisch. Hierzu bedarf es keiner weiteren Rechtshandlungen.[21] Auch eine Mitteilung an den Arbeitgeber ist nicht erforderlich.

Soweit ein Ersatzmitglied nur **vorübergehend** nach § 25 Abs. 1 Satz 2 BetrVG für ein verhindertes Betriebsratsmitglied als **Stellvertreter** eintritt (zB bei Erkrankung, Urlaub- oder Dienstreise), ist es **während** der Dauer der Stellvertretung ebenfalls nach § 15 Abs. 1 Satz 1 KSchG vor ordentlichen Kündigungen geschützt.[22]

Ob das Betriebsratsmitglied tatsächlich verhindert war und damit rechtmäßig seiner Amtstätigkeit fern geblieben ist, spielt bis zur Grenze des Rechtsmissbrauchs keine Rolle.[23] Nach der Rechtsprechung des BAG soll es auch ohne Bedeutung sein, ob sich die Verhinderung des Betriebsratsmitglieds tatsächlich auswirkt, dh ob das nachgerückte Ersatzmitglied während des Vertretungsfalls Amtsgeschäfte (Betriebsratssitzung, sonstige Amtstätigkeit) wahrnimmt oder nicht.[24] Der besondere Kündigungsschutz tritt vielmehr automatisch zum Zeitpunkt des Vertretungsfalls des ordentlichen Betriebsratsmitglieds ein und damit **am ersten Tag der Verhinderung**.[25] Der Kündigungsschutz besteht **für die Dauer der Verhinderung** des Betriebsratsmitglieds und nicht nur für die Tage, an denen tatsächlich Amtsgeschäfte für den Vertretenen getätigt werden. Er ist unabhängig von der Dauer des Vertretungsfalls.[26] Es genügt, dass objektiv ein Vertretungsfall vorliegt. Daher ist es auch irrelevant, ob das Ersatzmitglied weiß, dass es (vorübergehend) das Betriebsratsamt innehat. Unter Umständen beginnt der besondere Kündigungsschutz schon **vor** Eintritt des Vertretungsfalls. Dies ist dann gegeben, wenn die Verhinderung eines Betriebsratsmitglieds an einer Betriebsratssitzung absehbar ist (zB Urlaub, Operation, etc.), aber die Betriebsratssitzung vorbereitet werden muss. Auch wenn das Betriebsratsmitglied in dieser Zeit noch nicht verhindert ist, gewährt das BAG dem Ersatzmitglied eine ge-

---

21 *BAG* 17. 1. 1979, AP § 15 KSchG 1969 Nr. 5.
22 Zu der Frage, ob das Ersatzmitglied nach Ende des Vertretungsfalls durch nachwirkenden besonderen Kündigungsschutz für ein Jahr vor ordentlichen Arbeitgeberkündigungen geschützt ist, vgl. unten Rz 42-43.
23 *BAG* 5. 9. 1986, EzA § 15 KSchG Nr. 36 mit Anmerkung *Schulin*.
24 *BAG* 17. 1. 1979, AP § 15 KSchG 1969 Nr. 5; **aA** beginnt der Kündigungsschutz erst mit der konkreten Vorbereitung der jeweiligen Betriebsratstätigkeit, insbesondere mit der Ladung zu einer Sitzung; *LAG Hamm* 21. 8. 1986, LAGE § 15 KSchG Nr. 5; *Löwisch* § 15 Rz 30.
25 *BAG* 17. 1. 1979, AP § 15 KSchG 1969 Nr. 5; vgl. auch *v. Hoyningen-Huene/Linck* § 15 Rz 24a.
26 *BAG* 17. 1. 1979, AP § 15 KSchG 1969 Nr. 5.

§ 15 Unzulässigkeit der Kündigung

wisse Vorbereitungszeit, in der der besondere Kündigungsschutz eingreifen soll, sog. **vorgelagerter besonderer Kündigungsschutz**.[27] Der Kündigungsschutz beginnt in diesen Fällen frühestens mit Bekanntgabe der Ladung zur Betriebsratssitzung, er umfasst aber in der Regel nicht mehr als **drei Arbeitstage**, dh auch eine frühere Ladung verlagert den Kündigungsschutz nicht weiter nach vorne.

19 Soweit ein Ersatzmitglied, während es ein Betriebsratsmitglied vertritt, selbst vertreten werden muss (zB wegen Krankheit), behält es den besonderen Kündigungsschutz nach § 15 Abs. 1 Satz 1 KSchG. Das während der Verhinderung des vertretenden Ersatzmitglieds nachrückende weitere Ersatzmitglied ist seinerseits vollumfänglich von § 15 Abs. 1 Satz 1 und Satz 2 KSchG geschützt.

II. Organe des Personalvertretungsrechts (§ 15 Abs. 2 KSchG)

20 Im öffentlichen Dienstrecht gilt der besondere Kündigungsschutz nach § 15 Abs. 2 KSchG ebenfalls für die personalvertretungsrechtlichen Kollektivorgane. Geschützt sind danach die Mitglieder der Personalvertretung (**Personalrat**, Bezirkspersonalrat, Hauptpersonalrat und Gesamtpersonalrat) der Jugend- und Auszubildendenvertretung und der Jugendvertretung. Keine Anwendung findet § 15 Abs. 2 KSchG allerdings auf in der Berufsausbildung stehende Arbeitnehmer in Dienststellen des Bundes, wenn die Ausbildung der von Beamten im Vorbereitungsdienst entspricht (vgl. § 47 Abs. 3 Satz 1 BPersVG). § 15 Abs. 2 KSchG schützt auch Mitglieder von Personalvertretungen, die bei den alliierten Streitkräften für deutsche Arbeitnehmer nach Artikel 56 Abs. 9 des Zusatzabkommens zum Nato-Truppenstatut gebildet worden sind.[28]

III. Weitere Arbeitnehmervertretungen

21 Für **Mitglieder der Schwerbehindertenvertretung** gilt gemäß § 96 Abs. 3 SGB IX, § 15 KSchG und § 103 BetrVG entsprechend.

Mitglieder in anderen, nicht in § 15 Abs. 1–3a KSchG genannten Arbeitnehmervertretungen, genießen indes **keinen** besonderen Kündigungsschutz. Nicht erfasst sind die Mitglieder der Einigungsstelle (§ 76 BetrVG) und des Sprecherausschusses der leitenden Angestellten

---

27 *BAG* 9. 11. 1977, AP § 15 KSchG 1969 Nr. 3.
28 *BAG* 29. 1. 1981, EzA § 15 KSchG Nr. 26; *LAG Nürnberg* 10. 3. 1994, LAGE § 15 KSchG Nr. 10.

(§ 1 SprAuG). Auch für Arbeitnehmervertreter im **Aufsichtsrat** greift § 15 KSchG nicht.[29]

IV. Beteiligte der Betriebsratswahl (§ 15 Abs. 3, 3a KSchG)

§ 15 Abs. 3 und Abs. 3a KSchG verlagern den Zeitpunkt für das Eingreifen des besonderen Kündigungsschutzes nach vorne (**vorgelagerter Kündigungsschutz**). Kündigungsschutz genießen daher auch die **Mitglieder des Wahlvorstands**, die **Wahlbewerber** und die **Initiatoren der Wahl**. Parallel hierzu wird das Zustimmungserfordernis zur außerordentlichen Kündigung nach § 103 Abs. 1 BetrVG auf die Mitglieder des Wahlvorstandes und die Wahlbewerber erstreckt. Auf die Initiatoren der Betriebsratswahl ist § 103 BetrVG allerdings nicht anwendbar, dh neben den Voraussetzungen des § 15 Abs. 3a KSchG genügt es, den Betriebsrat nach § 102 Abs. 1, Abs. 2 BetrVG anzuhören. Seine Zustimmung ist nicht erforderlich.

1. Mitglieder des Wahlvorstandes

Die Mitglieder eines **Wahlvorstands** sind gemäß § 15 Abs. 3 Satz 1 KSchG vom Zeitpunkt ihrer **(wirksamen) Bestellung** an geschützt. Die Bestellung erfolgt nach §§ 16, 17 und 17a BetrVG.[30] In Betrieben mit Betriebsrat wird der Wahlvorstand **durch Beschluss des Betriebsrats**[31] mit der Mehrheit der Stimmen der anwesenden Mitglieder bestellt (§ 33 BetrVG), sofern die Geschäftsordnung des Betriebsrates (§ 36 BetrVG) keine andere Regelung zur Bestellung enthält. Eine förmliche Wahl ist im Gesetz nicht vorgeschrieben, sie kann allerdings in der Geschäftsordnung des Betriebsrats festgelegt sein.[32] Der Wahlvorstand ist nicht wirksam bestellt, wenn der Beschluss des Betriebsrats (zB wegen Unterbesetzung) unwirksam ist (§ 33 Abs. 2 BetrVG) oder wenn der Betriebsrat gar nicht für den Betrieb zuständig war.[33] Bei **unwirk-**

---

[29] *BAG* 4. 4. 1974, AP § 626 BGB Nr. 1 Arbeitnehmervertreter im Aufsichtsrat mit Anmerkung *G. Hueck*.
[30] Für die Wahl der Jugend- und Auszubildendenvertretung, der Bordvertretung und des Seebetriebsrats vgl. entsprechende Regelungen in § 63 Abs. 2 und 3, § 115 Abs. 2, § 116 Abs. 2 BetrVG, für die Wahl der Personalvertretungen und Jugendvertretungen sowie Jugend- und Auszubildendenvertretungen im öffentlichen Dienst §§ 20 ff., § 53 Abs. 2 und 3, § 56, § 60 Abs. 1, § 64 BPersVG sowie die entsprechenden LPersVGe.
[31] *Richardi/Thüsing* § 16 Rz 8.
[32] *Fitting* § 16 Rz 23.
[33] *BAG* 29. 8. 1988, AP § 613a BGB Nr. 76 mit zustimmender Anmerkung *Joost*.

samer Bestellung** des Wahlvorstands greift der **besondere Kündigungsschutz** des § 15 Abs. 3 KSchG für die Mitglieder des Wahlvorstands **nicht** ein. Hat ein Betrieb noch **keinen Betriebsrat**, bestellt der Gesamt-, oder falls es auch einen solchen nicht gibt, der Konzernbetriebsrat den Wahlvorstand. Besteht noch keines der genannten Betriebsverfassungsorgane, können u. a. **drei wahlberechtigte Arbeitnehmer** die Wahl initiieren. Die Arbeitnehmer laden die Belegschaft zur Betriebsversammlung ein und machen ggf. Vorschläge für die Zusammensetzung des Wahlvorstands. Die Wahl erfolgt mit einfacher Mehrheit der anwesenden Arbeitnehmer (§ 17 Abs. 2 Satz 1 BetrVG), die Mehrheit der abgegebenen Stimmen genügt hierzu nicht.[34] Der besondere Kündigungsschutz für die Wahlvorstandsmitglieder beginnt mit **Bekanntgabe des Ergebnisses** der Wahl zum Wahlvorstand. **Einladungsmängel** können allerdings zur Ungültigkeit der Wahl des Wahlvorstands führen. Ein Einladungsmangel liegt zB vor, wenn nicht alle Arbeitnehmer eingeladen wurden und die nicht unterrichteten Arbeitnehmer das Wahlergebnis hätten beeinflussen können.[35] Ist die **Wahl des Wahlvorstands unwirksam**, entsteht für die gewählten Wahlvorstandsmitglieder auch **kein besonderer Kündigungsschutz** nach § 15 Abs. 3 KSchG.[36]

24 Die **Bewerber für die Wahl zum Wahlvorstand** sind nach dem eindeutigen Gesetzeswortlaut nicht vom besonderen Kündigungsschutz des § 15 KSchG erfasst.[37] Es kommt nur der **allgemeine Wahlschutz** nach § 20 BetrVG in Betracht, wonach der Arbeitgeber die Wahl eines Betriebsrats (zB durch gezielte Kündigung der beteiligten Arbeitnehmer) nicht behindern darf. Verstößt eine Kündigung hiergegen, ist sie nach § 134 BGB unwirksam. Eine Kündigung wäre ebenfalls unwirksam, wenn sie nur ausgesprochen wurde, um einen demnächst zu erwartenden **besonderen Kündigungsschutz** des Arbeitnehmers **zu vereiteln**.[38]

2. Wahlbewerber

25 **Wahlbewerber** sind nach § 15 Abs. 3 Satz 1 KSchG vom Zeitpunkt der **Aufstellung des Wahlvorschlags** an geschützt. Unter welchen Voraus-

---

34 *Fitting* § 16 Rz 28.
35 *BAG* 7. 5. 1986, AP § 15 KSchG 1969 Nr. 18.
36 *BAG* 7. 5. 1986, AP § 15 KSchG 1969 Nr. 18.
37 So auch *LAG Baden-Württemberg* 31. 5. 1974, BB 1974, 885; *v. Hoyningen-Huene/Linck* § 15 Rz 16; **aA** KR/*Etzel* § 103 BetrVG Rz 13 mwN.
38 *BAG* 4. 4. 1974, AP § 626 BGB Nr. 1 Arbeitnehmer im Aufsichtsrat.

setzungen ein wirksamer Wahlvorschlag vorliegt, wird im Gesetz allerdings nicht definiert. Vor dem Hintergrund, dass der besondere Kündigungsschutz nur für Personen gerechtfertigt ist, die für das Betriebsratsamt qualifizieren und die bereits als Kandidaten ausgewählt wurden, sind folgende Voraussetzungen erforderlich, um den besonderen Kündigungsschutz auszulösen:

- Der Wahlbewerber ist wählbar (§ 8 BetrVG).[39]

- Das Wahlverfahren wurde ordnungsgemäß durch Bestellung eines Wahlvorstands eingeleitet und der Wahlbewerber wird auf einem Wahlvorschlag genannt.

- Der Wahlvorschlag ist mit der genügenden Zahl von Stützunterschriften unterzeichnet (§ 14 Abs. 4 BetrVG). Auf die Einreichung des Wahlvorschlags beim Wahlvorstand kommt es hingegen nicht an, denn der Arbeitgeber soll die Wahl nicht durch Kündigung von Wahlbewerbern vor Einreichung des Wahlvorschlags gegenstandslos machen können.[40]

Wählbar ist auch ein Arbeitnehmer, der **bereits gekündigt** wurde, 26 soweit er gegen seine Kündigung Kündigungsschutzklage erhoben hat. Hier steht bis zum Zeitpunkt der rechtskräftigen Entscheidung nicht fest, ob das Arbeitsverhältnis fortbesteht oder nicht.[41] Der Arbeitnehmer bleibt wählbar, obwohl er mit Ablauf der Kündigungsfrist nicht mehr aktiv wahlberechtigt ist.[42] Der Arbeitgeber soll nicht durch Kündigungen die Wahl von ihm unerwünschten Kandidaten verhindern können. Wird der Arbeitnehmer zum Betriebsratsmitglied gewählt, bleibt er in diesem Amt bis die Wirksamkeit der Kündigung rechtskräftig feststeht. Allerdings tritt in der Regel bis zur rechtskräftigen Entscheidung über die Wirksamkeit der Kündigung ein Ersatzmitglied an die Stelle des gekündigten Betriebsratsmitglieds in den Betriebsrat ein.[43] Wird ein zunächst gültiger Wahlvorschlag nachträglich ungültig (zB durch Streichung von Stützschriften), bleibt der besondere Kündigungsschutz nach § 15 Abs. 3 KSchG erhalten.[44] Kündigt der Arbeitgeber dem

---

39 *BAG* 26. 9. 1996, AP § 15 KSchG 1969 Nr. 3 Wahlbewerber.
40 So *BAG* 4. 3. 1976, AP § 15 KSchG 1969 Nr. 1 Wahlbewerber mit kritischer Anmerkung *E. Hueck*; KR/*Etzel* § 103 BetrVG Rz 23 mwN; **aA** *Richardi/Thüsing* § 103 Rz 17; *v. Hoyningen-Huene/Linck* § 15 Rz 16.
41 *BAG* 14. 5. 1997, AP § 8 BetrVG 1972 Nr. 6.
42 *Fitting* § 8 Rz 18, § 7 Rz 7 f.
43 *Fitting* § 8 Rz 22. Vgl. zum Zutrittsrecht des Wahlbewerbers oder Betriebsratsmitglieds nach Ausspruch der Kündigung Rz 81-82.
44 *BAG* 15. 12. 1980, EzA § 15 KSchG Nr. 25 mit ablehnender Anmerkung *Göwe/ Arnold*.

Arbeitnehmer allerdings **bevor** dieser in einem Wahlvorschlag wirksam bezeichnet wurde, greift der Kündigungsschutz nach § 15 Abs. 3 KSchG nicht ein, denn der Kündigungsschutz der von § 15 Abs. 3 KSchG geschützten Personen hat **keine Vorwirkung**.[45] Die Kündigung ist daher zulässig, wenn der Arbeitgeber zu einem Zeitpunkt kündigt, zu dem ihm die mögliche Kandidatur des Arbeitnehmers nicht bekannt ist.[46] Sobald der Arbeitgeber allerdings weiß, dass er einen möglichen Kandidaten kündigt, wird er den Vorwurf entkräften müssen, die Kündigung sei wegen der bevorstehenden Kandidatur (zB um den besonderen Kündigungsschutz zu vereiteln) und nicht aus anderen Gründen erfolgt.

3. Initiatoren der Betriebsratswahl

27 § 15 Abs. 3a KSchG schützt die **Initiatoren einer Wahl**. Arbeitnehmer, die einen Betriebsrat initiieren, sollen keine Kündigung befürchten müssen. Geschützt werden die **drei wahlberechtigten Arbeitnehmer**, die entsprechend der betriebsverfassungsrechtlichen Vorschriften (Vgl. § 17 Abs. 3, § 17a Nr. 3 Satz 2 BetrVG) zu einer Betriebs-, Wahl- oder Bordversammlung einladen oder die Bestellung eines Wahlvorstands beim Arbeitsgericht (vgl. § 16 Abs. 2 Satz 1, § 17 Abs. 4, § 17a Nr. 4 BetrVG) beantragen. Der Kündigungsschutz besteht **ab dem Zeitpunkt der Einladung** oder der Antragstellung **bis zur Bekanntgabe des Wahlergebnisses** (§ 15 Abs. 3a Satz 1 KSchG). Allerdings ist der Kündigungsschutz in persönlicher Hinsicht auf die ersten **drei Arbeitnehmer**, die in der Einladung oder Antragstellung aufgeführt sind, begrenzt. Wird **kein Betriebsrat** (bzw. Jugend- und Auszubildendenvertretung, Bordvertretung oder Seebetriebsrat) **gewählt**, endet der nachwirkende Kündigungsschutz der Initiatoren mit Ablauf von **drei Monaten** gerechnet vom Zeitpunkt der Einladung oder Antragstellung (§ 15 Abs. 3a Satz 2 KSchG).

D. Beurteilungszeitpunkt des besonderen Kündigungsschutzes

28 Maßgeblicher Zeitpunkt für die Beurteilung, ob der besondere Kündigungsschutz nach § 15 KSchG eingreift, ist nach hM[47] der Zeitpunkt

---

45 *V. Hoyningen-Huene/Linck* § 15 Rz 34.
46 Vgl. auch *BAG* 4. 4. 1974, AP § 626 BGB Nr. 1 Arbeitnehmervertreter im Aufsichtsrat mit Anmerkung *G. Hueck*.
47 *V. Hoyningen-Huene/Linck* § 15 Rz 56 mwN.

des **Zugangs der Kündigungserklärung**. Für die Anwendbarkeit des § 15 KSchG ist also entscheidend, ob der Arbeitnehmer im Zeitpunkt des Zugangs der Kündigungserklärung zu den von § 15 KSchG geschützten Personengruppen zählt. Dies folgt aus den allgemeinen Grundsätzen über die Wirksamkeit von Kündigungserklärungen, die als empfangsbedürftige Willenserklärung erst mit Zugang wirksam werden und daher auch für das Vorliegen der Wirksamkeitsvoraussetzungen auf diesen Zeitpunkt abzustellen ist.[48] Geht die Kündigungserklärung zu, bevor § 15 KSchG eingreift, ist es unbeachtlich, wenn die Kündigungsfrist erst zu einem Zeitpunkt abläuft, zu dem der Arbeitnehmer vom Anwendungsbereich des § 15 KSchG erfasst ist.[49] Es kommt auf den Zugangszeitpunkt der Kündigungserklärung an. Daher ist die ordentliche Kündigung eines Ersatzmitglieds unwirksam, wenn der Vertretungsfall nach Ausspruch, aber noch vor Zugang der Kündigung eintritt. Aus praktischer Sicht ist diese Konsequenz unbefriedigend, da sie dem Arbeitgeber Unmögliches abverlangt. Er hat in einem solchen Fall weder Kenntnis noch Einfluss darauf, ob der besondere Kündigungsschutz für das Ersatzmitglied bis zum Zugang der Kündigungserklärung entsteht oder nicht.

E. Ende des besonderen Kündigungsschutzes

Für das Ende des besonderen Kündigungsschutzes nach § 15 KSchG 29 müssen zwei Zeiträume unterschieden werden: Der **Sonderkündigungsschutz während der Mitgliedschaft im Betriebsrat** und der **nachwirkende Kündigungsschutz** nach Beendigung der Mitgliedschaft. In beiden Schutzzeiträumen ist die ordentliche Kündigung durch § 15 KSchG – von den Fällen der Betriebs(abteilungs)stilllegung einmal abgesehen – ausgeschlossen.[50] Der Unterschied zwischen dem Kündigungsschutz während und nach Beendigung der Mitgliedschaft im Betriebsrat zeigt sich erst bei dem Zustimmungserfordernis nach § 103 BetrVG. Während der Zeit der Mitgliedschaft im Betriebsrat, kann eine wirksame außerordentliche Kündigung nur **mit und zeitlich nach**

---

48 So ständige Rechtsprechung zur Beurteilung der Sozialwidrigkeit einer Kündigung, vgl. *BAG* 27.2.1997, EzA § 1 KSchG Wiedereinstellungsanspruch Nr. 1; *BAG* 10.10.1996, EzA § 1 KSchG Betriebsbedingte Kündigung Nr. 87; KR/*Etzel* § 1 KSchG Rz 235 mwN.
49 HK/*Dorndorf* § 15 KSchG Rz 67.
50 Der insoweit nicht eindeutige Wortlaut des § 15 KSchG kann nur im Sinne des Ausschlusses der ordentlichen Kündigung verstanden werden. Weiterführend hierzu KR/*Etzel* § 15 KSchG Rz 54, 55.

der **Zustimmung des Betriebsrats** gemäß § 103 Abs. 1 BetrVG oder entsprechender Zustimmungsersetzung durch das Arbeitsgericht (§ 103 Abs. 2 Satz 1 BetrVG) ausgesprochen werden. Die Zustimmung ist gleichermaßen für die übrigen von § 15 Abs. 1 KSchG geschützten Personengruppen, sowie für Wahlbewerber und Wahlvorstände erforderlich.[51] Im Zeitraum nach Beendigung der Mitgliedschaft ist § 103 Abs. 1, Abs. 2 BetrVG nicht mehr anwendbar,[52] dh die Pflicht des Arbeitgebers reduziert sich darauf, den Betriebsrat vor Ausspruch der Kündigung gemäß § 102 Abs. 1, Abs. 2 BetrVG[53] ordnungsgemäß anzuhören. Damit reduzieren sich die Anforderungen an die Wirksamkeit der Kündigung erheblich: Während die Zustimmung gemäß § 103 Abs. 1 BetrVG zwingende Voraussetzung für die Wirksamkeit der Kündigung ist, hat die Mitteilung von Bedenken oder das schlichte Schweigen des Betriebsrats im Anhörungsverfahren nach § 102 Abs. 1 BetrVG keinen Einfluss auf die Wirksamkeit der Kündigung selbst.

I. Besonderer Kündigungsschutz während der Amtszeit (§ 15 Abs. 1 Satz 1 KSchG iVm § 103 BetrVG)

1. Umfassender Kündigungsschutz für Betriebsratsmitglieder

30 Der umfassende besondere Kündigungsschutz für Betriebsratsmitglieder während der Amtszeit (§ 15 Abs. 1 Satz 1 KSchG), der den wirksamen Ausspruch einer außerordentlichen Kündigung von der Zustimmung des Betriebsrats nach § 103 Abs. 1, Abs. 2 BetrVG abhängig macht, endet für Mitglieder des Betriebsrats normalerweise **mit Ablauf der Amtszeit** des Betriebsrats (§ 24 Abs. 1 Nr. 1 BetrVG). Er kann auch früher enden, zB bei Auflösung des Betriebsrats (§ 24 Abs. 1 Nr. 5 BetrVG).

31 Die individuelle **Mitgliedschaft eines Betriebsratsmitglieds** endet gemäß § 24 Abs. 1 BetrVG durch Niederlegung des Amts, Verlust der Wählbarkeit, Feststellung der Nichtwählbarkeit durch rechtskräftige gerichtliche Entscheidung oder durch Ausschluss aus dem Betriebsrat aufgrund rechtskräftiger gerichtlicher Entscheidung.[54]

---

51 Im öffentlichen Dienstrecht ist die Zustimmung des Personalrats gemäß § 74 Abs. 1, § 108 Abs. 1 BPersVG erforderlich.
52 *BAG* 30. 5. 1978, AP § 15 KSchG 1969 Nr. 4 mit zustimmender Anmerkung *G. Hueck*; ErfK/*Ascheid* § 15 KSchG Rz 17.
53 Im öffentlichen Dienstrecht ist die Anhörung des Personalrats gemäß § 79 Abs. 3 BPersVG erforderlich.
54 *BAG* 29. 9. 1983, DB 1984, 202; zu den Auswirkungen der Anfechtung bzw. Nichtigkeit der Betriebsratswahl auf den Kündigungsschutz der gewählten Betriebsratsmitglieder vgl. oben Rz 14.

Unzulässigkeit der Kündigung § 15

An den umfassenden Kündigungsschutz schließt sich der sog. **nachwirkende Kündigungsschutz** nach Ablauf der Amtszeit bzw. Ende der Mitgliedschaft im Betriebsrat nahtlos an.[55]   32

2. Sonderfall: Betriebsspaltung, Betriebszusammenlegung

Eine **Betriebsspaltung** oder **Betriebszusammenlegung** kann zum Erlöschen der bisherigen organisatorischen Einheit führen, mit der Folge, dass die **Amtszeit** des Betriebsrats **vorzeitig** endet und die geänderte oder neu geschaffene Organisationseinheit einen neuen Betriebsrat wählen kann. Die Amtszeit des Betriebsrats der bisherigen organisatorischen Einheit endet aber nicht stets im Zeitpunkt der Auflösung der organisatorischen Einheit.[56] Um eine betriebsratslose Zeit möglichst zu vermeiden, bleibt der Betriebsrat grundsätzlich in seiner bisherigen personellen Zusammensetzung[57] weiter zuständig (**sog. Übergangsmandat**, § 21a BetrVG). Werden mehrere Betriebe zusammengefasst, nimmt der Betriebsrat des nach der Zahl der wahlberechtigten Arbeitnehmer größten Betriebs das Übergangsmandat wahr, § 21a Abs. 2 BetrVG.[58] Das Übergangsmandat endet, sobald in den neu entstandenen Betriebsteilen oder dem neu entstandenen Betrieb ein neuer Betriebsrat gewählt wird und das Wahlergebnis bekannt gegeben ist. Finden keine Neuwahlen statt, endet das Übergangsmandat **sechs Monate** nach Wirksamwerden der Spaltung oder der Verschmelzung. Das Amt des Betriebsrats endet auch, wenn ein Betrieb durch Stilllegung,[59] Spaltung oder Zusammenfassung mit anderen Betrieben oder Betriebsteilen untergeht.[60] Da allerdings in der Regel noch Betriebsratsaufgaben im Zusammenhang mit der Abwicklung zu übernehmen sind, bleibt der Betriebsrat so lange im Amt, wie dies zur Wahrnehmung der im Zusammenhang stehenden Mitwirkungs- und Mitbestimmungsrechte erforderlich ist (**sog. Restmandat**, § 21b BetrVG).   33

---

55 Vgl. hierzu unten Rz 39 ff.
56 Das Amt des Betriebsrats endet nur dann mit sofortiger Wirkung, wenn der Betrieb in einen Betrieb eingegliedert wird, für den bereits ein Betriebsrat gewählt ist (§ 21a Abs. 1 Satz 1 letzter Halbsatz BetrVG).
57 *Fitting* § 21b Rz 16 zu den Ausnahmen Rz 17.
58 Vgl. im Einzelnen zum persönlichen Geltungsbereich des Übergangsmandats *Fitting* § 21a Rz 23 mwN.
59 Vgl. hierzu unten Rz 88 ff.
60 *Fitting* § 21b Rz 1.

3. Sonderfall: Betriebsveräußerung, Betriebsteilveräußerung

34 Geht ein Betrieb in seiner Gesamtheit auf einen anderen Inhaber über (vollständige **Betriebsveräußerung** durch Anteilsübertragung oder durch Betriebsübergang gemäß § 613a BGB), ändert dies nichts am Fortbestand der Arbeitsverhältnisse und der Existenz des Betriebsrats. Der Betriebsrat besteht dann in seiner Identität unverändert beim Erwerber fort. Widerspricht ein Betriebsratsmitglied im Falle des Betriebsübergangs nach § 613a BGB bei vollständiger Betriebsveräußerung dem Übergang seines Arbeitsverhältnisses auf den Erwerber, endet seine Betriebsratsmitgliedschaft, da der amtierende Betriebsrat beim Betriebserwerber besteht. Das ehemalige Betriebsratsmitglied bleibt Arbeitnehmer des Veräußererbetriebs. Da bei der Veräußerung des gesamten Betriebs keine organisatorische Einheit mehr beim Veräußerer verbleibt, ist die Kündigung des ehemaligen Betriebsratsmitglieds unter den erleichterten Voraussetzungen des § 15 Abs. 4 KSchG zulässig.[61] Wird ein Betriebsteil (ohne eigenen Betriebsrat) im Rahmen eines Teilbetriebsübergangs gemäß § 613a BGB veräußert, erlischt für die Arbeitnehmer die Mitgliedschaft im Betriebsrat, die wegen des Betriebsteilübergangs aus dem Veräußererbetrieb ausscheiden. Scheidet der Arbeitnehmer wegen Betriebsteilübergang aus dem Betriebsrat beim Veräußerer aus, entfällt der besondere Kündigungsschutz nach § 15 Abs. 1 Satz 1 KSchG iVm § 103 BetrVG. Das ehemalige Betriebsratsmitglied ist beim Erwerber durch nachwirkenden Kündigungsschutz nach § 15 Abs. 1 Satz 2 KSchG für ein Jahr vor ordentlichen Kündigungen geschützt.[62]

4. Umfassender besonderer Kündigungsschutz für Beteiligte der Betriebsratswahl

35 **Wahlvorstände** verlieren den besonderen Kündigungsschutz nach § 15 Abs. 3 Satz 1 KSchG iVm § 103 Abs. 1, Abs. 2 BetrVG mit der Bekanntgabe des Wahlergebnisses (§ 18 Abs. 3 BetrVG, § 19 WO-BetrVG).[63] Das Arbeitsgericht kann den Wahlvorstand ersetzen (§ 18 Abs. 1 Satz 2 BetrVG), soweit dieser die Betriebsratswahl nicht einleitet oder nicht ordnungsgemäß durchführt. In diesem Fall endet der besondere

---

61 Vgl. *BAG* 18. 9. 1997, AP § 103 BetrVG Nr. 35 mit einer Übersicht zu den verschiedenen Begründungsansätzen in der Literatur; vgl. auch unten Rz 88 ff.
62 ErfK/*Ascheid* § 15 KSchG Rz 40.
63 *BAG* 30. 5. 1968, AP § 15 KSchG 1969 Nr. 4 mit Anmerkungen *G. Hueck*.

Unzulässigkeit der Kündigung § 15

Kündigungsschutz nach § 15 Abs. 3 Satz 1 KSchG mit Rechtskraft der gerichtlichen Entscheidung.

Für **Wahlbewerber** endet der besondere Kündigungsschutz nach § 15 Abs. 3 Satz 1 KSchG iVm § 103 Abs. 1, Abs. 2 BetrVG ebenfalls mit der Bekanntgabe des Wahlergebnisses. Er endet früher, wenn der Wahlbewerber seine Kandidatur zurückzieht.[64] Wird ein Wahlbewerber zum Betriebsrat gewählt, schließt sich der besondere Kündigungsschutz für Betriebsratsmitglieder nach § 15 Abs. 1 Satz 1 KSchG unmittelbar an.

36

Die **Initiatoren** der Betriebsratswahl werden von § 15 Abs. 3a KSchG geschützt. Der Kündigungsschutz endet mit der Bekanntgabe des Wahlergebnisses, es sei denn, es wird kein Betriebsrat gewählt. Dann endet der besondere Kündigungsschutz drei Monate nach Einladung oder Antragstellung beim Arbeitsgericht. Es handelt sich in den Fällen des § 15 Abs. 3a KSchG allerdings nicht um »vollumfänglichen« Kündigungsschutz, denn das zusätzliche Kündigungserschwernis, die Zustimmung des Betriebsrats nach § 103 Abs. 1 KSchG, ist nach dem Wortlaut von § 103 BetrVG nicht erforderlich.

37

Beginn und Ende des besonderen Kündigungsschutzes nach **§ 15 Abs. 1–3a KSchG** während der Amtszeit (bzw. Ausübung der Funktion) lässt sich wie folgt zusammenfassen:

38

---

64 Ob dies allerdings zulässig ist, ist umstritten; *v. Hoyningen-Huene/Linck* § 15 Rz 41 mwN; und zur vorzeitigen Beendigung der Kandidatur wegen Ungültigkeit der Wahlvorschlagsliste, vgl. oben Rz 26.

Amt bzw. Funktion	Beginn	Ende	Zustimmungserfordernis § 103 Abs. 1, Abs. 2 BetrVG)
Wahlvorstand	Ab Bestellung	Mit Bekanntgabe Wahlergebnis	ja
Wahlbewerber	Ab wirksamer Aufstellung des Wahlvorschlages	Mit Bekanntgabe Wahlergebnis	ja
Betriebsratsmitglied, Personalratsmitglied, andere Arbeitnehmervertretungen im Sinne des Abs. 1 und Abs. 2 KSchG	Ab Bekanntgabe des Wahlergebnisses	Mit Beendigung der Amtszeit	ja
Initiatoren der Wahl	Ab Einladung oder Antragstellung	Mit Bekanntgabe des Wahlergebnisses oder 3 Monate nach Einladung/Antragstellung, wenn die Wahl scheitert	nein

II. Nachwirkender Kündigungsschutz (§ 15 KSchG iVm § 102 BetrVG)

1. Nachwirkender Kündigungsschutz für Betriebsratsmitglieder

39 An den Kündigungsschutz während der Mitgliedschaft im Betriebsrat schließt sich der nachwirkende Kündigungsschutz nach Ende der Mitgliedschaft nahtlos an. Der nachwirkende Kündigungsschutz dauert bei ehemaligen Betriebsratsmitgliedern und anderen von § 15 Abs. 1 und Abs. 2 KSchG geschützten Personen **ein Jahr** (§ 15 Abs. 1 Satz 2, Abs. 2 Satz 2 KSchG). Ausnahme: Mitglieder der Bordvertretung haben nur für sechs Monate (§ 15 Abs. 1 Satz 2 letzter Halbsatz KSchG) nachwirkenden Kündigungsschutz. Die Schutzfrist greift unabhängig davon, ob das Betriebsratsmitglied vor Ablauf der Amtszeit des Betriebsrats aus dem Amt ausscheidet oder bis zum Ende der Amtszeit Betriebsratsmitglied bleibt.[65]

---

[65] HM, vgl. KR/*Etzel*, § 15 KSchG Rz 63, 64, 64a mwN.

Der Wortlaut des § 15 Abs. 1 Satz 2 KSchG »Beendigung der Amtszeit« erfasst nach hM auch die Beendigung der Mitgliedschaft des einzelnen Mitglieds.[66]

Umstritten ist, ob der nachwirkende Kündigungsschutz von einem Jahr **auf sechs Monate zu kürzen** ist, wenn das **Betriebsratsmitglied bereits im ersten Jahr seiner Amtstätigkeit ausscheidet**. Im Gesetz findet sich ein Anhaltspunkt für einen zeitlich reduzierten nachwirkenden Kündigungsschutz bei den Mitgliedern der Bordvertretung. Die Bordvertretung wird für ein Jahr gewählt. Dieser kürzeren Amtszeit korrespondiert ein kürzerer nachwirkender Kündigungsschutz von sechs Monaten. Hieraus folgern Teile der Literatur, dass der Gesetzgeber ein angemessenes Verhältnis zwischen Dauer der Mitgliedschaft und Dauer des nachwirkenden Kündigungsschutzes wünscht.[67] Andere halten den Schutz von einem Jahr auch bei kurzer Amtszeit für sachgerecht, da es gerade zu Beginn der Amtszeit häufiger zu Konfrontationen mit dem Arbeitgeber komme.[68] Das BAG[69] hat diese Frage ausdrücklich offen gelassen. Bis die Rechtsfrage eindeutig geklärt ist, erscheint als sicherer Weg, mit einer ordentlichen Kündigung bis zum Ablauf der Jahresfrist zu warten. **40**

Der nachwirkende Kündigungsschutz **entfällt vor** Ablauf der Jahresfrist, wenn die Beendigung der Mitgliedschaft auf einer **gerichtlichen Entscheidung** beruht (§ 15 Abs. 1 Satz 2, 2. Halbsatz, Abs. 2 Satz 2, 2. Halbsatz KSchG). Dies gilt für die Betriebsratswahl selbst, soweit diese erfolgreich und rechtskräftig angefochten bzw. die Nichtigkeit der Betriebsratswahl festgestellt wurde, sowie bei Auflösung des Gremiums gemäß § 23 BetrVG. Der nachwirkende Kündigungsschutz entfällt auch, wenn nur die Mitgliedschaft eines einzelnen Mitglieds durch gerichtliche Entscheidung endet, beispielsweise bei gerichtlichem Ausschluss des einzelnen Mitglieds aus dem Gremium wegen grober Pflichtverletzung gemäß § 23 BetrVG oder bei gerichtlicher Feststellung der Nichtwählbarkeit (§ 24 Nr. 6 BetrVG). Legt ein Organmitglied sein Amt nieder, um hierdurch der Beendigung **41**

---

[66] KR/*Etzel*, § 15 KSchG Rz 61 ff.; die andere Auffassung führt zu dem widersprüchlichen Ergebnis, dass ein Amtsträger, der kurz vor Ablauf der Amtszeit des Betriebsrats durch Rücktritt (zB aus gesundheitlichen Gründen) aus dem Betriebsrat ausscheidet, den nachwirkenden Kündigungsschutz verliert, einem nur kurzfristig eingesetzten Ersatzmitglied der nachwirkende Kündigungsschutz aber zugebilligt würde. Offen gelassen von *BAG* 5.7.1979, AP § 15 KSchG 1969 Nr. 6.
[67] Vgl. *Löwisch* § 15 Rz 17.
[68] Vgl. KR/*Etzel* § 15 KSchG Rz 649 mwN.
[69] *BAG* 5.7.1979, AP § 15 KSchG 1969 Nr. 6.

seiner Mitgliedschaft durch gerichtliche Entscheidung zuvorzukommen, ist ihm der nachwirkende Kündigungsschutz ebenfalls zu versagen.[70]

2. Sonderfall: Ersatzmitglieder

42 Ob ein **Ersatzmitglied** nach Ende des Vertretungsfalls nachwirkenden Kündigungsschutz nach §15 Abs.1 Satz 2 KSchG genießt, ist dann zu bejahen, wenn das Ersatzmitglied während der Vertretungszeit auch tatsächlich Vertretungsaufgaben übernommen hat. Fraglich ist allerdings, was passiert wenn das Ersatzmitglied während des Vertretungsfalls **keine Vertretungsaufgaben** übernimmt. Das BAG hat diese Frage ausdrücklich offen gelassen.[71] Nach der hier vertretenen Auffassung ist ein nachwirkender Sonderkündigungsschutz in diesen Fällen zu versagen. Da der nachwirkende Kündigungsschutz die unabhängige, pflichtgemäße Ausübung des Amtes eines Betriebsrats gewährleisten soll, bedarf es keiner »Abkühlungsphase«, wenn das Ersatzmitglied weder an Sitzungen des Betriebsrats teilgenommen, noch andere Betriebsratstätigkeiten ausgeübt hat. Mögliche Interessenkollisionen mit dem Arbeitgeber sind dann nämlich ausgeschlossen.[72]

43 Eine Verkürzung des nachwirkenden Kündigungsschutzes bei nur **kurzen Vertretungsfällen** hat das BAG ausdrücklich abgelehnt.[73] Es begründet seine Auffassung damit, dass der nachwirkende Kündigungsschutz für Ersatzmitglieder auch die künftige Arbeitsfähigkeit des Betriebsrats sichere und ein Vertretungsfall jederzeit wieder eintre-

---

70 So *LAG Niedersachsen* (a.a.O.), 15.5.1991, DB 1991, 2248 für den Fall der kollektiven Amtsniederlegung durch das gesamte Betriebsratsgremium, str.
71 *BAG* 6.9.1979, EzA § 15 KSchG Nr. 23.
72 Ebenso das BAG (a.a.O.) in den Entscheidungsgründen – im Leitsatz wird die Frage, ob der nachwirkende Kündigungsschutz eingreift, allerdings ausdrücklich offen gelassen.
73 *BAG* 6.9.1979, EzA § 15 KSchG Nr. 23; *LAG Brandenburg* 9.6.1995, LAGE § 15 KSchG Nr. 12. Der nachwirkende Kündigungsschutz soll nach der Rechtsprechung allerdings ausnahmsweise dann entfallen, wenn ein Ersatzmitglied seinerseits nachträglich an der Vertretung verhindert wird (zB während des Vertretungsfalls erkrankt) und die Dauer der Verhinderung im Vergleich zur voraussichtlichen Dauer der Vertretung »nicht unerheblich« ist. Das BAG (*BAG* 19.11.1979, AP § 15 KSchG 1969 Nr. 3; **aA** KR/*Etzel* § 103 BetrVG Rz 49) hat allerdings noch nicht entschieden, wann eine »nicht unerhebliche« Verhinderung anzunehmen wäre. Eine Verhinderung von zwei Tagen ist im Verhältnis zu einer Tätigkeit als Ersatzmitglied von mehreren Monaten jedenfalls unerheblich.

ten könne. Bei jedem neuen Vertretungsfall beginnt die Jahresfrist des § 15 Abs. 1 Satz 2 KSchG wieder von neuem zu laufen.

▶ **Beispiel:**

Beabsichtigt der Arbeitgeber die Kündigung eines Ersatzmitglieds, sollte er sich vor Ausspruch einer (ordentlichen) Kündigung beim Betriebsrat vergewissern, ob und wann ein Vertretungsfall eingetreten und ob das Ersatzmitglied während des Vertretungsfalls Amtsgeschäfte getätigt hat. Der Betriebsrat schuldet hierzu aufgrund des Gebots der vertrauensvollen Zusammenarbeit (§ 2 Abs. 1 BetrVG) entsprechende Auskunft und das einzelne Betriebsratsmitglied macht sich bei schuldhaft falscher Auskunft schadensersatzpflichtig gemäß § 823 Abs. 2 BGB (Beispiel: Schadensersatzanspruch wegen der verursachten Prozesskosten für einen Kündigungsschutzprozess, der vom Arbeitgeber deshalb betrieben und verloren wird, weil er irrig annahm, das Ersatzmitglied sei – mangels Vertretungsfall – nicht von § 15 Abs. 1 KSchG geschützt).[74] Der Arbeitgeber muss sich allerdings ein Mitverschulden entgegenhalten lassen, wenn ihm die stellvertretende Betriebsratstätigkeit des Ersatzmitglieds bekannt sein musste, zB bei entsprechend dokumentierter Mitteilung in einem Betriebsratsprotokoll.

3. Nachwirkender Kündigungsschutz für Beteiligte der Betriebsratswahl

Der **Wahlvorstand** und der nicht zum Betriebsratsmitglied gewählte **Wahlbewerber** haben nach Bekanntgabe des Wahlergebnisses für einen Zeitraum von **sechs Monaten** nachwirkenden Kündigungsschutz (§ 15 Abs. 3 Satz 2 KSchG). Die **Initiatoren der Betriebsratswahl** haben nach Bekanntgabe des Wahlergebnisses **keinen** nachwirkenden Kündigungsschutz. Nur falls **kein Betriebsrat gewählt** wird, sind die Initiatoren ab Antragstellung bzw. Einladung zur Wahl gemäß § 15 Abs. 3a Satz 2 KSchG für **drei Monate** geschützt.

4. Status nach Ende des nachwirkenden Kündigungsschutzes

Nach Beendigung des nachwirkenden Kündigungsschutzes steht das ehemalige Betriebsratsmitglied wie alle übrigen von § 15 KSchG geschützten Personen jedem anderen Arbeitnehmer gleich. Eine Nach-

---

74 Vgl. hierzu KR/*Etzel* § 15 KSchG Rz 65c.

wirkung der Nachwirkung gibt es nicht. Der Arbeitnehmer ist unter Beachtung der allgemeinen Kündigungsvoraussetzungen kündbar.[75] Nach hM ist maßgeblicher Zeitpunkt für die Beurteilung, ob dem Arbeitnehmer noch nachwirkender Kündigungsschutz zusteht, der Zeitpunkt des **Zugangs der Kündigung**.[76]

5. Übersicht zum nachwirkenden Kündigungsschutz

46 Der nachwirkende Kündigungsschutz nach § 15 KSchG nach Beendigung des Amtes oder anderer Funktionen des Betriebsverfassungsrechts lässt sich tabellarisch wie folgt zusammenfassen:

Amt bzw. Funktion	Nachwirkender Kündigungsschutz
Betriebsrat, Personalrat, andere Arbeitnehmervertretungen im Sinne des Abs. 1 und 2	**1 Jahr** nach Beendigung der Amtszeit (Ausnahme: Mitglieder der Bordvertretung: 6 Monate)
Wahlvorstand	**6 Monate** nach Bekanntgabe des Wahlergebnisses
Wahlbewerber	**6 Monate** nach Bekanntgabe des Wahlergebnisses
Initiatoren der Wahl	**Grds. kein nachwirkender Kündigungsschutz**, es sei denn die **Wahl scheitert**, dann **3 Monate** ab Einladung oder Antragstellung

F. Ausschluss der ordentlichen Kündbarkeit

I. Beendigungskündigung

47 § 15 KSchG schützt Betriebsratsmitglieder und alle weiteren bezeichneten Personengruppen vor **ordentlichen Arbeitgeberkündigungen**. Das Interesse des Arbeitgebers am Ausspruch einer betriebsbedingten, personenbedingten oder verhaltensbedingten (ordentlichen) Kündigung muss hinter dem Schutz der in § 15 KSchG genannten Personen zurücktreten, um die Kontinuität der Kollektivorgane und die Unabhängigkeit seiner Mitglieder sicherzustellen. Daher sind alle Kündi-

---

75 Strittig ist allerdings, inwieweit der Arbeitgeber seine Kündigung auf während der Amtszeit/im Nachwirkungszeitraum entstandene Kündigungsgründe stützen kann. Ausführlich zum Meinungsstreit HK/*Dorndorf* § 15 KSchG Rz 68 f. Jedenfalls für Wahlbewerber und Wahlvorstände dürften insoweit keine Beschränkungen bestehen (*BAG* 13. 6. 1996, EzA § 15 KSchG Nr. 44).
76 Vgl. oben Rz 28 zum Beginn des Kündigungsschutzes.

gungen – mit Ausnahme der Kündigung aus wichtigem Grund (§ 626 BGB) – grundsätzlich unzulässig. Von diesem Kündigungsverbot macht das Gesetz in § 15 Abs. 4, Abs. 5 KSchG lediglich bei der **Stilllegung von Betrieben oder Betriebsabteilungen** Ausnahmen.[77]

II. Änderungskündigung

Vom Kündigungsverbot erfasst ist nicht nur die ordentliche Beendigungskündigung, sondern auch die ordentliche Änderungskündigung. Die Unzulässigkeit der **ordentlichen Änderungskündigung** resultiert nach Ansicht des BAG aus dem Normzweck. Danach soll die Arbeit im Betriebsrat nicht durch Streitigkeiten um die Arbeitsbedingungen der Mitglieder behindert werden.[78] Dies gelte auch bei sog. **Massenänderungskündigungen**.[79] Dies führt zwar unweigerlich zu einer Bevorzugung des Betriebsratsmitglieds gegenüber seinen Kollegen. Diese Bevorzugung sei aber, so das BAG, im Interesse der ordnungsgemäßen Arbeit des Betriebsrats und seiner Mitglieder gerechtfertigt und geboten. Sie stelle keine ungerechtfertigte Besserstellung wegen des Amts dar.[80]

48

▶ **Beispiel:**[81]

Arbeitgeber X (Warenhaus) beschließt, zur Sicherung seiner Ertragskraft in seinen Filialen die Position »Aufsicht« ersatzlos zu streichen und die Arbeitnehmer, die bisher als Aufsicht beschäftigt waren, als Verkäufer einzusetzen. Als Verkäufer sollen die Arbeitnehmer künftig weniger verdienen. Den Arbeitnehmern werden Änderungsverträge angeboten. Als ultima-ratio erfolgen Änderungskündigungen. Arbeitnehmerin Y ist Aufsicht und Mitglied des Betriebsrats. Sie schließt keinen Änderungsvertrag, da sie zwar nichts gegen die neue Position im Verkauf, aber viel gegen die Gehaltsreduzierung einzuwenden hat. Hier kann Arbeitgeber X keine ordentliche Änderungskündigung aussprechen.

---

77 Bei Betriebsstilllegungen liegt es auf der Hand, dass Sonderregelungen erforderlich sind, denn mit der endgültigen Betriebsstilllegung ist auch der Normzweck des § 15 KSchG hinfällig; siehe hierzu unten Rz 88 ff.
78 *BAG* 9. 4. 1987, EzA § 15 KSchG Nr. 37.
79 *BAG* 24. 4. 1969, AP § 13 KSchG Nr. 18; *BAG* 29. 1. 1982, AP § 15 KSchG Nr. 10; *BAG* 9. 4. 1987, AP § 15 KSchG Nr. 28.
80 *BAG* 9. 4. 1987, EzA § 15 KSchG Nr. 37; KR/*Etzel* § 15 KSchG Rz 17 mwN; **aA** *LAG Hamm* 23. 6. 1978, EzA § 15 KSchG Nr. 20; *Fitting* § 103 Rz 12 mwN.
81 In Anlehnung an *BAG* 21. 6. 1995, AP § 15 KSchG 1969 Nr. 36.

49 Die **ordentliche Massenänderungskündigung** ist nach Ansicht des BAG auch dann **ausgeschlossen**, wenn der Arbeitnehmer lediglich dem **nachwirkenden Kündigungsschutz** nach dem Ende der Mitgliedschaft im Betriebsrat (§ 15 Abs. 1 Satz 2 KSchG) unterliegt.[82] Warum auch in der Zeit nach Ende der Mitgliedschaft im Betriebsrat Sonderkündigungsschutz vor ordentlichen Massenänderungskündigungen gerechtfertigt sein soll, leuchtet nicht ein. Denn nach Ende der Mitgliedschaft im Betriebsrat läuft der Zweck des Kündigungsschutzes leer, die Tätigkeit des Betriebsrats von Streitigkeiten um die Arbeitsbedingungen seiner Mitglieder freizuhalten. Massenänderungskündigungen sind nicht mehr vom Schutzzweck des § 15 KSchG gedeckt und eine Besserstellung des ehemaligen Funktionsträgers gegenüber den anderen Arbeitnehmern im Nachwirkungszeitraum nicht mehr sachlich gerechtfertigt.[83] Das BAG[84] erkennt diese Argumentation an, hält es aber für dogmatisch nicht möglich, den Schutz vor ordentlichen Massenänderungskündigungen im **Nachwirkungszeitraum** einzuschränken.[85] Angesichts der Rechtsprechung des BAG ist in der Praxis zu prüfen, ob im Einzelfall eine außerordentliche Änderungskündigung ausgesprochen werden kann,[86] eine ordentliche Änderungskündigung scheidet jedoch aus.

50 § 15 KSchG erfasst nur den Fall der ordentlichen Arbeitgeberkündigung. **Andere Beendigungstatbestände** werden **nicht** erfasst und sind daher zulässig. Dies gilt sowohl für die einvernehmliche Beendigung durch **Aufhebungsvertrag**, wie für die **wirksame Anfechtung** des Arbeitsvertrags oder die Eigenkündigung des Arbeitnehmers. Auch das Ende eines (wirksam) **befristeten Arbeitsvertrags** durch Fristablauf unterfällt nicht § 15 KSchG.

G. Wirksame außerordentliche Kündigung

51 Die außerordentliche Kündigung des von § 15 KSchG geschützten Personenkreises ist bei Vorliegen der Voraussetzungen einer fristlosen Kündigung aus wichtigem Grund nach § 626 BGB zulässig. Vor Abgabe der Kündigungserklärung muss der Arbeitgeber neben den Voraussetzungen des § 626 BGB allerdings einige Besonderheiten beachten und

---

82 *BAG* 9. 4. 1987, EzA § 15 KSchG Nr. 37.
83 So auch KR/*Etzel* § 15 KSchG Rz 18a.
84 *BAG* 9. 4. 1987, EzA § 15 KSchG Nr. 37.
85 **AA** KR/*Etzel* § 15 KSchG Rz 18a, der zutreffend ausführt, dass es durchaus denkbar wäre, den Kündigungsschutz nur im Nachwirkungszeitraum durch teleologische Reduktion des Wortlauts entfallen zu lassen.
86 Hierzu unten Rz 58 ff.

Unzulässigkeit der Kündigung § 15

zwingende Formvorschriften und Fristen einhalten. Diese ergeben sich aus § 15 Abs. 1–3a KSchG und § 103 Abs. 1, Abs. 2 Satz 1 BetrVG. Die folgende **Checkliste** soll als Leitfaden dienen:

- Liegt ein Sachverhalt vor, der als **wichtiger Grund** im Sinne des § 626 Abs. 1 BGB zu qualifizieren ist?

- Sobald der Arbeitgeber von dem Sachverhalt erfährt, beginnt die **Zwei-Wochenfrist** des § 626 Abs. 2 BGB. Innerhalb dieser Frist muss der Arbeitgeber:
  (a) den Betriebsrat ordnungsgemäß über die zu kündigende Person, die maßgeblichen Kündigungsgründe und seine Absicht, eine außerordentliche Kündigung auszusprechen, **informieren** (**sog. Zustimmungsverfahren**);
  (b) falls der Betriebsrat der auszusprechenden Kündigung innerhalb von drei Tagen (entsprechend § 102 Abs. 2 Satz 3 BetrVG) nicht zustimmt oder sich binnen drei Tagen gar nicht äußert, die **Ersetzung** der Zustimmung beim Arbeitsgericht **beantragen** (**sog. Zustimmungsersetzungsverfahren**);
  (c) **falls der Betriebsrat zustimmt, die außerordentliche Kündigung noch binnen der Zwei-Wochenfrist dem Arbeitnehmer übergeben bzw. zustellen (Zugang maßgeblich!).**

▶ Praxistipp:

Der Arbeitgeber tut gut daran, die Betriebsratsanhörung und das Ersuchen um Zustimmung **spätestens 10 Tage nach Kenntnis** des maßgeblichen Sachverhaltes beim Betriebsrat einzureichen. Falls der Betriebsrat die **Drei-Tagesfrist** entsprechend § 102 Abs. 2 Satz 3 BetrVG ausschöpft, hat der Arbeitgeber noch genau einen Tag Zeit, um fristwahrend die Ersetzung der Zustimmung beim Arbeitsgericht zu beantragen.

- Wenn im Falle (b) der Antrag auf Zustimmung durch das Arbeitsgericht ersetzt wird, muss der Arbeitgeber die Kündigung **unverzüglich nach Rechtskraft der Entscheidung** (möglichst am nächsten Werktag) aussprechen. Lehnt das Gericht die Ersetzung der Zustimmung ab und erwächst diese Entscheidung in Rechtskraft, ist eine dennoch ausgesprochene Kündigung unwirksam.

§ 15 Unzulässigkeit der Kündigung

I. Der wichtige Kündigungsgrund (§ 626 Abs. 1 BGB iVm § 15 KSchG)

1. Unzumutbarkeit der Fortsetzung des Arbeitsverhältnisses

52 Nach § 626 Abs. 1 BGB kann der Arbeitgeber ein Arbeitsverhältnis aus wichtigem Grund ohne Einhaltung einer Kündigungsfrist kündigen, wenn Tatsachen vorliegen, aufgrund derer ihm unter Berücksichtigung aller Umstände des Einzelfalls und unter Abwägung der Interessen beider Vertragsteile die Fortsetzung des Arbeitsverhältnisses bis zum Ablauf der Kündigungsfrist oder bis zu der vereinbarten Beendigung des Arbeitsverhältnisses nicht mehr zugemutet werden kann. Die in § 626 BGB enthaltenen und daraus abzuleitenden Regeln zur Zulässigkeit einer außerordentlichen Kündigung sind auch im Rahmen des § 15 Abs. 1 Satz 1 KSchG anzuwenden.[87] Wie bei jedem anderen Arbeitnehmer kann der Arbeitgeber auch bei Betriebsratsmitgliedern und anderen von § 15 KSchG geschützten Personen mit Sachverhalten konfrontiert werden, die es sogar unzumutbar machen, das Arbeitsverhältnis bis zum Ablauf der Kündigungsfrist fortzusetzen.

▶ Beispiele:
Beharrliche Arbeitsverweigerung, Veruntreuung oder Unterschlagung von Geldern, vorsätzliche falsche Zeugenaussage, fortgesetzte Störung des Betriebsfriedens.

53 § 626 Abs. 1 BGB stellt darauf ab, ob dem Arbeitgeber die Fortsetzung des Arbeitsverhältnisses **bis zum Ablauf der ordentlichen Kündigungsfrist** oder bis zu der vereinbarten Beendigung des Arbeitsverhältnisses **zugemutet** werden kann. Betriebsratsmitglieder sind allerdings – von den Fällen der Betriebs(abteilungs)schließung abgesehen – gerade nicht ordentlich kündbar. Nach der Rechtsprechung des BAG ist auf die **(fiktive) Kündigungsfrist** abzustellen, die ohne den besonderen Kündigungsschutz bei einer ordentlichen Kündigung gelten würde. Es ist somit danach zu fragen, ob dem Arbeitgeber die Einhaltung dieser fiktiven Frist bis zur Beendigung des Arbeitsverhältnisses zumutbar wäre.[88] In der **Praxis** muss der Arbeitgeber daher prüfen, ob er ohne den besonderen Kündigungsschutz zum Ausspruch einer

---

87 *BAG* 18.2.1993, AP § 15 KSchG Nr. 35.
88 *BAG* 18.2.1993, AP § 15 KSchG Nr. 35.

Unzulässigkeit der Kündigung § 15

außerordentlichen Kündigung berechtigt gewesen wäre oder ob er lediglich eine ordentliche Kündigung hätte aussprechen können.[89]

▶ **Beispiel:**

Betriebsrat X führt während der Arbeitszeit ständig Privatgespräche von bis zu 30 Minuten täglich. Arbeitgeber Y mahnt ihn ab, er möge Privatgespräche während der Arbeitszeit auf fünf Minuten pro Tag beschränken. In den folgenden Wochen telefoniert Betriebsrat X wieder durchschnittlich 30 Minuten pro Tag. Dieses Verhalten rechtfertigt möglicherweise eine ordentliche Kündigung. Eine außerordentliche Kündigung wäre indes nicht gerechtfertigt, da der Pflichtverstoß nicht so gravierend ist, dass dem Arbeitgeber eine Beschäftigung bis zum Ablauf der (fiktiven) Kündigungsfrist unzumutbar wäre. Anders wäre dies uU zu beurteilen, wenn die (heimlichen) Privatgespräche sehr hohe Kosten verursachen (heimliche Privatgespräche über drei Monate nach Mauritius – Kosten € 1.355,76).[90]

2. Rechtsfolgen bei individualvertraglichem oder kollektivrechtlichem Pflichtverstoß

Vor Kündigung eines Betriebsratsmitglieds wegen **grober Pflichtverletzung** muss allerdings differenziert werden, ob das Betriebsratsmitglied Pflichten aus dem Arbeitsverhältnis, dh Pflichten gegenüber dem Arbeitgeber verletzt (**individualrechtliche Pflichten**) oder ob es gegen seine Amtspflichten (**kollektivrechtliche Pflichten**) verstoßen hat. Nur im ersten Fall ist – abhängig von der Schwere des Verstoßes – eine außerordentliche Kündigung gerechtfertigt, während in letzterem Fall der **Ausschluss des Betriebsratsmitglieds** aus dem Betriebsrat die zulässige Sanktion darstellt (vgl. § 23 BetrVG).[91] 54

▶ **Beispiele, die einen Ausschluss aus dem Betriebsrat rechtfertigen können:**

Rücksichtslose Preisgabe von vertraulichen Informationen, die in der Funktion als Betriebsratsmitglied erlangt wurden;[92] Aufruf an die Belegschaft, Anordnungen des Arbeitgebers zu missachten;[93]

---

89 Zum Sonderfall der außerordentlichen betriebsbedingten Änderungskündigung siehe unter Rz 58 ff.
90 *BAG* 4. 3. 2004 – 2 AZR 147/03.
91 Im öffentlichen Dienstrecht erfolgt der Ausschluss gemäß § 28 BPersVG.
92 *LAG München* 15. 11. 1977, DB 1978, 894.
93 *LAG Bayern* 23. 5. 1958, DB 1058, 900.

§ 15 Unzulässigkeit der Kündigung

bewusste Diffamierung anderer Betriebsratsmitglieder;[94] wahrheitswidrige Beschuldigung des Personalleiters.[95]

55 Gibt das Arbeitsgericht einem Antrag nach § 23 Abs. 1 BetrVG auf Ausschluss eines Betriebsratsmitglieds aus dem Betriebsrat statt, und wird dieser **Beschluss rechtskräftig**, entfällt der (nachwirkende) Sonderkündigungsschutz nach § 15 Abs. 1 Satz 2 KSchG. Das (ehemalige) Betriebsratsmitglied ist daher ab Rechtskraft der Entscheidung wieder ordentlich kündbar.

▶ **Beispiele für individualvertragliche Pflichtverletzungen:**

Beharrliche Arbeitsverweigerung, grobe Beleidigung des Arbeitgebers, Vortäuschen von krankheitsbedingter Arbeitsunfähigkeit, sittliche Verfehlungen, Straftaten gegenüber dem Arbeitgeber.

56 In vielen Fällen wird sich allerdings nicht scharf zwischen Amtspflichtverletzungen und schweren Verletzungen des Arbeitsvertrages trennen lassen, bzw. kann ein und derselbe Sachverhalt sowohl Amtspflichten als auch arbeitsvertragliche Pflichten verletzen (**doppelrelevantes Fehlverhalten**). In den zum Ausschluss aus dem Betriebsrat genannten Beispielsfällen verletzt das Betriebsratsmitglied in der Regel auch seine arbeitsvertraglichen (Neben)Pflichten zur Geheimhaltung vertraulicher Informationen sowie zur Loyalität gegenüber dem Arbeitgeber und gegenüber Kollegen.

▶ **Weitere Beispiele:**

Beleidigungen des Arbeitgebers im Zusammenhang mit Betriebsratsarbeit (polemische Äußerungen genügen nicht),[96] fortgesetzte Störung des Betriebsfriedens, Preisgabe der finanziellen Lage des Arbeitgebers, die nur im Zusammenhang mit der Betriebsratstätigkeit bekannt wurde.[97]

57 Das BAG hat für die Fälle doppelrelevanten Fehlverhaltens festgestellt, für die Annahme eines wichtigen Grundes müsse ein »strenger Maßstab« bzw. »hohe Anforderungen« angesetzt werden. Der Arbeitnehmer, der gleichzeitig Betriebsratsmitglied ist, gerate leichter in die Gefahr, seine arbeitsvertraglichen Pflichten zu verletzen.[98] Es ist dem

---

94 *LAG Düsseldorf* 27. 2. 1967, DB 1967, 866.
95 *LAG München* 26. 8. 1992, LAGE § 23 BetrVG 1972 Nr. 29.
96 *BAG* 16. 5. 1991, RzK II 3 Nr. 19.
97 *LAG Hamm* 22. 10. 1952, BB 1953, 145.
98 *BAG* 11. 12. 1975, EzA § 15 KSchG Nr. 6; *v. Hoyningen-Huene/Linck* § 15 Rz 91.

Arbeitgeber nur bei besonders schweren Fällen des Vertrauensbruchs nicht zuzumuten, das Arbeitsverhältnis fortzusetzen, zB bei vorsätzlicher Falschaussage im Zusammenhang mit der Betriebsratstätigkeit im Prozess gegen den Arbeitgeber.[99]

▶ **Praxistipp:**

Verletzt das Betriebsratsmitglied durch sein Verhalten gleichzeitig seine arbeitsvertraglichen Pflichten und seine Amtspflichten, oder ist nicht eindeutig geklärt, ob es sich um ein **doppeltrelevantes Fehlverhalten** handelt, sollte der Arbeitgeber zur Vermeidung von Rechtsnachteilen insbesondere in Hinblick auf die Ausschlussfrist des § 626 Abs. 2 BGB **sowohl** das Amtsenthebungsverfahren nach § 23 Abs. 1 BetrVG beim Arbeitsgericht einleiten **als auch** eine außerordentliche Kündigung aussprechen. Soweit der Betriebsrat der Kündigung nicht zustimmt (§ 103 Abs. 1 BetrVG), sollte hierzu der Hauptantrag auf Ersetzung der Zustimmung (§ 103 Abs. 2 Satz 1 BetrVG) mit einem Hilfsantrag auf Amtsenthebung (§ 23 Abs. 1 BetrVG) verbunden werden.[100] Wenn das Arbeitsgericht den Schwerpunkt der Pflichtverletzung im Bereich der Amtspflichten sieht, wird es in der Regel geneigt sein, die Zustimmung zur Kündigung gemäß § 103 Abs. 2 Satz 1 BetrVG abzulehnen, aber dem Antrag nach § 23 Abs. 1 BetrVG auf Ausschluss des Betriebsratsmitglieds aus dem Betriebsrat stattzugeben. Mit Rechtskraft dieses Beschlusses entfällt der besondere Kündigungsschutz für das Betriebsratsmitglied mit der Folge, dass dieses wie jeder andere Arbeitnehmer unter den üblichen Voraussetzungen kündbar ist.

3. Sonderfall: Massenänderungskündigung

Von einer außerordentlichen Kündigung wegen grober Pflichtverletzungen des Betriebsratsmitglieds zu unterscheiden ist die **außerordentliche betriebsbedingte Massenänderungskündigung.** Hier geht es nicht um ein Fehlverhalten und auch nicht um einen konkreten Arbeitnehmer, vielmehr entschließt sich der Arbeitgeber aus wirtschaftlichen Erwägungen, die Arbeitsbedingungen einer Vielzahl von Arbeitnehmern zu verändern. Die dargestellten Grundsätze zur Zumutbarkeit passen daher nicht. Müsste der Arbeitgeber darauf abstellen, ob ihm die Einhaltung der hypothetischen (ordentlichen) Frist bis zur Beendigung des Arbeitsverhältnisses zumutbar wäre, käme eine außerordentliche betriebsbedingte Massenänderungskündigung allenfalls bei Arbeitneh-

---

99 *BAG* 16. 10. 1986, EzA § 626 BGB Nr. 105.
100 Ein Muster hierzu findet sich unter Rz 80.

§ 15 Unzulässigkeit der Kündigung

mern mit langen Kündigungsfristen oder tariflich unkündbaren Arbeitnehmern in Betracht. Dies hat auch das BAG erkannt und für betriebsbedingte außerordentliche Änderungskündigungen seine bisherige Rechtsprechung aufgegeben.[101] Für das Vorliegen eines wichtigen Grundes nach § 626 Abs. 1 BGB ist daher bei einer außerordentlichen betriebsbedingten Massenänderungskündigung darauf abzustellen, ob die vorgesehenen Änderungen der Arbeitsbedingungen für den **Arbeitgeber unabweisbar notwendig** und für den **Arbeitnehmer zumutbar** sind. Die Frist des § 626 Abs. 2 BGB beginnt nach der Rechtsprechung grundsätzlich erst mit der Existenz des Kündigungsgrundes, dh mit dem Tag, an dem der Arbeitnehmer nicht mehr zu den ursprünglichen Arbeitsbedingungen weiterbeschäftigt werden kann (dh dem festgesetzten Zeitpunkt einer Umstrukturierungsmaßnahme zB dem Wegfall einer Hierarchieebene zum 1.1. eines Kalenderjahres).[102]

▶ **Beispiel:**

Wie Rz 48, nur dass Arbeitgeber X eine außerordentliche Änderungskündigung aussprechen möchte. Nach der Rechtsprechung des BAG ist zu prüfen, ob die vorgesehenen Änderungen der Arbeitsbedingungen für den Arbeitgeber unabweisbar notwendig und für den Arbeitnehmer zumutbar sind. Im Beispielsfall lag der Umstrukturierungsentscheidung (Wegfall der Aufsichtspositionen zum 1.1.), die zur Änderung der Arbeitsbedingungen führte, ein Konzept zugrunde, um die wirtschaftliche Situation des Unternehmens zu verbessern. Der Wegfall der Aufsichtspositionen war wegen der Unternehmerentscheidung unabweisbar notwendig, da anderenfalls die Unternehmerentscheidung nicht hätte umgesetzt werden können. Die Änderungen der Arbeitsbedingungen waren der Arbeitnehmerin auch zumutbar. Damit ist der Arbeitgeber zur Kündigung aus wichtigem Grund gemäß § 626 Abs. 1 BGB berechtigt. Um auch die Frist des § 626 Abs. 2 BGB zu wahren, muss er zudem binnen zwei Wochen nach Entstehen des Kündigungsgrundes den Betriebsrat um Zustimmung ersuchen und ggf. das Zustimmungsersetzungsverfahren einleiten. Im Originalfall[103] hatte die Arbeitnehmerin selbst vorgetragen, sie sei mit der neuen Funktion als Verkäuferin einverstanden und sich nur gegen die künftige Gehaltsreduzierung gewandt. Das BAG meinte, der Arbeitnehmerin sei es zumutbar, die künftige Einschränkung ihres Gehalts hinzunehmen.

---

101 *BAG* 18. 2. 1993, AP § 15 KSchG Nr. 35.
102 *BAG* 21. 6. 1995, AP § 15 KSchG 1969 Nr. 36.
103 *BAG* 21. 6. 1995, AP § 15 KSchG 1969 Nr. 36.

II. Notwendige Handlungen bis zum Ablauf der Zwei-Wochenfrist des § 626 Abs. 2 BGB

Erlangt der Arbeitgeber vom maßgeblichen Kündigungssachverhalt Kenntnis, beginnt eine »regelrechte Fristenhetze«.[104] Der Arbeitgeber hat dann zwei Wochen Zeit, um den Betriebsrat anzuhören, dessen **Zustimmung** zur außerordentlichen Kündigung einzuholen und die Kündigung auszusprechen oder, bei Verweigerung der Zustimmung, die Ersetzung der Zustimmung beim Arbeitsgericht zu beantragen.[105] Das Zustimmungserfordernis bzw. die Ersetzung der Zustimmung entfällt nur, wenn die Initiative zur Kündigung des Betriebsratsmitglieds vom Betriebsrat selbst ausgeht (§ 104 BetrVG). Besteht **noch kein Betriebsrat**, ist § 103 Abs. 1, Abs. 2 BetrVG auf die Kündigung von Wahlbewerbern und Wahlvorstandsmitgliedern analog anzuwenden,[106] dh der Arbeitgeber muss, bevor er eine außerordentliche Kündigung wirksam aussprechen kann, analog § 103 Abs. 2 Satz 1 BetrVG das Zustimmungsersetzungsverfahren beim Arbeitsgericht durchführen.[107]

59

III. Zustimmungsverfahren

1. Verfahrensgrundsätze

Das **Zustimmungsverfahren** folgt denselben Grundsätzen wie das Anhörungsverfahren nach § 102 Abs. 1 BetrVG.[108] Der Arbeitgeber muss seinen Kündigungsentschluss dem Betriebsrat eindeutig zur Kenntnis bringen, sowie seine Mitteilungspflichten vollständig erfüllen. Hierzu hat er dem Betriebsrat alle ihm bekannten Kündigungsgründe vollständig mitzuteilen, da solche Gründe später nicht mehr berücksichtigt werden können, die dem Betriebsrat nicht ordnungs- und fristgemäß mitgeteilt worden sind. Die bei § 102 Abs. 1 BetrVG dargestellten Grundsätze sind entsprechend anwendbar.[109] Empfehlenswert – wenn auch nicht erforderlich – ist eine Aufforderung in das Mitteilungsschreiben aufzunehmen, der Betriebsrat solle der Kündigung zustimmen, da der Arbeitgeber nur bei ausdrücklicher Zustimmung des Betriebsrats kündigen kann und er andernfalls das Zustimmungsersetzungsverfahren beim Arbeitsgericht einleiten muss. Bei der Betriebsratsanhörung ist das betroffene Betriebsratsmitglied von den

60

---

104 So zu Recht: ErfK/*Ascheid* § 15 KSchG Rz 32.
105 *V. Hoyningen-Huene/Linck* § 15 Rz 130 ff. mwN.
106 *BAG* 12. 8. 1976, EzA § 15 KSchG Nr. 9; KR/*Etzel* § 103 BetrVG Rz 54 mwN, str.
107 Hierzu unten unter Rz 70 ff.
108 Siehe dazu § 102 Rz 22 ff.
109 *BAG* 10. 8. 1977, EzA § 103 BetrVG 1972 Nr. 20.

Beratungen und der Beschlussfassung über seine eigene Kündigung ausgeschlossen und wird durch ein Ersatzmitglied vertreten.[110] Ist nach den internen Regeln des Betriebsrats für das Anhörungsverfahren nach § 102 Abs. 1 BetrVG ein Betriebsausschuss zuständig, umfasst die interne Regelung im Zweifel nicht auch das Zustimmungsverfahren nach § 103 Abs. 1 BetrVG.[111]

61 Die **ordnungsgemäße Mitteilung bzw. Unterrichtung** des Betriebsrats entsprechend § 102 Abs. 1 BetrVG ist Grundvoraussetzung für jeden weiteren Verfahrensschritt. Unterlaufen dem Arbeitgeber **Fehler im Zustimmungsverfahren,** muss er den Betriebsrat erneut beteiligen. Da der Lauf der Zwei-Wochenfrist des § 626 Abs. 2 BGB durch eine fehlerhafte Unterrichtung des Betriebsrats nicht unterbrochen wird, ist eine erneute Beteiligung des Betriebsrats nur sinnvoll, wenn der Arbeitgeber für die weitere Anhörung die Zwei-Wochenfrist noch wahren kann. Eine fehlerhafte Unterrichtung kann nicht durch die Einleitung des Zustimmungsersetzungsverfahrens oder durch nachträglichen Antrag auf Zustimmung des Betriebsrats geheilt werden.[112] Entschließt sich der Arbeitgeber wegen Bedenken gegen die Wirksamkeit einer ersten Kündigung zum Ausspruch einer denselben Sachverhalt berührenden zweiten Kündigung, so muss er für diese Kündigung erneut ein Zustimmungsverfahren durchführen.[113]

62 Der Betriebsrat hat **nach ordnungsgemäßer Mitteilung** durch den Arbeitgeber **drei Tage** Zeit, um der Kündigung zuzustimmen. § 102 Abs. 2 Satz 3 BetrVG gilt entsprechend.[114] Stimmt der Betriebsrat nicht zu oder läuft die Drei-Tagesfrist ab, ohne dass sich der Betriebsrat geäußert hat, ist das Zustimmungsverfahren nach § 103 Abs.1 BetrVG abgeschlossen. Bei jeder Äußerung des Betriebsrats vor Ablauf der Drei-Tagesfrist ist Vorsicht geboten und zu überprüfen, ob diese auch tatsächlich eine abschließende Stellungnahme des Betriebsrats darstellt, denn eine Kündigung bzw. ein Antrag auf Zustimmungsersetzung vor einer abschließenden Beteiligung des Betriebsrats wäre unzulässig. Bestehen Zweifel, sollte der Arbeitgeber daher abwarten, bis die Drei-Tagesfrist abgelaufen ist

63 **Stimmt** der Betriebsrat im Zustimmungsverfahren der Kündigung **zu**, muss die Kündigungserklärung dem Betriebsratsmitglied innerhalb

---

110 Zu den Einzelheiten vgl. KR/*Etzel* § 103 BetrVG Rz 80a.
111 So auch KR/*Etzel* § 103 BetrVG Rz 76 mwN.
112 *BAG* 24. 10. 1996, AP § 103 BetrVG 1972 Nr. 32.
113 *BAG* 24. 10. 1996, AP § 103 BetrVG 1972 Nr. 32.
114 *BAG* 18. 8. 1977, EzA § 103 BetrVG 1972 Nr. 20.

der Zwei-Wochenfrist des § 626 Abs. 2 BGB zugehen, ansonsten ist sie wegen Verfristung unwirksam. **Stimmt** der Betriebsrat der Kündigung **nicht zu** oder **äußert er sich nicht**, muss der Arbeitgeber fristwahrend das Zustimmungsersetzungsverfahren beim Arbeitsgericht einleiten.

2. Muster zur Unterrichtung des Betriebsrats

▶ [Datum] 64

Betriebsratsvorsitzender ……

– im Hause –

Unterrichtung des Betriebsrats im Zustimmungsverfahren nach § 103 Abs. 1 BetrVG

– Außerordentliche Kündigung eines Betriebsratsmitglieds –

Sehr geehrte Damen und Herren des Betriebsrats,

hiermit hören wir Sie nach § 103 Abs. 1 BetrVG zur Kündigung von Frau/Herrn … an. Frau/Herr… ist seit … Mitglied des Betriebsrats.

Angaben zur Person: Name, Vorname, Geburtsdatum, Adresse, Familienstand, Zahl der unterhaltsberechtigten Kinder, bisherige Tätigkeiten, fachliche Vorbildung, besondere soziale Eigenschaften, Eintrittsdatum.

Kündigungsgrund: Das Verhalten von Frau/Herrn … berechtigt den Arbeitgeber zum Ausspruch einer außerordentlichen Kündigung. Frau/Herr … hat am … [Detaillierte Schilderung des Sachverhalts, der der Kündigungsabsicht zugrunde liegt.]

Wir bitten um möglichst unverzügliche Zustimmung, spätestens jedoch bis zum … [Datum einsetzten: Drei Tage nach dem Tag der Übergabe des Schreibens.]

Ort/Datum, _____   Unterschrift _____

Empfangsbestätigung [2. Seite]
Wir bestätigen hiermit, das Anhörungsschreiben zur beabsichtigten Kündigung von Frau/Herrn … erhalten zu haben.

Für den Betriebsrat:

Ort/Datum, _____

Unterschrift _____

Stellungnahme [3. Seite]

Hiermit stimmen wir der Kündigung von Frau/Herrn ... zu.

Für den Betriebsrat:

Ort/Datum, _____ Unterschrift _____

IV. Freistellung und Ausschluss aus dem Amt vor Ausspruch der Kündigung

65 Erlangt der Arbeitgeber von einem Sachverhalt Kenntnis, der ihn zur außerordentlichen Kündigung berechtigt, stellt sich die Frage, ob der Arbeitgeber das Betriebsratsmitglied **freistellen** kann. Diese Frage wird in zeitlicher Hinsicht vor allem relevant, wenn der Betriebsrat der Kündigung nicht zustimmt und daher der Ausspruch einer außerordentlichen Kündigung binnen der Zwei-Wochenfrist des § 626 Abs. 2 BGB nicht möglich ist. Der Arbeitgeber muss dann das Zustimmungsersetzungsverfahren vor dem Arbeitsgericht durchführen. Dieses Verfahren kann sich über viele Monate erstrecken, in denen das Betriebsratsmitglied weiterbeschäftigt werden müsste.

66 Der Arbeitgeber hat daher in der Regel ein großes Interesse an der Freistellung des Betriebsratsmitglieds. Andererseits steht dem Betriebsratsmitglied ein grundrechtlich geschützter Beschäftigungsanspruch (Art. 1, Art. 2 GG) zu, der Freistellungen im ungekündigten Arbeitsverhältnis nur unter **engen Voraussetzungen** zulässt.[115] Ob im Ergebnis ein Freistellungsanspruch zu bejahen ist, muss durch Abwägung der schutzwürdigen Interessen des Arbeitgebers an der Freistellung und des Interesses des Betriebsratsmitglieds an der Weiterbeschäftigung festgestellt werden. Zugunsten des Arbeitgebers ist es nicht ausreichend, dass er eine außerordentliche Kündigung beabsichtigt.

▶ **Beispiele:**

Ein Freistellungsrecht des Arbeitgebers ist anzunehmen, wenn bei der Weiterbeschäftigung des Betriebsratsmitglieds die begründete

---

115 *BAG* 19. 8. 1976, EzA § 611 BGB Beschäftigungspflicht Nr. 1.

Unzulässigkeit der Kündigung § 15

Besorgnis besteht, dass andere Arbeitnehmer des Betriebs durch die Gewalttätigkeit des Betriebsratsmitglieds gefährdet werden oder der Betriebsfrieden nachhaltig gestört wird.[116] Nach Ansicht des LAG Hamm müssen die Kündigungsgründe von »einigem Gewicht« sein.[117]

▶ **Praxistipp:**
Hat der Betriebsrat der Kündigung nicht zugestimmt und muss der Arbeitgeber daher das Zustimmungsersetzungsverfahren gemäß § 103 Abs. 2 Satz 1 BetrVG durchführen, ist es dem Arbeitgeber in jedem Fall zu raten, das Betriebsratsmitglied von der Arbeitsleistung freizustellen. Anderenfalls verhält sich der Arbeitgeber widersprüchlich, wenn er einerseits geltend macht, die Fortsetzung des Arbeitsverhältnisses sei ihm nicht zumutbar, aber andererseits das Betriebsratsmitglied ggf. über mehrere Monate (bis zur Entscheidung im Zustimmungsersetzungsverfahren) weiterbeschäftigt. Soweit die Freistellung allerdings nicht durch überwiegende Arbeitgeberinteressen gerechtfertigt ist, muss der Arbeitgeber damit rechnen, dass sich das Betriebsratsmitglied erfolgreich mit der Durchsetzung seines Beschäftigungsanspruchs im Wege der einstweiligen Verfügung zur Wehr setzt.

Ist der Arbeitgeber berechtigt, das Betriebsratsmitglied von der Arbeit freizustellen, so bedeutet dies nicht automatisch, dass er ihn auch von seinem **betriebsverfassungsrechtlichen Amt** ausschließen darf. Das Betriebsratsmitglied hat grundsätzlich weiterhin das Recht, den Betrieb zu betreten, um seine betriebsverfassungsrechtlichen Aufgaben zu erfüllen. Der Arbeitgeber kann dem Betriebsratsmitglied nicht ohne weiteres ein Hausverbot erteilen.[118] 67

Etwas anderes gilt, wenn ernstliche Anhaltspunkte dafür bestehen, dass das Betriebsratsmitglied zB Straftaten begehen könnte oder durch das Betriebsratsmitglied eine unmittelbare und ernstliche Gefährdung des Betriebsfriedens zu befürchten ist.[119] Auch dann, wenn der Arbeitgeber neben dem Antrag auf Zustimmung zur Kündigung (§ 103 Abs. 2 Satz 1 BetrVG) ein Amtsenthebungsverfahren nach § 23 Abs. 1 BetrVG 68

---
116 So auch KR/*Etzel* § 103 BetrVG Rz 143 mwN.
117 *LAG Hamm* 24. 10. 1974, EzA § 103 BetrVG 1972 Nr. 5; **aA** KR/*Etzel* § 103 BetrVG Rz 143.
118 *LAG Hamm* 24. 10. 1974, EzA § 103 BetrVG 1972 Nr. 5; KR/*Etzel* § 103 BetrVG Rz 143 mwN.
119 KR/*Etzel* § 103 BetrVG Rz 143 mwN.

§ 15 Unzulässigkeit der Kündigung

eingeleitet hat, rechtfertigt sich in der Regel kein sofortiger Ausschluss von der Amtstätigkeit. Etwas anderes gilt, wenn der Arbeitgeber die Amtsenthebung per einstweiliger Verfügung vorläufig durchsetzt.[120] In diesem Fall muss es zulässig sein, das Betriebsratsmitglied ab Erlass der einstweiligen Verfügung von seinen betriebsverfassungsrechtlichen Aufgaben freizustellen und ihm den Zutritt zum Betrieb gänzlich zu verweigern.

69 Während der Freistellungsphase ist der Arbeitgeber verpflichtet, die **Vergütung** des Betriebsratsmitglieds **fortzuzahlen**. Von der Verpflichtung zur Fortzahlung der Vergütung soll der Arbeitgeber nur dann befreit sein, wenn dem Arbeitgeber die Weiterbeschäftigung wegen der Schwere der Kündigungsgründe schlechterdings nicht zugemutet werden kann.[121] Dies ist zB der Fall, wenn ohne Freistellung des Betriebsrats Rechtsgüter des Arbeitgebers, seiner Familienangehörigen oder anderer Arbeitnehmer gefährdet würden.[122] In diesen Fällen ist es unzumutbar, dem Arbeitgeber weiterhin die Pflicht zur Fortzahlung der Vergütung bis zur rechtskräftigen Entscheidung im Zustimmungsersetzungsverfahren aufzuerlegen.

V. Gerichtliches Zustimmungsersetzungsverfahren

70 **Verweigert** der Betriebsrat im Zustimmungsverfahren nach § 103 Abs. 1 BetrVG seine Zustimmung zur Kündigung des Betriebsratsmitglieds, äußert er sich gar nicht, oder ist kein funktionsfähiger Betriebsrat vorhanden, ist der Arbeitgeber gezwungen, beim Arbeitsgericht gemäß § 103 Abs. 2 Satz 1 BetrVG die Ersetzung der Zustimmung des Betriebsrats zu beantragen. Das Schweigen des Betriebsrats gilt nicht als Zustimmung.

1. Zulässigkeitsvoraussetzung

71 Voraussetzung für einen zulässigen Antrag auf gerichtliche Ersetzung der Zustimmung des Betriebsrats ist die **ordnungsgemäße und rechtzeitige Durchführung des Zustimmungsverfahrens** nach § 103 Abs. 1 BetrVG durch den Arbeitgeber. Nur wenn das Zustimmungsverfahren

---

120 *Fitting* § 23 Rz 32 mwN.
121 *BAG* 28. 4. 1988, RzK II 3 Nr. 15; *BAG* 11. 11. 1976, EzA § 103 BetrVG 1972 Nr. 17, hM; **aA** KR/*Etzel* § 103 BetrVG Rz 144 mwN, der aber eine Zustimmung bzw. ein Zustimmungsersetzungsverfahren ggf. mittels einstweiliger Verfügung zur Freistellung ohne Gehaltsfortzahlung befürwortet.
122 Anmerkung *Kraft* zu BAG 11. 11. 1976, EzA § 103 BetrVG 1972 Nr. 17.

mit dem Betriebsrat rechtmäßig durchgeführt wurde und der Betriebsrat dennoch seine Zustimmung nicht binnen der Drei-Tagesfrist erteilt hat, ist der Zustimmungsersetzungsantrag des Arbeitgebers gemäß § 103 Abs. 2 Satz 1 BetrVG zulässig. Ein vorsorglich gestellter Antrag an das Arbeitsgericht auf Ersetzung der Zustimmung des Betriebsrats ist unzulässig.[123] Fehlt es an einer ordnungsgemäßen Durchführung des Zustimmungsverfahrens, muss der Arbeitgeber dies rechtzeitig nachholen, anderenfalls ist die dennoch ausgesprochene Kündigung schon wegen fehlerhafter Beteiligung des Betriebsrats unwirksam. Auch der fristgerechte Antrag auf Ersetzung der Zustimmung beim Arbeitsgericht kann die fehlerhafte Beteiligung des Betriebsrats nicht heilen.[124]

2. Verfahren

Über den Antrag auf Zustimmungsersetzung wird im **arbeitsgerichtlichen Beschlussverfahren** entschieden (§ 2a Abs. 1 Nr. 1, Abs. 2 ArbGG). Der Antrag ist bei dem **Arbeitsgericht** einzureichen, in dessen Bezirk der Betrieb liegt (§ 82 Satz 1 ArbGG). **Beteiligte** in diesem Verfahren sind Arbeitgeber, Betriebsrat und das betroffene Betriebsratsmitglied (§ 103 Abs. 2 Satz 2 BetrVG). Die im Beschlussverfahren rechtskräftig getroffene Entscheidung, dass die Zustimmung des Betriebsrats zur Kündigung aus wichtigem Grund zu ersetzen ist, hat nach Ansicht des BAG[125] für die im Beschlussverfahren Beteiligten präjudizielle Wirkung für einen eventuell zeitlich nachfolgenden Kündigungsschutzprozess. Das Arbeitsgericht im Kündigungsschutzprozess ist folglich an die im Beschlussverfahren getroffene Feststellung gebunden, dass die Voraussetzungen des § 626 BGB vorlagen. Das Betriebsratsmitglied kann gegen das Vorliegen eines wichtigen Grundes dann nur noch neue Einwände vortragen. Auf Tatsachen, die das Betriebsratsmitglied schon im Zustimmungsersetzungsverfahren erfolglos geltend gemacht hat oder hätte geltend machen können, kann der Vortrag indes nicht mehr gestützt werden.[126] 72

Für das **Beschlussverfahren** gilt der **Amtsermittlungsgrundsatz**, dh das Gericht ist grundsätzlich verpflichtet, den für seine Entscheidung maßgeblichen Sachverhalt eigenständig und unabhängig vom Vorbringen der Parteien zu ermitteln. Da es bei Kündigungen aber dem Arbeit- 73

---

123 *BAG* 7. 5. 1986, AP § 103 BetrVG Nr. 18.
124 *BAG* 7. 5. 1986, AP § 103 BetrVG Nr. 18.
125 U. a. *BAG* 10. 12. 1992, AP § 87 ArbGG 1979 Nr. 4.
126 Vgl. KR/*Etzel* § 103 BetrVG Rz 139/140 mwN.

§ 15 Unzulässigkeit der Kündigung

geber obliegt zu entscheiden, auf welchen Sachverhalt er seine Kündigung stützt, wird dieser Grundsatz insoweit eingeschränkt, als das Gericht nur das berücksichtigen kann, was vom Arbeitgeber auch tatsächlich als Kündigungssachverhalt vorgetragen wurde. Aus diesem Grund sollte der Arbeitgeber dem Gericht alle kündigungsrelevanten Tatsachen zur Kenntnis bringen. Das Gericht ist dann verpflichtet, alle vorgetragenen Tatsachen umfassend zu berücksichtigen. Dies ist in § 103 Abs. 2 Satz 2 BetrVG nochmals ausdrücklich klargestellt.

74 Im Zustimmungsersetzungsverfahren kann der Arbeitgeber grundsätzlich unbeschränkt **neue Kündigungsgründe nachschieben**. Da die Zustimmung zu einer erst noch auszusprechenden Kündigung begehrt wird, kommt es – anders als im Kündigungsschutzprozess – nicht darauf an, zu welchem Zeitpunkt sich die Umstände ereignet haben, auf die die künftige Kündigung gestützt werden soll.[127] Der Arbeitgeber ist deshalb nicht gezwungen, beim Eintreten oder Bekannt werden neuer Umstände jeweils neue Beschlussverfahren nach § 103 Abs. 2 Satz 2 BetrVG einzuleiten, sondern kann diese Umstände ergänzend im ursprünglichen Beschlussverfahren vortragen.[128] Voraussetzung ist allerdings, dass der Arbeitgeber die **Zwei-Wochenfrist** des § 626 Abs. 2 BGB beachtet, dh der Arbeitgeber muss dem Betriebsrat innerhalb von zwei Wochen ab Kenntnis des neuen Kündigungssachverhaltes die neuen Kündigungsgründe ordnungsgemäß mitteilen und ihm die Möglichkeit geben, der Kündigung zuzustimmen.[129] Nach Ansicht des BAG ist es allerdings nicht erforderlich, auch den Gericht den neuen Sachverhalt innerhalb der Zwei-Wochenfrist zur Kenntnis zu bringen.[130]

75 Im Prozess prüft das Arbeitsgericht, ob der vorgetragene Sachverhalt eine außerordentliche Kündigung gemäß § 626 Abs. 1 BGB rechtfertigt und ob die Frist des § 626 Abs. 2 BGB eingehalten ist. Kommt das Arbeitsgericht zu dem Ergebnis, die außerordentliche Kündigung sei unter Berücksichtigung aller Umstände gerechtfertigt, gibt es dem Antrag auf Ersetzung der Zustimmung statt. Mit Rechtskraft der arbeitsgerichtlichen Entscheidung ist die Zustimmung des Betriebsrats ersetzt.[131] Der Arbeitgeber muss die Kündigung **unverzüglich nach Rechtskraft** dieser Entscheidung aussprechen.[132] Unverzüglich bedeu-

---

127 KR/*Etzel* § 103 BetrVG Rz 118.
128 *BAG* 22. 8. 1974, AP § 103 BetrVG 1972 Nr. 1.
129 KR/*Etzel* § 103 BetrVG Rz 124 mwN.
130 *BAG* 22. 8. 1974, AP § 103 BetrVG 1972 Nr. 1.
131 KR/*Etzel* § 103 BetrVG Rz 127.
132 *BAG* 22. 1. 1987, AP § 103 BetrVG 1972 Nr. 24; **aA** KR/*Etzel* § 103 BetrVG Rz 124 mwN.

tet ohne schuldhaftes Zögern (vgl. § 121 BGB). Dem Arbeitgeber wird keine weitere Bedenkzeit mehr eingeräumt. Daher sollte die Kündigung möglichst an dem auf den Beginn der Rechtskraft folgenden Werktag ausgesprochen werden. Erfolgt die Kündigung hingegen **verfrüht**, ist sie nicht nur schwebend, sondern **(unheilbar) unwirksam**.[133] Eine verspätete Kündigung ist ebenfalls unwirksam.

▶ Praxistipp:

Es empfiehlt sich, beim Gericht nach Ablauf der Rechtsmittelfrist von einem Monat nach Zustellung des Beschlusses (§ 87 Abs. 2 Satz 1, § 66 Abs. 1 Satz 1, Satz 2 ArbGG) nachzufragen, ob der Beschluss in Rechtskraft erwachsen ist.

3. Rechtsmittel und einstweilige Verfügung

Der Beschluss des Arbeitsgerichts erwächst nicht in Rechtskraft, wenn 76
das Betriebsratsmitglied oder der Betriebsrat form- und fristgerecht Rechtsmittel gegen den Beschluss einlegen. Statthaftes Rechtsmittel ist die **Beschwerde** zum LAG (§§ 87–91 ArbGG). Der Arbeitgeber kann ebenfalls Beschwerde gegen den die Zustimmungsersetzung abweisenden Beschluss einlegen. Das LAG entscheidet durch Beschluss. Gegen den Beschluss des LAG ist Rechtsbeschwerde an das BAG statthaft, vorausgesetzt, das LAG hat diese zugelassen oder das BAG gibt einer Nichtzulassungsbeschwerde statt (§§ 92, 93–96 ArbGG). Das BAG ist bei der Nachprüfung, ob ein wichtiger Grund zur Kündigung vorgelegen hat, beschränkt. Es kann nur prüfen, ob das LAG den Begriff des wichtigen Grundes als solchen richtig erkannt und ob es in der Interessenabwägung alle vernünftigerweise in Betracht kommenden Umstände des Einzelfalls berücksichtigt hat. Bei der Bewertung und Abwägung selbst verbleibt dem LAG ein Beurteilungsspielraum.

Eine **einstweilige Verfügung** auf Ersetzung der Zustimmung des 77
Betriebsrats zur außerordentlichen Kündigung eines Betriebsratsmitglieds ist auch bei besonders schweren Pflichtverletzungen nicht zulässig, da dem Arbeitgeber eine weniger einschneidende Maßnahme zur Verfügung steht.[134] Der Arbeitgeber hat in den Fällen besonders schwerer Pflichtverletzungen nämlich die Möglichkeit, das Betriebsratsmitglied von der Arbeitsleistung freizustellen.[135]

---

133 *BAG* 9.7.1998, AP § 103 BetrVG 1972 Nr. 36.
134 *ArbG Hamm* 21.7.1975, BB 1975, 1065; KR/*Etzel* § 103 BetrVG 130 mwN.
135 Vgl. hierzu oben Rz 65 ff.

4. Prozesskosten

78 **Gerichtskosten** des Beschlussverfahrens vor dem Arbeitsgericht entfallen (§ 12a Abs. 1 ArbGG). Die erstinstanzlichen **Rechtsanwaltskosten** tragen der Arbeitgeber und das Betriebsratsmitglied jeweils selbst, denn das Betriebsratsmitglied nimmt in diesen Fällen seine eigenen Arbeitnehmerinteressen wahr,[136] daher sind die Kosten keine nach § 40 BetrVG erstattungsfähigen Kosten für die Betriebsratstätigkeit. Die Rechtsanwaltskosten des Betriebsrats werden vom Arbeitgeber gemäß den Voraussetzungen des § 40 BetrVG erstattet. In zweiter und dritter Instanz ist der Arbeitgeber im Falle seines Unterliegens verpflichtet, auch die Rechtsanwaltskosten des Betriebsratsmitglieds zu erstatten. Es soll das Betriebsratsmitglied nicht schlechter stehen, als es gestanden hätte, wenn die Überprüfung der Kündigung in einem Kündigungsschutzprozess erfolgt wäre.[137] Im Kündigungsschutzprozess wäre der Arbeitgeber im Falle seines Unterliegens aber verpflichtet gewesen, die in zweiter und dritter Instanz entstandenen Rechtsanwaltskosten zu erstatten.

5. Sonderfall: Ende der Mitgliedschaft während des Verfahrens

79 Endet das Amt des Betriebsratsmitglieds noch **vor Abschluss des Zustimmungsersetzungsverfahrens**, entfällt das Zustimmungserfordernis nach § 103 Abs. 1 BetrVG. Mit Ende der Mitgliedschaft des Betriebsratsmitglieds wird auch das Verfahren auf Zustimmungsersetzung gegenstandslos.[138] Der Arbeitgeber kann ohne Zustimmung des Betriebsrats kündigen. Er muss hierbei die Zwei-Wochenfrist des § 626 Abs. 2 BGB einhalten. In der Regel wird allerdings die Zwei-Wochenfrist, gerechnet von der Kenntnis des maßgeblichen Kündigungssachverhalts, längst abgelaufen sein. Der Arbeitgeber ist dann verpflichtet, die Kündigung **unverzüglich** nach **Wegfall des Zustimmungserfordernisses** aussprechen. Eine Anhörung des Betriebsrats nach § 102 Abs. 1, Abs. 2 BetrVG vor Ausspruch der Kündigung ist entbehrlich, soweit der Arbeitgeber vor Antrag auf Zustimmungsersetzung ordnungsgemäß das Zustimmungsverfahren nach § 103 Abs. 1 BetrVG durchgeführt hat.[139] Etwas anderes gilt, wenn noch kein Betriebsrat vorhanden war (bei Wahlbewerbern und Wahlvorständen) und der Arbeitgeber sofort das Zustimmungsersetzungsverfahren eingeleitet

---

136 *ArbG Hamburg* 24. 1. 1997, EzA § 40 BetrVG 1972 Nr. 78.
137 *BAG* 21. 1. 1990, EzA § 40 BetrVG 1972 Nr. 64.
138 *BAG* 30. 5. 1978, AP § 15 KSchG 1969 Nr. 4.
139 KR/*Etzel* § 103 BetrVG Rz 31.

Unzulässigkeit der Kündigung § 15

hat. In diesen Fällen muss der in der Zwischenzeit gewählte Betriebsrat gemäß § 102 Abs. 1, Abs. 2 BetrVG angehört werden.

6. Musterantrag im Zustimmungsersetzungsverfahren

▶ An das Arbeitsgericht [Adresse] 80

In dem Beschlussverfahren

1. Der [Name des Arbeitgebers], [vertreten durch Vorstand, Geschäftsführer, etc.]

– **Beteiligter zu 1)** –

gegen

2. den Betriebsrat des [Name des Arbeitgebers], vertreten durch den Betriebsratsvorsitzenden [Name]

– **Beteiligter zu 2)** –

und

3. das Mitglied des Betriebsrats, [Name, Privatadresse]

– **Beteiligter zu 3)** –

wegen Ersetzung der Zustimmung zur Kündigung.

Wir bitten um alsbaldige Anberaumung eines Termins zur mündlichen Verhandlung, in welchem wir beantragen werden:

1. Die Zustimmung des Beteiligten zu 2) zur Kündigung des Beteiligten zu 3) wird ersetzt.

2. Der Beteiligte zu 3) wird aus dem Betriebsrat der Beteiligten zu 1) ausgeschlossen.

Begründung:

1. Das Unternehmen der Beteiligten zu 1) vertreibt …. Der Sitz der Beteiligten zu 1) ist in …. Die Beteiligte zu 1) beschäftigt … Mitarbeiter.

   Der Beteiligte zu 3) ist seit … bei der Beteiligten zu 1) als … beschäftigt. Er ist ledig/verheiratet und hat … Kinder. Der Beteiligte zu 3) ist seit dem … Mitglied des Beteiligten zu 2).

2. Mit Schreiben vom … hat die Beteiligte zu 1) den Beteiligten zu 2) um Zustimmung zur außerordentlichen Kündigung des Beteiligten zu 3) gebeten. Der Beteiligte zu 2) hat die Zustimmung nicht erteilt/verweigert. Die Zustimmungsverweigerung erfolgte zu Unrecht, denn die Kündigung des Beteiligten zu 3) ist durch einen wichtigen Grund gemäß § 626 Abs. 1 BGB gerechtfertigt. Der Beteiligte zu 3) hat am … [Schilderung des Sachverhalts, der

der Kündigungsabsicht zugrunde liegt]. Die Beteiligte zu 1) hat binnen der Zwei-Wochenfrist des § 626 Abs. 2 BGB das Zustimmungsverfahren nach § 103 Abs. 1 BetrVG mit dem Beteiligten zu 2) durchgeführt und ebenfalls binnen Frist des § 626 Abs. 1 BGB den vorliegenden Antrag gestellt.

3. Der Beteiligte 3) ist gemäß § 23 Abs. 1 BetrVG aus dem Betriebsrat auszuschließen. Er hat die ihm obliegenden Amtspflichten grob pflichtwidrig verletzt. [Schilderung des Sachverhalts, aus dem sich die grobe Amtspflichtverletzung ergibt].

Unterschrift

VI. Weiterbeschäftigung und Amtstätigkeit nach Ausspruch einer außerordentlichen Kündigung

81 Nach Ausspruch einer außerordentlichen Kündigung endet das Arbeitsverhältnis des Betriebsratsmitglieds mit sofortiger Wirkung. Ein Anspruch auf **Weiterbeschäftigung** besteht in der Regel nicht. Dies gilt unabhängig davon, ob der Betriebsrat der Kündigung gemäß § 103 Abs. 1 BetrVG zugestimmt hat oder ob die fehlende Zustimmung durch das Arbeitsgericht ersetzt wurde. Der betriebsverfassungsrechtlich normierte Weiterbeschäftigungsanspruch nach § 102 Abs. 5 BetrVG greift nicht bei außerordentlichen Arbeitgeberkündigungen. Der allgemeine arbeitsrechtliche Weiterbeschäftigungsanspruch nach Ausspruch der außerordentlichen Kündigung besteht nur, wenn die Kündigung offensichtlich unwirksam ist (zB keine Beteiligung des Betriebsrats gemäß § 103 Abs. 1 BetrVG) oder der Kündigungsschutzklage in erster Instanz stattgegeben wurde.[140]

82 Mit Ausspruch der außerordentlichen Kündigung endet neben dem Arbeitsverhältnis auch das betriebsverfassungsrechtliche Amt. Das ehemalige Betriebsratsmitglied hat daher auch kein Recht mehr, den Betrieb zwecks Erfüllung der Betriebsratsaufgaben zu betreten. Setzt sich das Betriebsratsmitglied mit einer Kündigungsschutzklage gegen die Kündigung zur Wehr, ist es bis zur Entscheidung im Kündigungsschutzprozess an der Ausübung seines Amtes **zeitweilig gehindert** und wird bei der Erfüllung der Amtsgeschäfte durch ein Ersatzmitglied vertreten.[141] Nur wenn ein Weiterbeschäftigungsanspruch besteht, darf die Amtstätigkeit fortgesetzt werden.[142] Für **Wahlbewerber**

---

140 *BAG* 27. 2. 1985, EzA § 611 BGB Beschäftigungspflicht Nr. 9.
141 *Fitting* § 24 Rz 16 mwN.
142 KR/*Etzel* § 103 BetrVG Rz 31.

besteht hinsichtlich des Zutrittsrechts zum Betrieb eine Besonderheit. Wahlbewerber verlieren ihre Wählbarkeit nicht durch den Ausspruch einer Kündigung. Daher muss der Arbeitgeber einem gekündigten Wahlbewerber grundsätzlich Zugang zum Betrieb für die übliche Wahlbewerbung gestatten, es sei denn, es bestehen erhebliche Bedenken gegen seine vorübergehende Anwesenheit im Betrieb.[143]

VII. Kündigungsschutzprozess

1. Verfahren

Wie jeder Arbeitnehmer kann sich auch das Betriebsratsmitglied gegen die außerordentliche Kündigung mit einer Kündigungsschutzklage zur Wehr setzen. Das Betriebsratsmitglied muss dazu die **Drei-Wochenfrist** des § 4 KSchG beachten. Während die **Drei-Wochenfrist** bislang allerdings nur dann beachtlich war, soweit der Arbeitnehmer seine Kündigungsschutzklage auf das Fehlen eines wichtigen Grundes stützte, gilt die Drei-Wochenfrist ab dem 1. Januar 2004 bis auf wenige Ausnahmen **für alle Unwirksamkeitsgründe**, auf die der Arbeitnehmer seine Kündigungsschutzklage stützt. Im Kündigungsschutzprozess trägt der **Arbeitgeber** die **Darlegungs- und Beweislast** für alle Wirksamkeitsvoraussetzungen der außerordentlichen Kündigung, dh für die ordnungsgemäße Durchführung des Zustimmungsverfahrens und – soweit der Betriebsrat der Kündigung nicht zugestimmt hat – das Vorliegen der rechtskräftigen Zustimmungsersetzung durch das Arbeitsgericht sowie für die Einhaltung der Zwei-Wochenfrist des § 626 Abs. 2 BGB und das Vorliegen eines wichtigen Grundes.

83

2. Auflösungsantrag

Wenn sich das Betriebsratsmitglied in der Kündigungsschutzklage (auch) auf das Fehlen eines wichtigen Grundes beruft, kann es einen **Auflösungsantrag** gemäß § 13 Abs. 1 Satz 3 KSchG stellen.[144] Das bedeutet, dass das außerordentlich gekündigte Betriebsratsmitglied die Auflösung des Arbeitsverhältnisses gegen Abfindungszahlung beantragen kann, wenn ihm die Fortsetzung des Arbeitsverhältnisses nicht mehr zumutbar ist. Stützt das Betriebsratsmitglied seine Kündigungsschutzklage nur auf das Fehlen anderer Wirksamkeitsvoraussetzungen, ist die Aufhebung des Arbeitsverhältnisses gegen Abfindungs-

84

---

143 *Fitting* § 8 Rz 23.
144 HK/*Dorndorf* § 15 KSchG Rz 108 mwN.

zahlung nicht möglich.[145] Hieran hat die neue Rechtslage nichts geändert.

85 Ein **Auflösungsantrag durch den Arbeitgeber** bei einer außerordentlichen Kündigung scheidet nach Ansicht des BAG aus. § 13 Abs. 1 Satz 3 KSchG billige nach seinem Wortlaut explizit nur dem Arbeitnehmer ein entsprechendes Antragsrecht zu.[146] Hingegen ist es sachgerecht und nicht unbillig, in Ausnahmekonstellationen auch einen Auflösungsantrag des Arbeitgebers zuzulassen.[147]

3. Erfolgsaussichten, Prüfungsumfang

86 In der Sache hat das Betriebsratsmitglied mit der Kündigungsschutzklage dann Erfolg, wenn die Kündigung nicht alle Wirksamkeitsvoraussetzungen erfüllt. Hierbei ist zu unterscheiden, ob die Kündigung nach Zustimmung des Betriebsrats oder nach rechtskräftiger Ersetzung der Zustimmung durch das Arbeitsgericht erfolgte. Nur im ersten Fall (**Kündigung nach Zustimmung des Betriebsrats**) wird das Arbeitsgericht überprüfen, ob die Voraussetzungen eines wichtigen Grundes im Sinne des § 626 BGB vorliegen und der Betriebsrat ordnungsgemäß nach § 103 Abs. 1 BetrVG beteiligt wurde. Im zweiten Fall (**Kündigung nach rechtskräftiger Zustimmungsersetzung durch das Arbeitsgericht**) hat sich ein Arbeitsgericht bereits im Verfahren zur Ersetzung der Zustimmung des Betriebsrats nach § 103 Abs. 2 Satz 1 BetrVG mit den Voraussetzungen des § 626 BGB befasst und deren Vorliegen bejaht. Das Arbeitsgericht ist nach Ansicht des BAG im Kündigungsschutzprozess an diese Feststellungen im Beschlussverfahren gebunden.[148] Eine Kündigungsschutzklage die sich darauf stützt, ein wichtiger Grund zur Kündigung gemäß § 626 Abs. 1 BGB habe nicht vorgelegen, stünde im Widerspruch zu den Feststellungen des Arbeitsgerichts im Beschlussverfahren und ist nach hM nicht unzulässig, aber unbegründet. Es bleibt dem Betriebsratsmitglied allerdings unbenommen, neue Tatsachen vorzutragen, die erst nach der letzten mündlichen Verhandlung im Zustimmungsersetzungsverfahren entstanden (zB Formfehler der Kündigung) oder bekannt geworden sind (so etwa im Falle der Verdachtskündigung).[149]

---

145 Vgl. auch HK/*Dorndorf* § 15 KSchG Rz 108 mwN.
146 So im Ergebnis auch *BAG* 9. 10. 1979, AP § 9 KSchG 1969 Nr. 4; vgl. im Einzelnen KR/*Etzel* § 9 KSchG Rz 62 mwN.
147 Vgl. im Einzelnen *Trappehl/Lambrich*, Auflösungsantrag des Arbeitgebers nach außerordentlicher Kündigung, RdA 1999, 243 ff.
148 *BAG* 11. 5. 2000, AP § 103 BetrVG 1972 Nr. 42; vgl. im Einzelnen oben Rz 72.
149 *BAG* 24. 2. 1975, EzA § 103 BetrVG 1972 Nr. 8.

§ 15 Unzulässigkeit der Kündigung

4. Nachschieben von Kündigungsgründen

Der Arbeitgeber kann **Kündigungsgründe nachschieben**, die ihm erst nach Ausspruch der Kündigung bekannt werden. Dies ist dann von praktischer Relevanz, wenn der Betriebsrat der Kündigung zugestimmt hat und daher die Zustimmung zur Kündigung nicht durch das Arbeitsgericht ersetzt werden musste.[150] Die Frist des § 626 Abs. 2 BGB muss hierbei nicht eingehalten werden, denn das Betriebsratsmitglied weiß seit Ausspruch der Kündigung, dass der Arbeitgeber sein Verhalten nicht hinnehmen will.[151] Das Betriebsratsmitglied muss vielmehr damit rechnen, dass der Arbeitgeber alle bei Ausspruch der Kündigung nicht verfristeten Kündigungsgründe zur Begründung der Kündigung nachschieben wird.[152] Bevor der Arbeitgeber die weiteren Kündigungsgründe in den Prozess einführen kann, ist allerdings ein Zustimmungsverfahren nach § 103 Abs. 1 BetrVG mit dem Betriebsrat durchzuführen. Zudem sollte der Arbeitgeber eine zweite Kündigung erwägen.[153] Ein Zustimmungsersetzungsverfahren nach § 103 Abs. 2 Satz 1 BetrVG ist demgegenüber entbehrlich, da der Zweck des Beschlussverfahrens – das Betriebsratsmitglied vor unzulässigen außerordentlichen Kündigungen zu schützen – nicht mehr erfüllt werden kann, wenn die Kündigung bereits ausgesprochen wurde.[154] Das BAG hat hierzu allerdings noch nicht abschließend Stellung genommen.

87

H. Sonderfall: Kündigung bei Betriebsstilllegung (§ 15 Abs. 4 KSchG)

Das Gesetz lässt in zwei Ausnahmefällen die ordentliche Kündigung von Betriebsratsmitgliedern und anderen von § 15 KSchG geschützten Personen zu. Dies sind die Fälle der Betriebsstilllegung und der Still-

88

---

150 So im Ergebnis wohl auch KR/*Etzel* § 15 KSchG Rz 48. Fehlt es indes bereits an der Zustimmung des Betriebsrats und der Zustimmungsersetzung durch das Arbeitsgericht, ist eine dennoch ausgesprochene Kündigung aus diesen Gründen unwirksam. Auch im Falle der Zustimmungsersetzung durch das Arbeitsgericht müssen Kündigungsgründe im Kündigungsschutzprozess nicht mehr nachgeschoben werden, da das Arbeitsgericht im Zustimmungsersetzungsverfahren bereits die Zulässigkeit der Kündigung bejaht hat. Damit werden weitere Kündigungsgründe in der Regel nicht mehr entscheidungserheblich sein.
151 *BAG* 4. 6. 1997, EzA § 626 BGB Nr. 167. Damit besteht ein erheblicher Unterschied zum Nachschieben von Gründen im Zustimmungsersetzungsverfahren, denn dort ist die Kündigung noch nicht ausgesprochen.
152 *BAG* 4. 6. 1997, EzA § 626 BGB Nr. 167.
153 KR/*Etzel* § 15 KSchG Rz 46 zum Parallelfall bei § 102 BetrVG dort Rz 40, 41.
154 KR/*Etzel* § 15 KSchG Rz 47.

legung von Betriebsabteilungen. In beiden Fällen ist die ordentliche Kündigung als ultima-ratio Maßnahme zulässig. Im Falle der Betriebsstilllegung trägt das Gesetz dem Umstand Rechnung, dass nach endgültiger Auflösung der Betriebs- und Produktionsgemeinschaft eines Betriebs auch der Schutz der betriebsverfassungsrechtlichen Organe seine gesetzliche Legitimation verliert.

89 Bevor eine ordentliche Kündigung gegenüber einem Betriebsratsmitglied erklärt wird, sind folgende Fragen zu klären:

- Ist der Arbeitgeber im Zeitpunkt des Ausspruchs der Kündigung **ernstlich zur Stilllegung** des Betriebs entschlossen, in dem das Betriebsratsmitglied beschäftigt ist?

- Besteht für das Betriebsratsmitglied eine **Weiterbeschäftigungsmöglichkeit** auf einem freien Arbeitsplatz in einem anderen Betrieb des Unternehmens?

- Zu welchem **Zeitpunkt** wird der Betrieb stillgelegt? Eine Kündigung, die als Beendigungszeitpunkt ein Datum **vor** der geplanten Betriebsstilllegung vorsieht, ist grundsätzlich unwirksam!

- Bestehen vor Betriebsstilllegung zwingende betriebliche Erfordernisse, die ausnahmsweise eine Kündigung **vor** Betriebsstilllegung rechtfertigen?

I. Betriebsstilllegung

1. Begriff

90 Begrifflich versteht man nach der üblicherweise von der Rechtsprechung benutzten Formel unter Betriebsstilllegung die **Auflösung** der zwischen Arbeitgeber und Arbeitnehmer bestehenden **Betriebs- und Produktionsgemeinschaft**, die ihre Veranlassung und zugleich ihren sichtbaren Ausdruck darin findet, dass der Unternehmer die **bisherige wirtschaftliche Betätigung** in der ernstlichen Absicht einstellt, die Weiterverfolgung des bisherigen **Betriebszwecks dauernd** oder für eine ihrer Dauer nach unbestimmte, wirtschaftlich **nicht unerhebliche Zeitspanne** aufzugeben.[155] Kurzgefasst ist damit eine Betriebsstilllegung die auf den **ernstlichen Willensentschluss des Arbeitgebers** (**subjektives Element**) beruhende **Auflösung der Arbeits- und Pro-**

---

[155] ZB *BAG* 21.6.2001, AP §15 KSchG 1969 Nr. 50; *BAG* 19.6.1991, EzA §1 KSchG Betriebsbedingte Kündigung Nr. 70; *v. Hoyningen-Huene/Linck* §15 Rz 145 mwN.

Unzulässigkeit der Kündigung § 15

duktionsgemeinschaft (**objektives Element**) zwischen Unternehmer und Belegschaft.[156] Ein ernstlicher Willensentschluss ist nur anzunehmen, wenn der Entschluss bzw. dessen Umsetzung im Zeitpunkt des Ausspruchs der Kündigung greifbare Formen angenommen hat, so dass der Arbeitgeber bei vernünftiger Prognose mit der Betriebsstilllegung zum angegebenen Zeitpunkt rechnen durfte.[157]

2. Einzelfälle einer Betriebsstilllegung

Als Auflösung der Arbeits- und Produktionsgemeinschaft kommen die **endgültige Aufgabe der Betriebsgemeinschaft** (Stilllegung des Standortes durch endgültige Aufgabe der Arbeits- und Betriebsorganisation) sowie eine **räumlich nicht unerhebliche Verlagerung** der Betriebsorganisation an einen anderen Standort in Frage, soweit der Betriebszweck künftig mit einer im wesentlichen neuen Belegschaft fortgeführt wird.[158] Kündigt der Arbeitgeber allen Arbeitnehmern, um sie anschließend – zu geänderten Arbeitsbedingungen – wieder einzustellen, scheidet eine Betriebsschließung aus.[159] 91

Bislang nicht abschließend geklärt ist der Fall, ob auch eine wesentliche **Änderung der Betriebsorganisation** eine Betriebsstilllegung im Sinne des § 15 Abs. 4 KSchG darstellen kann. Allein die Aufgabe bzw. **Änderung des Betriebszwecks**, die zwar eine Betriebsänderung im Sinne des § 111 Satz 2 BetrVG darstellt, genügt nicht. Allerdings kann die Auflösung der bisherigen Arbeits- und Betriebsorganisation und die Ersetzung durch eine neue Organisation im Ergebnis zu einer Betriebsstilllegung führen. Entscheidend soll hierbei sein, ob die Identität der Belegschaft im Wesentlichen erhalten bleibt oder nicht.[160] 92

Der Entschluss zur Betriebsstilllegung steht im Belieben des Unternehmers (freie Unternehmerentscheidung). Die Gerichte dürfen die Unternehmerentscheidung nur daraufhin überprüfen, ob diese **willkürlich bzw. rechtsmissbräuchlich** war.[161] 93

Für eine Betriebsstilllegung ist nicht erforderlich, dass die Arbeits- und Produktionsgemeinschaft endgültig aufgelöst wird. Ausreichend ist 94

---

156 So auch KR/*Etzel* § 15 KSchG Rz 79.
157 ZB *BAG* 19.6.1991, EzA § 1 KSchG Betriebsbedingte Kündigung Nr. 70; *v. Hoyningen-Huene/Linck* § 15 Rz 145 mwN.
158 *BAG* 6.11.1959, AP § 13 KSchG Nr. 15.
159 *BAG* 16.6.1987, AP § 111 BetrVG 1972 Nr. 18.
160 So hL: *v. Hoyningen-Huene/Linck* § 15 Rz 149 mwN; KR/*Etzel* § 15 KSchG Rz 81; HK/*Dorndorf* § 15 KSchG Rz 121.
161 Vgl. hierzu im Einzelnen die Kommentierung zu § 1 KSchG Rz 364 ff.

die **Stilllegung** der Arbeits- und Produktionsgemeinschaft für eine bestimmte, im Voraus festgelegte, **relativ lange Zeit**.[162] Wann eine – wenn auch nur vorübergehende – Betriebsstilllegung (deren Überbrückung dem Arbeitgeber nicht mehr zugemutet werden kann) vorliegt und nicht nur eine unerhebliche **Betriebsunterbrechung oder Betriebspause**, ist nicht schematisch, sondern nur nach den Umständen des Einzelfalls zu beurteilen.[163]

▶ **Beispiele:**

Die Rechtsprechung hat bislang zB Unterbrechungen von neun Monaten bei einem Bekleidungsgeschäft[164] (weitere Argumente: vollständige Leerung des Ladens und Lagers, keine Übernahme von Personal, Renovierung des Ladengeschäftes, keine Übernahme von Lieferantenverträgen, Verlust von Kunden), von fünf Monaten bei einer Gaststätte[165] (weitere Argumente: Wechsel »gutbürgerliche Küche« zu »asiatische Küche«, keine Übernahme von Personal, Kundenverlust wegen anderer ähnlicher Gaststätte), drei Monaten bei einer Kindertagesstätte[166] (weitere Argumente: keine Übernahme von Personal, behördlicher Einzug der Betriebserlaubnis gegenüber Veräußerer, dadurch Verlust des ursprünglichen Vertrauensverhältnisses der Kunden) für erheblich erachtet und eine Betriebsstilllegung angenommen. In der Literatur werden jedenfalls für saisonbedingte Schließungen Zeiträume ab drei Monaten erwogen.[167]

95 Maßgeblich für die Annahme eines ernstlichen Willensentschlusses des Arbeitgebers den Betrieb stillzulegen, ist der Zeitpunkt des Ausspruchs der Kündigung. **Entfällt der Stilllegungsgrund** noch **vor** Ablauf der Kündigungsfrist, hat das Betriebsratsmitglied in der Regel einen Anspruch auf Wiedereinstellung.[168] Entfällt der Stilllegungsgrund erst **nach** der Betriebsstilllegung und Kündigung der Arbeitsverhältnisse, besteht grundsätzlich kein Wiedereinstellungsanspruch. Dies gilt selbst dann, wenn der Stilllegungsgrund bereits kurze Zeit nach der Betriebsstilllegung wieder entfällt.[169] Allerdings muss der Arbeitgeber damit rechnen, dass im Kündigungsschutzprozess beson-

---

162 ZB *BAG* 21. 6. 2001, AP § 15 KSchG 1969 Nr. 50.
163 ZB *BAG* 21. 6. 2001, AP § 15 KSchG 1969 Nr. 50.
164 *BAG* 27. 4. 1995, EzA § 1 KSchG Betriebsbedingte Kündigung Nr. 83.
165 *BAG* 11. 9. 1997, DB 1997, 2540.
166 *LAG Köln* 23. 10. 1997, NZA-RR 1998, 290.
167 Vgl. hierzu KR/*Etzel* § 15 KSchG Rz 88–92.
168 KR/*Etzel* § 15 KSchG Rz 109.
169 *LAG Frankfurt* 4. 6. 1982, BB 1983, 378.

Unzulässigkeit der Kündigung § 15

ders genau nachgeprüft wird, ob er im Zeitpunkt des Ausspruches der Kündigung auch tatsächlich ernsthaft und endgültig zur Betriebsstilllegung entschlossen war.[170]

II. Weiterbeschäftigung in einem anderen Betrieb

Der Schutzzweck des § 15 Abs. 4 KSchG lässt die Kündigung eines Betriebsratsmitglieds nur zu, wenn diese **unausweichlich** ist.[171] Eine Kündigung des Betriebsratsmitglieds wegen der Betriebsstilllegung scheidet daher aus, wenn das Betriebsratsmitglied **auf einem freien Arbeitsplatz** in einem anderen Betrieb des Unternehmens **weiterbeschäftigt** werden kann.[172] Das Betriebsratsmitglied soll nicht schlechter stehen als andere Arbeitnehmer, vor deren Kündigung ebenfalls die Weiterbeschäftigung auf einem freien Arbeitsplatz in einem anderen Betrieb des Unternehmens angeboten werden muss. Der Arbeitgeber ist in diesem Fall gehalten, als mildere Maßnahme eine Versetzung (soweit das Weisungsrecht dies erlaubt) oder eine Änderungskündigung zu erwägen.[173] Eine Weiterbeschäftigung auf einem anderen Arbeitsplatz in einem **anderen Konzernunternehmen** muss der Arbeitgeber allerdings nur anbieten, wenn der Arbeitsvertrag eine konzernweite Versetzungsklausel enthält und das Betriebsratsmitglied daher kraft Weisungsrechts in ein anderes Unternehmen versetzt werden kann.[174]

96

Sind von der Betriebsschließung mehr Arbeitnehmer betroffen, als geeignete freie Arbeitsplätze in einem anderen Betrieb des Unternehmens angeboten werden können, stellt sich die Frage, nach welchen Grundsätzen die freien Arbeitsplätze verteilt werden. Außerdem ist zu klären, ob die von § 15 KSchG geschützten Arbeitnehmer Vorrang bei der Verteilung genießen.

97

Die erste Frage ist über die zu § 1 Abs. 3 KSchG entwickelten Grundsätze der **Sozialauswahl**[175] bzw. nach § 315 BGB[176] zu lösen. Bei Verteilung der Arbeitsplätze sind die sozialen Belange der betroffenen Arbeitneh-

98

---

170 So *v. Hoyningen-Huene/Linck* § 15 Rz 147; KR/*Etzel* § 15 KSchG Rz 88.
171 Der Wortlaut des § 15 Abs. 4 KSchG ist sprachlich zu weit gefasst und muss teleologisch reduziert werden, *BAG* 13. 8. 1992, AP § 15 KSchG 1969 Nr. 32, zustimmend wohl hL; aA HK/*Dorndorf* § 15 KSchG Rz 145/149 der ergänzend § 1 KSchG anwenden will.
172 *BAG* 13. 8. 1992, AP § 15 KSchG 1969 Nr. 32.
173 *BAG* 13. 8. 1992, AP § 15 KSchG 1969 Nr. 32.
174 So im Ergebnis wohl auch KR/*Etzel* § 15 KSchG Rz 93.
175 *BAG* 16. 9. 1982, EzA § 1 KSchG Betriebsbedingte Kündigung Nr. 18.
176 *BAG* 15. 12. 1994, EzA § 1 KSchG Betriebsbedingte Kündigung Nr. 76.

mer miteinander zu vergleichen. Umstritten ist allerdings die zweite Frage, ob sich die Auswahl von Anfang an auf die von § 15 KSchG geschützten Arbeitnehmer begrenzt oder ob auch nicht von § 15 KSchG geschützte Arbeitnehmer zu berücksichtigen sind. Teilweise wird vertreten, dass die von § 15 KSchG geschützten Arbeitnehmer immer Vorrang haben.[177] Andere wollen auch die nicht von § 15 KSchG geschützten Arbeitnehmer in eine Sozialauswahl einbeziehen, um eine Bevorzugung aufgrund der Stellung als Betriebsratsmitglied auszuschließen.[178] Dies überzeugt. Eine Besserstellung bei vorrangiger Berücksichtigung des Betriebsratsmitglieds bei freien Arbeitsplätzen ist nicht gerechtfertigt, denn mit der Betriebsstilllegung und Weiterbeschäftigung in einem anderen Betrieb endet das Amt des Betriebsratsmitglieds. Das BAG hat bisher noch nicht explizit zu dieser Frage Stellung genommen.

III. Anhörung des Betriebsrats vor Kündigungserklärung

1. Anhörungsverfahren

99 Der Betriebsrat ist bei einer ordentlichen Kündigung gemäß § 15 Abs. 4 KSchG – wie bei jeder anderen ordentlichen Arbeitgeberkündigung – gemäß § 102 BetrVG anzuhören. Die **Zustimmung** des Betriebsrats zur Kündigung entsprechend § 103 Abs. 1 BetrVG ist indes **nicht** erforderlich.[179] Bei der Betriebsratsanhörung ist das betroffene Betriebsratsmitglied von den Beratungen und der Beschlussfassung über seine eigene Kündigung ausgeschlossen und wird durch ein Ersatzmitglied ersetzt. Nach ordnungsgemäßer Anhörung hat der Betriebsrat **eine Woche Zeit**, sich zur Kündigung zu äußern (§ 102 Abs. 2 Satz 1 BetrVG). Die Kündigung ist zulässig, sobald der Betriebsrat entweder abschließend zur Kündigung Stellung genommen hat oder sich bis Fristablauf gar nicht äußert. Ob er in seiner Stellungnahme der Kündigung zustimmt oder ihr widerspricht, ist für die Wirksamkeit der Kündigung unerheblich.[180] Der Arbeitgeber muss in der Betriebsratsanhörung den voraussichtlichen Stilllegungszeitpunkt mitteilen.[181]

---

177 *ArbG Mainz* 4. 12. 1985, DB 1986, 754; wohl auch HK/*Dorndorf* § 15 KSchG Rz 155 f.
178 *Löwisch* § 15 Rz 71.
179 *BAG* 18. 9. 1997, EzA § 15 KSchG Nr. 46.
180 Zu Einzelheiten des Anhörungsverfahrens vgl. § 102 BetrVG Rz 23 ff.
181 *LAG Köln* 13. 1. 1993, LAGE § 102 BetrVG Nr. 34.

Unzulässigkeit der Kündigung § 15

2. Muster zur Anhörung des Betriebsrats bei Betriebsschließung:

▶

[Datum] **100**

An den Betriebsrat
z.H. des Betriebsratsvorsitzenden …
– im Hause –

Anhörung nach § 102 BetrVG (§ 15 Abs. 4 BetrVG)
– Kündigung eines Betriebsratsmitglieds wegen Betriebsschließung –

Sehr geehrte Damen und Herren des Betriebsrats,

hiermit hören wir Sie nach § 102 BetrVG zur Kündigung von Frau/Herrn … an. Frau/Herr … ist seit … Mitglied des Betriebsrats. Die Kündigung erfolgt aufgrund dringender betrieblicher Erfordernisse im Hinblick auf die vom Arbeitgeber beschlossene Schließung des Standortes …. Die Betriebsparteien haben Einzelheiten in einem Interessenausgleich und Sozialplan vom … niedergelegt. Wir bitten Sie vor diesem Hintergrund um Zustimmung zur Kündigung von Frau/Herrn ….

Angaben zur Person:
Name, Vorname, Geburtsdatum, Adresse, Familienstand, Zahl der unterhaltsberechtigten Kinder, bisherige Tätigkeiten, fachliche Vorbildung, besondere soziale Eigenschaften, Eintrittsdatum.

Kündigungsfrist: … Kündigungstermin: [Der Arbeitgeber muss beachten, dass die Kündigung frühestens zum Zeitpunkt der Betriebsschließung zulässig ist, es sei denn dass dringende betriebliche Erfordernisse eine Kündigung zu einem früheren Zeitpunkt rechtfertigen.]

Kündigungsgrund: In Folge der unternehmerischen Entscheidung den Betrieb in … zum … zu schließen entfällt die Beschäftigungsmöglichkeit für Frau/Herrn … dauerhaft.

Eine Sozialauswahl war nicht durchzuführen, da alle Mitarbeiter des Betriebs … ihren Arbeitsplatz in … verlieren werden.

Wir bitten um möglichst unverzügliche Zustimmung.

Ort/Datum, _____

Unterschrift _____

Empfangsbestätigung [2. Seite]

Wir bestätigen hiermit, die Unterrichtung über die beantragte Kündigung von Frau/Herrn ... erhalten zu haben.

Für den Betriebsrat:

Ort/Datum, _____
Unterschrift _____

Stellungnahme [3. Seite]

❑ Hiermit stimmen wir der Kündigung von Frau/Herrn ... zu.

❑ Wir geben keine Stellungnahme ab.

Für den Betriebsrat:

Ort/Datum, _____
Unterschrift _____

IV. Kündigungszeitpunkt und Ende des Arbeitsverhältnisses

101 Nach § 15 Abs. 4 KSchG ist eine Kündigung frühestens zum **Zeitpunkt der Betriebsstilllegung** zulässig. Das bedeutet allerdings nicht, dass der Arbeitgeber die Kündigung der nach § 15 KSchG geschützten Personen nicht bereits zu einem früheren Zeitpunkt aussprechen kann. Der Arbeitgeber muss die Kündigung sogar vor dem Beendigungszeitpunkt aussprechen, wenn er eine **Beendigung** des Arbeitsverhältnisses **zum Zeitpunkt der Betriebsstilllegung** oder jedenfalls zum frühestmöglichen Zeitpunkt erreichen will. Der Arbeitgeber hat dabei die ordentlichen Kündigungsfristen (vertraglich, gesetzlich, tarifvertraglich) zu beachten. Dabei ist es zulässig und vielfach auch praktikabel, die Kündigungserklärung für alle Arbeitnehmer zum selben Zeitpunkt auszusprechen, wobei die Anzeigepflichten bei einer Massenentlassung gemäß § 17 KSchG zu beachten sind.[182]

▶ **Beispiele:**

Nach Durchführung von Interessenausgleichsverhandlungen entschließt sich Arbeitgeber X am 1. Juni endgültig, seinen Betrieb in Z zum 30. November zu schließen. Er schließt mit dem Betriebsrat einen Sozialplan ab und kündigt am 20. Juni (nach ordnungsgemä-

---

[182] Vgl. zu den Einzelheiten § 17 KSchG Rz 7 ff.

Unzulässigkeit der Kündigung § 15

ßer Betriebsratsanhörung) alle Arbeitsverhältnisse. Von der Kündigung sind die Betriebsräte A, B und C betroffen.

a) Für Betriebsrat A greift eine gesetzliche Kündigungsfrist von fünf Monaten zum Monatsende. Erfolgt die Kündigungserklärung am 20. Juni, endet das Arbeitsverhältnis zum 30. November. Das Ende des Arbeitsverhältnisses fällt mit der Betriebsschließung zusammen.

b) Für Betriebsrat B bestimmt sein Arbeitsvertrag eine Kündigungsfrist von drei Monaten zum Quartalsende. Trotz Ausspruchs der Kündigung am 20. Juni endet das Arbeitsverhältnis nicht am 30. November, sondern wegen der vereinbarten Quartalskündigungsfrist erst zum 31. Dezember, dh einen Monat nach der Betriebsschließung.

c) Für Betriebsrat C greift die gesetzliche Kündigungsfrist von einem Monat zum Monatsende. Seine Kündigung wird ebenfalls am 20. Juni ausgesprochen. Sein Arbeitsverhältnis endet ebenfalls erst am 30. November, da die Kündigung des Arbeitsverhältnisses eines Betriebsratsmitglieds frühestens zum Zeitpunkt der Betriebsschließung zulässig ist. Zu den Ausnahmen vgl. unten Rz 104-106.

Entschließt sich der Arbeitgeber, die Belegschaft **in mehreren Stufen** 102 zu kündigen, dürfen die Betriebsratsmitglieder und die anderen nach § 15 KSchG geschützten Arbeitnehmer grundsätzlich erst mit der letzteren Stufe gekündigt werden. Der Arbeitgeber muss sicherstellen, dass sie bis zur Betriebsstilllegung im Betrieb verbleiben, denn nur so kann eine kontinuierliche Tätigkeit des Betriebsrats bis zuletzt gewährleistet werden. Verzögert sich die Betriebsstilllegung, wirkt die Kündigung des Betriebsratsmitglieds erst zu dem Zeitpunkt, zu dem die Beschäftigungsmöglichkeit tatsächlich wegfällt bzw. der Betrieb tatsächlich stillgelegt wird.[183]

Einer Betriebsstilllegung und Kündigung der Betriebsratsmitglieder 103 zu einem bestimmten Zeitpunkt steht nicht entgegen, dass der Arbeitgeber wenige Arbeitnehmer über den Zeitpunkt der Betriebsstilllegung hinaus kurzfristig mit reinen **Abwicklungs- oder Aufräumarbeiten** beschäftigt,[184] es sei denn, die Auswahlentscheidung der Arbeitnehmer widerspricht den Grundsätzen billigen Ermessens.[185] Es wird

---

[183] *BAG* 23. 4. 1980, EzA § 15 KSchG Nr. 24.
[184] *BAG* 14. 10. 1982, EzA § 15 KSchG Nr. 29.
[185] *ArbG Solingen* 10. 5. 1996, ZIP 1996, 1389.

im Einzelfall zu entscheiden sein, wann von lediglich nachträglichen Abwicklungsarbeiten gesprochen werden kann. Eine Weiterbeschäftigung von 20 Arbeitnehmern mit Abwicklungsarbeiten dürfte jedenfalls einer Betriebsstilllegung entgegenstehen.[186] Hier müssten die Betriebsratsmitglieder mit der letzten Gruppe entlassen werden, da erst dann eine (endgültige) Betriebsstilllegung anzunehmen wäre.

V. Kündigung des Betriebsratsmitglieds vor Betriebsstilllegung

104 Nach § 15 Abs. 4, 2. Halbsatz KSchG ist ausnahmsweise eine Kündigung zu einem **früheren Zeitpunkt als der Betriebsstilllegung** zulässig, wenn die Kündigung durch **zwingende betriebliche Erfordernisse** bedingt ist. An das Vorliegen »zwingender betrieblicher Erfordernisse« sind strenge Anforderungen zu stellen, da anderenfalls die kontinuierliche Tätigkeit des Betriebsrats durch Wechsel bzw. Verringerung seiner Mitglieder bis zur Betriebsstilllegung beeinträchtigt würde.[187] Ein dringendes betriebliches Erfordernis liegt daher nur vor, wenn für das Betriebsratsmitglied **überhaupt keine Weiterbeschäftigung** mehr besteht.[188] Dabei kommt es nicht darauf an, ob diese andere Beschäftigungsmöglichkeit mit der bisherigen Tätigkeit vergleichbar ist, es genügt, wenn sie das Betriebsratsmitglied überhaupt ausüben kann. Es kommt auch nicht darauf an, ob die für das Betriebsratsmitglied geeignete Beschäftigungsmöglichkeit auf einem freien oder einem bislang noch besetzten Arbeitsplatz besteht. Entfallen die Aufgaben des Betriebsratsmitglieds, kann es jedoch nach seinen Fähigkeiten auf einem anderen besetzten Arbeitsplatz eingesetzt werden, geht die Beschäftigungssicherung für das Betriebsratsmitglied vor. Der Arbeitgeber muss zunächst den Inhaber des für das Betriebsratsmitglied in Betracht kommenden Arbeitsplatzes kündigen und den Arbeitsplatz anschließend dem Betriebsratsmitglied zur Verfügung stellen.[189]

105 Ist eine **andere Beschäftigungsmöglichkeit** auf einem freien oder besetzten Arbeitsplatz vorhanden, muss sie der Arbeitgeber dem Betriebsratsmitglied in den Grenzen des Weisungsrechtes zuweisen. Er

---

186 So KR/*Etzel* § 15 KSchG Rz 102 a; vgl. auch BAG 26. 10. 1967, EzA § 66 BetrVG Nr. 7.
187 KR/*Etzel* § 15 KSchG Rz 103; HK/*Dorndorf* § 15 KSchG Rz 137 mwN.
188 ErfK/*Ascheid* § 15 KSchG Rz 42; KR/*Etzel* § 15 KSchG Rz 103.
189 Zu der Frage, ob bei der Freikündigung des Arbeitsplatzes die sozialen Belange des von der Freikündigung betroffenen Arbeitnehmers berücksichtigt werden können und müssen vgl. den Parallelfall bei Stilllegung einer Betriebsabteilung unten Rz 118.

hat hierbei die Beteiligungsrechte des Betriebsrats bei Versetzungen etc. nach §§ 99 ff. BetrVG zu beachten. Lässt sich die verbleibende anderweitige Beschäftigungsmöglichkeit nicht mehr kraft Direktionsrechtes zuweisen, ist sie für das Betriebsratsmitglied aber geeignet und auch zumutbar, kommt als milderes Mittel zur Beendigungskündigung eine Änderungskündigung in Betracht. Lehnt das Betriebsratsmitglied die Weiterbeschäftigung auf allen in Betracht zu ziehenden Positionen ab, dürfte seine Kündigung auch vor dem Zeitpunkt der Betriebsstilllegung zulässig sein.[190]

▶ **Beispiel:**[191]

Betriebsrat X ist der Betriebsmechaniker in einem Pharmabetrieb. Da der Betrieb stillgelegt werden soll, fallen für ihn keine Tätigkeiten mehr an. Für die verbleibenden Tätigkeiten im Bereich Forschung und Entwicklung ist er nicht qualifiziert. Der Arbeitgeber bietet ihm allerdings allgemeine Abwicklungstätigkeiten in der Verwaltungsabteilung an, mit dem Hinweis, dass man ihn kündigen müsse, sollte er diese Tätigkeiten ablehnen. Die Beschäftigung mit allgemeinen Abwicklungstätigkeiten ist die einzige geeignete und zumutbare Tätigkeit. Nach einer Bedenkzeit von einer Woche lehnt Betriebsrat X diese Tätigkeiten ab. Hier hat der Arbeitgeber alle geeigneten anderen Arbeitsplätze angeboten und Betriebsrat X genügend Zeit zum Überlegen gegeben. Lehnt dieser die Weiterbeschäftigung mit allgemeinen Abwicklungstätigkeiten dennoch ab, kann ihn der Arbeitgeber vor dem Stilllegungszeitpunkt ordentlich unter Einhaltung der Kündigungsfrist kündigen.

Rein **finanzielle Erwägungen** (zB das hohe Gehaltsniveau des Betriebsratsmitglieds) reichen nicht aus, um eine Kündigung zu einem Beendigungszeitpunkt vor Betriebsstilllegung zu rechtfertigen. Dies soll selbst in einer wirtschaftlichen Notsituation des Unternehmens gelten, da das Interesse an der Gewährleistung einer kontinuierlichen Tätigkeit des Betriebsrats die finanziellen Interessen des Arbeitgebers idR überwiegen.[192] Ein **freigestelltes Betriebsratsmitglied** bleibt bis zur Betriebsschließung freigestellt, da in diesen Fällen der vorzeitige Wegfall des Arbeitsplatzes keine praktischen Auswirkungen hat. Das freigestellte Betriebsratsmitglied kann – je nach anwendbarer Kündi- **106**

---

190 Wie hier KR/*Etzel* § 15 KSchG Rz 107.
191 Weiteres Beispiel bei KR/*Etzel* § 15 KSchG Rz 104.
192 So KR/*Etzel* § 15 KSchG Rz 104 a; **aA** *Bader/Bram/Dörner/Wenzel* § 15 KSchG Anm. 10.

gungsfrist – frühestens zum Zeitpunkt der Betriebsstilllegung gekündigt werden.[193]

VI. Kündigungsschutzprozess

107 Das Betriebsratsmitglied kann sich gegen die ordentliche Kündigung mit Kündigungsschutzklage zur Wehr setzen. Die Kündigungsschutzklage muss der Arbeitnehmer **drei Wochen** nach Zugang der Kündigungserklärung beim Arbeitsgericht einreichen (§ 4 KSchG).

108 Beim **Nachschieben von Kündigungsgründen** im Prozess muss der Arbeitgeber unter Umständen erneut das Anhörungsverfahren nach § 102 BetrVG durchführen.[194]

109 Nach den Grundsätzen der abgestuften Darlegungs- und Beweislast ist der Arbeitgeber **darlegungs- und beweispflichtig** für die Betriebsstilllegung und damit für das Vorliegen eines Kündigungsgrundes, das Fehlen einer Weiterbeschäftigungsmöglichkeit und die ordnungsgemäße Betriebsratsanhörung. Allerdings reicht es für das Fehlen einer Weiterbeschäftigungsmöglichkeit aus, wenn der Arbeitgeber vorträgt, er verfüge über keinen der Vorbildung und den bisherigen Tätigkeiten des Betriebsratsmitglieds vergleichbaren **freien oder besetzten** Arbeitsplatz. Das Betriebsratsmitglied muss dann darlegen, auf welcher Position es hätte weiterbeschäftigt werden können. Der Arbeitgeber ist in diesem Fall wiederum darlegungs- und beweispflichtig, warum der vom Betriebsratsmitglied genannte Arbeitsplatz nicht angeboten werden musste.

I. Sonderfall: Kündigung wegen Stilllegung einer Betriebsabteilung (§ 15 Abs. 5 KSchG)

110 Die Stilllegung eines Teilsegments eines Betriebs (Betriebsabteilung) führt nicht dazu, dass die betriebsverfassungsrechtlichen Aufgaben des Betriebsratsmitglieds entfallen, mag sich die Verantwortung künftig auch auf eine geringere Anzahl von Arbeitnehmern konzentrieren. Gemäß § 15 Abs. 5 KSchG ist der Arbeitgeber daher im Grundsatz verpflichtet, das Betriebsratsmitglied durch Übernahme in eine andere Betriebsabteilung weiterzubeschäftigen. Nur wenn dies aus betriebs-

---

193 Zur Diskussion bei stufenweiser Personalreduzierung und damit Unterschreiten der Mindestfreistellungsgrenzen der § 38 Abs. 1 BetrVG, § 46 Abs. 4 BetrVG vgl. KR/*Etzel* § 15 KSchG Rz 108.
194 Vgl. hierzu im Einzelnen § 102 BetrVG Rz 40, 41.

bedingten Gründen unmöglich ist, kann der Arbeitgeber uU eine ordentliche Kündigung gemäß § 15 Abs. 4 KSchG aussprechen.

Vor einer ordentlichen Kündigung im Falle einer Betriebsabteilungsstilllegung sollten zunächst nachstehende Fragen geklärt werden: **111**

- Ist der Arbeitgeber im Zeitpunkt des Ausspruchs der Kündigung **ernstlich zur Stilllegung** einer Betriebsabteilung im Sinne des § 15 Abs. 5 KSchG (dh Teilsegment mit eigenem Betriebszweck) entschlossen, in der ein Betriebsratsmitglied beschäftigt ist?

- Besteht eine Weiterbeschäftigungsmöglichkeiten für das Betriebsratsmitglied? Hierbei kommen folgende Arbeitsplätze in Betracht:
  - **freie vergleichbare Arbeitsplätze** in einer anderen Betriebsabteilung
  - **besetzte vergleichbare Arbeitsplätze** in einer anderen Betriebsabteilung
  - **freie oder besetzte geringerwertige Arbeitsplätze** in einer anderen Betriebsabteilung
  - freie Arbeitsplätze in einem **anderen Betrieb** des Unternehmens.

- Zu welchem **Zeitpunkt** wird die Betriebsabteilung stillgelegt? Eine Kündigung, die als Beendigungszeitpunkt ein Datum **vor** der geplanten Betriebsstilllegung vorsieht, ist grundsätzlich unwirksam!

- Bestehen bereits vor Stilllegung der Betriebsabteilung zwingende betriebliche Erfordernisse, die ausnahmsweise eine Kündigung des Funktionsträgers **vor** Stilllegung der Betriebsabteilung rechtfertigen?

I. Begriff der Stilllegung einer Betriebsabteilung

Nach der von der Rechtsprechung benutzten Formel ist eine **Betriebsabteilung** ein organisatorisch abgrenzbarer Teil eines Betriebs, der eine personelle Einheit erfordert, dem eigene technische Betriebsmittel zur Verfügung stehen und der einen eigenen Betriebszweck verfolgt.[195] Der Betriebszweck kann auch in einem Hilfszweck bestehen (zB Kartonageabteilung in einer Zigarettenfabrik).[196] Entscheidendes Abgrenzungskriterium zum nicht von § 15 Abs. 5 KSchG erfassten Teilbereich eines Betriebs ist der eigene Betriebszweck, dh sobald der stillzulegende Teilbereich keinen eigenen Betriebszweck verfolgt, kommt eine **112**

---

195 *BAG* 20. 1. 1984, AP § 15 KSchG 1969 Nr. 16.
196 Beispiel nach KR/*Etzel* § 15 KSchG Rz 121.

Kündigung wegen § 15 Abs. 5 KSchG nicht in Betracht.[197] Denkbar ist, dass mehrere Teilbereiche eines Betriebs jeweils organisatorisch abgrenzbare Arbeitseinheiten darstellen, die denselben Betriebszweck verfolgen. Diese Arbeitseinheiten bilden dann jeweils gemeinsam eine Betriebsabteilung.[198]

113 Die **Stilllegung einer Betriebsabteilung** ist entsprechend der Definition der Stilllegung eines Betriebs näher zu bestimmen.[199] Eine Betriebsabteilung wird dann stillgelegt, wenn der Arbeitgeber ernstlich entschlossen ist, die Weiterverfolgung des in der Betriebsabteilung verfolgten Betriebszwecks dauerhaft oder für eine ihrer Dauer nach unbestimmte wirtschaftlich nicht unerhebliche Zeitspanne aufzugeben.[200] Erforderlich ist damit die auf den ernstlichen **Willensentschluss des Arbeitgebers** beruhende **Auflösung der Arbeits- und Produktionsgemeinschaft** zwischen dem Unternehmer und der Belegschaft der Betriebsabteilung.

114 Veräußert der Arbeitgeber eine **Betriebsabteilung** an einen Erwerber, ist dies in der Regel ein Betriebsübergang im Sinne des § 613a BGB mit der Folge, dass die Arbeitsverhältnisse aller Arbeitnehmer, auch der (ehemaligen) Betriebsratsmitglieder unverändert beim Erwerber fortbestehen. Die Mitgliedschaft im Betriebsrat des Veräußererbetriebs endet. Widerspricht das Betriebsratsmitglied dem Übergang seines Arbeitsverhältnisses greift § 15 Abs. 5 KSchG ein, da die Rumpfbetriebsabteilung beim Veräußerer stillgelegt wird.[201] Das ehemalige Betriebsratsmitglied ist daher vorrangig in eine andere Betriebsabteilung zu übernehmen.

II. Übernahme in eine andere Betriebsabteilung

115 Eine Kündigung gemäß § 15 Abs. 5 KSchG kommt ausnahmsweise in Betracht, wenn die Übernahme der von § 15 KSchG geschützten Person in eine andere Betriebsabteilung aus »betrieblichen Gründen nicht möglich« ist. Dies ist nur dann der Fall, wenn es dem Arbeitgeber auch im Wege der Kündigung anderer, nicht durch § 15 KSchG geschützter Arbeitnehmer und durch Umverteilung der vorhandenen Arbeit unter den verbleibenden Arbeitnehmern nicht möglich ist, das Betriebsratsmitglied in der anderen Betriebsabteilung in wirtschaftlich vertretbarer

---

197 *LAG Brandenburg* 12. 10. 2001, NZA-RR, 520.
198 *BAG* 20. 1. 1984, AP § 15 KSchG 1969 Nr. 16.
199 KR/*Etzel* § 15 KSchG Rz 124.
200 *BAG* 14. 10. 1982, AP § 1 KSchG 1969 Konzern Nr. 1.
201 *BAG* 18. 9. 1997, AP § 103 BetrVG Nr. 35 unter Hinweis auf die verschiedenen Begründungsansätze in der Literatur.

Unzulässigkeit der Kündigung § 15

Weise einzusetzen. Ob hierzu eine Änderung der Arbeitsbedingungen erforderlich ist, ist unerheblich.[202]

Der Arbeitgeber muss wegen des Ausnahmecharakters der Kündigungsmöglichkeit nach § 15 Abs. 5 Satz 2 KSchG in alle Richtungen nach Weiterbeschäftigungsmöglichkeiten suchen. Hierbei kann sich der Arbeitgeber an folgenden Gesichtspunkten orientieren: **116**

- Unkompliziert ist die Rechtslage, wenn ein anderer **freier vergleichbarer Arbeitsplatz** in einer anderen Betriebsabteilung besteht. Der Arbeitgeber muss das Betriebsratsmitglied auf diesen Arbeitsplatz kraft Direktionsrechts versetzen oder ggf. eine Änderungskündigung aussprechen, sowie die Mitbestimmungsrechte des Betriebsrats gemäß §§ 99 ff. BetrVG beachten. **117**

- Existiert nur ein **besetzter vergleichbarer Arbeitsplatz** in einer anderen Betriebsabteilung, ist der Arbeitgeber nach Ansicht des BAG im Rahmen des § 15 Abs. 5 KSchG gehalten, diesen Arbeitsplatz durch Versetzung und notfalls durch Kündigung für das Betriebsratsmitglied **freizumachen**.[203] Umstritten ist in diesem Zusammenhang, ob bei einer **Freikündigung** die **sozialen Belange** der von der Freikündigung **betroffenen Arbeitnehmer** berücksichtigt werden können und müssen. Das BAG hat diese Frage bislang ausdrücklich offen gelassen.[204] Nach Teilen der Literatur genießen alle von § 15 KSchG geschützten Arbeitnehmer **stets vorrangigen Kündigungsschutz**. Die sozialen Belange der von der Freikündigung betroffenen Arbeitnehmer seien nicht zu berücksichtigen.[205] Eine andere Ansicht will eine **Interessenabwägung** durchführen und hierbei die sozialen Belange des betroffenen Arbeitnehmers und die berechtigten betrieblichen Interessen an seiner Weiterbeschäftigung einerseits und die Interessen der Belegschaft und des von § 15 KSchG geschützten Arbeitnehmers andererseits berücksichtigen.[206] Jedenfalls bei groben Missverhältnis der sozialen Schutzbedürftigkeit solle das Interesse der von § 15 KSchG geschützten Person zurücktreten (zB 30-jähriges, lediges Wahlvor- **118**

---

202 *BAG* 25. 11. 1981, AP § 15 KSchG 1969 Nr. 11.
203 *BAG* 18. 10. 2000, NZA 2001, 321; **aA** ErfK/*Ascheid* § 15 KSchG Rz 46 mwN.
204 *BAG* 18. 10. 2000, NZA 2001, 321: In dieser Entscheidung waren die anderen Arbeitnehmer deshalb nicht in eine Sozialauswahl einzubeziehen, weil sie mangels Ablauf der Wartefrist nicht vom Schutzbereich des § 1 KSchG erfasst wurden. Vgl. aber auch ErfK/*Ascheid* § 15 KSchG Rz 46 (mwN).
205 *ArbG Mainz* 4. 12. 1985, DB 1986, 754; *Löwisch* § 15 Rz 64; HK/*Dorndorf* § 15 KSchG Rz 155 f.
206 KR/*Etzel* § 15 KSchG Rz 126; *v. Hoyningen-Huene/Linck* § 15 Rz 170 mwN.

standsmitglied mit nachwirkendem Kündigungsschutz im Vergleich zu 40-jährigem Familienvater mit drei Kindern ohne besonderen Kündigungsschutz). Nach dieser Ansicht dürfte in der Regel als Hauptkriterium zwischen aktiven und ehemaligen Betriebsratsmitgliedern (bzw. anderen Organmitgliedern) zu differenzieren sein. Die Weiterbeschäftigung des **aktiven** Betriebsratsmitglieds sichert die Kontinuität des Betriebsrats. Es ist daher durchaus sachgerecht, insoweit das Bestandsinteresse des anderen Arbeitnehmers an seinem Arbeitsplatz zurücktreten zu lassen.[207] Bei **ehemaligen** Betriebsratsmitgliedern und den übrigen von § 15 KSchG geschützten Personen entfällt dieser Zweck, daher wäre der Weg für eine weitere Interessenabwägung frei. Es darf allerdings nicht übersehen werden, dass diese Auffassung im Widerspruch zum Wortlaut des § 15 Abs. 5 KSchG steht. Nach § 15 Abs. 5 Satz 2 KSchG ist die Übernahme in eine andere Abteilung nur dann nicht möglich, wenn betriebliche Gründe einer Übernahme entgegenstehen. Eine Interessenabwägung ist nicht vorgesehen. Vielmehr genießen alle vom Sonderkündigungsschutz erfassten Personen nach dem Gesetzeswortlaut Vorrang.[208] Für dieses Ergebnis sprechen auch praktische Erwägungen, denn anderenfalls müsste der Arbeitgeber eine Interessenabwägung vornehmen, die über eine Sozialauswahl entsprechend § 1 Abs. 3 KSchG hinausgeht und bei der die Gewichtung der einzelnen Kriterien bislang ungeklärt ist.[209] Solange eine gerichtliche Klärung aussteht, erscheint es daher vorzugswürdig, im Rahmen des § 15 Abs. 5 KSchG regelmäßig alle von § 15 KSchG geschützten Arbeitnehmer vorrangig zu berücksichtigen.

119 • Sind von der Schließung einer Betriebsabteilung mehrere von § 15 KSchG geschützte Personen betroffen, als geeignete Arbeitsplätze in einer anderen Betriebsabteilung existieren, sind die sozialen Belange der betroffenen Arbeitnehmer über die zu § 1 Abs. 3 KSchG entwickelten Grundsätze der **Sozialauswahl**[210] bzw. nach § 315 BGB[211] heranzuziehen. Umstritten ist in diesem Zusammenhang, ob der Status als (aktives) Betriebsratsmitglied oder als

---

207 So im Ergebnis auch *BAG* 18. 10. 2000, NZA 2001, 321. Das BAG stellt hier nicht die Frage, ob auch der Vorrang ehemaliger Funktionsträger oder erfolgloser Wahlbewerber gegenüber sozial schutzwürdigeren Arbeitnehmern gerechtfertigt ist.
208 *Löwisch* § 15 Rz 65.
209 Vgl. auch HK/*Dorndorf* § 15 KSchG Rz 157.
210 *BAG* 16. 9. 1982, EzA § 1 KSchG Betriebsbedingte Kündigung Nr. 18.
211 *BAG* 15. 12. 1994, EzA § 1 KSchG Betriebsbedingte Kündigung Nr. 76.

andere von § 15 KSchG geschützte Person (zB erfolglose Wahlbewerber) bei der Abwägung zu berücksichtigen ist.[212] Nach Auffassung des LAG Rheinland-Pfalz ist dies zu verneinen. Es gäbe insoweit keinen »graduell unterschiedlichen« Kündigungsschutz. Die Entscheidung ist im Ergebnis unter praktischen Erwägungen begrüßenswert, denn sie verschafft dem Arbeitgeber Rechtssicherheit, da er nicht gezwungen ist, neben den allgemeinen Grundsätzen der Sozialauswahl noch weitere Abwägungskriterien zu berücksichtigen.

- Wenn nur ein **freier oder besetzter geringerwertiger Arbeitsplatz** 120 vorhanden ist, muss der Arbeitgeber prüfen, ob der Arbeitsplatz für das (ehemalige) Betriebsratsmitglied geeignet ist und ihm nach seinen Fähigkeiten und Kenntnissen zugemutet werden kann.[213] Nur einen solchen Arbeitsplatz muss der Arbeitgeber anbieten (bzw. eine Änderungskündigung aussprechen) und – soweit erforderlich – den Arbeitsplatz frei kündigen. Verlangt das Betriebsratsmitglied von sich aus, auf einem »unzumutbaren« Arbeitsplatz weiterbeschäftigt zu werden, muss der Arbeitgeber diesem Verlangen nachkommen.[214] Stehen **mehrere Arbeitsplätze** zur Auswahl, gebietet der ultima-ratio Grundsatz die Wahl des mildesten Mittels. Der Arbeitgeber muss daher mit der Änderungskündigung grundsätzlich die Vertragsänderung vorgeben, die dem Betriebsratsmitglied bei objektiver Betrachtung am ehesten zumutbar ist und die ihn am wenigsten belastet.[215] In Zweifelsfällen kann es ratsam sein, dem Arbeitnehmer Alternativangebote zu unterbreiten. Das Angebot der »milderen« Änderung ist allerdings nicht erforderlich, wenn der entsprechende Arbeitsplatz erst freigekündigt werden müsste, während ein anderer zumutbarer – wenn auch weniger attraktiver – Arbeitsplatz frei ist.[216] Der Vorrang des von § 15 KSchG geschützten Betriebsratsmitglieds geht nicht so weit, dass auch dann das Bestandsschutzinteresse des nicht von § 15 KSchG geschützten Arbeitnehmers zurücktreten muss, wenn das Betriebsratsmitglied auf einem – wenn auch weniger attraktiven – freien Arbeitsplatz weiterbeschäftigt werden kann, denn durch (jede) Weiterbeschäftigung des Betriebsratsmitglieds ist die Kontinuität

---

212 So zur Betriebabteilungsschließung *LAG Rheinland-Pfalz* 10.9.1996, ZTR 1997, 333; KR/*Etzel* § 15 KSchG Rz 94.
213 So auch KR/*Etzel* § 15 KSchG Rz 126.
214 KR/*Etzel* § 15 KSchG Rz 126.
215 *BAG* 28.10.1999, AP § 15 KSchG Nr. 44.
216 *BAG* 28.10.1999, AP § 15 KSchG Nr. 44.

des Betriebsrats gesichert. In der Regel wird deshalb den Bestandsschutzinteressen der anderen Arbeitnehmer – die ihren Arbeitsplatz uU ganz verlieren – der Vorrang vor dem Interesse des Betriebsratsmitglieds an der attraktivsten Vertragsänderung einzuräumen sein.

121 • Gibt es keine zumutbaren Weiterbeschäftigungsmöglichkeiten in einer anderen Betriebsabteilung,[217] muss der Arbeitgeber freie Weiterbeschäftigungsmöglichkeiten **in einem anderen Betrieb** des Unternehmens anbieten. Das Betriebsratsmitglied darf nur gekündigt werden, wenn die Kündigung unausweichlich ist.

122 • Werden von der Betriebs(abteilungs)schließung eine größere Anzahl von nach § 15 KSchG geschützten Personen erfasst, als **Weiterbeschäftigungsmöglichkeiten** angeboten werden können, gelten die gleichen Grundsätze wie bei Betriebsstilllegung.[218]

III. Betriebsratsanhörung und Kündigungsschutzprozess

123 Sind die Voraussetzungen einer Kündigung wegen Stilllegung einer Betriebabteilung erfüllt, kann der Arbeitgeber unter denselben Voraussetzungen wie bei Kündigung wegen Stilllegung eines kompletten Betriebs kündigen (§ 15 Abs. 5 Satz 2 KSchG). Dem Arbeitgeber obliegt im Prozess die **Darlegungs- und Beweislast** für das Vorliegen einer Betriebsabteilung, ihre Stilllegung und das Fehlen einer Weiterbeschäftigungsmöglichkeit in einer anderen Betriebsabteilung (ggf. in einem anderen Betrieb). Da die Unmöglichkeit der Übernahme in eine andere Betriebsabteilung als Ausnahmetatbestand geregelt ist, werden vom BAG an den Vortrag des Arbeitgebers strenge Anforderungen gestellt.[219] Er muss substantiiert darlegen, welche Arbeiten in den anderen Betriebsabteilungen anfallen, wie diese verteilt sind und dass es auch bei Freikündigungen und/oder Umverteilung der anfallenden Arbeiten nicht möglich gewesen wäre, das Betriebsratsmitglied in wirtschaftlich vertretbarer Weise einzusetzen.[220]

---

217 *BAG* 28. 10. 1999, AP § 15 KSchG Nr. 44.
218 So *LAG Rheinland-Pfalz* 10. 9. 1996, ZTR 1997, 333; KR/*Etzel* § 15 KSchG Rz 94; hierzu oben Rz 297 f.
219 *BAG* 25. 11. 1981, AP § 15 KSchG 1969 Nr. 11.
220 *BAG* 25. 11. 1981, AP § 15 KSchG 1969 Nr. 11.

§ 16 KSchG Neues Arbeitsverhältnis; Auflösung des alten Arbeitsverhältnisses

¹Stellt das Gericht die Unwirksamkeit der Kündigung einer der in § 15 Abs. 1 bis 3a genannten Personen fest, so kann diese Person, falls sie inzwischen ein neues Arbeitsverhältnis eingegangen ist, binnen einer Woche nach Rechtskraft des Urteils durch Erklärung gegenüber dem alten Arbeitgeber die Weiterbeschäftigung bei diesem verweigern. ²Im Übrigen finden die Vorschriften des § 11 und des § 12 Satz 2 bis 4 entsprechende Anwendung.

Inhalt

		Rz
A.	Anwendungsbereich	1
B.	Voraussetzungen	2

A. Anwendungsbereich

§ 16 KSchG greift in den Fällen ein, in denen eine nach § 15 Abs. 1 bis 3a KSchG geschützte Person noch **vor** der rechtskräftigen gerichtlichen Entscheidung über die Wirksamkeit der Kündigung ein neues Arbeitsverhältnis eingeht. Die durch § 15 Abs. 1 bis 3a KSchG geschützte Person erlangt durch § 16 KSchG ein **Wahlrecht** zwischen der Rückkehr in den bisherigen Betrieb oder der Aufrechterhaltung des neuen Arbeitsverhältnisses unter sofortiger Beendigung des bisherigen Arbeitsverhältnisses. **1**

B. Voraussetzungen

§ 16 KSchG setzt die rechtskräftige Feststellung durch ein Arbeitsgericht voraus, dass die vom Arbeitgeber gegenüber dem Betriebsratsmitglied bzw. einer anderen nach § 15 KSchG geschützten Person ausgesprochene Kündigung unwirksam bzw. das Arbeitsverhältnis durch die Kündigung nicht aufgelöst worden ist. § 16 KSchG stellt damit die durch § 15 Abs. 1 bis 3a KSchG geschützten Personen den übrigen Arbeitnehmern gleich, die gemäß § 12 KSchG ebenfalls ein entsprechendes Wahlrecht haben. Das Betriebsratsmitglied kann binnen **einer Woche** nach Rechtskraft des Urteils durch Erklärung gegenüber dem bisherigen Arbeitgeber das Arbeitsverhältnis auflösen. Der Arbeitnehmer kann die Erklärung, am bisherigen Arbeitsverhältnis nicht festhalten zu wollen, durch eine vor Fristablauf zur Post gegebene schriftliche **2**

§ 16 Neues Arbeitsverhältnis; Auflösung des Arbeitsverhältnisses

Mitteilung abgeben (§ 16 KSchG iVm § 12 Satz 2-4 KSchG). Mit Zugang der Erklärung endet das bisherige Arbeitsverhältnis. Macht der Arbeitnehmer von diesem Wahlrecht Gebrauch und beendet das bisherige Arbeitsverhältnis, ist ihm vergangener Verdienst nur für die Zeit zwischen Entlassung und dem Tag des Eintritts in das neue Arbeitsverhältnis zu gewähren. Dies bestimmt § 12 Satz 4 KSchG, der gemäß § 16 Satz 2 KSchG entsprechend Anwendung findet.[1]

---

1 Vgl. weiterführend § 11 KSchG Rz 1 ff., § 12 Rz 5 ff.

Dritter Abschnitt
Kündigungsschutz im Rahmen der Betriebsverfassung

§ 17 Anzeigepflicht

(1) ¹Der Arbeitgeber ist verpflichtet, der Agentur für Arbeit Anzeige zu erstatten, bevor er

1. in Betrieben mit in der Regel mehr als 20 und weniger als 60 Arbeitnehmern mehr als 5 Arbeitnehmer,

2. in Betrieben mit in der Regel mindestens 60 und weniger als 500 Arbeitnehmern 10 vom Hundert der im Betrieb regelmäßig beschäftigten Arbeitnehmer oder aber mehr als 25 Arbeitnehmer,

3. in Betrieben mit in der Regel mindestens 500 Arbeitnehmern mindestens 30 Arbeitnehmer

innerhalb von 30 Kalendertagen entlässt. ²Den Entlassungen stehen andere Beendigungen des Arbeitsverhältnisses gleich, die vom Arbeitgeber veranlasst werden.

(2) ¹Beabsichtigt der Arbeitgeber, nach Absatz 1 anzeigepflichtige Entlassungen vorzunehmen, hat er dem Betriebsrat rechtzeitig die zweckdienlichen Auskünfte zu erteilen und ihn schriftlich insbesondere zu unterrichten über

1. die Gründe für die geplanten Entlassungen,

2. die Zahl und die Berufsgruppen der zu entlassenden Arbeitnehmer,

3. die Zahl und die Berufsgruppen der in der Regel beschäftigten Arbeitnehmer,

4. den Zeitraum, in dem die Entlassungen vorgenommen werden sollen,

5. die vorgesehenen Kriterien für die Auswahl der zu entlassenden Arbeitnehmer,

6. die für die Berechnung etwaiger Abfindungen vorgesehenen Kriterien.

²Arbeitgeber und Betriebsrat haben insbesondere die Möglichkeiten zu beraten, Entlassungen zu vermeiden oder einzuschränken und ihre Folgen zu mildern.

§ 17 Anzeigepflicht

(3) ¹Der Arbeitgeber hat gleichzeitig der Agentur für Arbeit eine Abschrift der Mitteilung an den Betriebsrat zuzuleiten; sie muss zumindest die in Absatz 2 Satz 1 Nr. 1 bis 5 vorgeschriebenen Angaben enthalten. ²Die Anzeige nach Absatz 1 ist schriftlich unter Beifügung der Stellungnahme des Betriebsrates zu den Entlassungen zu erstatten. ³Liegt eine Stellungnahme des Betriebsrates nicht vor, so ist die Anzeige wirksam, wenn der Arbeitgeber glaubhaft macht, dass er den Betriebsrat mindestens zwei Wochen vor Erstattung der Anzeige nach Absatz 2 Satz 1 unterrichtet hat, und er den Stand der Beratungen darlegt. ⁴Die Anzeige muss Angaben über den Namen des Arbeitgebers, den Sitz und die Art des Betriebes enthalten, ferner die Gründe für die geplanten Entlassungen, die Zahl und die Berufsgruppen der zu entlassenden und der in der Regel beschäftigten Arbeitnehmer, den Zeitraum, in dem die Entlassungen vorgenommen werden sollen und die vorgesehenen Kriterien für die Auswahl der zu entlassenden Arbeitnehmer. ⁵In der Anzeige sollen ferner im Einvernehmen mit dem Betriebsrat für die Arbeitsvermittlung Angaben über Geschlecht, Alter, Beruf und Staatsangehörigkeit der zu entlassenden Arbeitnehmer gemacht werden. ⁶Der Arbeitgeber hat dem Betriebsrat eine Abschrift der Anzeige zuzuleiten. ⁷Der Betriebsrat kann gegenüber dem Arbeitsamt weitere Stellungnahmen abgeben. ⁸Er hat dem Arbeitgeber eine Abschrift der Stellungnahme zuzuleiten.

(3a) ¹Die Auskunfts-, Beratungs- und Anzeigepflichten nach den Absätzen 1 bis 3 gelten auch dann, wenn die Entscheidung über die Entlassungen von einem den Arbeitgeber beherrschenden Unternehmen getroffen wurde. ²Der Arbeitgeber kann sich nicht darauf berufen, dass das für die Entlassungen verantwortliche Unternehmen die notwendigen Auskünfte nicht übermittelt hat.

(4) ¹Das Recht zur fristlosen Entlassung bleibt unberührt. ²Fristlose Entlassungen werden bei Berechnung der Mindestzahl der Entlassungen nach Absatz 1 nicht mitgerechnet.

(5) Als Arbeitnehmer im Sinne dieser Vorschrift gelten nicht

1. in Betrieben einer juristischen Person die Mitglieder des Organs, das zur gesetzlichen Vertretung der juristischen Person berufen ist,

2. in Betrieben einer Personengesamtheit die durch Gesetz, Satzung oder Gesellschaftsvertrag zur Vertretung der Personengesamtheit berufenen Personen,

Anzeigepflicht § 17

3. **Geschäftsführer, Betriebsleiter und ähnliche leitende Personen, soweit diese zur selbständigen Einstellung oder Entlassung von Arbeitnehmern berechtigt sind.**

Literatur

Kleinebrink, Ordnungsgemäße Beteiligung des Betriebsrats vor der Anzeige von Massenentlassungen, FA 2000, 366; *Löwisch*, Neugestaltung des Interessenausgleichs durch das Arbeitsrechtliche Beschäftigungsförderungsgesetz, RdA 1997, 80; *Preis*, Die »Reform« des Kündigungsschutzrechts, DB 2004, 70; *Schaub/Schindele*, Kurzarbeit Massenentlassung Sozialplan, München 1993. *Schiefer*, Gesetz zur Anpassung arbeitsrechtlicher Bestimmungen an das EG-Recht, DB 1995, 1910; *Wißmann*, Probleme bei der Umsetzung der EG-Richtlinie über Massenentlassungen in deutsches Recht, RdA 1998, 221.

Inhalt

	Rz
A. Einleitung	1– 6
B. Anzeige- und Unterrichtungspflicht: Anwendungsbereich (§ 17 Abs. 1 KSchG)	7– 33
I. Entlassung iSd § 17 KSchG	7– 11
II. Betrieb, Mindestgröße des Betriebs	12– 17
III. Arbeitnehmer	18– 24
IV. Zahl der beabsichtigten Entlassungen und Rahmenfrist	25– 29
V. Entlassungsentscheidung durch beherrschendes Unternehmen	30– 32
VI. Ausnahmen	33
C. Reihenfolge der von dem Arbeitgeber einzuhaltenden Maßnahmen bei Entlassungen	34–106
I. Interessenausgleich und Sozialplan gemäß §§ 111–112 a BetrVG, Mitbestimmung des Betriebsrats gemäß § 92 BetrVG	35– 36
II. Beteiligung des Wirtschaftsausschusses gemäß §§ 106 ff. BetrVG	37
III. Anhörung des Betriebsrats gem. § 102 BetrVG	38– 39
IV. Ggf. Zustimmung der zuständigen Behörde gem. § 9 MuSchG, § 18 BErzGG, § 85 SGB IX	40
V. Unterrichtung und Beratung mit dem Betriebsrat	41– 60
1. Unterrichtung des Betriebsrats	41– 54
a) Mindestinhalt der Unterrichtung	42– 48
b) Zuleitung einer Abschrift der Mitteilung an die Agentur für Arbeit	49
c) Zeitpunkt der Unterrichtung	50
d) Rechtsfolgen einer fehlenden oder nicht ordnungsgemäßen Unterrichtung	51– 54
2. Beratung mit dem Betriebsrat	55– 60
a) Gegenstand der Beratung	55
b) Zeitpunkt der Beratung	56
c) Rechtsfolgen einer unterlassenen Beratung	57– 60

VI.	Kündigungserklärung und -zugang, vom Arbeitgeber zu beachtende Fristen	61– 66
VII.	Anzeige bei der Agentur für Arbeit	67– 96
	1. Inhalt der Anzeige	74– 79
	2. Rechtsfolgen einer fehlenden oder nicht ordnungsgemäßen Anzeige	80– 91
	a) Folgen für die Wirksamkeit der Kündigung	80– 86
	b) Heilbarkeit einer wegen Verstoßes gegen § 17 Abs. 3 KSchG unwirksamen Kündigung	87– 91
	3. Bindung des Arbeitgebers an die in der Anzeige enthaltenen Angaben	92– 95
	a) Muss-Angaben, § 17 Abs. 3 Satz 4 KSchG	92– 93
	b) Soll-Angaben, § 17 Abs. 3 Satz 5 KSchG	94– 95
	4. Zusammenfassung: Wirksamkeitserfordernisse einer Anzeige nach § 17 KSchG	96
VIII.	Schriftformerfordernis für Unterrichtung und Anzeige	97– 99
IX.	Ggf. weitere Stellungnahmen des Betriebsrats gegenüber der Agentur für Arbeit, Anhörung von Arbeitgeber und Betriebsrat durch die Agentur für Arbeit	100–102
X.	Ggf. Entscheidung der Agentur für Arbeit über Sperrzeitverkürzung oder -verlängerung oder über Zulässigkeit von Kurzarbeit	103–104
XI.	Reaktionsmöglichkeiten des Arbeitnehmers auf die Entlassung	105–106

A. Einleitung

1 Der § 17 KSchG sieht im Kern verschiedene Anzeige- und Unterrichtungspflichten vor, die ein Arbeitgeber gegenüber der Agentur für Arbeit und dem Betriebsrat erfüllen muss, will er einen bestimmten Prozentsatz von Arbeitnehmern innerhalb von 30 Kalendertagen entlassen. Eine Zustimmungs- oder Genehmigungspflichtigkeit von Entlassungen ist hiermit nicht verbunden.

2 Der Gesetzgeber in der EU – die §§ 17 f. KSchG gehen auf die **EG-Richtlinie 75/129 EWG vom 17. Februar 1975** zurück – verband mit dieser Vorschrift arbeitsmarktpolitische Zielsetzungen.

3 § 17 KSchG zielt nicht auf die Sicherung individuellen Kündigungsschutzes ab.[1] **Zweck der Vorschrift** ist es zu vermeiden, dass die Agenturen für Arbeit (früher: die Arbeitsämter[2]) innerhalb von 30 Tagen unvorbereitet mit einer großen Zahl Arbeitsuchender konfrontiert werden, und den **Agenturen für Arbeit** die Möglichkeit zu eröffnen, die

---

1 *V. Hoyningen-Huene/Linck* § 17 Rz 65; KR/*Weigand* § 17 Rz 9.
2 Die zitierten Urteile und Literaturfundstellen sprechen noch vom Arbeitsamt, nicht von der Agentur für Arbeit.

Vermittlung der freigesetzten Arbeitskräfte zu planen.[3] Deshalb ist nicht auf die Nettoentwicklung der Arbeitnehmerzahl des Betriebes, sondern auf die Anzahl der entlassenen Arbeitnehmer des Betriebs abzustellen, das heißt, selbst dann, wenn der Arbeitgeber innerhalb des 30-Tages-Zeitraums Neueinstellungen und Entlassungen in ähnlicher Anzahl vornimmt, greifen die §§ 17 ff. KSchG.[4]

Die ordnungsgemäße Anzeige ist Wirksamkeitsvoraussetzung der Entlassungen. Unabhängig hiervon ist die Wirksamkeit jeder einzelnen Kündigung als Hauptfall der Entlassung iSv § 17 KSchG zusätzlich gemäß den §§ 1 ff. KSchG sowie den anderen Kündigungsvoraussetzungen (zB § 102 BetrVG) zu beurteilen. 4

Die Arbeitgeberpflicht zur ordnungsgemäßen Anzeige bei der Agentur für Arbeit lässt sich weder durch Einzelvertrag noch durch Tarifvertrag oder Betriebsvereinbarung abbedingen. 5

Die Unterrichtung des Betriebsrats gemäß § 17 Abs. 2 KSchG setzt selbstverständlich die Existenz eines Betriebsrats voraus. Hat der betroffene Betrieb keinen Betriebsrat, so beschränken sich die aus § 17 KSchG folgenden Arbeitgeberpflichten auf die ordnungsgemäße Anzeige der Massenentlassung bei der Agentur für Arbeit (vgl. unten Rz 67 ff.).[5] Die weiteren arbeitgeberseitigen Verpflichtungen aus § 2 SGB III und ggf. § 9 MuSchG, § 18 BErzGG, § 85 SGB IX bleiben ebenfalls unberührt. Hat der Arbeitgeber die Durchführung der Massenentlassungen bereits entschieden und in die Wege geleitet, so führt auch eine Errichtung eines Betriebsrats erst zu diesem Zeitpunkt nicht zu einer Verpflichtung, den Betriebsrat nachträglich gemäß § 17 Abs. 2 KSchG zu beteiligen.[6] 6

B. Anzeige- und Unterrichtungspflicht: Anwendungsbereich (§ 17 Abs. 1 KSchG)

I. Entlassung iSd § 17 KSchG

Unter einer **Entlassung** iSd §§ 17 ff. KSchG wird die rechtliche und tatsächliche Beendigung des Arbeitsverhältnisses verstanden.[7] Als Tag 7

---

3 *BAG* 14. 8. 1986, nv; *BAG* 6. 12. 1973, BAGE 25, 430, 433 = EzA § 17 KSchG Nr. 1 = AP § 17 KSchG 1969 Nr. 1; ErfKomm/*Ascheid* § 17 Rz 15; *v. Hoyningen-Huene/ Linck* § 17 Rz 65; KR/*Weigand* § 17 Rz 7.
4 *BAG* 13. 3. 1969, EzA § 15 KSchG Nr. 1; *v. Hoyningen-Huene/Linck* § 17 Rz 27.
5 APS/*Moll* § 17 Rz 58.
6 APS/*Moll* § 17 Rz 72.
7 *BAG* 8. 6. 1989, EzA § 17 KSchG Nr. 4 = AP § 17 KSchG 1969 Nr. 6; *BAG* 31. 7. 1986, AP § 17 KSchG 1969 Nr. 5; *BAG* 6. 12. 1973, BAGE 25, 430, 433 = EzA § 17 KSchG Nr. 1 = AP KSchG 1969 § 17 Nr. 1.

der Entlassung gilt demnach der letzte Tag der Kündigungsfrist (Kündigungstermin).[8] Entlassungen werden in der Regel durch ordentliche arbeitgeberseitige Kündigungen herbeigeführt, sind aber nicht auf diese Fälle beschränkt. Auch Entlassungen aufgrund vom Arbeitgeber veranlasster Aufhebungsverträge sowie das Ausscheiden aus dem Betrieb aufgrund eines Vergleichs, der nach einer arbeitgeberseitigen Kündigung geschlossenen wurde, sind anzeigepflichtig gemäß § 17 KSchG. Änderungskündigungen, die zur Beendigung des Arbeitsverhältnisses führen, gehören ebenso zu den anzeigepflichtigen Entlassungen wie insolvenzbedingte Kündigungen und Kündigungen, bei denen eine gesetzliche Frist einzuhalten ist (zB gemäß § 113 InsO).[9] Eine Weiterbeschäftigungspflicht oder eine tatsächliche Weiterbeschäftigung ändern nichts an dem Wirksamwerden der Entlassung mit Ablauf der Kündigungsfrist.[10]

8 Nach der ausdrücklichen Regelung des § 17 Abs. 4 Satz 2 KSchG zählen nicht zu den Entlassungen iSd § 17 KSchG außerordentliche fristlose Kündigungen bzw. außerordentliche Kündigungen, bei denen der Arbeitgeber eine soziale Auslauffrist gewährt.[11] Die außerordentliche Kündigung mit sozialer Auslauffrist wird in der Praxis insbesondere gewählt, wenn die ordentliche Kündigung des betreffenden Arbeitnehmers gesetzlich oder tariflich ausgeschlossen ist. Auch Kündigungen, die Arbeitsverhältnisse mit Arbeitnehmern beenden, die anschließend dem Arbeitsmarkt nicht mehr zur Verfügung stehen, sind nicht als Entlassungen iSv § 17 KSchG anzusehen. Ebenso wenig müssen arbeitskampfbedingte Entlassungen der Agentur für Arbeit und dem Betriebsrat angezeigt werden. Arbeitnehmerseitige Eigenkündigungen gelten gleichfalls nicht als Entlassungen, es sei denn, der Arbeitgeber hätte die Eigenkündigungen veranlasst, wenn diese das Arbeitsverhältnis etwa zu dem Zeitpunkt beenden, zu dem der Arbeitgeber anderenfalls wirksame Entlassungen vorgenommen hätte.[12] Voraussetzung für die Anwendung des § 17 KSchG auf einen Beendigungstatbestand ist also letztlich, dass die **Initiative für das**

---

8 *BAG* 8. 6. 1989, EzA § 17 KSchG Nr. 4 = AP KSchG 1969 § 17 Nr. 6; *BAG* 31. 7. 1986, AP § 17 KSchG 1969 Nr. 5.
9 ErfK /*Ascheid* § 17 Rz 16; *v. Hoyningen-Huene/Linck* § 17 Rz 25, 32; KR/*Weigand* § 17 Rz 38, 41.
10 *V. Hoyningen-Huene/Linck* § 17 Rz 38.
11 ErfK/*Ascheid* § 17 Rz 16; *v. Hoyningen-Huene/Linck* § 17 Rz 29 f.; KR/*Weigand* § 17 Rz 33.
12 *BAG* 6. 12. 1973, BAGE 25, 430, 433 = EzA § 17 KSchG Nr. 1 = AP KSchG 1969 § 17 Nr. 1.

Ausscheiden von dem **Arbeitgeber** ausgegangen ist, vgl. § 17 Abs. 1 Satz 2 KSchG.[13]

Die Beweislast dafür, dass der Arbeitgeber beispielsweise eine Eigenkündigung veranlasst oder den Abschluss eines Aufhebungsvertrags initiiert hat, liegt bei demjenigen, der sich darauf beruft. In der Regel dürfte dies der Arbeitnehmer sein. 9

Eine auf Initiative des Arbeitgebers erfolgte Entlassung liegt nicht vor bei Ausscheiden mit Ablauf eines befristeten Arbeitsvertrags. Auch Arbeitsverhältnisse, die unwirksam sind, weil sich eine Partei auf die Nichtigkeit des Arbeitsvertrages beruft oder diesen anficht, sind bei der Ermittlung des Schwellenwertes des § 17 KSchG Abs. 1 nicht mitzurechnen. Aufgrund der erforderlichen Endgültigkeit des Ausscheidens wird ein vorübergehendes Aussetzen der Arbeitsleistung unter rechtlichem Fortbestand des Arbeitsverhältnisses nicht zu den anzeigepflichtigen Vorgängen gerechnet. Arbeitnehmer, mit denen sich der Arbeitgeber innerhalb der 30-Tages-Frist des § 17 Abs. 1 KSchG über die ungekündigte Fortsetzung des Arbeitsverhältnisses geeinigt hat, nachdem der Arbeitgeber zunächst eine Kündigung ausgesprochen hatte, gelten nicht als iSv § 17 KSchG entlassene Mitarbeiter. 10

Kommt es für die Erfüllung der Schwellenwerte des § 17 Abs. 1 KSchG auf die Zahl der Arbeitnehmer an, denen gegenüber eine Änderungskündigung ausgesprochen werden soll, so ist eine vorsorgliche Massenentlassungsanzeige ratsam, weil es von dem Verhalten des Arbeitnehmers und gegebenenfalls von dem Ausgang eines Rechtsstreits über die Änderungskündigung abhängt, ob die Änderungskündigung zu einer Beendigung des Arbeitsverhältnisses führt. 11

II. Betrieb, Mindestgröße des Betriebs

Weitere Voraussetzung für das Eingreifen der Anzeigepflichten des § 17 KSchG ist, dass der **Betrieb**, in dem die Entlassungen vorgenommen werden sollen, regelmäßig **mehr als 20 Arbeitnehmer** beschäftigt, vgl. § 17 Abs. 1 Satz 1 Nr. 1 KSchG. Hierbei zählen auch Arbeitnehmer mit, die weniger als sechs Monate beschäftigt sind, so dass die in § 1 Abs. 1 KSchG geregelte Mindestbeschäftigungsdauer insoweit ohne Bedeutung ist. 12

---

13 *BAG* 6. 12. 1973, BAGE 25, 430, 433 = EzA § 17 KSchG Nr. 1 = AP KSchG 1969 § 17 Nr. 1; *v. Hoyningen-Huene/Linck* § 17 Rz 19; KR/*Weigand* § 17 Rz 39, 43.

§ 17 Anzeigepflicht

13 Maßgeblich ist die Personalstärke, die für den Betrieb zur Zeit der Entlassungen, also zur Zeit des Ausscheidens der Arbeitnehmer aus dem Betrieb,[14] im Allgemeinen kennzeichnend ist bzw. die Personalstärke, die der Eigenart des Betriebes sein Gepräge gibt.[15] Der Zeitpunkt des Kündigungszugangs hingegen ist für diese Frage unerheblich.[16] Mit dieser Voraussetzung soll ausgeschlossen werden, dass die Zahl der zufällig zur Zeit der Entlassungen beschäftigten Arbeitnehmer der Ermittlung des Schwellenwerts zugrunde gelegt wird.[17] Demnach zählen Aushilfskräfte, die, saisonal bedingt oder als Vertretung, nur vorübergehend beschäftigt werden, bei dieser Zählung nicht mit, es sei denn, ihre Beschäftigungsdauer erstreckt sich über einen Zeitraum von mindestens sechs Monaten pro Jahr.[18] Die Personalstärke des Betriebes wird sowohl durch eine Betrachtung der in der Vergangenheit beschäftigten Anzahl von Arbeitnehmern als auch durch eine Prognose der voraussichtlichen künftigen Entwicklung des Personalbestandes ermittelt; bei Betriebsschließungen beschränkt sich diese Betrachtung naturgemäß auf die in der Vergangenheit für den Betrieb typischen und kennzeichnenden Personalstärke.[19] Bei stufenweisen Entlassungen aufgrund eines zuvor festgelegten Konzepts zur geplanten Entwicklung der Arbeitnehmerzahl – auch bei einer geplanten Reduzierung der Arbeitnehmerzahl auf Null – ist grundsätzlich die Belegschaftsstärke zum Zeitpunkt der Beschlussfassung über dieses Konzept zu errechnen.[20] Daher ist es nicht möglich, eine feste Zeitspanne anzugeben, um die man im Rahmen der Rückschau zur Ermittlung der typischen und prägenden Arbeitnehmerzahl »zurückblicken« muss; diese Zeitspanne ist vielmehr durch Berücksichtigung der obigen Kriterien zu bestimmen.[21]

14 § 17 KSchG definiert keinen eigenen Betriebsbegriff. Abzustellen ist vielmehr auf den betriebsverfassungsrechtlichen Betriebsbegriff.[22] Diesen hat das BAG als organisatorische und räumliche Einheit defi-

---

14 *BAG* 8. 6. 1989, EzA § 17 KSchG Nr. 4 = AP KSchG 1969 § 17 Nr. 6.
15 *BAG* 8. 6. 1989, EzA § 17 KSchG Nr. 4 = AP KSchG 1969 § 17 Nr. 6; *BAG* 19. 7. 1983, BB 1983, 2118.
16 *BAG* 8. 6. 1989, EzA § 17 KSchG Nr. 4 = AP KSchG 1969 § 17 Nr. 6; *BAG* 31. 7. 1986, AP KSchG 1969 § 17 Nr. 5.
17 *BAG* 31. 7. 1986, AP KSchG 1969 § 17 Nr. 5.
18 *BAG* 12. 10. 1976, EzA § 9 BetrVG 1972 Nr. 2 = AP BetrVG 1972 § 8 Nr. 1.
19 *BAG* 31. 7. 1986, AP KSchG 1969 § 17 Nr. 5; *BAG* 8. 6. 1989, EzA § 17 KSchG Nr. 4 = AP KSchG 1969 § 17 Nr. 6.
20 *BAG* 31. 7. 1986, AP KSchG 1969 § 17 Nr. 5; *BAG* 8. 6. 1989, EzA § 17 KSchG Nr. 4 = AP KSchG 1969 § 17 Nr. 6.
21 *BAG* 8. 6. 1989, EzA § 17 KSchG Nr. 4 = AP KSchG 1969 § 17 Nr. 6.
22 *BAG* 13. 3. 1969, EzA § 15 KSchG Nr. 1.

Anzeigepflicht § 17

niert, innerhalb derer ein Arbeitgeber allein oder mit seinen Arbeitnehmern mit Hilfe von sächlichen und immateriellen Mitteln bestimmte arbeitstechnische Zwecke fortgesetzt verfolgt.[23] Diese Zwecke dürfen sich nicht in der Befriedigung eines Eigenbedarfs erschöpfen. Die exakte Definition des Betriebes ist anhand der von der Rechtsprechung aufgestellten Kriterien im Einzelfall vorzunehmen; hierbei kann es durchaus zu diffizilen Abgrenzungsfragen kommen.[24]

Vom Betriebsbegriff ist der Begriff des **Unternehmens** zu unterscheiden. Ein Unternehmen ist eine juristische Einheit, die eine selbständige Organisation aufweist und in der ein bestimmter wirtschaftlicher Zweck (Unternehmenszweck) verfolgt wird. Ein Unternehmen kann auch mehrere Betriebe unterhalten.[25] Das Unternehmen ist ein einheitlicher Rechtsträger und identisch mit dem Inhaber der Betriebe des Unternehmens.[26] Hat ein Unternehmen mehrere Betriebe, so ist die für die Anwendbarkeit der §§ 17 ff. KSchG erforderliche Betriebsgröße für jeden Betrieb einzeln zu bestimmen. 15

Schließlich können verschiedene Unternehmen einen gemeinsamen Betrieb bilden, soweit sie nicht nur tatsächlich, sondern auch rechtlich verbunden sind und einen einheitlichen Leitungsapparat einsetzen, der die Verfolgung arbeitstechnischer Zwecke innerhalb der organisatorischen Einheit mit den Mitarbeitern leitet.[27] Auch in diesem Fall ist der Betrieb die Bezugsgröße für die Ermittlung der nach § 17 Abs. 1 KSchG maßgeblichen Mitarbeiterzahl.[28] 16

Nach der Regelung des § 4 BetrVG sind Betriebsteile dann wie selbständige Betriebe zu behandeln, wenn in ihnen mindestens fünf wahlberechtigte Arbeitnehmer ständig beschäftigt sind, von denen drei mindestens sechs Monate dem Betrieb angehören (also wählbar sind), und sie entweder räumlich weit entfernt vom Hauptbetrieb angesiedelt oder im Hinblick auf Aufgabenbereich und Organisation selbständig sind. 17

---

23 *BAG* 19. 2. 2002, EzA § 4 BetrVG 1972 Nr. 8; *BAG* 31. 5. 2000, NZA 2000, 1350, 1352; *BAG* 9. 2. 2000, DB 2000, 384; *BAG* 14. 12. 1994, AP BetrVG 1972 § 5 Rotes Kreuz Nr. 3; *BAG* 29. 5. 1991, EzA § 19 BetrVG 1972 Nr. 30 = AP Nr. 5 zu § 4 BetrVG 1972; *BAG* 13. 6. 1985, AP § 1 KSchG 1969 Nr. 10; *BAG* 30. 5. 1985, AP § 1 KSchG 1969 Betriebsbedingte Kündigung Nr. 24.
24 Vgl. hierzu im einzelnen *Jaeger/Röder/Heckelmann/Breitfeld*, Kapitel 1.
25 Tschöpe/*Hennige* Teil 4 A Rz 5.
26 *BAG* 29. 11. 1989, EzA § 47 BetrVG 1972 Nr. 6
27 *BAG* 13. 6. 1985, AP § 1 KSchG 1969 Nr. 10.
28 APS/*Moll* § 17 Rz 4.

III. Arbeitnehmer

18 Bei der Ermittlung der Mindestzahl der Beschäftigten, die für die Anwendung des § 17 KSchG vorausgesetzt wird, zählen alle regelmäßig im Betrieb beschäftigten Arbeitnehmer mit, also Angestellte, Arbeiter, Auszubildende, Praktikanten und Volontäre unabhängig von dem Umfang ihrer wöchentlichen Beschäftigung, von ihrem Alter oder von ihrer Beschäftigungsdauer im Betrieb oder Unternehmen.

19 Im Bereich der Massenentlassungen ist genau zu trennen zwischen einerseits der Frage, welche Beschäftigten bei der Ermittlung der Schwellenwerte des § 17 Abs. 1 KSchG mitzurechnen sind, und andererseits der Frage der Einordnung eines bestimmten Beendigungsvorgangs als Entlassung. Dies ist besonders im Zusammenhang mit befristeten Arbeitsverträgen von Bedeutung, da **befristet** eingestellte Arbeitnehmer zwar bei der Berechnung der Zahl der Beschäftigten mitzählen, die Mindestvoraussetzung der Anwendbarkeit des § 17 KSchG ist, aber der Ablauf eines befristeten Arbeitsvertrages nicht als Entlassung iSv § 17 KSchG zu werten ist.

20 Ausgenommen von der Ermittlung des Schwellenwertes nach § 17 KSchG sind neben Heimarbeitern und arbeitnehmerähnlichen Personen leitende Angestellte und andere Personen, die der Ausnahmeregelung in § 17 Abs. 5 Nrn. 1 bis 3 KSchG unterfallen. Hierzu zählen, neben Geschäfts- und Betriebsleitern und ähnlichen leitenden Personen, die zur selbständigen Einstellung und Entlassung von Arbeitnehmern berechtigt sind (§ 17 Abs. 5 Nr. 3 KSchG), Mitglieder des Organs, das zur gesetzlichen Vertretung der juristischen Person berufen ist, zu der der Betrieb gehört (Nr. 1) sowie die durch Gesetz, Satzung oder Gesellschaftsvertrag zur Vertretung der Personengesamtheit, zu der der Betrieb gehört, berufene Personen (Nr. 2).

▶ **Beispiele:**
Geschäftsführer einer GmbH; Personalleiter, die zur selbständigen Einstellung und Entlassung berechtigt sind; Gesellschafter einer OHG; Komplementär einer KG.

21 Im Unterschied zu § 17 Abs. 5 Nr. 3 KSchG nimmt die Richtlinie 75/129 EWG vom 17. Februar 1975 über Massenentlassungen bei der Ermittlung der für die Anwendbarkeit der Richtlinie maßgeblichen Schwellenwerte Geschäfts- oder Betriebsleiter oder ähnliche leitende, zur selbständigen Einstellung und Entlassung von Arbeitnehmern berechtigte Personen nicht aus. Sie bezieht sich vielmehr generell auf Arbeitnehmer, ohne leitende Angestellte auszuschließen. Hierin liegt ein gewisses Unsicherheitspotential für die betriebliche Praxis. Es ist nicht ausgeschlossen, dass der EuGH die in § 17 Abs. 5 Nr. 3 KSchG getroffene Regelung als europarechtswidrig ansehen könnte. Praktisch ist jedoch zu raten, bis zur Entscheidung des EuGH die Regelung des § 17 Abs. 5 Nr. 3 KSchG bei der Berechnung der Werte zugrunde zu legen.

§ 17 Abs. 5 KSchG deckt sich nicht vollständig mit der betriebsverfassungsrechtlichen Definition des Leitenden Angestellten in § 5 Abs. 3 BetrVG. Die Definition des Leitenden Angestellten durch das BetrVG ist etwas weiter als die in § 17 Abs. 5 KSchG getroffene Definition, das heißt, das Betriebsverfassungsgesetz nimmt tendenziell mehr Beschäftigte von seinem Anwendungsbereich aus als § 17 Abs. 5 KSchG. Der Anwendungsbereich des § 17 KSchG bestimmt sich jedoch nach der Bereichsausnahme des § 17 Abs. 5 KSchG und nicht nach dem BetrVG. 22

Der Regelungsgehalt von § 17 Abs. 5 Nrn. 1 und 2 KSchG ist deckungsgleich mit dem des § 14 Abs. 1 KSchG, der in Betrieben einer juristischen Person Mitglieder des Organs, das gesetzlicher Vertreter der juristischen Person ist, sowie in Betrieben einer Personengesamtheit die gesetzlich, durch Satzung oder Gesellschaftsvertrag berufenen Vertreter der Personengesamtheit aus dem Anwendungsbereich der §§ 1-13 KSchG ausnimmt. 23

Bei der Entlassung **leitender Angestellter**, bei der der Betriebsrat gemäß § 5 Abs. 3 BetrVG nicht mitwirken kann, wirkt der **Sprecherausschuss** nach § 31 SprAuG mit. Dies ergibt sich zwar nicht aus dem Wortlaut des § 31 SprAuG, jedoch ist § 17 Abs. 2 KSchG richtlinienkonform so auszulegen.[29] *Wißmann* allerdings beschränkt dieses Mitwirkungsrecht des Sprecherausschusses zu Recht auf diejenigen leitenden Angestellten, die nicht gemäß § 17 Abs. 5 KSchG vom Anwendungsbereich des § 17 KSchG ausgenommen sind.[30] 24

IV. Zahl der beabsichtigten Entlassungen und Rahmenfrist

Die Zahl der beabsichtigten Entlassungen, die – das Vorliegen aller sonstigen Erfordernisse vorausgesetzt – eine Anzeigepflichtigkeit gemäß § 17 KSchG auslösen, lässt sich dem Wortlaut des § 17 Abs. 1 Satz 1 KSchG entnehmen. Eine anzeigepflichtige Entlassung liegt vor, wenn innerhalb von 30 Kalendertagen (Rahmenfrist) mehr als fünf Arbeit- 25

---

29 ErfK/*Ascheid* § 17 Rz 19; *v. Hoyningen-Huene/Linck* § 17 Rz 46; **aA** APS/*Moll* § 17 Rz 57; *Kittner/Däubler/Zwanziger* § 17 Rz 30.
30 *Wißmann* RdA 1998, 221, 224.

nehmer in Betrieben mit regelmäßig zwischen 21 und 59 Arbeitnehmern, 10% oder mehr als 25 Arbeitnehmer in Betrieben mit regelmäßig 60 bis 499 Arbeitnehmern und mindestens 30 Arbeitnehmer in Betrieben mit regelmäßig mindestens 500 Arbeitnehmern entlassen werden sollen. Demnach sind alle innerhalb der 30-Tages-Frist liegenden Entlassungen **zusammenzuzählen**, wobei die Frist an jedem Tag, an dem eine Entlassung wirksam wird, also ein Arbeitnehmer aus dem Betrieb ausscheidet, immer wieder neu beginnt.[31]

▶ **Praxistipp:**
Die Anzeigepflicht kann man vermeiden, indem man die Entlassungen, soweit sie die in § 17 Abs. 1 Satz 1 KSchG festgesetzten Werte erreichen, jeweils auf einen längeren Zeitraum als 30 Tage erstreckt. Da die Frist aber nicht nur mit der ersten Entlassung, sondern mit jeder weiteren Entlassung neu zu laufen beginnt, ist darauf zu achten, dass jeweils innerhalb des 30-Tages-Zeitraums ab dem Tag, an dem eine oder mehrere Entlassungen wirksam werden, die nach § 17 Abs. 1 Satz 1 KSchG relevanten Zahlen an entlassenen Arbeitnehmern nicht erreicht werden. Der Rechenaufwand, den dies bedeutet, wird dadurch ausgeglichen, dass man so dem Verfahren des § 17 KSchG entgehen kann.

26 Dies wird von der Rechtsprechung und den Agenturen für Arbeit nicht als Missbrauch angesehen, da auf diese Weise eine Überlastung des Arbeitsmarktes in dem Maße, das die Vorschrift verhindern will, gar nicht erst eintritt.[32]

▶ **Beispiel:**
Ein Betrieb, der regelmäßig 800 Arbeitnehmer beschäftigt, will ca. 50 Arbeitnehmer entlassen. Nimmt der Arbeitgeber 50 Entlassungen innerhalb von 30 Kalendertagen vor, so ist dies gemäß § 17 Abs. 1 Satz 1 Nr. 3 KSchG anzeigepflichtig. Er kann aber der Anzeigepflicht entgehen, indem er beispielsweise 25 Arbeitnehmer mit Wirkung zum 31. August und 25 Arbeitnehmer mit Wirkung zum 31. Oktober entlässt. Die Frist des § 17 Abs. 1 Satz 1 KSchG endet 30 Tage nach dem Wirksamwerden einer Entlassung. Die 30-Tages-Frist ab den zum 31. August wirksam werdenden Entlassungen endet somit

---

31 *BAG* 13. 3. 1969, EzA § 15 KSchG Nr. 1; ErfK /*Ascheid* § 17 Rz 17; *v. Hoyningen-Huene/Linck* § 17 Rz 35; KR/*Weigand* § 17 Rz 53; APS/*Moll* § 17 Rz 49.
32 *BAG* 6. 12. 1973, BAGE 25, 430, 433 = EzA § 17 KSchG Nr. 1 = AP § 17 KSchG 1969 Nr. 1; ErfK /*Ascheid* § 17 Rz 17; *v. Hoyningen-Huene/Linck* § 17 Rz 36.

Anzeigepflicht § 17

am 30. September, so dass die weiteren Entlassungen nicht mehr innerhalb dieser Frist eintreten und somit keine Anzeigepflicht auslösen. Jede Gruppe von entlassenen Arbeitnehmern bleibt in diesem Fall unterhalb der Marge von 30 Arbeitnehmern, ab der bei Betrieben mit mindestens 500 Regelarbeitnehmern eine Entlassung gemäß § 17 Abs. 1 Satz 1 Nr. 3 KSchG angezeigt werden muss. Aus dem Beispiel wird zugleich sichtbar, dass eine Entlassung der zweiten Gruppe von 25 Arbeitnehmern bereits mit Wirkung zum 30. September noch innerhalb des 30-Tages-Zeitraums erfolgt wäre und somit eine Anzeigepflicht ausgelöst hätte.

Anders verhielte es sich mit Entlassungen zum 1. Oktober (die aber in der Regel nur bei Aufhebungsverträgen in Betracht kommen; übliche Wirksamkeitszeitpunkte bei Kündigungen sind der 15. eines Monats oder der Monatsletzte) oder dann, wenn der auf die erste Entlassungswelle folgende Monat 31 Tage hätte.

Es ist irrelevant, ob der Arbeitgeber geplant hatte, nur eine geringere Anzahl bzw. einen geringeren Prozentsatz von Arbeitnehmern als den gemäß § 17 Abs. 1 Satz 1 KSchG anzeigepflichtigen zu entlassen, wenn er abweichend von dieser Planung letztlich doch Entlassungen in einer für die Anzeigepflicht relevanten Größenordnung innerhalb des 30-Tages-Zeitraums vorgenommen hat.[33] Er muss in diesem Fall den Anzeigepflichten des § 17 KSchG genügen. Zur Frage der rückwirkenden Zustimmung der Agentur für Arbeit bei verspäteter Anzeige vgl. unten § 18 KSchG Rz 12 ff. 27

Eine Entlassung wird wirksam mit der rechtlichen Beendigung des Arbeitsverhältnisses. Die Rahmenfrist beginnt also an jedem Tag (neu), an dem ein oder mehrere Arbeitsverhältnisse rechtlich enden, also zB bei Entlassungen durch arbeitgeberseitig veranlasste Kündigungen an jedem Tag, an dem eine Kündigungsfrist abläuft. 28

Weiß der Arbeitgeber noch nicht genau, wie viele Arbeitnehmer er innerhalb der Rahmenfrist entlassen wird, so kann er die Anzeige auch vorsorglich erstatten. Er ist, wenn sich später herausstellt, dass er weniger als die eine Anzeigepflicht auslösende Anzahl von Arbeitnehmern entlassen wird, nicht verpflichtet, aufgrund der Anzeigenerstattung tatsächlich Entlassungen vorzunehmen.[34] Eine Rücknahme der Anzeige ist ebenfalls jederzeit möglich.[35] Sie ist jedoch nicht unbedingt erfor- 29

---

33 KR/*Weigand* § 17 Rz 54, 76.
34 APS/*Moll* § 17 Rz 127.
35 APS/*Moll* § 17 Rz 128; KR/*Weigand* § 17 Rz 79.

derlich, da eine Anzeige, der keine Entlassungen in einem Umfang folgen, der eine Massenentlassungsanzeige erforderlich machen würde, keine nachteiligen Folgen für den Arbeitgeber hat.[36]

V. Entlassungsentscheidung durch beherrschendes Unternehmen

30 Gemäß § 17 Abs. 3a KSchG sind auch **Konzernunternehmen** iSd § 18 AktG sowie Unternehmen, die von einem beherrschenden Unternehmen abhängig sind, ohne Konzernunternehmen zu sein (§ 17 AktG), verpflichtet, die Anzeige- und Unterrichtungspflichten nach § 17 Abs. 1-3 KSchG zu erfüllen. Sie können sich ebenso wenig darauf berufen, dass die Entscheidung über die Entlassungen von dem beherrschenden Unternehmen getroffen wurde und sie keinen Einfluss darauf nehmen konnten, wie sie geltend machen können, nichts von der Entlassungsentscheidung oder von Einzelheiten hinsichtlich der geplanten Entlassungen gewusst zu haben.

31 Erfüllt das abhängige Unternehmen seine Verpflichtungen gemäß § 17 Abs. 1 bis 3 KSchG nicht, so kann es auch keine wirksamen Entlassungen vornehmen.[37]

32 Konzernunternehmen sind Unternehmen, die in der Form verbunden sind, dass ein herrschendes und ein oder mehrere abhängige Unternehmen unter der einheitlichen Leitung des herrschenden Unternehmens zusammengefasst sind (§ 18 Abs. 1 Satz 1 AktG). Unter abhängigen Unternehmen werden rechtlich selbständige Unternehmen verstanden, auf die ein anderes Unternehmen unmittelbar oder mittelbar einen beherrschenden Einfluss ausüben kann (§ 17 Abs. 1 AktG). Für die Frage, ob eine Leitung iSv § 18 AktG vorliegt oder ein beherrschender Einfluss iSv § 17 AktG ausgeübt wird, ist auf die in den Gesellschaftsverträgen getroffenen Regelungen abzustellen. Eine im Gesellschaftsvertrag abgesicherte dauernde Möglichkeit der Einflussnahme genügt.[38] Gemäß § 17 Abs. 2 AktG wird vermutet, dass Unternehmen, die in Mehrheitsbesitz stehen, von den an ihnen mehrheitlich beteiligten Unternehmen abhängig sind.

---

36 *V. Hoyningen-Huene/Linck* § 17 Rz 83.
37 APS/*Moll* § 17 Rz 139.
38 ErfK/*Ascheid* § 17 Rz 36; *v. Hoyningen-Huene/Linck* § 17 Rz 47a.

Anzeigepflicht § 17

VI. Ausnahmen

Ausgenommen von der Unterrichtungs- und Anzeigepflicht bei Massenentlassungen sind neben Kleinbetrieben mit höchstens 20 Arbeitnehmern (vgl. § 17 Abs. 1 Satz 1 Nr. 1 KSchG) und öffentlichen Verwaltungen und Betrieben, soweit sie nichtwirtschaftliche Zwecke verfolgen, auch Seeschiffe und ihre Besatzung (§ 23 Abs. 2 KSchG). Zu weiteren Ausnahmen vgl. unten die Ausführungen zu § 22 KSchG. 33

C. Reihenfolge der von dem Arbeitgeber einzuhaltenden Maßnahmen bei Entlassungen

Plant ein Arbeitgeber Entlassungen im Sinne des § 17 KSchG, so hat er, abgesehen von den in dieser Norm aufgestellten Verfahrensschritten, die folgenden Verfahrenserfordernisse zu erfüllen, wenn der Betrieb, das Unternehmen oder die zu kündigenden Arbeitnehmer bestimmte Voraussetzungen erfüllen: 34

I. Interessenausgleich und Sozialplan gemäß §§ 111–112 a BetrVG, Mitbestimmung des Betriebsrats gemäß § 92 BetrVG

Bei der Planung von Betriebsänderungen, die wesentliche Nachteile für die Belegschaft oder erhebliche Teile davon zur Folge haben können, hat der Betriebsrat in Unternehmen mit in der Regel mehr als 20 wahlberechtigten Arbeitnehmern Mitbestimmungsrechte, die auf rechtzeitige und umfassende Unterrichtung und Beratung sowie auf den Abschluss eines **Interessenausgleichs bzw. Sozialplans** gerichtet sind (§§ 111, 112, 112a BetrVG). Unter einer Betriebsänderung ist auch ein Personalabbau in der Größenordnung des § 17 Abs. 1 KSchG zu verstehen.[39] Zusätzlich ergibt sich aus § 92 BetrVG ein Unterrichtungs-, Beratungs- und Vorschlagsrecht des Betriebsrats bei Fragen der Personalplanung, zu denen auch Personalabbaupläne zu zählen sind. 35

Ist eine Massenentlassung geplant, so ist zunächst der Betriebsrat in der beschriebenen Art an den Planungen zu beteiligen.[40] 36

---

39 *BAG* 7. 8. 1990, AP BetrVG 1972 § 111 Nr. 34; *BAG* 6. 12. 1988, AP BetrVG 1972 § 111 Nr. 26; *BAG* 2. 8. 1983, AP BetrVG 1972 § 111 Nr. 12; *BAG* 22. 1. 1980, AP BetrVG 1972 § 111 Nr. 7.
40 Zu den Einzelheiten vgl. *Jaeger/Röder/Heckelmann*, Kap. 28.

II. Beteiligung des Wirtschaftsausschusses gemäß §§ 106 ff. BetrVG

37 In Unternehmen mit in der Regel mehr als 100 ständig beschäftigten Arbeitnehmern ist ein Wirtschaftsausschuss zu errichten (§ 106 Abs. 1 Satz 1 BetrVG). Der Wirtschaftsausschuss ist bei wirtschaftlichen Angelegenheiten, zu denen auch die Einschränkung oder Stilllegung von Betrieben oder Betriebsteilen gehört (§ 106 Abs. 3 Nr. 6 BetrVG), rechtzeitig und umfassend zu unterrichten. Außerdem haben Wirtschaftsausschuss und Arbeitgeber über wirtschaftliche Angelegenheiten zu beraten.[41]

III. Anhörung des Betriebsrats gem. § 102 BetrVG

38 Wirksamkeitsvoraussetzung jeder Kündigung ist die **Anhörung des Betriebsrats** im Vorfeld der Kündigungserklärung, vgl. **§ 102 BetrVG**. Für eine ordnungsgemäße Anhörung iSv § 102 BetrVG ist zunächst eine Unterrichtung des Betriebsrats von der geplanten Kündigung und allen im Zusammenhang mit der Kündigung relevanten Daten erforderlich. Die für die Anhörung relevanten Daten umfassen auf die Personen der betroffenen Arbeitnehmer bezogene Informationen, insbesondere die Sozialdaten der Arbeitnehmer, die dem Kündigungsentschluss des Arbeitgebers zugrunde liegenden Tatsachen, bei geplanter betriebsbedingter Kündigung zusätzlich das Fehlen einer Weiterbeschäftigungsmöglichkeit, die der Sozialauswahl zugrunde liegenden Kriterien sowie die Abwägung im Rahmen der Sozialauswahl. Des Weiteren ist zum Zwecke einer ordnungsgemäßen Anhörung iSv § 102 BetrVG dem Betriebsrat die Möglichkeit der Stellungnahme einzuräumen.[42]

39 Eine Zustimmung des Betriebsrats ist hingegen nur bei der außerordentlichen Kündigung von Mitgliedern der Arbeitnehmervertretungen wie zB Mitgliedern des Betriebsrats bzw. von Mitgliedern des Wahlvorstands und von Wahlbewerbern Wirksamkeitsvoraussetzung, vgl. § 103 BetrVG. Das Erfordernis der Zustimmung des Betriebsrats kann außerdem allgemein für die Kündigung von Arbeitnehmern in einer Betriebsvereinbarung aufgestellt werden, § 102 Abs. 6 BetrVG. Ist die Wirksamkeit einzelner geplanter Kündigungen von der Zustimmung des Betriebsrats abhängig, so ist diese Zustimmung vor Ausspruch der Kündigung einzuholen. Zu den Einzelheiten der Betriebsratsanhörung vgl. die Kommentierung zu § 102 BetrVG.

---

41 Zu den Einzelheiten vgl. *Jaeger/Röder/Heckelmann/Ziegler/Wolff*, Kap. 27.
42 *V. Hoyningen-Huene/Linck* § 17 Rz 47c.

IV. Ggf. Zustimmung der zuständigen Behörde gem. § 9 MuSchG, § 18 BErzGG, § 85 SGB IX

Bestimmte Gruppen vom Arbeitnehmern – Schwerbehinderte, Schwangere, Mütter, deren Entbindung zum Zeitpunkt des Kündigungszugangs nicht mehr als vier Monate zurückliegt, Arbeitnehmer, die sich in Elternzeit befinden – sind kündigungsrechtlich besonders geschützt. Das heißt, dass sie grundsätzlich **unkündbar** sind, es sei denn, die zuständige Behörde erklärt auf Antrag des Arbeitgebers ihre Zustimmung zu der Kündigung. Dieser **Antrag** ist vor der Kündigungserklärung zu stellen. Des Weiteren ist mit der Kündigungserklärung abzuwarten, bis ein antragsgemäßer Bescheid der zuständigen Behörde ergeht. Zu den Einzelheiten des Zustimmungsverfahrens gemäß § 9 MuSchG, § 18 BErzGG, § 85 SGB IX vgl. die Kommentierungen zu § 9 MuSchG, § 18 BErzGG und §§ 81 ff. SGB IX. 40

V. Unterrichtung und Beratung mit dem Betriebsrat

1. Unterrichtung des Betriebsrats

Will ein Arbeitgeber in einem Betrieb mit in der Regel mehr als 20 Arbeitnehmern Entlassungen iSv § 17 KSchG vornehmen, die innerhalb der Rahmenfrist von 30 Kalendertagen die in § 17 Abs. 1 KSchG genannten Größenordnungen erreicht, so hat er dem Betriebsratsvorsitzenden oder dessen Stellvertreter (vgl. § 26 Abs. 2 Satz 2 BetrVG) rechtzeitig und schriftlich alle zweckdienlichen Auskünfte über die geplanten Entlassungen zu erteilen, § 17 Abs. 2 Satz 1 KSchG. Zweck der Vorschrift ist es, dem Betriebsrat ein möglichst umfassendes Bild von den geplanten Entlassungen zu verschaffen.[43] Dieses Verfahren kann zusammen mit dem Anhörungsverfahren gemäß § 102 BetrVG durchgeführt werden, soweit der Arbeitgeber die beiden Komplexe inhaltlich klar trennt, dem Betriebsrat die für das jeweilige Verfahren notwendigen Tatsachen vollständig mitteilt – so ist für das Anhörungsverfahren gemäß § 102 BetrVG erforderlich, dass die oben unter III. genannten Daten der namentlich bezeichneten Arbeitnehmer dem Betriebsrat vollständig und zutreffend mitgeteilt werden – und die für das jeweilige Verfahren erforderlichen Fristen einhält.[44] Der Arbeitgeber muss in seiner Mitteilung darauf hinweisen, welche Beteiligungsrechte er durch die Mitteilung erfüllt und welche Fristen hierdurch in Gang gesetzt werden.[45] 41

---

43 APS/*Moll* § 17 Rz 60.
44 *V. Hoyningen-Huene/Linck* vor §§ 17 ff. Rz 13, § 17 Rz 58 f.; KR/*Weigand* § 17 Rz 59, 70 f.
45 KR/*Weigand* § 17 Rz 70.

a) Mindestinhalt der Unterrichtung

42 Die schriftliche Mitteilung an den Betriebsrat zum Zwecke der Unterrichtung über die geplanten Entlassungen hat insbesondere die folgenden Tatsachen zu enthalten (vgl. auch § 17 Abs. 2 Satz 1 Nrn. 1-6 KSchG):

- die Gründe für die geplanten Entlassungen (Nr. 1)

- die Zahl und die Berufsgruppen der zu entlassenden Arbeitnehmer (Nr. 2)

- die Zahl und die Berufsgruppen der in der Regel beschäftigten Arbeitnehmer (Nr. 3)

- den Zeitraum, in dem die Entlassungen vorgenommen werden sollen (Nr. 4)

- die vorgesehenen Kriterien für die Auswahl der zu entlassenden Arbeitnehmer (Nr. 5)

- die für die Berechnung etwaiger Abfindungen vorgesehenen Kriterien (Nr. 6).

43 Diese Angaben sind der **zwingende Mindestinhalt** der schriftlichen Unterrichtung. Der Betriebsrat hat neben dem Recht auf Unterrichtung über die in § 17 Abs. 2 Satz 1 Nrn. 1-6 KSchG genannten Informationen das Recht, von dem Arbeitgeber Auskünfte einzuholen, die über den Mindestinhalt der erforderlichen Unterrichtung hinausgehen, vgl. § 17 Abs. 2 Satz 1 Eingangssatz KSchG (»insbesondere«).[46]

Unter den gemäß **§ 17 Abs. 2 Satz 1 Nr. 1 KSchG** anzugebenden Tatsachen ist insbesondere der Sachverhalt zu verstehen, der den Arbeitgeber zu seinem Kündigungsentschluss veranlasst hat.[47] Im Rahmen des § 17 KSchG genügt es aber, wenn, ähnlich wie bei der Erläuterung einer Betriebsänderung gemäß § 111 Satz 1 BetrVG, der Anlass der Beendigung des Arbeitsverhältnisses mitgeteilt wird, ohne dass die jeweiligen Kündigungsgründe bezeichnet werden oder Angaben zu den individuellen, von den Kündigungen betroffenen Arbeitnehmern gemacht werden.[48] Dies bleibt hinter der Darlegungslast zurück, die der Arbeitgeber sowohl im Rahmen des § 102 BetrVG als auch im Rahmen eines Kündigungsschutzverfahrens erfüllen muss.[49]

---

[46] APS/*Moll* § 17 Rz 61; *v. Hoyningen-Huene/Linck* § 17 Rz 47b.
[47] KR/*Weigand* § 17 Rz 62c.
[48] APS/*Moll* § 17 Rz 63.
[49] *BAG* 14. 8. 1986, RzK I 8b Nr. 8.

Anzeigepflicht § 17

In die nach **§ 17 Abs. 2 Satz 1 Nr. 2 KSchG** erforderlichen Angaben sind die Daten aller gemäß § 17 KSchG zu berücksichtigenden Arbeitnehmer aufzunehmen. 44

▶ **Praxistipp:**

> Als Arbeitgeber kann man sich Doppelarbeit ersparen, wenn man zur Erfüllung der Unterrichtungspflicht gemäß § 17 Abs. 2 Satz 1 Nr. 2 KSchG die Anlage zu der der Agentur für Arbeit zu erstattenden Anzeige ausfüllt (vgl. »Anlage zur Anzeige von Entlassungen«, Formblatt BA-KSchG 2a). Dasselbe gilt für die Angabe gemäß § 17 Abs. 2 Satz 1 Nr. 3 KSchG, da in dem genannten Formblatt auch eine Spalte für die Anzahl und die Berufsgruppen der in der Regel beschäftigten Arbeitnehmer vorgesehen ist.

Dem **§ 17 Abs. 2 Satz 1 Nr. 4 KSchG** zufolge muss der Arbeitgeber die Beendigungsdaten der betreffenden Arbeitsverhältnisse mitteilen.[50] 45

Den unter **§ 17 Abs. 2 Satz 1 Nr. 5 KSchG** genannten Angaben sind die in § 1 Abs. 3 KSchG genannten Kriterien, also die Dauer der Betriebszugehörigkeit, Lebensalter, Unterhaltspflichten, eine eventuelle Schwerbehinderung (soziale Gesichtspunkte) sowie eine eventuelle Einordnung eines Arbeitnehmers als Leistungsträger, zugrunde zu legen.[51] Bestehen im Betrieb Auswahlrichtlinien gemäß § 95 BetrVG oder ein Tarifvertrag, die die Bewertung der sozialen Gesichtspunkte gemäß § 1 Abs. 3 KSchG im Verhältnis zueinander festlegen (vgl. § 1 Abs. 4 KSchG), so ist in der Unterrichtung auf diese hinzuweisen.[52] Dasselbe gilt für Interessenausgleiche, in denen die zu entlassenden Arbeitnehmer namentlich bezeichnet sind, § 1 Abs. 5 KSchG. 46

Die Kriterien, die der Berechnung von Abfindungen zugrunde gelegt werden (vgl. **§ 17 Abs. 2 Satz 1 Nr. 6 KSchG**), sind in der Regel Betriebszugehörigkeit, Alter, Höhe des Arbeitsentgelts, Unterhaltsverpflichtungen, eine unter Umständen gegebene Schwerbehinderung und die Höhe des Arbeitslosengeldes, falls es sich bei dem zu entlassenden Arbeitnehmer um einen rentennahen Jahrgang handelt. Die Kriterien für die Berechnung von Abfindungen sind als Bestandteil der schriftlichen Unterrichtung gemäß § 17 Abs. 2 Satz 1 Nr. 6 KSchG vorgeschrieben, unabhängig davon, ob die konkrete Massenentlassung sozialplanpflichtig ist.[53] 47

---

50 APS/*Moll* § 17 Rz 66.
51 KR/*Weigand* § 17 Rz 62g.
52 APS/*Moll* § 17 Rz 67.
53 APS/*Moll* § 17 Rz 68.

48 Entgegen mancher Kritik[54] werden mit den in § 17 Abs. 2 Satz 1 Nrn. 5 und 6 KSchG vorgeschriebenen Angaben die Vereinbarungen in Interessenausgleich und Sozialplan nicht vorweggenommen, denn der Arbeitgeber hat in der insoweit vorgeschriebenen Unterrichtung des Betriebsrats lediglich seine Vorstellungen bezüglich der Auswahlkriterien der zu Entlassenden und der Berechnungskriterien für Abfindungen darzutun.[55]

> ▶ **Praxistipp:**
> Aus Arbeitgebersicht ist es sinnvoll, vor der Erstattung der Massenentlassungsanzeige in Verhandlungen mit dem Betriebsrat über Interessenausgleich und Sozialplan einzutreten, denn diese Verhandlungen können mit der Unterrichtung des Betriebsrats und der Beratung mit dem Betriebsrat verbunden werden.[56]

b) Zuleitung einer Abschrift der Mitteilung an die Agentur für Arbeit

49 Gleichzeitig mit der Unterrichtung des Betriebsrats und zeitlich vor der nach § 17 Abs. 1, Abs. 3 Satz 2 KSchG zu erstattenden Anzeige ist der **Agentur für Arbeit** eine **Abschrift** der Mitteilung an den Betriebsrat zuzuleiten, § 17 Abs. 3 Satz 1 KSchG. Die Abschrift muss mindestens die in § 17 Abs. 2 Satz 1 Nrn. 1-5 KSchG vorgeschriebenen Angaben enthalten (§ 17 Abs. 3 Satz 1 KSchG). Die Angabe der Berechnungskriterien für Abfindungen, über die der Arbeitgeber den Betriebsrat ebenfalls unterrichten muss (§ 17 Abs. 2 Satz 1 Nr. 6 KSchG), muss hingegen in der Abschrift nicht enthalten sein. Zweck der Regelung ist eine möglichst frühzeitige Unterrichtung der Arbeitsverwaltung über die geplanten Entlassungen.[57] Die Zuleitung der Abschrift bzw. die Rechtzeitigkeit der Zuleitung ist hingegen keine Wirksamkeitsvoraussetzung der Anzeige.[58] Es wird teilweise aber darauf hingewiesen, dass die Agentur für Arbeit im Rahmen ihrer Entscheidung über die Sperrfrist (§ 18 Abs. 1 und 2 KSchG) die unterlassene oder verspätete Zuleitung der Abschrift mit dem Argument berücksichtigen kann, sie habe sich schlecht auf die Vermittlung der Arbeitnehmer in neue Arbeitsstellen einstellen können.[59]

---

54 *Schiefer* DB 1995, 1910, 1914.
55 APS/*Moll* § 17 Rz 69.
56 APS/*Moll* § 17 Rz 69.
57 *V. Hoyningen-Huene/Linck* § 17 Rz 78; APS/*Moll* § 17 Rz 92.
58 *V. Hoyningen-Huene/Linck* § 17 Rz 78; APS/*Moll* § 17 Rz 92.
59 APS/*Moll* § 17 Rz 93; *Schaub/Schindele* Kurzarbeit Massenentlassung Sozialplan S. 84.

§ 17 Anzeigepflicht

c) Zeitpunkt der Unterrichtung

§ 17 Abs. 2 Satz 1 Eingangssatz KSchG spricht von einer »rechtzeitigen« Unterrichtung. Damit ist, wie in § 111 Satz 1 BetrVG und § 122 Abs. 1 Satz 1 InsO, eine Unterrichtung gemeint, die so früh erfolgt, dass dem Betriebsrat noch Zeit genug für eine Einflussnahme auf die Entscheidung des Arbeitgebers bleibt, bevor die geplanten Entlassungen umgesetzt werden.[60]

50

d) Rechtsfolgen einer fehlenden oder nicht ordnungsgemäßen Unterrichtung

Streitig ist, ob eine gänzlich fehlende oder nicht ordnungsgemäße Unterrichtung des Betriebsrats die Unwirksamkeit der Anzeige oder sogar der Entlassungen zur Folge hat.

51

Das BAG führt hierzu aus, dass sowohl Massenentlassungen ohne vorherige Unterrichtung des Betriebsrats als auch Massenentlassungsanzeigen, denen entgegen § 17 Abs. 3 Satz 3 KSchG keine Glaubhaftmachung hinsichtlich der Unterrichtung des Betriebsrats beigefügt ist, dann **unwirksam** seien, wenn sich der Arbeitnehmer auf diesen Fehler **berufe**.[61]

52

Das völlige Fehlen einer Unterrichtung oder das Fehlen einer vollständigen oder ordnungsgemäßen Unterrichtung des Betriebsrats hat auch nach der mehrheitlich vertretenen Literaturmeinung die Unwirksamkeit der Anzeige und damit der Entlassungen zur Folge, wobei sie ähnlich wie das BAG mit dem § 17 Abs. 3 Satz 3 KSchG argumentiert.[62] Einige Vertreter dieser Ansicht räumen aber ein, dass bloße Formfehler bei Unterrichtung und Beratung, zum Beispiel die fehlende Einreichung einer Durchschrift der Mitteilung an den Betriebsrat bei der Agentur für Arbeit (vgl. § 17 Abs. 3 Satz 1 KSchG), die Anzeige nicht unwirksam machen.[63] Allerdings könne die Agentur für Arbeit solche Fehler bei der Entscheidung über eine Verlängerung oder Verkürzung der Sperrfrist gemäß § 18 KSchG in die Abwägung einbeziehen. Auch sei die rechtzeitige Unterrichtung des Betriebsrats Voraussetzung für die ordnungsgemäße Glaubhaftmachung gegenüber dem Arbeitgeber gemäß § 17 Abs. 3 Satz 3 KSchG.[64]

53

---

60 APS/*Moll* § 17 Rz 71.
61 *BAG* 14.8.1986, RzK I 8b Nr. 8; *BAG* 14 8.1986, nv.
62 ErfK/*Ascheid* § 17 Rz 21; *v. Hoyningen-Huene/Linck* § 17 Rz 47c; KR/*Weigand* § 17 Rz 63; *Kleinebrink* FA 2000, 366, 368; *Wißmann* RdA 1998, 221, 227; *Kittner/Däubler/Zwanziger* § 17 Rz 38.
63 *Kittner/Däubler/Zwanziger* § 17 Rz 38; KR/*Weigand* § 17 Rz 64, 65.
64 KR/*Weigand* § 17 Rz 65.

54 Abweichend hiervon vertritt ein Kommentar mit guten Argumenten die Unbeachtlichkeit der fehlenden Unterrichtung im Hinblick auf die Wirksamkeit der Anzeige.[65] Er beruft sich insbesondere auf den Wortlaut sowie Sinn und Zweck des § 17 Abs. 3 Sätze 2 und 3 KSchG: diese Vorschriften schrieben lediglich die Beifügung der Stellungnahme des Betriebsrats bzw. die Glaubhaftmachung vor, nicht die ordnungsgemäße Unterrichtung des Betriebsrats und Beratung mit dem Betriebsrat selber.[66]

▶ **Praxistipp:**
Arbeitgebern ist aus Gründen der Beweisbarkeit auf jeden Fall zu raten, die Unterrichtung schriftlich einzureichen sowie sich den Empfang der Unterrichtung unter Datumsangabe von dem Betriebsratsvorsitzenden oder dessen Stellvertreter quittieren zu lassen. Dies erleichtert die Glaubhaftmachung des Umstands, dass mindestens zwei Wochen vor der Anzeige eine Unterrichtung des Betriebsrats stattgefunden hat, § 17 Abs. 3 Satz 3 KSchG.

2. Beratung mit dem Betriebsrat

a) Gegenstand der Beratung

55 Gemäß § 17 Abs. 2 Satz 2 KSchG haben der Arbeitgeber und der Betriebsrat die Verpflichtung, insbesondere über die Möglichkeiten der Vermeidung oder Beschränkung von Entlassungen und über die Milderung von Entlassungsfolgen zu **beraten**. Eine Beratung im Sinne dieser Regelung geht über eine bloße Anhörung hinaus. Eine Beratung setzt voraus, dass der Betriebsrat eine Stellungnahme zu dem Vorhaben des Arbeitgebers abgibt und Betriebsrat und Arbeitgeber hierüber mit dem Ziel verhandeln, Entlassungen zu vermeiden oder einzuschränken oder ihre Folgen zu mildern.[67]

b) Zeitpunkt der Beratung

56 Nach dem Sinn und Zweck des § 17 Abs. 2 Satz 2 KSchG ist eine hinreichend frühe Beratung vorgeschrieben, damit der Betriebsrat im Verhandlungswege noch Einfluss auf die Entscheidungen des Arbeitgebers ausüben kann, bevor die geplanten Entlassungen umgesetzt

---

65 APS/*Moll* § 17 Rz 77.
66 APS/*Moll* § 17 Rz 77.
67 APS/*Moll* § 17 Rz 74.

Anzeigepflicht § 17

werden. Die Rechtzeitigkeit der Beratung bestimmt sich also nach denselben Kriterien wie die Rechtzeitigkeit der Unterrichtung.

c) Rechtsfolgen einer unterlassenen Beratung

Ob die Beratung Wirksamkeitsvoraussetzung der Anzeige ist, wird ebenso unterschiedlich beurteilt wie die Rechtsfolgen einer fehlenden Unterrichtung. **57**

Rechtsprechung hierzu ist bislang nicht ergangen. Nach einer Auffassung in der Kommentarliteratur[68] ist die Beratung keine Wirksamkeitsvoraussetzung der Anzeige. Allenfalls könne das Unterbleiben einer Beratung zwischen Arbeitgeber und Betriebsrat durch die Agentur für Arbeit im Rahmen der von ihr zu treffenden Ermessensentscheidungen über die Zustimmung zu einem vorzeitigen Wirksamwerden der Entlassungen oder über eine Verlängerung der Sperrfrist berücksichtigt werden (vgl. § 18 KSchG, siehe im Einzelnen unten § 18 KSchG Rz 9-22)[69] Es wird das Argument angeführt, dass bei der Herstellung eines Wirksamkeitszusammenhangs zwischen Beratung und Anzeige es der Betriebsrat in der Hand hätte, durch die Verweigerung der Beratung das Wirksamwerden der Anzeige zu verhindern.[70] **58**

Die Gegenmeinung[71] hingegen hält auch die Beratung für einen essentiellen Verfahrensschritt, dessen Unterlassen oder nicht ordnungsgemäße Erfüllung die Unwirksamkeit der Anzeige nach sich ziehe. *Weigand*[72] begründet dies mit dem Wortlaut der § 17 Abs. 2 Satz 2 und Abs. 3 Satz 3 KSchG am Ende, dem Wortlaut der Richtlinie 98/59/EG Art. 2 Abs. 2, dem § 2 SGB III sowie dem Schutzgedanken des KSchG. **59**

Existiert ein Betriebsrat und hat das Unternehmen, zu dem der Betrieb gehört, in der Regel mehr als 20 wahlberechtigte Arbeitnehmer, so sind Arbeitgeber schon gemäß **§§ 111 iVm 112a Abs. 1 Eingangssatz BetrVG** verpflichtet, mit dem Betriebsrat über geplante Massenentlassungen zu beraten. Hiermit lassen sich die in § 17 Abs. 2 Satz 2 KSchG vorgeschriebenen Beratungen über eine geplante Massenentlassung und die Möglichkeiten, sie zu vermeiden oder einzuschränken und ihre Folgen zu mildern, **verbinden**. Daher dürfte das Problem, dass Arbeit- **60**

---

68 ErfK/*Ascheid* § 17 Rz 22; *v. Hoyningen-Huene/Linck* § 17 Rz 49 mwN; APS/*Moll* § 17 Rz 78.
69 ErfK/*Ascheid* § 17 Rz 22; *v. Hoyningen-Huene/Linck* § 17 Rz 49 mwN; APS/*Moll* § 17 Rz 78.
70 APS/*Moll* § 17 Rz 78 f.
71 KR/*Weigand* § 17 Rz 63; *Kittner/Däubler/Zwanziger* § 17 Rz 38, § 18 Rz 21; *Löwisch* RdA 1997, 80, 84.
72 KR/*Weigand* § 17 Rz 63.

geber und Betriebsrat keine Beratungen aufnehmen, allenfalls dann praktisch werden, wenn ein Betrieb, der den Unterrichtungs- und Anzeigepflichten des § 17 KSchG unterliegt, die Anwendungsvoraussetzungen des § 111 BetrVG nicht erfüllt. Diese Situation ist höchstens dann gegeben, wenn der Betrieb zB regelmäßig 21 Arbeitnehmer beschäftigt, von denen aber nur 19 wahlberechtigt sind (hat der Betrieb über 20 Arbeitnehmer, so hat das Unternehmen entweder – in dem Fall, dass das Unternehmen nur einen Betrieb hat – dieselbe oder aber eine höhere Anzahl Arbeitnehmer). Situationen, in denen ein Betrieb in den Anwendungsbereich des § 17 KSchG fällt, ohne zugleich den Erfordernissen der §§ 111 ff. BetrVG zu unterliegen, sind daher extrem selten. Probleme kann allenfalls unkooperatives Verhalten des Betriebsrats bereiten.

▶ **Hinweis:**

Dem Arbeitgeber ist unbedingt zu raten, die Daten seiner Beratungen mit dem Betriebsrat, ebenso wie den Inhalt dieser Beratungen, schriftlich zu dokumentieren. Sollte der Betriebsrat Beratungen über die geplanten Entlassungen verweigern, so sollte auch dies schriftlich und durch die Hinzuziehung von Zeugen dokumentiert werden. Eine Weigerung des Betriebrats wird kaum zu Lasten des Arbeitgebers gehen können; in diesem Fall dürfte es ausreichen, wenn dieser nachweislich ernsthaft versucht hat, seiner Beratungspflicht nachzukommen.

VI. Kündigungserklärung und -zugang, vom Arbeitgeber zu beachtende Fristen

61 Nachdem die verschiedenen oben skizzierten Mitwirkungstatbestände zugunsten des Betriebsrats nach §§ 111-112a, 92, 106 und §§ 102, 103 BetrVG erfüllt worden sind und gegebenenfalls die Zustimmung der für schwerbehinderte Arbeitnehmer oder für unter das MuSchG oder BErzGG fallende Arbeitnehmer jeweils zuständigen Behörde eingeholt wurde, kann die Kündigung zugehen, und zwar noch vor der Unterrichtung und Anzeige gemäß § 17 KSchG. Die nach § 17 Abs. 3 KSchG vorgeschriebene Anzeige ist auch dann ordnungsgemäß, wenn sie erst nach dem Kündigungszugang bei der Agentur für Arbeit eingeht. Sie muss nur vor der rechtlichen Beendigung des Arbeitsverhältnisses, also der Entlassung, eingehen.[73] Die Kündi-

---

[73] *BAG* 24. 10. 1996, EzA § 102 BetrVG 1972 Nr. 92 = AP § 17 KSchG 1969 Nr. 8; *BAG* 14. 8. 1986, RzK I 8b Nr. 8; APS/*Moll* § 17 Rz 124; *Wißmann* RdA 1998, 221, 225.

gungserklärung muss, um wirksam zu sein, schriftlich erfolgen, vgl. § 623 BGB.

Aufgrund der Regelung, dass Entlassungen gemäß § 18 Abs. 1 KSchG regelmäßig für die Dauer eines Monats ab Eingang der Anzeige bei der Agentur für Arbeit gesperrt sind, ist die Reihenfolge zuerst Zugang der Kündigung – danach Erstattung der Anzeige zu empfehlen, falls die einzuhaltende **Kündigungsfrist mehr als einen Monat** beträgt. Bei Kündigungen mit **kürzerer Kündigungsfrist als einen Monat** ist in der Regel zu empfehlen, diese erst nach dem Eingang der Anzeige bei der Agentur für Arbeit zugehen zu lassen, denn Entlassungen werden vor Ablauf eines Monats ab Eingang der Anzeige bei der Agentur für Arbeit nur mit deren Zustimmung wirksam, vgl. § 18 Abs. 1 KSchG. Bei langen Kündigungsfristen, also **Kündigungsfristen von drei Monaten und länger**, ist zu bedenken, dass die so genannte Freifrist, also die Frist, während derer die Entlassungen wirksam durchgeführt werden können, sich nur über 90 Tage ab dem Ablauf der einmonatigen Sperrfrist (§ 18 Abs. 1 KSchG) erstreckt, § 18 Abs. 4 KSchG. Das bedeutet, dass die Kündigungserklärung den betroffenen Arbeitnehmern so lange vor dem Eingang der Anzeige bei der Agentur für Arbeit zugehen muss, dass das Ende der Kündigungsfrist in die 90tägige Freifrist des § 18 Abs. 4 KSchG fällt. Anderenfalls muss der Arbeitgeber die Anzeige bei der Agentur für Arbeit wiederholen. Dies ist zwar ohne weiteres möglich,[74] verzögert aber in der Regel den Zeitpunkt des Ausscheidens aus dem Arbeitsverhältnis.

▶ **Beispiel:**

Ein Arbeitsverhältnis, das im Zuge einer geplanten Massenentlassung gekündigt werden soll, ist mit sechs Monaten zum Monatsende kündbar. Der Arbeitnehmer scheidet nicht mehr rechtzeitig aus dem Betrieb aus, wenn die Kündigung dem Arbeitnehmer am 10. Mai zugeht und die Anzeige am 28. Juli bei der Agentur für Arbeit eingeht. Ende der sechsmonatigen Kündigungsfrist ist der 30. November. Gemäß § 18 Abs. 1 KSchG endet die Sperrfrist am 28. August. Die 90-tägige Freifrist beginnt am 29. August (§§ 18 Abs. 4 KSchG, 187 Abs. 1, 188 Abs. 2 BGB) und endet am 26. November. Dies hat zur Folge, dass der Arbeitgeber die Anzeige zwischen dem 2. August und dem 29. Oktober wiederholen muss, damit das Arbeitsverhältnis nach Ablauf von einem Monat ab Eingang der

---

74 *BAG* 31. 7. 1986, AP § 17 KSchG 1969 Nr. 5.

> Anzeige bei der Agentur für Arbeit wirksam endet. Eine später als am 28. Juli erfolgende Anzeige bei der Agentur für Arbeit wäre in dem vorliegenden Beispiel also für den Arbeitgeber günstiger gewesen.

63 Derselbe Grundsatz für die Reihenfolge von die Entlassung herbeiführender Erklärung und Eingang der Anzeige bei der Agentur für Arbeit gilt für Entlassungen aufgrund arbeitgeberseitig veranlasstem Aufhebungsvertrag. Zwar kann die Frist, mit deren Ablauf der Arbeitnehmer aus dem Arbeitsverhältnis ausscheidet, hier grundsätzlich flexibler gehandhabt werden als bei der einseitig erklärten Kündigung. Jedoch ist der Anspruch des Arbeitnehmers auf Arbeitslosengeld für die Dauer der unverkürzten Kündigungsfrist gesperrt, wenn die Frist, mit der das Arbeitsverhältnis bei ordentlicher Kündigung geendet hätte, einvernehmlich gekürzt wird und wenn der Arbeitnehmer – wie in den meisten Fällen – zugleich einen Abfindungsbetrag erhält, § 143a SGB III. Aus diesem Grund stimmen Arbeitnehmer einer Regelung im Aufhebungsvertrag, nach der die Kündigungsfrist abgekürzt wird, nur ungern zu, es sei denn, sie haben bereits ein Anschlussarbeitsverhältnis.

64 Zu den durch die Agentur für Arbeit zu treffenden Einzelfallentscheidungen über die Zustimmung zur Abkürzung der Sperrfrist oder über die Verlängerung der Sperrfrist vgl. unten § 18 KSchG Rz 9 ff.

65 Nach der durch das Erste Gesetz für moderne Dienstleistungen am Arbeitsmarkt (Erstes »Hartz-Gesetz«, BGBl. 2002 Teil I, 4607) in § 2 Abs. 2 Satz 2 SGB III eingefügten Nr. 3 hat der Arbeitgeber Mitarbeiter frühzeitig vor der Beendigung des Arbeitsverhältnisses auf die Notwendigkeit einer eigenständigen Beschäftigungssuche sowie auf ihre Verpflichtung **hinzuweisen,** sich unverzüglich persönlich bei der Agentur für Arbeit[75] arbeitsuchend zu melden. Ebenso ist der Arbeitgeber zur Freistellung der betroffenen Arbeitnehmer für die Erfüllung ihrer Meldepflichten, für die Teilnahme an Qualifizierungsmaßnahmen und für die Beschäftigungssuche verpflichtet.

66 Es ist empfehlenswert, diese Hinweise standardmäßig in das Kündigungsschreiben bzw. in Aufhebungsverträge aufzunehmen.

---

75 2003 hieß die Agentur für Arbeit noch Arbeitsamt; das Dritte Gesetz für moderne Dienstleistungen am Arbeitsmarkt (Drittes »Hartz-Gesetz«, BGBl. 2003 Teil I Nr. 65, 2848) hat die Arbeitsämter mit Wirkung zum 1.1.2004 in »Agenturen für Arbeit« umbenannt.

VII. Anzeige bei der Agentur für Arbeit

§ 17 Abs. 3 KSchG umschreibt die Erfordernisse, die zur Einreichung einer rechtswirksamen Anzeige erfüllt sein müssen. Jedoch sind nicht alle in § 17 Abs. 3 KSchG enthaltenen Voraussetzungen Wirksamkeitsvoraussetzungen der Massenentlassungsanzeige.

Nach der Unterrichtung des Betriebsrats muss der Betriebsinhaber oder sein gesetzlicher oder bevollmächtigter Vertreter die geplanten Entlassungen der Agentur für Arbeit schriftlich unter Beifügung der Stellungnahme des Betriebsrats anzeigen (§ 17 Abs. 3 Satz 2 KSchG). Die Möglichkeit der rechtsgeschäftlichen Vertretung im Verfahren der Massenentlassungsanzeige (§§ 164 ff., 177 ff. BGB entsprechend[76]) folgt dabei aus § 13 SGB X analog.[77] Im Insolvenzfall hat der Insolvenzverwalter die Anzeigepflicht zu erfüllen.[78] Im Rahmen des § 17 Abs. 3 KSchG ist es auch zulässig, dass der Betriebsrat seine Stellungnahme der Agentur für Arbeit direkt zuleitet, falls sich der Stellungnahme entnehmen lässt, dass der Betriebsrat sie mit Bezug auf die durch den Betriebsinhaber anzuzeigenden Entlassungen abgibt.[79] Eine Stellungnahme, die der Betriebsrat erst nach Erhalt der Abschrift der Anzeige (vgl. § 17 Abs. 3 Satz 6 KSchG) abgibt, ist verspätet und führt zur Unwirksamkeit der Anzeige.[80]

Hat der Betriebsrat keine Stellungnahme abgegeben, so hat der Arbeitgeber durch Vorlage einer Durchschrift der Mitteilung und einer Empfangsbestätigung des Betriebsratsvorsitzenden **glaubhaft zu machen**, dass der Betriebsrat mindestens zwei Wochen vor Erstattung der Anzeige unterrichtet worden ist, und den Stand der Beratungen darzulegen (§ 17 Abs. 3 Satz 3 KSchG). Außer der Vorlage einer Empfangsbestätigung sind auch andere Methoden der Glaubhaftmachung wie beispielsweise die eidesstattliche Versicherung zulässig.[81]

▶ **Hinweis:**

Als Arbeitgeber sollte man, um die Wirksamkeit der Anzeige zu sichern, stets mindestens eine Zwei-Wochen-Frist zwischen Unterrichtung des Betriebsrats und Anzeige an die Agentur für Arbeit

---

[76] *BAG* 14. 8. 1986, RzK I 8b Nr. 8.
[77] *BAG* 14. 8. 1986, RzK I 8b Nr. 8.
[78] APS/*Moll* § 17 Rz 95.
[79] APS/*Moll* § 17 Rz 113.
[80] APS/*Moll* § 17 Rz 113.
[81] APS/*Moll* § 17 Rz 118; *v. Hoyningen-Huene/Linck* § 17 Rz 75; KR/*Weigand* § 17 Rz 95.

einhalten, um sicherzugehen, dass man unabhängig von der Frage, ob der Betriebsrat eine Stellungnahme abgibt, eine wirksame Anzeige an die Agentur für Arbeit erstatten kann (§ 17 Abs. 3 Satz 3 KSchG).

70 Die der Anzeige beizufügende Stellungnahme des Betriebsrats kann gemäß § 1 Abs. 5 Satz 4 KSchG oder im Insolvenzfall gemäß § 125 Abs. 2 InsO durch die **Beifügung eines Interessenausgleichs** mit Namensliste der zu kündigenden Arbeitnehmer (vgl. §§ 111, 112 BetrVG oder § 125 Abs. 1 InsO) ersetzt werden. Dies hat den Hintergrund, dass ein Interessenausgleich ebenso wie eine Stellungnahme des Betriebsrats die ordnungsgemäße Beteiligung des Betriebsrats sicherstellt und dokumentiert. Weitere Möglichkeiten neben diesen gesetzlich vorgesehenen, die Stellungnahme des Betriebsrats durch den Nachweis anderer Arten von Beteiligungen des Betriebrats zu ersetzen, bestehen nicht.[82]

71 Sind die Voraussetzungen der § 17 Abs. 3 Satz 3 KSchG oder § 1 Abs. 5 Satz 4 KSchG bzw. § 125 Abs. 2 InsO nicht erfüllt, so führt das Fehlen der Stellungnahme des Betriebsrats zur Unwirksamkeit der Anzeige.[83] Dies zeigt bereits der Wortlaut des § 17 Abs. 3 Satz 3 KSchG.

▶ **Wichtig:**

Gemäß § 1 Abs. 5 Satz 1 KSchG hat ein Interessenausgleich, in dem die zu kündigenden Arbeitnehmer namentlich bezeichnet sind, in der Regel eine Beweislastumkehr zugunsten des Arbeitgebers zur Folge, da bei Vorliegen eines solchen Interessenausgleichs die in der Liste aufgeführten Arbeitnehmer darlegen und beweisen müssen, dass ihre Kündigung nicht durch dringende betriebliche Erfordernisse iSv § 1 Abs. 2 KSchG bedingt ist. Die Vermutung, die zu dieser Beweislastumkehr führt, umfasst sowohl den Wegfall der bisherigen Beschäftigung als auch das Fehlen anderweitiger Beschäftigungsmöglichkeiten im Betrieb oder Unternehmen.[84] Zugleich ist in diesem Fall der Umfang der gerichtlichen Prüfung im Rahmen einer Kündigungsschutzklage eingeschränkt, denn § 1 Abs. 5 Satz 2 KSchG bestimmt, dass die Überprüfung der Sozialauswahl auf grobe Fehlerhaftigkeit beschränkt ist.

---

82 APS/*Moll* § 17 Rz 112.
83 *BAG* 21. 5. 1970, AP § 15 KSchG 1969 Nr. 11; KR/*Weigand* § 17 Rz 91; *v. Hoyningen-Huene/Linck* § 17 Rz 73; APS/*Moll* § 17 Rz 111.
84 BT-Drucks. 15/1204, S. 22.

Örtlich zuständig für den Empfang der Anzeige ist die Agentur für Arbeit, in deren Bezirk der Betrieb seinen Sitz hat.[85] Unerheblich für die Zuständigkeit der Agentur für Arbeit ist der Unternehmenssitz. Geht die Anzeige einer örtlich unzuständigen Agentur für Arbeit zu, so hat sie keine Rechtswirkungen, bis sie nicht, zB im Wege der Weiterleitung, bei der örtlich zuständigen Agentur für Arbeit eingeht. So beginnt die Sperrfrist erst mit dem Eingang bei der örtlich zuständigen Agentur für Arbeit zu laufen.[86]

Dem Betriebsrat ist eine Abschrift der Anzeige zuzuleiten (§ 17 Abs. 3 Satz 6 KSchG).

1. Inhalt der Anzeige

Die Anzeige muss gemäß § 17 Abs. 3 Satz 4 KSchG auf jeden Fall mindestens die folgenden Angaben (»**Muss-Angaben**«) enthalten:

- den Namen des Arbeitgebers
- Sitz und Art des Betriebes
- die Gründe für die geplanten Entlassungen
- die Zahl und Berufsgruppen der zu entlassenden Arbeitnehmer
- die Zahl und Berufsgruppen der in der Regel beschäftigten Arbeitnehmer
- den Zeitraum, in dem die Entlassungen vorgenommen werden sollen
- die vorgesehenen Kriterien für die Auswahl der zu entlassenden Arbeitnehmer.

Die Aufzählung in § 17 Abs. 3 Satz 4 KSchG ist abschließend.[87] Bei Fehlen einer dieser Angaben oder bei der Einreichung nicht zutreffender Angaben ist die Anzeige so lange **unwirksam**, bis der Arbeitgeber sie in vollständiger und richtiger Form nachholt.[88] Sinn und Zweck dieser Festlegung des Mindestinhalts der Anzeige ist, der Agentur für Arbeit die Daten zu liefern, die sie für die Vermittlung der Entlassenen in neue Arbeitsstellen benötigt.[89]

---

85 KR/*Weigand* § 17 Rz 74, § 18 Rz 7.
86 APS/*Moll* § 17 Rz 96.
87 ErfK/*Ascheid* § 17 Rz 28.
88 ErfK/*Ascheid* § 17 Rz 28; APS/*Moll* § 17 Rz 100.
89 *BAG* 6. 10. 1960, AP § 15 KSchG 1951 Nr. 7.

§ 17 Anzeigepflicht

76 Zu der Pflicht zur Angabe der Gründe für die geplanten Entlassungen im Zusammenhang mit § 17 Abs. 3 Satz 4 KSchG führt das BAG aus, dass dies nicht die Verpflichtung zu Angaben über individuelle Arbeitnehmer oder einzelne Kündigungsgründe beinhaltet.[90] Lediglich der Anlass bzw. der Sachverhalt, der die Kündigungen ausgelöst hat, ist der Agentur für Arbeit gegenüber anzugeben.[91] Dies entspricht insoweit den durch § 17 Abs. 2 Satz 1 Nr. 1 KSchG aufgestellten inhaltlichen Anforderungen an die Unterrichtung des Betriebsrats (vgl. oben Rz 43). Auch für die Angabe der Zahl und Berufsgruppen der in der Regel beschäftigten und der zu entlassenden Arbeitnehmer sowie für die Information über den vorgesehenen Entlassungszeitraum und die vorgesehenen Auswahlkriterien in Bezug auf die zu entlassenden Arbeitnehmer kann auf die obigen Ausführungen zu § 17 Abs. 2 Satz 1 Nrn. 2-5 KSchG verwiesen werden (vgl. oben Rz 44-46).

77 Im Regelfall soll der Arbeitgeber im Einvernehmen mit dem Betriebsrat nach § 17 Abs. 3 Satz 5 KSchG weitere Angaben aufnehmen (»**Soll-Angaben**«): Geschlecht, Alter, Beruf und Staatsangehörigkeit der zu entlassenden Arbeitnehmer. Ihr Fehlen führt aber nicht zur Unwirksamkeit der Anzeige, wenn der Angabe dieser Daten sachliche Gründe entgegenstehen.[92] Allerdings wird die Agentur für Arbeit im Rahmen der Entscheidung über die Zustimmung zur vorzeitigen Entlassung (§ 18 Abs. 1 KSchG) bzw. zur Verlängerung der Sperrfrist (§ 18 Abs. 2 KSchG) sowohl den Inhalt der Soll-Angaben als auch die Gründe für die Unterlassung von Soll-Angaben mit berücksichtigen.[93] Angaben, die ohne Einvernehmen mit dem Betriebsrat mitgeteilt werden, sind ebenso wirksam wie Angaben, die im Einvernehmen mit dem Betriebrat gemacht werden, wenn der Betriebsrat durch die Zuleitung der Abschrift gemäß § 17 Abs. 3 Satz 6 KSchG von ihnen erfährt.[94]

78 Die in § 17 Abs. 3 Satz 5 KSchG vorgeschriebenen Angaben (»Soll-Angaben«) sollen die Arbeitsvermittlung der entlassenen Arbeitnehmer erleichtern. Stehen diese konkreten Daten im Zeitpunkt der Anzeigeerstattung noch nicht fest, ist also der Arbeitgeber gar nicht imstande, diese Angaben in die Anzeige aufzunehmen, so schadet die fehlende Angabe dieser Daten nicht; die Massenentlassungsanzeige ist trotzdem wirksam. Ebenso ist das Unterlassen dieser Soll-Angaben un-

---

90 *BAG* 14. 8. 1986, RzK I 8b Nr. 8.
91 APS/*Moll* § 17 Rz 99.
92 APS/*Moll* § 17 Rz 105 f.
93 APS/*Moll* § 17 Rz 106.
94 APS/*Moll* § 17 Rz 107.

schädlich, wenn der Arbeitgeber die entsprechenden Daten nicht vom Betriebsrat geliefert bekommt.[95]

Ebenso wie die im Rahmen des § 17 Abs. 2 Satz 1 KSchG zu tätigenden Angaben sind auch die nach § 17 Abs. 3 Satz 5 KSchG vorgesehenen Angaben zu Geschlecht, Alter, Beruf und Staatsangehörigkeit der zu entlassenden Arbeitnehmer gruppen- und nicht etwa personenbezogen vorzunehmen.[96]

2. Rechtsfolgen einer fehlenden oder nicht ordnungsgemäßen Anzeige

a) Folgen für die Wirksamkeit der Kündigung

Eine Entlassung iSv § 17 Abs. 1 KSchG, die nicht gemäß den in § 17 Abs. 3 KSchG getroffenen Regelungen angezeigt wird, ist zumindest dann **unwirksam**, wenn sich der Arbeitnehmer auf die Nichteinhaltung des vorgeschriebenen Anzeigeverfahrens **beruft**.[97] Im Hinblick auf die praktischen Folgen bedeutet die Unwirksamkeit der Entlassung dasselbe wie die Unwirksamkeit einer Kündigung. Der Arbeitnehmer hat also ein Wahlrecht, ob er die Unwirksamkeit der Entlassung geltend machen will. Es ist häufig damit zu rechnen, dass Arbeitnehmer von diesem Recht Gebrauch machen; zumindest dann, wenn sie kein Anschlussarbeitsverhältnis haben. Der Arbeitnehmer ist dafür beweispflichtig, dass der Arbeitgeber verpflichtet ist, eine Massenentlassungsanzeige vorzunehmen. Er muss also die Zahl der beschäftigten und die Zahl der innerhalb einer 30-Tages-Rahmenfrist entlassenen Arbeitnehmer beweisen.[98]

Fehlt der Anzeige eines der in § 17 Abs. 3 Sätze 2-4 KSchG vorgeschriebenen Dokumente oder eine der vorgeschriebenen Angaben, so ist die Kündigung ebenfalls unwirksam, vorausgesetzt, dass sich der gekündigte Arbeitnehmer hierauf beruft.[99]

---

95 APS/*Moll* § 17 Rz 104.
96 *BAG* 14. 8. 1986, RzK I 8b Nr. 8.
97 Ständige Rechtsprechung: *BAG* 18. 9. 2003, EzA – Schnelldienst 6/2004, S. 11; *BAG* 4. 3. 1993, EzA § 21 KSchG Nr. 1 = AP § 1 KSchG 1969 Betriebsbedingte Kündigung Nr. 60; *BAG* 8. 6. 1989, EzA § 17 KSchG Nr. 4 = AP § 17 KSchG 1969 Nr. 6; *BAG* 14. 8. 1986, RzK I 8b Nr. 8; *BAG* 31. 7. 1986, AP § 17 KSchG 1969 Nr. 5; *BAG* 6. 12. 1973, BAGE 25, 430, 433 = EzA § 17 KSchG Nr. 1 = AP § 17 KSchG 1969 Nr. 1; *BAG* 13. 3. 1969, EzA § 15 KSchG Nr. 1; *BAG* 3. 10. 1963, AP § 15 KSchG 1951 Nr. 9; *BAG* 23. 10. 1959, AP § 15 KSchG 1951 Nr. 5; *BAG* 13. 12. 1958, AP § 15 KSchG 1951 Nr. 2; *BAG* 6. 11. 1958, AP § 15 KSchG 1951 Nr. 1; *v. Hoyningen-Huene/Linck* § 18 Rz 27.
98 KR/*Weigand* § 17 Rz 100.
99 *BAG* 14. 8. 1986, nv; APS/*Moll*, § 17 Rz 100; KR/*Weigand* § 17 Rz 83.

82 Im Hinblick auf die von Arbeitnehmern, die sich auf die Verletzung der Anzeigepflicht berufen wollen, einzuhaltende Frist herrscht Uneinigkeit. Die Rechtsprechung des BAG hat den Grundsatz aufgestellt, dem Arbeitnehmer stehe zu diesem Zweck eine kurze Überlegungsfrist zu, die sich nach Treu und Glauben richte.[100] Sehr viel weiter geht die von einem Praxiskommentar[101] und teilweise in der Rechtswissenschaft[102] vertretene Meinung, Arbeitnehmer könnten sich so lange auf die Nichteinhaltung der Anzeigepflicht berufen, bis von einer Verwirkung auszugehen sei bzw. bis der Arbeitgeber nicht mehr damit rechnen müsse, dass der Arbeitnehmer die Unwirksamkeit der Entlassung wegen Verstoßes gegen die Vorschriften des § 17 Abs. 3 KSchG geltend machen werde.

83 Eine der wesentlichen Gesetzesänderungen zum 1. Januar 2004 war die Einführung einer einheitlichen dreiwöchigen Klagefrist, die ab Zugang der schriftlichen Kündigung zu laufen beginnt, durch § 4 Satz 1 KSchG. Nach der früheren Rechtslage waren nur diejenigen eine Kündigungsschutzklage erhebenden Arbeitnehmer, die das Vorliegen einer sozial ungerechtfertigten Kündigung oder einer rechtsunwirksamen außerordentlichen Kündigung geltend machten, gezwungen, die Drei-Wochen-Frist des § 4 Satz 1 KSchG aF einzuhalten, vgl. §§ 4 Satz 1, 5-7, 13 Abs. 1 Satz 2 KSchG aF. Berief sich ein Arbeitnehmer im Hinblick auf die Kündigung hingegen auf andere Unwirksamkeitsgründe (beispielsweise auf Verstöße gegen § 102 BetrVG, § 9 Abs. 3 MuSchG, §§ 85 ff. SGB IX oder § 138 BGB), so war auch eine nach Ablauf der Drei-Wochen-Frist ab Kündigungszugang erhobene Kündigungsschutzklage noch zulässig. Die Drei-Wochen-Frist des § 4 Satz 1 KSchG nF ist nach neuer Rechtslage dem Grundsatz nach auf alle Kündigungsschutzklagen anwendbar, also auf alle Klagen, mit denen die Feststellung beantragt wird, eine Kündigung sei »sozial ungerechtfertigt oder aus anderen Gründen rechtsunwirksam«, § 4 Satz 1 KSchG nF. Nach der seit dem 1. Januar 2004 geltenden Rechtslage kommt es für das Bestehen einer Klagefrist grundsätzlich nicht mehr auf die Frage an, welcher Unwirksamkeitsgrund in der Kündigungsschutzklage geltend gemacht wird.[103] Bei der Berufung darauf, es sei eine Massenentlassungsanzeige erforderlich gewesen, diese sei aber nicht oder nicht ordnungsgemäß vorgenommen worden, wird die Rechtsunwirksamkeit der Kündigung geltend gemacht. Daher liegt es nahe, die nunmehr ein-

---

100 *BAG* 23.10.1959, AP § 15 KSchG 1951 Nr. 5.
101 ErfK /*Ascheid* § 17 Rz 35.
102 *V. Hoyningen-Huene/Linck* § 18 Rz 32.
103 Zu den wenigen Ausnahmen vgl. *Preis* DB 2004, 70, 77 f.

heitliche Frist des § 4 Satz 1 KSchG nF auch auf den Fall anzuwenden, dass das Fehlen einer (ordnungsgemäßen) Massenentlassungsanzeige geltend gemacht wird. Sinn und Zweck der Änderung des § 4 Satz 1 KSchG waren die Rechtsvereinfachung und die Schaffung größerer Rechtssicherheit.[104] Dies sollte insbesondere dem kündigenden Arbeitgeber zugute kommen.[105] Dieser Gesetzeszweck lässt sich auch auf die Frage übertragen, innerhalb welcher Frist sich Arbeitnehmer darauf berufen müssen, der Arbeitgeber habe die Vorschriften über die Massenentlassungsanzeige nicht eingehalten, obwohl die Voraussetzungen einer Massenentlassung gemäß § 17 Abs. 1 KSchG erfüllt gewesen seien. Daher liegt es nahe, die einheitliche **Drei-Wochen-Frist** des § 4 Satz 1 KSchG nF auch auf das Vorbringen anzuwenden, die Massenentlassungsanzeige sei nicht oder nicht ordnungsgemäß erfolgt.

Konsequenterweise spielt der oben skizzierte Streit, bei dem in der Praxis die Ansicht des BAG den Ausschlag gegeben hatte, mit der Änderung des § 4 Satz 1 KSchG keine Rolle mehr. Hat der Arbeitnehmer nicht innerhalb von drei Wochen Kündigungsschutzklage erhoben, so kann er sich zu einem späteren Zeitpunkt nicht mehr mit Erfolg darauf berufen, dass die Massenentlassungsanzeige nicht oder nicht so wie vorgeschrieben erfolgt sei. Hat er jedoch Kündigungsschutzklage unter Einhaltung der Drei-Wochen-Frist erhoben, ist also die Klage beim Arbeitsgericht anhängig, so kann der Arbeitnehmer einzelne Gründe, auf die er die Kündigungsschutzklage stützen will, auch noch nach Ablauf der drei Wochen nachreichen, solange er sie in dem laufenden Kündigungsschutzverfahren nachreicht.[106] Dies dürfte auch für die Klagebegründung mit einer fehlenden Massenentlassungsanzeige gelten. 84

▶ **Wichtiger Hinweis:**
Dieses Ergebnis folgt aus der gesetzgeberischen Intention, das Verfahren der Kündigungsschutzklage zu vereinfachen und es für den Arbeitgeber berechenbarer zu machen, ob und wann eine Klage gegen eine von ihm ausgesprochene Kündigung erhoben wird. Bis zu einer höchstrichterlichen Klärung der Frage, ob die in § 4 Satz 1 KSchG statuierte Klagefrist auch für die Rüge der fehlenden Massenentlassungsanzeige gilt, ist die Rechtslage aber ungesichert. Man kann sich also als Arbeitgeber zunächst nicht darauf verlassen, dass nach Ablauf von drei Wochen nach Zugang der schriftlichen Kündi-

---

104 BT-Drucks. 15/1204, S. 26; BR-Drucks. 421/03, S. 19.
105 BT-Drucks. 15/1204, S. 26; BR-Drucks. 421/03, S. 19.
106 APS/*Moll* § 18 Rz 47.

gung keine auf das Fehlen einer Anzeige iSv § 17 Abs. 3 KSchG gestützten Klagen gegen die Rechtswirksamkeit der Kündigung mehr eingehen, und dass diese nicht für zulässig befunden werden.

85 Der Arbeitnehmer kann auf die Geltendmachung eines Verstoßes gegen die §§ 17, 18 KSchG verzichten.[107] Der Verzicht kann jedoch nur nach der Kündigungserklärung bzw. nach Abschluss des das Arbeitsverhältnis beendenden Aufhebungsvertrages, nicht aber zu einem früheren Zeitpunkt erklärt werden.[108]

86 Der Arbeitgeber hingegen kann sich nicht auf die Unwirksamkeit der Kündigung oder Entlassung berufen.[109]

b) Heilbarkeit einer wegen Verstoßes gegen § 17 Abs. 3 KSchG unwirksamen Kündigung

87 Fehlen Angaben, die in der Anzeige nach § 17 Abs. 3 Satz 4 KSchG enthalten sein müssen, oder fehlt die Stellungnahme des Betriebsrats, ohne dass diese durch die Glaubhaftmachung ersetzt wurde, der Betriebsrat sei mindestens zwei Wochen vor Erstattung der Anzeige unterrichtet worden (§ 17 Abs. 3 Sätze 2, 3 KSchG), so wird die Anzeige erst dann wirksam, wenn die vollständigen Angaben, die Stellungnahme des Betriebsrats oder die Glaubhaftmachung **nachgereicht** werden.[110] Es ist also zulässig, einzelne im Rahmen der Anzeige vorgeschriebene Angaben nachzuholen und Unterlagen nachzureichen. Ebenso lässt sich die gesamte **Anzeige nachholen**, wenn sie zunächst unterblieben ist. Die Sperrfrist beginnt allerdings erst mit dem Eingang der vollständigen und ordnungsgemäßen Anzeige bei der Agentur für Arbeit zu laufen. Von dem Ausnahmefall einer Zustimmung des Arbeitsamts nach § 18 Abs. 1 KSchG abgesehen, ist die Entlassung also regelmäßig nach Ablauf eines Monats nach Eingang der vollständigen und ordnungsgemäßen Anzeige bei der zuständigen Agentur für Arbeit möglich. Der genaue Entlassungszeitpunkt hängt bei Kündigungen von dem Kündigungstermin ab, also von dem Zeitpunkt, zu dem die Kündigungsfrist abläuft.[111]

---

107 *BAG* 11. 3. 1999, EzA § 17 KSchG Nr. 8 = NZA 1999, 761, 763; *BAG* 13. 3. 1969, EzA § 15 KSchG Nr. 1.
108 *BAG* 11. 3. 1999, EzA § 17 KSchG Nr. 8 = NZA 1999, 761, 763.
109 *V. Hoyningen-Huene/Linck* § 18 Rz 31.
110 KR/*Weigand* § 17 Rz 83; APS/*Moll* § 17 Rz 100; *v. Hoyningen-Huene/Linck* § 17 Rz 70; »Anzeigepflichtige Entlassungen für Arbeitgeber«, Broschüre der Bundesagentur für Arbeit, S. 12.
111 *BAG* 8. 6. 1989, EzA § 17 KSchG Nr. 4 = AP § 17 KSchG 1969 Nr. 6.

Anzeigepflicht § 17

Zu beachten ist, dass Kündigungen, deren **Kündigungsfrist** bereits vor 88 der Einreichung der vollständigen und ordnungsgemäßen Anzeige **abgelaufen** ist, von einer nachgeholten oder erst später wirksam werdenden Anzeige nicht erfasst werden.[112] Solche Kündigungen sind wegen Verstoßes gegen §§ 17, 18 KSchG unwirksam und müssen unter Beachtung aller Wirksamkeitsvoraussetzungen, auch der §§ 17, 18 KSchG, wiederholt werden, wobei der letzte Tag der Kündigungsfrist nicht in die Sperrfrist fallen darf. Er muss in die sich an die Sperrfrist anschließende 90-tägige Freifrist fallen (§ 18 Abs. 4 KSchG). Dasselbe Problem stellt sich, wenn die Anzeige zwar zu einem Zeitpunkt in vollständiger Form nachgeholt oder fehlende Unterlagen zu einem Zeitpunkt nachgereicht wurden, zu dem die Kündigungsfrist noch nicht abgelaufen war; die Kündigungsfrist aber während des Laufs der Sperrfrist abläuft. Auch in diesem Fall ist eine Wiederholung von Kündigung, Unterrichtung des Betriebsrats und Anzeige unter Beachtung aller Wirksamkeitsvoraussetzungen notwendig.

▶ **Beispiel:**
Die Kündigung ist am 14. Mai zugegangen und wird zum 30. Juni wirksam (Die Kündigungsfrist beträgt einen Monat). Erst am 7. Juli erstattet der Arbeitgeber die Anzeige in vollständiger und ordnungsgemäßer Form. Hier muss der Arbeitgeber sowohl die Kündigung als auch die Anzeige erneut vornehmen, und zwar wegen der Länge der Kündigungsfrist in der zeitlichen Reihenfolge, dass die Anzeige mehr als einen Monat vor dem Ende der Kündigungsfrist bei der Agentur für Arbeit eingeht.

▶ **Abwandlung:**
Auch wenn die Massenentlassungsanzeige bereits am 20. Juni bei der Agentur für Arbeit eingeht – alle anderen Daten sind wie in dem Grundfall –, läuft die Sperrfrist erst am 20. Juli, also nach dem Ablaufen der Kündigungsfrist, ab. Auch hier muss der Arbeitgeber Kündigung, Unterrichtung des Betriebsrats und Anzeige an die Agentur für Arbeit in der Reihenfolge wiederholen, dass die Anzeige so lange vor dem Entlassungstermin (Kündigungstermin) bei der Agentur für Arbeit eingeht, dass der Kündigungstermin in die sich an die Sperrfrist anschließende Freifrist fällt.

Eine Ausnahme von der Regel, dass die Anzeige zeitlich vor der Entlas- 89 sung bei der Agentur für Arbeit eingehen muss, gilt, wenn die Agentur

---

112 *LAG Düsseldorf* 6. 4. 1956, BB 1956, 752 f.; APS / *Moll* § 17 Rz 100.

für Arbeit auf Antrag ihre **Zustimmung** zur Abkürzung der Sperrfrist gemäß § 18 Abs. 1 KSchG erklärt. Auch in diesem Fall jedoch müssen Eingang der Anzeige und Entlassungstermin mindestens auf denselben Tag fallen. Die Entlassung kann nicht rückwirkend zu einem vor der Anzeigeerstattung liegenden Termin für wirksam erklärt werden. Zwar können die Zustimmung des Arbeitsamts und damit das Wirksamwerden der Entlassung zurückwirken, wenn die Agentur für Arbeit dies in ihrer Entscheidung bestimmt hat; die Rückwirkung ist allerdings höchstens bis zum Tag der Antragstellung zulässig, § 18 Abs. 1, 2. Halbs. KSchG. Die Antragstellung kann zusammen mit der Erstattung der Anzeige (oder später), nicht aber zuvor erfolgen.

90 Erteilt die Agentur für Arbeit auf Antrag des Arbeitgebers die Zustimmung zum Wirksamwerden der Entlassungen vor Ablauf der Sperrfrist (vgl. § 18 Abs. 1 KSchG) oder trifft sie eine Entscheidung über die Verlängerung der Sperrfrist nach § 18 Abs. 2 KSchG, so sind Entlassungen, die nach dem Eintritt der Bestandskraft des Zustimmungsbescheides vorgenommen werden – also beispielsweise Kündigungen, deren Kündigungstermin nach dem Datum der Bestandskraft liegt –, sogar dann wirksam, wenn die **Anzeige formfehlerhaft** ergangen ist und sich der Arbeitnehmer hierauf berufen hat.[113] Der Formfehler darf jedoch nicht so schwerwiegend sein, dass die Anzeige unwirksam ist; in diesem Fall verhilft auch ein bestandskräftiger Bescheid der Arbeitsverwaltung der Entlassung nicht zur Wirksamkeit.[114] Bestandskraft eines Zustimmungsbescheides der Agentur für Arbeit tritt mit Ablauf eines Monats nach Bekanntgabe des Bescheides ein, wenn kein Widerspruch gegen den Bescheid eingelegt worden ist, §§ 77, 83 SGG. Ist der Arbeitgeber durch den Bescheid beschwert, so ist er grundsätzlich widerspruchsberechtigt; nicht widerspruchsberechtigt sind jedoch von der Entlassung betroffene Arbeitnehmer.

▶ **Hinweis:**
Es ist zu empfehlen, rechtzeitig vor dem Entlassungstermin eine formgerechte Anzeige nach § 17 KSchG zu erstatten. Auf Unwägbarkeiten wie die Frage, ob die Agentur für Arbeit mit Rückwirkung auf den Zeitpunkt der Entlassung ihre Zustimmung zu der Entlassung erklärt, sowie auf die Frage, ob ein Gericht die verspätete oder fehlerhafte Anzeige gegebenenfalls als durch die rückwirkende

---

113 *BAG* 24. 10. 1996, EzA § 102 BetrVG 1972 Nr. 92 = AP § 17 KSchG 1969 Nr. 8; KR/*Weigand* § 17 Rz 101; APS/*Moll* § 18 Rz 49.
114 *V. Hoyningen-Huene/Linck* § 18 Rz 16; KR/*Weigand* § 17 Rz 101.

Zustimmung geheilt ansehen würde, sollte es für die Wirksamkeit der Entlassungen nach Möglichkeit nicht ankommen.

Ein Bescheid der Arbeitsverwaltung mit dem Inhalt, eine Massenentlassungsanzeige sei nach dem Sachverhalt überhaupt nicht erforderlich (sog. **Negativattest**), hat ebenfalls die Wirkung, dass Entlassungen ab der Bestandskraft des Bescheides wirksam sind.[115] 91

3. Bindung des Arbeitgebers an die in der Anzeige enthaltenen Angaben

a) Muss-Angaben, § 17 Abs. 3 Satz 4 KSchG

Der Arbeitgeber ist gegenüber der Agentur für Arbeit an die Angaben **gebunden**, die er im Rahmen des § 17 Abs. 3 Satz 4 KSchG als obligatorische Angaben gemacht hat. Das BAG hat diese Bindungswirkung sogar auf die Angabe erstreckt, ob Arbeiter oder Angestellte entlassen werden sollen, wenn sie denn, ohne dass eine entsprechende Verpflichtung des Arbeitgebers bestünde, einmal in die Massenentlassungsanzeige aufgenommen worden sind.[116] Diese Angabe gehört zu dem Begriff der Berufsgruppen iSd § 17 Abs. 3 Satz 4 KSchG.[117] Dieser Rechtsprechung ist in dieser Allgemeinheit nicht zuzustimmen, da bei dem heutigen Spezialisierungsgrad für die Vermittlung von Arbeitskräften genauere Angaben benötigt werden als nur der Hinweis, ob Arbeiter oder Angestellte zur Verfügung stehen. Letztlich kommt es auf diese Frage aber nicht an, da die Berufsgruppen – und zwar in Form einer spezielleren Einteilung als lediglich der Einteilung in Arbeitnehmer und Angestellte – sowieso zu den »Muss-Angaben« iSv § 17 Abs. 3 Satz 4 KSchG gehören. 92

Die Bindungswirkung der in der Anzeige enthaltenen obligatorischen Angaben hat zur Folge, dass anzeigepflichtige Kündigungen, deren Daten von denen der gemäß § 17 Abs. 3 Satz 4 KSchG angezeigten Kündigungen – auch geringfügig[118] – **abweichen**, nicht von der Massenentlassungsanzeige erfasst werden und somit wegen Verstoßes gegen §§ 17, 18 KSchG **unwirksam** sind.[119] 93

---

115 *BAG* 21. 5. 1970, AP § 15 KSchG 1951 Nr. 11.
116 *BAG* 6. 10. 1960, AP § 15 KSchG 1951 Nr. 7.
117 APS/*Moll* § 17 Rz 108.
118 APS/*Moll* § 17 Rz 101.
119 APS/*Moll* § 17 Rz 101.

§ 17 Anzeigepflicht

▶ **Beispiel:**

Ein Arbeitgeber, in dessen Betrieb 150 Arbeitnehmer beschäftigt sind, will innerhalb der Rahmenfrist des § 17 Abs. 1 KSchG 18 Arbeitnehmer entlassen. In der Massenentlassungsanzeige gemäß § 17 Abs. 3 Satz 4 KSchG gibt er – neben den anderen obligatorischen Angaben – an, er plane, 10 Arbeitnehmer aus der Berufsgruppe der Mechaniker und 8 Arbeitnehmer aus der Berufsgruppe der Elektriker innerhalb von 30 Kalendertagen zu entlassen. Als vorgesehene Kriterien für die Auswahl der zu Entlassenden gibt er Alter, Betriebszugehörigkeit und Unterhaltspflichten der Arbeitnehmer an.

Entlässt er jedoch innerhalb von 30 Kalendertagen 8 Mechaniker, 3 Schlosser und 9 Elektriker und legt er der Auswahl der zu Entlassenden die Kriterien Alter, Betriebszugehörigkeit, Unterhaltspflichten und zu erwartende Rente bei rentennahen Arbeitnehmern zugrunde, so ist diese Entlassung nicht von der vorangegangenen Massenentlassungsanzeige gedeckt und damit unwirksam. Er muss die Anzeige mit ordnungsgemäßem Inhalt und in ordnungsgemäßer Form wiederholen. In dem Fall, in dem die Kündigungsfrist bereits abgelaufen ist oder während der nach der zweiten, ordnungsgemäßen Anzeige in Lauf gesetzten Sperrfrist abläuft, muss er auch die Kündigung erneut aussprechen. Wann hierfür der günstigste Zeitpunkt ist, bestimmt sich nach der Länge der für die betroffenen Arbeitnehmer einschlägigen Kündigungsfristen.

b) Soll-Angaben, § 17 Abs. 3 Satz 5 KSchG

94 Die Frage, ob entlassungswillige Arbeitgeber auch an die in ihrer Anzeige enthaltenen Soll-Angaben gebunden sind, ist, soweit ersichtlich, in der Rechtsprechung noch nicht diskutiert worden. In der Literatur sind die Meinungen hierzu geteilt.[120] Dabei sind sich allerdings auch die Befürworter einer grundsätzlichen Bindungswirkung einig, dass die Bindung des Arbeitgebers an seine Soll-Angaben gegenüber der Agentur für Arbeit nur im Hinblick auf die generellen Angaben zu Alter, Geschlecht, Beruf etc. eintritt, nicht hingegen hinsichtlich der Daten eines konkreten Arbeitnehmers, die der Arbeitgeber der Agen-

---

120 Für Bindungswirkung von Soll-Angaben: KR/*Weigand* § 17 Rz 86-90, der aber bei geringfügigen Abweichungen keine Bindungswirkung eintreten lassen will; *Kittner/Däubler/Zwanziger* § 17 Rz 45; gegen Bindungswirkung von Soll-Angaben: *v. Hoyningen-Huene/Linck* § 17 Rz 71a; APS/*Moll* § 17 Rz 108, 110.

tur für Arbeit bereits mitgeteilt hat. In diesem Fall darf er von der Entlassung dieses individuellen Arbeitnehmers absehen, wenn dies nicht dazu führt, dass die mitgeteilten wesentlichen Daten iSv § 17 Abs. 3 Satz 5 KSchG unrichtig werden. Dies dürfte nur dann der Fall sein, wenn der Arbeitgeber der Agentur für Arbeit die individuellen Daten zahlreicher Arbeitnehmer mitgeteilt hat und später tatsächlich andere Arbeitnehmer entlässt.

Die Zulässigkeit von unter Vorbehalt gemachten Soll-Angaben wird sowohl vom BAG[121] als auch durch bedeutende Rechtswissenschaftler[122] vertreten. In diesem Fall ist der Arbeitgeber nicht an die unter Vorbehalt getätigten Angaben gebunden. **95**

▶ **Praxistipp:**
Ist man sich als Arbeitgeber noch nicht sicher, wie die Verteilung der Geschlechter, der Alters- und Berufsgruppen etc. unter den zu entlassenden Arbeitnehmern genau sein wird, so sollte man diese Angaben nur unter Vorbehalt machen. Die völlig unterbliebene Angabe von Soll-Angaben kann ebenso wie die Angabe unrichtiger Daten im Rahmen der Soll-Angaben zu Verzögerungen des Massenentlassungsverfahrens, insbesondere zu einer Verlängerung der Sperrfrist (§ 18 Abs. 2 KSchG) führen. Ganz ausgeschlossen sind Verzögerungen bei vorbehaltlich gemachten Angaben aber auch nicht, da die Agentur für Arbeit den Arbeitgeber zu einem späteren Zeitpunkt dazu befragen wird, welche Gruppen von Arbeitnehmern im Sinne der Angaben nach § 17 Abs. 3 Satz 5 KSchG nun tatsächlich entlassen werden sollen.

4. Zusammenfassung: Wirksamkeitserfordernisse einer Anzeige nach § 17 KSchG

a) Erstattung der Anzeige durch den Arbeitgeber oder einen vertretungsberechtigten Vertreter **96**

b) Zuständigkeit und Form
aa) Eingang der Anzeige bei der zuständigen Agentur für Arbeit
bb) Anzeige muss schriftlich sein

---

121 *BAG* 6. 10. 1960, AP § 15 KSchG 1951 Nr. 7.
122 *V. Hoyningen-Huene/Linck* § 17 Rz 72; KR / *Weigand* § 17 Rz 89.

§ 17 Anzeigepflicht

c) Inhalt

aa) Anzeige enthält die Muss-Angaben des § 17 Abs. 3 Satz 4 KSchG

bb) Der Anzeige ist eine Stellungnahme des Betriebsrats oder eine Glaubhaftmachung der Unterrichtung und eine Darlegung des Standes der Beratungen beigefügt (§ 17 Abs. 3 Sätze 2 und 3 KSchG)

d) Zeitpunkt: Anzeige geht vor Entlassungszeitpunkt (also Kündigungstermin oder sonstiger Termin des rechtlichen Ausscheidens) bei der Agentur für Arbeit ein

▶ **Hinweis:**

Ein Vordruck der Anzeige an die Agentur für Arbeit lässt sich von ihrer Homepage herunterladen (Vordrucke BA-KSchG 2, BA-KSchG 2a, BA-KSchG 3).[123]

VIII. Schriftformerfordernis für Unterrichtung und Anzeige

97 Die Unterrichtung des Betriebsrats sowie die Anzeige bei der Agentur für Arbeit haben jeweils **in schriftlicher Form** zu erfolgen, § 17 Abs. 2 Satz 1, Abs. 3 Satz 2 KSchG. Das Schriftformerfordernis der Unterrichtung bezieht sich nur auf die in § 17 Abs. 2 Satz 1 Nrn. 1-6 KSchG vorgeschriebenen Angaben.[124] Das Schriftformerfordernis des § 17 Abs. 3 Satz 2 KSchG muss den Erfordernissen genügen, die an die Klageeinreichung oder Rechtsmitteleinlegung gestellt werden.[125] Dies hat zur Folge, dass die Anzeige an die Agentur für Arbeit auch durch **Telefax** oder **Telegramm** gewahrt wird.[126]

98 *Von Hoyningen-Huene/Linck*[127] halten die Anzeige per **e-mail**, also in elektronischer Form, für zulässig und begründen dies mit § 126 Abs. 3 BGB. Diese Auffassung überzeugt. Eine in e-mail-Form erstattete Anzeige iSv § 17 KSchG ist allerdings bislang noch nicht Gegenstand von Urteilen gewesen. Nach den soeben dargestellten Grundsätzen, wonach bei einer Anzeige nach § 17 Abs. 3 KSchG dieselben Schriftformerfordernisse einzuhalten sind, die auch bei Klageerhebung und Rechtsmitteleinlegung einzuhalten sind, ist im Moment noch aus praktischen Gründen von einer Anzeigeerstattung in elektronischer Form abzuraten, da in diesem Fall die Wirksamkeit der Anzeige nicht sichergestellt sein könnte.

---

123 www.arbeitsagentur.de
124 APS/*Moll* § 17 Rz 70.
125 KR/*Weigand* § 17 Rz 72a; APS/*Moll* § 17 Rz 97.
126 KR/*Weigand* § 17 Rz 72a; *v. Hoyningen-Huene/Linck* § 17 Rz 67.
127 *V. Hoyningen-Huene/Linck* § 17 Rz 67.

Anzeigepflicht **§ 17**

Eine nur mündliche Unterrichtung des Betriebsrats hat aber keine Auswirkungen auf die Wirksamkeit der Anzeige, wenn der Betriebsrat trotzdem eine Stellungnahme abgibt.[128] Teilweise wird diese Unbeachtlichkeit auch auf die Fälle ausgeweitet, in denen keine Stellungnahme des Betriebsrats vorliegt, da die Unterrichtung auch dann gemäß § 17 Abs. 3 Satz 3 KSchG glaubhaft gemacht werden könne, wenn die Unterrichtung nur mündlich vorgenommen worden sei.[129] **99**

Es ist auf jeden Fall aber zu empfehlen, sowohl die Unterrichtung als auch die Anzeige in irgendeiner Form schriftlich – wenn auch nicht unbedingt in der durch § 126 BGB vorgeschriebenen Form – zu erstatten, damit die Einhaltung des § 17 Abs. 3 KSchG **beweisbar** ist. An der Notwendigkeit, die Anforderungen der § 17 Abs. 3 Sätze 2 oder 3 KSchG zu erfüllen, also an der Notwendigkeit, der Anzeige eine Stellungnahme des Betriebsrats beizufügen bzw. die rechtzeitige Unterrichtung des Betriebsrats glaubhaft zu machen, ändert der gegenüber § 126 BGB abgemilderte Schriftformzwang allemal nichts.

IX. Ggf. weitere Stellungnahmen des Betriebsrats gegenüber der Agentur für Arbeit, Anhörung von Arbeitgeber und Betriebsrat durch die Agentur für Arbeit

Nach der Anzeigeerstattung an die Agentur für Arbeit hat der Betriebsrat die Möglichkeit zu weiteren Stellungnahmen gegenüber der Agentur, wie sich aus § 17 Abs. 3 Satz 7 KSchG ergibt. Macht der Betriebsrat von dieser Möglichkeit Gebrauch, so hat er dem Arbeitgeber jeweils eine Abschrift der Stellungnahme zuzuleiten (§ 17 Abs. 3 Satz 8 KSchG). **100**

Da § 17 Abs. 3 Satz 3 KSchG vorsieht, dass die Anzeige auch ohne eine vorherige Stellungnahme des Betriebsrats wirksam sein kann, so kann es vorkommen, dass der Betriebsrat erstmalig im Rahmen von § 17 Abs. 3 Satz 7 KSchG Stellung nimmt.[130] **101**

Im Rahmen der Entscheidung der Agentur für Arbeit wird der hierfür zuständige Entscheidungsträger sowohl den Arbeitgeber als auch den Betriebsrat anhören, § 20 Abs. 3 Satz 1 KSchG. **102**

---

128 *LAG Hamm* 6. 6. 1986, LAGE § 17 KSchG Nr. 2; *v. Hoyningen-Huene/Linck* § 17 Rz 47c.
129 APS/*Moll* § 17 Rz 78.
130 APS/*Moll* § 17 Rz 129.

X. Ggf. Entscheidung der Agentur für Arbeit über Sperrzeitverkürzung oder -verlängerung oder über Zulässigkeit von Kurzarbeit

103 In dem Fall, dass der Arbeitgeber einen Antrag auf Sperrzeitverkürzung gemäß § 18 Abs. 1 KSchG oder auf Zulassung von Kurzarbeit (§ 19 Abs. 1 KSchG) gestellt hat, wird die Agentur für Arbeit nach den vorgeschriebenen Anhörungen eine Entscheidung über den Antrag treffen und sie dem Arbeitgeber bekannt geben.

104 Ein Bescheid über die Verlängerung der Sperrzeit (§ 18 Abs. 2 KSchG) kann ergehen, wenn die Agentur für Arbeit keine Zustimmung nach § 18 Abs. 1 KSchG erklärt. Die Entscheidung über die Verlängerung der Sperrfrist setzt keinen Antrag voraus.

XI. Reaktionsmöglichkeiten des Arbeitnehmers auf die Entlassung

105 Der Arbeitnehmer kann gegen seine Entlassung durch die Erhebung der **Kündigungsschutzklage** beim Arbeitsgericht vorgehen. In der Klagebegründung kann sich der Arbeitnehmer auf einen Verstoß des Arbeitgebers gegen §§ 17 ff. KSchG berufen.[131] Auf Fehler eines gemäß § 18 Abs. 1 oder 2 KSchG ergangenen bestandskräftigen Verwaltungsaktes der Agentur für Arbeit kann sich der Arbeitnehmer hingegen nicht berufen.[132]

106 Die Klage muss **innerhalb von drei Wochen** nach Zugang der schriftlichen Kündigung beim Arbeitsgericht eingehen, § 4 Satz 1 KSchG. Der Lauf dieser Drei-Wochen-Frist wird durch den Lauf der Sperrfrist gemäß § 18 Abs. 1 oder 2 KSchG nicht gehemmt.

---

131 ErfK/*Ascheid* § 17 Rz 35; APS/*Moll* § 17 Rz 134.
132 KR/*Weigand* § 17 Rz 101; APS/*Moll* § 17 Rz 134.

§ 18 Entlassungssperre

(1) Entlassungen, die nach § 17 anzuzeigen sind, werden vor Ablauf eines Monats nach Eingang der Anzeige bei der Agentur für Arbeit nur mit deren Zustimmung wirksam; die Zustimmung kann auch rückwirkend bis zum Tage der Antragstellung erteilt werden.

(2) Die Agentur für Arbeit kann im Einzelfall bestimmen, dass die Entlassungen nicht vor Ablauf von längstens zwei Monaten nach Eingang der Anzeige wirksam werden.

(3) *(aufgehoben)*

(4) Soweit die Entlassungen nicht innerhalb von 90 Tagen nach dem Zeitpunkt, zu dem sie nach den Absätzen 1 und 2 zulässig sind, durchgeführt werden, bedarf es unter den Voraussetzungen des § 17 Abs. 1 einer erneuten Anzeige.

Literatur
Vgl. die Angaben vor § 17 KSchG.

Inhalt

		Rz
A.	Einführung	1– 2
B.	Einmonatige Entlassungssperre (Regelsperrfrist)	3– 8
C.	Ausnahmen	9–22
	I. Verkürzung der Sperrfrist	9–19
	II. Verlängerung der Sperrfrist	20–22
D.	Freifrist	23–28
E.	Reaktionsmöglichkeiten des Arbeitgebers	29–30
F.	Reaktionsmöglichkeiten der Arbeitnehmer	31

A. Einführung

Zum 1. Januar 1998 wurde der § 18 KSchG durch das Arbeitsförderungs-Reformgesetz vom 24. März 1997 (BGBl. I S. 594) umfassend geändert. Nach der Neuregelung lag die Entscheidungszuständigkeit gemäß § 18 Abs. 1 und 2 KSchG bei den Arbeitsämtern und nicht mehr, wie zuvor, bei den Landesarbeitsämtern. Seit dem 1. Januar 2004 liegt sie nunmehr bei den **Agenturen für Arbeit** (so die neue Bezeichnung der Arbeitsämter). § 18 Abs. 3 KSchG aF wurde durch die Gesetzesänderung von 1998 aufgehoben. Die Freifrist war auch nach der Rechtslage bis Dezember 1997 in § 18 Abs. 4 KSchG geregelt. Sie wurde zum 1. Januar 1998 von einem Monat auf 90 Tage verlängert. Arbeitgeber

1

haben also seit einigen Jahren mehr Spielraum bei der Steuerung des zeitlichen Ablaufs als vor dem 1. Januar 1998, da sich das Zeitfenster, während dessen die Entlassungen wirksam werden können, etwa verdreifacht hat.

2 Wie § 17 KSchG hat auch § 18 KSchG einen **arbeitsmarktpolitischen Hintergrund**. Die Agentur für Arbeit soll sich auf die Weitervermittlung der Entlassenen einstellen können, weshalb ihr ein bestimmter Vorlauf von der Information über die Massenentlassung bis zu dem Wirksamwerden der Entlassungen eingeräumt werden soll.[1] Dieser Zweck wird von den Agenturen für Arbeit daher regelmäßig auch berücksichtigt, wenn sie gemäß § 18 Abs. 2 KSchG eine Entscheidung über die Verlängerung der Sperrfrist zu treffen haben[2] (vgl. im Einzelnen sogleich Rz 20 ff.).

B. Einmonatige Entlassungssperre (Regelsperrfrist)

3 § 18 Abs. 1 KSchG sieht vor, dass anzeigepflichtige Entlassungen grundsätzlich erst nach Ablauf eines Monats nach Eingang der Anzeige bei der Agentur für Arbeit wirksam werden, unabhängig von dem Zeitpunkt, zu dem die Kündigungsfrist abläuft. Diese Ein-Monats-Frist wird auch als **Sperrfrist** bezeichnet. Die Sperrfrist beginnt gemäß § 130 Abs. 3 BGB mit dem Zugang der Anzeige bei der Agentur für Arbeit.[3] Die Fristberechnung bestimmt sich nach den § 26 SGB X iVm §§ 187 Abs. 1, 188 Abs. 2, 3 BGB. Das bedeutet, dass der Tag des Eingangs der Anzeige bei der Fristberechnung nicht mitgezählt wird (§ 187 Abs. 1 BGB) und die Monatsfrist mit Ablauf desjenigen Tages des nächsten Monats endet, der durch seine Zahl dem Tag des Anzeigeneingangs entspricht (§ 188 Abs. 2 BGB).[4]

4 Geht die Anzeige bei einer örtlich unzuständigen Agentur für Arbeit ein, so löst dies den Lauf der Sperrfrist nicht aus. Die Frist läuft in diesem Fall erst ab Eingang bei der zuständigen Agentur für Arbeit, und zwar auch dann, wenn die unzuständige Agentur für Arbeit die Anzeige an die zuständige weiterleitet.[5]

5 Eine unvollständige oder aus anderen Gründen nicht ordnungsgemäße Anzeige (zu den Voraussetzungen einer wirksamen Anzeige vgl.

---

1 APS/*Moll* § 18 Rz 3.
2 *BayLSG* 8. 8. 1985, NZA 1986, 654; APS/*Moll* § 18 Rz 3.
3 APS/*Moll* § 18 Rz 5.
4 APS/*Moll* § 18 Rz 6.
5 ErfK/*Ascheid* § 18 Rz 5; *v. Hoyningen-Huene/Linck* § 18 Rz 3a; APS/*Moll* § 18 Rz 8; KR/*Weigand* § 18 Rz 7.

Entlassungssperre § 18

oben § 17 KSchG Rz 67 ff.) löst den Lauf der Sperrfrist ebenso wenig aus. Insbesondere muss die Anzeige die in § 17 Abs. 3 Sätze 2-4 KSchG zwingend vorgeschriebenen Angaben enthalten.[6] Bei vollständiger Beseitigung des Unwirksamkeitsgrundes wie beispielsweise bei **Nachholung** aller noch fehlenden erforderlichen Angaben wird die Anzeige an dem Tag wirksam, an dem die letzte der zwingend vorgeschriebenen Angaben, ohne die die Anzeige keine Wirksamkeit entfaltet, bei der Agentur für Arbeit eingeht (ex-nunc-Wirkung).[7]

▶ **Beispiel:**

Am 3. Juni geht eine Massenentlassungsanzeige eines Arbeitgebers, dessen Betrieb seinen Sitz in Frankfurt/M. hat, bei der Agentur für Arbeit (bzw. nach der alten Terminologie beim Arbeitsamt) Frankfurt/M. ein. Sie enthält keine Angabe über die Berufsgruppen der zu entlassenden Arbeitnehmer. Außerdem ist ihr weder eine Stellungnahme des Betriebsrats beigefügt noch eine Glaubhaftmachung, dass der Betriebsrat zwei Wochen vor Anzeigeerstattung unterrichtet worden sei. Eine derartige Anzeige genügt nicht den Anforderungen des § 17 Abs. 3 Sätze 2 bis 4 KSchG, auch wenn die Anzeige bei der zuständigen Agentur für Arbeit eingegangen ist.

Am 28. Juni reicht der Arbeitgeber die Stellungnahme des Betriebsrats nach; am 30. Juni reicht er eine vollständige und ordnungsgemäße Aufstellung der Berufsgruppen der zu entlassenden Arbeitnehmer nach. Daher ist die vollständige Anzeige der Agentur für Arbeit Frankfurt/M. am 30. Juni zugegangen. Die Sperrfrist des § 18 Abs. 1 KSchG beginnt daher am 1. Juli zu laufen und endet am 31. Juli (vgl. § 188 Abs. 3 BGB).

Das Arbeitsverhältnis ist rechtlich beendet – die Wirksamkeit der Kündigung unterstellt –, wenn sowohl die **Kündigungsfrist abgelaufen** als auch die **Entlassungssperre verstrichen** ist. Unproblematisch ist dies, wenn der letzte Tag der Kündigungsfrist und der erste Tag der Freifrist zusammenfallen. Dies dürfte allerdings selten eintreten. Häufiger dürfte sein, dass beide Ereignisse in gewissem Abstand hintereinander eintreffen. 6

In dem Fall, dass zunächst die Kündigungsfrist abläuft und später die Entlassungssperre endet, vertreten das LAG Frankfurt/M.[8] und das 7

---

6 ErfK/*Ascheid* § 18 Rz 4; *v. Hoyningen-Huene/Linck* § 18 Rz 3; KR/*Weigand* § 18 Rz 6.
7 APS/*Moll* § 18 Rz 9.
8 *LAG Frankfurt/M.* 16. 3. 1990, DB 1991, 658 (rkr.).

LAG Hamm,[9] dass ein Arbeitverhältnis, das im Zuge einer Massenentlassung beendet worden ist, und dessen Kündigungsfrist vor dem Ende der Sperrfrist gemäß § 18 Abs. 1 und 2 KSchG abläuft, erst mit dem nächst zulässigen Kündigungstermin beendet ist. Das LAG Frankfurt/M. begründet dies mit dem Zweck des § 18 KSchG, den Arbeitsmarkt um weitere Arbeitsuchende zu entlasten, indem die Freisetzung von Arbeitnehmern soweit wie möglich hinausgeschoben wird. Diese Ansicht wird von einer Literaturauffassung[10] unterstützt; mehrheitlich wird diese Konstruktion jedoch zu Recht von der Literatur angegriffen.[11] Die überwiegende Literaturauffassung sieht die Situation, in der zunächst die Kündigungsfrist abläuft und danach die Entlassungssperre endet, so, dass das Arbeitsverhältnis mit dem Ablauf der Entlassungssperre rechtlich endet und der Arbeitnehmer mithin zu diesem Zeitpunkt – Ende der Entlassungssperre – ausscheidet. Diese Ansicht liegt unter logischen Gesichtspunkten näher als die Meinung der zitierten Landesarbeitsgerichte.

▶ **Praxistipp:**
Im Falle der Weiterbeschäftigung eines Arbeitnehmers, dessen Kündigungsfrist bereits abgelaufen ist, bis zum Ende der Entlassungssperre oder bis zum Ablauf des nächsten Kündigungstermins nach dem Ende der Entlassungssperre ist unbedingt eine schriftliche Vereinbarung abzuschließen, in der die Befristung der Weiterbeschäftigung ausdrückliche Erwähnung findet. Anderenfalls kann sich der Arbeitnehmer darauf berufen, dass ein unbefristetes Arbeitsverhältnis zustande gekommen sei (§§ 14 Abs. 4, 16 TzBfG, § 625 BGB).

8 Geht das Ende der Entlassungssperre dem Eintreten des Kündigungstermins voran, so muss die Kündigungsfrist spätestens am 90. Tag nach dem Ende der Entlassungssperre ablaufen (die Fristberechnung erfolgt nach §§ 187, 188 BGB). Läuft sie erst nach diesem Zeitpunkt ab, so muss der Arbeitgeber das Anzeigeverfahren wiederholen. In diesem Fall endet das Arbeitsverhältnis, wenn die Kündigungsfrist während der Freifrist abläuft, die in der Regel einen Monat nach Eingang der erneuten, vollständigen und auch sonst ordnungsgemäßen Anzeige zu laufen beginnt.

---

9 *LAG Hamm* 25. 7. 1986, AR-Blattei ES 1020.2 Kündigungsschutz II Massenentlassungen Nr. 1 (Leitsatz).
10 *Kittner/Däubler/Zwanziger* § 18 Rz 28.
11 APS/*Moll* § 18 Rz 34; *v. Hoyningen-Huene/Linck* § 18 Rz 18; KR/*Weigand* § 18 Rz 31a.

C. Ausnahmen

I. Verkürzung der Sperrfrist

Es besteht die Möglichkeit, bei der Agentur für Arbeit einen **Antrag auf Abkürzung der Sperrfrist** zu stellen. Die Agentur für Arbeit kann auf Antrag die ausdrückliche Zustimmung zur Vornahme von Entlassungen bereits während der einmonatigen Sperrfrist erteilen. Ohne Antrag wird die Agentur für Arbeit insoweit nicht tätig.[12] Der Antrag sollte möglichst klar und eindeutig formuliert sein; er ist aber formlos gültig.[13] Es ist empfehlenswert, den Vordruck »Anzeige von Entlassungen«, BA-KSchG 2, Rubrik 4, zu benutzen. Der Antrag kann zugleich mit der Anzeige gemäß § 17 Abs. 3 KSchG oder zu einem späteren Zeitpunkt gestellt werden.[14]

9

Zur **Begründung** seines Antrags sollte der Arbeitgeber bestimmte Tatsachen vortragen und nachweisen. So ist es beispielsweise günstig, wenn der Arbeitgeber den Nachweis führen kann, dass die Entlassungen trotz sorgfältigster betrieblicher Planung nicht vorhersehbar waren.[15]

10

Auch der Nachweis, dass dem Arbeitgeber bei der Anzeige entschuldbare Fehler unterlaufen sind, und die Sperrfrist daher erst zu einem späteren Zeitpunkt als mit Einreichung der – entschuldbar – fehlerhaften ersten Anzeige, und zwar mit Einreichung einer ordnungsgemäßen Anzeige, zu laufen begonnen hat, kann einen Antrag auf Zustimmung zur vorgezogenen Entlassung rechtfertigen.[16] Dasselbe gilt für den Nachweis, dass die betroffenen Arbeitnehmer im Anschluss an das beendete Arbeitsverhältnis ein neues Arbeitsverhältnis eingehen werden[17] oder dass die Entlassungen durch das Fehlen oder die Streichung öffentlicher Mittel bedingt sind.[18] Die Agentur für Arbeit entscheidet unter Würdigung aller Umstände des Einzelfalles.

11

Entscheidet sich die Agentur für Arbeit für eine Verkürzung der Sperrfrist, so legt sie zugleich den Tag fest, an dem die verkürzte Sperrfrist abläuft. Dies kann der Tag der Bekanntgabe der Zustimmung, ein zwischen dem Tag der Bekanntgabe und dem Ablauf der Monatsfrist lie-

12

---

12 APS/*Moll* § 18 Rz 12.
13 APS/*Moll* § 18 Rz 14.
14 KR/*Weigand* § 18 Rz 11.
15 APS/*Moll* § 18 Rz 15.
16 *KR/Weigand* § 18 Rz 6 f.
17 »Anzeigepflichtige Entlassungen für Arbeitgeber«, Broschüre der Bundesagentur für Arbeit, S. 14.
18 APS/*Moll* § 18 Rz 15.

§ 18 Entlassungssperre

gender Tag oder auch ein in der Vergangenheit liegender Tag sein, frühestens jedoch der Tag der Antragstellung auf Zustimmung (rückwirkende Zustimmung gemäß § 18 Abs. 1, 2. Halbsatz KSchG).[19] Eine Zustimmung ohne Datumsangabe ist regelmäßig so auszulegen, dass ein Ablaufen der Sperrfrist mit dem Tag der Bekanntgabe der Entscheidung an den Arbeitgeber gewollt ist.[20] Mit *v. Hoyningen-Huene/Linck*[21] ist Arbeitgebern dazu zu raten, dafür zu sorgen, dass dem Arbeitnehmer die Zustimmung der Agentur für Arbeit zu der Entlassung vor dem Ende der Sperrfrist bekannt gegeben wird; ob die Bekanntgabe durch die Agentur für Arbeit oder durch den Arbeitgeber selber erfolgt, ist unerheblich. Die Agentur für Arbeit kann jedoch – mit und ohne Antrag des Arbeitgebers auf Verkürzung der Sperrfrist – auch eine Verlängerung der Sperrfrist beschließen.[22]

13 Die Agentur für Arbeit darf ihre Zustimmungsentscheidung mit **Bedingungen** versehen. In diesem Fall hat der Arbeitgeber grundsätzlich die Wahl, ob er die in der Entscheidung gestellte Bedingung erfüllt oder ob er den Ablauf der Regelfrist von einem Monat (§ 18 Abs. 1, 1. Halbsatz KSchG) abwartet.[23] Zu der Frage, welche Bedingungen hier aufgestellt werden können, gehen die Ansichten auseinander. Praktisch bedeutsam sind insbesondere die Bedingung der Wiedereinstellung von entlassenen Arbeitnehmern unter bestimmten Voraussetzungen und die Bedingung von Abfindungszahlungen an die Entlassenen.[24]

14 Der Zustimmungsantrag des Arbeitgebers ist unter anderem dann sinnvoll und erforderlich, wenn der Arbeitgeber, ohne dies genau vorhersehen zu können, **stufenweise** Gruppen von Arbeitnehmern entlässt, deren Anzahl auf der ersten Stufe den Schwellenwert des § 17 Abs. 1 KSchG nicht erreicht, deren Gesamtzahl innerhalb der 30-Tages-Rahmenfrist aber die in § 17 Abs. 1 KSchG festgelegten Werte erreicht.[25] In diesem Fall nämlich steht der Arbeitgeber vor dem Problem, dass nach dem bei Beginn der ersten Entlassungen vorliegenden Kenntnisstand kein Unterrichtungs- und Anzeigeverfahren durchgeführt werden muss, rückblickend aber der § 17 KSchG doch eingreift.

---

19 APS/*Moll* § 18 Rz 16.
20 KR/*Weigand* § 18 Rz 12; APS/*Moll* § 18 Rz 16.
21 *V. Hoyningen-Huene/Linck* § 18 Rz 7.
22 APS/*Moll* § 18 Rz 21.
23 APS/*Moll* § 18 Rz 24.
24 Vgl. im einzelnen *v. Hoyningen-Huene/Linck* § 18 Rz 14.
25 APS/*Moll* § 18 Rz 20.

Entlassungssperre § 18

▶ **Beispiel:**

In einem Betrieb mit 300 Arbeitnehmern werden zum 31. Mai 20 Arbeitnehmer entlassen, zum 15. Juni 10 und zum 30. Juni weitere 10 Arbeitnehmer. Dies stellt einen Massenentlassungstatbestand gemäß § 17 Abs. 1 KSchG dar. Zunächst war aber nur der erste Schritt – die Entlassungen zum 31. Mai – geplant, so dass der Arbeitgeber von einem Unterrichtungs- und Anzeigeverfahren abgesehen hat.

Die Folge ist, dass sämtliche Entlassungen – und nicht nur die, um 15 die der Schwellenwert des § 17 Abs. 1 KSchG überschritten wird[26] – unwirksam sind, es sei denn, der Arbeitgeber erstattet eine Massenentlassungsanzeige und stellt mit Erfolg einen Antrag bei der Agentur für Arbeit auf rückwirkende Zustimmung zur Entlassung.[27] Die Anzeige einer Massenentlassung bei der Agentur für Arbeit, die nicht mit einem solchen Antrag verbunden wird, verhilft hingegen nur denjenigen Entlassungen zur Wirksamkeit (die kündigungsrechtliche Wirksamkeit im übrigen vorausgesetzt), die innerhalb der Freifrist erfolgen, nicht aber denjenigen Entlassungen, die zu Kündigungsterminen erfolgen sollten, die zur Zeit des Sperrzeitablaufs bereits verstrichen sind.[28] Der Antrag auf rückwirkende Zustimmung muss aber spätestens an dem Tag bei der Agentur für Arbeit eingehen, an dem die ersten Entlassungen wirksam werden sollen. Bei einer späteren Antragstellung kann eine durch die Agentur für Arbeit erteilte rückwirkende Zustimmung zur Entlassung nicht mehr die vor dem Datum des Antrags eingetretenen Entlassungen erfassen, § 18 Abs. 1, 2. Halbsatz KSchG.[29] Desgleichen bleiben vor dem Ende der Sperrfrist vorgenommene Entlassungen unwirksam, wenn die Agentur für Arbeit nicht antragsgemäß entscheidet, sie also den Entlassungen nicht gemäß § 18 Abs. 1, 2. Halbsatz KSchG rückwirkend zustimmt oder die Rückwirkung nicht auf alle zeitlich vor seiner Entscheidung liegenden Entlassungen erstreckt.[30] Der Arbeitgeber ist in diesem Fall gezwungen, den Arbeitnehmern ein zweites Mal zu kündigen, den Betriebsrat ordnungsgemäß zu unterrichten

---

26 *Stahlhacke/Preis/Vossen* Rz 1587.
27 *BAG* 24. 10. 1996, EzA § 102 BetrVG 1972 Nr. 92 = AP § 17 KSchG 1969 Nr. 8; *BSG* 9. 12. 1958, AP § 15 KSchG 1951 Nr. 3; ErfK /*Ascheid* § 18 Rz 2; *v. Hoyningen-Huene/Linck* § 18 Rz 9; KR /*Weigand* § 18 Rz 17.
28 *BSG* 9. 12. 1958, AP § 15 KSchG 1951 Nr. 3; APS /*Moll* § 18 Rz 21.
29 KR /*Weigand* § 18 Rz 17.
30 *BAG* 24. 10.1996, EzA § 102 BetrVG 1972 Nr. 92 = AP § 17 KSchG 1969 Nr. 8; *BSG* 9. 12. 1958, AP § 15 KSchG 1951 Nr. 3; ErfK /*Ascheid* § 18 Rz 2; *v. Hoyningen-Huene/Linck* § 18 Rz 9; APS /*Moll* § 18 Rz 20.

und rechtzeitig in ordnungsgemäßer Weise Anzeige an die Agentur für Arbeit zu erstatten.

16 Dasselbe Problem stellt sich, wenn der Arbeitgeber, ohne in Stufen vorzugehen, so viele Entlassungen auf einmal vornimmt, dass die Schwelle zur Anzeigepflichtigkeit überschritten wird, und er diese erst so **spät anzeigt**, dass die **Kündigungsfristen** bei Ende der einmonatigen Sperrfrist bereits **abgelaufen** sind. Auch in diesem Fall muss der Arbeitgeber die Kündigung und das durch § 17 KSchG vorgeschriebene Prozedere wiederholen, wenn er nicht rechtzeitig einen Antrag auf Zustimmung zur Abkürzung der Sperrfrist bei der Agentur für Arbeit gestellt hat, der antragsgemäß beschieden wird.

> ▶ **Beispiel Abwandlung:**
>
> Die Anzahl der vor den Entlassungen beschäftigten Arbeitnehmer, die Zahl der jeweils zum selben Datum entlassenen Arbeitnehmer und die Entlassungsdaten stimmen mit denen des letzten Beispiels überein.
>
> Zeigt der Arbeitgeber der Agentur für Arbeit am 14. Mai (Eingang bei der Agentur am 14. Mai) die zum 31. Mai, 15. und 30 Juni geplanten Entlassungen an und verbindet er dies mit dem Antrag auf Zustimmung zur Abkürzung der Sperrfrist, so werden die Entlassungen zum 15. und 30. Juni auch ohne antragsgemäße Zustimmung des Arbeitsamts wirksam. Im Hinblick auf die Entlassungen zum 31. Mai hingegen ist eine Verkürzung der Sperrfrist durch die Agentur für Arbeit notwendig.
>
> Gehen die Massenentlassungsanzeige und der Antrag auf Zustimmung hingegen erst am 31. Mai bei der Agentur für Arbeit ein, so benötigt der Arbeitgeber hinsichtlich sämtlicher Entlassungen eine Zustimmungsentscheidung der Agentur. Die Entlassungen zum 31. Mai, je nach Zeitpunkt der Entscheidung der Agentur für Arbeit auch die Entlassungen zum 15. und 30. Juni, werden nur dann wirksam, wenn die Agentur für Arbeit der Zustimmung zusätzlich Rückwirkung beimisst.

17 Fehlt in der Entscheidung der Agentur für Arbeit eine Festlegung hinsichtlich des Zeitpunktes, zu dem ihre Zustimmung wirksam werden soll, so ist die Zustimmungsentscheidung so auszulegen, dass die Zustimmung mit Wirkung zu dem Zeitpunkt erteilt wird, zu dem sie dem Arbeitgeber bekannt gegeben wird.[31]

---

31 APS/*Moll* § 18 Rz 21.

Entlassungssperre § 18

Die Frage ist, welche Bedeutung es für ein Arbeitsverhältnis hat, wenn 18
ein gekündigter Arbeitnehmer über das Ende der Kündigungsfrist
hinaus bis zur Entscheidung der Agentur für Arbeit über die rückwirkende Zustimmung **weiterbeschäftigt** wurde. Denn rechtlich hatte das
Arbeitsverhältnis nur bis zum Ende der Kündigungsfrist Bestand. Dass
Arbeitnehmer, die über das Ende der Kündigungsfrist hinaus auf
Wunsch des Arbeitgebers hin weitergearbeitet haben, hierfür eine Vergütung beanspruchen können, steht außer Frage.[32] Der Arbeitgeber
muss bei einer solchen Weiterbeschäftigung aber unbedingt eine
schriftliche Weiterbeschäftigungsvereinbarung abschließen, in der
auch der Vorbehalt niedergelegt ist, dass die Weiterbeschäftigung nur
bis zu einer Entscheidung der Agentur für Arbeit gelten soll. Andernfalls kommt gemäß §§ 21, 14 Abs. 4, 16 TzBfG, § 625 BGB ein unbedingtes Arbeitsverhältnis zustande. Hat der Arbeitgeber einen Arbeitnehmer nicht weiterbeschäftigt, so endet das Arbeitsverhältnis, wenn alle
hierfür erforderlichen kündigungsrechtlichen Voraussetzungen gegeben sind, mit dem Zugang der rückwirkenden Zustimmung der Agentur für Arbeit zur Entlassung vor Ablauf der Ein-Monats-Frist.[33] Falls
unter dem – nicht einschlägigen – Gesichtspunkt des Annahmeverzugs
(§ 615 Satz 1 BGB) Vergütungszahlungen an den Arbeitnehmer geleistet wurden, so ist der Arbeitgeber für seine Rückforderungsansprüche
auf das Bereicherungsrecht mit seinen Risiken, insbesondere der Entreicherung des Arbeitnehmers, verwiesen.[34] Daher ist von einer Vergütungszahlung an nicht weiterbeschäftigte Arbeitnehmer abzuraten.

Die Zustimmung der Agentur für Arbeit zum Wirksamwerden von 19
Entlassungen trotz fehlerhafter oder verspäteter Anzeige (die Anzeige
darf jedoch nicht unwirksam sein[35]) ist nicht geeignet, **sonstige
Unwirksamkeitsgründe** zu heilen, das heißt, die einzelnen Kündigungen müssen, von den Erfordernissen des § 17 KSchG abgesehen,
zusätzlich alle anderen Wirksamkeitsvoraussetzungen (zB § 1 Abs. 2, 3
KSchG, § 102 BetrVG) erfüllen. Anderenfalls werden die betreffenden
Arbeitsverhältnisse nicht wirksam beendet.[36]

---

32 ErfK /*Ascheid* § 18 Rz 8; *v. Hoyningen-Huene/Linck* § 18 Rz 12; KR / *Weigand* § 18 Rz 19.
33 APS / *Moll* § 18 Rz 26.
34 *V. Hoyningen-Huene/Linck* § 18 Rz 12; KR / *Weigand* § 18 Rz 20.
35 *LAG Hamm* 6. 6. 1986, LAGE KSchG § 17 Nr. 2.
36 ErfK / *Ascheid* § 18 Rz. 7; *v. Hoyningen-Huene/Linck* § 18 Rz 13.

II. Verlängerung der Sperrfrist

20 Die Agentur für Arbeit kann – neben einer Sperrfristverkürzung – auch eine **Verlängerung der Sperrfrist** beschließen. Dies setzt zunächst voraus, dass die Verlängerungsentscheidung dem Arbeitgeber vor Ablauf der einmonatigen Sperrfrist gemäß § 18 Abs. 1 KSchG zugeht.[37] Geht die Entscheidung dem Arbeitgeber erst später zu, so ist die Sperrfrist irreversibel abgelaufen.[38]

21 Die Agentur für Arbeit wird eine Verlängerung der Sperrfrist insbesondere dann erwägen, wenn es eine Prognose dahingehend trifft, dass die Bemühungen, die betroffenen Arbeitnehmer wieder einzugliedern, nach Lage des Gesamtarbeitsmarktes und unter Beachtung des Wirtschaftszweiges, dem der Betrieb angehört, voraussichtlich einen längeren Zeitraum in Anspruch nehmen werden.[39] Eine Entscheidung über die Verlängerung der Sperrfrist darf nur den Zweck haben, die zügige Wiedereingliederung oder Vermittlung der entlassenen Arbeitnehmer zu ermöglichen,[40] nicht hingegen den, die Zahlung von Arbeitslosengeld oder anderen Leistungen hinauszuschieben.[41]

22 Die Agentur für Arbeit trifft eine Ermessensentscheidung im Einzelfall. Eine generelle Entscheidung für alle in einem bestimmten Bezirk gelegenen Betriebe oder für alle Betriebe einer bestimmten Branche wäre nicht zulässig. Eine Entscheidung des Arbeitsamts, die zwischen verschiedenen Arbeitnehmergruppen differenziert, ist hingegen ist nicht zu beanstanden. Die Agentur für Arbeit kann eine Verlängerung der Sperrfrist auf höchstens zwei Monate ab Eingang der Anzeige beim Arbeitsamt, aber auch auf jede unter zwei Monaten liegende Frist anordnen.[42] Die Verlängerung kann von der Erfüllung bestimmter Bedingungen abhängig gemacht werden.[43]

D. Freifrist

23 Gemäß § 18 Abs. 4 KSchG können die Entlassungen innerhalb einer Freifrist von **90 Tagen**, die sich unmittelbar an das Ende der Sperrfrist

---

37 *ArbG Hamburg* 8. 7. 1954, BB 1954, 872 (rkr.); ErfK /*Ascheid* § 18 Rz 9; *v. Hoyningen-Huene/Linck* § 18 Rz 4; KR/*Weigand* § 18 Rz 23; *Schaub/Schindele* Kurzarbeit Massenentlassung Sozialplan, S. 91.
38 APS/*Moll* § 18 Rz 31.
39 APS/*Moll* § 18 Rz 31.
40 *BSG* 21. 3. 1978, NJW 1980, 2430, 2431.
41 *BayLSG* 8. 8. 1985, NZA 1986, 654; *LSG München* 4. 11. 1976, NJW 1977, 1255; KR/*Weigand* § 18 Rz 24.
42 APS/*Moll* § 18 Rz 30 f.
43 KR/*Weigand* § 18 Rz 28.

anschließt, vorgenommen werden. Der Termin der rechtlichen Beendigung des Arbeitsverhältnisses, bei Kündigungen also zB der Kündigungstermin, bei Aufhebungsverträgen der in diesem Vertrag vorgesehene Beendigungstermin, darf also nicht auf einen späteren Termin als den 90. Tag nach Ablauf der Sperrfrist fallen. Das bedeutet, dass die Entlassungen nach Erstattung der ordnungsgemäßen Anzeige und nach Ablauf der Sperrfrist nur innerhalb des Zeitrahmens des § 18 Abs. 4 KSchG zulässig sind.

Zweck dieser Freifrist ist es, den Agenturen für Arbeit die Möglichkeit zu verschaffen, sich auf den Zeitraum, innerhalb dessen die Entlassungen stattfinden können, einzustellen. Dies ist im Hinblick auf die **Vermittlungsbemühungen** der Agenturen für Arbeit von Bedeutung.[44] Die Freifrist kann weder verkürzt noch verlängert werden. **24**

Die Freifrist schließt sich unmittelbar an die Sperrfrist an, und zwar auch dann, wenn die Sperrfrist gemäß § 18 Abs. 1 KschG verkürzt worden ist. Beginn und Ende der Freifrist berechnen sich gemäß den § 26 SGB X iVm §§ 187 Abs. 2, 188 Abs. 2, 3 BGB. **25**

Im Hinblick auf Entlassungen, die nicht innerhalb der Freifrist durchgeführt werden, ist zu prüfen, ob sie gemäß § 17 KSchG anzeigepflichtig sind. Dies ist nicht unbedingt zwingend, weil sie die Schwellenwerte oder den Zeitrahmen des § 17 Abs. 1 KSchG nicht unbedingt erfüllen müssen. Der Beurteilungsmaßstab hierfür sind einzig die in Betracht kommenden neuen Entlassungstermine für die Entlassungen, die nicht während der verstrichenen Freifrist vorgenommen worden sind. **26**

▶ **Beispiel:**

Es sollten 90 von 300 in dem Betrieb beschäftigten Arbeitnehmern entlassen werden. Es wurden, nach ordnungsgemäßer Beteiligung des Betriebsrats und ordnungsgemäßer Anzeige an das Arbeitsamt, während der Freifrist 70 Arbeitnehmer entlassen. Die 20 Arbeitnehmer, die ebenfalls noch entlassen werden sollen, aber bislang nicht entlassen wurden, können nun ohne das Massenentlassungsanzeigeverfahren des § 17 KSchG entlassen werden, weil sie den Schwellenwert des § 17 Abs. 1 Nr. 2 KSchG nicht erfüllen.

Dasselbe Ergebnis würde man erzielen, wenn in dem obigen Beispiel in der ersten Stufe 65 Arbeitnehmer entlassen werden, in

---

44 APS/*Moll* § 18 Rz 37.

der zweiten Stufe 10 und in der dritten Stufe 15 Arbeitnehmer. Die Entlassungstermine müssen jeweils mehr als 30 Kalendertage auseinander liegen.

27 Ist die geplante Entlassung der zweiten Gruppe von Arbeitnehmern aber ebenfalls anzeigepflichtig, so ist das Verfahren nach § 17 KSchG in Bezug auf diese Gruppe zu wiederholen. Die Anzeige kann auch bereits während des Laufs der Freifrist, die aufgrund des ersten Anzeigeverfahrens läuft, erstattet werden.[45]

28 Die Entlassungen werden innerhalb der Freifrist nur dann wirksam, wenn auch **alle Voraussetzungen einer wirksamen Kündigung** – oder, wenn die Entlassung nicht im Wege der Kündigung stattgefunden hat, einer wirksamen sonstigen Beendigung des Arbeitsverhältnisses – während der Freifrist vorliegen oder eintreten.

E. Reaktionsmöglichkeiten des Arbeitgebers

29 Der Arbeitgeber kann binnen eines Monats nach Bekanntgabe der Entscheidung schriftlich **Widerspruch** einreichen oder zur Niederschrift erklären. Widerspruchsgegner ist die Bundesagentur für Arbeit (bis zum 31. Dezember 2003: Bundesanstalt für Arbeit). Der Arbeitgeber kann, falls die zunächst von ihm eingereichte Anzeige unvollständig in dem Sinne war, dass sie nicht alle in § 17 Abs. 3 Satz 4 KSchG vorgeschriebenen Angaben enthielt, auch erst im Rahmen des Widerspruchsverfahrens die Anzeige um alle erforderlichen Angaben ergänzen. Dann liegt aber erst ab Eingang dieser Ergänzungen eine wirksame Anzeige iSv § 17 Abs. 1 KSchG vor, so dass Kündigungen, deren Frist zuvor abgelaufen ist, nicht zu wirksamen Entlassungen geführt haben können.[46]

30 Gegen den Widerspruchsbescheid kann der Arbeitgeber **Klage** gegen die Bundesagentur für Arbeit beim Sozialgericht erheben. Anders als die Arbeitsgerichte[47] können die Sozialgerichte die Bescheide der Agentur für Arbeit nach § 18 Abs. 1 und 2 KSchG inhaltlich nachprüfen.[48] Angesichts der Tatsache, dass eine – nicht oder nicht wie beantragt ergangene – Zustimmungsentscheidung oder Verlängerungsentscheidung jeweils nicht sehr bedeutende Zeitspannen betreffen, dürfte sich das vom Arbeitgeber geltend gemachte Interesse allerdings bei

---

45 APS/*Moll* § 18 Rz 40.
46 APS/*Moll* § 17 Rz 100.
47 *BAG* 24. 10. 1996, EzA § 102 BetrVG 1972 Nr. 92 = AP § 17 KSchG 1969 Nr. 8.
48 APS/*Moll* § 18 Rz 32.

Beendigung des gerichtlichen Verfahrens bereits durch Zeitablauf erledigt haben. Auch ein Antrag auf einstweiligen Rechtsschutz gemäß § 86b Abs. 1 Satz 1 Nr. 2 SGG würde hier nicht weiterhelfen, da dieser, ist er erfolgreich, lediglich dazu führt, dass die aufschiebende Wirkung von Widerspruch oder Anfechtungsklage angeordnet wird. Der Arbeitgeber könnte allenfalls auf Ersatz des Schadens klagen, der ihm durch eine rechtswidrige und schuldhaft unrichtig ausgestellte behördliche Entscheidung entstanden ist. In diesem Fall sind die Zivilgerichte als die für Amtshaftungsklagen zuständigen Gerichte zuständig.

F. Reaktionsmöglichkeiten der Arbeitnehmer

Eine Klagemöglichkeit des einzelnen Arbeitnehmers gegen eine Zustimmungsentscheidung der Agentur für Arbeit ist abzulehnen, denn die Arbeitnehmer sind nicht die Adressaten einer Entscheidung der Agentur für Arbeit gemäß § 18 Abs. 1 KSchG. Auf Fehler bestandskräftiger Verwaltungsakte der Agentur für Arbeit gemäß § 18 Abs. 1 oder 2 KSchG können sich die Arbeitnehmer deshalb nicht berufen.[49] Die Arbeitnehmer müssen sich an den Arbeitgeber halten, gegen den sie innerhalb der Drei-Wochen-Frist des § 4 Satz 1 KSchG **Kündigungsschutzklage** erheben können. Vgl. hierzu im Einzelnen oben § 17 KSchG Rz 80 ff., 105 f.

31

---

49 KR/*Weigand* § 17 Rz 101; APS/*Moll* § 17 Rz 134.

§ 19 Zulässigkeit von Kurzarbeit

(1) Ist der Arbeitgeber nicht in der Lage, die Arbeitnehmer bis zu dem in § 18 Abs. 1 und 2 bezeichneten Zeitpunkt voll zu beschäftigen, so kann die Bundesagentur für Arbeit zulassen, dass der Arbeitgeber für die Zwischenzeit Kurzarbeit einführt.

(2) Der Arbeitgeber ist im Falle der Kurzarbeit berechtigt, Lohn oder Gehalt der mit verkürzter Arbeitszeit beschäftigten Arbeitnehmer entsprechend zu kürzen; die Kürzung des Arbeitsentgelts wird jedoch erst von dem Zeitpunkt an wirksam, an dem das Arbeitsverhältnis nach den allgemeinen gesetzlichen oder den vereinbarten Bestimmungen enden würde.

(3) Tarifvertragliche Bestimmungen über die Einführung, das Ausmaß und die Bezahlung von Kurzarbeit werden durch die Absätze 1 und 2 nicht berührt.

Literatur
Vgl. die Angaben vor § 17 KSchG.

Inhalt

		Rz
A.	Einführung	1– 2
B.	Voraussetzungen der Anordnung von Kurzarbeit	3–11
	I. Fehlende beiderseitige Tarifbindung oder fehlende entgegenstehende tarifliche Regelungen	3– 5
	II. Massenentlassungstatbestand und Sperrfrist	6– 8
	III. Unmöglichkeit oder Unzumutbarkeit der Beschäftigung in bisherigem Umfang	9
	IV. Zuständigkeit, Antrag	10–11
C.	Verfahren und Inhalt der Entscheidung der Bundesagentur für Arbeit	12–13
D.	Arbeitsbedingungen nach Einführung der Kurzarbeit	14–21
	I. Rechtseinräumung zugunsten des Arbeitgebers	14
	II. Wirkung der Zulassung von Kurzarbeit im Arbeitsverhältnis	15–20
	1. Arbeitszeit	15
	2. Vergütungsanspruch	16–20
	a) Beginn des geminderten Vergütungsanspruchs	16–19
	b) Berechnungsgrundlage der Vergütung während Kurzarbeit	20
	III. Mitbestimmung des Betriebsrats	21
E.	Arbeitsbedingungen nach Ablauf der Sperrfrist	22
F.	Reaktionsmöglichkeiten des Arbeitgebers	23
G.	Reaktionsmöglichkeiten des Arbeitnehmers	24–26

Zulässigkeit von Kurzarbeit § 19

A. Einführung

Bereits die Fassung des KSchG vom 23. Januar 1951 enthielt eine Regelung über die Einführung von Kurzarbeit, die von einer Zulassung durch das Landesarbeitsamt abhing. Die Regelung steht mittlerweile unter der Überschrift des § 19 KSchG, wobei zum 1. Januar 2004 die Zuständigkeit für die Zulassung von Kurzarbeit auf die neuerdings so genannte Bundesagentur für Arbeit[1] (zuvor als Bundesanstalt für Arbeit bezeichnet) übertragen wurde. § 19 KSchG **bezweckt** eine **Entlastung des Arbeitgebers** von der Zahlung der vollen Arbeitsvergütung während der Dauer der Sperrfrist, denn ohne die Regelung des § 19 KSchG wäre der Arbeitgeber darauf angewiesen, Änderungskündigungen gegenüber den Arbeitnehmern auszusprechen, um dasselbe Ziel zu erreichen. Zumindest in dem Fall, in dem die Kündigungsfristen später als die Sperrfrist ablaufen, ist die Zulassung von Kurzarbeit allerdings in der Praxis ohne Bedeutung, da § 19 Abs. 2, 2. Halbsatz KSchG vorsieht, dass die Arbeitsvergütung erst nach dem Ablauf der gesetzlichen oder vertraglichen Kündigungsfrist in demselben Verhältnis wie die Verringerung der Arbeitszeit herabgesetzt werden kann.

Es ist wichtig, das Verfahren zur Zulassung von Kurzarbeit gemäß § 19 KSchG im Vorfeld von Massenentlassungen von dem Antragsverfahren auf Leistung von Kurzarbeitergeld nach den §§ 169 ff. SGB III zu unterscheiden. Für beide Verfahren sind unterschiedliche Zuständigkeiten vorgesehen, und die Bescheidung des Antrags auf Zulassung von Kurzarbeit durch die Bundesagentur für Arbeit ist nicht zugleich eine Entscheidung über die Leistung von Kurzarbeitergeld und umgekehrt.

B. Voraussetzungen der Anordnung von Kurzarbeit

I. Fehlende beiderseitige Tarifbindung oder fehlende entgegenstehende tarifliche Regelungen

§ 19 Abs. 1 und 2 KSchG und die in ihnen vorgesehenen Möglichkeiten des Arbeitgebers, aufgrund einer Zulassung der Bundesagentur für Arbeit einseitig Kurzarbeit anzuordnen, gilt nur für solche Arbeitnehmer, die **nicht tariflich gebunden** sind. Das heißt, dass Arbeitnehmer, die Mitglied einer Gewerkschaft sind, die einen auf den Arbeitgeberbetrieb anwendbaren Tarifvertrag geschlossen hat, nicht der einseitigen

---

1 Vgl. das Dritte Gesetz für moderne Dienstleistungen am Arbeitsmarkt, BGBl. 2003, Teil I Nr. 65, 2848.

Anordnung von Kurzarbeit gemäß § 19 Abs. 2 KSchG unterworfen sind, wenn zugleich der Arbeitgeber entweder Vertragspartei dieses Tarifvertrags ist oder einem Arbeitgeberverband angehört, der diesen Tarifvertrag mit der Gewerkschaft abgeschlossen hat. Gilt kraft Gesetzes oder vertraglicher Bezugnahme eine tarifliche Regelung zu den Voraussetzungen oder der Gestaltung bei der Einführung von Kurzarbeit, so geht diese der gesetzlichen Anordnungsmöglichkeit des § 19 Abs. 1 und 2 KSchG vor, vgl. § 19 Abs. 3 KSchG. Dies gilt auch, wenn ein Tarifvertrag die Einführung von Kurzarbeit untersagt.[2]

4 Falls die tarifliche Regelung so auszulegen ist, dass sie die Einleitung des Verfahrens nach § 19 KSchG nicht ausschließt, kann der Arbeitgeber die beiden Verfahren – das tariflich geregelte und das in § 19 KSchG vorgesehene – nicht miteinander kombinieren.[3] Er kann aber, wenn der Tarifvertrag entsprechend ausgelegt werden kann, zwischen den beiden Verfahren zur Einführung von Kurzarbeit – dem tariflichen oder dem gesetzlichen – wählen.[4]

5 Fälle, in denen die § 19 Abs. 1 und 2 KSchG trotz der Existenz eines einschlägigen Tarifvertrags Anwendung finden, sind die, in denen zwar Arbeitgeber und Arbeitnehmer aufgrund Gesetzes oder im Wege der Bezugnahme tarifgebunden sind, aber der einschlägige Tarifvertrag keine Bestimmungen zur Einführung von Kurzarbeit trifft, oder der Tarifvertrag die Einführung von Kurzarbeit gemäß den § 19 Abs. 1 und 2 KSchG nicht verbietet.

II. Massenentlassungstatbestand und Sperrfrist

6 Bei der Einführung von Kurzarbeit gegenüber Arbeitnehmern, die nicht tarifgebunden sind, ist gemäß § 19 KSchG vorzugehen, wenn die folgenden Voraussetzungen erfüllt sind:

7 In dem Betrieb des Arbeitgebers muss eine Massenentlassung iSv § 17 Abs. 1 KSchG vorgenommen worden sein.[5] Sie muss der Agentur für Arbeit ordnungsgemäß angezeigt worden sein, § 17 Abs. 3 KSchG.[6]

8 Weitere Voraussetzung einer Zulassung von Kurzarbeit durch die Bundesagentur für Arbeit ist, dass eine **Sperrfrist** iSv § 18 Abs. 1 oder 2

---
2 APS/*Moll* § 19 Rz 36.
3 APS/*Moll* § 19 Rz 37.
4 APS/*Moll* § 19 Rz 37.
5 ErfK/*Ascheid* § 19 Rz 2; v. *Hoyningen-Huene/Linck* § 19 Rz 3; KR/*Weigand* § 19 Rz 6.
6 V. *Hoyningen-Huene/Linck* § 19 Rz 3; KR/*Weigand* § 19 Rz 6.

KSchG eingreift. Dies ist allerdings bei Vorliegen eines Massenentlassungstatbestandes in der Regel der Fall, wenn die Massenentlassung ordnungsgemäß angezeigt wurde, es sei denn, die Agentur für Arbeit hat die Sperrfrist auf Antrag rückwirkend verkürzt, vgl. § 18 Abs. 1, 2. Halbsatz KSchG, und die Sperrfrist ist zu der Zeit, zu der die Voraussetzungen des § 19 KSchG geprüft werden, bereits abgelaufen. Die Zulassung von Kurzarbeit kann beantragt und angeordnet werden sowohl bei Eingreifen einer normalen oder abgekürzten als auch bei einer verlängerten Sperrfrist. Das größte Interesse des Arbeitgebers an der Zulassung von Kurzarbeit besteht in Fällen, in denen die Agentur für Arbeit eine verlängerte Sperrfrist angeordnet hatte.

III. Unmöglichkeit oder Unzumutbarkeit der Beschäftigung in bisherigem Umfang

Dem Arbeitgeber muss die **volle Beschäftigung** der Arbeitnehmer im Umfang ihrer vertraglich festgelegten Arbeitszeit **unmöglich oder unzumutbar** sein, § 19 Abs. 1 KSchG.[7] Ob diese Unmöglichkeit oder Unzumutbarkeit der Beschäftigung beispielsweise auf Auftragsmangel, den Folgen einer Umstrukturierung oder dem Wegfall von Betriebsanlagen beruht, ist unerheblich.[8]

9

IV. Zuständigkeit, Antrag

Zuständige Behörde für die Zulassung von Kurzarbeit ist gemäß § 19 Abs. 1 KSchG die **Bundesagentur für Arbeit**.

10

In der Praxis wird die Bundesagentur für Arbeit nur auf Antrag des Arbeitgebers tätig. Ob sie darüber hinaus auch ohne einen derartigen Antrag tätig werden darf, ist für die Praxis ohne Belang.

11

C. Verfahren und Inhalt der Entscheidung der Bundesagentur für Arbeit

Die Bundesagentur für Arbeit entscheidet in Form eines **Verwaltungsakts**, der es dem Arbeitgeber erlaubt, unabhängig von der arbeitsvertraglichen Zulässigkeit gegenüber Arbeitnehmern Kurzarbeit einseitig anzuordnen.[9]

12

---

7 KR/*Weigand* § 19 Rz 7.
8 APS/*Moll* § 19 Rz 5.
9 APS/*Moll* § 19 Rz 9.

13 Die Bundesagentur für Arbeit entscheidet nach pflichtgemäßem Ermessen. Sie kann Kurzarbeit höchstens für die Zeitspanne vom Datum der Antragstellung bis zum Ende der Sperrfrist oder auch nur für einen Teil der Sperrfrist zulassen. Hat im Falle einer Massenentlassung der Arbeitgeber bereits Kurzarbeit angeordnet, ohne zuvor die Zulassung durch die Bundesagentur für Arbeit zu beantragen, so kann die Bundesagentur für Arbeit diese Anordnung nicht mehr rückwirkend genehmigen. Die Entscheidung der Bundesagentur für Arbeit kann auch die Verteilung der verkürzten Arbeitszeit auf die einzelnen Wochentage festlegen. Auch der Anwendungsbereich des Bescheids über die Zulassung von Kurzarbeit kann nach dem Ermessen der Bundesagentur geregelt werden, so beispielsweise kann die Anwendung auf den gesamten Betrieb erstreckt oder auf bestimmte Arbeitnehmergruppen beschränkt werden.[10] Die Bundesagentur für Arbeit trifft eine Abwägungsentscheidung, die sich an der Entwicklung und Situation des Betriebs orientiert. Hierzu gehört die Belastbarkeit des Arbeitgebers. Ob auch ein Verschulden des Arbeitgebers im Hinblick auf die Unmöglichkeit der Weiterbeschäftigung von der Bundesagentur für Arbeit berücksichtigt werden darf, wird in der Literatur uneinheitlich beurteilt.[11]

D. Arbeitsbedingungen nach Einführung der Kurzarbeit

I. Rechtseinräumung zugunsten des Arbeitgebers

14 Ein gemäß § 19 Abs. 1 KSchG ergangener Bescheid der Bundesagentur für Arbeit, der die Anordnung von Kurzarbeit durch den Arbeitgeber zulässt, hat die **Einräumung des Rechts** an den Arbeitgeber zur Folge, gegenüber den Arbeitnehmern **einseitig Kurzarbeit einzuführen**, ohne dass hier arbeitsvertragliche Beschränkungen eingreifen würden. Fehlt ein Bescheid der Bundesagentur für Arbeit über die Zulassung von Kurzarbeit, so ist in der Regel für eine Verringerung der Arbeitszeit entweder eine Änderung des Arbeitsvertrages oder eine Änderungskündigung erforderlich.[12] Der Bescheid der Bundesagentur, dass Kurzarbeit unter bestimmten Voraussetzungen in dem Betrieb des Arbeitgebers angeordnet werden kann, geht also entgegenstehenden Regelun-

---

10 ErfK /*Ascheid* § 19 Rz 3; *v. Hoyningen-Huene/Linck* § 19 Rz 9; KR / *Weigand* § 19 Rz 18.
11 Dafür spricht sich aus *v. Hoyningen-Huene/Linck* § 19 Rz 6; dagegen KR / *Weigand* § 19 Rz 7.
12 ErfK /*Ascheid* § 19 Rz 4; *v. Hoyningen-Huene/Linck* § 19 Rz 15; KR / *Weigand* § 19 Rz 3.

gen in Arbeitsverträgen und Betriebsvereinbarungen vor, wie der Rückschluss aus dem § 19 Abs. 3 KSchG, der lediglich tarifvertragliche Bestimmungen unangetastet lassen will, zeigt.[13]

II. Wirkung der Zulassung von Kurzarbeit im Arbeitsverhältnis

1. Arbeitszeit

Nach Zugang der Zulassungsentscheidung der Bundesagentur für Arbeit hat der Arbeitgeber noch einen weiteren Schritt vorzunehmen: die **Anordnung bzw. Ankündigung der Kurzarbeit** gegenüber den Arbeitnehmern. Hiermit macht der Arbeitgeber von der Rechtseinräumung durch die Bundesagentur für Arbeit Gebrauch. Die Wirkung der Ankündigung bzw. Anordnung der Kurzarbeit tritt sofort ein und ist nicht auf Arbeitnehmer mit allgemeinem oder besonderem Kündigungsschutz beschränkt. Die Ankündigung bzw. Anordnung des Arbeitgebers hat zur Folge, dass mit Zugang dieser Erklärung die Arbeitszeit der Arbeitnehmer wirksam auf den vom Arbeitgeber bestimmten Umfang herabgesetzt ist, wenn sich die Herabsetzung im Rahmen dessen hält, was die Bundesagentur für Arbeit in ihrem Zulassungsbescheid bestimmt hat. Eine Zustimmung des einzelnen Arbeitnehmers ist für die Wirksamkeit der Herabsetzung der Arbeitszeit nicht erforderlich. Die Herabsetzung der Arbeitszeit berechtigt die Arbeitnehmer nicht zur außerordentlichen Kündigung.[14]

2. Vergütungsanspruch

a) Beginn des geminderten Vergütungsanspruchs

Anders als die Verringerung der Arbeitszeit tritt die Minderung des Vergütungsanspruchs der Arbeitnehmer nicht mit sofortiger Wirkung ab Ankündigung bzw. Anordnung des Arbeitgebers ein, wie § 19 Abs. 2, 2. Halbsatz KSchG ausdrücklich bestimmt. § 19 Abs. 2, 2. Halbsatz KSchG sieht vielmehr vor, dass das **Arbeitsentgelt** mit Wirkung ab dem **Ende der** für das jeweilige Arbeitsverhältnis einschlägigen **Kündigungsfrist gekürzt** werden kann, wobei die Kündigungsfrist ab der Anordnung bzw. Ankündigung der Kurzarbeit zu laufen beginnt.[15] Etwas anderes gilt nur, wenn der einschlägige Tarifvertrag, eine für den

---
13 APS/*Moll* § 19 Rz 19.
14 ErfK/*Ascheid* § 19 Rz 9.
15 APS/*Moll* § 19 Rz 27.

Betrieb geltende Betriebsvereinbarung oder der Arbeitsvertrag einzelner Arbeitnehmer vorsehen, dass bei der wirksamen Einführung von Kurzarbeit die Entgeltkürzung bereits vor dem Ablauf der Kündigungsfristen greifen kann.[16] Liegt eine solche, dem § 19 Abs. 2, 2. Halbsatz KSchG vorgehende Regelung nicht vor, so hat der Arbeitgeber mit der Vergütungskürzung bis zum Ende der für das jeweilige Arbeitsverhältnis einschlägigen Kündigungsfrist zu warten.

> ▶ **Praxistipp:**
> Wie oben in der Kommentierung zu § 17 KSchG hervorgehoben wurde, laufen teilweise die Kündigungsfristen für die Arbeitsverhältnisse erst nach dem Ende der Sperrfrist ab. Insbesondere in diesem Fall ist das Verfahren des § 19 KSchG für den Arbeitgeber nicht von Interesse; hingegen ist ein Antrag nach § 19 Abs. 1 KSchG in Erwägung zu ziehen, wenn für die Mehrzahl der Arbeitsverhältnisse eine Kündigungsfrist gilt, die bereits vor dem Ende der Sperrfrist abläuft.

17 Der § 19 Abs. 2, 2. Halbsatz KSchG bezieht sich sowohl auf vereinbarte als auch auf gesetzliche Kündigungsfristen. Die Frage, ob eine bestimmte Kündigungsfrist wirksam vereinbart worden ist, bestimmt sich nach § 622 Abs. 4 bis 6 BGB. Vor allem die Vereinbarung kürzerer als der gesetzlich vorgesehenen Kündigungsfristen ist in § 622 Abs. 4 bis 6 BGB relativ engen Voraussetzungen unterworfen. Die allgemeinen gesetzlichen Kündigungsfristen, auf die § 19 Abs. 2, 2. Halbsatz KSchG ebenfalls Bezug nimmt, richten sich nach § 622 Abs. 1 und 2 BGB. Die in diesen Vorschriften vorgesehenen Kündigungsfristen liegen zwischen vier Wochen und sieben Monaten, je nach der vom Arbeitnehmer zurückgelegten Beschäftigungszeit im Betrieb. Besondere Kündigungsfristen derjenigen Arbeitnehmer, die Sonderkündigungsschutz genießen (beispielsweise von Betriebsratsmitgliedern, Schwangeren, Schwerbehinderten), kommen im Rahmen des § 19 Abs. 2, 2. Halbsatz KSchG nicht zur Anwendung.

18 Das Interesse des Arbeitgebers wird stets dahin gehen, dass die Arbeitnehmer ab dem Zeitpunkt, ab dem sie nur noch in verringertem Umfang arbeiten, auch nur noch das entsprechend gekürzte Arbeitsentgelt erhalten. Hierfür kann sich der Arbeitgeber den Umstand zunutze machen, dass er bei der Ankündigung bzw. Anordnung der Kurzarbeit den Starttermin für die Kurzarbeit relativ frei bestimmen kann.

---

16 *V. Hoyningen-Huene/Linck* § 19 Rz 31.

Zulässigkeit von Kurzarbeit § 19

▶ **Praxistipp:**
Bestimmt der Arbeitgeber, dass der Beginn der verringerten Arbeitszeit auf den Tag nach Ablauf der Kündigungsfrist der einzelnen Arbeitsverhältnisse fallen soll, so stellt er damit sicher, dass die Arbeitnehmer in dem Zeitraum, in dem sie das volle arbeits- oder tarifvertraglich geschuldete Entgelt erhalten, auch ihre Arbeitsleistung in dem vollen vereinbarten Umfang erbringen, und dass in den Zeiträumen, in denen ihre Arbeitszeit verkürzt ist, ihr Entgelt auch entsprechend verringert wird. Er verhindert auf diese Weise, dass alle oder einzelne Arbeitnehmer einige Wochen lang in verringertem Umfang arbeiten, aber gleichzeitig noch ihr volles Arbeitsentgelt beziehen. Die Höhe des Entgelts, das der Arbeitgeber während der Dauer der Kurzarbeit schuldet, steht zu dem vollen Entgelt in demselben Verhältnis wie die gekürzte zu der Vollarbeitszeit der Arbeitnehmer.

Der Arbeitgeber kann die Frist des § 19 Abs. 2, 2. Halbsatz KSchG, nach deren Ablauf die Vergütung der Arbeitnehmer wirksam gekürzt werden kann, nicht nur durch die Ankündigung oder Anordnung von Kurzarbeit in Gang setzen, sondern genauso durch die Kündigung des Arbeitsvertrags.[17] Hierdurch lässt sich häufig ein Arbeitsschritt einsparen, da bei Massenentlassungen zumindest ein Teil der Arbeitsverhältnisse gekündigt wird. 19

b) Berechnungsgrundlage der Vergütung während Kurzarbeit

Die Vergütung, die die Arbeitnehmer während der Kurzarbeit erhalten, errechnet sich in der Regel auf der Grundlage des ungeminderten Entgelts, das die Arbeitnehmer bei ungekürzter Arbeitszeit erhalten hätten. Hätte ein Arbeitnehmer ohne die Zulassung und Anordnung von Kurzarbeit die Vergütung aufgrund einer gesetzlichen Vorschrift auch ohne die Erbringung einer Arbeitsleistung fortgezahlt bekommen, so erhält er aufgrund derselben Rechtsgrundlage bei zugelassener und angeordneter Kurzarbeit gleichfalls ein gekürztes Arbeitsentgelt, das zu dem ungekürzten Arbeitsentgelt in demselben Verhältnis steht wie die während der Dauer der Kurzarbeit geltende Arbeitszeit zu der Normalarbeitszeit. Beispiele für Vorschriften, nach denen Arbeitnehmer Lohnfortzahlung ohne entsprechende Arbeitsleistung erhalten, sind die §§ 615 Satz 1 BGB, 616 Satz 1 BGB, § 2 Abs. 1, 2 und § 3 EFZG. Die Anzahl der Urlaubstage, die der Arbeitnehmer beanspruchen kann, 20

---
17 ErfK/*Ascheid* § 19 Rz 10; *v. Hoyningen-Huene/Linck* § 19 Rz 35; KR/*Weigand* § 19 Rz 40.

sowie der Umfang des Urlaubsentgelts bleiben durch die vorübergehende Anordnung von Kurzarbeit unberührt.[18] Für das Urlaubsentgelt folgt dies aus § 11 Abs. 1 Satz 3 BUrlG.

III. Mitbestimmung des Betriebsrats

21 Der Arbeitgeber ist nach überwiegender Auffassung nur dann berechtigt, von seinem Gestaltungsrecht zur Einführung von Kurzarbeit Gebrauch zu machen, das ihm die Bundesagentur für Arbeit eingeräumt hat, wenn er in Betrieben mit **Betriebsrat** diesen gemäß § 87 Abs. 1 Nr. 3 BetrVG **beteiligt**.[19] Der Sinn dieses zusätzlichen Erfordernisses, das die Entscheidung der Bundesagentur für Arbeit entgegen dem Sinn und Zweck des § 19 KSchG entwertet, ist zweifelhaft; umso mehr angesichts der Tatsache, dass § 19 KSchG abweichenden Regelungen in Betriebsvereinbarungen gegenüber vorrangig ist.[20] Ungeachtet dessen ist das Erfordernis der Betriebsratsbeteiligung in der Praxis zu beachten, wenn in dem betroffenen Betrieb ein Betriebsrat besteht. Der Betriebsrat ist daher sowohl bei der Frage, ob überhaupt Kurzarbeit mit anteiliger Entgeltkürzung eingeführt werden soll, als auch bei der Frage, wie die Einführung der Kurzarbeit im Einzelnen ausgestaltet werden soll (betroffene Arbeitnehmergruppen, Umfang und Lage der verkürzten Arbeitszeit, u. a.), zu beteiligen. Stimmt er der Anordnung von Kurzarbeit nicht zu, so ist eine dennoch erfolgende Anordnung von Kurzarbeit unwirksam.[21]

E. Arbeitsbedingungen nach Ablauf der Sperrfrist

22 Die Kurzarbeit kann nur für die Dauer der Sperrfrist angeordnet werden. Hieraus folgt, dass nach dem Ablauf der Sperrfrist die alten Arbeitsbedingungen automatisch wieder aufleben.[22]

---

18 APS/*Moll* § 19 Rz 35.
19 ErfK/*Ascheid* § 19 Rz 5; KR/*Weigand* § 19 Rz 31; *Fitting* § 87 Rz 155; *v. Hoyningen-Huene/Linck* § 19 Rz 17.
20 So auch *Hess/Schlochauer/Worzalla/Glock* § 87 Rz 196; *Stege/Weinspach/Schiefer* § 87 Rz 83.
21 Ständige Rechtsprechung: *BAG* 11. 6. 2002, AP § 87 BetrVG 1972 Lohngestaltung Nr. 113; *BAG* 3. 5. 1994, NZA 1995, 40, 43; *BAG* 3. 12. 1991, EzA § 87 BetrVG 1972 Betriebliche Lohngestaltung Nr. 30 = NZA 1992, 749, 751; *BAG* 22. 12. 1980, AP Art. 9 GG Arbeitskampf Nr. 70.
22 ErfK/*Ascheid* § 19 Rz 3, 9; APS/*Moll* § 19 Rz 22; *v. Hoyningen-Huene/Linck* § 19 Rz 12; KR/*Weigand* § 19 Rz 19, 41.

F. Reaktionsmöglichkeiten des Arbeitgebers

Der Arbeitgeber kann, wenn er durch einen nicht antragsgemäßen Bescheid der Bundesagentur für Arbeit beschwert ist, binnen Monatsfrist ab Bekanntgabe des Bescheides **Widerspruch** gemäß §§ 77, 83 SGG einlegen. Wenn dem Widerspruch nicht abgeholfen wird, kann er binnen Monatsfrist ab Bekanntgabe des Widerspruchsbescheids **Klage** vor dem Sozialgericht auf Anfechtung des Bescheids (Anfechtungsklage) sowie auf Erlass des beantragten Bescheids (Verpflichtungsklage) erheben. Die Erfolgsaussichten von Verpflichtungsklagen sind jedoch häufig gering, da sie den Nachweis des klägerischen Anspruchs auf eine bestimmte Verwaltungsentscheidung voraussetzen. 23

G. Reaktionsmöglichkeiten des Arbeitnehmers

Betroffene Arbeitnehmer können Klage vor dem Arbeitsgericht auf Feststellung erheben, dass die Anordnung der Kurzarbeit rechtswidrig ist. Dabei ist das **Arbeitsgericht** grundsätzlich an den Bescheid der Bundesagentur für Arbeit über die Zulassung der Kurzarbeit **gebunden**.[23] Das Arbeitsgericht kann die Rechtmäßigkeit dieses Bescheids nicht nachprüfen. 24

Im Hinblick auf eine Klage vor dem Sozialgericht ist der einzelne Arbeitnehmer nicht klagebefugt, da er nicht Adressat des Bescheids der Bundesagentur für Arbeit und nicht direkt durch diesen belastet ist. 25

Insoweit kann sich der Arbeitnehmer (abgesehen von der Situation fehlender Betriebsratsbeteiligung) nur dann mit einer gewissen Aussicht auf Erfolg gegen die Anordnung von Kurzarbeit im Zusammenhang mit Massenentlassungen wehren, wenn entweder der gemäß § 19 KSchG ergangene Bescheid der Bundesagentur für Arbeit offensichtlich rechtswidrig ist, wenn der Arbeitgeber Kurzarbeit angeordnet hat, ohne zunächst einen Zulassungsbescheid der Bundesagentur für Arbeit zu abzuwarten oder – was häufiger der Fall sein dürfte – wenn der Arbeitgeber sich nicht an den durch den Bescheid vorgegebenen Rahmen hinsichtlich der betroffenen Arbeitnehmergruppen, des Umfangs der Arbeitszeit nach der Reduzierung o. ä. hält. 26

---

23 APS/*Moll* § 19 Rz 41.

§ 20 Entscheidungen des Arbeitsamtes

(1) ¹Die Entscheidungen der Agentur für Arbeit nach § 18 Abs. 1 und 2 trifft deren Geschäftsführung oder ein Ausschuss (Entscheidungsträger). ²Die Geschäftsführung darf nur dann entscheiden, wenn die Zahl der Entlassungen weniger als 50 beträgt.

(2) ¹Der Ausschuss setzt sich aus dem oder der Vorsitzenden der Geschäftsführung der Agentur für Arbeit oder einem von ihm oder ihr beauftragten Angehörigen der Agentur für Arbeit als Vorsitzenden und je zwei Vertretern der Arbeitnehmer, der Arbeitgeber und der öffentlichen Körperschaften zusammen, die von dem Verwaltungsausschuss der Agentur für Arbeit benannt werden. ²Er trifft seine Entscheidungen mit Stimmenmehrheit.

(3) ¹Der Entscheidungsträger hat vor seiner Entscheidung den Arbeitgeber und den Betriebsrat anzuhören. ²Dem Entscheidungsträger sind, insbesondere vom Arbeitgeber und Betriebsrat, die von ihm für die Beurteilung des Falles erforderlich gehaltenen Auskünfte zu erteilen.

(4) Der Entscheidungsträger hat sowohl das Interesse des Arbeitgebers als auch das der zu entlassenden Arbeitnehmer, das öffentliche Interesse und die Lage des gesamten Arbeitsmarktes unter besondere Beachtung des Wirtschaftszweiges, dem der Betrieb angehört, zu berücksichtigen.

Literatur
Vgl. die Angaben vor § 17 KSchG.

1 Seit 1997 war die Zuständigkeit für die Entscheidungen gemäß § 18 Abs. 1 und 2 KSchG bei den Arbeitsämtern und nicht mehr, wie zuvor, bei den Landesarbeitsämtern angesiedelt. Seit dem 1. Januar 2004 heißen die Arbeitsämter Agenturen für Arbeit. § 20 Abs. 1 KSchG regelt die innerbehördliche Entscheidungszuständigkeit, die im Wege der Selbstverwaltung der Geschäftsführung der Agentur für Arbeit oder der einem Ausschuss (Entscheidungsträger) zugewiesen ist. Die Zuständigkeit bestimmt sich hierbei nach der Zahl der Entlassungen: Beträgt diese weniger als 50 Arbeitnehmer, so ist die Geschäftsführung der Agentur für Arbeit zuständig. Der Ausschuss, der unabhängig ist, setzt sich aus sieben Mitgliedern zusammen: dem oder der Vorsitzenden der Geschäftsführung der Agentur für Arbeit oder einem von ihm (oder ihr) beauftragten Angehörigen der Agentur für Arbeit als Vor-

Entscheidungen des Arbeitsamtes § 20

sitzenden und je zwei Vertretern der Arbeitnehmer, der Arbeitgeber und der öffentlichen Körperschaften, die von dem Verwaltungsausschuss der Agentur für Arbeit benannt werden.

Die Verfahrensregeln für die Entscheidung des Ausschusses oder der Geschäftsführung der Agentur für Arbeit sind **abschließend** in § 20 KSchG geregelt. Im Übrigen kann der Ausschuss das Verfahren nach Zweckmäßigkeit bestimmen, § 9 SGB X. Die Regelung des § 20 Abs. 3 KSchG zur schriftlichen oder mündlichen Anhörung des Arbeitgebers und des Betriebsrats ist zwingend.[1] Der Entscheidungsträger hat zudem das Recht, weitere Personen anzuhören sowie ein Recht auf Auskunftserteilung durch alle in Frage kommenden Personen, § 20 Abs. 3 Satz 2 KSchG. Verweigert eine auskunftspflichtige Person die Mitwirkung, so kann der Entscheidungsträger je nach dem Einzelfallumständen hieraus Schlüsse für seine Entscheidung ziehen.[2] Der Ausschuss entscheidet mit einfacher Mehrheit.[3]

Der Entscheidungsträger prüft, ob die Voraussetzungen des § 17 KSchG vorliegen. Ist dies der Fall, so entscheidet er nach pflichtgemäßem Ermessen über die Zustimmung zur Entlassung vor Ablauf der einmonatigen Sperrfrist (§ 18 Abs. 1 KSchG) oder über eine Verlängerung der Sperrfrist (§ 18 Abs. 2 KSchG). Die Bewilligung von Kurzarbeit gemäß § 19 KSchG gehört nicht zum Zuständigkeitsbereich der in § 20 KSchG genannten Entscheidungsträger. Zu den nach § 20 Abs. 4 KSchG bei der Entscheidungsfindung zu berücksichtigenden Umständen gehört das Interesse des Arbeitgebers. Hierzu gehört die Prüfung, ob dem Arbeitgeber die Beschäftigung der zu entlassenden Arbeitnehmer während des Laufs der Sperrfrist wirtschaftlich noch zumutbar ist. Ebenso ist nach § 20 Abs. 4 KSchG jedoch das Interesse der zu entlassenden Arbeitnehmer in Erwägung zu ziehen, wobei insbesondere die Aussichten der Arbeitnehmer eine Rolle spielen, eine neue Arbeitsstelle zu finden. Unter dem in § 20 Abs. 4 KSchG genannten öffentlichen Interesse, dass der Entscheidungsträger zu berücksichtigen hat, ist das öffentliche Interesse zu verstehen, ein Anwachsen der Arbeitslosigkeit nach Möglichkeit zu vermeiden.

Kommt der Entscheidungsträger zu dem Schluss, dass die Voraussetzungen des § 17 KSchG nicht gegeben sind, so teilt der Entscheidungsträger dem Arbeitgeber mit, dass die beabsichtigten Entlassungen der Zustimmung der Agentur für Arbeit nicht bedürfen (Negativattest).

---
1 ErfK/*Ascheid* § 20 Rz 2.
2 KR/*Weigand* § 20 Rz 45.
3 V. *Hoyningen-Huene/Linck* § 20 Rz 15; KR/*Weigand* § 20 Rz 52.

Wird dieser Verwaltungsakt der Agentur für Arbeit bestandskräftig, so kann der Arbeitgeber die beabsichtigten Entlassungen durchführen, ohne ein Unterrichtungs- und Anzeigeverfahren gemäß § 17 KSchG durchführen zu müssen, und zwar sogar dann, wenn sich die Rechtsauffassung des Entscheidungsträgers als falsch herausstellen sollte.[4]

5 Der Arbeitgeber kann gegen einen ihn beschwerenden Bescheid des Entscheidungsträgers vor den Sozialgerichten auf Aufhebung einer Sperrzeitverlängerung klagen (Anfechtungsklage). Ebenso kann er auf Erlass einer abgelehnten oder unterlassenen Zustimmung zum Wirksamwerden der Entlassung vor Ablauf der Regelsperrfrist Klage erheben (Verpflichtungsklage). Klagegegner ist die Bundesagentur für Arbeit.[5] Anders als einzelne betroffene Arbeitnehmer kann der Arbeitgeber klagebefugt sein. Dies setzt voraus, dass er durch die Verwaltungsentscheidung in seinen Rechten verletzt ist. Das Klageverfahren vor dem Sozialgericht bestimmt sich nach den §§ 51 ff. SGG, wobei der Arbeitgeber innerhalb eines Monats ab Bekanntgabe der Verwaltungsentscheidung an ihn zunächst Widerspruch gegen den Bescheid gemäß §§ 83 ff. SGG einlegen muss. Wird ihm ein Widerspruchsbescheid der Widerspruchsbehörde bekannt gegeben, so hat er gemäß § 87 SGG einen Monat Zeit, Klage vor den Sozialgerichten zu erheben.

6 Im Rahmen eines arbeitsgerichtlichen Verfahrens ist zu beachten, dass die **Arbeitsgerichte** an die gemäß § 18 Abs. 1 oder Abs. 2 KSchG ergangene Entscheidung der Agentur für Arbeit über eine Verkürzung oder Verlängerung der Sperrfrist **gebunden** sind. Nicht gebunden sind die Arbeitsgerichte aber an die Entscheidung der Agentur für Arbeit darüber, ob die von dem Arbeitgeber beabsichtigte Entlassung gemäß § 17 KSchG anzeigepflichtig ist. Dies ist lediglich eine Vorfrage im Rahmen der von der Agentur für Arbeit zu treffenden Entscheidung gemäß § 18 Abs. 1 und 2 KSchG, so dass die Arbeitsgerichte insoweit eine eigenständige Entscheidung treffen können.[6]

---

4 KR/*Weigand* § 20 Rz 56.
5 Noch mit Bezug auf die Bundesanstalt für Arbeit: *BSG* 21. 3. 1978, NJW 1980, 2430; *BSG* 9. 12. 1958, AP § 15 KSchG 1951 Nr. 3; *BSG* 30. 10. 1959, AP § 18 KSchG 1951 Nr. 1.
6 ErfK /*Ascheid* § 20 Rz 6.

§ 21 Entscheidungen der Hauptstelle der Bundesanstalt für Arbeit

¹Für Betriebe, die zum Geschäftsbereich des Bundesministers für Verkehr oder des Bundesministers für Post und Telekommunikation gehören, trifft, wenn mehr als 500 Arbeitnehmer entlassen werden sollen, ein gemäß § 20 Abs. 1 bei der Zentrale der Bundesagentur für Arbeit zu bildender Ausschuss die Entscheidungen nach § 18 Abs. 1 und 2. ²Der zuständige Bundesminister kann zwei Vertreter mit beratender Stimme in den Ausschuss entsenden. ³Die Anzeigen nach § 17 sind in diesem Falle an die Zentrale der Bundesagentur für Arbeit zu erstatten. ⁴Im übrigen gilt § 20 Abs. 1 bis 3 entsprechend.

Literatur
Vgl. die Angaben vor § 17 KSchG.

Das Anwendungsgebiet des § 21 KSchG ist schmal, weniger aufgrund der Tatsache, dass sein Anwendungsbereich erst bei Entlassungen von mehr als 500 Arbeitnehmern eröffnet ist, als aus dem Grund, dass der größte Teil der Betriebe, die zum Geschäftsbereich des Bundesministers für Verkehr oder des Bundesministers für Post und Telekommunikation gehörten, mittlerweile privatisiert worden ist (ausgenommen sind die Bundeswasserstraßen, Bundesautobahnen und Bundesfernstraßen).[1] Das Bundesministerium für Post und Telekommunikation ist zum 1. Januar 1998 aufgelöst worden. Zudem erfasst der § 21 KSchG lediglich Betriebe mit wirtschaftlichen Zwecken, vgl. § 23 Abs. 2 KSchG.[2]

§ 21 KSchG ist demnach heute nur noch auf Betriebe anwendbar, die im Eigentum des Bundesministeriums für Verkehr stehen oder in Bezug auf die eine dem Eigentum vergleichbare Rechtsposition gegeben ist, wenn diese Betriebe wirtschaftliche Zwecke verfolgen.[3] Private Luftfahrtunternehmen fallen somit nicht in den Anwendungsbereich des § 21 KSchG.

---

1 KR/*Weigand* § 21 Rz 0.
2 *V. Hoyningen-Huene/Linck* § 21 Rz 1a; KR/*Weigand* § 21 Rz 2.
3 *BAG* 4. 3. 1993, EzA § 21 KSchG Nr. 1 = AP § 1 KSchG 1969 Betriebsbedingte Kündigung Nr. 60.

§ 22 Ausnahmebetriebe

(1) Auf Saisonbetriebe und Kampagne-Betriebe finden die Vorschriften dieses Abschnitts bei Entlassungen, die durch diese Eigenart der Betriebe bedingt sind, keine Anwendung.

(2) ¹Keine Saisonbetriebe oder Kampagne-Betriebe sind Betriebe des Baugewerbes, in denen die ganzjährige Beschäftigung nach dem Dritten Buch Sozialgesetzbuch gefördert wird. ²Das Bundesministerium für Wirtschaft und Arbeit wird ermächtigt, durch Rechtsverordnung Vorschriften zu erlassen, welche Betriebe als Saisonbetriebe oder Kampagne-Betriebe im Sinne des Absatzes 1 gelten.

Literatur
Vgl. die Angaben vor § 17 KSchG.

1 Sinn und Zweck des § 22 KSchG ist es, den Besonderheiten von Betrieben Rechnung zu tragen, bei denen die Beschäftigtenzahl starken Schwankungen unterworfen ist. Die Anwendung des § 22 KSchG setzt allerdings voraus, dass die Entlassungen in Saison- und Kampagne-Betrieben durch die Eigenart dieser Betriebe bedingt ist.

2 Die **praktische Bedeutung** des § 22 KSchG ist **gering**, denn in Saison- und Kampagne-Betrieben wird das Problem des nur vorübergehenden Arbeitskräftebedarfs während einiger Monate im Jahr bzw. des verstärkten Arbeitskräftebedarfs während einer bestimmten Jahreszeit dadurch gelöst, dass Arbeitsverhältnisse verstärkt befristet abgeschlossen werden.

3 Unter Saisonbetrieben versteht man ganzjährig arbeitende Betriebe, bei denen regelmäßig in einer bestimmten Jahreszeit die Tätigkeit ausgeweitet wird.[1] Entscheidendes Merkmal eines Saisonbetriebes ist, dass zwar während des gesamten Jahres, aber während der Saison verstärkt gearbeitet wird.[2]

▶ Beispiele:
Herstellung von Frühgemüse, Ziegeleien, Kiesgruben, Badeanstalten in Kurorten.

---

1 ErfK/*Ascheid* § 22 Rz 3.
2 *V. Hoynigen-Huene/Linck* § 22 Rz 4.

Ausnahmebetriebe § 22

Kampagne-Betriebe sind Betriebe, die in der Regel nur einige Monate pro Jahr arbeiten. Die Gründe für die Einstellung des Betriebes in der übrigen Zeit sind unerheblich. **4**

▶ **Beispiele:**
Gemüse und Obst verarbeitende Fabriken, nicht beheizte Freischwimmbäder, Hotels, die nur einige Monate pro Jahr geöffnet haben.

Eine genaue Abgrenzung zwischen den Saison- und Kampagne-Betrieben ist nicht erforderlich, da § 22 KSchG beide Arten von Betrieben gleich behandelt. Baubetriebe, in denen die ganzjährige Beschäftigung nach SGB III gefördert wird, fallen nicht unter die Regelung des 22 KSchG, wie § 22 Abs. 2 Satz 1 KSchG ausdrücklich bestimmt. **5**

Liegen die Voraussetzungen von Entlassungen in Saison- oder Kampagne-Betrieben vor, die gerade durch diese Eigenart des Betriebes bedingt sind, so finden die § 17 bis 21 KSchG keine Anwendung. Daraus folgt, dass bei Vorliegen ihrer Voraussetzungen die §§ 17 ff. KSchG aber anwendbar sind, wenn der Arbeitgeber während der Saison oder Kampagne entlässt, wobei der Grund für die Entlassungen irrelevant ist.[3] Der Arbeitgeber ist für den kausalen Zusammenhang zwischen der Eigenart des Saison- oder Kampagne-Betriebes und den vorgenommenen Entlassungen darlegungs- und beweispflichtig.[4] **6**

Auch einzelne abgrenzbare Abteilungen oder Betriebsteile, die Saison- oder Kampagne-Arbeiten erfüllen, fallen unter die Ausnahmevorschrift des 22 KSchG.[5] Ist nur ein Teil der Arbeitnehmer des Betriebes saison- oder kampagnebedingt beschäftigt, so fallen nur diese Arbeitnehmergruppen unter die Ausnahmeregelung des 22 KSchG, falls sie sich von anderen Arbeitnehmergruppen trennen lassen.[6] **7**

Eine Rechtsverordnung des Bundesministeriums für Wirtschaft und Arbeit, zu deren Erlass § 22 Abs. 2 Satz 2 KSchG ermächtigt, ist bislang nicht ergangen. **8**

---

3 ErfK /*Ascheid* § 22 Rz 5.
4 *V. Hoyningen-Huene/Linck* § 22 Rz 10; KR / *Weigand* § 22 Rz 15.
5 ErfK /*Ascheid* § 22 Rz 2.
6 *V. Hoyningen-Huene/Linck* § 22 Rz 9.

Vierter Abschnitt
Schlussbestimmungen

§ 23 Geltungsbereich

(1) ¹Die Vorschriften des Ersten und Zweiten Abschnitts gelten für Betriebe und Verwaltungen des privaten und des öffentlichen Rechts, vorbehaltlich der Vorschriften des § 24 für die Seeschifffahrts-, Binnenschifffahrts- und Luftverkehrsbetriebe. ²Die Vorschriften des Ersten Abschnitts gelten mit Ausnahme der §§ 4 bis 7 und des § 13 Abs. 1 Satz 1 und 2 nicht für Betriebe und Verwaltungen, in denen in der Regel fünf oder weniger Arbeitnehmer ausschließlich der zu ihrer Berufsbildung Beschäftigten beschäftigt werden. ³In Betrieben und Verwaltungen, in denen in der Regel zehn oder weniger Arbeitnehmer ausschließlich der zu ihrer Berufsbildung Beschäftigten beschäftigt werden, gelten die Vorschriften des Ersten Abschnitts mit Ausnahme der §§ 4 bis 7 und § 13 Abs. 1 Satz 1 und 2 nicht für Arbeitnehmer, deren Arbeitsverhältnis nach dem 31. Dezember 2003 begonnen hat; diese Arbeitnehmer sind bei der Feststellung der Zahl der beschäftigten Arbeitnehmer nach Satz 2 bis zur Beschäftigung von in der Regel zehn Arbeitnehmer nicht zu berücksichtigen. ⁴Bei der Feststellung der Zahl der beschäftigten Arbeitnehmer nach den Sätzen 2 und 3 sind teilzeitbeschäftigte Arbeitnehmer mit einer regelmäßigen wöchentlichen Arbeitszeit von nicht mehr als 20 Stunden mit 0,5 und nicht mehr als 30 Stunden mit 0,75 zu berücksichtigen.

(2) ¹Die Vorschriften des Dritten Abschnitts gelten für Betriebe und Verwaltungen des privaten Rechts sowie für Betriebe, die von einer öffentlichen Verwaltung geführt werden, soweit sie wirtschaftliche Zwecke verfolgen. ²Sie gelten nicht für Seeschiffe und ihre Besatzung.

Inhalt

			Rz
A.		Inhalt und Gesamtzusammenhang der Regelung	1– 2
B.		Geltungsbereich des Ersten und Zweiten Abschnitts	3–17
	I.	Betrieb	3– 5
		1. Betriebsbegriff	3
		2. Betriebsteile, Filialen und Zweigstellen	4
		3. Gemeinschaftsbetrieb	5
	II.	Verwaltungen	6

III.	Inlandsbezug	7
IV.	Maßgebliche Beschäftigtenzahl	8–17
	1. Art des Beschäftigungsverhältnisses	8
	2. Regelgröße und Zeitpunkt	9–12
	3. Berechnungsgrundsätze	13–14
	4. Berechnungsbeispiele	15
	5. Teilzeitbeschäftigungen	16
	6. Vereinbarungen	17
C.	Darlegungs- und Beweislast	18
D.	Kündigungsschutz im Kleinbetrieb	19

A. Inhalt und Gesamtzusammenhang der Regelung

§ 23 KSchG bestimmt den **betrieblichen Geltungsbereich des KSchG**. 1
Gemäß § 23 Abs. 1 Satz 1 KSchG gelten die Vorschriften des Ersten und
Zweiten Abschnitts für Betriebe und Verwaltungen des privaten und
des öffentlichen Rechts. Ein Vorbehalt besteht für Betriebe der Schifffahrt und des Luftverkehrs. Davon ausgehend hängt die Geltung des
Ersten Abschnitts jedoch von einer **bestimmten Beschäftigtenzahl** ab.
Erforderlich ist, dass mehr als 5 Arbeitnehmer in einem Betrieb oder
einer Verwaltung beschäftigt werden. Nach der Neufassung der Regelung[1] werden allerdings Neueinstellungen ab dem 1.1.2004 bei der
Berechnung dieser Relevanzschwelle nicht mitgezählt, soweit nicht
insgesamt mehr als 10 Arbeitnehmer im Betrieb oder der Verwaltung
beschäftigt werden (§ 23 Abs. 1 Satz 3 KSchG). Die Geltung des Zweiten
Abschnitts des KSchG ist hingegen unabhängig von der Beschäftigtenzahl.

▶ **Beispiel:**

In einem Betrieb mit acht Arbeitnehmern ohne Kündigungsschutz
nach dem Ersten Abschnitt des KSchG wurde ein Betriebsobmann
nach dem BetrVG gewählt. Er kann sich ebenso wie die Mitglieder
des Wahlvorstandes, die Wahlbewerber und die Initiatoren der
Wahl auf den besonderen Kündigungsschutz nach § 15 KSchG berufen.

Der Dritte Abschnitt des KSchG gilt für Betriebe und Verwaltungen des 2
privaten Rechts sowie für Betriebe, die von einer öffentlichen Verwaltung geführt werden, soweit sie wirtschaftliche Zwecke verfolgen. Zu
den Betrieben, die von einer öffentlichen Verwaltung geführt werden,
zählen insbesondere die sog. Regiebetriebe, wie zB Gas-, Wasser- und

---

1 BGBl. I, 3002.

Elektrizitätswerke. Unerheblich ist, ob sie als selbständige juristische Personen des Privatrechts geführt werden. Entscheidend für die Verfolgung des wirtschaftlichen Zwecks ist, dass sich die öffentliche Verwaltung wie ein privatwirtschaftlich geführter Betrieb am Wirtschaftsleben beteiligt. Auf eine Gewinnerzielungsabsicht kommt es nicht an.[2] Die Regelungen gelten nicht für Seeschiffe und ihre Besatzung, wohl aber für die Landbetriebe der Seeschifffahrt.[3]

B. Geltungsbereich des Ersten und Zweiten Abschnitts

I. Betrieb

1. Betriebsbegriff

3 Das Gesetz enthält keine Definition des Betriebsbegriffs. Das BAG versteht unter einem Betrieb eine **organisatorische Einheit**, innerhalb derer der **Arbeitgeber allein oder mit seinen Arbeitnehmern mit Hilfe von sächlichen und immateriellen Mitteln bestimmte arbeitstechnische Zwecke verfolgt,** die sich nicht in der Befriedigung von Eigenbedarf erschöpfen.[4] Nicht erfasst vom Betriebsbegriff werden demnach **Familienhaushalte**, da sie nur zur Befriedigung privater Bedürfnisse dienen.[5] Eine den Betrieb ausmachende organisatorische Einheit wird durch die Ausübung der Leitungsmacht des Arbeitgebers bestimmt. Maßgeblich ist danach, wo die Arbeitsbedingungen und Organisationsfragen wie beispielsweise Einstellungen, Entlassungen und Versetzungen entschieden werden.[6] Dementsprechend hat das BAG mehrere **zentralgelenkte Verkaufsstellen** mit jeweils fünf oder weniger Arbeitnehmern in seiner Gesamtheit als einen Betrieb im Sinne des KSchG angesehen.[7] Das BVerfG hat den Betriebsbegriff, wie ihn das BAG versteht, ausdrücklich bestätigt. Es verlangt im Wege **verfassungskonformer Auslegung** jedoch eine Beschränkung auf solche kleinbetrieblichen Einheiten, die durch Herausnahme aus dem Anwendungsbereich des KSchG geschützt werden sollten. Diese Kleinbetriebe zeichnen sich durch **enge persönliche Beziehungen** zwischen dem Arbeitnehmer und dem Betriebsinhaber aus. Außerdem trägt sie der **geringeren finanziellen Belastbarkeit** von Kleinbetrieben Rechnung.[8]

---

2 KR/*Weigand* § 23 Rz 71.
3 KR/*Weigand* § 23 Rz 73.
4 *BAG* 23. 3. 1984, AP § 23 KSchG Nr. 4; *BAG* 26. 8. 1971, AP § 23 KSchG Nr. 1.
5 ErfK /*Ascheid* § 23 Rz 7.
6 APS/*Moll* § 23 KSchG Rz 9.
7 *BAG* 26. 8. 1971, AP § 23 KSchG Nr. 1.
8 *BVerfG* 27. 1. 1998, AP § 23 KSchG Nr. 17.

Geltungsbereich **§ 23**

2. Betriebsteile, Filialen und Zweigstellen

Betriebsteile sind bei der Berechnung der Mitarbeiterzahl regelmäßig 4
dem **Hauptbetrieb zuzurechnen,** wenn die wesentlichen Entscheidungen in personellen und sozialen Angelegenheiten im Hauptbetrieb getroffen werden.[9] Die **Fiktionswirkung von § 4 Abs. 1 BetrVG** gilt im Bereich des KSchG **nicht,** so dass Betriebstätten allein aufgrund ihrer räumlichen Entfernung zum Hauptbetrieb nicht als selbständige Betriebe im Sinne des KSchG anzusehen sind.[10] Demnach sind einer Zentrale auch von ihr weit entfernte Filialen und Zweigstellen zuzuordnen, wenn sie im Rahmen einer einheitlichen Gesamtorganisation betrieben werden. Etwas anderes gilt, wenn sie keinem einheitlichen Leitungsapparat unterliegen und ihnen substantielle Entscheidungsbefugnisse übertragen worden sind, insbesondere im Bereich der Personalführung.[11]

3. Gemeinschaftsbetrieb

Zwei oder mehrere Unternehmen können sich entschließen, **einen** 5
Betrieb gemeinschaftlich zu führen. Ein solcher Gemeinschaftsbetrieb setzt voraus, dass die Unternehmen im Rahmen einer **gemeinsamen Arbeitsorganisation unter einheitlicher Leitungsmacht** arbeitstechnische Zwecke durch den gemeinsamen Einsatz von sachlichen und personellen Betriebsmitteln fortgesetzt verfolgen. Dazu bedarf es nach der Rechtsprechung des BAG einer **ausdrücklichen oder stillschweigenden Führungsvereinbarung** der beteiligten Unternehmen. Existiert danach ein einheitlicher Leitungsapparat, der für die wesentlichen Entscheidungen zur Erreichung des arbeitstechnischen Zweckes – insbesondere in personeller Hinsicht – verantwortlich ist, ist von einem Gemeinschaftsbetrieb auszugehen.[12] In einem solchen Fall sind für die Berechnung der maßgeblichen Arbeitnehmerzahl für die Anwendbarkeit des KSchG **alle in dem Gemeinschaftsbetrieb beschäftigten Arbeitnehmer** zu berücksichtigen. Unerheblich ist dagegen, wie viele Arbeitnehmer bei den beteiligten Unternehmen außerhalb des Gemeinschaftsbetriebs beschäftigt sind.[13] **Konzernrechtliche Verflechtungen** reichen für die Annahme eines Gemeinschaftsbetriebes indes

---

9 *BAG* 15. 03. 2001, EzA § 23 KSchG Nr. 23.
10 *BAG* 21. 6. 1995, AP § 1 BetrVG Nr. 16; APS/*Moll* § 23 KSchG Rz 11.
11 Vgl. *BAG* 23. 3. 1984, AP § 23 KSchG Nr. 4; *BAG* 18. 1. 1990, AP § 23 KSchG Nr. 9.
12 *BAG* 23. 3. 1984, AP § 23 KSchG Nr. 4; *BAG* 13. 6. 1985, AP § 23 KSchG Nr. 6; *BAG* 29. 4. 1999, AP § 23 KSchG Nr. 21; *BAG* 9. 2. 2000, DB 2003, 84.
13 *BAG* 23. 3. 1984, AP § 23 KSchG Nr. 4.

nicht aus. Der erforderlichen einheitlichen Leitungsmacht entspricht nämlich nicht die konzernrechtliche Weisungsbefugnis. Beherrschungsverträge genügen allein nicht. Die Mitarbeiter einer Tochtergesellschaft sind bei der Berechnung der Mitarbeiterzahl der Konzernholding-Gesellschaft daher regelmäßig nicht mitzuzählen.[14]

II. Verwaltungen

6 Neben Betrieben des öffentlichen und privaten Rechts sind der Erste und Zweite Abschnitt des KSchG auch auf Verwaltungen anwendbar. Dabei ist der Begriff der Verwaltung nicht mit demjenigen der Dienststelle im öffentlichen Recht identisch.[15] Der Begriff der Verwaltung bezieht sich vielmehr auf **organisatorische Einheiten der Exekutive**, in der **mehrere Dienststellen zusammengefasst** werden können, beispielsweise Anstalten, Körperschaften und Stiftungen. Die Verwaltung ist daher bei Arbeitsverhältnissen mit einer Anstalt des öffentlichen Rechts die Anstalt insgesamt.[16]

III. Inlandsbezug

7 Die Voraussetzungen des § 23 Abs. 1 KSchG müssen im Inland erfüllt sein. Dies bedeutet, dass der Betrieb bzw. die Verwaltung im Inland liegen und die **maßgeblichen Beschäftigtenzahlen der Arbeitnehmer im Inland erfüllt sein müssen**.[17] Ist ein Arbeitnehmer in einem Betrieb in der Bundesrepublik tätig, spielt es keine Rolle, wenn sein Arbeitsvertrag einer ausländischen Rechtsordnung unterliegt.[18] Arbeitnehmer, die vorübergehend ins Ausland entsandt werden, ansonsten aber dem Betrieb in der Bundesrepublik zugeordnet bleiben, sind mitzuzählen.[19] Wird bei einem **Gemeinschaftsbetrieb** ein Teil der Mitarbeiter im Ausland beschäftigt, so sind diese bei der Berechnung der Beschäftigtenzahl für die Anwendbarkeit des KSchG nicht zu berücksichtigen.[20]

---

14 *BAG* 13. 6. 2002, NZA 2002, 1147.
15 *BAG* 23. 4. 1998, AP § 23 KSchG Nr. 19.
16 *LAG Köln* 23. 2. 1996, LAGE § 1 KSchG Betriebsbedingte Kündigung Nr. 36.
17 APS/*Moll* § 23 Rz 7.
18 *LAG Frankfurt*, NJW 1980, 2664.
19 APS/*Moll* § 23 Rz 37.
20 *BAG* 7. 11. 1996 – 2 AZR 648/95 – nv; *LAG* Köln 27. 5. 1994, LAGE § 23 KSchG Nr. 12.

IV. Maßgebliche Beschäftigtenzahl

1. Art des Beschäftigungsverhältnisses

Bei der Ermittlung der Beschäftigtenzahl sind nur solche Arbeitnehmer zu berücksichtigen, die in einem **Arbeitsverhältnis** zum Inhaber des Betriebes oder der Verwaltung stehen. **Leiharbeitnehmer** sind daher **nicht** mitzuzählen, es sei denn, sie stehen aufgrund unerlaubter gewerbsmäßiger Arbeitnehmerüberlassung nach § 10 Abs. 1 AÜG in einem **fingierten Arbeitsverhältnis zum Entleiher**.[21] Nicht zu berücksichtigen sind ferner **Handelsvertreter** und **freie Mitarbeiter**.[22] **Organschaftliche Vertreter** einer juristischen Person (Geschäftsführer, Vorstände) oder eines Personenverbandes im Sinne von § 14 Abs. 1 KSchG zählen ebenfalls nicht mit. Hingegen sind **leitende Angestellte** ungeachtet der Einschränkungen durch § 14 Abs. 2 KSchG mitzuzählen.[23] **Familienangehörige** sind nur dann mitzuzählen, wenn sie in einem Arbeitsverhältnis zum Inhaber des Betriebs stehen.[24] Nach dem Wortlaut von § 23 Abs. 1 Satz 2 werden die **in der Berufsbildung Beschäftigten** bei der Ermittlung der Arbeitnehmerzahl im Betrieb nicht berücksichtigt. Maßgebliches Abgrenzungskriterium ist hierbei, dass die Berufsbildung den Schwerpunkt des Vertragsverhältnisses bildet und nicht die Erbringung einer Arbeitsleistung. Dazu zählen die Berufsausbildung im Sinne von § 1 BBiG, die berufliche Fortbildung und die berufliche Umschulung.[25]

2. Regelgröße und Zeitpunkt

Für die Berechnung der maßgeblichen Beschäftigtenzahl kommt es auf die **regelmäßig** im Betrieb oder der Verwaltung **beschäftigten Arbeitnehmer** an. Maßgeblich ist dabei die regelmäßige Beschäftigtenzahl **im Zeitpunkt des Zugangs der Kündigung** und nicht etwa bei Ablauf der Kündigungsfrist.[26] Die regelmäßige Beschäftigtenzahl ist nicht mit der jahresdurchschnittlichen Beschäftigtenzahl gleichzusetzen.[27] Entscheidend ist vielmehr die Zahl der normalerweise ständig beschäftigten Arbeitnehmer. Zur Feststellung dieser Zahl ist grundsätzlich ein Rückblick auf die bisherige Beschäftigungssituation und eine Vorschau auf

---

21 KR/*Weigand* § 23 Rz 41.
22 *LAG Hamm* 15. 6. 1989, LAGE § 23 KSchG Nr. 6.
23 KR/*Weigand* § 23 Rz 42.
24 *LAG Berlin* 26. 06. 1989, LAGE § 23 KSchG Nr. 5.
25 *BAG* 7. 9. 1983, AP § 23 KSchG Nr. 3; ErfK/*Ascheid* § 23 Rz 17.
26 *BAG* 31. 1. 1991, EzA § 23 KSchG Nr. 11; *LAG Niedersachsen* 28. 2. 2000, LAGE § 23 KSchG Nr. 18.
27 *LAG Hamm*, LAGE § 23 KSchG Nr. 13.

§ 23 Geltungsbereich

die geplante Entwicklung nötig. Ergibt sich aus Rückschau und Prognose, dass die bei Zugang der Kündigung tatsächlich vorhandene Beschäftigtenzahl nicht dem regelmäßigen Personalstand entspricht, so war nach der **Rechtsprechung der Instanzgerichte** bislang darauf abzustellen, mit wie vielen Arbeitnehmern der Betrieb **regelmäßig in Zukunft** seine Aufgaben erfüllen wird.[28] Nach **neuester Rechtsprechung des BAG** kommt es jedoch nicht auf die künftige geringere Beschäftigtenzahl an, wenn sich ein Unternehmer entschließt, Arbeitsplätze abzubauen. Maßgeblich sei vielmehr die **im Zeitpunkt des Zugangs der Kündigung bestehende Anzahl der Arbeitnehmer**.[29] In dem entschiedenen Fall war ein Mitarbeiter zum 31.08.2001 betriebsbedingt gekündigt worden. Dadurch sollte die Beschäftigtenzahl von sechs auf fünf Arbeitnehmer dauerhaft abgesenkt werden. Nach Ansicht des BAG ist das KSchG jedoch anwendbar, da der Schwellenwert nach § 23 Abs. 1 Satz 2 KSchG aF mit sechs Arbeitnehmern bei Zugang der Kündigung überschritten war.

10 Arbeitnehmer, deren **Arbeitsverhältnis ruht**, zB aufgrund von Wehrdienst, Zivildienst, oder Mutterschutz, sind bei der Feststellung der maßgeblichen Beschäftigtenzahl grundsätzlich **mitzuzählen**. Für Arbeitnehmer in der **Elternzeit** hat der Gesetzgeber in § 21 Abs. 7 BErzGG angeordnet, dass diese nicht mitzählen, solange ein Vertreter eingestellt ist. Dieser Regelung ist der **allgemeine Rechtsgedanke** zu entnehmen, dass bei Einstellung einer Ersatzkraft nur diese zu berücksichtigen ist.[30] Arbeitnehmer in der **Altersteilzeit**, die sich aufgrund des sog. Blockmodells in der Freistellungsphase befinden, zählen nicht mit, da sie regelmäßig nicht in den Betrieb zurückkehren werden.

11 **Aushilfsarbeitnehmer**, die nur vorübergehend aus Anlass eines bestimmten vermehrten Arbeitsanfalls (Inventur, Schlussverkauf) eingestellt werden, zählen nicht mit.[31] Sie finden allerdings dann Berücksichtigung, wenn sie regelmäßig in bestimmter Zahl als Aushilfen beschäftigt werden und auch in Zukunft mit einer derartigen Beschäftigung zu rechnen ist.[32] Auf die Dauer der einzelnen Aushilfsbeschäftigungsverhältnisse kommt es indes nicht an.[33]

---

28 *LAG Niedersachsen* 28.2.2000, LAGE § 23 KSchG Nr. 18; *LAG Rheinland-Pfalz* 16.2.1996, NZA 1997, 315.
29 *BAG* 20.1.2004 – 2 AZR 237/03, noch nv.
30 *BAG* 31.1.1991, EzA § 23 KSchG Nr. 11.
31 KR/*Weigand* § 23 KSchG Rz 39.
32 ErfK/*Ascheid* § 23 KSchG Rz 14.
33 **AA** KR/*Weigand* § 23 KSchG Rz 39, der Arbeitsverhältnisse mit Aushilfen nur berücksichtigen will, wenn sie mindestens 6 Monate im Jahr beschäftigt sind.

Geltungsbereich § 23

Bei **Kampagne-Betrieben** (keine ganzjährige Betriebsdauer) kommt es 12 darauf an, ob die maßgebliche Beschäftigungszahl während der Betriebszeit erreicht wird.[34] Bei **Saisonbetrieben** (ganzjährige Betriebsdauer mit unterschiedlich intensiver Betriebstätigkeit) kommt es auf die regelmäßige Beschäftigtenzahl in der Saison an.[35]

3. Berechnungsgrundsätze

Der individuelle Kündigungsschutz griff bislang immer dann ein, wenn 13 im Betrieb **mehr als fünf Arbeitnehmer** beschäftigt waren. Da Teilzeitbeschäftigte mit einer regelmäßigen wöchentlichen Arbeitszeit bis 20 Stunden mit 0,5 und bis 30 Stunden mit 0,75 zu veranschlagen sind, war die Relevanzschwelle stets bei **5,25 Arbeitnehmern** überschritten. Nach der am 1.1.2004 in Kraft getretenen Neuregelung verbleibt es aus Vertrauensschutzgründen zunächst bei dieser Relevanzschwelle.[36] Allerdings werden **Neueinstellungen** ab dem 1.1.2004 bei der Berechnung der Relevanzschwelle nicht berücksichtigt (§ 23 Abs. 1 Satz 3 nF KSchG). Neueinstellungen bleiben indes nur **so lange außer Acht**, wie die neue Relevanzschwelle von **10 Arbeitnehmern** im Betrieb insgesamt **nicht überschritten** wird (§ 23 Abs. 1 Satz 3, 2. Halbsatz nF KSchG).

Für die Anwendbarkeit des KSchG im Kleinbetrieb ergeben sich sonach 14 folgende Prüfungsschritte:

(1) Werden bei **Zugang der Kündigung** in der Regel **mehr als zehn** Arbeitnehmer beschäftigt?

(2) Wenn nein, wie viele Arbeitnehmer sind **ab dem 1.1.2004 eingestellt** worden?

(3) Wird ohne Berücksichtigung der Neueinstellungen ab dem 1.1.2004 die **Relevanzschwelle von fünf Arbeitnehmern** überschritten?

4. Berechnungsbeispiele

Es wird jeweils von unbefristet beschäftigten Vollzeitarbeitnehmern 15 ausgegangen, die ihrer Anzahl nach regelmäßig im Betrieb beschäftigt werden.[37]

---

34 ErfK /*Ascheid* § 23 KSchG Rz 15.
35 KR/*Weigand* § 23 KSchG Rz 45.
36 Dies folgt daraus, dass § 23 Abs. 1 Satz 2 KSchG unverändert bleibt.
37 § 23 Abs. 1 Satz 2 KSchG stellt nach wie vor auf die regelmäßige Beschäftigtenzahl ab. Dazu oben Rz 9.

§ 23 — Geltungsbereich

(1) Im Betrieb des Arbeitgebers waren am 31. 12. 2003 vier Arbeitnehmer beschäftigt. Der Arbeitgeber stellt zum 1. 2. 2004 drei neue Arbeitnehmer ein. Das KSchG findet danach insgesamt keine Anwendung, da die Neueinstellungen unberücksichtigt bleiben und auch vor dem 1. 1. 2004 die Arbeitnehmer keinen Kündigungsschutz nach dem KSchG besaßen.

(2) Im Betrieb des Arbeitgebers sind am 31. 12. 2003 sechs Arbeitnehmer beschäftigt. Zum 1. 2. 2004 werden drei Arbeitnehmer neu eingestellt. Nach der Neuregelung haben nur die drei neu eingestellten Arbeitnehmer keinen Kündigungsschutz nach dem KSchG. Die vor dem 1. 1. 2004 bereits beschäftigten Arbeitnehmer können sich jedoch nach wie vor auf das KSchG berufen.

(3) Wie Fall zwei, es werden jedoch zum 1. 5. 2004 zwei weitere Arbeitnehmer dauerhaft eingestellt. Da ab dem 1. 5. 2004 elf Arbeitnehmer im Betrieb des Arbeitgebers beschäftigt sind, haben wegen § 23 Abs. 1 Satz 3, 2. Halbsatz nF KSchG alle Arbeitnehmer ab dem 1. 5. 2004 Kündigungsschutz.

(4) Wie Fall zwei, allerdings geht einer der Arbeitnehmer, der bereits am 31. 12. 2003 beschäftigt war, zum 1. 11. 2004 in die Rente. Eine Ersatzeinstellung erfolgt wegen rückläufigen Geschäfts allerdings nicht. Nach dem Ausscheiden des Rentiers kann sich kein Arbeitnehmer mehr auf das KSchG berufen. Denn ohne Berücksichtigung der Neueinstellungen ab dem 1. 1. 2004 wird die Relevanzschwelle von fünf Arbeitnehmern nach § 23 Abs. 1 Satz 2 KSchG nicht mehr überschritten.

(5) Wie Fall zwei, es werden jedoch zum 1. 5. 2004 zwei weitere Arbeitnehmer dauerhaft neu eingestellt. Einer der bereits am 31. 12. 2003 beschäftigten Arbeitnehmer geht zum 1. 12. 2004 in die Rente. Eine Ersatzeinstellung erfolgt wegen rückläufigen Geschäfts jedoch nicht. In diesem Fall haben ab dem 1. 5. 2004 alle Arbeitnehmer Kündigungsschutz nach dem KSchG, da die Schwelle von 10 Arbeitnehmern überschritten wurde. Ab dem 1. 12. 2004 entfällt jedoch der Kündigungsschutz für alle Arbeitnehmer, da ohne die Neueinstellungen ab dem 1. 1. 2004 infolge des Ausscheidens eines der ursprünglich beschäftigten Arbeitnehmer beide Relevanzschwellen nicht überschritten werden und auch keine weitere Neueinstellung geplant ist.

Geltungsbereich § 23

5. Teilzeitbeschäftigungen

Der Gesetzgeber hat bei der Neuregelung der Schwellenwerte die 16
Berechnungsregelung für Teilzeitbeschäftigte unangetastet gelassen
(§ 23 Abs. 1 Satz 4 nF KSchG). Teilzeitbeschäftigte Arbeitnehmer mit
einer regelmäßigen wöchentlichen Arbeitszeit von **nicht mehr als 20
Stunden** sind mit dem **Faktor 0,5**, von **nicht mehr als 30 Stunden** mit
dem **Faktor 0,75** bei der Ermittlung der Beschäftigtenzahl zu berücksichtigen. Es kommt auf die vereinbarte regelmäßige Arbeitszeit eines
Teilzeitbeschäftigten an; Überstunden bleiben regelmäßig außer
Betracht. Infolge der Erhöhung der Relevanzschwelle auf zehn Arbeitnehmer können in einem Betrieb, in dem am 31. 12. 2003 fünf Vollzeitarbeitnehmer tätig waren, nunmehr maximal zehn Teilzeitbeschäftigte
mit einer regelmäßigen wöchentlichen Arbeitszeit von nicht mehr als
20 Stunden eingestellt werden, ohne dass das KSchG Anwendung findet. Diese Grundsätze sind ebenfalls in Bezug auf Job-Sharing-Arbeitsverhältnisse anzuwenden.[38] Ausnahmsweise kommt es allerdings bei
Bedarfsarbeitsverhältnissen mit unregelmäßiger Arbeitszeit auf die im
Jahresdurchschnitt geleistete Arbeitszeit an.[39]

6. Vereinbarungen

Die Arbeitsvertragsparteien können vereinbaren, dass ein Arbeitneh- 17
mer ungeachtet der Beschäftigtenschwelle von § 23 Abs. 1 KSchG den
individuellen Kündigungsschutz genießen soll. Ebenso kann in einem
Tarifvertrag bestimmt werden, dass sich der individuelle Kündigungsschutz auch auf Kleinbetriebe erstreckt.[40] Schließlich kann auch in einer
Betriebsvereinbarung geregelt werden, dass der individuelle Kündigungsschutz nach dem KSchG unabhängig von der Zahl der regelmäßig beschäftigten Arbeitnehmer greift.[41] Allerdings kann der individuelle Kündigungsschutz **nicht** durch Vereinbarung mit dem Arbeitgeber
ausgeschlossen werden.

C. Darlegungs- und Beweislast

Dem **Arbeitnehmer** obliegt die Darlegungs- und Beweislast, dass er in 18
einem Betrieb oder einer Verwaltung des öffentlichen bzw. privaten

---

38 ErfK /*Ascheid* § 23 KSchG Rz 16.
39 KR/*Weigand* § 23 KSchG Rz 35.
40 APS/*Moll* § 23 KSchG Rz 42.
41 Dies folgt aus § 102 Abs. 6 BetrVG, wonach sogar die Zustimmung des
Betriebsrates zu jeder Kündigung wirksam vereinbart werden kann.

Rechts im Sinne von § 23 Abs. 1 Satz 1 KSchG beschäftigt ist. Nach der Rechtsprechung des BAG muss der Arbeitnehmer auch **darlegen und beweisen**, dass die **Anzahl der regelmäßig beschäftigten Arbeitnehmer** in dem Betrieb oder der Verwaltung **oberhalb der gesetzlichen Relevanzschwelle** liegt.[42] Das BAG billigt dem Arbeitnehmer jedoch eine erleichterte Darlegung zu und verlangt zunächst einen Sachvortrag, aus dem sich die Anwendbarkeit des KSchG in Bezug auf die maßgebliche Arbeitnehmerzahl in dem Betrieb oder der Verwaltung ergibt.[43] Aufgrund seiner Sachnähe muss der **Arbeitgeber** dann gemäß § 138 Abs. 2 ZPO im Einzelnen **darlegen und substantiiert erläutern**, welche Umstände gegen das Überschreiten der gesetzlichen Schwellenwerte sprechen. Etwa **verbleibende Zweifel** gehen allerdings **zu Lasten des Arbeitnehmers**.[44] Nach den gleichen Grundsätzen trifft den Arbeitnehmer die Darlegungs- und Beweislast dafür, dass ein gemeinsamer Betrieb vorliegt und die Arbeitnehmer anderer daran beteiligter Arbeitgeber mitzuzählen sind.[45]

D. Kündigungsschutz im Kleinbetrieb

19 Werden die Schwellenwerte von § 23 Abs. 1 Satz 2 bis 3 KSchG nicht erreicht, besteht grundsätzlich Kündigungsfreiheit. Allerdings sind Arbeitnehmer in solchen Kleinbetrieben durch die **zivilrechtlichen Generalklauseln** vor sitten- oder treuwidrigen Kündigungen geschützt.[46] Das **BVerfG** geht dabei von einem **verfassungsrechtlich gebotenen Mindestschutz** des Arbeitnehmers vor Verlust seines Arbeitsplatzes durch private Dispositionen aus. Hat der Arbeitgeber in einem Kleinbetrieb bei einer Kündigung unter mehreren Arbeitnehmern eine Auswahl zu treffen, muss er ein **gewisses Maß an sozialer Rücksichtnahme** üben. Durch langjährige Mitarbeit erdientes Vertrauen in den Fortbestand des Arbeitsverhältnisses dürfe nicht unberücksichtigt bleiben.[47] Das **BAG** hat diese **Vorgaben verfahrensrechtlich umgesetzt**. Danach muss der Arbeitnehmer die Sozialdaten erheblich weniger sozial schutzbedürftiger und vergleichbarer Arbeitnehmer vortragen, die in dem Kleinbetrieb weiterbeschäftigt werden.

---

42 *BAG* 4.07.1951, AP § 21 KSchG 1951 Nr. 1; *BAG* 09.09.1982, AP § 611 BGB Hausmeister Nr. 1; *BAG* 18.1.1990, EzA § 23 KSchG Nr. 9; **aA** ErfK/*Ascheid* § 23 KSchG Rz 20 mwN.
43 *BAG* 23.3.1984, AP § 23 KSchG Nr. 4.
44 APS/*Moll* § 23 KSchG Rz 48.
45 *BAG* 23.3.1984, AP § 23 KSchG Nr. 4; *LAG Köln* 22.11.1996, LAGE § 23 KSchG Nr. 12.
46 Dazu im Einzelnen KR/*Friedrich* § 13 KSchG Rz 111 ff.
47 *BVerfG* 27.1.1998, EzA § 23 KSchG Nr. 17.

Demgegenüber könne sich der Arbeitgeber konkret auf Leistungsgesichtspunkte, persönliche Momente oder persönliche Fähigkeiten und Kenntnisse weiterbeschäftigter und sozial weniger schutzbedürftiger Arbeitnehmer berufen. Im Rahmen einer Abwägung der betroffenen Belange komme der unternehmerischen Entscheidungsfreiheit im Kleinbetrieb indes ein erhebliches Gewicht zu.[48] Im Ergebnis verlangt die Rechtsprechung daher bei einer betrieblich motivierten Kündigung eine **Sozialauswahl »light«**.[49]

---

48 *BAG* 21. 2. 2001 – 2 AZR 15/00; *BAG* 6. 2. 2003, NZA 2003, 717.
49 Ähnlich KR/*Weigand* § 23 KSchG Rz 56.

§ 24 Anwendung des Gesetzes auf Betriebe der Schifffahrt und des Luftverkehrs

(1) ¹Die Vorschriften des Ersten und Zweiten Abschnitts finden nach Maßgabe der Absätze 2 bis 5 auf Arbeitsverhältnisse der Besatzung von Seeschiffen, Binnenschiffen und Luftfahrzeugen Anwendung. ²Als Betrieb im Sinne dieses Gesetzes gilt jeweils die Gesamtheit der Seeschiffe oder der Binnenschiffe eines Schifffahrtsbetriebs oder der Luftfahrzeuge eines Luftverkehrsbetriebs.

(2) Dauert die erste Reise eines Besatzungsmitglieds im Dienst einer Reederei oder eines Luftverkehrsbetriebs länger als sechs Monate, so verlängert sich die Sechsmonatsfrist des § 1 Abs. 1 bis drei Tage nach Beendigung dieser Reise.

(3) ¹Die Klage nach § 4 ist binnen drei Wochen, nachdem das Besatzungsmitglied zum Sitz des Betriebs zurückgekehrt ist, zu erheben, spätestens jedoch binnen sechs Wochen nach Zugang der Kündigung. ²Wird die Kündigung während der Fahrt des Schiffes oder des Luftfahrzeugs ausgesprochen, so beginnt die sechswöchige Frist nicht vor dem Tage, an dem das Schiff oder das Luftfahrzeug einen deutschen Hafen oder Liegeplatz erreicht. ³An die Stelle der Dreiwochenfrist in § 6 treten die hier in den Sätzen 1 und 2 bestimmten Fristen.

(4) ¹Für Klagen der Kapitäne und der Besatzungsmitglieder im Sinne der §§ 2 und 3 des Seemannsgesetzes nach § 4 dieses Gesetzes tritt an die Stelle des Arbeitsgerichts das Gericht, das für Streitigkeiten aus dem Arbeitsverhältnis dieser Personen zuständig ist. ²Soweit in Vorschriften des Seemannsgesetzes für die Streitigkeiten aus dem Arbeitsverhältnis Zuständigkeiten des Seemannsamts begründet sind, finden die Vorschriften auf Streitigkeiten über Ansprüche aus diesem Gesetz keine Anwendung.

(5) Der Kündigungsschutz des Ersten Abschnitts gilt, abweichend von § 14, auch für den Kapitän und die übrigen als leitende Angestellte im Sinne des § 14 anzusehenden Angehörigen der Besatzung.

Inhalt

	Rz
A. Inhalt und Gesamtzusammenhang	1
B. Begriffsbestimmungen	2–3
I. Besatzungen	2

II. Mobiler Betrieb	3
C. **Besondere Fristenregelungen**	4–5
I. Wartezeit	4
II. Klagefrist	5
D. **Zuständigkeit**	6–7

A. Inhalt und Gesamtzusammenhang

Nach § 24 gelten den besonderen Arbeitsbedingungen in der Schifffahrt und Luftfahrt angepasste Regelungen über den Kündigungsschutz. Diese Sonderregelungen gelten indes nur für **Besatzungen von Seeschiffen, Binnenschiffen und Luftfahrzeugen** (§ 24 Abs. 1 Satz 1 KSchG). Für die **Landbetriebe** der Luft- und Schifffahrt gelten hingegen die Regelungen des **KSchG ohne Einschränkung.**[1]   **1**

B. Begriffsbestimmungen

I. Besatzungen

Besatzungsmitglieder sind alle auf dem Luftfahrzeug oder dem Schiff beschäftigten Personen. Dazu zählen der Kapitän, Schiffsoffiziere und die sonstigen Angestellten (§§ 3 bis 6, 24 Abs. 5 SeemG). Voraussetzung ist, dass sie in einem Heuerverhältnis zur Reederei stehen. Zu der Besatzung von Luftfahrzeugen zählt das gesamte fliegende Personal (zB Piloten, Co-Piloten, Flugbegleiter, Navigatoren, Bordingenieure und Mechaniker).[2]   **2**

II. Mobiler Betrieb

§ 24 Abs. 1 Satz 2 KSchG bestimmt, dass als **Betrieb** im Sinne des Gesetzes jeweils die **Gesamtheit der See- oder Binnenschiffe eines Schifffahrtsbetriebs oder die Luftfahrzeuge eines Luftverkehrsbetriebs** gilt. Nach dieser **gesetzlichen Fiktion** kommt es auf die tatsächliche betriebliche Einheit im Sinne einer Organisation zur Verfolgung eines arbeitstechnischen Zwecks nicht an.[3] Dies hat Auswirkungen auf die **Sozialauswahl** nach § 1 Abs. 2 KSchG. Danach ist die Gesamtheit der Schiffe einer Reederei bzw. der Luftfahrzeuge eines Luftfahrtunternehmens zu berücksichtigen.   **3**

---

1 ErfK/*Ascheid* § 24 KSchG Rz 1.
2 KR/*Weigand* § 24 KSchG Rz 13.
3 KR/*Weigand* § 24 KSchG Rz 15.

§ 24 Anwendung für Betriebe der Schifffahrt und des Luftverkehrs

C. Besondere Fristenregelungen

I. Wartezeit

4 Für Besatzungsmitglieder bleibt es bei der sechsmonatigen Wartezeit für die Anwendbarkeit des KSchG. Dauert die **erste Reise** des Besatzungsmitglieds allerdings **länger als sechs Monate**, so verlängert sich die Sechs-Monatsfrist nach § 24 Abs. 2 KSchG bis **drei Tage nach Beendigung der Reise**. Dies gilt nur für die erste Reise eines Besatzungsmitgliedes und unabhängig davon, wann sie im Rahmen der Sechs-Monatsfrist von § 1 Abs. 1 KSchG angetreten wird. Die Reise kann auch mit mehreren Luftfahrzeugen bzw. Schiffen unternommen werden, solange nur bis zum Ablauf der Sechs-Monatsfrist keine Rückkehr an den Heimatort erfolgt. Die Fristberechnung richtet sich nach den §§ 187 Abs. 1, 188 Abs. 1 BGB.[4]

II. Klagefrist

5 Grundsätzlich gilt für Besatzungsmitglieder ebenfalls die **dreiwöchige Klagefrist** des § 4 KSchG. Durch die Sonderregelung in § 24 Abs. 3 KSchG soll jedoch sichergestellt werden, dass den Besatzungsmitgliedern genügend Zeit bleibt, um ihre rechtlichen Interessen im Inland wahrnehmen zu können, wenn die **Kündigung während der Reise** erfolgt. Kehrt das Besatzungsmitglied danach an den **Sitz des Betriebes** zurück, beginnt der Lauf der Drei-Wochenfrist mit dem **Tag der Rückkehr**. Sitz des Betriebs ist der Sitz des Schifffahrts- oder Luftfahrtsunternehmens. Der Heimat- oder Ausreisehafen ist demnach nur dann Betriebssitz, wenn sich dort zugleich auch die Hauptverwaltung des Unternehmens befindet.[5] Kehrt das Besatzungsmitglied **an einen anderen Ort im Inland** von der Reise zurück, beträgt die **Klagefrist sechs Wochen**. Diese Frist beginnt nicht vor dem Tag, an dem das Schiff oder das Luftfahrzeug einen deutschen Hafen oder Liegeplatz erreicht hat (§ 24 Abs. 3 Satz 2 KSchG). Nicht geregelt ist im Gesetz der Fall, dass nach einer Kündigung während der Reise das Besatzungsmitglied **vor** dem Schiff oder Luftfahrzeug ins Inland zurückkehrt.[6] Man wird in diesem Fall nach der Ratio der Sonderregelungen für den Beginn der Frist auf die Rückkehr des Besatzungsmitglieds abstellen müssen.

---

4 APS/*Moll* § 24 KSchG Rz 8.
5 KR/*Weigand* § 24 KSchG Rz 26.
6 ErfK/*Ascheid* § 24 KSchG Rz 9; s. auch BAG 9. 1. 1986, AP § 24 KSchG Nr. 1.

D. Zuständigkeit

Die Gerichtszuständigkeit richtet sich nach dem **ArbGG**. Die Sonderregelung in § 24 Abs. 4 Satz 1 KSchG ist durch die Neufassung des § 2 ArbGG 1953 **gegenstandslos** geworden. Das **Seemannsamt** ist nach § 69 SeemannsG allerdings noch zur vorläufigen Entscheidung über die Rechtmäßigkeit einer **außerordentlichen Kündigung im Ausland** befugt. Eine solche Entscheidung präjudiziert jedoch nicht die Arbeitsgerichte in einem Kündigungsschutzprozess.[7]

§ 24 Abs. 5 KSchG hatte eigenständige Bedeutung bis zum Inkrafttreten des ersten Arbeitsrechtsbereinigungsgesetzes am 14. 8. 1969. Davor waren Geschäftsführer, Betriebsleiter und ähnliche leitende Angestellte vom Ersten Abschnitt des KSchG ausgeschlossen. Nach der Einführung von § 14 Abs. 2 KSchG gelten die darin genannten Grundsätze für die Anwendbarkeit des Ersten Abschnitts nunmehr auch für Kapitäne und die übrigen leitenden Angestellten.[8]

---

7 APS/*Moll* § 24 KSchG Rz 13.
8 ErfK/*Ascheid* § 24 KSchG Rz 14; APS/*Moll* § 24 KSchG Rz 14.

§ 25 Kündigung in Arbeitskämpfen

Die Vorschriften dieses Gesetzes finden keine Anwendung auf Kündigungen und Entlassungen, die lediglich als Maßnahmen in wirtschaftlichen Kämpfen zwischen Arbeitgebern und Arbeitnehmern vorgenommen werden.

Inhalt

	Rz
A. Sinn und Zweck	1
B. Anwendbarkeit des KSschG	2

A. Sinn und Zweck

1 § 25 KSchG rührt aus der Zeit, als das BAG noch die **sog. individualrechtliche Arbeitskampftheorie** vertrat. Arbeitnehmer, die sich an einem Streik beteiligten und ihr Arbeitsverhältnis nicht zuvor selbst gekündigt hatten, konnten vom Arbeitgeber wegen beharrlicher Arbeitsverweigerung gekündigt werden. Aus Gründen der Kampfparität sollten derartige Kampfkündigungen nicht am Maßstab des KSchG beurteilt werden.[1] Bereits 1955 hat das BAG seine Rechtsprechung geändert und vertritt seitdem, dass die Arbeitspflicht bei einem rechtmäßigen Arbeitskampf suspendiert ist.[2] Da es Kampfkündigungen im Sinne der Vorschrift nicht mehr gibt, ist die Bedeutung der Norm entfallen.[3]

B. Anwendbarkeit des KSchG

2 Verweigert ein Arbeitnehmer im Rahmen eines **rechtswidrigen Streiks** seine Arbeit, kann der Arbeitgeber darauf mit einer ordentlichen und ggf. außerordentlichen Kündigung reagieren. Auf eine solche Kündigung ist das KSchG anwendbar. Gleiches gilt, wenn es im Rahmen eines ansonsten rechtmäßigen Streiks zu sog. **Arbeitskampfexzessen** kommt und der Arbeitgeber daraufhin Kündigungen ausspricht.[4] Schließlich ist das KSchG anwendbar, wenn ein Arbeitgeber gelegentlich eines Arbeitskampfes unternehmerische Entscheidungen fällt und im Zuge der Umsetzung Kündigungen ausgesprochen werden.[5]

---

1 APS/*Moll* § 25 KSchG Rz 2.
2 *BAG* 28. 1. 1955, AP Art. 9 GG Nr. 1.
3 *BAG* 29. 11. 1983, AP § 626 BGB Nr. 78; *BAG* 26. 4. 1988, AP Art. 9 GG Arbeitskampf Nr. 101.
4 ErfK/*Ascheid* § 25 KSchG Rz 4.
5 *Löwisch* § 25 KSchG Rz 4.

Sonderkündigungsschutz bei Betriebsübergang

§ 613 a BGB Rechte und Pflichten bei Betriebsübergang*
– Auszug –

(...)

(4) ¹Die Kündigung des Arbeitsverhältnisses eines Arbeitnehmers durch den bisherigen Arbeitgeber oder durch den neuen Inhaber wegen des Übergangs eines Betriebs oder eines Betriebsteils ist unwirksam. ²Das Recht zur Kündigung des Arbeitsverhältnisses aus anderen Gründen bleibt unberührt.

(...)

Literatur
Feudner, Grenzüberschreitende Anwendung des § 613 a BGB?, NZA 1999, 1184 ff.; *Gaul/Bonanni/Naumann*, Betriebsübergang: Neues zur betriebsbedingten Kündigung aufgrund Erwerberkonzepts, DB 2003, 1902 ff.; *Kania*, Anmerkung zum Urteil des BAG vom 27. Februar 1997, EzA § 1 KSchG Wiedereinstellungsanspruch Nr. 1; *Kappenhagen*, BB-Kommentar zum Urteil des BAG vom 20. März 2003, BB 2003, 2182 f.

Inhalt

		Rz
A.	**Überblick**	1–18
	I. Persönlicher, örtlicher und zeitlicher Anwendungsbereich	2–8
	II. Sachlicher Anwendungsbereich	9–18
	1. Übergang einer wirtschaftlichen Einheit unter Identitätswahrung	11–16
	2. Rechtsgeschäftlicher Übergang auf einen anderen Inhaber und Betriebsfortführung	17–19
B.	**Kündigungsschutz**	19–53
	I. Kündigung	20
	II. Kündigung wegen des Betriebsübergangs, § 613 a Abs. 4 Satz 1 BGB	21–23

---

* Bürgerliches Gesetzbuch (BGB), in der Fassung der Bekanntmachung vom 2. Januar 2002, zuletzt geändert durch Gesetz vom 23. April 2004 (BGBl. I S. 598).

III. Kündigung aus anderen Gründen, § 613 a Abs. 4 Satz 2 BGB	24–25
IV. Abgrenzungsprobleme zwischen § 613 a Abs. 4 Satz 1 und Satz 2 BGB	26–41
1. Stilllegungsabsicht und anschließende Betriebsübernahme	26–29
2. Sanierende Betriebsübernahme	30–41
a) Veräußererkonzept	30–34
b) Erwerberkonzept	35–40
c) Sozialauswahl	41
V. Fortsetzungsanspruch und Wiedereinstellungsanspruch	42–49
VI. Umgehung des Kündigungsverbots	50–53
C. Prozessuale Probleme	**54–68**
I. Klagefrist	55
II. Richtiger Beklagter (Passivlegitimation)	56–62
1. Kündigung vor Betriebsübergang	57–58
2. Kündigung nach Betriebsübergang	59
3. Tatbestand des Betriebsübergangs ist unklar	60–61
4. Auflösungsantrag	62
III. Darlegungs- und Beweislast	63–66
1. Kündigungsschutzklage	64
2. Allgemeine Feststellungsklage	65–66
IV. Rechtskrafterstreckung	67–68

A. Überblick

1 Der Kündigungsschutz von Arbeitnehmern im Rahmen eines Betriebsübergangs ist in § 613 a Abs. 4 BGB geregelt. Danach ist die **Kündigung** des Arbeitsverhältnisses eines Arbeitnehmers durch den bisherigen Arbeitgeber oder durch den neuen Inhaber **wegen des Übergangs** eines Betriebs oder eines Betriebsteils unwirksam (§ 613 a Abs. 4 Satz 1 BGB). Das Recht zur Kündigung aus anderen Gründen bleibt aber unberührt (§ 613 a Abs. 4 Satz 2 BGB).

I. Persönlicher, örtlicher und zeitlicher Anwendungsbereich

2 Der Schutz des § 613 a Abs. 4 BGB erfasst **alle Arbeitnehmer**, also auch leitende Angestellte,[1] in Teilzeit arbeitende Arbeitnehmer und auch Auszubildende[2]. Hingegen sind arbeitnehmerähnliche Personen,[3] freie Mitarbeiter, Handelsvertreter, Organmitglieder und sonstige in einem Dienstverhältnisse[4] stehende Personen nicht erfasst.

---

1 *BAG* 22. 2. 1978, EzA § 613 a BGB Nr. 18.
2 KR/*Pfeiffer* § 613 a BGB Rz 12.
3 Für Heimarbeiter *BAG* 24. 3. 1998, EzA § 612 a BGB Nr. 165.
4 *BAG* 19. 1. 1988, EzA § 613 a BGB Nr. 69.

Adressat des Verbots auf Arbeitgeberseite ist sowohl der Veräußerer bzw. 3
übertragende Unternehmer als auch der Erwerber bzw. Übernehmer.

Örtlich gilt § 613 a Abs. 4 BGB grundsätzlich für alle Betriebe mit Sitz 4
im Bundesgebiet.[5] Bei Betriebsübergängen mit **Auslandsberührung**,[6]
wie bei grenzüberschreitenden Betriebsübergängen oder auch nur bei
Vereinbarung ausländischen Rechts, sind die Vorschriften des Internationalen Privatrechts sowie – innerhalb der EU – die Richtlinie 77/187/
EWG zu beachten. In der Literatur[7] ist allerdings nach wie vor umstritten, ob sich aus diesen Regeln eine Anwendbarkeit des § 613 a BGB
auch außerhalb des Gebiets der Bundesrepublik zumindest innerhalb
der EU ergeben kann.

Das BAG[8] hat entschieden, dass § 613 a BGB nicht zu den zwingend 5
anwendbaren Normen des deutschen Rechtssystems gehört, so dass
§ 613 a BGB jedenfalls nicht anwendbar ist, wenn das Arbeitsverhältnis
ausländischem Recht unterliegt, was sich nach Internationalem Privatrecht, insbesondere den Art. 6, 27, 30 und 34 EGBGB, bestimmt.

Ob § 613 a BGB grundsätzlich bei grenzüberschreitenden Betriebsüber- 6
gängen gelten kann, hat das BAG noch nicht entschieden, scheint aber
eine Tendenz zu haben, einen Betriebsübergang mit den rechtlichen
Folgen des § 613 a BGB auch außerhalb des Bundesgebietes für möglich
zu halten,[9] wenn für das Arbeitsverhältnis deutsches Recht gilt und der
Tatbestand des Betriebsübergangs tatsächlich gegeben ist.[10]

§ 613 a BGB beinhaltet auch in **zeitlicher** Hinsicht ein eigenständiges 7
Kündigungsverbot unabhängig von den Voraussetzungen des § 1
KSchG. Es findet also auch Anwendung, wenn das Arbeitsverhältnis
noch **nicht länger als sechs Monate** bestanden hat.

Auf die **Größe** des Betriebes (§ 23 KSchG) kommt es ebenfalls nicht an.[11] 8

---

5 APS/*Steffan* § 613 a BGB Rz 9.
6 Instruktiv hierzu *BAG* 29. 10. 1992, EzA Art. 30 EGBGB Nr. 2.
7 Zum Meinungsstand *Feudner* NZA 1999, 1184 ff.
8 *BAG* a. a. O.
9 So auch *Feudner* NZA 1999, 1184, 1186.
10 Eine **Betriebsverlegung** an einen weit entfernten Ort ist vom BAG bisher nicht als Betriebsübergang, sondern als Betriebsstilllegung gewertet worden, wenn wesentliche Teile der Belegschaft nicht weiterbeschäftigt wurden und die alte Betriebsgemeinschaft aufgelöst wurde, *BAG* 12. 2. 1987, EzA § 613 a BGB Nr. 64. Ob dies nach der neuen Definition des Betriebsübergangs (siehe II.) noch gilt, bleibt abzuwarten. Es wird bei der Beurteilung in erster Linie auf die Wahrung der Identität nach den neuen Kriterien ankommen; die räumliche Distanz allein kann nicht ausschlaggebend sein.
11 *BAG* 31. 1. 1985, NZA 1985, 593, 596.

II. Sachlicher Anwendungsbereich

9 Die Kündigung wegen eines **Betriebsübergangs** ist unwirksam. Die Definition des Betriebsübergangs durch das BAG hat sich nach einigen Grundsatzentscheidungen des EuGH[12] im Laufe der Jahre grundlegend geändert. Das BAG[13] folgt nun der Rechtsprechung des EuGH.

10 Ein Betriebsübergang liegt vor, wenn eine auf Dauer angelegte wirtschaftliche Einheit vorhanden ist, die auf einen neuen Inhaber durch ein Rechtsgeschäft übergeht, trotzdem ihre Identität behält und durch den neuen Inhaber weitergeführt wird.

1. Übergang einer wirtschaftlichen Einheit unter Identitätswahrung

11 Ein Betriebsübergang setzt also zunächst die Wahrung der **Identität** (Fortbestand) **der** betreffenden **wirtschaftlichen Einheit** voraus. Der Begriff Einheit bezieht sich auf eine organisierte Gesamtheit von Personen und Sachen zur auf Dauer angelegten Ausübung einer wirtschaftlichen Tätigkeit mit eigener Zielsetzung.

12 Bei der Prüfung, ob eine Einheit übergegangen ist, müssen sämtliche den betreffenden Vorgang kennzeichnenden Tatsachen berücksichtigt werden. Dazu gehören nunmehr auch nach dem BAG[14] als Teilaspekte der Gesamtwürdigung

- die Art des betreffenden Unternehmens oder Betriebs,
- der etwaige Übergang der materiellen Betriebsmittel wie Gebäude und bewegliche Güter,
- der etwaige Übergang und der Wert der immateriellen Aktiva im Zeitpunkt des Übergangs,
- die etwaige Übernahme der Hauptbelegschaft,
- der etwaige Übergang der Kundschaft sowie
- der Grad der Ähnlichkeit zwischen den vor und nach dem Übergang verrichteten Tätigkeiten des Betriebs oder Betriebsteils und
- die Dauer einer eventuellen Unterbrechung dieser Tätigkeit.

---

12 Insbesondere *EuGH* 11. 3. 1997 (Ayse Süzen), EzA § 613 a BGB Nr. 145.
13 *BAG* 22. 5. 1997, EzA § 613 a BGB Nr. 149; *BAG* 17. 7. 1997, NZA 1997, 1050.
14 *BAG* 22. 1.1998, EzA § 613 a BGB Nr. 162; *BAG* 18. 3. 1999, EzA § 613 a BGB Nr. 177.

Die Identität der Einheit ergibt sich auch aus folgenden Merkmalen[15] 13
wie

- ihren Führungskräften,
- ihren wesentlichen Know-how-Trägern,
- ihrer Arbeitsorganisation,
- ihren Betriebsmethoden und
- den ihr zur Verfügung stehenden Betriebsmitteln.

In Branchen, in denen es im Wesentlichen auf die **menschliche Arbeits-** 14
kraft ankommt, kann ein Betriebsübergang darin liegen, dass der neue
Betriebsinhaber nicht nur die betreffende Tätigkeit weiterführt, sondern auch einen nach Zahl und Sachkunde wesentlichen Teil des Personals übernimmt.[16]

▶ **Beispiel:**
Der neue Auftragnehmer eines Reinigungsauftrages übernimmt
zwar keine sächlichen Betriebsmittel, aber die Hauptbelegschaft des
alten Auftragnehmers und beschäftigt diese im Wesentlichen
unverändert weiter.

Hingegen stellt nach der derzeitigen Auffassung des BAG die bloße 15
Fortführung der Tätigkeit durch einen Auftragnehmer (**Funktions-**
nachfolge) keinen Betriebsübergang dar.[17]

---

15 *BAG* a.a.O.
16 *BAG* 11.12.1997, EzA § 613 a BGB Nr. 159.
17 *BAG* 13.11.1997, EzA § 613 a BGB Nr. 154. In einer neuen Entscheidung vom
20.11.2003 hat der EuGH (NZA 2003, 1385) einen Betriebsübergang auch in
einer Situation angenommen, in der ein zweiter Auftragnehmer zwar kein
Personal des vorherigen Auftragnehmers übernommen hat, für die Dienstleistung (Verpflegungsleistung in einem Krankenhaus) aber die vorher vom
ersten Auftragnehmer benutzten und beiden nacheinander vom Auftraggeber zur Verfügung gestellten Betriebsmittel (Betriebsräume des Krankenhauses, Spülmaschinen, Wasser, Energie, Klein- und Großinventar) benutzt. Hierin könnte eine Tendenz liegen, die Funktionsnachfolge wieder als Betriebsübergang zu werten. Zwar hat der EuGH seine Entscheidung damit begründet, dass es in diesem Fall weniger auf die menschliche Arbeitskraft als vielmehr auf materielle Betriebsmittel ankomme, die schließlich von beiden Auftragnehmern gleichermaßen benutzt wurden. In ähnlichen Fällen (siehe *BAG*
11.12.1997, EzA § 613 a BGB Nr. 160) wurde andererseits bisher ein Betriebsübergang nur dann bejaht, wenn die Möglichkeit der eigenwirtschaftlichen
Nutzung der Betriebsmittel des Auftraggebers bestand und diese den Betrieb
tatsächlich prägten. Hierauf ist der EuGH in seiner Entscheidung aber nicht
näher eingegangen. Es bleiben also weitere Entscheidungen abzuwarten.

Sonderkündigungsschutz bei Betriebsübergang

> ▶ **Beispiel:**
>
> Der neue Auftragnehmer eines Reinigungsauftrages übernimmt weder sächliche Betriebsmittel noch wesentliche Teile der Belegschaft.

16 Bei dem Übergang eines **Betriebsteils** muss es sich um den Übergang einer selbständigen, abtrennbaren organisatorischen Einheit handeln, die innerhalb des betrieblichen Gesamtzwecks einen Teilzweck verfolgt, der aber nicht andersartig als der Zweck des übrigen Betriebes sein muss.[18] Auch ein Hilfszweck reicht aus.[19]

2. Rechtsgeschäftlicher Übergang auf einen anderen Inhaber und Betriebsfortführung

17 Ein Betriebsübergang setzt voraus, dass an die Stelle des bisherigen Betriebsinhabers ein anderer tritt, der den Betrieb im eigenen Namen und auf eigene Rechnung **tatsächlich fortführt.**[20] Der bisherige Inhaber muss seine wirtschaftliche Betätigung in dem Betrieb oder Betriebsteil einstellen, und der neue Inhaber muss den Betrieb oder Betriebsteil ohne wesentliche Änderungen tatsächlich fortführen.[21]

18 Der Übergang muss durch ein **Rechtsgeschäft** erfolgen.[22]

> ▶ **Beispiel:**
>
> Hierbei kann es sich zB um Kauf-, Pacht- oder Mietverträge handeln, aber auch um Schenkungen, Nießbrauch, Vermächtnis oder Gesellschaftsvertrag.[23] Es muss sich nicht zwingend um ein Rechtsgeschäft zwischen Veräußerer und Erwerber handeln, sondern es genügt beispielsweise auch, wenn der Betrieb von dem bisherigen Pächter an den neuen Pächter übergeben wird, die Vertragsbeziehungen jedoch zwischen dem neuen Pächter und dem Verpächter bestehen.[24]

---

18 *BAG* 8.8.2002, EzA §613 a BGB Nr.209; *BAG* 26.8.1999, EzA §613 a BGB Nr.185.
19 *BAG* 9.2.1994, EzA §613 a BGB Nr.116.
20 *BAG* 18.3.1999, EzA §613 a BGB Nr.178.
21 *BAG* 12.11.1998, EzA §613 a BGB Nr.170.
22 Im Einzelnen siehe hierzu APS/*Steffan* §613 a BGB Rz 60 ff. oder KR/*Pfeiffer* §613 a BGB Rz 72 ff.
23 KR/*Pfeiffer* §613 a BGB Rz 62.
24 *BAG* 25.2.1981, AP §613 a BGB Nr. 24.

B. Kündigungsschutz

Der Kündigungsschutz des § 613 a BGB erfasst nur eine Kündigung **wegen** eines Betriebsübergangs oder Betriebsteilsübergangs. Eine solche Kündigung ist gemäß § 134 BGB **nichtig**. Eine Kündigung aus anderen Gründen bleibt – unter Beachtung der übrigen kündigungsrechtlichen Vorschriften – weiter möglich. Zur Beurteilung der Wirksamkeit einer Kündigung ist auf die objektiven Verhältnisse zum **Zeitpunkt des Zugangs der Kündigung** abzustellen.[25] 19

I. Kündigung

Erfasst sind die ordentliche und die außerordentliche Kündigung sowie auch die Änderungskündigung. Sowohl der Veräußerer als auch der Erwerber sind an das Kündigungsverbot des § 613 a Abs. 4 BGB gebunden. 20

II. Kündigung wegen des Betriebsübergangs, § 613 a Abs. 4 Satz 1 BGB

Bei der Prüfung der Frage, ob wegen eines Betriebsübergangs oder aus anderen Gründen gekündigt wurde, kommt es nicht auf die Bezeichnung des Kündigungsgrundes durch den Arbeitgeber an, sondern nur auf die **objektiven Umstände**. 21

Nach Ansicht des BAG[26] erfolgt eine Kündigung wegen des Betriebsübergangs, wenn dieser der **tragende Grund** und nicht nur der äußere Anlass für die Kündigung ist. Die Kündigung ist also nicht schon dann rechtsunwirksam, wenn der Betriebsübergang für die Kündigung ursächlich ist, sondern nur, aber auch immer dann, wenn der Betriebsübergang Beweggrund für die Kündigung, das Motiv der Kündigung also wesentlich durch den Betriebsinhaberwechsel bedingt war.[27] Das Kündigungsverbot ist dagegen nicht einschlägig, wenn es neben dem Betriebsübergang einen sachlichen Grund gibt, der »aus sich heraus« die Kündigung zu rechtfertigen vermag.[28] 22

Bei einem **zukünftigen Betriebsübergang**[29] ist eine Kündigung wegen eines Betriebsübergangs dann anzunehmen, wenn der Arbeitgeber 23

---

25 *BAG* 19. 5. 1988, EzA § 613 a BGB Nr. 82.
26 *BAG* 18. 7. 1996, EzA § 613 a BGB Nr. 142.
27 *BAG* 26. 5. 1983, AP § 613 a BGB Nr. 34.
28 *BAG* a. a. O.
29 Siehe auch Rz 26 f.

zum Zeitpunkt der Kündigung den Betriebsübergang bereits geplant, dieser bereits greifbare Formen angenommen hat und die Kündigung aus Sicht des Arbeitgebers ausgesprochen wird, um den geplanten Betriebsübergang vorzubereiten und zu ermöglichen.[30] Das spätere Scheitern des Betriebsübergangs wirkt sich nicht auf das Kündigungsverbot aus.[31] Der Arbeitgeber muss erneut kündigen.

III. Kündigung aus anderen Gründen, § 613 a Abs. 4 Satz 2 BGB

24 Es kommen betriebsbedingte, verhaltensbedingte und personenbedingte Gründe im Sinne des § 1 KSchG in Betracht, wobei die betriebsbedingte Kündigung die größte praktische Relevanz hat.

25 Ist das **KSchG nicht anwendbar**, genügt im Rahmen der §§ 134, 138, 242 BGB jeder nachvollziehbare, nicht willkürlich erscheinende, sachliche Grund, der den Verdacht einer Umgehung des Kündigungsverbotes des § 613 a Abs. 4 BGB auszuschließen vermag.[32]

IV. Abgrenzungsprobleme zwischen § 613 a Abs. 4 Satz 1 und Satz 2 BGB

1. Stilllegungsabsicht und anschließende Betriebsübernahme

26 Ein anderer Grund im Sinne des § 613 a Abs. 4 Satz 2 BGB kann insbesondere eine Betriebsstilllegung[33] bzw. eine geplante Stilllegung sein.

27 Die Kündigung aus **Anlass einer geplanten Stilllegung** ist wegen dringender betrieblicher Erfordernisse sozial gerechtfertigt im Sinne von § 1 Abs. 2 Satz 1 KSchG, wenn die betrieblichen Umstände bereits greifbare Formen angenommen haben und eine vernünftige, betriebswirtschaftliche Betrachtung die Prognose rechtfertigt, dass bis zum Auslaufen der Kündigungsfrist der Arbeitnehmer entbehrt werden kann.[34] Es ist nicht erforderlich, dass mit der Durchführung einzelner Stilllegungsmaßnahmen bereits begonnen wurde.[35]

28 Eine Betriebsstilllegung setzt den **ernstlichen und endgültigen Entschluss** des Unternehmers voraus, die Betriebs- und Produktionsge-

---

30 *BAG* 19. 5. 1988, EzA § 613 a BGB Nr. 82.
31 *BAG* a. a. O.
32 APS/*Steffan* § 613 a BGB Rz 179.
33 *BAG* 27. 9. 1984, EzA § 613 a BGB Nr. 40.
34 *BAG* 19. 6. 1991, EzA § 1 KSchG Nr. 70.
35 *BAG* a. a. O.

meinschaft zwischen Arbeitgeber und Arbeitnehmer für einen seiner Dauer nach unbestimmten, wirtschaftlich nicht unerheblichen Zeitraum aufzugeben. Diesen Entschluss muss der Unternehmer spätestens im Zeitpunkt des Zugangs der Kündigung gefasst haben, wenn die Kündigung sozial gerechtfertigt sein soll. Daran fehlt es, wenn er zu diesem Zeitpunkt noch in ernsthaften Verhandlungen über eine Veräußerung des Betriebs steht und deswegen nur vorsorglich mit der Begründung kündigt, der Betrieb solle zu einem bestimmten Zeitpunkt stillgelegt werden, falls die Veräußerung scheitert. Kommt es noch innerhalb der Kündigungsfrist zu einem Betriebsübergang, so spricht eine tatsächliche Vermutung gegen eine ernsthafte und endgültige Stilllegungsabsicht des Unternehmers im Zeitpunkt der Kündigung.[36]

▶ **Praxistipp:**
Zur Rechtfertigung einer betriebsbedingten Kündigung sollte der Stilllegungsentschluss des Unternehmers daher bereits vor Ausspruch einer Kündigung möglichst klar und genau dokumentiert werden. Idealerweise sollten bereits erste Umsetzungsschritte eingeleitet werden, die aus Beweisgründen ebenfalls schriftlich festgehalten werden sollten.

Hat der Arbeitgeber zum Zeitpunkt des Ausspruchs der Kündigung die Stilllegung seines Betriebes in diesem Sinne endgültig geplant und bereits eingeleitet oder sogar bereits durchgeführt und kommt es später doch noch zu einer Betriebsveräußerung, dann ist die Kündigung nicht wegen des Kündigungsverbotes des § 613 a Abs. 4 Satz 1 BGB unwirksam.[37] 29

2. Sanierende Betriebsübernahme

a) Veräußererkonzept

Bei einer Kündigung nach Veräußererkonzept kündigt der Veräußerer die Arbeitsverhältnisse von Arbeitnehmern im Hinblick auf einen Betriebsübergang. 30

Eine Kündigung vor einer konkreten greifbaren Übernahmemöglichkeit ist in den Grenzen des § 1 Abs. 2 KSchG grundsätzlich möglich und unterliegt nicht dem Verbot des § 613 a Abs. 4 BGB.[38] 31

---

36 *BAG* a. a. O.
37 *BAG* 28. 4. 1988, EzA § 613 a BGB Nr. 80.
38 APS/*Steffan* § 613 a BGB Rz 190.

32 Auch wenn ein Betriebsübergang angestrebt wird, bereits Verhandlungen zwischen Veräußerer und Erwerber geführt wurden und die Belegschaft in enger zeitlicher Nähe zum Betriebsübergang reduziert werden soll, erfolgt die Kündigung nicht in jedem Fall wegen des Betriebsübergangs. Eine Kündigung verstößt dann nicht gegen § 613 a Abs. 4 Satz 1 BGB, wenn sie jeder Betriebsinhaber aus notwendigen betriebsbedingten Gründen so hätte durchführen können.[39]

33 Die Kündigung muss dann aber im Sinne von § 1 Abs. 2 KSchG gerechtfertigt sein. Hierzu ist ein eigenes betriebliches Erfordernis des Veräußerers erforderlich. Es muss sich also um ein **eigenes Sanierungskonzept** handeln und nicht um fremde Vorgaben etwa des Erwerbers, sondern um selbstgewonnene wirtschaftliche Erkenntnisse des Veräußerers.[40]

34 Eine Kündigung wegen des Betriebsübergangs liegt nach der Rechtsprechung des BAG[41] **beispielsweise** nicht vor, wenn sie der Rationalisierung (Verkleinerung) des Betriebs zur **Verbesserung der Verkaufschancen** dient. Ein Rationalisierungsgrund liegt in jedem Fall vor, wenn der Betrieb **ohne Rationalisierung stillgelegt** werden müsste. Es besteht zwar eine gewisse Ursächlichkeit zwischen dem Betriebsübergang und der Kündigung; die Kündigung wird aber ausgesprochen, um den Betrieb zu erhalten. Der Betriebsübergang ist nur eine zusätzlich notwendige Voraussetzung für den Erhalt des Betriebs. Der Zweckzusammenhang zwischen Kündigung und Betriebsübergang ist nach der Auffassung des BAG danach zweitrangig.

b) Erwerberkonzept

35 Bei einer Kündigung nach Erwerberkonzept spricht der Veräußerer Kündigungen auf der Grundlage eines Konzepts des Erwerbers aus. Die Arbeitsplätze fallen also frühestens mit dem tatsächlichen Übergang des Betriebes weg. Diese Möglichkeit ist grundsätzlich durch die Rechtsprechung[42] anerkannt, war aber bisher in ihren Voraussetzungen nicht klar abgegrenzt.

36 Eine Kündigung durch den Veräußerer ist jedenfalls dann nach § 613 a Abs. 4 BGB unwirksam, wenn sie damit begründet wird, der Erwerber habe die Übernahme eines bestimmten Arbeitnehmers, dessen **Arbeitsplatz** erhalten bleibt, deswegen abgelehnt, weil er »ihm **zu**

---

39 APS/*Steffan* § 613 a BGB Rz 191.
40 *BAG* 18. 7. 1996, EzA § 613 a BGB Nr. 142.
41 *BAG* a. a. O.
42 *BAG* 26. 5. 1983, AP § 613 a BGB Nr. 34.

teuer sei«.[43] Dies gilt auch dann, wenn der Erwerber droht, den Betrieb sonst nicht zu übernehmen, da sonst der von § 613 a BGB bezweckte Bestandschutz unterlaufen werden würde.

Die Kündigung des Betriebsveräußerers aufgrund eines Erwerberkonzepts verstößt nach einer neusten Entscheidung des BAG[44] dann nicht gegen § 613 a Abs. 4 BGB, wenn ein **verbindliches Konzept oder ein Sanierungsplan** des Erwerbers vorliegt, dessen Durchführung im Zeitpunkt des Zugangs der Kündigungserklärung bereits greifbare Formen angenommen hat.

▶ Praxistipp:

> Das Sanierungskonzept sollte also nachweisbar dokumentiert werden. Es sollten klare Vereinbarungen zwischen Veräußerer und Erwerber über den Betriebsübergang und die geplante Sanierung bestehen.[45]

Umstritten ist, ob weitere Voraussetzung für die Wirksamkeit der Kündigung ist, dass der **Veräußerer das Konzept auch als eigenes** hätte durchführen können. Während die herrschende Meinung in der Literatur[46] dies verneint, forderte das BAG bisher selbiges[47], da das Kündigungsrecht des Veräußerers nicht um Gründe erweitert werden dürfe, die allein in der Sphäre des Erwerbers lägen.

In der bereits zitierten neuen Entscheidung[48] hat das BAG diese Voraussetzung jedenfalls in der **Insolvenz** fallen gelassen, so dass es für die Wirksamkeit einer betriebsbedingten Kündigung des Veräußerers nach dem Sanierungskonzept des Erwerbers – jedenfalls in der Insolvenz – nicht darauf ankommt, ob das Konzept auch bei dem Veräußerer hätte durchgeführt werden können.

Ob das BAG auch außerhalb der Insolvenz auf das Erfordernis, dass der Veräußerer das Konzept auch als eigenes hätte durchführen können, verzichten wird, bleibt abzuwarten. Vieles spricht dafür, da es nicht Sinn und Zweck des § 613 a Abs. 4 BGB ist, den Erwerber zu verpflichten, die Arbeitsverhältnisse künstlich zu verlängern, bis er selbst die Kündigung aussprechen kann, wenn eine Rationalisierungsmaß-

---

43 *BAG* 26. 5. 1983, AP § 613 a BGB Nr. 34.
44 *BAG* 20. 3. 2003, EZA § 613 a BGB 2002 Nr. 9.
45 So zu Recht auch *Kappenhagen* BB 2003, 2182, 2183.
46 APS/*Steffan* § 613 a BGB Rz. 193 ff. mwN.
47 *BAG* 26. 5. 1983, AP § 613 a BGB Nr. 34.
48 *BAG* 20. 3. 2003, EZA § 613 a BGB 2002 Nr. 9.

nahme vorhersehbar zum Wegfall des Arbeitsplatzes des Arbeitnehmers beim Erwerber führen wird.[49]

c) Sozialauswahl

41 Zur Sozialauswahl beim Betriebsübergang siehe unter § 1 KSchG.[50]

V. Fortsetzungsanspruch und Wiedereinstellungsanspruch

42 Wie bereits dargestellt, kommt es in der Praxis vor, dass sich die Verhältnisse nach Ausspruch der Kündigung ändern können, wenn beispielsweise eine geplante Betriebsstilllegung doch noch in einen Betriebsübergang mündet.[51]

43 Grundsätzlich kann der nach Zugang der Kündigung doch eingetretene Betriebsübergang zwar die einmal gegebene Wirksamkeit der Kündigung nicht mehr beseitigen; es kann aber ein **Anspruch** des Arbeitnehmers gegenüber dem bisherigen Arbeitgeber auf **Wiedereinstellung** oder gegenüber dem Erwerber **auf Fortsetzung** des Arbeitsverhältnisses zu unveränderten Bedingungen bestehen.[52]

44 Ein **Wiedereinstellungsanspruch** gegenüber dem bisherigen Arbeitgeber ist nach der herrschenden Meinung nur dann gegeben, wenn sich der Kündigungsgrund noch während des Laufs der Kündigungsfrist als falsch (zB zukünftiger Betriebsübergang statt Stilllegung) erweist, der Arbeitgeber mit Rücksicht auf die Wirksamkeit der Kündigung noch keine Dispositionen getroffen hat und ihm die unveränderte Fortsetzung des Arbeitsverhältnisses zumutbar ist.[53]

45 Ein **Fortsetzungsanspruch** gegenüber dem Erwerber kommt beispielsweise dann in Betracht, wenn ein Auftrag entzogen und neu vergeben wird, der bisherige Auftragnehmer daraufhin wirksam seinen Arbeitnehmern kündigt und der neue Auftragnehmer später die Hauptbelegschaft des alten Arbeitgebers übernimmt (im konkreten Fall erfolgte der Betriebsübergang einen Tag **nach Ablauf der Kündigungsfrist**).[54] Auch in diesem Fall kommt es nach Zugang der Kündigung zu einem

---

49 *Gaul/Bonanni/Naumann* DB 2003, 1902, 1903.
50 Dort Rz 480 ff.
51 Siehe auch Rz 26 f.
52 Die Begriffe Wiedereinstellungs- und Fortsetzungsanspruch werden weder in der Literatur noch in der Rechtsprechung einheitlich verwandt. Hier sind sie dem bisherigem Arbeitgeber bzw. dem Veräußerer zugeordnet. So auch APS/ *Steffan* § 613 a BGB Rz 184, 185.
53 *BAG* 27. 2. 1997, EzA § 1 KSchG Wiedereinstellungsanspruch Nr. 1.
54 *BAG* 13. 11. 1997, EzA § 613 a BGB Nr. 154.

Betriebsübergang, der bisherige Arbeitgeber hat aber keinen Einfluss auf den Betriebsübergang und kann auch nicht zur Wiedereinstellung verpflichtet werden.[55] Ein Wiedereinstellungsanspruch gegen den bisherigen Arbeitgeber würde dem Arbeitnehmer in der Praxis regelmäßig nichts nützen, da der Betrieb bereits beim Erwerber fortgesetzt wird und beim bisherigen Arbeitgeber kein passender Arbeitsplatz mehr vorhanden ist. Beim Übernehmer ist das hingegen anders.

Noch nicht endgültig geklärt ist die Frage, wie lange der Fortsetzungsanspruch auch noch nach Ablauf der Kündigungsfrist erfolgreich durchgesetzt werden kann. 46

Der 2. und der 7. Senat[56] haben zum **Wiedereinstellungsanspruch** gegenüber dem bisherigen Arbeitgeber festgestellt, dass ein solcher Anspruch nur besteht, wenn die Kündigungsgründe sich noch während des Laufs der Kündigungsfrist als falsch erweisen. In einem späteren Urteil hat der 2. Senat[57] die Frage, ob ein Wiedereinstellungsanspruch auch dann entstehen kann, wenn der Arbeitgeber erst nach Ablauf der Kündigungsfrist die Unternehmerentscheidung, die zur Entlassung geführt hat, aufhebt oder ändert, ausdrücklich in »Abgrenzung« zum Urteil des 7. Senats unentschieden gelassen. 47

Aus dem Sachverhalt einer Entscheidung des 8. Senats[58] geht hervor, dass zumindest für den Fall eines **Betriebsübergangs durch Übernahme der Hauptbelegschaft** ein **Fortsetzungsanspruch gegen den Erwerber** auch noch nach Ablauf der Kündigungsfrist zuzubilligen ist. In einer weiteren Entscheidung äußert sich der 8. Senat[59] dahingehend, dass bei Betriebsübergang durch Übernahme der Hauptbelegschaft der Arbeitnehmer seinen Anspruch auf Fortsetzung des Arbeitsverhältnisses noch während des Bestehens oder zumindest unverzüglich nach Kenntniserlangung der den Betriebsübergang ausmachenden tatsächlichen Umstände geltend zu machen hat. Auch in dieser Entscheidung lässt der 8. Senat also einen Fortsetzungsanspruch auch nach Ablauf der Kündigungsfrist zu. Das Fortsetzungsverlangen ist gegenüber dem Betriebserwerber zu erklären.[60] 48

---

55 So auch APS/*Steffan* § 613 a BGB Rz 185.
56 *BAG* 27. 2. 1997, EzA § 1 KSchG Wiedereinstellungsanspruch Nr. 1; *BAG* 6. 8. 1997, EzA § 1 KSchG Wiedereinstellungsanspruch Nr. 2.
57 *BAG* 4. 12. 1997, EzA § 1 KSchG Wiedereinstellungsanspruch Nr. 3.
58 *BAG* 13. 11. 1997, EzA § 613 a BGB Nr. 154.
59 *BAG* 12. 11. 1998, EzA § 613 a BGB Nr. 171.
60 *BAG* a. a. O.

49 In einer weiteren Entscheidung des 8. Senats vom 10. Dezember 1998[61] wird die Anwendung dieser Grundsätze auch auf Betriebsübergänge durch Übernahme der materiellen und immateriellen Betriebsmittel erwogen, jedoch nicht abschließend entschieden. Weitere Rechtsprechung des BAG zu dieser Frage ist abzuwarten.

▶ **Hinweis:**

Die Entscheidungen des BAG führen zu einer erheblichen Rechtsunsicherheit. Die Monate nach einer Betriebsstilllegung stattfindende Neueröffnung eines Betriebs könnte einen Betriebsübergang darstellen, und Arbeitnehmer, deren Arbeitsverhältnisse längst beendet worden sind, könnten die Fortsetzung ihres Arbeitsverhältnisses mit dem Erwerber verlangen. Dies gilt insbesondere im Fall der Übernahme der Hauptbelegschaft durch den Erwerber. Um die Folgen eines Betriebsübergangs einigermaßen sicher zu vermeiden, wird der Erwerber davon absehen müssen, Belegschaftsteile des Veräußerers zu übernehmen und versuchen, den Zeitraum zwischen Stilllegung und Neueröffnung möglichst zu verlängern. Dieses Ergebnis kann nicht im Sinne des Schutzgedankens des § 613 a Abs. 4 BGB liegen.[62]

VI. Umgehung des Kündigungsverbots

50 Die Parteien eines Arbeitsverhältnisses können ihr Rechtsverhältnis im Zusammenhang mit einem Betriebsübergang auch ohne Vorliegen eines sachlichen Grundes **wirksam** durch **Aufhebungsvertrag** auflösen, sofern die Vereinbarung auf das endgültige Ausscheiden des Arbeitnehmers aus dem Betrieb gerichtet ist. Der Arbeitnehmer hat dann keinen Anspruch auf Fortsetzung des Arbeitsverhältnisses mit dem Erwerber, es sei denn, die Wirksamkeit des Aufhebungsvertrages würde wegen Anfechtung, Wegfalls der Geschäftsgrundlage oder aus einem anderen Grund beseitigt werden.[63]

51 Hingegen ist ein Aufhebungsvertrag wegen objektiver Gesetzesumgehung nach § 134 BGB **nichtig**, wenn er lediglich die Beseitigung der Kontinuität des Arbeitsverhältnisses bei gleichzeitigem Erhalt des Arbeitsplatzes bezweckt. Diesem Zweck dient der Abschluss eines Aufhebungsvertrages **beispielsweise** dann, wenn zugleich ein neues

---
61 *BAG* 10. 12. 1998, EzA § 613 a BGB Nr. 175.
62 So zu Recht auch *Kania*, Anmerkung zu *BAG* 27. 2. 1997, EzA § 1 KSchG Wiedereinstellungsanspruch Nr. 1.
63 *BAG* 10. 12. 1998, EzA § 613 a BGB Nr. 175.

Arbeitsverhältnis zum Betriebserwerber vereinbart oder zumindest verbindlich in Aussicht gestellt wird.[64] In einem solchen Fall wird der Arbeitnehmer um seine bisher erdienten Besitzstände wie Arbeitsbedingungen, Versorgungsanwartschaften und Beschäftigungszeiten gebracht, was § 613 a BGB gerade verhindern soll.[65]

Gleiches gilt für eine derart veranlasste **Eigenkündigung**.[66] 52

Auch **Befristungen** oder **auflösende Bedingungen**, mit denen das Kündigungsverbot des § 613 a Abs. 4 BGB umgangen werden soll, sind nichtig.[67] 53

▶ Praxistipp:

Soll mit einem Arbeitnehmer im Rahmen eines Betriebsübergangs ein wirksamer Aufhebungsvertrag abgeschlossen werden, ist in jedem Fall genau darauf zu achten und zu dokumentieren, dass der Arbeitnehmer der Vereinbarung freiwillig und bei uneingeschränkter Entscheidungsfreiheit zustimmt, um das Risiko einer Umgehung zu verringern.[68]

C. Prozessuale Probleme

Verstößt eine Kündigung gegen § 613 a Abs. 4 Satz 1 BGB, kann der 54
Arbeitnehmer gegen diese Kündigung vor den Arbeitsgerichten Klage erheben. In Betracht kommt eine allgemeine **Feststellungsklage** nach § 256 ZPO, wenn der Arbeitnehmer nur den Verstoß gegen das Kündigungsverbot des § 613 a Abs. 4 Satz 1 BGB geltend machen möchte, oder/und eine **Kündigungsschutzklage**, in der der Arbeitnehmer die fehlende soziale Rechtfertigung der Kündigung im Sinne von § 1 KSchG behauptet.

I. Klagefrist

Nach der Neufassung des § 4 Satz 1 KSchG muss der Arbeitnehmer in 55
jedem Fall **innerhalb von drei Wochen nach Zugang der schriftlichen Kündigung** Klage beim Arbeitsgericht auf Feststellung erheben, dass das Arbeitsverhältnis durch die Kündigung nicht aufgelöst ist, und

---

64 *BAG* a. a. O.
65 *BAG* 11. 7. 1995, EzA § 613 a BGB Nr. 130.
66 *BAG* 28. 4. 1987, EzA § 613 a BGB Nr. 67.
67 APS/*Steffan* § 613 a BGB Rz 198.
68 So auch ErfK/*Preis* § 613 a BGB Rz 155.

nicht mehr nur, wenn er geltend macht, die Kündigung sei sozial ungerechtfertigt im Sinne des KSchG.

II. Richtiger Beklagter (Passivlegitimation)

56 Grundsätzlich richtet sich eine Klage stets gegen den Arbeitgeber, der die Kündigung ausgesprochen hat.

1. Kündigung vor Betriebsübergang

57 Ist die Kündigung vor Betriebsübergang durch den **bisherigen Arbeitgeber** ausgesprochen worden, so hat sich die Kündigungsschutzklage gegen diesen zu richten[69]. Dies gilt unabhängig davon, ob das Arbeitsverhältnis vor oder erst nach dem Betriebsübergang endet[70] oder ob der Betrieb schon vor oder erst nach Rechtshängigkeit übergeht.[71] Das Arbeitsverhältnis geht in der Form auf den Erwerber über, wie es im Zeitpunkt des Betriebsübergangs bestanden hat. Der Inhalt des Arbeitsverhältnisses kann aber nur in einem Rechtsstreit zwischen Arbeitnehmer und bisherigem Arbeitgeber geklärt werden.[72]

58 Ein Verfahren mit zwei Beklagten kommt hingegen dann in Betracht, wenn der Arbeitnehmer zum einen die Feststellung der Nichtauflösung seines Arbeitsverhältnisses mit dem bisherigen Arbeitgeber begehrt, zum anderen aber auch eine Fortsetzung des Arbeitsverhältnisses mit dem Erwerber. In diesem Fall kann der Arbeitnehmer Veräußerer und Erwerber in demselben Rechtsstreit als Arbeitgeber verklagen; sie sind dann Streitgenossen.[73]

2. Kündigung nach Betriebsübergang

59 Bei einer Kündigung nach Betriebsübergang kann eine Kündigungsschutzklage gegen den Veräußerer keinen Erfolg haben.[74] Nur der Erwerber kann das Arbeitsverhältnis kündigen, da er mit dem Betriebsübergang in die Rechte und Pflichten des alten Arbeitgebers eingetreten ist und nun die Arbeitgeberstellung innehat. Entsprechend

---

69 *BAG* 26. 5. 1983, AP § 613 a BGB Nr. 34.
70 APS/*Steffan* § 613 a BGB Rz 217.
71 *BAG* a. a. O. und *BAG* 18. 3. 1999, EzA § 613 a BGB Nr. 179.
72 *BAG* 26. 5. 1983, AP § 613 a BGB Nr. 34.
73 *BAG* 25. 4. 1996, AP § 59 ZPO Nr. 1.
74 *BAG* 18. 4. 2002, EzA § 613 a BGB Nr. 207.

kann sich die Klage des gekündigten Arbeitnehmers nur gegen ihn richten, nicht gegen den bisherigen Arbeitgeber.

3. Tatbestand des Betriebsübergangs ist unklar

Ist für den Arbeitnehmer nicht erkennbar, ob und wann ein Betriebsübergang stattgefunden hat, wird er sowohl gegen den Veräußerer als auch den potentiellen Erwerber in einem Verfahren Klage erheben.[75] Hierbei handelt es sich um einen Fall der subjektiven Klagehäufung. Allerdings wird der Arbeitnehmer auf diese Weise mindestens eine Klage verlieren. Es gibt auch nicht die Möglichkeit, den bisherigen Arbeitgeber hilfsweise zu verklagen für den Fall, dass der Antrag gegen den eventuellen Erwerber scheitert. Eine solche bedingte subjektive Klagehäufung ist nach der Rechtsprechung des BAG unzulässig.[76]

60

Gegen den bisherigen Arbeitgeber, der die Kündigung ausgesprochen hat, ist eine Kündigungsschutzklage zu erheben, gegen den potentiellen Erwerber eine Feststellungsklage.[77]

61

4. Auflösungsantrag

Zwar richtet sich ein Auflösungsantrag im Sinne des § 9 KSchG grundsätzlich gegen den Arbeitgeber, der die Kündigung ausgesprochen hat; im Zusammenhang mit einem Betriebsübergang können sich aber Besonderheiten ergeben. Hat der Arbeitnehmer eine Kündigungsschutzklage gegen den Arbeitgeber, der ihm gekündigt hat, erhoben und geht der Betrieb nach Rechtshängigkeit der Klage auf einen Erwerber über, kann der Arbeitnehmer einen bisher nicht gestellten Auflösungsantrag mit Erfolg nur in einem Prozess gegen den Betriebserwerber stellen.[78] Der frühere Arbeitgeber ist für den Antrag nicht mehr passivlegitimiert, denn das Arbeitsverhältnis zu dem neuen Arbeitgeber soll aufgelöst werden.[79]

62

III. Darlegungs- und Beweislast

Im Rahmen des Betriebsübergangs gelten grundsätzlich die allgemeinen Beweislastregeln, was bedeutet, dass jede Partei die Voraussetzun-

63

---
75 APS/*Steffan* § 613 a BGB Rz 222; ErfK/*Preis* § 613 a BGB Rz 172.
76 *BAG* 11. 12. 1997, EzA § 613 a BGB Nr. 159.
77 APS/*Steffan* § 613 a BGB Rz 222.
78 *BAG* 20. 3. 1997, EzA § 613 a BGB Nr. 148.
79 *BAG* a. a. O.

gen der für sie günstigen Norm darlegen und – im Streitfall – beweisen muss. Hierbei kommen Beweiserleichterungen zugunsten des Arbeitnehmers in Betracht, wenn die Beweistatsachen in der Sphäre des Arbeitgebers liegen.[80]

1. Kündigungsschutzklage

64 Im Kündigungsschutzverfahren, in dem der Arbeitnehmer die soziale Rechtfertigung der Kündigung im Sinne des KSchG angreift, hat der Arbeitgeber sämtliche der Kündigung zugrunde liegenden Tatsachen und die soziale Rechtfertigung der Kündigung darzulegen und gegebenenfalls zu beweisen.[81]

2. Allgemeine Feststellungsklage

65 Beruft sich der Arbeitnehmer in einem Prozess ausschließlich darauf, dass die Kündigung gegen § 613 a Abs. 4 BGB verstoße, dann hat er darzulegen und zu beweisen, dass die Kündigung wegen des Übergangs des Betriebs oder des Betriebsteils erfolgt ist.[82]

66 Allerdings können dem Arbeitnehmer beweisrechtlich relevante Vermutungen zu Gute kommen. Kommt es etwa innerhalb der Kündigungsfrist zu einem Betriebsübergang, so spricht eine tatsächliche Vermutung gegen eine ernsthafte und endgültige Stilllegungsabsicht des Unternehmers im Zeitpunkt der Kündigung. Eine solche wäre aber beispielsweise Voraussetzung für die Betriebsbedingtheit einer Kündigung, also eben einer Kündigung aus anderen Gründen als dem Betriebsübergang.[83] In diesem Fall muss der Arbeitgeber diese tatsächliche Vermutung widerlegen.[84]

IV. Rechtskrafterstreckung

67 Ein rechtskräftiges Urteil bindet grundsätzlich nur die Parteien des Rechtsstreites. Nach § 325 Abs. 1 ZPO wirkt aber eine rechtskräftige Entscheidung auch für und gegen die Parteien und Personen, die nach dem Eintritt der Rechtshängigkeit Rechtsnachfolger der Partei geworden sind. Geht also ein Betrieb nach der Rechtshängigkeit der Klage

---

80 APS/*Steffan* § 613 a BGB Rz 225.
81 *BAG* 5. 12. 1985, AP § 613 a BGB Nr. 47.
82 *BAG* 5. 12. 1985, AP § 613 a BGB Nr. 47.
83 *BAG* 27. 9. 1984, AP § 613 a BGB Nr. 39.
84 *BAG* 3. 7. 1986, AP § 613 a BGB Nr. 53.

eines Arbeitnehmers gegen den alten Arbeitgeber auf einen neuen Arbeitgeber über und erstreitet der Arbeitnehmer ein Urteil gegen den alten Arbeitgeber, wirkt dieses Urteil auch gegen den Erwerber, denn der Eintritt in die Rechte und Pflichten umfasst auch das Eintreten in die zwischen früherem Arbeitgeber und Arbeitnehmer bindend festgestellte Rechtslage.[85]

Der Erwerber kann sich als Nebenintervenient auch am Rechtsstreit beteiligen, § 265 Abs. 2 Satz 3 ZPO.[86] **68**

▶ Praxistipp:

Das ist insbesondere anzuraten, wenn er im Prozess Informationen beitragen kann, die gegen einen Betriebsübergang sprechen, etwa die vollständige Integration des Betriebs oder Betriebsteils in seine Organisation unter Auflösung der wirtschaftlichen Einheit des übernommenen Betriebs(teils).

---

85 *BAG* 5. 2. 1991, EzA § 613 a BGB Nr. 93; *BAG* 15. 12. 1976, AP § 325 ZPO Nr. 1.
86 *BAG* a. a. O.

Sonderkündigungsschutz von Beauftragten, Amtsträgern und sonstigen personenbezogenen Statusinhabern außerhalb des Kündigungsschutzgesetzes[1]

Gesetzestexte siehe Anhang

Literatur
Ehrich, Handbuch des Betriebsbeauftragten, 1995; *ders.*, Die Bedeutung des § 36 III 4 BDSG für die Kündigung des betrieblichen Datenschutzbeauftragten durch den Arbeitgeber, NZA 1993, 248 ff.; *ders.*, Der betriebliche Datenschutzbeauftragte, DB 1991, 1981 ff.; *ders.*, Ordentliche Kündigung des betrieblichen Datenschutzbeauftragten, CR 1993, 226 ff.; *Fischer*, Betriebsbeauftragte für Umweltschutz und Mitwirkung des Betriebsrates, AuR 1996, 474 ff.; *Gola/Schomerus*, Bundesdatenschutzgesetz, Kommentar, 7. Aufl., 2002; *Landmann/Rohmer*, Umweltrecht, Kommentar, Bundesimmissionsschutzgesetz, Stand Mai 2003; *Preis*, Der Kündigungsschutz außerhalb des Kündigungsschutzgesetzes, NZA 1997, 1256 ff.; *Raiser*, Mitbestimmungsgesetz, 4. Aufl., 2002; *Rudolf*, Aufgaben und Stellung des betrieblichen Datenschutzbeauftragten, NZA 1996, 296 ff.; *Schaub*, Die arbeitsrechtliche Stellung des Betriebsbeauftragten für den Umweltschutz, DB 1993, 481 ff.; *Schierbaum/Kiesche*, Der betriebliche Datenschutzbeauftragte, CR 1992, 726 ff.; *Simitis*, Kommentar zum Bundesdatenschutzgesetz, 5. Aufl., 2003; *Simitis/Dammann/Mallmann/Reh*, Dokumentation zum Bundesdatenschutzgesetz, Stand Mai 2003.

Inhalt

		Rz
A.	**Überblick**	1–4
B.	**Schutz von Beauftragten**	5–50
	I. Arbeitssicherheitsgesetz (ASiG) – Schutz von Betriebsärzten und Fachkräften für Arbeitssicherheit	6–12
	1. Geltungsbereich	6
	2. Benachteiligungsverbot	7–9
	3. Indirekter Kündigungsschutz durch Mitbestimmungsrechte des Betriebsrates	10–12
	II. Bundesdatenschutzgesetz (BDSG) – Schutz des Datenschutzbeauftragten	13–29
	1. Geltungsbereich	13
	2. Kündigungsschutz des internen, betrieblichen Datenschutzbeauftragten	14–29

---

[1] Weitere Unwirksamkeitsgründe einer Kündigung außerhalb des KSchG siehe § 13 KSchG.

	a)	Benachteiligungsverbot des § 4 f Abs. 3 Satz 3 BDSG		14–15
	b)	Widerruf der Bestellung nach § 4 f Abs. 3 Satz 4 BDSG und Kündigung		16–26
		aa)	Ordentliche Kündigung	18–21
		bb)	Außerordentliche Kündigung	22–23
		cc)	Form des Widerrufs	24
		dd)	Folgen des Widerrufs	25
		ee)	Abberufung auf Verlangen der Aufsichtsbehörde gem. § 38 Abs. 5 Satz 3 BDSG iVm § 4 f Abs. 3 Satz 4 BDSG	26
	c)	Rechtsfolgen		27
	d)	Mitwirkung des Betriebsrates		28–29
III.	Bundesimmissionsschutzgesetz (BImSchG) – Schutz des Immissionsschutzbeauftragten und des Störfallbeauftragten			30–39
	1.	Geltungsbereich		30
	2.	Benachteiligungsverbot		31–34
	3.	Kündigungsschutz		35–36
	4.	Rechtsfolgen		37
	5.	Mitwirkung des Betriebsrates		38
	6.	Störfallbeauftragter		39
IV.	Frauenförderungsgesetz (FFG) – Schutz der Frauenbeauftragten			40
V.	Gentechnik – Sicherheitsverordnung (GenTSV) – Schutz des Beauftragten für Biologische Sicherheit			41
VI.	Kreislaufwirtschafts- und Abfallgesetz (KrW-/AbfG) – Schutz des Abfallbeauftragten			42
VII.	Medizinproduktegesetz (MPG) – Schutz des Sicherheitsbeauftragten für Medizinprodukte			43
VIII.	Strahlenschutzverordnung (StrlSchV)/ Röntgenverordnung (RöV) – Schutz des Strahlenschutzbeauftragten			44–45
IX.	Sozialgesetzbuch VII – Gesetzliche Unfallversicherung (SGB VII) – Schutz des Sicherheitsbeauftragten			46–47
X.	Tierschutzgesetz (TierSchG) – Schutz des Tierschutzbeauftragten			48
XI.	Wasserhaushaltsgesetz (WHG) – Schutz des Gewässerschutzbeauftragten			49
XII.	Einige Beauftragte und ähnliche Verantwortliche ohne Schutz durch ein Benachteiligungs- oder Kündigungsverbot			50
C.	**Schutz sonstiger Amts- und Mandatsträger**			**51–63**
I.	Arbeitsgerichtsgesetz (ArbGG)/Sozialgerichtsgesetz (SGG) – Schutz der ehrenamtlichen Richter			51–55
	1.	Geltungsbereich		51
	2.	Benachteiligungsverbot		52–55
II.	Betriebsverfassungsgesetz (BetrVG)/Heimarbeitergesetz (HAG)/Sprecherausschussgesetz (SprAuG)			56–58

III.	Grundgesetz (GG)/Abgeordnetengesetz (AbgG) – Schutz der Parlamentarier	59
IV.	Mitbestimmungsgesetz (MitbestG) – Schutz von Arbeitnehmervertretern im Aufsichtsrat	60–62
V.	Sozialgesetzbuch IX (SGB IX) – Schutz der Vertrauenspersonen behinderter Menschen	63
D.	**Schutz weiterer personenbezogener Statusinhaber**	**64–100**
I.	Arbeitsplatzschutzgesetz (ArbPlSchG) – Schutz von Wehrdiensteinberufenen	64–86
	1. Geltungsbereich	64–72
	a) Persönlich	65–69
	b) Räumlich	70
	c) Zeitlich	71–72
	2. Kündigungsschutz für Arbeitnehmer	73–85
	a) Allgemeines	73–75
	b) Ordentliche Kündigung während des Wehrdienstes	76
	c) Außerordentliche Kündigung	77–80
	d) Kündigung aus Anlass des Wehrdienstes	81–83
	e) Auszubildende	84
	f) Klagefrist	85
	3. Schutz für Handelsvertreter, Beamte und Richter	86
II.	Bergmannsversorgungsscheingesetz (BVSG) – Schutz des Bergmannsversorgungsscheininhabers	87–88
III.	Berufsbildungsgesetz (BBiG) – Schutz von Auszubildenden	89–92
IV.	Bundeserziehungsgeldgesetz (BErzGG) – Schutz von Eltern in Elternzeit	93
V.	Mutterschutzgesetz (MuSchG) – Schutz werdender Mütter bis zum Ablauf von vier Monaten nach der Entbindung	94
VI.	Seemannsgesetz (SeemG)	95
VII.	Sozialgesetzbuch IX (SGB IX) – Schutz behinderter Menschen	96–97
VIII.	Teilzeit- und Befristungsgesetz (TzBfG)	98–100
E.	**Anhang: Tabelle geschützter Personen**	**101**

A. Überblick

1 Vorschriften über den Sonderkündigungsschutz von Beauftragten (B.), sonstigen Amtsträgern (C.) und weiteren personenbezogenen Statusinhabern (D.) finden sich in zahlreichen Gesetzen außerhalb des Kündigungsschutzgesetzes.[2]

---

2 Solche Gesetze sind insbesondere das Arbeitsgerichtsgesetz, Arbeitsplatzschutzgesetz, Arbeitssicherheitsgesetz, Bergmannversorgungsscheinsgesetz, Betriebsverfassungsgesetz/Sprecherausschussgesetz, Bundesdatenschutzgesetz, Bundeserziehungsgeldgesetz, Bundesimmissionsschutzgesetz, die bundes- und landesrechtlichen Frauengleichstellungsgesetze, das Grundgesetz in Verbindung

> **Hinweis**:
> Zu beachten ist die unterschiedliche inhaltliche und zeitliche Reichweite der Schutzvorschriften.

Einige Vorschriften schützen den Begünstigten weitreichend insofern, als dass für den Zeitraum der Beauftragung, des Amtes oder eines anderen besonderen Status zumindest die ordentliche Kündigung (unter Einhaltung einer Kündigungsfrist) des Arbeitsverhältnisses grundsätzlich unzulässig ist (**Kündigungsverbot**). Das Recht zur Kündigung aus wichtigem Grund ohne Einhaltung einer Kündigungsfrist (außerordentliche Kündigung) ist hiervon zwar nicht immer, aber regelmäßig ausgenommen. 2

Manche Vorschriften schützen ausschließlich vor einer Kündigung aus Anlass der Beauftragung, des Amtes oder eines anderen besonderen Status (**Verbot der Anlasskündigung**). 3

Andere Vorschriften haben nur zum Ziel, eine Benachteiligung aufgrund des besonderen Status zu verhindern. Auch in einem solchen **Benachteiligungsverbot** wird regelmäßig ein gewisser Schutz vor einer Kündigung gesehen, auch wenn dies nicht ausdrücklich im Gesetzestext vorgesehen ist. Die Kündigung kann schließlich eine benachteiligende Maßnahme sein, aber nur dann, wenn sie im kausalen Zusammenhang mit der Beauftragung, dem Amt oder dem Status steht. Das Benachteiligungsverbot erfasst in der Regel auch die außerordentliche Kündigung. 4

▶ **Hinweis**:
Bei dem Vorliegen von Sonderkündigungsvorschriften war bisher besonders, dass gemäß § 13 Abs. 3 KSchG die dreiwöchige Ausschlussfrist für die Klageerhebung (§ 4 Satz 1 KSchG), nicht anwendbar war. Der Arbeitnehmer konnte einen Verstoß gegen diese Vorschriften also auch noch später vor dem Arbeitsgericht geltend machen. Mit der Änderung des Kündigungsschutzgesetzes vom 1. Januar 2004 wurde § 4 aber dahingehend erweitert, dass die

---

mit dem Abgeordnetengesetz, das Kreislaufwirtschaft- und Abfallgesetz, das Mitbestimmungsgesetz, das Mutterschutzgesetz, das Sozialgerichtsgesetz, das Seemannsgesetz, verschiedene Sicherheitsverordnungen, die Sozialgesetzbücher VII und IX, das Teilzeit- und Befristungsgesetz, das Tierschutzgesetz und das Wasserhaushaltsgesetz. Auch Tarifverträge enthalten Sonderkündigungsschutzvorschriften wie zB der Tarifvertrag über den Schutz der gewerkschaftlichen Vertrauensleute der Metallindustrie vom 2. 8. 1969, nach dessen § 3 den gewerkschaftlichen Vertrauensmännern (-frauen) aus dieser Eigenschaft und Tätigkeit keine Nachteile erwachsen dürfen.

dreiwöchige Ausschlussfrist nunmehr für die Geltendmachung aller Unwirksamkeitsgründe gilt. Eine Klage auf Feststellung, dass das Arbeitsverhältnis durch die Kündigung nicht aufgelöst ist, ist also in jedem Fall innerhalb von drei Wochen nach Zugang der schriftlichen Kündigung zu erheben (siehe Kommentierung zu § 4 KSchG).

B. Schutz von Beauftragten

5 Der Arbeitgeber ist verpflichtet, unter den entsprechenden Voraussetzungen der Fachgesetze bestimmte Betriebsbeauftragte zu bestellen, die über die Einhaltung rechtlicher Vorschriften zu wachen haben. Betriebsbeauftragte müssen über die erforderliche Fachkunde verfügen und können in den meisten Fällen sowohl Externe als auch Arbeitnehmer des Betriebs sein. Da sie ihr Amt in der Regel weisungsfrei gegenüber dem Arbeitgeber auszuüben haben, stehen sie insbesondere als abhängige Arbeitnehmer in einem Spannungsverhältnis, in dem der Gesetzgeber sie durch Benachteiligungs- und Kündigungsverbote zu schützen sucht. Auch die Dienststellen des Bundes und der Länder haben Beauftragte für bestimmte Aufgaben zu bestellen.

I. Arbeitssicherheitsgesetz (ASiG) – Schutz von Betriebsärzten und Fachkräften für Arbeitssicherheit

1. Geltungsbereich

6 Der Arbeitgeber hat gemäß § 2 Abs. 1 und § 5 Abs. 1 ASiG Betriebsärzte und Fachkräfte für Arbeitssicherheit (Sicherheitsingenieure, -techniker, -meister) schriftlich zu bestellen, wenn die Betriebsart und die damit verbundenen Unfall- und Gesundheitsgefahren, Zahl und Zusammensetzung der Arbeitnehmer, die Betriebsorganisation und – bei den Fachkräften – die Kenntnisse und die Schulung des Arbeitgebers oder einer anderen in Fragen des Arbeitsschutzes verantwortlichen Person dies erfordern.

2. Benachteiligungsverbot

7 § 8 Abs. 1 Satz 1 ASiG stellt klar, dass die Betriebsärzte und Fachkräfte für Arbeitssicherheit **weisungsfrei** bei der Anwendung ihrer Fachkunde sind. Da sie andererseits – zwar nicht zwingend, aber in der Regel – auch Arbeitnehmer des Betriebes und somit wirtschaftlich abhängig

sind, kann ein Spannungsverhältnis entstehen, welchem das **Benachteiligungsverbot** des § 8 Abs. 1 Satz 2 ASiG entgegenwirken soll.

§ 8 Abs.1 Satz 2 ASiG verbietet eine Benachteiligung wegen der Erfüllung der übertragenen Aufgaben. Eine **objektive Benachteiligung** ist **ausreichend**, ein Verschulden also nicht erforderlich.[3] Auch eine Kündigung ist an dem Benachteiligungsverbot zu messen.[4] Die bloße Abberufung ist dagegen noch keine Benachteiligung, da kein Anspruch auf Fortdauer des Amtes besteht.[5] Das Benachteiligungsverbot greift aber nur bei ordnungsgemäßer Erfüllung der Aufgaben.[6] Schwierigkeiten wird oftmals der Beweis der **kausalen** Verknüpfung zwischen der Benachteiligung, zB der Kündigung, und der Erfüllung der Aufgaben bereiten. 8

Der Verstoß gegen das Benachteiligungsverbot hat die Nichtigkeit der Maßnahme zur Folge (§ 134 BGB). Darüber hinaus besteht ein Unterlassungsanspruch des Beauftragten nach § 1004 BGB und möglicherweise ein Schadensersatzanspruch in Verbindung mit § 823 Abs. 2 BGB.[7] 9

3. Indirekter Kündigungsschutz durch Mitbestimmungsrechte des Betriebsrates

In § 9 Abs. 3 ASiG ist ein weiterer Schutzmechanismus für Betriebsärzte und Fachkräfte für Sicherheit enthalten. Hiernach ist für deren Bestellung und Abberufung die **Zustimmung des Betriebsrates** erforderlich. Hierbei handelt es sich um ein echtes Mitbestimmungsrecht des Betriebrates.[8] 10

> ▶ Hinweis:
>
> Gleichzeitig sind im Falle der Einstellung, der Versetzung oder Kündigung die Mitbestimmungsrechte des Betriebrates nach den §§ 99 ff. BetrVG zu beachten, wenn es sich um Arbeitnehmer handelt.

Die fehlende und auch nicht ersetzte Zustimmung des Betriebsrates zur Abberufung eines Betriebsarztes führt zumindest dann auch zur Unwirksamkeit der dem angestellten Betriebsarzt gegenüber ausgesprochenen **Beendigungskündigung**, wenn diese auf Gründe gestützt 11

---

3 APS/*Preis* § 8, 9 ASiG Rz 7.
4 APS/*Preis* § 8, 9 ASiG Rz 7.
5 APS/*Preis* § 8, 9 ASiG Rz 8.
6 APS/*Preis* § 8, 9 ASiG Rz 9.
7 APS/*Preis* § 8, 9 ASiG Rz 12.
8 *BAG* 24. 3. 1988, DB 1989, 227 ff.

wird, die sachlich mit der Tätigkeit als Betriebsarzt in untrennbarem Zusammenhang stehen.[9] Nach § 9 Abs. 3 Satz 2 ASiG gilt dies ebenfalls für die Erweiterung oder Einschränkung ihrer Aufgaben.

12 Auch die Frage, **ob** Betriebsärzte als Angestellte, freiberuflich oder im Rahmen eines überbetrieblichen Dienstes tätig werden sollen, unterliegt nach Ansicht des BAG[10] gemäß § 87 Abs. 1 Nr. 7 BetrVG der Mitbestimmung des Betriebsrates.

II. Bundesdatenschutzgesetz (BDSG) – Schutz des Datenschutzbeauftragten

1. Geltungsbereich

13 Das Bundesdatenschutzgesetz kennt einen Beauftragten für den Datenschutz, dessen Stellung und Aufgaben in den §§ 4 f und 4 g BDSG geregelt ist, sowie den – hier nicht zu behandelnden – Bundesdatenschutzbeauftragten (§§ 22–31 BDSG). Der Beauftragte für den Datenschutz ist unter den Voraussetzungen des § 4 f Abs. 1 Satz 1 BDSG in **öffentlichen** (Behörden etc.) und **nicht-öffentlichen** (privatrechtliche Betriebe etc.) Stellen schriftlich zu bestellen, so dass zwischen dem behördlichen und dem betrieblichen Datenschutzbeauftragten unterschieden wird. Die Aufgaben des Datenschutzbeauftragten können sowohl von einem Beschäftigten der öffentlich oder nicht-öffentlichen Dienststelle (»interner« Datenschutzbeauftragter) als auch von einer Person außerhalb der verantwortlichen Stelle (»externer« Datenschutzbeauftragter) wahrgenommen werden (§ 4 f Abs. 2 Satz 2 BDSG). Die folgenden Ausführungen zum Kündigungsschutz sind auf den internen, betrieblichen Datenschutzbeauftragten konzentriert.

2. Kündigungsschutz des internen, betrieblichen Datenschutzbeauftragten

a) Benachteiligungsverbot des § 4 f Abs. 3 Satz 3 BDSG

14 Der Datenschutzbeauftragte ist in der Ausübung seiner Fachkunde weisungsfrei (§ 4 f Abs. 3 Satz 2 BDSG). Gemäß § 4 f Abs. 3 Satz 3 BDSG darf der Datenschutzbeauftragte[11] wegen der Erfüllung seiner Aufgaben nicht benachteiligt werden. Eine **objektive Benachteiligung** ist

---

9 *BAG* a. a. O.
10 *BAG* 10. 4. 1979, AP § 87 BetrVG 1972 Arbeitssicherheit Nr.1.
11 Das Benachteiligungsverbot gilt grundsätzlich auch für den behördlichen Datenschutzbeauftragten sowie für den externen Datenschutzbeauftragten.

ausreichend, ein Verschulden also nicht erforderlich.[12] Der Datenschutzbeauftragte kann sich aber nicht auf den Schutz der Vorschrift berufen, wenn er seine Aufgaben nicht ordnungsgemäß wahrnimmt.[13]

Auch eine Kündigung kann grundsätzlich eine Benachteiligung im Sinne der Vorschrift darstellen;[14] im Falle der Kündigung wird der Anwendungsbereich aber von Satz 4 der Vorschrift (siehe b)) überlagert. Das Benachteiligungsverbot gilt nicht nur für die Dauer des Amtes, sondern **auch für spätere Maßnahmen**, soweit sie mit der Amtsausübung in Verbindung stehen.[15] Allerdings bietet das Benachteiligungsverbot auf Grund der schwierigen Ermittlungs- und Beweislage, dass die Benachteiligung wegen der Erfüllung der Aufgaben (**Kausalität**) erfolgte, keinen starken Schutz für den Datenschutzbeauftragten.[16]

b) Widerruf der Bestellung nach § 4 f Abs. 3 Satz 4 BDSG und Kündigung

Zum Verständnis der folgenden Problematik ist zwischen dem **Amt** (Beginn und Ende durch Bestellung und Widerruf der Bestellung) des Datenschutzbeauftragten einerseits und dem zugrunde liegenden **Arbeitsverhältnis** (Beginn und Ende durch Anstellung und Kündigung) andererseits zu unterscheiden.

Nach § 4 f Abs. 3 Satz 4 BDSG kann die **Bestellung** des Datenschutzbeauftragten entweder in entsprechender Anwendung von § 626 BGB, also **nur aus wichtigem Grund**, oder – bei nicht-öffentlichen Stellen – auch auf Verlangen der Aufsichtsbehörde (siehe hierzu ee) **widerrufen** werden.[17] Ob sich aus dem ersten Teil dieser Vorschrift ein besonderer Kündigungsschutz insofern herleiten lässt, dass auch das zugrunde liegende **Arbeitsverhältnis** generell nicht ordentlich, sondern nur entsprechend den Anforderungen des § 626 BGB aus wichtigem Grund, also außerordentlich, **gekündigt** werden kann, ist im Schrifttum heftig umstritten. Höchstrichterliche Rechtsprechung gibt es zu dieser Streitfrage – soweit ersichtlich – nicht. Die bisherige Rechtsprechung der

---

12 APS/*Preis* § 36 BDSG Rz 10.
13 APS/*Preis* § 36 BDSG Rz 11; *Ehrich* Handbuch des Betriebsbeauftragten Rz 542.
14 *Simitis/Simitis* § 4 f BDSG Rz 134; APS/*Preis* § 36 BDSG Rz 9.
15 *Simitis/Simitis* § 4 f BDSG Rz 139; APS/*Preis* § 36 BDSG Rz 12.
16 So auch *Preis* NZA 1997, 1256, 1262.
17 Auch die Bestellung eines externen Datenschutzbeauftragten oder des behördlichen Datenschutzbeauftragten kann nur aus wichtigem Grund im Sinne des § 626 BGB widerrufen werden (siehe *Gola/Schomerus* § 4 f BDSG Rz 45; *Simitis/Simitis* § 4 f BDSG Rz 191).

Instanzgerichte ist uneinheitlich. Im Wesentlichen werden folgende Positionen vertreten:

aa) Ordentliche Kündigung

18 Aus der Vorschrift folge, dass die **ordentliche Kündigung** des Arbeitsverhältnisses eines Datenschutzbeauftragten **grundsätzlich nicht möglich** sei, da sonst der Schutzzweck der Vorschrift umgangen würde.[18]

19 Nur die ordentliche Kündigung aus **amtbezogenen Gründen** sei unwirksam.[19] Eine ordentliche Kündigung des Arbeitsverhältnisses **aus anderen Gründen** bleibe aber möglich und führe dann auch zur Beendigung des Amtsverhältnisses. Der angestellte Datenschutzbeauftragte solle lediglich darauf vertrauen dürfen, dass ihm durch die Amtsausübung keine Nachteile entstünden. Dies gelte gleichermaßen für den hauptamtlich und den nebenamtlich (übt auch andere Tätigkeiten im Betrieb aus) tätig werdenden Beauftragten.

20 Eine dritte Auffassung[20] schließt ebenfalls eine ordentliche Kündigung aus **amtbezogenen Gründen** generell aus, unterscheidet aber bei einer ordentlichen Kündigung **aus anderen Gründen** zwischen dem **hauptamtlichen** und dem **nebenamtlichen** Datenschutzbeauftragten. Auch aus nicht amtbezogenen Gründen sei die ordentliche Kündigung eines hauptamtlichen Datenschutzbeauftragten unwirksam. Der nebenamtliche Datenschutzbeauftragte könne zwar grundsätzlich auch nicht ordentlich gekündigt werden, aus der anderen Tätigkeit könnten sich aber Gründe für die Beendigung des Arbeitsverhältnisses ergeben; diese Beendigung stelle dann gleichzeitig einen wichtigen Grund für den Widerruf der Bestellung dar.

21 Nach allen hier zitierten Meinungen im Schrifttum ist also zumindest eine **ordentliche Kündigung aus amtbezogenen Gründen unwirksam**. Darüber hinaus ist die zweite Ansicht, die zwischen amtbezogenen und nicht amtbezogenen Gründen unterscheidet, wobei letztere eine ordentliche Kündigung rechtfertigen können sollen, vorzugswürdig, da sie Sinn und Zweck des § 4 f Abs. 3 Satz 4 BDSG gerecht wird, den Datenschutzbeauftragten ausreichend schützt und den Arbeitge-

---

18 *Simitis/Simitis* § 4 f BDSG Rz 185 ff., mwN zum Streitstand; KDZ/*Däubler* § 36 BDSG Rz 14, 15.
19 *Ehrich* NZA 1993, 248 ff. mwN zum Streitstand; *ders.* DB 1991, 1981 ff. und CR 1993, 226 ff.; ebenso APS/*Preis* § 36 BDSG Rz 13; *LAG Berlin* 27. 10. 1997 in *Simitis/Dammann/Mallmann/Reh* § 36 BDSG 1990 E7; im Ergebnis so auch *ArbG Dresden* 9. 2. 1994, CR 1994, 484 f.
20 *Gola/Schomerus* § 4 f. BDSG Rz 37 ff. mwN zum Streitstand; *Schierbaum/Kieschke* CR 1992, 726 ff.

ber nicht zu sehr in seinen Rechten beschränkt. Es ist nicht einzusehen, warum der hauptamtliche Datenschutzbeauftragte stärker geschützt sein soll als der nebenamtlich tätige Datenschutzbeauftragte. Auch bei Mitgliedern des Betriebsrates wird nicht zwischen freigestellten und nicht freigestellten (»nebenberuflichen«) Mitgliedern unterschieden. Es bleibt aber weitere Rechtsprechung zu dieser Streitfrage abzuwarten.

bb) Außerordentliche Kündigung

Umstritten ist auch, ob ebenfalls die außerordentliche Kündigung des zugrunde liegenden Arbeitsverhältnisses nach § 626 BGB (aus wichtigem Grund) nur eingeschränkt möglich ist. Es wird vertreten, dass das Arbeitsverhältnis grundsätzlich auch nur eingeschränkt außerordentlich gekündigt werden könne, da das Widerrufsrecht vorgehe. Der Widerruf könne aber nur aus Gründen erfolgen, die mit der Aufgabe als Datenschutzbeauftragter in Zusammenhang stünden (amtbezogen), so dass auch die außerordentliche Kündigung des zugrunde liegenden Arbeitsverhältnisses nur aus diesen Gründen in Betracht käme.[21] Bei nebenamtlich tätigen Datenschutzbeauftragten, die auch Verfehlungen in anderen Bereichen begehen können (nicht amtbezogen), ist daher das Kündigungsrecht des Arbeitgebers nach dieser Ansicht besonders eingeschränkt. 22

Andere[22] meinen, als »wichtiger Grund« für die Abberufung im Sinne des § 626 BGB kämen grundsätzlich sowohl Umstände aus der Tätigkeit als Datenschutzbeauftragter als auch aus dem Arbeitsverhältnis im Allgemeinen in Frage (amtbezogene und nicht amtbezogene Gründe), so dass auch die Kündigung des zugrunde liegenden Arbeitsverhältnisses aus beiden Gründen möglich ist. Diese Ansicht ist vorzuziehen, da das Recht des Arbeitgebers zur außerordentlichen Kündigung sonst in unzumutbarer Weise eingeschränkt werden würde. 23

cc) Form des Widerrufs

Nur für die Bestellung ist nach dem Gesetz Schriftlichkeit erforderlich (§ 4 f Abs. 1 Satz 1 BDSG), für den Widerruf nicht. 24

▶ Praxistipp:

Auch der Widerruf sollte schon aus Gründen der Beweisbarkeit in jedem Fall **schriftlich** erfolgen[23].

---

21 *Simitis/Simitis* § 4 f BDSG Rz 186.
22 *Gola/Schomerus* § 4 f BDSG Rz 41.
23 *Simitis/Simitis* § 4 f BDSG Rz 199 sieht hierzu sogar eine Verpflichtung.

dd) Folgen des Widerrufs

25 Wird die Bestellung zum Datenschutzbeauftragten widerrufen, endet damit noch nicht automatisch das Anstellungsverhältnis.[24] Es ist nach der hier vertretenen Auffassung außerordentlich und – aus nicht amtbezogenen Gründen – auch ordentlich kündbar. Zu beachten ist aber, dass insbesondere beim nebenamtlich tätigen Datenschutzbeauftragten auch eine **Änderungskündigung**[25] in Betracht kommen kann, ihm also die Aufgaben als Datenschutzbeauftragter entzogen, dafür aber andere Aufgaben zugewiesen werden, wenn das Arbeitsverhältnis grundsätzlich fortgesetzt werden soll oder der Widerrufsgrund nicht gleichzeitig ein Grund für die Beendigungskündigung des gesamten Arbeitsverhältnisses ist.

ee) Abberufung auf Verlangen der Aufsichtsbehörde gemäß § 38 Abs. 5 Satz 3 BDSG iVm § 4 f Abs. 3 Satz 4 BDSG

26 § 38 Abs. 5 Satz 3 BDSG berechtigt die Aufsichtsbehörde, die Abberufung des Datenschutzbeauftragten zu verlangen, wenn er die zur Erfüllung seiner Aufgaben erforderliche Fachkunde und Zuverlässigkeit nicht besitzt. Bei dem Abberufungsverlangen handelt es sich um einen Verwaltungsakt,[26] der dem Arbeitgeber das Recht zum Widerruf der Bestellung unabhängig davon gibt, ob der Widerruf berechtigt oder unberechtigt ist.[27] Spätestens, wenn der Verwaltungsakt bestandskräftig geworden ist, ist der Arbeitgeber auch verpflichtet, die Bestellung zu widerrufen.[28]

▶ **Hinweis**:

> Der Arbeitgeber riskiert die Verhängung eines Bußgeldes gemäß § 43 Abs. 1 Nr. 2 BDSG wegen nicht ordnungsgemäßer Bestellung des Beauftragten, wenn er dem Verlangen der Behörde nicht nachkommt.[29]

c) Rechtsfolgen

27 Der Verstoß gegen das Benachteiligungsverbot oder das Fehlen der Voraussetzungen des Widerrufs haben die Nichtigkeit der Maßnahme zur Folge (§ 134 BGB).[30]

---

24 APS / *Preis* § 36 BDSG Rz 6; *Simitis/Simitis* a. a. O. Rz 188.
25 *Gola/Schomerus* § 4 f BDSG Rz 39.
26 *Gola/Schomerus* § 38 BDSG Rz 28.
27 *Rudolf* NZA 1996, 296, 301; *Gola/Schomerus* § 4 f BDSG Rz 37.
28 *Gola/Schomerus* § 38 BDSG Rz 28.
29 So auch *Schierbaum/Kiesche* CR 1992, 726, 728 und *Gola/Schomerus* § 38 BDSG Rz 28.
30 *Ehrich* DB 1991, 1981, 1984.

d) Mitwirkung des Betriebsrates

Der Betriebsrat ist bei der Bestellung und Abberufung des Datenschutzbeauftragten grundsätzlich **nicht** zu beteiligen. Geht allerdings mit der Bestellung des Beauftragten die Einstellung oder die Versetzung[31] eines Arbeitnehmers auf einen anderen Arbeitsplatz einher oder mit der Abberufung die Kündigung, sind die Beteiligungsrechte der §§ 99 ff., 102 BetrVG zu wahren.[32]

28

Ist der Datenschutzbeauftragte ein leitender Angestellter im Sinne des § 5 Abs. 3 BetrVG, sind die Beteiligungsrechte des Betriebsrates und des Sprecherausschusses nach den § 105 BetrVG, § 31 SprAuG zu beachten.

29

III. Bundesimmissionsschutzgesetz (BImSchG) – Schutz des Immissionsschutzbeauftragten und des Störfallbeauftragten[33]

1. Geltungsbereich

Ein Immissionsschutzbeauftragter ist nach §§ 53 Abs. 1, 55 Abs. 1 Satz 1 BImSchG durch den Betreiber einer genehmigungsbedürftigen Anlage schriftlich zu bestellen, wenn dies wegen der von der Anlage ausgehenden Emissionen, der Emissionsbegrenzung oder des Hervorrufens von anderen schädlichen Umwelteinwirkungen erforderlich ist. Grundsätzlich hat der Immissionsschutzbeauftragte ein **Angehöriger des Betriebes** zu sein. Das Gesetz regelt allerdings nicht, auf welcher Hierarchieebene der Immissionsschutzbeauftragte anzusiedeln ist, ob es sich um einen Arbeitnehmer oder auch um den Anlagebetreiber selbst, ein Mitglied der Geschäftsführung oder des Vorstandes oder den Betriebsleiter handeln kann. Diese Frage ist in der Literatur umstritten.[34] Die Ansicht, dass der Anlagebetreiber, Mitglieder des Vorstandes oder der Geschäftsführung oder der alleinverantwortliche Betriebsleiter nicht in Frage kommen können, da sie einem zu großen Interessenkonflikt ausgesetzt sind und der Amtsinhaber nicht identisch mit der Person, die letztendlich die unternehmerische Entschei-

30

---

31 Der Betriebsrat kann der beabsichtigten Versetzung die Zustimmung verweigern mit beispielsweise der Begründung, der Arbeitnehmer besitze nicht die geforderte Fachkunde und Zuverlässigkeit (siehe *BAG* 22. 3. 1994, in *Simitis/Dammann/Mallmann/Reh* § 36 BDSG 1990 E3).
32 Siehe auch *Ehrich* DB 1991, 1982 ff.
33 Ausführlich zur arbeitsrechtlichen Stellung des Betriebsbeauftragten für den Umweltschutz mit Mustern für die Bestellung und den Arbeitsvertrag siehe *Schaub* DB 1993, 481 ff.
34 Zum Streitstand siehe *Landmann/Rohmer/Hansmann* § 55 BImSchG Rz 10 ff.

dung trifft, sein darf, ist vorzuziehen. In Ausnahmefällen kann die zuständige Behörde auch die Bestellung eines **betriebsfremden Beauftragten** gestatten (§ 1 Abs. 1 und § 5 Abs. 1 der 5. BImSchV).

2. Benachteiligungsverbot

31 Auch der Immissionsschutzbeauftragte erfüllt seine Aufgaben **weisungsfrei**. Dies steht zwar nicht ausdrücklich im Gesetz, muss aber aus Sinn und Zweck der Funktion folgen. Daher wird aus § 54 Abs. 1 Satz BImSchG, wonach der Beauftragte nicht nur verpflichtet, sondern auch berechtigt ist, seine Aufgaben zu erfüllen, die fachliche Weisungsfreiheit in Bezug auf diese Aufgaben geschlossen.[35] Auch er steht somit in einem Spannungsverhältnis.

32 Nach § 58 Abs. 1 BImSchG darf der Immissionsschutzbeauftragte wegen der Erfüllung der ihm übertragenen Aufgaben nicht benachteiligt werden. Das Benachteiligungsverbot erfasst **alle Immissionsschutzbeauftragten**, auch wenn sie nicht Arbeitnehmer des Betreibers sind, und richtet sich als öffentlich-rechtliches Verbot[36] nicht nur gegen den Anlagebetreiber, sondern auch gegen beispielsweise die Geschäftsleitung, den Betriebsleiter, sonstige Vorgesetzte, den Betriebsrat, Mitarbeiter sowie **auch** den **Arbeitgeber** des **externen Beauftragten** und Behörden. Das Benachteiligungsverbot gilt nicht nur für die Zeit der Bestellung, sondern auch **danach**, sofern die Benachteiligung wegen der Amtsausübung erfolgt.[37]

33 Erfasst ist jede unsachgemäße Schlechterstellung, so auch die Kündigung.[38] Die angemessene Sanktion eines Pflichtverstoßes des Beauftragten kann allerdings keine Benachteiligung sein; auch beim Widerruf der Bestellung an sich handelt es sich nicht um eine Benachteiligung.[39]

34 Der Betreiber muss nicht vorsätzlich gegen das Benachteiligungsverbot verstoßen; es reicht eine **objektive Benachteiligung**. Allerdings muss die Benachteiligung wegen der Erfüllung der Aufgaben als Immissionsschutzbeauftragter erfolgt sein **(Kausalität)**; dieser Nachweis gestaltet sich regelmäßig als schwierig.

---

35 *Ehrich* Handbuch des Betriebsbeauftragten Rz 287; *Fischer* AuR 1996, 474, 477.
36 *Schaub* DB 1993, 481, 482.
37 APS/*Preis* § 58 BImSchG Rz 12.
38 Siehe auch Rz 35 f.
39 APS/*Preis* § 58 BImSchG Rz 8, 9; *Landmann/Rohmer/Hansmann* § 58 BImSchG Rz 9.

3. Kündigungsschutz

Nach § 58 Abs. 2 Satz 1 BImSchG ist die ordentliche Kündigung, auch eine Änderungskündigung, des Immissionsschutzbeauftragten, der auch **Arbeitnehmer** des Betreibers ist, während der Amtszeit **unzulässig**. Satz 2 erweitert diesen Schutz auf einen Zeitraum von **einem Jahr nach Beendigung** der Bestellung. Nach dem BAG[40] wird der nachwirkende Kündigungsschutz allerdings nicht ausgelöst, wenn der Beauftragte sein Amt niedergelegt hat und diese Niederlegung nicht durch ein Verhalten des Arbeitgebers veranlasst wurde, sondern allein vom Arbeitnehmer selbst ausgegangen ist. 35

Die **außerordentliche Kündigung** ist **nicht von dem Verbot erfasst** (§ 58 Abs. 2 Satz 1, 1. Halbsatz und Satz 2, 2. Halbsatz) und weiterhin zulässig, es sei denn, sie wird ausschließlich auf die Verletzung der Amtspflichten gestützt, die nicht gleichzeitig eine Verletzung seiner arbeitsvertraglichen Verpflichtungen darstellt; in diesem Fall ist nur die Abberufung möglich.[41] 36

4. Rechtsfolgen

Ein Verstoß gegen § 58 Abs. 1 oder Abs. 2 BImSchG hat die Nichtigkeit der Maßnahme nach § 134 BGB zur Folge. Darüber hinaus besteht ein Unterlassungsanspruch nach § 1004 BGB und möglicherweise ein Schadensersatzanspruch in Verbindung mit § 823 Abs. 2 BGB.[42] 37

5. Mitwirkung des Betriebsrates

Der Betreiber hat den Betriebsrat vor der Bestellung des Immissionsschutzbeauftragten unter Bezeichnung der ihm obliegenden Aufgaben zu **unterrichten**. Entsprechendes gilt bei Veränderung im Aufgabenbereich und bei der Abberufung (§ 55 Abs. 1a BImSchG). Auch die Beteiligungsrechte nach den §§ 99, 102 BetrVG sind zu beachten, wenn ein Arbeitnehmer als Immissionsschutzbeauftragter eingestellt, versetzt oder gekündigt wird (beim leitenden Angestellten siehe die §§ 105 BetrVG, § 31 SprAuG; in öffentlichen Dienststellen siehe Bundes- oder Landespersonalvertretungsgesetz). 38

---

[40] *BAG* 22. 7. 1992, EzA § 58 BImSchG Nr. 1.
[41] *Schaub* DB 1993, 481, 483; APS/*Preis* § 58 BImSchG Rz 14.
[42] APS/*Preis* § 58 BImSchG Rz 17, 18; *Landmann/Rohmer/Hansmann* § 58 BImSchG Rz 13 und 14.

6. Störfallbeauftragter

39 Gemäß § 58 d BImSchG gilt § 58 BImSchG für den Störfallbeauftragten entsprechend.

IV. Frauenförderungsgesetz (FFG) – Schutz der Frauenbeauftragten

40 Das FFG[43] bestimmt in § 15 Abs. 1, dass in jeder **Dienststelle** mit regelmäßig 200 Beschäftigen aus dem Kreis der Beschäftigten eine Frauenbeauftragte zu bestellen ist. Auch die Frauenbeauftragte ist, wie die meisten Betriebsbeauftragten, weisungsfrei in der Ausübung ihrer Tätigkeit (§ 16 Abs. 1 Satz 4). Gemäß § 18 Abs. 3 darf die Frauenbeauftragte bei der Erfüllung ihrer Pflichten nicht behindert werden und wegen ihrer Tätigkeit in ihrer beruflichen Entwicklung nicht benachteiligt werden. Vor Kündigung, Versetzung und Abordnung ist sie in gleicher Weise geschützt **wie die Mitglieder des Personalrates** (siehe § 15 Abs. 2 KSchG). Auch einige Landesgesetze stellen in ihren Dienststellen die Frauenbeauftragte/Gleichstellungsbeauftragte und ihre Stellvertreterin unter den Schutz des § 15 KSchG.[44]

V. Gentechnik – Sicherheitsverordnung (GenTSV) – Schutz des Beauftragten für Biologische Sicherheit

41 Der Beauftragte für Biologische Sicherheit ist nach den § 16 Abs. 1 Satz 1 GenTSV nach Anhörung des Betriebs- oder Personalrats **schriftlich** zu bestellen. Daneben sind bei Einstellung, Versetzung und Kündigung die §§ 99 ff, 102 BetrVG (bzw. die Rechte nach den Personalvertretungsgesetzen) zu beachten. Gemäß § 19 Abs. 2 GenTSV darf der Beauftragte für die Biologische Sicherheit »wegen der Erfüllung der ihm übertragenen Aufgaben nicht benachteiligt werden«. Hierzu kann auf die grundsätzlichen Ausführungen zum Benachteiligungsverbot des Immissionsschutzbeauftragten verwiesen werden.[45]

---

43 Gesetz vom 24. Juni 1994, Bundesgesetzblatt Jahrgang 1994 Teil I S. 1406 ff.
44 ZB Hessen: § 20 Abs. 3 Satz 3 Hessische Gleichberechtigungsgesetz (HGlG) sieht ein Benachteiligungsverbot zugunsten der Frauenbeauftragten und ihrer Stellvertreterin vor. § 15 Abs. 2 und Abs. 2 KSchG sind gemäß § 20 Abs. 3 Satz 3 HGlG entsprechend anzuwenden.
45 Siehe Rz 31 ff.

VI. Kreislaufwirtschafts- und Abfallgesetz (KrW-/AbfG) – Schutz des Abfallbeauftragten

Gemäß § 55 Abs. 3 KrW-/AbfG finden auf das Verhältnis zwischen dem zur Bestellung Verpflichteten und dem Abfallbeauftragten die §§ 55 – 58 BImSchG entsprechend Anwendung.[46]

42

VII. Medizinproduktegesetz (MPG) – Schutz des Sicherheitsbeauftragten für Medizinprodukte

Nach § 30 Abs. 5 MPG darf der Sicherheitsbeauftragte für Medizinprodukte wegen der Erfüllung der ihm übertragenen Aufgaben **nicht benachteiligt** werden.[47] Bei Einstellung, Versetzung oder Kündigung eines Arbeitnehmers sind die Rechte des Betriebrates nach den §§ 99 ff, 102 BetrVG (bzw. nach den Personalvertretungsgesetzen) zu beachten.

43

VIII. Strahlenschutzverordnung (StrlSchV)/ Röntgenverordnung (RöV) – Schutz des Strahlenschutzbeauftragten

Die Bestellung des Strahlenschutzbeauftragten hat **schriftlich** zu erfolgen (§ 31 Abs. 2 StrlSchV/§ 13 Abs. 2 Satz 1 RöV). Dem Strahlenschutzbeauftragten und dem Betriebs- oder Personalrat ist eine Abschrift der Mitteilung der Bestellung an die Behörden zu übermitteln (§ 31 Abs. 4 StrlSchV/§ 13 Abs. 3 RöV). Daneben sind bei Einstellung, Versetzung und Kündigung eines Arbeitnehmers die §§ 99 ff, 102 BetrVG (bzw. die Rechte nach den Personalvertretungsgesetzen) zu beachten.

44

»Der Strahlenschutzbeauftragte darf bei der Erfüllung seiner Pflichten nicht behindert und wegen deren Erfüllung **nicht benachteiligt** werden« (§ 32 Abs. 5 StrlSchV). Auch nach § 14 Abs. 5 RöV gilt:« Der Strahlenschutzbeauftragte darf bei der Erfüllung seiner Pflichten nicht behindert und wegen seiner Tätigkeit nicht benachteiligt werden.«[48]

45

---

46 Siehe hierzu die Ausführungen unter Rz 30 ff.
47 Siehe hierzu auch die grundsätzlichen Ausführungen zum Benachteiligungsverbot des Immissionsschutzbeauftragten unter Rz 31 ff.
48 Siehe hierzu auch die grundsätzlichen Ausführungen zum Benachteiligungsverbot des Immissionsschutzbeauftragten unter Rz 31 ff.

IX. Sozialgesetzbuch VII – Gesetzliche Unfallversicherung (SGB VII) – Schutz des Sicherheitsbeauftragten

46 Gemäß § 22 Abs. 1 SBG VII sind in Unternehmen mit regelmäßig mehr als 20 Beschäftigten unter Beteiligung des Betriebsrates (oder des Personalrates) Sicherheitsbeauftragte zu bestellen. Eine besondere Form ist nicht vorgeschrieben. Daneben sind bei Einstellung, Versetzung und Kündigung eines Arbeitnehmers die §§ 99 ff., 102 BetrVG (bzw. die Rechte nach den Personalvertretungsgesetzen) zu beachten.

47 § 22 Abs. 3 SGB VII sieht vor, dass die Sicherheitsbeauftragten wegen der Erfüllung der ihnen übertragenen Aufgaben **nicht benachteiligt** werden dürfen. Das Benachteiligungsverbot wird auch als Kündigungsschutz verstanden.[49]

X. Tierschutzgesetz (TierSchG) – Schutz des Tierschutzbeauftragten

48 Nach § 8 b Abs. 6 Satz 2 TierSchG darf der Tierschutzbeauftragte »wegen der Erfüllung seiner Aufgaben **nicht benachteiligt** werden«. Eine Kündigung wegen der Amtsausführung **(Kausalität)** wäre nach § 134 BGB nichtig.[50] Zu beachten sind die Beteiligungsrechte des Betriebsrates nach den §§ 99 ff., 102 BetrVG, wenn ein Arbeitnehmer eingestellt, versetzt oder gekündigt wird.

XI. Wasserhaushaltsgesetz (WHG) – Schutz des Gewässerschutzbeauftragten

49 § 21 f Abs. 1 und 2 WHG entsprechen § 58 Absatz 1 und 2 BImSchG und enthalten folglich ebenso ein Benachteiligungsverbot sowie besonderen Kündigungsschutz für den Gewässerbeauftragten.[51]

---

[49] KR/*Friedrich* § 13 KSchG Rz 216 m; *Ehrich* Handbuch des Betriebsbeauftragten Rz 173. Siehe hierzu auch die grundsätzlichen Ausführungen zum Benachteiligungsverbot des Immissionsschutzbeauftragten unter Rz 31 ff.

[50] KR/*Friedrich* § 13 KSchG Rz 216 j. Siehe hierzu auch die grundsätzlichen Ausführungen zum Benachteiligungsverbot des Immissionsschutzbeauftragten unter Rz 31 ff.

[51] Siehe dazu die Ausführungen zum Immissionsschutzbeauftragten unter Rz 30 ff.

XII. Einige Beauftragte und ähnliche Verantwortliche ohne Schutz durch ein Benachteiligungs- oder Kündigungsverbot

Der Gesetzgeber sieht kein Benachteiligungsverbot bzw. keinen besonderen Kündigungsschutz unter anderem für folgende Beauftragte oder ähnliche Verantwortliche vor: 50

- Betäubungsmittelverantwortlicher iSd § 5 Abs. 1 Nr. 1 Betäubungsmittelgesetz/BtMG,
- Bildungsbeauftragter iSd § 20 Abs. 4 BBiG, § 21 Abs. 4 HandwO (siehe auch § 98 Abs. 2 und Abs. 5 BetrVG),
- Druckluftfachkräfte (§ 18 Druckluftverordnung/DrucklV),
- Gefahrgutbeauftragter (§ 1 a Nr. 3 Gefahrgutbeauftragtenverordnung/GbV),
- Kesselwärter (§ 26 Abs. 1 Dampfkesselverordnung/DampfKV),
- Schwerbehindertenbeauftragter (§ 98 SGB IX),
- Stufenplanbeauftragter (§ 63 a Arzneimittelgesetz/AMG),
- verantwortliche Personen iSd §§ 58, 59 Bundesberggesetz/BBergG und der §§ 19 ff Sprengstoffgesetz/SprengG.

C. Schutz sonstiger Amts- und Mandatsträger

I. Arbeitsgerichtsgesetz (ArbGG) / Sozialgerichtsgesetz (SGG) – Schutz der ehrenamtlichen Richter

1. Geltungsbereich

Sowohl Arbeitgeber als auch Arbeitnehmer können gemäß der §§ 20 ff ArbGG von der zuständigen obersten Landesbehörde oder von der von der Landesregierung durch Rechtsverordnung beauftragten Stelle auf die Dauer von fünf Jahren zu ehrenamtlichen Richtern in der Arbeitsgerichtsbarkeit berufen werden. 51

2. Benachteiligungsverbot

Gemäß § 26 Abs. 1 ArbGG darf niemand in der Übernahme oder Ausübung des Amtes als ehrenamtlicher Richter beschränkt oder wegen der Übernahme oder Ausübung des Amtes benachteiligt werden. Eine Benachteiligung ist unter anderem dann gegeben, wenn dem ehren- 52 amtlichen Richter wegen seines Amtes gekündigt wird,[52] **beispielsweise**, wenn die Kündigung darauf gestützt wird, dass der ehrenamtliche Richter wegen seines Amtes nicht mehr der Verpflichtung zur Tätigkeit in Vollzeit nachkomme. Es stellt allerdings nach herrschender Meinung **keine Benachteiligung** dar, wenn der ehrenamtliche Richter für die Zeit der Amtsausübung keine Vergütung erhält, weil der ehrenamtliche Richter insoweit einen Entschädigungsanspruch nach dem Gesetz über Entschädigung der ehrenamtlichen Richter hat.[53] Deckt die Entschädigung den Lohnausfall nicht ab, hat der Arbeitgeber aber die Differenz zu zahlen.[54]

53 Eine Kündigung aus anderen Gründen, die nicht mit der Tätigkeit als ehrenamtlicher Richter in Zusammenhang stehen, bleibt also möglich. Der Verstoß gegen § 26 Abs. 1 ArbGG hat die Nichtigkeit der Kündigung zur Folge (§ 134 BGB).

54 Umstritten und von der Rechtsprechung noch nicht entschieden ist, ob der Schutz erst mit Amtsübernahme oder bereits mit Aufnahme in die Vorschlagsliste beginnt.[55] Für letzteres fehlt aber nicht nur eine allgemeine gesetzliche Regelung, sondern auch eine einheitliche Vorgabe für die Dauer eines solchen vorgezogenen Schutzes. Es verbleibt daher beim Schutz nur während der Amtszeit.

55 § 20 SGG schützt die ehrenamtlichen Richter der Sozialgerichtsbarkeit ebenfalls vor Beschränkungen in oder Benachteiligungen wegen der Übernahme oder Ausübung des Amtes.

II. Betriebsverfassungsgesetz (BetrVG) / Heimarbeitergesetz (HAG)/Sprecherausschussgesetz (SprAuG)

56 § 78 BetrVG enthält unter anderem ein **Verbot der Behinderung und Benachteiligung** zugunsten verschiedener Gremien der Betriebsverfassung. Sofern diese nicht bereits nach § 15 KSchG vor einer Kündigung geschützt sind, kann sich aus der Vorschrift ein relativer **Kündigungsschutz** ergeben.[56] Eine Kündigung ist dann nichtig, wenn sie den Zweck verfolgt, die Personen bei der Wahrnehmung ihrer Aufgaben

---

52 APS/*Preis* § 26 ArbGG Rz 5.
53 *Germelmann/Matthes/Prütting/Müller-Glöge/Prütting* § 20 ArbGG Rz 17.
54 *Germelmann* a. a. O.
55 Zum Streitstand siehe APS/*Preis* § 26 ArbGG Rz 3.
56 *BAG* 22.2.1979, EzA § 103 BetrVG Nr. 23; *Richardi/Richardi/Thüsing* § 78 BetrVG Rz 22; KR/*Friedrich* § 13 KSchG Rz 207.

oder Befugnisse nach dem BetrVG zu behindern oder zu stören oder wegen ihrer Tätigkeit zu benachteiligen.[57]

§ 29 a HAG sieht einen besonderen **Kündigungsschutz** für in Heimarbeit beschäftigte Mitglieder eines Betriebsrates, einer Jugend- und Auszubildendenvertretung, eines Wahlvorstandes und eines Wahlbewerbers vor, der dem Schutz der Betriebsratsmitglieder entspricht. § 29 HAG enthält Vorschriften zu besonderen Kündigungsfristen von in Heimarbeit Beschäftigten. 57

Auch die Mitglieder des Sprecherausschusses dürfen nach § 2 Abs. 3 Satz 1 und Satz 2 SprAuG **nicht benachteiligt oder behindert** werden. Nach der herrschenden Meinung[58] folgt hieraus auch die Nichtigkeit einer Kündigung, die wegen der Tätigkeit als Mitglied des Sprecherausschusses ausgesprochen wird. 58

III. Grundgesetz (GG) / Abgeordnetengesetz (AbgG) – Schutz der Parlamentarier

Nach Art. 48 Abs. 2 GG darf niemand gehindert werden, das Amt eines Abgeordneten zu übernehmen und auszuüben. Eine Kündigung oder Entlassung aus diesem Grunde ist unzulässig. 59

§ 2 Abs. 2 AbgG[59] verbietet Benachteiligungen am Arbeitsplatz im Zusammenhang mit der **Bewerbung** um ein Mandat sowie der **Annahme** und **Ausübung** eines Mandates. Nach § 2 Abs. 3 AbgG ist eine **Kündigung** oder Entlassung wegen der Annahme oder der Ausübung des Mandates **unzulässig**. Eine Kündigung ist im Übrigen generell nur aus wichtigem Grund zulässig (Satz 2).[60] Der Kündigungsschutz beginnt mit der Aufstellung des Bewerbers durch das dafür zuständige Organ der Partei oder mit der Einreichung des Wahlvorschlags (Satz 3). Er gilt ein Jahr nach Beendigung des Mandates fort (Satz 4).

---

57 *Richardi* a. a. O.
58 APS/*Böck* § 2 SprAuG Rz 1 mwN; KR/*Friedrich* § 13 KSchG Rz 209a.
59 Siehe auch die landesrechtlichen Vorschriften wie Verfassungen, Abgeordnetengesetze, Gemeindeordnungen und Landkreisordnungen.
60 Umstritten ist, ob aus Satz 2 folgt, dass eine Kündigung aus Gründen, die nicht im Zusammenhang mit der Abgeordnetentätigkeit stehen, unter den allgemeinen Voraussetzungen zulässig oder die ordentliche Kündigung generell ausgeschlossen ist (siehe APS/*Preis* § 48 AbgG Rz 12, 15; KR/*Weigand* ParlKSch Rz 46).

IV. Mitbestimmungsgesetz (MitbestG) – Schutz von Arbeitnehmervertretern im Aufsichtsrat

60 § 26 Satz 1 MitbestG schützt **Arbeitnehmervertreter im paritätisch mitbestimmten Aufsichtsrats** vor Störungen und Behinderungen in der Ausübung ihrer Tätigkeit. Satz 2 bestimmt zusätzlich, dass sie wegen der Tätigkeit im Aufsichtsrat des Unternehmens, dessen Arbeitnehmer sie sind oder als dessen Arbeitnehmer sie im Sinne des MitbestG gelten, nicht benachteiligt werden dürfen. Das Behinderungs- und Benachteiligungsverbot umfasst auch die **ordentliche und außerordentliche**[61] Kündigung des Arbeitsverhältnisses, wenn diese wegen der Tätigkeit als Aufsichtsratsmitgliedes erfolgen soll in der Absicht, dem Aufsichtsratsmitglied die weitere Ausübung seines Amtes unmöglich zu machen oder ihn wegen seiner ordnungsgemäßen und pflichtgemäßen Aufsichtsratstätigkeit zu maßregeln.[62] Eine solche Kündigung ist gemäß § 134 BGB nichtig.[63]

61 Die bloße **Verletzung von Pflichten** aus dem **Aufsichtsratsmandat** reicht grundsätzlich **nicht** für eine Kündigung aus, sondern es kommt nur eine Abberufung in Betracht. Nur wenn der Pflichtverstoß auf das Arbeitsverhältnis durchschlägt, kann eine Kündigung möglich sein.[64]

62 Im **drittelmitbestimmten Aufsichtsrat nach § 76 BetrVG 1952** bei Aktiengesellschaften und Kommanditgesellschaften auf Aktien gilt zum Schutz der Arbeitnehmervertreter gemäß § 76 Abs. 2 Satz 5 BetrVG 1952 die Schutzvorschrift des § 78 BetrVG (1972).[65] Das BAG[66] hat in einer alten Entscheidung zwar unentschieden gelassen, ob hieraus ein Kündigungsschutz für die Arbeitnehmervertreter im Aufsichtsrat herzuleiten ist. Wie bereits dargestellt[67] beinhaltet § 78 BetrVG aber grundsätzlich einen relativen Kündigungsschutz, der wegen der Verweisung auf die Vorschrift auch für die Arbeitnehmervertreter im Aufsichtsrat gelten muss.

---

61 Für die außerordentliche Kündigung siehe APS/*Preis* § 26 MitbestG Rz 13.
62 *Raiser* § 26 MitbestG Rz 8; APS/*Preis* § 26 MitbestG Rz 12.
63 *Raiser* § 26 MitbestG Rz 14.
64 So auch *Raiser* § 26 MitbestG Rz 9 und APS/*Preis* § 26 MitbestG Rz 14 für die außerordentliche Kündigung.
65 Siehe Rz 56.
66 *BAG* 4. 4. 1974, AP § 626 BGB Arbeitnehmervertreter im Aufsichtsrat Nr. 1.
67 Siehe Rz 56.

V. Sozialgesetzbuch IX (SGB IX) – Schutz der Vertrauenspersonen behinderter Menschen

Gemäß § 96 Abs. 2 SGB IX dürfen die Vertrauenspersonen behinderter Menschen in der Ausübung ihres Amtes nicht behindert oder wegen ihres Amtes nicht benachteiligt oder begünstigt werden. Die Vertrauenspersonen besitzen nach § 96 Abs. 3 SGB IX gegenüber dem Arbeitgeber den gleichen Kündigungsschutz wie die Mitglieder des Betriebs-, Personal-, Staatsanwalts- oder Richterrates.

63

D. Schutz weiterer personenbezogener Statusinhaber

I. Arbeitsplatzschutzgesetz (ArbPlSchG) – Schutz von Wehrdiensteinberufenen

1. Geltungsbereich

Das Arbeitsplatzschutzgesetz sieht unter den im Folgenden dargestellten Voraussetzungen einen Kündigungsschutz für den Wehrpflichtigen vor, der eine unterschiedliche Reichweite hat, je nach dem, ob es sich um eine ordentliche oder außerordentliche Kündigung handelt, bzw. ob die Kündigung vor, während, nach oder aus Anlass des Wehrdienstes ausgesprochen worden ist.

64

a) Persönlich

Das Arbeitsplatzschutzgesetz gilt für Wehrpflichtige, die aufgrund des Wehrpflichtgesetzes zum Dienst bei der Bundeswehr der Bundesrepublik Deutschland herangezogen werden.

65

Auf **ausländische Arbeitnehmer**, die Staatsangehörige eines Mitgliedsstaates der EG und im Geltungsbereich des ArbPlSchG beschäftigt sind, sind die Schutzvorschriften des ArbPlSchG entsprechend anwendbar.[68] Für Nicht EU-Ausländer gilt hingegen das ArbPlSchG auch nicht entsprechend. Sie können aber unter Umständen, vor allem abhängig von der Länge des Wehrdienstes (nicht länger als zwei Monate[69]), ein Leistungsverweigerungsrecht gegenüber ihrem Arbeitgeber haben; ein Vergütungsanspruch besteht in dieser Zeit nicht.[70]

66

Es ist anwendbar auf Arbeitnehmer der freien Wirtschaft sowie Auszubildende (§ 15 Abs. 1 ArbPlSchG), Arbeitnehmer im öffentlichen Dienst (§ 15 Abs. 2 ArbPlSchG), Heimarbeiter (§ 7 ArbPlSchG), auf Handels-

67

---

68 *BAG* 22. 12. 1982, AP § 123 BGB Nr. 23.
69 *BAG* 20. 4. 1988, EzA § 1 KSchG Personenbedingte Kündigung Nr. 3.
70 *BAG* a. a. O.; näher auch KR/*Weigand* § 2 ArbPlSchG Rz 3 ff.

vertreter (§ 8 ArbPlSchG), Beamte und Richter (§ 9 ArbPlSchG) sowie zivile Arbeitskräfte einer Truppe einer ausländischen Stationierungsstreitkraft.[71]

68 Darüber hinaus verweisen andere Gesetze auf die **sinngemäße** bzw. **entsprechende Anwendung** von Teilen des Arbeitplatzschutzgesetzes, insbesondere des Kündigungsschutzes, wie zB für anerkannte Kriegsdienstverweigerer (§ 78 Abs. 1 Nr. 1 ZDG),[72] für Arbeitnehmer in der privaten Wirtschaft und im öffentlichen Dienst, die für Zwecke der Verteidigung einschließlich des Schutzes der Zivilbevölkerung nach dem Arbeitssicherstellungsgesetz in ein Arbeitsverhältnis verpflichtet werden (siehe §§ 1, 2, 15 Abs. 1, 16 Abs. 2 ASistG).

69 Das Arbeitsplatzschutzgesetz gilt dagegen **nicht** für **Entwicklungshelfer** im Sinne von § 1 Abs. 1 Nr. 1 und 2 EhfG und für Arbeitnehmer, Handelsvertreter, Richter und Beamte, die auf Grund freiwilliger Verpflichtung zu einer **Eignungsübung** einberufen werden (§ 1 EignungsübungsG). Allerdings beinhalten die §§ 2, 5 und 7 des Eignungsübungsgesetzes[73] einen eigenen, im Wesentlichen ähnlichen Kündigungsschutz.

b) Räumlich

70 Das Arbeitsplatzschutzgesetz gilt in der privaten Wirtschaft sowie im öffentlichen Dienst im Geltungsbereich des Grundgesetzes der Bundesrepublik Deutschland.

c) Zeitlich

71 Das Arbeitsplatzschutzgesetz schützt grundsätzlich während des **Grundwehrdienstes** von der Zustellung des Einberufungsbescheids bis zur Beendigung des Grundwehrdienstes (§ 2 Abs. 1 ArbPlSchG), während einer **Wehrübung** (§ 2 Abs. 1 ArbPlSchG) sowie im **Verteidigungsfall** während des unbefristeten Wehrdienstes (§ 16 Abs.1 ArbPlSchG). Bei einer **freiwilliger Wehrübung** gilt der Kündigungsschutz nur, soweit diese Wehrübung allein oder zusammen mit anderen freiwilligen Wehrübungen im Kalenderjahr nicht länger als 6 Wochen dauert (§ 10 ArbPlSchG).

---

71 KR/*Weigand* § 2 ArbPlSchG Rz 11.
72 Umstritten ist, ob hierunter ebenfalls die Kriegsdienstverweigerer fallen, die aus Gewissensgründen auch gehindert sind, Zivildienst zu leisten (§ 15 a ZDG). Da das Gesetz hier keine Ausnahme macht, sind sie in den Schutzbereich mit einzubeziehen. Zum Streitstand siehe KR/*Weigand* § 2 ArPlSchG Rz 7 ff.; APS/*Dörner* § 2 ArPlSchG Rz 4.
73 Gesetzestext abgedruckt in KR/*Weigand* § 2 ArbPlSchG Rz 43.

Das Gesetz gilt auch für den Wehrdienst eines Wehrpflichtigen als **Soldat auf Zeit**, dessen Dienstzeit auf nicht mehr als **zwei Jahre** festgesetzt ist (§ 16 a Abs. 1 ArbPlSchG), es sei denn, die Dienstzeit wird aus zwingenden Gründen der Verteidigung verlängert (§ 16 a Abs. 5 ArbPlSchG). 72

2. Kündigungsschutz für Arbeitnehmer

a) Allgemeines

Grundsätzlich bleibt das Arbeitsverhältnis während der Einberufung zum Grundwehrdienst oder zu einer Wehrübung bestehen, ruht aber gemäß § 1 ArbPlSchG. Dies bedeutet, dass die gegenseitigen Hauptleistungspflichten, die Entgeltzahlungspflicht des Arbeitgebers und die Arbeitspflicht des Arbeitnehmers, entfallen. 73

Das Arbeitsplatzschutzgesetz enthält unterschiedliche Kündigungsverbote, die nebeneinander bestehen und deren Missachtung durchweg die **Nichtigkeit einer Kündigung** gemäß § 134 BGB[74] nach sich zieht. 74

Der Kündigungsschutz gilt unabhängig von der Betriebsgröße und der bisherigen Beschäftigungszeit,[75] also unabhängig davon, ob beispielsweise das Kündigungsschutzgesetz auf Grund Erreichens des Schwellenwertes (Anzahl der Arbeitnehmer) bereits anwendbar ist oder nicht und ob das Arbeitsverhältnis bereits länger als sechs Monate besteht. Liegen die Anwendungsvoraussetzungen des **Kündigungsschutzgesetzes** vor, so gilt es **neben** den Bestimmungen des Arbeitsplatzschutzgesetzes. 75

b) Ordentliche Kündigung während des Wehrdienstes

Gemäß § 2 Abs. 1 ArbPlSchG darf der Arbeitgeber von der Zustellung des Einberufungsbescheides bis zur Beendigung des Grundwehrdienstes sowie während einer Wehrübung das Arbeitsverhältnis **nicht ordentlich** kündigen. 76

c) Außerordentliche Kündigung

Das Recht zur **außerordentlichen Kündigung**, also einer Kündigung aus wichtigem Grund ohne Einhaltung einer Frist (§ 626 BGB), bleibt gemäß § 2 Abs. 3 Satz 1 ArbPlSchG **unberührt**. Allerdings stellt § 2 77

---

74 KR/*Weigand* § 2 ArbPlSchG Rz 19.
75 APS/*Dörner* § 2 ArbPlSchG Rz 13.

Abs. 3 Satz 2, 1. Halbsatz ArbPlSchG klar, dass die **Einberufung** zum Wehrdienst grundsätzlich **keinen wichtigen Grund** für eine außerordentliche Kündigung darstellen kann.

78 Hiervon macht das Gesetz in § 2 Abs. 3 Satz 2, 2. Halbsatz, Satz 3 und 4[76] ArbPlSchG wiederum eine **Ausnahme** unter folgenden Voraussetzungen: Unverheiratete Arbeitnehmer, die Grundwehrdienst von mehr als sechs Monaten abzuleisten haben, in Betrieben mit in der Regel fünf oder weniger Arbeitnehmern ausschließlich der zu ihrer Berufsbildung Beschäftigten,[77] deren Weiterbeschäftigung dem Arbeitgeber nach Entlassung aus dem Wehrdienst wegen der Einstellung einer Ersatzkraft nicht mehr zugemutet werden kann, können wegen der Einberufung außerordentlich gekündigt werden. Die Weiterbeschäftigung des einberufenen Arbeitnehmers ist dem Arbeitgeber dann nicht mehr zumutbar, wenn er das Arbeitsverhältnis mit der Ersatzkraft nicht mehr lösen kann. Insbesondere wenn dem Arbeitgeber der Zeitpunkt der Rückkehr des Einberufenen bekannt ist, ist nicht von einer Unzumutbarkeit auszugehen, da vom Arbeitgeber dann zu erwarten war, dass er mit der Ersatzkraft ein befristetes Arbeitsverhältnis eingeht.[78]

▶ Praxistipp:
Da in den meisten Fällen der Zeitpunkt der Rückkehr bekannt sein wird, ist dringend anzuraten, mit einer **Ersatzkraft** einen **befristeten Arbeitsvertrag** abzuschließen.

79 Die Kündigung nach § 2 Abs. 3 Satz 2, 2. Halbsatz ArbPlSchG darf aber nur unter Einhaltung einer **Frist** von zwei Monaten auf das Datum der Entlassung aus dem Wehrdienst ausgesprochen werden (§ 2 Abs. 3 Satz 5 ArbPlSchG).

80 Nach herrschender Meinung[79] kommt im Falle einer **Betriebsstilllegung** eine außerordentliche Kündigung durch den Arbeitgeber nicht in Betracht, da es dem Einberufenen nicht möglich ist, sich während des Wehrdienstes um einen neuen Arbeitsplatz zu bemühen. Der Arbeitgeber soll erst nach Ablauf des Wehrdienstes dem Arbeitnehmer ordent-

---

76 Die Vorschrift gilt nicht für Arbeitnehmer, die am 30. September 1996 Rechte aus der alten Fassung der Vorschrift hätten herleiten können.
77 Zur Berechnung der Anzahl der Arbeitnehmer siehe KR/*Weigand* § 23 KSchG Rz 33 ff.
78 KR/*Weigand* § 2 ArbPlSchG Rz 28.
79 ErfK/*Ascheid* § 2 ArbPlSchG Rz 8; APS/*Dörner* § 2 ArbPlSchG Rz 15; KR/*Weigand* § 2 ArbPlSchG Rz 22, 23.

lich kündigen können. Die andere Ansicht des Arbeitsgerichts Bochum[80] aus dem Jahre 1971, nach der dem Arbeitgeber im Falle einer Betriebsstilllegung das Recht zur außerordentlichen Kündigung nicht verwehrt sei, ist vereinzelt geblieben.

d) Kündigung aus Anlass des Wehrdienstes

Darüber hinaus besteht weiterer Kündigungsschutz gemäß §2 Absatz 2 Satz 1 ArbPlSchG, wonach das Arbeitsverhältnis nicht aus Anlass des Wehrdienstes gekündigt werden darf. Erfasst ist **sowohl die ordentliche als auch die außerordentliche Kündigung**. 81

Eine betriebsbedingte Kündigung im Sinne von § 1 Abs. 2 Satz 1 KSchG ist zwar grundsätzlich zulässig, der Wehrdienst darf aber vom Arbeitgeber im Rahmen der **Sozialauswahl** nicht zu Ungunsten des Einberufenen berücksichtigt werden (§ 2 Abs. 2 Satz 2 ArbPlSchG). 82

Ist streitig, ob der Arbeitgeber aus Anlass des Wehrdienstes gekündigt oder den Wehrdienst bei der Sozialauswahl belastend berücksichtigt hat, obliegt dem Arbeitgeber die **Beweislast** (§ 2 Abs. 3 Satz 3 ArbPlSchG), dass es sich nicht um eine Anlasskündigung gehandelt hat. 83

e) Auszubildende

Der Ausbilder darf die Übernahme eines Auszubildenden nach Beendigung der Berufsausbildung in ein unbefristetes Arbeitsverhältnis nicht **aus Anlass** des Wehrdienstes ablehnen (§ 2 Abs. 5 ArbPlSchG). 84

f) Klagefrist

Geht dem Arbeitnehmer nach Zustellung des Einberufungsbescheides oder während des Wehrdienstes eine Kündigung zu, so beginnt die Klagefrist des § 4 Satz 1 KSchG erst zwei Wochen nach Ende des Wehrdienstes (§ 2 Abs. 4 ArbPlSchG). 85

3. Schutz für Handelsvertreter, Beamte und Richter

Der Kündigungsschutz für Handelsvertreter im Sinne der §§ 84 ff. HGB ist in § 8 Abs. 4 ArbPlSchG, der Schutz vor Entlassung von Beamten und Richtern in § 9 Abs. 6 und Abs. 11 ArbPlSchG geregelt. Handelsvertreter schützt die Vorschrift vor Kündigung des Vertragsverhältnisses durch den Unternehmer aus Anlass der Einberufung zum Grundwehrdienst oder zu einer Wehrübung. Beamte und Richter werden durch die 86

---

80 *ArbG Bochum* 17. 12. 1971, DB 1972, 441 f.

Vorschrift ebenfalls vor der Entlassung aus Anlass der Einberufung zum Grundwehrdienst oder zu einer Wehrübung geschützt.

II. Bergmannsversorgungsscheingesetz (BVSG) – Schutz des Bergmannsversorgungsscheininhabers

87 Bei den Bergmannsversorgungsscheingesetzen handelt es sich um Landesgesetze. In Nordrhein-Westfalen und im Saarland darf nach § 10 BVSG NW und § 11 BVSG Saarland[81] eine ordentliche Kündigung gegenüber dem Inhaber eines Bergmannsversorgungsscheins nur mit Zustimmung der Zentralstelle erfolgen. Ohne diese Zustimmung ist die Kündigung gemäß § 134 BGB nichtig. Die außerordentliche Kündigung bedarf keiner Zustimmung.

88 Nach § 1 BVSG Niedersachsen ist der Bergmannsversorgungsscheininhaber den Schwerbehinderten gleichgestellt, so dass dieser auch vor einer außerordentlichen Kündigung geschützt ist.[82]

III. Berufsbildungsgesetz (BBiG) – Schutz von Auszubildenden

89 Der Kündigungsschutz von Auszubildenden ergibt sich aus § 15 BBiG.

90 **Während der Probezeit** kann das Berufsausbildungsverhältnis **jederzeit** ohne Einhaltung einer Kündigungsfrist gekündigt werden (§ 15 Abs. 1 BBiG). Die Kündigung muss schriftlich erfolgen (§ 15 Abs. 3 BBiG).

91 **Nach der Probezeit** ist das Berufsausbildungsverhältnis durch den Ausbildenden **nur durch eine Kündigung aus wichtigem Grund** ohne Einhaltung einer Kündigungsfrist kündbar oder durch den Auszubildenden selbst mit einer Frist von vier Wochen, wenn er die Berufsausbildung aufgeben oder sich für eine andere Berufstätigkeit ausbilden lassen will (§ 15 Abs. 2 BBiG). Eine ordentliche Kündigung durch den Ausbildenden ist also ausgeschlossen. Die Kündigung muss schriftlich und unter Angabe von Gründen erfolgen (§ 15 Abs. 3 BBiG).

92 Eine Kündigung aus wichtigem Grund ist unwirksam, wenn die zugrunde liegenden Tatsachen dem zur Kündigung Berechtigten länger als zwei Wochen bekannt sind (§ 15 Abs. 4 Satz 1 BBiG). Ist ein vorgese-

---

81 Gesetzestexte abgedruckt in APS/*Vossen* Bergmanns VSG S. 898 ff.
82 Siehe hierzu die Ausführungen zum Schutz behinderter Menschen nach dem SGB IX.

henes Güteverfahren vor einer außergerichtlichen Stelle eingeleitet, so wird bis zu dessen Beendigung der Lauf dieser Frist gehemmt (§ 15 Abs. 4 Satz 2 BBiG).

IV. Bundeserziehungsgeldgesetz (BErzGG) – Schutz von Eltern in Elternzeit

Zum Kündigungsschutz siehe dort. 93

V. Mutterschutzgesetz (MuSchG) – Schutz werdender Mütter bis zum Ablauf von vier Monaten nach der Entbindung

Zum Kündigungsschutz siehe dort. 94

VI. Seemannsgesetz (SeemG)

Das Seemannsgesetz stellt einige besondere Voraussetzungen für die 95 Kündigung von Heuerverhältnissen auf, wie Schriftform und Kündigungsbefugnis (§ 62 SeemG), Kündigungsfristen und Fortdauer des Heuerverhältnisses bis zur Ankunft des Schiffes im Hafen (§ 63 SeemG) sowie besondere Vorschriften zur außerordentlichen Kündigung (§ 64 ff. SeemG).

VII. Sozialgesetzbuch IX (SGB IX) – Schutz behinderter Menschen

§ 81 Abs. 2 SGB IX sieht ein umfassendes **Benachteiligungsverbot** 96 zugunsten schwerbehinderter Menschen vor, welches sich unter anderem auch auf die Kündigung bezieht. Eine Kündigung, die gegen das Benachteiligungsverbot verstößt, ist gemäß § 134 BGB nichtig.

Der Anwendungsbereich des Benachteiligungsverbot wird in Bezug 97 auf eine Kündigung in weiten Teilen von den §§ 85–92 SGB IX überlagert, die den Kündigungsschutz von schwerbehinderten Menschen detailliert regeln. Allerdings verbleibt auch ein nicht zu vernachlässigender Anwendungsbereich für das Benachteiligungsverbot, zB für schwerbehinderte Menschen in der Probezeit, für die der Sonderkündigungsschutz der §§ 85–92 gemäß § 90 Abs. 1 Nr. 1 SBG IX und auch das Kündigungsschutz (siehe § 1 Abs. 1 KSchG) noch nicht gilt. Zum Kündigungsschutz schwerbehinderter Menschen siehe dort.

VIII. Teilzeit- und Befristungsgesetz (TzBfG)

98 § 13 Abs. 2 Satz 1 TzBfG sieht bei der **Arbeitsplatzteilung** vor, dass für den Fall, dass ein Arbeitnehmer aus der Arbeitsplatzteilung ausscheidet, die allein darauf gestützte Kündigung des Arbeitsverhältnisses eines anderen in die Arbeitsplatzteilung einbezogenen Arbeitnehmers durch den Arbeitgeber unwirksam ist. Das Recht zur Änderungskündigung aus diesem Anlass und zur Kündigung des Arbeitsverhältnisses aus anderen Gründen bleibt unberührt (Satz 2).

99 Nach § 11 TzBfG ist die Kündigung eines Arbeitsverhältnisses wegen der Weigerung eines Arbeitnehmers, von einem **Vollzeit- in ein Teilzeitarbeitsverhältnis** oder umgekehrt zu **wechseln**, unwirksam. Das Recht zur Kündigung des Arbeitsverhältnisses, auch zu einer Änderungskündigung, aus anderen Gründen bleibt jedoch unberührt.

100 § 4 Abs. 1 Satz 1 und Abs. 2 Satz 1 TzBfG sehen Benachteiligungsverbote für teilzeitbeschäftigte und befristet beschäftigte Arbeitnehmer vor. § 5 TzBfG umfasst ein Benachteiligungsverbot zugunsten eines jeden Arbeitnehmers, der Rechte aus diesem Gesetz in Anspruch nimmt.

E. Anhang: Tabelle geschützter Personen

101

	Benachteiligungsverbot[83]	Betriebsratsmitbestimmung bei Bestellung/ Abberufung[84]	Kündigungsschutz (ggf. beschränkt)
Abfallbeauftragter	X		X
Arbeitnehmervertreter im Aufsichtsrat	X		
Auszubildender			X
Beauftragter für biologische Sicherheit	X		
Bergmannsversorgungsscheininhaber			X
Betäubungsmittelbeauftragter			

---

83 Kann auch vor einer Kündigung schützen.
84 Unterrichtungsrechte des Betriebsrates sind hier nicht erfasst.

	Benachteili-gungsverbot	Betriebsratsmit-bestimmung bei Bestellung/ Abberufung	Kündigungs-schutz (ggf. beschränkt)
Betriebsarzt	X	X	
Datenschutzbe-auftragter	X		X
Druckluftfachkraft			
ehrenamtlicher Richter	X		
Fachkraft für Arbeitssicherheit (Sicherheitsingenieur, -techniker, -meister)	X	X	
Frauenbeauftragte	X		X
Gefahrgutbeauf-tragter			
Gewässerschutzbe-auftragter	X		X
Immissionsschutz-beauftragter	X		X
Kesselwärter			
Mitarbeitervertre-tungen nach dem BetrVG, HAG, SprAuG	X		X
Parlamentarier	X		X
Schwerbehinderten-beauftragter			
Sicherheitsbeauf-tragter	X		
Sicherheitsbeauf-tragter für Medizinprodukte	X		
Störfallbeauftragter	X		X
Strahlenschutz-beauftragte	X		
Stufenplan-beauftragter			

Sonderkündigungsschutz von Statusinhabern

	Benachteiligungsverbot	Betriebsratsmitbestimmung bei Bestellung/Abberufung	Kündigungsschutz (ggf. beschränkt)
Tierschutzbeauftragte	X		
verantwortliche Person nach Bundesberggesetz und Sprengstoffgesetz			
Vertrauensperson behinderter Menschen	X		X
Wehrdienst-/Zivildienstleistende	X		X

Sonderkündigungsschutz von schwerbehinderten Menschen

Sozialgesetzbuch (SGB) Neuntes Buch (IX) – Rehabilitation und Teilhabe behinderter Menschen –*

– Auszug –

Kapitel 3. Sonstige Pflichten der Arbeitgeber; Rechte der schwerbehinderten Menschen

(...)

§ 81 Pflichten des Arbeitgebers und Rechte schwerbehinderter Menschen

(...)

(2) ¹Arbeitgeber dürfen schwerbehinderte Beschäftige nicht wegen ihrer Behinderung benachteiligen. ²Im Einzelnen gilt hierzu Folgendes:

1. ¹Ein schwerbehinderter Beschäftigter darf bei einer Vereinbarung oder einer Maßnahme, insbesondere bei der Begründung des Arbeits- oder sonstigen Beschäftigungsverhältnisses, beim beruflichen Aufstieg, bei einer Weisung oder einer Kündigung, nicht wegen seiner Behinderung benachteiligt werden. ²Eine unterschiedliche Behandlung wegen der Behinderung ist jedoch zulässig, soweit eine Vereinbarung oder eine Maßnahme die Art der von dem schwerbehinderten Beschäftigten auszuübenden Tätigkeit

---

* Vom 19. Juni 2001 (BGBl. I S. 1046), zuletzt geändert durch Gesetz vom 23. April 2004 (BGBl. I S. 606):
§ 88 (5) In den Fällen des § 89 Abs. 1 Satz 1 und Abs. 3 gilt Absatz 1 mit der Maßgabe, dass die Entscheidung innerhalb eines Monats vom Tage des Eingangs des Antrages an zu treffen ist. Wird innerhalb dieser Frist eine Entscheidung nicht getroffen, gilt die Zustimmung als erteilt. Die Absätze 3 und 4 gelten entsprechend.
§ 90 (2a) Die Vorschriften dieses Kapitels finden ferner keine Anwendung, wenn zum Zeitpunkt der Kündigung die Eigenschaft als schwerbehinderter Mensch nicht nachgewiesen ist oder das Versorgungsamt nach Ablauf der Frist des § 69 Abs. 1 Satz 2 eine Feststellung wegen fehlender Mitwirkung nicht treffen konnte.

zum Gegenstand hat und eine bestimmte körperliche Funktion, geistige Fähigkeit oder seelische Gesundheit wesentliche und entscheidende berufliche Anforderung für diese Tätigkeit ist. [3]Macht im Streitfall der schwerbehinderte Beschäftigte Tatsachen glaubhaft, die eine Benachteiligung wegen der Behinderung vermuten lassen, trägt der Arbeitgeber die Beweislast dafür, dass nicht auf die Behinderung bezogene, sachliche Gründe eine unterschiedliche Behandlung rechtfertigen oder eine bestimmte körperliche Funktion, geistige Fähigkeit oder seelische Gesundheit wesentliche und entscheidende berufliche Anforderung für diese Tätigkeit ist.

(...)

Kapital 4. Kündigungsschutz

§ 85 Erfordernis der Zustimmung

Die Kündigung des Arbeitsverhältnisses eines schwerbehinderten Menschen durch den Arbeitgeber bedarf der vorherigen Zustimmung des Integrationsamts.

§ 86 Kündigungsfrist

Die Kündigungsfrist beträgt mindestens vier Wochen.

§ 87 Antragsverfahren

(1) [1] Die Zustimmung zur Kündigung beantragt der Arbeitgeber bei dem für den Sitz des Betriebs oder der Dienststelle zuständigen Integrationsamt schriftlich. [2] Der Begriff des Betriebes und der Begriff der Dienststelle im Sinne des Teils 2 bestimmen sich nach dem Betriebsverfassungsgesetz und dem Personalvertretungsrecht.

(2) Das Integrationsamt holt eine Stellungnahme des Betriebsrates oder Personalrates und der Schwerbehindertenvertretung ein und hört den schwerbehinderten Menschen an.

(3) Das Integrationsamt wirkt in jeder Lage des Verfahrens auf eine gütliche Einigung hin.

§ 88 Entscheidung des Integrationsamts

(1) Das Integrationsamt soll die Entscheidung, falls erforderlich auf Grund mündlicher Verhandlung, innerhalb eines Monats vom Tage des Eingangs des Antrages an treffen.

(2) [1]Die Entscheidung wird dem Arbeitgeber und dem schwerbehinderten Menschen zugestellt. [2]Dem Arbeitsamt wird eine Abschrift der Entscheidung übersandt.

(3) Erteilt das Integrationsamt die Zustimmung zur Kündigung, kann der Arbeitgeber die Kündigung innerhalb eines Monats nach Zustellung erklären.

(4) Widerspruch und Anfechtungsklage gegen die Zustimmung des Integrationsamtes zur Kündigung haben keine aufschiebende Wirkung.

§ 89 Einschränkungen der Ermessensentscheidung

(1) ¹Das Integrationsamt erteilt die Zustimmung bei Kündigungen in Betrieben und Dienststellen, die nicht nur vorübergehend eingestellt oder aufgelöst werden, wenn zwischen dem Tage der Kündigung und dem Tage, bis zu dem Gehalt oder Lohn gezahlt wird, mindestens drei Monate liegen. ²Unter der gleichen Voraussetzung soll es die Zustimmung auch bei Kündigungen in Betrieben und Dienststellen erteilen, die nicht nur vorübergehend wesentlich eingeschränkt werden, wenn die Gesamtzahl der weiterhin beschäftigten schwerbehinderten Menschen zur Erfüllung der Beschäftigungspflicht nach § 71 ausreicht. ³Die Sätze 1 und 2 gelten nicht, wenn eine Weiterbeschäftigung auf einem anderen Arbeitsplatz desselben Betriebes oder derselben Dienststelle oder auf einem freien Arbeitsplatz in einem anderen Betrieb oder einer anderen Dienststelle desselben Arbeitgebers mit Einverständnis des schwerbehinderten Menschen möglich und für den Arbeitgeber zumutbar ist.

(2) Das Integrationsamt soll die Zustimmung erteilen, wenn dem schwerbehinderten Menschen ein anderer angemessener und zumutbarer Arbeitsplatz gesichert ist.

(3) Ist das Insolvenzverfahren über das Vermögen des Arbeitgebers eröffnet, soll das Integrationsamt die Zustimmung erteilen, wenn

1. der schwerbehinderte Mensch in einem Interessenausgleich namentlich als einer der zu entlassenden Arbeitnehmer bezeichnet ist (§ 125 der Insolvenzordnung),

2. die Schwerbehindertenvertretung beim Zustandekommen des Interessenausgleichs gemäß § 95 Abs. 2 beteiligt worden ist,

3. der Anteil der nach dem Interessenausgleich zu entlassenden schwerbehinderten Menschen an der Zahl der beschäftigten schwerbehinderten Menschen nicht größer ist als der Anteil der zu entlassenden übrigen Arbeitnehmer an der Zahl der beschäftigten übrigen Arbeitnehmer und

4. die Gesamtzahl der schwerbehinderten Menschen, die nach dem Interessenausgleich bei dem Arbeitgeber verbleiben sollen, zur Erfüllung der Beschäftigungspflicht nach § 71 ausreicht.

§ 90 Ausnahmen

(1) Die Vorschriften dieses Kapitels gelten nicht für schwerbehinderte Menschen,

1. deren Arbeitsverhältnis zum Zeitpunkt des Zugangs der Kündigungserklärung ohne Unterbrechung noch nicht länger als sechs Monate besteht oder

2. die auf Stellen im Sinne des § 73 Abs. 2 Nr. 2 bis 5 beschäftigt werden oder

3. deren Arbeitsverhältnis durch Kündigung beendet wird, sofern sie
   a) das 58. Lebensjahr vollendet haben und Anspruch auf eine Abfindung, Entschädigung oder ähnliche Leistung auf Grund eines Sozialplanes haben oder
   b) Anspruch auf Knappschaftsausgleichsleistung nach dem Sechsten Buch oder auf Anpassungsgeld für entlassene Arbeitnehmer des Bergbaus haben,

wenn der Arbeitgeber ihnen die Kündigungsabsicht rechtzeitig mitgeteilt hat und sie der beabsichtigten Kündigung bis zu deren Ausspruch nicht widersprechen.

(2) Die Vorschriften dieses Kapitels finden ferner bei Entlassungen, die aus Witterungsgründen vorgenommen werden, keine Anwendung, sofern die Wiedereinstellung der schwerbehinderten Menschen bei Wiederaufnahme der Arbeit gewährleistet ist.

(3) Der Arbeitgeber zeigt Einstellungen auf Probe und die Beendigung von Arbeitsverhältnissen schwerbehinderter Menschen in den Fällen des Absatzes 1 Nr. 1 unabhängig von der Anzeigepflicht nach anderen Gesetzen dem Integrationsamt innerhalb von vier Tagen an.

§ 91 Außerordentliche Kündigung

(1) Die Vorschriften dieses Kapitels gelten mit Ausnahme von § 86 auch bei außerordentlicher Kündigung, soweit sich aus den folgenden Bestimmungen nichts Abweichendes ergibt.

(2) [1]Die Zustimmung zur Kündigung kann nur innerhalb von zwei Wochen beantragt werden; maßgebend ist der Eingang des Antrages bei dem Integrationsamt. [2]Die Frist beginnt mit dem Zeitpunkt, in

dem der Arbeitgeber von den für die Kündigung maßgebenden Tatsachen Kenntnis erlangt.

(3) ¹Das Integrationsamt trifft die Entscheidung innerhalb von zwei Wochen vom Tage des Eingangs des Antrages an. ²Wird innerhalb dieser Frist eine Entscheidung nicht getroffen, gilt die Zustimmung als erteilt.

(4) Das Integrationsamt soll die Zustimmung erteilen, wenn die Kündigung aus einem Grunde erfolgt, der nicht im Zusammenhang mit der Behinderung steht.

(5) Die Kündigung kann auch nach Ablauf der Frist des § 626 Abs. 2 Satz 1 des Bürgerlichen Gesetzbuchs erfolgen, wenn sie unverzüglich nach Erteilung der Zustimmung erklärt wird.

(6) Schwerbehinderte Menschen, denen lediglich aus Anlass eines Streiks oder einer Aussperrung fristlos gekündigt worden ist, werden nach Beendigung des Streiks oder der Aussperrung wieder eingestellt.

§ 92 Erweiterter Beendigungsschutz

¹Die Beendigung des Arbeitsverhältnisses eines schwerbehinderten Menschen bedarf auch dann der vorherigen Zusteimmung des Integrationsamtes, wenn sie im Falle des Eintritts einer teilweisen Erwerbsminderung, der Erwerbsminderung auf Zeit, der Berufsunfähigkeit oder der Erwerbsunfähigkeit auf Zeit ohne Kündigung erfolgt. ²Die Vorschriften dieses Kapitels über die Zustimmung zur ordentlichen Kündigung gelten entsprechend.

Literatur

Neumann/Pahlen/Majerski-Pahlen/ Sozialgesetzbuch IX, Rehabilitation und Teilhabe behinderter Menschen, 10. Auflage, 2003; *Schaub,* Ist die Frage nach der Schwerbehinderung zulässig?, NZA 2003, 299 ff.; *Zimmer,* Sozialauswahl und Klagefrist ab 2004, FA 2004, 34 ff.

Inhalt

		Rz
A.	Überblick	1– 3
B.	Kündigungsschutz der §§ 85-92 SGB IX	4–143
	I. Persönlicher Geltungsbereich	4–8
	II. Erfordernis der Zustimmung, § 85 SGB IX	9–41
	1. Zustimmung	9
	2. Kündigung	10

	3.	Andere Beendigungsgründe		11–13
	4.	Kenntnis, Mitteilung und Nachweis der Schwerbehinderteneigenschaft		14–33
		a)	Kenntnis des Arbeitgebers; Antragstellung vor Kündigung erforderlich	14–19
			aa) Grundsatz	14–15
			bb) Konkretisierung durch Beispiele aus der Rechtsprechung des BAG	16–19
		b)	Mitteilung durch den Arbeitnehmer innerhalb der Regelfrist	20–33
			aa) Grundsatz	20–22
			bb) Konkretisierung durch Beispiele aus der Rechtsprechung des BAG	23–31
		c)	Nachweis durch den Arbeitnehmer	32–33
	5.	Rechtsfolgen		34–41
		a)	Nichtigkeit	34
		b)	Klage	35–39
		c)	Weiterbeschäftigungsanspruch, Annahmeverzug	40–41
III.	Kündigungsfrist, § 86 SGB IX			42–43
IV.	Ausnahmen vom Kündigungsschutz, § 90 SGB IX			44–52
	1.	§ 90 Abs. 1 Nr. 1 Abs. 2 SGB IX: Dauer des Arbeitsverhältnisses		45–46
	2.	§ 90 Abs. 1 Nr. 2 SGB IX: Stellen nach § 73 Abs. 2 Nr. 2–6 SGB IX		47
	3.	§ 90 Abs. 1 Nr. 3 a) SGB IX: Kündigung nach dem 58. Lebensjahr		48–50
	4.	§ 90 Abs. 1 Nr. 3 b) SGB IX: Kündigung bei Knappschaftsausgleichsleistungen		51
	5.	§ 90 Abs. 2 SGB IX: Entlassung aus Witterungsgründen		52
V.	Verfahren vor dem Integrationsamt, §§ 87, 88, 89 SGB IX			53–87
	1.	Antrag, § 87 SGB IX		53–60
		a)	Antragsbefugnis; Antragsadressat	53–54
		b)	Zeitpunkt und Form	55
		c)	Inhalt	56
		d)	Verfahren	57–60
	2.	Entscheidung, § 88 SGB IX		61–65
		a)	Frist für die Entscheidung des Integrationsamts	61
		b)	Zustellung; Form der Entscheidung	62–63
		c)	Kündigungserklärungsfrist	64
		d)	Keine aufschiebende Wirkung	65
	3.	Einschränkung der Ermessensentscheidung, § 89 SGB IX		66–85
		a)	Grundsatz	66–72
			aa) Prüfungsmaßstab	67–69
			bb) Betriebsbedingte Kündigung	70
			cc) Verhaltensbedingte Kündigung	71
			dd) Personenbedingte Kündigung	72
		b)	Einschränkung der Ermessensentscheidung, § 89 SGB IX	73–85

	aa) Einstellung bzw. Auflösung von Betrieben, § 89 Abs. 1 Satz 1 und Satz 3 SGB IX	74–78
	bb) Einschränkung von Betrieben, § 89 Abs. 1 Satz 2 und Satz 3 SGB IX	79–80
	cc) Anderer Arbeitsplatz, § 89 Abs. 2 SGB IX	81– 84
	dd) Arbeitgeber in der Insolvenz, § 89 Abs. 3 SGB IX	85
4.	Negativattest	86– 87
VI. Rechtsbehelfe		88–104
1.	Entscheidung des Versorgungsamtes	89–104
	a) Gegenstand der Entscheidung	89–90
	b) Form der Entscheidung	91
	c) Rechtsweg	92–93
2.	Entscheidung des Integrationsamts	94–99
	a) Gegenstand der Entscheidung	94–96
	b) Form der Entscheidung	97
	c) Rechtsweg	98–99
3.	Ausspruch der Kündigung durch den Arbeitgeber	100
4.	Wechselwirkungen zwischen den Verfahren	101–104
VII. Außerordentliche Kündigung, § 91 SGB IX		105–135
1.	Überblick	105–107
2.	Grundsatz, § 91 Abs. 1 SGB IX	108–109
3.	Frist für den Zustimmungsantrag des Arbeitsgebers, § 91 Abs. 2 SGB IX	110–115
	a) Grundsatz	110
	b) Fristbeginn	111–115
4.	Frist für die Entscheidung des Integrationsamtes, § 91 Abs. 3 SGB IX	116–118
	a) Grundsatz	116
	b) Rechtsprechung des BAG	117–118
5.	Ermessensspielraum des Integrationsamtes, § 91 Abs. 4 SGB IX	119–125
6.	Kündigungserklärungsfrist, § 91 Abs. 5 SGB IX iVm § 626 Abs. 2 Satz 1 BGB	126–133
	a) Grundsatz des § 626 Abs. 2 Satz 1 BGB	126
	b) Grundsatz des § 91 Abs. 5 SGB IX	127
	c) Rechtsprechung des BAG zu § 91 Abs. 5 SGB IX iVm § 626 Abs. 2 Satz 1 BGB	128–133
7.	Streik- und Aussperrungskündigung, § 91 Abs. 6 SGB IX	134–135
VIII. Erweiterter Beendigungsschutz § 92 SGB IX		136
IX. Beteiligung des Betriebsrates		137–140
1.	Ordentliche Kündigung	137–138
2.	Außerordentliche Kündigung	139–140
X. Anhörung der Schwerbehindertenvertretung, § 84 SGB IX		141–143
C. Benachteiligungsverbot, § 81 Abs. 2 SGB IX		**144–145**
D. Anhang: Beispielsantrag auf Zustimmung nach § 85 SGB IX an das Integrationsamt der Regierung der Oberpfalz		**146**

A. Überblick

1 Der **Sonderkündigungsschutz** von schwerbehinderten Menschen ist seit dem 1. Juli 2001 in den **§§ 85–92** des **Sozialgesetzbuch (SGB) IX** geregelt. Das SGB IX hat das bis zu diesem Zeitpunkt geltende Schwerbehindertengesetz (SchwbG) vom 26. August 1986 abgelöst. Der Kündigungsschutz des schwerbehinderten Menschen hat sich durch das SGB IX nicht wesentlich verändert. **Neu** sind vor allem die zusätzliche Aufnahme eines umfassenden **Benachteiligungsverbotes in § 81 Abs. 2 SGB IX**, welches ausdrücklich auch die Kündigung erfasst, sowie die Verwendung der **neuen Begriffe** »behinderte/schwerbehinderte Menschen«, »gleichgestellte behinderte Menschen« und »Integrationsamt« statt »Behinderte/Schwerbehinderte«, »Gleichgestellte« und »Hauptfürsorgestelle«.

2 Die Rechtsprechung und Grundsätze zum Kündigungsschutz der §§ 15 ff. SchwbG sind daher auf die §§ 85 ff. SGB IX übertragbar.[1]

3 Im Wesentlichen umfasst der besondere Kündigungsschutz von schwerbehinderten Menschen nach wie vor das Erfordernis der **Zustimmung** des Integrationsamtes **vor** Ausspruch einer ordentlichen oder außerordentlichen **Kündigung eines Arbeitsverhältnisses durch den Arbeitgeber.**

▶ Hinweis:
Einem schwerbehinderten Menschen kann **neben** dem Sonderkündigungsschutz nach den §§ 85 ff. SGB IX auch weiterer Kündigungsschutz nach anderen Vorschriften zustehen, wie zB nach dem KSchG, MuSchG, BErzGG etc. Möglicherweise müssen dann mehrere Zustimmungsverfahren vor verschiedenen Behörden durchgeführt werden.

B. Kündigungsschutz der §§ 85–92 SGB IX

I. Persönlicher Geltungsbereich

4 Der besondere Kündigungsschutz gilt für schwerbehinderte Menschen und für gleichgestellt behinderte Menschen (§ 68 Abs. 1 SGB IX), die in einem Arbeitsverhältnis stehen (§ 85 SGB IX).

Menschen sind behindert, wenn ihre körperliche Funktion, geistige Fähigkeit oder seelische Gesundheit mit hoher Wahrscheinlichkeit

---

[1] So auch KR/*Etzel* §§ 85–90 SGB IX Rz 22 a zu § 15 SchwbG und § 85 SGB IX.

länger als sechs Monate von dem für das Lebensalter typischen Zustand abweichen und daher ihre Teilhabe am Leben in der Gesellschaft beeinträchtigt ist (§ 2 Abs. 1 Satz 1 SGB IX).

Menschen sind gemäß § 2 Abs. 2 SGB IX **schwerbehindert** im Sinne des Gesetzes, wenn bei ihnen ein **Grad der Behinderung** von mindestens **50** vorliegt und sie ihren Wohnsitz, ihren gewöhnlichen Aufenthalt oder ihre Beschäftigung auf einem Arbeitsplatz rechtmäßig im Geltungsbereich des SGB IX haben, also in der **Bundesrepublik Deutschland** (Territorialitätsprinzip). Auf die Vereinbarung deutschen Rechts kommt es nicht an.[2] Der Grad der Behinderung wird nach Zehnergraden abgestuft festgestellt, je nach den Auswirkungen auf die Teilhabe am Leben in der Gesellschaft (§ 69 Abs. 1 Satz 3 SGB IX). 5

Gleichgestellte schwerbehinderte Menschen haben einen **Grad der Behinderung** von mindestens **30**, aber weniger als **50** (§ 2 Abs. 3 SGB IX). Die Gleichstellung erfolgt nur auf Antrag des behinderten Menschen bei der Agentur für Arbeit (bisher: »Arbeitsamt«). 6

Der Kündigungsschutz gilt für alle **Arbeitnehmer,** also auch für **leitende Angestellte.**[3] Nach dem BAG fallen aber auch schwerbehinderte **Auszubildende** unter den Kündigungsschutz des SGB IX.[4] Gemäß § 127 Abs. 2 Satz 2 gelten die §§ 85 – 92 SGB IX ebenfalls für in **Heimarbeit** beschäftigten und diesen gleichgestellten schwerbehinderten Menschen. Arbeitnehmerähnliche Personen und Parteien eines Dienstvertrages fallen nicht in den Schutzbereich. 7

Der Kündigungsschutz des SGB IX besteht im Gegensatz zum Schutz des KSchG unabhängig von der **Betriebsgröße.** 8

II. Erfordernis der Zustimmung, § 85 SGB IX

1. Zustimmung

Gemäß § 85 SGB IX bedarf die Kündigung des Arbeitsverhältnisses eines schwerbehinderten Menschen durch den Arbeitgeber der vorherigen Zustimmung des Integrationsamts. 9

---

2 *BAG* 30. 4. 1987, EzA § 12 SchwbG Nr. 15.
3 So auch KR/*Etzel* Vor §§ 85–92 SGB IX Rz 16.
4 *BAG* 10. 12. 1987, EzA § 18 SchwbG Nr. 8.

2. Kündigung

10 § 85 SGB IX gilt für jede **ordentliche Beendigungs- und Änderungskündigung**[5] durch den Arbeitgeber. Über § 91 SGB IX gilt § 85 SGB IX entsprechend auch für die **außerordentliche Kündigung**.[6]

3. Andere Beendigungsgründe

11 Bis auf die Ausnahmen, die § 92 SGB IX regelt, ist eine Beendigung des Arbeitsverhältnisses ohne Kündigung des Arbeitgebers **nicht zustimmungspflichtig**, wie zB eine Beendigung auf Grund

- Eigenkündigung des Arbeitnehmers,
- wirksamer Befristung,
- Auflösungsantrags gemäß der §§ 9, 10 KSchG,[7]
- wirksam vereinbarter auflösender Bedingung (Etwas anderes gilt, wenn die auflösende Bedingung einen Fall des § 92 SGB IX erfasst.[8]),
- Nichtigkeit des Arbeitsvertrages,
- Aufhebungsvertrags,[9]
- Anfechtung des Arbeitsvertrages.

12 Die **Anfechtung** des Arbeitsvertrages **wegen Irrtums** aufgrund fehlender Kenntnis der Schwerbehinderteneigenschaft ist grundsätzlich nicht möglich. Nur wenn sich der schwerbehinderte Mensch für den Arbeitsplatz, für den er eingestellt wurde, wegen seiner Behinderung überhaupt nicht eignet, kommt eine Anfechtung wegen Irrtums in Betracht.[10]

13 Auch eine **Anfechtung wegen arglistiger Täuschung** ist möglich. Das BAG hat bisher die Frage nach der Schwerbehinderung im Einstellungsgespräch für zulässig gehalten und eine Anfechtung erlaubt, wenn der schwerbehinderte Mensch die Frage wahrheitswidrig beantwortete.[11] Das mag sich nun nach Einführung des Benachteiligungsverbotes des § 81 Abs. 2 Nr. 1 SGB IX ändern. Nach jüngeren Stimmen in

---

5 KR/*Etzel* §§ 85-90 SGB IX Rz 6.
6 Siehe Rz 105 ff.
7 Näher hierzu APS/*Vossen* § 15 SchwbG Rz 29.
8 Siehe Rz 136.
9 APS/*Vossen* § 15 SchwbG Rz 27; KR/*Etzel* §§ 85-90 SGB IX Rz 9 und 133.
10 So die herrschende Meinung, vgl. KR/*Etzel* §§ 85–90 SGB IX Rz 31 mwN und APS/*Vossen* § 15 SchwbG Rz 23 mwN.
11 *BAG* 18. 10. 2000, NZA 2001, 315 ff.

der Literatur reicht eine falsche Antwort auf Befragen nach der Schwerbehinderung bei der Einstellung nicht mehr für eine Anfechtung wegen arglistiger Täuschung aus, da es dem Arbeitgeber nunmehr untersagt sei, den Bewerber nach einer Schwerbehinderung zu fragen, weil hierin eine Benachteiligung zu sehen sei.[12] Ob die Rechtsprechung dem folgen wird, ist abzuwarten.

4. Kenntnis, Mitteilung und Nachweis der Schwerbehinderteneigenschaft

a) Kenntnis des Arbeitgebers; Antragstellung vor Kündigung erforderlich

aa) Grundsatz

Der Kündigungsschutz des SGB IX besteht grundsätzlich rein aufgrund des **objektiven Vorliegens** der Schwerbehinderung oder der Gleichstellung, unabhängig davon, ob der Arbeitgeber hiervon Kenntnis hat.[13] 14

Allerdings fordert das BAG in ständiger Rechtsprechung,[14] dass – wenn die Schwerbehinderteneigenschaft oder Gleichstellung noch nicht festgestellt wurde – der Arbeitnehmer zumindest den **Antrag** auf Feststellung der Schwerbehinderteneigenschaft bzw. der Gleichstellung im Zeitpunkt der Kündigung schon gestellt haben muss. Der Antrag muss aber noch nicht durch die Behörde beschieden sein; dies kann auch noch rückwirkend auf den Zeitpunkt der Antragstellung erfolgen. 15

bb) Konkretisierung durch Beispiele aus der Rechtsprechung des BAG

Es ist nach dem BAG[15] in der Regel **nicht rechtsmissbräuchlich**, wenn der Arbeitnehmer erst kurze Zeit vor Zugang der Kündigung den Antrag auf Feststellung der Schwerbehinderteneigenschaft stellt, etwa angesichts einer drohenden Kündigung. 16

---

12 KR/*Etzel* §§ 85-90 SGB IX Rz 32; *Neumann/Pahlen/Majerski-Pahlen/Neumann* SGB IX § 85 Rz 39 mwN; **aA** *Schaub*, Ist die Frage nach der Schwerbehinderung zulässig? NZA 2003, 299.
13 APS/*Etzel* §§ 85-90 SGB IX Rz 13.
14 *BAG* 7.3.2002, NZA 2002, 1145 ff.; *BAG* 5.7.1990, AP § 15 SchwbG 1986 Nr. 1. Nach dem BVerfG verstößt die Ansicht des BAG auch nicht gegen das Grundgesetz, *BVerfG* 9.4.1987, NZA 1987, 563. In der Literatur wird die Ansicht des BAG kritisiert. Zum Streitstand siehe KR/*Etzel* §§ 85–90 SGB IX Rz 14 ff.
15 *BAG* 31.8.1989, EzA § 15 SchwbG 1986 Nr. 1.

17 Ist die Schwerbehinderung **offenkundig**, ist eine Antragstellung vor Zugang der Kündigung nach dem BAG nicht erforderlich.[16]

18 Spricht der Arbeitgeber **in Kenntnis der körperlichen Beeinträchtigung** des Arbeitnehmers und seiner **beabsichtigten Antragstellung** die Kündigung aus, so muss er sich je nach den Umständen so behandeln lassen, als sei vom Arbeitnehmer die Feststellung bereits beantragt worden.[17]

19 Der **Unterschied** zwischen »Offenkundigkeit« der Schwerbehinderung und »Kenntnis der körperlichen Beeinträchtigung«, besteht darin, dass bei einer offenkundigen Schwerbehinderung dem Arbeitgeber die Schwerbehinderung völlig klar sein muss und es keinen Zweifel geben kann. Bei Kenntnis der körperlichen Beeinträchtigung muss der Arbeitgeber eine Schwerbehinderung zumindest für möglich halten.

b) Mitteilung durch den Arbeitnehmer innerhalb der Regelfrist

aa) Grundsatz

20 Hat der Arbeitgeber zur Zeit der Kündigung keine Kenntnis von der Feststellung der Schwerbehinderteneigenschaft oder der Antragstellung, so muss der schwerbehinderte Mensch den Arbeitgeber **nach Zugang der Kündigung innerhalb** einer angemessenen Frist, die regelmäßig **einen Monat** beträgt **(Regelfrist)**, von der **Feststellung** der Schwerbehinderung bzw. der Gleichstellung oder der **Antragstellung unterrichten**, wenn er den Sonderkündigungsschutz erhalten möchte.[18]

21 Für die Mitteilung an den Arbeitgeber ist keine besondere Form zu beachten.[19]

22 Unterlässt der schwerbehinderte Mensch diese Mitteilung, kann er sich auf den Sonderkündigungsschutz nicht berufen, und die Kündigung ist jedenfalls nicht bereits wegen der fehlenden Zustimmung des Integrationsamtes unwirksam. Im Kündigungsschutzprozess ist die Schwerbehinderteneigenschaft dann aber bei einer ordentlichen Kündigung im Rahmen der Sozialwidrigkeit oder des wichtigen Grundes bei einer außerordentlichen Kündigung besonders zu berücksichtigen.[20]

---

16 *BAG* 28. 6. 1995, NZA 1996, 374, 376; *BAG* 7. 3. 2002, NZA 2002, 1145 ff.
17 *BAG* 7. 3. 2002, NZA 2002, 1145 ff.
18 Grundsatzentscheidung: *BAG* 23. 2. 1973, AP § 12 SchwbG Nr. 3; Neuer: *BAG* 7. 7. 1990, AP § 15 SchwbG 1986 Nr. 1. In der Literatur wird diese Ansicht des BAG kritisiert. Zum Streitstand siehe KR / *Etzel* §§ 85–90 SGB IX Rz 14 ff.
19 ErfK / *Rolfs* § 85 SGB IX Rz 10.
20 *BAG* 23. 2. 1978, EzA § 12 SchwbG Nr. 5.

bb) Konkretisierung durch Beispiele aus der Rechtsprechung des BAG

Der Arbeitnehmer, der beantragt hat, seine Schwerbehinderteneigenschaft festzustellen, darf diese **Regelfrist** von einem Monat zur Mitteilung an den Arbeitgeber grundsätzlich auch **voll ausschöpfen**. Zu einem früheren Zeitpunkt braucht er den Arbeitgeber nur zu unterrichten, wenn er aufgrund besonderer Umstände befürchten muss, während des restlichen Laufs der Regelfrist hierzu nicht mehr in der Lage zu sein.[21] Für den Fall der bereits vorher festgestellten Schwerbehinderteneigenschaft ist dies vom BAG offen gelassen worden.

23

Nach Ansicht des BAG gibt es besondere Umstände, unter denen die **Regelfrist überschritten** werden darf, ohne dass der Sonderkündigungsschutz verloren geht. Ist der Arbeitgeber beispielsweise bereits vor Ausspruch der Kündigung über Art und Ausmaß der gesundheitlichen Probleme des Arbeitnehmers informiert, etwa durch einen amtsärztlichen Untersuchungsbericht, besteht ein geringerer Vertrauensschutz für den Arbeitgeber. Dies rechtfertigt, die Regelfrist, die gerade keine ausnahmslos geltende Ausschlussfrist sein soll, geringfügig zu überschreiten (hier: 6 Tage).[22]

24

Eine **Überschreitung** kommt in Betracht, wenn entweder der Arbeitgeber weniger schutzbedürftig oder der Arbeitnehmer schutzbedürftiger als im Regelfall ist. Ist der Arbeitnehmer körperlich und geistig nicht in der Lage, dem Arbeitgeber die Antragstellung mitzuteilen, ist eine Überschreitung der Regelfrist zulässig.[23]

25

Die **Unkenntnis** des schwerbehinderten Menschen von der Regelfrist ist kein besonderer Umstand, der die Verlängerung der Frist rechtfertigen kann, sondern liegt in der Risikosphäre des Arbeitnehmers.[24]

26

Legt der schwerbehinderte Arbeitnehmer dem Arbeitgeber innerhalb der Regelfrist von einem Monat einen die Schwerbehinderteneigenschaft verneinenden Feststellungsbescheid des Versorgungsamtes vor, ohne auf einen zwischenzeitlich eingelegten **Widerspruch** hinzuweisen, so liegt hierin nach dem BAG[25] keine wirksame Geltendmachung des besonderen Kündigungsschutzes.

27

---

21 *BAG* 16. 1. 1985, EzA § 12 SchwbG Nr. 14.
22 *BAG* 5. 12. 1980 – 7 AZR 931/78 – nv.
23 *BAG* 16. 1. 1985, AP § 12 SchwbG Nr. 14.
24 *BAG* 17. 9. 1981 – 2 AZR 369/79 – nv.
25 *BAG* 2. 6. 1982, EzA § 12 SchwbG Nr. 10.

28 Auch auf den Antrag der **Rücknahme** des Bescheides wegen fehlerhafter Sachbehandlung (§ 44 SGB X) nach Ablauf der Widerspruchsfrist hat der Arbeitnehmer den Arbeitgeber innerhalb der Regelfrist hinzuweisen, um sich den Sonderkündigungsschutz zu bewahren.[26] Der neue Bescheid wirkt dann rückwirkend auf den Zeitpunkt der ersten Antragstellung vor der Kündigung.

29 Ein Sonderkündigungsschutz besteht nach dem BAG[27] allerdings nicht, wenn der Arbeitnehmer zwar die Regelfrist zur Mitteilung über die Antragstellung eingehalten hat, der Antrag auf Feststellung der Schwerbehinderteneigenschaft aber nach Ablauf der Regelfrist **bestandskräftig abgelehnt** und erst **später** (hier nach 1,5 Jahren) in einem neuen Bescheid eine bereits vor Ausspruch der Kündigung bestehende Schwerbehinderung **festgestellt** wird.

30 Erklärt der Arbeitgeber (vorsorglich) eine neue Kündigung (»**Wiederholungskündigung**«), muss der Arbeitnehmer, der sich bei der ersten Kündigung nicht auf den Sonderkündigungsschutz wegen der Schwerbehinderteneigenschaft berufen hat, den Arbeitgeber innerhalb der Regelfrist über das Vorliegen der Schwerbehinderung informieren.[28]

31 **Adressat der Mitteilung** von der festgestellten oder beantragten Schwerbehinderteneigenschaft ist der **Arbeitgeber** oder ein **Vertreter** des Arbeitgebers, der kündigungsberechtigt ist oder eine ähnliche selbständige Stellung bekleidet, nicht dagegen ein untergeordneter Vorgesetzter mit rein arbeitstechnischen Befugnissen.[29]

c) Nachweis durch den Arbeitnehmer

32 Der Arbeitnehmer hat die Schwerbehinderteneigenschaft im Streitfall nachzuweisen.

33 § 69 SGB IX regelt die Feststellung der Behinderung durch die zuständige Behörde – das **Versorgungsamt**, in dessen Bezirk der Antragsteller zur Zeit des Antrages seinen Wohnsitz oder gewöhnlichen Aufenthaltsort hat[30] – auf Antrag des behinderten Menschen. An diese Feststellung sind die Arbeitsgerichte gebunden.[31] Die Schwerbehinderteneigenschaft kann auch aus einem **Rentenbescheid** hervorgehen (§ 69 Abs. 2 SGB IX). Die Behörde kann auf Antrag des behinderten Men-

---

26 *BAG* 30. 6. 1983, EzA § 12 SchwbG Nr. 13.
27 *BAG* 16. 8. 1991, EzA § 15 SchwbG 1986 Nr. 5.
28 *BAG* 16. 8. 1991, AP § 12 SchwbG Nr. 9.
29 *BAG* 5. 7. 1990, EzA § 15 SchwbG 1986 Nr. 3.
30 KR/*Etzel* Vor §§ 85–92 SGB IX Rz 9.
31 KR/*Etzel* Vor §§ 85–92 SGB IX Rz 9.

schen einen **Ausweis** über die Eigenschaft als schwerbehinderter Mensch, den Grad der Behinderung und weitere gesundheitliche Merkmale ausstellen (§ 69 Abs. 5 SGB IX).

5. Rechtsfolgen

a) Nichtigkeit

Eine Kündigung, die der Arbeitgeber unter Verstoß gegen § 85 SGB IX **ohne vorherige Zustimmung** des Integrationsamts gegenüber einem schwerbehinderten Menschen ausspricht, ist gemäß § 134 BGB **nichtig**. 34

b) Klage

Der Arbeitnehmer kann gegen die Kündigung **Klage** vor den Arbeitsgerichten erheben.[32] Dabei trägt der Arbeitnehmer die Beweislast für die Voraussetzungen des besonderen Kündigungsschutzes nach § 85 SGB IX.[33] 35

Zur **Klagefrist**[34] ist zu beachten, dass mit der Änderung des KSchG zum 1. Januar 2004 die Vorschrift des § 4 dahingehend erweitert wurde, dass die dreiwöchige Ausschlussfrist nunmehr für die **Geltendmachung aller Unwirksamkeitsgründe,** also auch den Verstoß gegen das Zustimmungserfordernis nach § 85 SGB IX, und nicht mehr nur – wie bisher – bei der Geltendmachung der fehlenden sozialen Rechtfertigung gilt. Eine Klage auf Feststellung, dass das Arbeitsverhältnis durch die Kündigung nicht aufgelöst ist, ist also grundsätzlich in jedem Fall **innerhalb von drei Wochen nach Zugang der schriftlichen Kündigung** zu erheben. 36

Soweit die Kündigung aber der **Zustimmung einer Behörde** bedarf, läuft die Drei-Wochen-Frist gemäß § 4 Satz 4 KSchG erst **ab der Bekanntmachung der Entscheidung der Behörde** an den Arbeitnehmer. 37

Geht die Kündigung dem schwerbehinderten Arbeitnehmer also **nach oder gleichzeitig** mit der Entscheidung des Integrationsamts (Zustimmung oder Ablehnung) zu, läuft die Frist ab Zugang der Kündigung.[35] Geht dem Arbeitnehmer **zunächst** die Kündigung und **dann erst** die Entscheidung der Behörde zu, fängt die Klagefrist erst ab Zugang der behördlichen Entscheidung an zu laufen,[36] und zwar auch dann, wenn 38

---

32 Siehe auch unter Rechtsbehelfe Rz 88 ff.
33 APS/*Vossen* § 15 SchwbG Rz 34.
34 Siehe hierzu auch die Kommentierung zu § 4 KSchG.
35 *Zimmer* FA 2004, 34, 36.
36 *Zimmer* FA 2004, 34, 36; KR/*Friedrich* § 4 KSchG Rz 197, 207.

der Arbeitgeber in seinem Kündigungsschreiben auf die Entscheidung hingewiesen hat. Der Arbeitnehmer muss hierauf nicht vertrauen.[37]

39 In der Konstellation, bei der **keine Entscheidung der Behörde** vorliegt, etwa weil der Arbeitgeber die Zustimmung gar nicht beantragt hat, und dem Fall, dass der Arbeitgeber von der **beantragten Schwerbehinderung keine Kenntnis** hat und eine Kündigung nach Antragstellung, jedoch vor Anerkennung ausspricht, muss grundsätzlich die Drei-Wochen-Frist ab Zugang der Kündigung gelten, da sonst die Klagemöglichkeit völlig ohne zeitliche Einschränkung liefe, was von § 4 KSchG in seiner geänderten Fassung gerade nicht gewollt ist.[38]

c) Weiterbeschäftigungsanspruch, Annahmeverzug

40 Es gelten die **allgemeinen Regeln**. Wird die Kündigung durch noch nicht rechtskräftiges erstinstanzliches Urteil für unwirksam erklärt, besteht ein Weiterbeschäftigungsanspruch.

41 Der Arbeitgeber gerät während der Zeit der Nichtbeschäftigung in **Annahmeverzug**, wenn die Kündigung nichtig ist. Etwas **anderes** gilt, wenn der Arbeitnehmer die Schwerbehinderteneigenschaft **verschweigt** und der Arbeitgeber seine Kündigung zunächst für wirksam halten konnte.[39] Auch wenn die Schwerbehinderteneigenschaft weder festgestellt noch offenkundig ist, gerät der Arbeitgeber zunächst nicht in Annahmeverzug, da es an einem ordnungsgemäßen Leistungsangebot fehlt.[40]

III. Kündigungsfrist, § 86 SGB IX

42 § 86 SGB IX sieht vor, dass die Kündigungsfrist **mindesten vier Wochen** beträgt. Längere Kündigungsfristen, seien sie arbeitsvertraglich vereinbart oder aus § 622 Abs. 2 BGB folgend, sind selbstverständlich zulässig und gehen der Mindestfrist vor. Die Frist gilt nicht für Kündigungen durch den Arbeitnehmer.[41]

43 Die Frist kann **nicht abbedungen** werden. Allerdings kann der Arbeitnehmer mit dem Arbeitgeber vor wie nach der Kündigung eine Auflösungsvereinbarung schließen und das Arbeitsverhältnis dann früher enden lassen.[42]

---

37 *BAG* 17. 2. 1982, AP § 15 SchwbG Nr. 1.
38 Siehe § 4 KSchG Rz 30 ff.
39 APS / *Vossen* § 15 SchwbG Rz 36.
40 KR / *Etzel* §§ 85–90 SGB IX Rz 30.
41 KR / *Etzel* §§ 85–90 SGB IX mit Nachweisen zur anderen Ansicht.
42 KR / *Etzel* §§ 85–90 SGB IX Rz 133.

IV. Ausnahmen vom Kündigungsschutz, § 90 SGB IX

§ 90 SGB IX regelt abschließend, unter welchen Umständen schwerbehinderten Menschen der Kündigungsschutz nach den §§ 85–92 SGB IX nicht zusteht.

1. § 90 Abs. 1 Nr. 1, Abs. 2 SGB IX: Dauer des Arbeitsverhältnisses

Der Kündigungsschutz greift erst, wenn das Arbeitsverhältnis zum Zeitpunkt des **Zugangs** der Kündigung ohne Unterbrechung länger als **sechs Monate** besteht (§ 90 Abs. 1 Nr. 1 SGB IX). Es kommt also nicht auf das tatsächliche Ende (Ende der Kündigungsfrist) des Arbeitsverhältnisses an. Die Vorschrift ist § 1 Abs. 1 KSchG nachgebildet, so dass zur Berechnung der Frist auf die dortigen Ausführungen verwiesen wird.[43]

Der Arbeitgeber ist verpflichtet, die Einstellung auf Probe und die Beendigung von Arbeitsverhältnissen schwerbehinderter Menschen in den Fällen des Abs. 1 Nr. 1 dem **Integrationsamt** innerhalb von vier Tagen nach tatsächlicher Einstellung bzw. dem Tag der Arbeitsaufnahme[44] bzw. der tatsächlichen Beendigung (unabhängig davon, ob durch Kündigung, Fristablauf etc.) **anzuzeigen** (§ 90 Abs. 3 SGB IX). Unterlässt der Arbeitgeber diese Anzeige, entsteht dadurch jedoch kein Kündigungsschutz für den schwerbehinderten Arbeitnehmer; der Arbeitgeber kann aber möglicherweise zum Schadensersatz gegenüber dem Arbeitnehmer verpflichtet sein.[45]

2. § 90 Abs. 1 Nr. 2 SGB IX: Stellen nach § 73 Abs. 2 Nr. 2–6 SGB IX

Auch schwerbehinderte Menschen, die auf Stellen nach § 73 Abs. 2 Nr. 2–6 SGB IX beschäftigt sind, genießen keinen Kündigungsschutz. Hierbei handelt es sich um:

- Personen, deren Beschäftigung nicht in erster Linie ihrem Erwerb dient, sondern vorwiegend durch Beweggründe **karitativer oder religiöser** Art bestimmt ist, und Geistliche öffentlich-rechtliche

---

43 Siehe § 1 KSchG Rz 30 ff.
44 Für die herrschende Meinung APS/*Vossen* § 20 SchwbG Rz 13 mwN auch zur **aA**.
45 *BAG* 21. 3. 1980, EzA § 17 SchwbG Nr. 2.

Religionsgemeinschaften (Nr. 2), **zB** Diakonissen, Angehörige religiöser Orden in Klöstern, Missionare und Rote-Kreuz-Schwestern;

- Personen, deren Beschäftigung nicht in erster Linie ihrem Erwerb dient und die vorwiegend zu ihrer **Heilung, Wiedereingewöhnung oder Erziehung** erfolgt (Nr. 3), **zB** Insassen von Heilanstalten, Fürsorgeanstalten, Arbeitshäusern, Strafgefangene, auch wenn sie außerhalb der Anstalt arbeiten, Sicherungsverwahrte, Pfleglinge von Waisenhäusern;

- Personen, die an **Arbeitsbeschaffungsmaßnahmen** und Strukturanpassungsmaßnahmen nach dem SGB III (Arbeitsförderung) teilnehmen (Nr. 4);

- Personen, die nach ständiger Übung in ihre Stellen **gewählt** werden (Nr. 5), **zB** in Vereinen, Verbänden, politischen Parteien;

- Personen, die nach § 19 des **Bundessozialhilfegesetzes** in Arbeitsverhältnissen beschäftigt werden (Nr. 6), also Sozialhilfearbeiter.

3. § 90 Abs. 1 Nr. 3 a) SGB IX: Kündigung nach dem 58. Lebensjahr

48 Schwerbehinderte Menschen, deren Arbeitsverhältnis **nach Vollendung des 58. Lebensjahres** durch Kündigung beendet wird **und** denen ein Anspruch auf eine Abfindung, Entschädigung oder ähnliche Leistung auf Grund eines **Sozialplans** zusteht, habe keinen Sonderkündigungsschutz nach §§ 85–92 SGB IX, wenn der Arbeitgeber ihnen die Kündigungsabsicht **rechtzeitig mitgeteilt** hat und sie der beabsichtigten Kündigung bis zu deren Ausspruch nicht widersprechen.

49 Hintergrund dieser Ausnahme ist, dass der Gesetzgeber diese Personengruppe als ausreichend versorgt ansieht. Dem schwerbehinderten Menschen bleibt aber vorbehalten, **vor** Ausspruch der Kündigung zu **widersprechen** und somit den Sonderkündigungsschutz zu erhalten.[46]

50 Weder für die Unterrichtung des Arbeitnehmers von der Kündigungsabsicht noch für den Widerspruch gegen die Kündigung gegenüber dem Arbeitgeber hat das Gesetz eine bestimmte **Form** vorgesehen. Aus Beweisgründen bietet sich aber die schriftliche Form an. **Rechtzeitig** ist die Unterrichtung nur, wenn der Arbeitnehmer vor Ausspruch der

---

46 KR/*Etzel* §§ 85–90 SGB IX Rz 48.

Kündigung noch ausreichend Zeit zur Überlegung hat. In der Literatur werden zwischen **einer**[47] und **drei**[48] Wochen gefordert.

4. § 90 Abs. 1 Nr. 3 b) SGB IX: Kündigung bei Knappschaftsausgleichsleistungen

Auch schwerbehinderte Menschen, deren Arbeitsverhältnis durch Kündigung beendet wird und die einen Anspruch auf **Knappschaftsausgleichsleistungen** nach dem SGB VI oder auf Anpassungsgeld für entlassene Arbeitnehmer des Bergbaus haben, verfügen über keinen Kündigungsschutz, wenn der Arbeitgeber ihnen die Kündigungsabsicht rechtzeitig mitgeteilt hat und sie der beabsichtigten Kündigung bis zu deren Ausspruch nicht widersprechen. 51

5. § 90 Abs. 2 SGB IX: Entlassung aus Witterungsgründen

Der Sonderkündigungsschutz der §§ 85–92 SGB IX findet ferner keine Anwendung bei Entlassungen, die aus **Witterungsgründen**[49] vorgenommen werden, sofern die **Wiedereinstellung** der schwerbehinderten Menschen bei Wiederaufnahme der Arbeit **gewährleistet** ist. Der Wiedereinstellungsanspruch kann sich aus Tarifvertrag, Betriebsvereinbarung oder Einzelvertrag ergeben. Hält der Arbeitgeber sich nicht an diese Verpflichtung, ist umstritten, ob der Sonderkündigungsschutz wieder auflebt und damit die Kündigung rückwirkend unwirksam ist[50] oder der Arbeitnehmer seinen Anspruch auf Wiedereinstellung gerichtlich durchsetzen muss.[51] Letztere Ansicht ist vorzugswürdig, weil sonst der Arbeitgeber unkalkulierbaren Risiken ausgesetzt wäre. 52

V. Verfahren vor dem Integrationsamt, §§ 87, 88, 89 SGB IX

1. Antrag, § 87 SGB IX

a) Antragsbefugnis, Antragsadressat

Der **Arbeitgeber** beantragt die Zustimmung zur Kündigung bei dem für den Sitz des Betriebes zuständigen Integrationsamt (§ 87 Abs. 1 Satz 53

---

47 KR/*Etzel* §§ 85–90 SGB IX Rz 49.
48 *Neumann/Pahlen/Majerski-Pahlen/Neumann* SGB IX § 90 Rz 17; ErfK/*Rolfs* § 90 SGB IX Rz 3.
49 Hierzu *BAG* 7. 3. 1996, NZA 1996, 931 ff.
50 *Neumann/Pahlen/Majerski-Pahlen/Neumann* SGB IX § 90 Rz 22.
51 So auch APS/*Vossen* § 20 SchwbG Rz 10; KR/*Etzel* §§ 85–90 SGB IX Rz 53; ErfK/*Rolfs* § 90 SGB IX Rz 4.

1 SGB IX). Die Anschriften der zuständigen Integrationsämter können unter **www.integrationsaemter.de** abgerufen werden.

54 Der Arbeitgeber kann den Antrag auch durch einen **Bevollmächtigten**, beispielsweise einen Rechtsanwalt, stellen lassen, der dem Integrationsamt eine schriftliche Vollmacht vorlegen muss, anderenfalls kann das Amt den Antrag zurückweisen.

▶ Praxistipp:

Oftmals kann die Vollmacht nachgereicht werden. Um aber kein Risiko einzugehen und um insbesondere im Falle der außerordentlichen Kündigung keine Frist zu versäumen, empfiehlt es sich, die Vollmacht schon dem Antrag beizulegen.

b) Zeitpunkt und Form

55 Die Zustimmung ist **vor Ausspruch** der Kündigung zu beantragen und hat **schriftlich**, also mit eigenhändiger Unterschrift des Arbeitgebers oder eines Bevollmächtigten zu erfolgen. Nach herrschender Meinung[52] kann der Antrag aber auch per Telegramm oder Telefax eingereicht werden. Der Antrag sollte in doppelter Ausfertigung eingereicht werden, was das Gesetz zwar nicht mehr vorsieht, aber das Verfahren erleichtert.

c) Inhalt

56 In dem Antrag sind Name des schwerbehinderten Arbeitnehmers, Ersuchen um die Zustimmung, Art der Kündigung (ordentliche oder außerordentliche Änderungs- oder Beendigungskündigung) und Zeitpunkt der Kündigung anzugeben. Eine Begründung ist zwar nicht gesetzlich vorgesehen, sollte aber auf jeden Fall enthalten sein, um das Verfahren zu beschleunigen. Anderenfalls wird das Integrationsamt den Arbeitgeber nachträglich zur Begründung auffordern.

▶ Praxistipp:

Möchte der Arbeitgeber, was in der Praxis häufig geschieht, dem Arbeitnehmer außerordentliche und hilfsweise vorsorglich auch ordentlich kündigen, oder will er sich die Möglichkeit einer Umdeutung offen halten, so muss er dies im Antrag an das Integrationsamt auch deutlich machen. Es handelt sich dann um zwei unterschiedli-

---

52 APS/*Vossen* § 17 SchwbG Rz 4; KR/*Etzel* §§ 85–90 SGB IX Rz 61.

che Verwaltungsverfahren, deren Entscheidung unter Umständen auch unterschiedlich ausfallen kann.[53]

▶ **Praxistipp:**

Einige Integrationsämter haben Musteranträge in das Internet gestellt, die über die jeweilige Homepage (Adresse siehe **www.integrationsaemter.de**) abrufbar sind. Als Beispiel findet sich im **Anhang** der Musterantrag an das Integrationsamt der Regierung Oberpfalz.

d) Verfahren

Das Integrationsamt ist verpflichtet, nach Eingang des Antrages eine Stellungnahme der zuständigen **Agentur für Arbeit** (bisher: »Arbeitsamt«), des **Betriebsrates** (oder Personalrates) und der **Schwerbehindertenvertretung** einzuholen (§ 87 Abs. 2 SGB IX). Es bietet sich an, den Stellen hierzu eine Frist zu setzen. Geht innerhalb der Frist keine Stellungnahme ein, kann das Integrationsamt über den Antrag entscheiden.[54] 57

Außerdem ist der schwerbehinderte Mensch **anzuhören** (§ 87 Abs. 2 SGB IX), woraus geschlossen wird, dass eine mündlich Erörterung zu erfolgen hat.[55] 58

Die Stellungnahmen können auch dadurch eingeholt werden, dass das Integrationsamt alle Beteiligten zu einer **mündlichen Verhandlung** einlädt,[56] was häufig geschieht. 59

Das Integrationsamt hat in jeder Lage des Verfahrens auf eine **gütliche Einigung** hinzuwirken (§ 87 Abs. 3 SGB IX). 60

2. Entscheidung, § 88 SGB IX

a) Frist für die Entscheidung des Integrationsamts

Das Integrationsamt **soll** die Entscheidung, falls erforderlich auf Grund mündlicher Verhandlung, innerhalb **eines Monats** vom Tage des Eingangs des Antrags an treffen (§ 88 Abs. 1 SGB IX). Eine Überschreitung der Frist darf nur in außergewöhnlichen Fällen erfolgen. 61

---

53 KR/*Etzel* § 91 SGB IX Rz 11, 12; ErfK/*Rolfs* § 91 SGB IX Rz 8.
54 Für das Arbeitsamt/die Agentur für Arbeit *BVerwG* 11.11.1999, NZA 2000, 146 ff.
55 APS/*Vossen* § 17 SchwbG Rz 14; KR/*Etzel* §§ 85–90 SGB IX Rz 74.
56 APS/*Vossen* § 17 SchwbG Rz 15; KR/*Etzel* §§ 85–90 SGB IX Rz 75.

Wird die Frist ohne sachlichen Grund überschritten, kann sich die Behörde schadensersatzpflichtig machen (§ 839 BGB iVm Art 34 GG);[57] der Arbeitgeber kann auch vor dem Verwaltungsgericht eine Untätigkeitsklage gegen die Behörde erheben (§ 75 VwGO).[58]

b) Zustellung; Form der Entscheidung

62 Die Entscheidung wird dem Arbeitgeber und dem schwerbehinderten Menschen zugestellt (§ 88 Abs. 2 Satz 1 SGB IX). Das bedeutet, dass die Entscheidung schriftlich zu erfolgen hat. Es handelt sich um einen Verwaltungsakt, der auch zu begründen ist.

63 Der Agentur für Arbeit wird eine Abschrift der Entscheidung übersandt (§ 88 Abs. 2 Satz 2 SGB IX).

c) Kündigungserklärungsfrist

64 Erteilt das Integrationsamt die Zustimmung zur Kündigung, kann der Arbeitgeber die Kündigung nur **innerhalb eines Monats** nach Zustellung der Zustimmung **an den Arbeitgeber** erklären (§ 88 Abs. 3 SGB IX). Die Kündigung muss dem Arbeitnehmer innerhalb dieser Monatsfrist **zugehen**.[59] Eine Kündigung, die vor förmlicher Zustellung der Zustimmung an den Arbeitgeber oder nach Ablauf der Monatsfrist ausgesprochen wird, ist **unwirksam**.[60] Auf die Zustellung der Entscheidung des Integrationsamts an den Arbeitnehmer kommt es nicht an. Anderes gilt bei der außerordentlichen Kündigung.[61]

d) Keine aufschiebende Wirkung

65 Widerspruch und Anfechtungsklage gegen die Zustimmung des Integrationsamts haben keine aufschiebende Wirkung (§ 88 Abs. 4 SGB IX). Der Arbeitgeber kann und muss (zur Fristwahrung) daher nach Erteilung der Zustimmung die Kündigung aussprechen, auch wenn auf dem Verwaltungsrechtsweg[62] gegen die Zustimmung vorgegangen wird.

---

57 APS/*Vossen* § 18 SchwbG Rz 4 mwN.
58 APS/*Vossen* a. a. O.
59 APS//*Vossen* § 18 SchwbG Rz 9.
60 *BAG* 16. 10. 1991, EzA § 18 SchwbG 1986 Nr. 2.
61 Siehe Rz 126 ff.
62 Siehe auch unter Rechtsbehelfe Rz 98, 99.

3. Einschränkung der Ermessensentscheidung, § 89 SGB IX

a) Grundsatz

Das Integrationsamt entscheidet grundsätzlich nach freiem pflichtgemäßen Ermessen. 66

aa) Prüfungsmaßstab

Es sind nur diejenigen Umstände von Bedeutung, die aus dem Schutzzweck des SGB IX resultieren.[63] Das Erfordernis der Zustimmung soll den schwerbehinderten Menschen vor den besonderen Gefahren schützen, denen er wegen seiner Behinderung auf dem Arbeitmarkt ausgesetzt ist, und sicherstellen, dass er gegenüber dem gesunden Arbeitnehmer nicht benachteiligt wird.[64] Es sind deshalb bei der Ermessensentscheidung das Interesse des Arbeitgebers an der Erhaltung seiner betrieblichen Gestaltungsmöglichkeiten gegen das Interesse des schwerbehinderten Arbeitnehmers an der Erhaltung seines Arbeitsplatzes abzuwägen.[65] 67

Das Integrationsamt hat für seine Ermessensentscheidung von Amts wegen all das zu **ermitteln**, was erforderlich ist, um die gegensätzlichen Interessen des Arbeitgebers und des schwerbehinderten Arbeitnehmers abwägen zu können.[66] Es kann hierzu auch Zeugen hören und Sachverständigengutachten einholen.[67] 68

Das Integrationsamt hat aber grundsätzlich **nicht** die **arbeitsrechtliche Wirksamkeit** der beabsichtigten Kündigung zu prüfen,[68] wie beispielsweise ob die beabsichtigte Kündigung des Arbeitsverhältnisse im Sinne des § 1 Abs. 2 KSchG **sozial gerechtfertigt** ist.[69] 69

bb) Betriebsbedingte Kündigung

Bei einer **betriebsbedingten Kündigung** ist die unternehmerische Entscheidung des Arbeitgebers, den Arbeitsplatz einsparen zu wollen, nicht vom Integrationsamt überprüfbar. Es hat jedoch zu prüfen, ob eine Weiterbeschäftigung auf einem anderen Arbeitsplatz möglich erscheint.[70] 70

---

63 *BVerwG* 2. 7. 1992, BVerwGE 90, 287, 292.
64 *BVerwG* 2. 7. 1992, BVerwGE 90, 287, 293.
65 *BVerwG* 28. 2. 1968, BVerwGE 29, 140, 141.
66 *BVerwG* 19. 10. 1995, BVerwGE 99, 336.
67 APS/*Vossen* § 19 SchwbG Rz 4.
68 *BVerwG* 2. 7. 1992, BVerwGE 90, 287, 292.
69 *BVerwG* 2. 7. 1992, BVerwGE 90, 287, 294.
70 *BVerwG* 28. 2. 1968, BVerwGE 29, 140, 143.

cc) Verhaltensbedingte Kündigung

71 Ist eine **verhaltensbedingte Kündigung** beabsichtigt, hat das Integrationsamt zu prüfen, ob ein Zusammenhang zwischen dem Verhalten und der Behinderung steht. Besteht kein Zusammenhang, ist die Zustimmung in der Regel zu erteilen.[71] Etwas anderes kann nach einer Ansicht in der Literatur gelten, wenn offenkundig kein Grund für eine Kündigung vorliegt.[72] Selbst bei einem ursächlichen Zusammenhang kann die Zustimmung zu erteilen sein, wenn das Verhalten des schwerbehinderten Menschen Würde und Persönlichkeitsrecht eines anderen Arbeitnehmers wiederholt verletzt hat.[73]

dd) Personenbedingte Kündigung

72 Im Falle einer **personenbedingten Kündigung**, also in der Regel einer Kündigung wegen Krankheit, ist die Zustimmung nur zu erteilen, wenn die Prognose gerechtfertigt ist, dass mit einer sinnvollen Arbeitsleistung des Arbeitnehmers nicht mehr gerechnet werden kann und auch kein anderer leidensgerechter Arbeitsplatz zur Verfügung steht.[74] Hierfür sind **hohe Fehlzeiten über Jahre** erforderlich.[75]

b) Einschränkung der Ermessensentscheidung, § 89 SGB IX

73 Durch § 89 SGB IX ist das Ermessen des Integrationsamts in verschiedenen, im Gesetz bestimmten Fällen eingeschränkt. Die Einschränkung des Ermessens hat unterschiedliche Reichweiten je nachdem, ob es sich um eine Muss- oder Soll-Vorschrift handelt. Im Rahmen der Muss-Vorschriften **ist** die Zustimmung zu erteilen. Bei einer Soll-Vorschrift erteilt das Integrationsamt im **Regelfall** die Zustimmung; liegt aber ein atypischer Fall vor, muss es nach pflichtgemäßem Ermessen entscheiden.

aa) Einstellung bzw. Auflösung von Betrieben, § 89 Abs. 1 Satz 1 und Satz 3 SGB IX

74 Das Integrationsamt **erteilt** (Muss-Vorschrift) die Zustimmung bei Kündigungen in Betrieben, die nicht nur vorübergehend stillgelegt werden, wenn zwischen dem Tag des Zugangs der Kündigung[76] und dem Tag, bis zum dem die Vergütung gezahlt wird, mindesten drei

---

71 APS/*Vossen* § 19 SchwbG Rz 3.
72 APS/*Vossen* § 19 SchwbG Rz 3. Die Ansicht ist von der Rechtsprechung bisher nicht bestätigt und abzulehnen, da die weitere Prüfung der Wirksamkeit der Kündigung den Arbeitsgerichten obliegt.
73 *OVG Lüneburg* 4.12.1990, AP § 19 SchwbG 1986 Nr.1.
74 *BAG* 29.1.1997, NZA 1997, 709 ff.
75 APS/*Vossen* § 19 SchwbG Rz 3.
76 APS/*Vossen* § 19 SchwbG Rz 7; KR/*Etzel* §§ 85-90 SGB IX Rz 87.

Monate vergehen (§ 89 Abs. 1 Satz 1 SGB IX). Die Zustimmung ist aber **nicht** zu erteilen, wenn eine **Weiterbeschäftigung auf einem anderen Arbeitsplatz** desselben Betriebes oder auf einem anderen Arbeitsplatz in einem anderen Betrieb desselben Arbeitgebers mit Einverständnis des schwerbehinderten Menschen möglich und für den Arbeitgeber zumutbar ist (§ 89 Abs. 1 Satz 3 SGB IX).

- Unter **Betriebsstillegung** ist die Auflösung der zwischen Arbeitgeber und Arbeitnehmer bestehenden Betriebs- und Produktionsgemeinschaft zu verstehen, die ihre Veranlassung und zugleich ihren unmittelbaren Ausdruck darin findet, dass der Arbeitgeber die bisherige wirtschaftliche Betätigung in der ernstlichen Absicht einstellt, den bisherigen Betriebszweck dauernd oder für eine ihrer Dauer nach unbestimmte, wirtschaftlich nicht unerhebliche Zeitspanne nicht weiter zu verfolgen.[77] 75

- Bei Stilllegung einer **Betriebsabteilung** findet die Vorschrift keine Anwendung;[78] der Fall kann aber unter § 89 Abs. 1 Satz 2 SGB IX fallen.[79] 76

- Das Integrationsamt kann die **Zustimmung von der Gehaltszahlung für drei Monate anhängig** machen.[80] Die Drei-Monats-Frist läuft unabhängig von der Kündigungsfrist. 77

- Zur **Weiterbeschäftigung auf einem anderen Arbeitsplatz** siehe auch § 1 Abs. 2 Satz 2 Nr. 1. b) KSchG.[81] Der Arbeitgeber braucht für den schwerbehinderten Menschen keinen neuen Arbeitsplatz zu schaffen; er braucht auch nicht einen anderen Arbeitnehmer zu entlassen, um für den schwerbehinderten Arbeitnehmer Platz zu machen.[82] 78

bb) Einschränkung von Betrieben, § 89 Abs. 1 Satz 2 und Satz 3 SGB IX

Das Integrationsamt **soll** (Soll-Vorschrift) die Zustimmung unter den gleichen Voraussetzungen wie bei der Stilllegung im Falle der nicht nur vorübergehenden **wesentlichen Einschränkung** eines Betriebes erteilen, wenn außerdem die Gesamtzahl der weiterhin beschäftigten 79

---

[77] *BAG* 10. 10. 1996, NZA 1997, 251 ff.
[78] APS/*Vossen* § 19 SchwbG Rz 6 mwN.
[79] Siehe Rz 79 f.
[80] *BAG* 12. 7. 1990, AP § 19 SchwbG 1986 Nr. 2.
[81] Siehe § 1 KSchG, Rz 393 ff.
[82] *BVerwG* 11. 9. 1990 – 5 B 63.90 – Buchholz 436.61 § 15 SchwbG 1986 Nr. 4. Zur anderen Ansicht in der Literatur siehe APS/*Vossen* § 19 SchwbG Rz 12 mwN.

schwerbehinderten Menschen zur Erfüllung der Beschäftigungspflicht des Arbeitgebers von schwerbehinderten Menschen (§ 71 SGB IX) ausreicht (§ 89 Abs. 1 Satz 2 SGB IX).

80 Unter der **Einschränkung eines Betriebes** ist die Herabsetzung der Leistungsfähigkeit des Betriebes zu verstehen, die sowohl durch eine **Verringerung der sächlichen Betriebsmittel** als auch durch eine Einschränkung der **Zahl der beschäftigten Arbeitnehmer** und damit der personellen Leistungsfähigkeit des Betriebes bedingt sein kann.[83]

cc) Anderer Arbeitsplatz, § 89 Abs. 2 SGB IX

81 Das Integrationsamt **soll** die Zustimmung erteilen, wenn dem schwerbehinderten Menschen ein anderer angemessener und zumutbarer Arbeitsplatz gesichert ist (§ 89 Abs. 2 SGB IX).

82 Die Vorschrift erfasst vor allem die **Änderungskündigung**,[84] da in diesem Fall das Arbeitsverhältnis zwar gekündigt, gleichzeitig aber die Fortsetzung des Arbeitsverhältnisses zu anderen Bedingungen angeboten wird.

83 Sie ist aber auch auf **Beendigungskündigungen** anwendbar, wenn dem schwerbehinderten Arbeitnehmer ein angemessener und zumutbarer Arbeitsplatz bei einem **anderen Arbeitgeber**[85] gesichert ist.

84 Der andere Arbeitsplatz ist angemessen und zumutbar, wenn er hinsichtlich der Art der Tätigkeit, der Arbeitsbedingungen und der Höhe der Vergütung den Fähigkeiten, den Einsatzmöglichkeiten und der Vorbildung des schwerbehinderten Menschen entspricht.[86] Er muss nicht gleichwertig – auch nicht hinsichtlich des Gehaltes – mit dem alten Arbeitsplatz sein.[87]

dd) Arbeitgeber in der Insolvenz, § 89 Abs. 3 SGB IX

85 Besondere Regelungen trifft § 89 Abs. 3 SGB IX, wenn das Insolvenzverfahren über das Vermögen des Arbeitgebers eröffnet ist (Soll-Vorschriften).

4. Negativattest

86 Das Integrationsamt kann auch in der Form des sog. **Negativattestes** entscheiden. Wenn der Arbeitgeber die Zustimmung zur Kündigung

---

[83] *BAG* 28. 4. 1993, NZA 1993, 1142.
[84] Siehe die Kommentierung zu § 2 KSchG.
[85] *BVerwG* 12. 1. 1966, AP § 18 SchwBeschG Nr. 6.
[86] *BVerwG* a. a. O.
[87] *BVerwG* a. a. O.

beantragt, hat die Behörde per Negativattest zu bescheiden, wenn sie eine Zustimmung zur Kündigung für nicht erforderlich hält, **zB** weil keine Schwerbehinderteneigenschaft vorliegt, der Sonderkündigungsschutz verwirkt ist, eine Ausnahme vom Sonderkündigungsschutz nach § 90 SGB IX vorliegt etc.

Das Negativattest beseitigt dann die Kündigungssperre[88] der §§ 85 ff. SGB IX, und eine Kündigung kann ausgesprochen werden. 87

VI. Rechtsbehelfe

Im Rahmen des Sonderkündigungsschutzes treffen das Versorgungsamt, das Integrationsamt und der Arbeitgeber Entscheidungen, die mit drei Arten von Rechtsbehelfen auf verschiedenen Rechtswegen angegriffen werden können. 88

1. Entscheidung des Versorgungsamtes

a) Gegenstand der Entscheidung

Das Versorgungsamt entscheidet auf Antrag des schwerbehinderten Menschen gemäß § 69 Abs. 1 SGB IX über das Vorliegen einer Schwerbehinderung. Die Arbeitsgerichte sind an die Feststellung des Versorgungsamtes gebunden.[89] 89

Das Versorgungsamt ist auch für die Feststellung der **Verringerung** des Grades der Behinderung zuständig, welche den Sonderkündigungsschutz für schwerbehinderte Menschen zum **Erlöschen** bringt, wenn keine Gleichstellung erfolgt. 90

b) Form der Entscheidung

Die Behörde entscheidet in Form eines **Verwaltungsaktes**. 91

c) Rechtsweg

Lehnt das Versorgungsamt die Feststellung der Schwerbehinderung ab, kann der **Antragsteller** gegen diesen Verwaltungsakt zunächst **Widerspruch** einlegen und dann vor den Sozialgerichten gegen das Versorgungsamt **klagen**. Die rechtskräftige Entscheidung eines Sozialgerichtes ist bindend für die Arbeitsgerichte.[90] 92

---

88 *BAG* 27. 5. 1983, EzA § 12 SchwbG Nr. 12.
89 KR/*Etzel* Vor §§ 85-92 SGB IX Rz 9.
90 KR/*Etzel* Vor §§ 85-92 SGB IX Rz 12.

93 Der **Arbeitgeber** kann nicht gegen den Bescheid des Versorgungsamtes vorgehen.[91]

2. Entscheidung des Integrationsamts

a) Gegenstand der Entscheidung

94 Das Integrationsamt entscheidet auf Antrag des Arbeitgebers über die **Zustimmung** zur Kündigung des Arbeitverhältnisses eines Arbeitnehmers.

95 Das Integrationsamt kann auch entscheiden, wenn die Schwerbehinderteneigenschaft zwar beantragt, aber **noch nicht festgestellt** ist. Eine solche Entscheidung ist ein vorsorglicher Verwaltungsakt, dem der **Vorbehalt** immanent ist, dass das Verfahren vor dem Versorgungsamt zu einer Feststellung der Schwerbehinderteneigenschaft führt.[92] Das Amt hat auch die Möglichkeit, das Verfahren bis zur rechtskräftigen Entscheidung des Versorgungsamtes **auszusetzen**.[93]

96 Die Arbeitsgerichte sind an die Feststellung des Integrationsamts gebunden.[94] Ihnen obliegt nur die Kontrolle, ob ein nichtiger Verwaltungsakt vorliegt.[95]

b) Form der Entscheidung

97 Die Behörde entscheidet in Form eines Verwaltungsaktes. Es handelt sich um einen Verwaltungsakt mit Doppelwirkung[96] (Wirkung für Arbeitnehmer und Arbeitgeber).

c) Rechtsweg

98 Der **Arbeitnehmer** kann gegen die Zustimmung zur Kündigung durch das Integrationsamts (oder gegen das Negativattest[97]) Widerspruch einlegen und – falls dieser erfolglos bleibt – vor den Verwaltungsgerichten Klage erheben.

99 Der **Arbeitgeber** kann gegen die Verweigerung der Zustimmung zur Kündigung durch das Integrationsamt nach erfolglosem Widerspruchsverfahren Verpflichtungsklage zum Verwaltungsgericht erheben.

---

91 *BSG* 22.10.1986, EzA § 3 SchwbG Nr. 1.
92 *BVerwG* 15.12.1988, EzA § 15 SchwbG 1986 Nr. 6.
93 KR/*Etzel* §§ 85-90 SGB IX Rz 55 und 80.
94 *BAG* 25.11.1980, EzA § 12 SchwbG Nr. 7.
95 *BAG* a.a.O.
96 APS/*Vossen* § 15 SchwbG Rz 37.
97 Siehe Rz 86 f.

3. Ausspruch der Kündigung durch den Arbeitgeber

Der Arbeitnehmer kann gegen die Kündigung des Arbeitgebers Klage vor den **Arbeitsgerichten** erheben.[98]   **100**

4. Wechselwirkungen zwischen den Verfahren

Auf ein **langwieriges Verfahren** muss man sich einstellen, wenn das Integrationsamt nur durch vorsorglichen Verwaltungsakt entscheiden kann, da die Entscheidung des Versorgungsamtes über das Vorliegen der Schwerbehinderung noch nicht rechtskräftig ist, oder Arbeitnehmer oder Arbeitgeber gegen die Entscheidung des Integrationsamts vorgehen.   **101**

Widerspruch und Anfechtungsklage gegen die Zustimmung des Integrationsamts haben **keine aufschiebende Wirkung** (§ 88 Abs. 4 SGB IX). Der **Arbeitgeber** kann und muss (zur Fristwahrung) daher nach Erteilung der Zustimmung die Kündigung aussprechen, auch wenn der Arbeitnehmer noch gegen die Zustimmung vorgeht. Die Kündigung ist innerhalb der Fristen (ein Monat bei der ordentlichen Kündigung, § 88 Abs. 3 SGB IX; zwei Wochen bzw. unverzüglich bei der außerordentlichen Kündigung, § 91 Abs. 5 SGB IX) auszusprechen.   **102**

Auf Grund der Klagefrist des § 4 KSchG[99] hat der **Arbeitnehmer** auch bereits Klage gegen die Kündigung zu erheben, obwohl die Verfahren vor den Behörden noch nicht abgeschlossen sind.   **103**

Das Arbeitsgericht wird der Klage stattgeben, wenn die Kündigung bereits aus anderen Gründen unwirksam ist. Kommt es aber auf den Sonderkündigungsschutz für schwerbehinderte Menschen an, hat das Arbeitsgericht über die **Aussetzung** des Verfahrens gemäß § 148 ZPO zu entscheiden. In der Praxis erfolgt die Aussetzung **regelmäßig.**   **104**

▶ Hinweis:

Ein verwaltungsgerichtliches Verfahren kann Jahre dauern, in denen der Arbeitgeber aus Annahmeverzugsgründen[100] zur Fortzahlung des Gehaltes verpflichtet sein kann, wenn die Zustimmung letztendlich rechtskräftig abgelehnt wird und sich die Kündigung als unwirksam erweist, was ein erhebliches Risiko für den Arbeitgeber bedeutet.

---

98 Siehe hierzu, insbesondere zur Klagefrist Rz 35 ff.
99 Siehe Rz 36.
100 So auch KR/*Etzel* §§ 85-90 SGB IX Rz 107.

VII. Außerordentliche Kündigung, § 91 SGB IX

1. Überblick

105 Eine außerordentliche Kündigung (§ 626 Abs. 1 BGB) ist eine Kündigung, die aus **wichtigem Grund** ohne Einhaltung einer Kündigungsfrist oder mit sozialer Auslauffrist[101] (letzteres vor allem bei Arbeitnehmern, die tariflich ordentlich unkündbar sind) erklärt wird. Auch eine außerordentliche Änderungskündigung fällt unter den Anwendungsbereich der §§ 85 ff. SGB IX.[102]

106 Eine außerordentliche Kündigung kann nur **innerhalb von zwei Wochen** nach Kenntnisnahme vom wichtigen Grund erklärt werden (§ 626 Abs. 2 Satz 1 BGB).

107 Die außerordentliche Kündigung des Arbeitsverhältnisses mit einem schwerbehinderten Menschen ist in § 91 SGB IX geregelt. Sie ist wirksam, wenn der Arbeitgeber vor Ausspruch der Kündigung die **Zustimmung des Integrationsamts** fristgerecht eingeholt hat, die **Kündigung fristgerecht** erklärt wurde und ein **wichtiger Grund** im Sinne des § 626 Abs. 1 BGB vorliegt.

2. Grundsatz, § 91 Abs. 1 SGB IX

108 Die Vorschriften zum Sonderkündigungsschutz von schwerbehinderten Menschen (gemeint sind die §§ 85–90 SGB IX) gelten mit Ausnahme von § 86 SGB IX (Kündigungsfrist von mindestens vier Wochen) auch bei der außerordentlichen Kündigung durch den Arbeitgeber, **soweit** sich aus den folgend dargestellten Absätzen zwei bis sechs des § 91 SGB IX nichts **Abweichendes** ergibt.

109 Auch die von der Rechtsprechung entwickelten Grundsätze über den **Antrag** auf Feststellung der Schwerbehinderung vor Kündigung und die **Mitteilungspflicht des Arbeitnehmers** gegenüber dem Arbeitgeber innerhalb der **Regelfrist von einem Monat ab Zugang der Kündigung**[103] gelten entsprechend.[104] Hat der Arbeitgeber bei Ausspruch einer außerordentlichen Kündigung also keine Kenntnis davon, dass der Arbeitnehmer vor der Kündigung die Feststellung seiner Schwer-

---

101 *BAG* 12. 8. 1999, AP § 21 SchwbG 1986 Nr. 7.
102 ErfK/*Rolfs* § 91 SGB IX Rz 2.
103 Siehe Rz 20 ff.
104 *BAG* 14. 5. 1982, EzA § 18 SchwbG Nr. 5. Das Schrifttum fordert teils eine unverzügliche, teils eine zweiwöchige Mitteilungsfrist für den Arbeitnehmer, siehe zum Streitstand APS/*Vossen* § 21 SchwbG Rz 3 und KR/*Etzel* § 91 SGB IX Rz 4 ff.

behinderteneigenschaft beantragt hatte oder dass diese Feststellung bereits getroffen war, greift der besondere Kündigungsschutz nur dann ein, wenn der Arbeitnehmer dem Arbeitgeber innerhalb einer Regelfrist von einem Monat seine bereits festgestellte oder beantragte Schwerbehinderteneigenschaft mitteilt.[105]

3. Frist für den Zustimmungsantrag des Arbeitgebers, § 91 Abs. 2 SGB IX

a) Grundsatz

Anders als bei der ordentlichen Kündigung kann die Zustimmung zur außerordentlichen Kündigung nur innerhalb von **zwei Wochen** bei dem zuständigen Integrationsamt beantragt werden. Maßgebend ist der **Eingang** des Antrages bei dem Integrationsamt. Die Frist beginnt mit dem Zeitpunkt, in dem der **Arbeitgeber** von den für die Kündigung maßgebenden Tatsachen **Kenntnis** erlangt.

110

b) Fristbeginn

Die zu § 626 Abs. 2 BGB in der Rechtsprechung entwickelten Grundsätze gelten entsprechend. Nach der Rechtsprechung des BAG beginnt die Ausschlussfrist, sobald der zur Kündigung Berechtigte so zuverlässige und **vollständige Kenntnis** vom Kündigungssachverhalt hat, dass ihm eine Entscheidung darüber, ob die Fortsetzung des Arbeitsverhältnisses für ihn zumutbar ist, möglich ist.[106] Zu den Kündigungstatsachen gehört auch die **Schwerbehinderteneigenschaft** des Arbeitnehmers.[107]

111

Hat der Arbeitgeber in Unkenntnis der festgestellten oder beantragten Schwerbehinderteneigenschaft eine außerordentliche Kündigung ausgesprochen, ist diese wegen Verstoßes gegen § 91 Abs. 1 iVm § 85 SGB IX unwirksam. Wie bereits dargestellt, ist der Arbeitnehmer verpflichtet, innerhalb der Regelfrist von einem Monat den Arbeitgeber über die beantragte oder festgestellte Schwerbehinderteneigenschaft zu informieren. Von dieser Mitteilung des Arbeitnehmers an läuft dann eine **neue Zwei-Wochen-Frist** im Sinne des § 91 Abs. 2 SGB IX, um die **Zustimmung** bei dem Integrationsamt zu einer außerordentlichen Kündigung zu beantragen.[108]

112

---

105 *BAG* a. a. O.
106 *BAG* 6. 7. 1972, DB 1972, 2119.
107 *BAG* 14. 5. 1982, EzA § 18 SchwbG Nr. 5.
108 KR/*Etzel* § 91 SGB IX Rz 9.

113 Der Arbeitgeber wahrt dadurch auch die Zwei-Wochen-Frist des § 626 Abs. 2 BGB für solche Kündigungsgründe, die im Zeitpunkt der ersten (unwirksamen) Kündigung noch nicht verfristet waren.[109]

114 Hat der Arbeitgeber, der eine außerordentliche Kündigung gegenüber seinem Arbeitnehmer beabsichtigt, von einem Antrag des Arbeitnehmers auf Feststellung der Schwerbehinderteneigenschaft Kenntnis erlangt und kündigt er daher nicht innerhalb der Frist des § 626 Abs. 2 BGB, sondern beantragt innerhalb der Frist des § 91 Abs. 2 SGB IX die Zustimmung des Integrationsamts, so darf sich der Arbeitnehmer nach Treu und Glauben auch dann nicht auf die Versäumnis der Frist des § 626 Abs. 2 BGB berufen, wenn er tatsächlich nicht schwerbehindert war und es deshalb der Zustimmung des Integrationsamts nicht bedurfte.[110]

115 Hinsichtlich der **Form** des Antrages und der zuständigen Behörde gilt § 87 SGB IX. Der Arbeitgeber hat erkennbar zum Ausdruck zu bringen, dass er eine außerordentliche Kündigung aussprechen möchte.

4. Frist für die Entscheidung des Integrationsamtes, § 91 Abs. 3 SGB IX

a) Grundsatz

116 Das Integrationsamt hat die abschließende Entscheidung innerhalb von **zwei Wochen** vom Tage des Eingangs des Antrages an zu treffen (Muss-Vorschrift). Das Integrationsamt ist nicht befugt, die Frist zu verlängern.[111] Wird innerhalb dieser Frist die Entscheidung nicht getroffen, gilt die Zustimmung als erteilt (Zustimmungsfiktion).

b) Rechtsprechung des BAG

117 • Die Zustimmungsfiktion greift nach dem BAG[112] nicht ein, wenn das Integrationsamt die ablehnende Entscheidung innerhalb dieser Frist **zur Post gegeben** hat; nicht erforderlich ist also, dass sie dem Arbeitgeber innerhalb der Frist auch zugeht.

▶ Praxistipp:

Der Arbeitgeber sollte sich sowohl frühzeitig nach dem Eingang seines Antrages als auch erneut nach Ablauf von zwei Wochen

---

109 KR/*Etzel* § 91 SGB IX Rz 9.
110 *BAG* 27. 2. 1987, EzA § 626 BGB Ausschlussfrist Nr. 1.
111 Anders die Soll-Vorschrift bei der ordentlichen Kündigung, siehe Rz 61.
112 *BAG* 9. 2. 1994, AP § 21 SchwbG 1986 Nr. 3.

nach Antragseingang über eine eventuelle Entscheidung beim Integrationsamt telefonisch erkundigen.

- Stimmt das Integrationsamt der außerordentlichen Kündigung eines schwerbehinderten Menschen zu, so kann der Arbeitgeber die Kündigung zumindest dann erklären, wenn das Integrationsamt ihm seine Entscheidung innerhalb der Zwei-Wochen-Frist **mündlich oder fernmündlich bekannt gegeben** hat.[113] Er muss also nicht auf den förmlichen Bescheid warten, darf dies unter Umständen auch gar nicht.[114] Anderes gilt bei der ordentlichen Kündigung.[115]

118

5. Ermessensspielraum des Integrationsamtes, § 91 Abs. 4 SGB IX

Das Integrationsamt **soll** die Zustimmung erteilen, wenn die Kündigung aus einem Grunde erfolgt, der nicht im Zusammenhang mit der Behinderung steht.

119

Aus dieser Vorschrift folgt eine Einschränkung des Ermessens des Integrationsamts. Das BVerwG[116] formuliert, dass, erfolgt die außerordentliche Kündigung des Arbeitsverhältnisses eines schwerbehinderten Menschen aus einem Grunde, der nicht mit der Behinderung in Zusammenhang steht, nach der Soll-Vorschrift des § 91 Abs. 4 SGB IX das Integrationsamt die **Zustimmung im Regelfall zu erteilen hat**. Nur bei Vorliegen von Umständen, die den Fall als **atypischen** erscheinen lassen, darf das Integrationsamt nach pflichtgemäßem Ermessen entscheiden.

120

Ob ein **atypischer Fall** vorliegt, ist von den Gerichten zu überprüfen und zu entscheiden. Ein atypischer Fall liegt vor, wenn die außerordentliche Kündigung den Schwerbehinderten in einer die Zwecke des Schwerbehindertenschutzes berührenden Weise besonders hart trifft und ihm ein Sonderopfer abverlangt.[117]

121

Das Integrationsamt hat **nicht** über das Vorliegen eines **wichtigen Grundes** im Sinne von § 626 Abs. 1 BGB zu urteilen.[118] Dies gilt auch für die anderen Wirksamkeitsvoraussetzungen der Kündigung. Deren

122

---

113 *BAG* 15. 11. 1990, AP § 21 SchwbG 1986 Nr. 6.
114 Siehe Rz 129.
115 Siehe Rz 64.
116 *BVerwG* 2. 7. 1992, AP § 21 SchwbG 1986 Nr. 1.
117 *BVerwG* a. a. O.
118 *BVerwG* a. a. O.

Prüfung obliegt allein den Arbeitsgerichten. Offen geblieben ist bislang allerdings, ob dies auch gilt, wenn ein Grund für eine außerordentliche Kündigung **offenkundig** fehlt.[119]

123 Stehen Kündigungsgründe und Behinderung dagegen in einem **Zusammenhang**, entscheidet das Integrationsamt nach pflichtgemäßem Ermessen.

124 Beispiele[120] für die Annahme eines Zusammenhangs sind Beleidigungen durch Hirnverletzte, unsittliche Belästigung durch Hirnverletzte, häufiges Fehlen. Zur Klärung eines Zusammenhangs kann das Integrationsamt einen Sachverständigen hinzuziehen.

125 Die Beweislast für den fehlenden Zusammenhang liegt beim Arbeitgeber.[121]

6. Kündigungserklärungsfrist, § 91 Abs. 5 SGB IX iVm § 626 Abs. 2 Satz 1 BGB

a) Grundsatz des § 626 Abs. 2 Satz 1 BGB

126 § 626 Abs. 2 Satz 1 BGB sieht vor, dass eine außerordentliche Kündigung nur innerhalb von **zwei Wochen** erfolgen kann. Diese Ausschlussfrist beginnt, sobald der zur Kündigung Berechtigte so zuverlässige und vollständige Kenntnis vom Kündigungssachverhalt hat, dass ihm eine Entscheidung darüber, ob die Fortsetzung des Arbeitsverhältnisses für ihn zumutbar ist, möglich ist.[122] Bei **Dauertatbeständen** (zB anhaltendes unerlaubtes Fehlen am Arbeitsplatz) beginnt die Ausschlussfrist mit dem letzten Vorfall, der ein Glied in der Kette von Ereignissen bildet, die zum Anlass für die außerordentliche Kündigung genommen werden.[123]

---

119 In der Literatur ist diese Frage umstritten. Gegen Berücksichtigung sprechen sich ErfK/*Rolfs* § 91 SGB IX Rz 6 und (nicht eindeutig) APS/*Vossen* § 21 SchwbG Rz 18 (mwN zur Rechtsprechung der Instanzen); dafür KR/*Etzel* § 91 SGB IX Rz 20. Die erster Ansicht ist vorzugswürdig, da konsequent und die Definition, wann ein offenkundig fehlender Kündigungsgrund anzunehmen ist, nur zu weiteren Abgrenzungsschwierigkeiten führen würde.
120 APS/*Vossen* § 21 SchwbG Rz 20.
121 APS/*Vossen* § 21 SchwbG Rz 20; KR/*Etzel* § 85-90 SGB IX Rz 21.
122 *BAG* 6. 7. 1972, DB 1972, 2119.
123 Grundsatzentscheidung: *BAG* 10. 4. 1975, DB 1975, 1656.

b) Grundsatz des § 91 Abs. 5 SGB IX

Die Kündigung des Arbeitsverhältnisses mit einem schwerbehinderten Menschen kann auch **nach** Ablauf dieser Zwei-Wochen-Frist des § 626 Abs. 2 Satz 1 BGB erfolgen, wenn sie **unverzüglich** nach Erteilung der Zustimmung durch das Integrationsamt erklärt wird. 127

c) Rechtsprechung des BAG zu § 91 Abs. 5 SGB IX iVm § 626 Abs. 2 Satz 1 BGB

- Bei der Unverzüglichkeit kommt es auf den **Zugang** der Kündigung an.[124] Unverzüglich bedeutet ohne schuldhaftes Zögern (§ 121 Abs. 1 BGB). Geht das Kündigungsschreiben dem Arbeitnehmer erst knapp **zwei Wochen** nach Zustimmung des Integrationsamts zu, ist die Frist des § 91 Abs. 5 SGB IX regelmäßig **nicht** gewahrt. Da das Gesetz bewusst keine Nachfrist gesetzt hat, ist die fast erneute Ausschöpfung der Zwei-Wochen-Frist des § 626 Abs. 2 Satz 1 BGB nicht angemessen.[125] 128

- Die Kündigungserklärungsfrist[126] beginnt mit der **Bekanntgabe** der Entscheidung, wobei eine telephonische oder mündliche Auskunft des Integrationsamts ausreichend ist.[127] 129

- Liegt die Zustimmung des Integrationsamtes zu einer außerordentlichen Kündigung eines schwerbehinderten Menschen aber bereits **vor** Ablauf der Zwei-Wochen-Frist des § 626 Abs. 2 Satz 1 BGB vor, so kann der Arbeitgeber nach neuer Ansicht des BAG[128] diese Kündigungserklärungsfrist **voll ausschöpfen** und muss nicht unverzüglich kündigen. 130

- Auch bei einem **Dauertatbestand** greift § 91 Abs. 5 SGB IX nicht, wenn der Lauf der Frist des § 626 Abs. 2 Satz 1 BGB noch nicht einmal begonnen hat.[129] 131

---

124 *BAG* 7. 11. 2002, NZA 2003, 719, 723.
125 *BAG* a. a. O.
126 Zur ordentlichen Kündigung siehe Rz 64.
127 *BAG* 15. 11. 1990, AP § 21 SchwBG 1986 Nr. 6. Anderes gilt bei der ordentlichen Kündigung.
128 *BAG* 15. 11. 2001, NZA 2002, 970 ff. Damit wird die bisherige Rechtsprechung des BAG, nach der die Kündigung auch unverzüglich ausgesprochen werden sollte, wenn die Zustimmung vor Ablauf der Zwei-Wochen-Frist erteilt wurde, aufgegeben, denn § 91 Abs. 5 SGB IX soll die Vorschrift des § 626 Abs. 2 Satz 1 BGB nur für den Fall ergänzen, dass die Zwei-Wochen-Frist bereits abgelaufen ist, trifft aber keine Aussage über die Frist für den Fall, dass die Zustimmung vor Ablauf der Zwei-Wochen-Frist erteilt wird, kann also insbesondere diese Frist nicht auch noch verkürzen. Danach auch *BAG* 7. 11. 2002, NZA 2003, 719 ff.
129 *BAG* 7. 11. 2002, NZA 2003, 719, 723.

132 ● Ein Arbeitnehmer, der aus dem Verfahren vor dem Integrationsamt weiß, dass ihm eine fristlose Kündigung zugehen wird, kann sich je nach den Umständen **nach Treu und Glauben** auf einen verspäteten Zugang des Kündigungsschreibens **nicht** berufen, wenn er dieses nicht oder nicht zeitnah bei der Poststelle abgeholt hat, obwohl ihm ein Benachrichtigungsschreiben der Post zugegangen ist, auch wenn der Zugang der Kündigung grundsätzlich erst durch Aushändigung des Schreibens erfolgt.[130]

> ▶ Praxistipp:
>
> Der Arbeitgeber sollte sich sowohl frühzeitig nach dem Eingang seines Antrages als auch erneut nach Ablauf von zwei Wochen nach Antragseingang über eine eventuelle Entscheidung beim Integrationsamt erkundigen, um einerseits den Beginn der Frist bestimmen zu können und andererseits über das Eingreifen der Fiktion informiert zu sein, damit er unverzüglich reagieren kann.
>
> Vorsorglich kann der Arbeitgeber auch zweimal kündigen, einmal unmittelbar nach Ablauf der Zwei-Wochen-Frist und vorsorglich nach Zustellung eines Zustimmungsbescheides des Integrationsamts[131].

133 ● Das Unverzüglichkeitserfordernis gilt auch bei Erteilung eines **Negativattestes**.[132]

7. Streik- und Aussperrungskündigung, § 91 Abs. 6 SGB IX

134 Schwerbehinderte Menschen, denen lediglich aus Anlass eines Streiks oder einer Aussperrung fristlos gekündigt worden ist, werden nach Beendigung des Streiks oder der Aussperrung wieder eingestellt.

135 Die Vorschrift hat kaum noch eine Bedeutung, da eine das Arbeitsverhältnis lösende Aussperrung praktisch nicht mehr zulässig ist.

VIII. Erweiterter Beendigungsschutz, § 92 SGB IX

136 § 92 SGB IX erweitert den Schutz des schwerbehinderten Menschen auf **Fälle ohne Kündigung.** Die Regelung sieht vor, dass die Beendigung

---
130 *BAG* 7. 11. 2002, NZA 2003, 719, 723.
131 KR/*Etzel* § 91 SGB IX Rz 30b.
132 *BAG* 27. 5. 1983, EzA § 12 SchwbG Rz 12.

des Arbeitsverhältnisses eines schwerbehinderten Menschen auch ohne Kündigung der **vorherigen** Zustimmung des Integrationsamtes bedarf, wenn sie im Falle des Eintritts einer **teilweisen Erwerbsminderung,** der **Erwerbsminderung auf Zeit,** der **Berufsunfähigkeit** oder der **Erwerbsunfähigkeit auf Zeit** erfolgt. Die Vorschriften über die Zustimmung zur ordentlichen Kündigung gelten dann entsprechend wie auch die von der Rechtsprechung entwickelten Grundsätze über den Antrag auf Feststellung der Schwerbehinderung vor Kündigung und die Mitteilungspflicht des Arbeitnehmers gegenüber dem Arbeitgeber innerhalb der Regelfrist von einem Monat.[133]

IX. Beteiligung des Betriebsrates

1. Ordentliche Kündigung

Die Beteiligung des Betriebsrates kann vor, während oder nach dem Zustimmungsverfahren erfolgen. Hat der Arbeitgeber den Betriebsrat **vor** Beginn oder während des Zustimmungsverfahrens angehört, ist eine erneute Anhörung des Betriebsrates entbehrlich, wenn sich der Sachverhalt nicht verändert hat; dies gilt selbst dann, wenn die Zustimmung erst nach jahrelangen verwaltungsgerichtlichen Verfahren erteilt wird.[134] **137**

Sofern die Betriebsratsanhörung **nach** dem Zustimmungsverfahren erfolgt, muss dies innerhalb der **Monatsfrist** des § 88 Abs. 3 SGB IX erfolgen.[135] **138**

2. Außerordentliche Kündigung

Der Arbeitgeber kann das Verfahren der Anhörung des Betriebsrates zu einer beabsichtigten außerordentlichen Kündigung eines schwerbehinderten Menschen **auch nach** dem Ende des **Zustimmungsverfahrens** oder dem Eintreten der Zustimmungsfiktion einleiten. In diesem Fall muss der Arbeitgeber jedoch, soweit keine besonderen Hinderungsgründe entgegenstehen, **sofort nach Bekanntgabe** der Zustimmungsentscheidung oder Eingreifen der Fiktion das Anhörungsverfahren einleiten und sofort nach Eingang der Stellungnahme des **139**

---

133 *BAG* 28. 6. 1995, NZA 1996, 374 ff. Siehe auch Rz 14 ff.
134 Für die außerordentliche Kündigung *BAG* 18. 5. 1994, AP § 21 SchwbG 1986 Nr. 5.
135 APS/*Vossen* § 18 SchwbG Rz 9.

Betriebsrates oder des Eingreifens der Fiktion der Zustimmung nach drei Tagen (§ 102 Abs. 2 Satz 2 und 3 BetrVG) die Kündigung erklären.[136]

140 Hat der Arbeitgeber **vor** Einschaltung des Integrationsamts den Betriebsrat zur fristlosen Kündigung angehört, so ist bei unverändertem Sachverhalt eine erneute Anhörung des Betriebsrates entbehrlich, auch wenn die Zustimmung des Integrationsamts erst nach einem jahrelangen verwaltungsgerichtlichen Verfahren erteilt wird.[137]

X. Anhörung der Schwerbehindertenvertretung, § 84 SGB IX

141 § 84 Abs. 1 SGB IX schreibt vor, dass der Arbeitgeber bei Eintreten von personen-, verhaltens- oder betriebsbedingten Schwierigkeiten im Arbeits- oder sonstigen Beschäftigungsverhältnis, die zur Gefährdung dieses Verhältnisses führen können, möglichst frühzeitig die Schwerbehindertenvertretung, Betriebsrat, Personalrat etc. (siehe § 93 SGB IX) sowie das Integrationsamt einzuschalten hat, um mit ihnen alle Möglichkeiten und alle zur Verfügung stehenden Hilfen zur Beratung und mögliche finanzielle Leistungen zu erörtern, mit denen die Schwierigkeiten beseitigt werden können und das Arbeits- oder sonstige Beschäftigungsverhältnis möglichst dauerhaft fortgesetzt werden kann.

142 Die Vorschrift enthält **keine Sanktion**, so dass keine unmittelbaren Folgen bei Nichteinhaltung zu erwarten sind. Allerdings sind **mittelbare Folgen** vorstellbar, wenn im Verfahren vor dem Integrationsamt und im Kündigungsschutzprozess deutlich wird, dass eine Kündigung hätte vermieden werden können, wären rechtzeitig Abwehrmaßnahmen getroffen worden, denn dann fehlt es möglicherweise an der Rechtfertigung der Kündigung. Praktisch wird dies aber eher selten der Fall sein.

143 § 95 Abs. 2 SGB IX sieht allerdings die Information und Anhörung der Schwerbehindertenvertretung vor einer Entscheidung des Arbeitgebers vor. Nach § 156 Abs. 1 Nr. 9 SGB IX handelt der Arbeitgeber **ordnungswidrig**, wenn er diese Obliegenheit vorsätzlich oder fahrlässig verletzt.

C. Benachteiligungsverbot, § 81 Abs. 2 SGB IX

144 § 81 Abs. 2 SGB IX beinhaltet ein umfassendes **Benachteiligungsverbot**, welches ausdrücklich auch die Kündigung erfasst. Eine Kündi-

---
136 *BAG* 3. 7. 1980, AP § 18 SchwbG Nr. 2.
137 *BAG* 18. 5. 1994, AP § 21 SchwbG 1986 Nr. 5.

gung, die gegen das Benachteiligungsverbot verstößt, ist gemäß § 134 BGB nichtig. In weiten Teilen wird der Anwendungsbereich des § 81 Abs. 2 SGB IX in Bezug auf die Kündigung von den §§ 85–92 SGB IX überlagert. Da der Sonderkündigungsschutz der §§ 85 ff SGB IX aber erst eingreift, wenn das Arbeitsverhältnis zum Zeitpunkt des Zugangs der Kündigung länger als sechs Monate besteht (§ 90 Abs. 1 Nr. 1 SGB IX), verbleibt ein wichtiger Anwendungsbereich in den **ersten sechs Monaten** des Arbeitsverhältnisses, in denen weder die §§ 85 ff SGB IX noch das Kündigungsschutzgesetz anwendbar sind.

Der Arbeitgeber trägt die **Beweislast** für den sachlichen Grund einer Ungleichbehandlung, wenn der schwerbehinderte Mensch im Streitfall Tatsachen glaubhaft macht, die eine Benachteiligung wegen der Behinderung vermuten lassen (§ 81 Abs. 2 Nr. 1 Satz 3 SGB IX). 145

D. Anhang: Beispielantrag auf Zustimmung nach § 85 SGB IX an das Integrationsamt der Regierung der Oberpfalz[138] (mit freundlicher Genehmigung der Regierung der Oberpfalz) 146

---

138 Siehe auch Praxistipp, Rz 56.

Sonderkündigungsschutz von schwerbehindeten Menschen

2-seitiger Vordruck

Bezeichnung und Anschrift des Arbeitgebers	Für Rückfragen steht zur Verfügung:
	Telefonisch erreichbar
⌈ ⌉	Telefax
Regierung der Oberpfalz - Integrationsamt - 93039 Regensburg	Aktenzeichen 610.2 - 6122 - **Bitte beachten:** Eine Kündigung ist erst zulässig, wenn die Zustimmung des Integrationsamtes vorliegt. Zutreffendes bitte ☒ ankreuzen oder ausfüllen.
⌊ ⌋	

Antrag auf Zustimmung gemäß §§ 85 ff Sozialgesetzbuch Buch IX (SGB IX) zur beabsichtigten

☐ **ordentlichen Kündigung** ☐ **außerordentlichen Kündigung** ☐ **Änderungskündigung**

☐ **sonstigen Beendigung des Arbeitsverhältnisses**
(z.B. wegen tarifrechtlicher Regelung in den Fällen der Gewährung von teilweiser Erwerbsminderungsrente oder Erwerbsminderungsrente auf Zeit)

1 Angaben zum schwerbehinderten Menschen

Name, Vorname		Geburtsdatum

Anschrift (Straße, Hs.Nr., PLZ, Wohnort)

Familienstand	Zahl der zu unterhaltenden Kinder	Telefonnummer

Grad der Behinderung
☐ schwerbehindert mit einem Grad von   (bitte Kopie des Ausweises beigeben)   ☐ einem schwerbehinderten Menschen gleichgestellt

☐ hat erst am _____ Antrag auf Feststellung beim zuständigen Versorgungsamt gestellt.

Datum und Aktenzeichen
☐ des Schwerbehindertenausweises   ☐ des Feststellungsbescheides   ☐ des Gleichstellungsbescheides

Ausstellungsbehörde

Beschreibung der Behinderung (soweit bekannt)

2 Beschäftigungsverhältnis

☐ Angestellte(r) ☐ Arbeiterin/Arbeiter	beschäftigt seit	Arbeitsentgelt (brutto) wöchentlich	EUR	monatlich	EUR

Art der Tätigkeit

Kündigung

vorgesehen zum	Kündigungsfrist	Ein geltender Tarifvertrag ist vorhanden ☐ nein ☐ ja,

Die ordentliche Kündigung ist durch Tarifvertrag ausgeschlossen   ☐ nein   ☐ ja

3 Sozialleistungen des Betriebes

Eine betriebliche Altersversorgung wird gewährt   ☐ nein   ☐ ja

☐ Die Anwartschaft ist unverfallbar.   ☐ Die Anwartschaft wäre ab _____ unverfallbar.

Andere betriebliche Leistungen zur Kündigung (z.B. Sozialplan)

RegOpf **610-062** (06.2003)

4 Angaben zum Betrieb des Arbeitgebers

Das Unternehmen besteht aus ☐ einer Betriebsstätte. ☐ mehreren Betriebsstätten.

Betriebsstätte, in der die/der Schwerbehinderte beschäftigt ist
☐ selbständige Betriebsstätte ☐ unselbständige Betriebsstätte

Bezeichnung der Betriebsstätte/Anschrift

Die Einstellung bzw. der Arbeitsplatz des schwerbehinderten Menschen wurde mit öffentlichen Mitteln gefördert (z.B. Sonderprogramm)

☐ nein ☐ ja, durch

Anzahl der Arbeitnehmer im Beschäftigungsbetrieb des schwerbehinderten Menschen

insgesamt	davon **Angestellte**	männlich	weiblich	schwerbehindert
	davon **Arbeiter**	männlich	weiblich	schwerbehindert

		wieviele	Anzahl der schwerbehinderten Menschen
Sind weitere Entlassungen beabsichtigt?	☐ Nein ☐ Ja		

Ein Betriebsrat ist vorhanden

☐ nein ☐ ja	Name der/des Vorsitzenden	Telefonnummer

Eine Schwerbehindertenvertretung ist vorhanden

☐ nein ☐ ja	Name	Telefonnummer

5 Begründung der beabsichtigten Kündigung (wenn nötig, bitte auf ein beigefügtes Ergänzungsblatt)

_____   _____
Ort, Datum   Unterschrift

Sonderkündigungsschutz nach § 9 MuSchG*

§ 9 Kündigungsverbot

(1) ¹Die Kündigung gegenüber einer Frau während der Schwangerschaft und bis zum Ablauf von vier Monaten nach der Entbindung ist unzulässig, wenn dem Arbeitgeber zur Zeit der Kündigung die Schwangerschaft oder Entbindung bekannt war oder innerhalb zweier Wochen nach Zugang der Kündigung mitgeteilt wird; das Überschreiten dieser Frist ist unschädlich, wenn es auf einem von der Frau nicht zu vertretenden Grund beruht und die Mitteilung unverzüglich nachgeholt wird. ²Die Vorschrift des Satzes 1 gilt für Frauen, die den in Heimarbeit Beschäftigten gleichgestellt sind, nur, wenn sich die Gleichstellung auch auf den Neunten Abschnitt – Kündigung – des Heimarbeitsgesetzes vom 14. März 1951 (BGBl. I S. 191) erstreckt.

(2) Kündigt eine schwangere Frau, gilt § 5 Abs. 1 Satz 3 entsprechend.

(3) ¹Die für den Arbeitsschutz zuständige oberste Landesbehörde oder die von ihr bestimmte Stelle kann in besonderen Fällen, die nicht mit dem Zustand einer Frau während der Schwangerschaft oder ihrer Lage bis zum Ablauf von vier Monaten nach der Entbindung in Zusammenhang stehen, ausnahmsweise die Kündigung für zulässig erklären. ²Die Kündigung bedarf der schriftlichen Form und sie muss den zulässigen Kündigungsgrund angeben.

(4) In Heimarbeit Beschäftigte und ihnen Gleichgestellte dürfen während der Schwangerschaft und bis zum Ablauf von vier Monaten nach der Entbindung nicht gegen ihren Willen bei der Ausgabe von Heimarbeit ausgeschlossen werden; die Vorschriften der §§ 3, 4, 6 und 8 Abs. 5 bleiben unberührt.

Literatur
Löwisch, Neuregelungen des Kündigungs- und Befristungsrechts durch das Gesetz zu den Reformen am Arbeitsmarkt, BB 2004, 154; *Preis,* Die »Reform« des Kündigungsschutzrechts, DB 2004, 70; *Zmarlik,* Überblick über die EG-Mutterschutz-Richtlinie und ihre Umsetzung, DB 1994, 96.

---

* Mutterschutzgesetz – MuSchG, in der Fassung der Bekanntmachung vom 20. Juni 2002, zuletzt geändert durch Gesetz vom 14. November 2003 (BGBl. I S. 2190).

Inhalt

	Rz
A. Überblick	1– 5
B. Kündigungsverbot	6–20
I. Persönlicher Geltungsbereich	6
II. Gegenstand des Kündigungsverbots	7
III. Dauer des Kündigungsverbots	8–11
IV. Kenntnis des Arbeitgebers	12–14
V. Nachträgliche Mitteilung	15
VI. Unverschuldete Fristversäumnis	16–20
C. Behördliche Zulassung der Arbeitgeberkündigung	21–29
I. Zuständigkeit für den Antrag	22
II. Form und Frist	23–24
III. Voraussetzungen an die Zulässigkeitserklärung	25–27
IV. Wirkung der behördlichen Zulässigkeitserklärung	28–29
D. Rechtsfolge der Verletzung des Kündigungsverbots	30–31
E. Form und Begründung der Kündigung	32–34
F. Rechtsmittel gegen die behördliche Entscheidung	35–36

A. Überblick

§ 9 MuSchG in der derzeit geltenden Fassung der Bekanntmachung vom 20. Januar 1997 ist Ausdruck des verfassungsrechtlichen Auftrags des Art. 6 Abs. 4 GG und stellt zudem die nationale Umsetzung der EG-Richtlinie 92/85/EWG vom 19. Oktober 1992 über die Durchführung von Maßnahmen der Sicherheit und des Gesundheitsschutzes von schwangeren Arbeitnehmerinnen, Wöchnerinnen und stillenden Arbeitnehmerinnen am Arbeitsplatz dar. **1**

Der Sonderkündigungsschutz nach § 9 MuSchG bezweckt zum einen den Schutz der wirtschaftlichen Existenzgrundlage der Schwangeren und zum anderen den Schutz der Schwangeren vor psychischen Belastungen durch eine drohende Kündigung[1] und soll damit die Vereinbarkeit von Familie und Beruf fördern. **2**

Die Regelung des § 9 MuSchG enthält ein **Kündigungsverbot mit Erlaubnisvorbehalt**. Der Ausspruch einer Kündigung im geschützten Zeitraum bedarf der behördlichen Zulässigkeitserklärung, die nur in besonderen Fällen erteilt wird. Die Regelung des § 9 MuSchG ist **zwingend**, dh das Kündigungsverbot kann vertraglich nicht eingeschränkt oder ausgeschlossen werden.[2] **3**

---

1 *BAG* 8.6.1955, AP § 9 MuSchG Nr.2; *BAG* 31.3.1993, AP § 9 MuSchG 1968 Nr. 20.
2 *LAG Berlin* 31.10.1988, LAGE § 9 MuSchG Nr. 9.

4 Das Kündigungsverbot des § 9 MuSchG greift **neben sonstigen Kündigungsschutzbestimmungen** (zB § 1 Abs. 2 KSchG; § 18 BErzGG, § 85 SGB IX). Nimmt eine Mutter etwa während laufender Schutzfrist nach dem Mutterschutzgesetz Elternzeit in Anspruch, so muss der Arbeitgeber vor Ausspruch der Kündigung je eine behördliche Erlaubnis nach § 9 Abs. 2 MuSchG **und** nach § 18 BErzGG einholen.[3]

5 Der Kündigungsschutz nach § 9 MuSchG findet nur zugunsten der Arbeitnehmerin Anwendung. Eine schwangere Arbeitnehmerin kann selbst gem. § 10 Abs.1 MuSchG ohne Einhaltung einer Frist zum Ende der Schutzfrist nach der Entbindung ihr Arbeitsverhältnis kündigen. Eine solche Kündigung löst indes gem. § 9 Abs. 2 MuSchG eine Mitteilungspflicht des Arbeitgebers nach § 5 Abs. 1 Satz 3 MuSchG aus.

B. Kündigungsverbot

I. Persönlicher Geltungsbereich

6 Der Kündigungsschutz des § 9 MuSchG gilt gemäß § 1 MuSchG für Arbeitnehmerinnen in Ausbildungs- und Arbeitsverhältnissen sowie für weibliche in Heimarbeit Beschäftigte. Für Frauen, die den in Heimarbeit Beschäftigten lediglich gleichgestellt sind, gilt das Kündigungsverbot gemäß § 9 Abs. 1 Satz 2 MuSchG nur, sofern sich die Gleichstellung auch auf den Kündigungsschutz des Heimarbeitergesetzes erstreckt.

II. Gegenstand des Kündigungsverbots

7 Das Kündigungsverbot erfasst **alle Arten von Kündigungen,** sowohl ordentliche wie außerordentliche Kündigungen, Änderungskündigungen, Kündigungen im Rahmen von Massenentlassungen, Betriebsstilllegungen oder bei Insolvenz.[4] Es gilt auch bei der Kündigung eines befristeten Arbeitsverhältnisses.[5] Dagegen findet § 9 MuSchG **keine Anwendung** bei **Nichtigkeit**[6] oder **Anfechtung** des Arbeitsvertrages,[7]

---

3 APS/*Rolfs* § 9 MuSchG Rz 96; BAG 31. 3. 1993, AP § 9 MuSchG 1968 Nr. 20.
4 KR/*Etzel* § 9 MuSchG Rz 69, 74.
5 *EuGH* 4. 10. 2001, Rs. C-109/00 Tele Danmark, EzA § 611 a BGB Nr. 16.
6 Nichtigkeit liegt nicht bereits deshalb vor, weil eine schwangere Arbeitnehmerin in einem unbefristeten Arbeitsverhältnis mit Arbeiten beschäftigt werden sollte, die nach dem MuSchG verboten sind, *EuGH* 5. 5. 1994, AP EWG Rz 76, 207; *EuGH* 3. 2. 2000, NZA 2000, 255.
7 *BAG* 5. 12. 1957, AP § 123 BGB Nr.2; *BAG* 6. 10. 1962, AP § 9 MuSchG Nr. 24.

beim **Ablauf eines befristeten Arbeitsvertrages**[8] oder die Beendigung des Arbeitsverhältnisses durch den Abschluss einer **Aufhebungsvereinbarung**.[9]

III. Dauer des Kündigungsverbots

Das Kündigungsverbot des § 9 Abs. 1 MuSchG gilt vom Beginn der Schwangerschaft bis zum Ablauf von vier Monaten nach der Entbindung. Die Norm erfordert daher das objektive Bestehen einer **Schwangerschaft** zum **Zeitpunkt des Zugangs der Kündigung**.[10] Eine erst während der Kündigungsfrist auftretende Schwangerschaft löst keinen Sonderkündigungsschutz aus.[11] 8

▶ **Beispiel:**

Der Arbeitnehmerin geht am 23. August 2004 eine Kündigung zum 31. Dezember 2004 zu. Am 21. September erfährt die Arbeitnehmerin, dass sie schwanger ist. Prognostizierter Entbindungstermin ist der 5. Juni 2005. Die Arbeitnehmerin hat keinen Sonderkündigungsschutz, da die Schwangerschaft erst nach Zugang der Kündigung eingetreten ist.

Eine Schwangerschaft liegt vor in der Zeit zwischen der Konzeption und der Entbindung des Kindes. Problematisch ist in der Praxis die Bestimmung des Beginns der Schwangerschaft, da der Zeitpunkt der Konzeption häufig nicht eindeutig feststellbar ist. Nach Auffassung des BAG gilt infolge **widerleglicher Vermutung** als Beginn der Schwangerschaft der aus dem ärztlichen Attest **bescheinigte Tag der Entbindung abzüglich 280 Tagen**.[12] Diese Vermutung gilt nach herrschender Meinung selbst dann, wenn der tatsächliche Entbindungstermin später davon abweicht.[13] Allerdings kann der Arbeitgeber den Beweiswert der Bescheinigung erschüttern und Umstände darlegen und beweisen, aufgrund derer es der wissenschaftlich gesicherten Erkenntnis widersprechen würde, von einem Beginn der Schwangerschaft vor Zugang der Kündigung auszugehen. Die Arbeitnehmerin 9

---

8 *BAG* 12.10.1960, AP § 620 BGB Befristeter Arbeitsvertrag Nr. 16. Allerdings stellt nach dem EuGH die Nichterneuerung eines befristeten Arbeitsvertrages aufgrund einer Schwangerschaft einen Verstoß gegen RL 76/207 dar, *EuGH* 4.10.2001, Rs. C-438/99 Jimenez Melgar.
9 *BAG* 31.3.1993, AP § 9 MuSchG 1968 Nr. 20.
10 APS/*Rolfs* § 9 MuSchG Rz 21.
11 ErfK/*Schlachter* § 9 MuSchG Rz 5.
12 *BAG* 7.5.1998, AP § 9 MuSchG 1968 Nr. 24.
13 *LAG Köln* 30.9.1993, LAGE § 9 MuSchG Nr. 20.

muss dann weiteren Beweis führen und ist ggf. gehalten, ihre Ärzte von der Schweigepflicht zu entbinden.[14]

10 Endet die Schwangerschaft nicht durch Entbindung (Lebendgeburt, Frühgeburt oder Totgeburt), sondern etwa durch einen Schwangerschaftsabbruch oder eine Fehlgeburt,[15] endet damit unmittelbar der Mutterschutz und somit auch das Zustimmungserfordernis.

11 Im Falle einer Entbindung besteht der Kündigungsschutz bis vier Monate nach der tatsächlichen Entbindung. Die Dauer des Vier-Monats-Zeitraums berechnet sich nach dem § 188 Abs. 2 und 3, § 191 BGB.

▶ **Beispiel:**
Entbindet die Arbeitnehmerin am 4. Mai 2004, so endet der Sonderkündigungsschutz am 4. September 2004.

IV. Kenntnis des Arbeitgebers

12 Der Sonderkündigungsschutz nach § 9 MuSchG besteht nur, wenn dem **Arbeitgeber** zur Zeit der **Abgabe der Kündigungserklärung** die **Schwangerschaft** oder **Entbindung bekannt war** oder sie ihm innerhalb von **zwei Wochen** nach Zugang der Kündigung **mitgeteilt wird**. Kenntnis des Arbeitgebers bedeutet ausschließlich die positive Kenntnis, grob fahrlässige Unkenntnis des Arbeitgebers ebenso wie eine Vermutung genügt nicht.[16]

13 Auf die Art und Weise der Kenntniserlangung des Arbeitgebers kommt es nicht an, insbesondere ist **keine direkte Mitteilung** durch die Arbeitnehmerin **erforderlich**. Ausreichend ist daher auch die sichere Mitteilung der Schwangerschaft von dritter Seite[17] oder das Einreichen von eindeutigen ärztlichen Attesten.[18] Ebenso genügt die Aussage der Arbeitnehmerin, dass sie eine Schwangerschaft vermute, sofern sich diese Vermutung später bestätigt.[19]

14 Die Kenntnis eines **Vertreters des Arbeitgebers** oder eines personalverantwortlichen Vorgesetzten reicht aus.[20] Nicht ausreichend dagegen

---

14 *BAG* 7. 5. 1998, AP § 9 MuSchG 1968 Nr. 24.
15 Nach § 29 Abs. 2 AusfVO Personenstandsgesetz liegt eine solche vor, wenn die Leibesfrucht weniger als 500 g wiegt.
16 *LAG BW* 30. 11. 1967, DB 1968, 624.
17 *LAG München* 23. 8. 1990, LAGE § 9 MuSchG Nr. 13.
18 APS/*Rolfs* § 9 MuSchG Rz 29.
19 *BAG* 5. 5. 1961, AP § 9 MuSchG Nr. 23.
20 *LAG Düsseldorf* 22. 11. 1968, EzA § 9 MuSchG nF Nr. 3.

ist die Kenntnis des Betriebsarztes,[21] so lange er diese Information nicht an den Arbeitgeber weitergibt. Im Falle eines **Betriebsinhaberwechsels** nach § 613a BGB muss sich der neue Betriebsinhaber nach herrschender Meinung die Kenntnis des alten Arbeitgebers zurechnen lassen.[22]

V. Nachträgliche Mitteilung

Der Kündigungsschutz besteht auch, wenn die Arbeitnehmerin den Arbeitgeber von ihrer Schwangerschaft/Entbindung zum Zeitpunkt des Kündigungszugangs innerhalb von **zwei Wochen** nach Zugang der Kündigung informiert.[23] Die Einhaltung einer **bestimmten Form** ist **nicht erforderlich**. Auch muss die Erklärung nicht von der Arbeitnehmerin selbst gegenüber dem Arbeitgeber abgegeben werden.[24] Insbesondere ist nicht erforderlich, dass die Erklärung die Inanspruchnahme des Kündigungsschutzes nach § 9 MuSchG explizit zum Ausdruck bringt.[25] Eines Nachweises über Schwangerschaft bedarf es nicht,[26] vielmehr genügt die Mitteilung einer vermuteten Schwangerschaft.[27]

15

VI. Unverschuldete Fristversäumnis

Nach § 9 Abs. 1 Satz 1, 2. Halbsatz MuSchG bleibt einer schwangeren Arbeitnehmerin der Sonderkündigungsschutz auch bei Überschreiten der Zwei-Wochen-Frist erhalten, wenn die **Fristversäumnis unverschuldet** ist und die **Mitteilung unverzüglich nachgeholt** wird. Ein Verschulden der Arbeitnehmerin liegt nach der Rechtsprechung des BAG nur bei einem gröblichen Verstoß gegen den von einem verständigen Menschen in eigenem Interesse einzuhaltenden Sorgfaltsmaßstab vor.[28] Ein solch **gröblicher Verstoß** liegt vor, wenn die Arbeitnehmerin entweder von der Schwangerschaft positiv weiß oder sie zwingende Anhaltspunkte, die das Bestehen einer Schwangerschaft praktisch unabweisbar machen, ignoriert. Keinen groben Verstoß soll aber die Fristüberschreitung trotz Kenntnis der Schwangerschaft darstellen, wenn die Arbeitnehmerin das Ergebnis der ärztlichen Untersuchung,

16

---

21 ErfK/*Schlachter* § 9 MuSchG Rz 7.
22 APS/*Rolfs* § 9 MuSchG Rz 33; KR/*Etzel* § 9 MuSchG Rz 39 b.
23 *BAG* 6. 6. 1974, EzA § 9 MuschG nF Nr. 15; *BAG* 15. 11. 1990, EzA § 9 MuSchG nF Nr. 28.
24 ErfK/*Schlachter* § 9 MuSchG Rz 8.
25 KR/*Etzel* § 9 MuSchG Rz 48.
26 *BAG* 6. 6. 1974, EzA § 9 MuSchG nF Nr. 15.
27 *BAG* 15. 11. 1990, EzA § 9 MuSchG nF Nr. 28.
28 *BAG* 13. 6. 1996, BAGE 83, 195; 16. 5. 2002, NZA-RR 2003, 217.

mit der der Beginn der Schwangerschaft festgestellt werden soll, abwartet.[29]

17 Darüber hinaus bleibt der Kündigungsschutz der Arbeitnehmerin erhalten, wenn sie zwar ihre Schwangerschaft zum Zeitpunkt des Kündigungszugangs kennt oder während des Laufs der Zwei-Wochen-Frist von ihr erfährt, aber durch **sonstige Umstände** unverschuldet an der rechtzeitigen Mitteilung verhindert ist.[30]

▶ **Beispiel:**
Die seit dem 1. Februar 2004 beschäftigte Arbeitnehmerin geht am 1. August 2004 in Urlaub. Nach ihrer Urlaubsrückkehr am 15. August 2004 findet sie in ihrem Briefkasten eine Kündigung des Arbeitgebers vom 2. August 2004 zum 31. August 2004. Die Arbeitnehmerin ist zu diesem Zeitpunkt in der zwölften Woche schwanger. Die Schwangerschaft war ihr seit dem 14. Juli 2004 bekannt. Mit Schreiben vom 16. August 2004, welches dem Arbeitgeber am 18. August 2004 zugeht, macht die Arbeitnehmerin gegenüber dem Arbeitgeber Mitteilung von ihrer Schwangerschaft.

Nach Auffassung des BAG ist die Überschreitung nicht allein deshalb als verschuldet anzusehen, weil die Arbeitnehmerin es unterlassen hat, dem Arbeitgeber ihre Schwangerschaft vor dem Urlaubsantritt anzuzeigen. Vielmehr sei es ausreichend, dass die Arbeitnehmerin die Mitteilung unverzüglich nach Kenntniserlangung von der Kündigung nach ihrer Urlaubsrückkehr nachgeholt habe, so dass der Arbeitnehmerin Sonderkündigungsschutz zukommt.

18 Die Arbeitnehmerin trägt auch nicht das Risiko einer unvorhersehbaren Verzögerung der Postlaufzeit oder des Verlusts ihrer Mitteilung auf dem Postweg.[31] Das BAG nimmt selbst dann eine **unverschuldete Fristüberschreitung** im Sinne des § 9 Abs. 1 Satz 1, 2. Halbsatz MuSchG an, wenn die Arbeitnehmerin kurz vor Ablauf der Zwei-Wochenfrist von der Schwangerschaft erfährt, den Arbeitgeber aber erst nach Fristablauf über die Schwangerschaft informiert. Das BAG räumt damit der werdenden Mutter im Hinblick auf Art. 6 Abs. 4 GG uU eine – zumindest kurze – **Überlegungsfrist** ein.[32]

---

29 *LAG Nürnberg* 17. 3. 1992, LAGE § 9 MuSchG Nr. 17.
30 *BAG* 13. 6. 1996, EzA § 9 MuSchG nF Nr. 37.
31 *BAG* 16. 5. 2002, NZA 2003, 217.
32 *BAG* 26. 9. 2002, EzA § 9 MuSchG nF Nr. 38.

Die Mitteilung ist **unverzüglich**, dh ohne schuldhaftes Zögern **nachzu-** 19
holen. Hierbei ist stets auf den Einzelfall abzustellen. Abzuwägen sind
dabei das Interesse des Arbeitgebers an Rechtsklarheit und Sicherheit
auf der einen Seite und die besondere psychische Situation der Arbeitnehmerin auf der anderen Seite. Nach der ständigen Rechtsprechung
des BAG wird regelmäßig ein **Zeitraum von einer Woche** noch als **ausreichend** für ein unverzügliches Nachholen der Mitteilung angesehen.[33] Ein Zeitraum von 16 Tagen wurde hingegen nicht mehr als
unverzüglich akzeptiert.[34]

Für die Frage der unverschuldeten Fristüberschreitung trägt die Ar- 20
beitnehmerin die Darlegungs- und Beweislast.[35]

C. Behördliche Zulassung der Arbeitgeberkündigung

Innerhalb des Schutzzeitraums kann eine Kündigung ausnahmsweise 21
durch behördliche Erlaubnis für zulässig erklärt werden:

I. Zuständigkeit für den Antrag

Zuständig sind in Baden-Württemberg, Bayern, Bremen, Niedersach- 22
sen, Sachen, Sachsen-Anhalt und Schleswig-Holstein die Gewerbeaufsichtsämter, in Berlin das Landesamt für Arbeitsschutz, Gesundheitsschutz und technische Sicherheit, in Brandenburg die Ämter für
Arbeitsschutz und Sicherheitstechnik, in Hamburg das Amt für
Arbeitsschutz, in Hessen die Regierungspräsidenten, in Mecklenburg-Vorpommern die Ämter für Arbeitsschutz und technische Sicherheit, in
Nordrhein-Westfalen die Bezirksregierungen, in Rheinland-Pfalz das
Landesamt für Umweltschutz und Gewerbeaufsicht über die Gewerbeaufsichtsämter, im Saarland über das Ministerium für Frauen, Arbeit,
Gesundheit und Soziales und in Thüringen das Landesamt für Arbeitsschutz und Arbeitsmedizin.

II. Form und Frist

Der Arbeitgeber hat einen Antrag auf Erteilung der Zustimmung zu 23
einer beabsichtigten Kündigung einer Schwangeren oder Wöchnerin
bei der zuständigen Behörde zu stellen. Der Antrag bedarf grundsätz-

---

33 *BAG* 6. 10. 1983, EzA § 9 MuSchG nF Nr. 23; *BAG* 26. 9. 2002, EzA § 9 MuSchG nF Nr. 38.
34 *BAG* 27. 10. 1983, AP § 9 MuSchG 1968 Nr. 13.
35 KR/*Etzel* § 9 MuSchG Rz 59.

lich keiner Form, allerdings ist im Hinblick auf Rechtssicherheit eine schriftliche Antragsstellung zu empfehlen.

▶ **Praxistipp:**
Zur Verfahrensbeschleunigung empfiehlt es sich, der Behörde im Antrag die wesentlichen Tatsachen mitzuteilen. Hierzu zählen Name und Sozialdaten (Alter, Betriebszugehörigkeit, Familienstand, Unterhaltspflichten) der Arbeitnehmerin, Art und Grund der beabsichtigten Kündigung (ordentlich oder außerordentlich, Beendigung- oder Änderungskündigung, verhaltensbedingte, personenbedingte oder betriebsbedingte Kündigung), Kündigungsfrist sowie voraussichtlicher oder tatsächlicher Entbindungstermin. Darüber hinaus ist es zu empfehlen, Beweise für den Kündigungsgrund (zB Beschluss über die Betriebsstilllegung, Zeugen für eine schwerwiegende Pflichtverletzung) anzubieten und dem Antrag eine Kopie der ärztlichen Bescheinigung über den Tag der voraussichtlichen Niederkunft beizufügen. Schließlich empfiehlt es sich, vorsorglich die sofortige Vollziehbarkeit (§ 80 Abs. 2 Nr. 4 VwGO) zu beantragen, falls die Arbeitnehmerin die behördliche Zulässigkeitserklärung angreift.

24 Der Antrag ist im Falle einer beabsichtigten ordentlichen Kündigung nicht fristgebunden. Beabsichtigt der Arbeitgeber, eine **außerordentliche Kündigung** auszusprechen, muss der Antrag innerhalb von **zwei Wochen**, nachdem der Arbeitgeber von den maßgeblichen Tatsachen Kenntnis erlangt hat (§ 626 Abs. 2 BGB) gestellt werden, andernfalls ist die Kündigung wegen Versäumung dieser Frist unwirksam.

III. Voraussetzungen an die Zulässigkeitserklärung

25 Die zuständige Landesbehörde kann **nur in besonderen Fällen** eine Ausnahme vom absoluten Kündigungsverbot zulassen. Ein besonderer Fall liegt nur dann vor, wenn **außergewöhnliche Umstände** es rechtfertigen, die vom Mutterschutzgesetz als regelmäßig vorrangig angesehenen Interessen der werdenden Mutter oder Wöchnerin hinter die des Arbeitgebers zurücktreten zu lassen.[36] Im Rahmen der folgenden Fallgruppen ist daher stets eine Interessenabwägung nach spezifischen mutterschutzrechtlichen Gesichtspunkten erforderlich. Die Aus-

---

36 *BVerwG* 18. 8. 1977, AP § 9 MuSchG 1968 Nr. 5.

legung von § 9 Abs. 3 MuSchG wurde zudem in einigen Bundesländern durch Verwaltungsrichtlinien konkretisiert.³⁷

Personenbedingte Gründe sind außer in dem Fall, dass sie die wirtschaftliche Belastung des Arbeitgebers in die Nähe einer Existenzgefährdung rücken,³⁸ nicht geeignet, das Vorliegen eines besonderen Falles zu begründen. Insbesondere sind alle schwangerschafts- oder entbindungsbedingten Umstände und eine damit einhergehende Arbeitsunfähigkeit nicht geeignet, das Vorliegen eines »besonderen Falls« zu begründen. Im Fall von **verhaltensbedingten Gründen** ist ein besonderer Fall nur dann anzunehmen, wenn die Arbeitnehmerin besonders schwerwiegende Pflichtverletzungen begangen hat. Dazu gehört u. a. ein schwerwiegendes, vorsätzliches Vergehen gegen Arbeitskollegen oder den Arbeitgeber,³⁹ der bloße Verdacht einer Straftat reicht jedoch nicht aus.⁴⁰ **Betriebliche Gründe** führen dann zum Vorliegen eines besonderen Falles, wenn für den Arbeitgeber keine Möglichkeit zur Weiterbeschäftigung der Arbeitnehmerin besteht.⁴¹ Dies ist regelmäßig der Fall bei einer vollständigen Stilllegung eines Betriebes.⁴² Handelt es sich nur um eine Teilstilllegung oder ist der stillzulegende Betrieb Teil eines im übrigen fortbestehenden Unternehmens, liegt ein »besondere Fall« nur vor, wenn keine Möglichkeit besteht, die Arbeitnehmerin im Rahmen der vorhandenen Arbeitsplätze auf einem geeigneten Arbeitsplatz einzusetzen oder die Arbeitnehmerin eine angebotene zumutbare Beschäftigung ablehnt.⁴³ 26

§ 9 Abs. 3 MuSchG eröffnet eine **Ermessensentscheidung** der Behörde, so dass allein das Vorliegen eines besonderen Falles nicht ausreicht, um in jedem Fall eine Verpflichtung der Behörde zu begründen. Vielmehr hat die Behörde ihr Ermessen pflichtgemäß auszuüben, wobei das Ermessen insoweit eingeschränkt ist, als nach § 9 Abs. 3 MuSchG die Zulässigkeitserklärung nur ausnahmsweise gestattet ist. 27

---

37 Erlass des Ministers für Arbeit, Gesundheit und Soziales von Nordrhein-Westfalen vom 11. 2. 1981 – III A 4-8413, abgedruckt in: APS / *Rolfs* § 9 MuSchG Rz 101; Richtlinien für die Zulässigkeitserklärung von Kündigungen nach § 9 Abs. 3 des Mutterschutzgesetzes des Hessischen Ministers für Arbeit, Umwelt und Soziales vom 4. 3. 1985, abgedruckt in: Hess. St. Anz. S. 630.
38 *BVerwG* 21. 10. 1970, AP § 9 MuSchG Nr. 33.
39 *BAG* 8. 12. 1955, AP § 9 MuSchG Nr. 4.
40 *VG Frankfurt a. M.* 16. 11. 2001, NZA-RR 2002, 638.
41 *BVerwG* 18. 8. 1977, AP § 9 MuSchG 1968 Nr. 5.
42 *VG Hannover* 12. 12. 2000, NZA-RR 2002, 136.
43 *BVerwG* 18. 8. 1977, AP § 9 MuSchG 1968 Nr. 5.

IV. Wirkung der behördlichen Zulässigkeitserklärung

28 Erklärt die zuständige Behörde die Kündigung für zulässig, so entfällt die Kündigungssperre des § 9 Abs. 3 MuSchG. Jedoch kann die Kündigung aus anderen Gründen (zB § 102 BetrVG) unwirksam sein. Die Bestandskraft des behördlichen Bescheids ist nicht erforderlich, so dass der Arbeitgeber die Kündigung aussprechen kann, sobald die Behörde ihre Zustimmung erteilt hat.[44] Bis zur rechtskräftigen Entscheidung über den Widerspruch bzw. die Anfechtungsklage ist die Kündigung »schwebend wirksam«.

▶ Praxistipp:

Im Falle einer außerordentlichen Kündigung ist die Kündigung entsprechend dem Rechtsgedanken des § 91 Abs. 5 SGB IX unverzüglich nach Erteilung der behördlichen Zustimmung zu erklären.[45]

29 Greift die Arbeitnehmerin die nach Zulässigkeitserklärung durch die Behörde ausgesprochene Kündigung vor dem Arbeitsgericht an, so prüft das Arbeitsgericht die Wirksamkeit der Kündigung unter **arbeitsrechtlichen Gesichtspunkten** (zB, ob die Kündigung nach § 1 Abs. 2 KSchG gerechtfertigt ist oder ob ein wichtiger Grund iSv § 626 BGB vorliegt). Darüber hinaus prüft das Arbeitsgericht, ob der Verwaltungsakt wirksam und nicht nichtig oder aufgehoben worden ist. Dagegen ist das Arbeitsgericht nicht berechtigt zu prüfen, ob der Verwaltungsakt rechtmäßig oder anfechtbar ist.[46]

D. Rechtsfolge der Verletzung des Kündigungsverbots

30 § 9 Abs. 1 MuSchG stellt ein gesetzliches Verbot im Sinne des § 134 BGB dar; eine gegen diese Norm verstoßende Kündigung ist daher **nichtig**.

31 Gem. § 4 Satz 1 KSchG ist die Unwirksamkeit der Kündigung innerhalb von **drei Wochen nach Zugang** der Kündigungserklärung geltend zu machen. Dies gilt auch für Kündigungen, die der behördlichen Zustimmung (§ 9 MuSchG, § 18 BErzGG, § 85 SGB IX) bedürfen.[47] Nach § 4 Satz 4 KSchG läuft diese Drei-Wochen-Frist erst von der **Bekanntmachung der Entscheidung** der Behörde an den Arbeitnehmer ab. Unmittelbar geregelt ist hier der Fall, dass die Zustimmung zunächst dem Arbeitge-

---

44 *BAG* 17. 6. 2003 – AZR 245/02 –.
45 ErfK/*Schlachter* § 9 MuSchG Rz 19.
46 *BGH* 13. 6. 1957, BGHZ 24, 386, 391.
47 BT-Drucks. 15/1204, 13.

ber erteilt wird und dieser hiernach die Kündigung ausspricht. Die Drei-Wochen-Frist beginnt hier nicht mit Zugang der Kündigung, sondern erst mit dem Zeitpunkt, zu dem dem Arbeitnehmer die Zustimmung mitgeteilt wird.[48] Hat der Arbeitgeber keine Zustimmung eingeholt, so ging das BAG bislang davon aus, dass die Einhaltung der Drei-Wochen-Frist keine Wirkung entfalte.[49] Diese Auffassung des BAG ist nach Änderung des KSchG angesichts der Neuregelung in § 5 Abs. 1 Satz 2 KSchG nicht mehr aufrechtzuerhalten. § 5 Abs. 1 Satz 2 KSchG sieht eine nachträgliche Klagezulassung vor, wenn die Arbeitnehmerin von ihrer Schwangerschaft aus einem von ihr nicht zu vertretenden Grund erst nach Ablauf der Drei-Wochen-Frist erfährt. Dies setzt voraus, dass auch im Fall des § 9 MuSchG die Drei-Wochen-Frist zur Klageerhebung läuft.[50] Entsprechendes muss auch für § 18 BErzGG gelten, so dass die Drei-Wochen-Frist dann gilt, wenn der Arbeitgeber keine Zustimmung beantragt hat. § 4 Satz 4 KSchG kommt somit nur in den Fällen Bedeutung zu, in denen der Arbeitgeber tatsächlich die Zustimmung beantragt hat.[51]

E. Form und Begründung der Kündigung

Gem. § 9 Abs. 3 Satz 2 MuSchG hat der Arbeitgeber die Kündigung schriftlich zu erklären und den zulässigen Kündigungsgrund anzugeben. Die Vorschrift enthält ein **gesetzliches Schriftformerfordernis** iSv § 126 BGB, das gegenüber § 623 BGB eine Spezialvorschrift ist. Verstößt der Arbeitgeber gegen das Schriftformerfordernis, ist die Kündigung gem. § 125 BGB unwirksam. 32

Darüber hinaus ist die Kündigung **zu begründen**. Hierbei hat der Arbeitgeber die Tatsachen mitzuteilen, die für die Kündigung maßgebend sind. Die Arbeitnehmerin muss erkennen können, auf welche konkreten Umstände die Kündigung gestützt wird, so dass sie beurteilen kann, ob sie gegen die Kündigung vorgehen will.[52] Die pauschale Bezeichnung der Kündigung als »betriebsbedingt« genügt diesen Anforderungen nicht.[53] Inwieweit auch für die Begründung das **Schriftformerfordernis** gilt, ist der Vorschrift des § 9 Abs. 3 Satz 2 33

---

48 *BAG* 17. 2. 1982, AP § 15 SchwbG Nr. 1.
49 Zu § 113 Abs. 2 InsO: *BAG* 3. 7. 2003, BB 2003, 2518.
50 *Löwisch* BB 2004, 154, 159.
51 Differenzierend: *Preis* DB 2004, 70, 77.
52 *BAG* 25. 11. 1976, AP § 15 BBiG Nr. 4.
53 *BAG* 10. 2. 1999, NZA 1999, 603.

MuSchG nicht eindeutig zu entnehmen und in der juristischen Literatur umstritten.[54]

▶ **Praxistipp:**

Im Hinblick auf Art. 10 Nr. 2 RL 92/85/EWG, der verlangt, dass »der Arbeitgeber schriftlich berechtigte Kündigungsgründe« anzugeben hat, ist dem Arbeitgeber dringend zu empfehlen, die Kündigungsgründe im Kündigungsschreiben schriftlich anzuführen. Andernfalls läuft er Gefahr, dass die Kündigung unwirksam ist.[55] Der Arbeitgeber hat die »zulässigen« Gründe anzugeben. In der Regel sind dies die Gründe die der behördlichen Zulässigkeitserklärung zugrunde liegen.[56]

34 Gibt der Arbeitgeber die Gründe nur unvollständig an, kann er hiermit im Prozess präkludiert sein.[57]

F. Rechtsmittel gegen die behördliche Entscheidung

35 Bei Versagung der Genehmigung steht dem Arbeitgeber der Widerspruch bzw. wenn die Oberste Landesbehörde entschieden hat,[58] die Klage vor dem Verwaltungsgericht offen. Entsprechendes gilt für die Arbeitnehmerin, wenn die Behörde den Ausspruch der Kündigung für zulässig erklärt. Der Rechtsbehelf der schwangeren Arbeitnehmerin gegen die Zulässigkeitserklärung kann wegen widersprüchlichen Verhaltens unzulässig sein, etwa wenn sie zuvor eine Sozialplanabfindung wegen Arbeitsplatzverlusts durch Betriebsstilllegung angenommen hat.[59] Widerspruch und Anfechtungsklage haben aufschiebende Wirkung,[60] wenn die Behörde nicht die sofortige Vollziehung angeordnet hat.[61]

36 Die Frist für Widerspruch und Anfechtungsklage beträgt vier Wochen.[62]

---

54 Für die Schriftform der Begründung: APS/*Rolfs* § 9 MuSchG Rz 92, **aA** *Zmarlik* DB 1994, 96.
55 Zu § 15 Abs. 3 BBiG: *BAG* 22. 2. 1972, AP § 15 BBiG Nr. 1.
56 APS/*Rolfs* § 9 MuSchG Rz 94.
57 *LAG Hamburg* 30. 9. 1994, LAGE § 15 BBiG Nr. 9; 29. 8. 1997 LAGE § 15 BBiG Nr. 11.
58 § 68 Abs. 1 Nr. 1 VwGO.
59 *OVG Münster* 8. 8. 1997, NZA-RR 1998, 159.
60 § 80 Abs. 1 VwGO.
61 § 80 Abs. 2 VwGO.
62 §§ 70, 74 VwGO.

Sonderkündigungsschutz nach § 18 BErzGG*

§ 18 Kündigungsschutz

(1) [1]Der Arbeitgeber darf das Arbeitsverhältnis ab dem Zeitpunkt, von dem an Elternzeit verlangt worden ist, höchstens jedoch acht Wochen vor Beginn der Elternzeit, und während der Elternzeit nicht kündigen. [2]In besonderen Fällen kann ausnahmsweise eine Kündigung für zulässig erklärt werden. [3]Die Zulässigkeitserklärung erfolgt durch die für den Arbeitsschutz zuständige oberste Landesbehörde oder die von ihr bestimmte Stelle. [4]Die Bundesregierung kann mit Zustimmung des Bundesrates allgemeine Verwaltungsvorschriften zur Durchführung des Satzes 2 erlassen.

(2) [1]Absatz 1 gilt entsprechend, wenn der Arbeitnehmer

1. während der Elternzeit bei seinem Arbeitgeber Teilzeitarbeit leistet oder

2. ohne Elternzeit in Anspruch zu nehmen, bei seinem Arbeitgeber Teilzeitarbeit leistet und Anspruch auf Erziehungsgeld hat oder nur deshalb nicht hat, weil das Einkommen (§ 6) die Einkommensgrenzen (§ 5 Abs. 3) übersteigt. [2]Der Kündigungsschutz nach Nummer 2 besteht nicht, solange kein Anspruch auf Elternzeit nach § 15 besteht.

Literatur
Conradi, Kommentar zum Urteil des BAG vom 27. 3. 2003 zum Sonderkündigungsschutz des Bundeserziehungsgeldgesetzes auch bei Vertragsschluss nach Geburt des Kindes, BB 2003, 2289.

Inhalt

		Rz
A.	Überblick	1– 6
B.	Kündigungsverbot	7–15
	I. Persönlicher Geltungsbereich	7–14
	1. Kündigungsschutz nach Verlangen von Elternzeit und während der Elternzeit bei Vollzeitbeschäftigten (§ 18 Abs. 1 BErzGG)	8–10

---

* Bundeserziehungsgeldgesetz – BErzGG, in der Fassung der Bekanntmachung vom 9. Februar 2004 (BGBl. I S. 206).

2.	Teilzeitarbeit während der Elternzeit (§ 18 Abs. 2 Nr. 1 BErzGG)	11
3.	Teilzeitarbeit ohne Elternzeit (§ 18 Abs. 2 Nr. 2 BErzGG)	12–14
II.	Gegenstand des Kündigungsverbots	15
C.	**Behördliche Zulassung der Arbeitgeberkündigung**	16–23
I.	Zuständigkeit für den Antrag	17
II.	Form und Frist	18
III.	Voraussetzungen an die Zulässigkeitserklärung	19–23
D.	**Rechtsfolge der Verletzung des Kündigungsverbots**	24–26
E.	**Rechtsmittel gegen die behördliche Entscheidung**	27
F.	**Muster für einen Antrag auf Zulässigkeitserklärung**	28

A. Überblick

1 Die derzeit geltenden Vorschriften des BErzGG in der Fassung der Bekanntmachung vom 7. Dezember 2001 beziehen sich auf alle **ab dem 1. Januar 2001 geborenen oder in Obhut genommenen Kinder**. Für vor diesem Datum geborene oder in Obhut genommene Kinder findet das BErzGG in der am 31. Dezember 2000 geltenden Fassung Anwendung. Nachfolgende Ausführungen beschränken sich auf die aktuelle Gesetzeslage.

2 Zweck des Sonderkündigungsschutzes nach § 18 BErzGG ist es, Arbeitnehmern durch das Kündigungsverbot eine gewünschte vorübergehende Unterbrechung der Erwerbstätigkeit zur Betreuung eines Kleinkindes ohne Verlust des Arbeitsplatzes zu ermöglichen[1] und somit die ständige Betreuung des Kindes in der ersten Lebensphase zu fördern und mehr Wahlfreiheit zwischen Erwerbstätigkeit und Tätigkeit in der Familie zu schaffen.[2]

3 Die Bestimmung des § 18 BErzGG enthält parallel zu § 9 MuSchG ein **Kündigungsverbot mit Erlaubnisvorbehalt**.[3] Das bedeutet, dass der Ausspruch einer Kündigung der behördlichen Zulässigkeitserklärung bedarf, die nur in besonderen Fällen und auch dann nur ausnahmsweise erteilt werden darf.[4] Ebenso wie § 9 MuSchG ist auch § 18 BErzGG **unabdingbar** und kann vertraglich nicht ausgeschlossen oder eingeschränkt werden.[5]

4 Nimmt eine Mutter während laufender Schutzfristen nach dem MuSchG Elternzeit in Anspruch, so greift das Kündigungsverbot nach

---

1 BT-Drucks. 14/3118, 10.
2 BT-Drucks. 11/4687, 6 und BT-Drucks. 12/1125, 7.
3 *BAG* 26. 6. 1997, AP § 15 BErzGG Nr. 22.
4 § 18 Abs. 1 Satz 2 BErzGG.
5 ErfK/*Ascheid* § 18 BErzGG Rz 9.

§ 18 BErzGG **neben** dem des § 9 MuSchG. In diesem Fall muss sich der Arbeitgeber eine Kündigung von der Behörde **nach beiden Vorschriften genehmigen lassen**.[6]

Der Sonderkündigungsschutz nach § 18 BErzGG greift nur zugunsten der Person, die im Sinne von § 15 BErzGG elternzeitberechtigt sind. Der Elternzeitberechtigte selbst ist am Ausspruch einer Kündigung nicht gehindert.

Während der Elternzeit ruht das Arbeitsverhältnis, nach dessen Beendigung lebt es wieder zu den ursprünglichen Vertragsbedingungen auf, soweit die Parteien nicht eine Änderung einvernehmlich vereinbart haben.

B. Kündigungsverbot

I. Persönlicher Geltungsbereich

Der besondere Kündigungsschutz gilt für alle Arbeitnehmer sowie für die zur Berufsbildung oder in Heimarbeit Beschäftigten und die ihnen Gleichgestellten (§ 20 BErzGG), wenn sie Anspruch auf Elternzeit haben und diesen bereits wirksam verlangt oder angetreten haben oder die eine Teilzeitbeschäftigung von bis zu 30 Wochenstunden ausüben.[7] Der Schutz besteht auch, wenn das Arbeits- oder Teilzeitarbeitsverhältnis noch nicht zum Zeitpunkt der Geburt des Kindes bestand, sondern erst später begründet wurde.[8] Der Sonderkündigungsschutz nach § 18 BErzGG besteht nur zugunsten der Personen, die gem. § 15 BErzGG elternzeitberechtigt sind.[9] Das Gesetz unterscheidet folgende Konstellationen: 1. Sonderkündigungsschutz **nach Verlangen und während der Elternzeit** bei Vollzeitbeschäftigten, 2. Kündigungsschutz bei **Teilzeitarbeit während der Elternzeit** und 3. Sonderkündigungsschutz bei **Teilzeitarbeit ohne Elternzeit** in besonderen Fällen.

---

6 *BAG* 31. 3. 1993, AP § 9 MuSchG 1968 Nr. 20.
7 §§ 15, 16 BErzGG.
8 *BAG* 11. 3. 1999, AP § 18 BErzGG Nr. 4.
9 Elternzeitberechtigt sind Arbeitnehmer und Arbeitnehmerinnen, wenn sie mit einem Kind, für das ihnen Personensorge zusteht, des Ehegatten oder Lebenspartners, einem Kind, das sie mit dem Ziel der Annahme als Kind in ihre Obhut aufgenommen haben oder für das sie auch ohne Personensorge in den Fällen des § 1 Abs. 1 Satz 3 oder Abs. 3 Nr. 3 oder im besonderen Härtefall des § 1 Abs. 5 Erziehungsgeld beziehen können, in einem Haushalt leben und dieses Kind selbst betreuen und erziehen.

Sonderkündigungsschutz nach § 18 BErzGG

1. Kündigungsschutz nach Verlangen von Elternzeit und während der Elternzeit bei Vollzeitbeschäftigten (§ 18 Abs. 1 BErzGG)

8 Die Gewährung der Elternzeit ist nicht von der Zustimmung durch den Arbeitgeber abhängig.[10] Es handelt sich bei dem Verlangen um die Ausübung eines einseitigen Gestaltungsrechts durch den Arbeitnehmer. Das Kündigungsverbot gilt **während der Elternzeit**. Darüber hinaus besteht es bereits von dem Zeitpunkt an, zu dem Elternzeit verlangt wurde, **frühestens jedoch acht Wochen vor Beginn der Elternzeit**. Maßgeblich ist der Zugang der Kündigungserklärung, nicht der Tag, an dem das Arbeitsverhältnis enden soll. Das hat zur Folge, dass eine arbeitgeberseitige Kündigung nicht nach § 18 BErzGG unwirksam ist, wenn sie dem Arbeitnehmer mehr als acht Wochen vor Beginn der Elternzeit zugeht, auch wenn das Arbeitsverhältnis erst zu einem innerhalb der Elternzeit liegenden Termin enden soll. Macht ein Arbeitnehmer seinen Anspruch auf Elternzeit früher als acht Wochen vor dessen Beginn geltend, so besteht der Sonderkündigungsschutz erst acht Wochen vor dem Beginn der Elternzeit.

▶ **Beispiel:**
Macht ein Arbeitnehmer am 15. März 2004 gegenüber dem Arbeitgeber Elternzeit ab dem 1. Juni 2004 geltend, so beginnt der Sonderkündigungsschutz am 6. April 2004. Vor dem 6. April 2004 genießt der Arbeitnehmer keinen besonderen Kündigungsschutz nach § 18 BErzGG, so dass ihm unter den Voraussetzungen des § 626 BGB außerordentlich oder im Geltungsbereich des Kündigungsschutzgesetzes bei sozialer Rechtfertigung ordentlich gekündigt werden kann.

9 Nimmt ein Arbeitnehmer nicht rechtzeitig Elternzeit gem. § 16 Abs. 1 Satz 1 BErzGG in Anspruch,[11] verschiebt sich lediglich der Zeitpunkt des gewünschten Beginns der Elternzeit. Der Sonderkündigungsschutz greift jedoch unmittelbar mit **Zugang der Inanspruchnahmeerklärung**.[12]

---

10 *BAG* 17.10.1990, AP § 17 BErzGG Nr. 4; 17.2.1994, AP § 626 BGB Nr. 116.
11 Spätestens sechs Wochen vor Beginn der Elternzeit, wenn sie sich unmittelbar nach der Geburt des Kindes oder nach der Mutterschutzfrist anschließen soll, andernfalls acht Wochen.
12 *BAG* 17.2.1994, AP § 611 BGB Abmahnung Nr. 30.

Sonderkündigungsschutz nach § 18 BErzGG

▶ **Beispiel:**
Geht dem Arbeitgeber etwa am 3. Mai 2004 eine Erklärung des Arbeitnehmers zu, ab dem 1. Juni 2004 Elternzeit in Anspruch zu nehmen, so beginnt die Elternzeit erst nach sechs bzw. acht Wochen, dh. am 14. Juni bzw. am 28. Juni 2004. Dem Arbeitnehmer steht jedoch mit der Geltendmachung der Elternzeit, dh ab dem 3. Mai 2004, Sonderkündigungsschutz zu.

Voraussetzung für den Sonderkündigungsschutz ist das Vorliegen der Voraussetzungen nach §§ 15, 16 BErzGG.[13] Das Kündigungsverbot **endet** mit dem **Ende der Elternzeit**, spätestens am Tag vor dem dritten Geburtstag des Kindes. Ein **nachwirkender Kündigungsschutz** nach der Elternzeit **besteht nicht**.

2. Teilzeitarbeit während der Elternzeit (§ 18 Abs. 2 Nr. 1 BErzGG)

Der Sonderkündigungsschutz besteht auch, wenn der Arbeitnehmer während der Elternzeit im zulässigen Umfang, dh höchstens 30 Wochenstunden,[14] in Teilzeit beschäftigt ist. Die Teilzeitarbeit muss **bei dem Arbeitgeber verrichtet werden**, bei dem die **Elternzeit genommen wird**. Erbringt der Arbeitnehmer die Teilzeitarbeit bei einem anderen Arbeitgeber, löst dies dort keinen Sonderkündigungsschutz nach § 18 BErzGG aus. Der Sonderkündigungsschutz besteht ab dem Zeitpunkt, zu dem Elternzeit beantragt wurde, er beginnt jedoch frühestens acht Wochen vor Beginn der Elternzeit. Er endet mit dem Ende der Elternzeit, spätestens am Tag vor dem dritten Geburtstag des Kindes.

3. Teilzeitarbeit ohne Elternzeit (§ 18 Abs. 2 Nr. 2 BErzGG)

Sonderkündigungsschutz genießen auch diejenigen Arbeitnehmer, die **ohne Elternzeit** in Anspruch zu nehmen, bei ihrem Arbeitgeber **Teilzeitarbeit** bis zu 30 Wochenstunden leisten und **Anspruch auf Erziehungsgeld** haben **oder** nur deshalb **nicht haben**, weil ihr **Einkommen** die Einkommensgrenzen des § 5 Abs. 2 BErzGG übersteigt. Voraussetzung ist hierbei, dass ein Anspruch auf Elternzeit nach § 15 BErzGG besteht. Eine Inanspruchnahme der Elternzeit ist nach dem Gesetzeswortlaut nicht erforderlich. Nach der Rechtsprechung des BAG besteht

---
13 *BAG* 17. 2. 1994, AP § 626 BGB Nr. 116.
14 § 15 Abs. 4 Satz 1 BErzGG.

Sonderkündigungsschutz nach § 18 Abs. 2 Nr. 2 BErzGG auch für Arbeitsverhältnisse, die erst nach der Geburt des Kindes begründet worden sind, wenn bei Vertragsschluss ein zuvor bestehendes anderes Arbeitsverhältnis bereits beendet war.[15]

▶ **Beispiel:**

> Die Arbeitnehmerin stand bis zum 30. Juni 1998 in einem Arbeitsverhältnis. Am 27. Juni 1998 gebar sie ein Kind. Vom 27. Juni 1998 bis zum 26. Juni 2000 bezog sie Erziehungsgeld nach dem BErzGG, danach bis zum 26. Dezember 2000 Erziehungsgeld nach LErzGG. Am 23. Juli 1999 trat sie in die Dienste eines anderen Arbeitgebers ein. Die wöchentliche Arbeitszeit betrug 19 Stunden. Bei Abschluss des Arbeitsvertrages war dem Arbeitgeber bekannt, dass die Arbeitnehmerin Erziehungsgeld bezog. Der Arbeitgeber kündigte das Arbeitsverhältnis mit Schreiben vom 19. Juni 2000 ordentlich zum 31. Juli 2000. Das BAG bejahte den Sonderkündigungsschutz gem. § 18 Abs. 2 Nr. 2 Satz 1 BErzGG und hielt die Kündigung mangels behördlicher Zustimmung für unwirksam.

13 Folgt man der Argumentation des BAG, kommt auch den Arbeitnehmern Sonderkündigungsschutz zu, die vor der Geburt des Kindes eine Tätigkeit von mehr als 30 Wochenstunden ausgeübt haben und nachfolgend eine Teilzeittätigkeit von höchstens 30 Wochenstunden ausüben, soweit die Voraussetzungen für Elternzeit gem. § 15 BErzGG vorliegen und ein Anspruch auf Erziehungsgeld besteht bzw. lediglich aufgrund des Übersteigens der Einkommensgrenzen nicht besteht. Die Inanspruchnahme von Elternzeit ist auch hier nicht erforderlich. Das **BAG** hat die Frage, ob der Sonderkündigungsschutz nach § 18 Abs. 2 Nr. 2 BErzGG auf die **Höchstbezugsdauer für Erziehungsgeld nach BErzGG, dh zwei Jahre, begrenzt ist, ausdrücklich offen gelassen**. Einzelne Bundesländer begründen einen Anspruch auf Erziehungsgeld nach den jeweiligen Landeserziehungsgeldgesetzen,[16] der sich regelmäßig an den Bezug von Bundeserziehungsgeld anschließt und bis zur Vollendung des dritten Lebensjahres, teilweise sogar bis zum 96. Lebensmonat des Kindes bestehen kann. Ein Sonderkündigungsschutz nach Ablauf von 24 Monaten seit Geburt des Kindes ist jedoch auch bei Bezug von Erziehungsgeld nach den jeweiligen landesrechtlichen Vorschriften zu verneinen, da § 18 BErzGG hinsichtlich des Ein-

---

15 *BAG* 27. 3. 2003, BB 2003, 2289.
16 BayLErzGG Art. 3 Abs. 1; SächsLErzGG § 2; LErzGG M-V § 2; Thüringer LErzGG § 2; LErzG BW Art. 4 RL.

kommens und der Einkommensgrenzen ausdrücklich auf die Regelungen des BErzGG verweist.[17] Jeder über die Höchstbezugsdauer für Bundeserziehungsgeld hinausgehender Sonderkündigungsschutz wäre nicht mehr vom Gesetzeswortlaut gedeckt. Dieser knüpft nämlich ausdrücklich nicht nur an die Voraussetzungen der Elternzeit nach § 15 BErzGG,[18] sondern **auch** an den Erziehungsgeldanspruch nach BErzGG an.

Schließlich stellt sich die Frage, wie zu verfahren ist, wenn der Arbeitgeber keine Kenntnis vom Sonderkündigungsschutz seines teilzeitbeschäftigten Arbeitnehmers hat, etwa bei **Neueinstellungen** oder wenn die Ehefrau des teilzeitbeschäftigten Arbeitnehmers ein Kind geboren hat und den **Arbeitnehmer** nach § 3 Abs. 2 BErzGG **zum Erziehungsgeldberechtigten** bestimmt hat. Das BErzGG sieht hierzu keine Regelung vor. In analoger Anwendung des § 9 Abs. 1 Satz 1 MuSchG wird der **Arbeitnehmer** jedoch **verpflichtet** sein, dem Arbeitgeber **innerhalb von zwei Wochen nach Zugang der Kündigung** den **bestehenden Sonderkündigungsschutz** nach § 18 Abs. 2 Nr. 2 BErzGG **mitzuteilen**.[19] Andernfalls verliert der Arbeitnehmer den Sonderkündigungsschutz, es sei denn die Nichteinhaltung der Frist beruht auf einem vom Arbeitnehmer nicht zu vertretenden Grund und die Mitteilung wird unverzüglich nachgeholt. **14**

II. Gegenstand des Kündigungsverbots

Das Kündigungsverbot gilt für **alle arbeitgeberseitigen Kündigungen** unabhängig davon, ob diese als ordentliche, außerordentliche, als Beendigungs- oder als Änderungskündigung erklärt worden sind.[20] Es findet sowohl auf Massenentlassungen als auch in der Insolvenz des Arbeitgebers uneingeschränkt Anwendung.[21] **Nicht** unter Erlaubnisvorbehalt stehen andere Vertragsbeendigungen wie **Befristungs- oder Aufhebungsvereinbarungen**. **15**

C. Behördliche Zulassung der Arbeitgeberkündigung

Gem. § 18 Abs. 1 Satz 2 BErzGG kann in besonderen Fällen ausnahmsweise eine Kündigung durch die zuständige Behörde für zulässig erklärt werden. **16**

---

17 *Conradi* BB 2003, 2289, 2292.
18 § 15 BErzGG.
19 *Conradi* BB 2003, 2289, 2292; APS/*Rolfs* § 18 BErzGG Rz 7; ErfK/*Ascheid* § 18 BErzGG Rz 8; für eine unverzügliche Mitteilung KR/*Etzel* § 18 BErzGG Rz 20.
20 *BAG* 17. 2. 1994, AP § 611 BGB Abmahnung Nr. 30.
21 ErfK/*Ascheid* § 18 BErzGG Rz 1.

I. Zuständigkeit für den Antrag

17 Zuständig für die Zulässigkeitserklärung ist die für den Arbeitsschutz zuständige oberste Landesbehörde oder eine von ihr bestimmte Stelle.[22] In Baden-Württemberg und Bayern, Bremen, Niedersachsen, Sachsen, Sachsen-Anhalt und im Saarland sind dies die Gewerbeaufsichtsämter. In Berlin ist das Landesamt für Arbeitsschutz, Gesundheitsschutz und Technische Sicherheit, in Brandenburg die Ämter für Arbeitsschutz und Sicherheitstechnik, in Hamburg die Behörde für Arbeit, Gesundheit und Soziales, in Hessen die Regierungspräsidenten, in Mecklenburg-Vorpommern die Ämter für Arbeitsschutz und Technische Sicherheit, in Nordrhein-Westfalen die Bezirksregierungen, in Rheinland-Pfalz das Landesamt für Umweltschutz und Gewerbeaufsicht, in Schleswig-Holstein das Landesamt für Gesundheit und Arbeitssicherheit und in Thüringen das Landesamt für Arbeitsschutz und Arbeitsmedizin zuständig.

II. Form und Frist

18 Die Voraussetzungen für die Zulässigkeit der Kündigung sind in den Allgemeinen Verwaltungsvorschriften zum Kündigungsschutz bei Erziehungsurlaub vom 2.1.1986[23] aufgeführt. Gem. §4 der Verwaltungsvorschriften hat der **Arbeitgeber** die **Zulässigkeitserklärung bei der zuständigen Behörde schriftlich oder zu Protokoll zu beantragen**. Im Antrag sind Arbeitsort und die vollständige Anschrift des zu kündigenden Arbeitnehmers anzugeben. Darüber hinaus ist der Antrag zu begründen; etwaige Beweismittel sind beizufügen.[24] Der Antrag ist im Falle einer ordentlichen Kündigung nicht fristgebunden. Beabsichtigt der Arbeitgeber eine fristlose außerordentliche Kündigung auszusprechen, muss der Antrag innerhalb von zwei Wochen, nachdem der Arbeitgeber von den maßgeblichen Tatsachen Kenntnis erlangt hat (§626 Abs. 2 BGB) gestellt werden. Andernfalls ist die Kündigung wegen Versäumung dieser Frist unwirksam.

III. Voraussetzungen an die Zulässigkeitserklärung

19 Diese Verwaltungsvorschriften enthalten **keine abschließende Aufzählung der Gründe**, die eine Zulassung der Arbeitgeberkündigung

---
22 § 18 Abs. 1 Satz 3 BErzGG.
23 BAnz 1986 Nr. 1 Satz 4.
24 Ein Muster für einen entsprechenden Antrag findet sich unter Rz 28.

rechtfertigen, sondern nehmen die Sonderfälle nur beispielhaft auf. Ein besonderer Fall liegt danach vor bei:

- Betriebsstilllegung, wenn der Arbeitnehmer nicht in einem anderen Betrieb des Unternehmens weiterbeschäftigt werden kann;
- Stilllegung der Betriebsabteilung, in der der Arbeitnehmer beschäftigt ist und nicht in einer anderen Betriebsabteilung des Betriebes oder in einem anderen Betrieb des Unternehmens weiterbeschäftigt werden kann;
- Verlagerung der Betriebsabteilung oder des Betriebes, in dem der Arbeitnehmer beschäftigt ist und der Arbeitnehmer an dem neuen Sitz des Betriebes oder der Betriebsabteilung und auch in anderen Betriebsabteilungen oder in einem anderen Betrieb des Unternehmens nicht weiter beschäftigt werden kann;
- Ablehnung des Arbeitnehmers in den vorgenannten Fällen einer ihm vom Arbeitgeber angebotenen, zumutbaren Weiterbeschäftigung auf einem anderen Arbeitsplatz;
- Existenzgefährdung des Betriebs oder des Unternehmens des Arbeitgebers durch die Aufrechterhaltung des Arbeitsverhältnisses nach Beendigung der Elternzeit;
- besonders schwere Verstöße des Arbeitnehmers gegen arbeitsvertragliche Pflichten oder vorsätzliche strafbare Handlungen.

Eine **wirtschaftliche Existenzgefährdung** ist nach § 2 Abs. 2 der Verwaltungsvorschriften auch dann anzunehmen, wenn der Arbeitgeber wegen der Aufrechterhaltung des Arbeitsverhältnisses nach Beendigung der Elternzeit für die Zwischenzeit keine entsprechend qualifizierte Ersatzkraft für einen nur befristeten Arbeitsvertrag findet und deshalb mehrere Arbeitsplätze wegfallen müssten oder er in einem Kleinbetrieb mit in der Regel 5 oder weniger Arbeitnehmern zur Fortführung des Betriebes dringend auf eine entsprechend qualifizierte Ersatzkraft angewiesen ist, die nur er nur einstellen kann, wenn er mit ihr einen unbefristeten Arbeitsvertrag schließt. **20**

Ist unklar, ob ein Betrieb stillgelegt oder auf einen anderen Inhaber übergegangen ist, kann die zuständige Behörde die Zulässigkeitserklärung nicht mit der Begründung verweigern, es liege ein Betriebsübergang gem. § 613 a) BGB vor.[25] Diese Frage kann allein das Arbeitsgericht verbindlich beantworten. Das bedeutet, dass der Arbeitgeber in **21**

---

25 *OVG Nordrhein-Westfalen* 21. 3. 2000, AP § 18 BErzGG Nr. 5.

diesem Fall einen Anspruch auf behördliche Zulässigkeitserklärung hat, wenn er seinen Betrieb eingestellt hat. Die Zulässigkeitserklärung ergeht vorsorglich und entfaltet nur dann rechtliche Wirksamkeit, wenn das Arbeitsgericht feststellt, dass die Arbeitnehmerin noch in einem Arbeitsverhältnis zu dem ursprünglichen Arbeitgeber steht. Stellt das Arbeitsgericht hingegen einen Betriebsübergang fest, gehen die Zulässigkeitserklärung und die Kündigung ins Leere, da das Arbeitsverhältnis auf den Betriebserwerber übergegangen ist.

22 Hinsichtlich der Weiterbeschäftigungsmöglichkeit stellt sich die Frage, ob diese auf freie Arbeitsplätze beschränkt ist, oder ob der Arbeitgeber im Anwendungsbereich des Kündigungsschutzgesetzes eine Sozialauswahl vorzunehmen hat. Höchstrichterliche Rechtsprechung besteht zu dieser Frage bislang nicht. Allerdings wird der **Prüfungsumfang** der Behörde durch den **Zweck des Gesetzes begrenzt**.[26] Während die Arbeitsgerichte die Rechtmäßigkeit einer Kündigung unter Berücksichtigung aller Umstände zu prüfen haben, erfolgt im öffentlich-rechtlichen Schutzbereich nur eine Prüfung der besonderen Umstände. Das bedeutet, dass im Rahmen des § 18 BErzGG Weiterbeschäftigungsmöglichkeiten nur auf einem freien Arbeitsplatz zu prüfen sind und eine Sozialauswahl im Rahmen der behördlichen Entscheidung nicht durchzuführen ist. Die Rechtmäßigkeit einer Sozialauswahl ist vielmehr ausschließlich durch die Arbeitsgerichte im Rahmen des § 1 Abs. 3 KSchG zu prüfen.

23 Die Zulässigkeitserklärung muss bei Ausspruch der Kündigung vorliegen.

D. Rechtsfolge der Verletzung des Kündigungsverbots

24 Soweit die Voraussetzungen des § 18 BErzGG vorliegen, darf das Arbeitsverhältnis vom Arbeitgeber nicht ohne behördliche Zustimmung gekündigt werden. Maßgeblich ist der Zeitpunkt des Zugangs der Kündigung.

25 Eine verbotswidrig erklärte Kündigung ist nichtig gem. § 134 BGB.[27]

26 Zur Klagefrist gem. § 4 Satz 1 KSchG, wonach die Unwirksamkeit der Kündigung innerhalb von drei Wochen nach Zugang der Kündigungserklärung geltend zu machen ist, siehe § 9 MuSchG Rz 31.

---

26 APS/*Rolfs* § 18 BErzGG Rz 21.
27 *BAG* 17. 2. 1994, AP § 626 BGB Nr. 115; 11. 3. 1999, AP § 18 BErzGG Nr. 4.

E. Rechtsmittel gegen die behördliche Entscheidung

Zu Rechtsmitteln gegen die behördliche Entscheidung, vgl. § 9 MuSchG Rz 35 f.

F. Muster für einen Antrag auf Zulässigkeitserklärung

▶ [Anschrift der Behörde]

Antrag auf Zustimmung zur ordentlichen Kündigung gem. § 18 Abs. 1 Satz 2 und 3 BErzGG von [Name des Arbeitnehmers]

Sehr geehrte Damen und Herren,

[Firma des Arbeitgebers] beabsichtigt, [Name des Arbeitnehmers] ordentlich/außerordentlich zu kündigen und beantragt die Zustimmung hierzu gemäß § 18 Abs. 1 Satz 2 und 3 BErzGG. Ein besonderer Fall im Sinne von § 18 Abs. 1 Satz 2 BErzGG iVm § 2 Abs. 1 Nr. 1 der Allgemeinen Verwaltungsvorschriften zum Kündigungsschutz bei Erziehungsurlaub liegt vor.

Begründung:

1. [Name des Arbeitnehmers], geb. am [Geburtsdatum], ledig, wohnhaft [Anschrift des Arbeitnehmers] ist bei [Firma des Arbeitgebers] als [Beruf] in der Filiale [Arbeitsort] seit dem [Beginn des Beschäftigungsverhältnisses] beschäftigt. Ihr monatliches Bruttogehalt betrug zuletzt € [Höhe des Monatsbruttogehalts]. Die Kündigung ist vorgesehen zum nächstmöglichen Zeitpunkt. Die ordentliche Kündigungsfrist beträgt [Angabe der vertraglichen bzw. gesetzlichen Kündigungsfrist].

2. [Name des Arbeitnehmers] nimmt vom [Datum] bis zum [Datum] Elternzeit in Anspruch.

3. Die Kündigung ist aufgrund einer Betriebsstilllegung beabsichtigt. Die Betriebsstilllegung wurde in der Gesellschafterversammlung vom [Datum] beschlossen. Eine Kopie des Gesellschafterbeschlusses fügen wir als Anlage bei. Die Gesellschaft hat [Anzahl der Betriebe] Betriebe in [Betriebsort] und [Betriebsort]. Der Betrieb in [Betriebsort] ist bereits stillgelegt. Der Betrieb in [Betriebsort] wird zum 31.12.2002 stillgelegt und die Gesellschaft nachfolgend liquidiert. Ein Nachfolgebetrieb im Sinne von § 613 a BGB besteht nicht. Alle Arbeitnehmer werden spätestens zu diesem Zeitpunkt entlassen. Eine Weiterbeschäftigungsmöglichkeit besteht nicht.

4. Wir bitten daher, der beabsichtigten Kündigung zuzustimmen.
5. Ein Betriebsrat besteht nicht.
6. Ein Sozialplan existiert nicht.

Mit freundlichen Grüßen

[Unterschrift]

Mitbestimmung des Betriebsrats

§ 102 BetrVG Mitbestimmung bei Kündigungen*

(1) ¹Der Betriebsrat ist vor jeder Kündigung zu hören. Der Arbeitgeber hat ihm die Gründe für die Kündigung mitzuteilen. ²Eine ohne Anhörung des Betriebsrats ausgesprochene Kündigung ist unwirksam.

(2) ¹Hat der Betriebsrat gegen eine ordentliche Kündigung Bedenken, so hat er diese unter Angabe der Gründe dem Arbeitgeber spätestens innerhalb einer Woche schriftlich mitzuteilen. ²Äußert er sich innerhalb dieser Frist nicht, gilt seine Zustimmung zur Kündigung als erteilt. ³Hat der Betriebsrat gegen eine außerordentliche Kündigung Bedenken, so hat er diese unter Angabe der Gründe dem Arbeitgeber unverzüglich, spätestens jedoch innerhalb von drei Tagen, schriftlich mitzuteilen. ⁴Der Betriebsrat soll, soweit dies erforderlich erscheint, vor seiner Stellungnahme den betroffenen Arbeitnehmer hören. ⁵§ 99 Abs. 1 Satz 3 gilt entsprechend.

(3) Der Betriebsrat kann innerhalb der Frist des Absatzes 2 Satz 1 der ordentlichen Kündigung widersprechen, wenn

1. der Arbeitgeber bei der Auswahl des zu kündigenden Arbeitnehmers soziale Gesichtspunkte nicht oder nicht ausreichend berücksichtigt hat,

2. die Kündigung gegen eine Richtlinie nach § 95 verstößt,

3. der zu kündigende Arbeitnehmer an einem anderen Arbeitsplatz im selben Betrieb oder in einem anderen Betrieb des Unternehmens weiterbeschäftigt werden kann,

4. die Weiterbeschäftigung des Arbeitnehmers nach zumutbaren Umschulungs- oder Fortbildungsmaßnahmen möglich ist oder

5. eine Weiterbeschäftigung des Arbeitnehmers unter geänderten Vertragsbedingungen möglich ist und der Arbeitnehmer sein Einverständnis hiermit erklärt hat.

(4) Kündigt der Arbeitgeber, obwohl der Betriebsrat nach Absatz 3 der Kündigung widersprochen hat, so hat er dem Arbeitnehmer mit

---

* Betriebsverfassungsgesetz (BetrVG), in der Fassung der Bekanntmachung vom 23. Dezember 1988, zuletzt geändert durch Gesetz vom 23. Dezember 2003 (BGBl. I S.2848).

§ 102 BetrVG Mitbestimmung des Betriebsrats

der Kündigung eine Abschrift der Stellungnahme des Betriebsrats zuzuleiten.

(5) ¹Hat der Betriebsrat einer ordentlichen Kündigung frist- und ordnungsgemäß widersprochen, und hat der Arbeitnehmer nach dem Kündigungsschutzgesetz Klage auf Feststellung erhoben, dass das Arbeitsverhältnis durch die Kündigung nicht aufgelöst ist, so muss der Arbeitgeber auf Verlangen des Arbeitnehmers diesen nach Ablauf der Kündigungsfrist bis zum rechtskräftigen Abschluss des Rechtsstreits bei unveränderten Arbeitsbedingungen weiterbeschäftigen. ²Auf Antrag des Arbeitgebers kann das Gericht ihn durch einstweilige Verfügung von der Verpflichtung zur Weiterbeschäftigung nach Satz 1 entbinden, wenn

1. die Klage des Arbeitnehmers keine hinreichende Aussicht auf Erfolg bietet oder mutwillig erscheint oder

2. die Weiterbeschäftigung des Arbeitnehmers zu einer unzumutbaren wirtschaftlichen Belastung des Arbeitgebers führen würde oder

3. der Widerspruch des Betriebsrats offensichtlich unbegründet war.

(6) Arbeitgeber und Betriebsrat können vereinbaren, dass Kündigungen der Zustimmung des Betriebsrats bedürfen und dass bei Meinungsverschiedenheiten über die Berechtigung der Nichterteilung der Zustimmung die Einigungsstelle entscheidet.

(7) Die Vorschriften über die Beteiligung des Betriebsrats nach dem Kündigungsschutzgesetz bleiben unberührt.

Inhalt

		Rz
A.	Einleitung	1– 3
B.	Anwendungsbereich	4–21
	I. Existenz eines Betriebsrats	4– 9
	II. Kündigung	10–14
	III. Arbeitnehmer	15–21
	1. Freie Mitarbeiter	16
	2. Leitende Angestellte	17
	3. Leiharbeitnehmer	18
	4. Tendenzträger	19
	5. Arbeitsverhältnisse mit Auslandsberührung	20–21
C.	Anhörung	22–31
	I. Mitteilungspflichtige Tatsachen	23–28
	1. Überblick	23–24
	2. Umfang der Mitteilungspflicht	25–28
	II. Fristen für die Unterrichtung	29–30

III.	Zeitpunkt, Ort und Form der Unterrichtung	31
D.	**Stellungnahme des Betriebsrats**	32–36
I.	Zuständigkeit und Verfahren	32
II.	Form und Frist	33–35
III.	Beteiligung des betroffenen Arbeitnehmers	36
E.	**Rechtsfolgen der Anhörung für die Kündigung**	37–41
I.	Unterlassene, fehlerhafte oder unvollständige Anhörung	37–39
II.	Verwertungsverbot	40–41
F.	**Widerspruch des Betriebsrats (§ 102 Abs. 3 BetrVG)**	42
G.	**Anspruch auf vorläufige Weiterbeschäftigung (§ 102 Abs. 5 BetrVG)**	43–64
I.	Voraussetzungen der Weiterbeschäftigungpflicht	43–47
II.	Rechtsfolgen der Weiterbeschäftigungspflicht	48–50
III.	Antrag des Arbeitgebers auf Entbindung von der Verpflichtung zur Weiterbeschäftigung	51–63
1.	Voraussetzungen	51–62
	a) Kündigungsschutzklage hat keine hinreichenden Erfolgsaussichten oder ist mutwillig, § 102 Abs. 5 Satz 2 Nr. 1 BetrVG	55–56
	b) Weiterbeschäftigung würde zu unzumutbarer wirtschaftlicher Belastung des Arbeitgebers führen, § 102 Abs. 5 Satz 2 Nr. 2 BetrVG	57–60
	c) Offensichtliche Unbegründetheit des Widerspruchs des Betriebsrats, § 102 Abs. 5 Satz 2 Nr. 3 BetrVG	61–62
2.	Rechtsfolgen	63
IV.	Sonstige Beendigung der vorläufigen Weiterbeschäftigungspflicht	64
H.	**Vereinbarung von Zustimmungserfordernissen gemäß § 102 Abs. 6 BetrVG**	65–69

A. Einleitung

Wirksamkeitsvoraussetzung einer jeden Kündigung ist die Anhörung **1** des Betriebsrats gemäß § 102 BetrVG. Danach hat der Arbeitgeber den Betriebsrat **vor jeder Kündigung** über die Gründe der Kündigung zu unterrichten und die **Stellungnahme des Betriebsrats** abzuwarten. Bei einer **ordentlichen Kündigung** muss sich der Betriebsrat innerhalb **einer Woche** (§ 102 Abs. 2 Satz 1 BetrVG) und bei einer **außerordentlichen Kündigung** innerhalb von **drei Kalendertagen** (§ 102 Abs. 2 Satz 3 BetrVG) erklären. Reagiert der Betriebsrat nicht innerhalb dieser Fristen gilt seine Zustimmung als erteilt. Rechtsfolge einer unterlassenen Anhörung des Betriebsrats ist die Unwirksamkeit einer gleichwohl ausgesprochenen Kündigung (§ 102 Abs. 1 Satz 3 BetrVG). **Sinn und Zweck** des § 102 BetrVG ist es, den Arbeitgeber dazu zu veranlassen, sich vor jeder beabsichtigten Kündigung mit den Gründen sowie der

Ansicht des Betriebsrats hierzu auseinander zu setzen.[1] Insbesondere soll es dem **Betriebsrat ermöglicht** werden, auf die Entscheidungsfindung des Arbeitgebers **Einfluss zu nehmen**.[2] Die Voraussetzungen des § 102 BetrVG sind **zusätzlich** zu denen des **KSchG** zu beachten.

2 Das Erfordernis, den Betriebsrat anzuhören ist strikt von der Zustimmungsbedürftigkeit zur Kündigung zu trennen. Nach § 103 BetrVG hat der Betriebsrat der außerordentlichen Kündigung von Mitgliedern des Betriebrats sowie von Wahlbewerbern und Mitgliedern des Wahlvorstandes zuzustimmen.[3]

3 § 102 BetrVG verschafft dem gekündigten Arbeitnehmer darüber hinaus unter bestimmten Voraussetzungen einen betriebsverfassungsrechtlichen Weiterbeschäftigungsanspruch bis zum rechtskräftigen Abschluss des Kündigungsschutzverfahrens (§ 102 Abs. 5 BetrVG).[4]

B. Anwendungsbereich

I. Existenz eines Betriebsrats

4 Im Unterschied zu anderen Beteiligungsrechten des Betriebsrats ist eine bestimmte Betriebs- oder Unternehmensgröße nicht Voraussetzung für das Eingreifen des § 102 BetrVG. § 102 BetrVG verlangt nur, dass in dem Betrieb, dem der zu kündigende Arbeitnehmer angehört, überhaupt ein **Betriebsrat besteht**, und dieser Betriebsrat auch **arbeits- und funktionsfähig** ist. Demnach muss der Betrieb **betriebratsfähig** iSv § 1 Abs. 1 Satz 1 BetrVG sein; er muss also regelmäßig mindestens fünf wahlberechtigte Arbeitnehmer beschäftigen, von denen mindestens drei wählbar sind. Sind diese Voraussetzungen **nicht gegeben**, ist § 102 BetrVG unanwendbar.

5 Ein Betrieb kann betriebsratlos sein, weil ein Betriebsrat überhaupt nicht gewählt wurde oder weil sich der Betriebsrat aufgrund einer **nichtigen Betriebsratswahl** konstituiert hat.[5] Der Arbeitgeber kann sich jederzeit, beispielsweise in einem Kündigungsschutzprozess, auf die Nichtigkeit der Betriebsratswahl berufen. Dies gilt auch, wenn er dieses Gremium zuvor einmal beteiligt hat.[6]

---

1 KR/*Etzel* § 102 Rz 8.
2 *Jaeger/Röder/Heckelmann/Jaeger* Kap. 25 Rz 1.
3 Zu den Einzelheiten vgl. die Kommentierung unter § 15 KSchG Rz 29 ff.
4 Vgl. im Einzelnen unten Rz 43 ff.
5 KR/*Etzel* § 102 Rz 19.
6 KR/*Etzel* § 102 Rz 19.

Mitbestimmung des Betriebsrats **§ 102 BetrVG**

In Betrieben, die durch eine **Verringerung der Arbeitnehmerzahl auf** 6
unter fünf ständige Arbeitnehmer ihre Betriebsratsfähigkeit verlieren[7]
oder die durch **Stilllegung, Spaltung** oder **Verschmelzung** untergehen, behält der Betriebsrat gemäß § 21b BetrVG ein Restmandat. Unter
einem Restmandat versteht man die Befugnis des Betriebsrats, bereits
entstandene oder durch die Stilllegung, Spaltung oder Verschmelzung
wahrzunehmende Beteiligungsrechte wahrzunehmen und Ansprüche
geltend zu machen. Vor Kündigungen, die nach dem Absinken der
Arbeitnehmerzahl auf unter fünf oder nach Stilllegung, Spaltung oder
Verschmelzung ausgesprochen werden, ist der Betriebsrat daher nicht
nach § 102 BetrVG zu beteiligen.[8]

Im Gegensatz zum Untergang des Betriebes durch Stilllegung, Spal- 7
tung oder Verschmelzung hat ein **Wechsel des Betriebsinhabers** keine
Auswirkungen auf das Amt des Betriebsrats, weil insoweit der Bestand
des Betriebs unangetastet bleibt.[9]

Geht ein Betrieb durch Spaltung nicht unter und wird er nicht in einen 8
anderen Betrieb eingegliedert, in dem bereits ein Betriebsrat besteht, so
bleibt der Betriebsrat im Amt und behält seine Zuständigkeit für die
ihm zugeordneten Betriebsteile, sofern die Betriebsteile durch die Spaltung nicht ihre Betriebratsfähigkeit gemäß § 1 Abs. 1 BetrVG verloren
haben, § 21a Abs. 1 BetrVG (**Übergangsmandat**). Ein Übergangsmandat hat auch der Betriebsrat des im Hinblick auf die Anzahl der wahlberechtigten Arbeitnehmer größten Betriebs bzw. Betriebsteils im Falle
einer Verschmelzung von Betrieben oder Betriebsteilen, § 21a Abs. 2
BetrVG. Der ein Übergangsmandat wahrnehmende Betriebsrat ist vor
einer Kündigung der ihm zugeordneten Arbeitnehmer nach § 102
BetrVG anzuhören.

Das Bestehen eines funktionsfähigen Betriebsrats setzt voraus, dass 9
mindestens ein Betriebsratsmitglied erreichbar ist und Betriebsratsaufgaben wahrnehmen kann.[10] Nur bei einer **kurzzeitigen Verhinderung
aller Betriebsratsmitglieder** einschließlich der Ersatzmitglieder ist es
dem Arbeitgeber ausnahmsweise zuzumuten, mit dem Kündigungsausspruch abzuwarten, bis der Betriebsrat angehört werden kann. Dies
gilt allerdings nicht, wenn durch das Zuwarten beispielsweise die
Zwei-Wochen-Frist des § 626 Abs. 2 BGB ablaufen würde oder wenn
dadurch eine längere Kündigungsfrist einzuhalten wäre.

---

[7] KR/*Etzel* § 102 Rz 22 f.
[8] KR/*Etzel* § 102 Rz 22.
[9] KR/*Etzel* § 102 Rz 23a.
[10] APS/*Koch* § 102 BetrVG Rz 46.

II. Kündigung

10 Die Anhörungspflicht greift im Hinblick auf **alle Arten von arbeitgeberseitigen Kündigungen** – ordentliche und außerordentliche – ein. Dies trifft auch auf **Änderungskündigungen** zu, bei denen eine Betriebsratsanhörung erforderlich ist, weil zum Zeitpunkt des Ausspruchs der Änderungskündigung noch nicht klar ist, ob sie zu einer Beendigung des Arbeitsverhältnisses führen wird.[11] Es **spielt für** die Anwendbarkeit des § 102 BetrVG **keine Rolle**, ob der betreffende Arbeitnehmer unter den **Schutz des KSchG** fällt.[12] Ebenso wenig hängt die Anwendung des § 102 BetrVG von dem Kündigungsmotiv des Arbeitgebers oder von den näheren Umständen ab, die zu dem Kündigungsentschluss des Arbeitgebers geführt haben. So greift § 102 BetrVG auch bei Kündigungen in der **Insolvenz** ein sowie bei Kündigungen, die zur **Betriebsstilllegung** erforderlich werden.

11 § 102 BetrVG gilt **nicht** bei **anderen Formen der Beendigung von Arbeitsverhältnissen** wie Kündigungen durch den Arbeitnehmer oder beim Abschluss von **Aufhebungsverträgen**. Auch **Abwicklungsverträge**, also Verträge, die nach dem Ausspruch einer Kündigung geschlossen werden und die Modalitäten der Beendigung des Arbeitsverhältnisses regeln, sind wirksam, ohne dass der Betriebsrat zuvor angehört werden müsste. Die dem Abschluss des Abwicklungsvertrags vorhergehende Kündigung bedarf allerdings wie alle Kündigungen zu ihrer Wirksamkeit einer vorherigen Anhörung. Der Abwicklungsvertrag ist aber trotz einer fehlerhaften oder unterlassenen Anhörung zu der vorausgegangenen Kündigung wirksam, weil in einem Abwicklungsvertrag Einigung über die Wirksamkeit der Kündigung erzielt wird.[13]

12 Auch die Beendigung eines Arbeitsverhältnisses durch den **Ablauf einer Befristung**, den **Eintritt einer Bedingung** – beispielsweise die Zweckerreichung bei Einstellung nur für die Dauer eines ganz bestimmten Projekts – oder im Wege der **Anfechtung** unterscheiden sich von einer Kündigung und lösen kein Anhörungserfordernis nach § 102 BetrVG aus.

13 Bei **vorsorglichen Kündigungen** kann nicht von der Anhörung abgesehen werden. Dies wird insbesondere relevant, wenn der Arbeitgeber **außerordentlich kündigt**, zugleich aber **hilfsweise die ordentliche Kündigung erklärt**. In diesem Fall muss der Betriebsrat ausdrücklich

---

11 APS/*Koch* § 102 Rz 27.
12 KR/*Etzel* § 102 Rz 28.
13 *Jaeger/Röder/Heckelmann/Jaeger* Kap. 25 Rz 13.

zu beiden Kündigungen angehört werden. Dabei sind die für beide Kündigungsarten vorgesehenen Fristen zu beachten.

▶ **Praxistipp:**
Gibt der Betriebsrat bei der Mitteilung, es sei eine außerordentliche, hilfsweise ordentliche Kündigung geplant, keine abschließende Stellungnahme oder gibt er eine solche Stellungnahme nur zu der außerordentlichen Kündigung ab, sollte der Arbeitgeber unbedingt die Wochenfrist abwarten. Anderenfalls besteht das Risiko, dass die hilfsweise erklärte ordentliche Kündigung allein schon wegen des Nichtverstreichens der für die ordentliche Kündigung maßgeblichen Wochenfrist unwirksam ist.[14] Konkret kann sich dieses Risiko einstellen, wenn der Betriebsrat nach Ablauf der Drei-Tages-Frist zum Kündigungsvorhaben Stellung bezieht und der Arbeitgeber daraufhin noch vor Ablauf der Wochenfrist kündigt. Kommt es auf die Wirksamkeit der ordentlichen Kündigung an, weil etwa die außerordentliche Kündigung mangels wichtigen Grundes iSv § 626 Abs. 1 BGB unwirksam ist, so ist das Arbeitsverhältnis nicht wirksam beendet. Die Kündigung wäre ggf. unter Beachtung aller Wirksamkeitsvoraussetzungen zu wiederholen.

Der **Wechsel des Betriebsinhabers** gemäß § 613 a BGB ist keine Kündigung. Widerspricht der Arbeitnehmer dem Übergang seines Arbeitsverhältnisses auf den neuen Betriebsinhaber nicht, so endet sein Arbeitsverhältnis zu dem alten Betriebsinhaber kraft Gesetzes. Widerspricht er hingegen dem Übergang (vgl. § 613 a Abs. 6 BGB), so bleibt sein Arbeitsverhältnis zu dem alten Betriebsinhaber bestehen. Diese Fälle lösen keine Mitwirkungspflicht des Betriebsrats nach § 102 BetrVG aus.[15] **14**

Anders verhält es sich bei Ausspruch einer Kündigung durch den alten oder den neuen Betriebsinhaber. In diesem Fall ist der Betriebsrat gemäß § 102 BetrVG zu beteiligen. Eine solche Kündigung ist allerdings nur dann wirksam, wenn sie aus anderen Gründen als wegen des Betriebsübergangs erfolgt (§ 613 a Abs. 4 Satz 2 BGB).[15a]

---

14 *BAG* 5. 2. 1998, EzA § 626 BGB Unkündbarkeit Nr. 2; *Jaeger/Röder/Heckelmann/Jaeger* Kap. 25 Rz 84.
15 KR/*Etzel* § 102 Rz 43.
15a Vgl. die Kommentierung unter § 613 a BGB Rz 19 ff.

III. Arbeitnehmer

15 § 102 BetrVG bezieht sich **nur** auf die Kündigung von **Arbeitnehmern** iSv § 5 Abs. 1 BetrVG. Bei der Kündigung von **leitenden Angestellten** (zur Definition des leitenden Angestellten vgl. § 5 Abs. 3 BetrVG) und **freien Mitarbeitern** ist § 102 BetrVG irrelevant. Bei der Kündigung leitender Angestellter sind allerdings die § 31 Abs. 2 SprAuG und § 105 BetrVG zu beachten.

1. Freie Mitarbeiter

16 Im Hinblick auf freie Mitarbeiter ist zu beachten, dass ein Arbeitgeber von einer (vorsorglichen) Anhörung des Betriebsrats nur dann absehen sollte, wenn zweifelsfrei feststeht, dass der Mitarbeiter auch durch ein Gericht als freier Mitarbeiter und nicht als Arbeitnehmer qualifiziert werden würde. Die Einordnung als Arbeitnehmer hätte neben sozialversicherungsrechtlichen Problemen in jedem Fall zur Konsequenz, dass die Kündigung des Mitarbeiters bereits aufgrund der fehlenden Betriebsratsanhörung unwirksam wäre. Die Beurteilung, ob jemand Arbeitnehmer oder freier Mitarbeiter ist, ist häufig nicht einfach, zumal es für die Einordnung eines Mitarbeiters auf die **tatsächliche Vertragsdurchführung** und nicht auf die im Vertrag verwendete Terminologie ankommt.[16]

▶ Praxistipp:

Da man in der Praxis in der überwiegenden Zahl der Fälle nicht völlig sicher sein kann, ob wirklich ein »gerichtsfestes« Freies-Mitarbeiter-Verhältnis vorliegt, sollte bei Kündigungen von freien Mitarbeitern vorsorglich der Betriebsrat angehört werden. Hierbei sollte unmissverständlich klargestellt werden, dass von einer Einordnung als freier Mitarbeiter ausgegangen wird und die Anhörung nur vorsorglich erfolgt.[17]

2. Leitende Angestellte

17 Ein ähnliches Problem stellt sich bei der Kündigung leitender Angestellter. Bei leitenden Angestellten gilt ebenso wie bei freien Mitarbeitern, dass es für die Abgrenzung in erster Linie auf die **tatsächliche**

---

16 *BAG* 22. 4. 1998, EzA § 611 BGB Arbeitnehmerbegriff Nr. 67 = NZA 1998, 1336, 1338; *BAG* 12. 9. 1996, NZA 1997, 600, 601 f.; *BAG* 9. 6. 1993, NZA 1994, 169 f.
17 *Jaeger/Röder/Heckelmann/Jaeger* Kap. 25 Rz 21.

Durchführung des Vertragsverhältnisses ankommt.[18] Daher ist auch bei der Kündigung von Angestellten, die der Arbeitgeber als leitende Angestellte ansieht, zu raten, sich im Hinblick auf die Beteiligungsrechte von Arbeitnehmervertretungen nach allen Seiten abzusichern. Stellt nämlich ein Gericht auf die Kündigungsschutzklage eines Arbeitnehmers hin fest, dass er entgegen der Behauptung des Arbeitgebers nicht leitender Angestellter ist, so hat dies zur Folge, dass die Kündigung bei Fehlen einer Betriebsratsanhörung nach § 102 BetrVG bereits aus diesem Grund unwirksam ist.

▶ **Praxistipp:**
Bei der Kündigung leitender Angestellter sollte die Mitteilung an den Betriebsrat den Anforderungen des § 102 BetrVG genügen und den Hinweis enthalten, dass der Betriebsrat sowohl gemäß § 102 als auch gemäß § 105 BetrVG beteiligt wird. Zugleich ist es sinnvoll hervorzuheben, dass es sich bei der Unterrichtung des Betriebsrats nach § 102 BetrVG um eine rein vorsorgliche Maßnahme handelt und an der arbeitgeberseitigen Einordnung des Arbeitnehmers als leitender Angestellter festgehalten wird. Existiert ein Sprecherausschuss, so ist bei nicht eindeutigen Fällen ebenso die Beteiligung des Sprecherausschusses gemäß § 31 Abs. 2 SprAuG anzuraten, da die fehlende oder nicht ordnungsgemäße Beteiligung des Sprecherausschusses bei der Kündigung eines leitenden Angestellten ebenfalls zur Unwirksamkeit der Kündigung führt, vgl. § 31 Abs. 2 Satz 3 SprAuG.

3. Leiharbeitnehmer

Hinsichtlich der Anwendbarkeit des § 102 BetrVG auf Leiharbeitnehmer ist danach zu unterscheiden, zu wem der Leiharbeitnehmer in einem Arbeitsverhältnis steht. Dies ist grundsätzlich der Verleiher (vgl. § 14 Abs. 1 AÜG). Mithin sind innerhalb dieses Arbeitsverhältnisses die Voraussetzungen von § 102 BetrVG einzuhalten, wenn der Verleiher dem Leiharbeitnehmer kündigen will. Das **Ende der Überlassung des Leiharbeitnehmers an den Entleiher** erfordert hingegen **keine Anhörung** des Betriebsrats **im Entleiherbetrieb**, da es zwischen diesen beiden Beteiligten schon an einem Arbeitsverhältnis fehlt.[19]

---

18 *BAG* 19.8.1975, EzA § 102 BetrVG 1972 Nr. 16 = DB 1975, 2231.
19 KR/*Etzel* § 102 Rz 12.

4. Tendenzträger

19 Das Anhörungserfordernis gemäß § 102 BetrVG umfasst auch Kündigungen von Tendenzträgern in Tendenzunternehmen (vgl. § 118 Abs. 1 BetrVG), also beispielsweise Presseunternehmen oder weltanschaulich, politisch, konfessionell oder künstlerisch geprägte Unternehmen. § 102 Abs. 1 und 2 BetrVG greift **auch bei tendenzbedingten Kündigungsgründen** ein. Diese sind im Rahmen des Anhörungsverfahrens ebenso wie alle anderen Kündigungsgründe mitzuteilen.[20] Ausgenommen von der Anhörungspflicht nach § 102 BetrVG sind allerdings Religionsgemeinschaften, vgl. § 118 Abs. 2 BetrVG. Diese haben teilweise ein eigenes Mitarbeitervertretungsrecht, wonach die Mitarbeitervertretung vor Kündigungen anzuhören ist; vgl. zB §§ 30 Abs. 5, 31 Abs. 3 MAVO.

5. Arbeitsverhältnisse mit Auslandsberührung

20 Der Geltungsbereich des BetrVG und somit auch des § 102 BetrVG beschränkt sich auf das Gebiet der Bundesrepublik Deutschland (**Territorialitätsprinzip**). Voraussetzung dafür, dass der § 102 BetrVG eingreift, ist zunächst ein Inlandsbezug des Arbeitsverhältnisses.[21] Bei der Kündigung von Arbeitnehmern, die im Ausland eingesetzt oder vom Ausland in einen deutschen Betrieb entsandt werden, kommt es auf die Zuordnung dieser Arbeitsverhältnisse an. Sind von einem deutschen Betrieb ins Ausland entsandte Arbeitnehmer dem inländischen Betrieb zuzuordnen, weil sie nach den vertraglichen Regelungen und der tatsächlichen Durchführung des Vertrags nur **vorübergehend ins Ausland entsandt** worden sind, so unterfallen sie auch dem deutschen Betriebsverfassungsrecht; es gilt daher § 102 BetrVG.[22] Nach der Rechtsprechung ist eine Zuordnung zu einem inländischen Betrieb insbesondere dann gegeben, wenn der Arbeitnehmer dem **Direktionsrecht** des in Deutschland gelegenen Betriebs untersteht und die Arbeitsvertragsparteien ein **Rückrufrecht** vereinbart hatten.[23] Bezweckt ein Arbeitsverhältnis hingegen nach Regelungsgehalt und tatsächlicher Durchführung **ausschließlich das Tätigwerden des Arbeitnehmers im Ausland**, so ist kein hinreichender Bezug zum deutschen Betriebsverfas-

---

20 *BAG* 7. 11. 1975, EzA § 118 BetrVG 1972 Nr. 9 = AP BetrVG 1972 § 118 Nr. 4.
21 *BAG* 30. 4. 1987, NZA 1988, 135; *BAG* 21. 10. 1980, EzA § 102 BetrVG 1972 Nr. 43; *BAG* 9. 11. 1977, EzA § 102 BetrVG 1972 Nr. 31.
22 *BAG* 7. 12. 1989, EzA § 102 BetrVG 1972 Nr. 74.
23 *BAG* 20. 2. 2001, EzA § 99 BetrVG 1972 Einstellung Nr. 7 = NZA 2001, 1033, 1035; *BAG* 7. 12. 1989, EzA § 102 BetrVG 1972 Nr. 74.

sungsrecht vorhanden, selbst wenn der Arbeitnehmer Deutscher ist und deutsches Recht als Arbeitsvertragsstatut vereinbart wurde.[24] Andererseits können die ausländische Staatsangehörigkeit der Arbeitsvertragsparteien bzw. der Sitz des Arbeitgebers im Ausland oder die Vereinbarung einer ausländischen Rechtsordnung als Arbeitsvertragsstatut nicht dazu führen, dass die Regelungen des BetrVG abbedungen werden, wenn das Arbeitsverhältnis ansonsten, beispielsweise nach dem Arbeitsvertragsstatut eines Teils der Belegschaft, dem Sitz des einstellenden Betriebs oder dem Arbeitsort, einen starken Bezug zum deutschen Recht aufweist.[25]

Dieselben Regeln gelten für Arbeitnehmer, die **aus dem Ausland in ein deutsches Unternehmen entsandt** werden.[26] Auch hier richtet sich die Geltung deutschen Betriebsverfassungsrechts danach, ob die Entsendung nur vorübergehender Natur ist, der Arbeitnehmer in den deutschen Betrieb eingegliedert wird und er den Weisungen seines ausländischen Arbeitgebers oder einer in Deutschland belegenen Stelle untersteht. Von Relevanz ist schließlich auch, ob ein Rückrufrecht vereinbart wurde. 21

C. Anhörung

Liegen die oben dargestellten Voraussetzungen vor, so ist der Betriebsrat vor jeder geplanten Kündigung anzuhören. 22

I. Mitteilungspflichtige Tatsachen

1. Überblick

Der Arbeitgeber hat dem Betriebsrat die nachfolgend dargestellten Tatsachen und Erwägungen mitzuteilen und ihn zur Stellungnahme zur beabsichtigten Kündigung aufzufordern. Zuständig ist der **Betriebsratsvorsitzende** oder bei Verhinderung sein **Stellvertreter** (§ 26 Abs. 2 Satz 2 BetrVG). Sind sowohl der Betriebsratsvorsitzende als auch sein Stellvertreter nicht erreichbar, zB urlaubsbedingt abwesend, so ist auf den für diesen Fall bestimmten Vertreter zurückzugreifen. Nur wenn kein Vertreter bestimmt wurde und der Vorsitzende und sein Stellvertreter nicht erreichbar sind, kann die gemäß § 102 BetrVG erforderliche 23

---

24 *BAG* 30. 4. 1987, NZA 1988, 135; *BAG* 21. 10. 1980, EzA § 102 BetrVG 1972 Nr. 43; *Jaeger/Röder/Heckelmann/Jaeger* Kap. 25 Rz 25.
25 *BAG* 9. 11. 1977, EzA § 102 BetrVG 1972 Nr. 31.
26 KR/*Etzel* § 102 Rz 17.

Unterrichtung **jedem Betriebsratsmitglied** mit der Wirkung übergeben werden, dass die Anhörung im Zeitpunkt des Zugangs eingeleitet worden ist.[27] **Mitteilungspflichtig** sind:

- Persönliche Daten des zu kündigenden Arbeitnehmers
  (Dauer der Betriebszugehörigkeit; Alter; Familienstand; Unterhaltsverpflichtungen; Position/Tätigkeit; eventueller Sonderkündigungsschutz, zB Schwerbehinderung);

- Art der beabsichtigten Kündigung
  (ordentliche oder außerordentliche Kündigung, außerordentliche Kündigung mit sozialer Auslauffrist, Änderungs- oder Beendigungskündigung,[28] Tat- oder Verdachtskündigung);

- Kündigungsfrist, mit der die beabsichtigte Kündigung ausgesprochen werden soll;

- Begründung des Kündigungsentschlusses
  (konkrete Mitteilung der Umstände, auf die der Arbeitgeber die Kündigung stützen will, aber auch den Arbeitnehmer entlastende Umstände, wenn sie dem Arbeitgeber bekannt sind).

▶ **Praxistipp:**
Bei Sonderkündigungsschutz und dem Erfordernis der Zustimmung der zuständigen Behörde zur beabsichtigten Kündigung, kann das Anhörungsverfahren nach § 102 BetrVG im Anschluss an das Zustimmungsverfahren durchgeführt werden. Dann ist der Bescheid über die Zustimmung zur Kündigung durch die zuständige Behörde beizufügen. Beide Verfahren können aber auch parallel betrieben werden. In diesem Fall sollte der Unterrichtung des Betriebsrats der Antrag und der Hinweis auf den Stand des Verfahrens beigefügt werden.

24 Bei der Angabe der Art der beabsichtigten Kündigung ist darauf zu achten, dass bei einem **Abweichen von der ursprünglich geplanten Kündigungsart** der Betriebsrat vor dem Ausspruch der Kündigung zu der letztendlich gewählten Kündigungsart – zB außerordentlicher statt ordentlicher Kündigung – erneut angehört werden muss. Im Zusammenhang mit der Angabe der Kündigungsfrist empfiehlt es sich, darauf hinzuweisen, dass der Ausspruch der Kündigung alsbald nach

---
27 *BAG* 27. 6. 1985, NZA 1986, 426, 427.
28 Zu der Beteiligung des Betriebsrats bei Änderungskündigung vgl. im Einzelnen § 2 KSchG Rz 58 ff.

Abschluss des Anhörungsverfahrens geplant ist, damit sich der Betriebsrat ein ungefähres Bild davon machen kann, wann das Arbeitsverhältnis in etwa enden wird.[29]

2. Umfang der Mitteilungspflicht

Die in der Unterrichtung anzugebenden Gründe für die Kündigung müssen nach der Rechtsprechung für sich genommen so ausführlich sein, dass der Betriebsrat sich ohne eigene Nachforschungen ein **umfassendes Bild von dem Sachverhalt** machen und die Substanz der genannten Kündigungsgründe prüfen kann.[30] Es ist deshalb von großer Bedeutung, dass die Unterrichtung zu den Kündigungsgründen nicht nur Wertungen wie zB »häufige Verspätungen« oder schlagwortartige Angaben wie »Wegfall der Beschäftigungsmöglichkeit«, sondern eine ausführliche und möglichst konkrete Darstellung der dem Kündigungsentschluss zugrunde liegenden Tatsachen enthält.[31] In der Praxis ist zu empfehlen, zu allen Kündigungsvoraussetzungen – diese können sich je nach Art und Grund der Kündigung erheblich unterscheiden – dem Betriebsrat gegenüber Tatsachen vorzutragen und, falls vorhanden, auch Dokumente vorzulegen. Aus praktischen Gründen muss der Arbeitgeber **alle Tatsachen** darlegen, die er auch **in einer** späteren **Klageerwiderung darlegen und beweisen** muss. Beachtet der Arbeitgeber die Pflicht zu einer umfassenden Unterrichtung über alle objektiven Kündigungsvoraussetzungen nicht, so ist die Betriebsratsanhörung jedoch wirksam, wenn der Arbeitgeber dem Betriebsrat alle für ihn **subjektiv erheblichen Umstände**, die zu dem Kündigungsentschluss geführt haben, mitgeteilt hat. Anderenfalls scheitert die Wirksamkeit der Kündigung bereits an dem Fehlen einer ordnungsgemäßen Betriebsratsanhörung.[32] Dabei ist aber zu beachten, dass sich der **Arbeitgeber in** einem etwaigen **Kündigungsschutzprozess nur auf die vorgetragenen Tatsachen** zur Begründung der Kündigung **stützen** darf. Darüber hinausgehende, neue Tatsachen sind nicht verwertbar.[33] Das Erfordernis, den Kündigungsgrund, so wie er sich aus der subjektiven Sicht des

---

29 *Jaeger/Röder/Heckelmann/Jaeger* Kap. 25 Rz 34.
30 *BAG* 17. 2. 2000, NZA 2000, 761, 762; *BAG* 27. 2. 1997, EzA § 1 KSchG Verhaltensbedingte Kündigung Nr. 51 = NZA 1997, 761, 762; *BAG* 15. 11. 1995, EzA § 102 BetrVG 1972 Nr. 89 = NZA 1996, 419, 421; *BAG* 11. 7. 1991, NZA 1992, 38.
31 *BAG* 15. 11. 1995, EzA § 102 BetrVG 1972 Nr. 89 = NZA 1996, 419, 421.
32 *Jaeger/Röder/Heckelmann/Jaeger* Kap. 25 Rz 39.
33 *BAG* 27. 2. 1997, EzA § 1 KSchG Verhaltensbedingte Kündigung Nr. 51 = NZA 1997, 761, 762; *BAG* 22. 9. 1994, NZA 1995, 363, 364 f.; *BAG* 11. 7. 1991, NZA 1992, 38; *BAG* 8. 9. 1988, NZA 1989, 852 f. Dieser Punkt wird weiter unten ausführlich behandelt unter Rz 40 f.

Arbeitgebers darstellt, vorzutragen, besteht auch bei der Kündigung von Arbeitsverhältnissen, die nicht unter das KSchG fallen.[34]

26 Liegen bestimmte Tatsachen bei Kündigungsausspruch bereits vor, erhält der Arbeitgeber aber erst nach dem Ausspruch der Kündigung Kenntnis davon, so ist ein **nachträgliches Anhörungsverfahren** erforderlich. Denn nur wenn ein solches nachträgliches Anhörungsverfahren durchgeführt wurde, ist der Vortrag nachträglich bekannt gewordener Tatsachen in einem Kündigungsschutzprozess nach der Rechtsprechung des BAG ausnahmsweise zulässig.[35]

27 Gleichfalls hat der Arbeitgeber bei Tatsachen, die ihm erst nach dem Anhörungsverfahren, aber vor Ausspruch der Kündigung bekannt geworden sind, eine **ergänzende Unterrichtung** vorzunehmen.[36] Dabei ist auch der Hinweis zu empfehlen, dass und auf welche Weise die betreffenden Tatsachen dem Arbeitgeber erst zu einem späteren Zeitpunkt bekannt geworden sind.[37] Die gemäß § 102 Abs. 2 BetrVG vorgeschriebene Frist zur Stellungnahme beginnt dann allerdings erst mit dem Eingang der zweiten Unterrichtung zu laufen.

28 Sind dem **Betriebsrat** bestimmte **Tatsachen** bereits **bekannt**, entfällt ausnahmsweise die Pflicht zur Unterrichtung über diese Tatsachen.[38] Der Arbeitgeber genügt dann seiner Unterrichtungspflicht, wenn er lediglich auf die dem Betriebsrat bekannten Umstände verweist. Der Arbeitgeber hat aber darauf zu achten, dass er diese **Kenntnis des Betriebsrats** in einem etwaigen Kündigungsschutzprozess ggf. **beweisen** muss.

▶ Praxistipp:

Die Kenntnis des Betriebsrats von bestimmten Tatsachen, beispielsweise aus entsprechenden Verhandlungen über Betriebsänderungen, sollte schriftlich festgehalten werden, damit der Arbeitgeber diesen Umstand im Kündigungsschutzprozess vortragen kann. Gehen die Gründe für betriebsbedingte Kündigungen aus einem mit dem Betriebsrat abgeschlossenen Interessenausgleich hervor, so kann auf diesen Interessenausgleich verwiesen werden.[39] Ist eine Dokumentation der Vorkenntnisse des Betriebsrats nicht möglich,

---

34 *BAG* 18. 5. 1994, NZA 1995, 24, 25 f.; *BAG* 11. 7. 1991, NZA 1992, 38, 39 f.; *BAG* 8. 9. 1988, NZA 1989, 852, 853 f.
35 *BAG* 11. 4. 1985, EzA § 102 BetrVG 1972 Nr. 62.
36 *Jaeger/Röder/Heckelmann/Jaeger* Kap. 25 Rz 78.
37 *Jaeger/Röder/Heckelmann/Jaeger* Kap. 25 Rz 77.
38 *BAG* 20. 5. 1999, NZA 1999, 1101, 1102; *BAG* 27. 6. 1985, NZA 1986, 426, 427.
39 *BAG* 20. 5. 1999, NZA 1999, 1101, 1102.

empfiehlt es sich, das Unterrichtungsverfahren so durchzuführen, als ob der Betriebsrat überhaupt keine Vorkenntnisse hätte.

▶ **Formulierungsvorschlag:**

An den Betriebsrat
z. Hd. d. Vorsitzenden

Unterrichtung des Betriebsrats gemäß § 102 BetrVG zur beabsichtigten ordentlichen Kündigung gegenüber Herrn/Frau …

Sehr geehrte/r Herr/Frau …
sehr geehrte Damen und Herren,

mit vorliegendem Schreiben unterrichten wir Sie davon, dass gegenüber Herrn/Frau … der Ausspruch einer ordentlichen Kündigung beabsichtigt ist.

1. Zur Person von Herrn/Frau … sowie dem Inhalt des Arbeitsverhältnisses teilen wir Ihnen Folgendes mit:

Alter/Geburtsdatum:…
Familienstand, Anzahl der Kinder: …
Betriebszugehörigkeit seit: …
z.Zt. tätig als: …
in der Abteilung: …
Vergütung/Tarifgruppe/Tarifzulage: …
Kündigungsfrist:…
Der Ausspruch der beabsichtigten Kündigung ist alsbald nach Abschluss des Anhörungsverfahrens vorgesehen.
Sonderkündigungsschutz/Erteilung der Zustimmung durch zuständige Behörde am… unter Beifügung des Zustimmungsbescheids in Kopie: …/Antrag auf Zustimmung zu der Kündigung ist am… gestellt worden unter Beifügung des Antrags in Kopie.

2. Die beabsichtigte Kündigung wird auf folgende Gründe gestützt:
… (Beispiel: Die beabsichtigte Kündigung ist wegen der Stilllegung der Abteilung… gemäß dem am… mit dem Betriebsrat abgeschlossenen Interessenausgleich vorgesehen. Wir nehmen deshalb Bezug auf die in den Beratungen nach § 111 BetrVG und den Verhandlungen über den Interessenausgleich erteilten Informationen über diese betrieblichen Maßnahmen und machen diese Informationen einschließlich der hierzu vorgelegten Unterlagen auch zum Gegenstand der Unterrichtung des Betriebsrats im vorliegenden Anhörungsverfahren.

Aufgrund der Stilllegung der Abt. … zum… entfällt auch der dort bisher bestehende Arbeitsplatz von Herrn/Frau …)

3. (Bei betriebsbedingter Kündigung: Für die beabsichtigte Kündigung haben wir auch die Sozialauswahl gemäß § 1 Abs. 3 KSchG geprüft. Hierzu teilen wir Ihnen mit, dass der zur Kündigung vorgesehene Herr.../die zur Kündigung vorgesehene Frau... aus unserer Sicht mit folgenden Arbeitnehmern... (namentlich aufzuführen) ... vergleichbar ist.

Die Sozialdaten der vergleichbaren Arbeitnehmer teilen wir Ihnen wie folgt mit:

Name	Betriebszugehörigkeit	Alter	Unterhaltsverpflichtungen	Schwerbehinderung

Wie Sie aus der vorstehenden Aufstellung im Vergleich zu den unter 1. mitgeteilten Sozialdaten von Herrn/Frau... ersehen werden, weist er/sie eine erheblich kürzere Betriebszugehörigkeit als die vorstehend aufgeführten vergleichbaren Arbeitnehmer, mit Ausnahme von Herrn X auf. Herr X hat zwar eine geringfügig, nämlich um 1 Jahr kürzere Betriebszugehörigkeit als Herr/Frau..., weist jedoch dafür ein um 14 Jahre höheres Lebensalter auf. Gerade im Hinblick auf die Nachteile, welchen sich Herr X aufgrund seines Alters auf dem Arbeitsmarkt ausgesetzt sähe, gehen wir deshalb davon aus, dass er aufgrund seines wesentlich höheren Alters in der Gesamtbeurteilung sozial schutzwürdiger als Herr/Frau... ist.)

Wir bitten Sie daher um Zustimmung zu der geplanten Kündigung.

Mit freundlichen Grüßen
Name _____
Position _____
Unterschrift _____

Empfang durch Betriebsrat
Datum _____
Name des Betriebsratsmitglieds _____
Position des Betriebsratsmitglieds _____

II. Fristen für die Unterrichtung

Bei der Berechnung des Laufs der Kündigungsfristen bzw. bei Kündigungserklärungsfristen hat der Arbeitgeber zu beachten, dass der Betriebsrat sich bei einer ordentlichen Kündigung gemäß § 102 Abs. 2 Satz 1 BetrVG innerhalb einer Woche und bei einer außerordentlichen Kündigung innerhalb von drei Kalendertagen (§ 102 Abs. 2 Satz 3 BetrVG) erklären muss. Unterlässt der Betriebsrat jede Äußerung, so gilt gemäß § 102 Abs. 2 Satz 2 BetrVG seine Zustimmung nach Ablauf der einschlägigen Frist als erteilt (**Zustimmungsfiktion**). Bei Kündigungen, die innerhalb einer bestimmten Frist ausgesprochen werden müssen, also insbesondere bei **außerordentlichen Kündigungen**, bei denen gemäß § 626 Abs. 2 BGB eine Zwei-Wochen-Frist ab vollständiger Kenntnis aller für die Kündigung maßgebender Tatsachen einzuhalten ist, ist die Betriebsratsanhörung so früh durchzuführen, dass auch nach Ablauf der Drei-Tages-Frist (§ 102 Abs. 2 Satz 3 BetrVG) die Zwei-Wochen-Frist noch nicht abgelaufen ist. Dies ist notwendig, weil die **Zwei-Wochen-Frist ungeachtet der Betriebsratsanhörung läuft** und nicht etwa durch die Durchführung der Anhörung unterbrochen wird.[40] Aber auch bei einer beabsichtigten **ordentlichen Kündigung** ist die Anhörung so rechtzeitig vorzunehmen, dass die Kündigung noch rechtzeitig ausgesprochen werden kann, um die **beabsichtigte Kündigungsfrist** einhalten zu können.

▶ Beispiel:
Es ist eine Kündigungsfrist von vier Wochen zum Monatsende einzuhalten. Die Kündigung muss, um zum 31. März wirksam zu werden, spätestens am 3. März zugehen. Die Unterrichtung des Betriebsrats muss daher spätestens am 23. Februar erfolgen, damit auch bei Nichtäußerung bis zum 2. März (24.00 Uhr) die Kündigungsfrist noch eingehalten werden kann. (Es wird hier von einem Februar mit 28 Tagen ausgegangen.)

▶ Praxistipp:
Bei Vorbereitung der Kündigung sollte stets davon ausgegangen werden, dass der Betriebsrat die Wochenfrist bzw. die Drei-Tages-Frist voll ausschöpft.

Soll **schwerbehinderten Arbeitnehmern** oder Arbeitnehmern, die Schwerbehinderten **gleichgestellt** sind, gekündigt werden, so ist

---
40 KR/*Etzel* § 102 Rz 79.

gemäß § 85 SGB IX die **vorherige Zustimmung des Integrationsamts** einzuholen, es sei denn, der betroffene Arbeitnehmer ist erst sechs Monate oder kürzer bei dem Arbeitgeber beschäftigt (§ 90 Abs. 1 Nr. 1 SGB IX). Bei einer außerordentlichen Kündigung ist der Antrag auf Zustimmung beim Integrationsamt innerhalb von zwei Wochen nach Kenntniserlangung von den für den Kündigungsentschluss maßgebenden Tatsachen fristwahrend im Sinne von § 626 Abs. 2 BGB, wenn die Kündigung unverzüglich nach Zustimmungserteilung ausgesprochen wird, vgl. § 91 Abs. 2 und 5 SGB IX. Es ist unerheblich, in welcher Reihenfolge das Zustimmungsverfahren beim Integrationsamt und das Anhörungsverfahren nach § 102 BetrVG durchgeführt werden. Wird zunächst das Zustimmungsverfahren durchgeführt, so wird das Erfordernis der unverzüglichen Kündigung nach Zustimmungserteilung iSv § 91 Abs. 5 SGB IX dann gewahrt, wenn unverzüglich nach der Zustimmung oder nach dem Eintritt der Zustimmungsfiktion (vgl. § 91 Abs. 3 Satz 2 SGB IX) das Anhörungsverfahren durchgeführt und nach dessen Abschluss die Kündigung ausgesprochen wird.[41] Bei Zustimmung des Integrationsamts zu einer ordentlichen Kündigung eines Schwerbehinderten oder Gleichgestellten schreibt § 88 Abs. 3 SGB IX die Kündigung innerhalb eines Monats ab Zustellung der Zustimmungsentscheidung vor. Innerhalb dieser Frist muss auch das Anhörungsverfahren durchgeführt worden sein.

III. Zeitpunkt, Ort und Form der Unterrichtung

31 Die Unterrichtung ist grundsätzlich **während der Arbeitszeit innerhalb des Betriebs** durchzuführen,[42] es sei denn, der Vorsitzende oder bei Verhinderung sein Stellvertreter nehmen die Unterrichtung zu einer anderen Zeit oder an einem anderen Ort widerspruchslos entgegen. Mit Zugang der Unterrichtung wird dann die Ein-Wochen- bzw. Drei-Tages-Frist (vgl. § 102 Abs. 2 Sätze 1 und 3 BetrVG) in Lauf gesetzt.[43]

▶ Praxistipp:

Die Darlegungs- und Beweislast für die fristgerechte Anhörung des Betriebsrats liegt beim Arbeitgeber.[44] Daher ist eine schriftliche Unterrichtung des Betriebsrats dringend anzuraten, damit er die

---

41 *BAG* 22. 1. 1987, EzA § 103 BetrVG 1972 Nr. 32 = NZA 1987, 563, 565.
42 *BAG* 27. 8. 1982, EzA § 102 BetrVG 1972 Nr. 49 = DB 1983, 181.
43 *Jaeger/Röder/Heckelmann/Jaeger* Kap. 25 Rz 28.
44 *BAG* 29. 3. 1990, NZA 1990, 894, 896.

Tatsache der Unterrichtung sowie ihren genauen Inhalt in einem etwaigen Kündigungsschutzprozess darlegen und beweisen kann. Um den Zeitpunkt der Unterrichtung beweisen zu können, sollte der Arbeitgeber die schriftliche Unterrichtung zweifach einreichen und sich auf einem Doppel den Eingangszeitpunkt bestätigen lassen.

D. Stellungnahme des Betriebsrats

I. Zuständigkeit und Verfahren

Der Betriebsrat hat seine Entscheidung über die beabsichtigte Kündigung durch einen formellen, auf ordnungsgemäße Ladung hin und mit Mehrheit der Mitglieder gefassten **Beschluss** zu treffen.[45] Die Entscheidung nur eines einzelnen Betriebsratsmitglieds, zB des Betriebsratsvorsitzenden, oder eine Entscheidung im Umlaufverfahren sind unzulässig.[46] Der Betriebsrat kann der Kündigung **zustimmen**, ihr aus gesetzlich bestimmten Gründen **widersprechen** oder **Bedenken äußern**. Schließlich kann sich der Betriebsrat auch dazu entscheiden **keine Stellungnahme** abzugeben. 32

II. Form und Frist

Die Einhaltung der **Schriftform** ist nur für die Fälle vorgeschrieben, dass der Betriebsrat auf die Unterrichtung mit **Bedenken** oder einem **Widerspruch** gegen die Kündigung reagiert. Anderenfalls, also bei Zustimmung oder wenn der Betriebsrat lediglich erklärt, er habe die Kündigung zur Kenntnis genommen, genügt die mündliche Mitteilung des Betriebsrats. 33

Die dem Betriebsrat eingeräumten Fristen für die Stellungnahme sind § 102 Abs. 2 Sätze 1 und 3 BetrVG zu entnehmen, dh ist eine ordentliche Kündigung geplant, steht ihm maximal eine Woche, für die Stellungnahme zu einer beabsichtigten außerordentlichen Kündigung stehen ihm drei Kalendertage zur Verfügung. Die Fristberechnung richtet sich nach §§ 187 ff. BGB.[47] Anderenfalls, also bei Nichtäußerung oder bei Äußerung erst nach Ablauf der einschlägigen Frist, tritt gemäß § 102 Abs. 2 Satz 2 BetrVG eine **Zustimmungsfiktion** ein. Äußert sich der Betriebsrat vor Fristablauf, kommt es darauf an, ob er eine **abschließende Stellungnahme** gegenüber dem Arbeitgeber abgegeben hat. Bestehen Zweifel, 34

---
45 *BAG* 28. 3. 1974, DB 1974, 1438 f.
46 *BAG* 28. 2. 1974, DB 1974, 1294 f.; *Fitting* § 102 Rz 50.
47 *BAG* 8. 4. 2003 NZA 2003, 961; *Jaeger/Röder/Heckelmann/Jaeger* Kap. 25 Rz 85.

ob sich der Betriebsrat abschließend geäußert hat, sollte der Arbeitgeber vor Ausspruch der Kündigung sicherheitshalber die für die jeweilige Kündigungsart geltende Frist abwarten, um nicht die Unwirksamkeit der Kündigung zu riskieren. Selbst der ausdrückliche Hinweis, die Stellungnahme sei abschließend und das Anhörungsverfahren abgeschlossen, befreit den Arbeitgeber nicht von der Verpflichtung, die Frage der abschließenden Stellungnahme anhand der schriftlichen oder mündlichen Äußerungen des Betriebsrats zu überprüfen. Die Abgabe einer als abschließend bezeichneten Stellungnahme ist beispielsweise zweifelhaft, wenn einzelne Punkte ausdrücklich offen gelassen wurden oder noch eine ergänzende Stellungnahme angekündigt wird.[48]

▶ Praxistipp:
Die Kündigung sollte nur in denjenigen Fällen vor Ablauf der Wochen- bzw. Drei-Tages-Frist ausgesprochen werden, wenn der Betriebsrat eindeutig und unmissverständlich abschließend Stellung genommen hat. Anderenfalls ist es im Hinblick auf die Wirksamkeit der Kündigung ratsam, vor der Erklärung der Kündigung den Ablauf der Fristen gemäß § 102 Abs. 2 Sätze 1 bzw. 3 BetrVG abzuwarten.

35 Eine **Verkürzung** der Fristen des § 102 Abs. 2 Sätze 1 und 3 BetrVG durch Vereinbarung zwischen Arbeitgeber und Betriebsrat ist **nicht zulässig**;[49] eine **Verlängerung** hingegen kann wirksam vereinbart werden.[50] Bis auf die seltenen Fälle des Rechtsmissbrauchs kann der Arbeitgeber den Wunsch des Betriebsrats nach einer Verlängerung ablehnen. Es ist grundsätzlich auch nicht rechtsmissbräuchlich, wenn der Arbeitgeber bei einer beabsichtigten Massenentlassung einer Fristverlängerung nicht zustimmt.[51]

III. Beteiligung des betroffenen Arbeitnehmers

36 § 102 Abs. 2 Satz 4 BetrVG sieht eine Beteiligung des betroffenen Arbeitnehmers durch den Betriebsrat vor. Die fehlende Beteiligung des Arbeitnehmers hat allerdings keine Auswirkungen auf die Wirksamkeit des Anhörungsverfahrens.[52]

---

48 *Jaeger/Röder/Heckelmann/Jaeger* Kap. 25 Rz 94.
49 *BAG* 14. 8. 1986, EzA § 102 BetrVG 1972 Nr. 69 = NZA 1987, 601, 604; KR/*Etzel* § 102 Rz 89.
50 *BAG* 14. 8. 1986, EzA § 102 BetrVG 1972 Nr. 69 = NZA 1987, 601, 604.
51 *BAG* 14. 8. 1986, EzA § 102 BetrVG 1972 Nr. 69 = NZA 1987, 601, 605.
52 *BAG* 2. 4. 1976, EzA § 102 BetrVG 1972 Nr. 21 = DB 1976, 1063.

E. Rechtsfolgen der Anhörung für die Kündigung

I. Unterlassene, fehlerhafte oder unvollständige Anhörung

Die Anhörung des Betriebsrats vor dem Ausspruch der Kündigung ist Wirksamkeitsvoraussetzung einer Kündigung. Das bedeutet, dass eine Kündigung, die auf eine unterlassene, unvollständige oder aus sonstigen Gründen nicht ordnungsgemäße Anhörung hin erfolgt, **unwirksam** ist. Der Arbeitgeber muss dann, will er erneut kündigen, das Anhörungsverfahren nochmals durchführen.[53] Die Anhörung ist nur dann ordnungsgemäß und vollständig, wenn der Arbeitgeber dem Betriebsrat alle oben genannten Tatsachen[54] mitgeteilt und insbesondere seiner Pflicht zu einer substantiierten Darstellung der Kündigungsgründe nachgekommen ist.[55] Ebenso ist eine verfrühte, also vor Ablauf der Fristen des § 102 Abs. 2 Sätze 1 und 3 BetrVG erfolgte Kündigung unwirksam, es sei denn, der Betriebsrat hatte vor Ausspruch der Kündigung eine abschließende Stellungnahme abgegeben.[56] Ein **Verstoß gegen § 102 BetrVG ist nicht heilbar**. Auch eine nachträgliche Zustimmung des Betriebsrats zu der Kündigung ändert nichts an deren Unwirksamkeit.[57]

37

Die Anhörung ist nicht ordnungsgemäß, wenn der Arbeitgeber einen **unzuständigen Betriebsrat** beteiligt hat.[58] Die Gefahr, dass versehentlich ein nicht zuständiger Betriebsrat beteiligt wird, kann insbesondere im Zuge von **Umstrukturierungen** auftreten, wenn beispielsweise unklar ist, ob bei Eingliederung eines abgespaltenen Betriebsteils sich ein neuer Betriebsrat bereits konstituiert hat oder der alte Betriebsrat aufgrund eines Übergangsmandats noch zuständig ist. Ebenso kann in manchen Fällen, in denen Arbeitnehmer mit betriebsübergreifenden Aufgaben betraut sind, die Zuordnung zu einem bestimmten Betrieb problematisch sein.[59]

38

▶ Praxistipp:

Bei Unklarheiten hinsichtlich des zuständigen Betriebsrats sollten im Zweifel alle als zuständige Betriebsräte in Betracht kommenden Betriebsräte nach § 102 BetrVG angehört werden.

---

53 *Jaeger/Röder/Heckelmann/Jaeger* Kap. 25 Rz 98.
54 Vgl. oben Rz 23 f.
55 Vgl. oben Rz 25 ff.
56 *BAG* 12. 3. 1987, NZA 1988, 137; *BAG* 4. 8. 1975, DB 1975, 2184.
57 *BAG* 28. 2. 1974, DB 1974, 1294.
58 *BAG* 28. 9. 1983, EzA § 102 BetrVG 1972 Nr. 56 = DB 1984, 833, 834.
59 *Jaeger/Röder/Heckelmann/Jaeger* Kap. 25 Rz 91.

§ 102 BetrVG — Mitbestimmung des Betriebsrats

39 Bei **Fehlern im Anhörungsverfahren** ist danach zu differenzieren, in wessen **Sphäre** sie aufgetreten sind. Fehler, die im Bereich des Betriebsrats, insbesondere bei Beschlussfassung oder Mitteilung der Stellungnahme an den Arbeitgeber, aufgetreten sind und die der Arbeitgeber nicht veranlasst hat, lassen die Wirksamkeit der Kündigung unberührt.[60] Dies gilt jedoch nicht, wenn der **Arbeitgeber** einen **Fehler** des Betriebsrats selbst **veranlasst** hat, beispielsweise indem er den Betriebsratsvorsitzenden anweist, im Umlaufverfahren Beschluss zu fassen. Solche Fehler sind dem Arbeitgeber zuzurechnen und führen zur Unwirksamkeit der Kündigung. Nach der neuesten Rechtsprechung des BAG ist es indes ohne Belang, wenn der Arbeitgeber von einem Verfahrensmangel auf Seiten des Betriebsrates weiß oder ihn den Umständen nach kennen muss.[61]

▶ Praxistipp:
Bei Zweifeln ist dem Arbeitgeber zu raten, vor dem Ausspruch der Kündigung den Ablauf der Stellungnahmefrist abzuwarten, denn eine nach Ablauf der Frist ausgesprochene Kündigung ist wirksam, wenn sich der Betriebsrat überhaupt nicht geäußert hat. Eine vom Arbeitgeber nicht verursachte fehlerbehaftete Stellungnahme des Betriebsrats kann die Wirksamkeit der Kündigung dann nicht beeinflussen.

II. Verwertungsverbot

40 Waren die Angaben des Arbeitgebers zu den Gründen, die zu seinem Kündigungsentschluss geführt haben, nicht vollständig, so können **weitere Gründe im Kündigungsschutzprozess** keine Berücksichtigung finden, weil der Betriebsrat hierzu nicht angehört wurde (**Verwertungsverbot**).[62] Ein solches Verwertungsverbot kann streitentscheidende Wirkung haben, weil der Arbeitgeber im Kündigungsschutzprozess darlegungs- und beweisbelastet ist. Das Verwertungsverbot greift auch bei Zustimmung des Betriebsrats zu der geplanten Kündigung aufgrund der ihm mitgeteilten Gründe ein.[63] Auf die Wirksamkeit der Anhörung hat die fehlende Angabe weiterer Kündigungsgründe hingegen keine Auswirkungen, soweit die Unterrichtung des

---

60 *BAG* 2. 4. 1976, DB 1976, 1063; *BAG* 4. 8. 1975, DB 1975, 2184.
61 *BAG* 16. 1. 2003, NZA 2003, 927.
62 *BAG* 22. 9. 1994, NZA 1995, 363, 364 f.; *BAG* 8. 9. 1988, NZA 1989, 852 f.
63 *Jaeger/Röder/Heckelmann/Jaeger* Kap. 25 Rz 75.

Betriebsrats überhaupt einen Grund für den Kündigungsentschluss enthält.[64]

▶ **Praxistipp:**

Bei der Vorbereitung der Unterrichtung sind, soweit möglich, alle Tatsachen zusammenzustellen, die der Arbeitgeber bei einem möglichen Kündigungsschutzprozess zur Darlegung des Kündigungsgrundes vortragen würde. Kommen weitere Gründe hinzu, ist ein ergänzendes Anhörungsverfahren zu den später bekannt gewordenen Umständen und, falls die Kündigung bereits ausgesprochen wurde, eine vorsorgliche zweite Kündigung zu empfehlen.

Unterlässt der Arbeitgeber eine nachträgliche Unterrichtung über Tatsachen, die ihm erst nach der Anhörung, aber vor Ausspruch der Kündigung bekannt geworden sind,[65] so tritt ein Verwertungsverbot im Kündigungsschutzprozess hinsichtlich dieser Tatsachen ein. Insoweit besteht kein Unterschied zu einem Verwertungsverbot im Hinblick auf alle sonstigen Fakten, über die der Betriebsrat nicht im Anhörungsverfahren nach § 102 BetrVG in Kenntnis gesetzt wurde.[66] 41

F. Widerspruch des Betriebsrats (§ 102 Abs. 3 BetrVG)

Im Falle der ordentlichen Kündigung sieht § 102 Abs. 3 BetrVG ein besonderes Recht des Betriebsrats zum **Widerspruch** gegen die Kündigung vor, das aber auf die Fälle beschränkt ist, in denen einer der in § 102 Abs. 3 Nr. 1-5 BetrVG aufgezählten Gründe gegeben ist.[67] 42

G. Anspruch auf vorläufige Weiterbeschäftigung (§ 102 Abs. 5 BetrVG)

I. Voraussetzungen der Weiterbeschäftigungspflicht

Ein Weiterbeschäftigungsanspruch nach § 102 Abs. 5 BetrVG setzt eine **ordentliche Kündigung** voraus. Bei außerordentlichen Kündigungen kann der Arbeitnehmer keinen Weiterbeschäftigungsanspruch geltend machen. Diese Einschränkung des Weiterbeschäftigungsanspruchs auf Fälle der ordentlichen Kündigung ist folgerichtig, wenn man sich den 43

---

64 *BAG* 24. 2. 2000, EzA § 102 BetrVG 1972 Nr. 104 = NZA 2000, 764, 765.
65 Vgl. oben Rz 27.
66 *Jaeger/Röder/Heckelmann/Jaeger* Kap. 25 Rz 78.
67 Die Einzelheiten zum Widerspruch des Betriebsrats vgl. oben § 1 KSchG betriebsbedingte Kündigung Rz 427 ff.

§ 102 BetrVG — Mitbestimmung des Betriebsrats

Zweck der außerordentlichen Kündigung vor Augen hält, dem Arbeitgeber die Lösung von Arbeitsverhältnissen zu ermöglichen, deren Fortsetzung ihm auch nicht bis zum Ende der Kündigungsfrist zumutbar ist.[68] Jedoch gewährt das BAG bei **außerordentlichen Kündigungen mit sozialer Auflauffrist** einen Weiterbeschäftigungsanspruch und begründet dies mit dem besonderen Bestandsschutz derartiger Arbeitsverhältnisse.[69] Bei einer **Änderungskündigung** kommt der Weiterbeschäftigungsanspruch nur in Betracht, wenn der Arbeitnehmer die geänderten Arbeitsbedingungen vorbehaltlos ablehnt.[70]

44 Voraussetzung des Weiterbeschäftigungsanspruchs nach § 102 Abs. 5 BetrVG ist ein ordnungsgemäßer Widerspruch. Demnach muss der Widerspruch des Betriebsrats gegen die Kündigung innerhalb der **Wochenfrist** (vgl. § 102 Abs. 3 Satz 1 iVm Abs. 2 Satz 1 BetrVG) und in **schriftlicher Form** ergehen. Dazu muss im Wege eines ordnungsgemäßen Betriebsratsbeschlusses über den Widerspruch entschieden worden sein. Der **Betriebsrat** muss zur Begründung seines Widerspruchs **Tatsachen vortragen**, aus denen sich das Vorliegen eines der Widerspruchsgründe des § 102 Abs. 3 BetrVG ergibt.[71]

45 Der gekündigte Arbeitnehmer muss ferner unter den **Anwendungsbereich des KSchG** fallen und **Kündigungsschutzklage** erhoben haben. Er muss in der Klagebegründung die **fehlende soziale Rechtfertigung der Kündigung** geltend machen.[72] Die Aufnahme weiterer, zusätzlicher Gründe in die Klagebegründung zur Geltendmachung der Unwirksamkeit der Kündigung ist dagegen im Hinblick auf die Erfüllung der Voraussetzungen des § 102 Abs. 5 Satz 1 BetrVG unschädlich.[73] Es steht einem Anspruch auf vorläufige Weiterbeschäftigung entgegen, wenn der Arbeitnehmer zusätzlich zu dem Antrag auf Feststellung, dass das Arbeitsverhältnis durch die Kündigung nicht aufgelöst wurde, einen Antrag auf Auflösung des Arbeitsverhältnisses nach § 9 KSchG stellt. Der Weiterbeschäftigungsanspruch entfällt, sobald der Arbeitnehmer den Auflösungsantrag stellt.[74]

---

68 *Jaeger/Röder/Heckelmann/Jaeger* Kap. 25 Rz 151.
69 *BAG* 5. 2. 1998, EzA § 626 BGB Unkündbarkeit Nr. 2 = NZA 1998, 771, 775. Zur Weiterbeschäftigungspflicht bei Änderungskündigung vgl. oben § 2 KSchG Rz 90 f., 127 ff.
70 *BAG* 28. 3. 1985, EzA § 767 ZPO Nr. 1.
71 Zu dem in § 102 Abs. 3 Nr. 1 BetrVG genannten Widerspruchsgrund: *BAG* 9. 7. 2003, DB 2003, 2233.
72 KR/*Etzel* § 102 Rz 206.
73 *Jaeger/Röder/Heckelmann/Jaeger* Kap. 25 Rz 156.
74 *Fitting* § 102 Rz 107; KR/*Etzel* § 102 Rz 205.

Zusätzlich zu der Erhebung der Kündigungsschutzklage muss der 46
Arbeitnehmer **ausdrücklich** die vorläufige **Weiterbeschäftigung** bis
zum Ende des Kündigungsschutzprozesses **verlangen.**[75] Dies kann
durch ein außergerichtliches Schreiben, im Wege der Klagehäufung
neben dem Feststellungsantrag im Rahmen der Kündigungsschutzklage oder im Wege des Antrags auf einstweilige Verfügung geschehen.[76]
Dies muss nach der Rechtsprechung **spätestens bis zum ersten
Arbeitstag nach Ablauf der Kündigungsfrist** erfolgen, um eine nahtlose Weiterbeschäftigung zu ermöglichen.[77] Ein späteres Weiterbeschäftigungsverlangen erzeugt keine Wirkung.[78]

Der Arbeitnehmer hat die Voraussetzungen des § 102 Abs. 5 Satz 1 47
BetrVG darzulegen und zu beweisen.[79]

II. Rechtsfolgen der Weiterbeschäftigungspflicht

Bei Vorliegen der Voraussetzungen des Weiterbeschäftigungsan- 48
spruchs wird das **bisher zwischen den Parteien bestehende Arbeitsverhältnis kraft Gesetzes fortgesetzt,**[80] wobei es **auflösend bedingt** ist
durch die rechtskräftige Abweisung der Kündigungsschutzklage. Der
Arbeitnehmer hat daher einen Anspruch auf tatsächliche Beschäftigung zu unveränderten Arbeitsbedingungen gegen den Arbeitgeber.[81]
Folge des Weiterbeschäftigungsanspruchs ist demnach, dass der
Arbeitnehmer Anspruch auf Zahlung aller bisher geschuldeten Vergütungsbestandteile hat, selbst wenn tatsächlich, beispielsweise aufgrund einer Betriebsschließung, keine Beschäftigungsmöglichkeit
mehr besteht.[82]

Lehnt der Arbeitgeber die Weiterbeschäftigung ab, gerät er in **Annah-** 49
meverzug und schuldet dem Arbeitnehmer bis zum rechtskräftigen
Abschluss des Kündigungsschutzprozesses **Annahmeverzugslohn.**[83]
Der Anspruch des Arbeitnehmers auf Annahmeverzugslohn besteht in

---

75 *BAG* 17. 6. 1999, NZA 1999, 1154, 1156.
76 *LAG München* 10. 2. 1994, NZA 1994, 997, 999 f.; *Jaeger/Röder/Heckelmann/Jaeger* Kap. 25 Rz 161, 168.
77 *BAG* 11. 5. 2000, EzA § 102 BetrVG 1972 Beschäftigungspflicht Nr. 11 = NZA 2000, 1055, 1056.
78 *Jaeger/Röder/Heckelmann/Jaeger* Kap. 25 Rz 162.
79 KR/*Etzel* § 102 Rz 222.
80 *BAG* 12. 9. 1985, EzA § 102 BetrVG 1972 Nr. 61 = NZA 1986, 424.
81 *BAG* 27. 2. 1985, EzA § 611 BGB Beschäftigungspflicht Nr. 9 = NZA 1985, 702 f.
82 *Jaeger/Röder/Heckelmann/Jaeger* Kap. 25 Rz 172.
83 *BAG* 12. 9. 1985, NZA 1986, 424; *Jaeger/Röder/Heckelmann/Jaeger* Kap. 25 Rz 175.

dieser Konstellation **unabhängig davon, welche Seite im Kündigungsschutzprozess obsiegt**. Von der Verpflichtung zur Zahlung von Annahmeverzugslohn kann sich der Arbeitgeber nur dadurch befreien, dass er einen Antrag auf Entbindung von der Weiterbeschäftigungspflicht gemäß § 102 Abs. 5 Satz 2 BetrVG stellt und diesem stattgegeben wird. Die Befreiung von der Verpflichtung zur Zahlung von Annahmeverzugslohn wirkt aber erst ab dem Zeitpunkt der gerichtlichen Entbindungsentscheidung.[84]

50 Der Arbeitgeber kann gegen den Weiterbeschäftigungsanspruch neben den in § 102 Abs. 5 Satz 2 BetrVG genannten Gründen aber auch einwenden, dass eine oder mehrere der Tatsachen nicht vorlägen, die gemäß § 102 Abs. 5 Satz 1 BetrVG Voraussetzung des Weiterbeschäftigungsanspruchs sind. Insbesondere kommt die Berufung des Arbeitgebers auf das **Fehlen eines fristgemäßen, formell und inhaltlich ordnungsgemäßen Widerspruchs** in Betracht.[85] Um sich von dem Annahmeverzugsrisiko in dieser Situation befreien zu können, muss sich der Arbeitgeber auch des einstweiligen Verfügungsverfahrens zur Entbindung von der Weiterbeschäftigungspflicht gemäß § 102 Abs. 5 Satz 2 BetrVG analog bedienen können.

▶ Praxistipp:
Einige Gerichte halten eine analoge Anwendung von § 102 Abs. 5 Satz 2 BetrVG bei nicht frist- bzw. nicht ordnungsgemäßen Widerspruchs für zulässig.[86] Andere Gerichte gehen demgegenüber davon aus, dass der Arbeitgeber in diesen Fällen schlichtweg die Weiterbeschäftigung verweigern und erst im Verfahren des Arbeitnehmers auf Durchsetzung seines Anspruchs auf Weiterbeschäftigung oder Annahmeverzugslohn die formellen Mängel geltend machen könne.[87] Die Art der Rechtsschutzmöglichkeit hängt mithin

---

84 *BAG* 7. 3. 1996, NZA 1996, 930.
85 *Jaeger/Röder/Heckelmann/Jaeger* Kap. 25 Rz 167.
86 *LAG München* 5. 10. 1994, LAGE § 102 BetrVG Beschäftigungspflicht Nr. 19; *LAG Hamm* 1. 7. 1986, LAGE § 102 BetrVG Beschäftigungspflicht Nr. 8; *LAG Düsseldorf* 15. 3. 1978, DB 1978, 1282, 1283.
87 *LAG Frankfurt* 2. 11. 1984, NZA 1985, 163; *LAG Niedersachsen* 22. 8. 1975, DB 1975, 1898; *LAG Düsseldorf* 21. 6. 1974, EzA § 102 BetrVG 1972 Beschäftigungspflicht Nr. 3; *LAG Berlin* 11. 6. 1974, DB 1974, 1629. Nach Auffassung des *LAG Brandenburg* 15. 12. 1992, LAGE § 102 BetrVG Beschäftigungspflicht Nr. 13, hat der Arbeitgeber auch die Möglichkeit, beim Arbeitsgericht einen auf die Feststellung gerichteten Hauptantrag zu stellen, dass kein ordnungsgemäßer Widerspruch vorliege und er nicht zur vorläufigen Weiterbeschäftigung des Arbeitnehmers verpflichtet sei.

davon ab, in welchem Landesarbeitsgerichtsbezirk der Antrag zu stellen ist.

III. Antrag des Arbeitgebers auf Entbindung von der Verpflichtung zur Weiterbeschäftigung

1. Voraussetzungen

§ 102 Abs. 5 Satz 2 BetrVG gibt dem Arbeitgeber die Möglichkeit, **Antrag auf Erlass einer einstweiligen Verfügung** zu stellen, um sich von der Weiterbeschäftigungspflicht entbinden zu lassen. Die Vorschrift regelt abschließend in welchen Fällen sich der Arbeitgeber von der Verpflichtung zur Weiterbeschäftigung entbinden lassen kann.[88] 51

Den **Verfügungsanspruch** hat der Arbeitgeber darzulegen und glaubhaft zu machen. Dazu muss er die Tatsachen, die den in § 102 Abs. 5 Satz 2 Nr. 1-3 BetrVG genannten Entbindungsgründen zugrunde liegen, darlegen und glaubhaft machen.[89] 52

Ein Antrag auf einstweilige Verfügung bedarf in der Regel auch der Darlegung und Glaubhaftmachung eines **Verfügungsgrundes**, also der Eilbedürftigkeit der Entscheidung. Dies ist bei § 102 Abs. 5 Satz 2 BetrVG anders, da die Vorschrift die Voraussetzungen für den Erlass einer einstweiligen Verfügung mit einem bestimmten Inhalt (Entbindung von der Weiterbeschäftigungspflicht) abschließend regelt und in diesen Fällen von der Eilbedürftigkeit der Entscheidung auszugehen ist.[90] 53

Der Arbeitgeber kann den Antrag zu einem **beliebigen Zeitpunkt während des Kündigungsschutzverfahrens** stellen. Er kann ihn, sobald neue Tatsachen auftreten, die für die Erfolgsaussichten des Antrags von Bedeutung sein können, auch **wiederholt** stellen.[91] 54

a) Kündigungsschutzklage hat keine hinreichenden Erfolgsaussichten oder ist mutwillig, § 102 Abs. 5 Satz 2 Nr. 1 BetrVG

Dieser Fall setzt voraus, dass eine summarische Prüfung des klägerischen Vortrags sowie des Vortrags des Beklagten offensichtlich oder 55

---

88 *Jaeger/Röder/Heckelmann/Jaeger* Kap. 25 Rz 180.
89 Zu den einzelnen Gründen für die Entbindung von der Weiterbeschäftigungspflicht vgl. sogleich Rz 55 ff.
90 *LAG München* 13. 7. 1994, LAGE Nr. 17 zu § 102 BetrVG Beschäftigungspflicht; *LAG Düsseldorf* 15. 3. 1978, DB 1978, 1282.
91 *LAG Köln* 19. 5. 1983, DB 1983, 2368.

mit hinreichender Wahrscheinlichkeit für ein Unterliegen des Arbeitnehmers im Kündigungsschutzprozess sprechen. Dies ist grundsätzlich der Fall, wenn der Arbeitnehmer in der ersten Instanz unterlegen ist.[92] Eine Entbindung kommt aber nicht in Betracht, wenn sich nach einer summarischen Prüfung nicht sagen lässt, welche Seite hinreichende Erfolgsaussichten hat.[93]

56 Mutwillig ist eine Klageerhebung, wenn ein verständiger Arbeitnehmer sein Recht nicht durch Erhebung einer Kündigungsschutzklage geltend machen würde.[94]

b) Weiterbeschäftigung würde zu unzumutbarer wirtschaftlicher Belastung des Arbeitgebers führen, § 102 Abs. 5 Satz 2 Nr. 2 BetrVG

57 Dieser Tatbestand setzt voraus, dass die Vergütungszahlungen, die der Arbeitgeber infolge der Weiterbeschäftigung zu leisten hat, ihn in **Liquiditätsschwierigkeiten** bringen bzw. seine **Wettbewerbsfähigkeit erheblich beeinträchtigen**. Die Bedrohung der wirtschaftlichen Existenz des Unternehmens ist indes nicht erforderlich.[95] Die Pflicht, dem Arbeitnehmer während der Weiterbeschäftigung die vereinbarte Vergütung zu zahlen, genügt demgegenüber nicht. Anderenfalls wäre bei Vorliegen einer Weiterbeschäftigungspflicht gemäß § 102 Abs. 5 Satz 1 BetrVG stets auch der Entbindungstatbestand des § 102 Abs. 5 Satz 2 Nr. 2 BetrVG gegeben.[96]

58 Eine Betriebsstilllegung alleine reicht als Entbindungsgrund gemäß § 102 Abs. 5 Satz 2 Nr. 2 BetrVG nach Ansicht einiger Instanzgerichte nicht aus.[97] Vielmehr muss der Arbeitgeber darlegen und glaubhaft machen, dass die Fortzahlung der Löhne zu einer unzumutbaren wirtschaftlichen Belastung des Unternehmens führt.[98]

59 Ist die wirtschaftliche Situation des Arbeitgebers so gelagert, dass er die **Lohnkosten nur für einen Teil der gekündigten Arbeitnehmer** tragen kann, ohne unzumutbaren wirtschaftlichen Belastungen ausgesetzt zu sein, so sind anhand der Kriterien der Sozialauswahl (§ 1 Abs. 3 KSchG) auch nur diejenigen Arbeitnehmer weiterzubeschäftigen,

---

92 KR/*Etzel* § 102 Rz 225.
93 APS/*Koch*, § 102 Rz 220.
94 KR/*Etzel* § 102 Rz 224.
95 *LAG Hamburg* 16. 5. 2001, LAGE § 102 BetrVG Beschäftigungspflicht Nr. 24.
96 *Jaeger/Röder/Heckelmann/Jaeger* Kap. 25 Rz 186.
97 *LAG Hamburg* 16. 5. 2001, LAGE § 102 BetrVG Beschäftigungspflicht Nr. 24; *LAG München* 13. 7. 1994, LAGE § 102 BetrVG Beschäftigungspflicht Nr. 17.
98 *LAG Hamburg* 16. 5. 2001, LAGE § 102 BetrVG Beschäftigungspflicht Nr. 24.

deren Weiterbeschäftigung einschließlich des Aufwands für die Vergütungszahlungen dem Arbeitgeber noch zumutbar ist.[99]

Der Arbeitgeber hat die wirtschaftliche Situation des Unternehmens durch die **Vorlage von konkreten Daten und Unterlagen** glaubhaft zu machen. Er hat daher die wirtschaftlichen Belastungen, die aus einer vorläufigen Weiterbeschäftigung folgen würden, im Detail darzustellen (Liquiditätsprobleme, sonstige Gefährdungen der wirtschaftlichen Existenz des Unternehmens).[100]

c) **Offensichtliche Unbegründetheit des Widerspruchs des Betriebsrats, § 102 Abs. 5 Satz 2 Nr. 3 BetrVG**

Dieser Grund zur Entbindung von der Weiterbeschäftigungspflicht setzt voraus, dass sich die Unbegründetheit des Widerspruchs bei unbefangener Beurteilung geradezu aufdrängt.[101] Die Unbegründetheit kann **rechtliche oder tatsächliche Gründe** haben. Beispiele aus der Rechtsprechung für die offensichtliche Unbegründetheit des Widerspruchs ist zB die Begründung, der gekündigte Arbeitnehmer könne nach Umschulung auf einem anderen Arbeitsplatz beschäftigt werden, der nicht frei ist.[102] Auch der Widerspruch seitens des Betriebsrats unter Berufung auf eine fehlerhafte Sozialauswahl ist dann offensichtlich unbegründet, wenn die in Rede stehende Kündigung gar keine betriebsbedingte Kündigung war.[103]

Die Anforderungen an die Darlegung und Glaubhaftmachung des Entbindungsgrundes durch den Arbeitgeber hängen davon ab, ob er sich auf rechtliche Gründe für die Unbegründetheit beruft oder darauf, dass die Tatsachen, von denen der Betriebsrat bei seinem Widerspruch ausgegangen ist, nicht zutreffend sind. Im ersteren Fall genügt die Vorlage des Widerspruchs, da sich aus diesem die offensichtliche Unbegründetheit ergibt.[104] Weichen die maßgebenden Tatsachen von den Tatsachen ab, von denen der Betriebsrat bei seinem Widerspruch ausgegangen war, so hat der Arbeitgeber diese Tatsachen darzulegen und glaubhaft zu machen.[105]

---

99 *ArbG Solingen* 24. 2. 1976, DB 1976, 1385; KR/*Etzel* § 102 BetrVG Rz 227.
100 *LAG Hamburg* 16. 5. 2001, LAGE § 102 BetrVG Beschäftigungspflicht Nr. 24.
101 *LAG München* 5. 10. 1994, LAGE § 102 BetrVG Beschäftigungspflicht Nr. 19.
102 *LAG Düsseldorf* 2. 9. 1975, DB 1975, 1995.
103 *LAG Düsseldorf* 2. 9. 1975, DB 1975, 1995.
104 *LAG Brandenburg* 15. 12. 1992, LAGE § 102 BetrVG Beschäftigungspflicht Nr. 13.
105 *LAG München* 5. 10. 1994, LAGE § 102 BetrVG Beschäftigungspflicht Nr. 19.

Praxistipp:
Hat der Antrag auf Entbindung von der Weiterbeschäftigungspflicht keine große Aussicht auf Erfolg, weil die Voraussetzungen des § 102 Abs. 5 Satz 2 BetrVG nicht vorliegen, kann es sich anbieten, erneut zu kündigen. Legt der Betriebsrat dann keinen Widerspruch ein, endet die Pflicht zur Weiterbeschäftigung jedenfalls mit Ablauf der Kündigungsfrist der zweiten Kündigung. Denn ein Weiterbeschäftigungsanspruch in Bezug auf die zweite Kündigung kommt mangels Widerspruch nicht in Betracht.

2. Rechtsfolgen

63 Mit der rechtskräftigen Entbindung des Arbeitgebers von der Weiterbeschäftigungspflicht durch einstweilige Verfügung entfällt die Pflicht des Arbeitgebers zur Vergütungszahlung ab dem Zeitpunkt der Rechtskraft.[106] **Unterliegt der Arbeitgeber** daraufhin jedoch **im Kündigungsschutzverfahren**, ändert die einstweilige Verfügung über die Entbindung von der Weiterbeschäftigungspflicht nichts an seiner Verpflichtung, dem Arbeitnehmer **Annahmeverzugslohn** zu bezahlen.[107]

IV. Sonstige Beendigung der vorläufigen Weiterbeschäftigungspflicht

64 Bei rechtskräftiger **Abweisung der Kündigungsschutzklage** (vgl. § 102 Abs. 5 Satz 1 BetrVG), bei **Klagerücknahme** oder **Antrag auf Auflösung des Arbeitsverhältnisses** gemäß § 9 KSchG oder bei erneuter Kündigung seitens des Arbeitgebers endet die Weiterbeschäftigungspflicht auch ohne eine entsprechende einstweilige Verfügung auf Antrag des Arbeitgebers.[108] Eine **erneute Kündigung** als Grund zur Beendigung der vorläufigen Weiterbeschäftigung setzt allerdings voraus, dass der Arbeitnehmer keine Kündigungsschutzklage erhebt, kein Weiterbeschäftigungsverlangen geltend macht oder der Betriebsrat nicht frist- und ordnungsgemäß Widerspruch einlegt.

---

106 *BAG* 7.3.1996, EzA § 102 BetrVG 1972 Beschäftigungspflicht Nr. 9.
107 KR/*Etzel* § 102 Rz 233.
108 *Jaeger/Röder/Heckelmann/Jaeger* Kap. 25 Rz 194-196.

H. Vereinbarung von Zustimmungserfordernissen zwischen Arbeitgeber und Betriebsrat gemäß § 102 Abs. 6 BetrVG

§ 102 Abs. 6 BetrVG räumt den Betriebsparteien das Recht ein, **freiwillige Betriebsvereinbarungen** des Inhalts abzuschließen, dass Kündigungen generell der Mitbestimmung des Betriebsrats bedürfen und dass bei Meinungsverschiedenheiten über das Recht zur Nichterteilung der Zustimmung die Einigungsstelle entscheidet.[109] 65

Folge einer solchen Vereinbarung ist, dass die Kündigung erst ausgesprochen werden kann, wenn der Betriebsrat seine Zustimmung erklärt, die Einigungsstelle die Zustimmung des Betriebsrats ersetzt oder das Arbeitsgericht rechtskräftig die Ersetzung der Zustimmung beschlossen hat.[110] Die Berechtigung des Arbeitgebers zum Ausspruch der Kündigung besteht bei ihm günstiger Entscheidung der Einigungsstelle unabhängig davon, ob der Betriebsrat die Entscheidung der Einigungsstelle vor dem Arbeitsgericht angefochten hat.[111] 66

Ein **Widerspruchsrecht** des Betriebsrats existiert bei dem Bestehen einer solchen Vereinbarung **nicht**, so dass auch ein Anspruch auf vorläufige Weiterbeschäftigung nach § 102 Abs. 5 BetrVG nicht entstehen kann.[112] 67

Der Arbeitgeber hat in dem Zustimmungsverfahren die Möglichkeit, auch solche Angaben zur Kündigung und zur Person des Kündigenden bis zum Ende des Verfahrens nachzuschieben, die er dem Betriebsrat bei der Unterrichtung anfänglich nicht mitgeteilt hat. Ein Verwertungsverbot, wie es im Rahmen der Unterrichtung nach § 102 Abs. 1 und 2 BetrVG hinsichtlich derjenigen Tatsachen eingreift, die der Arbeitgeber dem Betriebsrat bei der Unterrichtung nicht mitgeteilt hat, findet nach der Rechtsprechung keine Anwendung.[113] 68

Entscheidet die Einigungsstelle nicht im Sinne des Arbeitgebers, kann er die Entscheidung im Wege des **Beschlussverfahrens beim Arbeitsgericht** anfechten und inhaltlich in vollem Umfang nachprüfen las- 69

---

109 Zu dem gesetzlichen Zustimmungserfordernis bei der außerordentlichen Kündigung von Betriebsratsmitgliedern und Mitgliedern anderer Arbeitnehmervertretungen, von Wahlvorständen und von Wahlbewerbern vgl. § 15 KSchG Rz 29 ff.
110 *Jaeger/Röder/Heckelmann/Jaeger* Kap. 25 Rz 204.
111 *Jaeger/Röder/Heckelmann/Jaeger* Kap. 25 Rz 209.
112 KR/*Etzel* § 102 Rz 251.
113 BAG 7. 12. 2000, EzA § 1 KSchG Betriebsbedingte Kündigung Nr. 108 = NZA 2001, 495, 497.

sen.[114] Das gleiche Recht steht dem Betriebsrat im umgekehrten Falle zu. An diesem Verfahren ist der betroffene Arbeitnehmer gemäß § 83 ArbGG zu beteiligen. Eine Frist für die Anfechtung ist nicht einzuhalten.[115]

---

114 *Jaeger/Röder/Heckelmann/Jaeger* Kap. 25 Rz 207.
115 *Jaeger/Röder/Heckelmann/Jaeger* Kap. 25 Rz 207; KR/*Etzel* § 102 Rz 259.

Anhang

Gesetze zum Sonderkündigungsschutz von Beauftragten, Amtsträgern und sonstigen personenbezogenen Statusinhabern außerhalb des Kündigungsschutzgesetzes

– Auszüge –
(Die Reihenfolge des Abdrucks der Gesetze entspricht der Kommentierung im Kapitel Kündigungsschutz von Statusinhabern u. a.)

Gesetz über Betriebsärzte, Sicherheitsingenieure und andere Fachkräfte für Arbeitssicherheit (Arbeitssicherheitsgesetz – ASiG)

Vom 12. Dezember 1973 (BGBl. I S. 1885), zuletzt geändert durch die Achte Zuständigkeitsverordnung vom 25. November 2003 (BGBl. I S. 2304).

§ 8 Unabhängigkeit bei der Anwendung der Fachkunde

(1) Betriebsärzte und Fachkräfte für Arbeitssicherheit sind bei der Anwendung ihrer arbeitsmedizinischen und sicherheitstechnischen Fachkunde weisungsfrei. Sie dürfen wegen der Erfüllung der ihnen übertragenen Aufgaben nicht benachteiligt werden. Betriebsärzte sind nur ihrem ärztlichen Gewissen unterworfen und haben die Regeln der ärztlichen Schweigepflicht zu beachten.

(2) – (3) ...

§ 9 Zusammenarbeit mit dem Betriebsrat

(1) – (2) ...

(3) Die Betriebsärzte und Fachkräfte für Arbeitssicherheit sind mit Zustimmung des Betriebsrats zu bestellen und abzuberufen. Das gleiche gilt, wenn deren Aufgaben erweitert oder eingeschränkt werden sollen; im übrigen gilt § 87 in Verbindung mit § 76 des Betriebsverfassungsgesetzes. Vor der Verpflichtung oder Entpflichtung eines freiberuflich tätigen Arztes, einer freiberuflich tätigen Fachkraft für Arbeitssicherheit oder eines überbetrieblichen Dienstes ist der Betriebsrat zu hören.

Bundesdatenschutzgesetz (BDSG)
In der Fassung der Bekanntmachung vom 14. Januar 2003
(BGBl. I S. 66).

§ 4 f Beauftragter für den Datenschutz

(1) – (2) ...

(3) Der Beauftragte für den Datenschutz ist dem Leiter der öffentlichen oder nicht-öffentlichen Stelle unmittelbar zu unterstellen. Er ist in Ausübung seiner Fachkunde auf dem Gebiet des Datenschutzes weisungsfrei. Er darf wegen der Erfüllung seiner Aufgaben nicht benachteiligt werden. Die Bestellung zum Beauftragten für den Datenschutz kann in entsprechender Anwendung von § 626 des Bürgerlichen Gesetzbuchs, bei nicht-öffentlichen Stellen auch auf Verlangen der Aufsichtsbehörde, widerrufen werden.

(4) – (5) ...

§ 38 Aufsichtsbehörde

(1) – (4) ...

(5) Zur Gewährleistung des Datenschutzes nach diesem Gesetz und anderen Vorschriften über den Datenschutz, soweit diese die automatisierte Verarbeitung personenbezogener Daten oder die Verarbeitung personenbezogener Daten in oder aus nicht automatisierten Dateien regeln, kann die Aufsichtsbehörde anordnen, dass im Rahmen der Anforderungen nach § 9 Maßnahmen zur Beseitigung festgestellter technischer oder organisatorischer Mängel getroffen werden. Bei schwerwiegenden Mängeln dieser Art, insbesondere, wenn sie mit besonderer Gefährdung des Persönlichkeitsrechts verbunden sind, kann sie den Einsatz einzelner Verfahren untersagen, wenn die Mängel entgegen der Anordnung nach Satz 1 und trotz der Verhängung eines Zwangsgeldes nicht in angemessener Zeit beseitigt werden. Sie kann die Abberufung des Beauftragten für den Datenschutz verlangen, wenn er die zur Erfüllung seiner Aufgaben erforderliche Fachkunde und Zuverlässigkeit nicht besitzt.

(6) – (7) ...

Gesetz zum Schutz vor schädlichen Umwelteinwirkungen durch Luftverunreinigungen, Geräusche, Erschütterungen und ähnliche Vorgänge (Bundes-Immissionsschutzgesetz – BImSchG)

In der Fassung der Bekanntmachung vom 26. September 2002 (BGBl. I S. 3830), zuletzt geändert durch das Gesetz zur Neuordnung der Sicherheit von technischen Arbeitsmitteln und Verbraucherprodukten vom 6. Januar 2004 (BGBl. I S. 2).

§ 55 Pflichten des Betreibers

(1) ...

(1 a) Der Betreiber hat den Betriebs– oder Personalrat vor der Bestellung des Immissionsschutzbeauftragten unter Bezeichnung der ihm obliegenden Aufgaben zu unterrichten. Entsprechendes gilt bei Veränderungen im Aufgabenbereich des Immissionsschutzbeauftragten und bei dessen Abberufung.

(2) – (4) ...

§ 58 Benachteiligungsverbot, Kündigungsschutz

(1) Der Immissionsschutzbeauftragte darf wegen der Erfüllung der ihm übertragenen Aufgaben nicht benachteiligt werden.

(2) Ist der Immissionsschutzbeauftragte Arbeitnehmer des zur Bestellung verpflichteten Betreibers, so ist die Kündigung des Arbeitsverhältnisses unzulässig, es sei denn, dass Tatsachen vorliegen, die den Betreiber zur Kündigung aus wichtigem Grund ohne Einhaltung einer Kündigungsfrist berechtigen. Nach der Abberufung als Immissionsschutzbeauftragter ist die Kündigung innerhalb eines Jahres, vom Zeitpunkt der Beendigung der Bestellung an gerechnet, unzulässig, es sei denn, dass Tatsachen vorliegen, die den Betreiber zur Kündigung aus wichtigem Grund ohne Einhaltung einer Kündigungsfrist berechtigten.

§ 58 d Verbot der Benachteiligung des Störfallbeauftragten, Kündigungsschutz

§ 58 gilt für den Störfallbeauftragten entsprechend.

Anhang

Gesetz zur Förderung von Frauen und der Vereinbarkeit von Familie und Beruf in der Bundesverwaltung und den Gerichten des Bundes (Frauenfördergesetz – FFG)

In der Fassung der Bekanntmachung vom 24. Juni 1994
(BGBl. I S. 1406).

§ 15 Bestellung

(1) In jeder Dienststelle mit regelmäßig mindestens 200 Beschäftigten ist aus dem Kreis der Beschäftigten nach vorheriger Ausschreibung oder geheimer Wahl eine Frauenbeauftragte zu bestellen. Die Wahl ist durchzuführen, wenn sich die Mehrheit der weiblichen Beschäftigten für sie entscheidet. Die Bundesregierung regelt das Verfahren für diese Vorentscheidung und die Durchführung der Wahl durch Rechtsverordnung. Bei einem Anteil von regelmäßig weniger als zehn beschäftigten Frauen kann von der Bestellung einer Frauenbeauftragten abgesehen werden.

(2) – (6)...

§ 16 Rechtsstellung

(1) Die Frauenbeauftragte gehört der Verwaltung an. Sie wird grundsätzlich unmittelbar der Dienststellenleitung zugeordnet. Bei obersten Bundesbehörden ist auch ihre Zuordnung zur Leitung der Zentralabteilung möglich; entsprechendes gilt im Bereich der öffentlichen Unternehmen. Die Frauenbeauftragte ist in der Ausübung ihrer Tätigkeit weisungsfrei.

(2) – (3) ...

§ 18 Rechte

(1) – (2) ...

(3) Die Frauenbeauftragte darf bei der Erfüllung ihrer Pflichten nicht behindert und wegen ihrer Tätigkeit in ihrer beruflichen Entwicklung nicht benachteiligt werden. Vor Kündigung, Versetzung und Abordnung ist sie, ungeachtet der unterschiedlichen Aufgabenstellung, in gleicher Weise geschützt wie die Mitglieder des Personalrates.

Anhang

Verordnung über die Sicherheitsstufen und Sicherheitsmaßnahmen bei gentechnischen Arbeiten in gentechnischen Anlagen (Gentechnik-Sicherheitsverordnung – GenTSV)

In der Fassung der Bekanntmachung vom 14. März 1995 (BGBl. I S. 297), zuletzt geändert durch Art. 3 des Gesetzes vom 16. August 2002 (BGBl. I S. 3220).

§ 19 Pflichten des Betreibers

(1) ...

(2) Der Beauftragte für die Biologische Sicherheit darf wegen der Erfüllung der ihm übertragenen Aufgaben nicht benachteiligt werden.

(3) – (4) ...

Gesetz zur Förderung der Kreislaufwirtschaft und Sicherung der umweltverträglichen Beseitigung von Abfällen (Kreislaufwirtschafts– und Abfallgesetz – KrW-/AbfG)

Vom 27. September 1994 (BGBl. I S. 2705), zuletzt geändert durch das Gesetz zur Durchführung gemeinschaftsrechtlicher Vorschriften über die Verarbeitung und Beseitigung für nicht für den menschlichen Verzehr bestimmten tierischen Nebenprodukten vom 25. Januar 2004 (BGBl. I S. 82).

§ 55 Aufgaben

(1) – (2) ...

(3) Auf das Verhältnis zwischen dem zur Bestellung Verpflichteten und dem Abfallbeauftragten finden die §§ 55 bis 58 des Bundes-Immissionsschutzgesetzes entsprechende Anwendung.

Gesetz über Medizinprodukte (Medizinproduktegesetz – MPG)

In der Fassung vom 7. August 2002 (BGBl. I S. 3146), zuletzt geändert durch die Achte Zuständigkeitsanpassungsverordnung vom 25. November 2003 (BGBl. I S. 2304).

§ 30 Sicherheitsbeauftragter für Medizinprodukte

(1) – (4) ...

(5) Der Sicherheitsbeauftragte für Medizinprodukte darf wegen der Erfüllung der ihm übertragenen Aufgaben nicht benachteiligt werden.

Anhang

Verordnung über den Schutz vor Schäden durch ionisierende Strahlen (Strahlenschutzverordnung – StrlSchV)

Vom 21. Juli 2001 (BGBl. I S. 1714), zuletzt geändert durch Art. 2 der Verordnung vom 18. Juni 2002 (BGBl. I S. 1459).

§ 32 Stellung des Strahlenschutzverantwortlichen und Strahlenschutzbeauftragten

(1) – (4) ...

(5) Der Strahlenschutzbeauftragte darf bei der Erfüllung seiner Pflichten nicht behindert und wegen deren Erfüllung nicht benachteiligt werden.

Verordnung über den Schutz vor Schäden durch Röntgenstrahlen (RöV)

In der Fassung der Bekanntmachung vom 30. April 2003 (BGBl. I S. 604).

§ 14 Stellung des Strahlenschutzverantwortlichen und des Strahlenschutzbeauftragten

(1) – (4) ...

(5) Der Strahlenschutzbeauftragte darf bei Erfüllung seiner Pflichten nicht behindert und wegen deren Erfüllung nicht benachteiligt werden.

Siebtes Buch Sozialgesetzbuch Gesetzliche Unfallversicherung (SGB VII)

Vom 7. August 1996 (BGBl. I S. 1254), zuletzt geändert durch Gesetz zur Förderung der Ausbildung und Beschäftigung schwerbehinderter Menschen vom 23. April 2004 (BGBl. I S. 606).

§ 22 Sicherheitsbeauftragte

(1) – (2) ...

(3) Die Sicherheitsbeauftragten dürfen wegen der Erfüllung der ihnen übertragenen Aufgaben nicht benachteiligt werden.

Tierschutzgesetz (TierSchG)
In der Fassung vom 25. Mai 1998 (BGBl. I S. 1105, ber. S. 1818), zuletzt geändert durch die Achte Zuständigkeitsanpassungsverordnung vom 25. November 2003 (BGBl. S. 2304).

§ 8 b [Bestellung und Aufgabe eines Tierschutzbeauftragten]

(1) – (5) ...

(6) Der Tierschutzbeauftragte ist bei der Erfüllung seiner Aufgaben weisungsfrei. Er darf wegen der Erfüllung seiner Aufgaben nicht benachteiligt werden. Seine Stellung und seine Befugnisse sind durch Satzung, innerbetriebliche Anweisung oder in ähnlicher Form zu regeln. Dabei ist sicherzustellen, daß der Tierschutzbeauftragte seine Vorschläge oder Bedenken unmittelbar der in der Einrichtung entscheidenden Stelle vortragen kann. Werden mehrere Tierschutzbeauftragte bestellt, so sind ihre Aufgabenbereiche festzulegen.

Gesetz zur Ordnung des Wasserhaushalts (Wasserhaushaltsgesetz – WHG)
In der Fassung vom 19. August 2002 (BGBl. I S. 3245), zuletzt geändert durch das Gesetz zur Neuordnung der Sicherheit von technischen Arbeitsmitteln und Verbraucherprodukten vom 6. Januar 2004 (BGBl. I S. 2).

§ 21 f Benachteiligungsverbot, Kündigungsschutz

(1) Der Gewässerschutzbeauftragte darf wegen der Erfüllung der ihm übertragenen Aufgaben nicht benachteiligt werden.

(2) Ist der Gewässerschutzbeauftragte Arbeitnehmer des zur Bestellung verpflichteten Benutzers, so ist die Kündigung des Arbeitsverhältnisses unzulässig, es sei denn, dass Tatsachen vorliegen, die den Benutzer zur Kündigung aus wichtigem Grund ohne Einhaltung einer Kündigungsfrist berechtigen. Nach der Abberufung als Gewässerschutzbeauftragter ist die Kündigung innerhalb eines Jahres, vom Zeitpunkt der Beendigung der Bestellung an gerechnet, unzulässig, es sei denn, dass Tatsachen vorliegen, die den Benutzer zur Kündigung aus wichtigem Grund ohne Einhaltung einer Kündigungsfrist berechtigen.

Arbeitsgerichtsgesetz (ArbGG)
In der Fassung der Bekanntmachung vom 2. Juli 1979
(BGBl. I S. 853, ber. S. 1036), zuletzt geändert
durch die Achte Zuständigkeitsanpassungsverordnung
vom 25. November 2003 (BGBl. I . 2304).

§ 26 Schutz der ehrenamtlichen Richter

(1) Niemand darf in der Übernahme oder Ausübung des Amtes als ehrenamtlicher Richter beschränkt oder wegen der Übernahme oder Ausübung des Amtes benachteiligt werden.

(2) Wer einen anderen in der Übernahme oder Ausübung seines Amtes als ehrenamtlicher Richter beschränkt oder wegen der Übernahme oder Ausübung des Amtes benachteiligt, wird mit Freiheitsstrafe bis zu einem Jahr oder mit Geldstrafe bestraft.

SGG Sozialgerichtsgesetz(SGG)
In der Fassung der Bekanntmachung vom 23. September 1975 (BGBl. I S. 2535), zuletzt geändert durch das Gesetz zur Einordnung des Sozialhilferechts in das Sozialgesetzbuch vom 27. Dezember 2003 (BGBl. I S. 3022).

§ 20 [Strafrechtlicher Schutz]

(1) Der ehrenamtliche Richter darf in der Übernahme oder Ausübung des Amtes nicht beschränkt oder wegen der Übernahme oder Ausübung des Amtes nicht benachteiligt werden.

(2) Wer einen anderen in der Übernahme oder Ausübung seines Amtes als ehrenamtlicher Richter beschränkt oder wegen der Übernahme oder Ausübung des Amtes benachteiligt, wird mit Freiheitsstrafe bis zu einem Jahr oder mit Geldstrafe bestraft.

Betriebsverfassungsgesetz (BetrVG)
In der Fassung der Bekanntmachung vom 23. Dezember 1988 (BGBl. 1989 I S. 1, ber. S. 902), zuletzt geändert durch das Dritte Gesetz für moderne Dienstleistungen am Arbeitsmarkt vom 23. Dezember 2003 (BGBl. I S. 2848).

§ 78 Schutzbestimmungen

Die Mitglieder des Betriebsrats, des Gesamtbetriebsrats, des Konzernbetriebsrats, der Jugend– und Auszubildendenvertretung, der Gesamt-

Jugend- und Auszubildendenvertretung, der Konzern-Jugend- und Auszubildendenvertretung, des Wirtschaftsausschusses, der Bordvertretung, des Seebetriebsrats, der in § 3 Abs. 1 genannten Vertretungen der Arbeitnehmer, der Einigungsstelle, einer tariflichen Schlichtungsstelle (§ 76 Abs. 8) und einer betrieblichen Beschwerdestelle (§ 86) sowie Auskunftspersonen (§ 80 Abs. 2 Satz 3) dürfen in der Ausübung ihrer Tätigkeit nicht gestört oder behindert werden. Sie dürfen wegen ihrer Tätigkeit nicht benachteiligt oder begünstigt werden; dies gilt auch für ihre berufliche Entwicklung.

Heimarbeitsgesetz (HAG)

Vom 14. März 1951 (BGBl. I S. 191) in der im Bundesgesetzblatt Teil III, Gliederungsnummer 804-1, veröffentlichten bereinigten Fassung, zuletzt geändert durch das Dritte Gesetz für moderne Dienstleistungen am Arbeitsmarkt vom 23. Dezember 2003 (BGBl. I S. 2848).

§ 29 a Kündigungsschutz im Rahmen der Betriebsverfassung

(1) Die Kündigung des Beschäftigungsverhältnisses eines in Heimarbeit beschäftigten Mitglieds eines Betriebsrats oder einer Jugend- und Auszubildendenvertretung ist unzulässig, es sei denn, daß Tatsachen vorliegen, die einen Arbeitgeber zur Kündigung eines Arbeitsverhältnisses aus wichtigem Grund ohne Einhaltung einer Kündigungsfrist berechtigen würden und daß die nach § 103 des Betriebsverfassungsgesetzes erforderliche Zustimmung vorliegt oder durch gerichtliche Entscheidung ersetzt ist. Nach Beendigung der Amtszeit ist die Kündigung innerhalb eines Jahres, jeweils vom Zeitpunkt der Beendigung der Amtszeit an gerechnet, unzulässig, es sei denn, daß Tatsachen vorliegen, die einen Arbeitgeber zur Kündigung eines Arbeitsverhältnisses aus wichtigem Grund ohne Einhaltung einer Kündigungsfrist berechtigen würden; dies gilt nicht, wenn die Beendigung der Mitgliedschaft auf einer gerichtlichen Entscheidung beruht.

(2) Die Kündigung eines in Heimarbeit beschäftigten Mitglieds eines Wahlvorstands ist vom Zeitpunkt seiner Bestellung an, die Kündigung eines in Heimarbeit beschäftigten Wahlbewerbers vom Zeitpunkt der Aufstellung des Wahlvorschlags an jeweils bis zur Bekanntgabe des Wahlergebnisses unzulässig, es sei denn, daß Tatsachen vorliegen, die einen Arbeitgeber zur Kündigung eines Arbeitsverhältnisses aus wichtigem Grund ohne Einhaltung einer Kündigungsfrist berechtigen würden, und daß die nach § 103 des Betriebsverfassungsgesetzes erforderliche Zustimmung vorliegt oder durch eine gerichtliche Entscheidung ersetzt ist. Innerhalb von sechs Monaten nach Bekanntgabe des Wahler-

gebnisses ist die Kündigung unzulässig, es sei denn, daß Tatsachen vorliegen, die einen Arbeitgeber zur Kündigung eines Arbeitsverhältnisses aus wichtigem Grund ohne Einhaltung einer Kündigungsfrist berechtigen würden; dies gilt nicht für Mitglieder des Wahlvorstandes, wenn dieser nach § 18 Abs. 1 des Betriebsverfassungsgesetzes durch gerichtliche Entscheidung durch einen anderen Wahlvorstand ersetzt worden ist.

(3) Wird die Vergabe von Heimarbeit eingestellt, so ist die Kündigung des Beschäftigungsverhältnisses der in den Absätzen 1 und 2 genannten Personen frühestens zum Zeitpunkt der Einstellung der Vergabe zulässig, es sei denn, daß die Kündigung zu einem früheren Zeitpunkt durch zwingende betriebliche Erfordernisse bedingt ist.

Gesetz über Sprecherausschüsse der leitenden Angestellten (Sprecherausschussgesetz – SprAuG)

Vom 20. Dezember 1988 (BGBl. I S. 2312, 2316), zuletzt geändert durch die Achte Zuständigkeitsanpassungsverordnung vom 25. November 2003 (BGBl. I S. 2304).

§ 2 Zusammenarbeit

(1) – (2) ...

(3) Die Mitglieder des Sprecherausschusses dürfen in der Ausübung ihrer Tätigkeit nicht gestört oder behindert werden. Sie dürfen wegen ihrer Tätigkeit nicht benachteiligt oder begünstigt werden; dies gilt auch für ihre berufliche Entwicklung.

(4) ...

Grundgesetz für die Bundesrepublik Deutschland (GG)

Vom 23. Mai 1949 (BGBl. I S. 1), zuletzt geändert durch das Gesetz zur Änderung des Grundgesetzes (Art. 96) vom 26. Juli 2002 (BGBl. I S. 2863).

Artikel 48 [Ansprüche der Abgeordneten]

(1) ...

(2) Niemand darf gehindert werden, das Amt eines Abgeordneten zu übernehmen und auszuüben. Eine Kündigung oder Entlassung aus diesem Grunde ist unzulässig.

(3) ...

Gesetz über die Rechtsverhältnisse der Mitglieder des Deutschen Bundestages (AbgG)

In der Fassung der Bekanntmachung vom 21. Februar 1996 (BGBl. I S. 326), zuletzt geändert durch Art. 4 des Gesetzes vom 16. Februar 2002 (BGBl. I S. 693).

§ 2 Schutz der freien Mandatsausübung

(1) Niemand darf gehindert werden, sich um ein Mandat im Bundestag zu bewerben, es anzunehmen oder auszuüben.

(2) Benachteiligungen am Arbeitsplatz im Zusammenhang mit der Bewerbung um ein Mandat sowie der Annahme und Ausübung eines Mandats sind unzulässig.

(3) Eine Kündigung oder Entlassung wegen der Annahme oder Ausübung des Mandats ist unzulässig. Eine Kündigung ist im übrigen nur aus wichtigem Grunde zulässig. Der Kündigungsschutz beginnt mit der Aufstellung des Bewerbers durch das dafür zuständige Organ der Partei oder mit der Einreichung des Wahlvorschlags. Er gilt ein Jahr nach Beendigung des Mandats fort.

Gesetz über die Mitbestimmung der Arbeitnehmer (Mitbestimmungsgesetz – MitbestG)

Vom 4. Mai 1976 (BGBl. I S. 1153), zuletzt geändert durch Gesetz zur Vereinfachung der Wahl der Arbeitnehmervertreter in den Aufsichtsrat vom 23. März 2002 (BGBl. I S. 1130).

§ 26 Schutz von Aufsichtsratsmitgliedern vor Benachteiligung

Aufsichtsratsmitglieder der Arbeitnehmer dürfen in der Ausübung ihrer Tätigkeit nicht gestört oder behindert werden. Sie dürfen wegen ihrer Tätigkeit im Aufsichtsrat eines Unternehmens, dessen Arbeitnehmer sie sind oder als dessen Arbeitnehmer sie nach § 4 oder § 5 gelten, nicht benachteiligt werden. Dies gilt auch für ihre berufliche Entwicklung.

Sozialgesetzbuch – Neuntes Buch – Rehabilitation und Teilhabe behinderter Menschen (SGB IX)

Vom 19. Juni 2001 (BGBl. I S. 1046), zuletzt geändert durch Gesetz zur Förderung der Ausbildung und Beschäftigung schwerbehinderter Menschen vom 23. April 2004 (BGBl. I S. 606).

§ 96 Persönliche Rechte und Pflichten der Vertrauenspersonen der schwerbehinderten Menschen

(1) ...

(2) Die Vertrauenspersonen dürfen in der Ausübung ihres Amtes nicht behindert oder wegen ihres Amtes nicht benachteiligt oder begünstigt werden; dies gilt auch für ihre berufliche Entwicklung.

(3) Die Vertrauenspersonen besitzen gegenüber dem Arbeitgeber die gleiche persönliche Rechtsstellung, insbesondere den gleichen Kündigungs-, Versetzungs- und Abordnungsschutz wie ein Mitglied des Betriebs-, Personal-, Staatsanwalts- oder Richterrates. Das stellvertretende Mitglied besitzt während der Dauer der Vertretung und der Heranziehung nach § 95 Abs. 1 Satz 4 die gleiche persönliche Rechtsstellung wie die Vertrauensperson, im Übrigen die gleiche Rechtsstellung wie Ersatzmitglieder der in Satz 1 genannten Vertretungen.

(4) – (9) ...

Gesetz über den Schutz des Arbeitsplatzes bei Einberufung zum Wehrdienst
(Arbeitsplatzschutzgesetz – ArbPlSchG)
In der Fassung der Bekanntmachung vom 14. Februar 2001 (BGBl. I S. 253), zuletzt geändert durch das Dritte Gesetz für moderne Dienstleistungen am Arbeitsmarkt vom 23. Dezember 2003 (BGBl. I S. 2848).

§ 2 Kündigungsschutz für Arbeitnehmer, Weiterbeschäftigung nach der Berufsausbildung

(1) Von der Zustellung des Einberufungsbescheides bis zur Beendigung des Grundwehrdienstes sowie während einer Wehrübung darf der Arbeitgeber das Arbeitsverhältnis nicht kündigen.

(2) Im übrigen darf der Arbeitgeber das Arbeitsverhältnis nicht aus Anlass des Wehrdienstes kündigen. Muss er aus dringenden betrieblichen Erfordernissen (§ 1 Abs. 2 des Kündigungsschutzgesetzes) Arbeitnehmer entlassen, so darf er bei der Auswahl der zu Entlassenden den Wehrdienst eines Arbeitnehmers nicht zu dessen Ungunsten berücksichtigen. Ist streitig, ob der Arbeitgeber aus Anlass des Wehrdienstes gekündigt oder bei der Auswahl der zu Entlassenden den Wehrdienst zu Ungunsten des Arbeitnehmers berücksichtigt hat, so trifft die Beweislast den Arbeitgeber.

(3) Das Recht zur Kündigung aus wichtigem Grund bleibt unberührt. Die Einberufung des Arbeitnehmers zum Wehrdienst ist kein wichtiger Grund zur Kündigung; dies gilt im Falle des Grundwehrdienstes von mehr als sechs Monaten nicht für unverheiratete Arbeitnehmer in Betrieben mit in der Regel fünf oder weniger Arbeitnehmern ausschließlich der zu ihrer Berufsbildung Beschäftigten, wenn dem Arbeitgeber infolge Einstellung einer Ersatzkraft die Weiterbeschäftigung des Arbeitnehmers nach Entlassung aus dem Wehrdienst nicht zugemutet werden kann. Bei der Feststellung der Zahl der beschäftigten Arbeitnehmer nach Satz 2 sind teilzeitbeschäftigte Arbeitnehmer mit einer regelmäßigen wöchentlichen Arbeitszeit von nicht mehr als 20 Stunden mit 0,5 und nicht mehr als 30 Stunden mit 0,75 zu berücksichtigen. Satz 3 berührt bis zum 30. September 1999 nicht die Rechtsstellung der Arbeitnehmer, die am 30. September 1996 gegenüber ihrem Arbeitgeber Rechte aus der bis zu diesem Zeitpunkt geltenden Fassung der Sätze 3 und 4 hätten herleiten können. Eine nach Satz 2 zweiter Halbsatz zulässige Kündigung darf jedoch nur unter Einhaltung einer Frist von zwei Monaten für den Zeitpunkt der Entlassung aus dem Wehrdienst ausgesprochen werden.

(4) Geht dem Arbeitnehmer nach der Zustellung des Einberufungsbescheides oder während des Wehrdienstes eine Kündigung zu, so beginnt die Frist des § 4 Satz 1 des Kündigungsschutzgesetzes erst zwei Wochen nach Ende des Wehrdienstes.

(5) Der Ausbildende darf die Übernahme eines Auszubildenden in ein Arbeitsverhältnis auf unbestimmte Zeit nach Beendigung des Berufsausbildungsverhältnisses nicht aus Anlass des Wehrdienstes ablehnen. Absatz 2 Satz 3 gilt entsprechend.

Berufsbildungsgesetz (BBiG)

Vom 14. August 1969 (BGBl. I S. 1112), zuletzt geändert durch das Vierte Gesetz für moderne Dienstleistungen am Arbeitsmarkt vom 24. Dezember 2003 (BGBl. I S. 2954).

§ 15 Kündigung

(1) Während der Probezeit kann das Berufsausbildungsverhältnis jederzeit ohne Einhalten einer Kündigungsfrist gekündigt werden.

(2) Nach der Probezeit kann das Berufsausbildungsverhältnis nur gekündigt werden

1. aus einem wichtigen Grund ohne Einhalten einer Kündigungsfrist,

2. vom Auszubildenden mit einer Kündigungsfrist von vier Wochen, wenn er die Berufsausbildung aufgeben oder sich für eine andere Berufstätigkeit ausbilden lassen will.

(3) Die Kündigung muß schriftlich und in den Fällen des Absatzes 2 unter Angabe der Kündigungsgründe erfolgen.

(4) Eine Kündigung aus einem wichtigen Grund ist unwirksam, wenn die ihr zugrundeliegenden Tatsachen dem zur Kündigung Berechtigten länger als zwei Wochen bekannt sind. Ist ein vorgesehenes Güteverfahren vor einer außergerichtlichen Stelle eingeleitet, so wird bis zu dessen Beendigung der Lauf dieser Frist gehemmt.

Seemannsgesetz (SeemG)
Vom 26. Juli 1957(BGBl. II S. 713), zuletzt geändert durch
Gesetz zu Reformen am Arbeitsmarkt vom 24. Dezember 2003
(BGBl. I S. 3002).

§ 62 Ordentliche Kündigung

(1) Ist das Heuerverhältnis auf unbestimmte Zeit begründet, so kann es von beiden Teilen nach Maßgabe des § 63 schriftlich gekündigt werden. Die elektronische Form der Kündigung ist ausgeschlossen.

(2) Die ordentliche Kündigung gegenüber Schiffsoffizieren und sonstigen Angestellten kann nur vom Reeder ausgesprochen werden.

§ 63 Kündigungsfristen

(1) Das Heuerverhältnis eines Besatzungsmitglieds kann während der ersten drei Monate mit einer Frist von einer Woche gekündigt werden. Dauert die erste Reise länger als drei Monate, so kann die Kündigung während der ersten sechs Monate noch in den auf die Beendigung der Reise folgenden drei Tagen mit Wochenfrist ausgesprochen werden. Nach Ablauf der in den Sätzen 1 und 2 bezeichneten Zeiten beträgt die Kündigungsfrist vier Wochen zum Fünfzehnten oder zum Ende eines Kalendermonats. Sie erhöht sich auf zwei Monate zum Ende eines Kalendermonats, wenn das Heuerverhältnis in dem Betrieb oder Unternehmen zwei Jahre bestanden hat.

(2) Für eine Kündigung durch den Reeder beträgt die Kündigungsfrist, wenn das Heuerverhältnis in dem Betrieb oder Unternehmen

1. acht Jahre bestanden hat, drei Monate zum Ende eines Kalendermonats,

2. zehn Jahre bestanden hat, vier Monate zum Ende eines Kalendermonats,
3. zwölf Jahre bestanden hat, fünf Monate zum Ende eines Kalendermonats,
4. fünfzehn Jahre bestanden hat, sechs Monate zum Ende eines Kalendermonats,
5. zwanzig Jahre bestanden hat, sieben Monate zum Ende eines Kalendermonats.

Bei der Berechnung der Beschäftigungsdauer werden Zeiten, die vor der Vollendung des fünfundzwanzigsten Lebensjahrs des Besatzungsmitglieds liegen, nicht berücksichtigt.

(2a) § 622 Abs. 3 bis 6 des Bürgerlichen Gesetzbuchs findet sinngemäß Anwendung.

(3) Soweit nicht etwas anderes vereinbart wird, setzt sich das Heuerverhältnis über den Ablauf der Kündigungsfrist bis zur Ankunft des Schiffes in einem Hafen fort, den das Schiff im Geltungsbereich des Grundgesetzes oder zum Laden oder Löschen in einem an die Bundesrepublik Deutschland angrenzenden Staat anläuft, höchstens jedoch auf die Dauer von drei Monaten; als Hafen im Geltungsbereich des Grundgesetzes gelten auch die Schleusen des Nord-Ostsee-Kanals. Vor Ablauf der dreimonatigen Frist des Satzes 1 endet das Heuerverhältnis mit dem Tage, an dem das Besatzungsmitglied in einem Hafen im Geltungsbereich des Grundgesetzes eintrifft oder die Bundesgrenze auf dem Land– oder Luftwege überschreitet, wenn

1. der Reeder für eine unverzügliche freie Rückbeförderung des Besatzungsmitglieds nach Maßgabe des § 72 sorgt oder
2. das Besatzungsmitglied für seine Rückbeförderung auf eigene Kosten sorgt und ein Ersatzmann, über dessen Eignung im Zweifel das Seemannsamt entscheidet, ohne besondere Kosten für den Reeder und ohne Aufenthalt für das Schiff an seine Stelle treten kann.

Kehrt im Falle des Satzes 2 Nr. 2 das Besatzungsmitglied nicht unverzüglich in den Geltungsbereich des Grundgesetzes zurück, endet das Heuerverhältnis auch in einem Hafen außerhalb des Geltungsbereichs des Grundgesetzes an dem Tage, der dem Tag des Dienstantritts des Ersatzmannes vorausgeht.

§ 64 Außerordentliche Kündigung gegenüber dem Besatzungsmitglied

(1) Das Heuerverhältnis eines Besatzungsmitglieds kann diesem gegenüber ohne Einhaltung einer Frist gekündigt werden, wenn es

1. für den übernommenen Schiffsdienst aus Gründen, die schon vor der Begründung des Heuerverhältnisses bestanden, untauglich ist, es sei denn, daß dem Reeder diese Gründe zu diesem Zeitpunkt bekannt waren oder den Umständen nach bekannt sein mußten,
2. eine ansteckende Krankheit verschweigt, durch die es andere gefährdet, oder nicht angibt, daß es Dauerausscheider von Erregern des Typhus oder Paratyphus ist,
3. seine Pflichten aus dem Heuerverhältnis beharrlich oder in besonders grober Weise verletzt,
4. eine Straftat begeht, die sein weiteres Verbleiben an Bord unzumutbar macht,
5. durch eine von ihm begangene Straftat arbeitsunfähig wird.

(2) Der Kapitän ist verpflichtet, die außerordentliche Kündigung und deren Grund unverzüglich in das Schiffstagebuch einzutragen und eine von ihm unterzeichnete Abschrift der Eintragung dem Besatzungsmitglied auszuhändigen.

(3) Wird die fristlose Kündigung auf See ausgesprochen oder bleibt das Besatzungsmitglied nach einer fristlosen Kündigung an Bord, so hat es den bei der Heimschaffung hilfsbedürftiger Seeleute üblichen Verpflegungssatz zu entrichten.

§ 65 Außerordentliche Kündigung gegenüber dem Besatzungsmitglied aus anderen Gründen

Ist die Fortsetzung des Heuerverhältnisses mit dem Besatzungsmitglied aus anderen wichtigen, nicht in § 64 genannten Gründen unzumutbar, so kann ihm ohne Einhaltung einer Kündigungsfrist während der Zeit, in der nach § 63 Abs. 1 die Kündigung mit Wochenfrist zulässig ist, gekündigt werden, wenn sich der Reeder zur Zahlung einer Abfindung in Höhe von mindestens einer Monatsgrundheuer verpflichtet.

§ 66 Außerordentliche Kündigung bei Verlust des Schiffs

(1) Geht dem Reeder das Schiff, auf dem das Besatzungsmitglied zur Dienstleistung verpflichtet ist, durch ein unvorhergesehenes Ereignis

verloren oder kann die Reise wegen Krieges, sonstiger kriegerischer Ereignisse, Embargo oder Blockade nicht angetreten oder fortgesetzt werden, so kann der Reeder innerhalb angemessener Zeit das Heuerverhältnis ohne Einhaltung einer Kündigungsfrist kündigen.

(2) Das Besatzungsmitglied hat in den Fällen des Absatzes 1 von dem Zugang der Kündigung ab bis zum Ablauf von zwei Monaten Anspruch auf Zahlung einer Tagesgrundheuer für jeden Tag der tatsächlichen Arbeitslosigkeit. Ist die Rückbeförderung in einen Hafen im Geltungsbereich des Grundgesetzes erst zu einem späteren Zeitpunkt beendet, so ist die Grundheuer bis zu diesem weiterzuzahlen. Ist die Rückbeförderung aus Gründen, die nicht vom Reeder zu vertreten sind, erst später möglich, so ist die Grundheuer bis zum Ablauf von drei Monaten weiterzuzahlen.

(3) Erscheinen die nach Absatz 2 zu zahlenden Heuerbeträge unter Berücksichtigung der sonst dem Besatzungsmitglied zustehenden Kündigungsfristen unangemessen niedrig, so kann eine höhere Abfindung verlangt werden.

(4) Ist es dem Reeder trotz ernsthafter Bemühungen nicht möglich, den Aufenthaltsort des Betroffenen zu ermitteln, und kann er ihm deswegen die Kündigung nicht zugehen lassen, so ist der Reeder berechtigt, durch Niederlegung einer Erklärung bei dem Arbeitsgericht des Registerhafens zu kündigen. Von der Niederlegung einer derartigen Erklärung hat das Gericht die Familienangehörigen des Betroffenen unverzüglich zu benachrichtigen. Erhält der Reeder nachträglich Kenntnis von dem Aufenthaltsort des Betroffenen, so hat er ihm unverzüglich von der Kündigung Kenntnis zu geben.

(5) Im Rahmen dieser Vorschrift ist die Anwendung des §65 ausgeschlossen.

§67 Außerordentliche Kündigung durch das Besatzungsmitglied

Das Besatzungsmitglied kann das Heuerverhältnis ohne Einhaltung einer Frist kündigen,
1. wenn sich der Reeder oder der Kapitän ihm gegenüber einer schweren Pflichtverletzung schuldig macht,
2. wenn der Kapitän es in erheblicher Weise in der Ehre verletzt, es mißhandelt oder seine Mißhandlung durch andere Personen duldet,
3. wenn das Schiff die Flagge wechselt,
4. wenn der Vorschrift des §55 Abs. 3 zuwider Urlaub nicht gewährt wird,

5. wenn das Schiff einen verseuchten Hafen anlaufen soll oder einen Hafen bei Ausbruch einer Seuche nicht unverzüglich verläßt und sich daraus schwere gesundheitliche Gefahren für das Besatzungsmitglied ergeben können,

6. wenn das Schiff ein Gebiet befahren soll, in dem es besonderen Gefahren durch bewaffnete Auseinandersetzungen ausgesetzt ist, oder wenn das Schiff ein solches Gebiet nicht unverzüglich verläßt,

7. wenn das Schiff nicht seetüchtig ist, die Aufenthaltsräume für die Besatzung gesundheitsschädlich sind, die für die Schiffsbesatzung mitgenommenen Speisen oder Getränke ungenügend oder verdorben sind oder das Schiff unzureichend bemannt ist; zur fristlosen Kündigung ist das Besatzungsmitglied in diesen Fällen jedoch nur berechtigt, wenn die Mängel in angemessener Frist auf Beschwerde hin nicht abgestellt werden.

Das Kündigungsrecht nach Nummern 5 und 6 entfällt, wenn dem Besatzungsmitglied die Gründe, die zur Kündigung berechtigten, vor Antritt der Reise bekannt waren oder den Umständen nach bekannt sein mußten.

§ 68 Außerordentliche Kündigung durch das Besatzungsmitglied aus weiteren Gründen

Aus anderen wichtigen Gründen kann das Besatzungsmitglied das Heuerverhältnis ohne Einhaltung einer Frist nur kündigen, wenn ein Ersatzmann, über dessen Eignung im Zweifel das Seemannsamt entscheidet, ohne besondere Kosten für den Reeder und ohne Aufenthalt für das Schiff an seine Stelle treten kann. Ein wichtiger Grund liegt insbesondere vor, wenn das Besatzungsmitglied beabsichtigt, sich alsbald für eine Fachprüfung in seinem Beruf vorzubereiten, oder wenn es nachweist, daß es eine höhere Stellung im Schiffsdienst erhalten kann.

§ 68a Schriftform der außerordentlichen Kündigung

Die außerordentliche Kündigung des Heuerverhältnisses nach den §§ 64 bis 68 bedarf zu ihrer Wirksamkeit der Schriftform; die elektronische Form ist ausgeschlossen.

§ 69 Vorläufige Entscheidung des Seemannsamts über die Berechtigung einer außerordentlichen Kündigung

Wird das Heuerverhältnis in den Fällen der §§ 64, 65, 67 Nr. 1, 2 und 4 bis 7 oder des § 68 außerhalb des Geltungsbereichs des Grundgesetzes gekündigt, so kann das Seemannsamt, das zuerst angerufen werden kann, eine vorläufige Entscheidung über die Berechtigung der Kündigung treffen.

§ 70 Heueranspruch bei außerordentlicher Kündigung durch das Besatzungsmitglied

In den Fällen des § 67 hat das Besatzungsmitglied vom Zeitpunkt der Kündigung ab Anspruch auf Zahlung der Heuer für einen Monat. Schadenersatzansprüche auf Grund anderer Vorschriften bleiben unberührt.

Gesetz über Teilzeitarbeit und befristete Arbeitsverträge (Teilzeit- und Befristungsgesetz – TzBfG)
Vom 21. Dezember 2000 (BGBl. I S. 1966), zuletzt geändert durch Gesetz zu Reformen am Arbeitsmarkt vom 24. Dezember 2003 (BGBl. I S. 3002).

§ 4 Verbot der Diskriminierung

(1) Ein teilzeitbeschäftigter Arbeitnehmer darf wegen der Teilzeitarbeit nicht schlechter behandelt werden als ein vergleichbarer vollzeitbeschäftigter Arbeitnehmer, es sei denn, dass sachliche Gründe eine unterschiedliche Behandlung rechtfertigen. Einem teilzeitbeschäftigten Arbeitnehmer ist Arbeitsentgelt oder eine andere teilbare geldwerte Leistung mindestens in dem Umfang zu gewähren, der dem Anteil seiner Arbeitszeit an der Arbeitszeit eines vergleichbaren vollzeitbeschäftigten Arbeitnehmers entspricht.

(2) Ein befristet beschäftigter Arbeitnehmer darf wegen der Befristung des Arbeitsvertrages nicht schlechter behandelt werden als ein vergleichbarer unbefristet beschäftigter Arbeitnehmer, es sei denn, dass sachliche Gründe eine unterschiedliche Behandlung rechtfertigen. Einem befristet beschäftigten Arbeitnehmer ist Arbeitsentgelt oder eine andere teilbare geldwerte Leistung, die für einen bestimmten Bemessungszeitraum gewährt wird, mindestens in dem Umfang zu gewähren, der dem Anteil seiner Beschäftigungsdauer am Bemessungszeitraum entspricht. Sind bestimmte Beschäftigungsbedingungen von der Dauer des Bestehens des Arbeitsverhältnisses in demselben Betrieb oder Unternehmen abhängig, so sind für befristet beschäftigte Arbeitnehmer dieselben Zeiten zu berücksichtigen wie für unbefristet beschäftigte Arbeitnehmer, es sei denn, dass eine unterschiedliche Berücksichtigung aus sachlichen Gründen gerechtfertigt ist.

§ 5 Benachteiligungsverbot

Der Arbeitgeber darf einen Arbeitnehmer nicht wegen der Inanspruchnahme von Rechten nach diesem Gesetz benachteiligen.

§ 11 Kündigungsverbot

Die Kündigung eines Arbeitsverhältnisses wegen der Weigerung eines Arbeitnehmers, von einem Vollzeit– in ein Teilzeitarbeitsverhältnis oder umgekehrt zu wechseln, ist unwirksam. Das Recht zur Kündigung des Arbeitsverhältnisses aus anderen Gründen bleibt unberührt.

§ 13 Arbeitsplatzteilung

(1) Arbeitgeber und Arbeitnehmer können vereinbaren, dass mehrere Arbeitnehmer sich die Arbeitszeit an einem Arbeitsplatz teilen (Arbeitsplatzteilung). Ist einer dieser Arbeitnehmer an der Arbeitsleistung verhindert, sind die anderen Arbeitnehmer zur Vertretung verpflichtet, wenn sie der Vertretung im Einzelfall zugestimmt haben. Eine Pflicht zur Vertretung besteht auch, wenn der Arbeitsvertrag bei Vorliegen dringender betrieblicher Gründe eine Vertretung vorsieht und diese im Einzelfall zumutbar ist.

(2) Scheidet ein Arbeitnehmer aus der Arbeitsplatzteilung aus, so ist die darauf gestützte Kündigung des Arbeitsverhältnisses eines anderen in die Arbeitsplatzteilung einbezogenen Arbeitnehmers durch den Arbeitgeber unwirksam. Das Recht zur Änderungskündigung aus diesem Anlass und zur Kündigung des Arbeitsverhältnisses aus anderen Gründen bleibt unberührt.

(3) Die Absätze 1 und 2 sind entsprechend anzuwenden, wenn sich Gruppen von Arbeitnehmern auf bestimmten Arbeitsplätzen in festgelegten Zeitabschnitten abwechseln, ohne dass eine Arbeitsplatzteilung im Sinne des Absatzes 1 vorliegt.

(4) Durch Tarifvertrag kann von den Absätzen 1 und 3 auch zuungunsten des Arbeitnehmers abgewichen werden, wenn der Tarifvertrag Regelungen über die Vertretung der Arbeitnehmer enthält. Im Geltungsbereich eines solchen Tarifvertrages können nicht tarifgebundene Arbeitgeber und Arbeitnehmer die Anwendung der tariflichen Regelungen über die Arbeitsplatzteilung vereinbaren.

Stichwortverzeichnis

Abfallbeauftragter
  KSch Statusinh., 42
Abfindungsanspruch 1a, 2
– Änderungskündigung 1a, 11
– Anspruch auf Abfindung 1a, 1
– außerordentliche Kündigung
  1a, 10
– Berechnungsfaktoren 1a, 18
– betriebsbedingte Kündigung
  1a, 4f.
– Entstehen 1a, 19
– Erstattung von Arbeitslosengeld 1a, 21
– Fälligkeit 1a, 19
– Hinweis 1a, 6f.
– Höhe der Abfindung 1a, 17,
  1a, 6f.
– Klagefrist 1a, 6f.
– Kündigungserklärung 1a, 6
– Kündigungsgrund 1a, 4f.
– Kündigungsschutzklage
  1a, 13
– Leistungsklage 1a, 15
– Mindesthöhe 1a, 16
– ordentliche Kündigung 1a, 9
– personenbedingte Kündigung
  1a, 16
– Rücknahme der Kündigungsschutzklage 1a, 12
– sozialrechtliche Implikationen
  1a, 20f.
– Sperrzeit 1a, 20
– verhaltensbedingte Kündigung 1a, 16
– verspätet zugelassene Klagen
  1a, 13f.
Abfindungshöhe
– ältere Arbeitnehmer 10, 4, 22
– Angemessenheit 10, 1
– Anschlussarbeitsverhältnis
  10, 28
– Berechnungsformel 10, 8
– Betriebszugehörigkeit 10, 9ff.
– gesetzliche Höchstgrenze
  10, 2ff.
– regelmäßiger Monatsverdienst
  10, 13ff.
– wirtschaftliche Lage 10, 25f.
Abfindungsvereinbarung,
  qualifizierte 1a, 3
– Abwicklungsvereinbarung
  1a, 16
– Angebot, rechtsgeschäftliches
  1a, 2
– Annahme des Angebots 1a, 8
– Aufhebungsvereinbarung
  1a, 16
– stillschweigende Annahme
  1a, 8
Abfindungszahlung
– Rechtsmittel 10, 36
– Sozialversicherungspflicht
  10, 39f.
– Steuerpflicht 10, 37f.
– Verurteilung 10, 35
Abmahnung 1, 153ff.
– Anspruch auf Entfernung
  1, 166ff.
– Berechtigung 1, 163
– Erfordernis 1, 160ff.
– Form 1, 164
– Funktion 1, 154
– gleichartiger Wiederholungsfall 1, 169
– Inhalt 1, 155ff.
– mehrere Pflichtverletzungen
  1, 158f.
– Zeitpunkt 1, 165
Agentur für Arbeit 1, 16
Aktiengesellschaft 15, 13
Allgemeine Feststellungsklage
– Rechtsschutzinteresse
  4, 49ff.
Amts- und Mandatsträger
– Kündigungsschutz
  KSch Statusinh., 51ff.

Stichwortverzeichnis

Änderungsangebot 2, 6 ff.
- Änderung der Vergütung **2**, 11
- Änderung des Arbeitsortes **2**, 14
- Änderung von Provisionsvereinbarungen **2**, 12
- Herabsetzung oder zeitliche Verlagerung der Arbeitszeit **2**, 10
- nachfolgende Kündigung **12**, 17 ff.
- Zuweisung einer anderen Tätigkeit **2**, 8 f.

Änderungskündigung 1, 6; **8**, 1
- Abgrenzung Direktionsrecht **2**, 25 f.
- Ablehnung **2**, 90 f.
- Änderung der Arbeitszeit **2**, 37 ff.
- Änderung der Tätigkeit **2**, 30 ff.
- Änderung des Arbeitsortes **2**, 34 ff.
- Änderungsangebot **2**, 6 ff.
- Annahme unter Vorbehalt **2**, 77 ff.
- außerordentliche Änderungskündigung **2**, 24
- bedingte **2**, 16
- befristete Weiterbeschäftigung **2**, 23
- Begriff **2**, 4
- Beteiligungsrechte Betriebsrat **2**, 58 f.
- betriebsbedingt **2**, 96 ff.
- Betriebsratsanhörung, § 102 BetrVG **2**, 60 ff.
- Beweislast **2**, 133
- Erfüllung **8**, 4
- Frist Vorbehaltserklärung **2**, 83 f.
- Klageantrag **2**, 127
- Klagefrist **7**, 5
- Kündigungserklärung **2**, 5
- Kündigungsrichtlinien und Namensliste **2**, 108
- Kündigungsschutzprozess **2**, 127 ff.
- Kürzung der Vergütung **2**, 40 ff.
- mehrere Änderungsangebote **2**, 95
- Mitbestimmung des Betriebsrats, § 87 BetrVG **2**, 73 ff.
- Mitbestimmung des Betriebsrats, § 99 BetrVG **2**, 65 ff.
- nachfolgendes Änderungsangebot **2**, 22 f.
- personenbedingte Änderungskündigung **2**, 125
- Prüfungsgegenstand **2**, 92 ff.
- Reaktion Arbeitnehmer **2**, 76 ff.
- Rückwirkung **8**, 4 f.
- Sozialwidrigkeit **2**, 92 ff.
- Streitwert **2**, 129
- Teilkündigung **2**, 56
- unbedingte **2**, 16
- Unwirksamkeit **8**, 2
- verhaltensbedingte Änderungskündigung **2**, 126
- Verhältnis Direktionsrecht/ Änderungskündigung **2**, 57
- Verjährung **8**, 2
- vorbehaltlose Annahme **2**, 86 ff.
- Widerrufsvorbehalt **2**, 48 f.
- Wirksamkeitsfiktion **7**, 5
- Zusammenhang zwischen Kündigung und Änderungsangebot **2**, 15 ff.

Anfechtung Arbeitsvertrag
- Betriebsratsanhörung **1**, 10

Anhörung des Betriebsrats
- Abwicklungsvertrag **102 BetrVG**, 11
- Änderungskündigung **102 BetrVG**, 10
- Arbeitnehmerentsendung **102 BetrVG**, 20 f.
- Arbeitnehmerüberlassung **102 BetrVG**, 18
- Aufhebungsvertrag **102 BetrVG**, 11
- Auslandseinsatz **102 BetrVG**, 20
- Auslandsentsendung **102 BetrVG**, 20

- befristetes Arbeitsverhältnis **102 BetrVG**, 12
- Betriebsänderung **102 BetrVG**, 6, 8, 38
- Betriebsübergang **102 BetrVG**, 7, 14
- Beweislast **102 BetrVG**, 28, 31
- Fehler **102 BetrVG**, 37
- freier Mitarbeiter **102 BetrVG**, 16
- Fristen **102 BetrVG**, 29 f., 34 f.
- Interessenausgleich **102 BetrVG**, 28
- Kündigungsgründe **102 BetrVG**, 25
- Kündigungsschutzverfahren **102 BetrVG**, 40 f.
- Leiharbeit **102 BetrVG**, 18
- leitende Angestellte **102 BetrVG**, 17
- Massenentlassung **102 BetrVG**, 35
- Nachholung der Unterrichtung **102 BetrVG**, 26 f.
- Schwerbehinderte **102 BetrVG**, 30
- Sonderkündigungsschutz **102 BetrVG**, 23
- Spaltung **102 BetrVG**, 6, 8
- Stilllegung **102 BetrVG**, 6
- Tendenzunternehmen **102 BetrVG**, 19
- Unwirksamkeit der Kündigung **102 BetrVG**, 37
- Verschmelzung **102 BetrVG**, 6, 8
- vorsorgliche Anhörung **102 BetrVG**, 16 f.
- Zuständigkeit **102 BetrVG**, 23
- Zustimmungsverfahren vor Behörde **102 BetrVG**, 23, 30

Anlasskündigung (Verbot der) außerhalb des KSchG KSch Statusinh., 3

Annahme unter Vorbehalt
- Erhebung der Änderungsschutzklage **2**, 83
- Frist **2**, 83
- Rechtsfolge **2**, 85

Anrufung eines unzuständigen Gerichts 4, 81

Anzeigepflichtige Entlassungen
→ *auch Massenentlassung*
17, 7
- Abkürzung der Sperrfrist **17**, 89 ff.; **18**, 9 ff.
- Anzahl der Entlassungen **17**, 25 ff.
- Anzeige **17**, 67 ff.
- Anzeigepflicht des Arbeitgebers **17**, 7
- Begriff **17**, 7 ff.
- beherrschendes Unternehmen **17**, 30 ff.
- Beteiligung des Betriebsrats **17**, 38 f., , 41 ff., 55 ff.
- Beweis **17**, 99
- Beweislast für Anzeigepflicht **17**, 9
- fehlerhafte Anzeige **17**, 80 ff.
- fehlerhafte Unterrichtung **17**, 51 ff.
- Freifrist **18**, 23 ff.
- Interessenausgleich **17**, 48, 70 ff.
- Konzern **17**, 30 ff.
- Kündigungsfrist **17**, 61 ff.
- Kündigungsschutzklage **16**, 105 f.; **18**, 31
- Kündigungstermin **17**, 61 ff.
- Kündigungszugang **17**, 61 ff.
- Kurzarbeit **19**, 3 ff.
- Kurzarbeit und Arbeitszeit **19**, 15
- Kurzarbeit und Beteiligung des Betriebsrats **19**, 21
- Kurzarbeit und Kündigungsfrist **19**, 16 ff.
- Kurzarbeit und Vergütung **19**, 16 ff.
- Massenentlassungsanzeige **17**, 67 ff.
- Nachholung von Angaben **17**, 87 ff.; **18**, 5

Stichwortverzeichnis

- Saison- und Kampagnebetriebe **22**, 1 ff.
- Schwellenwert **17**, 25 ff.
- Sonderkündigungsschutz **17**, 40
- Sozialplan **17**, 48
- Sperrfrist **18**, 3 ff.
- Sperrfrist und Kündigungsfrist **18**, 6 ff.
- stufenweise Entlassungen **18**, 14 ff.
- Tarifbindung und Kurzarbeit **19**, 3 ff.
- Unwirksamkeit **17**, 51 ff., 80 ff.
- Verlängerung der Sperrfrist **18**, 20 ff.
- Zustimmung der Agentur für Arbeit **17**, 89 ff.; **18**, 9 ff.

Arbeitnehmervertreter im Aufsichtsrat KSch Statusinh., 60 ff.

Arbeitskampf 25, 1 f.

Arbeitslosengeld 10, 41 f.

Arbeitsvertrag
- Nichtigkeit/Anfechtung **1**, 10

Aufhebungsvertrag 1, 11

Auflösungsantrag 9, 2 ff.; **15**, 69
- Auflösungszeitpunkt **9**, 13 ff.
- beidseitiger **9**, 33
- besonderer Kündigungsschutz **9**, 29
- leitender Angestellter **15**, 69 f.
- Rücknahme **9**, 6
- sozialwidrige Kündigung **9**, 10 ff.

Auflösungsgründe
- Beurteilungszeitpunkt **9**, 17
- Beweislast **9**, 21
- für Arbeitgeber **9**, 22 ff.
- für Arbeitnehmer **9**, 16 ff.
- Negativbeispiele Arbeitgeber **9**, 28
- Negativbeispiele Arbeitnehmer **9**, 20
- Positivbeispiele Arbeitgeber **9**, 23 ff.
- Positivbeispiele Arbeitnehmer **9**, 18 ff.

Auflösungsurteil 9, 34 ff.
- Rechtsmittel **9**, 39 ff.
- Vollstreckung **9**, 38

Aushilfsarbeitnehmer 23, 11

Außergerichtlicher Vergleich 10, 32

Außerordentliche Änderungskündigung
- Unwirksamkeit **8**, 3
- Wirksamkeitsfiktion **7**, 7

Außerordentliche Kündigung 13, 1 ff.
- Abgrenzung zu anderen Kündigungen **13**, 4
- Annahmeverzug **13**, 14
- Auflösungsantrag **13**, 9 f.
- Ausschluss der ordentlichen Kündigung **1**, 8 f.
- Begriff **13**, 3
- Klagevoraussetzungen **13**, 8
- Kleinbetriebe **13**, 2
- Nichtfortsetzungserklärung **13**, 13
- soziale Auslauffrist **1**, 8 f.
- Wartezeit **13**, 2
- Wirksamkeitsfiktion **7**, 6

Auszubildende 23, 8; **KSch Statusinh.**, 89 ff.

Beauftragte ohne Schutz durch ein Benachteiligungs- oder Kündigungsverbot KSch Statusinh., 50
- Betäubungsmittelverantwortlicher **KSch Statusinh.**, 50
- Bildungsbeauftragter **KSch Statusinh.**, 50
- Druckluftfachkräfte **KSch Statusinh.**, 50
- Gefahrgutbeauftragter **KSch Statusinh.**, 50
- Kesselwärter **KSch Statusinh.**, 50
- Kündigungsschutz **KSch Statusinh.**, 5
- Schwerbehindertenbeauftragter **KSch Statusinh.**, 50

- Stufenplanbeauftragter **KSch Statusinh.**, 50
- verantwortliche Personen iSd §§ 58, 59 BBergG und der §§ 19 ff SprengG **KSch Statusinh.**, 50

Beauftragter für Biologische Sicherheit KSch Statusinh., 41

Beendigungserklärung → *Nichtfortsetzungserklärung*

Behördliche Entscheidung
- Rechtsmittel **18 BErzGG**, 27; **9 MuSchG**, 35 f.

Behördliche Erlaubnis
- Ermessenentscheidung **9 MuSchG**, 27
- Form und Frist **18 BErzGG**, 18; **9 MuSchG**, 23
- Musterantrag **18 BErzGG**, 28
- Prüfungsumfang der Behörde **18 BErzGG**, 22
- Voraussetzungen **18 BErzGG**, 19 ff.; **9 MuSchG**, 25 ff.
- Zuständigkeit **18 BErzGG**, 17; **9 MuSchG**, 22

Behördliche Zustimmung 1, 495

Beklagter 4, 54 ff.
- AG **4**, 54
- BGB-Gesellschaft **4**, 57
- Erbengemeinschaft **4**, 58
- GmbH & Co. KG **4**, 55
- GmbH **4**, 54
- Kommanditgesellschaft **4**, 56
- OHG **4**, 56

Benachteiligungsverbot KSch Statusinh., 4

Berechnung der Dreiwochenfrist
- Einwurf in den Briefkasten, Postfach **4**, 66
- Fristbeginn **4**, 62 ff.
- Übergabe- und Einwurfeinschreiben **4**, 68 f.
- Zugang per Boten **4**, 65
- Zugang unter Abwesenden **4**, 64 ff.
- Zustellung an den Arbeitnehmer im Urlaub oder in der Kur **4**, 70 ff.

Bergmannsversorgungsscheininhaber KSch Statusinh., 87 f.

Besatzungsmitglieder 24, 2
- Klagefrist **24**, 5
- Sozialauswahl **24**, 3
- Wartezeit **24**, 4
- Zuständigkeit **24**, 6

Beschäftigtenzahl 23, 13 ff.

Bestandsschutz
- Wartezeit **1**, 484

Betäubungsmittelverantwortlicher KSch Statusinh., 50

Beteiligung des Betriebsrats → *Anhörung des Betriebsrats; Widerspruch des Betriebsrats*

Betrieb
- Begriff **17**, 14; **23**, 3

Betriebsarzt
- Benachteiligungsverbot **KSch Statusinh.**, 7
- Zustimmung des Betriebsrates **KSch Statusinh.**, 10 ff.

Betriebsbedingte Änderungskündigung → *Änderungskündigung*
- Änderung der Arbeitszeit **2**, 121 ff.
- Entgeltreduzierung **2**, 114 ff.
- Fallgruppen **2**, 109
- Sitzverlegung **2**, 110 ff.
- Sozialauswahl **2**, 103 ff.
- unternehmerische Entscheidung **2**, 99 ff.
- Verhältnismäßigkeitsgrundsatz **2**, 101 f.

Betriebsbedingte Kündigung 1, 347 ff.
- Abbau Überstunden **1**, 381
- Abbau von Arbeitsplätzen **1**, 457 ff.
- abgestufte Darlegungs- und Beweislast **1**, 422 f.
- anderweitige Beschäftigungsmöglichkeit **1**, 393 ff.
- Arbeitsmangel **1**, 450 ff.

Stichwortverzeichnis

- Auftragsrückgang **1**, 452 f.
- außerbetriebliche Gründe **1**, 352 ff., 450 ff.
- »Austauschkündigung« **1**, 352
- Auswahlrichtlinie **1**, 431 ff.
- Beispielsfälle **1**, 450 ff.
- Bestandsschutz **1**, 484
- Betriebsbezogenheit **1**, 371 ff., 383 ff.
- Betriebseinschränkung **1**, 461 f.
- Betriebsstilllegung **1**, 467 ff.
- Betriebsübergang **1**, 463 ff., 466, 470 ff.
- Darlegungs- und Beweislast **1**, 387 ff.
- dringende betriebliche Erfordernisse **1**, 347 ff.
- Dringlichkeit **1**, 374 ff.
- Fortbildung **1**, 411 ff.
- freier Arbeitsplatz **1**, 416 ff.
- gemeinsamer Betrieb **1**, 407
- Gewinneinbruch **1**, 455
- innerbetriebliche Gründe **1**, 357 ff., 457 ff.
- Insolvenz **1**, 456
- Interessenabwägung **1**, 424 ff.
- Konzernbezug **1**, 384
- Konzernversetzungsklausel **1**, 404
- Kündigung nach Erwerberkonzept **1**, 465
- Kurzarbeit **1**, 381, 451
- Leiharbeitnehmer **1**, 378, 475
- Outsourcing **1**, 474
- Prüfungsschema **1**, 559
- Rationalisierungsmaßnahmen **1**, 474 ff.
- Rationalisierungsschutzabkommen **1**, 478
- Spaltung oder Teilübertragung **1**, 408
- Umschulung **1**, 411 ff.
- Unternehmerentscheidung **1**, 354, 360, 364 ff.
- Versetzungsklausel **1**, 401
- Wechsel des Betriebsinhabers **1**, 463 ff.
- Wegfall von Drittmitteln **1**, 454
- Weisungsrecht **1**, 401, 403
- Widerspruch des Betriebsrats **1**, 427 ff.
- Wiedereinstellungsanspruch **1**, 450
- Zustimmungsersetzungsverfahren **1**, 399

Betriebsleiter 15, 38

Betriebsrat, Betriebsstilllegung
- Änderung der Betriebsorganisation **15**, 92
- Beendigung vor Stilllegung **15**, 104 ff.
- Begriff **15**, 90
- Betriebsunterbrechung **15**, 94
- Kündigungszeitpunkt **15**, 101
- Sozialauswahl **15**, 98
- Verfahren **15**, 99 f.
- Weiterbeschäftigung **15**, 96 ff.

Betriebsrat, Kündigungsgründe
- Amtspflichtverletzung **15**, 54
- Arbeitsvertragspflichtverletzung **15**, 52
- außerordentliche Änderungskündigung → *auch Betriebsrat, Sonderkündigungsschutz, Änderungskündigung, ordentliche* **15**, 58
- Betriebsstilllegung → *Betriebsrat, Betriebsstilllegung*
- Freistellung vor Ausspruch Kündigung **15**, 65 ff.
- wichtiger Grund **15**, 51, 54 ff.
- Zustimmung des Betriebsrats, Verfahren **15**, 59 ff.

Betriebsrat, Schließung Betriebsabteilung
- Begriff **15**, 110, 112
- Darlegungs- und Beweislast **15**, 123
- Freikündigung **15**, 118, 120
- Sozialauswahl bei Mehrzahl von Funktionsträgern **15**, 119
- Weiterbeschäftigung **15**, 115

Betriebsrat, Sonderkündigungsschutz 15, 9
- Amtsausschluss **15**, 68
- Änderungskündigung, ordentliche → *auch Betriebsrat, Kündigungsgründe* **15**, 48 ff.
- Auflösungsantrag des Arbeitnehmers **15**, 84
- Beendigungskündigung, ordentliche → *Betriebsrat, Kündigungsgründe* **15**, 44
- Beginn, Beurteilungszeitpunkt **15**, 13, 15, 28
- Bestimmungserhebungsverfahren → *dort* **15**, 68
- Betriebsabteilung → *Betriebsrat, Schließung Betriebsabteilung* **15**, 105
- Betriebsspaltung, Betriebszusammenlegung **15**, 33
- Betriebsveräußerung, Betriebsteilveräußerung **15**, 34
- Drei-Wochenfrist **15**, 83
- Ende umfassender Kündigungsschutz **15**, 29 ff.
- Europäischer Betriebsrat **15**, 12
- Gesamt- bzw. Konzernbetriebsrat **15**, 11
- Initiatoren der Betriebsratswahl **15**, 27, 37
- Kündigungsschutzklage **15**, 82 f.
- Massenänderungskündigungen **15**, 48
- Nachschieben von Gründen im Kündigungsschutzprozess **15**, 87
- nachwirkender Kündigungsschutz, Dauer **15**, 39 ff., 45 f.
- Tendenzunternehmen **15**, 12
- Wahlanfechtung, Nichtigkeit der Wahl **15**, 14 ff.
- Wahlbewerber **15**, 25 f., 36
- Wahlvorstand **15**, 23 f., 35
- Weiterbeschäftigungsanspruch **15**, 81 f.

Betriebsstilllegung 1, 467 ff.
- Elternzeit **18 BErzGG**, 19
Betriebsübergang 4, 59
- Anwendungsbereich **613 a BGB**, 2 ff.
- Aufhebungsvertrag **613 a BGB**, 50
- Auflösungsantrag **613 a BGB**, 62
- Auslandsberührung **613 a BGB**, 4
- behördliche Erlaubnis **18 BErzGG**, 21
- Beklagter **613 a BGB**, 56 ff.
- Betriebsteilsübergang **613 a BGB**, 16
- Darlegungs- und Beweislast **613 a BGB**, 63
- Erwerberkonzept **613 a BGB**, 35 ff.
- Fortsetzungsanspruch **613 a BGB**, 42 ff.
- Funktionsnachfolge **613 a BGB**, 15
- Identitätswahrung **613 a BGB**, 11 ff.
- Klagefrist **613 a BGB**, 55
- Kündigungsschutz **613 a BGB**, 19 ff.
- prozessuale Probleme **613 a BGB**, 54
- rechtsgeschäftlicher Übergang **613 a BGB**, 17 f.
- Rechtskrafterstreckung **613 a BGB**, 67 f.
- Sozialauswahl **613 a BGB**, 41
- Stilllegungsabsicht und anschließende Betriebsübernahme **613 a BGB**, 26 ff.
- Übernahme der Hauptbelegschaft **613 a BGB**, 14
- Umgehung des Kündigungsverbots **613 a BGB**, 50 ff.
- Veräußererkonzept **613 a BGB**, 30 ff.
- Wiedereinstellungsanspruch **613 a BGB**, 42 ff.

- wirtschaftliche Einheit **613 a BGB**, 11 ff.
- zukünftiger Betriebsübergang **613 a BGB**, 23

Bevollmächtigung 1, 17

Bildungsbeauftragter KSch Statusinh., 50

Bundesberggesetz KSch Statusinh., 50

Datenschutzbeauftragter
- Abberufung auf Verlangen der Aufsichtsbehörde **KSch Statusinh.**, 26
- außerordentliche Kündigung **KSch Statusinh.**, 22 f.
- Benachteiligungsverbot **KSch Statusinh.**, 14 ff.

Datenschutzbeauftragter KSch Statusinh., 13 ff.
- Kündigung **KSch Statusinh.**, 16 f.
- Mitwirkung des Betriebsrates **KSch Statusinh.**, 28
- ordentliche Kündigung **KSch Statusinh.**, 18 ff.
- Widerruf der Bestellung **KSch Statusinh.**, 16 ff.

Dienststelle 23, 6

Dienstverhältnis 15, 4

Direktionsrecht 2, 25 ff.
- Abgrenzung Änderungskündigung **2**, 25 f.
- Änderung der Arbeitszeit **2**, 37 ff.
- Änderung der Tätigkeit **2**, 30 ff.
- Änderung des Arbeitsortes **2**, 34 ff.
- Begriff **2**, 26 f.
- Erweiterung **2**, 46 f.
- Erweiterung durch Tarifvertrag **2**, 50 f.
- gerichtlicher Prüfungsmaßstab **2**, 52 ff.
- Grenzen **2**, 28 f.
- Inhalt **2**, 26 f.

- Konkretisierung **2**, 43 ff.
- Kürzung der Vergütung **2**, 40 ff.
- Verhältnis Änderungskündigung/Direktionsrecht **2**, 57

Druckluftfachkräfte KSch Statusinh., 50

Ehrenamtliche Richter KSch Statusinh., 51 ff.
- Benachteiligungsverbot **KSch Statusinh.**, 52 ff.

Eingetragene Genossenschaft 15, 27 f.

Einspruch beim Betriebsrat
- Beendigungs- und Änderungskündigung **3**, 2 ff.
- Form **3**, 6
- Frist **3**, 6
- fristgemäße Kündigung **3**, 2 ff.
- Weiterbeschäftigungsanspruch **3**, 7

Elternzeit
- behördliche Zulassung der Arbeitgeberkündigung **18 BErzGG**, 16 ff.
- Klagefrist **18 BErzGG**, 26
- Kündigungsschutz, besonderer **18 BErzGG**, 2 ff.
- Kündigungsverbot **18 BErzGG**, 3 ff.
- Nichtigkeit der Kündigung **18 BErzGG**, 25

Erwerberkonzept → *Betriebsübergang*

Fachkräfte für Arbeitssicherheit KSch Statusinh., 6 ff.
- Benachteiligungsverbot **KSch Statusinh.**, 7
- Zustimmung des Betriebsrates **KSch Statusinh.**, 10 ff.

Familienangehörige 23, 8

Fortsetzung des Arbeitsverhältnisses
- nach gewonnenem Kündigungsschutzprozess **12**, 10 f.

- Vergütungsansprüche **12**, 11
- Verzögerung der Arbeitsaufnahme **12**, 11

Fortsetzungsverweigerungsrecht
→ *Nichtfortsetzungserklärung*

Frauenbeauftragte KSch Statusinh., 40

Freie Mitarbeiter 23, 8

Gefahrgutbeauftragter KSch Statusinh., 50

Geltungsbereich des KSchG 23, 1 ff.
- Arbeitnehmer **23**, 8
- Aushilfsarbeitnehmer **23**, 11
- Ausland **23**, 6 f.
- Auszubildende **23**, 8
- Betrieb **23**, 3 ff.
- Betriebsteil **23**, 4
- Binnenschiffe **24**, 1
- Darlegungs- und Beweislast **23**, 18
- Familienangehörige **23**, 8
- Filiale **23**, 4
- freie Mitarbeiter **23**, 8
- Gemeinschaftsbetrieb **23**, 5
- Handelsvertreter **23**, 8
- Inlandsbezug **23**, 6 f.
- Kampagne-Betrieb **23**, 12
- Konzern **23**, 5
- Landbetriebe **24**, 1
- Leiharbeitnehmer **23**, 8
- Luftfahrzeuge **24**, 1
- organschaftliche Vertreter **23**, 8
- Regelgröße **23**, 9 ff.
- Saisonbetrieb **23**, 12
- Seeschiffe **24**, 1
- Teilzeitbeschäftigte **23**, 16
- Vereinbarungen **23**, 17
- Verwaltungen **23**, 6
- Zeitpunkt **23**, 9 ff.
- Zweigstelle **23**, 4

Gemeinschaftsbetrieb 23, 5
Generalbevollmächtigte 15, 32
Geschäftsführer 15, 38, 42
- Komplementär-GmbH **15**, 77

Gesellschaft bürgerlichen Rechts 15, 35

Gesellschaft mit beschränkter Haftung 15, 21 ff.

Gewässerschutzbeauftragter KSch Statusinh., 49

Gleichgestellte behinderte Menschen → *schwerbehinderte Menschen*

GmbH & Co. KG 15, 24

GmbH-Geschäftsführer 15, 21 f.

Handelsvertreter 23, 8
Handlungsbevollmächtigte 15, 32
Heimarbeiter KSch Statusinh., 57
Heuerverhältnisse KSch Statusinh., 95

Immissionsschutzbeauftragter
- Angehöriger des Betriebes **KSch Statusinh.**, 30
- Benachteiligungsverbot **KSch Statusinh.**, 31 ff.
- betriebsfremder Beauftragter **KSch Statusinh.**, 30
- Kündigungsschutz **KSch Statusinh.**, 35 f.
- Mitwirkung des Betriebsrates **KSch Statusinh.**, 38

Kesselwärter KSch Statusinh., 50

Klageantrag 4, 60
Klagebegründung 4, 61
Klagefrist → *Nachträgliche Zulassung der Kündigungsschutzklage*
- Wirksamwerden **7**, 1 ff.

Klagefrist, verlängerte 6, 1
- andere Unwirksamkeitsgründe **6**, 3
- Änderungskündigung **6**, 3
- Beispiele **6**, 3 f.
- einstweilige Verfügung **6**, 3
- Leistungsklage **6**, 3
- ordentliche Kündigung **6**, 3

805

- Rüge der Sozialwidrigkeit **6**, 2
- Sozialplanabfindung **6**, 4
- Voraussetzungen **6**, 2 ff.
- Weiterbeschäftigungsanspruch **6**, 4
- Verlängerung **6**, 1
- Wirksamkeit der Kündigung **7**, 2 ff.

Kläger 4, 53
Klagezugang 4, 77
Kleinbetrieb 23, 19
Kommanditaktionäre 15, 16
Kommanditgesellschaft auf Aktien 15, 16
Kommanditgesellschaft 15, 34
Kommanditisten 15, 34
Komplementäre 15, 34
Komplementär-GmbH 15, 24
Krankheitsbedingte Kündigung 1, 77 ff.
- dauernde Leistungsunfähigkeit **1**, 104 ff.
- häufige Kurzerkrankungen **1**, 81 ff.
- Kur oder Heilbehandlung **1**, 100
- Langzeiterkrankung **1**, 96 ff.
- Leistungsminderung **1**, 109 ff.
- negative Prognose **1**, 85 ff.
- Personalreserve **1**, 90
- zumutbare Überbrückungsmaßnahmen **1**, 89

Kündigung
- Anfechtung/Nichtigkeit **1**, 3
- Angabe von Kündigungsgründen **1**, 14 f.
- Begründung **9 MuSchG**, 33
- einseitige empfangsbedürftige Willenserklärung **1**, 2

Kündigung, Rechtsunwirksamkeit aus anderen Gründen 4, 12 ff.
- fehlender Zustimmungsantrag bei Sonderkündigungsschutz **4**, 33
- Kündigung durch einen Nichtvertretungsberechtigten **4**, 25 ff.
- Kündigung durch rechtsgeschäftliche Bevollmächtigte **4**, 18
- Kündigung wegen des Betriebsübergangs **4**, 16
- Kündigungen außerhalb des Geltungsbereiches des Kündigungsschutzgesetzes **4**, 43 f.
- Nicht ordnungsgemäße Anhörung des Betriebsrates oder des Personalrates **4**, 13
- Rechtsunwirksamkeit wegen Verstoßes gegen rechtsgeschäftliche Wirksamkeitsvoraussetzungen **4**, 17
- Unwirksamkeit wegen Fehlens einer behördlichen Genehmigung **4**, 30 ff.
- Unwirksmkeit der Kündigung wegen Verletzung des Maßregelungsverbotes **4**, 15
- Verbot der ordentlichen Kündigung von Betriebs- und Personalratsmitgliedern **4**, 14
- Verbot der sittenwidrigen, treuwidrigen oder einzel- oder tarifvertraglich ausgeschlossenen Kündigung **4**, 41 f.
- Vorgesetzte ohne gesetzliche Vertretungsmacht **4**, 18

Kündigungen in der Insolvenz
- Drei-Wochenfrist **4**, 9
- Unwirksamkeitsgründe **4**, 9
- Form **1**, 12
- Gestaltungsrecht **1**, 2
- Rücknahme/Widerruf **1**, 4

Kündigungsbeschränkungen
- Verstöße gegen **13**, 19
- Schriftform **1**, 13

Kündigungsfrist, falsche
- Drei-Wochenklagefrist **4**, 28 f.
- Umdeutung **4**, 28 f.

Kündigungsgründe
- Hinweispflicht **6**, 6 ff.

Kündigungsschutz, besonderer
- BErzGG **18 BErzGG**, 1 ff.

- Dauer **18 BErzGG**, 8 f.
- Kenntnis des Arbeitgebers von Schwangerschaft/Entbindung **9 MuSchG**, 12
- Kenntnis des Arbeitgebers **18 BErzGG**, 14
- MuSchG **9 MuSchG**, 1 ff.
- Nachträgliche Mitteilung der Schwangerschaft/Entbindung **9 MuSchG**, 15
- unverschuldete Fristversäumnis **9 MuSchG**, 16 ff.
- Zwei-Wochen-Frist **9 MuSchG**, 15

Kündigungsschutzklage 4, 47 ff.
- Anfechtung des Arbeitsvertrages **9 MuSchG**, 7
- Aufhebungsvereinbarungen **18 BErzGG**, 15; **9 MuSchG**, 7
- befristeter Arbeitsvertrag **9 MuSchG**, 7
- bei Teilzeitarbeit **18 BErzGG**, 7 ff.
- Dauer **9 MuSchG**, 8 ff.
- Elternzeit **18 BErzGG**, 7 ff.
- Klage auf Weiterbeschäftigung **4**, 48
- Leistungsklage **4**, 48
- Nichtigkeit der Kündigung **9 MuSchG**, 30
- Rechtsfolge der Verletzung **9 MuSchG**, 30 f.

Kündigungsverbote
- Kenntnis des Arbeitgebers von Schwangerschaft/Entbindung **9 MuSchG**, 12
- MuSchG **9 MuSchG**, 6 f.
- Nichtigkeit des Arbeitsvertrages **9 MuSchG**, 7
- Rechtsfolge der Verletzung **18 BErzGG**, 24 ff.
- Statusinhaber **KSch Statusinh.**, 2
- Teilzeitarbeit ohne Elternzeit **18 BErzGG**, 12 ff.
- Teilzeitarbeit während der Elternzeit **18 BErzGG**, 11 ff.
- Verstöße gegen **13**, 19
- Wirksamwerden **7**, 1 ff.

Leiharbeitnehmer 23, 8
Leitende Angestellte 15, 1, 37 ff., 38 ff., 59 ff.
Liquidation 15, 19, 28 f.

Massenentlassung
- Abfindung **17**, 47
- Abkürzung der Sperrfrist **17**, 89 ff.; **18**, 9 ff.
- Änderungskündigung **17**, 7, 11 f.
- Anhörung des Betriebsrats **17**, 38 f., 41 f.
- Anzahl der Entlassungen **17**, 25 ff.
- Anzeige **17**, 67 ff.
- Anzeigepflicht des Arbeitgebers **17**, 7 ff.
- arbeitnehmerähnliche Personen **17**, 20
- Aufhebungsvertrag **17**, 7
- befristetes Arbeitsverhältnis **17**, 10, 19
- Begriff **17**, 7 ff.
- beherrschendes Unternehmen **17**, 30 ff.
- Beratung mit dem Betriebsrat **17**, 55 ff.
- Beteiligung des Betriebsrats **17**, 38 f., 41 ff., 55 ff.
- Beweis **17**, 99
- Beweislast für Anzeigepflicht **17**, 9
- Eigenkündigung **17**, 8
- Entlassung **17**, 7 ff.
- fehlerhafte Anzeige **17**, 80 ff.
- fehlerhafte Unterrichtung **17**, 51 ff.
- Freifrist **18**, 23 ff.
- Interessenausgleich **17**, 48, 70 ff.
- Konzern **17**, 30 ff.
- Kündigung **17**, 7 f.
- Kündigung durch Arbeitnehmer **17**, 8

- Kündigungsfrist **17**, 61 ff.
- Kündigungsschutzklage **17**, 105 f.; **18**, 31
- Kündigungstermin **17**, 61 ff.
- Kündigungszugang **17**, 61 ff.
- Kurzarbeit **19**, 3 ff.
- Kurzarbeit und Arbeitszeit **19**, 15
- Kurzarbeit und Beteiligung des Betriebsrats **19**, 21
- Kurzarbeit und Kündigungsfrist **19**, 16 ff.
- Kurzarbeit und Vergütung **19**, 16 ff.
- leitende Angestellte **17**, 20 ff.
- Massenentlassungsanzeige **17**, 67 ff.
- Nachholung von Angaben **17**, 87 ff.; **18**, 5
- Rahmenfrist **17**, 25 ff.
- rückwirkende Abkürzung der Sperrfrist **18**, 15 ff.
- rückwirkende Zustimmung der Agentur für Arbeit **18**, 15 ff.
- Saison- und Kampagnebetriebe **22**, 1 ff.
- Sonderkündigungsschutz **17**, 40
- soziale Auswahl **17**, 46
- Sozialplan **17**, 48
- Sperrfrist **18**, 3 ff.
- Sperrfrist und Kündigungsfrist **18**, 6 ff.
- stufenweise Entlassungen **18**, 14 ff.
- Tarifbindung und Kurzarbeit **19**, 3 ff.
- Unterrichtung des Betriebsrats **17**, 41 ff.
- Unwirksamkeit **17**, 51 ff., 80 ff.
- Verlängerung der Sperrfrist **18**, 20 ff.
- vorsorgliche Anzeige **17**, 12, 29
- Zugang der Kündigung **17**, 61 ff.
- Zustimmung der Agentur für Arbeit **17**, 89 ff.; **18**, 9 ff.

Massenkündigungsschutz 15, 72
Mündliche Kündigung
- elektronische Form **4**, 46
- Schriftform **4**, 46

Mutterschutz
- Begründung der Kündigung **9 MuSchG**, 33
- behördliche Zulassung der Arbeitgeberkündigung **9 MuSchG**, 21 ff.
- Klagefrist **9 MuSchG**, 31
- Kündigungsverbot **9 MuSchG**, 6
- Schriftformerfordernis der Kündigung **9 MuSchG**, 32

Nachträgliche Zulassung der Kündigungsschutzklage 5, 1 ff.
- Antrag **5**, 3
- Antragsfrist **5**, 4 ff.
- Einzelfälle **5**, 22 ff.
- Form des Antrages **5**, 8 f.
- Fristberechnung **5**, 7
- Glaubhaftmachung **5**, 13 ff.
- Inhalt des Antrages **5**, 10 ff.
- Kein Verschulden der Fristversäumnis **5**, 21
- Rechtsmittel **5**, 44 ff.
- Rechtsschutzinteresse **5**, 16
- Verfahren **5**, 40 ff.
- Voraussetzungen für die Zulassung **5**, 17 ff.
- Wiedereinsetzung **5**, 5

Nichtfortsetzungserklärung
- Beendigung des alten Arbeitsverhältnisses **12**, 8
- Entgeltnachzahlungsansprüche des Arbeitnehmers **12**, 9
- Frist **12**, 5
- neues Arbeitsverhältnis **12**, 3
- Rechtsfolgen **12**, 8 f.
- Schriftform **12**, 6
- Umdeutung **12**, 4, 7
- Vergütungsansprüche **12**, 9
- Verrechnung von Zwischendiensten **12**, 9
- Voraussetzungen **12**, 2 ff.

- Wahlrecht des Arbeitnehmers **12**, 2 ff.

Nichtrechtsfähiger Verein 15, 36

Offene Handelsgesellschaft 15, 33
Ordentliche Gerichte 15, 76
Ordentliche Kündigung 1, 5
Organmitglied
- Aufsichtsrat **15**, 1, 13, 18, 27
- Vorstand **15**, 13, 18, 27, 29

Organschaftliche Vertreter 23, 8

Parlamentarier
- Annahme und Ausübung eines Mandates **KSch Statusinh.**, 59
- Bewerbung um ein Mandat **KSch Statusinh.**, 59
- Kündigungsschutz **KSch Statusinh.**, 59

Pensionsfonds 15, 15, 20
Personalleiter 1, 17
Personalrat, Sonderkündigungsschutz 15, 20
Personenbedingte Kündigung 1, 55 ff
- Abgrenzung zur verhaltensbedingten Kündigung **1**, 59 f.
- Abmahnung **1**, 61
- Darlegungs- und Beweislast **1**, 75
- Eignungsmangel **1**, 120 f.
- Interessenabwägung **1**, 73
- konkrete Störung des Arbeitsverhältnisses **1**, 64 f.

Personenbedingte Kündigungsgründe
- Alkohol- oder Drogenabhängigkeit **1**, 112 ff.
- Arbeitserlaubnis **1**, 122
- außerdienstliche Straftaten **1**, 125
- Entzug der Fahrerlaubnis **1**, 123
- HIV-Infektion/AIDS **1**, 118

- Leistungsdefizit **1**, 128 ff.
- mangelnde Sprachkenntnisse **1**, 126
- Scientologie-Mitgliedschaft **1**, 127
- sonstige Gründe **1**, 136
- Stasitätigkeit **1**, 127
- Tendenzunternehmen **1**, 135
- Wehrdienst **1**, 131
- Verschulden **1**, 63

Persönlich haftender Gesellschafter 15, 16
Persönlicher Anwendungsbereich 1, 18 ff.
- Angestellte des öffentlichen Dienstes **1**, 21
- Arbeitnehmer **1**, 18 ff.
- arbeitnehmerähnliche Personen **1**, 25
- Auszubildende **1**, 29
- Beamte **1**, 28
- Familienangehörige **1**, 23
- Franchisenehmer **1**, 25
- freie Mitarbeiter **1**, 25
- Geschäftsführer **1**, 26
- Gesellschafter **1**, 26
- Leiharbeitnehmer **1**, 22
- Leitende Angestellte **1**, 20
- Organmitglieder **1**, 27
- Richter **1**, 28
- Selbständige **1**, 24
- Soldaten **1**, 28
- Teilzeitarbeitnehmer **1**, 19
- Volontäre **1**, 29
- Wehrdienstleistende **1**, 28
- Zivildienstleistende **1**, 28

Prokuristen 1, 17; **15**, 32
Punktuelle Streitgegenstandsmaxime
- Allgemeine Feststellungsklage gem. § 256 ZPO **4**, 86
- Feststellungsklage im Sinne des § 4 Abs. 1 KSchG **4**, 85 ff.

Rechtsfähiger Verein 15, 29
Ruhendes Arbeitsverhältnis 15, 4

Schriftform 15, 9
Schutz behinderter Menschen
- Benachteiligungsverbot **KSch Statusinh.**, 96
- Kündigungsschutz **KSch Statusinh.**, 96

Schwangerschaft 9 MuSchG, 9
Schwerbehinderte Menschen, Kündigungsschutz
- Adressat der Mitteilung der Schwerbehinderteneigenschaft **SGB IX**, 31
- anderer Arbeitsplatz **SGB IX**, 81 ff.
- Anhörung der Schwerbehindertenvertretung **SGB IX**, 141 ff.
- Anfechtung des Arbeitsvertrages **SGB IX**, 11
- Arbeitgeber in der Insolvenz **SGB IX**, 85
- aufschiebende Wirkung von Widerspruch und Anfechtungsklage **SGB IX**, 65
- Ausnahmen vom Kündigungsschutz **SGB IX**, 44 ff.
- außerordentliche Kündigung **SGB IX**, 105 ff.
- Benachteiligungsverbot **SGB IX**, 144 f.
- Beteiligung des Betriebsrates **SGB IX**, 137 ff.
- betriebsbedingte Kündigung **SGB IX**, 70
- Einschränkung von Betrieben **SGB IX**, 79 f.
- Einstellung bzw. Auflösung von Betrieben **SGB IX**, 74
- Ermessensentscheidung **SGB IX**, 66 ff.
- erweiterter Beendigungsschutz **SGB IX**, 136
- Kenntnis der Schwerbehinderteneigenschaft **SGB IX**, 14 ff.
- Klagefrist **SGB IX**, 36 ff.
- Kündigungserklärungsfrist, außerordentliche Kündigung **SGB IX**, 126 ff.
- Kündigungserklärungsfrist, ordentliche Kündigung **SGB IX**, 64
- Kündigungsfrist **SGB IX**, 42 f.
- Mitteilung der Schwerbehinderteneigenschaft **SGB IX**, 20 ff.
- Nachweis der Schwerbehinderteneigenschaft **SGB IX**, 32 f.
- Negativattest **SGB IX**, 86 f.
- Offenkundigkeit der Schwerbehinderung **SGB IX**, 16 ff.
- personenbedingte Kündigung **SGB IX**, 72
- persönlicher Geltungsbereich **SGB IX**, 4
- Rechtsbehelfe **SGB IX**, 88
- Regelfrist für Mitteilung der Schwerbehinderteneigenschaft **SGB IX**, 20
- Streik- und Aussperrungskündigung **SGB IX**, 134 f.
- Verfahren vor dem Integrationsamt **SGB IX**, 53 ff.
- verhaltensbedingte Kündigung **SGB IX**, 71
- Weiterbeschäftigungsanspruch, Annahmeverzug **SGB IX**, 40 f.
- Zustimmungserfordernis **SGB IX**, 9 ff.

Schwerbehindertenbeauftragter KSch Statusinh., 50
Sicherheitsbeauftragter KSch Statusinh., 46
Sicherheitsbeauftragter für Medizinprodukte KSch Statusinh., 43
Sittenwidrige Kündigung 13, 1 ff.
- Auflösungsantrag **13**, 17
- Darlegungs- und Beweislast **13**, 15 ff.
- Klagefrist **13**, 17
- Schadenersatz **13**, 17

Sozial ungerechtfertigte Kündigung 4, 11

Sozialauswahl 1, 480 ff.
- Auskunftsanspruch des Arbeitnehmers **1**, 544 ff.
- Befristung **1**, 498
- berechtigte betriebliche Interessen **1**, 539 ff.
- Betriebsbezogenheit **1**, 503 ff.
- Betriebsübergang **1**, 509
- Beweislast **1**, 547 ff.
- Funktionsträger **1**, 487
- Interessenausgleich bei Betriebsänderung **1**, 550 ff.
- Namensliste **1**, 550 ff.
- ruhendes Arbeitsverhältnis **1**, 502
- Teilzeitbeschäftigte **1**, 500 f.
- Vergleichbarkeit **1**, 514 ff.
- vorläufige Weiterbeschäftigung **1**, 499

Sozialdaten
- Betriebszugehörigkeit **1**, 523 f.
- Ermittlung **1**, 532 ff.
- Gewichtung **1**, 535 ff.
- Lebensalter **1**, 525
- Punkteschema **1**, 537 f.
- Schwerbehinderung **1**, 529 f.
- Unterhaltspflichten **1**, 526 ff.
- weitere sonstige soziale Gesichtspunkte **1**, 530 f.

Sozialwidrige Kündigung 4, 7
- Drei-Wochenfrist **4**, 7 f.

Sozialwidrigkeit
- Zeitpunkt **1**, 436 ff.

Sprecherausschuss der leitenden Angestellten 15, 39 f.

Sprecherausschussmitglieder KSch Statusinh., 58

Sprengstoffgesetz KSch Statusinh., 50

Statusinhaber, personenbezogene; Kündigungsschutz KSch Statusinh., 64

Stiftung 15, 30

Störfallbeauftragter
- Angehöriger des Betriebes **KSch Statusinh.**, 30
- Benachteiligungsverbot **KSch Statusinh.**, 31
- betriebsfremder Beauftragter **KSch Statusinh.**, 30
- Kündigungsschutz **KSch Statusinh.**, 35 f.
- Mitwirkung des Betriebsrates **KSch Statusinh.**, 38

Strahlenschutzbeauftragter KSch Statusinh., 44

Stufenplanbeauftragter KSch Statusinh., 50

Teilkündigung 1, 7
Teilzeitarbeit
- Kündigungsschutz, besonderer **18 BErzGG**, 11 ff.

Teilzeitbeschäftigte 23, 16
Tierschutzbeauftragter KSch Statusinh., 48
Treuwidrige Kündigung 13, 20 ff.
- Kleinbetriebe **13**, 20

Umdeutung außerordentliche in ordentliche Kündigung 13, 5 f.
- Betriebsratsanhörung **13**, 5
- Drei-Wochen-Frist **13**, 6

Unkündbarkeit
- arbeitsvertraglich **1**, 491 ff.
- tarifvertraglich **1**, 488 ff.

Unwirksamkeit der Kündigung
- Änderungskündigung **4**, 4 ff.
- Beendigungskündigung **4**, 4 ff.
- Klageerhebungsfrist **4**, 3

Unwirksamkeitsgründe, sonstige 13, 1 ff.

Veräußererkonzept 613 a BGB, 30; → *auch Betriebsübergang*
Verdachtskündigung 1, 295 ff.
- Anhörung des Arbeitnehmers **1**, 299 ff.
- Anhörung des Betriebsrats **1**, 306 ff.
- dringender Verdacht **1**, 298
- später bekannt gewordene Umstände **1**, 309 f.

Stichwortverzeichnis

- Voraussetzungen **1**, 297
- Zweiwochenfrist des 626 Abs. 2 BGB **1**, 305

Verhaltensbedingte Kündigung 1, 140 ff.
- Arbeitszeit, Manipulation der Stechuhr **1**, 198
- Abgrenzung zur personenbedingten Kündigung **1**, 142 ff.
- Abkehrwille **1**, 172 ff.
- Abmahnung **1**, 153
- Abwerbung **1**, 176
- Alkohol **1**, 177 ff.
- Arbeitskampf → *Streik* **1**, 182
- Arbeitspapiere, Nichtvorlage **1**, 182
- Arbeitsverweigerung **1**, 184 ff.
- Auflösungsantrag **1**, 313 ff.
- ausländerfeindliche Äußerungen **1**, 199 f.
- außerdienstliches Verhalten **1**, 146 f.
- außerordentliche verhaltensbedingte Kündigung **1**, 275 ff.
- Beleidigungen **1**, 201
- Bestechlichkeit, Bestechung → *Schmiergeld* **1**, 202
- Betriebsgeheimnisse **1**, 202
- Betriebsratsanhörung bei außerordentlicher Kündigung **1**, 277 ff.
- Betrug → *Vermögensdelikte, Spesen* **1**, 204
- Beweissicherung **1**, 333 f.
- Bummelei → *Schlecht- und Minderleistung* **1**, 205
- Checkliste außerordentliche Kündigung **1**, 291, 294
- Checkliste ordentliche Kündigung **1**, 170
- Computer → *EDV-Missbrauch* → *Internet- und E-Mail-Nutzung* **1**, 206
- Darlegungs- und Beweislast im Kündigungsschutzprozess **1**, 311
- Diebstahl → *Vermögensdelikte* **1**, 207
- Dienst nach Vorschrift → *Schlecht- und Minderleistung* **1**, 208
- EDV-Missbrauch **1**, 210
- Ehrlichkeitstests **1**, 272
- Einsatz eines Privatdetektivs **1**, 335 ff.
- E-Mail → *Internet- und E-Mail-Nutzung* **1**, 209
- Geheimnisse → *Betriebsgeheimnisse* **1**, 211
- Interessenabwägung **1**, 150 ff.
- Internet- und E-Mail-Nutzung **1**, 212 ff.
- Kenntnis von den Kündigungsgründen **1**, 280
- Konkurrenz → *Wettbewerb* **1**, 217
- Korruption → *Schmiergeld* **1**, 218
- Krankheit, Androhung einer Arbeitsunfähigkeit **1**, 219
- Krankheit, genesungsförderndes Verhalten **1**, 223
- Krankheit, Verletzung der Nachweispflicht **1**, 222
- Krankheit, Verstoß gegen Meldepflicht **1**, 220 f.
- Krankheit, Verweigerung ärztlicher Untersuchung **1**, 224
- Krankheit, Vortäuschen einer Arbeitsunfähigkeit **1**, 225
- Kritik am Arbeitgeber → *Beleidigungen* → *Strafanzeigen* **1**, 226
- Kündigung von Belegschaftsvertretern **1**, 283 ff.
- Kündigung von schwerbehinderten Arbeitnehmern **1**, 290 ff.
- Leistungsverweigerungsrecht **1**, 193
- Lohnpfändungen **1**, 227
- Minderleistung → *Schlecht- oder Minderleistung* **1**, 228
- Mithören von Telefongesprächen **1**, 340

- Nachschieben von Kündigungsgründen **1**, 318 ff.
- Nebentätigkeit **1**, 229 f.
- »negative Zukunftsprognose« **1**, 148 f.
- Pornographie → *Sexuelle Belästigung* → *Internet- und E-Mail Nutzung* **1**, 231
- Privattelefonate **1**, 232 ff.
- Prozesstaktik **1**, 312 ff.
- Prüfungsschema **1**, 143 ff.
- Schlecht- oder Minderleistung **1**, 236 ff.
- Schmiergeld **1**, 246
- Selbstbeurlaubung **1**, 265
- Sexuelle Belästigung **1**, 247 ff.
- Spesen **1**, 251
- Stechuhr → *Arbeitszeit, Manipulation der Stechuhr* **1**, 252
- Strafanzeige **1**, 330 ff.
- Strafanzeigen gegen den Arbeitgeber **1**, 253
- Streik **1**, 254
- Tätlichkeiten **1**, 255
- Telefonmissbrauch → *Privattelefonate* **1**, 256
- Trunkenheit → *Alkohol* **1**, 257
- Überstunden, Verweigerung **1**, 258 f.
- Üble Nachrede → *Beleidigungen* **1**, 260
- Unpünktlichkeit **1**, 261
- Unterschlagung → *Vermögensdelikte* **1**, 262
- Untreue → *Vermögensdelikte* **1**, 263
- Urkundenfälschung, Falschbeurkundung **1**, 269
- Urlaub, eigenmächtige Verlängerung **1**, 268
- Urlaub, eigenmächtiger Urlaubsantritt **1**, 264 ff.
- Verdachtskündigung **1**, 295
- Vergleich **1**, 327 f.
- Verkehrsdelikte **1**, 270
- Verleumdung → *Beleidigungen* **1**, 271
- Vermögensdelikte **1**, 272
- Verspätungen → *Unpünktlichkeit* **1**, 273
- Videoüberwachung **1**, 341 ff.
- Wettbewerb **1**, 274
- Widerklage **1**, 316 f.
- Zweiwochenfrist des 626 Abs. 2 BGB **1**, 280 ff.

Verlängerte Anrufungsfrist → *Klagefrist, verlängerte*

Versicherungsverein auf Gegenseitigkeit 15, 18 f.

Verspätete Klage → *Nachträgliche Zulassung der Kündigungsschutzklage*

Verständigung mit dem Arbeitgeber 3, 9 ff.

Vertrauenspersonen behinderter Menschen KSch Statusinh., 63

Verwaltungen 23, 6

Verzugslohn 11, 3 ff.
- Annahmeverzug **11**, 4
- Anrechnung auf **11**, 16 ff.
- Auskunftsanspruch **11**, 20 f.
- eidesstattliche Versicherung **11**, 20 f.
- Höhe **11**, 11 ff.
- hypothetische Einkünfte **11**, 22 ff.
- Leistungsfähigkeit **11**, 5
- Leistungswille **11**, 7 f.
- Sozialleistungen **11**, 25

Vollmachtsurkunde 1, 17

Vorbehaltlose Annahme
- Erklärungsfrist **2**, 87

Vorläufiger Weiterbeschäftigungsanspruch 4, 87 ff.
- Änderungskündigung **4**, 93
- nach klagestattgebendem, nicht rechtskräftigem Urteil **4**, 90

Wartezeit 1, 30 ff.
- Anrechnung **1**, 36
- Ausschluss der Wartezeit **1**, 32
- Beginn **1**, 35 ff.
- Betriebsübergang **1**, 48

Stichwortverzeichnis

- Darlegungs- und Beweislast **1**, 54
- Gesamtrechtsnachfolge **1**, 48
- Konzern **1**, 50
- Spaltung **1**, 49
- Teilübertragung **1**, 49
- Treu und Glauben **1**, 53
- Unterbrechungen **1**, 39, 44 f.
- Unternehmensbezug **1**, 47

Wartezeitvereinbarungen 1, 31 ff.
- Vereitelung des Kündigungsschutzes **1**, 53
- Verkürzung **1**, 32
- Verlängerungen **1**, 31
- Versetzungsvereinbarungen **1**, 50
- Vollendung **1**, 51 ff.
- Vordienstzeiten **1**, 50
- Zugang der Kündigungserklärung **1**, 52
- Zusammenrechnung **1**, 40 ff.

Wehrdiensteinberufener, Kündigungsschutz
- Anlasskündigung **KSch Statusinh.**, 81 ff.
- außerordentliche Kündigung **KSch Statusinh.**, 77 ff.
- ausländische Arbeitnehmer **KSch Statusinh.**, 64
- Entwicklungshelfer **KSch Statusinh.**, 69
- Geltungsbereich **KSch Statusinh.**, 64 ff.
- Kriegsdienstverweigerer **KSch Statusinh.**, 68
- Kündigungsschutz **KSch Statusinh.**, 73 ff.
- ordentliche Kündigung **KSch Statusinh.**, 76

Weisungsrecht → *Direktionsrecht*
Weiterbeschäftigungsanspruch 15, 73 f.
Weiterbeschäftigungsmöglichkeit 1, 66 f.
- Änderungskündigung **1**, 72
- freier Arbeitsplatz **1**, 66

- Freikündigung eines Arbeitsplatzes **1**, 71
- »Ringtausch« **1**, 67
- Zustimmung des Betriebsrats **1**, 69

Widerrufsvorbehalt, Abgrenzung → *Direktionsrecht*
Widerspruch des Betriebsrats
- einstweilige Verfügung **102 BetrVG**, 50 ff.
- Entbindung von der Weiterbeschäftigungspflicht **102 BetrVG**, 50 ff.
- Kündigungsschutzklage **102 BetrVG**, 45 ff., 64
- Kündigungsschutzverfahren **102 BetrVG**, 45 ff., 64
- vorläufige Weiterbeschäftigung **102 BetrVG**, 43 ff.
- Weiterbeschäftigung und Annahmeverzug **102 BetrVG**, 48 ff., 63
- Weiterbeschäftigung und Beweislast **102 BetrVG**, 47
- Weiterbeschäftigungsanspruch **102 BetrVG**, 43 ff.

Wiedereinstellungsanspruch 1, 439 ff.
Wirksamkeit der Kündigungserklärung
- Fiktion **4**, 2

Wirtschaftskriminalität
- Reaktionen **1**, 346
- Tipps zur Vermeidung **1**, 346
- Umfang und Auswirkungen **1**, 344 ff.
- Wege zur Aufdeckung **1**, 346

Zulassung der Kündigungsschutzklage → *Nachträgliche Zulassung der Kündigungsschutzklage*
Zurückweisung der Kündigung
- Heilung der Unwirksamkeit **4**, 23

Zuständiges Gericht
- Außendienstmitarbeiter **4**, 80
- Sitz des Arbeitgebers **4**, 78
- wechselnder Arbeitsort **4**, 79

Zustimmungsersetzungsverfahren
- Antrag **15**, 71
- Arbeitsgericht **15**, 72
- einstweilige Verfügung **15**, 77
- Ende des Amtes im laufenden Verfahren **15**, 79
- Nachschieben von Kündigungsgründen **15**, 74
- Prozesskosten **15**, 78
- Rechtsmittel **15**, 76
- Verfahren **15**, 72 ff.